Kulturbibl
der klassischen Musik

SCHAUSP

KULTURBIBLIOTHEK
DER KLASSISCHEN MUSIK- UND THEATERBIBLIOTHEK

SCHAUSPIEL FÜHRER

Lizenzausgabe für
Manfred Pawlak Verlagsgesellschaft mbH, Herrsching

Printed in Germany
ISBN: 3-88199-297-9

INHALT
nach Verfassern

INHALT
nach Schauspieltiteln

VORWORT

Schauspielkunst ist Gemeinschaftskunst. In jeder einzelnen Aufführung haben sich Werk und Wiedergabe vor immer wechselnden Zuschauern neu zu bewähren, ja, die Wiedergabe wird stark beeinflußt durch die Zuschauer; denn der Darsteller spielt anders vor einem ablehnenden, anders vor einem gleichgültigen, anders vor einem begeistert mitgehenden Publikum, – im Gegensatz etwa zum Film, bei dem der Bildstreifen unverändert abläuft, unempfindlich für das Verhalten des Zuschauers. Im Schauspieltheater wird also der Besucher zum Mitwirkenden, zum Mitschaffenden, und für diese echte Form der tätigen Kunstausübung ist der Zuschauer von heute wieder empfänglicher geworden.

Hier setzen die verschiedenen Besucher-Vereinigungen ein. Ihr Anliegen kann ja nicht nur darin bestehen, den Theaterbesuch zu verbilligen; sie wollen vielmehr das Zufallspublikum zu einer sich immer mehr festigenden, kunstbewußten Gemeinschaft umgestalten. Dem wirklichen Bühnendichter und der unablässig an sich arbeitenen Darstellungkunst muß, wenn wir zu einer echten Theaterkultur kommen wollen, eine Zuschauergemeinschaft zur Seite treten, die sich zwar auch unterhalten, ablenken, entspannen oder ergreifen lassen mag, die aber allmählich über das rein Stoffliche, über das einmalige Aufführungserlebnis hinauswächst, tiefer in Werk und Wiedergabe eindringt und so in die Lage kommt, sich ein begründetes

Urteil zu bilden und dadurch ihren (notwendigen!) Einfluß zu stärken.

Einer solchen »Aktivierung des Publikums« soll auch das vorliegende Buch dienen. Neben umfangreicheren »Schauspielbüchern« wendet sich dieser »Klassische Schauspielführer« an diejenigen, die sich schnell über die hauptsächlichen Bühnenwerke unterrichten wollen. Er gibt dementsprechend kurzgefaßte, das Wesentliche bietende Inhaltsangaben und knappe Hinweise auf die Art der Dichter sowie die gedanklichen und formalen Grundlagen ihrer Werke. Dabei wollen die Meinungsäußerungen nicht als Richtersprüche gelten, sondern zu selbständiger Urteilsfindung anregen. Aufgenommen wurden rund zweihundert Stücke aus drei Jahrtausenden, und zwar vor allem solche, die sich bewährt und für das deutsche Theater von heute Bedeutung haben. Aus der jüngsten Zeit, in der sich mangels eines gemeinschaftlichen Welt- und Lebensgefühls ein einheitlicher Dichtungsstil noch nicht entwickelt hat, findet der Leser wenigstens aus den wichtigsten Spielarten einen oder mehrere Verfasser, so daß es ihm nicht schwerfallen dürfte, von dort aus selbständig weiterzuschreiten.

AESCHYLUS

Geboren 525 v.Chr. in Eleusis (Kleinasien), lebte vorwiegend in Athen. Kämpfte bei Marathon und Salamis. Mehrere Reisen nach Sizilien. Dort 456 v.Chr. in Gela gestorben. Schrieb fast hundert Tragödien.

Von den fast hundert Tragödien des Aeschylus sind zwar nur sieben überliefert, doch weiß man, daß sich in des Dichters Werk die altgriechische Tragödienform entscheidend umgebildet hat. Tragödien gab es ursprünglich bei Festen zu Ehren des Fruchtbarkeitsgottes Dionysos; ein in Bocksfelle gehüllter Chor (tragoi = Böcke) trug Oden im Sprechgesang vor. Diesem Chor stellte der Athener Thespis um 534 v.Chr. einen Einzelsänger gegenüber und tat damit den für das echte Drama wichtigen Schritt: es gab nunmehr Rede und Gegenrede. Aeschylus begann im Stil der überlieferten Chorgesänge, fügte dann dem ersten Vorsprecher einen zweiten und schließlich (nach dem Vorbild seines jüngeren Zeitgenossen Sophokles) einen dritten hinzu. Die Wechselrede wurde dadurch immer lebendiger. Im heutigen Sinne »dramatisch« waren seine Werke jedoch nicht. Denn seine Stücke waren weniger Handlungen als Berichte über Handlungen. Das Geschehen wurde nicht so sehr dargestellt als erzählt und – vor allem vom Chor – mit nachdenklichen Bemerkungen erläutert. Des Aeschylus' Tragödien, geschrieben in edler Sprache (Jamben) erscheinen uns heute kaum als theatergerechte Stücke; sie sind vielmehr tiefsinnige Stimmungsdichtungen. Ihr Gehalt heißt Ehrfurcht, – Ehrfurcht vor allem Großen, vor Göttern, vor dem verhängten Schicksal, vor dem großen Menschen.

Die Orestie

»Agamemnon«. – »Die Choëphoren«. – »Die Eumeniden«.

Personen: in »Agamemnon«:
Klytämnestra, Agamemnon, Kassandra, Ägisthos, Wächter, Herold Chor der Alten.
In den »Choëphoren«:
Orest, Elektra, Klytämnestra, Ägisthos, Pylades, eine Amme, ein Bursche, Chor.
In den »Eumeniden«:
Apollon, Orest, Athene, Die Pythia, Klytämnestras Schatten, Chor der Eumeniden, Die Geleitenden

Erste Aufführung 458 v.Chr. in Athen.

Die athenischen Theaterbesucher vor zweieinhalb Jahrtausenden waren nicht stoffgierig; *was* da auf der äußerst einfachen »Bühne« gezeigt oder erzählt wurde, schien ihnen nicht entscheidend. Aber *wie* der Dichter die aus der Götter- und Heldensage allbekannten Stoffe sah und wie er sie gestaltete, das erregte ihre Aufmerksamkeit. Aeschylus kam es darauf an, dem allen vertrauten Geschehen durch edle und verdichtende Sprache eine besondere, wahrhaft ergreifende Stimmung zu entlocken und ihm einen besonderen

Sinn zu geben. Dieser Sinn heißt in der »Orestie« etwa: jede aus Gier und Sinnenlust begangene Tat des Freiverantwortlichen zieht unweigerlich die Rache nach sich. Und der Rächer selbst, mag er noch so sehr zu verstehen sein, wird von seinem Gewissen geplagt, bedarf der Sühne. Endgültig entsühnen können aber nicht die Götter und auch nicht der Einzelne, – das vermögen nur Rechtsgesinnung und Rechtsordnung der menschlichen Gemeinschaft.

I. *»Agamemnon«.* – Dunkle Nacht lagert über der von Fluch und bösem Tun umwitterten Burg in Argos. Man harrt des Feuerzeichens, das vom Fall Trojas und der Heimkehr des Königs Agamemnon Kunde geben soll. Dunkel sind die Anspielungen des Wächters, dunkel und hintergründig die Klagen des Chores um die Toten. Agamemnon opfert die eigene Tochter für einen guten Ausgang des Feldzuges; sein Weib Klytämnestra aber wurde in seiner Abwesenheit zur Ehebrecherin mit Ägisthos. Agamemnon kehrt heim, auch er ahnungsschwer, düster. Mit ihm Kassandra, Weissagende und Geliebte zugleich. Agamemnon überschreitet die Schwelle des Palastes, und aus den Worten der zurückgebliebenen Seherin Kassandra hört der Chor entsetzt, doch noch ungläubig, was drinnen geschieht, wie Agamemnon im Bad von Klytämnestra erschlagen wird. Man hört die Todesschreie. Dann folgt Kassandra dem König – in den Palast, in den Tod. Der Chor will folgen, retten, – da sieht man in der geöffneten Tür die Leichen von Agamemnon und Kassandra. Klytämnestra mit dem blutigen Beil in der mörderischen Hand. Mit Scheingründen rechtfertigt sie ihre Tat vor dem anklagenen Chor; und doch spürt man: sie beging den Mord aus böser Lust, aus Gier, aus Herrschsucht. Als ihr Buhlgenosse Ägisthos naht und vom Chor als Mitschuldiger bezeichnet wird, kommt es zum Kampf. Klytämnestra trennt die Kämpfenden, enthüllt ihr wahres Denken und Empfinden: »Acht' nicht ihr töricht Keifen. Komm doch, Liebster: Ich und du, endlich sind wir Herren im Hause.«

II. *»Die Choëphoren«.* – Nach der Ermordung ihres Gatten Agamemnon hatte Klytämnestra ihren Knaben Orest in die Fremde schicken lassen, damit dem ermordeten Vater in dem Sohn kein Rächer entstehe. Jahre sind inzwischen vergangen. Jetzt steht der herangewachsene Orest unerkannt mit seinem Freunde Pylades vor dem Palast zu Argos vor dem Grabe Agamemnons; er kennt sein Schicksal: den toten Vater muß er rächen. Klytämnestra aber hatte einen ahnungsschweren Traum. Daher schickt sie Dienerinnen mit Elektra, Orests Schwester, zum Grabe Agamemnons, um den Toten durch Spenden versöhnlich zu stimmen (Choëphoren heißt Grabspenderinnen). Die Geschwister erkennen einander. Der Rachegedanke wird lebendig in ihnen. Orest ist entschlossen, Ägisthos zu töten. Doch vor dem Muttermord schreckt er zurück. Erst nach Überredungen, Berichten und Erzählungen stählt sich sein Wille. Verkleidet erscheint er vor Klytämnestra, berichtet ihr vom angeblichen Tode Orests, bittet um Angabe des Ortes, an dem des »Gestorbenen« Asche beigesetzt werden solle. Klytämnestra läßt Ägisthos durch eine Amme herbeiholen. Im Palast wird dieser von den Freunden erschlagen. Klytämnestra ahnt, was ihr bevorsteht, ergreift zur Abwehr das Beil, mit dem sie Agamemnon erschlug. Wieder schwankt Orest; als sie aber frei gesteht, daß sinnliche Lust sie zum Ehebruch und Mord geführt, entschließt er sich zur Tat. Als das Schaurige geschehen ist, tritt Orest vor den Chor und gibt die Gründe seines Tuns an. Nicht genügt ihm das Wort des Chores »Du tatest recht«; schon sieht er die Rachegeister, die Erinnyen: »Wer sind die Fraun, die nahen dort gorgonengleich, / Die nachtgewand'gen, dicht von Schlangenwindungen / Das Haupt umstrickt? Nicht länger mehr hier bleibe ich.«

III. *»Die Eumeniden«.* – Orest ist vor den Rachegeistern schutzflehend zum Tempel des Gottes Apoll geflohen. Er sitzt auf den Tempelstufen, um ihn schlafend die Rachegeister, die »schattendunkel, grauenhaften, mißgestalteten« Erinnyen. Der Gott schickt Orest zum Sühnegericht nach Athen. Kaum ist er gegangen, da weckt Klytämnestras Schatten die Erinnyen und jagt sie ihm nach. – In Athen steht Orest vor dem Bildnis der Göttin Athene. Die Erinnyen umringen ihn, singen ihr grausiges Lied der Rache. Nachdem sich Orest durch kultischen Brauch entsühnt hat, wird er vor das weltliche Gericht gestellt. Er gibt die Tat zu, bereut aber nicht: »Und bis zu dieser Stunde tadl' ich nicht mein Los.« Es scheint schlimm um ihn zu stehen: seine Tat wiegt schwerer als die Klytämnestras; denn er tötete eine Blutsverwandte, während Klytämnestra mit Agamemnon nicht blutsverwandt war. Endlich gibt Apoll dem wechselnden Streit vor Gericht die entscheidende Wendung: der Sohn sei dem Vater mehr blutsverwandt als der Mutter: »Der Zeuger pflanzt das Leben, sie bewahrt den Sproß / Als heilig Gastpfand ...« Schließlich das Urteil: Stimmengleichheit und damit nach athenischem Recht Freispruch. Athene besänftigt die zürnenden Erinnyen, indem sie ihnen einen Kult stiftet; so werden die rächenden Erinnyen zu gütigen Eumeniden. Nie mehr werden sie rächen oder richten wollen; das solle fortan Aufgabe des Staates sein.

SOPHOKLES

Geboren 496 v.Chr. zu Kolonos Hippios bei Athen als Sohn eines Waffenschmieds. Er erhielt eine vorzügliche Ausbildung und war mehrfach Sieger in dramatischen Wettkämpfen. 441–439 Stratege und mit der Niederwerfung des samischen Aufstandes betraut. Gestorben 406 v. Chr. in Athen. Schrieb etwa 125 Dichtungen, von denen aber nur sieben vollständig erhalten sind.

Kein anderer Dichter der Welt wurde zu Lebzeiten so gefeiert und nach seinem Tode so götterähnlich verehrt wie Sophokles. Sein Ruhm strahlt noch bis in unsere Tage. Soweit wir an Hand seiner sieben erhaltenen Tragödien urteilen können (sieben von etwa hundertfünfundzwanzig!), ist er es gewesen, der der altgriechischen Theaterkunst entscheidende Anregungen gegeben hat, Anregungen, die noch heute nachwirken. Die Tragödie, bis dahin vielfach aus drei oder gar vier zusammengehörigen Stücken bestehend, damit das Wirken des übermächtigen Schicksals auf Kind und Kindeskind deutlich werde (vergleiche selbst noch Aeschylus mit seiner »Orestie«), hat Sophokles innerlich und äußerlich verdichtet. Aus Drei- und Vierstück-Folgen machte er ein einziges Drama, neben die allgemeine Schicksalsmacht stellte er den aus seiner Art handelnden Einzelcharakter, die weitgespannten Chorlieder zog er zusammen und ersetzte deren Länge durch geballte sprachliche

Schönheit, die umständlichen Berichte und Erzählungen von Geschehnissen werden (vor allem auch durch Einfügen eines dritten Einzelschauspielers) zu geschärfter Rede und Gegenrede, die Handlung wird Schlag auf Schlag vorwärtsgetrieben. Damit ist das Charakter- und Handlungsdrama geboren. Und ein rein technisches Kunstmittel sei nicht übersehen: das Verfahren, durch knappe, scheinbar zufällige Redewendungen die Vorgeschichte des Dramas zu erwähnen (die sogenannte »analytische Technik«), ist nicht erst im 19. Jahrhundert, sondern zweieinhalbtausend Jahre früher durch Sophokles eingeführt worden.

Antigone

Personen:

Antigone
Ismene, ihre Schwester
Kreon, König in Theben
Eurydike, Königin
Hämon, ihr Sohn
Teiresias, Seher
Wächter, Bote, Volk, Diener, Chor

Ort und Zeit: Theben; altgriechische Sagenzeit
Uraufführung: wahrscheinlich 441 v. Chr. in Athen

Eine Charakter-Tragödie. Gewiß spielt das Schicksal in sie hinein; aber wenn man ihr alles Schicksalhafte nehmen würde, so könnte sie nicht anders ablaufen.

Dieses Entwickeln des Geschehens aus dem menschlichen Charakter – also, um es zu wiederholen, nicht nur aus einem übermächtigen Schicksal – deutet der Chor an mit den berühmten Worten: »Vieles Gewaltige lebt, und nichts, was gewaltiger als der Mensch«. Das heißt doch schließlich, daß der Mensch auch gewaltiger sei als das Schicksal. Dieser allgemeinen Auffassung entspricht die vielseitige, scharfe Zeichnung der Einzelpersonen. So stark ist dieses Charakterdrama, daß es in neuerer Zeit immer wieder nachgedichtet wurde.

Theben ist gerettet. Die feindlichen Brüder Eteokles, der seine Vaterstadt verteidigte, und Polyneikes, der sie belagerte, haben einander im Kampf getötet. Durch ihren Tod ist ihr Oheim Kreon Herrscher über Theben geworden. Den Eteokles läßt er feierlich bestatten als Helden der Stadt, dem Polyneikes als Staatsfeind versagt er die letzte Ehre. Wer sie ihm dennoch erweise, solle es mit dem Leben bezahlen. Hier setzt die Handlung ein. Antigone ist entschlossen, ihren Bruder Polyneikes zu beerdigen und weist die liebend warnende Schwester zurück. Es gelingt ihr, unbemerkt von den Wächtern, den Leichnam des Bruders sinnbildhaft mit Erde zu bestreuen. Kreon tobt bei dem Bericht des Wächters. Antigone aber geht nochmals den gleichen Weg, – sie *will* ihr Leben für die Tat einsetzen. In maßlosem Zorn verurteilt Kreon sie, die offen und frei ihr Tun und ihren Trotz eingesteht, zum Tode. Ismene bekennt sich zur Schwester und steht zu deren Tat. Kreons Sohn Hämon, Antigones Verlobter, bittet für sie: zunächst ehrerbietig, dann aber, als der Vater ihn verhöhnt, zornig und drohend. Kreon, der die Drohung mißversteht, braust auf, besteht auf dem Urteilsspruch. Selbst der greise Seher Teiresias, der den Herrscher warnt, findet nur schwer Gehör. Dann wird Kreon unsicher, schließlich verzweifelt. Er eilt zur Felsenhöhle, in der Antigone lebendig begraben werden sollte. Zu spät. Antigone hat sich mit ihrem Schleier erhängt. Hämon, der die Höhle öffnete, um die Geliebte zu befreien, stürmt im Schmerz auf den Vater ein und, als dieser flieht, durchbohrt er sich mit seinem Schwert. Auf die Kunde von dem Geschehen tötet sich auch Hämons Mutter. Kreon bricht zusammen, als er erkennt, was seine Maßlosigkeit angerichtet hat.

Elektra

Personen:

Der Pfleger
Orest
Pylades (stumme Rolle)
Elektra
Chrysothemis
Klytämnestra
Ägisth
Chor

Ort und Zeit: Mykene, in griechischer Sagenzeit
Uraufführung: etwa 413 in Athen

Die Handlung dieser Tragödie entspricht umrißhaft derjenigen aus den »Choëphoren« des Aeschylus. Es wurde ja erwartet und verlangt, daß die Dichter damals sich immer wieder der gleichen Sagenstoffe bemächtigten und sie ihrer Eigenart entsprechend abwandelten. Bei Sophokles fehlt Kassandra, weil er Klytämnestra als rein sinnenhaftes, ja schamloses Weib hinstellen und ihr den Hinweis auf die ebenfalls ehebrecherische Schuld Agamemnons nehmen wollte. Daher tritt auch Agamemnon nicht mehr auf: seine Ermordung liegt vor dem Beginn der Tragödie. Elektra, die bei Aeschylus ein edel leidendes Mädchen war, wird bei Sophokles zur blutlechzenden, entmenschten Furie; sie *wird* zur Furie, Sophokles gibt also ihrem Charakter einen Entwicklungsgang. Durch Einführung ihrer Schwester Chrysothemis, eines weichherzig-liebebedürftigen Wesens, gewinnt Sophokles einen starken Charaktergegensatz. Pylades bleibt stumm; denn es kam dem Dichter wohl darauf an, alle Antriebskräfte des Geschehens und die Wirkung des Geschehens in Elektra zusammenzudrängen, – abermals eine bedeutende Leistung der Charakterdarstellung. Schließlich fehlt auch der Hinweis auf die Rachegeister, die Orest bei Aeschylus fliehen und Sühne suchen lassen.

König Ödipus

Personen:

Ödipus, König von Theben
Jokaste, Königin
Kreon, Bruder der Königin
Teiresias, blinder Seher
Priester, Bote aus Korinth, Hirt, Diener, Zwei Kinder (Töchter des Königs), Chor

Ort und Zeit: Königsburg in Theben, sagenhafte Zeit
Uraufführung um 425 v. Chr. in Athen

Den grausigen Stoff dieser Tragödie kannten die Athener längst aus der Sage. Ihn haben die Menschen durch die Jahrtausende nicht vergessen, so daß die Psychoanalyse des 20. Jahrhunderts den Begriff des Ödipus-Komplexes (unbewußte Geschlechtsliebe des Sohnes zur Mutter) schaffen konnte und damit sogleich verstanden wurde. Nicht das Geschehen selbst hat seit je Hörer und Betracher in Bann gezogen, sondern allein die Kunst des Dichters. Und zwar ist es neben der ebenso edlen wie packenden Sprache vor allem die Art, in der die Charaktere gezeichnet, das Handeln der Hauptpersonen begründet und die Handlung selbst bald vorwärtsgetrieben und bald zurückgehalten wird.

König Ödipus von Theben hat seinen Schwager Kreon zum Orakel nach Delphi entsandt, damit Gott Apoll verkünde, ob der in Theben wütenden Pest Einhalt geboten werden könne. Die Antwort lautet: nur wenn der noch lebende und in Theben wohnende Mörder des vorigen Königs Laios zum Tode verurteilt oder verbannt werde. Und nun enthüllt sich dem Ödipus Zug um Zug, daß er selbst unwissend seinen Vater Laios getötet und unwissend seine Mutter Jokaste geheiratet hat. Jokaste erhängt sich, und Ödipus sticht sich die Augen aus; er empfiehlt seine Kinder der Obhut Kreons und geht in die Verbannung.

Wie sehr »König Ödipus« eine echte Charakter-Tragödie ist, also nicht nur starre Charaktere gegeneinander stellt, sondern sie aufeinander einwirken läßt, sie im Verlauf wandelt, mag ein Blick auf die Zeichnung des Titelhelden erweisen. Ödipus steht zunächst vor uns als weiser, milder, gerechter Herrscher. In der Teiresias-Szene setzt der erste Wandel ein. Anfangs begegnet er dem blinden Seher mit gebührender Ehrfurcht; als dieser aber den Namen des Laiosmörders nicht aussprechen will, nennt er ihn einen Feind des Vaterlandes (des Vaterlandes, nicht des Königs!), weil er die Bestrafung des Täters und damit die Befreiung der Stadt von der Pest verhindere. Nun aber setzt sich Teiresias zur Wehr: Ödipus selbst sei der Mörder und ein Blutschänder zugleich. Im sicheren Gefühl seiner – wie er glaubt – Schuldlosigkeit fühlt sich Ödipus durch diese ungeheuerlichen Worte immer noch nicht persönlich verletzt; aber der König in ihm wird mißtrauisch: Kreon hat die Orakelbotschaft gebracht, hat vielleicht das Orakel gefälscht, den Seher durch Geschenke gekauft, wühlt gegen Ödipus, um selbst König zu werden. Das ist Hochverrat, Kreon muß sterben. So klar und aufrichtig Kreon diesen Vorwürfen entgegentritt, – nur mit Mühe gelingt es den vereint Bittenden, das Urteil zu mildern. Fühlte sich Ödipus zunächst als Vertreter des Vaterlandes, dann als Träger der Königswürde getroffen, so erschrickt zum ersten Male der Mensch in ihm, als er von Jokaste hört, Laios sei an einem Dreiweg (Kreuzweg, Weggabelung) erschlagen worden; denn eben an einer solchen Stelle hatte er selbst einen Greis getötet. Und nun geht es auf und ab in ihm. Er tröstet sich bei dem Gedanken, den

Laios hätten, wie berichtet wird, mehrere überfallen; Ödipus aber war damals allein. Er fährt zusammen, als ihm Jokaste das Aussehen des Laios schildert. Er beruhigt sich, als ein Bote vom Krankentode seines (angeblichen) Vaters berichtet, bis schließlich die Wahrheit an den Tag kommt: er ist wirklich ein Sohn des Laios, war in seiner frühesten Kindheit ausgesetzt worden, von einem Fürsten an Sohnes Statt angenommen und hat auf seiner Wanderung nach Theben tatsächlich den Laios erschlagen und dessen Witwe, also seine eigene Mutter, geheiratet. Wie dieses Auf und Ab, diese aufeinanderfolgenden Nachrichten auf diesen edlen Charakter wirken, das hat Sophokles mit wenigen Mitteln, doch mit tiefer Seelenkenntnis dargestellt.

EURIPIDES

Geboren um 485 v. Chr. auf der griechischen Insel Salamis. Lebte zumeist in Athen. Als Tragödiendichter fand er dort zwar manchen Anklang, trug auch bei den Dichterwettkämpfen fünfmal den Preis davon, wurde aber auch viel angefeindet. Deshalb ging er 408 nach Mazedonien. Gestorben 406 v. Chr. im thrazischen Arethusa. Schrieb etwa hundert Stücke; von diesen sind 18 erhalten.

Euripides ist der erste große Realist der Theatergeschichte. Er zeichnet in seinen Werken die Menschen, wie sie wirklich sind, nicht wie sie sein sollten oder sein könnten. Mit ihm betritt der götterlose, gottlose Mensch, dieses vernunftbegabte und doch unvernünftige Wesen, die Bühne des Welttheaters. Der Dichter gibt mehr als nur den Umriß besonderer Einzelcharaktere; er versucht vielmehr, das Ineinandergreifen der verschiedenen Charakterteile, das Werden dieses Charakters aus der Zusammensetzung der Einzelteile und aus den Einwirkungen von außen darzustellen. Erstaunlich, wie sicher Euripides auch in seinen Ausnahmecharakteren (insbesondere in den abseitigen, krankhaft überreizten Frauenfiguren) gewisse Grenzfälle darzustellen wußte, die sich im Laufe der Geschichte immerfort wiederholen. Daß er bei solcher Schaffensweise das Wirken der ewigen Götter und des blindwaltenden Schicksals eindämmte, um nicht zu sagen: ausschloß, versteht sich von selbst. Daher verliert der Chor im Rahmen der Handlung bei ihm jede

Bedeutung; er ist nicht mehr Stimme des Schicksals. Und die Götter treten gelegentlich zwar auf, doch erscheinen sie nur als wesenlose Wesen. (Die Frage, ob Euripides sie aus Gewohnheits- oder aus theatralischen Gründen oder aber in kritisch-ironisierender Absicht beibehalten hat, lassen wir hier unerörtert).

Medea

Personen:

Medea, Königstochter aus Kolchis
Jason, ihr griechischer Gemahl
Kreon, König von Korinth
Ägeus, König von Athen
Amme; Bote; Knabenführer
Die beiden Knaben Medeas
Chor korinthischer Frauen

Ort und Zeit: Korinth, Sagenzeit
Uraufführung 431 v. Chr. in Athen

Euripides hat aus der griechischen Sage zwar die dämonische Art Medeas beibehalten, ihren Charakter jedoch menschlich verständlich gemacht. Angesichts dieser ins Überlebensgroße wachsenden Frauengestalt kann es nicht wundernehmen, daß die dichtenden, malenden und plastischen Künstler aller Zeiten immer wieder versucht haben, mittelbar oder unmittelbar diesen gewaltigen Frauencharakter nachzubilden.

Als der berühmte Argonautenheld Jason auszog, in Kochis das goldene Vlies für Griechenland zu gewinnen, hat die kolchische Königstocher Medea ihm beigestanden; er gewann ihre Liebe und das Vlies; aber Medea hat dafür einen hohen Preis bezahlen müssen: landflüchtig ist sie geworden, weil sie nur durch Mord dem Geliebten beistehen konnte. Und nun muß sie, mit dem Gatten und den Kindern nach Korinth geflüchtet, erleben, daß Jason die Tochter des Korinther-Königs Kreon heiraten will. Für Medea eine Kränkung, der Jason noch kalten Hohn hinzufügt. Zu alledem soll Medea nun auch noch als Zauberin verbannt werden. Als die schwer Beleidigte erfährt, daß sie in Athen Zuflucht finden könne, reift in ihr der Racheplan einer in ihrer edlen, aufopfernden Würde aufs schwerste getroffenen (keineswegs einer nur eifersüchtigen) Frau. Sie übersendet Jasons junger Frau durch ihre Kinder Gewand und Schmuck mit der Bitte, daß die Kinder nicht Korinth zu verlassen brauchen. Kaum hat die junge Frau die Geschenke angelegt, da wirkt Medeas Zauber: sie verbrennt bei lebendigem Leibe und mit ihr auch ihr herbeieilender Vater. Der erste Racheplan ist geglückt; aber als sie nun, um Jason abermals zu treffen, ihre Kinder töten will, siegt die Mutterliebe über Frauenrache, – sie vermag den Mord nicht auszuführen. Erst als die Korinther den Tod des Königs und seiner Tochter rächen wollen, rafft sich Medea zu der furchtbaren Tat auf: lieber sollen die Kinder von der Mutterhand fallen. Nach der Tat wird sie von einem Drachenwagen, den der Sonnengott, ihr Stammvater, sendet, in die Lüfte entführt. Jetzt erst scheint Jason zu erkennen, wie schändlich er gehandelt hat.

Iphigenie in Tauris

Personen:

Iphigenie, Priesterin in Tauris
Orest, ihr Bruder
Pylades, dessen Freund
Thoas, König von Tauris
Pallas Athene
Rinderhirt, Tempeldiener (beide dienen als Boten)
Chor griechischer Jungfrauen

Ort und Zeit: an der Küste des taurischen Landes, nach dem trojanischen Kriege
Uraufführung 412 v. Chr. in Athen

Eine jener altgriechischen Tragödien, die zu unverlierbarem Geistesgut des Abendlandes geworden und oft nachgedichtet worden sind (Gluck, Goethe usw.). Als Drama nicht sonderlich stark, weil nicht aus den Charakteren entwickelt, aber doch fesselnd in der Art, wie sich Ereignisse und äußere Umstände in den Charakteren der Hauptpersonen spiegeln.

Agamemnons Tocher Iphigenie, die einst in Aulis, um den Griechen günstige Fahrt gen Troja zu sichern, geopfert werden sollte, jedoch von der Göttin Artemis nach Tauris entrückt wurde, ist Priesterin und vollzieht die ihr obliegenden blutigen Opfer gehorsam, wenn auch innerlich widerstrebend. Aus einem Traum glaubt sie schließen zu müssen, ihr Bruder Orest sei gestorben. Traurig ordnet sie einen Totenkult an. Da werden zwei Griechen vor sie gebracht. Es sind – ohne daß sie es weiß – Orest und Pylades, die auf Befehl Apollos das Bild der Göttin Artemis in Tauris rauben und nach Athen bringen sollen, um so Orests Muttermord endgültig zu sühnen. Das Leben der beiden Freunde ist verwirkt; als aber Iphigenie von ihnen das Schicksal Orests erfährt und hört, daß er noch lebe, da werden Geschwisterliebe und Heimweh stärker als Priesterinnenpflicht: einer der beiden soll sterben, den anderen aber will sie mit Botschaft zu Orest senden. Keiner der Freunde will den anderen sterben lassen; endlich überzeugt Orest seinen Freund, daß es besser sei, wenn er, der halb Wahnsinnige und von den Erinnyen Gehetzte, sein Leben hingebe. Aus der Botschaft der Priesterin erkennen sie jedoch, daß Iphigenie vor ihnen steht. Kaum vermag diese zu glauben, daß der zum Tode bestimmte Jüngling ihr Bruder Orest ist. Dann aber will sie durch eine List die Freunde retten, ihnen das Bild der Göttin verschaffen und selbst mit nach Griechenland gehen. Die List mißlingt. In höchster Not erscheint Athene und befiehlt dem erzürnten König Thoas, die drei Vereinten mit dem Götterbild ziehen zu lassen.

Iphigenie in Aulis

Personen:

Agamemnon, griechischer Oberfeldherr
Klytämnestra, seine Gemahlin
Iphigenie, beider Tochter
Menelaus, Agamemnos Bruder

Achill, griechischer Heerführer
Odysseus, König von Ithaka
Kalchas, ein Seher
Boten, Chor

Ort und Zeit: am Strande von Aulis,
kurz vor dem trojanischen Kriege
Uraufführung 405 v. Chr. in Athen

Obwohl die Handlung der aulidischen Iphigenie vor der tauridischen liegt, hat Euripides die »Iphigenie in Aulis« erst später geschrieben (erste Aufführung ein Jahr nach seinem Tode). Das Werk ist ein Charakterdrama. Euripides entwickelt das Geschehen nicht nur aus einer ganzen Reihe von verschiedenartigen Charakteren, sondern führt uns auch deren Entwicklung vor Augen, zeigt uns, wie die Menschen aneinander wachsen und wie sie vor neuen Situationen sich in neuer Art verhalten.

Die Griechen werden vor ihrer Fahrt gegen Troja durch widrige Winde im Hafen Aulis festgehalten. Nur wenn Agamemnon, so verkündet der Seher, seine Tochter Iphigenie opfert, werden die Götter die Fahrt begünstigen. Agamemnon weigert sich anfangs, dann sendet er Boten, die seine Gemahlin Klytämnestra und seine Tochter Iphigenie benachrichtigen, sie sollten in Aulis erscheinen, damit Iphigenie mit Griechenlands größtem Helden Achill vermählt werde. Wieder schwankend geworden, sendet er neue Boten, die Gemahlin und Tocher fernhalten sollen; aber diese Boten läßt sein Bruder Menelaus abfangen, Klytämnestra und Iphigenie erscheinen. Als der ahnungslose

Achill von den Frauen als künftiger Verwandter begrüßt wird, werden die Zusammenhänge offenbar. Klytämnestra und Iphigenie flehen Agamemnon an, die Tochter nicht zu opfern; doch der bisher Schwankende stellt jetzt die Pflicht gegenüber dem Vaterlande allem Persönlichen voran. Auch das Heer wird nun aufsässig und verlangt das Opfer. Achill widersetzt sich, will Iphigenie gegen das ganze Griechenheer schützen. Doch jetzt erkennt Iphigenie, daß ihre Opferung für die Gesamtheit notwendig ist: geradezu stolz verlangt sie selbst den Tod für das Vaterland.

So sehr es verlocken könnte, auf die übrigen Dramen des Euripides (insbesondere auf den merkwürdigen »Jon«) einzugehen, – hier kann nur noch die Tragödie *»Hippolytus«* (428 v. Chr.) gestreift werden. Und zwar vor allem wegen der Figur der Phädra, die als Erscheinung wie als Charakter in der Kunst der späteren Zeit immer wieder eine Rolle gespielt hat (vor allem bei Racine). All die zahllosen Frauen der neueren Dichtung, die man mit dem Kennzeichen »hysterisch« abstempelt, stammen irgendwie von der Phädra des Euripides ab. Phädras Liebesraserei ist die krankhafte Übersteigerung eines natürlichen, jedoch nicht zu verwirklichenden Grundgefühls. – Phädra, zweite Frau des Königs Theseus, liebt Hippolytus, den Sohn des Königs aus erster Ehe. Wohl wehrt sie sich gegen solch ungeziemendes Empfinden, aber sie ist machtlos. Ihre Amme, erschreckt über die Liebes- und Todessehnsucht Phädras, will Kupplerin spielen, wird aber von Hippolytus beschimpft. Phädra, deren Liebe endgültig verschmäht und deren Ehre nunmehr durch Hippolytus' Wissen gefährdet ist, geht freiwillig in den Tod. In einem Brief an Theseus beschuldigt sie ihren Stiefsohn, er habe zu ihr in unerlaubte Beziehungen treten wollen. Hippolytus wird von seinem Vater verflucht. Der Fluch erfüllt sich: Hippolytus' Pferde gehen durch und schleifen den Jüngling zu Tode. Verscheidend söhnt er sich mit Theseus aus, der die Zusammenhänge zu spät erfahren hat.

ARISTOPHANES

Geboren um 450 v.Chr. wahrscheinlich in Athen, gestorben etwa 388 v.Chr. Schrieb 44 Komödien (Zum Teil unter einem Decknamen), von denen nur elf erhalten sind. Über sein Leben ist fast nichts bekannt.

Aristophanes, Meister des geschliffenen, stets treffenden, stechenden Wortes, ein Kabarettdichter größten Formats, wollte seine Zuhörer zum Lachen bringen, – nicht mehr. Das ist nun freilich, wie es scheint, sehr viel; und es bedarf daher keiner »Rechtfertigung« dieses genialen Spötters, wie mancher glaubt, der hinter der Maske des Schelmes Aristophanes den moralischen Erzieher Aristophanes entdecken möchte. Geistvoller Witz wirkt durch sich selbst erzieherisch, – und Lachen erst recht. So großartig die Komödien des Dichters auch sind, so sehr bedürfen sie im Ganzen und in den geringsten Anspielungen des Kommentars, wenn man sie heute aufführen will. Das aber wäre Bildungstheater im schlimmsten Sinne. Wenn man Aristophanes aufführt, muß man auf die köstlichsten Einzelheiten leider verzichten, weil sie unverständlich bleiben würden. Nachfolgend dementsprechend nur ein paar Umrisse einiger seiner Komödien. Technisch arbeitet Aristophanes – wie die großen Tragödiendichter seiner Zeit – ganz meisterhaft mit mehreren Hauptdarstellern, verschiedenartigen Nebenfiguren und (abgesehen von seinem Alterswerk) in erheblichem Umfang mit Chorführer und Chor. Als besonderer Meister der Gesprächsführung erweist er sich an jenen zahllosen Stellen, wo trotz streng gebundener Rede der Sprechenden und Streitenden die knappen Sätze oder kurzen Worte einander blitzartig folgen.

Die Vögel

Komödie – Uraufführung Athen 414 v. Chr.

Personen:

Ratefreund und Hoffegut, zwei Athener
Der Wiedehopf
Der Zaunschlüpfer
Die Nachtigall
Ein Poet
Ein Wahrsager
Ein Zöllner
Ein Vaterschläger
Kinesias, ein Dichter
Iris, Botin der Götter
Prometheus
Herakles
Poseidon
Basileia u.a.
Chor der Vögel

»Die Vögel« stellen rein dichterisch das stärkste Werk des Aristophanes dar. Es handelt sich um eine Märchenkomödie mit politschen Hintergründigkeiten, auf

die hier nicht eingegangen wird. – Zwei Athener, Ratefreund und Hoffegut, wandern aus ins Reich der Vögel, deren Herrscher der Wiedehopf ist. Anfangs werden sie mißtrauisch empfangen, dann aber hoch geschätzt; beweisen sie doch, die Vögel seien ursprünglich Herren der Welt gewesen und könnten es wieder werden; sie brauchen nur die Menschen mit dem Wegfressen der Saaten und Früchte zu bedrohen, und die Götter könnten sie sich gefügig machen, indem sie dem Opfergeruch, von dem die Götter leben, den Durchzug durch das Vogelreich (nämlich die Luft) versperren. Auf Rateguts Betreiben bauen die Vögel eine gewaltige Vogelstadt Wolkenkuckucksheim mit riesigen Mauern. So bringen sie, nachdem die Menschen sogleich Frieden mit den Vögeln gemacht haben, durch eine Luftsperre die Götter an den Rand des Verhungerns. Drei Vermittler der Götter übergeben auf Betreiben des gefräßigen Herakles den Vögeln die Herrschaft.

Lysistrata

Komödie – Uraufführung Athen 411 v. Chr.

Personen:

Lysistrata
Kalonike
Myrrhine
Kinesias, ihr Mann
Lampito, eine Spartanerin
Ein Ratsherr

Ein spartanischer Herold
Chöre (Weiber, Greise)

Ort und Zeit: Athen vor der Akropolis, zur Zeit des Peleponnesischen Krieges

»Lysistrata« würde, stammte sie von einem Dichter unserer Zeit, wegen ihrer körperlich-geschlechtlichen Überdeutlickeiten nur mit einigen kräftigen Strichen aufgeführt – oder überhaupt verboten werden. Verspottet wird in diesem Stück ein Gedanke, den manche Leute auch heute noch vertreten: Wenn die Männer immer wieder Kriege führen und die Welt verwüsten, so sollen doch einmal die Frauen ans Ruder kommen. Das geschieht in der Komödie dadurch, daß die griechischen Frauen unter Führung der Athenerin Lysistrata beschließen, sich ihren Männern so lange zu versagen, bis diese sich zum Frieden bequemen. Leicht fällt den Frauen der Entschluß nicht, aber sie halten dann ganz wacker aus in ihrer Verschanzung. Endlich sind die Männer verhandlungsbereit. Doch inzwischen wurden die Weiber ebenso mannstoll, wie die Männer weibertoll waren. Nur mühsam gelingt es, den einmal gefaßten Entschluß bis zum – dadurch erzwungenen – Kriegsende durchzuführen.

»Die Ritter« (424 v. Chr.) verspotten demokratische Erscheinungen jener Tage, insbesondere den damals mächtigen Lederhändler Kleon, der nicht mit sich spaßen ließ, wenn man ihn lächerlich zu machen versuchte. Aristophanes wagte es dennoch zumal zwischen Kleon und der athenischen Garde, den »Rittern«,

Streitigkeiten bestanden. Kleon hat in der Komödie dem Herrn Demos (dem »Herrn Volk«) alle Verfügungsgewalt in dessen Hause abgeluchst und auch die beiden Sklaven Demosthenes und Nikias (athenische Heerführer) um den Erfolg ihrer Taten gebracht. Diese beschließen, einen vorüberkommenden Wursthändler als Gegenherrscher aufzustellen im Hauswesen der Demokratie und sagen ihm die Hilfe der Ritter zu. Durch Schimpfkanonaden übelster Art, durch Bestechungen und Schmeicheleien macht sich der Wursthändler Agarokritos tatsächlich zum neuen Hausverwalter des Herrn Demos, zum Leiter der athenischen Staatsgeschäfte. Schwach wirkt der Schluß, wenn Aristophanes unversehens aus dem schreienden Gauner Agarokritos und dem trottelhaften Herrn Demos edle Figuren macht.

In den *»Wolken«* (423 v. Chr.) verspottet Aristophanes die zeitgenössischen Philosophen: die spitzfindigen Sophisten und besonders auch den Weisheitslehrer Sokrates. Die Wolken (Chor) sprechen teils als Personen gewordene Verkörperung ihres wirklichen oder vom Volksglauben als für wahr gehaltenen Wesens, teils sind sie Sinnbilder für die Luftgespinste. – Strepsiades will seinen leichtsinnigen Sohn Pheidippides zu Sokrates in die Weisheitsschule schicken, damit er dort lerne, den Gläubigern zu beweisen, daß man seine Schulden nicht zu bezahlen brauche. Als Pheidippides sich weigert, geht Strepsiades selbst in die Lehre. Gebräuche und Sinn der Sokrates-Schule werden nun gründlich verspottet. Strepsiades wird bald wegen Dummheit entlassen, und nun geht Pheidippides doch in des Sokrates Haus. Dort führt man ihm einen Redekampf vor: zwischen dem Anwalt der guten und dem der schlechten Sache. Der Vertreter des Guten scheint zu siegen, – aber der Anwalt der schlechten Sache zeigt ins Publikum und fragt seinen Gegner, ob die Mehrheit nicht aus Lumpen bestehe; das muß dieser zugeben, – und da die Mehrheit in einer Demokratie entscheide, so gewinnt der Anwalt der schlechten Seite den Sieg. Begeistert geht Pheidippides in die Lehre des Siegers. Er lernt so gut, daß er, heimgekehrt, sogleich einigen Gläubigern beweist, daß sie kein Recht haben, ihr Geld zu bekommen. Dann aber benimmt er sich »mit guten Gründen« übel gegenüber seinem Vater, schlägt ihn nicht nur, sondern beweist, daß er dazu das Recht habe. Als er diesen Beweis auch auf die Mutter ausdehen will, fährt Strepsiades auf, ruft seine Diener und zerstört mit ihnen die Schule der Weisheit.

»Der Friede« (421 v. Chr.) ist mehr witzige Posse als stachelige Komödie.

Der Weinbauer Trygaios fliegt auf einem riesigen Mistkäfer ins Reich der Güter, um beim obersten Gott Zeus über den Krieg Klage zu führen. Aber im Himmel herrscht Mars, weil die Götter vor dem Kriegsgeschrei auf Erden selbst aus dem Himmel verzogen sind. Der Kriegsgott Mars hat den Frieden in eine verrammelte Höhle gesperrt. Während er sich einen neuen Stampfer herstellt, mit dem er Griechenlands Städte völlig zermalmen will, ruft Trygaios alle friedliebenden Stände Griechenlands (Chor) zusammen und befreit mit ihnen den Frieden aus der Höhle.

PLAUTUS

Titus Maccius Plautus, geboren um 250 v. Chr. in Sarsina (Umbrien), wurde anfangs in seiner Tätigkeit ziemlich umhergetrieben. Er war in untergeordneter Beschäftigung beim Theater, dann Händler, weiterhin Knecht bei einem Müller; schließlich hatte er dauernden Erfolg mit seinen Komödien. Er soll etwa 130 Stücke herausgebracht haben. Davon sind 20 erhalten. Gestorben 184 v. Chr. in Rom.

So wenig wir es für wahrscheinlich halten, daß der römische Komödiendichter Plautus wirklich wieder aufgeführt wird, so nötig sind einige Worte über seine Bedeutung für die Komödie überhaupt. Plautus, seine Vorgänger, Zeitgenossen und ersten Nachfolger übernahmen das Stoffliche für ihre Komödien zum größten Teil von den Griechen und machten den Stoff für die Römer ihrer Zeit theatergerecht. Sie waren ausgekochte Theaterpraktiker und wußten, was das römische Volk wollte. Da der darzustellende Stoff im Grunde begrenzt war, mußten die Komödiendichter versuchen, immer neue, wirksame und vor allem theatergerechte Personen, Situationen und sprachliche Formen zu finden. Den leicht vertrottelten Alten, den augenaufschlagenden Liebhaber, den gefräßigen Koch, den schmarotzenden Nassauer, das herausgeputzte Buhlweib, den pfiffigen Diener, die Verkleidungen und Verwechslungen, – alle diese auch heute noch nicht ausgestorbenen Mittel und Mittelchen finden wir in den Komödien von Plautus (und Terenz). Nicht einfach, für solche Schemafiguren immer wieder neue Spiele zu schreiben.

Amphitryon

Komödie – Uraufführung Rom um 201 v. Chr.

Personen:

Jupiter, der Götterkönig
Merkur, der Götterbote
Amphitryon, Feldherr
Alkmene, seine Gemahlin
Sosias, sein Diener

Ort und Zeit: im Hause des Amphitryon zu Theben, mythische Zeit

Von den Stücken des Plautus sei der *»Amphitryon«*, inhaltlich nur deshalb wiedergegeben, weil es den Kern der berühmten späteren gleichnamigen Stücke von Molière und Kleist bildet. – Zeus, der höchste der Götter, gibt sich die Gestalt des Königs Amphitryon und kommt so unerkannt in der Nacht zur Königin Alkmene. Als der richtige Amphitryon am nächsten Tage heimkehrt, kommt es natürlich zu höchst merkwürdigen Verwicklungen. Sie lösen sich, als Alkmene und Amphitryon verheißen wird, die Königin werde den stärksten Helden gebären (Herakles). Das Hauptgeschehen wird umbaut von köstlich-komischen Nebenfiguren und Nebengeschehnissen.

TERENTIUS

Publius Terentius Afer, geb. etwa 190 v.Chr. in Karthago, kam als Sklave nach Rom. Sein Herr ließ ihn gut erziehen und schenkte ihm, da er den klugen Geist seines Sklaven zu schätzen wußte, die Freiheit. Als Freigelassener verkehrte Terentius, wie er sich nach seinem früheren Herrn nannte, bei vornehmen, griechisch gebildeten Römern. Gestorben 159 v.Chr. in Griechenland. Schrieb Komödien nach griechischen Vorbildern.

Terentius, oder wie er üblicherweise genannt wird: Terenz schrieb ganz ähnliche Komödien wie Plautus. Vielleicht – soweit seine Werke bekannt wurden – noch etwas gepflegter in der Sprache und bestimmt noch unübersichtlicher in der Handlung. Als die Humanisten im 15. Jahrhundert diesen römischen Komödiendichter wiederentdeckten, sahen sie sich gezwungen, die Handlung seiner Stücke durch ein ganz äußerliches Mittel zu verdeutlichen. Da dieses Mittel eine gewisse Schule gemacht hat und selbst in neuerer Zeit – wenn auch verschleiert – zuweilen angewendet wird, muß Terenz an dieser Stelle gestreift werden. Man verdeutlichte nämlich die Bühnenvorgänge, indem man die Personen jeweils beim Auftreten und Abtreten unverwechselbar kennzeichnete. Im Bühnenhintergrund befanden sich nebeneinander mehrere durch Vorhänge abgeschlossene Türen, über denen die Namen der Einzelpersonen aufgemalt waren. Der Zuschauer wußte daher sogleich, wer die auftretende Person war und konnte sich ständig durch die Verwechslungen hindurchfinden, die – den Handelnden selbst undurchsichtig – einen Hauptreiz der Stücke ausmachten (»Terenz-Bühne«). Bis heute ist dieser äußere Trick in jedem echten Theaterstück dramaturgisch wirksam geblieben: daß der Zuschauer wisse, was einzelnen oder vielen Personen auf der Bühne unbekannt ist, gehört zu den wesentlichen, in der Wirkung sogar entscheidenden Kunstgriffen der Theaterdichtung.

Der Eunuch

Komödie – Uraufführung 161 v. Chr.

Personen:

Thais, eine Hetäre
Thraso und Phaedria, ihre Liebhaber
Pamphila
Chaerea, Phaedrias Bruder
Parmeno, ein Sklave
Pythias, Dienerin der Thais
Gnatho, Freund des Thraso
Chremes, Pamphilas Bruder
Phaedrias Vater

Ort und Zeit: Athen, 2. Jahrhundert v. Chr.

Als Beispiel für die schwer durchschaubare verzwickte Handlung wird versucht (!), den Inhalt dieser Komödie anzugeben. Die Hetäre Thais hat Berufspflichten gegenüber zwei Hauptliebhabern zu erfüllen. Als nun der eine Liebhaber, der polternde Kriegsmann Thraso, für einige Zeit sein Ansprüche geltend macht, hat der andere Liebhaber Phädria unauffällig den Platz zu räumen. Der Kriegsmann bringt als Geschenk für Thais die hübsche kleine Pamphila. Aber auch der zurzeit auf Eis gelegte Phädria will Thais etwas schenken und zwar einen jungen Eunuchen. Davon erfährt Phädrias Bruder Chärea. Er liebt Pamphila und naht ihr (mit Hilfe des listigen Sklaven Parmeno) in dem Gewande des jungen Eunuchen. Der Kriegsmann wird angesichts des hübschen jungen »Eunuchen« eifersüchtig. Seine Eifersucht wächst, als nun Pamphilas Bruder Chremes auch noch bei Thais erscheint. Thais möchte Pamphila an Chremes zurückgeben, da sie erfährt, daß die beiden Bruder und Schwester sind. Aber als Phädria zurückkommt und vernimmt, was der angebliche Eunuch mit Pamphila angestellt hat, wird die Sache brenzlich. Denn Chremes will zum Richter rennen, weil seine Schwester nicht mehr unberührt sei. Das läßt alle Überkreuzungen zutagetreten, Mord und Totschlag scheinen unvermeidbar. Höchste Unruhe entsteht, als zu alledem auch noch der Vater von Phädria und dem falschen Eunuchen Chärea auf den Plan tritt. Der Schluß bringt (dramaturgisch unzulänglich) die einseitige Entwirrung: die Liebhaber der Thais schließen Frieden und achten ihrer beiderseitigen Rechte bei der Hetäre. Wichtiger Drahtzieher ist der Sklave Parmeno (solch pfiffige, helfende, aber sich selbst nicht vergessende Diener sind seit Jahrtausenden Lieblingsfiguren der Bühnendichtung geblieben); auch fehlt natürlich nicht der gierige Schmarotzer.

SHAKESPEARE

William Sh. (1564–1616, Engländer) wurde mit vierundzwanzig Jahren Mitglied einer Schauspielergesellschaft in London, dann deren dramaturgischer Berater und Theaterdichter. Schrieb zahlreiche Lustspiele, Komödien, historische Dramen, Tragödien usw.

Shakespeare gilt als größter Bühnendichter aller Zeiten. Seine Stücke sind fast ausnahmslos Dichtungen und zugleich bühnenwirksame, echte Theaterschöpfungen. Sein Stoff ist der Mensch mit allen Stärken und Schwächen, mit seinem Flug in die Himmel und seinem Fluch zu höllischem Tun, mit seinem sittlichen Ernst und seinem unbeschwerten Lachen, mit seiner überwindenden Liebe und seinem zerstörenden Haß. Wessen der Mensch fähig ist, das hat Shakespeare in seinen Stücken dargestellt, und zwar nicht säuberlich getrennt und vereinzelt, sondern meist unlösbar ineinander verwoben; denn Gut und Böse, Ernst und Scherz finden sich ja auch in der Brust des Einzelmenschen. Von dieser Grundeinstellung aus findet der Dichter die Fähigkeit, die Menschen auf der Bühne so handeln zu lassen, daß man sie für Wirklichkeiten, nicht aber für Geschöpfe dichterischer Phantasie hält. Kennzeichen des wahren Gestalters, daß er hinter seinen Gestalten verschwindet. Solche Fülle und Wirklichkeit des Lebendigen läßt sich nicht restlos in überlieferte Bühnengesetze einpressen. Daher spürt man zwar bei genauem Zuhören, daß diese Gesetze im wesentlichen von Shakespeare innegehalten werden, daß aber auch sie – wie der Dichter hinter seinen Gestalten – verschwinden, unsichtbar werden unter dem quellenden Reichtum des Geschehens und der Sprache.

Nachfolgend den Inhalt der wesentlichsten Werke, und zwar nach Gruppen getrennt. Auf die äußerst schwierige Frage der Übersetzungen kann hier nicht eingegangen werden, zumal die Schlegel-Tieck-Übersetzungen im allgemeinen noch immer den Spielplan beherrschen.

Der Widerspenstigen Zähmung

Lustspiel in fünf Aufzügen

Personen:

Ein Lord
Christoph Schlau
ein Kesselflicker
Wirtin, Page, Schauspieler, Jäger und andere Bediente des Lords
Baptista, ein reicher Edelmann aus Padua
Vincentio, ein alter Kaufherr aus Pisa
Lucentio, Vincentios Sohn, Liebhaber der Bianca
Petruchio, ein Edelmann aus Verona, Katharinas Freier,
Gremio, Hortensio, Biancas Freier

Tranio, Biondello, Lucentios Diener
Grumio und Curtis, Petruchios Diener
Ein Magister
Katharina, die Widerspenstige und Bianca, ihre Schwester, Babtistas Töchter
Eine Witwe
Ein Schneider
ein Putzhändler und Bediente des Babtista und des Petruchio

Ort und Zeit: Padua und Landhaus des Petruchio, italienische Renaissance
Uraufführung 1595

Ein kräftiger Schwank, dessen Derbheiten man aus der Zeit begreifen muß. Die Rahmenhandlung mit dem Kesselflicker Schlau, der einmal »Lord für einen Tag« spielen soll, wird heute meist fortgelassen.

1. AKT: Der junge Student Lucentio wird mit seinem Diener ungesehen Zeuge, wie der reiche Baptista zwei Bewerbern um die Hand seiner Tochter Bianca erklärt: an eine Verheiratung der zarten Bianca sei erst zu denken, wenn deren ältere, höchst widerspenstige Schwester Katharina unter die Haube gekommen sei. Darauf beschließen die beiden Bewerber Gremio und Hortensio, der Katharina einen Mann anzudrehen, damit sie sich dann um Bianca bemühen können. Und Lucentio, der sich ebenfalls in Bianca verliebt hat, legt sich seinen eigenen Plan zurecht: er will sich dem Vater als Hauslehrer für Bianca anbieten, und sein Diener Tranio soll, um die Aufmerksamkeit von dem

»Hauslehrer« abzulenken, als Edelmann auftreten. – Verwandlung. Hortensio trifft seinen eben aus Verona kommenden Freund Petruchio und empfiehlt ihm die zänkische, aber reiche Katharina als Frau. Zänkisch? Widerspenstig? Na, damit gedenkt Petruchio schon fertig zu werden. Alles begibt sich – offen oder verkleidet – zum Hause des Baptista.

2. AKT: Bei Baptista. Katharina geht übel um mit ihrer sanften Schwester. Sofort steuert Petruchio sein Ziel an: die angeblichen Haus- oder Musiklehrer müssen sich mit den Mädchen beschäftigen, – »Musiklehrer« Hortensio büßt den Unterricht bei Katharina mit einer Verwundung; denn die Widerspenstige schlägt ihm die Laute an den Kopf. Petruchio aber bringt beim Vater seine Bewerbung um Katharina an, wird angenommen, setzt Katharinas Bosheiten noch größere entgegen, bestimmt den nächsten Sonntag als Hochzeitstag, schert sich nicht um die wütenden Widersprüche der widerspenstigen Katharina und reist für ein paar Tage nach Venedig. Da Katharina ihren Mann nun hat, können sich die übrigen um Bianca bewerben; die drei offiziellen Bewerber (Lucentio spielt immer noch den Hauslehrer) beginnen eine regelrechte Versteigerung, – und am meisten bietet der als Edelmann verkleidete Diener Lucentios.

3. AKT: Bianca wird von den »Lehrern« Hortensio und Lucentio beim Unterricht umworben; die erste Runde fällt an Lucentio. – Verwandlung. Alles ist zur Hochzeit Katharinas bereit; nur der Bräutigam Petruchio läßt auf sich warten. Endlich erscheint er mit sei-

nem Diener Grumio – aber in einem völlig zerlumpten Aufzug, läßt nicht mit sich reden und schleppt in seinem Lumpengewand die Braut zur Kirche. Dort benimmt er sich unglaublich, stürmt in Baptistas Haus zurück, will nicht am Hochzeitsmahl teilnehmen, obwohl ihn Katharina, nun doch kleinlaut geworden, darum bittet. Zusammen mit dem Diener schleppt er die schreiende Braut davon. Inzwischen hat Lucentio mit seinem Diener beredet, wie er sich heimlich mit der geliebten Bianca trauen lassen könne.

4. AKT: Petruchio hat Katharina auf einem wilden Ritt zu seinem Landhaus weidlich gequält. Jetzt ist sie hungrig. Aber das wunderbare Essen, das ihr vorgesetzt wird, erklärt Petruchio für verdorben, wirft es auf den Boden und verprügelt die Diener. Und schlafen, so nimmt er sich vor, soll sie die ganze Nacht nicht, bis sie windelweich geworden. – Verwandlung. In Padua merkt Hortensio, daß Bianca Lucentio bevorzugt und gibt seine Bewerbung auf. Irgend ein Magister läßt sich herbei, den Vater des »Hauslehrers« Lucentio zu spielen. – Verwandlung. Wieder in Petruchios Landhaus, wieder muß Katharina hungern, weil der zu Besuch gekommene Hortensio auf Wunsch Petruchios alles aufißt. Herrliche Kleider werden gebracht, weil Vater Baptista besucht werden soll. Aber Petrucio ist alles nicht gut genug: er zerreißt trotz Katharinas Flehen alle Gewänder. – Verwandlung. Baptista verspricht dem falschen Lucentio (dessen verkleidetem Diener) und dem angeblichen Vater Lucentios (dem fremden Magister) die Hand seiner Tochter Bianca. – Verwandlung. Petruchio reitet mit Katharina und Hortensio

nach Padua. Nun ist die einst Widerspenstige schon mehr als gezähmt: willig behauptet sie, die Sonne sei der Mond. Und als sich ihnen der wirkliche Vater Lucentios zugesellt, muß sie in ihm auf Befehl des unerbittlichen Petruchio ein reizendes junges Mädchen erblicken.

5. AKT: Lucentios Vater, der erstaunt von der Verlobung seines Sohnes mit Bianca erfahren hat, wird immer verwirrter; denn der »Sohn« (Lucentios Diener), der ihm gegenübertritt, ist doch gar nicht sein Sohn, ja, und er selbst sei gar nicht Lucentios Vater, wird ihm erklärt; dieser richtige Vater stehe doch dort (der verkleidete Magister). Beinahe hätte man den ahnungslosen echten Vater festgenommen; da erscheint der echte Lucentio mit Bianca von der heimlichen Trauung und stellt alles wieder in die rechte Ordnung. Und angesichts der reizenden Schwiegertochter verzeiht der Vater gern. – Verwandlung. Bei einem Fest sitzen unter anderem auch drei Paare: Lucentio und seine Frau Bianca, Hortensio mit einer feschen Witwe, Petruchio und Katharina. Die Ehemänner wetten, welche der drei Frauen am gehorsamsten sei, und Petruchio gewinnt die Wette. Er hat die Widerspenstige so gezähmt, daß sie an der Frau nun alles verdammt, was sie selbst einst »ausgezeichnet« hat.

Ein Sommernachtstraum

Lustspiel in fünf Aufzügen

Personen:

Theseus, Herzog von Athen
Egeus, Vater der Hermia
Lysander, Demetrius, Liebhaber der Hermia
Philostrat, Aufseher der Lustbarkeiten am Hofe des Theseus
Squenz, der Zimmermann
Schnock, der Schreiner
Zettel, der Weber
Flaut, der Bälgeflicker
Schnauz, der Kesselflicker
Schlucker, der Schneider
Hippolyta, Königin der Amazonen, mit Theseus verlobt
Hermia, Tochter des Egeus, in Lysander verliebt
Helena, in Demetrius verliebt
Oberon, König der Elfen
Titania, Königin der Elfen
Puck, ein Waldschrat
Bohnenblüte, Spinnweb, Motte, Senfsamen, Elfen
Prolog, Pyramus, Thisbe, Wand, Mondschein, Löwe

Ort und Zeit: Athen und ein nahegelegener Wald, Sagen- und Märchenzeit
Uraufführung 1594

Ein Lustspiel, gewiß, aber eines, das tief in Geheimnisse der Natur und des Menschen greift, sie spielerisch aufleuchten läßt, ihre Gefährlichkeiten andeutet und gleich wieder verhüllt. Die Liebe macht groß, die Liebe macht lächerlich, sie läßt sich nicht befehlen, aber wehe, wenn sie nur befiehlt, – das alles dargereicht in zauberhaftem Gewande, unauffällig, dichterisch. Ein Spiel zum Lachen, doch auch zum Nachdenken.

1. AKT: In seinem Palast will Herzog Theseus von Athen prunkvoll seine Vermählung mit der Amazonenkönigin Hippolyta feiern. Da bringt Egeus eine Klage vor ihn: seine Tochter Hermia wolle nicht den vom Vater bestimmten Demetrius heiraten, sondern habe sich in Lysander einen Liebhaber genommen. Spruch des Herzogs: Hermia habe dem Vater zu gehorchen; sonst werde sie getötet oder ins Kloster gesteckt. Hermia und Lysander wollen fliehen und sich außerhalb des athenischen Herrschaftsbereiches trauen lassen. Ihren Plan vertrauen sie Helena an, damit diese ihnen behilflich sei. Helena, einst mit Demetrius verlobt und noch immer in ihn verliebt, gedenkt die Lage für sich zu nutzen. – Verwandlung. In einem ärmlichen Hause verteilen wackere athenische Handwerker die Rollen für ein Stück »Pyramus und Thisbe«, das sie zur Hochzeit ihres Herzogs aufführen wollen.

2. AKT: Ehekrieg zwischen dem Elfenkönig Oberon und seiner Gemahlin Titania! Es geht um einen kleinen Edelknaben, doch das genügt, aus dem königlichen Paar zänkische Menschen und aus der Elfenwelt einen

Hexenkessel zu machen. Aber wozu ist man Elfenkönig! Der Schabernack Puck muß her, soll eine Wunderpflanze für Oberon beschaffen. Träufelt man deren Saft auf die Augen eines Schlafenden, so ist er beim Erwachen rettungslos verliebt in das Wesen, das er zuerst erblickt. Oberon will diesen Saft bei Titania anwenden. Da er aber beobachtet hat, wie Helena verzweifelt dem Demetrius folgt (der seinerseits das flüchtige Paar Lysander und Hermia verfolgt), und wie Helena von Demetrius zurückgewiesen wird, will Oberon auch der Liebenden helfen. Puck soll das Zaubersäftchen dem Demetrius auf die Augenlider gießen, damit er sich in Helena verliebe. – Verwandlung. Oberon träufelt der zwischen tanzenden Elfen schlafenden Titania die Wundertropfen auf die Lider; Puck aber begeht einen Irrtum: er erblickt das flüchtige Paar Hermia und Lysander im Schlaf und bestreicht Lysanders statt Demetrius' Augen. Als Lysander erwacht, sieht er als erste Helena, springt auf, umwirbt sie glühend – der Saft hat gewirkt. Helena, die sich das Liebeswerben natürlich nicht erklären kann, eilt davon, Lysander ihr nach. Und die erwachende Hermia muß glauben, Lysander sei ungetreu.

3. AKT: In der Waldlichtung, wo Titania schlummert, proben die Handwerker ihr Stück »Pyramus und Thisbe«. Durch Pucks Künste hat der Weber Zettel plötzlich einen Eselskopf. Während seine Freunde ängstlich davonlaufen, erwacht Titania – und verliebt sich in den Esel. Wieder hat der Saft gewirkt. – Verwandlung. Obereon merkt, daß Puck versehentlich Lysander statt Demetrius »behandelt« hat und gebietet

ihm, den Fehler wieder in Ordnung zu bringen. Doch der Schalk macht sich einen neuen Spaß: zwar salbt er nun Demetrius und läßt ihn dann in Helena sich verlieben, doch den Zauber nimmt er nicht von Lysander. Es gibt ein tolles Durcheinander. Helena wird umworben von den beiden Liebhabern Hermias, Hermia fühlt sich verspottet, die Männer geraten in Streit, die Frauen nicht minder. Endlich werden die von Streit und Nebel Verwirrten müde, legen sich nieder, und Puck bringt alles in Ordnung.

4. AKT: Die Elfenkönigin und der eselsköpfige Zettel liebkosen einander. Als das Paar entschlummert, löst Oberon den Zauber von seiner Gemahlin, so daß ihr beim Erwachen vor dem Langohr graust. Da sie Oberon nun auch den strittigen Edelknaben abgegeben hat, ist das Elfenherrscher-Paar wieder ausgesöhnt. Zettel wird der Eselskopf genommen und er stürzt heim. Herzog Theseus, seine Gemahlin Hippolyta und Hermias Vater Egeus finden auf der Jagd die schlafenden Paare. Lysander-Hermia und Demetrius-Helena. Da bei Demetrius der Zauber weiterwirkt, verliebt er sich in seine frühere Verlobte. Der Herzog ordnet an, daß die beiden Paare heiraten. – Verwandlung. Beim Zimmermann Squenz sitzen die schauspielernden Handwerker; sie sind verzweifelt, weil Zettel verschwunden ist. Wer soll nun die Hauptrolle spielen? Gott sei Dank, da kommt der Entzauberte.

5. AKT: Auf dem Hochzeitsfest läßt der Herzog sich und seinen Gästen das Stück »Pyramus und Thisbe« vorspielen. Es ist ein derblustiges Spiel, das um so

komischer wirkt, als die Handwerker es sehr ernst auffassen. Um Mitternacht begeben sich die drei Paare Theseus-Hippolyta, Lysander-Hermia, Demetrius-Helena zur Ruhe. Elfen tanzen in der Hochzeitsnacht, Oberon segnet die Menschenpaare.

Der Kaufmann von Venedig

Ein Lustspiel in fünf Aufzügen

Personen:

Der Doge von Venedig
Prinz von Marokko und Prinz von Arragon zwei Freier der Porzia
Antonio, der Kaufmann von Venedig
Bassanio, sein Vetter
Solanio, Salarino, Graziano, deren Freunde
Lorenzo, Liebhaber der Jessica
Shylock, ein Jude
Tubal, ein Jude, sein Freund
Lanzelot Gobbo, Shylocks Diener
der alte Gobbo, Lanzelots Vater
Leonardo, Bassanios Diener
Stephano, Balthasar, Porzias Diener
Porzia, eine reiche Erbin
Nerissa, ihre Begleiterin
Jessica, Shylocks Tocher
Senatoren von Venedig, Beamte des Gerichtshofes, Gefangenenwärter, Bediente und anderes Gefolge

Ort und Zeit: Venedig und Porzias Landgut, italienische Renaissance
Uraufführung 1594

In dieses Werk legt man oft zuviel hinein. Es ist weder ein Stück gegen noch für die Juden, sondern ganz einfach ein mit geistvollem Witz durchsetztes Lustspiel, bald vergnüglich und bald verhalten. Meisterhaft nicht nur die großartig gezeichneten Figuren des Juden Shylock und der klugen Porzia, sondern vor allem das Ineinandergreifen verschiedener Handlungen.

1. AKT: Um die reiche Erbin Porzia bewirbt sich unter anderen auch Bassanio. Dazu aber braucht er Geld, – und das hat er wieder einmal nicht. Daher bittet er seinen Freund, den vermögenden venezianischen Kaufmann Antonio, um ein Darlehen. Dieser erwartet seine Handelsschiffe zurück und gibt in der Hoffnung auf große Gewinne aus der Reise der Schiffe dem Bassanio das Versprechen, er werde für ihn bürgen. – Verwandlung. Unter ihren Bewerbern gefällt der schönen Porzia am besten Bassanio. Doch ihr Vater hat – wie sie ihrer Gesellschafterin berichtet – vor seinem Tode verfügt, daß sie nur denjenigen freien dürfe, der von drei verschlossenen Schatullen (eine aus Gold, eine aus Silber, eine aus Blei) die richtige wähle. – Verwandlung. Der Jude Shylock ist bereit, dem Bassanio 3000 Dukaten auf ein Vierteljahr vorzustrecken, wenn Antonio die Bürgschaft übernimmt. Diesen lästigen Konkurrenten Antonio haßt Shylock schon lange, zumal er von ihm stets verächtlich behandelt wird.

Jetzt sieht er eine Rachegelegenheit. Scheinheilig verzichtet er auf Zinsen und verlangt nur »zum Spaß«: er wolle, wenn der Schuldschein nicht rechtzeitig eingelöst werde, ein Pfund Fleisch aus Antonios Körper herausschneiden dürfen. Antonio erklärt sich einverstanden.

2. AKT: Porzia muß sich nun entschließen, die Bewerber unter den Schatullen wählen zu lassen. Der erste zeigt auf die goldene Schatulle, – es ist nicht die richtige. Ein zweiter will die silberne, – auch er hat verspielt. Inzwischen bricht Bassanio zu Porzias Landgut auf. Er hat Lanzelot, einen früheren Diener Shylocks, in seine Dienste genommen. Dieser Schelm hat mitgewirkt, als Shylocks Tochter Jessica von ihrem Liebhaber Lorenzo und dessen Freunden entführt wurde.

3. AKT: Shylock tobt. Nicht sosehr über die Entführung seiner Tochter als darüber, daß sie Juwelen und Gold mitgenommen hat. Um so gieriger saugt er die Nachrichten auf, daß die Schiffe des Antonio gescheitert seien. – Verwandlung. Drei glückliche Paare auf Porzias Landsitz: sie selbst mit Bassanio, der das richtige Kästchen wählte, ihre Gesellschafterin Nerissa mit Graziano, einem Freund Antonios, endlich die Shylock-Tochter Jessica mit Lorenzo. Porzia gibt ihrem Bassanio als Liebespfand einen Ring, von dem er sich nie trennen dürfe. Auf die Nachricht von Antonios Ruin und Shylocks Rachegelüst reist Bassanio sogleich nach Venedig zurück, um mit Hilfe von Porzias Vermögen den Freund aus Shylocks Krallen zu befreien. Während Shylock frohlockend auf »seinem Schein«

besteht und alle Vorschläge Antonios zurückweist, machen sich Porzia und Nerissa zu einer geheimnisvollen Reise bereit.

4. AKT: Gerichtsverhandlung. Shylock bleibt halsstarrig; er will kein Geld, er will das Pfund Fleisch »nächst dem Herzen«. Der Doge redet ihm zu, – nichts zu machen. Wie soll das Gericht entscheiden? Den berühmten Rechtsgelehrten Bellario hat man um ein Gutachten gebeten. Er tritt auf – doch es ist die verkleidete Porzia mit Nerissa. Bellario (Porzia) entscheidet: der Jude ist im Recht, das Pfund Fleisch steht ihm zu. Alles ist bestürzt, nur Shylock rast vor Freude, er schärft schon sein Messer, um sich das Pfund Fleisch nächst dem Herzen herauszuschneiden. Aber der Richter Bellario-Porzia hat noch nicht zu Ende gesprochen: das Pfund Fleisch stehe dem Juden zu, aber von Blut sei nicht die Rede in dem Schein; wenn also Antonio auch nur einen Tropfen Blut vergieße, dann werde Shylocks Vermögen beschlagnahmt. Jetzt wäre Shylock mit dem Geld zufrieden. Nein, erklärt der Richter Bellario-Porzia, auf das Geld habe er verzichtet, er solle sich das Fleisch herausschneiden, aber wehe ... Wutschnaubend und enttäuscht verzichtet nun Shylock ganz und will gehen. Halt, jetzt wird *er* verklagt und verurteilt: er habe einem Bürger Venedigs nach dem Leben getrachtet, zur Strafe muß er die eine Hälfte seines Vermögens an Antonio und die andere Hälfte an den Staat abliefern; außerdem ist sein Leben verfallen. Das Leben schenkt ihm der Doge, und schließlich wird ihm auch noch die eine Hälfte der Strafe erlassen. Die andere Hälfte will Antonio für die Shylock-Tochter Jes-

sica verwalten. Der Jude ist geprellt. Bassanio bietet nun dem Richter Bellario-Porzis dankbar eine Belohnung; aber der verlangt den Ring an seinem Finger. Porzias Liebespfand? Nimmermehr. Scheinbar beleidigt entfernt sich der Richter; da läßt sich Bassanio bereden, ihn (also Porzia, die er ja in ihrer Verkleidung nicht erkannt hat) den Ring nachzuschicken.

5. AKT: Wieder auf Porzias Landgut. Nach dem Prozeß sind die Freunde hierhergeeilt, um die freudige Nachricht zu überbringen. Das wäre nun ja ganz recht, wenn nicht Bassanio seinen Ring an den Richter und Graziano den seinen an den Schreiber dieses Richters verschenkt hätten. Natürlich machen Porzia und Nerissa fürchterliche Szenen, bis sie endlich offenbaren, daß *sie* ja Richter und Schreiber gespielt haben. Auch Antonio kann sich freuen; seine Schiffe sind nämlich nicht untergegangen, sondern mit wertvoller Ladung im Hafen eingetroffen. (als dichterische Leistung von höchstem Rang sei noch die einleitende Liebesszene zwischen Jessica und Lorenzo erwähnt).

Viel Lärm um nichts

Lustspiel in fünf Aufzügen

Personen:

Don Pedro, Prinz von Arragon
Leonato, Gouverneur von Messina
Don Juan, Pedros Halbbruder

Claudio, ein junger florentinischer Graf
Benedikt, ein junger Edelmann aus Padua
Antonio, Leonatos Bruder
Balthasar, Don Pedros Diener
Borachio, Konrad, Don Juans Begleiter
Holzapfel, Schlehwein
(einfältige Gerichtsdiener)
Ein Schreiber
Ein Mönch
Ein Knabe
Hero, Leonatos Tochter
Beatrice, Leonatos Nichte
Margareta, Ursula, Heros Kammerfrauen
Boten, Wachen, Musikanten und Gefolge

Ort und Zeit: Messina, italienische Renaissance
Uraufführung 1599

Soweit man in diesem Lustspiel überhaupt von einer Handlung reden kann, besteht sie aus einem tollen Neben- und Durcheinander. Hier hat Shakespeare wohl allerlei aus älteren Quellen zusammengeflickt, um vor einem bunten Fleckerlteppich als Hintergrund eine Reihe köstlicher Scherze und Späße abrollen zu lassen. Auf diese spritzigen und derben Tollheiten kommt es an, – sie wirken immer wieder aufs neue. Sie sind das fröhliche »Lärmen um das Nichts« der Handlung. Um sie auf kurzem Raum einigermaßen wiedergeben zu können, nehmen wir sie einmal in ihre einzelnen Bestandteile auseinander.

Erster Bestandteil: Die Handlung um das neckische, zankende und von Anfang an (allerdings unwissentlich) verliebte Paar Beatrice und Benedikt. Beatrice ist eine Männerfeindin, Benedikt ein Weiberfeind. Wenigstens glaubt das jeder von sich und vom andern. Und nun müssen allerlei Bosheiten her, damit er sie und sie ihn weidlich verspotten kann. Aber es bedarf nur weniger Anstöße von außen, und schon stürzt die angebliche Männer- und Weiberfeindschaft zusammen. Freunde erzählen sich nämlich laut (scheinbar ohne um Benedikts Anwesenheit zu wissen), Beatrice sei wahnsinnig in Benedikt verliebt, glaube sich aber verschmäht und verspotte ihn nur, damit er ja nichts von ihrer Liebe merke. Nicht anders machen es Freundinnen mit Beatrice: auch sie hört aus einem Versteck (um das die Freundinnen natürlich wissen), wie verliebt Benedikt in sie sei, wie er aber ihr als bekannter Männerfeindin nichts davon offenbaren könne und sich daher zum Schein über sie lustig mache. Beiden geht das herrlich ein, sie mäßigen ihren gegenseitigen Spott, – zu mehr können sie sich jedoch nicht entschließen. Als dann aber ein anderes, ernstes Liebespaar Claudio und Hero fast ins Unglück gestürzt wird, als Benedikt dem Freunde Claudio und Beatrice der Freundin Hero beistehen, da gestehen auch sie einander ihre Liebe.

Zweiter Bestandteil: Das ernste Liebespaar Hero-Claudio. Es sind zwei feine Menschen, die zum Altar schreiten wollen, denen aber der boshafte, eifersüchtige Don Juan einen scheußlichen Streich spielt. Er behauptet nämlich, Hero sei eine Buhlerin, und bringt dafür auch einen Scheinbeweis. Daraufhin weist Claudio in der Kirche seine Braut Hero schnöde ab, und die meisten glauben, er sei im Recht. Beatrice und Benedikt aber halten das Ganze für eine Täuschung und decken das Spiel Don Juans auf. Dieser hat nämlich einen seiner Begleiter bei Heros Kammerfrau Margareta einsteigen und den heimlich herbeigeführten Claudio glauben lassen, dieser Begleiter feiere ein Liebesstündchen mit Hero. Ganz einfach ist die Aufklärung nicht. Hero muß sich sogar erst für tot erklären lassen und die Rolle einer ihr ähnlichen Cousine spielen, mit der Claudio sich verloben will, bevor Don Juans Spiel aufgedeckt und er selbst verhaftet wird.

Dritter Bestandteil: Das tölpelhafte Gerichtsdiener-Paar Holzapfel-Schlehwein. So sauer ihre Namen, so tolpatschig ihr Betragen. Hier sind Shakespeare zwei Narren gelungen, über die man sich noch nach Jahrhunderten wahlweise totlachen oder gesundschmunzeln kann.

Was ihr wollt

Lustspiel in fünf Aufzügen

Personen:

Orsino, Herzog von Illyrien
Sebastian, ein junger Edelmann, Violas Bruder
Antonio, ein Schiffshauptmann
ein anderer Schiffshauptmann

Valentin und Curio, Kavaliere des Herzogs
Junker Tobias von Rülp, Olivias Oheim
Junker Christoph von Bleichenwang
Malvolio, Olivias Haushofmeister
Fabio, in Olivias Diensten
Der Narr, in Olivias Diensten
Olivia, eine reiche Gräfin
Viola,
Maria, Olivias Kammermädchen
Herren vom Hofe, ein Priester, Matrosen, Gerichtsdiener, Musikanten und anderes Gefolge

Ort und Zeit: Illyrien und Seeküste, italienische Renaissance
Uraufführung 1600

Drei Linien, die jede für sich zu bestehen vermöchten, werden in diesem Stück so kunstvoll-kontrapunktisch verschlungen, daß es fast unmöglich erscheint, sie wieder zu entwirren: eine ernste Liebeshandlung, eine Verwechslungskomödie mit Zwillingen sowie eine satirisch gemeinte Rüpelhandlung. Shakespeare gab ein Meisterwerk, indem er hier ältere Stoffe, Bestandteile der griechisch-römischen Komödie und eigene Einfälle zu einem prächtigen, heiteren Spielteppich verwob. Aber es ist ein saures Amt, diese Verwirrungen und Verwechslungen in Kürze nacherzählen zu sollen.

1. AKT: Herzog Orsino liebte die Gräfin Olivia, wird aber nicht erhört; die Gräfin betrauert nämlich den

Verlust eines Bruders. In des Herzogs Dienste tritt, als Mann namens Cesario verkleidet, die junge Viola. Zusammen mit ihrem Zwillingsbruder hatte sie eine Seereise gemacht, Schiffbruch erlitten und ist von ihrem Schiffshauptmann gerettet worden, während ihr Bruder verschollen blieb. Der Herzog ist ihr aus Erzählungen ihres Vaters längst vertraut, und als sie ihn jetzt erblickt, erglüht sie vor Liebe zu ihm. Er aber verwendet ahnungslos Viola-Cesario als Liebesboten im Verkehr mit der bisher vergeblich umworbenen Gräfin Olivia. Deren Oheim, der ewig trinkende Tobias Rülp, möchte gar zu gern, daß sein Freund, der großmäulige Junker Bleichenwang, Olivia heirate. Auch dieser Bewerber ist Olivia unwillkommen. Dagegen gefällt ihr ganz ausgezeichnet der neue Abgesandte des Herzogs: Viola-Cesario. In den ist sie fast schon im ersten Augenblick verliebt.

2. AKT: Violas Zwillingsbruder Sebastian ist ebenfalls von seinem Schiffshauptmann Antonio gerettet worden, wähnt aber seine Schwester tot. Er möchte zum Herzog Orsino, wird von seinem Schiffshauptmann mit Kleidung und Geld versehen, während dieser, als ehemaliger Gegner des Herzogs, sich lieber verborgen hält. – Viola-Cesario hat nun Gewißheit, daß die Gräfin Olivia, von der sie ja für einen Mann gehalten wird, sie liebt. – Der aufgeblasen-selbstzufriedene Haushofmeister Malvolio (Karikatur auf die puritanischen Zeitgenossen Shakespeares) wird von Tobias Rülp, dem Junker Bleichenwang, dem Narren und Olivias Kammermädchen Maria in eine Falle gelockt. Durch einen ihm zugespielten Brief glaubt er

sich von der Gräfin geliebt und ist bereit, all die Torheiten zu begehen, die in dem Brief von ihm verlangt werden.

3. AKT: Olivia kann nicht anders: sie gesteht Viola-Cesario ihre Liebe und läßt sich auch nicht abweisen als sie die Antwort bekommt: »er« könne niemals einer Frau sein Herz schenken. – Malvolio benimmt sich tatsächlich so albern, wie der Brief von ihm verlangt, so daß Olivia ihn für verrückt halten muß und ihren Oheim Tobias bittet, für Malvolio zu sorgen. Auch dieses »Sorgen« deutet der alberne Mensch noch zu seinen Gunsten. Tobias sperrt ihn in ein dunkles Loch. Inzwischen ist Bleichenwang, der ja Olivias Hand gewinnen möchte, auf Viola-Cesario eifersüchtig geworden und will »ihm« durch Tobias eine schriftliche Forderung überreichen lassen. Viola-Cesario hat natürlich als Frau Angst; nicht weniger Angst hat der Herausforderer Bleichenwang. Immerhin, beide ziehen zitternd die Degen zu einem nächtlichen Zweikampf. Da erscheint der Schiffshauptmann Antonio, hält Viola-Cesario für seinen Schützling Sebastian, springt »ihm« bei, – wird aber verhaftet, weil er als Feind des Herzogs erkannt ist. Da bittet er den – wie er glaubt – Sebastian um Rückgabe des ihm vorgestreckten Geldes, damit er sich helfen könne. Doch Viola-Cesario weist natürlich dieses Ansinnen zurück; hat sie doch nie Geld von Antonio erhalten. Antonio wird zornig über soviel scheinbare Undankbarkeit. Viola-Cesario aber ist betroffen: mit »Sebastian« wurde sie angeredet, – sollte ihr Zwillingsbruder, dem sie so ähnlich sieht, noch leben?

4. AKT: Jetzt hat sich Bleichenwang ein Herz gefaßt, er will den geflohenen Viola-Cesario verfolgen, trifft dabei aber zufällig den Zwillingsbruder Sebastian, der ihn weidlich verdrischt. Gräfin Olivia macht dem Streit ein Ende und führt Sebastian (im Glauben, es sei Viola-Cesario) mit sich fort. Dieser weiß natürlich nicht, wie ihm geschieht; aber ihm ist recht wohl bei der unbekannten Schönen. Diese – immer noch im Wahn, Viola-Cesario vor sich zu haben – macht nun kurzen Prozeß und läßt sich mit Sebastian trauen. Inzwischen wird der eingesperrte Malvolio von dem als Pfarrer verkleideten Narren noch kräftig unter Druck gesetzt.

5. AKT: Die Verwirrung geht noch weiter. Der verhaftete Schiffshauptmann Antonio wird dem Herzog Orsino vorgeführt, erblickt Viola-Cesario und beklagt sich über dessen angeblichen Undank. Nie habe sie von ihm Geld empfangen, beteuert Viola-Cesario abermals, und der Herzog bestätigt, daß er Cesario immer um sich gehabt habe. Antonio weiß nicht, was er davon halten soll. Jetzt erscheint Olivia und ist verwundert, ihren Gatten (sie meint Viola-Cesario) beim Herzog zu finden, und noch erstaunter, als dieser »Gatte« die stattgefundene Trauung bestreitet, sogar dabei bleibt, als auch der trauende Pfarrer bestätigt, er habe die beiden zusammengegeben. Um das Maß voll zu machen, wanken Bleichenwang und Tobias herbei und beklagen sich, sie seien soeben von Viola-Cesario blutig geschlagen worden. Aber der angebliche Übeltäter steht ja hier beim Herzog; wie kann er ... Endlich kommt die Lösung der Verwicklungen: Sebastian tritt auf, die Geschwister erkennen einandern, und die

übrigen merken, daß sie durch eine verblüffende Ähnlichkeit von Viola und Sebastian getäuscht wurden. Nun, Olivia ist nicht weiter betrübt, daß sie sich den Sebastian hat antrauen lassen, und der Herzog nimmt gern Viola. Malvolio aber hat den Schaden und den Spott.

Die lustigen Weiber von Windsor

Lustspiel in fünf Aufzügen

Personen:

Sir John Falstaff
Fenton
Schaal, ein Friedensrichter
Schmächtig, dessen Vetter
Herr Page und Herr Flut,
zwei Bürger von Windsor
Sir Hugh Evans, ein wallisischer Pfarrer
Dr. Cajus
Der Wirt zum Hosenband
Bardolph
Pistol
Nym
Robin, ein Page Falstaffs
Frau Page
Frau Flut
Jungfer Anne Page
Wilhelm, ihr kleiner Burder
Frau Hurtig
Diener, Knechte usw.

Ort und Zeit: Windsor und Umgebung, zur Zeit Heinrichs IV.
Uraufführung 1600

In seinem Königsdrama »Heinrich IV.« hatte Shakespeare einen urkomischen Ritter Falstaff auftreten lassen, eine »Fett-Tonne«, ein »Faß voll Sekt«. Dieses ulkige, aber hintergründige Urviech hatte mächtig eingeschlagen, und die englische Königin wünschte von Shakespeare nun ein Lustspiel, in dem Falstaff als Trinker und als Verliebter auftreten sollte. Kein Mensch kann sich wiederholen, und so hat denn Shakespeare zwar ein hübsches Lustspielchen um diesen Falstaff geschrieben, doch des Ritters Artung nicht so vollendet wiederzugeben vermocht wie in »Heinrich IV.«. Es ist doch recht bezeichnend, daß »Die lustigen Weiber« sich als gesprochenes Bühnenwerk kaum zu behaupten vermochten, als Grundlage für heitere Opern dagegen Welterfolg haben. Das Stück wird auch nur erwähnt, weil sein Titel – eben von der Opernbühne her – so bekannt ist. Wer sich mit den Grundzügen des Werkes vertraut machen will, kann dies am besten in einem Opernführer nachlesen und zwar unter »Nicolai« oder »Verdi«. Für die Schauspielbühne von heute hat das merklich schwache Stück geringe Bedeutung.

Romeo und Julia

Trauerspiel in fünf Aufzügen

Personen:

Escalus, Prinz von Verona
Graf Paris, Verwandter des Prinzen
Montague, Capulet, Häupter zweier Häuser, in Zwist miteinander
Romeo, Montagues Sohn
Mercutio, Verwandter des Prinzen und Romeos Freund
Benvolio, Montagues Neffe und Romeos Freund
Tybalt, Neffe der Gräfin Capulet
Ein alter Mann, Capulets Oheim
Bruder Lorenzo, ein Franziskaner
Bruder Marcus, von demselben Orden
Balthasar, Romeos Diener
Simson, Gregorio, Bediente Capulets
Abraham, Bedienter Montagues
Peter, Diener im Hause Capulets
Drei Musikanten
Ein Page des Paris
Ein Offizier
Ein Apotheker
Gräfin Montague
Gräfin Capulet
Julia, Capulets Tochter
Juliens Amme
Bürger von Verona, Männer und Frauen, Verwandte beider Häuser, Masken, Wachen, Gefolge

Ort und Zeit: Verona und Mantua, Renaissance
Uraufführung 1592

An diesem unvergänglichen Trauerspiel von der Liebe habe, meint Lessing, die Liebe selbst mitgearbeitet. Geschrieben wurde es von einem Achtundzwanzigjährigen, und man ist versucht, hinter dem herben Geschehen, hinter den süßen Dichtungen der Liebesszenen, hinter der blind-überwältigenden Leidenschaft, hinter der erstaunlichen Kraft dieses jugendlichen Liebespaares ein eigenes Erlebnis Shakespeares zu vermuten. Meisterhaft die klare Handlungsführung, zwingend sogar in dem verhängnisvollen Zufall am Schluß, meisterhaft auch der Wechsel der Sprache, geradezu großartig aber, wie vor der kalten Strenge und vor den rohen Streitigkeiten verfeindeter Renaissance-Familien die zauberhafte Musik der Liebe auftönt. An diesem Werk wirkt nichts »historisch«, alles ist lebendig, heute so wahr wie einst. Und die paar kleinen Schwächen gleicht selbst der unerfahrenste Spielleiter von heute mit ein paar sanften Strichen aus.

1. AKT: Wieder einmal geraten Mitglieder der Adelsfamilien Capulet und Montague auf offener Straße in Verona mit dem Degen aneinander. Der dazukommende Prinz von Verona gebietet zwar bei Todesstrafe Frieden; aber man spürt: dieser Kampf, der ganz Verona in Aufregung hält, wird weitergehen. Der jugendliche Romeo Montague hat sich zur Freude seiner Mutter an dem Raufhandel nicht beteiligt. Sein Fernhalten scheint darauf zurückzuführen zu sein, daß er, wie er seinem Freunde Benvolio gesteht, in Rosalinde, ein

Mädchen der feindlichen Familie Capulet, verliebt ist. – Capulet will ein großes Fest veranstalten, auf dem der Graf Paris, der um Capulets vierzehnjährige Tochter Julia wirbt, mit dem jungen Mädchen zusammengeführt werden soll. Ein Diener, der die Gäste einzuladen hat, bittet törichterweise auch die beiden Montague-Angehörigen Romeo und Benvolio zu dem Fest. Beide beschließen, maskiert in den Palast der feindlichen Familie zu gehen. – Julia wird von der Mutter unterrichtet, daß Graf Paris um sie geworben habe. Zwar wird Romeo von Tybalt, einem Capulet, erkannt, doch der Hausherr wahrt den Frieden. Julia wollte den Grafen Paris sehen – und sieht Romeo. Vergessen ist Graf Paris. Doch vergessen ist auch Rosalinde: Romeo sieht nur noch Julia. Beide erschrecken vor der plötzlichen Allgewalt ihrer Liebe, beide erschrecken vor der Tatsache, daß sie Mitglieder tödlich verfeindeter Häuser sind, – aber sie lieben! Und Julias Amme nimmt sich kupplerisch der jungen Liebe an.

2. AKT: Romeo schleicht sich in Capulets Garten, überrascht Julia, beide gestehen einander ihre Liebe, beschließen, sich heimlich trauen zu lassen. – Vielleicht beendet eine solche Heirat auch die Familienfeindschaft, meint Bruder Lorenzo, der Beichtvater Romeos; jedenfalls will er die Trauung vornehmen. – Durch die Amme bestellt Romeo seine geliebte Julia zu Bruder Lorenzo zur Trauung. Trotz der Warnungen der Amme will er durch einen Diener eine Strickleiter zu Julia schaffen lassen, damit er am Abend nach der Trauung in Julias Gemach kommen kann. – Romeo und Julia werden von Bruder Lorenzo getraut.

3. AKT: Tybalt Capulet sucht Händel mit Romeos Freunden Benvolio und Mercutio. Der dazukommende Romeo beherrscht sich, obwohl ihn Tybalt beschimpft: er will nicht fechten mit einem Verwandten. Doch als Tybalt hinterlistig Mercutio tötet, greift auch Romeo zum Degen und ersticht Tybalt. Durch einen Machtspruch des Prinzen Escalus wird Romeo verbannt. Durch die Amme erfährt Julia von den Vorkommnissen. Romeo hat kurzen Unterschlupf beim Bruder Lorenzo gefunden. Er ist verzweifelt über den Tod Tybalts und seine eigene Verbannung. Kaum gelingt es Lorenzo, den gegen sich und alle Welt Wütenden einigermaßen wieder ins Gleichgewicht zu bringen. Sein Rat: heute abend solle er sich von Julia verabschieden und dann nach Mantua gehen; nach einiger Zeit werde ihm dann gewiß die Rückkehr gestattet werden. – Nacht der Liebe, Romeo und Julia in dichterisch wundersamen Gesprächen. Gerade noch kann die Amme warnen, gerade noch kann Romeo entweichen, da erscheint die Gräfin Capulet. Wohl versteht Julia es meisterhaft, sich zu verstellen, doch als die Eltern ihr von der festgesetzten Hochzeit mit dem Grafen Paris sprechen, da wird sie widerspenstig, hört nicht auf Vater und Mutter, auch nicht auf die gut zuredende Amme. Endlich scheint sie nachzugeben, erklärt, bei Bruder Lorenzo beichten zu wollen.

4. AKT: Bei Lorenzo gibt es einen Zwischenfall; denn eben ist Graf Paris bei ihm, um ihn als Priester für seine Eheschließung mit Julia zu bestellen. Kaum ist er gegangen, da gibt Bruder Lorenzo einen fast verzweifelt scheinenden Rat: er überreicht Julia einen Trank,

der sie auf zwei Tage scheintot machen werde; nach ihrer Beisetzung werde Romeo, der durch einen Brief zu benachrichtigen sei, nachts in die Gruft kommen, sie holen und mit ihr entfliehen. – Vor den Eltern spielt Julia die Reumütige, ist mit der für morgen festgesetzten Vermählung mit Graf Paris einverstanden. Doch am Hochzeitsmorgen findet die Amme sie »tot«. Allgemeine Trauer. Bruder Lorenzo übernimmt es, Julia in der Familiengruft beisetzen zu lassen.

5. AKT: Der Bote mit dem Brief kann durch einen Zufall nicht abreisen. So erfährt Romeo durch seinen Diener, Julia sei gestorben. Verzweifelt beschafft er sich ein Gift und eilt zu Julias Gruft. Dort trifft er den trauernden Grafen Paris; da dieser ihn nicht einlassen will, sticht er ihn nieder. Dann nimmt er Abschied von der vermeintlichen Toten und vergiftet sich. Bruder Lorenzo, der von der Reiseverzögerung des Boten gehört hat, eilt sogleich zur Gruft, um Julia zu holen und bei sich zu verbergen. Er findet die beiden Toten. Da erwacht Julia, erblickt den toten Geliebten und Gatten. Vergeblich bleiben die Worte von Bruder Lorenzo, – ohne Romeo will sie nicht weiterleben. Mit dem Dolch Romeos durchbohrt sie ihr armes Herz. Da nahen mit dem Prinzen die feindlichen Eltern des toten Paares. Lorenzo berichtet ihnen, was geschehen, wie es geschehen und warum. Erschüttert sind die harten Herzen der Todfeinde, erschüttert, aber auch erweicht: Montague und Capulet versprechen vor den Leichen ihrer liebsten Kinder, künftig Freundschaft und Frieden halten zu wollen.

Hamlet

Tragödie in fünf Aufzügen

Personen:

Claudius, König von Dänemark
Hamlet, Sohn des vorigen und Neffe des gegenwärtigen Königs
Polonius, Oberkämmerer
Horatio, Hamlets Freund,
Laërtes, Sohn des Polonius
Voltimand, Cornelius, Rosenkranz und Güldenstern, Hofleute
Osrik, ein junger Hofmann
Ein anderer Hofmann
Ein Priester
Marcelus, Bernardo, Offiziere
Franzisco, ein Soldat
Reinhold, Diener des Polonius
Ein Hauptmann
Ein Gesandter
Der Geist von Hamlets Vater
Fortinbras, Prinz von Norwegen
Gertrud, Königin von Dänemark und Hamlets Mutter
Ophelia, Tochter des Polonius
Herren und Frauen vom Hofe, Offiziere, Soldaten, Schauspieler, Totengräber, Matrosen, Boten, Gefolge

Ort und Zeit: Schloß Helsingör, in dänischer Frühzeit
Entstanden 1600 oder 1601

Ohne auf die vielfachen Deutungen dieser Tragödie eingehen zu wollen, sei eines hervorgehoben. Shakespeare behandelt hier eine Frage, die weit hinausgeht über die Person Hamlets, eine Frage, die auch heute noch – und heute erst recht! – ihre allgemeinmenschliche, sogar politische Bedeutung hat, nämlich den Gegensatz zwischen Denken und Handeln, den Geist als Widersacher ursprünglichen Tuns. Prinz Hamlet (er soll um 500 gelebt haben) steht im Grunde vor einer im Sinne seiner Zeit ganz einfachen Aufgabe: er hat die Ermordung seines Vaters zu rächen. Diese Blutrache zu vollziehen, hindert ihn aber sein reich ausgebildeter Geist, der zwar die Notwendigkeit der Rache erkennt, der aber die dazu erforderlichen Handlungen und Mittel verabscheut. Wie nun dieser Geist mit seinen Mitteln ganz allmählich das Netz auswirft, in dem der Mörder sich verstricken soll, wie dieser Geist durch Überfeinheit an den Rand nicht nur des gespielten, sondern des wirklichen Wahnsinns gerät und Dinge geschehen läßt, die eigentlich mit dem edlen Wesen Hamlets kaum vereinbar sind (Wahnsinn und Tod der liebenden Ophelia), wie sich das Gedankengewebe schließlich des Zaudernden und Planenden soweit bemächtigt, daß er in der Minute des eigenen Todes doch noch selbst die Blutrache vollzieht, – das ist von Shakespeare mit unglaublicher Meisterschaft dargestellt worden. Zu beachten die unbedenklichen, geraden Tatmenschen, die Shakespeare neben den denkenden Hamlet gestellt hat: Laërtes und vor allem Fortinbras.

1. AKT: »Die Zeit ist aus den Fugen«, – Hamlet hat recht, so zu sprechen. Sein Vater, Dänemarks König,

starb unter merkwürdigen Umständen, sein Oheim hat sich schnell mit der verwitweten Königin vermählt, Prinz Fortinbras von Norwegen bereitet sich vor, verlorenes Land und verlorene Ehre zurückzuerobern, Hamlet wurde von seinen Studien in Wittenberg, des Oberkämmerers Sohn Laërtes aus Frankreich zurückgeholt, zu nächtlicher Stunde erblicken Hofleute des verstorbenen Königs Geist auf der Schloßterrasse, – die Zeit ist wahrscheinlich aus den Fugen. Hamlet, mißtrauisch gegen Oheim und Mutter, gelüstet's, ein Wort mit diesem königleichen Geist zu reden. Zu seinem Entsetzen muß er von des Vaters Schatten hören, daß der tote König von seinem eigenen Bruder durch Einträufeln von Gift in das Ohr des Schlafenden getötet und daß die Königin von dem Mörder verführt worden sei. Blutrache gegen den mörderischen Oheim und jetzigen König muß Hamlet schwören, die Mutter aber soll er der himmlischen Gerechtigkeit überlassen. – Der Oberkämmerer Polonius läßt seinen Sohn Laërtes nach Abschluß der Hoffeiern wieder nach Frankreich ziehen, gibt ihm geschwätzig gute Lehren mit auf den Weg und warnt seine Tochter Ophelia, sich mit Hamlet abzugeben. Hamlet selbst soll auf Wunsch des königlichen Oheims, der ihn unter seinen Augen haben will, in Dänemark zurückbleiben. Hamlet willigt ein, muß einwilligen, hat er doch dem toten Vater Rache geschworen. Durch einen Eid bindet er die Freunde, nichts von dem Geist zu erzählen; und wundern sollen sie sich nicht, wenn er selbst sich vielleicht in nächster Zeit etwas wunderlich gebärde.

2. AKT: Hamlet »gebärdet sich wunderlich«. Den Freunden gegenüber sprüht er von Geist, bei anderen dagegen redet er halb irr, auch der ihn liebenden Ophelia gegenüber. Der Schwätzer Polonius »beweist«, daß es Liebeswahnsinn sei; doch der argwöhnische König denkt anders. Die Höflinge Rosenkranz und Güldenstern sollen Hamlet überwachen. Er täuscht sie durch »methodische Tollheit«. Eine Schauspielertruppe erscheint am Hofe, sehr zur Freude Hamlets, der sogleich mit ihnen in künstlerische Gespräche kommt. Da zürnt er mit sich selbst, weil er träume statt zu handeln. Plötzlich kommt ihm ein Gedanke: die Schauspieler sollen ihm Gewißheit schaffen, daß der Geist des Vaters die Wahrheit gesprochen hatte.

3. AKT: Der König glaubt auch nach den Berichten von Güldenstern und Rosenkranz nicht an Hamlets Irresein. Nun will man eine Zwiesprache des Prinzen mit Ophelia belauschen, um klar zu sehen. (Vor dieser Zwiesprache steht Hamlets berühmter Monolog »Sein oder nicht sein ...«) Da er in Ophelia eine Helferin seiner Gegner vermutet, peinigt er das zarte Mädchen über Gebühr; *sie* hält ihn nun für umnachtet, nicht so der lauschende König. Nun rät Polonius zu einer Unterredung Hamlets mit seiner Mutter; er werde sie belauschen. – Nach Hamlets Anweisungen führen die Schauspieler vor dem ganzen Hof ein besonderes Stück auf. In ihm wird der Königsmord genau so dargestellt, wir ihn der Geist beschrieben hat. Entsetzt springt der König auf und verläßt das Schauspiel. Er hat sich verraten, Hamlet aber ist nun sicher in seinem Wissen. Er folgt heimlich dem König, findet ihn in reui-

gem Gebet – und vermag ihn wieder nicht niederzustechen. Nun zur Mutter. Offen redet er ihr ins Gewissen; sie fürchtet sich, ruft um Hilfe, der lauschende Polonius verrät seine Anwesenheit hinter einem Vorhang, Hamlet durchbohrt den Vorhang, hinter dem er den König vermutet, mit dem Degen und tötet Polonius.

4. AKT: Der König ist nun entschlossen: Hamlet muß aus dem Wege geräumt werden. Rosenkranz und Güldenstern sollen den Prinzen nach England begleiten. In einem versiegelten Schreiben wird der Dänemark untertänige König von England aufgefordert, Hamlet umzubringen. Hamlet erklärt sich zur Reise bereit, weil er immer noch Zeit für seine Pläne gewinnen möchte. Unterwegs begegnet er dem norwegischen Prinzen Fortinbras und dessen Heer; der tatenschnelle Fortinbras zieht gegen Polen. Hamlet wird durch das tätige Vorbild dieses Prinzen erneut zum Handeln angespornt. – Die Trauer um den – wie sie glaubt – umnachteten, geliebten Hamlet und den Tod ihres Vaters Polonius haben Ophelia in den Wahnsinn getrieben. Und jetzt kommt auch Laërtes zurück, entfesselt Aufruhr im Volk, will den König stürzen, den er verantwortlich glaubt für den Tod des Vaters. Geschickt weiß ihn der kaltblütige König umzustimmen, seinen Zorn auf Hamlet zu lenken, – und der werde von England nicht mehr wiederkehren ... Wider alles Erwarten kehrt er aber auf der Reise um. Auf diese Nachricht hin wird sein Untergang vom König und von Laërtes beschlossen. Unauffällig solle Hamlet sterben, die Mutter müsse aus dem Spiel bleiben. Laërtes soll mit Hamlet ein Fechtspiel vor dem Hofstaat aufführen;

während aber Hamlet eine stumpfe Turnierwaffe erhält, wird Laërtes einen geschärften und obendrein noch vergifteten Degen führen. Ja, der König will ganz sichergehen und einen vergifteten Trunk »zur Erfrischung« der Kämpfer bereitstellen lassen. Der sonst so edle Laërtes macht dieses schändliche Spiel mit, weil er wie von Sinnen ist: der Vater von Hamlet erstochen, die Schwester in den Wahnsinn getrieben – und, wie eben berichtet wird – auch noch ertrunken.

5. AKT: Ophelias Grab wird geschaufelt von zwei Totengräbern. Während der Arbeit stellen sie grausig-humorvolle Betrachtungen an über den Selbstmord. Nachdenklich treten Hamlet und Horatio hinzu, immer nachdenklicher wird der Prinz, als er in der ausgeworfenen Erde den Schädel des einstigen Hofnarren Yorick findet. Da naht der Hof, Ophelias Sarg wird in die Grube gesenkt, Laërtes springt auf den Sarg, beklagt laut die unglückliche Schwester, Hamlet ihm nach, offenbart zum ersten Male, daß er Ophelia wirklich geliebt hat. Die beiden ringen miteinander, bis Höflingen sie trennen. – Hamlet berichtet Horatio, aus welchem Grunde er so schnell von der Reise nach England zurückkam. Argwöhnisch hat er den Brief des Königs geöffnet, gelesen, daß er in England ermordet werden sollte, an die Stelle seines Namens die von Rosenkranz und Güldenstern gesetzt und einen Überfall durch Seeräuber benutzt, wieder nach Dänemark zu fliehen. – Der »Schaukampf« Hamlet–Laërtes soll vor dem gesamten Hofstaat vor sich gehen. Scheinheilig mahnt der König die beiden Kämpfer zu Frieden und Freundschaft. Dann beginnt der Kampf. Hamlet trifft als erster.

Der König trinkt auf sein Wohl, wirft zu Ehren Hamlets eine »Perle« (in Wirklichkeit Gift) in den Pokal und reicht ihn Hamlet. Als dieser ihn zurückweist, weil er erst nach dem Kampfe trinken wolle, ergreift die Königin den Becher und trinkt Hamlet zu, – ohne daß der König sie daran hindern kann. Im Verlauf des Fechtens wird Hamlet von der geschärften und vergifteten Waffe des Laërtes verwundet. Die Gegner wechseln unüberlegt die Waffen, Hamlet führt jetzt ahnungslos den vergifteten Degen und trifft Laërtes. Plötzlich fällt die Königin unter der Wirkung des vergifteten Trunkes zu Boden und stirbt. Auch Laërtes spürt die ersten Anzeichen des Degengiftes, wird matt und beichtet sterbend den teuflischen Anschlag des Königs. Jetzt, im Angesicht des eigenen Todes, findet Hamlet endlich die Kraft zu eigenem Tun: mit der vergifteten Waffe ersticht er den Mörder seines Vaters. König in Dänemark aber soll der Tatmensch Fortinbras werden, – dann sinkt auch Hamlet tot zurück. Fortinbras kehrt in diesem Augenblick von einem siegreichen Feldzug heim. Seine erste Anordnung: königlich-kriegerisches Begräbnis für den toten Hamlet.

Othello oder Der Mohr von Venedig

Tragödie in fünf Akten

Personen:

Der Doge von Venedig
Brabantio, ein Senator

Andere Senatoren
Gratiano und Lodovico, Verwandte des Brabantio
Othello, vornehmer Mohr, im Dienste des venetianischen Staates
Cassio, sein Leutnant
Jago, sein Fähnrich
Rodrigo, ein junger Venetianer
Montano, Statthalter von Zypern
Narr, im Dienste des Othello
Ein Herold
Desdemona, Brabantios Tochter und Othellos Frau
Emilia, Jagos Frau
Bianca, Cassions Geliebte
Offiziere, Edelleute, Boten, Musikanten, Matrosen, Gefolge usw.

Ort und Zeit: Venedig und Zypern, Anfang des 16. Jahrhunderts
Uraufführung 1604

Eine großangelegte, seelenkundlich glänzend durchgeführte Tragödie der Eifersucht. Othello ist eifersüchtig aus Liebe, sein Gegenspieler Jago ist eifersüchtig aus Geltungsdrang, – so kann der Ausgang nicht zweifelhaft sein; denn Liebe macht blind, Geltungsdrang aber macht hellwach. Und so stattet denn Shakespeare den Liebenden zwar mit einigen wahrhaft großen menschlichen, vor allem gemüthaften Zügen aus, während er in Jago einen eiskalt berechnenden, selbst in der Leidenschaft scharf bedenken-

len Verstandesmenschen auf die Bühne stellt. Daher
rlebt der Zuschauer allem Entsetzen zum Trotz den
rundbösen (nicht boshaften) Jago nicht nur als Schur-
en, sondern gleichzeitig als Verkörperung eines
vahrhaft höllischen Intellekts. (Der wirkliche Othello
var übrigens nicht ein »Mohr«, wie Shakespeare wohl
twas zu wörtlich den Beinamen »Moro« übersetzt
at.)

1. AKT. Gleich zu Beginn hat der Feldherr Othello in
/enedig zwei Feinde, und diese schaffen ihm einen
ieuen Gegner. Fähnrich Jago fühlt sich zurückgesetzt,
la Othello nicht ihn, sondern Cassio zum Leutnant
eförderte, und der Venezianer Rodrigo ist beleidigt,
veil er Brabantios Tochter Desdemona nicht bekom-
nen hat; Desdemona ist vielmehr heimlich Othellos
rau geworden. Rodrigo und Jago ziehen vor Braban-
ios Haus und machen den stolzen Vater mit der Flucht
Desdemonas bekannt. Sogleich eilt Jago zu Othello,
pielt den treu ergebenen Diener und warnt ihn vor
3rabantios Rache. Als dieser mit dem eifersüchtigen
Rodrigo und Freunden naht, kommt es zum Kampf
wischen den beiden Parteien; doch Othellos Macht-
gebot beendet ihn sogleich. Noch in der Nacht erhebt
3rabantio vor dem Dogen und dem Senat Klage gegen
lie angeblich gewalttätige Entführung seiner Tochter.
Während Desdemona herbeigeholt wird, erzählt
Othello, wie es zu der Liebe zwischen ihm und Desde-
mona kam. Auch sie bestätigt dann, daß sie ihren Vater
kindlich liebe, jedoch freiwillig zu Othello sich bege-
ben habe und bei ihm bleiben werde. Nur schwer läßt
sich Brabantio vom Dogen überzeugen, daß er in die

Verbindung der beiden einwilligen müsse. In der glei-chen Ratssitzung wird beschlossen, den Feldherrn Othello sofort nach Zypern zu senden, das von der Türken bedroht ist. Desdemona soll ihm mit Jago kurze Zeit später folgen. Der vornehm denkende Brabantio gibt seinem unwillkommenen Schwiegersohn zu bedenken: »Sei wachsam, Mohr! Hast Augen du, zu sehn:/Den Vater trog sie, – so mag's dir geschehen!« Aber Othello fühlt sich noch ganz sicher. Der mit Rodrigo zurückbleibende Jago sinnt, wie er Othello verderben könne ... Cassio will er mit Desdemona bei Othello verdächtigen, – dann trifft er gleich zwei Feinde auf einmal.

2. AKT: Ein schwerer Sturm hat die Ankunft Othellos in Zypern verzögert; die anderen Schiffe sind vor dem seinen angekommen. Endlich sehen sich Othello und Desdemona wieder. Jago hetzt den eifersüchtigen Rodrigo gegen Cassio auf. – Die türkische Flotte ist besiegt. Es gibt ein Freudenfest. Cassio wird beauftragt, über Ausschreitungen zu wachen. Doch er trinkt mehr, als er vertragen kann, setzt sich gegen den von Jago aufgehetzten Rodrigo zur Wehr, und als der Statthalter Montano Ruhe stiften will, wird er von Cassio mit dem Degen verwundet. Auf den Lärm hin erscheint Othello, läßt sich von Jago Bericht erstatten und enthebt daraufhin Cassio seiner Stellung. Cassio ist verzweifelt; in seiner grundehrlichen Gesinnung merkt er nicht, was Jago bezweckt, als er ihm »tröstend« rät, er möge Desdemona um Fürsprache bei Othello bitten.

3. AKT: Desdemona verspricht Cassio, ihn mit Othello zu versöhnen. Bei den letzten Worten ihrer Unterredung erscheinen Othello und Jago. Scheinbar unwillkürlich entfährt Jago das Wort: »Ha – das gefällt mir nicht.« Othello wird aufmerksam, leise regt sich die Eifersucht. Und als nun Desdemona sehr herzlich für Cassio bittet, spürt Jago das erwachende Mißtrauen; vorsichtig schürt er weiter und weiter, bis Othello fast glaubt, was er argwöhnt. Alles in ihm tobt, als Desdemona ihn zum Mahl abholen will. Er möchte jetzt allein sein, behauptet, Kopfschmerzen zu haben. Liebevoll will ihm Desdemona ein Tuch um die Stirn binden. Dabei entfällt ihr unbemerkt ein Spitzentüchlein, das erste Liebesgeschenk Othellos. Ihre Kammerfrau Emilia, Jagos Frau, hebt es auf, – und schon hat es Jago in seinen Besitz gebracht. Als er mit Othello wieder allein ist, berichtet er dem Eifersüchtigen, er habe gehört, wie Cassio im Traum recht seltsame Wort gesprochen hätte – im Zusammenhang mit Desdemona, und das Spitzentüchlein Desdemonas habe er bei Cassio gesehen. Nun ist das Maß voll. Kaum kann Othello an sich halten, als Desdemona abermals naht. Das Tüchlein will er sehen – »ein Unheil ohne Maß« wäre es, könnte sie es nicht vorweisen. Desdemona hat den Verlust bereits bemerkt, will Zeit gewinnen, spricht abermals für Cassio. Wie rasend entfernt er sich. Nur Emilia begreift, was den Mohren bewegt: Eifersucht. – Das Tüchlein hat Jago heimlich zu Cassios Sachen gelegt. Der gibt es der Buhldirne Bianca; sie solle das Muster nachzeichnen.

4. AKT: Jago häuft Scheinbeweis auf Scheinbeweis, bis Othello auch körperlich zusammenbricht. Dann versteht es Jago, ein von Othello belauschtes Gespräch mit Cassio so zu führen, daß Othello wirklich annehmen muß, Desdemona laufe Cassio sogar schamlos nach. Zu allem Überfluß erscheint auch noch die Buhldirne Bianca und gibt Cassio das Spitzentüchlein zurück; sie wolle es nicht abzeichnen, dieses Geschenk »irgendeines Schätzchens«. Nun ist's genug: sterben sollen beide! Jago soll Cassio töten, Othello will (auf Jagos Rat) Desdemona erdrosseln in dem »Bett, das sie entehrt hat«. – Aus Venedig kommt Botschaft: Othello solle sich sofort heimbegeben, Cassio habe ihn auf Zypern zu vertreten. Dieser Ernennung Cassios freut sich vor allem Desdemona; nun müsse sich, so meint sie, Othello endlich mit Cassio versöhnen. Othello verliert über ihre Freude völlig den Kopf, sieht darin einen Beweis ihrer Vertrautheit mit Cassio und schlägt sie in Gegenwart der Gesandtschaft. – Othello fragt Emilia aus; als sie für die Treue ihrer Herrin eintritt, schilt er sie eine Kupplerin. – Dann fragt er Desdemona selbst, glaubt ihr kein Wort, nennt sie eine Dirne. – Bei der Verabschiedung der Gesandtschaft gebietet Othello, Desdemona solle ihn ohne Emilia in ihrem Schlafzimmer erwarten.

5. AKT: Jago veranlaßt Rodrigo, Cassio bei Nacht zu überfallen. Beide verwunden einander, ungesehen sticht Jago zudem den Cassio ins Bein. Als auf dessen Hilferufe Leute herbeieilen, stellt sich Jago so erzürnt über den Überfall, daß er Rodrigo tötet, – den Mitwisser ist er los. – Othello wähnt Cassio tot. Nun gilt es, noch

die »Ehebrecherin« zu strafen. Als er Desdemona schlafend in ihrem Bett erblickt, weckt er sie durch Küsse. Dann aber soll sie »beichten«, ihre Untreue gestehen. So sehr sie ihre Unschuld beteuert, er kann ihr nicht glauben, erdrosselt sie und gräbt ihr noch den Dolch ins Herz. Zu spät verlangt Emilia Einlaß, ihre Ahnungen sind bereits Wirklichkeit geworden. Nun aber schreit sie dem Mohren ihre Verachtung ins Gesicht und, als sie Othellos Worte über Jagos »Beweise« hört, wird ihr dessen Spiel klar, schreit und schreit, bis der Statthalter mit Jago und anderen kommt. Emilia will nun alles aufdecken; doch Jago erdolcht sie nach den ersten Sätzen und entflieht, wird jedoch zurückgebracht. Das ganze Geschehen wird nun klar, selbst Jagos halbe Andeutungen sind Beweis. Auf der Folter wird Jago zu Tode gepeinigt werden. Othello aber sieht erschüttert, wohin ihn mangelnder Glaube und törichte Eifersucht gebracht haben. Ehe die Umstehenden es verhindern können, ersticht er sich.

König Lear

Tragödie in fünf Akten

Personen:

Lear, König von Britannien
König von Frankreich
Herzog von Burgund
Herzog von Cornwall
Herzog von Albanien

Graf von Gloster
Graf von Kent
Edgar, Glosters Sohn
Edmund, Glosters Bastard
Curan, ein Höfling
Ein Arzt
Der Narr
Oswald, Gonerils Haushofmeister
Ein Hauptmann
Ein Edelmann im Gefolge Cordelias
Ein Herold
Ein alter Mann, Glosters Pächter
Bediente von Cornwall
Goneril, Regan und Cordelia, Lears Töchter
Ritter im Gefolge des Königs, Offiziere, Boten, Soldaten und Gefolge

Ort und Zeit: Britannien, mythische Zeit
Uraufführung 1606

Eines der düstersten Stücke Shakespeares, ganz gewiß nicht sein bestes. Zwei Handlungen mit im Grunde ähnlichen Ereignissen und Geschicken koppelt der Dichter zusammen, um nicht durch eine Handlung allein den Eindruck zu erwecken, es handle sich um eine Familientragödie; vielmehr soll der Gleichlauf dartun, daß es sich um allgemein-menschliche Fragen zu irgendeiner und jeder Zeit handelt. Einzelpersonen verdichten sich zu unerhörter Kraft, das Ganze aber schließt sich nicht recht zum Kunstwerk. – Die Parallelhandlungen spielen um Lear und Gloster: Lear hat zwei undankbare und eine treue, liebende Tochter,

Gloster einen ehelichen, getreuen Sohn und einen außerehelichen, der ihn um Herrschaft und Leben bringt.

1. AKT: König Lear verteilt, altgeworden, sein Reich auf seine drei Töchter und bedingt sich nur aus, abwechselnd bei ihnen leben zu können. Als er die Frage stellt, welche von ihnen ihn am meisten liebe, fließen Goneril (vermählt mit dem Herzog von Albanien) und Regan (Gemahlin des Herzogs von Cornwall) vor Liebesbeteuerungen über; die jüngste Tochter Cordelia (unvermählt) dagegen kann keine Worte über Liebe machen. Der maßlose Lear verstößt sie und teilt ihr Erbe unter die beiden anderen Schwestern auf. Von Cordelia ziehen sich die Bewerber zurück; nur der König von Frankreich hält seine Werbung aufrecht und führt Cordelia als Königin in sein Land. Der dem König Lear aufrichtig ergebene Graf von Kent wagt es, seinem Herrn sein Unrecht vorzuhalten; auch er wird verbannt. – Der Graf von Gloster wird durch einen gefälschten Brief seines natürlichen Sohnes Edmund dahin gebracht, seinem ehelichen Sohn Edgar zu mißtrauen. Scheinheilig rät Edmund seinem Halbbruder Edgar zur Flucht. – Graf Kent will seinen Herrn, der ihn verbannt hat, nicht verlassen und nimmt bei ihm verkleidet wieder Dienste. Lear wohnt jetzt bei seiner Tochter Goneril und ihrem Gemahl (Albanien); aber seit einiger Zeit wird er von der Dienerschaft im Auftrage Gonerils arg vernachlässigt. Obwohl der verkleidete Kent und der Hofnarr alles Unangenehme von ihm fernhalten wollen, kommt es schließlich zu einem schweren Auftritt mit Gonerils Haushofmeister und

dann mit Goneril selbst (ihr Gemahl Albanien mischt sich nicht ein). Zornig über der Tochter Undank, verläßt Lear ihr Schloß und schickt Kent mit Botschaft zur zweiten Tochter, daß er zu ihr kommen werde. Goneril aber warnt durch ihren Haushofmeister die Schwester vor dem Vater.

2. AKT: Da Regan ebenso wenig daran denkt, den Vater, wie ausbedungen, bei sich aufzunehmen, begibt sie sich mit ihrem Gemahl, dem Herzog von Cornwall, zum Grafen Gloster. Dort erfahren sie, daß Edmund (der natürliche Sohn Glosters) von seinem Bruder Edgar verwundet worden sei, weil er angeblich auf Edgars Wunsch den Vater ermorden sollte, sich aber geweigert habe (in Wirklichkeit spiegelt Edmund das alles vor). Der von Lear abgesandte Kent und der von Goneril geschickte Haushofmeister geraten wieder aneinander. Da Kent in seinem Zorn vor nichts haltmacht, wird er in Ketten gelegt. Das bringt den eben eintreffenden Lear in höchsten Zorn, zumal Regan und ihr Gemahl ihn anfangs nicht empfangen wollen. Als nun auch noch Goneril erscheint, merkt Lear an den gleißnerischen Worten der beiden Schwestern, daß keine von ihnen daran denkt, ihm Unterkunft zu gewähren. Jähzornig stürmt er in die Nacht hinaus.

3. AKT: Der treue Kent auf nächtlicher Suche nach seinem Herrn. Einen Ritter schickt er mit Botschaft zu Cordelia, der französischen Königin, nach Dover. Da die Schwager Albanien und Cornwall sich feindlich gegenüberstehen, ist nämlich der französische König

mit einem Heer in Britannien gelandet. Dann sucht Kent weiter nach Lear. Endlich findet er ihn zusammen mit dem Narren, wie er auf einer von Gewitter umtosten Heide halbwahnsinnig rast. Er führt ihn in eine verfallene Heidehütte. Dort haust unerkannt der geflohene Edgar (Glosters ehelicher Sohn) und stellt sich, um sicher zu gehen, wahnsinnig. Grausig die Szene, in der nun der fast irre Lear, der Wahnsinn vortäuschende Edgar und der Narr einen Gerichtshof bilden und über Lears undankbare Töchter ein Urteil sprechen. Der Graf hat Lears Aufenthalt ausfindig gemacht, erscheint in der Hütte und holt, ohne seinen Sohn Edgar zu erkennen, Lear fort, um ihn in das französische Lager zu Lears Tochter Cordelia zu schaffen. Inzwischen hat Edgars räuberischer Halbbruder seinen Vater an Cornwall und die beiden Lear-Töchter verraten. Sie lassen Gloster blenden, weil er Lear gerettet hat, und stoßen ihn ins Elend. Ein Diener, der seinem Herrn Gloster helfen will, bringt Cornwall eine schwere Wunde bei, wird aber selbst durch dessen Gemahlin Regan erdolcht.

4. AKT: Cornwall ist an der Verwundung gestorben. Der Herzog von Albanien, Gonerils Gemahl, tritt nun aus seiner Zurückhaltung heraus; die Schändlichkeiten der letzten Zeit will er nicht mehr decken. Goneril aber wird daraufhin nur noch bösartiger: da wäre dieser kaltherzige, rücksichtslose Edmund doch ein anderer Mann für sie als der ihr schwächlich erscheinende Albanien. Auch Regan, die durch den Tod Cornwalls Witwe geworden ist, wirft ein Auge auf Edmund. – Cordelia, durch Kent benachrichtigt, schickt Boten aus, die ihren Vater Lear suchen sollen, der nun, fast

völlig dem Irrsinn verfallen, sich mit Blumen schmück und tanzend umherzieht. Endlich wird er gefunden und in das Lager des französischen Heeres zu Cordelia gebracht. Unter den Klängen sanfter Musik löst sich langsam sein Wahnsinn, so daß er Cordelia, seine einzige wirklich treue Tochter zu erkennen vermag. – Wie Cordelia ihren Vater Lear, so rettet Edgar seinen geblendeten Vater Gloster. Er heilt ihn von Wahnsinnsanfällen und schlägt den Haushofmeister Gonerils der den alten Gloster ermorden soll, nieder. In des Toten Tasche findet er einen Brief, in dem Goneril Edmund auffordert, er solle ihren Gemahl Albanien töten und in ihre Arme eilen.

5. AKT: Edmund ist Befehlshaber der Truppen gegen die französischen Streitkräfte. Er besiegt die Franzosen, Lear und Cordelia geraten in seine Hand und sollen heimlich umgebracht werden. Jetzt aber tritt ihm der Herzog von Albanien entgegen, der inzwischen erfahren hat, daß seine Gemahlin Goneril ihn ermorden lassen will, um Edmund zu heiraten. Doch Regan ist ihr zuvorgekommen und macht Edmund zu ihrem Gemahl. Die rachsüchtige Goneril läßt ihrer Schwester Gift beibringen. Als Albanien gegen Edmund Anklage wegen Hochverrats erhebt, will dieser mit dem Schwert seine »Schuldlosigkeit« beweisen. Als Gegner tritt ein unbekannter Ritter auf; Edmund wird tödlich verletzt. Der Ritter gibt sich zu erkennen: es ist Edgar, der rechtmäßige Gloster-Sohn. Nun bekennt der Sterbende reuig seine und der Lear-Töchter Schandtaten. Regan stirbt an dem ihr von der Schwester beigebrachten Gift, Cordelia ersticht sich. Da Edmund berichtet

ıat, er habe Cordelia töten lassen wollen, werden schleunigst Boten abgesandt, um den Mord zu verhindern. Aber schon trägt der alte Lear die Leiche der treuen Cordelia herbei; ihr Leben konnte er nicht mehr retten, aber den Mörder hat er umgebracht. Der einst maßlose Lear ist weich und demütig geworden. der Tod der Tochter, die er in völliger Verkennung verstoßen, erschüttert ihn so, daß auch er stirbt.

Macbeth

Tragödie in fünf Akten

Personen:

Duncan, König von Schottland
Malcolm und Donalbain, seine Söhne
Macbeth und Banquo, Anführer des königlichen Heeres
Macduff, Lennox, Rosse, Menteith, Angus und Caithness, schottische Edelleute
Fleance, Banquos Sohn
Siwart, Graf von Northumberland, Führer der englischen Truppen
Der junge Siwart, sein Sohn
Seyton, ein Offizier in Macbeths Gefolge
Ein Knabe, Macduffs Sohn
Ein englischer Arzt
Ein schottischer Arzt
Ein Soldat
Ein Pförtner
Ein alter Mann

Lady Macbeth
Lady Macduff
Eine Kammerfrau der Lady Macbeth
Hekate
Drei Hexen
Erscheinungen
Lords, Edelleute, Offiziere, Soldaten, Mörder, Gefolge und Boten

Ort und Zeit: Schottland und England, 11. Jahrhundert
Uraufführung 1606

Wie Gestalten einer mythischen Zeit treten die Personen dieser Meistertragödie vor uns hin, überlebensgroß, zwingend, erschreckend. Unaufhaltsam rast das Geschehen von Szene zu Szene, zwangsläufig wachsend wie eine Lawine, ausgelöst durch eine einzige schändliche Tat, die nun Verbrechen auf Verbrechen nach sich zieht. Einziger Handlungsantrieb ist der Ehrgeiz; aber er ist auf zwei Personen verteilt: auf den düsteren, gewalttätigen Macbeth, der immerhin noch ein Gewissen hat, und auf Lady Macbeth, die mit kalter Zielstrebigkeit ihren Gemahl anstachelt und sein Gewissen immer wieder für die Zeit des Handelns zu beruhigen vermag.

1. AKT: Der Feldherr Macbeth hat König Duncans Feinde besiegt. Zum Dank dafür ernennt ihn der König auf diese Kunde hin zum Than von Cawdor. – Macbeth, dem diese Ernennung noch nicht bekannt ist, stößt mit dem zweiten schottischen Feldherrn Banquo auf nächtlicher Heide auf drei Hexen. Sie begrüßen ihn als

»Than von Cawdor« und »künftigen König«; dem Banquo aber sagen sie voraus, er werde Stammvater eines Königsgeschlechts. Die Verwunderung der beiden Feldherren steigt, als nach dem Verschwinden der Hexen eine Gesandtschaft des Königs naht und Macbeth die Ernennung zum Than von Cawdor berichtet. Die erste Prophezeiung ist in Erfüllung gegangen; warum soll nicht auch die zweite ... Macbeths Ehrgeiz ist angestachelt. – Der König dankt Macbeth und Banquo für die Sicherung des Reiches. Nun kann er den Thronfolger bestimmen: sein Sohn Malcolm soll nach ihm die Königswürde erhalten. Um Macbeth besonders zu ehren, lädt sich der König auf dessen Schloß Inverneß ein. Macbeth wälzt böse Gedanken: Malcolm Thronfolger, wo doch die Hexen *ihm* die Königswürde zugesprochen haben? – Lady Macbeth entwirft, als sie vom Königsbesuch hört, sofort ihren verbrecherischen Plan, und Macbeth fällt es nicht schwer, ihn zu billigen. Überaus höflich und freundlich wird der König von der Lady empfangen und ins Schloß geleitet. Zwar plagt Macbeth nun sein Gewissen; doch Lady Macbeth bringt es mit kaltem Spott zum Schweigen.

2. AKT: Nach dem Festmahl hat sich König Duncan zur Ruhe begeben. Macbeth schleicht sich zu dem Schlafenden, Lady Macbeth hat die wachhabenden Kammerherren durch Wein betäubt und wartet auf Macbeths Tat. Er ersticht den König. Die schlafenden Kammerherren und ihre Dolche werden von der Lady mit dem Blut des Ermordeten bestrichen, dann suchen die Mörder ihr Gemach auf, – denn es klopft am Schloßtor. Umständlich öffnet der halbberauschte Schließer,

läßt schottische Edelleute ein. Nach einer Weile erscheint Macbeth, begrüßt gefaßt die Ankömmlinge. Während der Unterhaltung stürzt Macduff herbei und berichtet, der König sei ermordet. In künstlichem Zorn dringt Macbeth in das Zimmer des Ermordeten und erschlägt die Kammerherren, weil er sie wegen ihrer blutbesudelten Kleidung für die Mörder gehalten habe. Die Toten legen kein Zeugnis ab ... Auch Lady Macbeth erscheint, spielt bei der Nachricht vom Tode die Ohnmächtige, um jeden Verdacht abzulenken. Die beiden Königssöhne lassen sich jedoch nicht täuschen; sie fliehen ins Ausland. – Diese Flucht läßt sich trefflich nutzen: auf die Königssöhne wird der Verdacht gelenkt, an der Ermordung des Königs beteiligt gewesen zu sein. Macbeth solle nun König werden, hört man. Der schottische Edelmann Macduff jedoch wird immer mißtrauischer. Für alle Fälle begibt er sich auf sein festes Schloß.

3. AKT: Macbeth ist König. Doch beunruhigt ihn die frühere Weissagung der Hexen, sein einstiger Mitfeldherr Banquo werde ein Geschlecht von Königen hervorbringen. Daher lädt er Gäste zu einem Festmahl und läßt Banquo und dessen Sohn Fleance unterwegs auflauern. Banquo wird ermordet, Fleance entkommt zum englischen König. Als Macbeth sich an die Festtafel setzten will, sieht er auf dem für Banquo bestimmten Platz dessen Geist. Nur mit Mühe kann Lady Macbeth verhindern, daß ihr Gemahl sich verrät. – Die schottischen Edlen sehen nun klar. Daher soll Macbeth mit Hilfe des englischen Königs vernichtet werden.

4. AKT: Wieder bei den Hexen. Sie warnen ihn vor Macduff, doch gleichzeitig geben sie ihm innere Sicherheit; denn keiner, »den ein Weib geboren«, werde ihn töten, und besiegt werde er nicht, ehe »der große Birnams Wald zum Dunsinan feindlich emporsteigt«. – Als Macbeth erfährt, daß auch Macduff zum englischen König gegangen ist, läßt er dessen Weib und Kind umbringen. – Am englischen Hofe hört Macduff von diesem Mord. Er schließt sich dem englischen Heer unter Siwart an und zieht gegen Macbeth.

5. AKT: Auf Schloß Dunsinan irrt Lady Macbeth, während Macbeth im Kampf mit den Engländern steht, schlafwandlerisch umher; ihr Geist hat sich getrübt, unablässig will sie sich Blutflecken von den Händen reiben. Macbeth muß sich schließlich unter dem Druck seiner englischen Gegner, zu denen auch immer mehr Schotten stoßen, auf Schloß Dunsinan zurückziehen. Wohl fühlt er sich stark infolge der Hexen-Prophezeiung; doch immer wieder überfällt ihn Unruhe. Lady Macbeth stirbt, Macbeth stellt sich zum Kampf. Da wird ihm berichtet, der Birnams Wald bewege sich auf das Schloß zu (die englischen Krieger tarnen sich mit vorgehaltenen Baumzweigen); das bringt ihn aus der Fassung. Er verläßt das Schloß, um im freien Felde zu kämpfen, auf die Weissagungen trotzend, ein vom Weibe Geborener könne ihn nicht töten. Schließlich trifft er auf Macduff, schreit ihm die Weissagung entgegen – und erstarrt; denn dieser erwidert ihm: »So verzweifle ... denn Macduff ward vor der Zeit geschnitten aus der Mutter Leib«. Macbeth unterliegt, und Macduff schlägt ihm das Haupt ab. Malcolm wird König von Schottland.

Julius Cäsar

Tragödie in fünf Akten

Personen:

Julius Cäsar
Octavius Cäsar
Marcus Antonius, M. Ämilius Lepidus, Triumvirn nach dem Tode Julius Cäsars
Cicero, Publius, Popilius Lena, Senatoren
Marcus Brutus, Cassius, Casca, Trefonius, Ligarius, Decius Brutus, Metellus Cimber, Cinna, Verschworene gegen Julius Cäsar
Flavius, Marullus, Tribunen
Artemidorus, ein Sophist von Knidos
Ein Wahrsager
Cinna, ein Poet
Ein anderer Poet
Lucilius, Titinius, Massala, Der junge Cato, Volumnius, Freunde des Brutus und des Cassius
Lucius, Varro, Clitius, Claudius, Strato, Dardanius, Diener des Brutus
Pindarus, Diener des Cassius
Calpurnia, Gemahlin des Cäsar
Portia, Gemahlin des Brutus
Senatoren, Bürger, Wache, Gefolge usw.

Ort und Zeit: Rom, Sardes, Philippi, 1. Jahrhundert v. Chr.
Uraufführung 1599

Die Titelgebung dieser Tragödie ist nicht ganz sinngemäß, denn Cäsar wird bereits in der Mitte des Stükkes ermordet, und eigentlicher Held ist Brutus. Diesen Brutus hat Shakespeare besonders sorgfältig ausgestaltet, während die anderen Figuren teilweise nur umrißhaft gezeichnet sind. Das Ganze entbehrt auch einer echten Einheitlichkeit; dafür sind verschiedene Szenen so großräumig und technisch so hervorragend angelegt, daß die Tragödie nicht nur durch den allbekannten und häufig behandelten Stoff wirkt, sondern durch ihre Theater-Gerechtheit.

1. AKT: Cäsar wird nach seinem Sieg über Pompejus vom Volk stürmisch gefeiert, als er sich zur Ratssitzung auf das Capitol begibt. Ein Wahrsager warnt ihn vor »den Iden des März« (Monatsmitte); aber Cäsar ist nicht furchtsam. Ungern sehen die Mächtigen Roms den Triumph Cäsars, wollen dem Volke wehren. Insbesondere der ehrgeizige Cassius kann es nicht ertragen, Cäsar über sich zu sehen, und versucht, Brutus in eine Verschwörung gegen den Triumphator einzubeziehen. Dieser schwankt; zwar liebt er Cäsar, sieht aber in dessen wachsender Macht eine Gefahr für die Republik. Auf dem Capitol bietet Marc Anton dem Cäsar dreimal die Krone an; diplomatisch weist sie Cäsar dreimal zurück, ist aber verärgert, daß das Volk diese Zurückweisung mit Begeisterung aufnimmt; er hatte gehofft, er könne sich zur Annahme »zwingen« lassen. – In einer Nacht voller Unheilwarnungen sind die Verschwörer geschäftig, gegen Cäsar Stimmung zu machen. Freilich, erst wenn man des allgeachteten Brutus Namen gegen Cäsar ausspielen kann, wird man Erfolg haben.

2. AKT: Brutus erwägt und überlegt. Da wird ihm ein geheimnisvoller Zettel gebracht, auf dem ein Beispiel aus Roms Kampf gegen einen früheren Tyrannen berichtet wird. »Brutus, du schläfst. Erwache!« Die Verschwörer mit Cassius an der Spitze finden ihn nun endlich bereit, die Führung zu übernehmen. Aber nur Cäsar solle fallen, ordnet er an; dessen Anhängern dürfe nichts geschehen. Brutus' Gemahlin Portia erfährt von ihrem Mann, daß man heute Cäsar unbedingt in die Senatssitzung locken wolle, wenn nötig mit List; denn heute müsse er fallen. – Cäsars Gemahlin Calpurnia hat üble Vorzeichen gesehen und geträumt, daher bittet sie Cäsar, heute nicht das Haus zu verlassen. Endlich gibt er lächelnd nach. Doch als Decius als Abgesandter mit der Nachricht erscheint, der Senat werde ihn heute krönen, und zudem noch Calpurnias Träume günstig deutet, geht Cäsar doch in die Senatssitzung.

3. AKT: Unterwegs will man ihn warnen; doch er hört nicht auf die unheilverkündenden Stimmen, soweit sie ihn überhaupt erreichen. Im Senat spielt man mit einer Bittschrift Komödie. Als Cäsar ablehnt, die Bitte zu erfüllen, entblößen die Verschwörer ihre Dolche und stoßen Cäsar nieder. Cäsars Günstling Marc Anton erhält das Recht, bei der Leichenfeier Cäsars zu sprechen, falls er nichts wider die Verschwörer sage. Cassius warnt vergeblich vor dieser Rede. – Auf dem römischen Forum erklärt Brutus, Cäsar habe um der Freiheit des Volkes willen fallen müssen. Alles jubelt ihm zu. Als Brutus sich entfernt, ergreift Marc Anton das Wort. Seine Rede ist ein Meisterwerk. Nicht preisen

volle er Cäsar, – aber dafür erinnert er immer wieder an Wohltaten, die Cäsar dem Volke habe zukommen assen, steigert sich und das Volk in ungeheure Erregung, bis sein ständig wiederholtes »Doch Brutus ist ein ehrenwerter Mann« zu hetzendem Hohn wird. Das Volk jubelt ihm noch lauter zu als zuvor dem Brutus und zerstreut sich, den Tod Cäsars zu rächen.

4. AKT: Die Verschwörer und Cäsarmörder sind vertrieben; in Rom herrschen drei Männer: Marc Anton, Octavius und Lepidus. Mit kleinen Mitteln suchen sie ihre Herrschaft zu festigen. Inzwischen rüsten die geflüchteten Brutus und Cassius Heere gegen Rom. Zwischen dem edlen Brutus und dem eigennützigen Cassius kommt es zu Zwisten, die nur schwer beigelegt werden können. Brutus, tief getroffen durch den Selbstmord seiner Frau, die des Gatten Flucht nicht überleben wollte, ist von Ahnungen geplagt. Marc Anton und Octavius ziehen mit einem römischen Heer nach Philippi; dort will Brutus sie schlagen. In der Nacht erscheint ihm Cäsars Geist, treibt ihn in den Kampf. »Bei Philippi sehen wir uns wieder«.

5. AKT: Auch Marc Anton und Octavius sind nicht echt einig. Als es zur Schlacht kommt zwischen den feindlichen Heeren, wird Cassius von Marc Anton geschlagen und gibt sich selbst den Tod; Brutus, der auf seinem Flügel sich behaupten konnte, beginnt erneut den Kampf gegen Marc Anton und Octavius, wird besiegt und stürzt sich in sein Schwert. Mit allen Ehren soll er von den Siegern bestattet werden; denn, wie Marc Anton sagt, »nur er verband aus reinem Bieder-

sinn und zum gemeinen Wohl sich mit den andern«, die ja nur aus Mißgunst gegen Cäsar handelten.

König Richard III.

Trauerspiel in fünf Aufzügen

Personen:

König Eduard der Vierte
Eduard, Prinz von Wales, nachmals König Eduard der Fünfte, und Richard, Herzog von York, Söhne des Königs
George, Herzog von Clarence, und Richard, Herzog von Gloster, nachmals König Richard der Dritte, Brüder des Königs
Ein junger Sohn des Clarence
Heinrich, Graf von Richmond, nachmals König Heinrich der Siebente
Kardinal Bourchier, Erzbischof von Canterbury
Thomas Rotherham, Erzbischof von York
John Morton, Bischof von Ely
Herzog von Buckingham
Herzog von Norfolk
Graf von Surrey, sein Sohn, Graf Rivers, Burder der Gemahlin Königin Eduards
Marquis von Dorset, Lord Grey, ihre Söhne
Graf von Oxford
Lord Hastings
Lord Stanley
Lord Lovel

Sir Thomas Vaughan
Sir Richard Ratcliff
Sir William Catesby
Sir James Tyrrel
Sir James Blunt
Sir Walter Herbert
Sir Robert Brakenbury, Kommandant des Turms
Christopher Urswick, ein Priester
Ein anderer Priester
Der Lord Mayor von London
Der Sheriff von Wiltshire
Elisabeth, Gemahlin König Eduards IV.
Margareta, Witwe König Heinrichs VI.
Herzogin von York, Mutter König Eduards IV., Clarences und Glosters
Anna, Witwe Eduards, Prinzen von Wales, Sohn König Heinrichs VI., nachmals mit Gloster vermählt
Eine junge Tochter des Clarence
Lords und anderes Gefolge
zwei Edelleute, ein Herold, ein Schreiber, Bürger, Mörder, Boten, Soldaten usw.

Ort und Zeit: England, Ende des 15. Jahrhunderts
Uraufführung 1593

Ein Blick auf das Personenverzeichnis mag dem Leser bereits gezeigt haben, daß es schwierig ist, sich in diesem Gewimmel zurechtzufinden. Und wer das Stück liest, wird mehr als einmal das Buch ratlos sinken lassen: es ist in seiner Überfülle von geschichtlichen Andeutungen und Geschehnissen nicht zu verstehen. Wer jedoch das Trauerspiel in einer gut bearbeiteten Aufführung sieht und hört, der wird gern darauf verzichten, die Handlung in allen Einzelheiten zu begreifen, weil in der Person des Titelhelden eine Figur auf der Bühne steht, die wie keine andere Gestalt der Weltliteratur den Teufel oder das Teuflische im Menschen schlechthin so großartig verkörpert wie dieser Richard Gloster. Das Stück als solches ist ganz einfach schlecht gemacht, die Rolle Richards dagegen ein Glanzstück kalter Seelendarstellung – und ein Glanzstück für einen Charakterdarsteller. Es ist die Tragödie eines körperlich Mißgestalteten und seelisch Bösen, der aufgrund seines scharfen Verstandes alle Hemmnisse, die seinem Machtstreben entgegenstehen, durch schlau gesetzte Worte oder rücksichtslose Vernichtung zu überwinden weiß.

Herzog Richard von Gloster will König werden. Dieses Ziel zu erreichen, ist ihm jedes Mittel recht. Reihenweise werden die Personen, die ihm im Wege stehen oder vielleicht einmal im Wege stehen könnten, offen oder heimlich umgebracht: es fällt der königliche Bruder, dann ein anderer Verwandter nach dem andern, Freunde und Feinde müssen ihr Leben lassen. Er bringt es fertig, die Witwe des ermordeten Thronfolgers zu überreden, ihn zu heiraten, obwohl sie weiß, daß er der Mörder ihres Gatten ist. Auch sie muß dann sterben, weil eine andere Gattin ihm mehr nützen kann. Und das Spiel wiederholt sich: die neue Gattin ist die Witwe des durch Richard ermordeten königlichen Bruders, und sie weiß, daß sie durch Richard Witwe geworden ist, und heiratet den schlauen, zungenfertigen Mörder lennoch. So nebenbei »beweist« er, daß seine Mutter ine Hure sei, – nur um darzutun, daß ihre Söhne, die nspruch auf die Krone hätten, kein Königsblut in sich ragen. Durch diese Massenschlächterei entsteht dann in förmlicher Chor von Witwen, der im Stück gewisermaßen die Rolle des Chors der griechischen Tragölie übernimmt. Als Richard seinen getreuesten Gefolgsmann Buckingham, dem er es wesentlich zu erdanken hat, daß er auf den Thron gekommen ist, rellen will, geht dieser in das Lager der Gegner Richards über, andere folgen, scharen sich um die ahne des Grafen Richmond (des späteren Königs Heinrich VII.). Richard wird besiegt und nach wütendapferer Gegenwehr erschlagen.

Die übrigen sieben Königstragödien Shakespeares ind nach Stoff und Gestaltung womöglich noch unergiebiger für das Theater von heute, so wunderbare einheiten sie auch enthalten mögen. Doch müßte das weiteilige Werk *»König Heinrich IV.«* (1596/98) durch ntsprechende Kürzungen zu retten sein. In ihm steht ämlich erstmalig (und später nie wieder in derartiger ollkommenheit erreicht) Lächerlichkeit gleichbeechtigt neben Erhabenheit, und zwar im durchaus lramatischen Sinne. Denn Ernst und Scherz sind hier ur der verschiedene Ausdruck eines und desselben eelischen Tatbestandes.

Ebenfalls verhältnismäßig selten wird *»Das Wintermärchen«* aufgeführt, und daher erübrigt sich eine ausührliche Inhaltsdarstellung.

CALDERON

Pedro Calderon de la Barca (1600-1681, Spanier) war als Soldat in Italien und den Niederlanden. 1635 Theaterleiter in Buen Retiro. Schwere Krankheit veranlaßte ihn, 1651 Geistlicher zu werden. 1663 wurde er zum Hofkaplan ernannt. Daneben jedoch ständig Theaterleiter und Bühnenschriftsteller. Schrieb hunderte von geistlichen und weltlichen Schauspielen, dazu Lustspiele und Zwischenspiele.

Calderons Stücke kreisen – wie das ganze spanische Leben seiner Zeit – um drei damals unumstößliche Grundtatsachen: Religion, Königtum, Ehrgefühl. Zudem spielen sie vor dem Hintergrund einer großartigen Theaterkultur, deren inneren Gehalt und bühnenmäßig-technischen Umfang man sich gar nicht mächtig genug vorstellen kann. Daher gewinnen sie für uns vollen Sinn und wirkliche Bedeutung erst dann, wenn man sie in der Vorstellungskraft auf diese Theaterkultur bezieht. Prunk und Pracht, Schau und Spiel, Tändelei und Tiefsinn dieser Werke sind mehr im spanischen Theater als in den Dichtern verwurzelt. Mit solcher Aussage wollen wir nicht Calderons Ruhm und Größe schmälern. Was für ein hoher Geist muß in ihm gewohnt haben, wenn seine Stücke zu seinen Lebzeiten ebenso berühmt wurden wie das für den Spanier einst fast heilige Theater selbst, wenn der König ihm seine persönliche Freundschaft schenkte, wenn der dem Theater dienende Stückeschreiber in den Adelsstand erhoben wurde und wenn man heute noch bewundernd vor seinem Schaffen steht.

Aber man gebe es doch endlich zu: starke Wirkungen können die Calderon-Werke heute nur ausstrahlen, wenn man sich in der Aufführungsart aller nur denkbaren Mittel der sonst so oft verachteten Illusionsbühne bedient. Die scheinbar äußeren Zutaten gehören nun einmal unabdingbar zu fast allen Stücken des Dichters. Wenn man glaubt, auf sie bei Calderon verzichten zu können, dann hat der Zuschauer ein nicht zu unterdrückendes Gefühl der Leere, um nicht zu sagen: der Langeweile. – Nachstehend das für die Bühne von heute wichtigste Stück.

Der Richter von Zalamea

Schauspiel in drei Aufzügen

Personen:

Philipp II., König von Spanien
Don Lope de Figueroa, General
Don Alvaro de Atayde, Hauptmann
Pedro Crespo, ein reicher Bauer
Juan und Isabel, seine Kinder
Ines, seine Nichte
Don Mendo, ein armer Landedelmann
Nuno, dessen Diener
Ein Sergeant
Rebolledo, ein Soldat
Chispa, Marketenderin

Ein Gerichtsschreiber
Gefolge des Königs, Soldaten, Bauern

Ort und Zeit: in und bei Zalamea, 16. Jahrhundert

Trotz mancher uns heute fremdartig anmutenden Einzelheiten ist der »Richter« immer noch wirksam, weil die Handlung ausgezeichnet gebaut ist, gegen Ende sogar sich zu atemberaubender Spannung verdichtet und weil dem Ernst äußerst sinnvoll ein kräftiger Schuß Humor beigefügt wird. Der Dichter behandelt hier die Ehre, und zwar die Ehre in mannigfachen Abstufungen: Bauernehre, Familienehre, Frauenehre, Kriegerehre, – und daneben aufgeblasenes, unechtes Ehrgefühl, das nur auf Äußeres sieht wie auf Rang und Stand. Durch solche Abstufungen, die bald auf verschiedene Personen verteilt und bald in ein und derselben Person wirksam werden, entsteht unversehens etwas, was Calderon kaum vorgeschwebt haben wird: eine Art Charakterdrama. Da es nicht als solches geplant war, wird man auch nicht Ansprüche stellen, die nur bei wirklichen Charakterdramen am Platze wären.

1. AKT: Ländliche Gegend, Heerstraße. Den marschierenden Soldaten teilt der Hauptmann mit, daß in Zalamea Quartier gemacht werde. – Gasse in Zalamea. Don Mendo, arm an Geld, reich an Adelsstolz, mit seinem hungrigen Diener Nuno. Isabel verweist ihm vom Fenster aus seinen »verliebten Wahnsinn«. Crespo lehnt seines Sohnes Juan Vorschlag, sich durch Kauf eines Adelsbriefes von Einquartierung zu befreien, in

uhigem Selbstbewußtsein ab. Seine Tochter Isabel ınd seine Nichte Ines sollen sich vor dem einquartieren Hauptmann in einem Speicherstübchen verbergen. Der Sergeant spürt die Mädchen auf. Um bei ihnen eindringen zu können, verwickelt der Hauptmann den pfiffigen Soldaten Rebolledo in einen Scheinstreit; dieser »flieht« auf den Speicher, der Hauptmann hinterdrein. – Speicherzimmer. Die beiden »Streitenden« stürmen in den Raum der Mädchen. Crespo und Juan, ihnen folgend, merken die Absicht. Die Auseinandersetzung wird beendet durch General Don Lope: er weist den Hauptmann aus dem Hause und will selbst hier wohnen. Die beiden Alten geraten in Streit, wer »zuständig« sei, den Hauptmann zurechtzuweisen.

2. AKT: Abends vor Crespos Haus. Der brünstig verliebte Hauptmann will Isabel durch Rebelledo und Chispa ein Ständchen bringen lassen. – Ländlicher Garten. Der General speist zu Abend mit Crespo, der nun höflich ist, weil's der General auch ist. Isabel leistet den Alten Gesellschaft. Juan möchte wohl auch Soldat werden. Da hört man das Ständchen; die beiden Alten werden zornig, wollen es sich aber nicht merken lassen. Wieder auf der Gasse. Dem nächtlichen Ständchen machen der General und Crespo, ohne voneinander zu wissen, mit ihren Waffen ein Ende; in der Dunkelheit kämpfen sie sogar eine Weile gegeneinander. Auf Befehl des Generals soll der Hauptmann am nächsten Morgen weiterziehen. – Freier Dorfplatz. Da der General überraschend abberufen wurde, will der Hauptmann Isabel entführen. – Vor Crespos Hause. Crespo verabschiedet sich vom General und von Juan, der Sol-

dat wird, und gibt diesem eine Fülle guter Ratschläge mit auf den Weg. Der geplante Überfall erfolgt. Isabel wird fortgetragen, Crespo gebunden weggeschleppt.

3. AKT: Waldgebirge. Morgendämmerung. Die entehrte Isabel hört die Stimme ihres an einen Baum gebundenen Vaters. Sie berichtet jammernd von der ihr widerfahrenen Schande; Juan habe sie befreit, den Hauptmann verwundet und sie sei heimgeflohen. Mühsam hält der in seiner Familienehre gekränkte Crespo seinen Zorn zurück. Da bringt der Gerichtsschreiber Kunde: Crespo sei zum Richter erwählt, morgen oder schon heute komme der König durchs Dorf, der verwundete Hauptmann sei ins Dorf gebracht worden. – Bauernstube. Zu dem nicht schwer verwundeten Hauptmann und den Soldaten tritt der neue Dorfrichter. Crespo läßt die Soldaten abführen und wendet sich dem Hauptmann zu. Indem er den Richterstab weglegt, bittet er sogar kniefällig den Schänder seiner Tochter, ihr durch Eheschließung die Ehre wiederzugeben, erhält aber nur spöttisch überhebliche Antworten. Da erhebt sich der Richter, ergreift den Stab, läßt den Hauptmann abführen, festsetzen, fesseln – alles mit »Respekt«, wie dieser verlangt hat. – Zimmer in Crespos Hause. Juan will seine geschändete Schwester erstechen. Crespo läßt auch ihn ins Gefängnis bringen, weil er seinen Hauptmann verwundet habe (und ... weil er ihn so vor den Soldaten zu retten hofft). General Don Lope kehrt zurück. Er will sich das »Richterlein« ansehen, das sich erlaubt, seinen Hauptmann festzusetzen. Crespo aber ist in sein neues Amt hineingewachsen, weicht keinen Schritt zurück, so daß der

General Waffengewalt einsetzen muß. – Platz vor dem Gemeindehause. Kampf zwischen den Soldaten und den Bauern. Der König erscheint. General und Richter tragen die Ursachen des Kampfes vor. Entscheidung des Königs: der Richter habe recht geurteilt, die Vollziehung des Urteils jedoch gebühre dem Heere. Da werden die Türen des Gefängnisses geöffnet – der Hauptmann sitzt erdrosselt auf einem Stuhl. Crespo weiß sich so geschickt zu rechtfertigen, daß ihn der König auf Lebenszeit zum Richter ernennt.

MOLIÈRE

Jean-Baptiste Poqueline, genannt Molière (1622–1673, Franzose) war Sohn eines königlichen Tapezierers, wurde in einem Jesuitenkolleg erzogen, wandte sich dann dem Rechtsstudium zu. 1643 gründete er eine Schauspielertruppe, mit der er viele Wanderreisen unternahm. Seit 1658 in Paris, wo der »Sonnenkönig« die Truppe unterstützte. Schrieb zahlreiche Komödien.

Molières Komödien bestechen weniger durch ihre Handlungsführung als dadurch, daß in ihnen meist ein festumrissener Charakter dargestellt wird. Dieser Charakter wiederum ist nicht als mehr oder weniger zufälliger Einzelmensch aufgefaßt, sondern als Verkörperung einer bestimmten Untugend (Heuchelei, Geiz usw.) oder einer Zeitkrankheit (gelehrsame Frauen u.ä.). Um einen solchen sinnbildhaften Charakter von allen Seiten anstrahlen zu können und seine Wirkungen nach außen kenntlich zu machen, umgibt ihn Molière mit einer Fülle von – sagen wir einmal: »Klein-Charakteren« und Einzelsituationen. Diese haben einerseits die Aufgabe, das Hauptcharakter-Bild zu rahmen und dadurch schärfer hervortreten zu lassen, andererseits ihm Entfaltungs- und Wirkungsmöglichkeiten zu geben.

Tartuffe

Schauspiel in fünf Akten

Personen:

Madame Pernelle
Orgon, ihr Sohn
Elmire, dessen Frau
Damis, Orgons Sohn aus erster Ehe
Mariane, dessen Schwester
Valere, Marianens Verlobter
Cleanthe, Orgons Schwager
Tartuffe
Dorine, Marianens Gesellschafterin
Loyal, Gerichtspedell
Ein Polizeibeamter

Ort und Zeit: Paris, in Orgons Haus, 17. Jahrhundert
Uraufführung 1664 in Versailles

Eine meisterhaft durchgeführte Kampfansage Molières gegen Heuchelei und Bigotterie seiner Zeit. Das Stück wurde verboten, der Dichter bedroht. Aber Ludwig XIV. hielt die Hand über seinen Schützling. Endgültig freigegeben wurde das Werk erst fünf Jahre nach der ersten Aufführung für den königlichen Hof (der drei Jahre später die erste öffentliche, sofort wieder verbotene Aufführung folgte). Der Erfolg in der Öffentlichkeit war unbeschreiblich.

1. AKT: Herr Orgon kümmerte sich wenig um seine zweite Frau Elmire, fast noch weniger um seine Kinder aus erster Ehe, den jungen Damis und dessen Schwe-

ster Mariane. Für Orgon gibt es nur Tartuffe, den er einst in sein Haus aufgenommen und wohlausstaffiert hatte. Tartuffe erscheint ihm als der vorbildhafteste Mensch. So vernarrt ist er in ihn, daß dieser die eigentliche Herrschaft in Orgons Hause angetreten hat. Nicht minder bezaubert von Tartuffe ist Orgons Mutter, Madame Pernelle. Sie lebt in ständigem Kampf mit den jüngeren Verwandten und Freunden, die diesen Tartuffe ganz einfach für einen schmarotzenden Schelm halten. Und Madame Pernelle hat ein tüchtiges Mundwerk! Was bedeuten schon für Herrn Orgon Abmachungen aus früherer Zeit, – jetzt gibt es für ihn nur noch Tartuffe. Seine Tochter Mariane sollte schon längst mit ihrem Verlobten Valere verheiratet werden. Als Orgon von seinem Schwager Cleanthe daran gemahnt wird, macht er Ausflüchte.

2. AKT: Orgon hat nämlich andere Pläne: Mariane soll Tartuffe heiraten, diesen edlen Mann aus adeligem Geblüt, wie der Vater seiner Tochter erklärt. Mariane weigert sich, und ihre Gesellschafterin Dorine sagt dem verblendeten Vater gehörig die Meinung; natürlich ohne Erfolg. Rasend stürzt der Verlobte Valere, der von Orgons Plan gehört hat, ins Haus, läßt sich in seiner Eifersucht kaum beruhigen. Endlich werden Mariane, Valere und Dorine einig: dieser Tartuffe muß entlarvt werden.

3. AKT: Auch Orgons Sohn Damis will etwas unternehmen gegen Tartuffe, und Dorine hat alle Mühe, ihn zu beruhigen, damit er ihre Pläne nicht gefährdet. Eben kommt Tartuffe salbungsvoll heim von irgendwelchen

eistlichen Übungen (wie er vorgibt). Dem Frömmler st Dorine nicht genügend bekleidet; darum heißt er ie, sich schicklich zu bedecken. Mit Orgons Frau lmire wünscht er zu sprechen. Diese glaubt, es handle ich um die geplante Verbindung von Tartuffe und Aariane. Aber Tartuffe hat ganz andere Wünsche: die ppetitliche Frau Elmire selbst hat es ihm angetan, und r gibt seine Wünsche recht unverblümt bekannt. Der unge Damis hat die Szene belauscht und verklagt wutchnaubend den Scheinheiligen bei seinem Vater Orgon. Mit dem Erfolg, daß dieser in des Sohnes Bericht eine gemeine Verleumdung erblickt und ihn erstößt. Jetzt findet Tartuffe den verblendeten Orgon n der rechten Verfassung: ein paar scheinheilige Vorte – und schon hat ihm Orgon sein Vermögen vernacht.

4. AKT: Orgons Schwager Cleanthe versucht vergeblich, Tartuffe zuzureden. Inzwischen hat Orgon den Heiratsantrag zwischen seiner Tochter und Tartuffe ufsetzen lassen und verlangt, daß er unterschrieben verde. Alle setzen ihm zu, – umsonst. Endlich gelingt s seiner Frau Elmire, ihn zu überreden, Tartuffe venigstens auf eine Probe zustellen. Er verbirgt sich m Zimmer und wird Zeuge, wie Tartuffe sich höchst igenhändig in den Besitz Elmires setzen will. Jetzt ist Orgon sehend geworden: in fürchterlichem Zorn weist r Tartuffe aus dem Hause. Doch dieser macht kaltächelnd darauf aufmerksam, daß das Haus nun ja ihm selbst gehört. Und aus seinem eigenen Hause braucht r sich nicht hinauswerfen zu lassen.

5. AKT: Jawohl, Tartuffe hat noch ganz andere Waffen. Da sind doch diese belastenden Dokumente Orgon hat sie von einem Feinde des Königs erhalten sie vertrauensvoll Tartuffe übergeben und dem Königsfeind zur Flucht verholfen. Zunächst einma kommt der Gerichtspedell mit einem Räumungsbefehl, den Tartuffe erwirkt hat: die Familie Orgon müsse das Haus verlassen. Einen Augenblick später erschein Valere: die Dokumente liegen beim König, Orgon sol verhaftet werden. Gerade als Orgon fliehen will, triff der Polizeibeamte ein und verhaftet – den schadenfroh grinsenden Tartuffe! Der weise König (die Szene ist eine Huldigung Molières für seinen königlichen Gönner Ludwig XIV.) hat längst den Betrüger Tartuffe, der in Wahrheit ein seit langem gesuchter Spitzbube ist sorgfältig beobachten lassen. Die Spannung löst sich Orgon wird begnadigt, erhält sein Vermögen zurück Valere und Mariane werden ein Paar, und Tartuffe wird abgeführt.

Der Geizige

Lustspiel in fünf Akten

Personen:

Harpagon
Cleanthe, sein Sohn
Elise, seine Tochter
Valere, ihr Liebhaber
Mariane, Cleanthes Geliebte
Anselme, Valeres und Marianens Vater

Frosine, eine Gelegenheitsmacherin
Simon, ein Makler
Jacques, Harpagons Koch und Kutscher
La Fleche, Cleanthes Diener
Ein Kommissar

Ort und Zeit: Paris, 17. Jahrhundert
Uraufführung 1668 in Paris

Ein Stück mit jenen Verwechslungen und Mißverständnissen, durch die der Theaterbesucher nun schon seit Jahrtausenden geplagt wird. Für die Unklarheit der Handlung entschädigt aber die unheimliche Zeichnung des Geizes und seiner unheilvollen Wirkung. Verkörpert wird der Geiz durch Harpagon, eine Figur, so glänzend angelegt und durchgeführt, daß dieser Name seit Jahrhunderten zum Scheltnamen aller Geizhälse geworden ist.

1. AKT: Der reiche Geizkragen Harpagon hat sich einen neuen Haushofmeister genommen, ohne zu ahnen, daß dieser Valere ein verkleideter Liebhaber seiner Tochter Elise ist. So können sich Elise und Valere wenigstens immer sehen; denn an eine Heirat ist bei dem Geiz des Alten vorerst doch nicht zu denken. Nicht anders geht es Harpagons Sohn Cleanthe; denn die von ihm geliebte Mariane ist arm, und er selbst erhält vom Vater so wenig Geld, daß er sich an Wucherer halten muß. – Harpagon hält ein Selbstgespräch: sind die zehntausend Goldtaler, die er gestern im Garten vergraben hat, nun wirklich diebessicher? Er fährt zusammen, als er seine Kinder kommen hört, –

hoffentlich haben sie sein Selbstgespräch nicht vernommen! Cleanthe und Elise machen einen so verdächtig einigen Eindruck, sie wollen sicher Geld .. Doch die beiden möchten nur gern mit ihm über ihre Heiratsabsichten sprechen. Harpagon läßt sie gar nicht erst zu Worte kommen, tadelt an ihnen herum, wirft seinem Sohn Verschwendungssucht vor und eröffnet seine Zukunftspläne: Elise werde einen würdigen älteren Herrn Anselme bekommen, Cleanthe habe eine reiche Witwe zu nehmen und Harpagon selbst will sich mit Mariane (Cleanthes Geliebte) verheiraten. Als Elise aufbegehrt, läßt Harpagon seinen »Haushofmeister« Valere entscheiden; der hat sich durch scheinbar gleiche Gesinnung längst Harpagons Vertrauen erworben. Es ist schwierig für Valere, der ja Elises Liebhaber ist, jetzt Stellung zu nehmen. Aber es bleibt ihm im Grunde auch erspart, hat doch Harpagon einen durchschlagenden Grund für Elises Heirat mit Herrn Anselme: der Bewerber verzichtet auf jede Mitgift! Ja, nun stimmt Valere scheinheilig zu, – zumal Harpagon seiner Tochter befiehlt, Valere in allem zu gehorchen.

2. AKT: Ein Geldvermittler soll Harpagons Sohn Cleanthe 15 000 Francs beschaffen. Da stellt es sich heraus, daß Harpagon selbst der eigentliche Geldgeber sein würde. Der Alte rast und beschimpft Cleanthe wegen seiner angeblichen Verschwendungssucht, und Cleanthe zahlt es dem Vater reichlich heim, indem er ihm seinen Geiz und seine Wuchergeschäfte vorhält. – Die Heiratsvermittlerin Frosine, durch die Harpagon Mariane zu gewinnen hofft, schmiert dem Geizpelz Honig um den Mund, preist die wirtschaftlichen

Vorzüge Marianes; dann aber gerät sie in Zorn: einen kleinen Vorschuß, den sie für einen Prozeß braucht, schlägt er ihr nämlich rundweg ab.

3. AKT: Harpagon muß notgedrungen abends ein Essen geben. Er macht alle darauf aufmerksam, wie man so etwas recht billig durchführen könne. Der Kutscher Jacques, der heute den Koch darzustellen hat, weigert sich, aus nichts etwas herzustellen, und gerät darob mit dem »Haushofmeister« Valere, der wieder dem Alten recht gibt, in handfeste Auseinandersetzungen. Da wird die Braut Mariane herbeigeführt durch die Heiratsvermittlerin Frosine; sie erschrickt vor dem alten Harpagon, wird aber bald getröstet: Frosine spricht vom baldigen Tode des Alten, und – viel wichtiger – sie erkennt im Sohn Harpagons ihren geliebten Cleanthe. Jetzt wird der Abend doch recht teuer: Cleanthe spielt nämlich den Kavalier der »Braut« seines Vaters, läßt für Mariane herrliche Leckereien kommen (Rechnung an Herrn Harpagon) und zieht schließlich sogar einen Diamantring vom Finger des Vaters und reicht ihn ihr als Brautgeschenk.

4. AKT: Zwar ist beschlossen worden, Harpagon eine hübsche Geschichte vorzuspielen, damit er auf Mariane verzichte; aber der Alte ist nicht auf den Kopf gefallen. Er entdeckt die Liebe Cleanthe–Mariane. In dem Streit zwischen Vater und Sohn gibt der Kutscher-Koch Jacques dem Alten recht. Ein neuer Wutanfall Harpagons: das vergrabene Geld ist gestohlen worden (durch den Diener seines Sohnes). Ein Wunder nur, daß den Alten nicht der Schlag trifft.

5. AKT: Die Polizei ist im Hause, der Diebstahl wir untersucht. Jetzt kann sich der Kutscher-Koch rächer und verdächtigt den »Haushofmeister« Valere. Sofor läßt Harpagon diesen kommen und wirft ihm ein »schwärzeste Tat« vor. Valere glaubt, der Alte rede vor seinem heimlichen Liebesbund mit Harpagons Tochter Elise, und so kommt es zu den erheiterndsten Mißverständnissen. Endlich versteht Harpagon. Und nur tobt er gegen alle Welt. – Leider ist die Lösung rech faustdick aufgetragen. Es erscheint nämlich der ältliche Herr Anselme, um seine Braut Elise (Harpagons Tochter) kennenzulernen; doch lernt er etwas ganz anderes kennen: Valere ist sein Sohn, Mariane seine Tochter, und Marianes Mutter ist Anselmes Frau. Er hatte seine Familie bei einem Schiffbruch verloren und tot geglaubt. Nicht allzu schwer, Valere und Elise zusammenzugeben. In die Heirat Cleanthe–Mariane willigt Harpagon ein, wenn Cleanthe ihm das gestohlene Geld wiederbeschafft. Freilich, die Kosten für die Doppelhochzeit muß Herr Anselme aufbringen, Harpagons neues Hochzeitsgewand geht ebenfalls auf Rechnung des Herrn Anselme ... ja, und für die Unkosten der durch Harpagon herbeigerufenen Polizei muß wiederum Herr Anselme in die Tasche greifen. Geiz ist unheilbar.

Der eingebildete Kranke

Lustspiel in drei Aufzügen

Personen:

Argan
Belinde, seine zweite Frau
Angelique, Argans Tochter
Louison, ihre kleine Schwester
Beralde, Argans Bruder
Cleanthe, Angeliques Geliebter
Dr. Diafoirus
Thomas, dessen Sohn
Dr. Purgon, Argans Arzt
Fleurant, Apotheker
Bonnesoi, Notar
Toinette, Argans Dienstmädchen

Ort und Zeit: Paris, 17. Jahrhundert
Uraufführung 1673 in Paris

Höchstwahrscheinlich war die Wirkung dieses possenhaften Stückes seinerzeit noch wesentlich größer als heute; denn der Spott, den Molière über die Ärzte ausgießt, hatte damals seine Berechtigung. Immerhin, das lustige Spiel macht auch so noch Freude genug, zumal der zweite Spott heute bestimmt nicht weniger ins Ziel trifft als vor drei Jahrhunderten: der heitere und doch sehr ernst gemeinte Spott über die lächerlichen und zugleich gefährlichen Leute, die nur in ihrer Einbildung krank sind, alle möglichen Ärzte und Quacksalber in Betrieb setzen und ihre ganze Umgebung unterjochen. – Molière, der den »Kranken in der Einbildung«

in knapp einer Woche herunterschrieb (daher manche Mängel) hat abermals eine großartige Charakterzeichnung in der Hauptfigur geschaffen. Als er sie selbst zum vierten Male verkörperte, starb er während der Aufführung.

1. AKT: Argan, der sich von allen möglichen Krankheiten geplagt wähnt, ist erbost auf sein Dienstmädchen Toinette, die weder an sein Kranksein noch an die Ärzte glaubt. Doch seine Einbildung ist durch nichts zu erschüttern. Damit er nur ja zu jeder Stunde einen Arzt um sich hat; will er Angelique, seine Tochter aus erster Ehe, mit einem Arzt verheiraten namens Diafoirus (übersetzt etwa »Leber-Putzer«), während Angelique ihren geliebten Cleanthe haben möchte. Das kecke Dienstmädchen erklärt kurzerhand, Angelique werde diesen jungen Diafoirus niemals zum Manne nehmen, und erreicht damit immerhin, daß der »Kranke« aus seinem Krankenstuhl aufspringt und ihr wütend nachrennt. Aber schon hat sie ihn wieder umschmeichelt, so sehr, daß Argan sie in seinem Testament bevorzugen will.

2. AKT: Thomas Diafoirus erscheint mit seinem Vater und benimmt sich recht gespreizt gegenüber der umworbenen Angelique. Diese aber singt mit ihrem Cleanthe, der sich als angeblicher Musiklehrer eingefunden hat, ein Liebesduett. Argan jagt mißtrauisch den »Musiklehrer« davon. Seine zweite Frau Belinde, eine äußerst eigennützige Dame, ist gegen jede Verheiratung Angeliques, weil diese dann ja eine Aussteuer bekommen müßte. Die beiden Medizinmänner

Diafoirus Vater und Sohn untersuchen Argan, und ihr Untersuchungsergebnis lautet ganz anders als das des Hausarztes Purgon (etwa mit »Darmreiniger« zu übersetzen). Um Argans Verzweiflung noch zu verstärken, heißt Frau Belinde ihre kleine Stieftocher, sie solle ihrem Vater erzählen, Cleanthe habe Angelique in ihrem Zimmer besucht.

3. AKT: Argans Bruder Beralde möchte gern diesen ganzen Krankenunsinn und Krankeneigensinn beseitigen und spricht mit Argan. Was für ein dummes Zeug, die Tochter ins Kloster schicken zu wollen, weil sie einen Ungeliebten nicht heiraten wolle! Was für eine ahnungslose, unwissende Gesellschaft diese vielen Ärzte, die nicht einmal über Argans Krankheitsursache einig seien, geschweige denn, ihn zu heilen vermöchten! Und als nun der Apotheker Fleurant (zu übersetzen mit »der Duftende«) kommt, um auf Anordnung des Hausarztes dem angeblich Kranken ein Klistier zu verabfolgen, wirft ihn Bruder Beralde kurzerhand hinaus. Höchst beleidigt zieht sich nun auch der Hausarzt zurück. Argan sieht sich schon als halbe Leiche. Doch da taucht ein berühmter Arzt auf (es ist das verkleidete Dienstmädchen Toinette) und meint nach kurzer Untersuchung, alle früheren Ärzte Argans seine Dummköpfe. Wieder als Dienstmädchen gewandet, will Toinette dem Argan die Augen öffnen über seine Frau. Zu diesem Zweck veranlaßt sie ihn (im Bunde mit Beralde), sich tot zu stellen. Sogleich erhebt sie ein fürchterliches Geschrei, so daß Frau Belinde herbeieilt. Die aber schreit nicht, sondern ist über den Tod ihres Mannes recht vergnügt, weil sie nun als rei-

che Witwe ... Wütend springt der »Tote« auf und jagt si von dannen. Und Angelique? Argan stellt sich wiede tot. Angelique zeigt sich tief erschüttert und beweist s dem »Toten« ihre kindliche Liebe. Sogleich wird e wieder lebendig und gibt sie mit ihrem geliebten Cle anthe zusammen; aber nur unter einer Bedingung Cleanthes müsse Arzt werden; denn einen Dauerarz will er nun mal in seinem Hause. Sein Bruder jedoc weiß noch etwas Besseres: Argan soll selbst Medizir studieren, um sich so am besten behandeln zu können Nun, das ließe sich hören ...

GOLDONI

Carlo G. (1707–1793), Italiener, studierte Rechtswissenschaften, wurde Kammerherr, ging dann zu einer Schauspieltruppe als deren Theaterdichter. Schrieb etwa zweihundert Lustspiele.

Dramaturgisch kommt Goldoni von der Commedia dell' arte, der er nur das allzu Wuchernde beschneidet, und von Molière, von dem er die Verkörperung einer bestimmten Eigenschaft durch handelnde Menschen übernimmt (allerdings verdichtet er dabei nicht alles auf eine tragende Hauptrolle, sondern verteilt diese Eigenschaft gewissermaßen stückweise auf verschiedene Personen). Entscheidend, daß bei ihm seine Personen und Handlungs-Orte untrennbar verbunden sind, so daß man sie – mit aller Vorsicht – als milieuverhaftet ansehen könnte. Man begreift das vielleicht am besten an dem Titel eines seiner – heute nur wenig gespielten – Stücke, dem »Campiello«. Denn Campiello ist nicht ein Personenname, sondern das Wort bezeichnet in Venedig jene unsagbar kleinen Plätze, die nur aus vier, fünf Häusern bestehen und zusammen mit ihren Anwohnern einen winzigen Ausschnitt aus der großen Welt, gleichzeitig aber eine winzige Welt für sich bilden. Dieser Campiello ist von Menschen gebaut, aber er formt auch die ihn bewohnenden Menschen. – Die Handlung in Goldonis Lustspielen ist nicht sonderlich geschürzt, bezaubert vielmehr durch Aneinanderreihung kleiner Szenen und durch eine natürliche, dabei unauffällige kunstvolle Gesprächs führung. Erhalten hat sich manches Werk des italieni schen Dichters bei uns nur in Verbindung mit Musik nämlich als Oper (besonders Wolf-Ferrari). Als klein Kostproben seien einige Handlungsinhalte knap skizziert.

Der Diener zweier Herren

Lustspiel in zwei Akten

Personen:

Pandolfo, Kaufmann
Rosaura, seine Tochter
Doktor Lombardi
Silvio, sein Sohn
Beatrice
Florindo
Blandina, Zofe der Rosaura
Tebaldo, ein Wirt

Ort: Bei Pandolfo und in Tebaldos Wirtshaus in Venedig
Uraufführung 1756 in Venedig

»Der Diener zweier Herren« trägt den aus der Commedia dell'arte bekannten Namen Truffaldino. Seine Herrin Beatrice hat ihn mit auf die Reise genommen dami er ihr suchen helfe nach Florindo, ihrem Geliebten, de um eines blutigen Streites willen hat fliehen müssen Ahnungslos nimmt Florindo in dem selben Gastho Wohnung, in dem sich die als Mann verkleidete Beatrice aufhält. Truffaldino, gierig nach Geld und

Essen, verdingt sich ihm als Diener und dient so zwei Herren. Natürlich muß er alles aufbieten, damit sich Florindo und Beatrice nicht erkennen. Es gibt ein großes Durcheinander, dem Truffaldino ein Ende machen will, indem er jedem vom angeblichen Tode des anderen berichtet. In diesem Augenblick aber finden sich die Liebenden.

»Die schalkhafte Witwe« (1748). Rosaura erprobt die Liebe ihrer vier Bewunderer: eines mit seinem Reichtum prunkenden Engländers, eines adelsstolzen Spaniers, eines liebenswürdig dichtenden Franzosen und eines heiß liebenden Italieners. Nachdem die Liebhaber den Arlecchino, jeweils in ihre Landestracht gekleidet, mit Geschenken und Botschaften zu Rosaura geschickt haben, tritt Rosaura, jedesmal in landsmännischer Tracht, unerkannt zu jedem Bewerber. Alle verzichten nun auf die zuvor umschwärmte Witwe Rosaura und geben der »Landsmännin« ein Erkennungszeichen für den bevorstehenden Ball. Nur der italienische Graf weist die ihn umschmeichelnde »Venetianerin« (Rosaura verkleidet) zurück und will seiner ersten Liebe treu bleiben. Daß er die schalkhafte Witwe nun gewinnt und daß die anderen, zwar eifersüchtigen, doch treulosen Liebhaber lange Gesichter machen, versteht sich von selbst.

»Die neugierigen Frauen« (1758) sind außer sich über einen geheimnisvollen Männerverein, von dessen Tun keine Frau etwas weiß und wissen soll. Wird dort

gespielt? Gold gegraben? Nach dem Stein der Weisen geforscht? Der Liebe gehuldigt? Die Frauen platzen vor Neugier, die Männer schweigen sich aus. Durch List und Hinterlist kommen die neugierigen Frauen in den Besitz der Schlüssel zu dem geheimnisvollen Vereinshaus. Aber die Schlüssel werden ihnen wieder abgenommen. Endlich können sie doch durch eine Türritze die Männer erspähen – beim harmlosen Mahl, nicht weiter. Alleinsein – das brauchen die Männer zuweilen, und darum schufen sie ihren »Freundschafts« Verein.

LESSING

Gotthold Ephraim L. (1729–1781) brachte schon als Student ein Lustspiel zur Aufführung, und zwar durch die Truppe der Neuberin. War teilweise als Redakteur und teilweise als freier Schriftsteller tätig, machte zahlreiche Reisen. 1760 Sekretär des Grafen Tauenzien in Breslau. 1767 Dramaturg in Hamburg. 1770–1781 Bibliothekar in Wolfenbüttel. Verfaßte u.a. dramaturgische, philosophische und kritische Schriften, vor allem aber Gedichte und Bühnenwerke.

Ein Dichter in des Wortes umfassendster Bedeutung war Lessing nicht. Dazu ermangelte er zu sehr der schöpferischen Phantasie, – mindestens aber wurde sie durch einen hellwachen, kritischen Verstand stark gehindert, sich zu verwirklichen. In der Geschichte der deutschen Bühnendichtung spielt er trotzdem eine überragende Rolle. Durch ihn wurde die Übermacht der französischen Dramatik gebrochen, die erstarrte Anschauung von der »Einheit der Zeit, Ort und Handlung« im Sinne eines lebendigen Theaters aufgelokkert (nicht etwa völlig preisgegeben), durch ihn kam die Shakespearsche Lebenswirklichkeit auch in Deutschland zu ihrem Recht, durch ihn wurde vor allem die Sprache der Bühnenstücke natürlich und zugleich zuchtvoll.

Den Kampf um diese Fragen hat er vor allem kritisch geführt, und seine »Hamburgische Dramaturgie«, in der seine wesentlichen Gedanken dazu niedergelegt sind, ist auch heute noch das bedeutendste europäi-sche Werk über Dramen und dramatische Technik Doch der Lehrmeister beschränkte sich nicht auf Kritik und Anregung; er schrieb auch eine Reihe von Bei-spiel-Stücken, von denen sich mindestens die dre nachfolgend besprochenen Werke zum Rang echte Theaterdichtung erheben.

Minna von Barnhelm oder das Soldatenglück

Lustspiel in fünf Aufzügen

Personen:

Major von Tellheim, verabschiedet
Minna von Barnhelm
Graf von Bruchsall, ihr Oheim
Franziska, ihr Mädchen
Just, Bedienter des Majors
Paul Werner, gewesener Wachtmeister des Majors
Der Wirt
Eine Dame in Trauer
Ein Feldjäger
Riccaut de la Marlinière

Ort und Zeit: in einem Berliner Wirtshaus, Mitte des 18. Jahrhunderts
Uraufführung 1767 in Hamburg

Das beste deutsche Lustspiel und zugleich (in der Handlung um den Major von Tellheim) ein ernstes Zeitstück, das – wenn man von dem äußeren Rahmen absieht – die Verhältnisse nach längerer Kriegszeit mit zeitloser Echtheit widerspiegelt: Charakterstrenge (Tellheim), redlicher Biedersinn (Werner), polternde Verschmitztheit (Just), elegante Betrügerei (Riccaut), schmierige Geschäftemacherei (Wirt) – eine ganze Abstufung von Spiegelbildern, wie wir sie immer wieder erlebt haben. Unaufhaltsam der Ablauf des Geschehens, meisterhaft der Einbau der Personen.

1. AKT: Just, der Bediente des Majors von Tellheim, möchte am liebsten den Wirt des Gasthauses, in dem Tellheim wohnt, verprügeln, weil er das Zimmer des Majors an eine eben eintreffende Dame vermietet hat und den Major umquartieren will. Recht verärgert zeigt sich auch der Major selbst; daher will er in einen anderen Gasthof übersiedeln; möglichst in einen billigeren, denn große Mittel stehen ihm nicht zur Verfügung. Das paßt nun wieder dem Wirt nicht. Zwar ist der Major mit der Miete im Rückstand; aber in dessen Schreibtischkasten hat der gierige Wirt einen versiegelten Beutel wahrgenommen, der so verlockend nach Geld klingelte. Das Gold im Beutel hat ein früherer Wachtmeister Werner dem Major übergeben, – zur freien Verfügung (wenn auch nicht mit deutlichen Worten); denn Werner hat geahnt, daß sein Major Geld brauchen werde, bevor die königliche Kasse dem verabschiedeten, kriegsbeschädigten Offizier die ihm zustehenden Renten auszahlt. (Seine Ansprüche durchzufechten, ist der Zweck von Tellheims Berliner Reise). Doch der

Major greift das Geld nicht an. Obwohl ohne Mittel weist er auch die Rückzahlung ab, die ihm eine Witwe bringen will, deren gefallener Mann einst von Tellheim Geld geliehen hat; er behauptet, die Summe sei längst zurückbezahlt, – er sieht nämlich, daß die Dame nicht in guten Verhältnissen lebt. Am liebsten möchte er auch Just entlassen; bezahlen kann er ihn nicht, und zudem macht ihn dieser unliebsam auf das aufbewahrte Geld von Werner aufmerksam. Peinlich berührt wird Tellheim, als die neue Mieterin seines Zimmers sich höflich entschuldigen läßt. Nur fort aus diesem Gasthaus! Er übergibt Just einen kostbaren Ring, damit dieser ihn versetze und die Rechnung bezahle, und eilt davon. Da erscheint der ehemalige Wachtmeister Werner. Er hat das Zivilleben satt, seinen kleinen Hof verkauft, will nach Persien zu den Soldaten. Und – er bringt einen neuen Beutel mit Geld.

2. AKT: Das Fräulein Minna von Barnhelm ist mit ihrer Dienerin Franziska aus Thüringen nach Berlin gekommen, um ihren Verlobten, den Major von Tellheim, zu suchen. Sie ist die Dame, die der Wirt in Tellheims Zimmer wohnen lassen will. Eben kommt der Wirt, möchte die Dame über Gebühr ausfragen. Zugleich zeigt er den Ring vor, den ihm Just zum Versetzen übergeben hat. Sofort sieht Minna: es ist der Ring, den sie einst dem Verlobten geschenkt hat. Schleunigst will sie Tellheim sehen; aber der Wirt weiß nicht, wohin der Major gegangen ist, und der herbeigeholte Just gibt nur mürrisch Auskunft. Endlich betritt Tellheim das Zimmer, stürzt seiner Braut entzückt entgegen, wahrt dann aber die Haltung: einst war er reich,

ung und unbescholten, jetzt ist er arm, kriegsverletzt ınd muß bei der Kriegskasse um sein Geld wie um eine Ehre kämpfen. So glaubt er, nicht mehr um Ainna werben zu dürfen, und verläßt das Zimmer trotz ll ihrer Bitten und Beschwörungen.

3. AKT: Tellheim schickt an Minna einen Brief, in lem er ihr auseinandersetzt, aus welchen Gründen er ie als ehrenhaft, denkender Mann nicht an sich fesseln dürfe. Der Wirt, immer neugieriger geworden, nacht sich an Franziska, um sie auszufragen. Da rscheint der ehemalige Wachtmeister Werner, warnt ranziska vor dem Wirt und findet, sie sei kein »unebenes Frauenzimmerchen«. Das muntere Mädchen ringt Minna den Brief. Werner versucht nun, Tellheim Geld auszuhändigen, behauptet, es sei die Summe, die ler Major einst an den gefallenen Mann der Dame von ieute vormittag geliehen habe. Und er schämt sich uch durchaus nicht, als Tellheim ihm gerührt die Jnwahrheit nachweisen kann. Eben kommt auch ranziska wieder: ihre Herrin wolle den Brief nicht esen, sondern vom Major mündlich den Inhalt erfahen. Aber Tellheim sieht: der Brief wurde doch geöffnet, die Botschaft durch Franziska war nur ein Vorwand Minnas, mit dem Major noch einmal zusammenzutreffen.

4. AKT: Der radebrechende Riccaut de la Marliniere will dem Major einen Besuch machen, ihm etwas vorfabeln, um ihm Geld zu entlocken. Doch im Zimmer Tellheims findet er nun das Fräulein von Barnhelm.

Der schlaue Hochstapler stellt sich sogleich um un
bringt es fertig, ihr eine Summe zu »entleihen«, mit de
er im (Falsch-)Spiel zu gewinnen hofft. (Gedacht is
diese Figur als Widerspiel des starr-ehrenhafte
Majors). Werner kündigt den Besuch des Majors an
und Franziska muß sich von ihrer Herrin ein wenig auf
ziehen lassen wegen ihres unbeholfenen Verehrers
Endlich kommt Tellheim, seine Lage zu klären. Schwe
lastet es auf seinem Ehrgefühl, daß man ihm ein
anständige Handlung während des Krieges als Beste
chung auslegen will. Immer wieder spricht er von Ehr
und Ehre, läßt sich auch nicht erschüttern, als Minn
ihm vorhält: »Die Ehre befiehlt, ein ehrliches Mädchen
das Sie liebt, nicht sitzen zu lassen.« Als alles nich
fruchtet, spielt Minna die Kalte: gut denn, hier sei de
Ring zurück, den er ihr einst als Verlobungszeichen
schenkte. (In Wirklichkeit ist es der Ring des Majors
den sie durch den Wirt erworben hat.) Dann geht si
davon. Und das »Frauenzimmerchen« Franzisk
macht dem Major das Herz schwer: da Fräulein vo
Barnhelm darauf bestanden habe, den Major von Tell
heim zu heiraten, sei sie von ihrem reichen Onkel ent
erbt worden und stehe nun mittellos und allein in de
Welt.

5. AKT: Der Major ist wie umgewandelt, betreib
seine Angelegenheit mit der Kriegskasse sehr eifrig, ja
er bittet sogar Werner um recht viel Geld. Als er Minn
trifft, umwirbt er sie stürmisch. Sie aber setzt das Spie
fort: er habe den Ring zurückgenommen und dadurc
die Lösung der Verlobung anerkannt. Tellheim rede
ihr zu, – sie scheint nachzugeben, da kommt ei

ichreiben: Tellheims Ansprüche werden vom König inerkannt und seine Ehrensache ist zu seinen Gunsten entschieden worden. Der Major jubelt, will Minna umarmen, aber da spielt sie unbedacht ihre Komödie veiter: vielleicht habe zwischen der armen Minna und lem armen Tellheim noch alles gut werden können; loch das arme Fräulein von Barnhelm werde sich von lem nunmehr reichen Tellheim nicht aus Mitleid heiaten lassen. Jetzt will Tellheim das königliche Schreioen zerreißen, um wieder arm zu sein; doch Just platzt n diese Situation hinein, berichtet, den Ring des Majors habe das Fräulein gekauft, er könne ihn also vom Wirt nicht zurückbekommen, wie Tellheim ihn geheißen hatte. Tellheim erstarrt: wollte Minna mit hm ein Spiel treiben, wollte sie auf unedle Weise den Ring und damit das Verlobungsversprechen zurückgewinnen? Und als nun Werner glückstrahlend neues Geld bringt, wirft es ihm der Major jähzornig vor die Füße, tobt, läßt sich nicht beruhigen, will nichts hören ... Doch besinnt er sich auf seine ritterlichen Pflichten, als nun der Onkel Minnas angemeldet wird: er will ihr gegen diesen Onkel beistehen, von dem er ja infolge Franziskas Erzählung annehmen muß, er werde Minna angreifen. Aber dann wird ihm endlich alles klar: die Erzählung Franziskas war nur ein Versuch, den Major für Minna wiederzugewinnen, und der Ring ... ja, er solle ihn nur recht anschauen: es ist sein eigener, der Ring, den ihm Minna zur Verlobung geschenkt und den sie ihm vorhin nochmals gegeben hat. Kann sie besser beweisen, wie wenig sie wünscht, die Verlobung aufzuheben?

Emilia Galotti

Trauerspiel in fünf Akten

Personen:

Emilia Galotti
Odoardo und Claudia Galotti, Eltern der Emilia
Hettore Gonzaga, Prinz von Guastalla
Marinelli, Kammerherr des Prinzen
Camillo Rota, einer von des Prinzen Räten
Conti, Maler
Graf Appiani
Gräfin Orsina
Angelo und andere Bediente

Ort und Zeit: fürstliche Residenz, 18. Jahrhundert
Uraufführung 1772 in Braunschweig

Abermals ein »Milieu-Stück«, zugleich das erste bürgerliche Trauerspiel deutscher Prägung als vollendetes, überwindendes Gegenstück zu der bis dahin übermächtigen französischen Tragödie. Zwar stammt der Stoff (wie bei den großen Franzosen) ebenfalls aus dem mittelmeerischen Altertum; doch hat Lessing ihn ganz auf seine Zeit zugeschnitten und eingerichtet. Das »Milieu«, also die beeinflussende Umwelt, hat der Dichter dem äußerlich glanzvollen, innerlich vermorschten Kleinfürstentum des 18. Jahrhundert entnommen. Dieses ist mit wenigen Strichen in seiner abgestuften Verderbnis ebenso klar gezeichnet wie die Sittenstrenge des Vaters Galotti oder die nur au äußeren Schein bedachte Mutter Galotti. Wenn die Tochter Emilia etwas zu betont gefühlvoll erscheint, so ntspricht sie doch einem bestimmten Mädchenbild jener Zeit. Großartig vor allem, wie schlagartig lie Handlung abrollt, wie aus den Zufälligkeiten von inst ursächlich-bedingte Schein-Zufälle werden und vie mit knappen, ja: kargen Andeutungen die Gesprächsführung bestritten wird.

1. AKT: Der Prinz von Guastalla findet unter den neuen Briefschaften auch ein Schreiben seiner Mätresse, der Gräfin Orsina. Da er ihrer längst überdrüssig ist, legt er es ungeöffnet beiseite. Sein Begehen steht jetzt nach der schönen, tugendstrengen Emilia Galotti. Eben hat er ein Bildnis von ihr gekauft; er vill es in seinen Privaträumen behalten, während das ler Gräfin Orsina in die Bildergalerie gebracht werden soll. Durch seinen Kammerherrn Marinelli erfährt der Prinz zu seiner Bestürzung, heute solle Emilia Galotti unauffällig mit dem Grafen Appiani getraut werden, und zwar auf dem Gut Sabionetta; dort werde ihr Vater das Brautpaar erwarten, das mit der Mutter aus der Stadt nachkommen solle. Der schlaue, schurkische Marinelli weiß Rat: er selbst werde dafür sorgen, daß der Bräutigam Appiani nicht nach Sabionetta gelange, der Prinz aber möge sich zu seinem Lustschloß Dosalo begeben.

2. AKT: Vater Galotti, dem es durchaus mißfällt, daß seine Tochter Emilia mit ihrer Mutter in der schwelgerischen Residenz wohnt statt mit ihm auf dem Landgut Sabionetta, ist einigermaßen verärgert, daß die Mutter heute Emilia hat allein zur Messe gehen lassen. Als er nun von der selbstzufriedenen Mutter noch erfährt, der

ihm wegen seines lockeren Lebenswandels verhaßt
Prinz habe sehr liebenswürdige Wort über Emili
geäußert, stürzt er zornig davon. Kurz darauf komm
Emilia erschreckt aus der Messe: der Prinz habe ihr i
der Kirche unziemliche Liebesworte zugeflüstert. Di
eitle Mutter beschwichtigt sie: nur ja nichts dem Bräu
tigam davon sagen! Eben erscheint er, um Brautmutte
und Braut auf der Fahrt nach Sabionetta zu begleiten
Während die Frauen sich umkleiden, tritt der Kammer
herr Marinelli zum Grafen Appiani und berichtet ihm
der Prinz habe den Grafen durch einen höchst ehren
vollen Auftrag ausgezeichnet. Appiani nimmt den Auf
trag an; als er aber hört, er solle heute noch abreisen
weigert er sich, weil er sich heute zu verheirate
gedenke. Eine schlüpfrige Erwiderung Marinelli
bringt ihn in Wut, und es kommt zu einem heftigen Auf
tritt zwischen den beiden, die sich längst hassen. Al
Marinelli knirschend das Haus verlassen hat und di
Mutter wieder das Zimmer betritt, behält Appiani da
Geschehene für sich, um an seinem Hochzeitstag kei-
nerlei Unruhe aufkommen zu lassen.

3. AKT: Im Lustschloß Dosalo versichert der unge-
duldige Prinz nochmals dem schurkischen Marinelli
dieser brauche keinerlei Besorgnisse wegen irgend-
welcher Handlungen zu haben, die dem Prinzen di
begehrte Emilia in die Hände spielen. Da hört ma
einen Schuß. Kurz darauf kommt der Bediente Angelo
flüstert mit Marinelli und empfängt einen Beutel mi
Gold. Der Anschlag Marinellis ist gelungen: Appian
wurde bei einem vorgetäuschten Überfall schwer ver-
wundet, Mutter und Tochter Galotti von prinzliche

Bedienten »gerettet«. Emilia erscheint in äußerster Verwirrung, hört mit Schrecken, daß sie in dem prinzlichen Lustschloß sei; doch der Prinz stellt sich höchst vornehm, entschuldigt sich wegen seiner Worte in der Kirche und geleitet die ob solchen Empfanges nur noch leicht Widerstrebende aus dem Saal. Da stürzt die Mutter herein. Sie ist mißtrauisch geworden: »Marinelli« war das letzte Wort des erschossenen Bräutigams, von der Auseinandersetzung des Toten mit Marinelli hatte sie nun doch erfahren, jetzt steht dieser Marinelli hier im Lustschloß des Prinzen, ihre Tochter in den Privatgemächern des Prinzen selbst, – sie wütet und tobt, hat all ihre Eitelkeit verloren. Und als sie den Ruf ihrer Tochter hört, vermag Marinelli sie nicht mehr zurückzuhalten.

4. AKT: Den Tod Appianis hat der Prinz nicht gewollt; daher macht er Marinelli Vorwürfe. Dieser wiederum erklärt: wenn der Prinz nicht in der Kirche zu Emilia gesprochen hätte, wäre niemals der Verdacht, Emilia überfallen zu haben, auf die Leute des Prinzen gelenkt worden. Jetzt erscheint die Mätresse des Prinzen, die Gräfin Orsina. Da der Prinz ihren Brief nicht gelesen hat, in dem sie ihren Besuch auf dem Lustschloß ankündigte, wird sie nicht entsprechend empfangen. Ihr Unwille steigt, als der Prinz während ihrer Auseinandersetzung mit Marinelli sie nur kühl und im Vorübergehen begrüßt. Jetzt entnimmt sie auch noch einer Äußerung Marinellis, daß Emilia Galotti im Schloß ist. Von des Prinzen Annäherung an Emilia in der Kirche hat sie bereits gehört, – nicht mehr schwer zu erraten, durch wen der Überfall und der Tod Appia-

nis verursacht wurde! Aller Welt will sie es erzählen, schreit sie, will gehen. Da tritt der Vater Galotti herein; er will Frau und Tochter holen. Von der Gräfin Orsina erfährt er nun die ganze Wahrheit, glaubt ihr auch, obwohl Marinelli ihm zuflüstert, sie sei eine Wahnsinnige. Einen Dolch reicht sie ihm, damit er den Entführer Emilias töten könne. Galotti weiß genug und er weiß auch, was er zu tun hat. Er verlangt eine Unterredung mit dem Prinzen; seine Frau und die Gräfin läßt er in einem Wagen zur Stadt fahren.

5. AKT: Schnell beraten Prinz und Kammerherr, wie man die Angelegenheit am besten regeln könne; dann kommt Galotti. Er verlangt seine Tochter, weil er sie nach den aufregenden Vorgängen in die Stille des Landlebens führen wolle. Der überaus freundliche Prinz stellt sich einverstanden; doch Marinelli erklärt, Emilia werde wegen der Untersuchung von Appianis Tod aussagen müssen, dürfe also nicht von den Eltern beeinflußt werden und müsse sich bis dahin an einem neutralen Ort aufhalten. Nun schlägt der Prinz vor, Emilia in das Haus seines unparteiischen Kanzlers zu bringen. Galotti kennt dieses Haus und die leichtlebigen Töchter des Kanzlers. Dennoch erklärt er sich zum Schein einverstanden. Nur wolle er sich von seiner Tochter zuvor unter vier Augen verabschieden. Diese Bitte wird ihm gewährt. Als Emilia von der Abmachung erfährt, weiß auch sie sogleich, was das bedeutet. Ihrer Tugend ist sie sicher, gibt sie dem Vater dann zu bedenken; aber »ich habe Blut, mein Vater, so jugendliches, so warmes Blut. Auch meine Sinne sind Sinne ... Geben Sie mir den Dolch, mein Vater«. Dann erinnert

sie ihn an jene Geschichte aus dem römischen Altertum von einer Jungfrau ... Das genügt. Galotti ersticht Emilia, um sie vor einer Schande zu bewahren, gegen die sie sich nicht stark genug fühlt. Der mit Marinelli zurückkommende Prinz ist – wenigstens in dieser Stunde – ehrlich erschüttert. Den schurkischen Marinelli entläßt er sofort. Galotti stellt sich dem Gericht.

Nathan der Weise

Ein dramatisches Gedicht in fünf Akten

Personen:

Sultan Saladin
Sittah, dessen Schwester
Nathan, ein reicher Jude in Jerusalem
Recha, dessen angenommene Tochter
Daja, eine Christin im Hause des Juden als Gesellschafterin der Recha
Ein junger Tempelherr
Ein Derwisch
Der Patriarch von Jerusalem
Ein Klosterbruder
Ein Emir nebst verschiedenen Mameluken des Saladin

Ort und Zeit: Jerusalem, 12. Jahrhundert
Uraufführung 1783 in Berlin (entstanden 1779)

Das dritte Musterstück: nach dem Lustspiel »Minna« und dem Trauerspiel »Emilia« nun ein »dramatisches Gedicht«. Diese sorgfältig gewählte Bezeichnung wird man zu beachten haben bei der Beurteilung des Werkes. Rein handlungsmäßig und im dramatischen Bau ist das Stück nämlich dürftig, damit der geistige Kern um so heller strahle. Dieser Kern aber heißt menschliche Duldsamkeit, dargestellt am Beispiel der drei Religionen Christentum (Tempelherr), Judentum (Nathan) und Mohammedanismus (Sultan). Der Kenner von Lessings Streitschriften wird bald entdecken, wie in dem Stück das einstmals Streitbare ins Dichterische gehoben wird (allerdings nicht ganz schlackenfrei). Sehr sinnvoll mit dem Ganzen verknüpft ist die altbekannte Parabel von den drei Ringen.

1. AKT: Als der Jude Nathan von einer Reise zurückkehrt, findet er sein Haus von einem Brande beschädigt. Seine Pflegetochter Recha ist von einem christlichen Tempelherrn aus den Flammen gerettet worden. Da dieser nach dem Rettungswerk verschwunden ist, glaubt Recha, ein Engel habe sie vor dem Tode bewahrt. Nathan nimmt ihr diese Wahnvorstellungen: in Jerusalem gibt es nur einen Tempelherrn; alle anderen hat der mohammedanische Sultan in der Stadt nicht mehr leben lassen, nur diesen einen hat er begnadigt, weil er dem verstorbenen Bruder des Sultans so ähnlich sieht. Und dieser Tempelherr, so meint Nathan, habe Recha gerettet, nicht ein Engel. Als der Schatzmeister des Sultans zu ihm kommt, weiß sich Nathan geschickt zu winden: der Sultan braucht ewig Geld, um die Armut auszurotten, aber Nathan will nicht sein Erworbenes in ein Faß ohne Boden werfen. Daja, die Gesellschafterin Rechas, berichtet aufgeregt, sie habe endlich den Tempelherrn wiedergesehen.

Nathan sendet sie zu ihm, damit sie ihn in sein Haus einlade. – Der Tempelherr geht unter Palmen auf und ab. Ihm naht ein Klosterbruder, der ihm einen geheimen Auftrag des Patriarchen von Jerusalem übermittelt: der Tempelherr solle den ungläubigen Sultan umbringen. Entrüstet weist der Tempelherr diese Zumutung ab; Saladin hat ihn verschont, und nun solle er es so lohnen? Niemals! Verdrießlich geht er weiter. In dieser Stimmung findet ihn Daja mit der Einladung Nathans, ihn zu besuchen. Mit kurzen Worten fertigt er sie ab: »... laßt den Vater mir vom Halse. Jud' ist Jude. Ich bin ein plumper Schwab. Des Mädchens Bild ist längst aus meiner Seele«.

2. AKT: Sittah, die Schwester des Sultans, hat letzthin die Kosten der Hofhaltung aus ihrem eigenen Vermögen bezahlt. Jetzt beharrt sie darauf, der Schatzmeister müsse sich an Nathan wenden. – Der Tempelherr wird nun von Nathan selbst in sein Haus eingeladen; nach anfänglichem Zögern sagt er zu, nennt seinen Namen: Kurt von Staufen. Verwundert hört es der Jude, erinnert sich auch jenes Wolf von Filnek ... Sultan Saladin wünscht Nathan kennenzulernen. Der Schatzmeister will seinen Freund Nathan warnen vor den Geldwünschen Saladins, doch der Jude ist auf einmal bereit, jede Bürgschaft zu leisten.

3. AKT: Während Nathan beim Sultan ist, betritt der Tempelherr des Juden Haus. Auf den ersten Blick verliebt er sich in Recha, will sich aber beherrschen, weil sie – wie er glaubt – eine Jüdin ist. Sultan Saladin stellt an Nathan, dessen Weisheit er oft hat rühmen gehört,

die Frage, welche der drei großen Religionen die echte Religion sei: die christliche, die jüdische oder die mohammedanische. Nathan gibt die Antwort in Gestalt eines Gleichnisses. Ein Mann besaß einen Ring, der seinen Träger vor Gott und den Menschen wohlgefällig sein ließ. Dieser Ring erbte sich immer weiter fort vom Vater auf den Lieblingssohn. Dann aber besaß ihn ein Mann mit drei Söhnen, die er alle gleich wert hielt, den Ring zu erben. In seiner Not verfiel er darauf, insgeheim zwei täuschend ähnliche Nachbildungen des Ringes herstellen zu lassen, so ähnlich, daß er selbst nicht mehr zu erkennen vermochte, welches der echte Ring war. Vor seinem Tode gab er jedem der Söhne einen solchen Ring. Als er gestorben war, behauptete jeder, den echten Ring zu besitzen; jedenfalls habe der Vater bei der Übergabe so gesprochen. Sie gingen vor Gericht, um feststellen zu lassen, welches der echte Ring sei. Der Richter aber entschied: »Es strebe von euch jeder um die Wette, die Kraft des Steins in seinem Ring an den Tag zu legen ...« Der Sultan begreift das Gleichnis. Nun wünscht er des weisen Nathan Freundschaft, wagt nicht mehr von Geld zu reden. Dieser aber findet einen Weg, dem Sultan sein Geld wie zufällig anzubieten. Und ebenso geschickt weiß er ihn an den jungen Tempelherrn zu erinnern. – Der Tempelherr geht wieder unter den Palmen auf und ab. Er ist nun doch entschlossen, um Recha zu werben, und bringt seine Werbung auch sogleich vor, als er Nathan begegnet. Dieser aber weicht vorsichtig aus, forscht nach des Tempelherrn Vater und geht dann, um sich mit Recha zu besprechen. Die Gesellschafterin Daja tritt zu dem Tempelherrn, und von ihr erfährt er, daß Recha – ohne daß sie selbst darum weiß – ein Christenmädchen ist, das Nathan einst an Kindesstatt angenommen hat, als er bei einer Judenverfolgung Weib und Kinder verlor. Halb erfreut und halb empört (ein Christenmädchen als Jüdin aufgezogen!) weist er Daja an, Nathan auszurichten, er könne nicht länger hier warten; beim Sultan würden sie sich wiedersehen.

4. AKT: Der Tempelherr ist erregt zum Patriarchen gestürmt, fragt ihn, ohne Namen zu nennen, ob ein Jude ein christliches Kind ungetauft aufziehen dürfe. Was er auch zugunsten des Juden vorbringen mag, die Antwort lautet immer: »Tut nichts. Der Jude wird verbrannt!« – Während Sklaven Nathans Geld in den Palast des Sultans schaffen, überreicht Sittah ihrem Bruder Saladin ein kleines Bild seines verstorbenen Lieblingsbruders, dem der Tempelherr so auffallend ähnelt. Nun erscheint der Tempelherr selbst, berichtet dem Sultan, daß Nathan ihm Recha nicht geben wolle, daß er sie als Jüdin habe aufwachsen lassen, daß er selbst übereilt zum Patriarchen gegangen sei und dadurch Nathan gefährdet habe. Auch das Wesen dieses Tempelherrn erinnert den Sultan an seinen toten Bruder. Der Sultan befiehlt: Nathan habe vor ihm zu erscheinen; Sittah aber solle Recha unter ihren Schutz nehmen. – Daja, die christliche Gesellschafterin Rechas, spricht zu Nathan, will ihm das Einverständnis abbitten, daß Recha die Frau des Tempelherrn und damit endlich Christin werde. Im Auftrage des Patriarchen erscheint der Klosterbruder; er soll bei Nathan zu erfahren suchen, welcher Jude ein Christenmädchen

als Jüdin aufgezogen habe. Beide sind sich freilich einig, daß »Kinder in solchen Jahren mehr Liebe als Christentum brauchen«. Es stellt sich heraus: der Klosterbruder ist der Reitknecht eines Ritters Wolf von Filnek und hat vor achtzehn Jahren Recha ins Haus des Juden gebracht. In seiner Zelle habe er noch ein Brevier, in dem alle Angaben über die Herkunft des Mädchens enthalten sind. Nathan sieht nun ganz klar.

5. AKT: Der Klosterbruder bringt Nathan das Brevier und entfernt sich. Erneut bittet der Tempelherr, Nathan möge ihm Recha übergeben; unter seinem Schutz ist sie jetzt sicherer, weil der Patriarch in seinem Starrsinn der Angelegenheit nachgeht. Doch Nathan erklärt, ein Bruder Rechas habe sich gefunden und ihm stehe das alleinige Recht über das Mädchen zu. Beide begeben sich zur Sultansschwester Sittah, bei der sich Recha befindet. Dort lösen sich alle Fragen: Tempelherr und Recha sind Geschwister, sind Kinder des Ritters von Filnek. Der Tempelherr wurde erzogen von seinem Oheim Kurt von Staufen. Aber der Ritter von Filnek ist in Wirklichkeit der verstorbene Bruder des Sultans; er hatte sich mit einer Deutschen vermählt und auch vorübergehend in Deutschland gewohnt.

GOETHE

Johann Wolfgang von G. (1749–1832) war Sohn eines sachlich denkenden Privatgelehrten und einer künstlerisch aufgeschlossenen Mutter. Studierte Rechtswissenschaft in Leipzig und Straßburg. Einige Zeit in Wetzlar am Reichskammergericht tätig (»Werthers Leiden«). 1774 eine Rheinreise, im Jahr darauf eine Reise durch die Schweiz. Seit 7. November 1775 in Weimar, zunächst als Gast des Herzogs, bald als dessen Ratgeber, Minister und schließlich höchster Beamter. 1786/88 in Italien. Seit 1794 viel Gemeinschaftsarbeit mit Schiller. 1808 das berühmte Zusammentreffen mit Napoleon. Lange Zeit verantwortlich für das Theaterleben des Herzogtums. Das Verhältnis zum Hof wurde immer kühler. Goethe zog sich ganz auf seine eigenen Arbeiten zurück. Hauptwerke: Gedichte, Epen, Romane, Theaterstücke, Lebensbeschreibung, Reiseberichte, naturwissenschaftliche Schriften, Theaterschriften, Übersetzungen.

Zeit seines Lebens hat sich Deutschlands bedeutendster Dichter mit dem Theater beschäftigt, als Praktiker wie als Schreibender. Um so verwunderlicher könnte es scheinen, daß er in seinem dramatischen Werk keinen einheitlichen Stil entwickelt hat. Doch war er als Mensch zu umfassend und als Dichter zu vielseitig, als daß er sich auf einem Teilgebiet seines Schaffens hätte einengen können. So entspricht jedes seiner Schauspiele zwar ziemlich genau dem geistigen und künstlerischen Querschnitt der allgemeine Entwicklungsebene der Entstehungszeit; untereinander jedoch sind sie so verschieden, daß es schwerfällt zwischen ihnen »stilistische Beziehungen« herzustellen. Hinzu kommt, daß Goethe nicht ein Dramatike von Geblüt war. So schwebte ihm für das Theater zwa die »idealisch vorgestellte Natur« vor, also eine natürliche Darstellung, ein Nachahmen der Natur, jedoch idealisiert, ja stilisiert; doch er hat sich in seinen Bühnenwerken nur teilweise an diese seine eigene Forderung gehalten. Er war eben auch hier »kein ausgeklügelt Buch«.

Götz von Berlichingen mit der eisernen Hand

Schauspiel in fünf Akten

Personen:

Kaiser Maximilian
Götz von Berlichingen
Elisabeth, seine Frau
Maria, seine Schwester
Karl, sein Söhnchen
Georg, sein Bube
Bischof von Bamberg
Weislingen
Adelheid von Walldorf
Liebetraut (die letzten drei gehören zum Hofe des Bischofs)
Abt von Fulda

Olearius, Doktor beider Rechte
Bruder Martin
Hans von Selbitz
Franz von Sickingen
Lerse
Franz, Weislingens Bube
Kammerfräulein der Adelheid
Metzler, Sievers, Link, Kohl, Wild (diese fünf sind Anführer der rebellischen Bauern)
Max Stumpf, pfalzgräflicher Diener
Hoffrauen und Hofleute am Bambergischen Hofe
Kaiserliche Räte
Ratsherren von Heilbronn
Richter des heimlichen Gerichts
Zwei Nürnberger Kaufleute
Ein Unbekannter
Brautvater und Bräutigam (Bauern)
Berlichingsche, Weislingsche und Bambergische Reiter
Hauptleute, Offiziere und Knechte von der Reichsarmee
Schenkwirt, Gerichtsdiener
Heilbronner Bürger
Stadtwache
Gefängniswärter
Bauern
Zigeunerhauptmann
Zigeuner und Zigeunerinnen

Ort und Zeit: Süddeutschland, erste Hälfte des 16. Jahrhunderts
Uraufführung 1774 in Berlin

Nachfolgend liegt die Fassung von 1773 zugrunde und nicht die spätere Bearbeitung; denn die Erstfassung mit ihrer Unzahl von Szenen und Personen, mit ihren aus dem Augenblick geborenen Kurzsätzen und natürlichen Ausdrücken hat nicht nur damals die Jugend bezaubert, sondern sprüht auch heute noch von Leben, wirrem, buntem, wechselvollem Leben. Der »Götz« ist und bleibt das lebendigste Charakter- und Volksdrama des Dichters.

1. AKT: Götz von Berlichingen (er trägt statt einer im Kampf eingebüßten Hand eine eiserne Faust) und der Bischof von Bamberg liegen in Fehde; die aufrührerischen Bauern stehen auf der Seite des Ritters. Es gelingt Götz, Weislingen, einen mächtigen Günstling des Bischofs (zugleich des Ritters früherer Freund), in seine Gewalt zu bringen. Er nimmt ihn mit auf seine Burg, wirft ihm vor, daß er lieber Pfaffenknecht als freier Ritter sein wolle. Weislingen kommt zur Einsicht, und Götz verlobt ihn mit seiner Schwester Maria. Auch Götzens edle Hausfrau Elisabeth begünstigt den Bund. Doch Weislingen wird schon wieder wankend, als sein aus Bamberg kommender Knappe Franz ihm in glühenden Farben die Schönheit Adelheids von Walldorf malt, die inzwischen an den Bischofshof gekommen ist.

2. AKT: Liebetraut, ein Vertrauter des Bischofs, erbietet sich, Weislingen nach Bamberg zu locken. Es gelingt ihm, und, wie vorausgesehen, verfällt Weislingen der schönen Adelheid. Im Grunde spielt sie nur mit ihm, sagt ihm aber ihre Hand zu, wenn er beim Kaiser

für die gemeinsame Sache eintrete. Götz hat seinen jungen Knappen Georg verkleidet nach Bamberg geschickt und erfährt Weislingens Treubruch. Er selbst steht mit dem einbeinigen Selbitz in Fehde gegen die Nürnberger.

3. AKT: Auf die Beschwerde Nürnberger Kaufleute, die Götz überfallen hat, wird der Ritter mit der eisernen Hand in die Reichsacht erklärt. Zwischen Adelheid und Weislingens Knappen Franz entspinnt sich eine Liebelei. Inzwischen ist Götz nach anfänglichen Kampferfolgen auf seine Burg Jaxthausen zurückgedrängt worden. Franz von Sickingen wirbt um die von Weislingen schmählich verlassene Maria und wird mit dieser auf Jaxthausen getraut. Dann aber verlassen die beiden auf Götzens Verlangen die Burg. Elisabeth bleibt bei ihrem Mann. Ein Trompeter der Belagerer fordert im Namen seines Hauptmanns, Götz solle sich ergeben. Hier die Antwort Götzens, die bekannter ist als das Stück selbst: »Mich ergeben! Auf Gnad und Ungnad! Mit wem redet ihr! Bin ich ein Räuber! Sag deinem Hauptmann: Vor Ihro Kaiserliche Majestät hab ich, wie immer, schuldigen Respekt. Er aber, sag's ihm, er kann mich ...« (Schmeißt das Fenster zu.) Es steht schlecht um die Belagerten. Endlich gewährt man ihnen freien Abzug (gedenkt aber die Zusage nicht zu halten).

4. AKT: In Heilbronn soll der festgesetzte Götz Urfehde schwören. Er ist bereit, wird jedoch zornig, weil man ihm nichts über seine Kampfgenossen mitteilt. Als der Text des Schwurs ihn als Rebellen gegen Kaiser und Reich bezeichnet, fährt er vollends auf: das beschwört er nicht. Als Bewaffnete den Tobenden fest-

nehmen wollen, jagt sie der Eisenfäustige zurück. In höchster Not kommt Schwager Sickingen mit zweihundert Reitern. Vor seinem Zorn weichen die Heilbronner Bürger. Götz wünscht ritterliches Gefängnis aber Sickingen, der auf sein gutes Verhältnis mit dem Kaiser baut, verlangt mehr. Götz zieht sich auf seine Burg zurück, wird Ruhe halten und warten. Seine Knappen Georg und Lerse jagen, er selbst schreibt, um über die Untätigkeit hinwegzukommen, seine Lebensgeschichte. Weislingen und Adelheid haben die Ehe vollzogen; doch ihre Pläne haben sich noch nicht verwirklichen lassen. Der feurige Knappe Franz sieht sich dicht vor dem Ziel seiner Wünsche bei Adelheid.

5. AKT. Der Bauernkrieg mit all seinen Schrecken ist entbrannt; Götz ist Führer der Rebellen. Weislingen will Adelheid zur Abreise zwingen; doch sie fügt sich nicht, sondern stiftet den verliebten Franz an, ihren Gemahl zu vergiften. Tief erschüttert ist der totkranke Weislingen durch den Besuch der von ihm verlassenen Maria. Er rafft sich auf, vernichtet das Todesurteil gegen Götz und stirbt. Franz bereut die Untat an seinem Herrn und stürzt sich aus dem Fenster. Adelheid wird durch das Femegericht wegen Ehebruchs und Anstiftung zum Mord zum Tode verurteilt. Inzwischen wurde Götz, dem die Führung der aufständischen Bauern aus den Händen geglitten war, im Felde besiegt und gefangen. Völlig gebrochen sitzt er zu Heilbronn im Gefängnisturm. Auch Elisabeth kann den geschlagenen Mann nicht aufrichten. Sie, Maria und Lerse stehen um ihn, während er hinübergeht »Freiheit! Freiheit!« sind seine letzten Worte.

Clavigo

Trauerspiel in fünf Akten

Personen:

Clavigo, Archivarius des Königs
Carlos, dessen Freund
Beaumarchais
Marie Beaumarchais
Sophie Guilbert, geborene Beaumarchais
Guilbert, deren Mann
Buenco
Saint George

Ort und Zeit: Madrid, 18. Jahrhundert
Uraufführung 1774

Bei einem Gesellschaftspiel mußte Goethe ein Pfand auslösen; ihm wurde die Aufgabe gestellt, ein Drama zu schreiben. Innerhalb einer Woche hatte er die Aufgabe gelöst. Als stoffliche Grundlage wählte er die damals viel gelesenen Erinnerungen des Franzosen Beaumarchais, fügte aber vieles aus seinem eigenen Leben (vor allem seinen Wankelmut in der Liebe) und dem seiner Freunde hinzu. Vortrefflich die leicht überschaubare Handlungsführung und der locker gefügte Dialog. Im Grunde jedoch kein Drama und keine Dichtung. Wäre das Stück nicht von Goethe, so würde man es kaum noch kennen.

1. AKT: Der schnell zu Ansehen gelangte, in seinem Selbstbewußtsein durch seinen Freund Carlos immer wieder angestachelte Clavigo muß zuweilen an Marie

Beaumarchais denken. Einst war er mit ihr verlobt dann hat er sie aus Berechnung und Wankelmut verlassen. Marie ist seither schwer erkrankt. Sie empfindet den Verrat doppelt (und mit ihr ihre Schweste Sophie und der im Hause der französischen Famili verkehrende, Marie verehrende Buenco), weil Clavig nicht nur untreu gegen sie, sondern undankbar gegen die Familie war. Ihr sehnsüchtig erwarteter Brude kommt endlich aus Frankreich, die Schwester zu rächen.

2. AKT: Beaumarchais läßt sich – zunächst unerkannt – bei Clavigo einführen, erzählt dem betroffenen Schwächling die Geschichte Maries, stellt sich dann als deren Bruder vor und verlangt eine schriftliche Erklärung, daß Marie rein und makellos, Clavigo selbst aber ein Unwürdiger sei. Nach anfänglicher Weigerung schreibt Clavigo, was Beaumarchais ihm diktiert. Dieser läßt sich überreden, die Erklärung erst dann drukken zu lassen, wenn Clavigo versucht hat, Mariens Verzeihung zu erlangen. Inzwischen reist Beaumarchais an den Königshof. Don Carlos will Clavigo hindern, Marie um Verzeihung zu bitten. Doch dieser obwohl schon wieder unsicher, hört nicht auf den Rat des kaltberechnenden Freundes.

3. AKT: Sophie Guilbert, die inzwischen Clavigo begegnet ist, sucht Marie versöhnlich zu stimmen. Ihr Mann, der von einer Veröffentlichung der Erklärung Unheil für sie als Franzosen erwartet, redet ebenfalls auf Marie ein. Nur Buenco läßt sich von Clavigos bezaubernder Außenseite nicht täuschen. Clavigo

:rscheint, und es gelingt ihm, zumal bei ihm die frü-
ere Liebe wieder erwacht, ihre Verzeihung (und mehr
ls das) zu erreichen. Beaumarchais gibt ihm darauf-
in die Erklärung zurück; doch wird er bald wieder
edenklich. Buenco aber kann das, wie er glaubt,
nvermeidliche Unheil nicht mit ansehen.

4. AKT: Carlos spottet über die »kleine, hohläugige
ranzösin, der die Auszehrung aus allen Gliedern
pricht«, stellt Clavigo vor Augen, wie die spanische
Iofgesellschaft über eine solche Vermählung lachen
verde, erinnert ihn, daß Clavigo Minister werden
önnte. Schon fällt Clavigo wieder um und ermächtigt
Carlos, Beaumarchais vor Gericht zu stellen wegen
Erpressung. – Beaumarchais wollte Clavigo noch ein-
nal sprechen, wurde aber nicht empfangen. Ein Brief
les französischen Gesandten klärt die Familie auf, in
velcher Gefahr Beaumarchais infolge Clavigos Klage
chwebt. Dieser erneute Treubruch Clavigos gibt
Marie den Tod.

5. AKT: Der nachts zufällig vor Guilberts Haus vor-
ibergehende Clavigo erblickt ein Leichenbegängnis,
äßt das Tuch von der Bahre entfernen und fällt in tiefer
Zerknirschung vor der toten Marie nieder. Der wie
asend herbeieilende Beaumarchais erkennt Clavigo
ınd sticht ihn im Zweikampf nieder. Dem Sterbenden
verzeihen alle Trauernden, und Clavigo will Beaumar-
chais durch Carlos in Sicherheit bringen lassen.

Iphigenie auf Tauris

Schauspiel in fünf Akten

Personen:

Iphigenie
Thoas, König der Taurier
Orest
Pylades
Arkas

Ort und Zeit: Hain vor dem Diana-Tempel in Kolchis; griechische Sagenzeit
Uraufführung der Prosafassung: 1779 in Weimar; 1786 als Versdichtung vollendet

Eines jener wahrhaft edlen, sprachlich vollklingenden und inhaltlich reichen Werke, in denen nach dem Wunsch ihrer Schöpfer das griechisch-klassische Altertum wieder aufklingen sollte. Dieser Wunsch hier ist in erheblichem Umfang in Erfüllung gegangen. Dann aber wanderte, mit dem Verlust echter Bildung, gerade die Goethe-»Iphigenie« leisen Schrittes immer mehr ab in die Bereiche des Festspiels, und selbst dort zollt man – abgesehen von einer hauchdünnen Schicht geschmacklich durchgebildeter *und* erlebnisfähiger Menschen – diesem Werk meist nur pflichtschuldigen Respekt. Denn als Theaterstück ist die »Iphigenie« handlungsarm und schleppend, um nicht zu sagen langweilig. Wahrhaft glücklich zu preisen ist aber, wer das Werk lesend auszukosten, sich durch dessen Sprache zu erheben und durch den geistigen Gehalt zu vertiefen vermag. (Aufschlußreich ein Vergleich mit dem gleichnamigen Werk des Euripides.)

1. AKT: Sehnsuchtsvoll der Heimat gedenkend, »das Land der Griechen mit der Seele suchend«, waltet Iphigenie in Kolchis ihres Amtes als Priesterin der Diana. Arkas, der Vertraute des Königs, sucht sie zu trösten, weil sie doch soviel Gutes gewirkt habe in diesem Lande. Dann erscheint König Thoas. Männlich wirbt er wiederholt um Iphigenie. Doch sie will und kann ihn nicht erhören; der Fluch ihres Hauses schwebe auch über ihr. Als einst die Griechen gegen Troja zogen, sollte Iphigenie geopfert werden, um die zürnende Göttin zu besänftigen und günstige Fahrt für die Griechenschiffe zu ermöglichen. Damals wurde sie vom Blutaltar in Aulis durch die Göttin hierher nach Tauris entrückt. König Thoas ist durch die Erzählung und durch Iphigeniens Weigerung verstimmt: so sollen denn die alten Bräuche wieder aufgenommen werden, und als erste Menschenopfer soll Iphigenie der Göttin die beiden eben gefangengenommenen Fremden darbringen. Gebet Iphigeniens zur Göttin.

2. AKT: Die beiden Fremden sind Iphigeniens Brüder Orest und Pylades. Orest wird von Gewissensbissen verfolgt, ist niedergeschlagen; doch Pylades verweist hoffnungsvoll auf den Orakelspruch, Orest werde in diesem Tempel der Diana gerettet werden. Verzückt hört Iphigenie die griechische Sprache aus des Pylades Mund. Doch entsetzt wendet sie sich ab, als sie von dem Fremden erfährt, was sich inzwischen begeben: wie ihre Mutter Klytämnestra nach der Griechen Heimkehr ihren Gatten Agamemnon erschlagen habe, weil er einst Iphigenie opferte.

3. AKT: Bruder und Schwester stehen einande gegenüber, ohne von ihrer Verwandschaft zu wissen Orest bekennt, daß er seine Mutter getötet habe, un den ermordeten Vater zu rächen, und dann schreit e es heraus: »Ich bin Orest!« So erschüttert Iphigenie ist – nur allmählich enthüllt sie ihm, daß er in ihr di Schwester wiedergefunden. Mit Pylades gemeinsan richtet sie den ermatteten Bruder wieder auf. Zun ersten Male seit langer Zeit fühlt sich Orest freier. Pyla des rät: Flucht!

4. AKT: Arkas zu Iphigenie: »Beschleunige da Opfer, Priesterin!« Die drohende Gefahr abzuwenden erklärt sie, zunächst das Bild der Göttin neu weihen zu müssen, weil ein von den Furien Verfolgter es entweih habe. Da sie Arkas zusagt, die Weihe nicht vorzuneh men, bevor König Thaos zustimme, macht sie der ursprünglichen Fluchtplan zunichte. (Das Bild der Göt tin sollte zum Meer gebracht und diese Gelegenheit zu Flucht benutzt werden.) Pylades besteht auf Flucht mi anderen Mitteln.

5. AKT: Arkas schöpft Verdacht. Thoas befiehlt, di Fremden und ihre Helfer anzugreifen. Er fordert vo Iphigenie Aufklärung. Und nun berichtet sie den König, den sie so hoch verehrt, die ganze Wahrheit Nicht leicht ist es, Thoas umzustimmen, zumal Ores und Pylades bewaffnet nahen und Griechen und Tau ren bereits miteinander kämpfen. Dem Kampf wir Einhalt geboten. Iphigenie, Thoas und Orest finder sich zur entscheidenden Aussprache. Wohl wir Thoas langsam anderen Sinnes, achtet das geschwi

terliche Band; doch niemals will er zugeben, daß)rest, wie ihm berichtet wurde, das Bild der Göttin entühre. Aber dieser, nun vom Fluch erlöst, versteht jetzt len Orakelspruch Apollons richtig: er werde genesen, venn er *seine* Schwester (nicht die des Gottes) nach ;riechenland heimbringe. Endlich spricht Thoas herb: So geht!« Iphigeniens liebreichen Worten gelingt es, hn freundlicher zu stimmen. Da ringt Thoas sich zu nenschlicher Größe auf und entläßt die Scheidenden nit einem warmen »Lebt wohl!«

Egmont

Trauerspiel in fünf Akten

'ersonen:

Margarete v. Parma, Tochter Karls V.,
Regentin der Niederlande
Graf Egmont, Prinz von Gaure
Wilhelm von Oranien
Herzog von Alba
Ferdinand, sein natürlicher Sohn
Machiavell, im Dienste der Regentin
Richard, Egmonts Geheimschreiber
Silva und Gomez, unter Alba dienend
Clärchen, Egmonts Geliebte
Ihre Mutter
Brackenburg, ein Bürgersohn
Soest (Krämer), Jetter (Schneider), Zimmermann, Seifensieder, Bürger von Brüssel
Buyck, Soldat unter Egmont

Ruysum, Invalide und taub
Vansen, ein Schreiber
Volk, Gefolge, Wachen

Ort und Zeit: Brüssel, 1568
Uraufführung 1791 in Weimar (beendet schon 1787)

Keine Tragödie, weil die Voraussetzung der »schuld losen Schuldhaftigkeit« fehlt. Auch kein Charakter drama, sondern eher ein Spiel um Charaktere, we diese Charaktere nicht miteinander ringen, sonder meist den Weg des geringsten Widerstandes gehen. Ja nicht einmal eine starke Handlung, sondern eher ei Sein als ein Geschehen, so daß Goethe schließlich z übertreibenden Mittel griff, um wenigstens etwa äußere Wirkung zu erzielen (Egmonts Traum in Gefängnis, von Schiller als »salto mortale in ein Opernwelt« bezeichnet). Und doch wirkt das Ganz spannend, weil es durchzogen ist von ständigen inne ren und äußeren Gegensätzen: Katholizismus – Prote stantismus, Zwingherrschaft – Freiheitsliebe, Weltpo litik – Kleinbürgerlichkeit, – von den starken Gegen sätzen der Szenen ganz zu schweigen. Dieses Wider spiel der Szenen muß auch einen starken dramaturgi schen Aufbau ersetzen.

1. AKT: Armbrustschießen. Volk und Soldaten lie ben ihren Grafen Egmont, hassen die Spanier un deren König Philipp. – Palast der Regentin. Margaret von Parma muß nach Spanien berichten von Bilder stürmerei und Aufruhr. Sie ahnt, was diesem Berich folgen wird. Die Regentin möchte einen Teil der Ver

antwortung auf die Grafen Egmont und Oranien abwälzen. – Bürgerhaus. Clärchen lebt nur ihrer Liebe zu Egmont, verwahrt sich gegenüber der Mutter, ein verworfenes Geschöpf zu sein. Der brave Brackenburg liebt Clärchen, hofft trotz allem, glaubt nicht an das über Clärchen und Egmont umgehende Gerede, – und für den äußersten Fall hat er ein Giftfläschchen.

2. AKT: Platz in Brüssel. Streitigkeiten unter den Bürgern, Egmont beruhigt. – Egmonts Wohnung. Egmont entscheidet seinem Sekretär gegenüber alle Fälle mehr aus den Eingebungen des Herzens als mit Zweckmäßigkeitserwägungen. Wilhelm von Oranien warnt ihn: Herzog Alba komme nach Flandern, er selbst ziehe sich vorsichtshalber in seine Provinz zurück, Egmont möge sich ebenfalls in Sicherheit bringen. Doch der Sorglose ist nicht zu überzeugen.

3. AKT: Palast der Regentin. Albas Ankunft bedeutet das Ende der Regentschaft für Margarete von Parma. Schwer wird es der Regentin. – Clärchens Wohnung. Die Mutter baut auf Brackenburg; trotz allem werde er Clärchen heiraten, wenn Clärchen nur wolle. Doch diese singt weltverloren ihr Lied: »Freudvoll und leidvoll, gedankenvoll sein ...« Egmont kommt. Um sie zu erfreuen, hat er sein prächtiges spanisches Gewand mit dem goldenen Vlies angelegt.

4. AKT: Straße. Gedämpft wispern die Bürger miteinander, die Furcht vor Alba macht sie ängstlich. Die Regentin und Oranien haben die Hauptstadt verlassen. Nur Egmont ist nicht geflohen. Wird man sich an ihn, den letzten Hort des Volkes, wagen? – Der Culenburgi-

sche Palast. Alba hat die niederländischen Grafen geladen, um sich ihrer heimtückisch zu bemächtigen. Aber es kommt nur Egmont. Nur schweren Herzens gehorcht Ferdinand der Anordnung seines finsteren Vaters Alba; der jugendliche Schwärmer ist dem Zauber Egmonts verfallen. Alba, kühl und überlegt, und Egmont, sorglos und sich in schöne Begeisterung steigernd, stehen einander gegenüber. Egmonts Eintreten für die Freiheiten Niederlands gibt Alba den äußeren Anlaß, ihm den Degen abzufordern.

5. AKT: Straße, Dämmerung. Clärchen, gefolgt von dem ängstlichen Brackenburg, ruft vergeblich die Bürger zur Rettung Egmonts auf. – Gefängnis. Selbstgespräch Egmonts, der noch nicht an das Ende glaubt. – Clärchens Haus. Brackenburg bringt Nachricht, daß auf dem Marktplatz das Blutgerüst für Egmont errichtet wird. Nun bleibt Clärchen nur der Tod. »Kennst du dies Fläschchen, Brackenburg? Ich nahm dir's scherzend, als du mit übereiltem Tod oft ungeduldig drohtest.« Sie trinkt das Gift. – Gefängnis. Egmont vernimmt sein Todesurteil. In dem jungen Ferdinand entdeckt er einen letzten Freund, hofft noch einmal auf Rettung, – aber der Jüngling weiß, daß jeder Rettungsversuch vergeblich ist. Alleingeblieben, sinkt Egmont in Schlaf. Clärchen, als Göttin der Freiheit gewandet, steigt in seinem Traum empor. Die Wache erschient zu Egmonts letztem Gang. Egmont weist auf sie mit den Worten: »Und diese treibt ein hohles Wort des Herrschers, nicht ihr Gemüt! Schützt eure Güter! Und euer Liebstes zu erretten, fallt freudig, wie ich euch ein Beispiel gebe.«

Torquato Tasso

Schauspiel in fünf Akten

Personen:

Alfons II, Herzog von Ferrara
Leonore von Este, seine Schwester
Eleonore Sanvitale, Gräfin von Scandiano
Torquato Tasso
Antonio Montecatino, Staatssekretär

Ort und Zeit: Lustschloß Belriguardo, Ende des 16. Jahrhunderts
Uraufführung 1807 in Weimar (vollendet 1789)

Eine der edelsten Sprachdichtungen der deutschen Literatur, aber kein Theaterstück für den laufenden Spielplan, wirklich aufführbar nur bei Festspielen und – wenn man einen überragenden Sprecher mindestens für die Hauptrolle hat. Der Lesende wird außer durch die nicht genug zu preisende Schönheit der Sprache auch noch durch die geistig-seelische Fragestellung zutiefst angerührt werden. Tasso und Antonio sind im Grunde ein Mensch, nur aufgespaltet in zwei Wesen. Diese Aufspaltung in Nur-Geistiges und Nur-Wirkliches ist eine der bedenklichsten Erscheinungen auch unserer Zeit. Und Tassos Wort im Augenblick der Versöhnung gilt auch heute noch als einzige Lösungsmöglichkeit: »... Du stehest fest und still,/Ich schein nur die sturmbewegte Welle./Allein bedenk, und überhebe nicht/Dich deiner Kraft! Die mächtige Natur,/Die diesen Felsen gründete, hat auch/Der Welle die Beweglichkeit gegeben ...«

Wendet sich somit das Werk stärker an den Sprachbegeisterten und an den Erkenntniswilligen als an den Zuschauer, so genügte es auch, die spärliche Handlung hier nur kurz anzudeuten.

Am kunstsinnigen Hofe von Ferrara leben der Herzog Alfons, seine Schwester Leonore und – vorübergehend – die Florentiner Gräfin Leonore Sanvitale. Sie alle verehren die hohe Kunst des Dichters Tasso, einer geistigen Zierde des Hofes. Der empfindsame, empfindliche Dichter aber zweifelt an sich, an seinem Werk und mit der Zeit auch an den ihm menschlich zugetanen Fürstlichkeiten. Als der herzogliche Staatssekretär Antonio, von Rom heimkehrend, das glänzende geistige Leben um den Papst schildert und, ohne Rücksicht auf Tasso, den römischen Dichter Ariost in den Himmel hebt, bricht Tassos Gereiztheit durch. Er fühlt sich Ariost gegenüber zurückgesetzt und empfindet sich doch gleichzeitig als Dichter und Mensch zu klein, als daß er in dem römischen Kreis der Geister zu bestehen vermöchte. Als er im Streit mit dem ihn dämpfenden Antonio den Degen zieht und der verständnisvolle Herzog eine milde Strafe über ihn verhängt, nimmt er das tragisch, verzweifelt an allen, selbst an den beiden Leonoren: an der Gräfin, die ihn liebt und ihn mit nach Florenz nehmen möchte, an der Prinzessin, die er liebt und die seine Liebe nicht zurückweist. Versuche, ihn zu beruhigen, ihn mit Antonio zu versöhnen, gedeihen nur bis zu einem bestimmten Punkt, dann scheitern sie. Endlich verlangt der Reizbare, fast Verfolgungswahnsinnige vom Herzog Urlaub um nach Rom zu gehen. Unmöglich, ihn umzustimmen, obwohl nun auch Antonio freundlich zu dem Dichter spricht. In

vürdiger Haltung nimmt er Abschied; doch wie er der
rinzessin gegenübertritt, ist seine Fassung dahin: vor
eugen reißt er sie in seine Arme. Damit hat ihn seine
eidenschaftliche Unbeherrschtheit um alles Glück
ebracht. Und in dieser wirklichen Not findet er zu dem
Felsen« Antonio, findet sich Antonio zu der »bewegli-
hen Welle« Tasso.

Faust

Tragödie in zwei Teilen

Dichterisch-denkerisches Tagebuch eines großen
Menschen, niedergeschrieben in Jahrzehnten unun-
erbrochener Wandlung, in dramatische Form gegos-
sen, mit zuweilen sehr starken dramatischen Einzel-
heiten, im ganzen aber doch mit tiefen Gedanken so
stark befrachtet, daß es seine Wirkung zwar auf den
nachdenklich Lesenden auszustrahlen vermag im
Theater jedoch nur die äußerste Oberfläche darbieten
kann. Es ist doch bezeichnend, daß man sich nach
Goethe immer wieder an den Stoff heranwagt und ihn
für die Bühne lebendig zu machen versucht hat. An den
Stoff, sage ich, nämlich an die gleichen alten Volksbü-
cher und Puppenspiele, die auch Goethe zur äußeren
Grundlage seiner Dichtung wählte. Nicht minder
bezeichnend, daß die meisten Menschen nur an die
Liebesgeschichte Faust – Gretchen denken, wenn sie
von Goethes »Faust« hören. In dem uns gesteckten
Rahmen eines *»Schauspiel-Führers«* können jedenfalls

nur die schaubaren Dinge übersichtlich nacherzähl werden; das Wesentliche der gedichteten und verdich teten Gedanken muß außer Betracht bleiben. Nur gan: allgemein sei darauf verwiesen: der erste Teil handel von Faust als einem Einzelmenschen, von seinen Streben und Irren, seiner einzelpersönlichen Schul und dem Bewußtwerden dieser Schuld; der zweite Tei dagegen stellt Faust in den großen Zusammenhan der äußeren und inneren Welten.

Faust – Erster Teil

Uraufführung 1829 in Braunschweig

Vorspiel auf dem Theater: Über Sinn des Theater streiten der Direktor (er will ein »Ragout«, etwas fü alle), die lustige Person (sie wünscht spielbare Rollen und der Dichter (er sieht nur ideale Aufgaben). De Direktor meint, die Poesie müsse sich auch kommandieren lassen! Aber »Der Worte sind genug gewechselt,/Laßt mich auch endlich Taten sehn!« – *Prolog im Himmel:* Die Erzengel rühmen die Welt, Mephistopheles aber findet Mensch und Erde schlecht. Als Gottvate ihn auf Faust hinweist, wettet Mephisto, er werde auch diesen verderben. Lächelnd geht der Herr auf der »Schalk« ein.

Fausts Studierzimmer: Alles Studieren hat der alternden Faust unbefriedigt gelassen. Er verzweifelt »Ich sehe, daß wir nichts wissen können.« Er versucht s mit Magie, beschwört den Erdgeist; doch dieser ruft nm zu: »Du gleichst dem Geist, den du begreifst, nicht nir.« Nach dem Ungeheuren das Lächerliche: Fausts 'amulus Wagner glaubt, sein Meister habe deklamiert ınd er könne etwas dabei lernen. Wieder allein, sinkt 'aust zusammen; sterben will er. Doch als er den ver- ;ifteten Trank an den Mund setzt, hört er Engelsge- ang zum Klang der Osterglocken. »Die Träne quillt, lie Erde hat mich wieder!« – *Vor dem Tor:* Osterspazier- ;ang der bunten Menge. Lebensfreude, harmlose Kan- ıegießerei. Faust mit Wagner wird von der Menge ent- leckt. Man rühmt ihm sein einstiges Wirken als Arzt.)och Faust wird dadurch nur an die Unzulänglichkeit, ın das ewige Irren des Menschen erinnert. Wagner ıört verständnislos seinem Meister zu. Ein seltsamer ,chwarzer Pudel gesellt sich den beiden. – *Fausts Stu- lierzimmer:* Fausts Gedankengänge werden durch des 'udels Knurren immer wieder unterbrochen. Der ;elehrte nimmt seine Lieblingsarbeit auf, will das ɔhannes-Evangelium übersetzen, gerät bei der ersten :eile ins Grübeln: war im Anfang das Wort oder der ;inn oder die Kraft oder die Tat? Der Pudel wandelt eine Gestalt, Faust beschwört ihn magisch, – da tritt er ıls fahrender Schüler (Mephisto) vor ihn hin: »Das also var des Pudels Kern!« Bald ist Faust von der Zwiespra- :he mit dem »Geist, der stets verneint« gefesselt; aber ⁄lephisto versetzt ihn in träumenden Schlaf, um ihn für eine Absichten willfähriger zu machen. Nach dem :rwachen schließt Faust mit dem nunmehr als Junker ;ekleideten Mephisto den Blutpakt. Genüsse und ;chmerzen aller Art will er durchleben, aber, so meint :r, dem Genuß erliegen werde er nie: »Werd ich zum

Augenblicke sagen:/Verweile doch, du bist so schön! Dann magst du mich in Fesseln schlagen,/Dann wi ich gern zugrunde gehn!« Während Faust sich zu Abreise umkleidet, verwirrt Mephisto in der Mask Faustens einen vorsprechenden Schüler. Auf einen Zaubermantel beginnt die Reise in die Welt.

Auerbachs Keller in Leipzig: Zechende, singende, lär mende, streitende, raufende Studenten. Dazu Zauber kunststücklein Mephistos. Aber das ist nichts für eine Geist wie Faust. – *Hexenküche:* Meerkatzen, alte Hexe gemeine Worte, unzüchtige Gebärden. Um so größe Faustens Entzücken, als er in einem Zauberspiegel da Bild Helenas, der schönsten aller Frauen, sieht. Durc Zaubertrank wird er verjüngt.

Straße: Faust begegnet Gretchen, die von der Beicht heimkehrt. Blind vor Leidenschaft verlangt Faust vo Mephisto: »Hör, du mußt mir die Dirne schaffen!« Zun Scheine sträubt sich Mephisto ein wenig, um Fausten Leidenschaft zu Raserei werden zu lassen. – *Abend Margaretes Zimmer:* Gretchen sinnt: »Ich gäb wa drum, wenn ich nur wüßt,/Wer heut der Herr gewese ist«. Sie verläßt das Zimmer. Faust und Mephisto trete leise ein. Faust ist ergriffen; doch Mephisto stellt ei Kästchen mit Schmuck in Margaretens Schrein un zieht Faust mit sich aus dem Zimmer. Margarete finde den Schmuck, erschrickt, – setzt sich aber doch vor de Spiegel, um sich sehnsüchtig ein wenig zu putzen. – *Spaziergang:* Faust und Mephisto. Gretchens Mutte hat den Schmuck dem Pfarrer übergeben. Faust ver langt von Mephisto einen neuen. – *Der Nachbarin*

Haus: Mephisto teilt Frau Marthe Schwerdtlein mit, er wisse, daß ihr verschwundener Mann gestorben sei. Als Zeugen werde er noch einen Freund mitbringen. – *Straße:* Faust ist von seiner Leidenschaft zu sehr hingerissen, als daß er sich Mephistos Ansinnen, als »Todeszeuge« mit Margarete und Marthe zusammenzukommen, widersetzen könnte. – *Garten:* Mephisto treibt durch gewagte Komplimente bei Marthe wunderliche Blumen der Spätliebe hervor, Faust ist gerührt von Gretchens schlichter Lebensart. – *Gartenhäuschen:* Gretchen empfängt zitternd den ersten Kuß. – *Wald und Höhle:* Mit seinem Zwiespalt von Liebe und Begehren hofft Faust in der Natur fertig zu werden. Doch Mephisto weiß ihn zu verlocken. – *Gretchens Stube:* Am Spinnrad harrt Gretchen des Geliebten: »Meine Ruh ist hin,/Mein Herz ist schwer ...« – *Marthens Garten:* Rührend fragt Gretchen Faust nach seiner Religion; sie verabscheut Mephisto. Auf Faustens Drängen antwortet sie nun schon recht mutig: »Ach, wenn ich nur alleine schlief!/Ich ließ Dir gern heut Nacht den Riegel offen;/Doch meine Mutter schläft nicht tief ...« Faust gibt ihr Tropfen für einen Schlaftrunk.

Am Brunnen: Gretchen hört von einer Freundin, wie es einem von ihrem Verführer verlassenen Mädchen ergeht. Sie hört ihr eigenes Geschick! – *Zwinger:* Gretchen vor einem Andachtsbild. Die Mutter ist an dem Schlaftrunk gestorben; Gretchen selbst fühlt sich Mutter werden. – *Straße vor Gretchens Tür:* Gretchens Bruder Valentin klagt über den verlorenen Ruf der Schwester. Als Faust und Mephisto nahen, stellt er sich ihnen mit dem Schwert entgegen. Er fällt in unehrlichem

Zweikampf. Sterbend verflucht er die Schwester. – *Dom:* Gretchen hört nichts vom Gottesdienst, sie hör nur die Stimme des Gewissens, fällt schließlich in Ohnmacht. »Nachbarin! Eurer Fläschchen!«

Walpurgisnacht: Durch das Harzgebirge ziehen Hexen und allerlei Geistverwandte beiderle Geschlechts zum wüsten Treiben der Walpurgisnach auf den Brocken. Unter ihnen auch Faust, den Mephisto hierhergeführt hat, um sein erwachendes Schuldgefühl im Rausch wieder einschlafen zu lassen. Doch bald sieht Faust »ein blasses, schönes Kind allein und ferne stehen.« Sie gleicht dem »guten Gretchen«. – *Trüber Tag. Feld:* Faust und Mephisto. Gretchen wurde in den Kerker geworfen, weil sie ihr neugeborenes Kind ertränkt hat. »Sie ist die erste nicht«, spöttelt Mephisto leichthin. Aber Faust fährt auf, will zu Gretchen geführt werden. – *Nacht, offenes Feld:* An der Hinrichtungsstätte warten schon die Geister auf das blutige Werk. Faust und Mephisto brausen auf schwarzen Pferden vorüber. – *Kerker:* Faust kommt mit Schlüssel und Lampe. Gretchen ist irrsinnig geworden, erblickt in Faust den Henker. Als sie ihn erkennt, umschlingt sie ihn zwar liebend, aber das Wort »fliehen« hat keine rechte Bedeutung für sie. Sie wehrt sich, als Faust sie wegtragen will. Als sie Mephisto erkennt, wendet sie sich endgültig ab: »Gericht Gottes! Dir hab ich mich übergeben ... Heinrich, mir graut's vor Dir.« Mephisto: »Sie ist gerichtet!« Stimme von oben: »Ist gerettet«. Mephisto: »Her zu mir!« Stimme, von innen verhallend: »Heinrich! Heinrich!«

Faust – Zweiter Teil

Uraufführung 1854 in Hamburg

Obwohl von zahlreichen starken Bühnen*einzelheiten* aus allen Zeiten der Theatergeschichte durchsetzt, ist der zweite Teil als Ganzes sehr schwer aufführbar. Oft genug hat man es versucht seit der Uraufführung (zweiundzwanzig Jahre nach Goethes Tod!), hat Teilwirkungen erreicht, doch das Denk- und Dichtwerk als solches verstümmelt. Hier daher nun die allergröbsten Umrisse; wer sich etwas näher mit dem zweiten Teil beschäftigen will, dem sei empfohlen, in ausführlicher Literatur nachzuschlagen.

Zeit und Natur haben den schuldig gewordenen, seiner Schuld bewußten Faust gestärkt. Zu neuem Leben erwacht er, begreift zum ersten Male seinen Fehler: die Maßlosigkeit. Nun drängt es ihn in den Kreis der Beziehungen von Menschen zu Menschen (Politik im weiteren Sinne), versinnbildlicht durch den Kaiserhof. Hier findet Faust, freilich nur Streitigkeiten aller gegen alle, Geldgier, die er mit der Schaffung von Papiergeld scheinbar befriedigt. Zur reinen Anschauung des Schönen ist er auch noch nicht reif; denn als er auf des Kaisers Verlangen das schönste Menschenpaar Paris und Helena herbeigeschafft hat, verlangt es ihn nach Berührung der schönen Helena, – sie verschwindet, läßt ihn betäubt zurück.

Die Wissenschaft ist inzwischen »geworden wie Gott«; so erfahren wir von dem einst durch Mephisto verwirrten Schüler, der sich nun wissenschaftlich spreizt. Faustens einstiger Famulus Wagner ist gar dabei, einen künstlichen Menschen, den Homunkulus zu schaffen; freilich verträgt der Homunkulus keine frische Luft, muß in eine Flasche gesperrt leben. Mit diesem »konzentrierten Geist« in der Flasche (mit der Wissenschaft) begibt sich Faust Jahrtausende zurück in das alte Griechenland. Dort erlebt er in einer »Klassischen Walpurgisnacht« das allmähliche Werden der Schönheit bis zum Höchsten – zu Helena. Mehr kann die Wissenschaft nicht, als Begleiterin sein; daher zerschellt Faust die Homunkulus-Flasche am Wagen der Schönheit.

Die schöne Helena wird durch Mephistos List in nordische Lande entführt, – griechisch-klassische Schönheit wird im Norden wiedergeboren (Renaissance), Helena und Faust – also: in sich ruhende Schönheit und phantasievolles Denken – vermählen sich. Aus dieser Verbindung geht ein Sohn hervor: Euphorion, das Entzücken der Welt. Zu stark ist aber im Sohn die schweifende Maßlosigkeit des Vaters: er vermißt sich zu fliegen und stürzt tot zu Boden. Damit schwindet auch Helena dahin; nur Schleier und Kleid bleiben Faust zurück: der nordische Mensch kann nicht mehr, als sich der Form und Gewandung des klassischen Griechentums bedienen.

Mit neuen Augen betrachtet Faust die Welt. Irdische und seelische Liebe (Gretchen) sowie Maß und Form (Helena) scheinen sich ihm zu verschmelzen. Mephistos Verlockungen verfangen nicht mehr. Für die Allgemeinheit will er arbeiten, versinnbildlicht durch Trockenlegen überfluteter Landstriche. Das Land kann er vom Kaiser nur erhalten, wenn er ihm hilft gegen dessen Feinde. Mephisto muß also heran, Krieg muß geführt werden. Mit Raufebold, Habebald und Haltefest wird er gewonnen, alles bereichert sich am Kriege, am geschicktesten die Kirche.

Nun ist aus den überfluteten Landstrichen reiches, blühendes, freilich von unrastiger Tätigkeit erfülltes Gebiet geworden. Von früher her, steht wie märchenhafte Erinnerung an das Einst nur noch das Hüttchen von Philemon und Baucis. Mephisto zündet es an – gegen den ausgesprochenen Willen, doch ganz im Sinne Fausts. »Graue Weiber« nahen ihm: Mangel, Schuld und Not können ihm nichts mehr anhaben; aber die Sorge läßt ihn erblinden. Der Erblindete hört das Klirren von Werkzeugen und Schaufeln, wähnt, sein Werk werde vorangetrieben, – aber gegraben wird sein eigenes Grab. Er malt sich aus: könnte er »auf freiem Grund mit freiem Volke stehn«, dann »dürfte« er sagen zum Augenblick: Verweile doch, du bist zu schön. Damit sinkt er tot zu Boden. Mephisto glaubt nun seine Wette mit dem Herrgott und den Pakt mit Faust gewonnen. Aber Faust *hat* nicht zum Augenblick diese Worte gesagt, sondern meinte nur, *wenn* er auf freiem Grund mit freiem Volke stehen könnte, dann *würde* er diese Worte aussprechen. Allen Versuchen zum Trotz wird daher Faustens Seele dem wütenden Mephisto entrissen. Zahlreiche Sinnbilder erscheinen, geleiten Faustens besten Teil allmählich von unten nach oben. Und »bleibt auch ein Erdenrest, zu tragen peinlich«, so tragen den Sterbenden doch die Kräfte geistiger Liebe empor.

SCHILLER

Friedrich von Sch. (1759–1805) studierte in der »Militärischen Pflanzschule« des württembergischen Herzogs Rechtswissenschaften und Medizin. 1780 Militärarzt in Stuttgart. Als er ohne herzogliche Erlaubnis zur Aufführung seiner »Räuber« nach Mannheim reiste, sollte er bestraft werden, floh nach Mannheim, wurde aber dort anfangs im Stich gelassen, schlug sich recht und schlecht durch, wurde 1783 für kurze Zeit Theaterdichter in Mannheim, ging aber bald nach Leipzig und dann nach Dresden. 1787 in Weimar, bald Professor für Geschichte in Jena. 1799 endgültige Übersiedlung nach Weimar. In starker Verbindung und geistigem Austausch mit Goethe. Schrieb u.a. Geschichtswerke, Arbeiten kulturgeschichtlicher und kunstphilosophischer Art, Balladen, Gedichte, Prosaschriften, Dramen.

Schiller zählt neben Shakespeare zu den bedeutendsten Dramatikern. Frei von aller Bindung an vorhandenen Dramen konnte er die bestehenden dramaturgischen Gesetze durch neue Einsichten bereichern und die Schwächen überwinden, die bei aller sonstigen Vollkommenheit dem Shakespearischen Werk vom Technischen her anhaften. Aus dem Studium des antiken Dramas, seiner Fortsetzung in den Franzosen, Shakespeare und schließlich Lessing, gewann Schiller später die virtuose Technik seiner reifen Dramen.

Aber nicht nur in der Technik des Dramenschreibens

st der Dichter vorbildlich geworden, auch die philoso-
)hische Unterbauung des deutschen Dramas ist sein
Werk. Seine »Schaubühne als eine moralische An-
stalt« wendet die von Kant in die deutsche Philosophie
eingeführte Ideenlehre Platons auf die Kunst an.
Danach kann die Kunst an die Stelle der Religion tre-
en, wird sie nicht mehr Abbild, sondern Selbstzweck,
dient sie dem Leben und der Natur, deren Nachahmer
sie bisher war, als Vorbild.

Der Dichter gibt sich also selbst einen Leitfaden für
den größeren, den besseren Teil seines Schaffens und
weist damit dem Drama einen Weg in die Zukunft, der
rotz zahlreicher Gegenströmungen jüngerer Zeit
noch immer bestimmend geblieben ist.

Gedankliche Grundlage für Schillers dramatische
Dichtung, besonders für die reifen Werke, bildet die
Kantsche Philosophie. Nach ihr soll der Mensch nicht
von der Sinnlichkeit, sondern vom Sittengesetz regiert
sein. Gutes, das aus Neigung und Trieb entspringt,
bedeutet nichts; nur das Gute in Erfüllung der Pflichten
gilt. Damit tritt Schiller in Gegensatz zu Shakespeare.
Dessen Anschauung ist rein sinnlich, d.h., das Handeln
seiner Menschen (ob gut oder schlecht) ist gesehen,
das der Menschen bei Schiller dagegen gedacht. Sha-
kespeares Geschöpfe gehen, stehen, wollen, handeln
und leiden als Geschöpfe der Wirklichkeit. Durch ihr
leidenschaftliches Wollen und Handeln geraten sie mit
anderen Teilen und Richtungen der Wirklichkeit in
Konflikt. Dieser Konflikt bestimmt ihr Schicksal, ist ihr
Schicksal. Die Menschen Schillers dagegen handeln
und wollen für oder gegen eine moralische Weltord-
nung, also etwas Gedachtes, Gesetztes. Der Konflikt,

der sich daraus ergibt, heißt dann Schuld ode
Unschuld, die Sühne oder Lohn nach sich ziehen
Damit wird der Begriff von Schuld und Sühne neu aus
gedeutet.

Diese Anschauungsweise hat sich Schiller auch be
seiner Betrachtung Shakespeares zu eigen gemacht
sie in das Werk des Engländers »hineingedichtet«
Deshalb fällt es dem deutschsprachigen Leser ode
Hörer schwer, bei der gewaltigen Auswirkung vo
Schillers Werk auf alle, die es kennen, sich von de
moralgesetzlichen Betrachtungsweise der Shake
speare-Dramen freizuhalten. Schiller ist also dem rea
listischen Shakespeare gegenüber Idealist. Es geh
daher bei ihm im Gegensatz zu Shakespeare *ein* ideali
stischer Grundbegriff durch alle Dramen: die Idee de
Freiheit.

Die Technik des Dramenschreibens hat der Dichte
bereichert durch Einführung des Doppelhelden, vir
tuose Anwendungen der handlungsvorwärtstreiben
den Abseitshandlung (die wesentliche Ereignisse vor
Zuschauer ungesehen sich hinter der Bühne abspiele
läßt, während auf der Bühne eine ruhige Szene ausge
malt ist), und durch das meisterliche Beispiel des Hin
auszögerns einer von Anfang an klaren Lösung ohn
Spannungsverlust.

Die Helden Schillers sind in den frühen Dramen (bi
zum »Don Carlos«) Spiegelbilder der Dichterseele. Ers
mit »Wallenstein« reift Schiller zur unpersönliche
Betrachtungsweise heran; von da ab sieht er gewisser
maßen vom Rande her seine Geschöpfe handeln un
leiden. Das hat sich in vielfacher Weise wertvoll ausge
wirkt.

Die Räuber

Schauspiel in fünf Akten

Personen:

Maximilian, regierender Graf von Moor
Karl, Franz, seine Söhne
Amalie von Edelreich
Spiegelberg
Schweizer
Grimm, Razmann, Schufterle, Roller, Kosinsky, Schwarz (Libertiner, nachher Banditen)
Hermann, Bastard von einem Edelmann
Daniel, Hausknecht des Grafen von Moor
Pastor Moser
Ein Vater
Räuberbande
Nebenpersonen

Ort und Zeit: Deutschland, Mitte des 18. Jahrhunderts
Uraufführung 1782 in Mannheim

Das Werk eines Zweiundzwanzigjährigen, teilweise kraß im Geschehen, zeitweilig derb in der Sprache, in mancher Einzelheit ungeschlacht; aber die Handlung gerät niemals ins Stocken, überrennt alle Hindernisse, die Worte und Sätze reißen wie ein Feuerstrom alles mit sich, der Aufbau des Werkes mit seiner Doppelhandlung (Franz und Karl Moor) und den ihr jeweils zugeteilten Charakteren ist so erstaunlich, daß man demgegenüber manche Schwäche dieses Erstlingswerks in Kauf nimmt. Zeitlos die innere Fragestellung, die von jeder Generation neu beantwortet werden muß. Aufruhr des werdenden, lebendigen Menschen gegen eine in alten Gesetzen befangene Welt, die vernichtet werden müsse, auf daß dem Leben wieder freier Raum geschaffen werde.

1. AKT: Im Schloß des Grafen Moor. Karl, der älteste Grafensohn, hat seinen Vater brieflich um Verzeihung gebeten wegen einiger Streiche, die er in Leipzig als Student gemacht hat. Dieser Brief gerät in die Hände seines Bruders Franz; er unterschlägt ihn und macht daraus eine Nachricht, die den Vater allerdings mehr als verstimmen muß. So gibt der alte Moor, durch Franz seit langem gegen seinen Lieblingssohn Karl aufgehetzt, den Auftrag, Karl zu antworten. Jetzt sieht der eiskalte, schurkische, hochintelligente Franz seine Stunde gekommen. – Schenke an der sächsischen Grenze. Karl Moor liest im Plutarch von großen Männern, verachtet sein ledernes Jahrhundert. Aber den Verlockungen Spiegelbergs, sich durch Übeltaten als Mann zu erweisen, widersteht er. Sein Brief an den Vater war aufrichtig gemeint: er will das leichtsinnige Studentenleben aufgeben, die geliebte Amalie heiraten und auf den väterlichen Gütern als tüchtiger Mann wirken. Da wird ihm die durch Franz Moor verfaßte Antwort übergeben. Wie ein Blitz schlägt sie in seine Zukunftswünsche: der Vater, so schreibt Franz, habe Karl verstoßen und verflucht. Da fährt er auf, rast, und als seine Mitstudenten auf Spiegelbergs Anraten eine Räuberbande gründen wollen und Roller ihn als Hauptmann vorschlägt, wirft er Verstoßung, Fluch, Liebe und Zukunftshoffnung wild von sich, wird

Iauptmann der studentischen Räuber. Sehr zum ırger Spiegelbergs, der sich selbst bereits als Räuberauptmann gesehen hatte. – Amalies Zimmer. Franz Aoor versucht, Amalies Liebe durch falsche Nachrichen über Karl zu gewinnen. Aber sie durchschaut sein :änkespiel.

2. AKT: Das Zimmer von Franz. Da der alte Moor tets an Karl denkt und Amalie immer mit ihm über den 'erlorenen spricht, gedeihen die Pläne von Franz nicht veiter. Daher beredet er Hermann, einen unehelichen :delmannssohn, ihm bei einem neuen Ränkespiel ehilflich zu sein. – Schlafzimmer des alten Moor. ımalie und der alte Moor sprechen wieder einmal von :arl. Da erscheint Hermann in Verkleidung. Er berichet, Karl habe im Kampf den Tod gesucht und gefunen, weil ihn der Vater in »Kampf und Tod und Verweiflung gejagt« habe; sein letzter Wunsch sei gewesen, Amalie solle sich mit Franz vermählen. Wie ein chlag trifft diese Nachricht den Alten, er wird ohnıächtig; Franz hält ihn für tot. – In den böhmischen Vāldern. Die Räuber unter Spiegelberg morden und lündern und schänden; Karl Moor aber setzt seine igenen Leute nur ein gegen Unterdrücker der Armen nd Schwachen. Eben hat er mit wenigen Gefährten en Freund Roller vom Galgen befreit; doch bei dem :ampf ist die Stadt in Flammen aufgegangen, unschuliges Blut wurde vergossen. Zur Sühne hat Karl selbst eimlich die verfolgenden Truppen herbeigelockt: die :äuber sind umstellt, sollen sich freikämpfen und adurch ihre Schuld büßen. In dieser für die Eingechlossenen verzweifelten Lage erscheint ein Pater,

verspricht allen freien Abzug, wenn sie ihren Haupt
mann Karl ausliefern. Meisterhaft rechtfertigt Karl di
umstürzlerischen Absichten seiner Freunde, ist aucl
bereit, sich ausliefern zu lassen; aber die Räuber huldi
gen ihm erneut und ziehen begeistert in den Kampf.

3. AKT: Im Schloßgarten. Franz nähert sich Amalie
wird aber von ihr mit Schimpf und Schande abgewie
sen. Hermann, der Amalie aufrichtig liebt, offenbart ih
jetzt den ganzen Trug: Karl lebe noch, auch ihr alte
Oheim Moor; diesen habe Franz in ein altes Gemäue
einschließen lassen. In dem Sarg des angeblich Tote
aber liege ein Hundekadaver. – Donaugegend. Di
Räuber haben sich durchgeschlagen, nur Roller is
gefallen. Ein junger Edelmann Kosinsky bittet um Auf
nahme in die Bande; ein Mächtiger hat ihm seine Brau
geraubt, seine Amalie. Dieser Name gibt Karl da
Stichwort: auf in die Heimat!

4. AKT: Auf dem Schloß. Kosinsky meldet Amali
den Besuch eines »Grafen Brand« (Karl Moor). Ka
erkennt, daß Amalie ihn noch liebt. Franz durchschau
seine Verkleidung und befiehlt dem alten Diene
Daniel, den Fremden umzubringen. Doch dieser ha
ebenfalls Karl erkannt und berichtet ihm die Schänd
lichkeiten seines Bruders Franz. In tiefstem Ekel ver
läßt Karl das Schloß. – Waldgegend. Spiegelberg wi
Karl ermorden lassen und wird daraufhin von Schwei
zer erstochen. Der zurückkehrende Karl denkt a
Selbstmord; doch dann rafft er sich auf. – Vor den
Turm, in dem der alte Moor eingemauert ist. Karl beob
achtet, wie Hermann zum alten Moor geht. Er läßt da

Gitter aufbrechen, – wie ein Gespenst entsteigt der Eingeschlossene dem Gewölbe. Franz wollte ihn hier verhungern lassen, doch Hermann hat dem Alten heimlich Speisen gebracht. Nun wallt Karls Rachegefühl auf: Schweizer soll den schurkischen Franz hierherbringen, – aber lebendig!

5. AKT: Im Schloß. Franz wird von furchtbaren Träumen gepeinigt, läßt in seiner Gewissensangst den Pfarrer holen. Zwei Todsünden gebe es, sagt ihm dieser auf Befragen, die nicht verziehen würden: Vatermord und Brudermord. Schon stürmt Schweizer mit seinen Gesellen heran, wirft Feuer in das Schloß, sucht Franz. Aber der hat sich in seiner Angst erdrosselt. Da Schweizer ihn lebendig, wie sein Hauptmann befohlen, nicht vor Karl führen kann, erschießt er sich. – Vor dem Turm. Der alte Moor segnet seinen Befreier. Der Selbstmord von Franz enthebt Karl der Notwendigkeit, ihn töten lassen zu müssen. Die Räuber nahen mit Amalie, und Karl glaubt an ein künftiges Leben in Glück. Doch als er bekennt, daß er Räuberhauptmann sei, stirbt der Vater vor Entsetzen. Mit Amalie möchte sich Karl davonmachen; doch die Gefährten erinnern ihn an seinen Schwur: »Opfer um Opfer! Amalie für die Bande!« Karl weiß, alles ist umsonst. Er tötet Amalie, wie sie es gewünscht hat, und stellt sich selbst dem Gericht, weil »zwei Menschen wie ich den ganzen Bau der sittlichen Welt zugrund richten würden«.

Die Verschwörung des Fiesco zu Genua

Republikanisches Trauerspiel in fünf Akten

Personen:

Andreas Doria, Doge von Genua. Ehrwürdiger Greis von achtzig Jahren
Spuren von Feuer
Ein Hauptzug: Gewicht und strenge, befehlende Kürze
Gianettino Doria, Neffe des vorigen
Prätendent
Mann von sechsundzwanzig Jahren. Rauh und anstößig in Sprache, Gang und Manieren. Bäuerischstolz. Die Bildung zerrissen (Beide Doria tragen Scharlach)
Fiesco, Graf von Lavagna
Haupt der Verschwörung. Junger, schlanker blühendschöner Mann von dreiundzwanzig Jahren. Stolz mit Anstand. Freundlich mit Majestät. Höfisch-geschmeidig und ebenso tückisch
Verrina, verschworener Republikaner
Mann von sechzig Jahren. Schwer, ernst und düster. Tiefe Züge
Bourgognino, Verschwörer. Jüngling von zwanzig Jahren. Edel und angenehm. Stolz rasch, natürlich
Calcagno, Verschworener. Hagerer Wollüstling. Dreißig Jahre. Bildung gefällig und unternehmend

Sacco, Verschworener. Mann von fünfundvierzig Jahren. Gewöhnlicher Mensch
Lomellino, Gianettinos Vertrauter. Ein ausgetrockneter Hofmann
Zenturione, Zibo, Asserato, Mißvergnügte
Romano, Maler. Frei, einfach und stolz. Alle Nobili gehen schwarz.
Muley Hassan, Mohr von Tunis. Ein konfiszierter Mohrenkopf. Die Physiognomie eine originelle Mischung von Spitzbüberei und Laune
Deutscher der herzoglichen Leibwache. Ehrliche Einfalt. Handfeste Tapferkeit.
Drei aufrührerische Bürger
Leonore, Fiesco's Gemahlin. Dame von achtzehn Jahren. Blaß und schmächtig. Fein und empfindsam. Sehr anziehend, aber wenig blendend. Im Gesicht schwärmerische Melancholie. Schwarze Kleidung
Julia, Gräfin Witwe Imperiali, Gianettino Doria's Schwester. Dame von fünfundzwanzig Jahren. Groß und voll. Stolze Kokette. Schönheit, verdorben durch Bizarrerie. Blendend und nicht gefallend. Im Gesicht ein böser, mokanter Charakter. Schwarze Kleidung
Bertha, Verrina's Tochter. Unschuldiges Mädchen
Rosa, Arabella, Leonoren's Kammermädchen.
Mehrere Nobili, Bürger, Deutsche, Soldaten, Bediente, Diebe

Ort und Zeit: Genua, 1547
Uraufführung 1784 in Mannheim

Ein Blick auf das Personenverzeichnis und die sorg
fältige innere und äußere Charakterisierung, die Schil
ler den einzelnen Gestalten mitgibt, läßt erkennen
daß dem vierundzwanzigjährigen Dichter vorge
schwebt hat, ein Charakterdrama zu schaffen. In
wesentlichen ist ihm das gelungen. Es verschläg
dabei nicht allzuviel, daß das eigentliche Them
(Machtstreben und Freiheit) zu keiner Lösung führt
Entscheidend bleibt die Fragestellung als solche un
ihre künstlerische Gestaltung. Der Staat als Einrich
tung wird als unabänderlich, als gegeben und notwen
dig in den Mittelpunkt gestellt; die in ihm bestimmen
den, einander widerstrebenden und dann bald bewuß
und bald unbewußt miteinander arbeitenden Kräft
werden wesentlich nach ihrer Stellung zum Staat cha
rakterisiert: die überkommene Herrschaft (der gelas
sene alte und der eitel-tyrannische junge Doria), di
aufbegehrenden Republikaner (Verrina und sein
Freunde), der seine Herrschsucht geschmeidig tar
nende, kein Ränkespiel verschmähende Empor
kömmling (Fiesko); daneben allerlei Abschattunge
verschiedener Grade. Schwach muten an: die nich
immer schlagkräftige Aufteilung der Szenen und di
der Handlung mehr aufgeklebten als folgerichtig ein
gebauten Frauencharaktere. Hinreißend der groß
Atem des Ganzen und die elegant gehandhabt
Sprache.

1. AKT: Maskenball bei Fiesco. Wie es scheint, ha
Fiesco für seine Gemahlin Leonore nichts mehr übrig
Er umwirbt heftig die kokette Gräfin Imperiali, di
Nichte des Dogen von Genua, schenkt ihr als Bewei

seiner aufrichtigen Liebe ein Medaillonbildnis seiner Frau und nimmt dafür ihr Bildnis entgegen. Gianettino, der Bruder der Imperiali, benutzt die Machtstellung seines Onkels vor allem dazu, seine Lüste zu befriedigen. Eben hat ihn sein Vertrauter Lomellino benachrichtigt, der alte Republikaner Verrina sei außer Haus, und man könne daher ungefährdet seine Tochter Berta überfallen. Sogleich verläßt Gianettino den Maskenball, um sich in Bertas Besitz zu setzen. Dem leichtfertig tändelnden Fiesco nahen drei Masken in Schwarz; Trauer tragen sie um Genua, die unterdrückte Stadt, fordern Fiesco auf, zu handeln. Es sind der Republikaner Verrina mit zwei Verschworenen, Calcagno und Sacco. Fiesco weicht aus. Dann stellt Bourgognino, ein weiterer Verschworener, ebenfalls Fiesco, macht ihm Vorwürfe wegen seines Verhaltens gegenüber Fiescos Frau (die Bourgognino einst geliebt hat). Zum ersten Male macht Fiesco eine Andeutung seiner wahren Gedanken, warnt Bourgognino, vorschnell über ihn zu urteilen. Als Fiesco einen Augenblick allein ist, schleicht sich der Mohr Hassan heran, will Fiesco töten. Der aber entwaffent ihn, zwingt ihn, zu gestehen, wer der Anstifter ist: Gianettino Doria! Den Mohren aber, dessen Witz ihm gefällt, bestraft er nicht, sondern kauft ihn für seine eigenen Zwecke. – Bei Verrina. Berta ist durch Gianettino geschändet worden. Der Vater, Calcagno, Sacco und Bourgognino (dieser wollte Berta ehelichen) leisten einen Racheeid: Gianettino Doria muß fallen. Noch einmal wollen sie versuchen, Fiesco auf ihre Seite zu ziehen.

2. AKT: In Fiescos Palast. Ein Zungenstreit zwischen Fiescos Gemahlin Leonore und der Imperiali endet schließlich zu ungunsten Leonores. Den begehrlichen »Trost« des Lebemannes Calcagno weist Leonore mit Abscheu zurück. – Die Einwohnerschaft Genuas ist, wie der Mohr dem innerlich frohlockenden Fiesco berichtet, gegen die Dorias aufgebracht, hofft auf Fiesco. Schon stürmen einige Mißvergnügte des Senates herbei, wüten, daß Gianettino Doria seinen Vertrauten Lomellino zum Prokurator gemacht und dadurch das Recht des Senates mit Füßen getreten habe. Kurz darauf erscheinen Vertreter der Bürgerschaft, bitten Fiesco, gegen Gianettino vorzugehen. Die Stimmung nützt Fiesco verschlagen für sich, erzählt eine Fabel, die beweisen soll, daß die Monarchie eine herrliche Staatsform sei, wenn – ein Löwe (also er selbst) herrsche. Dann läßt er den Mohren seinen Mordanschlag zum Schein wiederholen, sich leicht verwunden, ergreift den »Mörder«. Großer Aufruhr. – Im Dogenpalast. Der alte Doge ermahnt vergeblich seinen Neffen Gianettino. Selbst als Lomellino erschreckt berichtet, der Mohr habe Fiesco angefallen und auf der Folter (so war es zwischen Fiesco und dem Mohren ausgemacht) gestanden, wer ihn angestiftet, verliert Gianettino seine Ruhe nicht. Er hat heimlich kaiserliche Truppen erbeten; unter deren Schutz will er sich übermorgen bei der Dogenwahl zum Herrscher ausrufen, Fiesco, Verrina und zehn weitere Senatoren aber hinrichten lassen. – In Fiescos Palast. Fiesco läßt durch den Mohren 2000 angeworbene Söldner heimlich in der Stadt unterbringen. Und als nun Verrina mit den drei Verschworenen erscheint, um Fiesco für ihren

'lan zu gewinnen, da erfahren sie erstaunt, daß der cheinbar Tändelnde längst vorgesorgt und gehandelt ıat: der Papst, Frankreich und Parma stehen hinter hm. Verrina freilich wittert hinter all dem eine noch ;cfährlichere Tyrannei als die der Dorias: Die Herr-chaft des verschlagenen Fiesco.

3. AKT: Wildnis. Verrina eröffnet Bourgognino: venn der Staatsstreich mit Fiescos Hilfe durchgeführt st, muß Fiesco als gefährlicher Feind der Freiheit ɔeseitigt werden. – Fiescos Palast. Herzog von Genua vill Fiesco werden, – sein Entschluß steht fest. Seiner Gemahlin Eifersucht beschwichtigt er. Der Mohr hat hm die Liste der von Gianettino Doria zum Tode ɔestimmten Senatoren in die Hand gespielt, ihm auch 'erraten, daß die Imperiali seine Gemahlin Leonore 'ergiften will. Mit den Verschworenen beschließt 'iesco: heute nacht muß Gianettino fallen und der Auf-tand beginnen. Der allzu kecke Mohr wird entlassen. - Bei der Imperiali. Geschickt versteht es Fiesco, den ınbedeutenden Lebemann zu spielen. Gianettino ist :war völlig beruhigt, will aber auf alle Fälle Fiesco ımbringen lassen. Die Imperiali wird von Fiesco zu :inem Schauspiel in seinem Hause eingeladen.

4. AKT: Nächtlicher Hof in Fiescos Palast. Mitten in lie Vorbereitung kommt die Nachricht: der Mohr hat lem alten Doria alles verraten. Doch der großmütige)oge sendet Fiesco den Mohren gebunden zu. Nur mit Mühe gelingt es den Verschworenen, Fiesco davon ıbzubringen, noch großmütiger zu sein und die Ver-chwörung abzublasen. Den Mohren läßt er frei. –

Saal. Fiesco läßt seine Gemahlin Zeuge werden, wie e
die Imperiali verachtet. Die Giftmischerin wird festge
nommen, seine Gemahlin aber soll seine Pläne erfah
ren. So sehr sie den Ehrgeizigen bittet, – das rollend
Rad vermag er nicht mehr aufzuhalten.

5. AKT: Mitternächtliche Straße. Verkleidet warn
Fiesco den Dogen Doria; der aber weist den Warne
zurück. – Der Aufruhr ist im Gange. Gianettino wir
von Bourgognino gestellt und getötet. Leonore, i
Männerkleidung, hängt sich Gianettinos Mantel um
sucht Fiesco und wird von diesem, da er sie für Gianet
tiono hält, erstochen. Fast bricht er zusammen, als e
den Irrtum bemerkt, – doch Genua harrt seines Her
zogs! Stolz richtet er sich auf. Verrina, der Berta un
Bourgognino geheißen hat, die Stadt zu verlassen, bit
tet Fiesco flehentlich, auf die Herzogswürde zu ver
zichten. Als dieser sich weigert, stößt er ihn ins Meer
Der von seiner deutschen Leibwache gerettete Dog
hat inzwischen halb Genua für sich zurückgewonnen
Ihm ergibt sich Verrina.

Kabale und Liebe

Bürgerliches Trauerspiel in fünf Akten

Personen:

Präsident von Walter, am Hofe eines deutschen Fürsten
Ferdinand, sein Sohn, Major
Hofmarschall von Kalb

Lady Milford, Favoritin des Fürsten
Wurm, Haussekretär des Präsidenten
Miller, Stadtmusikant, oder wie man sie an einigen Orten nennt, Kunstpfeifer
Dessen Frau
Luise, dessen Tochter
Sophie, Kammjungfer der Lady
Ein Kammerdiener des Fürsten
Nebenpersonen

Ort und Zeit: in einer fürstlichen Residenz, 18. Jahrhundert
Uraufführung 1784 in Frankfurt

Schiller hat dieses Werk ursprünglich »Luise Millerin« genannt. Mit sicherem Blick erkannte jedoch der Theatergewaltige Iffland, daß es hier nicht um Personen, sondern um eine geistige Auseinandersetzung zwischen zwei Klassen geht: zwischen dem auftrotzenden, freilich noch zu schwachen Bürgertum und dem verderbten, aber noch mächtigen Fürstenstand. Von Iffland stammt daher der endgültige Titel des Stückes. Und wenn auch das Ränkespiel zuweilen allzu verzwickt anmutet, wenn die Liebe nicht gerade von starken Persönlickeiten getragen wird (der jugendliche Ferdinand ist doch ein recht schwankendes Rohr), so wird doch die Gärungszeit vor der großen französischen Revolution meisterlich lebendig. Stärkste Figuren des Stückes sind der alte Miller in seiner hartköpfigen Biederkeit und der Sekretär mit seiner durch die Umwelt geprägten schurkischen Wendigkeit.

1. AKT: Sekretär Wurm wirbt um Luise, die Tochte des Musikus Miller. Er wird abgewiesen und erfähr dabei von der eitlen Mutter, daß Luise den Sohn de Präsidenten von Walter liebe. Gegenüber der den Prä-sidenten fürchtenden Luise und dem brummender Vater macht sich der junge Ferdinand von Walte jugendlich stark. – Wurm hat dem Präsidenten von de Liebe Ferdinand–Luise berichtet. Anfangs will vor Walter die Angelegenheit als kleine Liebelei abtun, di seine eigenen Pläne nicht berührt. Er plant nämlich seinen Sohn mit der Geliebten des Herzogs zu vermäh-len, um auf diese Weise seine Stellung zu festigen. Al er Ferdinand die Absicht bekanntgibt und dieser, de seinen Vater wegen seines verbrecherischen Aufstie-ges haßt, rundweg ablehnt, kommt es zu einer schar-fen Auseinandersetzung.

2. AKT: Lady Milford, des Herzogs Geliebte, erhäl vom Herzog ein herrliches Geschmeide zun Geschenk. Als die den Überbringer, einen alten Kam-merdiener, unbedacht fragt, was solch ein Schmuck wohl kosten möge, bricht dieser in Tränen aus: sieben-tausend junge Menschen – darunter auch Söhne de Kammerdieners – mußten als Soldaten nach Amerik verkauft werden, damit der Herzog seine kostspieliger Neigungen bezahlen kann. Die Lady ist, wie es scheint erschüttert, läßt den Schmuck verkaufen und der Erlös an die Armen verteilen. Aber erregt ist sie noch aus einem anderen Grunde: sie erwartet Ferdinand den sie wirklich liebt. Dieser erscheint zwar, wie de Vater befohlen hatte, doch nicht als Werber, sonderr als stolzer junger Mann, der das Liebchen des Fürster

icht heiraten will. Da berichtet sie ihm unter Tränen, vie sie auf den Weg der Untugend geraten sei, gesteht m ihre Liebe. Ferdinand wird weich; aber dennoch: eiraten könne er sie nicht, weil er Luise liebe. Lady Milford jedoch mag nicht zurückstehen. – Präsident on Walter will der bürgerlichen Liebelei ein Ende nachen und begibt sich in das Haus Millers. Dort findet r aber bereits seinen Sohn. Als der Präsident beleidiend wird, sagt ihm der alte Miller gründlich die Wahreit und will ihn hinauswerfen. Wütend befiehlt der räsident, die ganze Familie festzunehmen. Mit dem Degen in der Hand springt Ferdinand dazwischen. Da rgreift der Präsident selbst Luise, will sie den Gerichtsdienern übergeben. Doch erschreckt wideuft er alle Befehle; denn Ferdinand will aller Welt rzählen, »wie man Präsident wird«.

3. AKT: Wurm bespricht mit dem Präsidenten, wie nan Ferdinand und Luise dennoch auseinanderbrinen kann. – Ferdinand will Luise zu gemeinsamer lucht bereden. Als sie ablehnt, um die Eltern nicht zu efährden und Ferdinands Zukunft nicht zu verderen, wird er ärgerlich und mißtrauisch, verläßt wütend las Haus. Jetzt tritt der scheinheilig tuende Wurm auf. a, leider, die Eltern seien nun einmal verhaftet; aber er volle gern helfen. Luise möge nur einen Brief schreien, den er ihr diktiere. Und sie schreibt – wenn auch nit Bedenken wegen des verfänglichen Inhalts – den Brief, adressiert ihn an den Hofmarschall von Kalb und chwört, keinem Menschen etwas von dem Schreiben zu verraten.

4. AKT: Es ist dafür gesorgt worden, daß Ferdinan diesen Brief in die Hände bekommt. Er tobt, glaubt sic verraten, setzt dem Hofmarschall die Pistole auf di Brust, ist aber so von Sinnen, daß er das Geständni dieses feigen Kerls nicht begreift. Der Hofmarscha sagt, er sei von Ferdinands Vater ... doch Ferdinan glaubt, es handele sich um Luises Vater, der den Kupp ler gemacht habe zwischen dem Hofmarschall un Luise. Rasch ist er mit sich im reinen: Luise muß ster ben. Den eigenen Vater aber bittet er um Verzeihung . – Lady Milford spricht sich mit Luise aus, und beid Frauen verzichten allzu edelmütig auf Ferdinand. Di Lady schickt sogar dem Herzog einen Brief, in dem si ankündigt, daß sie ihn und sein Land verlasse.

5. AKT: Luise möchte sterben; doch der aus den Gefängnis entlassene Vater beschwört sie, sich nich zu töten. Ferdinand erscheint, ersucht den alte Wurm, für ihn einen Gang zu tun. Von Luise erbittet e ein Glas Limonade, gießt heimlich Gift hinein, trink und veranlaßt auch sie, zu trinken. Und nun läßt er sei nem eifersüchtigen Zorn freien Lauf. Luise hat sic zwar als Schreiberin jenes unseligen Briefes bekannt mehr aber will sie nicht sagen. Da eröffnet ihr Ferdi nand, sie seien beide vergiftet. Im Angesicht des Tode glaubt sie ihren Schwur brechen zu dürfen, erzählt di ganzen Zusammenhänge und stirbt in den Armen de voreiligen, eifersüchtigen Geliebten. Durch den alte Miller hat der Präsident einen Brief Ferdinands erhal ten; bestürzt eilt er herbei, findet Luise tot und seine Sohn im Sterben. Ferdinand schleudert ihm schwer Anklagen ins Gesicht. Der Präsident will alles von sic

abwälzen und den Sekretär Wurm verantwortlich machen. Der aber setzt sich zur Wehr, »will Geheimnisse aufdecken, daß denen, die sie hören, die Haut schaudern soll«. Jetzt muß der Präsident das Spiel aufgeben. Vom sterbenden Sohn wird ihm verziehen, er selbst stellt sich dem Gericht.

Don Carlos Infant von Spanien

Ein dramatisches Gedicht

Personen:

Philipp II., König von Spanien
Elisabeth von Valois, seine Gemahlin
Don Carlos, der Kronprinz
Alexander Farnese, Prinz von Parma, Neffe des Königs
Infantin Clara Eugenia, ein Kind von drei Jahren
Herzogin von Olivarez, Oberhofmeisterin
Marquisin von Mondecar
Prinzessin von Eboli
Gräfin Fuentes (Damen der Königin)
Marquis von Posa, ein Maltheserritter
Herzog von Alba
Graf von Lerma, Oberster der Leibwache
Herzog von Feria, Ritter des Vließes
Herzog von Medina Sidonia, Admiral

Don Raimond von Taxis, Oberpostmeister (Granden von Spanien)
Domingo, Beichtvater des Königs
Der Großinquisitor des Königreichs
Der Prior eines Karthäuserklosters
Ein Page der Königin
Don Ludwig Mercado, Leibarzt der Königin
Damen und Granden
Pagen
Offiziere, Die Leibwache und verschiedene stumme Personen

Ort und Zeit: Spanien, Mitte des 16. Jahrhunderts
Uraufführung 1787 in Leipzig

Mit dem »Don Carlos« tut Schiller den entscheidenden Schritt aus seiner naturalistischen Sturm-und-Drang-Zeit in den Idealismus. Ursprünglich sollte es wohl eine in Prosa geschriebene Eifersuchtstragödie werden; doch während der Arbeit gestaltete sich das Werk unter der Hand des Dichters zu einem Kampfruf für die Freiheit des Geistes, und zwar in gebundener Rede (Jamben). Dieses Umbilden während der Arbeit spürt man an mancherlei Schlacken: an dem Ineinander-verweben mehrerer Handlungen, das dem schnellen Verständnis zuweilen abträglich ist, an allzu knappen Begründungen und an der nicht immer gelungenen Durchzeichnung einiger Figuren. Dem Stück als Ganzem tun diese Dinge freilich keinen Abbruch; der Gedankengang ist klar, wird in maßvoll-gebändigter Sprache edel vorgetragen, die Nebenhandlungen (Liebe – Eifersucht – Freundschaft) bewahren, wenn man sie einmal richtig begriffen hat, die Haupthandlung davor, eine bloße Schönpredigt von der geistigen Freiheit zu werden, die Spannung erlahmt in keinem Augenblick. Mit der veredelten Sprache ist auch Schillers Fähigkeit gewachsen, die Hauptcharaktere (vor allem die Frauengestalten) schärfer herauszuarbeiten und ihre Eigenschaften in Handlung umzusetzen.

1. AKT: In den königlichen Gärten zu Aranjuez versucht des Königs Beichtvater Domingo vergeblich, den Thronfolger Carlos auszuhorchen. Jubelnd begrüßt Carlos die Heimkehr seines Freundes Posa aus den Niederlanden. Doch als dieser von seiner Aufgabe spricht, die flandrischen Provinzen, die auf Carlos hoffen, zu unterstützen, ist Carlos nicht so aufmerksam, wie Posa wohl wünschen möchte. Und Posa vernimmt erschüttert die Ursache: Carlos liebt noch immer seine einstige Braut Elisabeth, obwohl sie jetzt Königin und seine Stiefmutter ist. – Posa hat Carlos eine vertrauliche Unterredung mit der Königin verschafft. Dem sich stürmisch Erklärenden verschweigt sie nicht, daß auch sie ihn noch liebe; doch müsse er sich wie sie in das Unabänderliche schicken. Seine tätige Liebe habe Spanien und den Niederlanden zu gelten. Da stürzt Posa herbei, zieht Carlos mit sich fort: der König naht! Der einsame, mißtrauische König Philipp ist erzürnt, Elisabeth ohne Begleiterin zu finden, entläßt die diensttuende Hofdame, vermißt unter seiner Begleitung den Thronfolger, macht sich seine Gedanken. Dann kommen Carlos und Posa zusammen, schmieden politische Zukunftspläne, beschwören ihre alte Freundschaft.

2. AKT: Carlos spricht leidenschaftlich und bittend zu seinem königlichen Vater. Zwar erreicht er nicht, an Stelle des Herzogs Alba zum Gouverneur der Niederlande ernannt zu werden; aber Philipps strenges Herz neigt sich dem Sohne. – Durch einen Pagen erhält Carlos heimlich ein Brieflein mit einem Türschlüssel glaubt überglücklich, die Botschaft komme von der Königin. Herzog Alba, der sich vor seiner Abreise nach Flandern verabschieden will, gerät mit Carlos in Streit. Durch das Klirren der Schwerter aufmerksam gemacht, eilt die Königin herbei, gebietet Frieden; Alba fängt mißtrauisch einen Blick der Königin auf. – Die Prinzessin Eboli erwartet Carlos, den sie liebt und dem sie Brief und Schlüssel sandte. Grausam enttäuscht ist Carlos, als er statt der Königin die Eboli findet, verliert so sehr die Fassung, daß er der ebenfalls Enttäuschten gesteht, er liebe eine andere. Nicht allzu schwer, zu erraten, wen. Die Eifersüchtige wird sich rächen. Den Anfang macht sie damit, daß sie sich Alba und Domingo anschließt: diese wollen die Königin und Don Carlos stürzen, weil sie allzu freiheitlich dächten. Die Eboli ergibt sich den Nachstellungen des Königs; zugleich aber will sie, um sich zu rächen, Beweise gegen die Königin und Carlos bringen. – Als Posa von Carlos erfährt, was sich zwischen ihm und der Eboli abgespielt hat, ist er tief betroffen. Zwar hätte man eine starke Waffe, nämlich einen Liebesbrief des Königs an die Eboli, den Carlos der Prinzessin entwunden hat; aber Posa zerreißt den verräterischen Brief. Er hat größere, kühnere Absichten, weist Carlos wiederum auf Flandern. Dieser warnt ihn. Alle Briefe aus und nach Flandern werden vom König geöffnet.

3. AKT: Ein Medaillonbildnis und Briefe von Carlos die dieser während seiner Verlobungszeit geschrie- en hatte), hat die Eboli der Königin entwendet. Gequält sitzt der König vor diesen Beweisstücken, etragt die Großen seines Hofes. Domingo und Alba erraten sich durch Übereifer, so daß der König auch egen sie mißtrauisch wird und sie entläßt. Wem kann r in seiner Einsamkeit trauen? Da fällt sein Blick auf len Namen Posa. Niemals hat dieser vom König eine Gunst erbeten. Philipp befiehlt ihn zur Audienz. In dlem Freimut spricht Posa zum König, spricht von Menschwürde, die mehr sei als erzwungener Gehor- am, bittet den Erstaunten: »Geben Sie Gedankenfrei- eit!« Philipps starrer Stolz beginnt zu schmelzen. Er efiehlt Posa, in seine Dienste zu treten, ja, er weist ihn n, zu untersuchen, was an den »Beweisen« gegen die Königin und Carlos wahr sei.

4. AKT: Posa verabredet mit der Königin, Carlos solle ach Flandern gehen; sie selbst solle ihn dazu bewe- en. – Graf Lerma glaubt Carlos vor Posa warnen zu nüssen. Vorerst vertraut dieser aber noch dem reunde und übergibt ihm auf dessen Verlangen seine Papiere. – In einer Auseinandersetzung mit der Köni- in kommt Philipp derart in Raserei, daß er sie beleidigt nd beschimpft. Da bringt ihm Posa die Papiere von Carlos; der König findet darunter das Brieflein der Eboli nd weiß sofort, daß man ihn betrogen hat. Gewiß estehe ein Einverständnis zwischen Königin und hronfolger, meint Posa, aber dabei handele es sich m politische Fragen. Das Mißtrauen des *Mannes* ist adurch verringert; um so behutsamer wird Philipp als

König: Posa soll Carlos überwachen, ihn sogar verhaften, wenn er es für richtig hält. – Durch Lerma erfähr Carlos, daß seine Papiere in der Hand des Königs sind Er fühlt sich verraten, stürzt zur Eboli, um eine Unterredung mit der Königin zu erbitten. Da läßt ihn Posa verhaften, damit er sich nicht weiter bloßstelle. – Die Ebol gesteht der Königin ihr Ränkespiel. Posa erfährt, da sie auch zum König gehen will, glaubt, sie werde vo der Unterredung mit Carlos und seiner Bitte um ein Zusammenkunft mit der Königin Gebrauch machen Da will er sich für Carlos opfern. In einer Aussprach mit der Königin gibt er zu, sein Spiel verloren zu haben Carlos müsse sogleich fliehen; er selbst werde alle Verdacht auf sich lenken. – Im Vorzimmer warten di Großen des Reiches: was wird Philipp über Carlo bestimmen? Da bringt der Oberpostmeister eine Brief: ihn habe Posa unruhig aufgeben wollen, gerichtet sei er an des Königs niederländischen Feind, Wilhelm von Oranien. Kaum ist der Brief dem König vorgelegt, da wird Herzog Alba zu Philipp befohlen. »De Sieg ist unser«, ruft er, als er zurückkehrt.

5. AKT: Posa kommt zu dem eingekerkerten Carlo und erklärt ihm, warum er so gehandelt und den ganzen Verdacht (durch den Oranien-Brief) auf sic gelenkt habe. Als Alba den Thronfolger aus dem Kerker holen will, verlangt dieser, der König selbst müss zu seiner Befreiung erscheinen. Noch schwärmen di beiden Freunde von Freundschaft und künftigen Plänen, da fällt ein Schuß: der König hat Posa töten lassen Geich darauf erscheint Philipp mit dem ganzen Hofstaat, um Carlos feierlich abzuholen; da aber schleu

ert ihm dieser seinen Schmerz und seine Verachtung ıs Gesicht, berichtet ihm, daß Posa sich für ihn geop- ert, der König also falsch und vorschnell gehandelt at. Gleichzeitig kommt die Kunde, daß ganz Madrid in ufruhr stehe, für Carlos und gegen den König. Philipp vird ohnmächtig hinweggetragen. Der Leibarzt der önigin bestellt Carlos zu einer mitternächtlichen nterredung mit Elisabeth. – Philipp ist durch den cheinbaren Verrat von Posa innerlich schwer getrof- en. Er rafft sich erst wieder auf, als man ihm Beweise orlegt, daß Carlos fliehen und in den Niederlanden inen Aufstand erregen wolle. Die Nachricht, daß sich aiser Karls Geist in den Gemächern der Königin eige, gibt ihm seine alte Strenge wieder. Mit dem roßinquisitor führt er eine lange Unterredung, unter- virft sich dem Machtgebot der Kirche und liefert ihr einen Sohn in die Hände. – Carlos, im Mönchsgewand es verstorbenen Kaisers, sagt Elisabeth Lebewohl, m in Flandern Posas Ziele zu verwirklichen. Still hat er König den Großinquisitor und seine Vertrauten erbeigeführt. Als Carlos gehen will, tritt er ihm entge- en. Zum Großinquisitor: »Kardinal! Ich habe das mei- ige getan. Tun Sie das Ihre!«

Wallenstein

Ein dramatisches Gedicht in drei Teilen

Eine der wenigen wahrhaft großen dramatischen eistungen um 1800. Mit scharfem Blick aus dem weltpolitischen Geschehen herausgelesen, sicher zusam mengerafft, auf wenige Schauplätze zusammenge drängt, mit verhältnismäßig geringem Aufwand a Personen auf die Bühne gestellt, großartig aufgeteil Zu bedauern bleibt nur, daß die an sich gute Aufteilun in drei Großabschnitte dazu verleitet, das Werk imme wieder an mehreren Abenden aufzuführen. Im norma len Spielplan selbstverständlich zu rechtfertigen. Abe wann findet sich endlich der künstlerische Organisa tor, der – etwa im Rahmen von Theaterfestspielen dieses mächtige Werk an einem einzigen Tage aufzu führen vermag!

Wallensteins Lager

In einem Akt

Personen:

Wachtmeister, Trompeter, von einem Terzkyschen Karabinier-Regiment
Konstabler
Scharfschützen
Zwei holkische reitende Jäger
Buttlerische Dragoner
Arkebusiere vom Regiment Tiefenbach
Kürassier von einem wallonischen Regiment
Kürassier von einem lombardischen Regimer
Kroaten
Ulanen
Rekrut
Bürger

Bauer
Bauernknabe
Kapuziner
Soldatenschulmeister
Maketenderin
Eine Aufwärterin
Soldatenjungen
Hoboisten

Ort und Zeit: Vor der Stadt Pilsen in Böhmen, 1634
Jraufführung 1798 in Weimar

Im Vorspiel »Wallensteins Lager« gibt es keine :igentliche Handlung. Es hat vielmehr die Aufgabe, len zusammengewürfelten, gewaltigen Heerhaufen :u zeigen, auf den sich Wallensteins Macht stützt, in lem es aber auch Gegensätze gibt. Diese Gegensätze verden hier ganz allgemein angedeutet; in den beiden :igentlichen Dramen verdichten sie sich dann zu Ein- :elfiguren. Ausgezeichnet die Episode mit dem Kapu- :inerpater: solange er der Soldaten lockeres Leben ;eißelt, hören sie ihn gelassen an; sowie er aber Wal- enstein selbst angreift, werden sie wütend. Ihr Zorn teigt, als die Nachricht kommt, 8 000 Mann, und zwar lie besten, sollen das Lager verlassen. Da geraten die neisten in Aufruhr, halten zu Wallenstein, wollen dem Kaiser durch eine Bittschrift zu erkennen geben, daß ;ie zu ihrem Feldherrn stehen und sich nicht auseinan- lerreißen lassen. Was ist den meisten schon der Kaiser n Wien! – Wie es sich für ein solches Lager von Kriegs- euten gehört, fehlt es auch nicht an Szenen des Humors, der Großsprecherei, des Falschspiels.

Die Piccolomini

Schauspiel in fünf Akten

Personen:

Wallenstein, Herzog zu Friedland, kaiserliche Generalissimus im Dreißigjährigen Kriege
Octavio Piccolomini, Generalleutnant
Max Piccolomini, sein Sohn, Oberst bei einer Kürassierregiment
Graf Terzky, Wallensteins Schwager, Chef mehrerer Regimenter
Illo, Feldmarschall, Wallensteins Vertrauter
Isolani, General der Kroaten
Buttler, Chef eines Dragonerregiments
Tiefenbach, Don Maradas, Götz, Colalt (Generale unter Wallenstein)
Rittmeister Neumann, Terzkys Adjudant
Kriegsrat von Questenberg, vom Kaiser gesendet
Baptista Seni, Astrologe
Herzogin von Friedland, Wallensteins Gemahlin
Thekla, Prinzessin von Friedland, ihre Tochte
Gräfin Terzky, der Herzogin Schwester
Ein Kornett
Kellermeister des Grafen Terzky
Friedländische Pagen und Bediente
Terzkysche Bediente und Hoboisten
Mehrere Obersten und Generale

Ort und Zeit: Pilsen, 1634
Uraufführung 1799 in Weimar

Spannung vom ersten Augenblick an. Spannungen wischen dem kaiserlichen Hof und dem mächtigen eldherrn Wallenstein, Spannungen zwischen Vater nd Sohn Piccolomini, von denen der erste insgeheim um Kaiser, der zweite offen zu Wallenstein hält, pannungen auch überquer im Persönlichen: Wallentein z.B. vertraut dem Vater Piccolomini, obwohl dieer sein heimlicher Gegner ist; dagegen will er seine ochter dem jungen Piccolomini nicht geben, obwohl ieser zu ihm hält. Man spürt sogleich: von allen Seiten ind irgendwelche Vorbereitungen getroffen worden ür ein Ereignis, das sehr bald eintreten muß.

1. AKT: Das ganze Wallensteinsche Heer ist nach Pilen zusammengezogen worden, die Generale verammeln sich im Rathaus der Stadt. Mit unverhohleem Mißtrauen treten sie dem Kriegrat Questenberg egenüber, den der Kaiser mit eindeutigen Forderunen zu Wallenstein gesandt hat. Insbesondere Feldnarschall Illo, der Kroatengeneral Isolani und der ehreizige Oberst Buttler machen aus ihrem Herzen keine Iördergrube: wenn es darauf ankommt, werden sie ür Wallenstein gegen den Kaiser aufstehen. Generaleutnant Octavio Piccolomini behält die Ruhe; er versihert Questenberg: »Stets ist die Sprache kecker als die at«. Zudem ist er über jeden Schritt Wallensteins nterrichtet, zumal ihn dieser stets ins Vertrauen ieht. Questenbergs Auftrag, Octavio Piccolomini olle Wallenstein sorgfältig überwachen, ist also ereits erfüllt. Vorsicht geboten ist freilich gegenüber)ctavios Sohn Max. Dieser hat eben Wallensteins emahlin und die Tochter Thekla nach Pilsen geleitet,

schwärmt nicht nur für den Feldherrn, sondern auc für Thekla.

2. AKT: Von seiner Gemahlin erfährt Wallenstein daß man sie am Kaiserhofe kühl behandelt habe un daß davon gesprochen werde, den Feldherrn abzuset zen. Jetzt wird es Zeit zu handeln. Schon lange steh Wallenstein mit den feindlichen Schweden in Verbin dung; doch ihre Ansprüche auf deutsches Land mag e nicht bewilligen. Illo und Wallensteins Schwage Terzky möchten am liebsten, daß der Vertrag mit de Schweden sofort unter Dach und Fach komme. Abe Wallenstein hat von seinem Sterndeuter Seni erfah ren, daß die Gestirne nicht günstig stehen, und zögert Außerdem wünscht er eine schriftliche Treueerklä rung seiner Truppenführer. Illo und Terzky wolle diese Erklärung in die Wege leiten, warnen aber vo Octavio Piccolomini. Diese Warnung schlägt Wallen stein in den Wind: er sei mit Octavio unter den gleiche Sternen geboren. Dann nimmt er, umgeben von sei nen Generalen, die kaiserliche Botschaft durch Que stenberg entgegen. Den Forderungen des Kaisers setz er seine wohlbegründeten Ansichten entgegen erklärt sich aber bereit, zurückzutreten. Da kommt e fast zum Aufruhr. Max Piccolomini schlägt leiden schaftlich vor, die Frage in einer Offiziersversamm lung zu besprechen.

3. AKT: Illo und Terzky verabreden folgenden Plan Heute abend gibt Terzky ein Mahl für die Offiziere. Vo der Tafel soll ihnen eine Erklärung vorgelesen werden Treue zu Wallenstein, solange sie es mit ihren Ei

gegenüber dem Kaiser vereinbaren können. Erst nach der Tafel sollen die dann gewiß halb Trunkenen unterschreiben, – aber nur ein Papier, auf dem vom Kaisereid nichts mehr steht. – Die Gräfin Terzky begünstigt scheinbar die Verbindung Theklas mit Max Piccolomini und führt den jungen Obersten zur Geliebten. Thekla warnt ihn vor der unaufrichtigen Gräfin, macht sich auch ihre Gedanken über Octavio Piccolomini, dem sie nicht traut. Als Max zur Tafel gegangen ist, macht die Gräfin Terzky ihrer Nichte Thekla den Kopf heiß: ein Mann wie Wallenstein habe mit seiner Tochter andere Pläne, als sie mit einem jungen Obersten zu verheiraten. Thekla jedoch läßt sich in ihrer Liebe nicht erschüttern.

4. AKT: Wie verabredet, ist die Treueerklärung vor der Tafel verlesen und nach der Tafel (jetzt ohne die Eidesklausel) von allen hohen Offizieren – auch von Octavio, der kein Mißtrauen erregen will – unterschrieben worden. Oberst Buttler hat zwar gemerkt, was gespielt wird; doch er steht fest zu Wallenstein, unter dem er es vom Gemeinen zum hohen Offizier gebracht hat. Max Piccolomini, der als letzter erschienen und in Gedanken noch bei Thekla ist, will später unterschreiben. Wütend braust Illo auf und plaudert in seiner Trunkenheit den Betrug aus. Nur mühsam lassen sich die überraschten Offiziere beruhigen.

5. AKT: Octavio Piccolomini muß endlich seinem Sohn erklären, daß Wallenstein ein Verräter am Kaiser sei. Doch Max glaubt dem Vater nicht, ist vielmehr empört, daß dieser Wallenstein gegenüber Ergeben-

heit heuchelt, in Wirklichkeit aber Netze um den Feld-herrn ausgelegt hat, Wallenstein als Feldherrn ablöser soll. Selbst die Nachricht, eine Botschaft Wallensteins an die Schweden sei abgefangen und zum Kaiser geschickt worden, genügt ihm nicht. Aus des Feld-herrn eigenem Munde will er hören, was gespielt wird »Und eh der Tag sich neigt, muß sich's erklären, ob ich den Freund, ob ich den Vater soll entbehren«.

Wallensteins Tod

Trauerspiel in fünf Akten

Personen:

Wallenstein
Octavio Piccolomini
Max Piccolomini
Terzky
Illo
Isolani
Buttler
Rittmeister Neumann
Ein Adjutant
Oberst Wrangel, von den Schweden gesendet
Gordon, Kommandant von Eger
Major Geraldine, Deveroux und Macdonald, Hauptleute in der Wallensteinschen Armee
Schwedischer Hauptmann
Eine Gesandtschaft von Kürassieren
Bürgermeister von Eger

Seni, Astrologe
Herzogin von Friedland
Gräfin Terzky
Thekla
Fräulein Neubrunn, Hofdame der Prinzessin
von Rosenberg
Stallmeister der Prinzessin
Dragoner
Bediente
Pagen
Volk

Ort und Zeit: Pilsen und Eger, 1634
Uraufführung 1799 in Weimar

Zwei Haupthandlungen (Wallenstein mit seinen Offizieren gegen den Kaiser, Octavio Piccolomini mit seinen Helfern gegen Wallenstein) und zwei Nebenkonflikte (Max Piccolominis Stellung zwischen Wallenstein und dem Vater sowie die Liebe Thekla–Max) werden in diesem Trauerspiel zusammengefügt. Dabei drängt Schiller die Nebenkonflikte an den Rand des Geschehens, macht sie zu bloßen Angelegenheiten des Gefühls. Um so wuchtiger wirken die beiden Haupthandlungen.

1. AKT: Die Gestirne stehen günstig, Wallenstein will sich entschließen, – *muß* sich freilich auch entschließen, weil seine Botschaft an die Schweden abgefangen worden ist. Er empfängt den schwedischen Obersten Wrangel; aber der ist ein zäher Unterhändler.

Noch einmal will sich Wallenstein bedenken. Doch die Gräfin Terzky bringt ihn schließlich soweit, daß er mi Wrangel abschließt.

2.AKT: Octavio Piccolomini soll die kaisertreuen Regimenter übernehmen und verhindern, daß sie sich gegen Wallenstein wenden. Max Piccolomini sprich in edler Begeisterung mit dem Feldherrn, ist bereit, sich mit ihm gegen den Kaiser aufzulehnen, aber offen nicht durch Verrat. Zu spät, Wallenstein hat mit der Schweden abgeschlossen; jetzt möchte er den Obersten Wrangel nochmals sprechen, doch der ist verschwunden. Die Warnungen Terzkys und Illos vor Octavio finden bei Wallenstein kein Gehör. – Octavio Piccolomini setzt seine Gegenmaßnahmen fort. Den ewig verschuldeten, schwankenden Isolani bringt er bald auf seine Seite. Buttler aber, der Wallenstein alles verdankt und auf weitere Beförderung, ja auf die Ernennung zum Grafen hofft, schwört auf Wallenstein Doch Octavio kann ihm beweisen, daß Wallenstein gerade diese Ernennung zum Grafen mit höhnischen Worten hintertrieben hat. Schwer gekränkt schließt sich Buttler nun Piccolomini an: bewachen werde er Wallenstein, ihn nicht aus den Augen lassen. Octavio verläßt das Lager; sein Sohn Max bleibt zurück, will sich von Thekla verabschieden.

3. AKT: Die Gräfin Terzky will Thekla überreden, sie solle Max Piccolomini zum Bleiben bewegen. In dieser Verfassung kann sie nicht, wie gewünscht, dem Vater vorsingen. Die Gräfin Terzky entschuldigt sie mit ihrer Liebe zu Max; doch Wallenstein, der nach Böhmens

Krone strebt, lehnt eine so »gemeine Verwandtschaft« ab. Nun kommt eine Unglücksbotschaft nach der anderen. Die meisten Heerführer haben sich von Wallenstein abgewandt, die Truppen sind aufsässig geworden, Prag ist in kaiserlicher Hand, Wallenstein geächtet. – Das Regiment Pappenheim fragt durch eine Abordnung Wallenstein, was an dem Bündnis mit den Schweden sei. Fast hat er die Abordnung für sich gewonnen, da stürzt (in bewußter Absicht) Buttler herein: Terzkys Truppen entfernen die kaiserlichen Adler von ihren Fahnen. Die Pappenheimer wissen genug, verlassen den Raum. Max erscheint. Sogleich beschwört ihn Wallenstein, bei ihm zu bleiben. Die Entscheidung fällt Thekla; sie fordert Max auf, der Pflicht zu gehorchen. Die Pappenheimer glauben ihren Oberst bedroht, machen einen Aufstand, dringen in den Saal ein: da steht ihr Oberst Max Piccolomini, reißt sich los von Thekla, tritt zu seinen Pappenheimern: »Wer mit mir geht, der sei bereit zu sterben!«

4. AKT: In Eger zwingt Buttler den Festungskommandanten Gordon, ihm bei der Bewachung Wallensteins behilflich zu sein. Wallenstein, der sich mit dem Rest seiner Truppen nach Eger geworfen hat, hofft auf die Schweden. Gerade bringen Illo und Terzky Kunde: die Pappenheimer haben die Schweden angegriffen und sind bis auf den letzten Mann gefallen – auch Max Piccolomini. Die Schweden in der Nähe, – also muß Wallenstein mit Illo und Terzky noch heute fallen, daß ist Buttlers unabänderlicher Entschluß. – Ein schwedischer Hauptmann bringt Thekla Kunde von den letzten Augenblicken ihres Max. Sie faßt sich bald und

beschließt, noch heute nacht zu seinem Grabe zu fliehen.

5. AKT: Buttler trifft die Mordanstalten: Major Geraldine soll mit seinen Leuten Illo und Terzky umbringen, die Hauptleute Deveroux und Macdonald erklären sich nach einigem Zögern bereit, Wallenstein zu töten. – In tiefem Sinnen läßt sich Wallenstein von seinem Kammerdiener zur Nacht bereiten: »Ich denke einen langen Schlaf zu tun«. Kurz darauf erscheint Buttler, verwundet; Illo und Terzky haben ihre Leben teuer verkauft. Jetzt Wallenstein! Der Kommandant Gordon möchte es verhindern, Buttler schiebt ihn beiseite, heißt ihn auf seinen Posten gehen, weil man die schwedischen Trompeten zu hören glaubt. Buttler dringt mit seinen Leuten in Wallensteins Gemach, der Kammerdiener wird erstochen, man hört Waffengeräusche, dann Stille. Unruhig kommt die Gräfin Terzky herbei. Da hört man Gordon rufen: nicht die Schweden waren es, sondern Octavio Piccolomini! Dieser folgt ihm auf dem Fuße, ruft Buttler ... zu spät. Piccolomini will die Schuld von sich wälzen auf Buttler. Der bleibt kalt, will sich vom Kaiser seine Belohnung holen. Die Gräfin Terzky hat sich auf die Schreckensnachrichten hin vergiftet, bittet mit letzter Kraft Piccolomini um würdige Behandlung der Leichen und der Verwandten Wallensteins. Da eilt ein Bote mit einem Brief herbei. Gordon nimmt ihn, blickt auf die Anschrift, übergibt ihn vorwurfsvoll Piccolomini mit besonderer Betonung: »Dem *Fürsten* Piccolomini!«

Maria Stuart

Trauerspiel in fünf Akten

ersonen:

Elisabeth, Königin von England
Maria Stuart, Königin von Schottland, Gefangene in England
Robert Dudley, Graf von Leicester
Georg Talbot, Graf von Shrewsbury
Wilhelm Cecil, Baron von Burleigh, Großschatzmeister
Graf von Kent
Wilhelm Davison, Staatssekretär
Amias Paulet, Ritter, Hüterin der Maria
Mortimer, sein Neffe
Graf Aubespine, franz. Gesandter
Graf Bellievre, außerordentlicher Botschafter von Frankreich
Okelly, Mortimers Freund
Grugeon Drury, zweiter Hüter der Maria
Melvil, ihr Haushofmeister
Burgoyn, ihr Arzt
Hanna Kennedy, ihre Amme
Margareta Kurl, ihre Kammerfrau
Sheriff der Grafschaft
Offiziere der Leibwache
Französische und englische Herren
Trabanten
Hofdiener der Königin von England
Diener und Dienerinnen der Königin von Schottland

Ort und Zeit: Fotheringhay und Windsor,
6.–8. Februar 1587
Uraufführung 1800 in Weimar

Schiller ist bei diesem Trauerspiel im Grunde einen seltsamen Weg gegangen. Wenn sich der Vorhang hebt, kann über den Ausgang kein Zweifel mehr bestehen: Maria Stuarts Urteil ist gesprochen, man weiß das es vollstreckt werden wird. Dennoch bringt es der Dichter fertig, fünf Akte lang immer wieder neue Spannung zu erzielen, – wahrlich eine Meisterleistung zumal Schiller darauf verzichtet, den weltgeschichtlichen Hintergrund dieses Kampfes zwischen zwei Königinnen – Katholizismus gegen Protestantismus Schottland gegen England – wirklich auszunutzen. In der Hauptsache geht es ihm um das Menschliche der beiden Frauengestalten. Vielleicht hat es ihn gedrängt nach den zahlreichen Männerstücken, in denen die Frauenfiguren vielfach nur angedeutet waren, nur einmal ein Werk zu schaffen mit zwei weiblichen Hauptrollen. Hervorragend die Charakterisierungskunst und die Gleichgewichtsverteilung, meisterlich auch, wie die äußerlich Unterliegende schließlich menschlich siegt, während die äußerlich Siegende sogar von ihren Helfern verlassen wird.

1. AKT: Ritter Paulet ist ein strenger Bewacher der auf Schloß Fotheringhay gefangengehaltenen Schottenkönigin Maria Stuart. Alles läßt er ihr nehmen, dieser durch ihre Schönheit gefährlichen Frau, die eins ihren Gatten ermorden ließ und den Mörder heiratete Maria hat diese Handlungsweise längst bereut; nur au

ihre Ansprüche auf den englischen Thron verzichtet sie nicht und verursacht immer neue Unruhen. Aus diesem Grunde ist sie unter Anklage gestellt und erwartet ihr Urteil. Den Ritter Paulet bittet sie um Beförderung eines Briefes, in dem sie Englands Königin Elisabeth um eine Aussprache ersucht. – Doch da zeigt sich ein neuer Ausweg. Mortimer, der in Rom erzogene, heimlich zum Katholizismus übergetretene Neffe von Paulet, liebt Maria und will sie befreien. Vorbereitungen sind bereits getroffen; insbesondere ist der französische Gesandte für den Plan gewonnen. Vorerst will Maria etwas anderes versuchen. Trotz der Warnungen Mortimers soll er an den Grafen Leicester einen Brief mit einem Bild von ihr überbringen, Graf Leicester ist zwar Günstling der englischen Königin, doch liebt er Maria Stuart. – Lord Burleigh bringt den Urteilsspruch: Tod wegen Hochverrats! Maria kennt genau die bei dem Prozeß begangenen Ungesetzlichkeiten und schleudert sie Burleigh ins Gesicht. Auch dieser weiß darum. Daher möchte er Paulet bereden, daß Maria heimlich umgebracht werde; doch der ehrenvolle Ritter weist Burleigh empört ab.

2. AKT. Im Palast zu Westminster. Französische Gesandte werben um Elisabeths Hand für den Herzog von Anjou; die Werbung soll gnädig erwogen werden, aber eine Bitte für Maria Stuart wird abgeschlagen. Im Staatsrat ist Burleigh für schleunige Vollstreckung des Todesurteils, der kluge alte Shrewsburry rät zur Milde, Graf Leicester ist für Aufschub. Mortimer wird der Königin durch seinen Onkel Paulet vorgestellt und überreicht ihr den Brief Marias. Elisabeth scheint

beeindruckt. Doch als Mortimer sich stellt, als sei er ein glühender Verehrer Elisabeths, verspricht sie ihm ihre Gunst als Königin und als Frau, wenn er Maria Stuart umbringe. – Graf Leicester und Mortimer tasten einander lange ab, bevor sie offen miteinander sprechen. Dann will Mortimer den Grafen für seinen Fluchtplan gewinnen. Leicester wäre nicht dagegen; denn wenn Elisabeth die französische Werbung annimmt, verliert er seine einflußreiche Stellung und all seine großen Hoffnungen. Daher entdeckt er seine alte Liebe zu Maria Stuart. Aber er ist feige, will sich nicht in gefährliche Abenteuer stürzen. Lieber schmeichelt er Elisabeth, bis sie verspricht, wie »zufällig« ihrer Nebenbuhlerin zu begegnen.

3. AKT: Shrewsbury ist vorausgeeilt und mahnt Maria zu ruhiger Vorsicht. Als Elisabeth mit Leicester erscheint, spricht Maria zunächst beherrscht. Doch die häßlichen Antworten Elisabeths bringen sie in begreiflichen Zorn. Sie überschüttet ihre Feindin mit berechtigten Anklagen, beleidigt sie als Königin und als Frau. Wenn auch Elisabeth unheilverkündend davoneilt, – Maria kostet ihr Triumpfgefühl aus: Leicester hat alles gehört! Mortimer, der Zeuge der Unterredung war, stürzt Maria zu Füßen, stammelt von seiner Liebessehnsucht: heute nacht noch will er sie befreien. – Entsetzt berichtet Paulet, Elisabeth sei ermordet worden. Doch stellt sich heraus: der Attentäter konnte rechtzeitig entwaffnet werden. Freilich, der Entführungsplan ist durch die voreilige Tat auch ans Licht gekommen. Dennoch besteht Mortimer darauf, Marias Befreiung durchzuführen.

4. AKT: Der französische Gesandte wird ausgewiesen, weil seine Mitwisserschaft an dem Befreiungsplan bekanntgeworden ist. Nun sieht Leicester seine Aussichten bei Elisabeth wieder steigen. Doch Burleigh hat ein verfängliches Beweisstück gegen ihn in Händen. Um sich als Gegner Marias hinzustellen, gibt Leicester Befehl, Mortimer zu verhaften. Der aber ersticht sich. Um Elisabeths Verdacht gegen sich vollständig zu zerstreuen, tritt Leicester jetzt eifrig dafür ein, daß Maria hingerichtet werde. Gut, bestimmt die mißtrauische Königin, die Hinrichtung solle vollzogen werden – aber Leicester habe als Zeuge dabei zu sein. – Noch immer zögert Elisabeth, das Urteil zu unterzeichnen. Endlich wird es ihr zuviel: das Volk stürmt und verlangt den Tod Marias, – das gibt ihr den äußeren Vorwand (trotz Shrewsburys Mahnungen), sich von der Nebenbuhlerin zu befreien. Aber von der Verantwortung möchte sie gern einen Teil abwälzen. Daher gibt sie dem Staatssekretär Davison zwar das unterschriebene Urteil, bringt ihn aber mit unklaren Weisungen und zweifelhaften Reden in Verwirrung. Der eintretende Burleigh macht der Unsicherheit Davisons ein Ende: er nimmt das Urteil an sich.

5. AKT: Vor der Hinrichtung verabschiedet sich Maria still von ihrer Umgebung, auch von Leicester. Der kann es nicht über sich bringen, Zeuge der Vollstreckung zu sein, bricht zusammen, als Maria ihren Gang antritt. – Shrewsbury berichtet: der Hauptzeuge gegen Maria hat falsch ausgesagt. Elisabeth: »Gut, daß es noch Zeit ist!« Ihrer Heuchelei setzt sie die Krone auf, als sie die Zornige spielt bei der Nachricht, Davison

habe Burleigh das unterschriebene Urteil überlassen. Und als Burleigh den Vollzug der Todesstrafe meldet, verbannt sie ihn wegen Eigenwilligkeit und läßt Davi son den Prozeß machen. Künftig will sie sich nur au den weisen, gerechten Shrewsbury stützen. Doch die ser versagt sich ihr: »Ich habe Deinen edleren Teil nich retten können. Lebe, herrsche glücklich«. Aber ih bleibt ja noch Leicester. Sie befiehlt, ihn zu rufen Jedoch: »Der Lord läßt sich entschuldigen. Er ist zu Schiff nach Frankreich«.

Die Jungfrau von Orleans

Romantische Tragödie
in einem Prolog und fünf Aufzügen

Personen:

Karl der Siebente, König von Frankreich
Königin Isabeau, seine Mutter
Agnes Sorel, seine Geliebte
Philipp der Gute, Herzog von Burgund
Graf Dunois, Bastard von Orleans
La Hire, Du Chatel (königliche Offiziere)
Erzbischof von Reims
Chatillon, ein burgundischer Ritter
Raoul, ein lothringischer Ritter
Talbot, Feldherr der Engländer
Lionel, Fastolf (englische Anführer)
Montgomery, ein Walliser
Ratsherren von Orleans
Ein englischer Herold

Thibaut d'Arc, ein reicher Landmann
Margot, Louison, Johanna, seine Töchter
Etienne, Claude Marie, Raimond, ihre Freier
Bertrand, ein anderer Landsmann
Die Erscheinung eines schwarzen Ritters
Köhler und Köhlerweib
Soldaten und Volk, königliche Kronbediente, Bichöfe, Mönche, Marschälle, Magistratspersonen, Hofleute und andere stumme Personen im Gefolge des Krönungszuges

Ort und Zeit: Frankreich um 1430
Uraufführung 1801 in Leipzig

Schiller als Romantiker – das ist der erste überraschende Eindruck , den dieses Stück auslöst. Die überstarke Romantik hat dem Werk nicht gutgetan, und wenn Schiller einst meinte, der Schluß des Goetheschen »Egmont« sei ein »salto mortale in die Opernwelt«, so darf man dieses Wort auch auf manche Einzelheit und besonders auf den Schluß der »Jungfrau von Orleans« anwenden (die Johanna der Geschichte wurde bekanntlich auf dem Scheiterhaufen verbrannt). Bedenklich stimmt vor allem der innere Bruch in der Verhaltensweise der Titelheldin. Schiller hat diese Johanna in bewußten Gegensatz gestellt zu der Shakespearschen Betrügerin in dessen »Heinrich VI.«; bei ihm ist sie ein tapferes Mädchen, das aus ursprünglichem Gottglauben und natürlicher Vaterlandsliebe wundersame Taten vollbringt. Daß ein solches Wesen an einer verworrenen Liebesgeschichte scheitern soll, ist unglaubhaft und nimmt dem Ganzen jede echte

Tragik. Wenn das Werk infolge seiner Ereignisfülle seines idealistischen Schwunges und seiner in vielfäl tige Versarten gegossenen Sprache dennoch imme wieder zündend wirkt, so zeugt das stärker für der Dichter und Theaterkenner als für den Denker und Tra giker.

Prolog. Frankreich liegt fast am Boden im Kamp gegen die siegreichen Engländer. Beim Anblick eine Helms, der wie zufällig in ihre Nähe gebracht wird überkommt ein merkwürdiger kriegerischer Rausch das schlichte Landmädchen Johanna. Mit flammender Worten spricht sie von einer Sendung, zu der Gott sie berufen habe: sie werde Frankreich retten, – aber nu solange siegreich sein, als sie sich irdischer Liebe ent halte. Wehmütig und doch stolz verläßt sie ihr Dorf, um Orleans von der Belagerung durch die Engländer unc Burgunder zu befreien.

1. AKT: König Karl hat mehr Sinn für schwärmerische Feste mit seiner Geliebten Agnes Sorel als für die aufs äußerste gestiegene Not seines Reiches. Alles scheint von ihm abzufallen; auch der tapfere Dunois und selbst die Geliebte vermögen ihn nicht aufzurütteln. Orleans steht vor dem Fall, – und das wäre das Ende. Karl würde gern Frieden machen, wenn er nu soviel behalten könnte, daß er seinen schwächlicher Neigungen zu folgen vermöchte. Da kommt eine erstaunliche Nachricht: Frankreichs Truppen haber eine wichtige Schlacht gewonnen und verdanken diesen Sieg – einem Mädchen! Schon wird auch das Mädchen herbeigeführt. Ihr natürliches Wesen, aber auch

ır übernatürliches Wissen machen auf alle am Hofe inen überwältigenden Eindruck. Der König vertraut ır die gesamte französische Streitmacht an.

2. AKT: Die Führer der besiegten englisch-burgundichen Truppen schieben sich gegenseitig die Schuld n der Niederlage zu. Isabeau, die Mutter und zugleich rgste Feindin des französischen Königs, weiß durch vütend-anspornende Worte die streitenden Feldheren zu neuem Angriff zu veranlassen; aber es ist zu pät: Johanna überfällt mit ihren Truppen das Lager, reibt die Feinde auseinander und gibt selbst dem um ein Leben bittenden Montgomery den Tod. Als sich ihr er burgundische Herzog entgegenstellt, besiegt sie uch ihn; jedoch nicht mit dem Schwert, sondern ndem sie ihn mit feuriger Beredsamkeit daran mahnt, aß er als Burgunder zu Frankreich und nicht zu Frankeichs Feinden gehöre. Er schließt sich ihr mit seinen Aannen an.

3.AKT: Johanna versöhnt den Burgunderherzog mit em König, ja mit seinem Todfeind Du Chatel. Dunois ınd La Hire werben beide um die Jungfrau. Sosehr ihr ugeredet wird von allen Seiten, – sie will ihrer Senung treu bleiben, liebendes Weib darf sie nicht sein. m rechten Augenblick wird ihr berichtet, der Feind telle sich erneut zum Kampf. Sie stürmt in die chlacht. – Die Engländer werden vernichtend eschlagen; ihr Feldherr Talbot stirbt mit einem Fluch uf Johanna, die er für ein teuflisches Trugbild hält. Joanna hat sich durch einen schwarzen Ritter aus dem etümmel locken lassen. Nun stellt sie ihn; doch er ist nverwundbar, warnt sie, weiterzukämpfen, warnt sie vor der Krönungsstadt Reims und versinkt. (Aufzu fassen wohl als Geist des gefallenen Talbot.) Eine neuen Gegner sucht sie, trifft auf den jungen Lione besiegt ihn, will ihn töten – da sieht sie ihm in die Auge und ist von Liebe ergriffen. Hastig gebietet sie ihm z fliehen.

4. AKT: Jetzt fühlt Johanna sich schuldig: irdisch Liebe hat sie verspürt – entgegen dem Gebot, das si zur Rettung Frankreichs berief. Heim möchte sie in de Frieden ihres Dorfes. Fast schluchzend erklärt sie da ihren Schwestern, die mit dem Vater gekommen sinc um zu erleben, wie der bisher ungekrönte König Ka nun im Dom zu Reims gekrönt wird, dank der wunder baren Unterstützung durch ihre Schwester. Nach de feierlichen Handlung in der Kirche preist König Ka Johanna als Retterin seines Landes, als Heilige. D stürzt der Vater hervor; ihm scheint die Wandlung sei ner Tochter nur Teufelswerk, laut klagt er sie der Zau berei an. Sei sie unschuldig, so möge sie es beweiser Aber Johanna schweigt, muß schweigen, weil sie i ihrer Liebe zu Lionel eine Sünde erblickt. Ratlos stehe die Freunde um sie, wollen das erlösende Wort hörer Plötzlich scheint auch der Himmel gegen sie zu zeu gen: es donnert und blitzt. Von Hof und Kriegern ver lassen steht Johanna allein auf dem Domplatz. Eine nur glaubt an sie: Dunois bietet ihr erneut Namen un Hand. Sie aber kann nicht reden, sich nicht erklärer Da zieht auch er sich zweifelnd zurück. Du Chate bringt Botschaft von dem König: sie muß sich aus de Stadt entfernen. Der Verlassenen naht sich ihr Jugend gefährte Raimond, führt sie still hinweg.

5. AKT: Von allen als Hexe gemieden, zieht Johanna mit Raimond durch den Wald. Da begegnet ihr Isabeau und nimmt sie gefangen. Raimond entkommt und berichtet Dunois, was geschehen ist. Die französischen Truppen werden sofort gegen die Feste geführt, in der Johanna gefangen ist. Lionel schützt sie vor seinen eigenen Leuten, begehrt sie zum Weib. Aber nun hat sie ihr Herz wieder in der Gewalt, weist Lionel als Feind ihres Volkes zurück. Er eilt in den Kampf gegen die anstürmenden Franzosen. Johanna wird in schwere Ketten gelegt und durch Isabeau mit fünfzig Rittern bewacht. So hört sie, wie die Schlacht steht, daß die Franzosen weichen, daß Dunois verwundet, der König gefangen wird. Die Schreckensnachricht gibt ihr Kraft: sie zerreißt ihre Ketten, ergreift ein Schwert und stürzt sich in den Kampf. Das ist die Wendung; die Franzosen fassen neuen Mut, kämpfen die Engländer nieder, gewinnen die Feste, nehmen Isabeau gefangen. Doch um welchen Preis! Tödlich verwundet liegt Johanna. Noch erlebt sie den Sieg, die warme Teilnahme der Freunde, dann gleitet sie verzückt hinüber ins Jenseits.

Die Braut von Messina

Trauerspiel mit Chören in vier Akten

Personen:

Donna Isabella, Fürstin von Messina
Don Manuel, Don Cesar (ihre Söhne)

Beatrice
Diego
Chor, besteht aus dem Gefolge der Brüder
Die Ältesten von Messina (stumme Rollen)

Uraufführung 1803 in Weimar

Schiller hat es selbst ausgesprochen, daß er von de »Braut von Messina« keine Dauerwirkung auf da Theaterpublikum erwarten dürfe. Für heute hat e recht (vor einigen Jahrzehnten wurde das Werk jedoc häufig aufgeführt); denn das Theater in heutiger Ze verlangt andere Eigenschaften von einem Trauerspie als Nachbildung altgriechischer Tragödien (in diesen Falle des »Oedipus« von Sophokles) mit Chor und for malen Versschönheiten. Eine ganz knappe Inhaltsan gebe möge daher genügen. – »Das Leben ist der Güte höchstes nicht, Der Übel größtes aber ist die Schuld«, - diese Chor-Worte, mit denen das Stück endet, lasse bereits erkennen, daß Schiller nicht etwa eine Tragö die vom blindwaltenden Schicksal schreiben wollte.

Das Fürstenpaar von Messina hat zwei Söhne, di sich seit frühester Jugend heftig befehden. Nach den Tode des Vaters ist diese Feinschaft offen ausgebro chen und hat ganz Messina in zwei feindliche Lage gespalten, sosehr auch die Fürstin sich bemüht, di beiden Brüder zu versöhnen. Eine Schwester der Brü der wurde ohne deren Wissen in einem Kloster erzo gen und soll nun an den Hof zurückgebracht werden Ohne zu ahnen, daß es ihre Schwester Beatrice ist, ha sich der ältere Bruder Manuel jüngsthin in einem Klotergarten und der jüngerer Bruder Cesar bei der Leihenfeier für den Fürsten in das Mädchen verliebt. Als ıun die Mutter ihre Tochter heimholen lassen will, ommt die Schreckenskunde, Beatrice sei geraubt. ofort eilen die Brüder (jeder für sich) davon, um die chwester zu befreien. Manuel vermutet bereits, daß ie von ihm geliebte Jungfrau seine Schwester ist. Er ilt ins Kloster und schließt Beatrice brüderlich in die ırme. In diesem Augenblick erscheint Cesar und sticht ın eifersüchtig nieder; dann eilt er fort, um die Schweter zu suchen. Beatrice wird zu ihrer Mutter gebracht; och aus Wiedersehensfreude wird tiefe Trauer, als Ianuels Leiche gebracht wird. Die Fürstin verflucht en Mörder. Als Cesar von vergeblicher Suche heimehrt, muß er erkennen, daß die Geliebte seine Schweter ist, seine eifersüchtige Mordtat also sinnlos war. ie Mutter verläßt ihn, die Schwester empfindet Scheu or dem Brudermörder, – so will er denn sterben. elbst als Mutter und Schwester nach dem ersten Entetzen sich ihm wieder nahen, ihn anflehen, er möge ich ihnen erhalten, bleibt er bei seinem Vorsatz. Im nblick der Leiche seines getöteten Bruders ersticht er ich.

Wilhem Tell

Schauspiel in fünf Aufzügen

ersonen:

Hermann Geßler,
Reichsvogt in Schwyz und Uri

Werner Freiherr von Attinghausen, Bannerherr
Ulrich von Rudenz, sein Neffe
Werner Stauffacher, Konrad Hunn, Itel Reding Hans auf der Mauer, Jörg im Hofe, Ulrich de Schmied, Jost von Weiler (Landleute au Schwyz)
Alter Fürst
Wilhelm Tell
Rösselmann, der Pfarrer
Petermann, der Sigrist
Kuoni, der Hirt
Werni, der Jäger
Ruodi, der Fischer (alle aus Uri)
Arnold von Mechthal
Konrad Baumgarten
Meier von Sarnen
Struth von Winkelried
Klaus von der Flüe
Burkhart am Bühel
Arnold von Sewa (alle aus Unterwalden)
Pfeifer von Luzern
Kunz von Gersau
Jenni, Fischerknabe
Seppi, Hirtenknabe
Gertrud, Stauffachers Gattin
Hedwig, Tells Gattin, Fürsts Tochter
Bertha von Bruneck, eine reiche Erbin
Armgard, Mechthild, Elsbeth, Hildegard (Bäuerinnen)
Walther und Wilhelm, Tells Knaben

Frießhardt, Leuthold (Söldner)
Rudolf der Harras, Geßlers Stallmeister
Johannes Parricida, Herzog von Schwaben
Stüssi, der Flurschütz
Der Stier von Uri
Ein Reichsbote
Fronvogt
Meister Steinmetz, Gesellen und Handlanger
Öffentlicher Ausrufer
Barmherzige Brüder
Geßlerische und landenbergische Reiter
Viele Landleute, Männer und Weiber aus den Waldstätten

Ort und Zeit: Schweiz, Anfang des 14. Jahrhunderts
Uraufführung 1804 in Weimar

An diesem Stück ist eigentlich nur eines geschichtlich wahr und wohlbegründet: der Kampf des schweizerischen Volkes um seine Reichsunmittelbarkeit gegen bedrückende Landvögte. Alles andere ist Sage, stammt teilweise (wie der Apfelschuß) aus viel älteren Zeiten oder ist von Schiller frei erfunden. Der Dichter hat zudem verschiedene Handlungen nicht eben sehr geschickt durcheinander laufen lassen. Und die Hauptfigur? Nun, dieser Tell ist gewiß ein Meisterschütze, ein braver Mann, es fehlt ihm weder an Mut noch an Kraft; aber zum Charakterhelden eines großen Schauspiels fehlt ihm einiges. Vom Strom der Welt, in dem sich doch nach Schillers eigenen Worten der Charakter bildet, hält er sich fern; er ist ein Einzelgänger, brauchbar nur für die Einzeltat. Und seine sogenannte »Befreiungstat«, die Erschießung Geßlers aus dem Hinterhalt, begeht er im Grunde nicht als Führer eines geknechteten Volkes, sondern es ist die Rache eines gepeinigten Einzelnen. Natürlich hat Schiller das selbst gewußt; daher schuf er die (im Schauspiel sonst überflüssige, geradezu aufgeklebte) Rolle des Parricida als Gegensatzfigur, – freilich ohne Glück.

Aber solche Einwendungen vermögen dem Werk als Ganzem nichts anzuhaben, und zwar einfach aus dem Grunde, weil in Wirklichkeit nicht ein Einzelner, sondern ein ganzes Volk der Held des Schauspiels ist. Dieser Held »Volk« aber ist mit großer Meisterschaft auf die Bühne gestellt. Ob der Freiherr von Attinghausen, ob der wackere Bürger Stauffacher, ob der einfache Fischer spricht, – stets hört man durch ihre Worte ihren ganzen Stand und durch diesen ihr ganzes Volk reden. Und das alles mit einer angemessenen Natürlichkeit, die ihresgleichen sucht. Daß die Sprache zuweilen hochgestimmt ist, entspricht nicht immer dem Wesen der Einzelpersonen, wohl aber dem Gesamtgedanken, der da heißt: Menschenwürde, Menschenrechte.

1. AKT: Friedlich möchten Fischer, Jäger und Hirten leben. Aber in ihre Stille bricht sinnbildhaft Baumgarten ein. Hastig berichtet er, er werde verfolgt, weil er einen Vogt erschlagen hat, der von Baumgartens Frau Ungebührliches verlangt habe. Über den See möchte er fliehen; doch ein aufziehendes Gewitter nimmt dem Fischer den Mut. In höchster Not erscheint Tell, bringt Baumgarten über den stürmischen See. Die Verfolger kommen zu spät; aus Rache töten sie die Herden und

vernichten die Hütten. – Tell bringt Baumgarten zu dem reichen Schwyzer Bürger Stauffacher. Auch vor dem wohlhabenden Bürgertum machen die Vögte nicht halt. Daher redet Stauffachers Frau Gertrud ihrem besonnenen Manne zu, sich mit Gleichgesinnten in anderen Kantonen zu bereden. – Eine neue Zwingburg hat der kaiserliche Landvogt zu Altorf aufgeführt; die Handwerker werden wie Sklaven angetrieben. Auf einer Stange wurde durch Geßler ein Hut aufgerichtet: Sinnbild der österreichischen Herrschaft, das jeder Vorüberkommende zu grüßen hat. – Stauffacher will Tell zum gemeinsamen Handeln überreden. Tell lehnt ab; wenn man ihn brauche, werde er sich allerdings nicht versagen. – Der junge Melchthal ist zu Walther Fürst geflohen; Knechte des Vogtes wollten ihm die Ochsen ausspannen, und er hat Widerstand geleistet. Zur Strafe hat der Vogt, wie eben Stauffacher berichtet, dem Vater Melchthals die Augen ausstechen lassen. Fürst, Stauffacher und Melchthal schwören, in ihren Kantonen heimlich für einen Aufstand zu werben.

2. AKT: Trotz inständiger Mahnungen seines Oheims, des Freiherrn von Attinghausen, sagt sich Rudenz von seinem Volke los. Er will heraus aus der halbbäuerlichen Enge von Attinghausens Edelsitz; sucht den Glanz der kaiserlichen Machthaber – und Bertha von Bruneck, die in der Umgebung Geßlers lebt. – Auf dem Rütli treffen sich Männer aus allen Kantonen. Alle Beschwerden über Bedrückung waren umsonst; der Kaiser wird nicht helfen. Und so greifen die Schweizer zur Selbsthilfe, wollen die tyrannischen

Vögte verjagen, schwören den Eid: »Wir wollen seir ein einig Volk von Brüdern,/In keiner Not uns trenner und Gefahr«. Wiederum hält Tell sich zurück, ist nich gekommen, Rufe man ihn zur Tat, so werde er nich fehlen, hat er sagen lassen.

3. AKT: Tell macht sich bereit, mit seinem älterer Sohn nach Altorf zu seinem Schwiegervater zu gehen Vergeblich sucht ihn seine Frau Hedwig zurückzuhalten: In Altorf sitze Geßler und der habe Baumgartens Rettung durch Tell nicht vergessen. – Rudenz ist aufs äußerste überrascht durch die Worte der von ihm geliebten Bertha von Bruneck. Sie läßt ihn einen Blick tun hinter den äußeren Glanz der Macht und lenkt seinen Sinn auf das tüchtige, unterdrückte Schweizer Volk. Nur wenn er für die Schweizer kämpfe, könne sie die Seine werden. – Zu Altorf vermeiden es alle, an dem von zwei Kriegsknechten bewachten Hut vorüberzugehen. Ahnungslos kommt Tell mit seinem Sohn Walther, will zu seinem Schwiegervater Fürst, grüßt den Hut nicht und wird von den Kriegsknechten festgehalten. Sogleich entsteht ein gefährlicher Aufruhr. Da naht Geßler. Als er erfährt, was geschehen ist, verlangt er von Tell, der als Meisterschütze bekannt ist: um sich von der Strafe loszukaufen, solle er einen Apfel – von seines Sohnes Haupt schießen. Stauffacher, Fürst, der Pfarrer, Bertha von Bruneck – alle treten für Tell ein. Und Tell will gern sterben, wenn ihm dafür der Schuß erlassen wird. Aber Geßler spottet nur über ihn: »Jetzt, Retter, hilf Dir selbst!« Rudenz springt hervor, fordert zornig Geßler zum Zweikampf, große Erregung ... da kommt der Knabe Walther fröhlich mit dem Apfel

;esprungen, den der Vater ihm fast unbemerkt in dem ,ärmen vom Kopf geschossen hat. Den allgemeinen ubel dämpft Geßler mit der heimtückischen Frage, varum Tell nicht nur einen, sondern zwei Pfeile seiıem Köcher entnommen habe. Als er dem Ausweihenden sein Leben zusichert, antwortet Tell: »Mit dieem zweiten Pfeil durchschoß ich Euch, wenn ich mein ıebes Kind getroffen hätte! Und Eurer wahrlich hätt ich ıicht gefehlt«. Nun, das Leben hat Geßler zugesichert; ıber jetzt läßt er ihn binden: bis an sein Lebensende olle er im Kerker schmachten.

4. AKT: Der See rast. Am Ufer stehen Landleute, blikcen hinaus, sprechen voller Verzweiflung davon, daß ler alte Attinghausen, an den sich selbst Geßler nicht vagt, im Sterben liege. Überraschend tritt Tell auf, erichtet von seiner Rettung: das Schiff, auf dem er :um Kerker nach Küßnacht gebracht werden sollte, ist n schwere Seenot geraten; da die Schiffer am Ende hrer Kraft waren, hat man auf Befehl Geßlers den Tell osgebunden und ans Steuer gestellt. Behutsam steuerte er an eine Felsenplatte, ergriff seine Armbrust, prang an Land und stieß das Schiff wieder zurück in lie Wellen. Nun will er auf den Weg nach Küßnacht. – Ait einer letzten Mahnung zur Einigkeit stirbt der alte Attinghausen im Kreis seiner Freunde. Rudenz erscheint zu spät, um dem Oheim von seiner Sinnesinderung zu berichten. Mit dem ganzen Feuer seiner ugendlichen Begeisterung bringt er es aber dahin, daß hn die Rütli-Verschworenen in ihren Kreis aufnehmen. Sogleich soll gehandelt werden, um Bertha von 3runeck (die durch Geßler festgesetzt wurde), Tell und

die ganze Schweiz zu befreien. – Tell in einem Hohl weg, durch den Geßler kommen muß, wenn er nac Küßnacht reitet. Er verbirgt sich und wird Zeuge, wi sich ein armes Weib dem nahenden Geßler zu Füße wirft, um für ihren Mann zu bitten. Geßler droht, zürnt und als sie nicht weicht, will er über sie hinwegreiten, da greift er sich ans Herz: »Das war Tells Geschoß!« Ei Pfeil hat ihn durchbohrt.

5. AKT: Gegen den Willen der Rütli-Verschworene ist es nun doch zu Gewalttaten aller Art gekomme Aber der allgemeine Jubel schwemmt jede Bedenklich keit hinweg, und Vergeltung brauchen die befreite Schweizer Kantone auch nicht zu fürchten; denn Kai ser Albrecht ist von seinem Neffen Johann ermorde worden. Rudenz und Melchthal haben die Burg Sar neck gestürmt und Bertha von Bruneck befreit. Nu strömt das erregte Volk zu Tell, um ihm für die Erschie ßung Geßlers zu danken. – Tells Frau fürchtet eine Mönch, der ihren Mann sprechen will und sich seltsa gebärdet. Als Tell endlich heimkehrt, sieht er bald, we dieser Mönch ist: Johann Parricida, der Kaisermörde Leidenschaftlich lehnt er es ab, mit Parricida auf ein Stufe gestellt zu werden. Parricidas Tat sei Eigennut gewesen, er jedoch habe für seine Familie und sei Volk gehandelt. Nach Rom schickt er den Friedlosen damit vielleicht der Papst ihn losspreche von de Sünde. Schon naht das Volk, überflutet den stillen Ho preist Tells Tat. Bertha von Bruneck reicht »als frei Schweizerin dem freien Mann« Rudenz ihre Hand.

KOTZEBUE

August von K. (1761–1819) ging als junger Mann ach Petersburg, war führend am dortigen deutschen 'heater tätig, wurde russischer Regierungsbeamter in :eval, wo er ein Liebhabertheater gründete. Später 'heaterdichter in Wien, dann Direktor des Hofthea- ers, in den Adelsstand erhoben. Seit 1803 in Weimar, ann seit 1813 wieder in russischen Diensten, berich- ete nach Petersburg über die deutsche Burschen- chaftsbewegung. Ermordet in Mannheim durch den tudenten Karl Ludwig Sand. Schrieb über zweihun- ert Theaterstücke.

Bei der Vielzahl der von Kotzebue verfaßten Thea- erstücke ist nur zu verständlich, daß nur die wirklich elungenen sich einen ständigen Platz im Reper- oire der Theater erobern konnten. Immerhin, Kotze- ue verstand das Theaterhandwerk wie nur wenige, nd so hat er eine ganze Reihe von Stücken hinterlas- en, deren Einfallsfülle, geschickter Aufbau und rächtige Gesprächsführung auch heute noch bezau- ern, wenn der behandelte Gegenstand uns etwas ngeht. Und das ist gewiß der Fall in den »Deutschen leinstädtern«; denn es soll ja noch immer solche rähwinkels geben, in denen Titelsucht, Schwatzhaf- igkeit, beschränkte Kleinlichkeit und dergleichen ebendig sind.

Die deutschen Kleinstädter

Lustspiel in vier Akten

Personen:

Nikolaus Staar, Bürgermeister, auch Oberältester zu Krähwinkel
Frau Untersteuereinnehmerin Staar, seine Mutter
Sabine, seine Tochter
Vizekirchenvorsteher Staar, sein Bruder, ei Gewürzkrämer
Frau Oberfloß- und Fischmeisterin Brendel und Frau Stadtakzisekassenschreiberin Morgenrot, zwei Muhmen
Bau-, Berg- und Wegeinspektorssubstitut Sperling
Olmers
Ein Nachtwächter
Der Ratsdiener Klaus
Eine Magd
Ein Bauer
Ein paar Kinder

Ort und Zeit: in und vor dem Hause des Bürgermeister von Krähwinkel, um 1800
Uraufführung 1803

1. AKT: Das Bürgermeistertöchterlein Sabine soll au Beschluß der langbetitelten Familie den Verseschmie und Sprüchemacher Sperling heiraten. Morgen is Verlobung, und gleichzeitig soll eine seit neun Jahre im Gefängnis gehaltene Diebin an den Pranger gestell

verden. Sabinchen will Sperling nicht, da sie Karl)lmers liebt. Lange hat sie nichts von ihm gehört. Sein ildchen fällt der Großmutter in die Hände. Sabine ret- et sich, indem sie erklärt, es sei ein Bild des Königs. :hrfurchtsvoll nimmt die Großmutter das Konterfei, m damit ihren Hut zu schmücken. Ein Fremder, ein Ierr Olmers, wird gemeldet mit einem Empfehlungs- chreiben des Ministers. Olmers, einfach Olmers, ohne eden Titel, doch vom Minister empfohlen ...

2. AKT: Der Fremde kommt, gebührend empfangen nfolge des Ministerschreibens; doch er verdirbt es leich mit den Klatschweibern, weil er sie nicht mit nren Titeln anredet. Da fällt der Großmutter das Bild in: dieser Herr Olmers ist ja der König! Sogleich wird ie ganze Stadt auf die Beine gebracht. Olmers aber vehrt ärgerlich ab, und Sabine klärt den Irrtum auf.)lmers merkt bald, wie es zwischen Sabine und Sper- ng steht. Das Spiel der beiden Liebenden beginnt.

3. AKT: Dieser Olmers hat auch gar kein feines enehmen – das ist die einstimmige Meinung aller in nren Tischsitten und Titelsüchten gekränkten Ver- vandten. Als nun Olmers ohne Umschweife den Bür- ermeister um Sabines Hand bittet, beruft dieser den amilienrat ein. Der lehnt mutig die Bewerbung ab; och jeder ist zu feige, Olmers die Ablehnung zu sagen nd ihm als Ersatz eine Witwe aus der Familie anzubie- en. Einer nach dem anderen schleicht davon, so daß)lmers nicht weiß, woran er ist. In Gegenwart des ächerlichen Sperling verabreden Olmers und Sabine ine Zusammenkunft vor dem Bürgermeisterhause.

4. AKT: Beim Stelldichein gibt Sabine ihrem Geliebten die erforderlichen Hinweise, wie er vor ihrer Familie bestehen könne. Der Nachtwächter ruft die Stunde aus, Großmutter Staar singt ihr Abendlied, Sperling versucht seine Serenade, das Paar versteckt sich. Der Ratsdiener weckt den Bürgermeister: die für das Pranger-Fest vorgesehene Diebin ist entwischt! Ob dieser Nachricht muß alles aus den Betten. Olmers und Sabine werden entdeckt, – aber Olmers verspricht dem Minister die Verhältnisse in Krähwinkel günstig darzustellen. Da er überdies nun doch den Titel eines Geheimen Kommissionsrates hat und seinerseits mit Titelanreden nicht mehr geizt, da Sabines Ruf durch das Stelldichein sowieso dahin ist und Sperling das Hochzeitsgedicht schreiben soll, bekommt der Geheime Kommissionsrat Olmers das Bürgermeistertöchterlein.

KLEIST

Heinrich von K. (1777–1811) war ursprünglich Offizier, begann aber 1799 zu studieren. Vorübergehend Beamter. Während einer Reise nach Paris wurde er gemütskrank. 1810/11 redigierte er die »Berliner Abendblätter«. Verschuldung, Enttäuschungen mit seinen Werken und die napoleonische Fremdherrschaft steigerten seine Krankheit. Zusammen mit seiner Freundin Henriette Vogel suchte er im Wannsee den Freitod. Schrieb u.a. Bühnenwerke, längere und kürzere Prosastücke, Gedichte.

Viele geistige Strömungen seiner Zeit vereinigen sich in Kleists Werk; aber sie vermengen sich nicht echt, bleiben häufig undurchsichtig. Seine Krankheit mag ihn gehindert haben, zu letzter Klarheit zu gelangen, und seine Krankheit mag es gewesen sein, die seinen Bühnenwerken so häufig etwas Abseitiges (um nicht zu sagen Krankhaftes) verleiht. In allen seinen Hauptgestalten findet man irgendwelche mißtrauischen Regungen, irgendein Mißverstehen, und selbst die Handlungen sind vielfach eine Kette unbegreiflicher Mißverständnisse. Dennoch bleibt Kleist als Bühnendichter eine überragende Erscheinung, – nicht nur für die ersten Jahrzehnte des 19. Jahrhunderts; denn manches besteht noch heute vor dem Urteil der Geschichte, und vieles hat nachgewirkt.

Der zerbrochene Krug

Lustspiel in einem Akt

Personen:

Walter, Gerichtsrat
Adam, Dorfrichter
Licht, Schreiber
Frau Marthe Rull
Eve, ihre Tochter
Veit Tümpel, ein Bauer
Ruprecht, sein Sohn
Frau Brigitte
Ein Bedienter, Büttel, Mägde, usw.

Ort: in einem niederländischen Dorfe bei Utrecht
Uraufführung 1808 in Weimar

Neben Lessings »Minna vor Barnhelm« das beste deutsche Lustspiel, meisterhaft in dem einheitlichen Aufbau, in der Sicherheit der Charakterzeichnung, in der wortwitzigen Verssprache und in der fast unmerklichen, doch entscheidenden Vertiefung des Komischen ins Tragische.

Die Handlung selbst ist verhältnismäßig einfach doch wird die Lösung durch tausend kleine, höchs drollige Einschübe immer weiter hinausgezögert Dorfrichter Adam, mit einer frischen Verwundung am Kopf und Kratzern im Gesicht, hat heute Gerichtstag abzuhalten; zudem wird auch noch der Gerichtsrat zur Revision erscheinen. Unglücklicherweise ist die Perücke nicht aufzutreiben, die dem Dorfrichter nich nur ein würdigeres Aussehen geben, sondern zugleich seine Verwundung verbergen könnte. Der Schreiber Licht, der in boshaften Andeutungen zu erkennen gibt, daß er sich Verwundungen und Perückenverlust recht gut erklären kann, ist über die Liebesabenteuer seines klumpfüßigen Herrn völlig unterrichtet. – Die Parteien erscheinen, unter ihnen Frau Marthe. Man hat ihr einen Krug zerbrochen, an dem sie sehr hing, und sie behauptet, es sei Ruprecht gewesen, der ihre Tochter Eve liebt. Ruprecht aber war es nicht; doch er ist wegen eines bestimmten Vorfalls von gestern abend schrecklich eifersüchtig und läßt Eve, die ihm heimlich alles erklären will, gar nicht zu Worte kommen. – Nach langem Zögern eröffnet Dorfrichter Adam endlich die Verhandlung. Mit allen Mitteln versucht er, Eve unter Druck zu setzen, daß sie ja nichts aussage, was ... Nun, Eve ist wirklich sehr vorsichtig, weicht immer wieder aus. Ihre Mutter aber bleibt dabei: Ruprecht sei es gewesen; denn als sie gestern Lärm in Eves Zimmer hörte, ist sie hineingestürzt, – da lag der Krug zerbrochen am Boden, und Ruprecht stand in der Kammer. Obwohl Adam versucht, Ruprecht einzuschüchtern, bleibt dieser fest: er habe beobachtet, wie ein Mann in Eves Kammer gekommen sei, habe wütend die Tür aufgesprengt, dabei sei der Krug wohl vom Wandbrett gefallen; auf jeden Fall habe der unbekannte Mann aus dem Fenster steigen wollen, und da habe er ihm schnell noch eins über den Schädel gezogen – mit der abgerissenen Türklinke. Immer wieder muß der Gerichtsrat eingreifen, damit Adam nicht gar zu unverschämt das Geschehen nach seinem Willen beeinflußt. Klar wird nur eines, daß nämlich Ruprecht den Krug nicht zerschlagen hat. Jetzt will Adam die merkwürdig zurückhaltende Eve zu der Aussage veranlassen, ein Bursche namen Lebrecht habe den Krug zerbrochen. Eine neue Zeugin wird herbeigeholt. Diese hat unter Evchens Fenster eine Perücke gefunden. Jetzt wird es brenzlig; aber Adam weiß sich prächtig herauszureden. Doch nun hat die neue Zeugin etwas auf dem Herzen: sie habe gesehen, wie sich ein Kahlkopf mit Pferdefuß aus Marthes Garten geschlichen habe und im Hause des Dorfrichters Adam verschwunden sei; ohne Zweifel der Teufel. Umsonst versucht Adam, seinen Klumpfuß zu verstecken; der zunächst überraschte Gerichtsrat weiß genug. Streng weist er den Dorfrichter an, das Urteil zu sprechen. Es lautet: Ruprecht kommt ins Gefängnis. Jetzt endlich berichtet Eve erregt, wie es war. Der Dorfrichter Adam drang in ihr Zimmer ein und wollte ein Schäferstündchen von ihr erzwingen; wenn sie sich weigere, werde er ihren Schatz Ruprecht zu den Soldaten nach Indien schikken. In diesem Augenblick sei Ruprecht erschienen und alles habe sich so abgespielt, wie dieser berichtet habe. Nicht ausgesagt habe sie, weil Adam ihr sonst den Liebsten zu den Soldaten gepreßt haben würde. Den Krug aber hat Adam zerbrochen. Wütend will sich Ruprecht auf Adam stürzen; der aber entwischt trotz seines Klumpfußes. Der Gerichtsrat beruhigt die Streitenden: Ruprecht braucht sich nicht von Eve zu trennen, Frau Marthe wird ihre Klage um den zerbrochenen Krug vor einem höheren Gericht austragen, und Adam ... nun, der Gerichtsrat wird ihn zwar als Dorfrichter absetzen, aber nicht bestrafen, wenn die Kasse in Ordnung ist.

Das Käthchen von Heilbronn oder Die Feuerprobe

Großes historisches Ritterschauspiel in fünf Aufzügen

Personen:

Der Kaiser
Gebhardt, Erzbischof von Worms
Friedrich Wetter, Graf vom Strahl
Gräfin Helena, seine Mutter
Eleonore, ihre Nichte
Ritter Flammberg, des Grafen Vasall
Gottschalk, sein Knecht
Brigitte, Haushälterin im gräflichen Schloß
Kunigunde von Thurneck
Rosalie, ihre Kammerzofe
Theobald Friedeborn, Waffenschmied aus Heilbronn
Käthchen, seine Tochter
Gottfried Friedeborn, ihr Bräutigam
Maximilian, Burggraf von Freiburg
Georg von Waldstätten, sein Freund
Ritter Schauermann, Ritter Wetzlaf, seine Versallen
Der Rheingraf vom Stein, Verlobter Kunigundes
Friedrich von Herrnstadt, Eginhardt von der Wart, seine Freunde
Graf Otto von der Flühe, Wenzel von Nachtheim, Hans von Bärenklau, Räte des Kaisers und Richter des heimlichen Gerichts
Jacob Pech, ein Gastwirt

Drei Herren von Thurneck
Kunigundens alte Tanten
Ein Köhlerjunge
Ein Nachtwächter
Mehrere Ritter
Ein Herold, zwei Köhler, Bediente, Boten
Häscher, Knechte und Volk

Spielt in Schwaben
Uraufführung am 17. März 1810 in Wien

Von der lange Zeit beliebten Gattung der »histori
schen Ritterschauspiele« hat sich »Käthchen von Heil
bronn« als einziges auf der Bühne gehalten. Kein Wun
der; denn Wetter vom Strahl ist eine der schönsten jun
gen Heldenrollen, zum anderen rührt die märchen
hafte Lieblichkeit der Käthchenrolle zusammen mi
dem »Romantischen« stark an die Empfindsamkeit de
deutschsprachigen Theaterpublikums. Wenn auch de
dramaturgische Aufbau des sehr langen Stückes kei
neswegs klar und verständlich ist (weshalb das Spie
stets eingehend bearbeitet werden muß), so ist doch i
jeder Zeile der Dichter zu spüren, der auch das Thea
terhandwerk beherrscht. Die Schulung an Shake
speare, an den französischen Klassikern, an Schille
wie an Goethe ist unverkennbar. Mit geschichtliche
Ereignissen hat das Werk, dem Titel »historisch« zu
Trotz, nichts zu tun; um so mehr mit der Beschäftigun
von Kleists Zeitgenossen mit parapsychologische
Erscheinungen, mit Schlafwandeln, Schlafhandel
und Schlafsprechen, mit Traumerlebnissen un
Traumsuggestion. Mögen im »Käthchen« auch »über

natürliche« Elemente vertreten sein, so fehlen dem Schauspiel doch wesentliche Stilkennzeichen der Romantik: die romantische Ironie und damit der überbetonte Intellektualismus anderer romantischer Frauengestalten. Die süße kindliche unwissende reine Gestalt des Käthchen ist im Grunde rein sachlich, die des Wetter vom Strahl fast überbetont sachlich. Somit bleibt das »Romantische« nur Beiwerk für den Zeitgeschmack. – Kleists Käthchen steht gewissermaßen als Gegenpol zur Penthesilea im Gesamtwerk des Dichers. Käthchen als Ideal kindlicher Abhängigkeit und Aufopferung erringt durch ihre Eigenschaften den Sieg, der der maßlosen Penthesilea versagt bleibt.

Inhalt des Schauspiels bildet die aufopfernde durch nichts zu erschütternde anspruchslose Liebe Käthchens zum Grafen Wetter vom Strahl. Seinetwegen, dessen Bild ihr ein Engel im Traum gezeigt hat, ist sie aus dem Fenster gesprungen, ihm nach der Genesung gefolgt, hat sie Strapazen und Schimpf über sich ergehen lassen und steht nun als halb beklagtes, halb angeklagtes Opfer vor dem Femegericht. Allen Anfechtungen durch den Vater, die Richter, den Grafen Strahl widersteht sie und verliert erst dann Beherrschung und Bewußtsein, als sie sich, dem Befehl des geliebten Grafen folgend, aus seinem Bannkreis lösen muß, um zum Vater zurückzukehren. Der Vater ist mit dem Richterspruch des Femegerichts (das, sehr breit geraten, den ganzen ersten Akt einnimmt) wenig einverstanden und hat den vermeintlichen Verführer der Tochter vor des Kaisers und Gottes Gericht gefordert.

Wetter vom Strahl wird in mancherlei Fehde mit der verführerisch galanten Kunigunde von Thurneck um strittiger Liegenschaften willen verwickelt. Späte Einsicht hat manchen früheren Liebhaber zu Abfall und Racheverlangen geführt. Die wohlberechnete Koketterie der scheinbar verfolgten Unschuld vermag jedoch selbst Wetter vom Strahl zu betören, und es bedarf drastischer Mittel, dem Grafen die Augen zu öffnen. Bis es soweit kommt, vergehen drei lange Akte, während denen der Graf einmal mit der Schenkung des Streitgegenstandes an Kunigunde um sie wirbt und natürlich von ihr erhört wird, dann aber, in Käthchen verliebt, dieser wieder Platz in seiner Umgebung einräumt. Käthchen, sichtlich und sichtbar von einem Engel geführt, rettet für Fräulein Thurneck das Bild des Grafen aus einem Brand. Wichtiger aber für Kunigunde ist die gerettete Bildhülle, weil diese die Schenkungsurkunde über die seither strittigen Liegenschaften enthält. – Käthchen, im Schlafe sprechend, gesteht ihre Liebe zu Strahl. Dabei erfährt er, daß der gleiche Traum, der ihn aus schwerer Krankheit zum Weiterleben angeregt hat, für Käthchen die Ursache ihres ganzen so unbegreiflichen Handelns geworden ist. Er nimmt das Mädchen ins Haus seiner Mutter auf. So hat Käthchen Gelegenheit (übrigens ohne ihr Zutun), Kunigunde, die sich als Braut des Sohnes ebenfalls im Hause der alten Gräfin Strahl aufhält, beim Bade zu belauschen und sie in ihrer wahren ungeschminkten körperlichen Gestalt kennen zu lernen. Das einfache Kind sieht aber auch klar die Gefahr, die diese Kenntnis für sie bedeuten kann. Daß sich Käthchen nicht getäuscht hat, ergibt sich aus dem Auftrag der Kuniunde an die vertraute Rosalie, Käthchen ermorden zu ıssen, damit der einzige unvertraute Zeuge beseitigt ei.

Da die Tochter ihn wieder verlassen hat, bewirkt 'heobald vom Kaiser die Entscheidung über Lauter- eit und Rechtlichkeit des strahlschen Verhaltens urch ein Gottesgericht. Behauptet doch Wetter vom trahl überdies, Käthchen sei ein Kind der Liebe des aisers mit Theobalds verstorbener Frau, wie ihm ein ngel im Traum verkündet habe. Beim Gottesgericht berwindet der ungewappnete Strahl den schwerge- appneten Theobald mit Leichtigkeit. Das bringt den uvor über die Traumerzählung erzürnten Kaiser zu esinnung und Einkehr. Er erinnert sich eines Aben- euers vor sechzehn Jahren in Heilbronn, wo er sehr ohl der Vater des Kindes geworden sein kann. Er eschließt, das Kind zu sich zu nehmen und Käthchen em Grafen vom Strahl zum Weibe zu geben, falls der ich aus den Armen seiner Buhlerin zu lösen vermag, nd so die Prophezeiung wahr zu machen, daß der raf des Kaisers Tochter ehelichen werde. Nachdem Vetter vom Strahl die wahre körperliche Gestalt Kuni- undens und ihren Charakter durch den Giftmordver- uch an Käthchen erkannt hat, ist er fest entschlossen, as liebe Mädchen zur Frau zu nehmen, das jetzt, ver- orgen vor der Rache der Thurneck, die Nachricht mpfängt, daß sie die Tochter des Kaisers ist. Theo- ald, ein zweiter, bürgerlicher Amphitryon, hat sie dem atürlichen Vater abtreten müssen. Die Vermählung äthchens mit dem Grafen durch den Kaiser eschließt das Stück.

Zahlreiches – man könnte sagen: shakespearesche – Rankenwerk komischer Szenen mit Rittern, Knappen, Köhlern und Bauern hat die vom zweiten bis vierten Akt nur langsam weiterplätschernde Handlun umrahmt und so auch der Form des Ritterspiel Genüge getan. Die teils im Vers, teils in Prosa geführt Sprache (bei der nur die etwas krampfhaften und dam schwachen Monologe des Strahl das Vorwärtstreibe der Handlung stören) ist von klarer sachlicher Schön heit, würdig des bezaubernd gezeichneten Liebespaa res.

Prinz Friedrich von Homburg

Schauspiel in fünf Akten

Personen:

Friedrich Wilhelm, Kurfürst von Brandenburg
Die Kurfürstin
Prinzessin Natalie von Oranien, seine Nichte Chef des Dragonerregiments
Feldmarschall Dörfling
Prinz Friedrich Arthur von Homburg, General der Reiterei
Obrist Kottwitz, vom Regiment der Prinzessi von Oranien
Hennings, Graf Truchß, Obersten der Infanterie
Graf Hohenzollern, von der Suite des Kurfürsten

Rittmeister von der Golz, Graf Georg von Sparren, Stranz, Siegfried von Mörner, Graf Reuss, Rittmeister
Ein Wachtmeiser
Offiziere, Korporale und Reiter, Hofkavaliere, Hofdamen, Pagen, Heiducken, Bediente, Volk jeden Alters und Geschlechts

Ort und Zeit: Fehrbellin und Berlin, 1675
Uraufführung: Wien 1821

Äußerlich geht es um die Pflicht, sogar um die »preußische Pflichtauffassung«, wie viele meinen. Wer jedoch einmal die Hauptfiguren genau prüft, wird bald spüren, daß hinter dem äußeren ein viel allgemeineres, wichtigeres Problem liegt. Das Werk entstand in den Jahren einer höchst empfindsamen, das heißt also: einer gefühlsbedingten Romantik. Diese aber war auf ihre Weise ein scharfer Gegensatz zu der »Vernunft-Welle«, die nach der großen französischen Revolution auch die anderen europäischen Länder überflutete. Vernunft und Gefühl, Verstand und Herz standen sich gegenüber, – in der Zeit, in der Brust Kleists, und sie stehen sich gegenüber auch in der Person des Großen Kurfürsten (bei dem das Verstandesmäßige überwiegt) und des Prinzen von Homburg (der vor allem ein Herzmensch ist). Dementsprechend gliedern sich in diesem Schauspiel auch die mehr »rationalen« Personen um den Kurfürsten, die schwärmerischen um den Prinzen. Das Schauspiel wäre heute nicht mehr so lebendig, ginge es wirklich nur um preußische Pflichtbegriffe.

1. AKT: Zwischen Wachen und Schlafen hat de
Prinz von Homburg eine seltsame Erscheinung: ihn
winken Siegeslorbeeren und ein Siegespreis in Gestal
der Prinzessin Natalie (das Ganze eine scherzhaft
Laune des Kurfürsten). Als ihn Graf Hohenzollern voll
ends weckt, hält er als greifbaren Rest dieses »Trau
mes« den Handschuh der Prinzessin in der Hand. E
sinnt und träumt immer wieder darüber nach; und al
Feldmarschall Dörfling seinen Offizieren Anweisun
gen für die bevorstehende Schlacht gibt, nimmt de
Prinz die Befehle für seine eigenen Truppen nur hall
auf.

2. AKT: In der Schlacht gegen die Schweden hält e
sich nicht an den Befehl, sondern greift an, siegt un
wirft die Feinde zurück. Im Siegestaumel will er, als de
Tod des Kurfürsten gemeldet wird, dessen Zielsetzun
beibehalten und die Schweden verjagen. Das ist vie
Schwärmerei, aber gerade deswegen wird er von Na
talie geliebt. Doch der Kurfürst ist nicht gefallen; e
ist nach Berlin gekommen, um mit seinen Generaler
über die schwedische Waffenstillstandsbitte zu bera
ten. Der Prinz von Homburg hat inzwischen Natalie
Jawort erhalten. Da der Kurfürst die Schweden ver
nichten und nicht nur besiegen wollte, stellt er, ohne zu
wissen, wer es ist, den Reiterführer, der gegen der
Befehl angegriffen hat, vor das Kriegsgericht. Bei die
sem Befehl bleibt es auch, als er hört, der Prinz vor
Homburg sei der Schuldige.

3. AKT: Befehlsmäßig hat das Kriegsgericht der
Prinzen zum Tode verurteilt, und Graf Hohenzollerr

berichtet dem Verurteilten, der Kurfürst denke auch nicht an Begnadigung, so sehr ihm auch von allen Seiten zugesetzt worden sei. Zu erklären ist diese Haltung den Freunden nur so: der Schwedenkönig wirbt um Natalie; eine solche Heirat würde des Kurfürsten Stellung gewaltig stärken, wenn nicht Natalie ihrem Homburg die Treue hielte. Wenn nun Homburg auf die Prinzessin verzichten würde ... Der Prinz ist bereit, läßt sich zur Kurfürstin führen, fleht um Vermittlung, will Natalie freigeben, – jetzt ist er wirklich in Todesangst; hat er doch unterwegs gesehen, wie für ihn ein Grab ausgehoben wurde. Natalie denkt anders: sie will ihren Oheim um Gnade anflehen; sollte das erfolglos sein, so möge der Prinz an ihre Treue glauben und mutig in den Tod gehen.

4. AKT: Natalie bittet ihren kurfürstlichen Onkel und berichtet ihm alles. Der Kurfürst wird wankend; dann befiehlt er: wenn der Prinz das Urteil des Kriegsgerichts für ungerecht halte, solle er begnadigt werden. – Sämtliche Reiteroffiziere wollen dem Kurfürsten durch Natalie eine Bittschrift zugunsten des Prinzen überreichen lassen. – Inzwischen aber entscheidet ja nicht mehr der Kurfürst, sondern der Prinz selbst. Und dieser hat langsam begriffen, um was es geht. Überzeugt ist er wohl nicht; doch der Verstand weist ihm den Weg äußerer Pflicht. Das Urteil erkennt er an, will also sterben, wenn der Kurfürst ihn nicht von sich aus begnadigt.

5. AKT: In Berlin sieht es bedenklich nach Aufruhr aus. Regimenter marschieren von sich aus ein, alle

Heerführer stehen zum Prinzen, wollen ihre Auffas
sung dem Kurfürsten persönlich mitteilen. Dieser ha
inzwischen Homburgs Antwort erhalten und läßt nu
die Generale und Obersten zu sich kommen. Männlic
treten sie für den Prinzen ein, scheuen sich auch nich
dem Kurfürsten selbst einen Teil der Schuld zuzu
schieben. Dann wird der Prinz von Homburg hereinge
führt. Zum Entsetzen seiner Kameraden verlangt e
seine Hinrichtung, weil er das Gesetz des Krieges ver
letzt habe. Nur eine Bitte hat er noch: der Kurfürst mög
die Schweden weiter bekämpfen, nicht aber Natalie al
Preis für eine politische Verständigung mit der
Schwedenkönig opfern. Aufrecht verläßt er den Raum
Jetzt erst gibt der Kurfürst seinen Willen bekannt: e
vernichtet das Todesurteil. – Der Schluß knüpft etwa
unglücklich an den Beginn wieder an. Der Kurfürst läß
nämlich dem Prinzen die Augen verbinden, alle Vorbe
reitungen zur Hinrichtung treffen, man hört dumpf
Trommeln, der Prinz wird in den Garten gebracht, i
dem er einst seinen Traum hatte, die Binde wird vo
seinen Augen entfernt, – da steht er vor der glückstrah
lenden Natalie. Sie schmückt ihn mit dem Kranz de
Siegers – und ist selbst der Siegespreis.

Penthesilea

Ein Trauerspiel

Personen:

Penthesilea, Königin der Amazonen
Prothoe, Meroe, Asteria

(Fürstinnen der Amazonen)
Die Oberpriesterin der Diana
Achilles, Odysseus, Diomedes, Antilochus (Könige des Griechenvolks)
Griechen und Amazonen

Ort und Zeit: Schlachtfeld bei Troja, griechische Sagenzeit
Uraufführung: 1876 in Berlin

Schrankenlose Ichsucht, die sich zu entsetzenerregender Haßliebe steigert, ist das Thema dieses Werkes. So großartig Kleist den (im wesentlichen frei erfundenen) Stoff meistert, so glühend die wahrhaft dichterische Sprache dahinströmt, so meisterhaft die beiden Hauptrollen (Penthesilea und Achill) gezeichnet sind, – Goethes ablehnendes Urteil über den Wust der grausamen Selbstzerfleischung bleibt auch heute noch unangetastet. Hier ist der Nervenarzt zuständig, – es sei denn, man wollte in diesem Kleistschen Trauerspiel die dichterische Ahnung jener sehr viel späteren wissenschaftlichen Forschungen erkennen, die von einer weltgeschichtlichen Auseinandersetzung zwischen Matriarchat und Patriarchat sprechen. – Da das Stück nur selten aufgeführt wird, begnügen wir uns mit einer umrißhaften Inhaltsangabe.

Die Amazonenkriegerinnen unter ihrer Königin Penthesilea sind vor Troja erschienen. Nicht um den Trojanern oder den Griechen beizustehen, sondern um nach altem Brauch im Kampfe heldische Männer zu besiegen, mit den Besiegten heimzuziehen, mit ihnen das Rosenfest der Vermählung zu feiern, damit der Amazonenstamm nicht aussterbe. In einem dieser Kämpfe wird Penthesilea von Achill besiegt. Das Leben der Ohnmächtigen schont er, weil ihm das Weib gefällt. Ja, auf den Rat einer Amazonenfürstin stellt er sich gegenüber der Erwachenden, als sei er von ihr besiegt worden. Penthesilea erglüht in rasender Liebe zu ihm. Doch schließlich läßt sich nicht verheimlichen, daß in Wirklichkeit Achill der Sieger war und berechtigt ist, sie als Gattin mit heimzuführen. Aber er ist großmütig, weil er weiß, daß die Amazonenkönigin an ihre Heimat gebunden ist; und so fordert er sie zu einem neuen Kampf auf, in dem er unterliegen will. Penthesilea jedoch glaubt, es gehe um einen echten Kampf, fühlt sich in ihrer Liebe betrogen, stürzt sich mit Hunden auf den arglosen Achill, tötet ihn und läßt ihn in einem wahren Blutrausch von den Hunden zerfleischen. Als sie wieder zu sich kommt, weiß sie von dem Geschehenen nichts mehr. Dann aber, wie man ihr behutsam zu erkennen gibt, was geschehen ist, tötet sie sich verzweifelt neben der Leiche des gehaßten Geliebten.

RAIMUND

Ferdinand R. (1790–1836, Österreicher) war anfangs :uckerbäcker, dann Darsteller komischer Rollen. ·chrieb vor allem Zauberstücke.

Einige Stücke dieses gemütvollen Österreichers eien inhaltlich hier wiedergegeben, weil man ihnen in und wieder noch begegnet. Im Grunde ist ihre Zeit ingst vorüber. Diese Mischung von Volksstück, Posse nd Zauberstück verlangt eine unbeschwerte Zuhöerschaft, die man heute nur ganz selten antrifft.

Der Bauer als Millionär oder Das Mädchen aus der Feenwelt

Dramatisches Original-Zaubermärchen mit Gesang in drei Akten

'ersonen:

Lacrimosa, eine mächtige Fee
Antimonia, die Fee der Widerwärtigkeit
Borax, ihr Sohn, Zauberer aus Warasdin
Ajaxerle, Magier aus Donaueschingen
Zenobius, Haushofmeister
Die Zufriedenheit
Die Jugend
Das hohe Alter
Der Neid
Der Haß

Fortunatus Wurzel, ehemals Waldbauer,
jetzt Millionär
Lottchen, seine Ziehtochter
Lorenz, ehemals Kuhhirte bei Wurzel
Habakuk, Bedienter bei Wurzel
Karl Schilf, ein armer Fischer
Wurzels Zechbrüder
Bediente, Feen, Geister u.a.

Ort: im Feenreich und auf der Erde
Uraufführung Wien 1826

Allegorische Figuren wie Widerwärtigkeit, Zufrie denheit, Haß, Neid, Jugend, Alter, dazu Feen, Geiste und Zauberer, aber auch reale Gestalten wie Baue Fischer, Zechbrüder. Die hoffärtige Fee Lacrimos kann aus ihrer Verbannung nur befreit werden, wen ihre irdische Tochter Lottchen vor ihrem 18. Lebens jahr einen armen Burschen heiratet. Lottchen ist Zieh tochter bei dem Bauern Fortunatus Wurzel und lieb den armen Fischer Karl Schilf. Durch den »Neid bekommt Wurzel einen Schatz, wird hochmütig, zieh in die Stadt, praßt und säuft, will seine Ziehtochter der Fischer nicht mehr geben, es sei denn, sein Haar werd weiß und er selbst ein Aschenmann. Da komm lächelnd die »Jugend«, sich von ihm zu verabschiede (»Brüderlein fein, Brüderlein fein, s'muß geschiede sein«). Dann fliegt das »Alter« zum Fenster herein au einem Wolkenleiterwagen. Wurzel wird weißhaarig Da verflucht er den Reichtum – und ist Aschenmanr wie er's verschwor. Inzwischen ist aber auch de Fischer reich geworden: verschmäht er nicht de

:eichtum innerhalb von acht Tagen, soll er Menschen-
eind werden. Nun, die »Zufriedenheit« überwindet
en Haß und sie veranlaßt auch den Fischer, seinen
:eichtum abzutun. Jetzt können die Feentochter Lotte
nd der Fischer Karl heiraten, die Mutter Fee wird
rlöst, sie macht aus dem Aschenmann wieder den frü-
eren Bauern Fortunatus Wurzel, das junge Paar
ekommt als Brautgabe ein Fischgut.

Der Alpenkönig und der Menschenfeind

Romantisch-komisches Märchen in drei Akten

ersonen:

Astragalus, der Alpenkönig
Linarius und Alpanor, Alpengeister
Rappelkopf, reicher Gutsbesitzer
Sophie, seine Frau
Malchen, seine Tochter aus dritter Ehe
Silberkern, Sophies Bruder
August Dorn, Maler
Lieschen, Kammermädchen
Habakuk, Bedienter bei Rappelkopf
Christian Glühwurm, Kohlenbrenner
Marthe, sein Weib
Salchen, seine Tochter
Kinder Glühwurms
Erscheinungen
Alpengeister

Genien
Bediente

Ort: auf Rappelkopfs Landgut und in dessen Nähe
Uraufführung in Wien 1828

Auch hier sind die – teilweise erstaunlichen – naturalistischen Szenen entschieden am besten gelungen (1828). Und der »Held« Rappelkopf ist aus dem Leben von heute durchaus noch nicht verschwunden.

Der reiche Gutsbesitzer Rappelkopf ist Menschenfeind von Natur aus. Drei Frauen hat er schon unter die Erde geärgert. Jetzt murrt und brummt und schimpft und wütet er mit seiner Familie, untersagt die Verbindung seiner Tochter Malchen mit dem Maler August Dorn, schikaniert die Bedienten, zerschlägt die Möbel und entfernt sich, weil er meint, seine Frau wolle ihn umbringen. Er kauft eine verfallene Köhlerhütte, um sich dort seiner Rappelei hingeben zu können. Berühmt die Darstellung des Lebens der armen Bewohner: der betrunkene Vater liegt im Bett, die kranke Großmutter hustet in einem anderen Bett, die Kinder verlangen frech zu essen, die halbwüchsige Tochter singt ein keckes Liebeslied, die Mutter härmt sich, der Hund bellt, die Katze miaut, Ruß bedeckt die Wände, – vorweggenommener Gerhart Hauptmann. Mit zweihundert Dukaten Kaufgeld zieht die armselige Gesellschaft davon: »So leb denn wohl, du stilles Haus, wir ziehn betrübt aus dir hinaus.« Aber mit der Ruhe ist es nichts. Der Alpenkönig schickt Rappelkopf so viele Schrecken auf den Hals, daß er in seiner Angst Besseung gelobt. Beide ziehen nun in Verkleidung davon: er Alpenkönig in der Maske Rappelkopfs und Rappelopf in der Gestalt des Bruders seiner Frau. Zunächst uß nun Rappelkopf daheim hören, wie man über ihn enkt; nur seine Frau spricht gut von ihrem »unglücklihen Mann«. Manche Pille gilt es zu schlucken. Am ollsten aber wird es, als er nun den Alpenkönig als seien Doppelgänger erlebt: er sieht sich gewissermaßen elbst im Spiegel, sein Toben und Wüten, Brummen nd Schelten. Ganz allmählich wird ihm das Treiben es Doppelgängers doch zu bunt, obwohl dieser urchaus nicht übertreibt. Schließlich streitet er fürcherlich mit dem Alpenkönig (also: sich selbst) herum nd kommt zur Einsicht.

Der Verschwender

Originalzaubermärchen in drei Akten

ersonen:

Fee Cheristane
Azur, ihr dienstbarer Geist
Julius von Flottwell, ein reicher Edelmann
Wolf, sein Kammerdiener
Valentin, sein Bedienter
Rosa, Kammermädchen, dessen Geliebte
Gründling und Sockel, Baumeister
Chevalier Dumont, Herr von Pralling, Herr von Helm, Herr von Walter (Flottwells Freunde)
Ein Geist
Präsident von Klugheim

Amalie, seine Tochter
Baron Flitterstein
Ein altes Weib
Ein Haushofmeister
Ein Juwelier u.a.

Ort: in Flottwells Schloß und dessen Nähe
Uraufführung in Wien 1834

In diesem letzten Stück Raimunds ist – dem Unterti tel zum Trotz – das »Zauberhafte« stark zurückge drängt. Ganz ausgezeichnet gelungen sind die einfa chen Leute aus dem Volke, vor allem der schie unsterbliche Valentin.

Die Fee Cheristane hat drei Jahre lang in einem ein samen Waldhaus mit dem reichen Julius von Flottwe heimliche Liebesfreuden erlebt, alle Wunschperle aus ihrer Zauberkrone für den verschwenderische Freund hingegeben und muß nun zurück ins Feen reich. Die letzte Perle verwandelt sie in Azur, der (i Gestalt eines alten Bettlers) über den Verschwende Flottwell wachen soll. Flottwell wird von seinem Kam merdiener Wolf gründlich hintergangen; so läßt Wo sich von einem Baumeister bestechen, damit dieser der Bau eines neuen Schlosses übertragen wird. Tre sind Flottwell nur zwei Bedienstete: der früher Tischlergeselle Valentin und das Kammermädche Rosa. Drei Jahre später will Flottwell des Präsidente von Klugheim Tochter Amalie heiraten. Da er wieder geliebt wird, schenkt er einem armen Bettler (Azur der einst auch reich gewesen, in Liebesfreude, Ve schwendungssucht und Gutherzigkeit einen größeren Betrag. Einen Schmuck für Amalie, der ihm nicht schön genug erscheint und den er deshalb zum Fenster hinauswirft, nimmt der Bettler ebenfalls mit. Rosa wird des Diebstahls verdächtigt. Da der Präsident dem Verschwender seine Tochter nicht geben will, diese vielmehr mit einem Baron Flitterstein verlobt, beschließen die Liebenden, heimlich zu fliehen. In der Fremde verliert er durch seine Leichtfertigkeit Frau und Kind und Vermögen. Nach zwanzig Jahren steht er als Bettler wieder vor seinem Schloß: es gehört »Herrn von Wolf«, seinem früheren Kammerdiener. An Hilfe ist nicht zu denken. Da findet er zu Valentin und Rosa, die mittlerweile ein mit fünf Kindern gesegnetes Paar geworden sind. Der nunmehrige Tischlermeister Valentin nimmt seinen einstigen Herrn in Treuen auf, gibt ihm zu essen, hört sich dessen Lebensbeichte an und zieht daraus die Lehre: »Da streiten sich die Leut herum, oft um den Wert des Glücks ... Das Schicksal setzt den Hobel an und hobelt alles gleich.«

GRILLPARZER

Franz G. (1791–1872, Österreicher) studierte Rechtswissenschaften, wurde Hauslehrer, war 1813/56 im österreichischen Staatsdienst. Reiste durch viele europäische Länder. Zahlreiche Enttäuschungen verbitterten ihn. 1863 fast taub. Schrieb u.a. dramatische Werke, Erzählungen, Gedichte, Theaterstudien, Erinnerungen.

Grillparzer haßte den Metternich-Geist seiner Zeit, haßte die damalige Wiener gemütliche Gleichgültigkeit und er haßte – so will es zuweilen scheinen – auch seine eigene Art, die zwischen überquellender Phantasie und kalter Selbstkritik hin und her schwankte. Er griff nach den Sternen und war dazu berechtigt; denn er gehörte zu den begabtesten Dichtern jener Jahrzehnte. Doch auf seinem Höhenflug erwies sich der kalte, sachliche Verstand als hemmender Ballast. Und wenn es gar Widerstände oder Enttäuschungen gab, dann war er hilflos, wurde schwächer und schwächer. Er hatte die spanischen Barockdichter sorgfältig studiert, nicht minder Shakespeare, Goethe und Schiller; diesen Vorbildern ist er denn auch nahe gekommen, – freilich hat er sie nie erreicht.

Von Grillparzers Werken sind nur die folgenden noch wirklich bekannt.

Sappho

Trauerspiel in fünf Akten

Personen:

Sappho
Phaon
Eucharis und Melitta, zwei Dienerinnen Sapphos
Rhamnes, ein Sklave

Ort und Zeit: die Insel Lesbos, griechisches Altertum
Uraufführung 1818 in Wien

Gewiß nicht immer theatermäßig geschrieben, dafür edel in der Verssprache und gewichtig im Thema, nämlich dem Widerstreit von Kunst und Leben.

Sappho kehrt von den olympischen Spielen als umjubelte Siegerin im Dichterwettkampf auf ihre Insel Lesbos zurück. Mit sich bringt sie den einfachen, natürlichen Jüngling Phaon, der ihr in blinder Begeisterung zu Olympia zu Füßen stürzte. Schon liebt sie den unverbildeten Jüngling; gern möchte sie, wie sie selbst sagt, den unfruchtbaren Lorbeer mit der Myrthe vertauschen. Phaon weiß, daß er an Sapphos Größe nicht heranreicht; er bewundert sie, verehrt sie, aber er liebt sie nicht als Weib, weil sie zu hoch über ihm steht. Mählich zieht es ihn zu Sapphos lieblicher Sklavin Melitta. Aus Scherzen wird Neigung und – als Sappho eifersüchtig Melitta töten will – Liebe. Auf Geheiß Sapphos soll Melitta fortgeschafft werden. Der naturhafte Phaon, der sich nun vollends dem Naturkind Melitta verbunden fühlt, flieht mit der Geliebten. Doch die Fliehenden werden aufgegriffen und vor Sappho gebracht Melitta beugt sich demütig vor der Herrin; Phaon aber durch die Liebe zum Mann geworden, findet die rechten Worte für das, was er ist, und für das, was Sapphc sein soll. Sappho ist erschüttert; sie erkennt, daß mar nicht auf den höchsten Höhen des Geistes wandeln und zugleich alle irdischen Güter gewinnen kann Einst wünschte sie, »das Leben aus der Künste Taumelkelch, die Kunst zu schlürfen aus der Hand des Lebens«. Bitter muß sie die Wahrheit erfahren, die sie zuvor schon ausgesprochen hatte: »Wen Götter sich zum Eigentum erlesen, geselle sich zu Erdenbürgern nicht.« Nach schwerem Kampf segnet die stolze Dichterin die Liebenden. Doch sie selbst vermag nicht mehr zu leben und stürzt sich von einem Felsen ins Meer.

Medea

Trauerspiel in fünf Aufzügen

Personen:

Kreon, König von Korinth
Kreusa, seine Tochter
Jason
Medea
Gora, ihre Amme
Ein Herold der Amphiktyonen
Ein Landmann
Diener und Dienerinnen
Medeas Kinder

Ort und Zeit: Korinth, griechische Sagenzeit
Uraufführung 1821 in Wien

Die »Medea« ist eigentlich nur das Schlußstück einer dreiteiligen Gesamtdichtung »Das goldene Vlies«. Das Gesamtwerk vermag zwar neben ähnlichen Großwerken wie Schillers »Wallenstein« und Hebbels »Nibelungen« durchaus zu bestehen, wird aber als Ganzes so selten aufgeführt, daß hier nur die »Medea« wiedergegeben wird. Wesentlich, daß Grillparzer nun zu einer Gestaltungsweise fortgeschritten ist, in der Schuld und Schicksal sich dicht ineinander verweben. Das goldene Vlies stellt sinnbildhaft das Streben nach äußerem Glück und Ruhm dar, das »sinnliche Zeichen des Wünschenswerten, das mit Begierde Gesuchte, mit Unrecht Erworbene«. Die Schuld liegt also nicht im Schicksal oder einem Fluch, sondern in der Begierde, im unrechten Denken und Tun.

Aus der Vorgeschichte (»Der Gastfreund« und »Die Argonauten«) ist folgendes zu erwähnen. Ein junger Grieche hatte das goldene Vlies aus dem griechischen Delphi entwendet und es nach dem barbarischen Kolchis am Schwarzen Meer gebracht. Dort setzte sich der hinterhältige König Aietes in den Besitz des Vlieses; der junge Grieche und seine Gefährten mußten ihr Leben lassen. Jahre darauf fuhr der Griechenheld Jason nach Kolchis und gewann unter schwersten Kämpfen das Vlies zurück. Das konnte ihm nur gelingen, weil die Königstochter Medea ihn liebgewann und mit ihren Zauberkünsten half. Ihr Vater und ihr Bruder kamen bei dem Geschehen um; Medea aber folgte Jason nach Griechenland.

1. AKT: Vor den Mauern von Korinth. Vier Jahre sin verstrichen. Jasons Oheim Pelias war seinem Neffen obwohl dieser das Vlies gewann, nicht mehr rech gewogen, weil ihm die Barbarentochter Medea al Verwandte eines griechischen Königshauses nich zusagte. Als Pelias unvermutet starb, beschuldigt man Medea, an seinem Tod schuld zu sein. Jason un Medea sind nach Korinth geflohen, um König Kreo um Schutz zu bitten. Ohne Bedenken gewährt Kreo dem Jason Zutritt; aber vor Medea und den Kinder scheut er zurück; erst seine Tochter Kreusa überrede den Widerstrebenden. Jason, dem Medea in ihrer Hei-mat liebenswert erschien, hat sich in Griechenlan längst von ihr gelöst. Schwer tragen die Beiden der Zwang ihres Verschiedenseins.

2. AKT: Halle in Kreons Königsburg. Medea, nun mehr griechisch gekleidet, müht sich unter Kreusa liebevoller Anleitung, die Leier zu schlagen und ei Lied zu lernen, das Kreusa einst von Jason hörte. Ent-täuscht ist sie über den ichsüchtigen Jason, zürnt ih ob seiner Selbstherrlichkeit. Jason naht, schickt Mede roh zu den Kindern und klagt dann seiner Jugengespie lin, durch Medea sei sein Leben zerbrochen. Als di wiederkehrende Medea ihm das Lied singen will, hör er nicht hin, und als sie in Verzweiflung und Scha steckenbleibt, verlangt er, das Lied von Kreusa z hören. Da bricht die gepeinigte Medea die Leier i Stücke. Im gleichen Augenblick hört man Trompeten-stöße. Ein Herold aus Jasons Heimat ist gekommen den Bann über ihn zu sprechen, weil er seinen Oheir getötet und das Vlies geraubt habe. König Kreon abe

etzt sich für Jason ein; er will ihm sogar Kreusa zum Veibe geben. Medea verbannt er, ihre Kinder jedoch ollen beim Vater bleiben. Rache schwörend eilt Medea davon.

3. AKT: Vorhof von Kreons Burg, Gora treibt Medea ur Rache an. Kreon verlangt von dem unsicher ewordenen Jason, er solle von Medea das goldene lies fordern. Noch einmal treffen sich die unglückli-hen Gatten in langer Auseinandersetzung. Endlich esteht er ihr wenigstens einen Knaben zu. »Und wel-her?« – »Ihnen selbst, den Kindern, sei die Wahl«. reusa führt die Kinder herbei. Aber keines will zu der ilden Mutter zurück. »Ich bin besiegt, vernichtet, zer-eten! Sie fliehn mich, fliehn! Meine Kinder fliehn!«

4. AKT: Burgvorhof wie im dritten Akt. Abenddäm-erung. Kreon verlangt von Medea das goldene Vlies. ls sie sich doppelsinnig weigert, läßt er eine Kiste vor e bringen, die man am Strande gefunden hat (Medea atte sie vor dem Betreten der Burg dort vergraben). Ihr aubergerät! Medea triumphiert, verstellt sich aber reon gegenüber. Der Kiste entnimmt sie ein Gefäß, it Zaubersalben gefüllt, deckt das goldene Vlies dar-ber und schickt es durch Gora als Geschenk an reusa. Auf Kreons Geheiß werden ihr die Kinder noch inmal gebracht. Gora kommt entsetzt zurück: die aubersalben haben gewirkt, Kreusa ist tot, der Palast eht in Flammen. Da reißt Medea die Kinder an sich, ilt mit ihnen in den Säulengang und tötet die Kleinen.

5. AKT: Burgvorhof in der Morgendämmerung, rau chende Trümmer. Gora, nun wieder die alte, hassend Kolcherin, schreit Kreon und Jason zu, daß sie sich a Medea versündigt haben. Dem schmerzgebeugte Kreon dämmert langsam, daß er unrecht getan. Er ver bannt Jason. – Wilde einsame Gegend. Der flüchtig Jason trifft Medea, das Vlies wie einen Mantel um ihr Schultern tragend. Ruhig und düster tritt sie ihm entge gen: »Dir scheint der Tod das Schlimmste. Ich kenn ei noch viel Ärgres: elend sein!« Sie geht nach Delph »An des Gottes Altar, Von wo das Vlies einst Phryxu weggenommen, häng ich ... es auf, das selbst di Flamme nicht verletzt ... Dort stell ich mich den Prie stern dar, sie fragend, Ob sie meine Haupt zum Opfe nehmen an.«

König Ottokars Glück und Ende

Trauerspiel in fünf Akten

Personen:

König Ottokar von Böhmen
Margarete von Österreich, seine erste Frau
Kunigunde von Massovien, seine zweite Frau
Rudolf von Habsburg
Bela, König von Ungarn
Der alte Merenberg
Seyfried, sein Sohn
Benesch, Milota, Zawisch: die Rosenberge
Berta, Beneschs Tochter

Braun von Olmütz, Ottokars Kanzler
Herbott von Füllenstein u.a.

)rt und Zeit: im Schloß zu Prag, an der Donau, und an nderen Orten in Böhmen, 13. Jahrhundert
'rauffühung Wien 1825

In diesem Stück geht es um König Ottokar von Böhnen und Kaiser Rudolf von Habsburg, und an solchem toff möchte man leicht Anstoß nehmen. Das seeliche Problem jedoch – Einfachheit und Recht gegen .nmaßung und Prunk – dürfte heute noch die gleiche edeutung haben wie nur je. Zudem hat Grillparzer in iesem Trauerspiel einen dramatischen Atem, der an en Sturmhauch der größten europäischen Bühnenichter gemahnt. Aber »man kann doch nicht wissen«.

Ottokar läßt sich von seiner Gemahlin Margarete von)sterreich scheiden, um Kunigunde von Ungarn zu eiraten (sie ist jünger und bringt ihm neuen Machtzuachs). Der Kaiserkrone glaubt er sicher zu sein und pielt sich bereits als oberster Herr auf, der Recht und esetz mißachten kann. Kaiser wird aber der einfach ebende, gerecht handelnde Rudolf von Habsburg. Er ordert von Ottokar die durch seine Trennung von Mararete erledigten Reichslehen zurück und verlangt den uldigungseid. Spät entschließt sich Ottokar zu der om Kaiser vorgeschlagenen Zusammenkunft. Sein runkhaftes Auftreten scheitert an der machtvollen icherheit Rudolfs von Habsburg. Dieser will ihn in seiem Stolz schonen und den Huldigungseid in seinem elt unter vier Augen entgegennehmen, damit nieiand sehe, wie Ottokar vor dem Kaiser kniet. Doch der intrigierende Zawisch von Rosenberg, der mit Otto kars junger Gemahlin ein unerlaubtes Verhältni begonnen hat, zerhaut mit dem Schwert die Zelt schnüre, so daß alles Volk Ottokar knien sieht. In sei nem Stolz gekränkt, brütet Ottokar über seine – wie e glaubt – verlorene Ehre. Zunächst tatenlos, dann aber als er sich von Volk und Hof und Gemahlin verachte sieht, braust er auf und empört sich mit Heeresmach gegen den Kaiser. Aber er ist innerlich gebrochen. E glaubt nur an ein ihm gebührendes Glück, verabsäum die wichtigsten Kriegsgeschäfte, betet an der verstor benen Margarete Sarg. Rudolf von Habsburg dagegen handelt schnell und zweckmäßig. Auf dem Marchfeld wird Ottokars Heer geschlagen, er selbst fällt, obwoh der Kaiser seinen Tod verhindern wollte. Des Kaiser Sohn Albrecht wird mit Österreich belehnt. »Hoch Österreich! Habsburg für immer!«

Des Meeres und der Liebe Wellen

Trauerspiel in fünf Akten

Personen:

Hero
Der Oberpriester, ihr Oheim
Leander
Naukleros
Janthe
Der Hüter des Tempels
Heros Eltern
Diener, Fischer, Volk

)rt und Zeit: am Hellespont, griechische Sagenzeit
Jraufführung Wien 1829

Verhältnismäßig wenig dramatisch, aber edel und chlicht in Haltung, Gliederung und Sprache. Eine arte Liebesdichtung von gedämpfter Trauer und veraltenem Humor. – Hero bereitet sich vor für ihre Veihe als Priesterin der Liebesgöttin Aphrodite. Doch erwirrt schaut sie in die Augen des Jünglings Leander, er mit seinem Freunde Naukleros gekommen ist, um em Weihefest beizuwohnen. Auch Leander hat zum rsten Mal der Liebe Macht verspürt; in einem Hain virft er sich Hero zu Füßen, bekennt ihr seine Liebe. Als riesterin sollte sie ihm zürnen; doch als Frau vermag ie es nicht. Dem hinzutretenden Oberpriester gegenber gibt sie Leander als Kranken aus. Am Abend sitzt Iero beklommen in ihrer Turmwohnung, gedenkt des inglings, haucht ein »Gute Nacht« in die Ferne. »Gut' Jacht« tönt es vom Fenster, – Leander ist gekommen, eschwommen durchs Meer, geleitet vom Schein der ampe. Den Liebenden vermag sie, selbst von Liebe rgriffen, nicht fortzuweisen. – Der Wächter berichtet em Oberpriester, daß eine Lampe die ganze Nacht im 'urm gebrannt und er einen Mann habe entweichen ehen. Hero macht durch ihr Verhalten den Oberpriester mißtrauisch. – Der vorsichtig erwägende Naukleos schließt den »Armseligen, von Lieb und Wellen natt« ein, um ihn vor Gefahren zu bewahren. Doch mit en Waffen macht sich Leander frei. – Hero verstellt ich so gut, daß des Priesters Verdacht zu schwinden eginnt. Die Liebende, ermattet durch vielerlei eschäfte, die der Oheim ihr absichtsvoll aufgetragen, schlummert auf einer Bank ein. Im Turmgemach schimmert die Lampe, die Janthe auf Heros Geheiß entzündete. Der Priester geht, sie zu entfernen. Zu spät erwacht Hero. Zwar hofft sie, der Sturm habe die Lampe rechtzeitig gelöscht und so Leander am Kommen gehindert. Da erblicken die Mädchen die Leiche Leanders. Ohnmächtig sinkt Hero zu Boden. Leander ist ertrunken, weil beim Durchschwimmen der Meeresenge die Lampe plötzlich erlosch. Der Priester will jedes Aufsehen vermeiden. Aber die Leiche ist bereits zum Tempel gebracht worden. – Tempelinneres. Der aufgebahrte Leander soll auf des Priesters Befehl über das Meer geschafft werden. Als der tote Geliebte davongetragen wird, bricht Hero tot zusammen.

Der Traum ein Leben

Dramatisches Märchen in vier Akten

Personen:

Massud, ein reicher Landmann
Mirza, seine Tochter
Rustan, sein Neffe
Zanga, Negersklave
Der König von Samarkand
Gülnare, seine Tochter
Der alte Kaleb
Karkhan
Der Mann vom Felsen
Ein altes Weib

Höflinge
Soldaten

Ort und Zeit: ländliche Gegend, Inneres einer Hütte, am Hofe des Königs von Samarkand, unbestimmte, märchenhafte Zeit
Uraufführung Wien 1834

Dieses Bühnenstück erinnert nach Sinn und Titel an »Das Leben ein Traum« von Calderon, mit dessen Werken Grillparzer sich lange Zeit beschäftigt hatte. Das Geschehen ist denkbar einfach nach Art eines opernhaften Volksstückes. Der unruhig-ehrgeizige Rustan fühlt sich in dem ruhigen bäuerlichen Lebenskreis seines Onkels Massud und dessen Tochter Mirza nicht mehr wohl. Stärker als seine Liebe zu Mirza ist sein ehrgeiziger Tatendrang, den der Negersklave Zanga noch schürt. Als er hört, der König von Samarkand verspreche demjenigen, der ihn aus kriegerischen Bedrängnissen rette, die Hand seiner Tochter Gülnare, steht Rustans Entschluß fest: morgen will er ausziehen in die Welt. Und nun nimmt ein Traum alle Erlebnisse gewissermaßen vorweg. Rustan will dem von einer Schlange bedrohten König beistehen, verfehlt aber das Untier. Ein anderer Mann tötet die Schlange und verschwindet. Rustan gibt vor (der Negersklave flüstert es ihm ein), Retter des Königs zu sein, erhält von diesem als Geschenk einen Dolch und ersticht mit der Königswaffe den Unbekannten, als dieser seinen Lohn fordert. Er siegt über des Königs Feinde, verlobt sich mit der Königstochter Gülnare, muß aber, als der Verdacht, den Unbekannten ermordet zu haben, auf ihn fällt (der Dolch verrät ihn), zu verbrecherischen Mitteln greifen. Den König läßt er vergiften und er selbst besteigt den Thron. Auch Gülnare wird mißtrauisch, ein Aufruhr bricht los, Rustan muß fliehen, stürzt in einen Abgrund – und erwacht. Der Traum hat ihm gezeigt, was für ein Leben ihm bevorstehen könnte, und so beschließt Rustan, den Versucher Zanga fortzuschicken und mit Mirza ein Leben stillen Glücks zu führen.

Weh dem, der lügt!

Lustspiel in fünf Akten

Personen:

Gregor, Bischof von Chalons
Atalus, sein Neffe
Leon, Küchenjunge
Kattwald, Graf im Rheingau
Edrita, seine Tochter
Galomir, ihr Bräutigam
Gregors Hausverwalter
Der Schaffer und zwei Knechte Kattwalds
Ein Pilger
Ein fränkischer Anführer
Ein Fischer
Sein Knecht

Ort und Zeit: Dijon, Metz und Rheingau; frühes Mittelalter
Uraufführung 1838 in Wien

Ein sträflich vernachlässigtes Stück. Gewiß sind Lessings »Mina von Barnhelm« und Kleists »Zerborchener Krug« bedeutender; aber wir Deutsche haben so wenige gute Lustspiele, daß wir nicht immer nur an die Spitzenwerke der heiteren Bühnendichtung denken sollten. Und es ist zu bedenken, ob dieses Grillparzer-Werk in einer guten Aufführung für den Zuschauer von heute nicht mindestens so stark wirken würde wie die genannten Stücke von Lessing und Kleist.

1. AKT: Der Küchenjunge Leon kündigt seinem bischöflichen Herrn den Dienst, weil er in der geizigen Hofhaltung nicht mehr leben mag. Der feinsinnige Bischof klärt ihn auf: er spare, um das Lösegeld für seinen im Rheingau gefangengehaltenen Neffen Atalus zusammenzubringen. Leon begeistert sich an dem Gedanken, den Gefangenen zu befreien. Der Bischof läßt ihn reisen, doch unter der Bedingung, nicht zu Lug und Trug zu greifen.

2. AKT: Munter-frech redend läßt sich Leon an den wildbärtigen Rheingaugrafen Kattwald verkaufen und kirrt den verfressenen Gierkopf durch Schilderung seiner Kockkünste. Er reißt sogleich das Heft an sich und bereitet lärmend das Mahl. Mit der neugierig herbeieilenden Grafentochter Edrita stellt er sich sofort auf gleich und gleich. – Edrita geht mit Leon, Küchenkräuter pflücken, und zeigt ihm den Pferde hütenden Atalus. Ihm gibt sich Leon als Befreier zu erkennen; doch das hochgeborene Herrlein will weder von einem Koch befreit, noch – und wenn's um die Rettung ginge – selbst nur zum Schein in der Küche beschäftigt wer-

den. Graf Kattwald kommt hinzu, fragt lauernd, ob Leon mit dem Gefangnene fliehen wolle. »Erraten, Herr, zu zweien läuft sich's besser.« Der nimmt die Wahrheit als Scherz und zwingt Atalus in die Küche.

3. AKT: Während in der Halle gewaltig gegessen und getrunken wird, entwickelt Leon den Fluchtplan: er selbst werde den Schlüssel aus des Grafen Kammer holen, Atalus solle einen Brückenpfosten ausgraben, damit die Verfolger in den Graben stürzen. – Edrita hat den richtigen Schlüssel gebracht, nennt das Losungswort »Arbogast« und heißt die beiden Fremdlinge fliehen. Unter den Verfolgern stürzt die Brücke zusammen, der halb-blöde Edeling Galomir, Edritas Bräutigam, fällt in den Graben, Edrita flieht vor dem Zorn ihres Vaters.

4. AKT: Waldige Gegend. Selbst auf der Flucht rümpft Atalus noch immer die Nase über seinen Befreier. Edrita will sich den Fliehenden anschließen. Obwohl Leon das frische Ding gern hat, widersetzt er sich, weil er an die Ermahnungen des Bischofs denkt. Der Verfolger Galomir wird überlistet und an einen Baum gebunden. Endlich kann er sich losmachen und durch Hornruf die anderen Verfolger auf die Spur hetzen. – Der dem Grafen Kattwald zinspflichtige, aber feindlich gesinnte Fährmann hätte die Fliehenden getötet, wenn Leon nicht um der Wahrheit willen sich und seine Gefährten als Feinde des Grafen bekannt hätte. So werden sie übergesetzt.

5. AKT: Vor den Toren von Metz. Leon wacht, Atalus und Edrita, die sich von Leon abgesondert hat, schlafen in einer Scheune. Galomir mit seinen Knechten, stürmt herbei. Leon weiß keine andere Rettung als Gott, der ihm seine Wunderhilfe versprochen habe. Nun fordert er betend das versprochene Wunder: »Weh dem, der lügt!« Da öffnet sich das Stadttor bei Glockenklang: gerade gestern wurde die Stadt von den Franken eingenommen, – Wunder und Hilfe sind da! Der Bischof umarmt beglückt den befreiten Neffen, heißt Galomir und die Seinen heimziehen. Edrita will bleiben und Christin werden; Atalus, den sie immer nur gehänselt hat, begehrt sie zum Weibe. Leon aber will in die Welt. Warum? Er windet sich, bis der Bischof sagt: »Weh dem, der lügt!« Darauf Leon: »Nun Herr, das Mädchen liegt mir selbst im Sinn./Will sie mich nicht, mag sie ein andrer haben;/Doch zusehn/eben, wie man sie vermählt ...« Da gesteht Edrita ihre Liebe zu ihm. Und Atalus, der endlich vernünftig wird, gönnt sie seinem Retter.

Ein Bruderzwist in Habsburg

Trauerspiel in fünf Akten

Personen:

Rudolf II., römisch-deutscher Kaiser
Matthias und Max, seine Brüder
Ferdinand und Leopold, seine Neffen
Melchior Klesel u.a.

Ort und Zeit: Prag, Wien, Ungarn, vor 1618
Uraufführung Wien 1872

Erzherzog Matthias strebt nach dem Kaiserthron. Er sucht seinen Bruder, Rudolf II., auf und beredet ihn dazu, ihm ein Kommando in Ungarn zu übertragen. Rudolf, der schwermütige, mißtrauische, fast nur an Kunst und Wissenschaft interessierte Herrscher, gewährt Matthias sein Verlangen. Dieser schließt, in Verfolgung seines Plans, mit den Türken eigenmächtig einen Frieden. Daraufhin wird er von den ungarischen Edlen zum König ausgerufen. In seiner neuen Würde nimmt Matthias auch die Huldigungen der Österreicher entgegen. – Kaiser Rudolf erkennt erst jetzt die drohende Gefahr eines Bürgerkrieges und sucht vergebens dieselbe abzuwenden, indem er den Böhmen größere Freizügigkeit einräumt. Dieser Schritt erfolgt aber zu spät: Matthias marschiert auf Prag zu, unter dem Jubel des Volkes, das den rechtmäßigen Kaiser gefangennimmt. Die Lage scheint sich zu wenden, als Erzherzog Max, der andere Bruder Rudolfs, und sein Neffe Ferdinand die Beteiligung an den Erhebungen bereuen und den Kaiser um Nachsicht bitten. Aber Rudolf will sich nicht mehr gegen den Gang der Ereignisse stemmen – ohne Kampf übergibt er die Macht an Matthias, der damit am Ziel seiner Wünsche steht, noch ehe Rudolf bald danach stirbt.

Das große Habsburgerdrama ist wegen der Gestalt Rudolfs II. und des Intrigenspiels um sein Erbe eines der bedeutendsten Dramen der Weltliteratur.

SCRIBE

Eugène S. (1791–1861, Franzose) war ausschließ-
ch Theaterschriftsteller. Wurde Mitglied der Franzö-
ischen Akademie. Schrieb – z.T. mit anderen – etwa
00 Stücke für Sprechbühne und Oper.

Auf der Bühne kommt es nicht darauf an, das Leben
der Gedanken darzustellen, sondern fesselnd zu
nterhalten, – diese Worte sprach Scribe vor den
Unsterblichen« der Französischen Akademie, als er
elbst deren Mitglied wurde. Man möchte wünschen,
der Schreiber von Bühnenstücken würde sich diesen
atz stets vor Augen halten. Er ist ohne Zweifel für uns
in-seitig; aber gerade auf diese eine Seite kommt es
n, wenn man *Theater*stücke schreiben will. Freilich,
m fesselnd unterhalten zu können, muß man sein
andwerk so verstehen wie Scribe (und seine Mitar-
eiter, mit denen er Hunderte von wirksamen Spielen
usammenbrachte). Was je bühnenwirksam gewesen
st und sein wird, findet sich in seinen Bühnenwerken,
, ihm waren die Theatertricks wichtiger als das
igentliche Geschehen. Das machen ihm gerne dieje-
igen zum Vorwurf, die ihm handwerklich nicht das
Vasser reichen können. Aber schließlich arbeitet das
eben selbst gar nicht so selten mit derartigen
Tricks«. Wie oft haben kleine Ursachen große Wir-
ungen! Nur wird im Leben meist nicht so geschliffen
nd hintergründig gesprochen wie in den Konversa-
onsstücken dieses französischen Meisters der Hand-
ungs- und Redeführung.

Das Glas Wasser oder »Ursachen und Wirkungen«

Lustspiel in fünf Aufzügen
(Bühnenbearbeitung von A. Cosmar)

Personen:
Anna, Königin von England
Herzogin von Marlborough
Henriy Saint-John, Vicomte von Bolingbroke
Masham, Fähnrich im Garderegiment
Abigail, eine Verwandte der Herzogin
Marquis von Torcy, Gesandter Ludwigs XIV.
Lady Abercromby
Lady Albermale
Thompson, Türsteher der Königin
Ein Mitglied des Parlaments
Herren und Damen vom Hofe
Gefolge der Königin
Mitglieder der Oppositionspartei
Pagen
Diener

Ort und Zeit: London im Saint-James-Palast, 1710
Uraufführung 1840 in Paris

1. AKT: Bolingbroke, Führer der Opposition und Gegner des ebenso tüchtigen wie eigennützigen Herzogs von Marlborough, will durch ein Abkommen mit Frankreich den Krieg beenden, stößt aber auf den erbitterten Widerstand der die Königin beherrschenden Herzogin. Bolingbroke benutzt den jungen Fähnrich Masham, der von einer ihm unbekannten Persön

ichkeit begönnert wird, um zur Königin vorzudringen. Er benutzt auch dessen heimliche Verlobte Abigail, Juwelenverkäuferin, Verwandte der Herzogin und Schützling der Königin, für seine Absichten. Aber die Herzogin weiß zu parieren: sie hat Bolingbrokes Schuldscheine zusammengekauft, verhindert Abigails Anstellung bei der Königin. Und Masham glaubt fliehen zu müssen, weil er im Zweikampf einen Angehörigen des Hochadels getötet hat.

2. AKT: Der Getötete war ein Vetter Bolingbrokes und hinterläßt ein reiches Erbe. Es stellt sich heraus, daß die Herzogin den jungen Masham begünstigt und ihn zum Kapitän der Garde befördert hat, weil sie in ihn verliebt ist. Mit diesem Wissen zwingt Bolingbroke die Herzogin, Abigail doch in den Dienst der Königin treten zu lassen.

3. AKT: Aber auch die schwache Königin empfindet für Masham heimliche Liebe. Es gelingt, Bolingbroke Zutritt zur Königin zu verschaffen und so die Verabschiedung des französischen Gesandten und damit das Scheitern der von Bolingbroke gewünschten Verhandlungen um einen Tag hinauszuschieben.

4. AKT: Die erboste Herzogin sinnt auf einen Gegenschlag. Aber ihre Verliebtheit spielt ihr einen Streich. Sie lädt Masham unter Vorspiegelung »dienstlicher Gründe« für den Abend zu einem Stelldichein ein. Abigail wird eifersüchtig; denn auch die Königin will um die gleiche Zeit mit Masham zusammentreffen. Bolingbroke frohlockt, als er davon erfährt. Er verrät

der Herzogin, Masham sei für den Abend mit einer hohen Dame verabredet. Mit welcher? Das werde sie an einem Zeichen erkennen beim Spielabend der Königin. An welchem Zeichen? Das sage er ihr nur, wenn sie dem französischen Gesandten, der nun doch von der schwachen Königin die Pässe zugestellt bekommen hat, zum Spielabend einlädt. Die Herzogin schreibt die Einladung, Bolingbroke eröffnet ihr: die Dame, die heute abend von Masham ein Glas Wasser verlangen werde, sei ihre Nebenbuhlerin. Beim Spiel verlangt – die Königin das Glas Wasser! Die überraschte Herzogin vergißt sich so, daß sie ihre Entlassung erhält. Aber sie rächt sich, indem sie der Königin mitteilt, daß Masham der Duellgegner des getöteten Lords war.

5. AKT: Fast wäre es der Herzogin gelungen, wieder ihre alte Stellung zu erobern; das weiß Bolingbroke zu verhindern, indem er der Königin mitteilt, daß die Herzogin ihre Nebenbuhlerin bei Masham ist. Nun unterschreibt die Königin die von Bolingbroke gewünschten Vollmachten, die Masham ihr bringt. Voll Liebe unterhält sie sich mit dem jungen Kapitän. Er muß sich schnell verstecken, als die Herzogin naht. Diese entdeckt ihn jedoch. Aber Bolingbroke weiß auch diese Peinlichkeit zu meistern: Masham sei der heimliche Gemahl Abigails und habe sich vor Antritt seiner Strafe von seiner Gattin verabschieden wollen. So sieht es aus, als ob Masham, um den Ruf der Königin zu retten, »gezwungen« sich zu Abigail bekennt. Die Königin steht rein da, die Herzogin ist geschlagen, das junge Paar ist vereinigt, Bolingbroke wird Minister.

NESTROY

Johann N. (1801–1862, Österreicher) war Darsteller omischer Rollen. Seit 1854 Leiter des Wiener Carl-heaters. Schrieb vor allem Possen und Parodien.

Wenn heute jemand eine mittelmäßige Posse chreibt, so wird er im Handumdrehen kritisch aufge-pießt. Nestroy aber, der viele schlechte Possen von usgesprochenem Vorstadtgeschmack geschrieben nd etliche manchmal witzige, im ganzen aber sehr edenkliche Parodien und Travestien verfertigt hat, vird in jede »Klassiker-Bibliothek« aufgenommen, nd das, obwohl der Boden, auf dem diese Gewächse in Scheinleben führen konnten, längst verschwun-en ist. Nestroy selbst würde wahrscheinlich spöttisch rinsen, wenn er von seiner Erhöhung in den »Klassi-er«-Stand erführe. Wie sagte er doch selbst: »G'fallen ollen meine Sachen, unterhalten – lachen sollen die eut' und mir soll die G'schicht a Geld tragen, daß ich uch lach, das ist der ganze Zweck. G'spaßige Sachen chreiben und damit nach dem Lorbeer trachten wol-en, das ist grad so, als wenn einer Figuren aus Zwet-chenkrampus macht und gibt sich für einen Rivalen on Canova (berühmter Bildhauer) aus.« Wie sympa-hisch diese Offenheit, gegen die doch auch gar nichts inzuwenden ist! Und sitzt er da mit seinem Zwet-chenkrampus in der Hand und dem Lorbeerkranz auf em Haupt. Schade, daß er das nicht mehr erleben onnte, – er würde sogleich eine Posse aus diesem

Stoff machen und seine andächtigen Bewundere ebenso schonungslos geißeln, wie er alles gegeißel hat, was ihm unter die Finger kam und was Lachen versprach.

Der böse Geist Lumpazivagabundus oder Das liederliche Kleeblatt

Zauberposse mit Gesang in drei Akten

Personen:

Stellaris, Feenkönig
Fortuna, eine mächtige Fee
Brillantine, ihre Tochter
Amorosa, eine mächtige Fee
Mystifax, ein alter Zauberer
Hilaris, sein Sohn
Lumpazivagabundus, ein böser Geist
Leim, ein Tischlergesell
Zwirn, ein Schneidergesell
Knieriem, ein Schustergesell
Hobelmann, Tischlermeister in Wien
Peppi, seine Tochter
Signora Palpiti
Ihre Töchter u.a.

Ort: teils in Ulm, Wien, Prag und im Feenreich
Uraufführung Wien 1833

Es geht hier um eine Wette im Feenreich. Die Fee Fortuna soll das Recht haben, ihre Tochter Brillantine dem Zauberersohn Hilaris zu verweigern, wenn sie von drei leichtfertigen Kumpanen, die dem bösen Geist Lumpazi anhangen, wenigstens zwei wieder auf die rechte Bahn bringt. Es gelingt ihr aber nur mit einem, und so können die Liebenden sich vermählen. (Um des guten Endes willen werden die beiden unverbesserlichen Hallodris doch noch begnadigt und brave Handwerksmeister.) So fad die Rahmenhandlung ist, so spaßhaft wirkt manche Szene um »Das liederliche Kleeblatt«: den Tischler Leim, den Schneider Zwirn und den Schuster Knieriem. Alle drei gewinnen in der Lotterie je 30000 Taler. Leim hält sein Geld zusammen, doch die beiden anderen verlumpen es in großzügiger, vornehmtuerischer Manier. Was solle man sich noch bessern, meint Knieriem, im nächsten Jahre gehe ja doch die Welt durch den angekündigten Kometen zugrunde. Und der Schneider spielt den vornehm-frechen »Herr von Zwirn«, bis auch er mit seiner Weisheit und seinem Geld am Ende ist. Leim nimmt die Verkommenen in sein Haus auf, aber sie lassen sich doch nicht halten: Lumpazi ist ein zu böser Geist, und das Herumlumpen ist doch zu schön. Na, und dann kommt der recht unglaubhafte Schluß, wie oben angedeutet.

GRABBE

Christian Dietrich G. (1801–1836) wollte gern Schauspieler werden, studierte aber Rechtswissenschaften und ging in den Staatsdienst, aus dem er jedoch bereits 1834 wegen Erkrankung wieder entlassen wurde. Immermann holte ihn nach Düsseldorf. Schrieb vor allem Bühnenwerke.

Sturm und Drang, Romantik und Realismus geben sich in Grabbes Werk ein seltsames Stelldichein. Aber was immer man gegen diese unmögliche Mischung sagen, was immer man aussetzen mag an dem unausgewogenen Bau seiner Theaterdichtungen, – stets finden sich Einzelheiten, deren Größe ergreift und erschüttert. Auch seine Problemstellung hat vielfach noch heute Gültigkeit, selbst wenn man die Lösungsmöglichkeiten anders sieht als der Dichter. Gewisse Stücke wie das treffliche Lustspiel »Scherz, Satire, Ironie und tiefere Bedeutung« sind allerdings nur nach gründlicher Überarbeitung noch bühnenfähig. Sehr beachtenswert »Don Juan und Faust«.

Don Juan und Faust

Tragödie in vier Akten

Personen:

Der Gouverneur Don Gusmann

Donna Anna, seine Tochter
Don Octavio
Don Juan, spanischer Grande
Doctor Faust
Ein Ritter
Signor Rubio, Polizeidirektor
Signora Negro
Leporello, Diener des Don Juan
Gasparo, Diener des Gouverneurs
Lisette, Magd der Donna Anna
Gnomen
Mehrere Nebenpersonen

Ort: Rom und der Montblanc
Uraufführung 1829, Detmold

Ein reizvoller und vielfach auch gelungener Versuch, zwei berühmte Sinnbilder menschlichen Strebens in einem Stück zusammenzufassen: den auf Irdisches gerichteten, sinnenhaften Tatmenschen Don Juan und den emporstrebenden, grübelnden Faust. Oder, wenn man so will: den Romanen und den Germanen. Allerdings ist das Vorbild des Goetheschen Faust zu übermächtig, als daß Grabbe seinem Faust hätte besondere Züge mit auf den Weg geben können; zudem ist ihm diese Figur nicht eben gelungen. Als Gegensatzpaar bleiben die beiden Gestalten jedoch stark, wenn man durch das bloße Geschehen hindurchzublicken weiß.

1. AKT: Die Gouverneurstochter Donna Anna ist verlobt mit Don Octavio; aber Don Juan stellt ihr nach und

zwar so geschickt, daß es ihm gelingt, Vater und Ver lobten auf eine falsche Fährte zu setzen: die beide gehen gegen Faust vor, weil dieser sich (so behaupte Don Juan) durch Zauberei in Besitz des Mädchens set zen wolle. Inzwischen spinnt Don Juan seine Fäden. - Faust hat die Welt durchforscht, doch nichts gibt sei nem forschenden Fragen die rechte Antwort, auc nicht das ewige Rom, auf das er seine letzte Hoffnun gesetzt hatte. So verschreibt er seine Seele einen schwarzen Ritter (dem Teufel), der ihm Ruhe un Glück in Gestalt von Donna Anna verspricht.

2. AKT: Don Juan hat es zwar verstanden, Donn Anna in sich verliebt zu machen; doch will sie ihren Verlobten treu bleiben. – Auch Faust ist nun bereit, sei Suchen und Grübeln aufzugeben, wenn er dafü Donna Anna gewinnt. – Bei der Hochzeitsfeier setz Don Juan seinen Entführungsplan ins Werk. Don Octa vio wird getötet. Aber das Mädchen wird mit des Teu fels Unterstützung von Faust entführt, und zwar auf ei Schloß auf dem Montblanc.

3. AKT: Der Gouverneur, der den Tod seines Schwie gersohnes Octavio rächen wollte, ist im Zweikamp mit Don Juan gefallen. – Umsonst bemüht sich Faust die geraubte Donna Anna für seinen geistigen Höhen flug zu gewinnen. Sie liebt Don Juan, trotz allem. Mi seinem Diener ist Don Juan auf den Montblanc gestie gen, verspottet den um Liebe werbenden Faust: da Weib suche den Mann und nicht den Geist. Mit Hilf eines Sturmwindes verjagt der wütende Faust di ungebetenen Gäste.

4. AKT: Don Juan lädt das steinerne Grabmal des von ım getöteten Gouverneurs zu sich ein. – Vergeblich ersucht Faust, Donna Annas Liebe zu erwerben. Entäuscht tötet er sie – mit einem einzigen Wort. Sie wieer zum Leben zu erwecken, gelingt ihm nicht; das ist elbst dem schwarzen Ritter verwehrt. Nun will Faust ur noch eines: seinen Widersacher vom Tode der ieliebten benachrichtigen und dann sterben. – In Don uans Palast erwartet der schwarze Ritter die beiden lebenbuhler. Kaum hat Faust ausgesprochen, daß onna Anna tot ist, da bemächtigt sich der Teufel seies Lebens und seiner Seele. Auch der zweite schuldafte Werber um die Schönheit (Donna Anna) muß terben: der steinerne Gouverneur hat die Einladung ngenommen, erscheint vor Don Juan, will ihn zur eue zwingen. Doch der will »weit eher Don Juan im bgrundsschwefel als Heiliger im Paradieseslichte« ein. Da setzt der Teufel den Palast in Flammen, und on Juan verbrennt.

Völlig vergessen zu sein scheinen die zahlreichen *istorischen Schauspiele* Grabbes. Wenn man bedenkt, vas für verrostete Winzigkeiten zuweilen ausgegraen und auf Hochglanz poliert werden, so begreift man icht, daß sich nur selten jemand findet, der sich auch rabbes geschichtlicher Dramen einmal annimmt.

GOGOL

Nikolai G. (1809–1852, Russe) war ursprünglic Beamter und Lehrer, lebte 1836/1848 im Auslanc Schrieb vortreffliche Erzählungen, Romane, Bühnen werke.

Der Revisor

Eine Komödie

Personen:

Anton Antonowitsch Skwosnik-Dmuchanowskij, Stadthauptmann
Anna Andrèjewna, seine Gattin
Marja Antonowna, seine Tochter
Luka Lukitsch Clopow, Schulinspektor
Seine Gattin
Ammos Fjodorowitsch Ljapkin-Tjapkin, Kreisrichter
Artemij Filippowitsch Semljanika, Kurator de Wohlfahrtsanstalten
Iwàn Kusmitsch Schpèkin, Postmeister
Pjotr Iwànowitsch Dobtschinskij, Gutsbesitze
Pjotr Iwànowitsch Bobtschinskij, Gutsbesitze
Iwàn Alexàndrowitsch Chlestakow, Beamte aus Petersburg
Ossip, sein Diener
Christian Iwànowitsch Hübner, Kreisarzt

Fjodor Andrèjewitsch Ljuljukow, Iwàn Làsarewitsch Rastakowskij, Stèpan Iwànowitsch Korobkin, Beamte a.D., prominente Bürger der Stadt
Stèpan Iljitsch Uchowèrto, Polizeileutnant
Stwistunow, Pùgowizyn, Derschimorda, Schutzleute
Abdùlin, Kaufmann
Fewronia, Petrowna Poschljopkina, Schlosserfrau
Unteroffiziersfrau
Mischka, Diener beim Stadthauptmann
Kellner im Gasthause
Männliche und weibliche Gäste, Kaufleute, Bürger, Bittsteller

rt und Zeit: russische Provinzstadt, nfang des 19. Jahrhunderts
rauffϋhrung 1836 in Petersburg

Diese Komödie von Gogol ist rein gegenständlich ufgebaut auf Verhältnissen einer russischen Kleintadt vor mehr als hundert Jahren, auf deren geistiger nge, gesellschaftlichem Ränkespiel, liederlicher estechlichkeit und so fort, also auf Dingen, die in dieer Form nirgendwo mehr anzutreffen sind. Dennoch st sie lebendig wie nur je, hat sich die Welt erobert und st einfach nicht totzukriegen. Das liegt einmal an der eispiellosen Meisterschaft, mit der sich der Dichter ämtlicher Möglichkeiten bedient, deren das Komöientheater überhaupt fähig ist. Zum anderen aber eigt sich hier besonders deutlich der Unterschied zwischen Theaterdichter und Theaterschriftsteller. Wär Gogol nur ein Schriftsteller gewesen, so würde er ein gesellschaftskritische Komödie geschrieben haber deren Wirkung auf sein Land beschränkt gebliebe wäre und in dem Augenblick aufgehört hätte, in den die gegeißelten Verhältnisse geändert worden wärer Aber Gogol war Theater*dichter,* und so brachte er nich nur Zeitliches, sondern Überzeitliches auf die Bühne In seinem »Revisor« steckt neben der Kritik an zeitge bundenen gesellschaftlichen Zuständen auch noc die humorvolle Entlarvung menschlicher Eigenschaf ten überhaupt.

Der Stadthauptmann hat erfahren, daß demnächs ein Revisor der Regierung die Verhältnisse in der Kreis stadt überprüfen solle. Da heißt es, vorsichtig sein zumal der Revisor nicht offen, sondern heimlich ein treffen werde. Oder vielmehr: er ist bereits eingetrof fen; denn im Gasthaus wohnt ja ein Herr Chlestakow Beamter aus Petersburg! Schleunigst eilt der Stadt hauptmann zu ihm. Dieser Herr Chlestakow ist abe nur ein Zechpreller und erschrickt fürchterlich, als de Stadthauptmann zu ihm kommt. Beide reden tüchti aneinander vorbei, bis der Stadthauptmann dem – wi er glaubt – Revisor die Schulden bezahlt und ihn zu sich einlädt. Es gibt eine »Besichtigungsfahrt« durch di notdürftig hergerichteten Betriebe, und es gibt ein vor treffliches Frühstück. So ist der »Revisor« in beste Laune, als man beim Stadthauptmann in der Wohnung eintrifft. Die Stadtangelegenheiten interessieren ihn wenig, mehr dagegen der Alkohol und die Damen denen er halbbetrunken erklärt, alles, was derzeit ir

ußland gedichtet werde, stamme von ihm. Schließ-
ch ist sein Rausch so groß, daß man ihn ins Bett steckt.
nd der Herr Stadthauptmann sorgt dafür, daß keine
ıstigen Bittsteller oder Beschwerdeführer vorgelas-
en werden. Als der »Revisor« ausgeschlafen hat, wer-
en ihm die Beamten der Stadt vorgestellt. Einer nach
em anderen zahlt ihm eine Bestechungssumme; und
rst daran erkennt er, daß man in ihm einen großen
egierungsbeamten sieht. Erheitert berichtet er den
orfall in einem Brief einem befreundeten Zeitungs-
ıann in Petersburg. Den Brief soll der Diener zur Post
ringen; gleichzeitig aber soll er alles zur Abreise
ereitmachen. Inzwischen dringen allen Absper-
ıngsmaßnahmen zum Trotz die größeren Kaufleute
er Stadt beschwerdeführend zum »Revisor« vor; um
ıren Beschwerden größeren Nachdruck zu verleihen,
ringen sie gleich das erforderliche Bestechungsgeld
ıit. Chlestakow wird immer übermütiger, erklärt erst
er Tochter und dann auch noch der Frau des Stadt-
auptmanns seine Liebe. Nun, wegen der Tochter ist
er Stadthauptmann gern einverstanden. Allerdings
ıuß Chlestakow, wie er behauptet, vor der eigentli-
hen Verlobungsfeier noch ein paar Tage verreisen.
ogleich sorgt man dafür, daß er einen guten Wagen
ıit den besten Pferden bekommt, und Chlestakow
ist ab. Die Beamten beglückwünschen den strahlen-
en Stadthauptmann zu seinem Schwiegersohn, die
aufleute möchten gar zu gern ihre Beschwerde wie-
er zurücknehmen ... da kommt der Postmeister
erannt: er hat den Brief Chlestakows geöffnet und gibt
un zum allgemeinen Entsetzen bekannt, daß der
Revisor« überhaupt kein Revisor ist, daß er die gan-

zen Spitzen der Gesellschaft bissig in dem Brief krit siert. Sofort verhaften! Ja, aber er hat ja die beste Pferde, – den holt niemand wieder ein. Natürlich suc nun jeder nach einem Sündenbock: wer hat behaupte dieser windige Kerl sei ein Revisor? Natürlich: Bob schinskij und Dobtschinskij, wie immer. Diesmal so ihnen ihre Dummheit schlecht bekommen, alles ge auf sie los ... da brüllt jemand: alle sofort ins Gasthau wo soeben der echte Revisor abgestiegen ist! Lähmer des Entsetzen.

LUDWIG

Otto L. (1813–1865) studierte anfangs Musik, ging ber dann endgültig zur Dichtung über. Schrieb edichte, Novellen, Romane, Dramen, Theaterstuien.

Für Ludwig als Realisten ist alles wahr und schön, vas geschieht, eben *weil* es geschieht. Er stellt sich amit bewußt in Gegensatz zum Idealismus (etwa chillers), der das Nie-Geschehende gestalte, und zum laturalismus, der für das Geschehen stets eine nüchern-sachliche Begründung und Bescheinigung brauhe. So stark Ludwig seine Auffassung zu vertreten veiß, – sein ständiges Nachdenken über das Drama at ihn gehindert, die in ihm ruhenden schöpferischen Möglichkeiten voll zu entwickeln. Nur wenige seiner ühnenstücke sind lebensfähig geblieben, vor allem Der Erbförster«.

Der Erbförster

Trauerspiel in fünf Aufzügen

ersonen:

Stein, ein reicher Fabrikherr und Güterbesitzer
Robert, sein Sohn
Christian Ulrich, Förster des Gutes
Düsterwalde, genannt der Erbförster

Sophie, seine Frau
Andres, Marie, Wilhelm, beider Kinder
Wilkens, ein großer Bauer, der Försteri[n] Oheim
Der Pastor von Waldenrode
Möller, Steins Buchhalter
Jäger Gottfried, genannt der Buchjäger
Weiler, Ulrichs Holzhüter
Der Wirt von der Grenzschenke
Frei und Lindenschmied, Wilddiebe
Kathrine
Bastian, Steins Diener
Zwei Träger

Ort und Zeit: Jägerhaus von Düsterwalde, Steins Schloß Grenzschenke, im »heimlichen Grunde«; Mitte des 19 Jahrhunderts
Uraufführung 1850 in Dresden

Ludwigs Schaffensart läßt sich schematisch etwa s[o] darstellen: er suchte zunächst Gestalten, formte dies[e] zu Charakteren, machte aus diesen Charakteren klar[e] Vertreter ihres Standes und ihrer Umwelt – und dan[n] erst ging er daran, die Personen durch eine Handlun[g] zu verbinden oder miteinander in Beziehung zu set zen. Das mußte selbstverständlich zu dramaturgi schen Mängeln führen. Im »Erbförster« liegen sie vo[r] allem in der allzu starken Häufung von Zufällen. Un[d] diese Überzufälligkeit rechnet man eifrig dem Dichte[r] auf, so eifrig, daß sich kaum noch jemand getraut, de[n] »Erbförster« aufzuführen. Außerdem gilt es viele[n] Theaterleuten als überholt, starke Charaktere auf di[e]

ühne zu stellen; lieber zeigt man Schwächlinge und
auwarme und Verderbte, weil das so schön »psycho-
ogisch« ist. Derartige Jammerlappen wird man freilich
ei Ludwig nicht finden. Bei ihm – und besonders im
Erbförster« – finden sich nur Kerle, die selbst in ihren
chwächen kraftvoll oder mindestens lebendig sind.
Jnd diese Gestalten werden leben, weil sie echte Men-
chen sind – trotz (oder wegen?) aller theatralischer
usgestaltung des Ganzen.

1. AKT: Im Jägerhaus von Düsterwalde. Die befreun-
eten Hitzköpfe Ulrich (Förster) und Stein (Gutsbesit-
er) geraten wieder einmal in Streit: Stein will seinen
Vald durchforsten lassen, Ulrich weigert sich, weil er
en daraus entstehenden Schaden voraussieht. Über
lles Erwarten wird der Streit diesmal ernst; sogar die
orgesehene Verlobung von Steins Sohn Robert mit
Jlrichs Tochter Marie kommt nicht zustande. Alles
ureden der Försterin und des klarsehenden Ver-
vandten Wilkens hilft nichts. Der steifleinene, berech-
ende Buchhalter Möller bringt Steins Entscheid:
Jlrich wird abgesetzt, der verkommene Buchjäger
rhält dessen Stelle.

2. AKT: In Steins Schloß. Stein reut die vorschnelle
nordnung: Möller habe doch wissen müssen, daß er
s nicht so meinte. Dazu eine heftige Auseinanderset-
ung mit seinem Sohne Robert. Durch den Pastor läßt
r Ulrich »einstweilen« doppelte Bezüge als Ruhegeld
nbieten. – Im Jägerhaus. Ulrich lehnt ab: »Ich bin in
neinem Recht und will's behaupten.« Sein Sohn Wil-
elm soll zum Rechtsanwalt, die Klage einreichen. Der

älteste Sohn Andres wurde im Walde vom Buchjäge und seinen Leuten geschlagen. Ulrich: »Aufgepaßt Wer in meinen Forst kommt mit der Flinte – angerufen Versteht Ihr mich? ... Nimm die doppelläufige mit den gelben Riemen, Andres ... Alles andere kann zum Teufel gehen, aber Recht muß Recht bleiben.«

3. AKT: In der Grenzschenke. Zwei Wilddiebe leger sich den Aufruhr des Försters auf ihre Art aus. Einer vor ihnen stiehlt dem Andres, der aus unbegreiflicher Gründen einen Anfall hat, die Flinte. – Im »heimlicher Grund«. Robert übergibt Kathrine einen Brief zur Weitergabe an Marie. In der Dämmerung beobachtet er wie der Buchjäger erschossen wird von einem Mann der eine Flinte mit gelbem Riemen trägt (der Wilddieb den der Buchjäger einst angeschossen). Der sterbend Buchjäger bezeichnet (nach dem gelben Riemen) Andres als seinen Mörder. Auch der vorüberkommend Möller hört die Worte des Buchjägers. Als Andres nah und von Robert zur Rede gestellt wird, sieht man ir Hintergrund den wirklichen Mörder. Robert ruft ihn an beide schießen, der Mann mit »dem gelben Riemen fällt. – In Steins Schloß. Stein erfährt, daß der Buchjäger den Andres hat schlagen lassen, setzt ihn sofort ab und will zur Versöhnung ins Jägerhaus. Da wird ihm berichtet, Andres habe den Buchjäger erschossen und schieße sich nun mit Robert herum. Stein läßt Militär holen und stürmt mit dem Gewehr zum »heimlicher Grund«.

4. AKT: Jägerhaus. Die Försterin will mit den Kindern zu Wilkens übersiedeln. Sie drängt Marie, auf den Brie

in zu Robert in den »heimlichen Grund« zu gehen und ersöhnung zu versuchen, nachdem Wilhelm den escheid vom Rechtsanwalt gebracht hat, Ulrich sei im nrecht. Der Holzhüter Weiler berichtet, er habe beobchtet, wie Robert Stein den Förstersohn Andres Gewehr mit dem gelben Riemen) erschossen habe, nd bringt als Beweisstück gar noch ein Halstuch von ndres mit. In finsterer Entschlossenheit nimmt Ulrich as Gewehr, geht in die Nacht: »Auge um Auge, Zahn m Zahn.«

5. AKT: Jägerhaus. Nachdem Ulrich an Robert, wie er laubt, Gericht gehalten hat, kommt er heim. Aber nun lären sich die Zusammenhänge wirklich auf: weder ndres noch Robert sind erschossen, sondern – Marie, ie sich dem Schuß des Vaters entgegenwarf, um obert zu decken. Des Erbförsters liebstes Kind, getöet durch den Vater selbst ... jetzt erst erkennt Ulrich, aß er unrecht hatte. Er erschießt sich.

HEBBEL

Friedrich H. (1813–1863) war der Sohn eines Maurers. Zunächst Schreiber eines Kirchspielvogtes. Studierte dann, durch Freunde und Gönner unterstützt, in Heidelberg und München. 1843 bis 1845 in Paris; die Mittel zu diesem Aufenthalt gewährte ihm der dänische König. Dann vorwiegend in Wien, wo er sich mit der Schauspielerin Christine Enghaus verheiratete. Werke: Erzählungen, Gedichte, Dramen, ästhetische und kritische Schriften, Tagebücher.

Einer der bedeutendsten Dramatiker des 19. Jahrhunderts. Als Grundgedanke seiner Bühnendichtungen hat der Gegensatz zwischen dem Einzelnen und der Gesamtheit zu gelten; das ist nicht neu, aber in Hebbels Fassung doch bemerkenswert zu jeder Zeit Einzelner kann man nur sein, wenn man sich von der Gesamtheit löst. Dieses Recht wird dem Einzelnen bei Hebbel nicht bestritten; aber ein Abfall bleibt es doch Daraus ergibt sich für den Dichter ein tragischer Zwiespalt, zudem aber – da das Ganze über dem Einzelnen steht – mit Notwendigkeit ein tragischer Untergang. Es geht also nicht um Schuld oder Schicksal, sondern das Anderssein genügt bereits zur Tragik. Dieses Anderssein setzt zweierlei voraus: Charakter und eine Idee Hebbels Dramen sind Charakter- und Ideendramen.

Gebaut sind die Bühnenwerke des Dichters hervorragend in den Umrissen und in der zwangsläufigen Folge der Geschehnisse; in Einzelheiten finden sich

gegen Stockungen, die aber ausgeglichen werden
rch eine prachtvolle Sprache, die natürlich und
hoben zugleich ist.

Judith

Tragödie in fünf Akten

rsonen:

Judith
Holofernes
Hauptleute des Holofernes
Kämmerer des Holofernes
Gesandte von Lybien
Gesandte von Mesopotamien
Soldaten und Trabanten
Mirza, die Magd Judiths
Ephraim
Die Ältesten von Bethulien
Priester in Bethulien
Bürger in Bethulien, darunter: Ammon, Hosea, Ben, dessen Bruder Assad, Daniel (stumm und blind, gottbegeistert), Samaja (Assads Freund)
Josua, Delia (Weib des Samaja)
Achior, der Hauptmann der Moabiter
Assyrische Priester
Weiber und Kinder
Samuel, ein uralter Greis, und sein Enkel

rt und Zeit: vor und in der Stadt Bethulien, zur Zeit ebukadnezars
raufführung 1840 in Berlin

Holofernes der diesseitige Übermensch – Judith d überhöhte Dienerin ihres Gottes. Gegensatz der Pe sönlichkeiten, Gegensatz der durch sie verkörperte Ideen, und jeder als Einzelner anders als die Ganzhe des Volkes, dem sie jeweilig zugehören. Mit diese Worten wird klar, daß im Hebbelschen Sinn beide tra gisch untergehen müssen.

1. AKT: Lager des Holofernes. Alles hat sich der ass rische Feldherr Holofernes unterworfen; nur das ihr unbekannte kleine Volk der Juden widersteht noc Den vor dem Judengott warnenden Moabiterhaup mann Achior schickt er zu den Juden; in ihrer Mitte ma er erfahren, ob seine Warnungen richtig waren: falle die Juden, so fällt auch er.

2. AKT: Judiths Gemach. Die schöne Witwe Judit von ihrem Manne nie berührt, weil ihm in der Hoch zeitsnacht unbegreiflich vor ihr schauderte, hört durc den kleinmütigen, sie liebenden Ephraim von Holofe nes. Gräßlich und groß zugleich erscheint ihr der Fel herr. Da Ephraim sich fürchtet, die von ihm als Liebes beweis geforderte Ermordung des Holofernes z unternehmen, so »hat ein Weib das Recht erlangt a eine große Tat, dann – ha, ich hab sie von Dir geforder ich muß beweisen, daß sie möglich ist«.

3. AKT: Judiths Gemach. Judith sinnt fastend, wie si die Tat vollbringen könne. Aber sie spürt, daß sie vo des Holofernes Größe beeindruckt ist: »Gott, laß ih Greuel begehen unter meinen Augen, blutige Greue aber schütze mich, daß ich nichts Gutes von ihm sehe

Platz in Bethulien. Im belagerten Bethulien ist das rinkwasser ausgegangen. Die Einwohner wollen sich :geben, die Prieser und Ältesten weigern sich. Allerlei eichen deuten auf Gottes Willen. Judith tritt unter das olk. Fünf Tage werden die Einwohner noch aushal- :n, – Judith kennt nun die Frist, die ihr und ihrer bsicht gesetzt ist.

4. AKT: Zelt des Holofernes. Judith wird vor Holofer- es geführt. Betroffen schaut der gewalttätige Gewal- ge auf dieses Weib: er sieht mehr als ihre Schönheit, er pürt den gleichgearteten Menschen. Für edelmütige egungen, die sie in seiner Brust zu erwecken hofft, ist : unzugänglich. Dann aber verliert er im Kampf der eister: weibliche Verstellung siegt über männliche röße. Nur noch fünf Tage Bedenkzeit erbittet sich ıdith, damit Gott ihr offenbare, was sie tun solle.

5. AKT: Zelt des Holofernes. Auch Ephraim ist zu olofernes gekommen. Er will den Feldherrn töten, ersagt aber kläglich. Judith bemerkt ihn kaum. Nun sie 'eiß, daß sie den Feldherrn liebt, offenbart sie ihm, sie abe ihn töten wollen. Holofernes aber lacht, trinkt mit ır, küßt sie, zieht sie mit Gewalt in sein Schlafgemach. erstört kommt sie nach einer Weile zurück. Sie fühlt ch entehrt, durch ihre weibliche Schwäche und durch es Mannes rohe Gewalt. Dann schlägt sie dem Schla- :nden das Haupt ab. – Platz in Bethulien. Die Men- :hen in Bethulien können nicht mehr. Da kommt ıdith: äußerlich als Siegerin mit des Holofernes aupt, innerlich zerbrochen. Die Bethulier sehen nur as Äußere, geloben, ihr jeden Lohn zu gewähren. »So

sollt Ihr mich töten, wenn ich's begehre!« Hoffnungslos stellt sie noch einmal alles Gott anheim: wenn si von Holofernes ein Kind trägt, wird sie sich töte lassen.

Maria Magdalene

Bürgerliches Trauerspiel in drei Akten

Personen:

Meister Anton, ein Tischler
Seine Frau
Klara, seine Tochter
Karl, sein Sohn
Leonhard
Friedrich, ein Sekretär
Wolfram, ein Kaufmann
Adam, ein Gerichtsdiener
Zweiter Gerichtsdiener
Ein Knabe
Eine Magd

Ort und Zeit: eine mittlere Stadt,
Mitte des 19. Jahrhunderts
Uraufführung 1846 in Leipzig

Schillers »Kabale und Liebe« ist das bedeutendst bürgerliche Trauerspiel des 18. Jahrhunderts, Hebbel »Maria Magdalene« das überragende deutsche Wer der Gattung schlechthin. Wie hier aus erstarrte »Anschauungen« einer engen kleinbürgerlichen We erstarrte enge Charaktere erwachsen, erstarrt und en

»denken« und handeln, unausweichlich und mit dumpfer Notwendigkeit – das ist einmalig auf dem Theater, aber allgemeingültig im Leben. Denn diese Welt gibt es noch immer, wenn sie auch ein wenig an ihrem Gewand herumgeflickt hat. Meisterhaft, wie diese Charaktere abgestuft sind nach dem, »was man tut«, oder vielmehr, »was man nicht tut«. Vor allem Meister Anton, der sich dünkt, ein besonderer Charakter zu sein, dadurch alles ins Unglück stürzt – und der doch gar kein Besonderer ist.

1. AKT: Der Tischlermeister Anton trägt »einen Mühlstein wohl zuweilen als Halskrause, statt damit ins Wasser zu gehen – das gibt einen steifen Rücken«. Seine Tochter Klara hat sich widerwillig auf Wunsch der auf Ansehen und Auskommen bedachten Mutter mit dem Streberbeamten Leonhard verlobt, der zugleich auf tausend Taler Mitgift rechnet. Um ihrer ganz sicher zu gehen, hat Leonhard Klara verführt: sie erwartet ein Kind. Als Leonhard aber erfährt, der aufsässige Bruder Klaras habe Juwelen gestohlen und die erwarteten tausend Taler seien nicht vorhanden, schreibt er Klara eine Absage. Klaras Mutter stirbt an dem Schreck über Karls Verhaftung. Als Meister Anton am Totenlager der Mutter von Klara den Schwur verlangt, daß sie sei, was sie sein solle, schwört diese in ihrer Not nur, sie werde ihm niemals Schande machen.

2. AKT: Als Meister Anton nach bitteren Reden das Haus verlassen hat, kommt der »bestohlene« Kaufmann Wolfram mit der Nachricht, die Juwelen habe seine geistesgestörte Frau versteckt, Karl sei also

unschuldig. Sekretär Friedrich, der heimlich noch immer geliebte Jugendgespiele Klaras, wirbt ernsthaft um Klara, empört sich über den lumpenhaften Absagebrief Leonhards, bleibt fest in seiner Werbung; doch als er hört, Klara erwarte ein Kind, erliegt auch er einen Augenblick der Kleinbürgermoral: »Vor dem Kerl ... die Augen niederschlagen müssen! ... Darüber kann kein Mann weg.« Die Wirkung auf Klara ist vernichtend.

3. AKT: Klara sucht Leonhard auf. Er müsse sie heiraten, damit der Vater nicht seine Selbstmorddrohung wahrmache, wenn er ihre Schande erfahre. Leonhard aber will sich aus Gründen des Berufes und des Ansehens lieber mit der buckligen Nichte des Bürgermeisters verloben. Als Klara verzweifelt davongestürzt ist, erscheint der Sekretär Friedrich und fordert Leonhard auf Pistolen. – Karl ist heimgekehrt. Aber er will heraus aus dem Käfig, will zur See. Als er Klara um ein Glas Wasser bittet, sieht sie eine Möglichkeit, sich zu töten, ohne daß ihre Selbstmordabsicht bekannt wird: sie stürzt sich in den Brunnen. Aber umsonst, – eine Magd hat den Freitod beobachtet. Der Sekretär schleppt sich herbei: er hat Leonhard erschossen, doch ist er selbst todwund. Als er von Klaras Freitod hört, erkennt er sterbend, was Meister Anton und er selbst durch ihre starren Ansichten angerichtet haben. Meister Anton aber kann nicht aus seiner Haut: »Sie hat mir nichts erspart – man hat's gesehen ... Ich verstehe die Welt nicht mehr«.

Herodes und Mariamne

Eine Tragödie in fünf Akten

Personen:

König Herodes
Mariamne, seine Gemahlin
Alexandra, ihre Mutter
Salome, Schwester des Königs
Soemus, Statthalter von Galiläa
Joseph, Vizekönig in Abwesenheit von Herodes
Sameas, ein Pharisäer
Titus, ein römischer Hauptmann
Joab, ein Bote
Judas, ein jüdischer Hauptmann
Artaxerxes, Moses, Jehu (Diener)
Silo, ein Bürger
Serubabel und sein Sohn Philo (Galiläer)
Ein römischer Bote
Aaron und fünf andere Richter
Drei Könige aus dem Morgenlande

Ort und Zeit: Jerusalem, um Christi Geburt
Uraufführung 1849 in Wien

Kampf und Mißtrauen der Geschlechter, verkörpert durch zwei infolge ihrer Besonderheit über oder neben der sie umgebenden Gesamtheit stehende Einzelcharaktere, hineingebaut in eine Zeitwende (Heraufkommen des Christentums). Vor Strindberg ist die Mann-Weib-Frage niemals so zwingend herausgearbeitet worden wie in diesem Hebbel-Werk. Wer nun glauben sollte, die Fragestellung sei in unserer Zeit der »Gleichberechtigung« bedeutungslos geworden, der übersieht, daß äußerliche Gesetze die Innennatur nicht zu ändern vermögen, und verkennt vor allem, daß es in dieser Tragödie um starke Charaktere und nicht um Konfektionsmenschen geht. Und – um in das Tagesleben zu gehen – gibt es heute wirklich keine Ehen, die glücklich beginnen, aber an zu großer Verschiedenheit von Mann und Frau oder an mangelndem Vertrauen zugrundegehen?

1. AKT: Großer Audienzsaal auf der Burg Zion. Herodes, König der Juden, muß mit allen Mitteln seine Herrschaft sichern: gegen Aufsässigkeit der Bevölkerung und gegen Ränkespiele seiner Familie. So scheute er auch nicht davor zurück, den Bruder seiner mit allen Sinnen geliebten Gemahlin Mariamne töten zu lassen, als dieser zum Werkzeug von Mariamnes ehrgeiziger Mutter Alexandra zu werden drohte. Darob von Alexandra bei Antonius, einem der römischen Weltbeherrscher, verklagt, soll sich Herodes verantworten. Ungewiß, ob er wiederkehrt, will er Mariamne Treue schwören lassen; als diese sich, in ihrer Liebe verletzt, weigert, befiehlt Herodes seinem Schwager Joseph, sie zu töten, wenn er nicht zurückkomme.

2. AKT: Alexandras Gemächer. Mariamne gesteht ihrer Mutter, sie werde sich töten, wenn Herodes nicht heimkehre, – aber freiwillig, nicht unter Zwang. Durch mancherlei Anzeichen aufmerksam geworden, fragt sie ihren Schwager Joseph aus und hört von Herodes' Befehl. Sie ist im Innersten getroffen, daß der geliebte Mann ihre unwandelbare Treue grundlos bezweifelt

nd sie nur als eine Art Besitzstück ansieht, das nach einem Tode niemandem angehören soll.

3. AKT: Alexandras Gemächer. Herodes ist heimgeehrt, kühl und unnahbar hat ihn Mariamne empfanen. Als er erfährt, daß Joseph das Geheimnis des ötungssbefehls verraten hat, läßt er ihn hinrichten. ein Versuch, Mariamne den Tötungsbefehl mit seiner iebe zu erklären, mißlingt: die beiden verstehen einnder nicht mehr, so sehr sie es auch versuchen. Als un der Römer Antonius Botschaft sendet, Herodes olle ihn im Kampfe unterstützen, sieht Mariamne arin eine letzte Möglichkeit, das alte schöne Verhältis zwischen sich und Herodes wiederherzustellen, – venn Herodes diesmal *nicht* mißtrauisch ist. Aber erade ihr kaltes Verhalten hat ihn selbst wieder mißauisch werden lassen, so daß er seinen früheren efehl wiederholt.

4. AKT: Mariamnens Gemächer. Soemus, dem Herodes als seinem getreuesten Freund den Befehl gegeben at, fühlt sich durch solches Henkeramt beleidigt. Er at nicht widersprochen, weil er (der Mariamne entsaend liebt), sie schützen will. Aber er teilt Mariamne en Befehl mit. Innerlich ist sie zerbrochen, äußerlich otzt sie auf: als der Tod ihres Gemahls gemeldet wird, efiehlt sie ein Fest, auf dem sie selbst mit Soemus anzt. Doch auch diesmal kehrt Herodes wieder. Das reudenfest zu seinem angeblichen Tode, der Tanz mit oemus sagen ihm – wie er glaubt – genug.

5. AKT: Mariamne, vor Gericht gestellt, verteidigt sich nicht. Herodes läßt sie zum Tode verurteilen. Dem römischen Hauptmann Titus hat sie alles gesagt, was sie bewegt; aber er mußte ihr versprechen, erst *nach* ihrem Tode Herodes aufzuklären. Fast bricht dieser zusammen, als er von der inneren und äußeren Treue der Hingerichteten hört, dann aber faßt er sich: wie Mariamne sich selbst getreu blieb, so bleibt auch er was er war: ein König. Als die drei Könige aus dem Morgenlande von dem neugeborenen Kind in Bethlehem erzählen, gibt er den Befehl, alle Kinder, die dort im letzten Jahre geboren wurden, zu töten. »Ich sehe morgen nach! – Heute muß ich Mariamne – –« (er bricht zusammen).

Agnes Bernauer

Ein deutsches Trauerspiel in fünf Aufzügen

Personen:

Ernst, regierender Herzog zu München-Bayern
Albrecht, sein Sohn
Hans von Preising, sein Kanzler
Marschall von Pappenheim, Ignaz von Seyboltstorff, Wolfram von Pienzenau, Otto von Bern (Ritter auf der Seite der Herzogs Ernst)
Graf Törring, Nothhafft von Wernberg, Rolf von Frauenhofen (Ritter auf der Seite des Herzogs Albrecht)
Hans von Läubelfing, ein Ritter von Ingolstadt

Emeran Nusperger zu Kalmperg, Richter zu Straubing
Kaspar Bernauer, Bader und Chirurgus zu Augsburg
Agnes, seine Tochter
Theobald, sein Geselle
Knippeldollinger, sein Gevatter
Hermann Nördlinger, Bürgermeister zu Augsburg
Barbara und Martha (Bürgermädchen)
Stachus, ein Diener
Der Kastellan auf Vohburg und Straubing
Ein Herold des Reichs
Ein Legat der Kirche
Volk, Ritter und Reisige in großen Massen

rt und Zeit: Bayern, zwischen 1420 und 1430
raufführung 1852 in München

Ein Stoff – nein, ein Problem, an dem sich Dichter und chriftsteller immer wieder versucht haben. Hebbels assung und Gestaltung ist die bisher stärkste. Nach einen Worten ist in diesem Trauerspiel »ganz einfach as Verhältnis des Individuums zur Gesellschaft darestellt und demgemäß an zwei Charakteren, von enen der eine aus den höchsten Regionen hervorìng, der andere aus den niedrigsten, anschaulich emacht, daß das Individuum, wie herrlich und groß, ie edel und schön es immer sei, sich der Gesellschaft nter allen Umständen beugen muß, weil in dieser und rem notwendigen formalen Ausdruck, dem Staat, ie ganze Menschheit lebt, in jenem aber nur eine ein-

zelne Seite derselben zur Entfaltung kommt.« (Mit die
sen Worten umreißt der Dichter zugleich sein
Gesamtauffassung vom Tragischen überhaupt.) Unte
Hebbels Gesichtswinkel wird der Zuschauer guttur
nicht Agnes zu bejammern, den jungen Albrecht nich
zu bedauern und in Herzog Ernst nicht einen kalte
Herrscher zu erblicken. Gerade im Herzog verkörper
sich beide Seiten des Problems: das menschliche Ve
ständnis für den Einzelnen wie die notwendige Hand
lungsfähigkeit für das Ganze. Er fordert für die Gesam
heit Opfer, aber (das beweist besonders der Schluß) e
ist auch selbst zum Opfer bereit.

Der Aufbau ist mit sicherer Hand gestaltet, sehr star
die Verkörperung der Gesamtheit durch die verschie
denen Standesvertreter mit ihren Anschauungen un
Bräuchen, bewegt und doch zuchtvoll die Sprache.

1. AKT: Agnes, Tochter des Baders zu Augsburg, en
flammt durch ihre Schönheit unwissentlich alle Män
ner und macht sich dadurch ahnungslos alle Gespielin
nen zu Feindinnen. Ihres Vaters Gehilfe Theobald lieb
sie in ehrfürchtiger Scheu. – Der junge Herzog Alb
recht, bezaubert von ihrer Schönheit, trägt Agnes au
einem bürgerlichen Tanzfest seine Hand an.

2. AKT: Albrechts Freunde versuchen vergeblich, ih
von seiner Werbung um die Baderstocher abzubrin
gen. – Graf Törring gibt Agnes und ihrem Vater zu ve
stehen, Herzog Albrecht werde sie nicht als Frau, doc
als Geliebte reich machen. Männlich des Baders An
wort, verletzt und stolz die Zurechtweisung der Toch
ter. Törring, überzeugt durch den hohen Anstand vo

Agnes, schwört ihr in Gegenwart des seine Heiratswerbung wiederholenden Albrecht Treue und Schutz. Ein Priester steht bereit, Agnes und Albrecht zu trauen.

3. AKT: Durch seinen Kanzler Preising erfährt Herzog Ernst die heimliche Eheschließung. Sie würde das Ende seiner Pläne bedeuten, Bayern wieder groß und stark zu machen. Gerade hat er Nachricht bekommen, daß der Welfenherzog von Braunschweig bereit sei, Albrecht die Hand seiner Tochter zu geben. Ernst läßt Albrecht zum Turnier nach Regensburg entbieten. – Albrecht hat Agnes auf ein stilles Schloß geführt, wo beide ihrer Liebe leben. Preising bringt des alten Herzogs Botschaft: Albrecht ist bereit, zu erscheinen und seinen Willen vor dem Vater und der gesamten Ritterschaft durchzusetzen. – Albrecht bleibt hart gegenüber den Forderungen des Vaters. Da läßt ihm dieser den Eintritt in die Turnierschranken verwehren und erklärt seinen vierjährigen kranken Neffen zu seinem Nachfolger: »Das Turnier ist aus!« Herzog Albrecht: »Nein, es beginnt! Die Ritterschaft verläßt mich! Bürger und Bauern, heran!« Großes Getümmel.

4. AKT: Der junge Neffe von Herzog Ernst ist gestorben. Für diesen Fall hatte Ernst vor dreieinhalb Jahren von hervorragenden Richtern ein Gutachten ausarbeiten lassen, das er nun seinem Kanzler eröffnet. Noch einmal geht er ruhig und gerecht alle Fragen durch, dann aber unterschreibt er das Todesurteil von Agnes. – Albrecht reitet von Straubing, wo er nun mit Agnes wohnt, nach Ingolstadt. Der treue Gehilfe Theobald berichtet Agnes von ihrem Vater. Da wird die Burg

überfallen, der verteidigende Graf Törring niedergeschlagen, Agnes entführt. Theobald setzt Albrecht nach, ihm von dem Überfall zu berichten.

5. AKT: Vergeblich versucht der Kanzler Preising, Agnes zu retten: sie will Albrecht nicht preisgeben und ihre Ehe für sündig erklären lassen. Nun wird sie, dem Urteil gemäß, in der Donau ertränkt. – Wie ein Rasender ist Albrecht, im Bunde mit seinem Oheim, über seines Vaters Lande hergefallen. Herzog Ernst gerät in seine Gewalt. Aber nun wird Albrecht wegen Landfriedensbruches mit Reichsacht und Kirchenbann bedroht. Er bleibt allein – und er bleibt trotzig. Doch jetzt ist er empfänglich geworden für des Vaters mahnende Worte, beginnt den Unterschied zu begreifen zwischen dem Wunsch des Einzelnen und dessen Pflicht gegenüber dem Ganzen. Ernst übergibt ihm seinen Herzogstab: »Trag ihn ein Jahr in der Furcht des Herrn, wie ich! Kannst du mich dann nicht lossprechen, so ruf mich, und ich selbst will mich strafen, wie du's gebeutst«.

Gyges und sein Ring

Eine Tragödie in fünf Akten

Personen:

Kandaules, König von Lydien
Rhodope, seine Gemahlin
Gyges, ein Grieche
Lesbia und Hero (Sklavinnen)

Thoas und Karna (Sklaven)
Volk

Ort und Zeit: vorgeschichtlich und mythisch
Uraufführung 1889 (abgeschlossen am 14. November 1854)

Es muß einmal ausgesprochen werden: dieses künstlerisch vielleicht schönste, in seinen Grundgedanken tiefe Werk Hebbels wird den schönheitsdurstigen, denkenden Leser oder Hörer immer wieder in Bann schlagen, – aber es wird ihn heute nicht mehr überzeugen. Als echter Künstler ist Hebbel an die Arbeit gegangen: ihn »reizte die Anekdote, die ... außerordentlich für die tragische Form geeignet schien«; erst nach Vollendung der Tragödie »steigt ... die Idee der Sitte als die alles bedingende und bindende daraus hervor«. Die Idee der Sitte – das ist, wie Kandaules einmal sagt, »der Schlaf der Welt«. Er selbst hat den Mut, diesen Schlaf zu stören, und glaubt, daß »in hundert Jahren« mancher so denken werde wie er. Doch fehlt ihm die Fähigkeit, an die Stelle des Weltenschlafs (der lebendigen und der erstarrten Sitte) etwas Neues, Größeres zu setzen. Und so geht er, der sich vom Allgemeinen abheben wollte, trotz seiner edlen Menschlichkeit ebenso zugrunde wie diejenige, an der die Sitte verletzt wurde: seine Gemahlin Rhodope. Drei wahrhaft edle Menschen – Kanduales, Gyges und Rhodope – werden in die Tragödie verstrickt, nur weil sie aus dem Allgemeinen hervorragen oder aus ihm herausgerissen werden. Wieder echt Hebbel. Und nur ein reifer Künstler und Mensch vermochte in Sprache und

Darstellung die vielbewunderte Verschmelzung mythischer, griechischer Welt mit neuer seelenkundiger Betrachtungsweise zustande zu bringen. Nur eben: die Fragestellung wird so eng an den Stoff gebunden, daß sie im Ganzen und in Einzelheiten darin hängen bleibt und überdies unseren seelenkundlichen Einsichten von heute nicht mehr standhält. Wohl am deutlichsten erkennbar an der Gestalt Rhodopes. Daß diese blumenhafte Frau, erzogen im indischen Glauben, selbst einer Spinne nicht das Leben zu rauben, zu einem blutige Sühne fordernden und sich selbst erdolchenden Weibe werden kann, ist nicht mehr Seelenkunde, sondern Sinnbild der verletzten Sitte, des gestörten »Schlafs der Welt«. Fern sind uns die Menschen dieser klang- und maßvollen Jamben-Tragödie, und die Idee selbst leuchtet nicht stark genug, um uns heute noch nachhaltig anrühren zu können.

1 .AKT. Kandaules, der gedankenklare, menschlich edle, doch im Überkommenen nicht mehr festverwurzelte König von Lydien, empfängt von seinem griechischen Freund Gyges einen Ring, mit dessen Hilfe sich der Träger unsichtbar machen kann. (Sprachliches Meisterstück die Erzählung Gyges' vom Erwerb des Ringes. Szene: Halle des Königs.) – Rhodope, des Königs schamhaft-sittenstrenge Gemahlin, erschrickt, als sie von dem Ring hört. (Szene: Gemach der Königin) – Gyges hat im Wettkampf alle Preise davongetragen, aber sein Auge verweilt, von Kandaules lächelnd beobachtet, auf der schönen Sklavin Lesbia. Daß Rhodope noch schöner sei, will er Gyges

beweisen: durch den Ring unsichtbar gemacht, soll er sie in ihrem Schlafgemach sehen. (Szene: Freier Platz)

2. AKT: Gyges nimmt des Kandaules Geschenk, die schöne Lesbia, nicht an, – er hat Rhodope in der Nacht gesehen und vergeht vor Liebe und vor Reue. Zur Sühne des heimlichen Frevels bietet er dem König sein Leben und beschließt, als dieser ihm das freundschaftlich verweist, Lydien zu verlassen. Auch Kandaules beginnt den Frevel zu erkennen. (Szene: Halle)

3. AKT: Rhodope ahnt, daß ein fremder Mann ihre Schönheit erblickt hat. Ihres Gemahles Ausweichen, Lesbias Bericht, Gyges liebe Rhodope, und schließlich die unvermittelte Reiseabsicht von Gyges geben ihr Gewißheit. Dem treuen Diener Karna befiehlt sie, Gyges herbeizuschaffen: er muß sterben – oder sie wird sich töten. (Szene: Rhodopes Gemach)

4. AKT: Gyges ist bereit, zu sterben. Doch Kandaules gibt männlich seine Schuld zu: »Ich bin vor allem ein Mann, der für den Frevel, den er selbst beging, nicht einen andern sterben läßt.« Rhodope stellt Gyges vor die Wahl: entweder tötet sie sich selbst oder Gyges tötet Kandaules; in diesem Falle werde sie sich ihm vermählen. (Szene: Gemach der Königin)

5. AKT: Der alte Sklave Thoas warnt Kandaules vor Gyges: er sei zwar edel, aber das Volk wende sich von Kandaules ab und Gyges zu. Als dieser naht, kommt es zu einem letzten Gespräch zwischen den Freunden. Kandaules erkennt seine Schuld: er verging sich gegen

die Sitte, ohne Besseres an ihre Stelle zu setzen. Als e von Rhodopens Entscheid hört, stellt er sich dem Freunde zum Kampf und fällt. (Szene: Freier Platz) – Rhodope vermählt sich dem Sieger Gyges: nun hat kein andrer sie erschaut als ihr Gemahl, – dann nimmt sie den bereitgehaltenen Dolch und ersticht sich.

Die Nibelungen

Ein deutsches Trauerspiel in fünf Abteilungen

Uraufführung 1861 in Weimar

Seltsam, daß in unserer festspielfreudigen Zeit noch niemand auf den Gedanken gekommen ist, anstelle mancher müde sich dahinschleppender Festspiel-Stücke die drei großen Trilogien deutscher Zunge aus-zuführen: Schillers »Wallenstein«, Grillparzers »Gol-denes Vlies« und Hebbels »Nibelungen«. Das Hebbel-Werk wäre zudem geeignet, ein wirksames, zum Nachdenken anregendes Gegenstück zu Wagners »Ring des Nibelungen« zu bilden. Vor allem aber ist es eine an Ideengehalt, fesselndem Stoff, dramatischem Aufbau, hinreißender Spannung und körniger Sprache gleichermaßen überragende Theaterdichtung.

Hebbel sagt über sein Werk: »Der Zweck dieses Trauerspiels war, den dramatischen Schatz des Nibe-lungenliedes für die reale Bühne flüssig zu machen nicht aber den poetisch-mythischen Gehalt ... zu ergründen, oder gar ... irgendein modernes Lebens-problem zu illustrieren ... Der gewaltige Schöpfe nseres Nationalepos, in der Konzeption Dramatiker om Wirbel bis zur Zeh, hat ... sich wohl gehütet, in die ebelregion hinüber zu schweifen, wo seine Gestalten ı Allegorien umgeschlagen und Zaubermittel an die telle allgemein gültiger Motive getreten wären.« Und o hat sich Hebbel, wie er an anderer Stelle ausführt, emüht, »... zwischen dem Zuviel und dem Zuwenig as rechte Maß zu treffen und den Gestalten ... ıenschliche Eingeweide zu geben, ohne ihnen die rieigen Umrisse zu nehmen.«

Erste Abteilung:

»Der gehörnte Siegfried«

Vorspiel in einem Akt

ersonen:

König Gunther
Hagen Tronje
Dankwart, dessen Bruder
Volker, der Spielmann
Giselher und Gerenot, Brüder des Königs
Rumolt, der Küchenmeister
Siegfried
Ute, Witwe des Königs Dankrat
Kriemhild, ihre Tochter
Recken
Volk

)rt und Zeit: Große Halle in Gunthers Burg zu Worms, . Jahrhundert

In der Burghalle erzählt der Spielmann Volker der König, seinen Brüdern und Verwandten von der kühnen Jungfrau Brunhild, die nur vom Stärksten bezwungen werden kann. Schon erscheint dieser Stärkste Siegfried, frisch, geradezu, unverbildet. Den Vorwurf man könne mit ihm nicht fechten, weil er unverwundbar sei, weist er heiter zurück: verwundbar sei er im Rücken; im übrigen könne man die Kräfte ja im Steinstoßen messen. Während die Recken im Burghof den Stein stoßen, wobei sich Siegfried nicht nur als Stärkster, sondern auch als Schelm erweist, werden sie von Ute und Kriemhild beobachtet. Ein zufälliger Blick läßt zwischen Siegfried und Kriemhild die Liebe erwachen. Als die Männer vom Spiel zurückgekehrt sind, erzählt Siegfried, wie er den Drachen erschlug, einen Schatz, ein Schwert und eine unsichtbarmachende Tarnkappe erwarb, wie er durch das Drachenblut unverwundbar wurde – außer im Rücken – und die Vogelsprache verstehen lernte. Aber er erzählt auch, wie er Brunhild auf ihrer Burg sah, ohne daß sie ihm Liebe einflößen konnte. Mit Hilfe der Tarnkappe will er Gunther Brunhild verschaffen; als Dank begehrt er dessen Schwester Kriemhild.

Zweite Abteilung:

»Siegfrieds Tod«

Ein Trauerspiel in fünf Akten

Personen:

König Gunther
Hagen Tronje

Dankwart
Volker
Giselher
Gerenot
Wulf und Truchs (Recken)
Rumolt
Siegfried
Ute
Kriemhild
Brunhild
Königin von Isenland
Frigga, ihre Amme
Ein Kaplan
Ein Kämmerer
Recken
Volk
Mägde, Zwerge

rt und Zeit: Brunhilds Burg in Isenland, Worms; kurz ach der Zeit des Vorspiels

1. AKT: Auf der Burg in Isenland erwarten Brunhild nd ihre Amme Frigga neue Werber: Brunhild siegesewiß, Frigga von Ahnungen geplagt. Als die burgunischen Helden eintreten, spricht sie (in ihrem noch icheren Gefühl) Siegfried als ersten an; doch dieser erweist sie auf Gunther: »Ich bin hier nur sein Führer.« lles wird zum Kampfe gerüstet.

2. AKT: Durch seine Tarnkappe gedeckt, hat Siegied Gunther im Kampf geholfen. Nun wird die ezwungene Brunhild als Gunthers Braut im Schloß-

hof zu Worms empfangen. Schwer findet sie sich in ih Los. Aber sie widersetzt sich der Ehe ihrer künftige Schwägerin Kriemhild mit dem – wie sie meint Dienstmanne Siegfried. Nicht werde sie Gunthe Weib im wirklichen Sinne, bevor sie wisse, was ih antreibe, seine Schwester Kriemhild dem »Knecht« z geben. – Vom Hochzeitsmahl hat Hagen Siegfried i die Halle gerufen: wie Brunhild unterwegs Gunther, a dieser sie küssen wollte, zum Gespött aus dem Kah über den Rhein gehalten habe, so werde sie sich in de Hochzeitsnacht Gunther zu erwehren versuchen; m Hilfe der Tarnkappe müsse Siegfried sie im Hochzeits gemach bändigen. Gunther bittet ebenfalls Siegfrie um diesen Dienst. Anfangs lehnt er ab, aber dann spü er, daß er nicht mehr Herr seiner Entschlüsse ist: er ha zum ersten Male betrogen (beim Kampf in Isenburg nun muß es auch zum zweiten Male sein.

3. AKT: Bei dem Ringen in Brunhilds Kammer ha Siegfried versehentlich einen Gürtel der störrischen a sich genommen und ihn in Kriemhilds Kammer verlo ren. Als Kriemhild ihn darob befragt, heißt er sie de Gürtel verbergen, weil Gunther und Brunhild nahe Aus der widerspenstigen Heldenjungfrau ist ein lie bendes Weib geworden: Gunther hat sie ja – wie si glaubt – bezwungen. Stolz verlangt sie von Gunthe als dem herrlichsten Helden, er solle mit Siegfrie kämpfen, auf daß Kriemhild, »die Augen, die sie jet: an seiner Seite doch fast zu kühn erhebt, auch senke muß«. In ihrem Stolz auf Gunther ist Brunhild nun fas liebevoll gegenüber Kriemhild. Aber aus kleinen Wo ten über den stärksten Helden werden im Gespräch bi

ere Verhöhnungen, bis Kriemhild, die nun alles weiß, pöttisch den Gürtel hervorzieht. Als Brunhild den etrug erfährt, bricht sie fast zusammen; dann aber ammt Rachegefühl in ihr auf: Siegfried muß sterben! lagen bietet sich als Rächer, Gunther schwankt.

4. AKT: Durch allerlei Listen wird Siegfried zu einer agd verlockt. Hagen ist der Antreibende, Gunther chwankt noch immer, seine Brüder halten sich urück. Hagen verleitet die ahnungsvoll-ängstliche riemhild, ihm Siegfrieds verwundbare Stelle auf seiem Rücken zu bezeichnen, damit er ihn »schützen« önne.

5. AKT: Auf der Jagd im Odenwald. Die Strecke wird erbeigeschafft. Die Jäger lagern. Siegfried dürstet, ber man hat den Wein »vergessen«. So tut er's Hagen leich, beugt sich zum Trinken über einen Quell, – da ährt ihm Hagens Speer in den Rücken. – Zum Hohn hat lagen den toten Siegfried vor Kriemhilds Gemach elegt. Nach dem ersten schmerzlichen Entsetzen eißt sich Kriemhild zusammen: als gewiß steht ihr vor ugen, daß ihr Gemahl ermordet wurde. Sie fordert ericht. Im Dom läßt sie Hagen vor den aufgebahrten iegfried treten; da bricht die Wunde auf, das rinnende lut zeugt wider den Mörder. Aber Hagen bleibt unerchütterlich: »Den Recken hätte ich gefordert ... allein r war vom Drachen nicht zu trennen, und Drachen chlägt man tot.« Er nimmt des Toten Schwert Balnung und stellt sich ruhig zu den Seinen.

Dritte Abteilung:

»Kriemhilds Rache«

Ein Trauerspiel in fünf Akten

Personen:

König Gunther
Hagen Tronje
Volker
Dankwart
Rumolt
Giselher
Gerenot
Ein Kaplan
König Etzel
Dietrich von Bern
Hildebrant, sein Waffenmeister
Markgraf Rüdeger
Iring und Thüring, nordische Könige
Werbel und Swemmel, Etzels Geiger
Ute
Kriemhild
Götelinde, Rüdegers Gemahlin
Gudrun, deren Tochter.
Ferner vier stumme Rollen: ein Pilgrim, ein Heune, Eckewart, ein Kind Otnit

Ort und Zeit: einige Jahre nach Siegfrieds Tod

1. AKT: Die Ermordung Siegfrieds hat Unruhe un kaum verhohlenen Zwist unter die Beteiligte gebracht. Als Markgraf Rüdeger für seinen König Etze

um die Hand der verwitweten Kriemhild wirbt, sieht Hagen die darin schlummernden Möglichkeiten voraus und widersetzt sich der Vermählung. Gerade das aber macht Kriemhild sehend: nun wird sie sich rächen können mit der Hilfe des mächtigen Hunnenkönigs Etzel, und sie nimmt die Werbung an. Schon jetzt läßt sie sich von Rüdeger schwören, daß er sie für jedes ihr angetane Leid rächen werde.

2. AKT: Nach Jahren folgen die Burgunderkönige der Einladung Kriemhilds an Etzels Hof. Abermals hat sich Hagen widersetzt; doch bleibt er nicht zurück, als die Könige – wie er weiß – ins Verderben gehen. – In Bechlarn werden die Burgunder von Rüdeger froh begrüßt. Der edle Markgraf tauscht mit ihnen Waffen und verlobt seine Tochter dem jungen Giselher. Dietrich von Bern warnt die Burgunder (jetzt nach Siegfrieds Schatz die »Nibelungen« genannt), doch vergebens.

3. AKT: Im Empfangssaal bei Etzel. Kriemhild trifft die letzten Vorbereitungen, hetzt die Hunnen auf, versichert sich nochmals Etzels. – Zurückhaltend, ja finster ist der Empfang der Gäste. Hagen bindet den Helm fester. Kriemhild erinnert Rüdeger an seinen Schwur. Hunnen schleichen herum. Hagen und Volker übernehmen die Nachtwache. Gefährliches braut sich zusammen.

4. AKT: Kriemhild selbst führt die Hunnen gegen Hagen und Volker; doch die Hunnen fürchten die Nibelungen und das Siegfried-Schwert Balmung, das

Hagen, um Kriemhild zu höhnen, im Mondlicht blitze läßt. Noch einmal fordert Kriemhild von ihren Brüder Gericht über Hagen – umsonst. Etzel hält sich zurück läßt aber keinen Zweifel, daß er zu Kriemhild stehe wird. – Vor dem Dom versucht Kriemhild, Rüdeger un Giselher zur Rückkehr nach Bechlarn zu veranlassen sie will die beiden retten. Rüdeger weigert sich. Bein Kirchgang gibt es den ersten Toten. Aber noch gleich Etzel aus: das Gastrecht ist ihm heilig. – Während Wir und Gäste im Bankettsaal sitzen und Etzel seinen un Kriemhilds Sohn zeigt, stürzt Dankwart blutüber strömt herein: Die Hunnen haben seine Leute überfal len und niedergemacht. Aus Rache schlägt Hager Etzels Sohn den Kopf ab. Nun schützt die Burgunde das Gastrecht nicht mehr. Unter Dietrichs Geleit ver läßt der Verderben schwörende Etzel mit seiner näch sten Umgebung den Saal. Die zurückbleibenden Hun nen werden von den Burgundern erschlagen.

5. AKT: Vor dem Saalgebäude, das Kriemhild ha anzünden lassen. Dietrichs Mannen lassen auf Geheiſ Etzels niemanden heraus. Die Burgunder kommen in Saal fast um vor Hitze und Qualm, trinken das Blut de Erschlagenen. Schlag um Schlag töten die feindlicher Scharen einander. Noch einmal verlangt Kriemhil vergeblich Hagens Auslieferung. Nun muß selbst de edle Rüdeger, getreu seinem Eid, aber gegen seir innerstes Wollen in den Kampf. Viele tötet er mit sei nen Leuten, zuletzt wird er von Hagen erschlagen. Vor den Nibelungen leben nur noch Hagen und Gunther Sie werden von Dietrich bezwungen und gefesselt her beigebracht. Hagen weigert sich, anzugeben, an wel

cher Stelle er den Nibelungenschatz im Rhein versenkt hat, solange einer der Könige lebt. Da läßt Kriemhild ihrem Bruder Gunther durch den letzten Hunnen den Kopf abschlagen. Selbst jetzt bleibt Hagen verstockt. Da erschlägt ihn Kriemhild mit dem Balmung. Im Zorn tötet sie Dietrichs Waffenmmeister Hildebrant. König Etzel ist des Mordens und Rächens müde, wendet sich an Dietrich von Bern: »Herr Dietrich , nehmt mir meine Kronen ab und schleppt die Welt auf Eurem Rücken weiter«. Dietrich nimmt die Last auf sich: »Im Namen dessen, der am Kreuz erblich!«

BÜCHNER

Georg B. (1813–1837) studierte Naturwissenschaften, Medizin und Philosophie, wurde 1836 Privatdozent der Universität Zürich. Hinterließ außer wissenschaftlichen Schriften verschiedene Übersetzungen und Bühnenwerke.

Während bei Hebbel die Tragik im wesentlichen darauf beruht, daß der Einzelne (was ihm als Recht zugebilligt wird) sich von der Gesamtheit löst, leidet der Mensch bei Büchner, einfach weil er Mensch ist. Der Mensch an sich aber verkörpert sich in allen Ständen und auf allen Stufen, nicht nur in besonderen Charakteren. Daher muß er in seiner Gesamtheit, als Volk, als Mensch schlechthin auf der Bühne erscheinen. Zwei bedeutende Versuche dieser Art hat Büchner gemacht. Sehr bald wird der Zuhörer bemerken, daß in »Dantons Tod« all die Figuren wie Danton, Robespierre, St. Just und so fort durchaus nicht das sind, was man im Theater zumeist »Helden« nennt. Sie stellen im Grunde nur Sinnbilder der Masse dar, sind Getriebene, nicht Treibende. Und in dem nicht vollendeten »Wozzeck« ist die Titelfigur der arme, leidende, hin- und hergeschobene Mensch, der hier zufällig Wozzeck heißt, aber Millionen andere Namen tragen könnte. Wie man sich zu einer solchen pessimistisch-tragischen Weltanschauung stellt, ist hier nicht zu erörtern. Mit der flammenden Büchnerschen Sprache und einem nicht minder heißen Theater-Atem vorgetragen, hat sie etwas Gefährlich-Verlockendes.

Dantons Tod

Drama in vier Akten

ersonen:

Georg Danton, Legendre, Camille Desmoulins, Hérault-Séchelles, Lacroix, Philippeau, Fabre d'Eglantine, Mercier, Thomas Payne (Deputierte)
Robespierre, St. Just, Barrère, Collot d'Herbois, Billaud-Varennes (Mitglieder des Wohlfahrtsausschusses)
Chaumette, Prokurator des Gemeinderats
Dillon, ein General
Fouquier-Tinville, öffentlicher Ankläger
Herrmann Dumas (Präsidenten des Revolutionstribunales)
Paris, ein Freund Dantons
Simon, Souffleur
Julie, Dantons Gattin
Lucile, Gattin des Camille Desmoulins
Rosalie, Adelaide, Marion (Grisetten)
Männer und Weiber aus dem Volk, Grisetten, Deputierte, Henker usw.

rt und Zeit: Paris 1794
ntstanden 1835 in Darmstadt

Viele Revolutionen könnte man kennzeichnen mit en Worten des Volkes aus diesem Drama: »Sie haben ns gesagt: schlagt die Aristokraten tot, das sind Völfe! Wir haben die Aristokraten an die Laternen ehängt. Sie haben uns gesagt: das Veto frißt euer Brot;

wir haben das Veto totgeschlagen. Sie haben gesag die Girondisten hungern euch aus: Wir haben d Girondisten guillotiniert. Aber sie haben die Toten au gezogen und wir laufen wie zuvor auf nackten Beine und frieren.«

1. AKT: Man spielt und philosophiert ein bißchen i Kreise Dantons, seiner Freunde und Freundinnen. A die Nachricht kommt, am heutigen Tage seien wi derum zwanzig Menschen hingerichtet worde meinte Hérault, es sei an der Zeit, daß die Revolutic aufhöre und die Republik anfange. Camille Desmo lins fordert Danton schwärmerisch auf, zu handel Aber dieser weicht aus. – Als der Souffleur Simon a offener Gasse sein Weib prügelt, weil sie ihre Tocht an einen Reichen verkuppelt habe, steigt die Wut d Menge gegen alles, was »kein Loch im Ärmel hat« a den Siedepunkt. Robespierre wiegelt die Masse noc weiter auf. – Im Konvent hält der Diktator Robespier eine Rede gegen »Leute, welche sonst in Dachstube lebten und jetzt in Karossen fahren ...«. Jeder weiß, da Danton gemeint ist. – Danton scherzt mit gefällige Damen. Die Freunde vermögen ihn noch immer nic zum Handeln zu bewegen; aber mit Robespierre will sprechen. – Die Unterhaltung Robespierre–Dant geht nahe bis zum Abgrund. Als Danton ihn verläßt, i Robespierre entschlossen, ihn hinrichten zu lasse Der kalte St. Just vervollständigt die Liste der für d Schafott bestimmten Danton-Freunde.

2. AKT: Danton ist weder zur Tat noch zur Flucht z bewegen. »Sie werden's nicht wagen«. Selbst a

ekannt wird, daß seine Verhaftung beschlossen sei, leibt er gleichmütig. »Ich gehe spazieren.« Trotz aller hnungen von Lucile Desmoulins, daß nun auch ihr Mann gefährdet ist, baut Desmoulins allzu sicher darauf, daß ihm sein Jugendfreund Robespierre nichts ntun werde. – Danton hat Angstträume, beruhigt sich ber durch ein Gespräch mit seiner Gattin Julie. – Nun st Danton doch verhaftet worden. Robespierre fordert om Konvent, daß Danton und drei Mitverhaftete nter keinen Umständen vor dem Konvent sprechen ürfen. St. Just unterstützt ihn, verlangt aber kaum erhüllt Dantons Tod. – Im Gefängnis wird philosohiert. Als Danton, Desmoulins und zwei andere Veraftete hereingeführt werden, geht das Philosophieen ruhig weiter. – Vor dem Revolutionstribunal pricht Danton stolz von seinen Verdiensten um die Revolution. Der Vorsitzende spürt, wie die Stimmung ich zugunsten Dantons wandelt, und vertagt überstürzt die Sitzung. – St. Just bringt Nachricht: »Dantons nd Camilles Weiber sollen Geld unter das Volk weren; man will die Gefangenen befreien; der Konvent oll gesprengt werden ... dazu die Keckheit der Angelagten, das Murren des Volkes, die Bestürzung der Geschworenen«. Es wird Zeit, mit kalter Entschlossenheit zu handeln. – In der folgenden Sitzung des Revoluionstribunals dreht Danton den Spieß um und klagt eine Gegner Robespierre und St. Just an. Begeistert chreien die Zuhörer Beifall. Die Sitzung wird abermals unterbrochen. Auf der Straße setzen sich die Kundgebungen für Danton fort. Aber sofort schlägt die Stimmung um, als ein Bürger auf Dantons Luxusleben inweist.

3. AKT: Das Todesurteil ist gesprochen. Die Verur teilten nehmen es philosophierend hin, bis der Schlie ßer kommt mit den Worten: »Meine Herren, Sie kön nen abfahren, der Wagen steht vor der Tür«. – Danton Gattin Julie will ihren Mann nicht überleben und vergi tet sich. – Gefaßt steigen die Verurteilten die Stufen de Schafotts hinauf, sterben wie Männer und Freunde Lucile ist vor Schmerz wahnsinnig geworden, such ihren Gatten Desmoulins, setzt sich auf die Stufen de Schafotts, singt vor sich hin. Als sie angerufen wird kommt sie einen Augenblick zum Bewußtsein und ru entschlossen: »Es lebe der König!« Sie wird von de Wache umringt und fortgeführt.

Leonce und Lena

Ein Lustspiel in drei Akten
Entstanden Straßburg 1836

Personen:

König Peter vom Reiche Popo
Prinz Leonce, sein Sohn, verlobt mit Prinzessi
Lena vom Reiche Pipi
Valerio
Die Gouvernante
Der Hofmeister
Der Präsident des Staates
Der Hofprediger
Der Landrat
Der Schulmeister u.a.

Ort: in den Königreichen Popo und Pipi
Uraufführung Wien 1911

Hinter dem Lachen des Lustpiels steht die Frage nach dem Sinn des Daseins. Vielleicht liegt die Beantwortung dieser Frage in dem gegen Ende angedeuteten Zukunftsstaat. Die süße Poesie der Sprache und die lächelnde Betrachtung der Hofzustände lassen vergessen, daß im Grunde das gleiche soziale Problem behandelt wird wie in den anderen Stücken Büchners: Der Mensch unter der Tragik der Gesellschaftsordnung.

1. AKT: Leonce ist in eine ans Krankhafte grenzende angeweile verfallen, die der Ziellosigkeit müßigen Hoflebens entspringt. Der närrische Valerio, Müßiggänger und Vagabund aus Überzeugung, wird ihn lehren, mit Anstand müßig zu sein. – Der vertrottelte König Peter beschließt, seinen Sohn Leonce mit der Prinzessin Lena zu verheiraten. – Nachdem Leonce übersättigt seine Geliebte von sich gewiesen hat, wird ihm der Beschluß des Königs mitgeteilt. Aber gemeinam mit Valerio entzieht er sich dem Heiratsplan durch Flucht. – Auch Lena lehnt sich gegen den Zwang zur Heirat auf und flieht mit ihrer Gouvernante.

2. AKT: Die beiden treffen sich – natürlich ohne sich u kennen – auf der Flucht und verlieben sich ineinander. Die Übersättigung der Liebenden geht so weit, daß ie allein im Gefühl der Liebe sich genügen wollen (das st der einzige wirkliche romantische Bestandteil im Gehalt, nicht in der Gestalt des Stückes). Für Leonce

scheint mit diesem Gefühl das Höchste erreicht zu sein Er will sterben. Der diesseitigere Valerio führt diese Überfeinerung wieder ins Maß der Wirklichkeit zurück, und Leonce bleibt am Leben.

3. AKT: Leonce zieht die logische Folgerung aus seiner Liebe und will Lena heiraten. Im Schloß ist die Hochzeit für das prinzliche Paar vorbereitet, wozu die Untertanen als Hoch-Rufer gedrillt werden. Aber das Paar fehlt. Da erscheint Valerio mit Leonce und Lena die als Automaten verkleidet das Paar ersetzen und getraut werden sollen. Denn Trauung muß sein, nachdem alles ja schon vorbereitet ist. Der Hofprediger vollzieht die Trauung der vermeintlichen Automaten (sinnbildlicher Vergleich für den Automatismus de Gesellschaftsordnung) – und die Maskierten geben ihre Vermummung auf. Erkennung, Versöhnung und Verzicht auf die Krone durch Peter überstürzen sich Mit Valerio, der Minister werden wird, bleibt das Paa allein. Eine Liebeserklärung des Prinzen an Lena und der Ausblick Valerios in ein künftiges paradiesisches Reich beenden das Lustspiel.

Woyzeck

(Ein Fragment)

Personen:

Woyzeck
Marie
Hauptmann

Doktor
Tambourmajor
Unteroffizier
Andres
Margret
Budenbesitzer
Marktschreier
Alter Mann mit Leierkasten
Jude
Wirt
Zwei Handwerksburschen
Käthe u.a.

Ort und Zeit: Feld, Stadt, Rummelplatz, Maries Kammer, Wirtshaus, Kaserne, Am Teich, 1826
Geschrieben 1837, bekanntgeworden 1879, Uraufführung München 1913

»Woyzeck«, nach einem tatsächlichen Gerichtsfall gestaltet, ist das Drama des Menschen, der, unter Zwang von Autorität und Gewöhnung dumpf und hilflos geworden, am ersten ungewöhnlichen Ereignis zerbricht. Die wenigen verstreuten Blätter, deren Szenenfolge zudem unbestimmt ist, sind erfüllt von dramatischem Hauch und großer atmosphärischer Dichte, wie sie mit so sparsamen Mitteln nie wieder erreicht worden sind. Bühnenwirksam wurde das Werk aber erst durch die Vertonung Alban Bergs (Wozzeck. Uraufführung Berlin 1925).

Woyzeck, Soldat und damit Kreatur, hat eine Geliebte, die, wenn sie auch ein Kind von ihm hat, es mit der Treue nicht genau nimmt. Denn Woyzeck ist z wenig, ist körperlich und geistig zu gedrückt, zu arm zu kläglich. Mag er auch ein guter Mensch sein, der sic für ärztliche Versuche hergibt, um Geld für Geliebt und Kind zu verdienen, so kann er doch nicht neben seinem Vorgesetzten bestehen. Der ist Weltmann soweit das ein Soldat überhaupt sein kann, und mu deshalb Marie gewinnen, der auch das grüblerisch Wesen Woyzecks Angst macht und die sich deshal nach dem Partner ohne die Untertanenangst Woy zecks sehnt. Für Woyzeck aber bricht die Welt zusam men, als er, durch wohlwollende, aber spöttische Vor gesetzte vorbereitet, den Treubruch Maries erkennt Ein Schmuck bei Marie, den sie gefunden haben wil zeigt ihm die Wahrheit. Seine Gesichte mehren sic unter dem Druck seiner Ohnmacht gegenüber den Schicksal und bringen ihn schließlich dazu, Marie zu ermorden. Nach dem Mord, dem einzigen Aufflacker der dumpfen Seele, wird Woyzeck sich selbst richten Das Fragment läßt diesen Schluß allerdings offen.

FREYTAG

Gustav F. (1816–1895) studierte Germanistik, war Privatdozent in Breslau, 1848–1870 Mitherausgeber des »Grenzboten«. Hauptwerke: die kulturgeschichtlichen »Bilder aus der deutschen Vergangenheit«, sechs geschichtliche Romane unter dem Gesamttitel »Die Ahnen«, die beiden Sozialromane »Soll und Haben« (Kaufmann und Landwirt) und »Die verlorene Handschrift« (Wissenschaft), dramaturgische Schriften, Bühnenwerke.

Die Journalisten

Lustspiel in vier Akten

Personen:

Berg, Oberst a.D.
Ida, seine Tochter
Adelheid Runeck
Senden, Gutsbesitzer
Professor Oldendorf
Konrad Bolz, Redakteure der Zeitung »Union«
Bellmaus, Kämpe, Körner, Mitarbeiter der »Union«
Buchdrucker Henning, Eigentümer der »Union«
Müller, Faktotum der »Union«

Blumenberg, Redakteur, und Schmock,
Mitarbeiter (beide bei der Zeitung »Coriolan«)
Piepenbrink, Weinhändler und Wahlmann
Lotte, seine Frau
Bertha, ihre Tochter
Kleinmichel, Bürger und Wahlmann
Fritz, sein Sohn
Justizrat Schwarz
Eine fremde Tänzerin
Korb, Schreiber vom Gut Adelheids
Karl, Bediensteter des Obersten
Ein Kellner
Ressourcengäste, Deputation der Bürgerschaft

Ort und Zeit: Die Hauptstadt einer Provinz, Mitte des 19. Jahrhunderts
Uraufführung 1853

Ganz gewiß kein Lustspiel, das neben Meisterwerken der Gattung wie »Minna von Barnhelm« oder dem »Zerbrochenen Krug« zu bestehen vermöchte. Aber ein gutes Lustspiel. Freytags »Journalisten« mit der flüssigen Handhabung und hübschen Gesprächsführung haben immer noch Lebensrecht auf der Bühne, wenn auch der »Schmock«, dessen Name sinnbildhaft geworden ist, zuverlässigen Nachrichten zufolge ausgestorben sein soll.

1. AKT: Gartensaal bei Oberst Berg. Die Freundschaft zwischen Oberst Berg und Chefredakteur Oldendorf, der um Bergs Tochter Ida wirbt, bekommt einen Riß, weil Oldendorfs Zeitung »Union« die ohne Namen in der Konkurrenzzeitung »Coriolan« erscheinenden Aufsätze Bergs scharf angegriffen hat. Ida ist verzweifelt; die bei Berg zu Besuch weilende Adelheid, Jugendgespielin von Oldendorfs Redaktionskollegin Bolz, versucht zu trösten. – Redaktionszimmer der »Union«. Oldendorf veranlaßt, daß die Polemik gegen Bergs ungeschickte Artikel eingeschränkt wird. Bolz hört von einem Fest der Gegenpartei und entschließt sich, dort zu erscheinen.

2. AKT: Gartensaal bei Berg. Der Oberst läßt sich als Gegenkandidat Oldendorfs für die Wahlen aufstellen und glaubt, dieser werde um der alten Freundschaft willen zurücktreten. Als Oldendorf sich weigert, kommt es fast zum Bruch. Nur Adelheid behält den Kopf oben. – Seitenzimmer eines öffentlichen Saales. Fest und Werbeabend für Berg. Bolz hat sich eingeschmuggelt. Den Mitarbeiter Schmock von der Konkurrenzzeitung, der zur Zeitung von Bolz möchte, läßt er durch seinen Kollegen Bellmaus unter Alkohol setzen und ausfragen. Er selbst macht sich an den einflußreichen Weinhändler Piepenbrink und zieht ihn auf Oldendorfs Seite. Bolz und Adelheid treffen einander, ihre alte Liebe erwacht. Belustigt beobachtet Adelheid das Manöver mit Piepenbrink.

3. AKT: Garten saal bei Berg. Bei den Wahlen wird der Oberst besiegt. Er bricht mit Oldendorf, zumal er glaubt,

dieser habe seine Zeitungsartikel so lächerlich gemacht. Adelheid und Bolz schmieden Pläne, die alten Freunde zu versöhnen. Bellmaus teilt Adelheid mit, was er aus dem betrunkenen Schmock herausgepreßt hat. Oberst Berg bleibt unversöhnlich, selbst als die gegnerische Zeitung ihn nunmehr lobt und eine Bürgerabordnung ihn der allgemeinen Hochachtung versichert (alles das Werk von Bolz).

4. AKT: Gartensaal bei Berg. Adelheid hat Schmock bestellt. Auf ihre Veranlassung hält sich Berg in der Nähe und erfährt nun, daß die Redakteure des »Coriolan« zwar seine Aufsätze veröffentlicht, sich aber selbst über sie lustig gemacht haben. Berg wird immer unsicherer, – aber den politischen Gegner Oldendorf zum Schwiegersohn? Nein. Ja, wenn er nicht Journalist wäre ... Nun hat Adelheid gewonnenes Spiel: alles fügt sich in ihrem Plan. Sie bittet den Oberst, er möge sie zu einem Besuch begleiten. – Redaktionszimmer der »Union«. Die Redakteure und Mitarbeiter lachen und zürnen über eine Nachricht der Konkurrenzzeitung, derzufolge die »Union« verkauft sein soll. Aber der Verkaufsplan, ausgeheckt von der Gegenpartei, bestand tatsächlich. Justizrat Schwarz kommt mit Senden, dem Führer der Gegner, und bringt das Verkaufsdokument. Oldendorf tritt sofort als Redakteur zurück – zum größten Vergnügen von Adelheid. Sie hat die Zeitung gekauft. Oldendorf ist ja nun freiwillig aus dem Journalistenstande ausgeschieden, er kann also Bergs Schwiegersohn werden. Aber die neue Eigentümerin hat ihre Besitzrechte bereits wieder abgetreten an – Bolz. Doch dem ist das zu wenig: zur Zeitung will er auch noch die Frau. Und bekommt sie.

IBSEN

Henrik I. (1828–1906, Norweger) war zunächst Apotheker. 1851 Regisseur in Bergen, 1857 Theaterdirektor in Oslo. 1864–1901 meist in Italien und Deutschland (München und Dresden). Schrieb vor allem Dramen.

Ibsens Grundthema, um das fast alle seine Stücke kreisen, ist die Lebenslüge, der tiefe Widerspruch zwischen einer zur Schau getragenen, allgemein anerkannten sittlichen oder religiösen Idee und dem wirklichen Handeln; es wird von Ibsen nicht bestritten, daß es einmal echte, also gelebte oder mindestens erstrebte Ideale gegeben habe, – doch die seien längst erstarrt, Lügen, Gespenster. Es gehört schon einige Keckheit oder abgrundtiefes Unwissen dazu, angesichts solcher Themenstellung zu erklären, Ibsens Werk sei heute überholt. Ibsens Sozialkritik ist gegenwärtig mindestens so gewichtig wie zu der Zeit, als seine Stücke erschienen. Insbesondere seine Kritik am besitzbürgerlichen (Nicht-)Denken. Streiten läßt sich allenfalls darüber, ob der von dem Denker Ibsen gepredigte Ausweg (verantwortungsbewußt denkender Individualismus) wirklich ins Freie führen kann.

Das Gewand, in das der Dichter seine Gedanken kleidet, ist gewiß teilweise verblaßt und verstaubt; man muß sich also die Mühe machen, es ein wenig aufzufärben und auszubürsten, – ein Verfahren, das bei anderen Theaterdichtern ja auch angewendet wird.

Oder ist auch hier die Lebenslüge beteiligt, wünsch man nicht aus seiner Ruhe aufgescheucht zu werden Eines wird freilich kaum bestritten: Ibsen war ein Mei ster der dramatischen Kunst. Die sogenannte analyti sche oder Enthüllungs-Technik (die entscheidende Vorgänge werden *vor* die eigentliche Bühnenhand lung verlegt und dem Hörer durch geschickt Gesprächsführung wie unabsichtlich mitgeteilt) hat e zwar nicht gefunden, aber doch gehandhabt wie kei ner seiner Vorgänger.

Die nachfolgende Auswahl aus dem Gesamtwer des großen Norwegers beschränkt sich nicht nur au das, was zurzeit bei uns gelegentlich aufgeführt wird.

Die Kronprätendenten

Historisches Schauspiel in fünf Akten

Personen:

Hakon Hakonson, von den Birkebeinern zun König gewählt
Inga von Vartejg, seine Mutter
Jarl Skule
Frau Ragnhild, seine Gemahlin
Sigrid, seine Schwester
Margrete, seine Tochter und Hakons Gemahlir
Guthorm Ingesson
Sigurd Ribbung
Nikolas Arnesson, Bischof von Oslo
Dagfinn Bonde, Hakons Staller

Ivar Bodde, Hakons Hofkaplan
Vegard Väradal, einer von Hakons Hofleuten
Gregorius Jonsson und Paul Flida, Lehnsmänner
Ingebjörg, Andreas Skjaldarbands Gemahlin
Peter, ihr heimlicher Sohn von Skule, junger Priester
Sira Viljam, Hauskaplan bei Bischof Nikolas
Meister Sigard von Brabant, ein Arzt
Jatgejr, ein Skalde
Bord Bratte, ein Häuptling aus dem Drontheimischen
Volk und Städter aus Bergen, Oslo und Nidaros
Kreuzbrüder, Priester, Mönche und Nonnen
Gäste, Hofleute, Frauen, Kriegsvolk.

Ort und Zeit: Norwegen, erste Hälfte des 13. Jahrhunderts
Geschrieben 1862

Wirkungsvoll als Theaterstück, stark die aufgeworfene Frage: genügt der Wille zur Macht oder muß man zur Macht berufen sein? Hakon ist berufen, Skule (der eigentliche tragische Held) ist zwar ein edler Charakter, hat aber nur den Willen zur Macht und geht daran zugrunde. Dieser Gegensatz spiegelt sich abgestuft in allen übrigen Figuren des Werkes.

1. AKT: Der Christkirchhof zu Bergen. Inga bezeugt durch die Feuerprobe, daß der von ihr geborene Sohn wirklich des verstorbenen Königs Kind war. Damit scheint der Streit entschieden, ob Hakon (der als ihr

Sohn gilt) oder Skule rechtmäßiger Thronanwärter ist – Halle im Königsschloß. Hakon ist als König aner kannt; großmütig macht er Skule zu seinem Kanzler Skules Tochter Margarete wird Königin.

2. AKT: Banketthalle im Königsschloß. Die alten Zwistigkeiten flackern wieder auf. Bischof Nikolas treibt ein Doppelspiel. Der edle Skule wird unsicher, als ihm Nikolas mitteilt: Ingas Feuerprobe möge zu Rech bestehen, aber ob *Hakon* gerade dieser beschworene Sohn sei, das stehe nicht fest. Ein Pfarrer, bei dem man den heimlich Geborenen auf ein Jahr verbarg, sollte das Kind mit einem anderen vertauschen; ob er es getan, siehe in einem unauffindbaren Brief. Skules alter Ehrgeiz erwacht. Er widersetzt sich Hakon. Dieser will den Treueschwur fordern. Der Bischof hetz weiter.

3. AKT: Im Bischofspalast zu Oslo. Der Bischof lieg im Sterben, läßt für sein Seelenheil beten, begeht abe noch seine größte Teufelei. Er erhält den erwähnten Brief, läßt ihn aber ungeöffnet verbrennen und stirbt ohne Skule vom Zweifel zu befreien, ob Hakon der rechtmäßige Sohn des alten Königs ist. – Im Königsschloß. Hakon wurde ein Sohn geboren. Skule verzweifelt fast an der Wiege des Kleinen, der nun eins die Krone tragen wird. Hakon versucht noch einma ihn zu gewinnen. Skule eilt davon. Die Kunde kommt daß er sich zum Gegenkönig hat ausrufen lassen Hakon fährt zunächst auf; dann gewinnt er seine alte Ruhe wieder: Mutter und Gemahlin bekennen sich ir Liebe zu ihm.

4. AKT: Im Königsschloß zu Oslo. Skule wird von den trunkenen Anhängern gehuldigt. Unruhig bleibt er nach dem Fest zurück, läßt den Skalden rufen, befragt ihn und muß aus dessen Denken erneut erkennen, daß er innerlich eben doch nicht zum König berufen ist. Er hat Menschen, die für ihn sterben, aber keinen, der ihn liebt. Unsicher zeigt er sich nun bei einem Angriff Hakons. Da bringt ihm eine Jugendgeliebte – seinen Sohn Peter, von dem er zuvor nichts wußte. Nun fühlt er sich geliebt, fühlt sich stark und spricht vor Peter den Königsgedanken aus, *ein* einiges norwegisches Volk entstehen zu lassen. Der Jüngling ist von dem königlichen Gedanken seines königlichen Vaters entflammt. (Es ist in Wirklichkeit Hakons Gedanke, den Skule zuvor als unmöglich bezeichnet hatte.) – Straße in Oslo. Blutige Kämpfe. Skules Anhänger werden geschlagen. Hakon verurteilt seinen Gegner und Schwiegervater zum Tode, weil er sich des Königskindes bemächtigen wollte. Margrete entscheidet sich gegen den Vater für den Gemahl.

5. AKT: Königsschloß zu Nidaros. Skule ist über Nacht gealtert und krank. Wenn nur die Stadt zu ihm stände; aber die Bürger wollen nicht, weil Skule die Krönung am heiligen Schrein Olafs verweigert wurde. Für Peter jedoch gilt nur der »Königsgedanke«. Mit eigenen Händen zerrt er den Schrein aus der Kirche auf den Schloßhof. Kirchenschändung! Nun werden die Städter erst recht aufsässig. Skule muß fliehen. – Tannenwald. Skule auf der Flucht. Als »Kreuzbruder« begegnet er noch einmal dem toten Bischof Nikolas. Da kommt Skule endlich zur Besinnung, weist den

Verführer von sich. – Klosterhof auf Elgesaeter. Die Frauen und das junge Königskind wurden hierher gebracht. Aber nun kommen auch Skule und endlich der verbissen dem »Königsgedanken« nachstrebende Peter. Er will sich Hakons Sohnes bemächtigen. Da bekennt Skule, der Königsgedanke stamme nicht von ihm, sondern von Hakon. Peter bricht zusammen. Schon sind die Verfolger vor den Toren. Gefaßt treten Skule und Peter Hand in Hand aus der Tür; sie werden erschlagen. Hakon muß über ihre Leichen hereinschreiten: »Skule war ein Stiefkind Gottes auf Erden das war das Rätsel an ihm«.

Peer Gynt

Dramatisches Gedicht in fünf Akten

Personen:

Aase, Witwe eines Landmanns
Peer Gynt, ihr Sohn
Zwei Weiber, mit Getreidesäcken
Hochzeitsgäste
Küchenmeister
Spielleute usw.
Ein paar Neuzugezogene
Solveig und Helga, ihre Töchter
Der Hägstadbauer
Ingrid, seine Tochter
Der Bräutigam und dessen Eltern
Drei Sennerinnen

Die Grüne
Der Dovrealte
Ein Hoftroll
Mehrere andere Trolle
Troll-Prinzen und -Prinzessinnen
Ein paar Hexen
Erdgeister
Nissen (Kobolde)
Ein häßlicher Junge
Der große Krumme (Stimme im Dunkeln)
Vogelstimme
Kari, ein Hausmannsweib
Mister Cotton
Monsieur Ballon
Herrn von Eberkopf
Herr Trumpeterstrale
Ein Dieb
Ein Hehler
Anitra, Tochter eines Beduinenhäuptlings
Araber
Sklaven
Tanzende Mädchen
Die Memnonssäule (singend)
Die Sphinx bei Gizeh (stumm)
Professor Dr. Begriffenfeld, Vorsteher eines Irrenhauses in Kairo
Huhu, ein Sprachverbesserer vor der malabarischen Küste
Hussein, ein arabischer Minister
Ein Fellah mit einer Königsmumie
Mehrere Wahnsinnige und ihre Wächter
Ein norwegischer Schiffer mit seiner

Mannschaft
Ein fremder Passagier
Ein Geistlicher
Leichengefolge
Mehrere Burschen
Ein Amtmann
Ein Knopfgießer
Eine magere Person
Kirchenbesucher

Ort und Zeit: Norwegen, Marokko, Wüste Sahara, Irrenhaus zu Kairo, auf der See usw.; die ersten sechs Jahrzehnte des 19. Jahrhunderts
Geschrieben 1866

Eine Gedankendichtung mit vielen theatermäßigen Zügen, nicht aber ein Theaterstück mit Handlung gewordenen Gedanken. Das ist – von der Bühne aus gesehen – eine Schwäche, und man müht sich daher durch Herausarbeiten des bloßen Geschehens das Stück der Bühne zu erhalten. Nur geht dann vieles verloren,was eigentlich wesentlich ist. Doch das muß man notgedrungen in Kauf nehmen, wenn man auf das Werk nicht ganz verzichten will.

Es soll versucht werden, dieses dichterische Konterfei des Menschen des 19. – und wahrhaftig auch des 20 – Jahrhunderts in Umrissen nachzuzeichnen.

Peer Gynt kann Einbildung und Wirklichkeit nicht unterscheiden, er »lügt, daß sich die Balken biegen«. Freilich, seine Mutter Aase (die gute alte Zeit) hat für ihn nur noch Gerümpel und Flicken einer einst festgegründeten Weltanschauung retten können. Das reicht nicht aus, ihn als Solveig (den seelischen Adel) dauernd zu binden, wohl aber reicht es hin, ihn sich über die dahinlebenden Menschen des Alltags überheben zu lassen. Hoho, Peer kann alles: die Gesetze der Schwerkraft sind für ihn ebenso aufgehoben wie die der sittlichen Selbstverantwortung. König, ja Kaiser will er werden auf irgendeinem Felde menschlichen Alleskönnens. Doch immer wieder fängt sich der Gutartig-Überhebliche in den Schlingen gerade des Gebiets, das zu beherrschen er sich anschickt, – eben weil er Sein und Schein, Wirklichkeit und Wahn nicht auseinanderzuhalten weiß. In der Welt gesellschaftlicher Konvention (Reich der Trolle) geht er eine lächerliche Ehe mit einer Frau ein (die Grüne), die ebenso zerlumpt und zusammengeflickt ist wie er selbst. Mag er sich im letzten Augenblick auch aus dieser unterirdischen Philisterwelt befreien, – der gezeugte Wechselbalg hängt ihm an, so daß er den Versuch, im selbstgebauten Haus seiner Gedanken mit seelischem Adel (Solveig) zu leben, aufgeben muß. Alle Hemmungen wirft er nun ab: Kaiser wird er im Reich des Geldes; aber das Geld wird ihm wieder geraubt, und die kapitalistischen Räuber (Cotton, Ballon, Eberkopf, Trumpeterstrale) fliegen mit dem Raubschiff selbst wieder in die Luft. Die Wüste Sahara will er fruchtbar machen, macht sich aber lächerlich, indem er den körperlichen Reizen einer gierigen Schönen (Anitra) so verfällt, daß sie den Ausgebeutelten verhöhnt. Zu den Weistümern des alten Ägypten fährt er, Kaiser der Wissenschaften zu werden, landet aber in einem Irrenhaus (Dr. Begriffenfeld ist ein Spotthieb auf die blutleeren Philosophaster). Er muß durch Sturm und Untergang, bevor er hei-

matlichen Boden wieder unter die Füße bekommt. Un
auch hier muß er durch alles Überkommene, durch all
tote Begriffswelt, man möchte sagen: durch allen Fra
gebogenwust noch einmal hindurch, bevor er heimfin
det zu Solveig. So unsicher ist er geworden, daß er nu
selbst fragen muß, ehe er erlöst wird: »Wo war ich ...?
Und Solveig antwortet: »Bei mir in Glaube, Hoffnung
Liebe.«

Die Stützen der Gesellschaft

Schauspiel in vier Akten

Personen:

Konsul Bernick
Betty, seine Frau
Olaf, beider Sohn, 13 Jahre alt
Fräulein Bernick, Schwester des Konsuls
Johann Tönnesen, Frau Bernicks jüngerer Bruder
Fräulein Hessel, Bettys ältere Halbschwester
Hilmar Tönnesen, Frau Bernicks Vetter
Hilfsprediger Rohrland
Frau Rummel
Fräulein Rummel
Kaufmann Wiegeland
Kaufmann Altstedt
Dina Dorff, ein junges Mädchen im Hause des Konsuls
Prokurist Krapp
Schiffsbauer Auler

Frau Dr. Lingen
Frau Postmeister Holt
Fräulein Holt
Bürger, fremde Seeleute

Ort und Zeit: Haus des Konsuls in einer kleineren norwegischen Küstenstadt, Mitte des 19. Jahrhunderts
Geschrieben 1875

Eins der stärksten gesellschaftskritischen Stücke Ibsens, bühnenwirksam gebaut, die Charaktere nicht einseitig geschildert, jeder ein Vertreter seiner Umwelt. Das Thema, die »Lebenslüge«, ist eindeutig gefaßt: äußerer Schein und wirkliches Sein.

1. AKT: In Konsul Bernicks Haus haben sich die Damen der Gesellschaft versammelt, um sich vom Hilfsprediger Rohrland erbauliche Geschichten vorlesen zu lassen. Diese scheinfrommen Damen sind in Wirklichkeit Klatschbasen, die einander einweihen in die Geschichte von Frau Bernicks Bruder Johann, der nach Amerika auswandern mußte, weil er von einer verheirateten Kunstreiterin ein uneheliches Kind habe und ... Nur die junge Dina will heraus aus dieser Stickluft. Zum Entsetzen aller kommt in diesem Augenblick Johann mit dem erfrischend freimütigen Fräulein Hessel aus Amerika zu Besuch.

2. AKT: Der amerikanische Besuch bringt, nur durch sein Dasein, alle Stützen der Gesellschaft ins Wanken; auch der Konsul erinnert sich nur allzu gut ... Aber ehrlich dankt er Johann, daß dieser – sein Jugendfreund –

einst die Kunstreiterinnen-Geschichte auf sic genommen und damit den eigentlich Schuldigen nämlich den Konstul, instand gesetzt habe, das zerrüttete Werftunternehmen glänzend wieder aufzubauen – Zwei Schiffe liegen zur Reparatur auf der Werft: di »Palmbaum« wird fertig, die gänzlich seeuntüchtig »Gażelle« läßt Bernick durch den sich widersetzende Auler nur oberflächlich herrichten. Ihm gehen sein Eisenbahnpläne durch den Kopf.

3. AKT: Prokurist Krapp warnt Bernick wegen de »Gazelle«. Bernick ordnet eine Scheinuntersuchun an. Er gesteht Lona Hessel, die er einst liebte, die e aber um einer reichen Heirat willen aufgab, er se Johann gegenüber noch schuldiger: den Gerüchten Johann habe vor seiner Abreise nach Amerika di Kasse des Unternehmens beraubt, sei er nicht entgegengetreten, weil durch diese Gerüchte die wahre Ursachen der Finanzschwierigkeiten verschleier wurden. Der Konsul mußte sprechen, weil der Hilfsprediger Rohrland dieses Gerücht vor allen Damen al wahr hingestellt hatte, um Dina vor Johann zu »schützen«. Als Johann Dina heiratet, sich in der Stadt festsetzen will und von Berneck verlangt, er solle ihm seinen guten Ruf wiedergeben, ist es mit des Konsuls Fassung aus. Zudem droht ihn das Eisenbahngeschäft, i dem er sein ganzes Vermögen eingesetzt hat zugrunde zu richten. Einst hatte er den Bau der Küsteneisenbahn verhindert, um die Küstenschiffahrt (an de er heimlich beteiligt ist) nicht zu schädigen. Jetzt hat e durchgesetzt, daß eine Binnenbahn gebaut wird, un sich die anliegenden Ländereien gesichert. Wenn e

un sein früheres Unrecht offenbaren soll, gehen seine läne und sein Vermögen zugrunde. Johann, der chriftliche Beweise für Bernicks Schuld besitzt, will it der »Gazelle« noch einmal nach Amerika zurück nd dann wiederkommen, um Dina zu heiraten und ch zu rächen.

4. AKT: Für Bernick wird eine Huldigung der Bürgerchaft geplant. Er verliert fast die Nerven: Johann reist it der »Gazelle«, ist also, zumal das Wetter stürmisch ird, dem Tode geweiht; freilich würden dann auch die chriftlichen Beweise verschwinden ... und Dina ist it Johann zusammen. Noch zwingt Bernick sein ewissen nieder. Dann möchte er die »Gazelle« urückrufen lassen, weil er hört, daß Johann nicht wieerkommen wolle – zu spät. Aber nicht Johann und ina sind auf der »Gazelle«, sondern Bernicks Sohn laf, der heimlich das Haus verlassen hat, um Abenuer zu suchen. Bernick droht zusammenzubrechen. a bringt seine Frau den Jungen wieder herein; sie atte dessen Verschwinden bemerkt, war ihm nacheeilt und hat ihn mit dem Lotsenfahrzeug zurückgeolt. Und Auler hat auf eigene Verantwortung das chiff selbst wieder zurückfahren lassen. Jetzt, wo Berick erkennt, an welchem Abgrunde er gestanden, ist innerlich frei geworden. Er empfängt den Huldiungszug, läßt den Hilfsprediger seine hudelnde obrede auf die Stützen der Gesellschaft herunterlein, dann spricht er selbst. Offen bekennt er, daß nicht ohann der Schuldige war, daß Johann nichts unterchlagen hat, daß er, der »selbstlose« Bernick, das isenbahngelände für sich gekauft, – aber nun will er

den Gewinn dieses Spekulationskaufs allen zufließe lassen oder ihn wirklich für die Allgemeinheit verwa ten. Nach dem ersten Schock atmet auch die Famil auf: frische Luft, Hoffnung auf ein wirkliches Lebe zieht ein. »Freiheit und Wahrheit – *das* sind die Stütze der Gesellschaft.«

Nora oder Ein Puppenheim

Schauspiel in drei Akten

Personen:

Torwald Helmer, Rechtsanwalt
Nora, seine Frau
Christine Linde, Noras Freundin
Dr. Rank
Krogstadt
Ein Hausmädchen
Ein Kindermädchen
Helmers drei kleine Kinder
Ein Dienstmann

Ort und Zeit: Salon in Helmers Wohnung, zweite Hälf des 19. Jahrhunderts
Uraufführung Kopenhagen 1879

Vielbesprochenes Sensationsstück um die Jahrhur dertwende, zur Zeit der Kämpfe um die Gleichberecl tigung der Frau. Es geht um die Frage: Ist die Frau fü den Mann nur ein liebes Spielzeug, eine Puppe, od oll sie als echter Lebenskamerad betrachtet und als leichwertiger Mensch anerkannt werden? Der dra- ıaturgische Aufbau ist glänzend, die Figur der Nora ine der einprägsamsten Ibsenschen Frauengestalten.

Dem Direktor Helmer gilt seine Frau Nora nur als öhliche »Lerche«, als lustiges »Eichhörnchen«; er füt- ert sie, kleidet sie, ist verliebt in sie – aber von jeder eilnahme an seinem Leben hält er sie fern. So bleibt ie töricht, naschhaft, putzsüchtig, unerfahren. Und och hatte sie einmal bewiesen, daß ihr echtes Han- eln nicht fremd war – freilich mit unüberlegten Mit- eln. Um ihres kranken Mannes Leben zu retten, hatte ie heimlich Geld für den notwendigen Kuraufenthalt Ielmers beschafft – und auf dem Schuldschein die Interschrift ihres im Sterben liegenden Vaters efälscht. Als der ahnungslose Helmer in seinem Internehmen ausgerechnet demjenigen kündigt, der en gefälschten Schuldschein in Händen hält, kommt s zur Katstrophe. Nora wagt nicht, sich ihrem eitel- elbstzufriedenen Mann anzuvertrauen, und Helmer erurteilt ohne Überlegung seine Frau, weil sie *ihm* chande gemacht habe. Nora hatte auf »das große Vunder« seines Verstehens gehofft. Erschütterung nd Enttäuschung wecken die in ihr schlummernden ¦räfte: obwohl der Besitzer des gefälschten Schuld- cheins, ein früher haltloser, nicht aber schlechter Iann, diesen ohne jeden Anspruch zurückgibt und Ielmer nun glaubt, alles sei wie früher, verläßt ihn Iora; er hat »das große Wunder« des Verstehens und er Kameradschaft nicht vollbracht, und sie will nun, uf eigenen Füßen stehend, selbst ein richtiger

Mensch werden. (In einer von Ibsen widerwillig zuge standenen Änderung des Schlusses bleibt Nora ihre Kinder wegen bei Helmer.)

Gespenster

Ein Familiendrama in drei Akten

Personen:

Frau Helene Alving, Witwe des Hauptmann und Kammerherrn Alving
Oswald Alving, Maler, ihr Sohn
Pastor Manders
Tischler Engstrand
Regine Engstrand, im Hause Frau Alving

Ort und Zeit: Auf Frau Alvings Besitzung im westliche Norwegen; in den siebziger Jahren des 19. Jahrhunderts
Erschienen 1881

Durch die Bezeichnung »Familiendrama« hat sic Ibsen offenbar vor Angriffen schützen wollen. Wen hinter diesem starken, gegenwartsnahen Stück nicht steckte als nur die an sich betrübliche Geschichte eine Familie, könnte es uns gleichgültig sein. In Wirklich keit sind die »Gespenster« das Drama der bürgerliche Gesellschaft, wie Ibsen sie sah. Diese Gesellscha dient, so meint der Denker-Dichter, nicht mehr de Wahrheit, sondern nur dem Schein. Pflicht, Verant wortung, Gesetz, Ordnung sind nur noch Schleier, hin ter denen man seiner Lust frönt. Nicht umsonst ha

bsen den alten Alving an der Lust-Seuche zugrunde-
gehen und dessen Sohn die Gehirnerweichung erben
assen. Das ist nicht medizinisch, sondern sozialkri-
isch zu verstehen. Eine Gesellschaft, die nur ihren
Augenblickswünschen frönt und nicht an die Zukunft
denkt, muß an Gehirnerweichung, an ihrer Gedanken-
schwäche zugrundegehen.

Frau Alving hatte einst den Nützlichkeitserwägun-
gen ihrer Umgebung Gehör geschenkt und den leicht-
ebigen Alving geheiratet, obwohl ihr Herz dem jungen
Pastor Manders gehörte. Sie hat es büßen müssen;
denn ihr Mann setzte bald sein ausschweifendes
Leben fort. Mit aller Kraft strebte sie weg von ihm; doch
als sie zu Manders flüchtete, wies dieser ihr den Weg
zur »Pflicht«. Da widmete sie sich verbittert nur ihrem
kleinen Sohn Oswald, verwaltete den Familienbesitz
und tat alles, um das Treiben ihres Mannes vor der Welt
zu verbergen, selbst als dieser von ihrem Hausmäd-
chen ein außereheliches Töchterchen Regine bekam.
Das Mädchen wurde (gegen Geldabfindung) mit dem
trunksüchtigen Tischler Engstrand verheiratet. Und
als sie starb, nahm Frau Alving die kleine Regine in
ihren Dienst. Ihren Sohn Oswald, einen begabten
Maler, schickte sie ins Ausland und lehrte ihn durch
ihre Briefe, seinen Vater als Muster eines Mannes zu
betrachten. Nach Alvings Tode kehrt Oswald zur Mut-
ter heim, gerade als eine neue Stiftung zu Ehren des
verstorbenen Vaters durch Pastor Manders eingeweiht
werden soll. Jetzt entrollt sich, was einst aufgewickelt
wurde. Oswald bandelt ahnungslos mit der lebens-
freudigen Regine an, erfährt, daß sie eine Halbschwe-

ster ist, sieht das Idealbild seines Vaters in Trümme gehen. Und Frau Alving muß von ihm hören, daß all ihre Bemühungen vergeblich waren, daß Oswald vo seinem Vater Gehirnerweichung geerbt hat. Vo Pastor Manders enthüllt sich die wirkliche Welt, vor de er stets die Augen scheinheilig verschlossen hielt un der er nur mit formelhaften Schlagworten entgegen zutreten vermag. Schleunigst flüchtet er in sein Scheinwelt zurück; aber Regine bleibt ihm als böse Gewissen auf den Fersen; sie wird in Manders' Stad ein Asyl für Seeleute aufmachen, zusammen mit ihren Pflegevater Engstrand – und wird lebenslustig sein Das einzuweihende Gebäude brennt ab; der sonst s geschäftstüchtige Pastor hat es nicht versichern wol len, weil ihm das in den Augen der Welt als Zweifel a der Gnade Gottes erschienen wäre. Und nun fürchte er, in den Zeitungen deshalb angegriffen zu werden Oswald hat durch die Aufregungen einen neuen Anfa erlitten; sein Verstand ist unrettbar dahin, blöd un stier murmelt er: »Mutter, gib mir die Sonne«.

Ein Volksfeind

Schauspiel in fünf Akten

Personen:

Dr. Thomas Stockmann, Badearzt
Frau Stockmann
Petra, beider Tochter
Ejlif und Morten, ihre Söhne

Peter Stockmann, Bruder des Doktors, Stadtvogt
Morten Kül, Frau Stockmanns Pflegevater
Hovstad und Billing, Redakteure des »Volksboten«, u.a.

Ort und Zeit: In einer Küstenstadt des südlichen Norwegen, zweite Hälfte des 19. Jahrhunderts
Uraufführung Oslo 1883

Wiederum Sozialkritik: Nutzen geht vor Wahrheit, Unredlichkeit vor Recht, die »kompakte Majorität« kann nur mit der Lebenslüge leben. Äußere Einzelheiten sind heute überholt, der Kern aber hat immer noch seine Bedeutung.

Der Badearzt Dr. Stockmann hat entdeckt, daß die von ihm selbst einst befürwortete Badequelle verunreinigt ist und Krankheitsstoffe enthält. Sogleich will er die Öffentlichkeit davon in Kenntnis setzen. Anfangs sagen ihm die Presse und die durch den Druckereibesitzer Thomsen geführte »kompakte Majorität« volle Unterstützung zu. Als aber der kalt berechnende, verzogene Bürgermeister (Stockmanns Bruder) aufrechnet, was die Stadt und die Bürger für den Umbau der Wasserleitung ausgeben müßten, fällt alles von Stockmann ab. Er beruft nun eine Versammlung ein. Aber dort wird ihm verwehrt, über die Angelegenheit zu sprechen. So spricht er über etwas anderes – und doch das eigentliche, daß nämlich »sämtliche geistige Lebensquellen vergiftet seien und die ganze bürgerliche Gesellschaft auf dem pestschwangeren Grunde der Lüge ruhe«. Daraufhin erklärt man ihn zum Volksfeind, die Fensterscheiben seines Hauses werden eingeworfen, seine Tochter verliert ihre Lehrerinnenstelle, er selbst wird seines Amtes entsetzt, seine Wohnung wird ihm gekündigt, die Patienten werden gegen ihn aufgehetzt. Sein Schwiegervater glaubt, Stockmann habe aus schlauer Berechnung gehandelt, und kauft die gesunkenen Aktien der Kurgesellschaft zu niedrigen Preisen. Als die Presse davon erfährt, biedert sie sich wieder mit Stockmann an, weil sie hofft, an dem Geschäft mitverdienen zu können. Empört weist Stockmann die ganze unredliche Gesellschaft aus dem Hause. Ein alter Schiffskapitän bietet ihm Zuflucht und nun atmet Stockmann auf: »Jetzt bin ich der stärkste Mann der Welt ... Der stärkste Mann der Welt ist derjenige, welcher – alleinsteht!«

Die Wildente

Schauspiel in fünf Akten

Personen:

Werle, Großkaufmann
Gregor, sein Sohn
Der alte Ekdal
Hjalmar Ekdal, sein Sohn, Fotograf
Gina, dessen Frau
Hedwig, ihre Tochter
Frau Sörby, Haushälterin bei Werle
Dr. Relling, Arzt
Molvik, ehemaliger Theologe u.a.

Ort und Zeit: In Werles Haus und bei Hjalmar Ekdal,
weite Hälfte des 19. Jahrhunderts
raufführung Bergen 1885

Hier zeigt Ibsen die Verheerungen, die ein überstei- erter Wahrheitsfanatismus zurückläßt, wenn er den lenschen die »Lebenslüge« nehmen will. Ist auch die mwelt des Stückes heute versunken, so wirkt doch ie Innenwelt lebendig weiter: der Werksbesitzer Verle mit der bedenklichen Lebensauffassung, aber er Beherrschung des »praktischen Lebens«, der Verle-Sohn mit seinem »Rechenschaftsfieber«, der ur Abbilder und Retuschen gebende, faule, pläne- chmiedende, wichtigtuerische Fotograf Ekdal, Dr. elling, der jedem eine passende Lebenslüge ver- chafft, die zahlreichen Menschen, die in der Gerüm- elkammer des Althergebrachten jagen wie Ekdals ater oder denen ein überstandenes grauenhaftes eschehen ein »schönes Deklamationsthema« ist. nd wie hier wird das echte Opfer stets den Unschuldi- en abverlangt.

Der Fotograf Ekdal hat ahnungslos eine frühere eliebte des Großhändlers Werle geheiratet, läßt Frau nd Kind für sich arbeiten, lebt unwissentlich von uwendungen Werles, träumt auf dem Sofa von Erfin- ungen und großer Zukunft. Der junge Gregor Werle lärt ihn eines Tages über die Zusammenhänge auf, veil er glaubt, Aussprache zwischen den Gatten verde, den »idealen Forderungen« entsprechend, das roße Wunder einer von der Lebenslüge befreiten weisamkeit werden. Aber der großsprecherische

Ekdal ist nur beleidigt, gibt vor, das Haus und das Ki
(von dessen ehelicher Abstammung er nicht me
überzeugt ist) verlassen zu wollen, beruhigt sich ab
bei einem Butterbrot. Die vierzehnjährige Hedwig so
auf Anraten des ewig moralisierenden jungen Wer
Ekdal ihre wahre Liebe beweisen. Auf dem Boden h
Ekdal mit seinem Vater allerlei Haustiere zwisch
vertrockneten Weihnachtsbäumen untergebrac
um auf Jagd gehen zu können. Auch eine Wildente i
dabei, die einst angeschossen in den Sumpfgru
tauchte, jedoch wieder hervorgeholt wurde. Dieses i
Lieblingstier soll Hedwig nun töten. Aber sie bringt
nicht übers Herz, sondern erschießt sich selbst.

»Wenn wir Toten erwachen« (1900). Mit letzter F
gerichtigkeit geht Ibsen bei seinem Kampf gegen d
Lebenslüge hier dem »Ideal« zuleibe. Das Ideal schi
ihm lebensfeindlich. Am ehesten hat es, sollte m
meinen, in der Kunst Berechtigung. Doch selbst hi
sagt Ibsen unerbittlich: nein! – Der Bildhauer Rub
hat, zunächst in feuchtem Ton, dann in kaltem Marm
eine Gruppe »Auferstehung« geschaffen. Um sei
idealen Absichten rein verwirklichen zu können, h
Rubek das schöne weibliche Modell Irene (das bede
tet: Friede, Harmonie) nie als Mann berührt, obwo
beide einander lieben. Also: statt Leben Lehm, st
Liebe Stein. Wohl hat Irene Rubeks Streben begriffe
doch als er ihre gemeinsame Zeit als »Episod
bezeichnete, da hat sich das lebenswarme Weib in i
empört: sie hat ihn verlassen, ihren Körper nun
öffentlichen Schaustellungen gierigen Männeraug
preisgegeben, zweimal geheiratet, jeden Ehema

urch den Tod wieder verloren. Aber in allem Sinnen-
ausch der Enttäuschung blieb die Erinnerung an
ubek. Dieser selbst hat eine lebenslustige Frau gehei-
atet: Maja (im irdischen Sinne: die den Blick für das
chte verschleiernde Sinnengier); aber er ist künstle-
isch unfruchtbar geworden, seit er Irene verlor. Als
ubek und Irene sich nach langen Jahren wiedersehen
Rubek künstlerisch und menschlich tot, Irene dem
Vahnsinn nahe, in Begleitung einer schwarzgewan-
eten Diakonissin), finden sie sogleich wieder zuein-
nder, wenn auch in Reue über ihr vertanes Leben.
uch Maja findet den Mann, der besser mit ihr überein-
timmt: den bärenjagenden Gutsbesitzer Ulfheim.
eide Paare wollen »emporsteigen«. Aber der Idealist
ubek übertreibt: auf die höchsten Gipfel wollen sie
lettern. Vom Schneesturm werden die Paare über-
ascht. Der naturverbundene Ulfheim kann sich und
Maja retten; Rubek und Irene jedoch stürzen in die
iefe, und die schwarze Diakonissin murmelt ihnen
in »Friede sei mit euch« in den Tod nach. Wer aus dem
odesschlaf des lebensfernen Ideals erwacht, bleibt
om Tode gezeichnet, bleibt dem Leben gegenüber
nsicher.

TOLSTOI

Leo T. (1828–1910, Russe), Sohn eines Gutsbesitzer aus altem Adelsgeschlecht. 1851–1856 Offizier, lebt abgesehen von einigen Auslandsreisen meist au seinem Gut. 1900 wurde er vom russischen Heilige Synod exkommuniziert. Mit 80 Jahren verließ er Hei mat und Familie, um seinen urchristlichen Lehren ent sprechend zu leben. Er schrieb vor allem Romane Novellen, Erzählungen, religiöse, sozialpolitische un kulturpolitische Schriften, aber auch einige Bühnen werke.

Die Macht der Finsternis

Drama in fünf Akten

Personen:

Pjotr, ein reicher Bauer
Anissja, seine Frau
Akulina, seine Tochter aus erster Ehe
Anjukka, seine Tochter
Nikita, sein Knecht
Akim, dessen Vater
Matrjona, dessen Mutter
Bauern
Volk

Ort und Zeit: Russisches Dorf um 1880
Uraufführung Paris 1888

Krasses Drama in bäuerlicher Lebensluft, Naturalismus schon vor Gerhart Hauptmanns ersten Bühnenwerken, grauenhaftes Geschehen und erbarmungslose Wirklichkeitszeichnung im Dienste der Absicht, die Macht der Finsternis und das Mittel, sie zu überwinden, aufzuzeigen. Akim ist die seelisch wichtigste Figur dieses Dramas. Seine Rechtlichkeit und Milde bilden die einzige (und schließlich auch siegreiche) Gegenkraft gegen die Macht der Finsternis.

Über den Knecht Nikita hat die Finsternis am meisten Macht gewonnen. Mit der Frau seines Bauern treibt er Ehebruch, die von ihm verführte Waise Marinka will er nicht heiraten; seine Mutter gibt der Bäuerin Gift, damit sie ihren Mann vergifte und Nikita heirate. Und so geschieht es. Nach der Heirat mit der Bäuerin knüpft er ein Verhältnis mit der Tochter des Bauern aus erster Ehe, er trinkt, schlägt seine jetzige Frau, erwürgt das neugeborene Kind, das er mit seiner Stieftochter gezeugt hat, die nun einen anderen heiraten soll. Endlich, auf der eiligst herbeigeführten Hochzeit der Stieftochter, dämmert es in ihm: er erblickt reuevoll die einst von ihm verführte Waise, die ständigen Ermahnungen und Warnungen seines Vaters Akim gewinnen Leben in ihm, und so will er seinem verlorenen Dasein ein Ende machen. Dann aber ringt er sich von der Reue zur Buße durch; frei bekennt er sich zu seinen Verbrechen und nimmt opferbereit auch die seiner Frau auf sich. Damit ist die Macht der Finsternis gebrochen. Sein Vater Akim spricht es aus: »Gott verzeiht dir, mein liebes Kind! Du hast mit dir selbst kein Erbarmen gehabt. Er wird mit dir Erbarmen haben. Gott wird dir barmherzig sein! Ja! Er!«

Der lebende Leichnam

Drama in zwölf Bildern

Personen:

Fedor Protassow
Lisa, seine Frau
Beider Sohn
Sascha, Lisas Schwester
Anna Pawlowna, Lisas Mutter
Karenin, Lisas zweiter Gatte
Anna Dmitrijewna, seine Mutter
Fürst Abreskow
Wosnessenskij, Karenins Sekretär
Mascha, eine junge Zigeunerin
Iwan Makarowitsch, ihr Vater
Natascha Iwanowa, ihre Mutter
Afremow, ein Lebemann, u.v.a.

Ort und Zeit: St. Petersburg und Moskau, Ende des 19. Jahrhunderts
Uraufführung Moskau 1911

Kein eigentliches Drama, eher ein »episches Theater« in zwölf Bildern. Jedes der Bilder eine in sich geschlossene Szene aus den verschiedensten russischen Lebenskreisen, vom Fürsten bis zum verbummelten Maler, vom Zimmer der eleganten Dame bis zum verdreckten Raum einer elenden Kneipe, und – natürlich! – Zigeuner. Zusammengehalten wird das Ganze durch den losen Faden einer seltsamen Geschichte, die Tolstoi Gerichtssaalberichten entnahm, hinter der aber auch ein persönliches Anliegen zu suchen ist, und die wohldurchdachte Charakterzeichnung Fedjas, des »lebenden Leichnams«.

Fedja, ein sensibler, melancholischer, passiver Charakter, ist in seiner Haltlosigkeit durch ständigen Alkoholmißbrauch immer tiefer gesunken (auch in seiner eigenen Meinung), so daß seine Ehe, zuvor schon leicht beschattet durch eine unausgesprochene Liebe der Frau Lisa zu ihrem Jugendgefährten Karenin, vor der Auflösung steht. Fedja verbummelt sein Leben bei Zigeunern, Zigeunermusik und Alkohol; er liebt die Zigeunerin Mascha, wird wiedergeliebt und würde sie vielleicht auch heiraten. Zu seiner Frau zurückzukehren, weigert er sich. In die Scheidung würde er einwilligen, wenn nicht so viele Widerwärtigkeiten mit einem Scheidungsprozeß verbunden wären. Da schreibt er seiner Frau: »Wenn ihr diesen Brief erhaltet, werde ich nicht mehr sein.« Alle Umstände scheinen von seinem freiwilligen Tode zu zeugen. Karenin und Lisa heiraten. Nach fast einem Jahr – Lisa erwartet bereits ein Kind – kommt eine Vorladung vom Gericht: Fedja lebt noch, hat sich in der Trunkenheit verraten, Lisa führt also eine Doppelehe! Fedja nimmt vor Gericht alle Schuld auf sich. Während der Beratungspause fragt er den Advokaten, wie das Urteil ausfallen könne ... »... im ungünstigsten Fall Verschickung nach Sibirien für Sie und Ihre Frau.« – »Und im günstigsten Fall?« – »Kirchenbuße und selbstverständlich Ungültigkeitserklärung der zweiten Ehe.« Da zieht er einen Revolver und erschießt sich. Zu Lisa: »Verzeih mir, ich konnte mich nicht anders ... anders frei machen ... Nicht nur für dich ... für mich ist es auch so besser ... ich bin ja doch schon lange ... bereit.«

ANZENGRUBER

Ludwig A. (1839–1889, Österreicher) war Buch händlerlehrling, dann bescheidener Schauspiele einer Wandertruppe, 1869 kleiner Polizeischreiber i Wien. Seit 1882 Leiter des Wiener Familienblatte »Heimat«, später des Witzblattes »Figaro«. Schriel Romane, Erzählungen, Bühnenstücke.

Während die in städtischer Umgebung spielender Stücke Anzengrubers versunken sind, haben die Bau ernkomödien nichts von ihrer Wirksamkeit eingebüßt Sie sind in Wahrheit echte Volksstücke nach Sprach und Gehalt, realistische, also wirklichkeitsnah Werke, gespickt mit Heiterkeit und zugleich erfüllt vor ernsten, sagen wir ruhig: lehrhaften Grundgedanken Mag manches dem Städter heute verblaßt erscheinen – er irrt: Bauernleben und Bauerndenken ändern sich auch in unserer Zeit nur wenig. Und dort wo Anzen gruber Kritik an menschlichen Einrichtungen übt (ar ihren Auswüchsen, nicht an deren Kern), da ist er nich minder zeitnah. – Im folgenden wird nur der Inhalt de meistgespielten Stücke wiedergegeben.

Der Meineidbauer

Volksstück mit Gesang in drei Akten

Personen:

Mathias Ferner, der Kreuzweghofbauer
Crescenz und Franz, seine Kinder
Andreas Höllerer, der Adamshofbauer
Toni, sein Sohn
Der Großknecht auf dem Adamshof
Burgei, Mirzl, Waberl, Annerl, Gretl (Mägde am Adamshof)
Muckerl, Kuhjunge
Die alte Burgerliese
Jakob und Vroni, ihre Enkel
Levy, ein Hausierer
Die Baumahn
Rosl und Kathrein, ihre Nichten
Der Bader von Ottenschlag
Erster und Zweiter Schwärzer (Schmuggler)
Schwärzer
Landleute vom Kreuzweghof, von Altranning und Ottenschlag

Ort und Zeit: Österreichisches Gebirge, Anfang des 19. Jahrhunderts
Uraufführung 1871 in Wien

Der Fachmann darf ruhig den Kopf schütteln über den ungeschickten Aufbau, über die undramatischen Erzählungen und über manche völlig überflüssige Szene, – die Hauptpersonen und ihre Triebfedern sind so klar herausgearbeitet, wie es ein Volksstück (und als solches ist der »Meineidbauer« vom Dichter bezeichnet) nur immer verlangen kann. Und einem Volksstück steht auch die Moral recht wohl an. Hier heißt sie: lieber naturhaft-ehrlich als frömmelnd, lieber herzhaft hassen als scheinheilig von Liebe reden.

1. AKT: Auf dem Adamshof. Der Großknecht warnt die Magd Vroni vor dem Schicksal ihrer Mutter, die er einst geliebt: sie hat vom verstorbenen Kreuzwegbauern zwei Kinder (Vroni und den verschollenen, verlumpten Jakob), ohne daß ihre Hoffnung, Kreuzwegbäuerin zu werden, in Erfüllung gegangen wäre. Wenn Vroni nun mit des Adamshofbauern Sohn Toni sich einlasse, werde auch sie in Schande kommen wie die tote Mutter. Vroni findet die Warnung berechtigt, als nun Mathias Ferner, Bruder und Erbe ihres außerehelichen Vaters auf den Adamshof kommt, um seine Tochter mit Toni zu verheiraten und so den größten Besitz im Lande zustandezubringen. Hart tritt sie dem harten Mann entgegen, verlacht seinen Reichtum und seine scheinheilig-frommen Stiftungen, wirft ihm die Grausamkeiten vor, die er an ihr und ihrem Bruder Jakob begangen und die sie und den Bruder vom Kreuzweghof vertrieben haben. Einige Andeutungen läßt sie fallen, die den reichen Mathias Ferner erblassen und den geraden Adamshofbauern Höllerer aufhorchen lassen. Dann kündigt sie Höllerer den Dienst. Als sie im Begriff ist, zu ihrer Ahne ins Gebirge zu gehen, kommt ein Student aus der Stadt, der zum Kreuzweghof will. Da er Ferners Sohn Franz ist, weigert sie sich, ihm den Weg zu weisen. – Wirtshaus der alten Burgerliese: Vroni kommt heim zur Ahne und wird brummend

doch gutherzig von der Alten aufgenommen. Hier erfährt sie, ihr leiblicher Vater habe ihre Mutter heiraten wollen und testamentarisch als Erbe eingesetzt; er sei dann aber überraschend in der Stadt gestorben. Das Vorhandensein eines Testaments habe Mathias Ferner abgeschworen, er habe das Schriftstück verbrannt, sei dabei aber von seinem zwölfjährigen Sohn Franz beobachtet worden. Beweisen könne man nichts; aber der Ferner sei ein Meineidbauer. In diesem Augenblick kommt auch Bruder Jakob, der Zuchthäusler, todkrank heim. Erbittert über die Behandlung durch Ferner, ist er auf Abwege geraten. Ohne es zu wissen, hat er in einem Gebetbüchlein einen Brief Ferners herumgetragen, in dem dieser das Testament erwähnt. Jakob stirbt in Verzweiflung.

2. AKT: Zimmer auf dem Kreuzweghof. Schon haben sich Höllerers Toni und des meineidigen Ferners Tochter Crescenz verzürnt, und die Väter streiten miteinander, als Franz erscheint. Aus einer Bemerkung der Schwester entnimmt er, daß sein Vater ihn Pfarrer werden lassen will, damit er jemanden habe, der ihm für seinen Meineid Lossprechung erteilt. Ernst und erregt stellt er den Vater zur Rede, weigert sich, bekennt, daß er nicht Latein, sondern Landwirtschaft studiert habe. Ferner fährt auf und verzweifelt. Vroni erscheint und teilt ihm rachsüchtig mit, daß der Brief aufgefunden wurde. Auch Franz kann sie nicht besänftigen. – Vronis Stübchen in Ottenschlag. Toni kommt mit eindeutigen Absichten zu ihr, wird aber von dem nun erscheinenden Franz vor die Tür gesetzt. Franz warnt Vroni vor dem Vater, will zu ihrem Schutz

dableiben, läßt sich dann aber zum Weggehen bewe
gen. Trotz Gewittersturm hat sich der alte Ferner her
aufgefunden, will Vroni mit vorgehaltenem Geweh
zur Herausgabe des Briefes zwingen. Als Vror
unüberlegt sagt, Franz habe den Brief, stürzt Ferne
dem Sohne nach. – In einer Felsenschlucht stellt Ferne
seinen Sohn, will den Brief von ihm. Als er ihn nich
bekommt, schießt er auf Franz, um den Mitwisser zu
beseitigen.

3. AKT: Ärmliche Hütte der Baumahn. Der verstört
Ferner sucht Unterschlupf vor dem Gewitter und mu
eine der seinigen ähnliche Geschichte anhören, die di
Baumahn ihren Nichten und dem Bader erzählt. Als i
der Geschichte der Teufel als Beichtvater auftritt, wir
Ferner wahnsinnig und stirbt. – Vronis Stübchen. Franz
Ferner, nur verwundet und von Schmugglern hierher-
gebracht, sehnt den Tod herbei. Doch Vroni, die ih
liebt, gibt ihm neue Kraft: sie verbrennt den belasten
den Brief. So ist nun er, als ihm die Kunde vom Tode de
Vaters gebracht wird, Herr des Kreuzweghofes – un
Vroni wird Kreuzwegbäuerin.

Die Kreuzelschreiber

Bauernkomödie mit Gesang in drei Akten

Personen:

Anton Huber, der Bauer vom »Gelben Hof«
Josepha, sein Weib

Der Großbauer von Grundldorf
Der Steinklopferhanns
Veit, der Wirt
Marthe, sein Weib
Liesel, Kellnerin
Klaus, Mathies, Altlechner, Der alte Brenninger (Bauern)
Michl, Loisl, Martin, Sepp (Burschen)
Rosl, Ursel, Hanns, Tobias (Gesinde vom Gelbhof)
Bauern, Bäuerinnen, Bauernburschen, Dirnen

Ort und Zeit: Gebirgsdorf in Bayern, Mitte des 19. Jahrhunderts
Uraufführung 1872 in Wien

Ein unverblümt-derbes, jedoch bei aller Ausgelassenheit niemals anstößiges Spiel. Hinter der Ausgelassenheit steht die ernste Frage: darf ein Pfarrer so stark in das eheliche Leben eingreifen, wie es hier geschieht? Die Schwarz-Weiß-Zeichnung früherer Werke ist in den »Kreuzelschreibern« einer sehr schön abschattierten Darstellung gewichen. Beste Figur ist der Steinklopferhanns als Verkörperung schlichten, tiefen Menschenverstandes.

1. AKT: Vor einem Bauernwirtshaus in Zwentdorf. Der Großbauer von Grundldorf, ein protziger, aber anscheinend irgendwo freisinniger Mann, veranlaßt die Zwentdorfer Bauern, ein Schriftstück zu unterschreiben, das sich gegen Beschlüsse der höchsten

Kirchenversammlung wendet. Als Schrittmacher benutzt er seinen Verwandten, den jungen, stämmigen Gelbhofbauer Anton Huber: auf des Großbauern Zureden hin und weil Anton zuerst unterschreibt, malen die Bauern ihre Kreuzeln unter das Schriftstück. Der lustige Steinklopferhanns und die jungen Burschen dagegen lassen sich nicht einfangen.

2. AKT: Bauernstube im Gelbhof. Anton spielt sich dem Steinklopferhanns gegenüber als »Herr im Hause« auf, wird aber beim Heimkommen seiner Josepha recht kleinlaut. Josepha eröffnet ihm: wie der Kaplan von Grundldorf, so hat der Pfarrer von Zwentdorf den Weibern befohlen, sie sollen sich den Männern versagen, falls diese nicht ihre Unterschrift zurückziehen und eine Bußfahrt nach Rom unternehmen. Anton vernimmt's erst halb lachend und halb grimmig, dann aber fährt er auf. – Wirtsstube. Verwirrt und unschlüssig sitzen die Zwentdorfer Bauern beisammen. Was soll nun werden? Völlig erschüttert ist der alte Brenninger: fünfzig Jahre hat er mit seiner Annemirl gelebt, und nun sperrt sie ihn aus der Kammer, nimmt ihm das Essen vom Tisch, läßt sich nicht mehr von ihm pflegen. Sein Leben ist zerstört, er wird ein Ende machen. Anders der Altlechner: er ist schon zur Wallfahrt gerüstet, weil er froh ist, von seinem Weibe wegzukommen. In die allgemeine Rederei werfen die jungen Burschen und der Steinklopferhanns ihre Spottlieder. Große Rauferei, bei der Anton Huber schließlich als – wenn auch sternhagel-betrunkener – Sieger allein übrig bleibt. – Vor dem Gelbhof. Der Steinklopferhanns hat den betrunkenen Anton heimge-

bracht. Er ahnt, was kommt, will ihn mit zu sich nehmen, verbirgt sich dann und beobachtet, wie der bezechte Raufsieger bei seinem Weibe einsteigt.

3. AKT: Steinbruch. Der umgefallene Anton will sich Rat holen beim Steinklopferhanns. Dieser verspricht Hilfe, wenn alle sich ohne Fragen seinen Anordnungen fügen. – Vor dem Gelbhof. Josepha hat nun zwar ihren Mann zur Bußfahrt bestimmt, aber schwer ist's für sie, den Hof zu regieren. Vom Steinklopfer erfährt sie nun, daß alle Bauern zur Wallfahrt gehen, freilich: das ganze Geld nehmen sie mit und auch – die schönsten Dirnen des Dorfes. Schon naht der Wallfahrerzug unter Führung Altlechners. Unerschütterlich scheint der Entschluß der Bauern. Josepha und die übrigen auf die schöne Reisebegleitung eifersüchtigen Weiber können nichts ausrichten: jetzt, wo die Weiber nichts mehr hören wollen von der Wallfahrt, scheinen die Männer ganz versessen darauf. Die List des Steinklopferhanns ist geglückt. Erst im letzten Augenblick lassen sich die Männer bestimmen, doch zu bleiben. Die Schlauheit des Naturmenschen hat über die Schliche anmaßender Pfaffen und die Beeinflußbarkeit der Weiber gesiegt.

Der G'wissenswurm

Bauernkomödie mit Gesang in drei Akten

Personen:

Grillhofer, ein reicher Bauer

Dusterer, sein Schwager
Wastl, Michel, Rosl, Annemirl (Dienstleute bei Grillhofer)
Die Horlacherlies
Leonhardt, Fuhrknecht
Poltner, der Bauer an der kahlen Lenten
Sein Weib
Natzl und Hanns, deren Söhne
Knechte und Mägde im Grillhoferschen Hause

Ort und Zeit: Bauernhöfe im Alpengebiet, Mitte des 19. Jahrhunderts
Uraufführung 1874 in Wien

Eine Meisterkomödie, in der allem Aberglauben, aller Scheinheiligkeit und Erbschleicherei mit befreiendem Humor und unverfälschter Naturhaftigkeit zuleibe gegangen wird.

1. AKT: Bauernstube bei Grillhofer. Zum Verdruß des jungen Großknechts Wastl ist es dem scheinheiligen Dusterer gelungen, seinem Schwager Grillhofer einzureden, ein vor einem halben Jahr erlittener Schlaganfall sei ein »Deuter« des Himmels: er müsse bußfertig sein, um den an ihm nagenden Gewissenswurm zu töten. Dusterer spricht von Bußfertigkeit und Lebensentsagung, meint aber Grillhofers schönes Anwesen, das ihm dieser verschreiben soll. – Vor Grillhofers Haus. Die Horlacherlies wurde von ihrer Muhme zum Grillhofer geschickt, um dort Dienst zu nehmen. Der Großknecht Wastl, der einst mit ihr in ihrer gemeinsamen Heimat eine Liebschaft anfangen wollte, trifft sie

im Hof. Aus der leichtherzigen Verliebtheit von einst wird nun eine echte Liebe.

2. AKT: Garten bei Grillhofer. Dusterer redet Grillhofer zu, recht bald, »beispielmäßig« morgen schon, in die Kreisstadt zu fahren, um die Übergabe des Hofes an ihn ins reine zu bringen. Liesl kommt und heitert den halbgrilligen Grillhofer auf durch die Ehrlichkeit, mit der sie berichtet, ihre Muhme habe sie geschickt, weil sie doch mit dem Grillhofer verwandt sei und daher vielleicht etwas erben könne. Dusterer aber erinnert Grillhofer an den Wurm im Gewissen, und Grillhofer erklärt der Liesl seine Sünde. Als seine verstorbene Frau auf dem Krankenbett lag, habe er etwas mit einer Dirn gehabt; diese habe ein Kind bekommen, sei aber spurlos verschwunden, wahrscheinlich auf dem Weg der Sünde verstorben, da man nie wieder etwas von ihr gehört habe. Dusterer habe ihm bewiesen, ihre arme Seele werde in der Hölle gebraten; und er müsse nun durch bußfertiges Leben und Handeln die Seele erlösen und sich selbst vom G'wissenswurm befreien. Er schickt die Liesl wieder heim. Mit Dusterer alleingeblieben, erfährt er zufällig von einem Fuhrknecht, den Dusterer heimlich auf Kundschaft geschickt hat, daß die angeblich verstorbene Dirn noch lebt. Sogleich macht er sich, allen Einwendungen Dusterers zum Trotz, auf den Weg zur Mutter seines Kindes. – Hof an der kahlen Lenten. Grillhofer trifft hier die Dirn als tüchtigen Hausdrachen wieder, die Mann und Söhne an der Kandare hält. Sie wirft Grillhofer, dem sie sich nur des ersehnten Vorteils willen hingegeben hatte, kurzerhand vom Hof, sagt ihm, ihre gemeinsame

Tochter müsse noch leben, nur wisse sie nicht, wo. Den zurückbleibenden, sie ausfragenden Dusterer beutelt sie gründlich; doch wie sie auch noch ihre Söhne zum Verprügeln Dusterers herbeiruft, weist dieser sich mit einem Frachtbrief aus: »Dös is a Dispens vom Konsisturi; Monna, ich därf net g'haut werden!«.

3. AKT: Stube bei Grillhofer. Dusterer hat es noch nicht aufgegeben: die Seele in der Hölle sei freilich nicht die der unehelichen Mutter, es sei vielmehr die der Tochter; ob man nicht doch »beispielmäßig« morgen zur Kreisstadt fahren solle. Aber Grillhofer will nichts mehr hören. Da kommt noch in der Nacht die Liesl zurück. Als die Muhme von Dusterers erbschleicherischen Absichten hörte, hat sie die Liesl sogleich mit einem Brief dem Grillhofer wieder zugeschickt. Liesl ist die Tochter Grillhofers. Natürlich werden Wastl und Liesl ein Paar.

Das vierte Gebot

Volksstück in vier Akten

Personen:

Anton Hutterer, Privatier und Hausbesitzer
Sidonie, seine Frau
Hedwig, seine Tochter
August Stolzenthaler
Schalanter, Drechslermeister
Barbara, seine Frau

Martin und Josepha, beider Kinder
Herwig, Barbaras Mutter
Johann Dunker, Geselle, und Michel, Lehrling bei Schalanter
Robert Frey, Klavierlehrer
Jakob Schön, Gärtner und Hausbesorger bei Hutterer
Anna, sein Weib
Eduard, beider Sohn, Weltpriester
Höller, Wirtshausfreund Stolzenthalers
Beller, Gärtnerbursche auf dem Landgut Stolzenthalers
Resi, Kindermädchen
Stötzl, Katscher, Sedlberger (»Wiener Früchteln«)
Mostinger, Wirt
Tonl, sein fünfjähriger Enkel
Werner, Arzt
Kraft, Gerichtsadjunkt
Seeburger, Gendarm
Stöber, Detektiv
Atzwanger, Profoß
Berger, seine Tochter Minna
Stille (Ausflügler)
Tonerl und Schoferl, Vagabunden
Wirtshausgäste, Vagabunden, Gendarmen, Begleiter der Streife, Soldaten

Ort und Zeit: Wien und Umgebung, zweite Hälfte des 19. Jahrhunderts
Uraufführung 1878 in Wien

»Wenn du in der Schul den Kindern lernst, 'Ehre Vater und Mutter', so sag's auch von der Kanzel der Eltern, daß's danach sein sollen«. – Mit diesen Worter Martins ist das sehr ernste Thema des Stückes umrissen. Mag sein, daß mancher es als zu kraß empfindet daß ein zum Tode Verurteilter solche Sätze ausspricht aber in einem tieferen Sinne ist es doch wahr, daß viele Kinder von Eltern, die »nicht danach sind«, niemals mehr den rechten Weg ins Leben finden. Und Anzengruber mag der Meinung gewesen sein, er müsse die Dinge so kraß darstellen, um *alle* Eltern aufzurütteln Genützt hat diese Art wohl kaum, zumal das Stück reichlich mit Sentimentalitäten arbeitet und auch im Aufbau oft allzu gewollt erscheint. Selbst die vortreffliche Absicht, als Beispiel nicht *ein* Elternpaar zu wählen, sondern *drei*, ist nicht recht verwirklicht, weil die nun notwendig werdenden drei Handlungen recht gewaltsam miteinander verbunden sind. Dennoch: es bleiben einige theatermäßig wirksame Szenen – und das sehr ernste Thema.

1. AKT: Der reiche Hutterer greift aus wirtschaftlicher Gründen in die zarte Liebe zwischen seiner Tochter Hedwig und ihrem Klavierlehrer Robert Frey ein, jagt Frey hinaus, will ihm seinen Beruf zerstören und bestimmt den albernen, aber reichen Lebemann Stolzenthaler zum Schwiegersohn. Als Hedwig sich weigert, mit Frey zu fliehen, aber auch dem Vater nicht gehorchen will, fragt dieser den jungen Priester Eduard (Sohn seines Gärtnerehepaares) »Was soll sie tun?« Mit frisch erworbener, aber an Erfahrung nicht erprobter Bibelweisheit antwortet dieser: »Gehorchen und

das Glück Gott anheimstellen«. (Szene: Gartenhof bei Hutterer) – Beim versoffenen Drechslermeister Schalanter, der bei Stolzenthaler zur Miete wohnt, herrscht eine heillose Wirtschaft: er trinkt, die Frau verkuppelt ihre Tochter Josepha an den jungen Stolzenthaler und bandelt mit dem Gesellen an, der Sohn Martin wurde, wie seine Schwester, nicht erzogen, sondern in dummem Dünkel verzogen. Vergebens die langen rührenden Reden der Großmutter, die noch einmal gekommen ist, die Kinder auf den rechten Weg zu bringen (Szene: Werkstatt Schalanters).

2. AKT: Schalanter und Martin belauschen eine Szene, in der sich die nunmehr verheiratete Hedwig zufällig mit dem zum Militär gegangenen Frey trifft. Sie verspricht, abends in einer ländlichen Schänke Frey seine Briefe zurückzugeben. Schalanter verrät das Zusammentreffen um Geld an Hedwigs Mann Stolzenthaler. (Szene: vor Stolzenthalers Landhaus) – Stolzenthaler, der seine Frau längst unglücklich gemacht hat, hindert Hedwig auszugehen. Mit Gewalt setzt er sich in Besitz der Briefe. Hedwig flieht durchs Fenster (Szene: Wohnraum bei Stolzenthaler).

3. AKT: Frey wartet unruhig auf Hedwig. Schalanter mit seinem Anhang, darunter auch die zur Dirne gewordene Josepha und der ständig aufsässige Martin als Soldat, setzen sich zu ihm an den Tisch. Da Frey die Gesellschaft verschmäht und gehen will, verwickelt ihn Schalanter streitsüchtig in Gespräche: erst über seinen Sohn, dem Frey ein strenger Vorgesetzter ist, dann über Hedwig und ihre Briefe. Als Frey erregt wird

und die Familie Schalanter beim rechten Namen nennt, schießt ihn Martin nieder. (Szene: ländliche Schenke) – Als der Sterbende heimgetragen wird, läuft Martin der Streife in den Weg und wird festgenommen. Hedwig auf gehetzter Suche nach Frey, findet ihn auf der Bahre, sterbend (Szene: Wiesenplan).

4. AKT: Der junge Priester Eduard sieht, durch Erfahrung wissender geworden, wie oberflächlich sein Rat »Gehorchen« gewesen ist. Josepha, gänzlich heruntergekommen, bittet Eduard, er möge den zu Tode verurteilten Martin in dessen Zelle aufsuchen. Hedwig, die nun geschieden ist, und auch ihr krank geborenes Kind begraben mußte, ist wieder daheim – selber vom Tode gezeichnet. Hutterer sieht sein Unrecht als Vater ein zu spät. (Szene: Gartenhof bei Hutterer) – Eduard hat Martin, der ihn immer heimlich bewunderte, in seiner letzten Stunde aufgesucht. Der junge Raufbold und Mörder sieht nun selbst klar: seine Eltern waren sein Verderb. Er will sie auch nicht mehr sehen. Aus seiner Verzweiflung rettet ihn die Großmutter: sie hat immer das Rechte gewußt, und nun, da sie ihm verzeiht, geht er gefaßt zur Hinrichtung (Szene: Gefängniszelle).

STRINDBERG

August St. (1849–1912, Schwede) verlebte eine bedrückte Jugendzeit, studierte vorübergehend, wurde Volksschullehrer, versuchte vergebens, Schauspieler zu werden, studierte abermals, und so lief sein Leben ständig im Kreise. 1883–1888 und 1892–1897 lebte er im Ausland. Seit 1907 eine Weile Dramaturg in Stockholm. Schrieb Dramen, Romane, Novellen, wissenschaftliche, religiöse, dramaturgische Schriften.

Als Mensch krank und in immer neue Einseitigkeiten verbissen, als Denker einer der wahrhaft großen Europäer, als Wissenschaftler ahnend seiner Zeit voraus, als Künstler vielspältig und zerrissen, als Theaterschriftsteller der Reihe nach romantisch, naturalistisch, historisch, psychologisch, deutsch, europäisch, dann wieder alles durcheinander, – und so ist es unmöglich, sein Wollen und Werken in wenigen Sätzen zu umreißen. Infolge seiner Ichbesessenheit hat Strindberg seine dramatischen Werke sämtlich aus den inneren und äußeren Erfahrungen seines Ichs gewonnen und auf sein Ich bezogen. Das gibt ihnen den lebendigen Atem des Persönlichen, verhindert aber das Werden einer künstlerisch geschlossenen Form. Daran mag es liegen (und am unwissenden oder ängstlichen Ablehnen seiner Einsichten), daß Strindbergs Werke, die vor wenigen Jahrzehnten als Fackeln alle Winkel der Theater- und Lebensbühne ausleuchteten, heute nur noch selten den Theaterspielplan erhellen. Aus diesem Grunde können in diesem Rahmen nur ganz wenige für den Dichter, Denker und Propheten kennzeichnende Stücke erwähnt werden.

Der Vater

Trauerspiel in drei Akten

Personen:

Der Rittmeister
Laura, seine Frau
Berta, deren Tochter
Dr. Östermark
Der Pastor
Die Amme
Nöjd
Der Bursche

Ort und Zeit: Wohnzimmer im Hause des Rittmeisters auf dem Lande bei Stockholm; zwischen 1880 und 1890
Uraufführung 1887 in Kopenhagen

Eines der Dramen aus Strindbergs naturalistischer Zeit, nicht eben handlungsreich, aber von kaum erträglicher seelischer Spannung. Tragödie eines denkenden Mannes, der unter den animalischen Einfluß einer geistig unter ihm stehenden Frau gerät, jedoch nicht als Einzelfall, sondern als allgemeingültig gedacht. Es genüge hier der Hinweis, daß Strindberg

ie Frauen-Emanzipation seiner Zeit mit aller Schärfe
blehnte, weil er die Frau nicht ihrem echten Mutter-
um entfremden lassen sollte. (Anregung genug, sich
ber die banale »Gleichberechtigung« von heute
inige ernsthafte Gedanken zu machen.) Nur so ist der
harakter Lauras zu begreifen, als Sinnbild dessen,
vas nach Strindbergs Meinung aus dem Manne wird,
venn durch die schrittweise genau vorbedachte
Emanzipation« der Frau der Mann schließlich in die
wangsjacke (!) gesteckt wird und elend umkommt.
Der selbständig denkende, wissenschaftlich
eschulte Rittmeister will seine Tochter Berta dem
rstickenden, frömmelnden, seelisch verderblichen
influß seiner weiblichen Hausgenossen entziehen.
ein Wollen ist gut, aber sein Wille reicht nicht aus.
erständig sein Plan, Berta in die Stadt zu geben, sie
ehrerin werden zu lassen, damit sie fähig sei, andere
inder zu erziehen, oder wenn sie heiratet, ihre eige-
en. Laura, starrsinnig in ihrem Willen, wünscht Berta
veiter zu beeinflussen und sie Malerin werden zu las-
en. Längst schon hat sie – ohne jede Beziehung zu die-
er Streitfrage – Schlingen gelegt: während sie sich
elbst jeder Beaufsichtigung durch ihren Mann ent-
ieht, sät sie Mißtrauen gegen den Rittmeister in die
eele des Kindes, sichert sich Unterstützung durch die
mme und die Großmutter Bertas und unterschlägt
en wissenschaftlichen Briefverkehr ihres Gatten,
rzählt in ihrem Bekannten- und Verwandtenkreis,
er Rittmeister sei geistes- oder gemütskrank, beein-
ußt ihren haltlosen Bruder (den Pastor), schafft einen
nderen Arzt in die Gegend, den sie sogleich auf die
ngebliche Gestörtheit des Rittmeisters verweist. Aber

der Rittmeister hat in der Erziehungsfrage das Geset auf seiner Seite: der Vater hat zu bestimmen! Da gib ein Zufallssatz Laura das Stichwort; weiß denn de Vater immer, ob er wirklich der Vater ist? Der Rittmei ster stutzt, grübelt, quält sich, fragt und erhält zwei deutige Antworten. Er forscht, zermartert sein Gehirn immer weitergetrieben von Lauras teuflischem Willen bis er schließlich so zerrüttet ist, daß er sich die au Anordnung des überlisteten Arztes bereitgehalten Zwangsjacke von der Amme willenlos überziehe läßt. Als er wieder zu sich kommt, streckt ihn ei Schlaganfall zu Boden.

Fräulein Julie

Ein naturalistisches Trauerspiel

Personen:

Fräulein Julie (25 Jahre)
Jean, Bedienter (30 Jahre)
Christel, Köchin (35 Jahre)

Ort und Zeit: In der Küche des Grafen, Mittsommernach
Ende des 19. Jahrhunderts
Erschienen 1888

In diesem immer wieder mißverstandenen Stüc geht es nicht um die plötzliche Mannstollheit eine jungen Mädchens in der Mittsommernacht, sonder um den Kampf zwischen einer überalterten, verderb ten und einer neu heraufkommenden, aber noch nich gereiften Gesellschaftsschicht. All die Begründunger die Strindberg scheinbar einzelpersönlich für die Titelheldin Julie gibt, lassen sich ins Allgemeine, Allgemeinverbindliche übersetzen. Nicht anders steht es mit dem schwankenden Diener Jean und der Köchin Christel.

Fräulein Julie, Grafentochter, macht sich in der Mittsommernacht triebhaft und mannstoll, überheblich und hingebend an den Diener Jean, zeichnet ihn beim Tanz aus, lockt ihn, verlockt ihn, bis er, nach anfänglichem Widerstreben, sich erhitzt und sie, als die halbtrunkenen Landleute die Küche betreten wollen, mit sich in sein Zimmer zieht. Was dort geschieht, versinnbildlicht ein wüstrohes Tanzspiel der Landleute. Dann erscheinen Julie und Jean. Sie ist ernüchtert und vernichtet, er ermüdet und unsicher. Was nun? Jean schlägt, sicher nicht im Ernst, eine Flucht ins Ausland vor. Es kommt zu furchtbaren Auseinandersetzungen. Die Köchin Christel nimmt den Seitensprung ihres Verlobten Jean nicht übel, aber bei solchen Leuten, die sich herablassen wie Fräulein Julie, will sie nicht im Dienst bleiben. Als der Graf heimkommt, ist noch nichts entschieden, und es wird sich auch nichts entscheiden. Es gibt für Julie nur eins: Flucht aus dem Leben. Aber selbst dazu läßt sie sich durch Jean erst antreiben. Nun ist sie so tief gefallen, wie sie immer träumte; ob aber Jean so hochgestiegen ist, wie *ihm* stets träumte, bleibt zweifelhaft.

Nach Damaskus

Dramatische Dichtung in drei Teilen

Strindberg hatte es als einen Irrtum erkannt, die Welt und ihre Rätsel mit dem Verstand allein meistern zu können. Plötzlich fühlte er sich angerufen wie jener Verfolger Saul auf dem Wege nach Damaskus, der Christi Stimme hörte. (Daher die Bezeichnung dieses 1898–1901 geschriebenen Werkes). Aber der naturwissenschaftlich denkende Strindberg ergab sich nicht ohne weiteres diesem »Anruf Gottes«, sondern er untersuchte ihn, stellte sich »experimentierend auf den Standpunkt eines Gläubigen«, wie er an anderer Stelle sagt. Von »Experiment zu Experiment« wuchs seine innere Erschütterung, nicht die des hingebend Gläubigen, sondern die des suchend Fordernden. Und das Werk, das an irgendeinem Kreuzweg des nüchternen Alltags beginnt, endet nach stürmischen Kreuz- und Querfahrten im Kloster des Schweigens.

Diese wenigen Andeutungen lassen vielleicht schon erkennen, daß wir es mehr mit einer Gedanken- als einer Theaterdichtung zu tun haben. Sie ist aber für kultische Spiele durchaus geeignet.

Der erste Teil fesselt formal durch die Kreisanlage seines Grundrisses. Es sind siebzehn Szenen: An der Straßenecke / Beim Arzt / Das Hotelzimmer / Am Meer / Auf der Landstraße / Im Hohlwege / In der Küche / Die Rosenkammer / Das Asyl, – die weiteren acht Szenen schließen sich in umgekehrter Folge an so daß der Schluß an der gleichen Straßenecke spielt wie der Beginn. »Niemals am Ziel«. Die verschiedenen Personen sind verselbständigte Abspaltungen von Strindbergs vielspältigem Wesen. Als »Der Unbekannte« schreitet Strindberg durch sein Leben und sein Wirken. An der Straßenecke trifft er »die Dame«. Freiheit hatte er den Menschen geben wollen, aber sie wurden zügellos und böse, haßten ihn ob seines Hochmuts, und nun würden sie sich auf ihn stürzen, wäre die Dame nicht bei ihm. Ein Bettler mit verfeinerter Bildung erscheint vor ihm, – Sinnbild seiner selbst, wie er im geistigen Höhenflug verabsäumte, seine Tagespflichten zu erfüllen. »Beim Arzt«, dem er die Gattin (»die Dame«) nehmen will, trifft er den Irren Cäsar, (teils er selbst und teils Nietzsche). Gehetzt von den Augen des Arztes (seinem Gewissen) und dem Wissen um seine böse Tat, flieht er mit der Dame ... Und so geht es von Station zu Station, von Ort zu Ort, von Seelenregung zu Seelenregung, von Erinnerung zu Erinnerung; von allem, was Strindberg gedacht, erlebt, geschafft hatte, finden sich Spiegelungen. Manche Umkehr, doch keine Einkehr. »Niemals am Ziel«, und als ihn die Dame an der Straßenecke diesmal nicht ins Café und nicht ins Postamt gehen läßt, sondern in die Kirche führen will, da sagt der Unbekannte: »Nun ja; ich kann ja immer hindurchgehen; aber bleiben tue ich nicht«.

Im zweiten Teil (vier Akte, neun Szenen) zeigt sich, daß der Unbekannte sich nicht an des Bettlers Wort aus dem ersten Teil halten konnte, so sehr er es auch möchte: »Herr, Sie glauben nur Böses und bekommen deshalb nur Böses. Versuchen Sie einmal, Gutes zu glauben, – versuchen Sie!« Ja, er versucht es. Aber wi er glaubt, Gold gemacht zu haben und doch auf der Irrwege war, wie er hinter den ihn feiernden Würder trägern plötzlich Lumpenhaftigkeit entdeckt, wie e immer wieder nur das Böse sieht, da stürzt er aberma von seinem inneren Hochmut, glaubt sich verfluch zum Bösen und will in ein Kloster fliehen, – imme noch ist es eine Flucht von etwas fort, kein erfüllte Streben zu etwas hin: Komm, Priester, ehe ich meine Sinn ändere!«

Der dritte Teil (vier Akte, acht Szenen) versinnbild licht den neuen Weg, den Weg zum Kloster, das Experi mentieren mit dem Glauben: »Warum führst Du mic diese krummen, hügeligen Wege, die nie ein Ende neh men?« Immerhin, der Unbekannte *geht* den Weg de Glaubens. Und noch einmal treten die unbeantworte ten Fragen des Lebens an ihn heran. Der Unbekannt verschließt nicht die Augen vor ihnen, blickt ihnen in Gesicht, stellt sich ihnen, sucht sich ihnen mit den neu gewonnenen Einsichten zu versöhnen, – umsons Das Denken und Grübeln hilft nicht mehr; »Man kan alles sagen«, man kann alles beweisen, wie di Gerichtsszene zeigt, in der alles schuldig und alle unschuldig ist. Die Fragen bleiben: Frau und Mann ver suchen es abermals, auf höherer Ebene, müssen abe wieder auseinandergehen (»Je näher desto ferner, j ferner desto näher«), das junge Mädchen, sein eigene Kind, erscheint ihm als tot, als Larve. Was ist das alle was die Menschen Leben nennen! Ein Nichts, – sovie vermag der Gedanke zu erkennen; aber den dahinte verborgenen Sinn kann vielleicht der Glaube ent schleiern? Und so läßt der Unbekannte auf seinem Wege nach nochmaliger reiflicher Prüfung alles hinter sich, Weib, und Kind und Mutter und Versucher und Verheißung. Schritt für Schritt geht er den Weg der Gläubigen zum Kloster, zum Kloster der Auserwählten. Selbst hier noch führt er Streitgespräche mit dem Versucher, schüttelt ihn aber endlich ab: »Hör auf! Sonst kommen wir nie zu Ende!« Das ist nicht Abschied vom Denken überhaupt, sondern von der Vorstellung, durch Denken allein lasse sich Endgültiges finden. Ein Jahr lang wird der Unbekannte im Kloster schweigen, nicht denken, sondern zu glauben versuchen. »Er ruhe in Frieden«, sagt der Konfessor, als er ihn sinnbildlich in ein Bahrtuch hüllt …

Ostern

Ein Passionsspiel in drei Akten

Personen:

Frau Heyst
Elis, ihr Sohn
Eleonore, ihre Tochter
Christine, Elis' Verlobte
Benjamin, Gymnasiast
Lindquist

Ort und Zeit: Wohnzimmer bei Elis, von Gründonnerstag bis Karsamstag um 1900
Uraufführung Frankfurt/Main 1901

»Ostern« ist das zweite der drei sogenannten Jahresfestspiele und auch das beste. Es ist theaterwirksam und zum Teil dichterisch sehr zart. Mitleid und Liebe führen hier zur Erlösung von Schuld und Angst. Als Einleitung für jeden Akt verlangt Strindberg Musik aus Haydns »Sieben Worte Jesu am Kreuze«.

Der junge Lehrer Elis versucht nach Kräften gutzumachen, was sein Vater durch Unterschlagung von Mündelgeldern angerichtet hat. Tapfer erträgt er alle Demütigungen und Anfeindungen, unterstützt von seiner Braut Christine. Doch das Unglück will nicht weichen. Sein bester Schüler Benjamin, selbst durch die Unterschlagungen geschädigt, besteht das Examen nicht; seine übersteigerte sensible Schwester Eleonore kommt vorübergehend in Verdacht, gestohlen zu haben. Und nun zieht auch noch der Hauptgläubiger Lindquist in Elis' Nähe, wirft den Schatten ständiger Drohung auf die geprüfte Familie. Am Karsamstag stellt sich heraus, daß Lindquist zwar ein grober Kerl, doch ein anständiger Mensch ist. Elis' Vater hatte ihm einst geholfen; das hat Lindquist nach vierzig Jahren nicht vergessen. Als er sieht, daß die Familie sich ehrlich quält und daß ihr einstiger Hochmut schwindet, zerreißt er die Schuldpapiere. (»Versuchen Sie es einmal mit dem Guten, versuchen Sie ...«, hatte es in »Damaskus« geheißen; hier zeigt Strindberg den Segen einer längst vergessenen guten Tat.)

Gespenstersonate

Kammerspiel in drei Akten

Personen:

Der Alte
Direktor Hummel
Der Student Archenholz
Das Milchmädchen (Erscheinung)
Die Pförtnerin
Der Tote, Konsul
Die dunkle Dame
Der Oberst
Die Mumie, Frau des Obersten
Das Fräulein, Tochter des Obersten
Der Vornehme, genannt Baron Skansborg
Die Verlobte, Hummels frühere Verlobte, u.a.

Ort und Zeit: Vor und in einem Stockholmer Wohnhaus, um 1900
Uraufführung Stockholm 1908

Den Titel »Gespenstersonate« trägt das letzte der vier Kammerspiele, weil in ihm keine Menschen von Fleisch und Blut leben, sondern sinnbildhafte gespenstische Figuren umgehen. Es gibt keine Handlung, vielmehr nur ein Treffen grauenhafter Erinnerungen, Qualen und Peinigungen. Im zweiten Akt, dem dramatisch stärksten Teil des Stückes, treffen sich die Figuren zum Gespenstersouper, auf dem üblicherweise kein Wort gesprochen wird (»Was hat es für einen Zweck zu sprechen? Wir können einander doch nicht täuschen«); aber diesmal reißt der alte geldmächtige, aussaugerische Direktor Hummel allen die Maske vor Gesicht: dem adeligen Obersten, der weder adeli noch Oberst ist, geht er am meisten zuleibe, bis ihn di Mumie in die Garderobe sperrt, wo er sich erhängt. Di Mumie wiederum war einst seine Geliebte, von ihm ha sie ihr Kind aus der Ehe mit dem Obersten, und nun leb sie papageienhaft plappernd seit zwanzig Jahren hin ter einer Tür in der Garderobe. Ob nun eine von diese Figuren oder die Verlobte, die mit 79 Jahren imme noch auf ihren Bräutigam (Hummel) wartet, ihn abe gar nicht mehr kennt, oder Hummels Diener Johann son oder des Obersten Diener Bengtsson oder di dunkle Dame oder der tote Konsul, der als Leiche au die Straße läuft, um zu sehen, ob ihm zu Ehren richti Halbmast geflaggt wird, – sie alle sind Gespenster ihre selbst, sind Sinnbilder menschlicher Bosheit un Dummheit, mit den Fäden gemeiner oder törichte Handlungen unlösbar aneinander gebunden, bilde einen Rattenschwanz namenloser Verbrecher un Dummköpfe und Menschenräuber und Menschen mörder. Es bedarf keines besonderen Scharfsinns, un in diesen Gespenstern eine vernichtende Darstellun der sogenannten Gesellschaft zu erkennen. Der ein zige Mensch, der früher einmal auszusprechen wagte was er von der Gesellschaft hielt, wurde ob seine Wahrheitsliebe ins Irrenhaus gesteckt.

Totentanz

Ein Drama in zwei Teilen

Personen:

Edgar, Artilleriehauptmann
Judith, seine Tochter
Alice, seine Frau
Kurt, Quarantänemeister
Allan, sein Sohn
Der Leutnant

Ort und Zeit: Festungsturm auf einer Insel, um 1900
Uraufführung Stockholm 1909

Dieses Drama erinnert an manche früheren Werke Strindbergs; aber hier ist die Schuld – wenn man bei Strindberg überhaupt von Schuld reden darf – auf Mann und Frau zugleich verteilt. Kapitän Edgar und seine Frau Alice leben in einem Festungsturm auf einer Insel, durch eigene Schuld von allen Menschen abgeschlossen. Er ist überheblich und schlecht, sie ist grausam und böse. Seit fünfundzwanzig Jahren quälen sie einander in ihrem Ehe-Turm, aus dem es kein Entrinnen gibt, liegen voreinander auf der Lauer, versetzen einander wütende Hiebe, foltern und peinigen sich gegenseitig. Wer sich ihnen nähert, wird ausgesaugt wie von Vampiren, wobei der Mann der schlimmere ist. Als letzter muß Edgars und Alices Jugendfreund Kurt daran glauben. Warum sie einander quälen? Sie wissen es selber nicht. Es ist der Liebeshaß, der Geschlechterkampf, der Hochmut, die Bosheit, die Lebensenttäuschung, die Ehefessel – es ist alles, was das Menschenleben so schwer macht. Als Edgar endlich, von der Frau längst herbeigesehnt, stirbt, sind seine, des Aussaugers letzte Worte: »Verzeih ihnen denn sie wissen nicht, was sie tun«, und Alice schreit »Hinaus mit dem Kadaver! Hinaus damit, und die Türen auf! Hier soll gelüftet werden!« Entsetzen und Düster lasten auf dem Werk; selbst die aufblühende Liebe zwischen Edgars Tochter Judith und Kurts Sohn Allan trägt bereits den Keim ähnlicher Entwicklungen in sich. – Die Stärke des Stückes liegt darin, daß der Grundgedanke nicht philosophisch vorgetragen, sondern mit rein künstlerischen Mitteln gestaltet wird Aber hier erweist sich, daß es falsch sein kann erkannte einsame Wahrheiten zu schonungslos auszusprechen. Denn in dieser Kraßheit, so unangreifbar die seelischen Einsichten sein mögen, wirkt das Stück ausweglos, stößt ab und überzeugt gerade diejenigen am wenigsten, an die diese Wahrheiten gerichtet sind Strindberg ist hier nicht nur Bekenner, sondern auch Fordernder; doch *so* vorgetragen, müssen seine Absichten die Menschen noch verstockter machen.

WILDE

Oscar W. (1856–1900, Ire) führte in der großen Welt das Leben eines geistvollen Salonlöwen, bis er 1895 infolge einer Zuchthausstrafe (Sittlichkeitsvergehen) von der Gesellschaft gemieden wurde. Schrieb einen Roman, Erzählungen, Märchen, Gedichte, Bühnenwerke.

In Wildes Komödien (nur diese können hier erwähnt werden) ist die Handlung im allgemeinen Nebensache, ein roh gezimmerter Rahmen für Gespräche. Diese Gespräche werden allerdings meisterhaft geführt und geformt. Da funkelt es von köstlichen Bosheiten gegen alles, was der englischen Gesellschaft jener Zeit heilig und teuer war, gegen äußerliches Getue und gedankenloses Geplapper, gegen große Worte und kleine Seelen.

Ein idealer Gatte

Schauspiel in vier Akten

Personen:

Der Earl von Caversham, Ritter des Hosenbandordens
Viscount Goring, sein Sohn
Sir Robert Chiltern, Unterstaatssekretär im Ministerium für auswärtige Angelegenheiten

Vicomte de Najac, Attaché der französischen Botschaft in London
Mr. Montford
Lady Chiltern, Sir Robert Chilterns Frau
Lady Markby
Die Gräfin von Basildon
Mrs. Marchmont
Miß Mabel Chiltern, Sir Robert Chilterns Schwester
Mrs. Cheveley
Mason, Kammerdiener
James, Diener
Harald, Diener
(alle bei Sir Robert Chiltern)
Phipps, Kammerdiener bei Lord Goring.

Ort und Zeit: London, vor 1900
Uraufführung 1895 in London

Wer das französische Intrigen- und Konversationsstück des 19. Jahrhunderts kennt, vermag nach dem Lesen des 1. Aktes dieses Spieles von Wilde die Handlung ohne Schwierigkeit selbst zu Ende zu führen. Aber das Geschehen ist hier nicht entscheidend. Ebensowenig entscheidet die gute Moral (die Frau soll ihren Mann nicht zum makellosen Idol erheben) oder die bedenkliche Lehre (man kann eine politische Laufbahn mit zweifelhaften Mitteln beginnen und doch ein tüchtiger Staatssekretär werden). Vielmehr kommt alles an auf den scheingewichtigen, widersprüchlichen, verdrehten und dann plötzlich mit sicherem Stoß ins Schwarze treffenden Dialog. »Verstehst Du eigentlich immer, was Du sagst?« fragt Earl Caversham einmal seinen Sohn Goring, den eigentlichen Helden des Stückes und der sprühenden Konversation. Die zögernde Antwort lautet: »Ja, Vater, wenn ich sehr aufmerksam zuhöre.« Als Beispiel für die gewundene Gesprächsführung mag das genügen.

1. AKT: Auf einer Abendgesellschaft beim Unterstaatssekretär Chiltern finden sich feine, vielredende, aber nichtssagende Leute ein. Unvermutet auch die abenteuernde Spekulantin Mrs. Cheveley, – sehr zum Mißvergnügen der tugendhaften Lady Chiltern, der die Cheveley noch aus der Schule als Lügnerin und Diebin bekannt ist. Die Cheveley spekuliert augenblicklich mit Aktien eines im Bau befindlichen Kanals in Argentinien und verlangt von Chiltern, er solle im Unterhaus für das Kanalprojekt eintreten, damit die Kurse ihrer Aktien steigen. Chiltern lehnt ab, weil nach seinen Untersuchungen die Kanalangelegenheit ein reiner Schwindel ist. Doch die Cheveley weiß ihn zu zwingen. Der jetzt hochangesehene, von seiner Frau als Muster der Tugend verehrte Unterstaatssekretär hat zu Beginn seiner politischen Laufbahn einem jüngst verstorbenen Baron Arnheim ein politisches Geheimnis verkauft, wurde dafür reich belohnt und in seinem Aufstieg gefördert. Den Beweis hält die Cheveley in Gestalt eines Briefes in Händen. Chiltern weiß, dieser Brief würde ihn Laufbahn und Familienglück kosten, wenn er veröffentlicht würde. Schweren Herzens gibt er nach. Spöttisch teilt die Cheveley Lady Chiltern mit, sie habe Chiltern von der Unantastbarkeit des Kanalprojekts überzeugt. Entsetzt stellt Lady Chiltern ihren

Mann zur Rede; niemals dürfe er für das Schwindelunternehmen eintreten, wenn er in ihren Augen das Ideal eines Gatten bleiben wolle. Sie bringt ihn tatsächlich soweit, daß er der Cheveley schriftlich mitteilen will, er werde doch gegen das Kanalprojekt sprechen. – Chilterns Schwester Mabel hat eine Diamantbrosche gefunden und zeigt sie dem Lebemann Goring, mit dem sie in einem heiteren Verlobungskampf steht. Als Goring die Brosche sieht, läßt er sofort seine geistvollen Spöttereien, nimmt das (ihm von früher bekannte) Schmuckstück an sich und läßt sich von Mabel versprechen, niemandem von dem Fund zu erzählen.

2. AKT: Am nächsten Morgen hört Goring von seinem Freunde Chiltern die Geschichte von Mrs. Cheveleys Erpressungsversuch mit dem Brief. Sich seiner Gattin anzuvertrauen, wie Goring vorschlägt, wagt er nicht; sie habe ihn als Muster von Tugend geliebt und werde ihn in ihrer Enttäuschung verlassen. Da erscheint Mrs. Cheveley, fragt, ob eine Diamantbrosche gefunden sei, und als sie Lady Chilterns Verachtung spürt, deckt sie rücksichtslos die Jugendverfehlung Chilterns auf, gibt ihm Bedenkzeit bis zum nächsten Tage, – sonst werde der Brief veröffentlicht. Für Lady Chiltern bricht eine Welt zusammen: ihr idealer Gatte hat eine so unehrenhafte Tat begangen! Doch nun setzt sich Chiltern zur Wehr. Niemals hätte sie mit seiner »Untadeligkeit« einen solchen Götzendienst treiben, nicht aus ihm ein solches Idealbild machen sollen. Nicht die Untadeligen bedürfen der Liebe, sondern die Schwachen.

3. AKT: In ihrer Verzweiflung schreibt Lady Chiltern an Goring, will ihn besuchen, um sich Rat zu holen. Zu ungelegener Zeit erscheint Gorings Vater, setzt ihm wieder einmal zu, daß er sein untätiges Leben aufgeben, mindestens aber heiraten solle. Gerade kann Goring den in diesem Augenblick höchst unerwünschten Besuch in ein anderes Zimmer abschieben, da kommt schon eine Dame. Doch es ist nicht die erwartete Lady Chiltern, sondern Mrs. Cheveley. Auf dem Schreibtisch findet sie den Brief von Lady Chiltern, hält ihn für einen Liebesbrief. Als sie Goring mit seinem Vater nahen hört, schlüpft sie in ein anstoßendes Zimmer. Gorings Vater ist gegangen, aber dafür ist Chiltern gekommen, um mit dem Freunde noch einmal seine verfahrene Lage zu besprechen. Während der Unterhaltung hört man im Nebenzimmer ein Geräusch. Goring, der Lady Chiltern im Nebenzimmer wähnt, versucht vergeblich, Chiltern zurückzuhalten: dieser öffnet die Tür, um zu sehen, wer sein Geheimnis belauscht habe, und findet Mrs. Cheveley. Empört stürmt er davon, muß er doch annehmen, daß Goring mit seiner Feindin unter einer Decke stecke. Höchst erstaunt sieht sich Goring der Lady Cheveley gegenüber. Und nun beginnt ein Geplänkel über den belastenden Jugendbrief Chilterns. Vielleicht wäre die Cheveley bereit, den Brief auszuliefern, wenn Goring, der sie früher einmal geliebt hat, sie heiraten würde. Doch Goring windet sich aus der Schlinge, indem er der Abenteuerin eine Fessel anlegt: die Diamantbrosche läßt sich auch als Armband tragen, Goring legt sie ihr an und erinnert die Cheveley daran, daß sie das Schmuckstück vor zehn Jahren gestohlen hat; er kennt

es noch recht gut. Wenn sie den Brief nicht herausgibt, werde er die Polizei holen. Ihr bleibt nichts anderes übrig, als nachzugeben. Aber beim Fortgehen nimmt sie triumphierend einen anderen Brief an sich: den von Lady Chiltern an Goring. Und dieser Brief könnte recht gut wie ein verschleierter Liebesbrief klingen.

4. AKT: Endlich hat sich der Spötter Goring seiner Mabel Chiltern erklärt, und die nimmt seine Werbung jubelnd auf. Lady Chiltern erfährt, daß Goring den belastenden Brief in Händen hält. Keine Gefahr mehr für ihren Mann, der gestern aller Gefahr zum Trotz mannhaft gegen das argentinische Kanalprojekt gesprochen und allgemeine Zustimmung gefunden hat. Da zudem noch die Absicht der Cheveley, Chiltern den Brief seiner Frau zuzuspielen und ihn eifersüchtig zu machen, fehlgeschlagen ist, scheint sich alles zu lösen. Aber noch eine Klippe ist zu umschiffen. Gorings Vater bringt die Nachricht, Chiltern sei aufgrund seiner Verdienste nach der gestrigen Rede zum Minister ernannt worden. Aber Chiltern will nun den Wunsch seiner Gattin erfüllen, lehnt den Ministerposten ab und geht ins Nebenzimmer, um den Absagebrief zu schreiben. Wieder einmal ist Goring der Retter. Er setzt Lady Chiltern auseinander, sie habe damals ihren Mann zum idealen Gatten überhöht und sei nun dabei, einen neuen Fehler zu begehen, indem sie Chiltern den Boden nehme, auf dem allein er seiner Art nach zu gedeihen vermöge: die Tätigkeit für das Allgemeine. Lady Chiltern sieht ihren Irrtum ein, und als ihr Mann wieder eintritt, zerreißt sie dessen Absagebrief.

Bunbury oder Die Kunst, ernst zu sein

Eine triviale Komödie für ernsthafte Leute in drei Akten

Personen:

John Worthing
Algernon Moncrieff
Lady Bracknell
Gwendoline, ihre Tochter
Cecily Cardew
Miß Prisen, ihre Gouvernante
Reverend Chasuble, Pfarrer in Woolton.

Ort und Zeit: Wohnung in London, Landgut in Woolton, Ende des 19. Jahrhunderts
Uraufführung 1894

Diese Handlung mit ihren tollen, geradezu unwahrscheinlichen Verwirrungen und Verwicklungen wiederzuerzählen, ist nahezu unmöglich. Auf sie und die sich oft unvermutet ergebenden belustigenden Einzelheiten kommt es allerdings auch nicht so sehr an. Entscheidend ist wieder einmal die blitzende Gesprächsführung mit ihren bissigen Bemerkungen über beschäftigungslose reiche Jünglinge und verdrehte junge Mädchen der damaligen englischen Gesellschaft. Damalig? und wirklich nur der englischen ...?

1. AKT: Worthing ist zu seinem Freunde Moncrieff nach London gekommen. Dieser erwartet den Besuch seiner Tante und deren Tochter. Um so besser, meint

Worthing; denn um die Hand dieser Tochter Gwendoline will er eben anhalten. Aber Moncrieff ist dagegen: bevor er zustimme, daß seine Cousine Gwendoline Worthing heiratet, wolle er wissen, was die Gravierung in Worthings Zigarettenetui bedeute: »Von der kleinen Cecily mit herzlichem Gruß ihrem lieben Onkel Jack«. Was soll dieses »Jack«? Worthing heiße doch Ernst. Ja, in der Stadt heiße er Ernst, erwidert Northing, auf dem Lande aber nenne er sich Jack. Die kleine Cecily aber sei die Enkelin seines verstorbenen Adoptivvaters Cardew, zu deren Vormund er bestellt sei. Damit diese, die mit Ehrfurcht zu ihm aufsehe und ihn »Onkel« nenne, nicht zufällig einmal dahinterkomme, daß er kein würdiger Onkel, sondern ein leichtlebiger Springinsfeld sei, habe er ihr vorgeschwindelt, er heiße Jack, habe jedoch in London einen Bruder namens Ernst, der leider sehr übermütig lebe. Lachend erklärt Moncrieff, er habe eine ähnliche Erfindung gemacht; er habe nämlich einen gar nicht vorhandenen Verwandten namens Bunbury erfunden, und wenn er irgend etwas aus dem Wege gehen wolle, dann erkläre er stets, er müsse seinen erkrankten Verwandten Bunbury aufsuchen. Von dieser Erfindung macht er nun Gebrauch, als er von der eintreffenden Tante Lady Bracknell eingeladen wird. Dem Freunde zu Gefallen führt er die Tante in ein Nebenzimmer, so daß Worthing nun bei der geliebten Gwendoline seinen Antrag anbringen kann. Er wird erhört – aber auch von Lady Bracknell überrascht. Diese höchst diesseitige Dame ist nicht so sehr empört als praktisch: was ist dieser Worthing, was hat er? Die Auskünfte lauten befriedigend – bis auf eine: der verstorbene Mr. Cardew hat den von ihm adoptierten

Worthing als kleines Kind gefunden, und zwar in einer Reisetasche auf dem Bahnhof. Er ist also im Grunde kein wohlanständiger Mensch, sondern ein Gepäckstück, seine Eltern sind demnach der Bahnhof und die Gepäckaufbewahrungsstelle. Nein, in solche Verwandtschaft dürfe Gwendoline nicht hineinheiraten! Die Damen gehen davon. Gwendoline kommt geschwind noch einmal zurück. Nie werde sie aufhören, Ernst zu lieben (Ernst, ja, das ist doch ein schönerer Name als Jack oder gar John!), und sie läßt sich seine Adresse auf dem Lande geben, um ihm zu schreiben. Auf diese Weise erfährt Moncrieff die Adresse Worthings, die dieser ihm bisher immer verheimlicht hat.

2. AKT: In Woolton. Zur großen Erleichterung der jungen Cecily geht ihre sie mit allerlei langweiligem Zeug unterrichtende Gouvernante Miß Prisen heute spazieren. Und zwar mit dem Pfarrer Chasuble, dem sie aus leicht begreiflichen Gründen den Vorteil und die Heiligkeit des Ehestandes erklären will. Cecily bleibt im Garten. Da erscheint Moncrieff, der sich Ernst Worthing nennt. Die beiden verlieben sich auf den ersten Blick, gehen plaudernd ins Haus. Als die Gouvernante und der Pfarrer zurückkommen, trifft der richtige Worthing ein, in Trauerkleidung. Sein leichtsinniger Bruder Ernst sei gestorben, und er selbst bitte nun den Pfarrer, ihn auf des Verstorbenen Namen, in »Ernst« umzutaufen. In diesem Augenblick kommt aber Cecily mit dem »Toten«. Scheinheilig bittet dieser angebliche Ernst seinen angeblichen Bruder um Verzeihung, daß er mit der Todesnachricht wieder mal einen Unfug angestellt habe. Kaum sind die Freunde

allein, da erklärt Worthing kurzerhand, Moncrie müsse sofort wieder abreisen; seinen »Bunbury« mög er gefälligst anderswo besuchen. Er geht auch selbs hinaus, um den Wagen zu bestellen. Das gibt Moncrie Gelegenheit, Cecily nochmals seine Liebe zu beteuern Und siehe, die Kleine hat schon immer für den leicht sinnigen Bruder Ernst geschwärmt. Überhaupt »Ernst – welch herrlicher Name! Das klinge doch ganz ander als so abscheuliche Namen wie etwa »Algernon«. De arme Moncrieff heißt aber so und rennt daher gleic zum Pfarrer, um nun seinerseits »Ernst« getauft z werden. Und nun erscheint auch noch Gwendoline Mit Cecily kommt sie anfangs gut aus. Als die beide einander gestehen, verlobt zu sein, und zwar mit Ernst Worthing, da ist es aus, da zeigen sich die Kralle der kleinen Kätzchen. Zwar merken sie endlich, als di Freunde erscheinen, daß sie mit zwei verschiedene Männern verlobt sind, daß aber der eine ausgerechne John und der andere ausgerechnet Algernon heißt. S ein Betrug! Solche Namen! Die Mädchen sind schne wieder einig, zetern über die Männer, und die Freund schimpfen gegeneinander, weil jeder dem andern m seiner »Bunburysiererei« in die Quere gekommen ist.

3. AKT: Anderntags sind die jungen Damen scho friedlicher; denn hinter der Namensverstellung de Freunde erkennen sie ja nicht die Absicht, mit ihre Geliebten zusammensein zu können. Und dennoch John! Algernon! – gräßliche Namen. Aber wieso so das ein Hinderungsgrund sein? Heute findet ja vor der Pfarrer die Neutaufe statt! Die beiden Paare fliegen sic um den Hals. Freilich, nun ist auch Lady Brackne

gekommen. Gut, ihre Neffe Moncrieff möge die nette Cecily heiraten. Aber ihre Tochter Gwendoline mit dem »Gepäckstück« Worthing – niemals. Jetzt spielt Worthing sich auf seine Vormundsrechte hinaus: Cecily bekomme seine vormundschaftliche Einwilligung zur Hochzeit mit Moncrieff nur, wenn er selbst Gwendoline heiraten dürfe. Lady Bracknell bleibt unversöhnlich: ein Gepäckstück als Schwiegersohn! Was denkt sich der Herr eigentlich? Zum Glück erscheint eben die Gouvernante. Sofort stürzt Lady Bracknell auf sie zu: »Wo ist das Baby?« Allgemeines Erstaunen. Endlich klärt sich alles auf. Vor fast dreißig Jahren war Miß Prisen bei Bracknells angestellt. Bei einer Reise hat sie versehentlich statt der umfangreichen Reiselektüre ein Baby in die Reisetasche gesteckt; seitdem war das Baby verschwunden. Glücklicherweise besitzt Worthing noch die Tasche, in der ihn sein Adoptivvater gefunden hatte. Es stellt sich heraus, daß Worthing der ältere Bruder Moncrieffs ist und – wichtiger noch – tatsächlich auf den Namen Ernst getauft war. Es umarmen sich die Paare Gwendoline/Worthing, Cecily/Moncrieff – und Gouvernante/Pfarrer. Wer möchte auch angesichts solcher Fügung des Himmels ledig bleiben!

SHAW

George Bernard S. (1856–1950, Ire) war anfangs be einem Häusermakler beschäftigt, agitierte als Zwan zigjähriger in London für den Sozialismus, schriel 1879 seinen ersten Roman. 1884 in der Fabian Societ (Bürgerliche mit sozialen Plänen). 1888–1899 Musik und Theaterkritiker. Seither freischaffend. Bekann durch zahlreiche Bühnenwerke.

Shaw ist eine Art Aristophanes unserer Zeit; er belu stigt sich über Zuständliches und Menschliches, e macht die Zuschauer über seine »Ideale« und »Helden lachen, er macht Ideale und Helden lächerlich, – nich um sie zu töten, sondern um sie zu reinigen von all den Wust und Gerümpel, mit dem sie ausstaffiert sind. Hie liegt der Unterschied zu Ibsen. Dieser war ja auch Sozialkritiker, Kämpfer gegen den Widerspruch vor Schein und Sein. Doch während Ibsen in seinem boh renden Ernst schließlich soweit kommt, das Idea selbst abzulehnen (»Wenn wir Toten erwachen«), ent kleidet es Shaw, nimmt ihm alle umgehängten Mäntel chen und weist ironisch daraufhin, wie schlank es nur geworden ist, aber zugleich auch wie rein und – allen allzu Menschlichen zum Trotz – wie liebenswert. Unc hier wiederum liegt der Unterschied zu Wilde, mit den ihn sonst die Kritik am englischen Menschen und die funkelnde Gesprächsführung verbindet: Wilde koket tiert vielfach, Shaw dringt bis zum Kern vor, ist zuwei len durch ihn erschüttert – und ironisiert sogleich diese

Erschütterung. Wenn man es recht verstehen will: Shaw ist ein vielseitig gebildeter, geistvoller Clown und beileibe kein alberner Spaßmacher, so schwer es einem manchmal gemacht wird, die Grenze festzustellen. Aber sie ist vorhanden; das merkt man an der Art, wie er seine Bühnenstücke schreibt. Er verlegt nämlich seine sozialkritischen Ansichten kaum je lediglich in bissige Witze und funkelnde Ironie, sondern baut sie in die Handlung selbst ein. Daß er mehr will als nur mit Worten jonglieren, geht daraus hervor, daß er den eigentlichen Bühnenstücken gern ausführliche Einleitungen vorausschickt, die oft genug länger sind als die Stücke selbst. Hier freilich kommen einem Bedenken. Hat Shaw gespürt, daß seine Bühnenwerke oft genug nicht so dicht gefügt sind, wie er sie wollte? Er verstand genug vom Theaterhandwerk und war selbstkritisch genug, das zu merken. Wollte er in der Einleitung das geben, was ihm am Bühnenwerk zu fehlen schien? Und was fehlt ihnen? Nun, ein Vergleich mit Shakespeare läßt das deutlich werden. Bei Shakespeare glaubt man, nicht Schauspieler auf der Bühne, sondern Menschen im Leben zu sehen und zu hören. Bei Shaw hat man – vielen realistischen Zügen zum Trotz – häufig das Gefühl, in einem hervorragenden Marionettentheater zu sitzen, in dem die Figuren von geschickter Hand gelenkt werden und mit einer Stimme reden, die nicht aus ihnen, sondern aus dem Munde eines im doppelten Sinne hintergründigen Spielleiters kommt.

Nachfolgend eine Auswahl der wichtigsten und am meisten ansprechenden Werke.

Frau Warrens Gewerbe

Drama in vier Akten

Personen:

Frau Kitty Warren
Vivie, ihre Tochter
Sir George Crofts
Praed
Pastor Samuel Gardner
Frank, sein Sohn

Ort und Zeit: England, um 1900
Uraufführung 1902 in London

»Reiche Männer ohne Überzeugung sind gefährlicher für die moderne Gesellschaft als arme Frauen ohne Keuschheit«. Das ist der erläuternde Satz Shaws. Und sein Ziel besteht darin, »daß es allen Männern und allen Frauen möglich gemacht wird, sich durch ihren Fleiß in einem vernünftigen Wohlstand zu erhalten, ohne ihre Neigungen und Überzeugungen verkaufen zu müssen.« Man erkennt leicht: hier ist der Sozialist Shaw am Werk, und ihm ist es so ernst dabei, daß er zwar den Humor nicht vergißt, ohne jedoch in seine späteren ironischen Witzeleien zu verfallen.

1. AKT: Vivie Warren, früh selbständig und illusionslos geworden durch ein mit Glanz beendetes mathematisches Studium, wurde zwar von ihrer Mutter stets gut mit Geld versorgt, wird sie aber erst jetzt kennenlernen, wo sie zum ersten Male auf Frau Warrens Landsitz weilt. Auch der Architekt Praed hat sich eingefun-

den, weil ihn das junge Mädchen interessiert. Eben kehrt Frau Warren selbst aus London zurück, und zwar mit einem höchst widerwärtigen Burschen namens Crofts, bei dem man nie weiß, was übler ist: seine Geschäftemacherei oder seine Lebensweise. Während Mutter und Tochter zur ersten Aussprache ins Haus gehen, rätseln Praed und Crofts daran herum, wer wohl Vivies Vater sein könnte. Praed kann es nicht sein, möglicherweise aber Crofts. Der junge Frank Gardner möchte Vivie heiraten, ist aber auch stark beeindruckt von deren Mutter. Auf jeden Fall stellt er den beiden Damen seinen Vater vor, den höchst schleimigen, vom Sohn ob seiner üblen Jugendstreiche verachteten Pastor Samuel Gardner. Und bald zeigt sich, daß der Pastor vor langer Zeit mit der zweifelhaften Frau Warren befreundet war und daß sie noch Briefe von ihm besitzt, die der Pastor gar zu gern zurückhaben möchte.

2. AKT: Pfarrer Gardner ist durchaus dagegen, daß sein Sohn Frank sich um Vivie bemüht; hält er es doch nicht für ausgeschlossen, daß Vivie seine Tochter ist. Frau Warren, die anfangs ebenfalls bei dem Gedanken an eine solche Verbindung unruhig geworden war, scheint jetzt nicht mehr so ganz abgeneigt. Nachdem die Gäste gegangen sind, spricht Frau Warren davon, daß ihre Tochter künftig ganz bei ihr bleiben solle. Vivie lehnt ab, weil sie ihre Selbständigkeit nicht aufgeben will. Wohl aber wünscht sie zu wissen, wer denn nun eigentlich ihr Vater sei ... etwa dieser scheußliche Crofts? Sie atmet auf bei der Antwort der Mutter: »Er ist es nicht ... noch sonst einer von den Menschen, die

Dir jemals begegnet sind«. Vivie reißt sich zusammen, wird sachlich und kühl. Das ruft den Stolz der in ihrer Liebe enttäuschten Mutter hervor. Ganz offen spricht sie mit Vivie. Sie habe leicht reden; denn ihr habe es dank der Mutter nie an Mitteln gefehlt, sie habe sich nie preiszugeben brauchen. Anders die Mutter. Um die Mittel für die Ausbildung ihrer Tochter zu gewinnen, habe sie planmäßig die üblen Verhältnisse der kapitalistischen Gesellschaft ausgenutzt und sei so allmählich von einer armen Kellnerin zur reichen Besitzerin eines erstklassigen Freudenhauses aufgestiegen. Warum Reue oder Scham? Die bürgerlich-kapitalistische Gesellschaft zwinge den Menschen dazu, weiterzukommen – ganz gleich auf welchem Wege. Wenn Frau Warren nochmals beginnen müßte als armer Mensch, sie würde es wieder so machen. Einen Augenblick ist Vivie erschüttert; doch ist sie selbst schon illusionslos genug, um die Mutter zu begreifen und ihr keine Vorwürfe zu machen.

3. AKT: Die Damen des Pfarrhauses sind schleunigst abgereist, als sie hörten, der Pfarrer habe Frau Warren eingeladen. Diese erscheint mit ihrer Tochter Vivie, geht zunächst mit Pastor Gardner und Crofts fort, um die Kirche zu besichtigen, so daß der junge Frank mit Vivie allein ist. Sogleich wirbt er um sie, greift aber ihre Mutter heftig an. Vivie verteidigt ihre Mutter, fühlt sich aber gleichzeitig zu Frank hingezogen. Da kommt Crofts zurück, verlangt von Vivie eine Unterredung und bittet sie um ihre Hand. Als Vivie den ihr widerwärtigen Menschen zurückweist, versucht er, ihr eine Verbindung »geschäftlich« schmackhaft zu machen. Er ist

Teilhaber an Frau Warrens Freudenhäusern in verschiedenen Städten Europas und meint, es sei doch zweckmäßiger, den Gewinn aus der Mädchenverschacherung in der Familie zu lassen. Als ihre Mutter ihr Tun sozial begründet hatte, da hatte Vivie Verständnis aufgebracht. Nun aber ist sie unangenehm überrascht, daß dieses Gewerbe nicht aufgegeben ist, wie sie glaubte, und zudem fühlt sie sich von der rein geschäftlichen Betrachtung der Angelegenheit durch Crofts angewidert. Daß angesehene Familien des Landes ihr Geld aus ähnlichen Quellen beziehen, vermag sie nicht zu beruhigen. Erregt stößt sie den zudringlichen Crofts zurück und ruft schließlich Frank zur Hilfe. Der kommt gleich mit einem Gewehr und bedroht Crofts. In seiner wilden Eifersucht schreit dieser den beiden entgegen, Frank sei der Bruder von Vivie; denn Pastor Gardner sei ihr Vater. Die sachlich abwägende Vivie gibt daraufhin ihre Liebe zu Frank preis und reist nach London zurück.

4. AKT: Vivie arbeitet in einer Londoner Versicherungsgesellschaft, will sich künftig ihr Geld selbst verdienen. Der Architekt Praed möchte sie auf eine Italienreise mitnehmen, – sie lehnt ab; für Romantik hat sie keinen Sinn. Und als Frank wieder um ihre Zuneigung wirbt und das Gerede von Gardners Vaterschaft abtun will, erklärt sie ihm, was für ein Gewerbe ihre Mutter ausübt. Da schreckt er zurück; zwar ist er selbst unfähig, eine Familie zu erhalten, aber Geld aus solchen Quellen nehmen – nein. Frau Warren hat nicht mehr Glück als Praed und Frank. Sie möchte Vivie holen, ihr ein schönes Leben in Reichtum und Freude

verschaffen – aber die Tochter lehnt ab: keinen Pfenni
mehr aus diesem Gewerbe! Vor die Wahl zwische
Tochter und »Gewerbe« gestellt, bleibt Frau Warren be
ihrem Gewerbe, flucht ihrer Tochter und zürnt sic
selbst, daß sie Vivie zu einem angesehenen Beruf ha
erziehen lassen statt zu ihrem eigenen Gewerbe.

Helden

Komödie in drei Akten

Personen:

Paul Petkoff, bulgarischer Major
Katharina, seine Frau
Raina, ihre Tochter
Sergius Saranoff, bulgarischer Major
Bluntschli, Hauptmann in der serbischen Armee
Louka, Stubenmädchen
Nicola, ein Diener
Ein russischer Offizier
Ein bulgarischer Offizier

Ort und Zeit: Eine kleine Stadt in Bulgarien, 1885
Entstanden 1894; deutsche Erstaufführung 1904

Vier Jahre nach der Berliner Erstaufführung vo
Shaws »Helden« ging das Stück bereits als – Operett
über die Bühnen (Oscar Straus: »Der tapfere Soldat«)
Kein Wunder; denn Shaw hat es darauf abgesehe
nicht nur das pomphaft sich spreizende Heldentum z

verspotten, sondern auch die Handlung selbst möglichst unheldisch ablaufen zu lassen, ja, ihr einen recht alltäglichen Schluß zu geben. Damit ist schon gesagt, daß diese Komödie vor allem auf spaßhaften Einzelsituationen und boshaften Gesprächen ruht, nicht auf Charakteren oder echten dramatischen Widersprüchen (selbst diese werden lächerlich gemacht).

1. AKT: Frau Katharine Petkoff und ihre Tochter Raina schwelgen in Seligkeit; haben doch ihre bulgarischen Landsleute einen glänzenden Sieg davongetragen. Und wer hat die Schlacht über die Serben entschieden? Rainas Verlobter, der Major Saranoff, der eine wundervolle Reiterattacke geleitet hat. Geschlagene Serben sind allerdings in die Stadt geflüchtet, wie das Stubenmädchen Louka berichtet. Es wird also Zeit, Fenster und Türen zu schließen, denn draußen wird geschossen. Als Raina allein in ihrem Schlafzimmer geblieben ist, steigt plötzlich ein Offizier durchs Fenster, ein Serbe, in zerrissener Uniform, blutbedeckt. Louka ruft von draußen, man habe etwas gemerkt. Sogleich verbirgt Raina den Flüchtigen und benimmt sich einem eindringenden bulgarischen Offizier gegenüber so fest, daß dieser erklärt, sich getäuscht zu haben. Gnädig und überlegen füttert die Heldenbraut nun den hungrigen Flüchtling. Mit Pralinen – wie entwürdigend! Aber der Hungrige läßt es sich schmecken, plaudert über die Schlacht und erklärt, die wunderbare Reiterattacke sei ein Blödsinn gewesen; besonders ihr Führer habe sich geradezu albern benommen. Raina ist tief gekränkt. Immerhin, sie ist eine Petkoff, aus vornehm denkendem Hause mit einer Bibliothek: die

Gastfreundschaft ist ihr heilig. Nun, dem Flüchtling auch; denn er ist Sohn eines Besitzers von sechs Hotels in der Schweiz. Wie kann man ihn retten? Raina geht, um ihre Mutter zu beraten; als sie mit ihr zurückkommt, schläft der Praliné-Soldat tief und fest, ist nicht zu wecken.

2. AKT: Ein Vierteljahr später. Major Petkoff ist nach Friedensschluß als rauher Krieger heimgekehrt. Na die Reiterattacke seines künftigen Schwiegersohns Saranoff war wirklich ein Unsinn; das sehen heute alle Saranoff muß daher die Uniform ausziehen. Aber auch Spaßhaft-Seltsames wissen die Herren zu berichten So die Geschichte von einem Schweizer Berufssoldaten, der bei den Serben gedient und ihnen beim Austausch der Gefangenen erzählt hat, wie er sich in ein bulgarisches Haus gerettet habe. Held Saranoff spottet natürlich über diesen Schweizer: ein Offizier, der sich in einem Privathaus verbirgt und dann im Rock des Herrn davongeht – pah! Raina und ihre Mutter müssen sich sehr zusammennehmen, um nichts zu verraten Schließlich gehen die beiden Herren in die Bibliothek denn Major Petkoff muß eine Aufgabe lösen: wie bringt man ein paar Reiterregimenter am besten nach Philippopel? Zwar würde Saranoff lieber mit dem Stubenmädchen Louka ..., aber seufzend folgt er seinem künftigen Schwiegervater. Da erscheint jener Praliné-Soldat, will sich bedanken und den Rock zurückgeben Die möglichen Gefahren wissen die Damen zu meistern, als Petkoff und Saranoff zurückkommen. Diese sind hocherfreut: das ist ja der Hauptmann Bluntschli der ihnen die Fluchtgeschichte erzählt hat! Oh, nein, e

ıuß bleiben, ihre Gastfreundschaft genießen und – ınen bei der Lösung der Aufgabe helfen.

3. AKT: Bluntschli versteht seine Aufgabe; er macht eschwind die Arbeit, die anderen brauchen nur zu nterschreiben. Raina aber spielt immer noch Heldenraut, tut großartig von oben herab. Der Schweizer ìchelt über das Getue. Er hat das Mädchen gern. Und ie ihn im Grunde auch; denn warum hätte sie sonst ihr ild in den Rock des Vaters gesteckt, den der Fliehende nzog? Freilich, Bluntschli hat das Bild nicht gefunden. s wird doch nicht mehr in dem Rock stecken, den der 'ater angezogen hat? Neue Verwirrung: das Stubenıädchen Louka hetzt den sie umwerbenden Helden aranoff eifersüchtig gegen Bluntschli auf, so daß Sarnoff den Schweizer fordert. Nun, der hat auch für helenhafte Zweikämpfe kein Verständnis, bleibt ruhig. ber da kommt Vater Petkoff. Was soll dieses Bild Raias in seiner Rocktasche? Und die Widmung: »Raina ırem Praliné-Soldaten« ist doch höchst merkwürdig! er alte Herr wird ernstlich böse, als er durch Bluntchli den Zusammenhang erfährt. Aber er läßt sich esänftigen, als er hört: Bluntschlis Vater ist gestoren, Bluntschli besitzt nun ein großes Vermögen als chweizer Hotelier, und wenn Raina möchte ... Sie ıöchte, sehr gern sogar. Diesem Paar aus altangeseenem bulgarischen Heldengeschlecht und aus der chweizerischen Hotelpraxis schließt sich ein zweites n: Held Saranoff und Stubenmädchen Louka.

Cäsar und Cleopatra

Eine Historie in fünf Akten

Personen:

Cäsar
Cleopatra
Ptolemäus, ihr zehnjähriger Bruder
Rufio, ein römischer Befehlshaber
Britannus, Cäsars Sekretär
Pothinus, Vormund des Ptolemäus
Theodotus, Erzieher des Ptolemäus
Achillas, Heerführer
Ftatateeta, Haushofmeisterin und Amme der Cleopatra
Apolludorus, ein Sizilier
Belzanor, Befehlshaber der Leibwache der Cleopatra
Bal Affris, ein Tempelwächter
Ein Perser in der Leibwache der Cleopatra
Lucius Septimius, Tribun
Charmian, Iras, Lieblingssklavinnen der Cleopatra
Eine Harfenspielerin
Ein alter Musiker
Palastbeamte
Priester
Träger
Nubische, römische und ägyptische Schildwachen
Gefolge von Ptolemäus, römische Soldaten
Sklaven
Volk

Ort und Zeit: Ägypten, 48 und 47 v. Chr.
Entstanden 1900

Wollte Shaw mit diesem Stück den Cäsar der Schulbücher und Heldengeschichtsschreibung entrümpeln? Wollte er eine neue Art des historischen Dramas schaffen? Wollte er beides? Bei dem Ironiker Shaw weiß man nie so recht, woran man ist. Aber das hat er ja wohl auch angestrebt; denn auf seine Weise wollte er das gleiche wie Ibsen: die Leute zu eigenem Denken anregen. Im Grunde kommt es auf den Cäsar der Geschichte gar nicht an. Diesen Shawschen Cäsar mit seiner berechnenden Kälte, seinem rücksichtslosen Wollen und seiner geschickten Liebenswürdigkeit könnte man sich im gutsitzenden Maßanzug von heute als weltweiten Wirtschaftsbeherrscher genau so vorstellen wie in der römischen Feldherrntoga. Was sich um ihn herum bewegt, dreht sich nach seinem geheimen Willen oder ist nicht wichtig genug, als daß er sich darum kümmerte. Und Cleopatra ist ein grausames Naturkind jenseits von Gut und Böse, ursprünglich genug, Cäsars Handeln als groß, sein Leben jedoch als liebelos zu erkennen. Aber sie ist noch nicht reif genug, aus dieser Erkenntnis zu seiner Gegenspielerin zu werden. Sie wird nur das, was er will. Die Handlung selbst ist ohne viel Belang, teilweise sogar schwach, weil Ernst und Humor nicht im rechten Verhältnis zueinander stehen. Daß es nicht an Seitenhieben auf die moderne englische Gesellschaft und deren Gebaren fehlt, ist wohl selbstverständlich.

1. AKT: Die ägyptische Leibwache hört, daß Cäsar mit einem Heer gelandet ist, und wäre in ihrer Angst bereit, die sechzehnjährige Königin Cleopatra an den gefährlichen Römer auszuliefern. Aber niemand weiß, wo Cleopatra ist. – Cäsar hat sich in einer Mondnacht allein zu den Pyramiden begeben. Tiefsinnig hält er Selbstgespräche mit der Sphinx. Da wird er plötzlich von einer Stimme angerufen: »Alter Herr!« Erstaunt sieht er zwischen den Tatzen der Sphinx ein junges Mädchen. Er setzt sich zu der Kleinen und wird nun gewahr, daß er mit der Königin Ägyptens spricht. Zwar verdrießt es ihn, daß sie ihn stets an sein Alter ermahnt, aber er sieht eine erwünschte Gelegenheit, sich Ägyptens auf diplomatische statt auf kriegerische Weise zu bemächtigen. Die ebenso abergläubische wie boshafte kleine Person fürchtet sich nämlich vor den Römern und ihrem Feldherrn Cäsar. Er bietet ihr seine Hilfe an: heute nacht solle sie dem gefürchteten Cäsar gegenübertreten, sich aber nicht einschüchtern lassen. – Im Thronsaal lehrt der »fremde Römer« die kleine Katze Cleopatra, wie man sich als Königin benehmen müsse, um alles in den Staub zu zwingen – sogar die allmächtige Amme. Und wenn dann Cleopatra auf dem Throne sitzt, mit allen Abzeichen ihrer Würde bekleidet, da spürt man, daß sie etwas gelernt hat. Aber sie ist doch recht froh, als sie merkt, ihr Freund aus der Wüste sei – Cäsar, vor dem sie sich so geängstigt hat.

2. AKT: Zwar hält der zehnjährige Bruder Cleopatras eine wohleinstudierte Rede für seine Königsansprüche, aber Cäsar hat wenig Sinn für seine Kindereien.

:urzerhand entscheidet er: Cleopatra und ihr Bruder 'tolemäus sollen sich vorerst in die Herrschaft unter ömischer Aufsicht teilen. Doch der Hof verlangt in der prache des 20. Jahrhunderts: »Ägypten den Ägyp-ern«. Der rauhe Feldherr Rufio und der (ganz und gar nodern-englische) Sekretär Britannus wünschen tarke Maßnahmen, doch Cäsar wehrt ab, läßt die Geg-er ziehen. Während Cäsar halb belustigt und halb leichgültig mit Cleopatra flirtet, machen die Ägypter inen bedrohlichen Aufstand und senden den höchst ornehmen Ponthinus, Vormund des jungen Königs, nit anmaßenden Forderungen zu Cäsar. Dieser läßt nn kurzerhand festnehmen, trifft endlich die dringend otwendigen Abwehrmaßnahmen und läßt sich die üstung anlegen. Und dabei kommt Cleopatra dahin-er: Cäsar setzt seinen goldenen Lorbeerkranz nur auf, amit man seinen Kahlkopf nicht sieht.

3. AKT: Cäsar hat sich in einem Leuchtturm ver-chanzt. Cleopatra möchte ihn besuchen; aber das erwehren die römischen Palastwachen. Einem sizi-anischen Lebemann Apolludorus gelingt es jedoch, inen Teppich, in den Kostbarkeiten eingewickelt eien, zu Cäsar zu schaffen. Dort wird der Teppich auf-erollt, – und heraus steigt Cleopatra. Das Flirten und ändeln geht wieder an. Freilich, die Ägypter nutzen erweil die Zeit und schneiden die Leuchtturmbesat-ung von ihrer Verbindung mit der Küste ab. Wieder ilft Apolludorus, schwimmt zu einem römischen riegsschiff, holt ein Boot, Cäsar hinterdrein, fängt die im nachgeworfene Cleopatra auf, und beide bestei-en das Boot des Apolludorus. Britannus: »Hipp, hipp, urra!«

4. AKT: Ein halbes Jahr später. Cäsar würde es ger sehen, wenn der Königsvormund Ponthinus entflöhe Doch dieser hat andere Pläne. Er macht den Versuch Cleopatra auf seine Seite zu ziehen. Diese weiß rech gut, daß sie während der Anwesenheit der Römer nu Scheinkönigin sein kann, weiß auch, daß Cäsar zwa lieb zu ihr ist, sie aber nicht liebt. Vorerst verschließt si sich trotzdem den Verlockungen des Ponthinus. D geht dieser einen anderen Weg, verdächtigt Cleopatr bei Cäsar verräterischer Absichten und wiederho diese Anklagen auch in Gegenwart Cleopatras be einem schwelgerischen Mahl. Cäsar scheint Cleopatras Pläne – wenn sie auch von ihr bestritten werden - ganz verständlich zu finden; jedenfalls geht das Mah heiter weiter. Plötzlich hört man von draußen eine Schrei: Ponthinus ist auf Cleopatras heimlichen Befeh durch die Amme ermordet worden. Jetzt wird Cäsa verstimmt – nicht sosehr über den Mord als über di »geräuschvolle Art«; denn das muß neue Aufständ hervorrufen. Schon hört man lauten Waffenlärm, doc auch die Kunde, daß zu den Römern in diesem Augenblick Hilfstruppen gestoßen sind. Was bedeutet in solcher Lage schon das königliche Spielzeug Cleopatra Cäsar eilt sofort in den Kampf; sein Feldherr Rufio abe bringt die mörderische Amme um, – geräuschlos.

5. AKT: Der Aufstand ist niedergeschlagen, de zehnjährige König Ptolemäus ertrunken, – Cäsars Auf gabe in Ägypten ist erfüllt. Schon steht sein Schiff zu Abreise bereit. Da klagt Cleopatra, ganz »tragisch Königin«, den Rufio wegen der Ermordung der Amm an. Rufios gescheite Verteidigung findet Cäsar

Zustimmung. Enttäuscht ist nun nur noch das Weib Cleopatra. Sie funkelt vor Begierde, als ihr Cäsar einen jungen, tüchtigen, schwärmenden Ersatz zu schicken verspricht. Aber bei der Trennung von ihrem Cäsar muß sie doch weinen, wenn sie auch zu Apolludorus meint, als dieser von einer möglichen Wiederkehr Cäsars spricht: »Hoffentlich nicht!«

Der Arzt am Scheideweg

Komödie in fünf Akten

Personen:

Sir Colenso Ridgeon
Sir Patrick Cullen
Sir Ralph Bloomfield Bennington
Dr. Cutler Walpone
Dr. Blenkinsop
Dr. Loony Schutzmacher
Louis Dubedat, Maler
Jennifer, seine Frau
Redpenny, Assistent bei Ridgeon
Emmy, Wirtschafterin bei Ridgeon
Minnie Tinwell, ein Stubenmädchen
Ein Reporter
Ein Schreiber
Ein Kellner

Ort und Zeit: London, um 1900
Entstanden 1906, deutsche Erstaufführung 1908

Bei seiner Kritik der bürgerlich-kapitalistischen Zustände hat sich Shaw nunmehr der Ärzte angenommen, – einzelner Arzttypen, aber auch des Standes selbst. Es ist hier nicht so wichtig, daß jeder der vorgeführten Mediziner nur auf seine eigene Behandlungsweise schwört; vielmehr meint Shaw: in der kapitalistischen Welt müsse der Arzt wie jeder andere nach Gewinn streben; wirklich verdienen könne er nur, wenn er möglichst viele Menschen behandelt oder sie davon überzeugt, daß sie unbedingt behandelt werden müßten und daß gerade seine Behandlungsart die einzig wahre sei. Damit aber werde der Arzt zum staatlich konzessionierten Mörder. (Bei der heutigen Organisation des staatlichen Gesundheitswesens würde Shaw wahrscheinlich seine Fragestellung um 180 Grad drehen). Wenn nun aber einmal die Notwendigkeit auftritt, zu entscheiden, welcher Patient zuerst behandelt werden muß, wer urteilt dann über den größeren oder geringeren Wert der Patienten? In solchem Falle steht der Arzt am Scheidewege. Sonderlich überzeugend hat Shaw die Frage nicht beantwortet. Wiederum funkelt sein Witz in der Gesprächsführung, während die Problemstellung nur sehr schwach in die Drähte des Geschehens gehängt ist. Manches ist sogar peinlich und überflüssig. Nun, eine Komödie ist eine Komödie.

1. AKT: Dr. Ridgeon wurde ob seiner medizinischen Verdienste in den Adelsstand erhoben. Und nun stellen sich die verschiedenartigsten Kollegen ein, um ihm die Hand zu schütteln. Nach dieser Parade aller Arzttypen erscheint eine Frau Dubedat und bittet Ridgeon, er möge mit seinem neuen Mittel ihren lungenkranken

Mann retten. Ridgeon lehnt ab: die Behandlung müsse sehr genau vor sich gehen, er habe nur zehn Betten in seiner Klinik, und das letzte freie Bett ... Die junge Frau legt dem Arzt Bilder vor, die ihr Mann gemalt habe; ein solches Genie dürfe man doch nicht sterben lassen. Die Bilder sagen Ridgeon zu, die junge Frau Dubedat bezaubert ihn, – gut, er wolle den Fall seinen morgen zu einer Feier versammelten Kollegen vortragen; Frau Dubedat möge mit ihrem kranken Mann an der Feier teilnehmen.

2. AKT: Alle Kollegen sind der Meinung, Dubedat müsse unbedingt gerettet werden. So eine prächtige Frau, so ein prächtiger Mann! Nur zeigt sich nach der Feier, daß der junge Maler jeden der Ärzte angeborgt, einem sogar eine goldene Zigarettendose gestohlen und sich zudem noch lustig gemacht hat über diese Leuchten der Wissenschaft. Zweimal verheiratet zu sein scheint der Kerl auch. *Einen* Fall kann Ridgeon noch in seine Klinik aufnehmen. Soll er sich für den lumpenhaften, aber wahrhaft Großes versprechenden Maler Dubedat entscheiden oder für seinen braven, fleißigen, allerdings mittelmäßigen Arztkollegen Blenkinsop? Und dann noch eines: wenn Dubedat stirbt, dann möchte Ridgeon die Witwe heiraten. Was also soll geschehen? Sein alter Lehrer Patrick zeigt den Ausweg: Ridgeon soll das Heilmittel hergeben, aber Dr. Bennington soll die Behandlung durchführen – eine Art Gottesurteil.

3. AKT: Frau Dubedat hält ihrem Mann eine gar nicht so ernst gemeinte Gardinenpredigt über seine Lumpe-

reien. Er verspricht alles, hat aber alles ebenso schnell wieder vergessen, als nun nach und nach alle Ärzte bei ihm erscheinen, um über sein Schicksal zu beraten. Alles ist empört über diesen Mann ohne Moral. Darauf der Maler: »Ich glaube nicht an Moral. Ich bin ein Schüler von Bernard Shaw«. Es geschieht, wie Patrick vorgeschlagen hatte: zu Frau Dubedats Enttäuschung wird Dr. Bennington mit Ridgeons Mittel die Behandlung versuchen. Ridgeon selbst aber nimmt seinen kranken Kollegen Blenkinsop in seine Klinik.

4. AKT: Nach einigen Wochen steht es fest: Dubedat muß sterben. Er nimmt es lächelnd hin, verspottet Ärzte und Reporter, berauscht sich an künstlerischen Phantasien und verlangt, seine Frau solle nicht trauernde Witwe spielen, sondern festlich und froh durchs Leben gehen; seine Bilder aber möchte er in einer besonderen Ausstellung der Öffentlichkeit zugänglich machen. Dann stirbt er gefaßt und freudig. Frau Dubedat kleidet sich sogleich nach dem Wunsch des Verstorbenen großartig um und drückt allen Ärzten zum Abschied die Hand; Ridgeon aber übergeht sie.

5. AKT: Frau Dubedat hat ein Buch über ihren Mann geschrieben und ist dabei, die von diesem gewünschte Ausstellung zu eröffnen. Ridgeon erscheint: *sein* Patient Dr. Blenkinsop ist geheilt. Er versucht Frau Dubedat klarzumachen, daß es besser für sie und für den künstlerischen Ruhm Dubedats gewesen sei, daß er Dubedat habe sterben lassen. So ein Schuft hätte ihr das Leben doch verdorben. Aber Frau Dubedat weist Ridgeon zurück: er sei nicht befugt, über die kleinen

Schwächen ihres verstorbenen Mannes zu urteilen; außerdem sei sie sehr glücklich mit ihm gewesen. Als ihr endlich klar wird, daß Ridgeon Absichten auf sie selbst hat, läßt sie ihn wissen, daß sie, getreu dem Wunsch des Toten, bereits wieder geheiratet habe. Ridgeon: »Dann habe ich ja einen ganz uneigennützigen Mord begangen!«

Pygmalion

Komödie in fünf Akten

Personen:

Frau Higgins
Professor Henry Higgins, ihr Sohn
Alfred Doolittle
Eliza, seine Tochter
Frau Eynsford Hill
Clara und Freddy, ihre Kinder
Oberst Pickering
Frau Pearce
Ein Bummler
Der sarkastische Zuschauer
Ein Stubenmädchen

Ort und Zeit: London, Anfang des 20. Jahrhunderts
Uraufführung 1913 in Wien

Hier ist einmal die Übersetzung altgriechischen Sagenstoffes in die Gegenwart wirklich ein Gewinn. Pygmalion hatte sich in eine von ihm gemeißelte weibliche Bildnisfigur so verliebt, daß er die Götter anflehte, ihr Leben zu verleihen. Der Wunsch wurde erfüllt; doch zu einem rechten Verstehen zwischen Pygmalion und der nunmehr zu ihm tretenden Galatea ist es nicht gekommen. Shaw macht aus dieser Geschichte natürlich eine soziale Angelegenheit: kann man die verschiedenen gesellschaften Schichten durch Erziehung miteinander vermählen? Und der Gewinn solcher Bearbeitung besteht darin, daß trotz glänzender Charakterisierungskünste von Menschen und Umwelt alles nur Komödie bleibt, nicht aber tiefsinnige Lösungsmöglichkeiten serviert werden.

1. AKT: Da steht ein Herr nachts zwischen allerlei Leuten auf einer Londoner Straße, schreibt eifrig etwas in sein Taschenbüchlein und nennt allen ihren Geburtsort. Ganz besondere Aufzeichnungen macht er sich über eine Blumenverkäuferin Eliza. Zu den beiden tritt ein anderer Herr, fragt interessiert, was für Eintragungen da zustandekämen. Es stellt sich heraus: der erste Herr ist der bekannte Professor Higgins, der bedeutendste Kenner aller – auch der unscheinbarsten – Mundarten, und der zweite ist ein glänzender Kenner der indischen Sprachen, Oberst Pickering. Higgins meint, durch seine Sprachmethode vermöge er die Menschen völlig zu wandeln; dieses Blumenmädchen Eliza zum Beispiel mit ihrem fürchterlichen Gossen-Englisch könne er in einem Vierteljahr soweit bringen, daß sie jedermann für eine Herzogin halten würde. Schon sind die beiden Herren mitten in der Fachsimpelei, werfen dem Mädchen ein paar Münzen zu und gehen in angeregtem Gespräch von dannen.

Eliza wird von dem jungen Freddy Hill in einer Kutsche mitgenommen.

2. AKT: Eliza hat einiges von dem Gespräch der Sprachforscher aufgeschnappt. Jetzt kommt sie in die Wohnung von Prof. Higgins und will Sprechunterricht nehmen, um eine bessere Stellung bekommen zu können. Oberst Pickering erinnert den Professor an seine Behauptung von neulich, wettet mit ihm, ob Eliza wirklich innerhalb eines Vierteljahres durch Unterricht »herzoginnen-reif« zu machen sei. Für Higgins ist Eliza ein Studiengegenstand, eine Sache. Sie wird sofort in die Umschulungsmühle gesteckt, muß ins Badezimmer, wird tüchtig gewaschen und ganz neu eingekleidet. Zwischendurch taucht Elizas Vater, der Müllkutscher Doolittle, auf und beginnt einen Handel: er sei zu arm, um moralisch sein zu können, und sei bereit, seine Vaterrechte an Eliza für fünf englische Pfund zu verkaufen. Dann erscheint Eliza wieder, – Seife, Kamm und Kleider haben ein kleines Wunder vollbracht. Für die Augen ist sie bereits ein ganz neuer Mensch.

3. AKT: Bei Frau Higgins, der feingebildeten Mutter des Dialektforschers, ist Empfang, und Eliza soll zum ersten Male zeigen, was sie gelernt hat. Higgins' Betragen ist auch nicht gerade erstklassig, so daß seine Mutter mit recht allerlei Befürchtungen hegt über das Benehmen seiner Schülerin. Aber siehe da, als Eliza den Gästen (Oberst Pickering, Frau Hill mit ihren Kindern Clara und Freddy) vorgeführt wird, da sieht sie nicht nur äußerst damenhaft aus, sondern plaudert

auch ganz vortrefflich über die ihr papageienhaft ein-
studierten Gegenstände. Immerhin, etliche Ausdrück(
aus ihrer früheren Gossen-Sprache wirken doch rech
verblüffend. Nach dem Empfang gibt Frau Higgins ih
Urteil ab und erklärt ihrem Sohn und dem Oberster
Pickering, das erste Ergebnis sei ja ganz schön, abe
Eliza sei noch längst nicht gesellschaftsfähig; da
werde sie freilich unter Anleitung ihres Professor-Soh-
nes niemals werden können. Und vor allem: wie di(
beiden Herren sich denn das vorstellten – ein Mädcher
zur Dame erziehen und sie dann wieder in die alter
sozialen und wirtschaftlichen Verhältnisse zurücksto-
ßen? Diese Frage liegt sichtlich außerhalb des »wis-
senschaftlichen Interesses« von Prof. Higgins un(
Oberst Pickering.

4. AKT: Die endgültige Probe ist bestanden, Higgin
hat seine Wette gewonnen: bei einer großen Gesell-
schaft hat Eliza noch besser abgeschnitten als ein(
echte Herzogin. Wissenschaftlich wäre der Fall erle-
digt, Eliza könnte jetzt gehen, sich einen netten Manr
suchen, die Kleider mag sie behalten. Aber nun hat si(
sich in Higgins verliebt. Doch der ist strenger Wissen-
schaftlicher und – bisher wenigstens – noch strengere
Junggeselle. Eliza ist enttäuscht, will zornig auf un(
davon, gibt Higgins einen Ring zurück, den er ihr eins
geschenkt. Da jedoch wird er wütend, wirft den Ring ir
die Asche des Kamins und geht mit Türknallen ab. De
Eisblock beginnt also doch zu tauen? Vergnügt un(
schelmisch blickt Eliza ihm nach.

5. AKT: Eliza ist unauffindbar, ganz einfach ver

schwunden, berichten Prof. Higgins und Oberst Pickering der Mutter des Professors. Was soll nun geschehen? Auch der Müllkutscher Doolittle, der bei Frau Higgins vorspricht, hat keine Ahnung, wo seine Tochter sich aufhält. Er wäre jetzt in der Lage, für sie zu sorgen; denn ein Amerikaner hat ihn (auf Betreiben von Higgins) zum reichen Mann gemacht. Der Reichtum paßt ihm freilich gar nicht. Zwar kann er nun endlich seine »Madame« heiraten; aber der Proletarier ärgert sich, daß er nun künftig die Sorgen eines Bourgeois haben soll. Seiner Absicht, Eliza zu einem schönen Leben zu verhelfen, widerspricht Higgins: er habe Eliza seinerzeit für fünf Pfund gekauft und gebe Gekauftes nicht wieder her. Dann müsse eben Eliza selbst entscheiden, meint Frau Higgins ... ruft das Mädchen herbei (es hatte sich zu ihr geflüchtet). Als Eliza ihren Vater sieht, fällt sie einen Augenblick aus der angelernten Rolle; doch dann ist sie wieder Dame. Aber was ist sie für Higgins? Was ist er für sie? Aus dem Schluß wird man schließen dürfen, daß der Sprachbildhauer Pygmalion-Higgins und sein Werk Galatea-Eliza ein Paar werden. Ganz sicher ist es allerdings nicht.

Die heilige Johanna

Dramatische Chronik in sechs Szenen und einem Epilog

Personen:

Johanna
Der Dauphin (später Karl VII. von Frankreich)

Dunois, Bastard von Orleans
Richard von Beauchamp, Graf von Warwick, englischer Feldherr
La Trémouille, Marschall von Frankreich
Hauptmann La Hire
Robert von Baudricourt, Schloßhauptmann
Bertrand von Poulengey
Gilles de Rais, Blaubart
Herzogin von Trémouille
Der Erzbischof von Reims
Peter Cauchon, Bischof von Beauvais
Kaplan von Stogumber
Der Inquisitor
Bruder Martin Ladvenu
D'Estivet, Domherr
Courcelles, Domherr von Paris
Ein Schloßverwalter
Der Scharfrichter
Ein englischer Soldat
Ein Herr aus dem Jahre 1920
Drei Edelknaben
Höflinge
Mönche
Soldaten
Henkersknechte

Ort und Zeit: Frankreich, die Jahre 1429, 1431 und 1456
Uraufführung 1923 in New York

Shaw stellt neben das Gefühlsdrama Schillers (»Die Jungfrau von Orleans«) ein Denkdrama. Ihn läßt kalt, was man je über die französische Nationalheilige gespottet (Voltaire, Shakespeare), geschwärmt (Schiller) oder gekrittelt hat. Er versucht, der Erscheinung dieses seltsamen Mädchens mit den sachlichen, abwägenden Verstandesmitteln des 20. Jahrhunderts beizukommen, und gelangt zu dem Ergebnis, ihre sogenannten Wundertaten seien nicht Ausfluß übernatürlicher Mächte, sondern starker einzelpersönlicher Kräfte. Derartige Kräfte seien im 15. Jahrhundert etwas Unbekanntes gewesen und daher von den einen als göttlich und von den anderen als teuflisch angesehen worden. Dementsprechend nimmt Shaw weder für den allgemeinen Durchschnitt jener Zeit Partei noch für die große Einzelpersönlichkeit Johannas, die ihrer Zeit weit voraus ist, sondern er stellt nur den sich aus allgemeinem Durchschnitt und einmaliger Persönlichkeit ergebenden Zwiespalt dar. Die Tragik hat also bei ihm durchaus Hebbelsches Gepräge: der Einzelne hat das Recht, sich von der Gemeinschaft abzusondern, aber an dieser Absonderung geht er zwangsläufig zugrunde.

1. SZENE. Johanna setzt es durch, daß der Schloßhauptmann Robert von Beaudricourt sie mit Pferd und Rüstung ausstattet und sie unter Begleitung zum Dauphin sendet. Zur Kennzeichnung des damaligen allgemeinen Aberglaubens fügt Shaw u.a. ein, daß die Hühner erst wieder Eier legen, seit Johannas Ritt zum Dauphin gebilligt wurde.

2. SZENE. Bei Hofe erweist Johanna eigentlich nur dem Erzbischof geziemende Achtung, alle übrigen Personen scheinen ihr nicht besonders wichtig. Dank

ihrer unverbildeten Frische und begeisternden Persönlichkeit gewinnt sie endlich den Dauphin und die Feldhauptleute. Sie soll das Heer nach Orleans führen die Belagerung durch die bisher übermächtigen Engländer beseitigen.

3. SZENE. Graf Dunois bedarf der Ermahnungen Johannas kaum, der tapfere Krieger weiß, daß die Engländer mit Mut und Gottvertrauen angegriffen und geschlagen werden können, – aber dieser ständige Ostwind verhindert jeden erfolgreichen Angriff. Johannas Nähe allein scheint zu genügen, den Wind umschlagen zu lassen.

4. SZENE. Orleans ist befreit, die Engländer sind geschlagen. Sie wissen, daß sie diese Niederlage der »Hexe von Orelans« zuzuschreiben haben; also muß Johanna vernichtet werden. Der englische Feldherr Warwick findet Genossen für seinen Vernichtungsplan: den Kaplan von Stogumber und vor allem den französischen Bischof Cauchon. Dieser ist besonders gegen Johanna eingenommen, weil diese handelt, als sei die Kirche ein Nichts, als komme es nur auf den tätigen Einzelmenschen und auf die Nation an. Cauchon eifert: »Zerteilt das Königtum der Kirche in Nationen und ihr entthront Christus«. Im Grunde verstehen Warwick, Kaplan und Bischof einander sehr wenig; nur daß Johanna fallen müsse, steht bei allen fest.

5. SZENE. Nach der Befreiung von Orleans und der Krönung des Dauphins zum König geht Johanna dem französischen Hof und der Kirche »auf die Nerven«

Jetzt, wo ein wesentlicher Teil des Werkes vollbracht ist, fühlt man sich doch wohl ein wenig beschämt, daß ein junges Mädchen die Rettung Frankreichs eingeleitet hat. Und wie lästig, daß Johanna ständig drängt, den englischen Feind vollends aus dem Lande zu jagen! Die geistige Selbständigkeit überschreitet zudem jedes Maß, – das mißfällt der Kirche und nicht minder den militärischen Führern. Johanna ist außerstande, das zu begreifen; sie vertraut auf Gott und sich, will weiter kämpfen.

6. SZENE. Den Engländern ist es gelungen, Johanna in ihre Hand zu bekommen. Sie soll vor ein Gericht der Inquisition gestellt werden. Was dieses Gericht auch beschließen wird, – Warwick will Johanna unter allen Umständen hinrichten lassen. Der Prozeß selbst wird von allen Seiten mit großem Scharfsinn geführt. Die Inquisitoren setzen alles daran, Johanna zum Widerruf ihrer eigenpersönlichen (also ketzerischen Meinung) zu bewegen; wünschen sie doch, mindestens nach außen hin Johanna wieder in den Schoß der Kirche aufnehmen zu können. Das alles begreift die Angeklagte nicht. Warum solle sie widerrufen? Sie glaube doch an Gott! Der Unterschied Gott – Kirche scheint ihr unwesentlich. Erst als der Henker naht, wird sie unsicher und unterschreibt auf allgemeines Drängen ihr »Schuldbekenntnis«. Dadurch wird sie zwar vom Bannfluch gelöst und damit wieder ein Glied der Kirche; aber ihren Widerstand gegen die Kirche soll sie mit ewigem Kerker büßen. In edlem Zorn zerreißt sie das »Schuldbekenntnis«. Lieber sterben als eingekerkert werden. Sogleich wird sie wieder gebannt, zum Tode

verurteilt und zum Scheiterhaufen geführt. Draußen brennt der Holzstoß, drinnen aber will plötzlich weder der englische Feldherr Warwick noch der französische Bischof Cauchon am Tode Johannas schuld sein. Auch Johannas fanatischer Gegner, der Kaplan Stogumber, ist anderen Sinnes geworden, seit er gesehen hat, wie Johanna gestorben ist: ein Kreuz aus Holzstäben, das ihr ein englischer Soldat gegeben, hat sie bis zum letzten Seufzer vor Augen gehabt und ständig den Heiland angerufen.

EPILOG. Fünfundzwanzig Jahre später. In einer Traumszene erscheinen dem französischen König allerlei Gestalten. Zunächst Bruder Ladvenu, der stets für Johanna eingetreten war, mit der Nachricht, das Urteil gegen die Jungfrau sei aufgehoben worden. Dann Johannas Geist, dem das neuerliche Urteil höchst gleichgültig ist. Weiter der Geist des Bischofs Cauchon: seinen Leichnam habe man exkommuniziert, und es sei doch bei dem Prozeß gegen Johanna alles nach Gesetz und Recht vorsichgegangen! Auch Dunois' Geist erscheint, bedauert, seinerzeit Johanna nicht gerettet zu haben; jetzt aber sei er (Dunois' Leib liegt nämlich daheim in seinem Bett) als unerschrockener Zeuge für Johanna eingetreten. Auch jener englische Soldat, der Johanna damals das Kreuz gereicht hatte, tritt brummelnd auf; denn für diese (einzige) gute Tat seines Lebens bewilligt ihm die Hölle alljährlich einen Tag Urlaub. Ferner fehlt nicht der fanatische Kaplan Stogumber, weil er hofft, durch Johannas verzeihende Fürsprache doch noch in den Himmel zu kommen. Als weiterer Gast tritt der Henker auf, ist recht verwundert, ohanna sei der einzige Mensch, den er hingerichtet ınd doch nicht umgebracht habe; sie sei offenbar ınsterblich. Mit leisem Bedauern entschuldigt sich ıuch der englische Feldherr Warwick; er habe damals ohannas Tod für notwendig gehalten, doch sei er wohl m Irrtum gewesen. Als letzter naht ein Herr aus dem 0. Jahrhundert mit der Botschaft, Johanna sei soeben am 16. Mai 1920) heiliggesprochen worden. Hingeissen preisen alle Anwesenden die neue Heilige. Johınna aber stellt ihnen, als sie sich von dem ersten Glücksgefühl befreit hat, die Frage, ob sie wieder ebendig werden und sich zu ihnen gesellen solle. Erschreckt wehren die Anwesenden ab, – nur das ıicht. Noch immer ist die Erde nicht bereit, Gottes Heiıge zu empfangen.

SUDERMANN

Hermann S. (1857–1928) war anfangs Apotheker lehrling, studierte dann in Königsberg, wurde Haus lehrer. Sein erster Bühnenerfolg machte ihn seit 188 finanziell unabhängig. Lebte meist in Berlin. Haupt werk: Romane, Erzählungen, Bühnenstücke.

Sudermann war jahrzehntelang einer der Könic des Naturalismus, dem man ihn zufolge seiner Stoff etwas einseitig zuordnete. Dann erkannte man, daß e es sich in der Problemstellung und der Problemlösun oft allzu leicht machte. Schließlich nahm man Ansto an manchen allzu unwahrscheinlichen Plattheiten, a dem ewigen, nicht immer gestalteten Gegensatz vo arm und reich, an manchem Schwulst, – und so is Sudermann für die Bühne von heute nahezu tot. Vor Theater her muß man das bedauern; denn Sudermann beherrschte sein Theaterhandwerk wie nur wenige seine Szenen sind glänzend gebaut, seine Expositio vielfach meisterhaft, seine Gesprächsführung ausge zeichnet. Hier vermöchte mancher etwas zu lerner Und es fragt sich, ob das eine oder andere seiner Stück nicht doch wieder lebensfähig gemacht werde könnte. – Wenigstens zwei seiner ersten Erfolgsstück seien hier inhaltlich kurz wiedergegeben.

Die Ehre

Schauspiel in vier Akten

Personen:

Kommerzienrat Mühlingk
Amalie, seine Frau
Kurt und Leonore, deren Kinder
Lothar Brandt
Graf von Trast-Saarberg
Robert Heinecke
Der alte Heinecke
Seine Frau
Auguste und Alma, deren Töchter
Tischler Michalski, Augustens Mann.

Ort und Zeit: Berlin-Charlottenburg, Gründerzeit
Uraufführung 1889 in Berlin

So wenig Sudermann die von ihm gebrachten sozialen Gegensätze zu meistern weiß, so scharf hat er sie aufgestellt und ironisch beleuchtet. Im Vorderhaus: der von Geld und Protzentum aufgeplusterte Kommerzienrat Mühlingk, mit dito Frau und dito Sohn Kurt, aber mit roman-engelhafter Tochter Leonore. Im Hinterhaus: der im wirtschaftlichen wie seelischen Sinne völlig verproletarisierte alte Heinecke mit entsprechenden Töchtern. Querverbindung: Kurt Mühlingk hat Alma Heinecke zu seiner Geliebten gemacht, Robert Heinecke kommt aus Hinterindien heim und liebt noch immer Leonore Mühlingk.

Nach Hinterindien (also gewissermaßen: aus der Welt) wurde er vom Kommerzienrat geschickt, weil dieser etwas wiedergutmachen wollte: als nämlich Mühlingk Kommerzienrat wurde, kam der alte Heinecke unter die Räder des Mühlingkschen Kutschwagens (sehr deutliches Gleichnis). Heinecke wurde mit Familie im Hinterhaus aufgenommen und der junge Heinecke – nach erforderlicher Lehrzeit – nach Hinterindien abgeschoben. Nun sind sie alle wieder in Berlin-Charlottenburg. Glücklicherweise ist ein gewaltiger Kaffeekönig mit Robert heimgekommen: Graf von Trast. Dieser hält nun den Beteiligten allerlei Reden über Ehre: eine Ehre schlechthin könne es nicht geben, sondern sie sei abgestuft je nach den wirtschaftlichen und sozialen Verhältnissen. Das wird nun praktisch vorgeführt. Den alten Heineckes ist es im Grunde eine Ehre, daß ihre Tochter Alma die Geliebte des Kommerzienratsohnes Kurt ist; sie finden es nicht unter ihrer Ehre, daß man ihnen im brenzligen Augenblick ein kleines Vermögen als Schweige- und Abfindungsgeld gibt. Das alles aber findet ihr Sohn Robert ehrlos: das Geld soll zurückgegeben werden, er will sich mit Kurt Heinecke schlagen. Aber er ist ja nur ein Angestellter der Firma Mühlingk, kommt also weder für ein Duell mit Kurt noch für eine Ehe mit Leonore in Frage. Im Duell wird Graf Trast einspringen, wird aber belehrt, daß er als entlassener Offizier den gesellschaftlichen Ehrbegriffen nicht genügt. Nun zahlt Robert aus seinem eigenen Vermögen das den Eltern gegebene Schweigegeld an Mühlingk zurück. Als Kurt Mühlingk ihn verdächtigt, als ihr Angestellter könne er auf redliche Weise nicht soviel Geld verdient haben, greift Robert zum Revolver. Das ist Leonores Augenblick: sie bekennt sich zu dem »Angestellten« Robert. Das kommerzienrätliche Ehrgefühl will sich eben in einem Fluch entladen, da verschließt des Kaffeekönigs Mitteilung den zum Fluch geöffneten Mund: Robert wird die Kaffeemillionen erben. Schon ist das Ehrgefühl gewandelt: »Abcr Herr Graf– warum haben Sie das nicht ...« Und des Grafen Antwort ist das bitterstc Hohnwort über die Ehre, weil er sie nicht nur als geschäftliche Angelegenheit kennzeichnet, sondern sich noch obendrein des Kaufmannsdeutsches bedient: »Ihren geehrten Segen erbitte schriftlich«.

Heimat

Schauspiel in vier Akten

Personen:

Schwartze, Oberstleutnant a.D.
Magda und Marie, seine Töchter aus erster Ehe
Auguste, geb. von Wendlowski, seine zweite Frau
Franziska von W., deren Schwester
Max von W., beider Neffe
Heffterdingk, Pfarrer
Dr. von Keller, Regierungsrat
Prof. Beckmann, pensionierter Oberlehrer
von Klebs, Generalmajor a.D.
Frau Klebs
Frau Landgerichtsdirektor Ellrich
Frau Schumann
Therese, Dienstmädchen bei Schwartze

Ort und Zeit: Eine Provinzialhauptstadt, um 1890
Uraufführung 1893

So kraß und so billig die Gegensätze, – es bleibt ein prachtvoll gemachtes Theaterstück mit einer weiblichen Bombenrolle, die sich einst keine Schauspielerin entgehen ließ. Bei ein wenig Abdämpfung auf beiden Seiten verfehlt das Werk auch heute seine Wirkung nicht.

Der Titel ist (wie bei der »Ehre«) ironisch gemeint, die Gegenüberstellung ebenfalls dem ersten Schauspiel Sudermanns ähnlich: enge spießige Welt um den pensionierten Oberstleutnant Schwartze und die ganze Provinzialhauptstadt –, freie, allzu weitherzige Anschauungen in der »Welt«, dargestellt durch Schwartzes verstoßene Tochter Magda. Querverbindungen: der alles verstehende, alles verzeihende, alles beredende Pfarrer Heffterdingk und der einst lebenslustige, jetzt karrierebedachte Regierungsrat von Keller.

Vor zehn Jahren hat Magda ihre Heimat verlassen, weil sie sich dem tyrannischen Willen ihres Vaters widersetzte und den ihr bestimmten Pfarrer Heffterdingk nicht heiraten wollte. Als sie zur Bühne ging, traf den Vater der Schlag, so daß er sich pensionieren lassen mußte. In Berlin war sie die Geliebte des fröhlichen Studenten von Keller, der sie aber verließ, ohne zu wissen, daß sie ein Kind von ihm erwartete. Jetzt ist sie die weltberühmte Sängerin mit einem wohlklingenden italienischen Namen. Sie singt in ihrer Heimatstadt, wird durch die beste Gesellschaft ausgezeichnet und kommt durch des von Herzen und Berufs wegen ewig vermittelnden Pfarrers Fürsprache ins väterliche Haus. Alles geht zunächst scheinbar gut, obwohl der bunte, freiheitliebende Vogel sich immer wieder an den Gitterstäben der neuen alten »Heimat« stößt. Ihre

Bedingung war, nicht nach der Vergangenheit gefragt zu werden. Das aber bringt der starrköpfige Alte nicht fertig. So erfährt er die Geschichte mit von Keller. Der ist bereit, die Geliebte von einst zu heiraten, wenn sie um seiner Karriere willen ihren Beruf aufgibt und (ebenfalls um seiner Karriere willen) die elegante, schöne Hausfrau spielt. In alles willigt Magda ein, um des Vaters, um der »Heimat« willen; doch als Keller verlangt, das Kind müsse verheimlicht werden, weist sie ihn zurück. Der Vater gibt sein Ehrenwort, er werde die Tochter zwingen. Nun aber erklärt sie ihm schroff, welche Schuld er an ihrer Entwicklung gehabt habe. Und zwingen, jetzt noch zwingen? Gerade das könne er als Ehrenmann nicht: denn Keller sei nicht der einzige Mann in ihrem Leben gewesen. Da will der Alte sie erschießen, bricht aber an einem Schlaganfall zusammen.

TSCHECHOW

Anton Pawlowitsch T. (1860–1904, Russe), Sohn eines Kaufmanns. Studierte Medizin in Moskau, war aber nur kurze Zeit als Arzt tätig. Lebte dann als freier Schriftsteller. Reisen besonders nach Westeuropa. Starb an der Lungenschwindsucht. Schrieb kleine Erzählungen, Skizzen, Dramen.

Der Kirschgarten

Komödie in vier Akten

Personen:

Ljubow Ranjewskaja, Gutsbesitzerin
Anja, ihre Tochter
Warja, ihre Pflegetochter
Leonid Gajew, ihr Bruder
Lopachin, Kaufmann
Pjotr Trofimow, Student
Charlotta, Erzieherin

Ort und Zeit: Auf einem russischen Landgut, Ende des 19. Jahrhunderts
Uraufführung Moskau 1904

Das Alte ist zerstört worden durch eine neue Zeit, in der das Geld die Macht hat und ein Prolet den Kirschgarten, Symbol für das Althergebrachte, abholzen arf. Es scheint, als habe der Dichter in ihren Nöten und ragen an das Sein die völlige Auflösung der alten esellschaft vorausgeahnt, die er mit so tiefem Mitgeühl zeichnet.

Ljubow Ranjewskaja, die fünf Jahre im Ausland veilte, trifft wieder auf ihrem russischen Landgut ein. ie hat, meist in Paris, ein lustiges Leben geführt, erst nit ihrem Mann, dann mit einem Liebhaber, und das eld mit vollen Händen ausgegeben. Ein Haus in Menone mußte verkauft werden, Hypotheken sind auf das ussische Landgut, zu dem ein prachtvoller Kirschgaren gehört – er steht sogar im Konversationslexikon erzeichnet –, aufgenommen worden. Die Versteigeung des Hauses und Gartens scheint unumgänglich, er Termin ist schon festgesetzt worden. Lopachin, inst der mittellose Sohn eines Leibeigenen, auf dem ut aufgewachsen, heute ein reicher Kaufmann, weiß at: Der Kirschgarten müßte abgeholzt, das Grundtück parzelliert und an Sommergäste verpachtet weren. Ljubow lehnt entrüstet ab. Ihr Bruder, ebenso nrealistisch wie sie, pflichtet ihr bei – alle lieben den irschgarten, der eben in herrlichster Blüte steht, und neinen, das fehlende Geld müsse eben anders eschafft werden. Eine Erbtante wird angegangen, och zweifelt man sehr, daß sie helfen werde. Verchiedene Möglichkeiten werden erwogen, tatenlos ergeht die Zeit, der Tag der Versteigerung rückt äher, ist endlich da: Um das für alle Schreckliche zu berdecken, sich zu betäuben, hat Ljubow gerade an iesem Tag einen Ball in ihrem Haus angesetzt. In hekscher, künstlicher Lustigkeit amüsiert man sich und wartet dabei auf das Ergebnis der Versteigerung. Endlich wird es offenbar: Lopachin, der Emporkömmling hat den Garten erstanden. Ein Rausch überkommt ihn endlich ist er Herr über Haus und Besitz. Für Ljubov heißt es Abschied nehmen, sie wird mit dem Geld de Erbtante nach Paris zurückfahren. Aus dem leergeräumten Haus trägt man die Koffer, mit Plänkeleien und banalen Gesprächen will man den Schmer zurückdrängen. Als sie endlich von den andern allein gelassen werden, nehmen Bruder und Schweste schmerzlichen Abschied, der auch ein Abschied vor der Jugend, vom Glück, von den nicht erfüllten Lebenshoffnungen, von der Vergangenheit ist. Es ist wie da seltsame Geräusch in den Lüften, so, als risse ein Saite, das alle hören und sich niemand erklären kann Während sich die Türen des Hauses schließen und de Wagenschlag zufällt, beginnen unter den erste Axthieben die Kirschbäume zu fallen.

SCHNITZLER

Arthur S. (1862–1931, Österreicher), Sohn eines Arztes, der selbst wieder Medizin studierte und zunächst in Wien als praktischer Arzt lebte. Wandte sich aber immer mehr literarischen Arbeiten zu. Schrieb Novellen, Bühnenwerke, Aphorismen.

Schnitzler stand einmal im Mittelpunkt leidenschaftlicher Erörterungen, nicht nur als Dichter, sondern auch als Sensationsmacher, – freilich gegen seinen Willen. Das war 1921, als sein Einakterzyklus »Reigen« aufgeführt wurde; diese stark erotischen Szenen waren allerdings nicht für öffentliche Aufführungen bestimmt gewesen. Auch die Gerichte wurden damals bemüht. Aber das war gewissermaßen das letzte Aufflackern der einstigen Bühnenberühmtheit Schnitzlers. Seitdem scheint der Name des Dichters allmählich vergessen zu werden. Das Gemisch von Witzigkeit, Spitzfindigkeit, Anmut, Plauderei, seelischer Müdigkeit, erotischem Reiz und verschleierndem Naturalismus ist nicht immer ausreichender Untergrund für dramatische Bauten. So sind die meisten Bühnenwerke Schnitzlers im Grunde kleine Geschichten in Form der Wechselrede.

Liebelei

Schauspiel in drei Akten

Personen:

Hans Weiring, Violinspieler am Josefstädter Theater
Christine, seine Tochter
Mizzi Schlager, Modistin
Katharina Binder
Lina, ihre Tochter
Fritz Lobheimer
Theodor Kaiser
Ein Herr

Ort und Zeit: Wien, 1895
Uraufführung Wien 1895

In diesem Schauspiel, das großen Publikumserfolg hatte und später von Max Ophüls verfilmt wurde, verbindet sich die Tradition des Wiener Volksstückes mit der modernen Technik der europäischen Fin-de-siècle-Literatur. Es zeigt die für die Dichter des »Jungen Wien« charakteristische Stimmungsmalerei.

Theodor Kaiser und Mizzi Schlager nehmen ihre »Liebe« als hübschen Zeitvertreib, als Liebelei. Anders steht es mit Christine Weiring, der Tochter eines Theatergeigers. Sie, die nichtsahnend ist, wurde von Theodor mit Fritz zusammengebracht, damit sie diesen von einer verheirateten Frau ablenke, mit der ihn eine Leidenschaft verbindet. Nun liebt sie ihn aufrichtig und ühlt sich wiedergeliebt. Sie weiß nicht, daß der Gatte ler verheirateten Frau das Verhältnis entdeckt und 'ritz zum Duell gefordert hat. Fritz nimmt, unter dem 'orwand, verreisen zu wollen, von Christine wehmüigen Abschied. Todesahnungen beschleichen ihn, ınd er fühlt, daß er bei diesem Mädchen ein reineres Glück gefunden hätte. Er fällt im Duell. Als der fasungslosen Christine die Zusammenhänge klar werlen, nimmt sie sich das Leben, weil sie nicht erträgt, ıur seine »Liebelei« gewesen zu sein.

Der grüne Kakadu

Groteske in einem Akt

'ersonen:

Emile, Herzog von Cadignan
François Vicomte de Nogeant
Albin Chevalier de la Tremouille
Der Marquis von Lancas
Séverine, seine Frau
Rollin, Dichter
Prospère, Wirt, vormals Theaterdirektor
Henri, Balthasar, Guilleaume, Scaevola, Jules, Etienne, Maurice, Georgette, Michette, Flipotte (alle aus der Truppe des Prospère)
Léocadie, Henris Frau, u.a.

)rt und Zeit: Paris, am Abend des 14. Juli 1789
'rauffführung Wien 1899

»Wir spielen immer; wer es weiß, ist klug«, sag Schnitzler im Motto zu einer Sammlung von drei Ein aktern, zu denen auch »Der grüne Kakadu« gehört Wenig Handlung im eigentlichen Sinne, aber Schein und Widerschein von Stimmungen von erstaunliche Eindruckskraft.

Dieser umfangreiche Einakter spielt in Paris an Abend des 14. Juli 1789 (Tag des Bastille-Sturms!) i einer Spelunke mit dem Namen »Der grüne Kakadu« Der Wirt, ein ehemaliger Theaterdirektor, macht sei Geschäft dadurch, daß er dem reizbedürftigen Ade durch verlotterte Schauspieler Unterwelt vorgaukel läßt. Unterwelt – aber auch den Untergang eben de Gesellschaft, der die aufgekitzelten Zuschauer ange hören. Was unten im Spelunkenkeller gespielt wird das geht, nicht geahnt von den vornehmen Gäster oben auf den Straßen und Plätzen von Paris tatsächlic vor. Spiel und Wirklichkeit greifen so unheimlic ineinander, daß selbst der Wirt und Theaterdirekto nicht mehr durchfindet, was Spiel und was Ernst is Unter den Schauspielern ist Henri, der tags zuvor mi der Schauspielerin Léocadie die Ehe geschlossen ha Er ahnt nichts von den Beziehungen seiner Frau z dem Herzog von Cadignan. Es ist reines Spiel, daß e erzählt, er habe den Herzog erstochen. Schließlich hä es auch der Wirt für wahr, da er um das Verhältnis de beiden weiß und Henri so natürlich spielt. Er beruhig Henri – und das erst öffnet ihm die Augen. Als der Her zog erscheint, ersticht ihn Henri tatsächlich, währen draußen der Pöbel den geglückten Sturm auf di Bastille feiert.

HAUPTMANN

Gerhart H. (1862–1946) wollte Bildhauer werden, studierte dann in Jena und Berlin vor allem Naturwissenschaften, machte mehrfach ausgedehnte Auslandsreisen. Lebte meist seinem Schaffen in Berlin-Erkner, vorwiegend aber im schlesischen Agnetendorf. Schrieb vor allem Romane, Novellen, Gedichte, Bühnenwerke.

In seinen Bühnenwerken – und nur von diesen kann hier die Rede sein – spiegelte Hauptmann die Natur und das Natürliche, Dinge, die von der Klassik und der Romantik stark vernachlässigt worden waren. Scharfes, unablässiges Beobachten und meisterhafte Wiedergabe des Beobachteten machten ihn zu einem hervorragenden Schilderer des sogenannten Milieus, der Menschen und ihres Lebensumkreises. Aber er beobachtete nicht nur, er lebte das Beobachtete auch mit, er litt unter und an den Verhältnissen, die er auf die Bühne brachte, er schämte sich der Zeit, die solche Zustände ermöglichte oder zuließ. Dadurch wurde er zum Sozialkritiker, und seine sozialkritischen Stücke hatten eine stärkere politische Wirkung als manche Elendsstatistik und Tribünenrede. Ein so mit-leidender Dichter konnte, wenn er seiner Natur und der Natur der dargestellten Dinge gerecht werden wollte, keine tätigen Helden auf die Bühne bringen. Zu der Zeit, in der seine ersten sozialen Werke geschrieben wurden, kam es vielmehr darauf an, das Schicksal der körperlich und seelisch Enterbten insgesamt in das Gewissen der Allgemeinheit einzubrennen. Und das ist ihm gerade durch die »Heldenlosigkeit« und eine oft so zähflüssige Zustandsschilderung gelungen. Und es soll ihm nie vergessen werden.

Neben den naturalistischen stehen auch mystische Werke wie das Traumspiel »Hanneles Himmelfahrt«, das Märchenspiel »Die versunkene Glocke«, das sinnbildhafte Spiel »Und Pippa tanzt«. Doch sie sind dichterisch zwar vielfach stark, dramatisch aber unausgeglichen, zuweilen sogar schwach. Nicht genügend beachtet werden dagegen die geschichtlichen Werke wie »Florian Geyer«, diese erschütternde Tragödie des Bauernkrieges, oder die tiefschürfende Studie »Kaiser Karls Geisel«. Im folgenden können nur die berühmtesten Werke des Dichters erwähnt werden.

Vor Sonnenaufgang

Soziales Drama in fünf Akten

Personen:

Krause, Bauerngutsbesitzer
Frau Krause, seine zweite Frau
Helene und Martha, Krauses Töchter aus erster Ehe
Hoffmann, Ingenieur, verheiratet mit Martha
Wilhelm Kahl, Neffe der Frau Krause
Frau Spiller, Gesellschafterin der Frau Krause
Alfred Loth

Dr. Schimmelpfennig
Beibst, Arbeitsmann auf Krauses Gut
Guste, Liese und Marie, Mägde auf Krauses Gut
Baer, genannt Hopslabaer
Eduard, Hoffmanns Diener
Miele, Hausmädchen bei Frau Krause
Die Frau des Kutschers
Golisch (genannt Gosch), Kuhjunge
Ein Paketträger

Ort und Zeit: Auf Krauses Gut in Schlesien; Ende des 19. Jahrhunderts
Uraufführung 1889 in Berlin

Mit diesem dichterisch durchschnittlichen, dramatisch nicht eben bedeutenden Werke wurde 1889 der Naturalismus auf der deutschen Bühne aus der Taufe gehoben. Seit dieser Zeit wandelte sich vieles: die Dramendichter schrieben »natürlicher«, die Schauspieler sprachen wie Menschen, die Bühnendichtung entfernte sich vom Schein und näherte sich der natürlichen Wirklichkeit. Vor allem aber wurde das soziale Gewissen wachgerüttelt – durch ein Volks-Thema, dargeboten in unverfälschter (hier vielfach schlesischer) Volkssprache. Daher die seinerzeit ungeheure Wirkung des Stückes, das von Natürlichem (und Widernatürlichem) auf natürliche Weise redete. – Da das Stück heute nur gelegentlich einmal aufgeführt wird, muß eine kurze Inhaltsangabe genügen.

Alfred Loth, der als einziger von seinen Universitätskameraden der sozialistischen Lehre treu geblieben ist, kommt nach Schlesien, um dort die Lage der Bergarbeiter zu studieren. Er sucht seinen Jugendfreund Hoffmann auf, der als Ausbeuter der Bergwerke reich geworden ist und sich eben auf dem Gut seiner Schwiegerleute aufhält. Diese sind Bauern, die – wie alle Bauern, unter deren Feldern man Kohlen vermutete – über Nacht zu Reichtum und Wohlleben gelangt sind. Sie prassen, saufen, huren kreuz und quer durcheinander. Loth erregt Anstoß, weil er nicht trinkt und weil er die schlecht lebenden Bergleute durch seine Untersuchung in bessere Verhältnisse bringen möchte. Was er zuviel Theoretiker ist, das ist die Familie Krause zuviel »Praktiker«. Loth (der Name wurde wohl mit Hinweis auf Sodom und Gomorrha gewählt) findet nur eine reine Seele: die junge Helene Krause. Sie hängt bald – zunächst bildlich, dann körperlich – an seinen Lippen. Aber Dr. Schimmelpfennig, ebenfalls Studienfreund von Loth, macht ihn aufmerksam: Trinkerfamilie, erblich belastet, kranke Kinder wahrscheinlich. Und Loth hält sich an seine Grundsätze, verläßt Helene und die in Trunk und Unzucht dahindämmernde Familie, um nur seinem Werk zu leben. Helene gibt sich verzweifelnd selbst den Tod, während ihr tierisch betrunkener Vater lallt: »Hoa iich nee a poar hibsche Tächter?«

Die Weber

Schauspiel in fünf Akten

Personen:

Dreißiger Barchentfabrikant
Frau Dreißiger
Expedient Pfeifer, Kassierer Neumann, Der Lehrling, Der Kutscher Johann, Ein Mädchen (sämtlich bei Dreißiger)
Weinhold, Hauslehrer von Dreißigers Söhnen
Pastor Kittelhaus
Frau Kittelhaus
Heide, Polizeiverwalter
Kutsche, Gendarm
Welzel, Gastwirt
Frau Welzel
Anna Welzel
Wiegand, Tischler
Ein Reisender
Ein Bauer
Ein Förster
Schmidt, Chirurgus
Hornig, Lumpensammler
Der alte Wittich, Schmiedemeister
Die folgenden sind sämtlich Weber:
Bäcker
Moritz Jäger
Der alte Baumert
Mutter Baumert
Bertha Baumert
Emma Baumert

Fritz, Emmas Sohn, vier Jahre alt
August Baumert
Der alte Ansorge
Frau Heinrich
Der alte Hilse
Frau Hilse
Gottlieb Hilse
Louise, Gottliebs Frau
Mielchen, seine sechsjährige Tochter
Reimann
Heiber
Eine Weberfrau
Ein achtjähriger Knabe
Eine große Menge junger und alter Weber und Weberfrauen

Ort und Zeit: Kaschbach, Peterswaldau und Langenbielau im und am schlesischen Eulengebirge, 1844
Uraufführung 1892 in Berlin

Hauptmanns bekanntestes Werk. Für die Bühne geschriebene soziale Reportage über die Elendslage der Heimarbeiter in der schlesischen Weberei und den Weberaufstand des Jahres 1844. Auf die Einzelpersonen kommt es nicht an; sie sind keine Charaktere, sondern beliebig auswechselbare Vertreter bestimmter Schichten, nicht gut und nicht böse von sich aus, vielmehr ausschließlich bestimmt durch den Lebensumkreis, in den sie hineingeboren sind. Das Ganze weniger ein Drama im strengen Sinne, als eine gut gestaffelte Bildfolge.

1. AKT: Hier wird nichts gegeben als der wirtschaftliche Tatbestand. Weber jeden Alters und jeden Geschlechts harren wie »Menschen, die vor die Schranken des Gerichts gestellt sind« der Abnahme ihrer in Heimarbeit gefertigten Gewebe in Dreißigers Fabrik. Die Angestellten mäkeln an der Arbeit, die Weber betteln um ein paar Pfennige Mehrlohn oder Vorschuß. Es riecht nach Elend. Jammer, Hunger; Stumpfheit glast in den Augen der Menge. Ein kleiner Junge bricht vor Hunger zusammen, ein aufsässiger Weber wütet, – aber das macht kaum Eindruck auf die Angestellten und den vorübergehend erscheinenden, im Grunde feigen Fabrikanten Dreißiger.

. AKT: Nach dem allgemeinen Tatbestand die Schilderung der Einzelfamilie. Elendshütte des Webers Baumert. Kaum vorstellbare Not. Als der vom Militär zurückkehrende Prahlhans Moritz Jäger für eine gute Mahlzeit sorgt, kann sie der alte Baumgart nicht bei sich behalten, – der Körper verträgt das längst entbehrte Fleisch nicht mehr. Aber Jägers schneidendes, aufpeitschendes Weber-Lied fährt ihnen allen in die Knochen.

. AKT: In der Schenke treffen sich die Weber, gleichsam als Abgesandte aller Familien. Die Albernheit der Wirtstochter und das hingeflegelte Geschwätz des Reisenden geben den Auftakt, kleine Streitereien und Hänseleien führen weiter. Als der unsaubere Gendarm das Weberlied verbietet und streitend mit dem alten Schmied Wittig zusammengerät, flammt der aufgespeicherte Zündstoff plötzlich auf.

4. AKT: Im Hause des Gegenspielers. Wichtigtuerische belanglose Geselligkeit mit dem Pfarrerehepaa Schüchterne, doch empörte Fragen des jungen Haus lehrers nach der sozialen Gerechtigkeit werden vo Pastor Kittelhaus in salbungsvollem Brei erstickt un von Dreißiger niedergetrampelt. Der Hauslehrer geh Die aufrührerischen Weber sind im Anmarsch, johle und zerstören. Moritz Jäger wird von Färbereiarbeiter festgenommen, ins Zimmer gebracht und verhör Keck und frech sind seine Antworten. Gefesselt wird e abgeführt, draußen aber befreit. Der Polizeiverwalte wird verprügelt, dem allein zur Menge sprechende Pastor geht es nicht besser. Dreißiger flieht mit seine Familie; das Haus wird von oben bis unten verwüstet

5. AKT: In einer ebenfalls armen, aber gottesfürchtig ergebenen Weberfamilie. Der alte Hilse hört mit Ent setzen, wie die Weber im Lande umherziehen, Fabri ken und Fabrikantenvillen zerstören. Er ist empör denn nur Gott könne helfen. Seinen Sohn Gottlie kann er zurückhalten, aber in dessen Frau bricht di Verzweiflung durch; als herbeigerufenes Militär au die Weber feuert, stürzt sie kampfeszornig den Solda ten entgegen. Als Kameraden aus jedem Haus di Weber zu Hilfe rufen, bleibt Gottlieb auf des Vater Gebot daheim; aber die Axt stellt er bereit ... Halsstar rig setzt der brave alte Hilse seine Arbeit am Fenste fort. Da wird er von einer Kugel getroffen, gerade al Gottlieb mit der Axt den kämpfenden Brüdern nu doch beisteht, die Soldaten zu verjagen.

Kollege Crampton

Komödie in fünf Akten

Personen:

Crampton, Professor, Lehrer an der Kunstakademie
Gertrud, seine Tochter
Agnes, geb. Strähler, verwitwete Wiesner
Adolf Strähler, Kaufmann
Max Strähler, sein Bruder
Kircheisen, Professor
Milius, Architekt
Janetzky, Pedell
Popper, Kunstakademiker
Feist, Restaurateur
Kaßner, Wirt einer Kneipe niedrigster Sorte
Kunze und Seifert, Malermeister
Selma, Kellnerin
Weißbach und Stenzel, ältere Akademiker
Löffler, Dienstmann, Faktotum bei Crampton
Ein Dienstmann, Modell
Etwa zwanzig Malschüler des Professors Crampton

Ort und Zeit: eine größere schlesische Stadt, Ende des 19. Jahrhunderts
Uraufführung 1892

Sicher gibt es auch heute noch genügend Cramptons, kluge Köpfe mit vielen Plänen und geringem Willen (und um so größerem Alkoholverbrauch); aber nicht der Problemstellung wegen erinnert man sich zuweilen an diese Tragikomödie, sondern weil Crampton eine Glanzrolle für große Charakterdarsteller ist.

1. AKT: Der gescheite Akademieprofessor Crampton ist durch seine trockene Lehrtätigkeit und sein ständiges Trinken völlig heruntergekommen: körperlich, geistig, wirtschaftlich. Die angekündigte Besichtigung der Akademie durch den Herzog pulvert Crampton noch einmal auf; er schwadroniert, als sei der Herzog sein bester Freund. Sein Schüler Max Strähler und seine Tochter Gertrud lernen einander kennen und verbünden sich stillschweigend, Crampton zu helfen.

2. AKT: Wieder in Cramptons Atelier. Adolf, der Bruder von Max Strähler, durchschaut die krampfhafte Art Cramptons. Dieser hat sich in Wichs geworfen, tritt großspurig auf, schmiedet Pläne, begönnert seine Schüler, sonnt sich schon jetzt in seiner Freundschaft mit dem Herzog. Aber er bricht zusammen, als der Herzog die Akademie wieder verläßt, ohne ihn aufgesucht zu haben.

3. AKT: Beim Fabrikbesitzer Adolf Strähler. Was Max trotz allen Suchens nicht fertig bringt, Adolf schafft es: geschickt fragt er den biederen Löffler aus, wo sich der verschwundene Crampton aufhält. Lächelnd, nach außen spöttisch, beobachtet er, wie Max und die von Strähler aufgenommene Gertrud Crampton einander lieben und wie Max, scheinbar heimlich, ein Stück nach dem anderen aus der Einrichtung von Cramptons Atelier zusammenkauft.

4. AKT: Schäbiges Zimmer einer niederen Kneipe, in der Crampton dahindöst mit Spielen und Trinken und Rauchen. Er malt Stilleben für Geschäftsleute, soll sich mit zwei Malermeistern zusammentun für das Ausmalen eines Konzertsaales, weil der Wirt auf diese Weise zu seinem Geld zu kommen hofft. Mit einiger List und mit Geld, das er heimlich Löffler gibt, bringt Max Strähler den Professor aus dieser Bude heraus. Crampton ist schon wieder der alte Hochhinaus und Pläneschmieder.

5. AKT: Von Max gemietetes Atelier mit Gegenständen aus Cramptons ehemaligem Atelier. Max und Gertrud wollen noch aufräumen, geraten aber in ausgelassene Backfisch-Liebesneckereien. Adolf Strähler, immer humorvoll-überlegen, kommt mit seiner Schwester Agnes. Man hört draußen Crampton und Löffler. Alle verschwinden, so daß die Ankommenden das Atelier zunächst allein betreten. Erstaunen über die Einrichtung – alles wie früher. Crampton ist erschüttert, reißt sich aber zusammen, als Adolf Strähler eintritt mit Agnes, die von Crampton gemalt werden soll. Crampton findet ihr Gesicht »nicht besonders malerisch«, schimpft über das Licht im Atelier, bis man ihm langsam beibringt, er solle das Atelier mieten und mit Max, der dort ebenfalls sein Atelier hat, zusammen arbeiten. Als ihm nun auch noch seine Tochter um den Hals fällt und ihre Verlobung mit Max bekennt, ist er vollends überwältigt vor Rührung: »Jetzt müssen wir schuften, Max, wie zwei Kulis! ... Max heißt der Dummkopf, nun sagen Sie, Löffler ... So'n dummer Kerl! So'n dummer Kerl!«

Der Biberpelz

Eine Diebeskomödie in vier Akten

Personen:

von Wehrhahn, Amtsvorsteher
Krüger, Rentier
Dr. Fleischer
Philipp, sein Sohn
Motes
Frau Motes
Frau Wolff, Waschfrau
Julius Wolff, ihr Mann
Leontine und Adelheid, ihre Töchter
Wulkow, Schiffer
Glasenapp, Amtsschreiber
Mitteldorf, Amtsdiener

Ort und Zeit: irgendwo um Berlin, Septennatskampf (im Februar 1887 fanden die letzten Septennatswahlen statt, bei denen darum gekämpft wurde, ob die Bismarckschen Heeresgesetze wieder auf sieben – »septem« – Jahre gelten sollten)
Uraufführung 1893 in Berlin

Die Umwelt dieser deutschen Meisterkomödie scheint versunken, ihren Figuren begegnet man in *dieser* Prägung nirgends mehr im Leben. Aber Hauptmann hat Umwelt und Personen so tief gefaßt, hat das Menschlich-Allzumenschliche so stark herausgearbeitet, daß der »Biberpelz«, obwohl ein Zeitstück, noch nach sechs Jahrzehnten mottenfrei ist. Umzubringen wäre diese Komödie höchstens durch eine psychologische Überregie. Die Gefahr des Psychologierens liegt freilich nahe, weil die Komödie weder eine klar ablaufende Handlung noch einen zusammenraffenden Schluß aufweist, wohl aber (neben der bei Hauptmann selbstverständlichen Umweltzeichnung) prächtig gemeißelte Typen, – nicht nur den selbstsicheren, unfehlbar irrenden, die »höchsten Güter der Nation« gehorsamst wahrenden Herrn von Wehrhahn und die olle ehrliche Diebin Wolff!

1. AKT: In der Küche bei Frau Wolff. Ein gewilderter Rehbock wird ausgenommen und mit allerlei Schlichen an den Spreeschiffer Wulkow verkauft. Der schnüffelnde, schnorrende Motes wird mit ein paar Eiern glücklich noch abgewehrt. Leontine Wolff ist ihrem Dienstherrn Krüger entlaufen, weil sie abends das vor dem Haus liegende Holz nicht mehr hineintragen wollte. Das bringt die Wolffen auf einen Gedanken: das Holz muß gestohlen werden, was denn auch von ihrem Mann, unwissentlich unterstützt durch den betrunkenen Amtsdiener Mitteldorf, nächtlicherweile besorgt wird. Der Schiffer Wulkow hatte auch ein Wort fallen lassen von einem Biberpelz, wie ihn der Rentner Krüger besitzt: so einen Pelz würde auch er nehmen, für sechzig Taler ...

2. AKT: Arbeitszimmer bei von Wehrhahn. In Wehrhahns Kopf kreist alles nur um den einen Gedanken: wie kann man den verfluchten Demokraten und Sozialisten beikommen? Dem schuftigen Angeber Motes glaubt er alles aufs Wort. Den aufgeregt den Holzdiebstahl anzeigenden Krüger versucht er lächerlich zu

machen und demokratischer Gesinnung zu verdächtigen. Die herbeigerufene Wolffen zieht sich im Gegenangriff aus der Schlinge.

3. AKT: Küche bei Wolffs. Das Geld für den erfolgreich gestohlenen Biberpelz wird im Ziegenstall vergraben, die schlau blinzelnde Tochter mit einer Ohrfeige zur Vernunft gebracht. Und wie empört sich die brave Wolffen, als ihr Dr. Fleischer von dem Diebstahl berichtet, wie stimmt sie dem bestohlenen Rentier Krüger zu, als der die Diebe ins Zuchthaus bringen will: »Das wär ooch a Segen. Wahrhaft'gen Gott.«

4. AKT: Amtszimmer von Wehrhahn. Hinweise, Beweise, Dokumente, Augenzeugen – nichts bringt den auf Demokratenjagd versessenen Wehrhahn auf die Spur der Diebe. Gerade die Hauptschuldigen (nur von Motes rückt er vorsichtig ab) hat der aufgeblasene Amtsvorsteher vor sich, – aber mit ihren Aussagen macht er die Ankläger lächerlich. »Unsereins blickt nun schon etwas tiefer ... Und so wahr es ist, wenn ich hier sage: die Wolffen ist eine ehrliche Haut, so sage ich Ihnen mit gleicher Bestimmtheit: Ihr Doktor Fleischer ... das ist ein lebensgefährlicher Kerl!« Worauf selbst die Wolffen kopfschüttelnd nur sagen kann: »Da weeß ich nu nich ...«

Rose Bernd

Schauspiel in fünf Akten

Personen:

Bernd
Rose und Marthel, seine Töchter
Christoph Flamm, Erbscholtiseibesitzer
Frau Flamm
Arthur Streckmann, Maschinist
August Keil, Buchbinder
Hahn, Heinzel, Golisch und Kleinert (Arbeiter bei Flamm)
Die alte Golischen, die Großmagd und die Kleinmagd (in Flamms Diensten)
Ein Gendarm

Ort und Zeit: Schlesien, um 1900
Uraufführung 1903 in Berlin

Ein so stumpfes Bauernmädchen wie diese Rose kann zwar kein Gefäß für Tragik im Bühnensinne sein, aber ihr Verhalten ist in allem Verwunderlichen und Unverständlichen dem Leben so erschütternd eindringlich nachgezeichnet, daß die Wirkung des Stükkes (vor allem, wenn die Hauptrolle durch eine bedeutende Charakterschauspielerin dargestellt wird) niemals ausbleibt. Und es ist erstaunlich genug, wie stark diese Bearbeitung des Problems »Kindsmörderin« auf die Anschauung der Allgemeinheit ausgestrahlt hat.

1. AKT: Sonniger Maimorgen in einer fruchtbaren Landschaft. Christoph Flamm liebt seine seit neun Jah-

ren gelähmte Frau von ganzem Herzen; aber er ist ein Mann und braucht das Weib. Eben kommt er mit der drallen Rose Bernd aus einem Weidengebüsch. Das animalische Bauernmädel will der Sache ein Ende machen; sie muß an die Zukunft denken, und die Zukunft ist für sie der fleißige Buchbinder August Keil. Aber der Maschinist Streckmann, der längst mit Rose anbändeln möchte, hat das Liebesspiel in den Weiden beobachtet. Er droht, alles zu verraten, wenn Rose sich ihm nicht gibt.

2. AKT: Die große Wohnstube bei Flamm. Der alte Bernd und August Keil wollen bei Flamm als dem Standesbeamten das Aufgebot bestellen. Aber Rose sträubt sich unvermutet, so daß die beiden Männer verdutzt und verärgert heimgehen. Hat sie sich Flamms wegen gesträubt? Sein erneutes Werben weist sie zurück. Erst der durch langes Leiden und manches Leid gereiften Frau Flamm gegenüber wird sie ruhiger. Ihr gibt sie zu, daß sie ein Kind erwarte.

3. AKT: Landschaft an einem August-Nachmittag. Die Männer haben gearbeitet, und nun das von Rose gebrachte Essen verzehrt. August, nun doch amtlich gemeldeter Bräutigam, wird von dem angetrunkenen Streckmann gestichelt. Flamm und Rose trennen sich in offener Aussprache als gute Freunde. Der Schuft Streckmann hat die beiden wiederum beobachtet, und nun peinigt er Rose in gemeinster Weise. Das kann er: war sie doch bei ihm in der Wohnung, damit er nicht sie und Flamm verrate; und da hat er sie mit Gewalt genommen. Der Zank der beiden ruft die Arbeitenden

herbei, und als August sich für Rose einsetzt, zerschlägt ihm Streckmann ein Auge.

4. AKT: Wieder bei Flamm. Sonnabend nachmittag im September. Streckmann mußte vor Gericht: Körperverletzung, dazu Beleidigung von Rose. Aber nun wurde auch Flamm geladen, so sehr er sich auch mühte, Bernd von der Beleidigungsklage abzubringen. Durch Gespräche mit Flamm und August wird Frau Flamm alles klar. Fast bricht sie zusammen; doch dann will sie für Rose und das kommende Kind sorgen. Aber schwer wird es ihr gemacht. Rose hat vor Gericht einen Meineid geschworen – gegen Flamms und Streckmanns Eid. Als Flamm merkt, daß sie auch mit Streckmann zusammen war, wendet er sich verachtungsvoll von ihr ab. Auf Frau Flamms dringende Frage, warum sie einen Falscheid geleistet habe, antwortet Rose wie von Sinnen immer nur: »Ich hoa mich geschaamt! Ich hoa mich geschaamt!«

5. AKT: Einge Stunden später im Häuschen des alten Bernd. Kleinert hat Rose in den Weiden gefunden und die kaum noch Lebende heimgeschafft. Sie will sich in der Kammer niederlegen und schärft ihrer ängstlich gewordenen Schwester ein, von ihrem leidenden Zustand niemandem etwas zu sagen. Bernd kommt heim, der Gendarm bringt eine neue Vorladung für Rose; auch August erscheint: Bernd soll die Beleidigungsklage zurücknehmen, verlangt er. Doch der starre Alte weigert sich, weigert sich anfangs auch zu glauben, was August von Roses Leben weiß. Dann wird ihm plötzlich alles klar, – doch er ist nur ein Muk-

ker: ihn erschüttert das Ganze zwar sehr, aber zuerst denkt er daran, daß er nun seine Stellung als Kirchenvorsteher niederlegen müsse. August aber ist bereit, seine Habe zu verkaufen und mit Rose fortzugehen. Da kommt sie selbst ... in entsetzlicher innerer und äußerer Verfassung. Der Vater schaut nur in die Bibel, August dagegen hält zu ihr, selbst als er von ihrem Meineid hört. In die quälende Auseinandersetzung kommt noch einmal der Gendarm. Und da sagt sie, von sich aus, »mit brennenden Augen, tückisch« ... sie habe ihr Kind erwürgt. Das Wort fällt in den Raum, aber niemand glaubt ihr. Doch sie wiederholt und wiederholt, bis die Männer es glauben müssen. Ohnmächtig sinkt sie zu Boden.

Die versunkene Glocke

Ein deutsches Märchendrama in fünf Akten

Personen:

Heinrich, ein Glockengießer
Magda, sein Weib
beider Kinder
Der Pfarrer
Der Schulmeister
Der Barbier
Die alte Wittichen
Rautendelein, ein elbisches Wesen
Der Nickelmann, eine Elementargeist

Ein Waldschratt, faunischer Waldgeist
Elfen, Holzmännerchen und Holzweiberchen

Ort und Zeit: Gebirge und Dorf an seinem Fuße
Uraufführung 1896 in Berlin

Früher einmal das beliebteste Werk Hauptmanns. Aber die Mischung von Naturalismus und Spätromantik, von Derbheit und Rührseligkeit, das Zusammensuchen der Stimmungs- und Sprachbestandteile aus allen möglichen früheren Dichtungen (von Aristophanes bis Fouqué), das Gekünstelte neben dem Erlebten, – alles das macht die »Versunkene Glocke« zu einem oft zwar fesselnden, doch im ganzen nicht überzeugenden Werk.

1. AKT: Tannenumrauschte Bergwiese. Rautendelein, »halb Kind, halb Jungfrau«, märchenzart-unschuldig, der Nickelmann, ein im Brunnen lebender Wassergeist, der mit seinem »Brekekekex« um Rautendelein wirbt, der Waldschratt, faunisch-frech, vor der Hütte der alten Wittichen, die als Zauberin verschrien ist. Hierher schleppt sich mit letzter Kraft Heinrich der Glockengießer. Die heidnischen Wesen haben den Wagen, der die neue Glocke aus Heinrichs Werkstatt zur Gebirgskirche bringen sollte, in den See gestürzt; mit Mühe hat Heinrich sich retten können. Im Fieber sieht er in Rautendelein das Märchen, das Märchen seiner geheimsten Gedanken. Dörfler, mit dem Pfarrer an der Spitze, durchdringen den von Rautendelein geschlagenen Zauberkreis und bringen den kranken Heinrich zu Tal. Rautendelein weint ihre erste

Träne. Sehnsuchtsvoll verlangt Rautendelein ins Reich der Menschen, bekümmert warnt sie der Nickelmann.

2. AKT: Heinrich wird heimgebracht zu seiner Frau Magda. Sie liebt ihn innig auf ihre Art und spürt daher bald, daß er nicht nur körperlich krank ist, sondern innerlich nach etwas verlangt: »Wüßt ich, wonach du lechzest aufzufinden: den Brunnen, dessen Wasser Jugend gibt – wie gerne lief ich mir die Sohlen wund. Ja fänd ich selber in dem Quell den Tod –; wenn er nur deinen Lippen Jugend brächte.« Aber Hilfe wird Heinrich erst zuteil, als Rautendelein, nun als stille Magd, den Raum betritt: da küßt sie ihm die menschenblinden Augen sehend. Ahnungslos-glücklich jubelt Magda auf.

3. AKT: In einer verlassenen Glashütte im Gebirge lebt Heinrich mit Rautendelein. Jetzt endlich kann er schaffen, wie's ihm vorschwebte. Ihn stört nicht des Nickelmanns und des Waldschratts Ärger; auch der Pfarrer, der ihn an Weib und Kind gemahnt, zieht erfolglos wieder heim.

4. AKT: Mitten im frohesten Schaffen überfällt Heinrich der Zweifel. Und Rautendelein sieht: die Kunst ist ihm mehr als die Liebe. Zwar, die auf ihn eindringenden Dörfler schlägt er noch einmal zurück; doch auch hier oben ist seine Heimat nicht. Er sieht seine Kinder ein Krüglein haltend, gefüllt mit der Mutter Tränen, die Mutter selbst tot »bei den Wasserrosen«, im gleichen See wie die Glocke, deren Töne nun heraufdringen. E

verflucht die »elbische Vettel«, verläßt Rautendelein und schleppt sich ins Tab hinab.

5. AKT: Die Bergwiese um Mitternacht. Rautendelein steigt traurig in des Nickelmanns Brunnen hinab. Heinrich, den die Dorfbewohner mit Steinen davongetrieben, kommt zurück. Die Frau hat er verloren (sie bewegt im See den Klöppel der versunkenen Glocke), doch auch Rautendelein ist ihm nun genommen. Noch einmal möchte er sie sehen, deren Stimme leise aus dem Brunnen tönt. Da steigt sie empor, kühl und weltenfern. Sie reicht ihm den Schicksalsbecher. Da sinkt er sterbend nieder. Im Tode hört er ihre Stimme, – sie dünkt ihn »Sonnenglockenklang«.

Florian Geyer

Die Tragödie des Bauernkrieges in fünf Akten mit einem Vorspiel

Sieben Dutzend Rollen, dazu das Fehlen einer zwingend aufgebauten Handlung – kein Wunder, wenn diese Tragödie so selten aufgeführt wird. Und doch, wer es versteht, die Haupthandlung aus den für die Bühne häufig belastenden epischen Einzelheiten herauszuschneiden, der gewinnt ein Stück, in dem Zeiten und Verhältnisse, Menschen und Ereignisse erschütternde Wirkungen auszustrahlen vermögen – nicht zuletzt dank einer herb-kräftigen, spätmittelalterlich getönten Sprache.

Hauptmann hat die Tragödie des Bauernkrieges vom Beginn des 16. Jahrhunderts geschrieben und zugleich die Tragödie des deutschen Menschen entrollt, seine ewige Zwietracht und Besserwisserei, ob es nun um Fragen der Religion oder des Festungskrieges, um die Sache des Geistes oder des Pfluges geht. Findet sich ein Kopf, der sich des Ganzen annimmt, so wird er verdächtigt, verraten, im Stich gelassen, gehetzt, bejubelt, gekreuzigt. Und zurück bleiben schlimmeres Elend als zuvor, gewälttätigere Unterdrückung als je. Dieser schwarze Ritter, der den Ärmsten zur Seite stehen wollte, der die Kraft und die Sauberkeit des Vollbringens an sich trug, dem der Mensch alles, der Stand gar nichts war, geht zugrunde an der bösartigen Uneinigkeit der Seinen, an der Kurzsichtigkeit der Mitstreiter, an der Zügellosigkeit der zuvor Gefesselten. Er fällt durch den Schuß eines käuflichen Landsknechts im Hause seines doppelzüngig-feigen Schwagers. Mord und Brand dünsten durch das Stück, pfäffische Tücke und adeliger Trug verwirren das Bild, Streitigkeiten der Religionsbekenntnisse erhitzen die Gemüter, kreuz und quer gehen die Verschlingungen – und doch ein hartes Spiel von Männern, von Kerlen, die ihr Leben einsetzen für die geschundenen, dann freilich wildgewordenen Bauern. Aus der Ferne grollt Luther herein mit seiner Schrift gegen die Aufrührer, auf der Bühne handelt der fanatische Karlstadt, auch Götz von Berlichingen tritt auf den Plan, allerdings ein ganz anderer als bei Goethe.

Die späteren Stücke

Mit »Rose Bernd« endet die Reihe der Bühnenwerke, die Hauptmann berühmt gemacht haben. Was folgte, war entweder nur schwacher Nachklang, oder es wurde mit Maßstäben aus dem frühen Hauptmann-Werk gemessen und daher unzureichend beurteilt; denn schließlich muß es jedem Dichter gestattet sein, sich zu wandeln, zu entwickeln und nicht auf einer Schaffensstufe stehen zu bleiben. Ganz allgemein wird man von den Stücken seit etwa 1905 folgendes sagen dürfen: die vielfach angestrebte Mischung von Naturalistischem und Poetischem ist nicht immer geglückt; das rein Dichterische (also vom Bühnengemäßen nicht Bestimmte) ist oft zu hoher Schönheit emporgewachsen; das rein Bühnenmäßige, Dramatische dagegen ist vielfach schwächer geworden. Da wir uns hier vor allem mit der Bühne zu beschäftigen und Hauptmanns spätere Stücke auch keinen festen Platz im Spielplan haben, geben wir lediglich einen knappen Abriß des nach »Rose Bernd« Geschaffenen.

Mit dem vieraktigen Glashüttenmärchen »Und Pippa tanzt« (1906) versuchte Hauptmann nach seinen eigenen Worten »eine Vermählung des deutschen Genius in Gestalt des Michel mit dem Ideal südländischer Schönheit, wie es sich in Pippa verkörpert«. Es ist dramatisch eine Mißheirat geworden. Unklarheit und Langeweile siegen auf der ganzen Linie. Man bezweifelt sogar, ob Hauptmann selbst sich unter der Symbolik dieses Stückes wirlich etwas vorstellen konnte.

Eine Art deutscher »Sommernachtstraum« sollte wohl das Lustspiel *»Die Jungfern vom Bischofsberg«* (1907) werden. Gelungen sind nur Einzelheiten, am besten bezeichnenderweise die kleinen Rollen des Vagabunden und des salbadernden Konsistorialrates. Schon der Oberlehrer Nast, dem man tüchtig mitspielt und die schulplanmäßig vorgesehene Braut wegnimmt, wirkt nur mehr wie eine bekannte Witzblattfigur. Die vier »übereinstimmend gekleideten« Schwestern Ruschewey bleiben Schatten, der siebzehnjährige Otto Kranz ist nicht mehr als ein schülerhafter Lausbub. Was mit dem Endsieger um die Braut (Dr. Grünwald) eigentlich los ist, weiß kein Mensch. Am besten sind die in diesem zerflatternden Stück der alte Ruschewey und der geistreiche Spötter Kozakiewicz.

Kaiser Karls Geisel« (1908) ist wenig bekannt, doch eines der reifsten und schönsten Bühnenwerke des Dichters. Auf einen geschichtlichen, mit wenigen Andeutungen lebendig gemachten Hintergrund malt Hauptmann in edler Sprache und voll lyrischen Empfindens ein immer dramatisches, menschliches Problem, das zugleich Sinnbild einer ganzen Kultur wird. Karl der Große, alt geworden, wird von Liebe zu dem dämonisch schönen Sachsenmädchen Gersuind ergriffen. Sie sieht aus wie eine junge Heilige, ist aber die Verkörperung des Naturtriebes jenseits von Gut und Böse. Immer wieder bezwingt sich Karl, nach dem Mädchen zu greifen, – doch seine Liebe vermag er nicht zu bezwingen. Mag Gersuind sich in der Gosse wälzen, in üblen Schenken wüste Ausschweifungen begehen, – Karl wird zwar zornig, doch spürt er die unverbrauchte Naturkraft dieser Sachsentochter, eine Kraft, die man nicht mit Religion, nicht mit Moral, nicht mit Gewalt bekommen kann. Als Gersuind durch den Kanzler heimlich vergiftet wird, bleibt Karl in tiefem Sinnen vor der Toten stehen: »Ich muß noch immer lernen, muß von ihr auch das noch lernen, was sie mir verschwieg«. Was er in der Zukunft schaut, er wird's nicht mehr erleben. Daher gilt es jetzt, wieder die Forderung des Tages zu erfüllen: er hebt sein Schwert! Ins Feld gegen die vorprellenden Feinde!

Im *»Veland«* (1925) ist die Titelrolle übergroß, so daß es zwischen ihr und den übrigen Figuren nicht zu dramatischen Spannungen kommen kann. Und doch, wenn man hinter diesen (der Edda entnommenen) Stoff blickt, dann wird man kaum zu einer philosophisch-künstlerischen Deutung zu greifen brauchen, weil sich die soziale Problematik von selbst darbietet. Es ist der Aufstand der Geknechteten, am Fortbewegen bewußt Gehinderten, derjenigen, die sich schwitzend mühen, damit die Oberen es gut haben, und die sich sehnen nach Flügeln, um der Gefangenschaft zu entgehen. Eine furchtbare Warnung aber auch an blinde Aufstandsraserei, über dem gerechten Zorn der Götter nicht zu vergessen, dem man entstammt. Ein aufrüttelnd-nachdenkliches soziales Lesedrama in Jamben.

»Die goldene Harfe« (1933) spricht für den Dichter, aber gegen den Theatraliker. Mischung von Romantik und Klassizismus, leis tönender Musik und träumerischem Philosophieren. Kammerspiel, in dem »Schreck-

liches geschieht«, jedoch auf samtenem Zaubergrunde. Die Reichsgrafentochter (das Mädchen an der Harfe) wird zwischen zwei Männer (Zwillingsbrüder) gestellt. Sie entscheidet sich für den, der ihr doch nicht am nächsten steht: aber der Erwählte stirbt, und der innerlich Erkorene bleibt ihr. Alles zart getönt, in Musik getaucht, fast zerbrechlich wie zartes Schauporzellan. – Immer mehr gerät Hauptmann ins Studieren und Probieren. War er unbefriedigt vom Naturalismus? Unbefriedigt von der Bühne überhaupt? Von der Möglichkeit, auf ihr und durch sie zu wirken?

In den *»Ratten«* gelingt Hauptmann noch einmal jene beängstigend echte »Milieu«-Schilderung, in der er unübertroffener Meister ist. Aus der ehemaligen Kavalleriekaserne ist eine Mietskaserne geworden, in der die vom Leben Enterbten hausen. Der wackere Maurerpolier John, seine kindstolle Frau, die sich auf unredliche Weise ein Ersatzkind kauft für ihr verstorbenes Albertchen und die rechte Mutter des Kindes halbbewußt durch ihren bösartig gefährlichen Bruder Mechelke ermorden läßt, der verkrachte Theaterdirektor Hassenreuter, der ehemalige Theologiestudent und jetzige Schauspielschüler Erich Spitta und all die zahlreichen Nebenfiguren werden in geradezu unheimlicher Weise lebendig. Es riecht nach kleinen Kindern, nach muffigen Theaterkostümen, nach schlechtem Kaffee, nach Bespitzelung und Verbrechen, nach Schuld aus sozialem Elend, nach Ratten und Mäusen die unter dem Zivilisationsgemäuer hausen. Aber das Stück als solches zerfließt. Eine Studie sozialer Zustände von einst, doch kein zwingendes Drama.

Im *»Veland«* (1925) ist die Titelrolle groß, übergroß, übermächtig, so daß es zwischen ihr und den übrigen Figuren nicht zu dramatischen Spannungen kommen kann. Also kein Bühnenwerk, kein Drama. Eher eine grauenerregende Ballade, gespickt mit Zutaten aus einem Kochbuch für gewalttätige Operndichter. Und doch, wenn man hinter diesen (der Edda entnommenen) Stoff blickt, hinter dieses Racherasen des von König Harald Schönhaar verkrüppelten, unter der Erdoberfläche für die Oberen Geschmeide schaffenden Schmiedes, dieses Tiergottes oder Gott-Tieres, das Haralds Söhne ermordet, den Vater aus ihren Hirnschalen das Blut der Söhne zu trinken zwingt, die Tochter vor den Augen des Vaters und des Bräutigams schändet, – wenn man diesen geknechteten, nun sich selbst entfesselnden Unterweltmenschen einmal im Sinne der naturalistischen Stücke Hauptmanns prüft, dann wird man kaum zu einer philosophisch-künstlerischen Deutung zu greifen brauchen.

Nicht durchgesetzt hat sich der 1956 uraufgeführte, obwohl vierzig Jahre vorher vollendete *»Magnus Garbe«*. Im Nürnberg des 16. Jahrhunderts herrscht der aufklärerisch denkende Bürgermeister Magnus Garbe. Sein junges schönes Weib Felicia erwartet ein Kind. In die glückhafte Welt der beiden brechen Aberglaube und Inquisition ein: Garbe ist den aus Frankreich kommenden Mönchen verdächtig wegen seiner freigeistigen Haltung, und seine Gattin Felicia wird von ihrer Magd als Hexe denunziert. Bald steht die ganze Bürgerschaft in blindem Wahn gegen das Paar. Von einem Gang zurückkehrend, findet Garbe sein Haus verbrannt, Felicia ist durch Folterungen wahnsinnig geworden, stirbt in seinen Armen, so noch dem Schei terhaufen entgehend, der draußen schon für sie berei tet wird. – Ein Geschehen, mehr gräßlich als tragisch mehr erschauernd als erschütternd, weil Entscheiden des unentschieden, Lösendes ungelöst bleibt.

Die vier Atriden-Werke

Das Alterswerk Gerhart Hauptmanns, aufgeführt in den Jahren 1934 bis 1947, der grauenvollsten Zeit, die Deutschland und Europa in unserer Epoche erleb haben. Der große Dichter deutschen Geblüts, europäi scher Geisteshaltung und weltumspannender Wir kung wurde geschüttelt von dem Wahnwitz, der übe die Menschheit gekommen war, erschüttert durch das Wanken und Stürzen eines Reiches, das einst das Herz der Welt gewesen, im Innersten verwundet durch Geschehnisse, begangen im Namen eben dieses Rei ches. Er fühlte sich hineingezogen in diesen Strude der Vernichtung, der sich kaum noch auf menschliches Handeln zurückführen ließ und wie ein Strafgerich außermenschlicher Mächte erscheinen mußte. So zwang es ihn, sich die unerträgliche Last von der Seele zu schreiben, als sei es ihm unmöglich gewesen, sie mit hinüber zu nehmen in die andere Welt.

Einen beispielhaften Stoff fand er in der Atriden-Tra gödie des klassischen Griechenland. Auch hier Schuld und kaum lösende Sühne, auch hier der schier über mächtige Druck des Schicksals, geboren aus dem Übe im Menschen. Dichter, der Hauptmann war, hat er seine Vorbilder nicht »auf modern psychologisiert«, wie es mancher gerühmte Auch-Dichter unserer Tage für angemessen hält, hat sie freilich auch nicht mit der Seele gesucht, wie es die europäische Klassik noch durfte, sondern sie nachgedichtet unter der qualvoll neu erlebten Gewißheit, daß der Übel größtes die Schuld ist.

Wer zuvor geglaubt hatte – und auch wir bekennen uns dieses Irrtums schuldig, – die dichterische Kraft Hauptmanns habe im Alter nachgelassen, steht ehrfurchtsvoll und demütig vor diesem Alterswerk. Vergebens wird man suchen nach einer Dichtung aus der ersten Jahrhunderthälfte, die in Geist und Wort, nach Erlebensfähigkeit und künstlerischer Formung neben Hauptmanns Atriden-Tetralogie bestehen könnte.

Doch wir beschäftigen uns in diesen Blättern vorwiegend mit Werken wirksamer, wirkender Bühneneignung. Und von diesem Gesichtspunkt aus müssen wir bescheiden zweifeln, ob die vierteilige Schöpfung jemals zu einem aufführbaren Dauerwerk unserer Bühnen werden könne. Ja, wir zweifeln, ob das überhaupt wünschenswert sei bei einem solchen aufwühlenden, auch die letzten Winkel der Seele schmerzhaft anrührenden Dichtwert.

Geschehensmäßig hält sich Hauptmann in großen Zügen an den seit der Antike überlieferten Ablauf.

»*Iphigenie in Aulis*« (1934). Die Göttin Artemis verhindert die Ausfahrt der Griechenflotte nach Troja, wohin Paris die Gemahlin des Menelaos entführt hat. Da Agamemnon, Führer der Griechen, die heilige

Hirschkuh der Göttin in rasender Verblendung getötet hat, verlangt Artemis, daß ihr des Agamemnon Tochter Iphigenie geopfert werde. Der von Ehrgeiz zerfressene Vater ist dazu bereit, läßt Iphigenie und ihre Mutter Klytemnestra ins Lager kommen, angeblich um die Tochter mit Achill zu vermählen. Klytemnestra durchschaut Agamemnon und kämpft um das Leben ihrer Tochter, unterstützt von Aigisthos, der einst vergeblich um sie und dann ebenso vergeblich um Iphigenie warb. Iphigenie selbst wird in die furchtbare Auseinandersetzung hineingezogen und weiß schließlich selbst nicht, ob sie sich lieber Achill oder der zürnenden Göttin hingeben soll. Agamemnon setzt gegen alle, auch gegen die vor Grauen erstarrenden Waffengefährten, seinen Willen durch. Sein Ehrgeiz verblendet ihn dermaßen, daß er nicht einmal merkt, daß er auf dem Opferaltar eine Hirschkuh, nicht aber seine Tochter Iphigenie tötet, die unmittelbar vorher durch drei Botinnen der Göttin entführt wurde.

»*Agamemnon*« (1947). Zehn Jahre später. Iphigeniens jüngere Geschwister Orest und Elektra sagen einander in einem Tempel bei Mykene Lebewohl. Orest flieht, weil er bedroht wird von Aigisthos, der jetzt mit Klytemnestra in Buhlschaft lebt und sich die Herrschaft über des angeblich gefallenen Agamemnon Reich anmaßt. Agamemnon aber lebt; als Sieger über Troja, wenn auch gegenwärtig als Schiffbrüchiger, erscheint er vor dem Tempel, ohne zu wissen, wo er ist. In seiner Begleitung befindet sich die trojanische Seherin Kassandra. Als Klytemnestra kommt, um für ihre angeblich tote Tochter Iphigenie zu beten, trifft sie uf Agamemnon, den sie als Mörder ihrer Tochter aßt. Trotz Kassandras Warnung läßt sich Agamemon von Klytemnestra ins Bad geleiten. Dort erschlägt nn Klytemnestra mit einem Beil. Aigisthos ersticht assandra. Als das Volk den heimgekehrten König egrüßen will, tritt Klytemnestra vor, rühmt sich ihrer at; Elektra aber und das Volk rufen nach Orest, daß er ie Tat räche.

»*Elektra*« (1947). Das Orakel zu Delphi hat Orest eweissagt, er werde seine Mutter Klytemnestra rmorden. Mit seinem Freund Pylades kommt er an en Ort, an dem einst Agamemnon erschlagen und assandra erstochen wurde. In dem zerfallenen Temel und dem eingestürzten Bad lebt Elektra, halb vahnsinnig vor Rachedurst. Sie weist dem Bruder das Aordbeil. Klytemnestra und Aigisthos suchen vor inem Unwetter Schutz in der Tempelruine. Elektra tachelt Orest zum Vergeltungsschlag an. Doch dieser vird einen Augenblick weich, naht der Mutter in Liebe, vird aber von ihr mit Hohn überschüttet. Als Aigisthos wischen Klytemnestra und ihre Kinder tritt, wird er on Pylades erschlagen. Da verflucht Klytemnestra ohn und Tochter in rasendem Zorn, stürzt sich auf Orest; dieser schleppt sie in den Badraum und tötet sie. lektra betrachtet das Mordbeil – nun der Rachevunsch erfüllt ist, verlassen sie die Kräfte, und sie wird vahnsinnig.

»*Iphigenie in Delphi*« (1941). Orest kann sich vom luch entsühnen, wenn er das Bildnis der Göttin Arteis von Tauris nach Delphi führt, damit die dunkle Göt-

tin mit ihrem lichten Bruder Apoll vereint werde. Elek
tra bringt das Mordbeil nach Delphi und will sühnen
um ihren Bruder Orest zu retten. Als ihr von einen
Fremden berichtet wird, den die Götter verfluchten
bricht sie mit dem Schrei »Orest, mein Bruder« zusam
men. Als sie aus ihrer Ohnmacht erwacht, steht neben
ihr Orest; um unerkannt zu bleiben, erzählt er, Ores
und Pylades seien von der Artemis' Blutpriesterin in
Tauris geopfert worden. Der Oberpriester von Delph
zweifelt an der Wahrheit dieses Berichts und sieht sich
bestätigt durch den eintreffenden Pylades. Diese
berichtet, er habe mit Orest das Bild der Göttin von Tau
ris entführt, sei aber auf der Reise von seinem Freund
getrennt worden. Da naht ein feierlicher Zug, der da
Bildnis nach Delphi bringt; auch die Blutpriesterin vo
Tauris befindet sich unter den Nahenden. Elektra wi
sie mit dem Mordbeil niederschlagen, weil sie de
Glaubens ist, die Priesterin habe Orest geopfert. Pyla
des hält sie zurück. Endlich gibt sich Orest ihr zu erken
nen. Nur die Blutpriesterin – es ist Iphigenie – wei
noch nicht, daß sie ihre Geschwister vor sich hat. Al
sie es endlich erfährt, scheint ein tiefer Wandel in ih
vorzugehen. Doch zu schwer lastet die Zeit auf ihr, i
der sie Menschen geopfert hat: während Orest ent
sühnt wird und die Nachfolge seines Vaters antritt
während Elektra und Pylades einer gereinigten
Zukunft entgegenschreiten, stürzt sich Iphigenie vo
einem Felsen.

WEDEKIND

Frank W. (1864–1918) verbrachte seine Jugendzeit auf einer vom Vater gekauften Burg in der Schweiz, studierte Rechtswissenschaft, verkehrte viel in Theater- und Dichterkreisen. Lebte dann in Paris, London, Leipzig, Berlin und München, wo er seit 1908 seßhaft wurde. Schrieb vor allem Bühnenwerke.

Nur ganz selten wird einmal ein Versuch gemacht, Wedekind aufzuführen; von seinen rund dreißig Bühnenwerken sprechen selbst thematisch nur ganz wenige an, und seine Gestaltungsweise ist so stark auf die Zeit um 1900 berechnet, daß sie heute vielfach peinlich berührt. Dennoch kommt man von dem Verdreht-Genialischen dieses Menschen schwer los; ein paar Worte müssen daher über ihn gesagt werden. Wedekind wollte seiner Zeit einen Spiegel vorhalten, ihren inneren Verderbtheiten das Heuchlermäntelchen vom Leibe fetzen. Ein wahrhaft großes Unterfangen, ein notwendiges Unterfangen; es scheiterte daran, daß er statt eines Spiegels einen Zerrspiegel benutzte, in dem alles so grausige Fratzen schnitt, daß sich die Zeit nicht wiedererkannte. Und der zweite Irrtum Wedekinds: wenn er den Pharisäermantel der üblen Moralheuchelei herunterriß und dafür »das wahre Tier, das wilde, schöne Tier« als ehrlicher und naturhafter anpries, so blieb er nach kraftvollem Beginn meist im Nur-Tierischen, im Nur-Natürlichen hilflos hängen, so daß – um nur ein, allerdings wichtiges Beispiel zu nennen – die von ihm immer wieder angeschnittene Frage der Geschlechtlichkeit als freches Wühlen im Triebhaften wirkte, daher auf die Dauer abstieß und – langweilte. Wedekind mag die darin liegende Tragik gewußt oder mindestens geahnt haben; denn nur so ist es zu begreifen, daß ein so kluger Geist, eine in Wirklichkeit so keusche Seele in hetzender Hast zu immer neuen Übersteigerungen griff, Naturalistisches mit Sinnbildhaftem, Romantisches mit Groteskem, Lehrhaftes mit Clownerien mischte. Daran ist Wedekind als Person, daran ist sein Werk und leider auch die von ihm gewollte Wirkung zerbrochen. Allerdings ist zu glauben, aus den Trümmern ließe sich noch einiges retten, wenn man sie im echten Sinne Wedekinds behutsam wieder zusammensetzte.

Erdgeist

Tragödie in vier Akten mit einem Prolog

Personen:

Medizinalrat Dr. Goll
Dr. Schön, Chefredakteur
Alwa, sein Sohn
Schwarz, Kunstmaler
Prinz Escerny, Afrikareisender
Schigolch
Rodrigo, Artist
Hugenberg, Gymnasiast
Gscherich, Reporter

Lulu
Gräfin Geschwitz, Malerin, u.a.

Ort und Zeit: Deutschland, Ende des 19. Jahrhunderts
Uraufführung Leipzig 1898

Im Prolog, der vor einem Zelt spielt, verspricht der Tierbändiger den Zuschauern seiner Vorstellung keine so zahme Handlung, wie sie in den Theaterstükken der Zeit zu sehen sei. »Das wahre Tier, das wilde, schöne Tier / Das – meine Damen! – sehn Sie nur bei mir.« Als bestes Stück seiner Menagerie stellt er die Schlange Lulu vor. – Im 1. Akt besucht der Chefredakteur Dr. Schön den Maler Schwarz in seinem Atelier, um sich zu erkundigen, wie weit das Porträt seiner jungen Braut gediehen sei. Er trifft dort seinen alten Bekannten, den Medizinalrat Dr. Goll, und seine blutjunge Frau Lulu. Auch sie wird von Schwarz gemalt. Eifersüchtig bewacht sie Goll, während sie Modell steht. Aber heute ist die Versuchung für ihn zu groß, der Generalprobe eines neuen Balletts beizuwohnen – in Begleitung Dr. Schöns und seines Sohnes aus erster Ehe, Alwa, verläßt er das Atelier für nur kurze Zeit. Als er zurückkehrt, findet er die Tür versperrt. Er bricht sie auf und fällt, vom Schlag getroffen, tot zu Boden, nachdem er Lulu mit Schwarz auf der Ottomane erblickte. – Im 2. Akt ist Schwarz der Ehemann der durch Erbschaft reich gewordenen Lulu. Heimlich wird sie, von der man nicht weiß, woher sie eigentlich stammt, von ihrem angeblichen Vater Schigolch besucht, einem alten Mann halbmythischer Erscheinung. Dr. Schön ist der nächste Besucher. Er, der seit langem eine Liebschaft mit ihr hat, möchte sich nun von ihr lösen. Sie denkt nicht an Verzicht, zumal sie mit Schwarz nicht glücklich ist, obwohl er sie liebt. Als dieser vom zwielichtigen Vorleben Lulus erfährt, schneidet er sich in Verzweiflung die Kehle durch. Nun ist Lulu abermals frei. Als Tänzerin hat sie viele Verehrer, aber ihr Ziel ist es nach wie vor, die Frau Dr. Schöns zu werden. Diesmal erreicht sie es. Nun kennt sie keine Hemmungen mehr. Jeder verfällt ihr, der ihren Weg kreuzt. In Dr. Schöns Haus gehen die verschiedensten Gestalten, auch solche von üblem Ruf, aus und ein. Diese Beschmutzung seines Lebens erträgt er eines Tages nicht mehr – als er sie zwingen will, sich zu erschießen, richtet sie die Waffe gegen ihn. So stirbt er, von dem sie sagt, er sei der einzige, den sie je geliebt habe.

Die Büchse der Pandora

Tragödie in drei Akten mit einem Prolog

Personen:

Lulu
Alwa Schön, Schriftsteller
Rodrigo Quast, Athlet
Schigolch
Alfred Hugenberg, Zögling einer Korrektionsanstalt
Die Gräfin Geschwitz
Marquis Casti-Piani
Bankier Puntschu

Journalist Heilmann
Magelone
Kadidja di Santa Croce, ihre Tochter
Bianetta Gazil
Ludmilla Steinherz
Bob, Groom
Ein Polizeikommissär
Herrr Hunidei
Kungu Poti, kaiserlicher Prinz von Uahubee
Dr. Hilti, Privatdozent
Jack

Ort und Zeit: Der erste Akt spielt in Deutschland, der zweite in Paris, der dritte in London, um 1900
Uraufführung Nürnberg 1904

Ein Stück Welttheater in Reigenform um die Existenz des Übels auf der Erde. Schon die Titel weisen auf mythische und weltliterarische Vorbilder hin. Offensichtlich sind Schigolch und Lulu dämonische Gestalten, was Wedekind dadurch andeutet, daß es nicht möglich ist, etwas über den Vater Lulus zu erfahren; daß sie von den verschiedenen Männern verschiedene Namen erhält und von jedem in ihrem Charakter anders gedeutet wird, so daß sich auch jeder in ihr wie in einem Spiegel sieht oder wie vor einem Richter zu bewähren hat. Während der »Erdgeist« den Aufstieg Lulus zeigt, schildert die »Büchse der Pandora« die Stationen ihres Abstiegs. Hier ist die Schlüsselfigur die Gräfin Geschwitz, in der der höchste Opfermut dargestellt wird, die unter dem Verhängnis der Unnatürlichkeit steht und gerade dadurch die schärfste Frage an den Sinn des Lebens stellt. – Die Tochter Wedekinds,

Kadidja, hat die beiden Teile zu einer Fassung »Lulu« für einen Abend zusammengezogen.

Auch hier ein Prolog – diesmal ein Gespräch zwischen einem Leser, einem Verleger, einem Autor und einem Staatsanwalt in einer Buchhandlung. Alwa, Rodrigo und die lesbische Gräfin Geschwitz erwarten Lulu. Sie wurde für den Mord an Dr. Schön zu einer Zuchthausstrafe verurteilt, wegen Cholera aber vom Zuchthaus ins Krankenhaus gebracht. Der Gräfin Geschwitz gelang es, unter dem Einsatz ihres Lebens, sie von dort zu befreien. Schigolch führt sie herein. Spuren der Krankheit sind noch an ihr sichtbar. Auf dem Diwan, auf dem sein Vater verblutete, schließt sie Alwa in die Arme. Doch sie müssen fliehen, da Lulu ihre Strafe ja noch nicht abgesessen hat. Paris ist ihr nächster Aufenthaltsort. Obwohl nun mit Alwa verheiratet, hat sie wieder viele Menschen um sich, Halbwelt, Börsenspekulanten, Mädchenhändler, die sie bewundern oder auch nur Kapital aus ihr schlagen wollen. Sie wird erpreßt, aber ihr Geld ist zu Ende. Im Kostüm eines Liftboys gelingt ihr abermals die Flucht, diesmal nach London. Hier sinkt sie zu einer Dirne übelster Art herab. Mit Alwa und Schigolch – auch die Gräfin Geschwitz ist mitgeflohen – hauste sie in einer Dachkammer im Eastend und holt sich von der Straße ihre Kunden. Schigolch leert deren Taschen. Alwa wird, als er einmal Lulu zu Hilfe kommt, von ihrem Besucher erschlagen. Dem nächsten Gast flößt die Leiche Grauen ein und er entfernt sich wieder. Schließlich ereilt Lulu ihr Schicksal: sie und die Gräfin enden ihr Leben unter dem Messer von Jack the Ripper.

THOMA

Ludwig Th. (1867–1921) war Rechtsanwalt, wurde aber bekannt unter dem Namen »Peter Schlemihl« als Mitarbeiter und Redakteur der Münchener satirischen Zeitschrift »Simplizissimus«. Schrieb Romane und andere Prosawerke, Gedichte, Bühnenstücke, den »Briefwechsel eines bayrischen Landtagsabgeordneten«.

Da Thomas Bühnenwerke meist in Bayern spielen oder bayrisch gewandet sind, hält man sie leicht für Heimatdichtungen. In Wirklichkeit stößt er gerade in seinen so leicht geschürzten Komödien durch anprangernden, satirischen Witz ins Allgemeine, oft sogar ins Allgemeingültige vor. Die besten, auch heute noch wirkungsvollen Komödien sind »Moral« und »Erster Klasse«.

Moral

Komödie in drei Akten

Personen:

Fritz Beermann, Rentier
Seine Frau
Seine Tochter
Bolland, Kommerzienrat

Prof. Wasner, Gymnasiallehrer
Justizrat Hauser
Dobler, ein Dichter
Fräulein Koch-Pinneberg, Malerin
Frau Lund, eine alte Dame
Freiherr von Simbach, Polizeipräsident
Assessor Ströbel
Kammerherr von Schmettau
Reisacher, Schreiber
Mme. Ninon de Hautville, eine Private

Ort und Zeit: In der Wohnung von Rentier Beermann und im Amtszimmer des Assessors Ströbel im Polizeipräsidium einer mitteldeutschen Kleinstadt, etwa 1905
Uraufführung Berlin 1908/09

»Moral« bedarf der leicht überarbeitenden Hand damit sie nicht nur als Komödie, sondern auch als zeitnahe, uns alle angehende Satire erheitert und beschämt. Da haben wir einen Sittlichkeitsverein in der Hauptstadt eines Herzogtums. Vorsitzender ist der politisch unwissende, vielgeschäftige Reichstagskandidat Beermann. Neben ihm ranken sich Kommerzienrat Bolland und Gymnasiallehrer Wasner am moralischen Gedanken empor. Gestern ist, wie der über die Moralverpächter spottende Justizrat Hauser erzählt, in der Stadt eine liebespendende Dame verhaftet worden. Offensichtlich kaufmännisch begabt hat die Dame über ihre Kunden Buch geführt, und dieses Buch liegt bei den Akten des vernehmenden Assessors. Bei der Vernehmung läßt sich die Dame nicht einschüchtern. Die Sache wird peinlich. Der Präsident des

Sittlichkeitsvereins begibt sich zu dem Assessor, um diesen dahinzubringen, die Sache im Sande verlaufen zu lassen. Aber der will nicht verstehen. Klopfenden Herzens stiehlt Beermann das verflixte Büchlein. Dem Assessor geht ein Licht auf, als er durch Baron von Schmettau erfährt, daß auch der Erbprinz ... Nun mag er sich herauswinden; auf jeden Fall muß der Dame unauffällig die Freiheit zurückgegeben werden. Aber das ist nicht so einfach. Die Dame will durchaus nicht fliehen, im Gegenteil, sie verlangt 10 000 Mark wegen Berufsschädigung. Nun, die Ausschußmitglieder beißen gern in den sauren Apfel, sind sie doch samt und sonders Kunden bei jener Eva. 10 000 Mark Entschädigung und 5 000 Mark Kaution werden ohne weiteres zusammengebracht werden durch Sammlung im Sittlichkeitsverein, dessen Mitglieder anscheinend ganze Seiten der verteufelten Kundenliste füllen.

Erster Klasse

Bauernschwank in einem Akt

Personen:

Kaufmann Stüve aus Neuruppin
Assessor Alfred von Kleewitz und Lotte von Kleewitz, junges Ehepaar aus Norddeutschland
von Scheibler, kgl. bayerischer Ministerialrat
Sylvester Gsottmaier, Ökonom
Josef Filser, Ökonom und Abgeordneter
Marie Filser, dessen Ehefrau

Ein Schaffner
Ein Zugführer

Ort und Zeit: In einem Eilzugcoupé erster Klasse in Oberbayern, Gegenwart.

Thoma nennt das Stück einen Bauernschwank. In Wirklichkeit ist es eine *alle* Stände angehende politische und menschliche Satire; allerdings nur dann, wenn man sie unverändert läßt (fahren wir nicht alle in dem gleichen Abteil der Lebensbahn?) und nicht durch allerlei Zutaten zum bloßen Schwank und Klamauk macht.

Oberbayerische Eisenbahn von Mitteldingharting über Oberdingharting, Hinterdingharting, Trudering nach München Ostbahnhof. Erster Klasse. Mit Berliner Engelszungen über Kunstdünger redender, witzelnder Reisender; vornehm reservierter, seiner wichtigen Beamtentätigkeit voll und ganz bewußter Ministerialrat; süßes Assessorenehepaar auf der zuckersüßen Hochzeitsreise; zwei saftige Bauern mit weithin hallender Stimme und unüberriechbarem Kuhstallduft. Seit die beiden Bauern zugestiegen sind, ist die vorher so städtische Atmosphäre merklich schlechter geworden. Das urwäldlerische Gelächter, die brüllenden Ausbrüche und die für feine Ohren nicht immer ganz einwandfreien Erzählungen der viehzüchtenden Freiluftmänner machen vor allem den Ministerialrat immer nervöser. Die beiden Wackeren lassen sich weder aus der Ruhe noch aus dem Stil ihrer Unterhaltungen bringen, so sehr der Ministerialrat auch zürnen mag. In Trudering muß der Zugführer her: »Wie kommen die beiden Menschen in die erste Klasse!?« »Herr Ministerialrat ... dös is ja der Herr Abgeordnete Filser!« ... Der allgewaltige Bauernführer, – da gilt es einzulenken, um gut Wetter zu bitten. Filser läßt den bebenden Ministerialrat seine Macht spüren, aber er ist auch ein gutmütiger Mann, nix für ungut, bietet der hochbeamtlichen Nase sogar eine Prise Schnupftabak an und gestattet ohne Spott und Hochmut, daß ihm sein Eierkorb von ministerialrätlichen Händen nachgereicht wird, als er in München-Ost den Zug verläßt.

SCHÖNHERR

Karl Sch. (1867–1943, Österreicher) wurde Arzt, widmete sich dann aber immer mehr der Schriftstellerei. In weiten Kreisen bekanntgeworden vor allem durch verschiedene Bühnenwerke.

Ein wirklicher Dramatiker von knapper Aussagekraft: gedrungen die Sprache, wie geschnitzt die Charaktere, sicher der Aufbau, übersichtlich die Einzelglieder in das Ganze gefügt. Dieser Wiener Großstadtarzt aus tiroler Geblüt hält sich fern von Psychologisiererei, gibt dafür wesenhafte seelische Großflächen, unvergeßlich diese Charakterblöcke, wo andere nur Späne und Holzmehl zu bieten wissen. Als einziges Beispiel sei hier der »Weibsteufel« angeführt.

Der Weibsteufel

Drama in fünf Akten

Personen:

Der Mann
Sein Weib
Ein junger Grenzjäger

Ort und Zeit: eine Stube in einer Gebirgshütte, um die Jahrhundertwende
Uraufführung 1915 in Wien

Fünf Akte, drei Personen, ein Schauplatz. Dazu ein Geschehen, das geradlinig verläuft, aber in einer Richtung, derjenigen entgegengesetzt, die von den Handlungsanregern beabsichtigt war; dabei folgerichtig einen bis dahin schlummernden Charakter weckend, der anfangs als Spielzeug dienen sollte, dann aber zum furchterregenden Herrn des Spiels wird. Die enge Hüttenstube weitet sich zum Weltschauplatz, das scheinbar als gebirglerisches Volksstück anhebende Werk wird zum Seelendrama von Strindbergischer Erbarmungslosigkeit.

Der Mann lebt mit seinerFrau in einer abgelegenen Gebirgshütte; scheinbar arm, in Wirklichkeit immer reicher werdend als Hehler für eine Schmugglerbande. Die gesunde, kräftige Frau fühlt sich recht wohl neben dem schwächlichen Mann, weil sie ihn umsorgen kann und an den hübschen Sachen Freude hat, die ihr aus dem Schmugglergeschäft zufließen. Und dann wird der Mann ja bald das Geld zusammenhaben für das Haus am Markt in der Stadt! Noch ein tüchtiger Fischzug, – dann ist es so weit. Gerade jetzt ist aber ein neuer Kommandant der Grenzjäger eingesetzt worden, der den Fuchsbau ausräuchern möchte. Sein Plan: ein junger bärenstarker Grenzjäger soll der jungen Frau schöntun und in einer verliebten Stunde ihr das Geheimnis abschwatzen. Und der Gegenplan des Mannes: die Frau soll den Grenzjäger verliebt machen und dadurch seine Wachsamkeit einschläfern. Etwas widerwillig geht die Frau darauf ein. Das Spiel, angestiftet von einem Vertreter des Staates und vom eigenen Ehemann, beginnt. Doch langsam findet die Frau Gefallen daran. Allmählich erwacht, ihr noch unbewußt, die in ihr schlummernde Sinnlichkeit. Auch der Grenzjäger, ein ehrlicher, vorwärtsstrebender Mensch, fängt Feuer. Je mehr er sich gegen die Frau und gegen sein sich erhitzendes Blut wehrt, desto schrankenloser wird die Sinnengier des Weibes. Schließlich zeigt sie dem Halbbetäubten sogar die versteckte Schmugglerware: weiß sie doch, daß er sie nun nicht mehr anzeigen wird und sich dadurch ganz in ihre Abhängigkeit begibt. Wegbleiben möchte der junge Bursche, lieber die in Aussicht gestellten Unteroffizierstressen nicht erwerben, nur los von dem Weibe, – und doch zieht es ihn mit dämonischer Gewalt zu dem dämonisch-sinnlichen Wesen. Selbst der Mann entdeckt, wie es steht: »Mein Haus brennt«. Weib (brutal): »Wer hat's denn angezunden?« Die Siedehitze zwischen Weib und Grenzjäger muß bald den Kessel zerplatzen machen. Noch reden sie, um ihre Gedanken zu verschleiern. Dann aber sagt sie, was beide innerlich bewegt: »Jäger. Erschlag ihn«. Der Grenzjäger: »Solang haben wir mit dem Feuer gezündelt; das frißt uns noch alle auf«. Da kommt der Mann heim: er hat den Grenzjäger angezeigt, weil er sich von dem Weibe Schmugglerware hat schenken lassen. Fast ist's dem Jäger recht. Fort aus der Gegend, von vorn wieder anfangen. Alle Künste läßt das Weib nun spielen: »Ich möcht ein Kind von dir haben«. Er schüttelt sie mit Gewalt von sich ab. Morgen wird er zum Abschied wiederkommen, auf zwei Minuten. Jetzt ist der Weibsteufel vollends erwacht. Dem Mann, der nun das ersehnte Haus erstanden hat, geht sie solange um den Bart, bis er ihr das Haus verschreibt für den Fall seines Todes. Und als der Grenzjäger zum Abschiednehmen kommt, treibt sie in teuflischer Gerissenheit das Spiel bis zum erwünschten Ende. Mit Wein und Worten, mit schamlosem Tanzen und Werben bringt sie den Grenzjäger zur Raserei und ihr »Saugflaschenmanderl« zu wütender Eifersucht, bis im Kampf um das Weib der Jäger den Mann ersticht. Grauenhaft verhöhnt sie den Sterbenden und den Totschläger: » ... Ihr Mannsteufel, Euch ist man noch über«. Und man weiß, sie wird wahrmachen, was sie zuvor schon ausgesprochen hatte: »Wenn ich das Haus am Marktplatz hab und drin sitz als junge Wittib – da fang ich mir so junge Kraftkerl her, grad nach Lust«.

Ein Weibsteufel! Aber der Mann und die Gesellschaft hätten ihn nicht aufwecken sollen.

PIRANDELLO

Luigi P. (1867–1936, Italiener) Sohn eines Schwefelgrubenbesitzers. Studierte Philosophie in Rom und Bonn. Dann Lehrer für italienische Literatur in Rom. Pirandello bereiste als Theaterleiter Europa und Amerika. 1934 Nobelpreis. Schrieb Dramen, Romane, Novellen, theoretische Schriften.

So ist es – ist es so?

Ein Gleichnis in drei Akten

Personen:

Lamberto Laudisi
Signora Frola
Signor Ponza, ihr Schwiegersohn
Stadtrat Agazii
Signora Amalia, seine Frau
Dina, ihre Tochter
Signora Sirelli
Signor Sirelli
Der Präfekt
Der Kommissar Centuri
Signora Cini
Signora Nenni
u.a.

Ort und Zeit: In der Hauptstadt einer italienischen Provinz, Gegenwart
Uraufführung Mailand 1917

Der gedankliche Kern bei diesem Stück ist: hier das flutende, strömende, unbeeinflußbare, mitleidlose Leben – dort der Mensch mit seinem Versuch, dem Leben, durch Denkkategorien einen Damm entgegenzusetzen, einen Damm, der den Menschen zwar unerläßlich scheint, durch das Leben jedoch stets wieder eingerissen wird. Schein und Sein sind bei Pirandello keine Gegensätze mehr; sie greifen im Wechselspiel ineinander, überlagern einander, eins durchdringt das andere, Bild und Spiegelbild, Wahn und Wirklichkeit zerfließen, heben sich gegenseitig auf und bilden das neue Ganze. Natürlich müssen unter diesen Umständen die Bühnenstücke mit einem Fragezeichen enden.

In einer italienischen Kleinstadt haben drei Personen Aufenthalt genommen, die bei einem Erdbeben ihre gesamte Habe eingebüßt und ihre Angehörigen verloren haben: das Ehepaar Ponza und Signora Frola, Ponzas Schwiegermutter. Sie wohnen nicht gemeinsam. Nie geht Signora Ponza aus, nie empfängt sie Besuch, nicht einmal den ihrer Mutter. Diese betritt nur immer den Hof der Mietskaserne, in der die Ponzas wohnen, läutet die Klingel und wechselt mit ihrer Tochter, die oben am Fenster erscheint, ein paar Worte. Die in einem Salon versammelte Gesellschaft der Stadt findet für diese seltsame Gepflogenheit nur eine Erklärung: die Grausamkeit des Schwiegersohnes, der aus Eifersucht und Egoismus eine engere Bindung zwischen Mutter und Tochter nicht gestatte. Die darum befragte Signora Frola erklärt aber, mit ihrem Schicksal durchaus zufrieden zu sein; komme diese übergroße Liebe doch ihrer Tochter zugute. Ganz anders stellt der Schwiegersohn die Lage dar: die leibliche Tochter der Signora Frola, seine erste Frau, sei vor vier Jahren gestorben. Darüber hätte die Mutter den Verstand verloren. Nur aus Mitleid spiele er, in zweiter Ehe verheiratet, mit Hilfe seiner Frau dieses Spiel. Noch weiß die erstaunte Gesellschaft nicht, wem Glauben zu schenken sei, da hat – in Abwesenheit Signor Ponzas – Signora Frola eine weitere Erklärung abzugeben: Der Schwiegersohn sei es, der den Verstand verloren habe und seine Frau, die ein Jahr lang entfernt von ihm gelebt hatte, nach ihrer Rückkehr nicht mehr wiedererkannt hätte, so daß er glaube, in zweiter Ehe verheiratet zu sein. Nun kann nur noch die junge Frau die Fäden dieser seltsamen Erklärungen entwirren. Aber als sie erscheint, hat sie nur die Worte zu sagen: »Ich bin die, für die Sie mich halten.«

Sechs Personen suchen einen Autor

Ein Stück, das gemacht werden soll

Personen:

Der Vater
Die Mutter

Die Stieftochter
Der Sohn
Der kleine Junge
Das kleine Mädchen
Madame Pace
Der Direktor
Erste, zweite Schauspielerin
Der Inspizient
Der Souffleur
Der Requisiteur
Der Bühnenmeister
Der Sekretär
Der Pförtner
Schauspieler, Bühnenarbeiter

Ort und Zeit: Eine Theaterbühne am Vormittag, Gegenwart
Uraufführung Rom 1921

Ein Stück »Theater auf dem Theater«. Jenseits der sich stets wandelnden Wirklichkeit des Lebens einerseits und der ungeformten Welt der Vorstellungen andererseits schafft der Künstler eine neue, dauerhaftere Wirklichkeit: die der Kunst. Durch dieses Werk wurde Pirandello berühmt. Es hat in kurzer Zeit die Welt erobert und einen neuen Stil geschaffen, der bis zum heutigen Tage auf die Dramatik einwirkt.

Schon von Anfang an soll der Zuschauer nicht den Eindruck empfangen, ein fertiges Theaterstück vorgesetzt zu bekommen: der Bühnenvorhang ist nicht heruntergelassen und der Beginn des Stückes wird nur dadurch gekennzeichnet, daß sich der Zuschauer-raum verdunkelt. Auf der Bühne wird der Probenalltag der Schauspieler gezeigt, mit einem hämmernden und nagelnden Bühnenmeister, einem nervösen Inspizienten, eitlen und exaltierten Schauspielern und einem Theaterdirektor, der an dem Pirandello-Stück, das er einstudieren soll, keine Freude hat, und es nur deshalb gewählt hat, weil »aus Frankreich kein einziges gutes Lustspiel mehr kommt und wir darauf angewiesen sind, Stücke von Pirandello aufzuführen, die kein Mensch versteht und die offenbar absichtlich so geschrieben sind, daß weder die Schauspieler noch die Kritiker noch das Publikum damit etwas anfangen können«. Die Probe gedeiht nicht weit – denn es nahen sechs Personen in Trauerkleidung, die an den Direktor eine seltsame Bitte richten: ihr Stück zu Ende zu schreiben, denn sie seien die Rollen eines Dramas, das ihr Autor mitten in seiner Arbeit weggelegt habe. Daß sie lebendig seien, erklären sie damit, »daß man auf manche Art und in vielen Formen auf der Welt sein kann: als Baum oder Stein, als Wasser oder Schmetterling ... und auch als Bühnenfigur«. Das Mittel zur Schöpfung stirbt, das Geschöpf stirbt nicht mehr. Auch Don Quichotte und Sancho Pansa leben ewig. – Aus leidenschaftlichen Wortgefechten zwischen der Mutter und ihren vier Kindern und dem Vater (der Vater nur des ältesten Sohnes ist) erfahren die verblüfften und belustigten Schauspieler ihre schwierige und verworrene Lebenssituation, die darin gipfelt, daß der Vater einmal ein galantes Abenteuer suchte und im Hinterzimmer der kupplerischen Schneiderin Madame Pace seiner Stieftochter zugeführt wurde, ohne sie zu erkennen. Diese Stieftochter entstammt der Verbindung der Mutter mit einem anderen Mann, zu der sie der Vater drängte, »um sich selbst zu befreien«. Zwar verhinderte das rechtzeitige Auftauchen der Mutter die Schande, doch empfand durch diese Szene die ganze Familie ihre Verworfenheit, wobei die beiden jüngsten Kinder, ohne die Zusammenhänge zu begreifen, am meisten unter der Bedrückung litten.

Direktor und Schauspieler geraten allmählich in den Bann des von den Bühnenfiguren tief empfundenen Schicksals und sind begierig, die Szenen nachzuspielen. Dabei erweist es sich, daß die Schauspieler, deren Beruf es doch ist, Gestalten auf der Bühne lebendig zu machen, kläglich versagen. Auch fordern die »Sechs Personen«, daß ihr Drama, das ihnen immer und ewig gegenwärtig ist, unverfälscht in seiner ganzen Wahrheit dargestellt werde, und wozu sich der Direktor, der Schicklichkeit und dem Publikumsgeschmack zuliebe, nicht entschließen kann. Er möchte Änderungen, um die Illusion des Publikums zu steigern, und wird dabei nicht verstanden, da die Illusion die einzige Wirklichkeit der in ihrem Charakter festgelegten, nicht wandlungsfähigen »Personen« ist, während er zugeben muß, daß ihm die heutige Wirklichkeit schon morgen Illusion sein kann. So spielen sie selbst ihr unvollendetes Drama weiter: das jüngste Kind, das die Erwachsenen wegen eigener Probleme zu wenig beaufsichtigen, ertrinkt in einem Brunnen, und der halbwüchsige Knabe scheidet durch einen Revolverschuß freiwillig aus dem Leben. Bestürzt stellen die Schauspieler seinen Tod fest, der sie nun gänzlich davon überzeugt, nicht nur einem Spiel beigewohnt zu haben.

GORKI

Maxim G. (eigentlich Alexej Maximowitsch Peschkow, 1868–1936, Russe) lebte lange Jahre im Ausland vor allem in Italien. Schriftsteller und Politiker. Schrieb u.a. Romane, Erzählungen, Bühnenstücke.

Gorki stammt aus ganz kleinen Verhältnissen, und sein ganzes Leben als Schriftsteller und Politiker war ein ständiger Kampf für die vom Schicksal Enterbten In seinem Werk stellt er immer wieder die Frage warum gibt es so viel Elend, muß das so sein? Künstlerisch stärksten und menschlich ergreifendsten Niederschlag hat dieses Fragen gefunden in »*Nachtasyl*«.

Nachtasyl

Szenen aus der Tiefe. Vier Akte

Personen:

Michail Iwanowitsch Kostylew, Herbergswirt
Wassilissa, seine Frau
Natascha, ihre Schwester
Medwjedew, Onkel der beiden, Polizist
Wasska Pepel
Andrej Mitritsch, Kleschtsch, Schlosser
Anna, seine Frau
Nastja, ein Straßenmädchen
Kwaschnja, ein Hökerweib

Bubnow, Mützenmacher
Satin u.a.

Ort und Zeit: Rußland um 1900
Uraufführung Moskau 1902

Diese »Szenen aus der Tiefe« haben keine folgerichtige dramatische Handlung, sie enden im Nichts, das Stück hat keinen Schluß, es fehlt die dramatisch-künstlerische Abrundung. Aber Gorki schreibt nicht um der Kunst, sondern um des Menschen willen. Und das, was er aus leid- und mitleidgequältem Herzen niederschrieb, war ein Dasein, aus dem es zu jener Zeit (1902) kaum einen Ausweg zu geben schien. Ein »versöhnlicher Schluß« hätte alles zunichte gemacht, was zuvor in stiller und lauter Anklage ausgesprochen war, und ein »tragischer Schluß« war unmöglich, weil von tragischer Schuld Einzelner nicht die Rede sein kann. Die Frage, wie es nun weitergehe, ob es denn ewig so weitergehen solle und dürfe, *sollte* sich der Zuschauer stellen.

Sorgfältig wird die Umwelt geschildert, bis ins letzte werden die zahlreichen Menschen charakterisiert, die aus verschiedenartigen Gesellschaftskreisen stammen, gegenwärtig aber im gleichen Elend leben. Die Umwelt bestimmt die Charaktere, und die Charaktere wiederum lassen die Umwelt erst richtig lebendig werden. Unabwendbar greift eins ins andere. Der »höhlenartige Kellerraum« verleiht diesen Gescheiterten etwas sinnbildhaft Unterirdisches, Begrabenes, Verschüttetes, und die Menschen wiederum erfüllen das Gewölbe mit gespensterhaft leichenhaftem Leben, das kein Leben ist. Diese Nachtgestalten, Nachtasylgestalten sprechen ihre kleinen Sätze, als habe sie ihnen der Augenblick, die Situation oder ihr Gegenüber eingegeben. Doch diese Sätze und Sätzchen wachsen allmählich zusammen, bilden eine Wirrnis ineinandergreifender Gewächse, eine Wirrnis, die auch Natur ist. Nicht anders die Charaktere. Das sich mit törichten Romanen verdrehende Straßenmädchen Nastja, der von seiner großartigen Vergangenheit nicht loskommende Baron, der fatalistische gesetzgläubige Tatar, der seine Erinnerungen wie eine Rolle herumschleppende, alkohol-vergiftete Schauspieler, der leicht philosophierende Zuchthäusler Satin, der dummdreiste Polizist, der Mützenmacher, das Hökerweib, dazwischen der gütige, mitleidende, aufrichtende, immer tröstende Pilger Luka, – jeder Einzelne ein Schicksal für sich selbst, sie alle ein Gewimmel von Einzelschicksalen, scheinbar von einander abgegrenzt, in Wirklichkeit unlösbar verstrickt durch die qualvollen gesellschaftlichen Verhältnisse.

Dazu eine kleine Handlung zwischen vier Personen. Die sechsundzwanzigjährige Wassilissa möchte ihren vierundfünfzigjährigen Mann, den Herbergswirt Kostylew, loswerden und sich mit dem jungen Pepel zusammentun, mit dem sie in unerlaubter Beziehung steht. Pepel wehrt sich noch immer, wenn auch schwach, Wassilissas Mann zu töten, wie die Frau wünscht. Er verliebt sich in die schlichte, reine Natascha, Wassilissas Schwester. Als Wassilissa merkt, daß die beiden fort möchten, quält sie mit ihrem Mann die Schwester solange, bis Pepel wütend dazwischenspringt und unabsichtlich ihren Mann erschlägt. Natascha glaubt zunächst, das Ganze sei abgekartetes Spiel gewesen, um Wassilissa von ihrem Mann zu befreien. Sie und Pepel kommen ins Gefängnis, der gute Geist des Nachasyls, der Pilger Luka, zieht fort, doch seine Haltung geht nicht ganz verloren, der Schauspieler begeht Selbstmord, weil er wiederum dem Alkohol verfallen war ... mit einem Ruck bleibt die Handlung stehen. Das Stück geht nicht weiter, alles kann nicht so weiter gehen ... »Muß uns der das Lied verderben – der Narr«. Ja, dieses Stück hat manchem das Lied verdorben.

HOFMANNSTHAL

Hugo v. H. (1874–1929, Österreicher) konnte als Sohn begüterter Eltern und später als erfolgreicher Schriftsteller fast ausschließlich seinem Schaffen leben. Schrieb vor allem Werke für Sprech- und Opernbühne, Gedichte, Prosastücke.

Ein Meister der Sprache, oft ein wirklicher Dichter, aber im Grunde kein Bühnendramatiker. So ist es nicht verwunderlich, daß die in dramatische Form gegossenen Werke Hofmannsthals sich nur dort zu halten vermögen, wo sie von der Musik (Richard Strauß) gestützt werden oder wo man sie für Festspiele verwendet. Am bekanntesten sind (neben den Operndichtungen, vergl. »Opernbuch«) die besonders durch Salzburg berühmtgewordenen Stücke »Jedermann« und »Das große Welttheater«.

Jedermann

Das Spiel vom Sterben des reichen Mannes

Die wichtigsten Rollen:

Gott der Herr
Der Tod
Der Teufel
Jedermann
Jedermanns Mutter

Jedermanns guter Gesell
Ein armer Nachbar
Der Hausvogt
Ein Schuldknecht
Des Schuldknechts Weib
Der Büttel
Die Buhlschaft
Der dicke Vetter
Der dünne Vetter
Der Mammon
Der Glaube
Die Werke
Der Engel

Ort und Zeit: Überall zu jeder Zeit
Uraufführung in Berlin

Ein kultisches Spiel, das zurückgeht auf eines jener zahlreichen »Moralitäten«-Spiele des Mittelalters, in denen man durch allegorische Figuren und lehrhafte Szenen die Schaulust, aber auch die Moral der Menge anzusprechen suchte.

Gott der Herr, zornig über die verhärteten Menschen: »Darum will ich in rechter Eil / Gerichtstag halten über sie / Und Jedermann richten nach seinem Teil. / Wo bist du, Tod, mein starker Bot'? Tritt vor mich hin«. Und Gott der Herr befiehlt, daß Jedermann sogleich durch den Tod geholt werde. Nun erfahren wir, wie Jedermann lebt. Wie er geizig ist, ohne schlecht zu sein; wie er Buhlschaft treibt, ohne lasterhaft zu wirken; wie er der Mutter Warnung zurückweist, ohne sich doch allem schroff zu verschließen;

wie er einen guten Gesellen hat, ohne wirklich gut zu sein, wie er einen dünnen und einen dicken Vetter bei sich sieht; wie »etliche junge Fräulein und etliche Tischgesellen« mit ihm fröhlich sein wollen, – aber da überfällt ihn düstere Stimmung, er ist unzufrieden mit diesem Jedermanns-Leben, ohne recht zu wissen warum. Er hört Stimmen und Töne, und mit einem Male steht der Tod vor ihm, sofortige Gefolgschaft fordernd: in einer Stunde muß er bereit sein, darf sich aber einen Begleiter wählen. Doch keiner der irdischen Verwandten und Frohgenossen will ihn nun geleiten. Selbst der Mammon versagt sich ihm. Nur seine Werke folgen; – doch, ach, sie sind die rechten Begleiter nicht für solche Reise – das erkennt Jedermann, als er nun sein Leben an sich vorüberziehen läßt. Endlich findet sich ein gutes Geleit: der einst so verspottete Glaube. Getröstet sinkt er nieder zum Gebet. Gebet und Glaube machen nun auch die Werke rein. Der Teufel kann Jedermann nichts mehr anhaben, so daß er gefaßt und ruhig dem Tode folgt.

»Das große Welttheater« (gedruckt 1922). Unter dem gleichen Titel ist ein geistliches Schauspiel von Calderon bekannt. Ihm hat Hofmannsthal den sinnbildlichen Gedanken und die Gestalten der Welt-Darsteller entlehnt. Alles andere ist Eigengut des Dichters. Handlung und Sinn sind geradlinig und einfach, die Sprache ist vielgespalten und schmiegt sich der jeweiligen dargestellten Figur aufs engste an (der Meister und die Engel in gehobenem Ausdruck, die Welt weltgewandt, die Weisheit weisheitsvoll, der Widersacher intellektuell, der Bauer bayerisch, der Vorwitz wienerisch und so fort). Doppelbühne: die höhere geistige Ebene und die Welt-Bühne. Das Ganze dichterisch erfüllt, sinnbildhaft nah. – Die noch unverkörperten Seelen erhalten durch Engel den Auftrag, im Spiel Erdenrollen darzustellen: den König in Glanz und Macht, die Schönheit in Selbstspiegelung und Selbstbezogenheit, die Weisheit in Milde und Besonnenheit, den Reichen in Selbstgerechtigkeit und Selbstsucht, den Bauern in Besitzsucht und Todesfurcht, den Bettler in Leid und Aufsässigkeit. Es gibt natürlich zunächst Streit um die Rollen, dann aber wird gespielt. Und das Ergebnis? Dem Meister wohlgefällig waren Bettler und Weisheit; sie werden in seinen Palast geladen. Schönheit, König und Bauer dürfen wenigstens an der Pforte zum Licht knien, während der Reiche im Dunkel bleiben muß. Aber durch diese scheinbar allzu klare Einfachheit schimmert es hindurch: haben wir nicht alle von allen etwas an und in uns? Wir sind nicht ausschließlich Vorwitz oder Widersacher, Bettler oder Reicher – wir sind eine Mischung von allem.

KAISER

Georg K. (1878–1945) war anfangs Kaufmann, machte schon früh durch geschickte Beherrschung des Theaterhandwerks auf sich aufmerksam, schrieb zahlreiche Bühnenwerke.

»Gebt mir einen unmöglich scheinenden Zufall, und ich mache Euch ein streng zuendegedachtes Drama daraus« – so etwa könnte Kaiser, frei nach dem altgriechischen Mathematiker Archimedes, gesagt haben. Es ist geradezu unglaublich, mit welcher kalten Denkkraft und verblüffend gemeisterten Theatertechnik Kaiser selbst die kolportagehaftesten Stoffe bearbeitet, mit welcher dichten, man möchte sagen: nackten Sprachkraft er seine Sätze und Gegen-Sätze ausgestattet hat. Aus der Theatergeschichte sind seine zahlreichen Stücke nicht wegzudenken, so unterschiedlich ihr Wert auch sein mag; auf der Bühne von heute dagegen haben nur ganz wenige Werke noch wirkliches Leben. Im Grunde war dieser dramaturgische »Denkspieler« (Diebold) mit dem kalten Verstand ein Mensch mit einem warmen Herzen, das unter den Erbärmlichkeiten seiner Zeit litt. Doch seine dramatischen Erzeugnisse waren zu einem großen Teil allzusehr Zeitstücke im engsten Sinne, Tagesstücke, galten »Von Morgens bis Mitternachts« (wie einer seiner Titel heißt). Dadurch wurde er gewissermaßen der glänzendste Journalist des Theaters.

An die sechzig Stücke hat Kaiser geschrieben. Wie

hat vor 1933 jedes von ihnen die Gemüter erregt, wie hat man für und wider sie gestritten, – bis ein neues kam und damit ein neuer Streit, über dem das frühere Werk schnell vergessen wurde. Bestimmte Werke haben jedoch auch heute noch Geltung. Etwa »Klawitter«, »Die Spieldose« oder »Der Soldat Tanaka«, um nur einige zu nennen.

Die Bürger von Calais

Bühnenspiel in drei Akten

Personen:

Jean de Vienne
Eustache de Saint-Pierre
Jean d'Aire
Jacques de Wissant
Der Vater Eustaches de Saint-Pierre
Dugueschins, Hauptmann des Königs von Frankreich
Gewählte Bürger
Offiziere
Soldaten
Frauen
Diener u.a.

Ort und Zeit: Calais, zur Zeit des Hunderjährigen Krieges
Uraufführung Frankfurt/Main 1917

Calais hat eine lange Belagerungszeit hinter sich. Nun ist das Heer des Königs von Frankreich, das Calais hätte befreien können, geschlagen; die Truppen der

Engländer stehen vor den Toren von Calais. Ein Unterhändler verkündet die Bedingungen der Engländer »Brechen mit dem Grauen des neuen Tages nicht sechs gewählte Bürger aus dem Tor auf – barhäuptig und unbeschuht, mit dem Kittel des armen Sünders bekleidet und den Strick im Nacken –, so läßt der König von England die Stadt vernichten.« Die Bürger von Calais erkennen, daß es keinen andern Ausweg gibt. Sieben treten vor, um dieses Los auf sich zu nehmen. Aber nu sechs sind gefordert. Da bestimmt Eustache de Saint Pierre, daß derjenige frei sein solle, der sich als letzte am nächsten Morgen einfinden werde. Alle erscheinen – bis auf Eustache. Befremden der sechs gewählten Bürger. Da naht der Vater des Eustache mit eine Bahre: auf ihr liegt der Sohn, der sich das Leben genommen hat, um die andern in ihrem Opferwillen zu bestärken. Während sich die sechs auf ihren letzten Weg vorbereiten, verkündet ein englischer Offizier der König von England habe den Bürgern von Calais die Strafe erlassen, weil ihm eben ein Sohn geboren worden sei.

Der Soldat Tanaka

Schauspiel in drei Akten

Personen:

Tanaka
Yoshiko, seine Schwester
Großvater Tanaka
Vater Tanaka

Mutter Tanaka
Wada
Umezu u.a.

Ort und Zeit: Tanakas Hütte – Freudenhaus – Militärgericht, 20. Jahrhundert
Uraufführung Zürich 1940

Dieses Werk der Reife scheint thematisch wie dramatisch das beste von allen – wurde 1946 erstmals in Berlin aufgeführt. Ein auf leisen Sohlen schleichendes, dann aber zu wütendem Ansprung ansetzendes Stück sozialer Anklage. Hier sind Sinn und Absicht meisterhaft in das dramatische Gerüst eingebaut. – Tanaka ist (was bleibt dem Sohn allerärmster Reisbauern auch übrig!) Soldat geworden, hat Leib und Leben der Macht verkauft, um nicht untergehen zu müssen. Ohne sein Wissen ist es seiner Schwester ähnlich ergangen: ihr Leib und Leben wurde an »die Liebe« verkauft, nämlich in ein Freudenhaus, weil die Eltern sonst ihre Steuern nicht hätten bezahlen können. Tanaka hatte seine Schwester sehr geliebt und gehofft, er werde sie mit seinem Freunde vermählen können. Und nun trifft er sie in einem Freudenhaus, wo sie gerade ein Unteroffizier für eine Weile zu mieten wünscht. Tanaka macht die »Vermietung« zunichte, indem er die Schwester ersticht. Im Verlauf der Auseinandersetzung tötet er auch den Vorgesetzten. Dem Kriegsgericht bleibt nichts übrig, als den Soldaten wegen Ermordnung eines Vorgesetzten zum Tode zu verurteilen; doch es ist durch die Besonderheit des Falles erschüttert und würde ein Gnadengesuch gern unterstützen. Nun aber wächst Tanaka aus der Rolle des Einzelcharakters heraus. Statt den Kaiser um Gnade und Verzeihung anzuflehen, fordert der zum Tode Verurteilte, der Kaiser solle ihn und das ganze arme Volk um Verzeihung bitten, weil er zulasse, daß aus den Ärmsten der Armen alles herausgepreßt werde, damit die ständigen Rüstungsausgaben für die Macht und die Mächtigen bezahlt werden können. Das ist Aufruhr gegen des Kaisers Majestät, gegen die Mächte der Unterdrükkung! Und Tanaka wird nicht begnadigt, sondern zum Tode verurteilt.

GIRAUDOUX

Jean G. (1882–1944, Franzose) war von Beruf Diplomat und wirkte als solcher in vielen Ländern, bis er französischer Informationsminister wurde. Schrieb verschiedene Bühnenwerke.

Giraudoux ist in den fünfziger und sechziger Jahren in Deutschland sehr viel gespielt worden. Dieser Erfolg des französischen Dichters kann wohl nur zu einem verschwindenden Teil darauf zurückgeführt werden, daß man nach dem deutschen Zusammenbruch fast verschmachtet nach allem griff, was geeignet erschien, den wütenden Durst nach ausländischer Dramenliteratur zu stillen. Giraudoux spricht uns viel unmittelbarer, viel stärker an als so manches, was an dramatischen Wassern über unsere Grenzen gespült wurde, und zwar ganz einfach um deswillen, weil er – die berufsmäßigen Romantikschlächter wollen gütigst verzeihen – Romantiker ist, und zwar ein Romantiker des starken Herzens und des wachen Verstandes, kein im bloßen Gefühlsnebel herumrudernder Gefühlsphantast. Seine Liebe zur deutschen Romantik ist bekannt; ihr hat er in seiner »Undine« ein besonderes Denkmal gesetzt. Daß er zugleich französischer Romantiker ist, beweist er auf fast jeder Seite seiner Dramen, die vom Herzen aus erlebt, aber mit gallischer Ironie gezügelt sind. Aber man tut besser ihn als europäischen Romantiker unserer Zeit anzusehen. Denn er besingt nicht persönliche Empfindungen vor mondscheinüberglänzten Burgruinen, sondern die Kräfte, die vielleicht geeignet sein könnten, die geistigen Ruinen zu überwinden und ihnen ein neues Leben in menschenwürdiger Gemeinschaft entsprießen zu lassen. Dabei greift er zu den verschiedensten Mitteln: zur deutschen Romantik (»Undine«), zur griechischen Tragödie (»Elektra«), zum Kammerspiel (»Lied der Lieder«), zur französisch-ironischen Parodie (»Trojanischer Krieg«), zum neuzeitlichen Märchen (»Irre von Chaillot«). Getragen werden die Stücke vorwiegend von einer – meist lehrhaften – Idee und einer auf allen Ebenen gleich meisterhaften, wahrhaft dichterischen Sprache. Dagegen sind die Vorgänge und Ereignisse meist nur angedeutet und nicht eben sehr dramatisch. Ein paar Andeutungen über den Handlungsrahmen müssen hier genügen.

Der Trojanische Krieg findet nicht statt

Ein Stück in zwei Akten

Personen:

Hektor
Andromache, seine Frau
Paris, sein Bruder
Priamus
Troilus
Demokos
Olpides
Busiris

Der Geometer
Der Kapitän
Odysseus
Ajax
Helena
Hekuba
Kassandra u.a.

Ort und Zeit: Troja, 1194 v.Chr.
Uraufführung Paris 1935

Stofflich dem griechischen Altertum entnommen, diesmal aber ironisch behandelt. Zwar wollen die Trojaner und auch die Griechen den Krieg; aber der militärische Führer der Trojaner (Hektor) ist dagegen, weil er als Krieger genau weiß, daß Krieg nur Unheil bringt. Dieser nüchtern-sachlichen Erwägung steht zur Seite die Denkweise des griechischen Diplomaten Odysseus: für ihn sind Griechen und Trojaner in erster Linie Menschen; man braucht sie ja nur anzusehen: blickt nicht Hektors Frau genau so aus den Augen wie die Frau von Odysseus? Also einigen sich die beiden Führer – wenn auch aus verschiedenen Gründen – darauf, diesen unsinnigen Krieg nicht stattfinden zu lassen. Und so wäre alles ganz schön, wenn nicht irgend ein betrunkener Dummkopf (in diesem Falle der aufgeblasene Leutnant Ajax) sich so benähme, daß die trojanische Kriegspartei die »Ressentiments« benützen und die »beleidigte Nation« aufputschen könnte. Also muß nun das bis dahin sinnbildhaft geschlossene Tor des Krieges geöffnet werden, – und man erblickt: Helena. Um ihretwillen war die Kriegsgefahr überhaupt erst entstanden. Und sie, die sich durch Paris hatte entführen lassen, hat offensichtlich ihren Entführer schon wieder vergessen; denn eben läßt sie sich zärtlich vom jüngsten der Trojanerjünglinge umarmen. Leichtfertige Lebenslust hat tödliche Gefahren heraufbeschworen, tändelt dennoch dumm-leichtsinnig weiter, macht das Bemühen ernsthafter, einsichtiger Männer zunichte, – und der trojanische Krieg wird doch stattfinden.

Elektra

Stück in zwei Akten

Personen:

Elektra
Klytemnestra
Agathe
Der Präsident
Orest
Der Gärtner
Aegisth
Ein junger Mann
Der Kapitän
Die Eumeniden
Der Bettler
u.a.m.

Ort und Zeit: Innenhof im Palast des Agamemnon
Uraufführung Paris 1937

In diesem Stück greift Giraudoux den alten griechi-chen Sagenstoff wieder auf und gestaltet ihn in esonderem Sinne um. Das Schicksalsdrama oder harakterdrama ist verschwunden und macht dem deendrama Platz. Diese Agamemnonstochter Elektra erkörpert gewissermaßen den starren Rechtsgrund-atz: ihr Vater wurde ermordet, also muß der Mörder ufgespürt und bestraft werden. Ein ganzes Jahrzehnt at sie stückweise die Tatbestände und Beweismittel usammengetragen, und nun ist ihr klar, daß ihre igene Mutter den Mord begangen hat. Also muß die Iutter bestraft werden, und der heimkehrende Bruder rest vollzieht, was rechtens ist. Nicht um Rache, son-ern um Strafe geht es Elektra. Aber es steht die Frage n Raum: hat eine Strafe nach so langer Zeit noch inen Sinn? Und: kann aus der Anwendung starrer echtsgrundsätze nicht neues Unheil entstehen. Man ieht, das Thema ist im höchsten Maße zeitgemäß – icht nur für Einzelpersonen, sondern für ganze Völ-er. Alle diese Dinge werden nun meisterhaft erörtert; ie gewinnen nicht dramatische Gestalt für die Augen, ondern greifen an das lebendige Gewissen, halten as Nach- und Mitdenken in Spannung.

Die Irre von Chaillot

Ein Bühnenstück in zwei Akten

ersonen:

Präsident
Baron

Makler
Prospektor
Kellner
Aurèlie, die Irre
Irma, Geschirrwäscherin
Lebensretter
Polizist
Jadin
Pierre
Lumpensammler
Kloakenreiniger
Constance
Gabriele
Josephine

Ort und Zeit: Café »Chez Francis« im Pariser Vorort Chail-lot, und die Kellerbehausung der Irren, Gegenwart
Uraufführung Paris 1946

»Die Irre von Chaillot« ist ein nachgelassenes Werk Man bezeichnet es gern als moralisches Märchen un trifft damit die Art des Stückes recht gut, verschleier aber dadurch unnötig die Grundwahrheit dieses Spie les. Denn es ist *kein* Märchen, daß die »organisiert Normalität« (vergl. Ibsens »kompakte Majorität«) in wahrsten Sinne des Wortes ver-rückt, nämlich au dem Mittelpunkt echten, lebenswerten Lebens hin ausgerückt ist, während die Menschen mit ursprüngli chem Lebensgefühl von ihr als irre Sonderling bezeichnet werden. In diesem auf Hell und Dunke gestellten Spiel stehen auf der einen Seite als Vertrete »fröhlicher Bedürfnislosigkeit«, das heißt: als wirklic freie Menschen nur noch der Taubstumme, der Jongleur, der Kellner, die Blumenverkäuferin, der Straßensänger, der Kloakenreiniger und ähnliche Gestalten; sie allein sind noch Einzelne, Ungenormte, Menschen. Auf der anderen Seite die Genormten oder auf Normung Abzielenden, Vertreter der Macht, die aus Menschen gleichgekleidete, gleichgesichtige, gleichgerichtete Sklaven machen wollen und das mit Hilfe von kriechenden Einpeitschern auch fertigzubringen scheinen. Es gibt aber auch ein paar Irre und besonders die »Irre« von Chaillot, und diese bringt die Rettung. – Da Leben unwichtig, Macht und Geld aber alles ist, wollen die »Prospektoren« die Stadt Paris entvölkern, weil unter dem Pariser Grund Öl zu finden sein soll. (Daß solches nicht dem Gehirn eines Dichters entspringt, weiß man inzwischen zur Genüge; denn seit langem verschwinden Städte, die zwar nicht Paris heißen, weil sie auf »abbauwürdigen« Bodenschätzen stehen, wenn es auch nicht immer Öl ist.) Als märchenhafte Rattenfängerin von Hameln bringt es die »Irre von Chaillot« fertig (im Bunde mit den »fröhlichen Bedürfnislosen«), die ganz gierige Ausbeutergesellschaft in die Kloaken von Paris zu schaffen und sie dort umkommen zu lassen. Und so segensreich für Mensch und Natur ist diese Tat, daß im gleichen Augenblick das Gras wieder zu sprießen beginnt.

ELIOT

Thomas Stearns E. (1888–1965, Engländer) stammt aus altenglischer Familie. Studierte in Harvard, an der Sorbonne, in Deutschland und Oxford Philosophie Psychologie, Sanskrit, französische Sprache und Literatur. Bankbeamter, dann freier Schriftsteller. Er erhielt mehrere Ehrendoktorate und Auszeichnungen, 1948 Nobelpreis. Schrieb Lyrik, Bühnenwerke Essays.

Mord im Dom

Ein Spiel in zwei Teilen

Personen:

Chor der Frauen von Canterbury
Drei Priester am Dom
Ein Bote
Erzbischof Thomas Becket
Vier Versucher
Vier Ritter
Gefolge

Ort und Zeit: Die Halle des Erzbischofs und der Dom von Canterbury, 2. und 29. Dezember 1170
Uraufführung Canterbury-Festival 1935

Das Leben des Thomas Becket (1118–1170), der schon 1172 heiliggesprochen wurde, ist rasch in die

Legende eingegangen und wurde in dichterischen Werken mehrfach behandelt, wobei neben Eliot besonders C.F. Meyers Novelle »Der Heilige« und Anouilhs Schauspiel »Becket oder die Ehre Gottes« zu nennen wären. »Murder in the Cathedral« gehört zu den meistgespielten Stücken in England. Es wurde im Auftrag der Kirche für die Aufführung in Canterbury geschrieben. Eliot versucht hier, die mittelalterliche Form der Moralität mit modernem christlichen Denken zu verbinden.

Die Einwohner von Canterbury erwarten an einem Dezembertag des Jahres 1170 die Rückkehr ihres Erzbischofs Thomas Becket aus der sieben Jahre währenden Verbannung in Frankreich, wohin ihn König Heinrich II. geschickt hatte. Einst, als Becket noch Kanzler war, waren die beiden Freunde und Verbündete gegen den Papst. Doch änderte sich Beckets Verhalten mit seiner Ernennung zum Erzbischof, die vom König als geschickter Schachzug gedacht war: Von dem Ernst und der Verantwortung seines hohen Amtes durchdrungen, stellte er sich gegen des Königs Einmengung in kirchliche Angelegenheiten und zog so dessen Zorn auf sich. Der Chor der Frauen von Canterbury, die nun der Rückkehr Beckets entgegensehen, traut dem Frieden nicht, und tatsächlich weiß auch Becket, daß er Gefahren entgegengeht. An diesem entscheidenden Punkt seines Lebens gaukeln ihm »vier Versucher« Bilder einer Zukunft vor, indem sie die Sinnenfreuden des Lebens, die vielen Möglichkeiten weltlicher Macht, die Lust am politischen Intrigenspiel und zuletzt noch – für Thomas Becket am verlockendsten – die Glorie eines selbstgewählten Märtyrertodes beschwören. Doch kann er sich von diesen Einflüsterungen freimachen und in der Weihnachtspredigt sagen, daß niemand aus eigenem Willen zum christlichen Märtyrer werden könne, sondern Gottes Absicht dahinterstehen müsse, denn » ... der rechte Märtyrer ist jemand, der Gottes Werkzeug geworden ist, der seinen eigenen Willen an Gottes Willen verloren hat und der nicht länger irgendwas für sich wünscht, nicht einmal den Ruhm, ein Blutzeuge zu sein«. Im Einklang mit seinem Glauben stirbt er gefaßt, als ihn vier Ritter, Abgesandte des Königs, am 29. Dezember in der Kathedrale von Canterbury mit ihren Dolchen ermorden. Die Form dieses Mysterienspiels wird nun durch die vier Ritter unterbrochen, die an die Rampe treten und – in der Sprache und Argumentation unserer Zeit – den Zuschauer anreden und, von verschiedenen Gesichtspunkten gesehen, die Motive ihrer Tat darlegen. Nach diesem stilistischen Einschub endet das Spiel mit Gebeten des Chores und der Priester, in denen Thomas Becket als Heiliger angerufen wird.

O'NEILL

Eugene Gladstone O'N. (1888–1953, Amerikaner schottischer Abstammung) galt schon als Jüngling als schwarzes Schaf, wurde Goldsucher, Seemann, Weltenbummler, Schauspieler. Beschäftigte sich eindringlich mit der neueren europäischen Dramatik, Philosophie und Psychologie (Psychoanalyse), studierte Dramentechnik und begann dann, selbst Bühnenstücke zu schreiben. Wurde schnell bekannt durch mehr als zwei Dutzend Werke.

Was O'Neill seit etwa 1920 auf die Bühne gebracht hat, wies dem amerikanischen Theater neue Wege. Seine Stücke sind durchaus ungleichwertig und auch nicht auf einen gemeinsamen Nenner zu bringen – weder dem Thema noch der Gestaltungsweise nach. Wesentlich ist vielmehr, daß er zusammen mit einer Reihe von Gesinngungsfreunden neben das bisherige (auch heute noch bestehende) reine Unterhaltungstheater ein echtes dramatisches Theater zu setzen versuchte, ein Ziel, dem man heute in Amerika auf ganz verschiedenen Wegen zustrebt. O'Neill geht dabei wesentlich auf europäische Anregungen zurück, und zwar (umrißhaft gesehen) etwa auf Ibsen, Nietzsche und Freud. Seine Sozialstücke (so »Der haarige Affe«) wirken trotz geschickter Aufteilung ziemlich plakathaft, *sollten* wahrscheinlich so wirken, damit sie in Amerika überhaupt wahrgenommen wurden. Spätere Werke (etwa »O Wildnis«, Pubertätskonflikt, der zur seelischen Liebe führt, humorvoll-verstehend), nähern sich dem sogenannten epischen Theater.

Alle Kinder Gottes haben Flügel

Schauspiel in zwei Akten

Personen:

Jim Harris
Mrs. Harris, seine Mutter
Hattie, seine Schwester
Ella Downey
Shorty
Joe
Mickey
Weiße und Neger

Ort und Zeit: New York, vor vielen Jahren
Uraufführung New York 1921

Das Schauspiel ist vom Stoff her noch genauso aktuell, wie es bei seinem Erscheinen 1921 war. Denn es setzt sich mit der Frage auseinander, ob Schwarz und Weiß zusammenleben können. Sie können nicht, noch nicht, aller Güte und allem Bemühen des Negers Jim zum Trotz. Dieser Jim heiratet das weiße Mädchen Ella, seine Jugendfreundin, nachdem sie mit einem weißen Mann moralisch Schiffbruch erlitten hat. Der Neger, der Rechtsanwalt werden will, bleibt auch in dieser Ehe so unter dem Druck des Unterlegenheitsgefühls gegenüber den Weißen, daß er das Examen nicht besteht. Die schwarze Sippe des Jim lehnt die weiße

Frau ab. Besonders Jims Schwester Hattie sieht in Ella einen Hemmschuh für des Bruders juristische Laufbahn und wirft der Schwägerin vor, Jim bestehe ihretwegen das Examen nicht. O'Neill hat also den Konflikt zunächst etwas äußerlich auf Rassenvorurteil und gesellschaftliches Vorurteil aufgebaut. Dann aber vertieft er ihn, steigt hinab in die Seelen seiner Geschöpfe und findet da die Anlagen zu der echten Tragik, zu dem unüberwindlichen Schicksal, das wie in der griechischen Schicksalstragödie diese Geschöpfe zerbrechen läßt. Sosehr Ella und Jim sich lieben, so fest sie zusammenstehn gegen die Anfeindungen von außen, gegen den Fluch in der eigenen Brust können sie nicht an. Das Vorurteil ist zu überwinden und ist überwunden, aber die untergründige Fremdheit zweier Rassen, der Rassen-Urinstinkt ist bei beiden unüberwindbar. (O'Neill geht dabei von psychologischen Erwägungen aus, die heute keine Geltung mehr haben). So kann Jim einfach aus seinem rassischen Minderwertigkeitskomplex kein Examen vor Weißen bestehen, Ella aber wird bei aller Liebe zu Jim krank bis zur Verzweiflung – an Leib und Seele. Sie fürchtet eine Kongo-Maske, die im Zimmer hängt, und flüchtet vor ihr. Flüchtet wohin? – zu Jim. Aber ihr Geist ist darüber, daß Jim Neger ist und sie eine Weiße, so verwirrt, daß sie den Gatten mit dem Messer angreift und ihn beschimpft: »Du dreckiger Nigger!« Es sei gut, daß er sein Examen nicht bestehe, denn wie könne er klüger sein wollen als sie, die Weiße. Er solle doch wieder der kleine Jim sein von damals und wieder wie früher mit ihr spielen. Jim verspricht das der Todkranken demütig und sanft, voll Liebe und tiefem menschlichem Gefühl.

Gier unter Ulmen

Ein Stück in drei Teilen

Personen:

Ephraim Cabot
Simeon, Peter, Ebben, seine Söhne
Abbie Putnam
Ein junges Mädchen
Zwei Farmer
Der Spielmann
Ein Sheriff und andere Leute

Ort und Zeit: Vor dem Cabotschen Farmhaus in New England, 1850
Uraufführung 1924 in New York

Ein Schauspiel über ein altes Thema. Die junge Frau des alten Mannes entbrennt in heißer sinnlicher Liebe zum Stiefsohn. (Das Stück wird deshalb auch oft unter dem deutschen Titel »Gier unter Ulmen« gespielt. Aber diese Übersetzung von »desire« stimmt weder sprachlich noch von der Sache her. Außerdem ist diese Titelformulierung in ihrer Klangwirkung expressionistisch. Das paßt nicht zum realistischen Stil des Stückes). – Farmhaus unter alten Ulmen. Der Farmer Cabot hat drei Söhne, Simeon, Peter und Ebben. Die ersten beiden hat der Alte mit in die Ehe gebracht, aus der Ebben hervorgegangen ist. Die Farm stammt von Ebbens Mutter, die ihren Stiefsöhnen eine gute Stiefmutter und ihrem Mann eine gute Frau war. Trotzdem hat Cabot sie verlassen. Niemand weiß, wohin, vielleicht nach Californien? Dahin wollen auch die beiden älteren Brüder. Da ist Gold gefunden worden. Aber es fehlt an Fahrgeld. Ebben wird bleiben. Er fühlt sich als Erbe der Farm. Das Mädchen im Dorf, das er aufsuchen will, habe der Vater schon gehabt, spotten die Brüder. Ebben geht trotzdem. Als er spät zurückkommt, schlafen sie. Ebben weckt die Brüder mit der Nachricht, im Dorfe werde erzählt, der Vater habe eine junge Frau geheiratet. Nun kann nichts mehr die beiden Älteren halten. Der »Hoferbe« gibt ihnen das Fahrgeld nach Californien, das er aus einem versteckten Geldsack nimmt. Dafür verzichten sie schriftlich auf ihren Anteil an der Farm. Als der Vater mit der jungen Frau Abbie schon zu sehen ist, ziehen die beiden ab. Abbie findet auf den ersten Blick Gefallen an Ebben, aber der hat nur Haß für sie, wehrt sich gegen ihre Zärtlichkeiten. Die junge Stiefmutter erzählt daraufhin dem Vater, der Junge habe ihr die Farm versprochen, wenn sie ihm zu Willen sei. Der empörte Alte muß von der Frau beruhigt werden, daß er Ebben nicht davonjagt. Wenn Abbie einen Sohn bekommt, soll der die Farm erben. Cabot, dieses Stück Abenteuerer, geht in die Scheune schlafen, weil er sich im Haus nicht wohlfühlt. Da schlupft Abbie zu Ebben ins Zimmer und umwirbt ihn leidenschaftlich. Nur mit Mühe kann er sich ihrer erwehren. Aber er hat Feuer gefangen, und als sie sich am nächsten Tag allein treffen und Abbie dem jungen Mann ihre Liebe gesteht, finden sie sich. – Abbie hat einen Sohn bekommen. Aber nicht der Alte ist der Vater, sondern Ebben. Der ahnungslose Alte möchte den Sohn verheiraten. Da Ebben ablehnt, kommt es zum Streit, bei dem Cabot dem Sohn vorwirft, er begehre Abbie und habe ihr die Farm versprochen, die Frau habe ihm das gesagt. Ebben ist in seinen Grundfesten erschüttert. Er wirft Abbie vor, sie liebe ihn nicht, es gehe ihr nur um die Farm. Selbst das Kind habe sie nur deshalb haben wollen. Die Frau, die den Burschen längst mit jeder Faser ihres Wesens liebt, beteuert ihm ihre Liebe und will wissen, ob denn Ebben sie wieder lieben könne, wenn das Kind nicht da sei. Der Bursche gibt zu, das sei möglich, will aber fort. Während er die Koffer packt, tötet Abbie das Kind in der Wiege. Ebben wird darüber fast wahnsinnig, als sie ihm gesteht, sie habe das Kind nur aus Liebe zu ihm getötet. Cabot, der nun alles erfährt, beklagt das unschuldige Kind. Dann will er zum Sheriff. Aber Ebben ist schon gegangen. Er bezichtigt sich selbst der Beihilfe und wird die Strafe mit Abbie teilen. Denn er liebt sie mehr denn je. Mit einer Bemerkung des Sheriffs über die schöne Farm, deren Besitz sich wohl lohne, schließt das Stück.

Trauer muß Elektra tragen

Eine Trilogie

Personen:

Ezra Mannon, Brigadegeneral
Christine, seine Frau
Lavinia, beider Tochter
Orin, beider Sohn
Adam Brant
Peter Niles
Hazel, seine Schwester
Seth Beckwith

Amos Ames
Abner Small u.a.

Ort und Zeit: New England, im Hause Mannons, 1865/66
Uraufführung New York 1933

Dieses Werk ist wohl das stärkste Drama O'Neills. An ihm läßt sich die Einwirkung Nietzsches (mit dem freien Menschen), Ibsens (mit dem Familien - Seelen - Drama) und Freuds (das Geschlechtsverlangen ist das eigentliche Schicksal) am deutlichsten ablesen. Nicht nur der Name Elektra im Titel, nicht nur die Aufteilung in drei Einzeldramen, auch die Handlung selbst verweist auf das Vorbild der »Orestie« des Aeschylus. Die Deutung des Ganzen aber entstammt einer psychologischen Auffassung des 20. Jahrhunderts: auf der einen Seite das geschlechtliche Liebesverlangen mit seinen verschiedenen Verästelungen wie Vaterbindung und Mutterbindung, auf der anderen Seite die durch Herkommen und Sitte geschaffenen Einschränkungen und Hemmungen. In der Anlage ist das Werk nach in gewisser Meinung viel zu breit, als daß es als Drama dauernd zu bestehen vermöchte. Zur Darstellung seiner Gedanken mußte O'Neill freilich weit ausgreifen. – Kurz der Inhalt. I. »Heimkehr«. Als General Ezra Mannon aus dem Bürgerkriege heimkommt, wird er von seiner Gattin Christine vergiftet. Sie lebt nämlich nur noch ihrer sinnenhaften Liebe zu Mannons Neffen Adam Brant. Ihre Tochter Lavinia vermag diesen Mord aufzuspüren, weil sie aus erotischen Gründen hellsichtig ist: sie liebt ihren Vater (»Vaterverbindung«)

und sie liebt auch den Geliebten ihrer Mutter (abermals »Vaterverbindung«, weil Adam Brant ihr als verjüngter Vater erscheint). Sie will sich rächen. II. »Die Gejagten«. Als Orin, der Sohn des Ermordeten, von der Tat der Mutter und ihrem Liebesverhältnis zu Brant erfährt, will auch er die Rache (es ist Rache aus Eifersucht; denn er ist »muttergebunden«). Er bringt den »Nebenbuhler« Brant um; seine Mutter Christine gibt sich selbst den Tod. III. »Die Verfluchten«. Auch Orin begeht Selbstmord, weil er es nicht mehr ertragen kann, sein Liebstes (die Mutter) mittelbar getötet zu haben; er will wieder mit ihr vereint sein. Seine Schwester Lavinia, in der inzwischen auch das Liebesverlangen erwacht ist und die auf eine Insel möchte, auf der die Sinnenliebe nicht als etwas Verwerfliches gilt, steht nun ganz allein. Aber sie will den Trieb nicht besiegen, indem sie sich körperlich auslöscht wie Mutter und Bruder: »Das wäre Flucht vor der Strafe ... Hier allein mit den Toten leben – das ist furchtbarere Gerechtigkeit als Tod oder Kerker«. – O'Neill unterstreicht die Ausweglosigkeit noch dadurch, daß er ein Geschwisterpaar einfügt, von dem Orin und Lavinia geliebt werden; aber diese Liebe hat nicht mehr – wie in Werken der Romantik – erlösende Kraft.

Für »*Seltsames Zwischenspiel*« hat O'Neill 1928 den Pulitzerpreis bekommen. In Deutschland ist dieses ermüdende Stück »Seelentragödie« seinerzeit sanft durchgefallen. Der Stoff, eine Familiengeschichte durch drei Generationen, reicht aus für einen mehrbändigen Roman. Er ist, ähnlich wie bei dem unzweifelhaften russischen Vorbild Dostojewskij, aus dem

Bereich »seelisch-geistiger Zustände zwischen Gesundheit und Krankheit« gewählt. Das Mädchen Nina verliert ihren Verlobten durch Unfall, führt als Krankenschwester ein ziemlich wüstes Leben, heiratet dann aber doch auf Veranlassung ihres alten und väterlichen Freundes Mardsen und von dessen Freund Dr. Ned Darrel den in sie verliebten Sam Evans. Von dessen Mutter erfährt sie, daß sie mit ihm keine Kinder haben dürfe, weil in der Familie Evans Geisteskrankheit erblich sei, was Sam nicht wisse. Nina ist unglücklich. Sie erzählt Darrell von der Geisteskrankheit der Evans. Um ihrem Leben einen Sinn zu geben, solle er, der Freund, der schöne gesunde Mann, ihr ein Kind schenken. In rasch entflammender Liebe vereinigen sie sich. Später erklärt er ihr, sie habe nur sein Verlangen erweckt, und unterrichtet den nun überglücklichen Sam davon, daß Nina ein Kind erwarte. Er geht ohne Abschied von Nina nach Europa. Im zweiten Teil des Schauspiels ist das Kind da. Sam ist beruflich vorwärtsgekommen, das Kind gibt seinem Leben Inhalt. Darrell erscheint unerwartet. In ihm und Nina erwacht die alte Zuneigung. Sams »Familienglück« wollen sie nicht zerstören. So wird Ned erneut Ninas heimlicher Geliebter – und bleibt das durch elf Jahre. Gordon, der Sohn, lehnt den Freund der Mutter, seinen natürlichen Vater, ab. Auch Nina wird kritisch Ned gegenüber. Weitere zehn Jahre später. Gordon hat ein unbedeutendes Mädchen als Braut, auf das Nina eifersüchtig ist. Ned solle ihm das Ding ausreden. Der lehnt ab. Er werde sich nicht einmischen, und es wird deutlich, daß er selbst nicht mehr begreift, daß er einmal Nina geliebt hat. Aber er soll nun, so will es Nina, mit Sam reinen

Tisch machen. Mardsen gesteht, *er* werde auf Nina warten. Sam wird vom Schlag getroffen. Nach Sams Tod schlägt Gordon seinen natürlichen Vater Darrell, weil der schlecht von Sam redet, wird aber von der Mutter beruhigt. Um Gordon zu schonen, schweigt Darrell von seiner Vaterschaft. Zum Dank dafür verlangt er von Nina, sie solle seinen Heiratsantrag ablehnen, worüber Gordon froh sein werde, und Mardsen heiraten. Dieser ist überglücklich. Darrell geht, wohl für immer. Nina soll, so will Mardsen, alles vergessen. Es sei nur ein seltsames Zwischenspiel gewesen, um die Seelen vom Begehren zu reinigen.

»*Fast ein Poet*«. Das nachgelassene Schaupiel ist erst 1957 bei den Salzburger Festspielen uraufgeführt worden. Ein Festspielstück ist es nicht. Denn nach Inhalt und Form erhebt es sich nicht über das Dutzend ähnlicher Werke, denen die Aufgabe gestellt ist, die Lebenslüge Irgendeines oder Irgendwelcher zu entlarven. Außergewöhnliche dichterische Schönheiten hat es ebenfalls nicht aufzuweisen. Gewiß, diese Geschichte vom heruntergekommenen Major ist ein gutes Stück Theater, mit Gestalten von ausgeprägtem Charakter und sogar mit Humor, der bei O'Neill so selten ist. Aber es bleibt doch Schablone, wie der Dichter sein Anliegen vertritt. Man kennt das doch schon zur Genüge, daß Leute mit ihrem Abstieg nicht fertig werden. Daß sie, entlangtänzelnd am Rande des Ruins, sich und den anderen noch Illusionen des einstigen Glanzes vormachen, sich stützen lassen beim Seiltanz ihrer Phantasie von anderen ebenfalls Heruntergekommenen, die grinsend ihr bißchen Gewinn aus der Gefolgschaft eines Mannes ziehen, der sich ihnen zum Narren macht. Narr ist der irische Kneipenwirt Cornelius Melody in Boston, ehemaliger siegreicher Offizier und nun der versoffene und ein wenig gespenstische Schatten seines Glanzes. Diesem Glanz vor sich selbst und vor den anderen zulieb hält er sich eine Vollblutstute, hält er sich einen Hofstaat an ihn verschuldeter Zechkumpanen, ist er in steter Kampfbereitschaft, geschmückt mit Orden und dem übrigen militärischen Zubehör, die sich an schäbigen Pförtnern und dürftigen Polizisten ausläßt. Die unentwegt in ihn verliebte Frau pflegt und hegt den Mann und seine Illusion. Die harte, selbstsüchtige Tochter aber geht mit diesem Mann, der fast ein Dichter seiner Lebenswünsche ist, zu streng zu Gericht, erniedrigt und verhöhnt ihn. Ein Liebhaber spielt mit, ohne auf der Bühne zu erscheinen.

GOETZ

Curt G. (1888–1960), Schauspieler und Regisseur, lebte ab 1945 in Merlingen (Schweiz), schrieb eine große Anzahl außerordentlich erfolgreicher Komödien und zum Teil schwankhafter Lustspiele, deren Hauptrollen er meist selbst spielte.

Dr. med. Hiob Praetorius – Facharzt für Chirurgie und Frauenleiden

Eine Geschichte in sieben Kapiteln

Personen:

Sherlock Holmes
Dr. Watson
Jacky
Frau Smith
Herr Shunderson
Dr. med. Hiob Praetorius
Professor Dr. Nack
Lilian
Jack
Professor Spiter
Der Assistenzarzt
Die Oberschwester
Die Schwester
Die Großmutter

Maria Violette
Der Präsident des Ehrenrates
Professoren
Hörer und Hörerinnen

Ort und Zeit: »Über den Ort der Handlung ist sich der Autor nie klargeworden«, Gegenwart
Uraufführung Stuttgart 1932

Dieses Stück, aus dessen Stoff und Zuspitzungen andere Autoren wenigstens vier Komödien machen könnten, benutzt als Hauptfabel zwei angeblich wahre Begebenheiten, deren eine einen approbierten Arzt sich mit größtem Erfolg als Kurpfuscher betätigen ließ, während die andere die Geschichte eines Mannes gibt, der wegen Mordes gehängt wurde, aber wie durch ein Wunder dem Hinrichtungstod entging. Dieses Thema ist ohne jede Peinlichkeit mit vielen Seitenhieben auf die Rechtspflege zu einem spannenden Monolog im Stück gestaltet: Shunderson hat auf einer Bergtour seinen Freund verloren. Die Frau Shundersons behauptet, ihr Mann habe diesen Freund (ihren Liebhaber) umgebracht. Dadurch erfährt der angebliche Mörder erst, daß sein Freund der Liebhaber seiner Frau war. Er wird zum Tode verurteilt, aber zu lebenslänglichem Gefängnis begnadigt. Nach seiner vorzeitigen Entlassung wegen guter Führung trifft Shunderson den »Ermordeten« im Kaffeehaus und schlägt ihn jetzt wirklich tot. Obgleich er für den Mord seine Strafe schon im voraus abgesessen hat, wird er noch einmal zum Tode verurteilt und jetzt wirklich gehängt. Aber auf dem Sektionstisch der Anatomie bringt Dr. Praetorius den nur Scheintoten zum Leben zurück und nimmt ihn zu sich. Das alles wird in einer Rahmenhandlung mit der bekannten Detektivfigur Sherlock Holmes nachträglich aufgerollt, nachdem Dr. Praetorius und Shunderson durch einen Autounfall ums Leben gekommen sind. Der Autounfall ereignete sich, weil Praetorius bei der Fahrt über die Verhandlung eines ärztlichen Ehrengerichtes, in dem seine Kurpfuschervergangenheit und die Lebensgeschichte Shundersons zur Sprache kam, zu sehr lachen mußte. Die Komödie enthält neben manchem Drastischen auch einige tiefe Gedanken über Leben und Tod.

Zum Unterhaltsamsten, was Curt Goetz geschrieben hat, gehört die Komödie *»Der Lügner und die Nonne«* (1928), in der das Gelübde der Keuschheit als ein Verstoß gegen das göttliche Naturgesetz der Liebe liebenswürdig-ironisch kritisiert wird. Eine Novizin hat an der Klosterpforte ein ausgesetztes Baby gefunden und es an Mutters Statt angenommen. Ihrem Naturinstinkt folgend reicht sie dem Kind, um es zu beruhigen, die jungfräuliche Brust. Um dem Skandal im Kloster zu entgehen, springt die Novize ins Wasser und wird von einem jungen Mann (der sich später als Vater des Babys entpuppt) gerettet. Im Kloster besteht der Verdacht, daß die Novize, die sich in den jungen Mann verliebt hat, und die auch von ihrem Retter geliebt wird, selbst die Mutter des Kindes ist. Der gütige Kardinal, klärt die Angelegenheit mit Weisheit und Takt. Die Novize ist unschuldig. Wird sie im Kloster bleiben oder wird sie mit ihrem geliebten Retter für immer zusammenkommen? Die Frage läßt der Autor offen.

COCTEAU

Jean C. (1889–1963, Franzose) Sohn eines Juristen. Erster Gedichtband mit 17 Jahren. Journalist und Zeichner. War der große Anreger des künstlerischen Lebens in Frankreich, in allen Kunstrichtungen und Zeitströmungen experimentierend. Mitglied der Académie Française. Schrieb u.a. Lyrik, Dramen, Romane, Ballette, Filmdrehbücher, Libretti.

Bacchus

Eine Tragikkomödie in drei Akten

Personen:

Der Kardinal Zampi, außerordentlicher Gesandter des Heiligen Stuhls
Der Bischof
Der Herzog
Hans, der Bacchus
Lothar, Sohn des Herzogs
Der Generalprofos, Chef der Garnison
Der Syndikus, Zunftmeister der Kaufleute
Karl, Hauptmann der Bogenschützen
Christine, Tochter des Herzogs

Ort und Zeit: Eine kleine deutsche Stadt nahe der Schweizer Grenze, 1523
Uraufführung Paris 1951

Das beachtliche Schauspiel versinnbildlicht nach Cocteaus eigenen Notizen die »Ausweglosigkeit einer Jugend«. Der Wille zum Guten steht im Gegensatz zur Wirklichkeit, der Idealist, ein tumber Tor, den man zum Bacchus, zum symbolischen Herrscher für die Zeit der Weinlese (so man den Prinzen Karneval regieren läßt) gemacht hat, gerät in Konflikt mit der Welt, die er befreien will.

In einer deutschen Kleinstadt in der Nähe der Schweiz gibt es zur Zeit der Reformation noch einen Brauch, wie es ihn nur noch im alten Byzanz gegeben hat: Jedes fünfte Jahr, zur Zeit der Weinernte, wird ein Jüngling zum »Bacchus« gewählt, dem die Stadt sieben Tage lang untertan ist: er ist »König und Gott«. Nicht jeder ist der Verantwortung dieses Spiels gewachsen, nicht jeder findet nach dieser Woche auch wieder leicht zurück in den glanzlosen Alltag. So ging es dem älteren Sohn des Herzogs, der – Bacchus bei einem früheren Fest – in den Freitod ging, weil ihm das Leben nachher verleidet war. Der Herzog will nun, unterstützt von seiner klungen Tochter Christine, die dem jüngeren Bruder Lothar die Teilnahme an der Bewerbung ausreden konnte, den Brauch verächtlich machen. Sie erreichen, daß der junge, schöne, aber als einfältig geltende Hans in die Rolle des Bacchus gedrängt wird. Auch der zufällig vorbeireisende Kardinal spricht sein Wort dazu. Dieser Hans, ein einfacher Bauernbursch, dem sich einst nach einer grausamen Treibjagd der hochgeborenen Jugend des Städtchens der Verstand vorübergehend verwirrt hatte, verbirgt hinter der Maske eines Dorftrottels – die ihn davor bewahren soll, in den Unruhen der Welt Partei nehmen zu müssen – idealistische Vorstellungen, die er nun, als Bacchus, verwirklicht: Er treibt die Händler aus den Kirchen, er öffnet die Gefängnisse, er schafft den Zehnten ab. Aus Güte wird er Revolutionär. Doch niemand weiß ihm dafür Dank; die Obrigkeit fühlt sich bedroht, dem Volk ist er die Lustbarkeiten schuldig geblieben, es denkt nicht daran, das weiter fortzuführen, wozu er ihm den Weg gewiesen hat. »Seine Tragödie besteht darin, niemandem anzugehören«, sagte der Kardinal, der diesen jugendlich-wirren, doch lauteren Charakter retten möchte vor dem drohenden Unheil, das sich allenthalben um ihn zusammenbraut, vor dem Scheiterhaufen. Vor die Wahl gestellt, den Feuertod zu sterben oder – vom Kardinal als Rettung gedacht – in einen Mönchsorden einzutreten, wählt er das erstere, weil er nicht unfrei sein kann. »Habe ich nicht gesagt, daß mein wahrer Sieg der Untergang, das Scheitern sein würde? In meinen Augen ist die Maskerade keine Maskerade. Und weil es niemals eine Maskerade war, muß sie als Tragödie enden.« Der barmherzige Pfeil Lothars bewahrt ihn schließlich davor, noch vor Erreichung des Scheiterhaufens von der blutrünstigen Menge zerfleischt zu werden. Aber seinen Märtyrertod gestattet die Kirche nicht; mit der fingierten Erklärung, er habe seine Irrtümer widerrufen und sei nun, da die Kirche ihn beschütze, unantastbar, wird ihm ein christliches Begräbnis zuteil, und die alte Ordnung ist wiederhergestellt.

WERFEL

Franz W. (1890–1945, Österreicher), Sohn eines Kaufmanns. Studierte in Prag, Leipzig und Hamburg. Nach erfolgreichem Erscheinen seiner ersten Gedichte 1911 bis 1914 Lektor des Kurt-Wolff-Verlages in Leipzig. Später freier Schriftsteller in Wien. Emigrierte 1938 nach Frankreich und anschließend in die USA. Schrieb Gedichte, Dramen, Romane, Novellen, Essays.

Jacobowsky und der Oberst

Komödie einer Tragödie in drei Akten

Personen:

Jacobowsky
Oberst Tadeusz Boleslav Stjerbinsky
Marianne
Szabuniewicz
Der tragische Herr
Der Unsterbliche
Madame Bouffier, Wirtin des Hotels »Mon Répos et de la Rose«
Ginette, Mariannes Jungfer
Clairon, Wirt des Cafés »Au père Clairon« in Saint Jean-de-luz
Der Ewige Jude
Der heilige Franziskus
u.v.a.

Ort und Zeit: Zwischen Paris und der atlantischen Küste in Frankreich, Juni 1940
Uraufführung New York 1943

Dieses Bühnenstück wurde nach Ende des Zweiten Weltkrieges häufig gespielt. Werfel, der selbst eine gefahrenreiche Flucht auf sich nehmen mußte, hat hier gewiß eigene Erlebnisse verarbeitet.

Die Gäste des Pariser Hotels »Mon Répos et de la Rose« sitzen verängstigt in der als Luftschutzraum dienenden Waschküche des Hotels und warten auf das Ende des nächtlichen Luftangriffs. Schon die siebente Nacht verbringen sie hier im Keller. Während sie ihre Meinungen über die Kriegslage austauschen, ist die Wirtin darauf bedacht, daß die Vorschriften des Luftschutzes eingehalten werden. Sie bemerkt entsetzt, daß nicht alle Hotelgäste anwesen sind. Als sie den Flüchtling Jacobowsky holen will, kommt er gerade von einem nächtlichen Spaziergang zurück und richtet nun die Gesellschaft durch Konfekt und seine Lebensweisheit auf, die – trotz ihrer Skepsis – viel Lebensmut ausstrahlt. Für ihn, den Juden, ist Frankreich schon das fünfte Gastland auf seiner Flucht vor den deutschen Verfolgern. Durch seine angenehmen Umgangsformen ist er überall beliebt, ganz anders als z.B. sein Landsmann, der hochfahrende Oberst der Kavallerie Stjerbinsky, der nun eben wieder einen Wutanfall der Luftschutzkontrolle auslöst, weil er sich bei hellerleuchteten Fenstern in seinem Zimmer befindet. Pole wie Jacobowsky, ist er doch in allem sein Gegensatz. Dies zeigt sich immer mehr, als – durch ein merkwürdiges Schicksal – die beiden so verschiedenen Naturen, die sich manchmal wie Don Quichotte und Sancho Pansa zueinander verhalten, die Flucht aus Paris gemeinsam antreten. In ihrer Begleitung befinden sich Marianne, die Verkörperung Frankreichs, und Stjerbinkys Diener. Wie der unpathetische bescheidene, herzenswarme und dennoch schlaue Jacobowsky zum Herr der Lage wird und dem stolzen ja hitzigen Stjerbinsky zeigt, daß in diesen Zeiten Besonnenheit der Tollkühnheit den Rang abläuft, ist die Essenz dieser Tragikomödie. Was der Oberst z.B. für eine »Religion der Kavaliere« hält, ist für Jacobowsky eine »Religion für Totschläger«. Auch über den Begriff der Ehre können sich die beiden nicht einigen, denn für Jacobowsky steht die Menschenwürde höher. Wie im Spiegelbild erkennen sie sich in dem ebenfalls zusammengespannten Paar des Ewigen Juden und heiligen Franziskus, denen sie auf ihrer Flucht begegnen.

Da zur Lebenserfahrung einer alten, unvertilgbaren Rasse auch die Fähigkeit gehört, die rechte Gelegenheit beim Schopfe zu fassen, geht die Fahrt der vier in einem alten, klapprigen Auto dank Jacobowskys Geschicklichkeit glücklich quer durch Frankreich an die rettende Küste. Doch scheint die Freiheit am Ende doch nur dem Obersten zuteil zu werden. Wenn dieser selbst schließlich dem als Rivalen empfundenen Jacobowsky unter Lebensgefahr zur Rettung verhilft, so ist dies in seinem hochherzigen Charakter begründet und somit mehr als ein freundlich-billiger Komödienschluß.

KLABUND

Eigentlicher Name: Alfred Henschke (1890–1928), Sohn eines Apothekers. War seit dem 16. Lebensjahr lungenkrank. Studierte Literatur und Philosophie in München und Lausanne. Freier Schriftsteller. Schrieb neben bemerkenswerter Lyrik und sehr lebendigen Romanen auch einige Dramen.

Der Kreidekreis

Spiel in fünf Akten, nach dem Chinesischen

Personen:

Tschang-Haitang
Frau Tschang, ihre Mutter
Tschang-ling, ihr Bruder
Tong, ein Kuppler
Pao, ein Prinz
Ma, ein Mandarin
Yü-Pei, seine Gattin ersten Ranges
Tschao, Sekretär beim Gericht
Tschu-tschu, Oberrichter
u.a.

Orte der Handlung: Teehaus, Garten und Veranda bei Ma – Gerichtssaal – Schneesturm – Landschaft – Kaiserpalast

Uraufführung Frankfurt/Main 1925

Von dem dramatischen Werk des früh verstorbenen Dichters bleibt für uns vor allem »*Der Kreidekreis*«. Bei diesem Stück nach dem Chinesischen handelt es sich um eine Neudichtung. Es kann ohne weiteres als Originalwerk Klabunds angesehen werden; gelten doch auch Dramen der klassischen Weltliteratur als Originalschöpfungen, wenn die verarbeiteten älteren Quellen (und gelegentlich sogar dem ganzen Aufbau nach übernommenen Stücke) durch das Genie des jeweiligen Nach-Dichters über das Vorbild hinaus wesentlich vertieft wurden. Klabund bereichert das Märchen des Chinesen Li-Hing-Tao aus dem vierzehnten Jahrhundert sowohl lyrisch wie dramatisch.

Die schöne Haitang wird an das Freudenhaus des Herrn Tong verkauft, da ihre Familie durch den Tod des Vaters in Not geraten ist. Der Mandarin und Steuerpächter Ma hatte ihn um Haus, Hof, Geld und Gut gebracht. In dem Freudenhaus lernen sich Haitang und der junge Prinz Pao kennen und lieben. Aber der Mandarin Ma stört diese Liebe. Durch einen Kreidekreis auf der Papierwand dringt er in das Liebesidyll der beiden jungen Menschen ein. Er erwirbt Haitang, da Pao sein Kaufgebot nicht überbieten kann. – Haitang hat Herrn Ma einen Knaben geboren. Damit hat sie Herrn Ma, dessen Gunst sie zunächst mit seiner Hauptfrau, Yü Pei, teilen mußte, ganz für sich gewonnen. Diese erste Frau Ma unterhält ein Liebesverhältnis mit Tschao. Um für sich das Erbteil zu retten, beschließt Frau Ma mit Tschao, den Gatten zu töten. Ma wird vergiftet und Haitang des Mordes beschuldigt. Das Kind Haitangs bezeichnet Frau Ma als ihr eigenes. Der Richter wird über Tschao von Frau Ma bestochen. Ebenso die

Hebamme mit Gold gefügig gemacht. Haitang wird wegen Mordes an ihrem Gatten Ma zum Tode verurteilt. Nur infolge des Todes des Kaisers (der am Ende der Gerichtsszene bekannt wird) bleibt das Urteil unvollstreckt. Der Bruder Haitangs wird als »Sozialist«, der gegen Kaiser und Richter lästert, ebenfalls in Haft genommen. Auf dem Transport nach Peking treffen sich Haitang und der Bruder. Unterwegs wird der Elendszug der Gefangenen von Herrn Tschao und Frau Ma, die jetzt Frau Tschao ist und die Haitangs Kind bei sich hat, überholt. Pao ist Kaiser und damit oberster Richter geworden. Vor ihm müssen jetzt die Angeklagten erscheinen. Da wird zuerst Tschang-Ling, der Bruder Haitangs, frei: zwar sei er Revolutionär, aber er habe recht mit seiner Kritik. Dann wird der Fall Haitang verhandelt. Der Kaiser und seine ehemalige Geliebte erkennen einander. Da sich die Parteien widersprechen, fällt der Kaiser sein Urteil: Das Kind wird in einen Kreidekreis auf den Boden gelegt. Beide Frauen sollen gleichzeitig versuchen, es aus dem Kreis zu ziehen; die echte Mutter werde die Kraft besitzen, den Knaben zu sich zu holen. Frau Ma zerrt das Kind roh an sich. Haitang hat keinen Versuch gemacht, sich des Kindes zu bemächtigen; denn sie liebt ihr Kind und kann ihm nicht weh tun, indem sie es an seinen zarten Armen an sich reißt. Nachdem Frau Ma ihre Tat bekannt hat, beschuldigt sie ihren jetzigen Mann, Herrn Tschao, der Anstiftung. Der wehrt sich, die ganze Bestechungsgeschichte kommt ans Tageslicht, und der Kaiser sieht, was für Beamte er hat. Haitang soll den Stab über sie brechen. Da aber jeder schon aus Liebe gefehlt hat, mag sie nicht richten. Nur sollen der erste Richter, der sie zum Tode verurteilt hat, und Tschao von jetzt an das Richteramt nicht mehr ausüben dürfen. Frau Ma aber soll sich mit dem gleichen Zucker (dem Gift), der sie Herrn Ma einst in den Tee geschüttet hatte, selbst richten. Die freigewordene Richterstelle bekomm Tschang-Ling. Zwischen Haitang und dem Kaiser aber gibt es noch eine Bindung: In der ersten Nacht, in der Haitang im Hause Ma's war, hat sie geträumt, daß der geliebte Pao zu ihr gekommen sei und ihr beigewohn habe. Der Kaiser gesteht: Haitang hat nicht geträumt Er war wirklich bei der Schlafenden. Das Kind ist sein Kind. So wird Haitang seine Gattin.

PAGNOL

Marcel P. (1895–1974, Franzose), Sohn eines Lehrers. Wurde auch Lehrer, gab nach seinem ersten Bühnenerfolg das Lehramt auf. Mitglied der Académie Française. Schrieb Bühnenwerke, Autobiographisches, Übersetzungen.

Marcel Pagnol ist für Frankreich, was Zuckmayer vor seiner Emigration für Deutschland war: ein Dichter des gehobenen Volksstückes, der deftigen, lebensnahen Volkskomödie mit allerlei besinnlichem, auch kritischem Hintergrund. Daß dieser Hintergrund beim Südfranzosen Pagnol anders aussieht als beim Deutschen Zuckmayer, ist klar. Denn in der Zeit, in der sich der Franzose und der Deutsche ihre großen und dauerhaften Erfolge erschrieben, war die Lage der beiden Heimatländer der Dichter grundverschieden, und zwischen den Lebensgefühlen der westlichen und östlichen Nachbarn klafften Abgründe. Deshalb erscheint manchem manches bei Pagnol heute als zu leicht, zu unmittelbar und zu vordergründig. Aber die Probleme liegen hier meist ganz im Privat-Menschlichen, das durchaus weiter Gültigkeit hat, und nicht im gesellschaftlichen Bereich; sind mit so viel menschlicher Wärme, mit so viel gütigem Charme, mit so viel Witz und Farbe gelöst, daß man ihre Allgemeingültigkeit gar nicht spürt.

Marius (Zum goldenen Anker)

Komödie in drei Teilen

Personen:

Marius
César, sein Vater, Inhaber einer Hafenkneipe in Marseille
Panisse, Segelmacher
Escantefigue, Kapitän einer Dampffähre
Brunk, Zollinspektor
Piqueoiseau, ein Bettler
Ein Obermaat
Fanny, Muschelverkäuferin
Césariot, ihr Sohn
Honorine, ihre Mutter
u.a.

Ort und Zeit: Der Hafen von Marseille, Gegenwart
Uraufführung Marseille 1929–32

Bei diesem Stück handelt es sich um die Liebesgeschichte der Muschelverkäuferin Fanny zu dem Wirtssohn Marius, der in der Hafenkneipe seines Vaters César lustlos als Kellner arbeitet. Die Sehnsucht nach dem Meer, nach der Ferne hält ihn gefangen, und vor vorübergehend findet er in den Armen des Mädchens so etwas wie Geborgenheit. Aber Fanny spürt, sie wird den Burschen nicht halten können. Die prachtvollen Gestalten der Komödie machen das Stück recht vordergründig, und nur wer gute Ohren hat, hört aus manchem Satz den Symbolgehalt der zarten Liebestragödie.

»*Fanny*« erwartet im zweiten Teil der Trilogie ein Kind von Marius. Vater César empfindet so viel Schmerz über die Flucht des Sohnes, daß ihn aller Scherz und alle Aufschneidereien nicht trösten können. Als sich Fanny ihrer Mutter anvertraut, sieht die berechnende Honorine den Zeitpunkt für gekommen, das Mädchen schleunigst an Panisse, der noch immer leise und freundlich wirbt, zu verkuppeln, und ihm das Kind zu unterschieben. Aber Fanny gesteht Panisse alles, und der gütige kinderlose Mann nimmt das Mädchen auf. Als Marius zurückkehrt, alles erfährt, und nun Mutter und Kind zu sich ziehen will, bleibt Fanny bei ihrem Mann Panisse, obwohl sie den Burschen noch liebt. Und als gar Vater César sich vor Mutter und Buben stellt, geht Marius wieder in die Fremde.

»*César*« bringt den sinnvollen Abschluß. Der Sohn Fannys mit Marius, Césariot, erfährt, als Panisse im Sterben liegt, von seinem wahren Vater. Der nunmehr zwanzigjährige Student geht nach Toulon, um dort heimlich nach Marius zu forschen. Empört über des leiblichen Vaters Verhalten deutet der junge Mann manches, was er erfährt, falsch, und Marius muß erst Mißverständnisse aufklären, als er zurückkommt. Vater César aber hilft dazu, daß Fanny nun den richtigen Mann und Césariot den richtigen Vater bekommt. – Von den drei Stücken ist César das schwächste. Denn hier wird aus dem Verstand diskutiert, während die Teile »Marius« von der »Reinheit des Herzens« und »Fanny« von der »Lauterkeit des Charakters« vom Gefühl beherrscht sind.

ZUCKMAYER

Carl Z. (1896–1984) studierte in Heidelberg, war ein Weile Dramaturg, konnte nach dem Erfolg seine »Fröhlichen Weinbergs« ganz als Freischaffender wir ken. Lebte vorwiegend in den Vereinigten Staaten Schrieb Gedichte, Romane und andere Prosawerke vor allem aber Bühnenstücke.

Einer der wenigen wirklichen Bühnendichter unse rer Zeit. Es spricht für seine schlichte Menschlichke wie für sein kluges Wollen, daß er sich in seinen dra matischen Werken fernhält von allem mit künstliche Dornen ausgestatteten Seitenpfaden, auf denen zahl reiche seelenverleugnende, psychologisierende Stük keschreiber von heute ebenso anspruchs- wie kum mervoll dahinwandeln. Es zeugt von echtem Theater blut, wenn er sich mit allgemein-fesselnden Theme in allgemein-verständlicher Sprache an die Allge meinheit wendet. Und es zeugt von wirklichem Wisse um die unabdingbaren Grundforderungen der Bühn wenn er sich vom epischen Theater fernhält.

Zuckmayers Themen kreisen um die Gesellschafts ordnung. Er greift sie nicht als Ganzes an, sonder zieht Mißstände ans Licht. So etwas kann man tragisc machen, aber auch humorvoll. Zuckmayer hat di Fähigkeit, beides gleichzeitig zu tun: selbst sein saftig ster Humor ist von tragischen Anschauungen getra gen, und seine tragischen Werke sind unlösbar m humorvollen Zügen durchwoben. Im Leben ist es nicl anders, und das Leben, dieses von Widersprüchen un

Harmonien pralle Dasein, dieses mächtige Ein- und Ausatmen der Natur, ist Zuckmayers Lehrmeister. Daher seine bis zum Rande erfüllten Menschen, das in großen Zügen aufgebaute Geschehen, die volle (nicht voll-tönende!) Sprache. Nach dramatischen Handwerkskniffen würde man bei ihm vergeblich suchen, er hat sie ebensowenig nötig wie das Leben. Daß Zuckmayer mehr ist als ein naturalistischer Abmaler, spürt man bei genauem Hinhören in vielen Sätzen; so selbstverständlich, so »natürlich« alles erscheint, – jede Wendung ist unmerklich überhöht ins Dichterische.

Schinderhannes

Schauspiel in vier Akten

Personen:

Johann Bückler, genannt Schinderhannes
Julchen Blasius, Tochter eines Bänkelsängers
Ihre Kameraden
Ihre Zeitgenossen

Ort und Zeit: Am Mittelrhein, im Hunsrück und in der Festung Mainz, zur Zeit Napoleons
Uraufführung Berlin 1927

»Schinderhannes« ist das erste der sogenannten »deutschen Dramen« Zuckmayers (die andern beiden sind »Der Hauptmann von Köpenick« und »Des Teufels General«). Es ist ein echtes Heimatstück, das den volkstümlichen Räuberhelden Johann Bückler, genannt Schinderhannes, in den Mittelpunkt stellt Bereits hier wird eine unzulängliche Gesellschaftsordnung verurteilt und dem Freiheitsstreben der Unterdrückten recht gegeben. Die geschichtliche Gestalt des Bückler ist im Schauspiel stark verklärt, so wie sie in der Erinnerung der Bevölkerung von Zuckmayers mittelrheinischer Heimat fortlebt. Den Armen wird geholfen, die Reichen werden mit Gewalt und List ärmer gemacht und niedergehalten. In diese Aufgabe wächst der Held, noch durch eine schöne Liebe veredelt, ganz hinein. Aber als er sich auflehnt gegen die Gewalt der napoleonischen Besatzung, gerät er ins Maßlose steckt sich ein Ziel, das über seine Kraft geht. Seine Tragik wird noch dadurch gesteigert, daß er die Warnungen seiner Geliebten mißachtet und sich auf die Hilfe derer verläßt, die ihm nur so lange zur Seite stehen, als sie den Erfolg sehen. Um Judas-Lohn finden sich Verräter in den eigenen Reihen. Die Lebenszuversicht Zuckmayers vermag aber auch dieser Tragik einen weiterweisenden, sieghaften Zug zu verleihen der Fall des Schinderhannes wird zum Flammenzeichen für die Unterdrückten, und er selbst triumphiert über den Tod, indem er in der Nacht vor der Hinrichtung im letzten Zusammensein mit der Geliebten noch neues Leben zeugt.

Im Hunsrück ist es gefährlich für reisende Kaufleute reiche Gutsbesitzer und Handwerker. Besonders, wer an die Franzosen liefert, wird heimgesucht von den Überfällen des Banditenhauptmanns Schinderhannes. Er hat seine Freunde bei der armen Bevölkerung die ihn unterstützt, ihm Obdach gewährt und ihn warnt. Unerkannt sitzt Schinderhannes im Gasthaus wo Besitzende und Arme miteinander in Streit geraten. Er demütigt die Besitzenden und hält die Armen frei. Als Gendarmerie kommt, verschwindet er. Das Musikantenkind Julchen, in den herrlich wilden Mann verliebt, folgt ihm. – Gendarmen, die den Vater des Schinderhannes haben verhaften wollen, werden vom Räuberhauptmann und seiner Bande gefangen genommen und mit Schimpf und Schande fortgejagt.

Schinderhannes ist verschwunden. Auch seine Bande weiß nicht, wo er sich aufhält. Sie erwarten ihn bei einem wüsten Gelage. Da kommt ein reicher Metzger, der an die Franzosen liefert, und kündigt den Anmarsch einer größeren französischen Truppenabteilung an, die das Land von den Räubern säubern und Soldaten ausheben soll. Die Armen wollen Schinderhannes zu Hilfe holen und warnen. Dieser aber hat selbst die Truppe in die Irre geführt, um sie bei Nacht mit seiner Bande zu überfallen; dann will er den Kampf gegen die fremden Unterdrücker weiterführen. Julchen warnt ihren Geliebten vor der Maßlosigkeit seines Planes, wird aber von Schinderhannes in seinem wilden Machtrausch zu Boden geschlagen. Mit dem Überfall auf die Franzosen lädt er zum erstenmal Blutschuld auf sich, die er bisher vermieden hatte.

Auf den Kopf des Schinderhannes ist ein hoher Preis ausgesetzt, deshalb hat die Bevölkerung sich von ihm zurückgezogen. Gehetzt, ihrer Hilfsquellen beraubt, fristet die Bande Schinderhannes' ihr Dasein. Schon sind einige ihrer Mitglieder abgefallen und haben sich zu den Soldaten über den Rhein anwerben lassen. Schinderhannes selbst könnte ebenfalls versuchen, über den Rhein zu kommen, aber die Liebe zu Julchen, die ihn seiner Roheit wegen verlassen hat, hält ihn zurück. Die Getreuen sollen sich in Sicherheit begeben, er aber will dableiben, bis er Julchen gefunden hat. Der Rest der Bande hält treu zu ihm. Schinderhannes findet Julchen, die ihm gerade einen Sohn geboren hat. Jetzt will er mit ihr und seinen Leuten die Flucht über den Rhein antreten. Mitglieder der Bande, die schon früher zu den Soldaten gegangen waren, verraten Schinderhannes und seine Leute.

Der Räuber und seine Bande sind zum Tode verurteilt worden. Im Holzturm zu Mainz wartet Schinderhannes auf seine Hinrichtung. Julchen, von jeder Schuld freigesprochen, darf den Todgeweihten noch einmal besuchen. Die letzte Nacht vor der Hinrichtung vereint beide. – Zur Hinrichtung ist eine riesige Volksmenge zusammengeströmt; die Hunsrücker Bauern nehmen aufrührerische Haltung ein. Einer der Verräter unter der Menge wird erkannt und erschlagen. Bücklers Rebellentum wirkt weiter.

Katharina Knie

Ein Seiltänzerstück in vier Akten

Personen:

Karl Knie sen., gen. Vater Knie
Katharina Knie, seine Tochter
Fritz Knie, Lorenz Knie, ihre Vettern, Parterreakrobatik, Balancespiele
Ignaz Scheel (Trampolin, Sprungseil, Luftarbeit)

Julius Schmittolini (Clownintermezzi, komisches Kunstradeln)
Bobbi, gen. Bibbo (früher Stemm- und Kraftakte, jetzt Kasse, Kochen, Waschen)
Mario
Familie Eichel (stumme Rollen)
Marthin Rothacker, Landwirt
Rothackerin, seine Mutter
Membel, Gerichtsvollzieher
Dillinger, Polizeikommissär
Bloomaul, Tätowierer
Berberitzsche, Zettelausträger
Musikanten
Lausbuben, Publikum

Ort und Zeit: Marktplatz eines kleinen pfälzischen Städtchens mit dem Zirkus Knie, 1923 und 1924
Uraufführung 1928 in Berlin

Trotz allem Bunten, Episodenhaften, Übertheatralischen und leider auch Kitschigen eine ernsthafte Fragestellung, die auch nach mehr als zwei Jahrzehnten noch Gültigkeit hat, gültig für die gesamte Kunstausübung, wenn auch am Beispiel eines kleinen Wanderzirkusses dargetan: wird die Kunst durch ständige Mechanisierung ihrer Unmittelbarkeit entkleidet und damit erstarren? Wird der alte Knie recht behalten, wenn er sagt: »Es ist auch kein richtischer Kunstsinn mehr unter de Leut, seit sie kein Geld mehr hawe«? Und schließlich: wird die Sehnsucht nach gesicherter Bürgerlichkeit über den Trieb zur unsicheren Kunstausübung siegen? Solche Fragen werden ansonsten nur in hallenden Tagungssälen oder in schwierigen Essays behandelt. Zuckmayer aber steigt ins Leben, in eine kleine Seiltänzertruppe (!), vielleicht zu tief, aber allgemeinverständlich – und darauf, nur darauf kommt es an. Recht hat er, tausendmal recht. Der Kunst fehlt es nicht an ästhetischen Befürwortern, sondern an einem breiten Unterbau. Nehmen wir dem Theaterdichter daher seine Sentimentalitäten und seiltänzerischen Kitschigkeiten nicht allzu übel.

1. AKT: Als die in der Inflation in Not geratene Seiltänzergruppe Knie wegen Steuerschulden gepfändet werden soll, stehen alle so schlau zusammen, daß der Gerichtsvollzieher nichts findet. Auch als Knies Tochter Katharina für ihr Eselchen Hafer gestohlen hat, geht alles noch einmal gut aus; denn der bestohlene Bauer Rothacker schenkt ihr nachträglich den Hafer, weil ihn die Not der Seiltänzer erbarmt und weil Katharina ihm gefällt. Den alten Seiltänzer hat allerdings dieser Diebstahl schwer getroffen.

2. AKT: Heimlich bringt Katharina den Hafer zurück; weniger wohl des Vaters als des Bauern wegen, den sie längst liebt. Rothacker fährt den Hafer wieder zum Zirkus. Dabei überredet er Knie, er solle Katharina doch auf seinem Hofe lassen in diesen bösen Zeiten. Knie sieht das ein, doch will er Katharina entscheiden lassen. Zu seiner Enttäuschung ist diese bereit, die Truppe zu verlassen. Vater Knie stöhnt auf – und hofft: » ... die kommt wieder«.

3. AKT: Ein Jahr später ist der Zirkus Knie in die gleiche Gegend gekommen. Knie erblickt seine Tochter vor der Vorstellung, glaubt, sie kehre wieder zu ihm zurück, und steigt bebend vor Glück auf das Turmseil. Ein Wunder nur, daß er nicht abstürzt. Anschließend gibt es ein Fest, bei dem eigentlich nur Knie fröhlich ist; denn die anderen wissen, daß Katharina sich mit Rothacker verlobt hat, also nicht zurückkehren wird. Und als Katharina endlich nach dem Fest allein ist mit ihrem Vater und ihm von ihrer Liebe zu Rothacker erzählt, stirbt der Aufgeregte unter ihren Worten hinweg, ohne sie recht zu begreifen.

4. AKT: Vater Knie ist beerdigt worden, die Zirkusleute stehen in ihrem Zelt. Der Clown hält dem Toten eine gefühlvolle Leichenrede. Da ist Katharina entschlossen; sie verzichtet auf ein ruhiges, gesichertes Leben mit Rothacker, nimmt des Vaters Stab und wird fortan den Zirkus leiten – zum großen Jubel der Artisten.

Der Hauptmann von Köpenick

Ein deutsches Märchen in drei Akten

Personen:

Wilhelm Voigt
Friedrich Hoprecht
Frau Marie Hoprecht
Bürgermeister Obermüller
Frau Mathilde Obermüller
Adolf Wormser, Uniformschneider

Zuschneider Wabschke
Hauptmann von Schlettow
Zeitgenossen aller Art

Ort und Zeit: Berlin und Umgebung. Der erste Akt spielt um die Jahrhundertwende, der zweite und dritte zehn Jahre später
Uraufführung 1931 in Berlin

1906 erhob sich in der ganzen Welt ein Gelächter, weil ein Schuster sich in Hauptmannsuniform geworfen, auf der Straße ein paar Soldaten zusammenkommandiert, das Köpenicker Rathaus besetzt und die Stadtkasse beschlagnahmt und mitgenommen hatte. Erst sehr viel später hat man gemerkt, welche Tragik sich hinter dem erheiternden Vorgang verbarg. Diese Tragik hat Zuckmayer gestaltet. Für nicht weniger als einundzwanzig Szenen bietet er außer dem Titelhelden noch volle sechs Dutzend Personen auf, – äußeres Zeichen dafür, daß er nicht beabsichtigt, sich mit Einzelschicksalen zu befassen. Ihm geht es vielmehr um grundsätzliche Dinge. Der Schuster Voigt ist ein noch heute gültiges Sinnbild: er war anfangs wegen kleiner Vergehen eingesperrt worden, fand dann im Leben nicht wieder zu geregelter Arbeit zurück, weil er nicht die erforderlichen Papiere besaß. Dieser elende Papierkram brachte und bringt alle Voigts oder wie sie heißen mögen auf die schiefe Bahn. Daneben steht als zweite, größere Tragik das »Heiligtum der Uniform«. Was darin steckt, ist gleichgültig, – der Popanz als solcher ist stärker als alles andere. Wahrhaft dichterisch, daß Zuckmayer keine seiner Gestalten zu lächerlichen oder gar lumpenhaften Figuren macht, ja, daß er der Uniform und ihren Trägern ihr Recht läßt. Was er hier tragisch und heiter anprangert, ist die Untertänigkeit gegenüber der *leeren* Uniform, dieser Strohhülse, diesem Popanz, diesem Geßler-Hut. Genützt hat freilich des Dichters spottendes, anklagendes Wort nichts, aber auch gar nichts.

1. AKT: Der Uniformschneider Wormser muß noch eine Kleinigkeit an der neuen, eben anprobierten Uniform des Hauptmanns von Schlettow ändern. Ein um Auskunft bittender Mann wird kurzerhand aus dem Geschäft gewiesen. Dieser Mann begegnet uns wieder im Polizeibüro: er heißt Wilhelm Voigt. Einst hatte er wegen einer kleinen Fälschung im Zuchthaus gesessen, war dann lange im Ausland, ist zurückgekommen unter falschem Namen, weil er sonst wegen seiner in die Papiere eingetragenen Strafe keine Arbeit erhalten hätte, wurde wegen Namensfälschung wiederum eingesperrt. Nun möchte er eine Aufenthaltsgenehmigung, damit er arbeiten kann. Die Genehmigung aber bekommt er nur, wenn er Arbeit hat. »Det is nu wirklich 'ne Kaffeemihle«, wie Voigt sagt (erschreckend genug, daß sich seither nichts geändert hat). Also will Voigt verzweifelt wieder ins Ausland. Den Paß gibt ihm die Heimatbehörde nicht, weil er dort seit Jahrzehnten abgemeldet ist. Jetzt verabredet Voigt mit einem Zuchthäusler einen Einbruch ins Paßamt, um sich Formulare und Stempel zu beschaffen. Noch einmal versucht er, Arbeit zu bekommen; als es wieder an den Papieren scheitert, begeht er den geplanten Einbruch, wird aber ertappt. – Hauptmann von Schlettow kann

seine neue Uniform nicht mehr anziehen. In einem für Militär verbotenen Lokal hat er in Zivil Billard gespielt ist mit einem betrunkenen Sergeanten in Streit geraten und von diesem geohrfeigt worden. Er muß den Dienst quittieren. Seine Uniform kauft der Gemeindebeamte Obermüller, der soeben Leutnant der Reserve geworden ist.

2. AKT: Zehn Jahre sind vergangen, – für Voigt zehn Jahre Zuchthaus wegen Einbruchs im Polizeiamt. Er hat sich offenbar tadellos geführt, ist sogar der Liebling des kriegsbegeisterten Zuchthausdirektors, weil er sich bei dem vom Direktor immer wieder durchgeführten Kriegsspiel »Die Schlacht von Sedan« auszeichnet Nach seiner Entlassung wohnt Voigt zunächst bei seinem braven Schwager Hoprecht. Dieser hofft, demnächst Vizefeldwebel der Reserve zu werden; da erscheinen neue Bestimmungen, die ihm das unmöglich machen. Darüber ist er zwar traurig, aber »höhere Weisungen« nimmt er gottergeben hin. Auch die nunmehr erfolgte Ausweisung von Voigt kann er zwar bedauern, aber nicht als unrecht empfinden. Der fast sechzigjährige Voigt nimmt die Ausweisung gelassen auf, liest bei der Nachricht einem kranken Mädchen ruhig weiter aus dem Märchenbuch vor. – Schlettows Uniform ist inzwischen dem Herrn Obermüller, nunmehrigen Bürgermeister von Köpenick, zu eng geworden. Er läßt sich eine neue machen und gibt die alte bei Wormser mit in Zahlung. Wormsers Tochter zieht sie zu einem vaterländischen Fest an, trägt ein zündendes »nationales« Lied vor, verdirbt dann allerdings die Uniform derart, daß sie zum Altwarenhändler kommt.

3. AKT: Für 18 Mark kauft Voigt die alte Hauptmannsuniform, erprobt ihre erste Wirkung an einem Bahnbeamten, nimmt eine kleine Abteilung vorüberziehender Soldaten unter sein Kommando, zieht zum Rathaus in Köpenick, verhaftet den Bürgermeister Obermüller (in dessen einstiger Uniform!), beschlagnahmt die Kasse, zahlt jedem Soldaten ein Glas Bier und eine Wurst, zieht unangefochten wieder ab. Zwar hat es kleine Schwierigkeiten gegeben, doch die Uniform hat ihre Schuldigkeit getan. Am nächsten Tag gleicht Berlin einem aufgestörten Ameisenhaufen. Alles spricht nur von dem unbekannten Hauptmann, alle Polizeistationen sind – wie üblich – »fieberhaft auf der Suche«. Voigt, nun wieder in Zivil, hat sich auf die Paßstelle begeben (denn die Paßformulare, deren er sich eigentlich im Köpenicker Rathaus hatte bemächtigen wollen, gab es dort nicht) und erklärt, er werde den gesuchten Hauptmann nennen, wenn man ihm als Belohnung einen Paß aushändige. Und nun sagt er vor der Polizei aus: der Hauptmann – war er selbst, der Zuchthäusler, der Schuster, der Mann ohne Papiere. Und das Geld gibt er nach Abzug der notwendig gewordenen Ausgaben auch wieder zurück. Man muß sagen, die Leute von der Polizei sind sehr nett zu ihm. Sie gestatten ihm sogar, die Uniform noch einmal anzuziehen. Hat er sich doch selbst nie gesehen als »Hauptmann« und möchte doch zu gern wissen, wie er wirkt. Und wie wirkt er in *seinen* Augen, als er in den Spiegel schaut? »Unmeeglich!«

Des Teufels General

Drama in drei Akten

Personen:

Harras, General der Flieger
Lüttjohann, sein Adjutant
Korrianke, sein Chauffeur
Friedrich Eilers, Oberst und Führer einer Kampfstaffel
Hartmann, Writzky, Hastenteuffel, Pfundmayer (Fliegeroffiziere)
Sigbert von Mohrungen, Präsident des Beschaffungsamtes für Rohmetalle
Baron Pflunck, Attaché im Außenministerium
Dr. Schmidt-Lausitz, Kulturleiter
Der Maler Schlick
Oderbruch, Ingenieur im Luftfahrtministerium
Anne Eilers
Waltraut von Mohrungen, genannt Pützchen, ihre Schwester
Olivia Geiss, Diva
Diddo Geiss, ihre Nichte
Lyra Schoeppke, genannt die Tankstelle
Otto, Restaurateur
François, Herr Detlev, Kellner
Buddy Lawrence, ein amerikanischer Journalist
Zwei Arbeiter
Ein Polizeikommissar

Ort und Zeit: Spätjahr 1941, kurz vor dem Eintritt Amerikas in den Krieg
Uraufführung 1946 in New York

Ein Zeitstück mit der überzeitlichen Fragestellung, wem der Mensch zu gehorchen habe: der von außen herangetragenen und freiwillig übernommenen Pflicht oder dem hellsichtig gewordenen eignen Gewissen. An verschiedenen Gestalten und Gegensätzen läßt Zuckmayer diese Frage bald offen und bald verschleiert auftauchen. Eine Antwort wird nicht gegeben; Zuckmayer ist kein Ankläger und kein Richter von Nürnberg, er sitzt auch in keinem Volksgerichtshof. Ein häufig kolportagehaftes Stück, das zuweilen mehr Theater *macht* als theatermäßig gestaltet ist. Aber die entscheidende Frage wird für den Zuhörer schärfer, faßlicher und nachdenklicher herausgemeißelt als durch tausend Prozeßakten aus Nürnberg oder Berlin. Eben, weil ein Dichter am Werk ist, kein Politiker und kein Jurist. Jede der wesentlichen Figuren dieses Stückes hat mehr oder weniger »recht«, jede ist zu verstehen, keine ist einfach schlecht oder einfach gut. Sie alle sind in des Teufels Mühle geraten. »Ich möchte nicht in Oderbruchs Haut stecken«, wurde Zuckmayer einmal in einer großen Diskussion zugerufen. Darauf der Dichter: »Ich auch nicht«. Das sagt alles über die Haltung des Stückes. – Die Handlung selbst ist völlig frei erfunden, wenn auch Einzelheiten der Wirklichkeit nachgebildet sind (für Harras nahm Zuckmayer den Fliegergeneral Udet als Anregung).

1. AKT: »Höllenmaschine«. Feier in der Fliegerkampfstaffel Eilers. General Harras hat dazu eingeladen. Durch die laute Fröhlichkeit und das jugendliche Draufgängertum klingt bald laut und bald leise ein unhörbarer Ton der Unsicherheit, des Mißtrauens. Kein Wunder, denn der General, der sich in des »Teu-

fels« Hand begeben hat, ist nicht blind; wohl kämpft er für sein Vaterland, aber die »Partei« ist ihm verhaßt. Und er wird mit allen Künsten bespitzelt. Jeder wird bespitzelt. Wehrmacht gegen Partei, Partei gegen Wehrmacht, Industrie und Diplomaten unruhig, die Machthaber mißtrauisch und selbstherrlich. Dazu diese Sabotagen an Flugzeugen, die an die Front sollen! Ist der parteifeindliche General der Schuldige? Hat die Partei selbst die Sabotagen ins Werk gesetzt, um den mißliebigen General zu stürzen und endlich die Luftwaffe ganz in die Hand zu bekommen? Da ist dieser Herr von Mohrungen, einflußreicher Präsident des Beschaffungsamtes für Rohmaterial. Gedanklich hält er zu General Harras; aber dessen Auffassung vor der Parteileitung zu vertreten, ist ihm doch zu kitzlig. Vorübergehend gibt es äußere Einheitlichkeit, als bekannt wird, die Flieger sollen gegen Rußland eingesetzt werden. Der Akt schließt mit einer Szene echter Menschlichkeit und Kameradschaft. General Harras und Leutnant Hartmann kommen ins Gespräch. Der Jüngere verehrt seinen Vorgesetzten als Menschen wie als vorbildlichen Soldaten: aber dessen Gegnerschaft zur Partei ist ihm, der in seinem Leben nie etwas anderes gehört hat als die Parteilehren, unbegreiflich. Und dann hat er noch seine persönlichen Sorgen: in seinem Stammbaum ist ein rassisch bedenklicher Punkt, weswegen auch Mohrungens Tochter »Pützchen« von ihrem Verlobten Hartmann nichts mehr wissen will. Harras setzt dem bedrückten Offizier nachdrücklich-väterlich alles ins rechte Licht: den äußerlichen Ehrgeiz Pützchens, die verdrehten Rasse-Anschauungen, ja selbst die falschen Begriffe vom Heldentod.

2. AKT: »Galgenfrist oder die Hand«. Des Generals Adjutant und der Chauffeur sind in tausend Ängsten um Harras, der schon vor Wochen zu einer Untersuchung befohlen wurde. Ein amerikanischer Zeitungsmann möchte etwas erfahren, wird aber vom Kulturleiter Schmidt-Lausitz mit eindeutigen Warnungen abgewimmelt. Endlich – Gottseidank! – kommt der General zurück. Die Freunde hatten schon geglaubt, man könne ihn verhaftet haben. Aber die Gefahr ist nicht gebannt; denn Schmidt-Lausitz erklärt Harras im Auftrag der Partei, wenn die Sabotageangelegenheit nicht innerhalb zehn Tagen bereinigt sei, werde man sich an den General halten. Harras jagt den Bonzen davon. Aber er weiß: im Grunde ist er erledigt. Das sagt er auch der jungen Diddo Geiß, mit der ihn eine zarte Liebe verbindet. So ohne weiteres will er sich jedoch nicht abwürgen lassen. Diddos Tante Olivia, seit langem mit Harras befreundet, möchte einen jüdischen Bekannten vor dem Zugriff der Partei retten. Sofort schreibt er einen helfenden Brief. Da erscheint Präsident Mohrungen mit seiner Tochter Pützchen. Um sich selbst zu retten (sein Gespräch mit Harras – 1. Akt – war belauscht worden), hat er bei der Untersuchung Andeutungen gegen den General fallen lassen. Aber noch sei ein Ausweg vorhanden: Harras solle die Luftwaffe an die SS ausliefern. Scharf weist der General diesen Vorschlag zurück. Mohrungen ist verletzt; und als nun noch die Nachricht kommt, Mohrungens Schwiegersohn sei mit einer durch Sabotage beschädigten Maschine abgestürzt, da geht Mohrungen als Gegner des Generals vollends ins andere Lager über und stürmt davon. Harras beredet die junge Diddo,

zunächst sich selbst in Sicherheit zu bringen; er könne dann besser auch für sich sorgen. Nun glaubt er, allein zu sein; doch nun steht Pützchen vor ihm. Sie will Harras für sich, als lüsternes Weibchen, aber auch zur Befriedigung ihres Ehrgeizes. Folgt er ihr nicht freiwillig, dann will sie von dem eben geschriebenen Brief zur Rettung eines Juden Gebrauch machen. Zornig nimmt Harras die Peitsche. – Die letzten Auftritte haben ihn nervös gemacht: Strahlen von fünf Scheinwerfern der Flak strecken sich wie fünf Finger einer Hand nach ihm aus ... Da tritt der Ingenieur Oderbruch ins Zimmer. Und im Gespräch mit ihm, den er freundschaftlich schätzt und dem er volles Vertrauen schenkt, kommt wieder Ruhe und Tatkraft über Harras.

3. AKT: »Verdammnis«. Am letzten Tage der von Schmidt-Lausitz gesetzten Frist versucht Harras immer noch vergeblich, die Saboteure zu stellen. Zwei verdächtige (sicher auch beteiligte) Arbeiter geben unzureichende Antworten, werden ins Konzentrationslager gebracht, Harras kommt nicht weiter. Leutnant Hartmann, im Felde verwundet, sieht jetzt alles anders als zuvor, und im Gespräch mit ihm erkennt auch der General zum ersten Male mit letzter Klarheit, daß er trotz innerer Gegnerschaft dem »Teufel« gedient hat. Er glaubt nun zu erkennen, welchen Weg er zu gehen hat. Das läßt er auch in einer Unterredung mit der Frau des abgestürzten Obersten Eilers deutlich werden. Ihre Klage, er habe gewußt was gespielt wird, während ihr Mann an das Neue geglaubt und in den Fehlern nur Kinderkrankheiten gesehen habe, weist er schroff zurück: jeder habe wissen müssen, oder er

habe sich selbst etwas vorgemacht. – Am Abend soll der Untersuchungsbericht von Harras unterschrieben und von Ingenieur Oderbruch gegengezeichnet werden. Mehr als alle Befragungen und Nachforschungen hat dem General die innere Klarheit geholfen: Hauptsaboteur kann nur der Mann sein, dem als einzigem er voll vertraute, – Oderbruch. Vorzustellen vermag er sich freilich nicht, daß dieser anständige Mensch, dieser echte Freund seine eigenen Kameraden abstürzen ließ, sein eigenes Vaterland in Gefahr bringt. Oderbruch gibt sofort alles zu. Wenn man den teuflischen Gegner treffen wolle, könne man vor den besten Freunden nicht haltmachen; denn diese seien bewußt oder unbewußt die stärksten Waffen dieses Teufels. Und die Niederlage des Vaterlandes? »Es gibt keine Unterjochung, die nicht Befreiung wäre für unser Volk!« Und Harras? War es ausreichend, gegen den »Teufel« zu sein und im übrigen der nun einmal übernommenen Pflicht zu gehorchen? Diese Frage soll das Schicksal beantworten. Oderbruch, dessen ehrliches Wollen und dessen Tragik ihm jetzt hell vor Augen stehen, wird von ihm nicht verraten; ja, er gibt ihm sogar den jungen Hartmann zur Seite. Er selbst startet mit einer der Sabotage-Maschinen – und stürzt ab. Nach außen wird alles durch glänzende Fassade vertuscht. Schmidt-Lausitz hat Erfahrung in solchen Sachen: Staatsbegräbnis.

Der Gesang im Feuerofen

Drama in drei Akten

Personen:

Louis Creveaux, stellungslos, genannt Der Erfinder
Marcel Nayroud, Mechaniker, genannt Der Tambour
Francis Leroy, Dorfkaplan (junge Männer aus dem Ort)
Michelle Neyroud, Sylvaine Castonnier, Francine Leroy, Blanche (junge Mädchen aus dem Ort)
Albert, George, Martin, Pierre (Soldaten der Garde Mobile)
Castonnier, Gastwirt und Schloßkaplan
Neyroud, Ortsgendarm
La Soularde (Die Schnapseule)
Major Mühlstein, Ortskommandant
Lutz Sprenger, Truppführer der Heerespolizei
Sylvester Imwald, Funker
Albert, Georg, Martin, Peter (Soldaten der deutschen Heerespolizei)
Eine Flüchtlingsfamilie namens Askenasi (Der Vater, die Mutter, Der Sohn, Der Vatersbruder, Seine Frau)
Vater Wind
Mutter Frost
Bruder Nebel
Zwei Engel

Ort und Zeit: in und bei Haut-Chaumond, einem Dorf am Fuße der savoyischen Alpen, Dezember 1943 und ums Kriegsende
Uraufführung 1950 in Göttingen

Zuckmayer stellt diesem Drama zwei Zeitungsberichte voraus, die er in der Baseler National-Zeitung vom 8. Oktober 1948 gefunden hatte. Der erste handelt von einem Prozeß. In dem alten Schloß eines savoyischen Dorfes hatten sich am Weihnachtsabend 1943 junge Leute der Widerstandsbewegung zu einem Ball zusammengefunden. Sie waren von einem gewissen Louis C., einem Spitzel der Gestapo, verraten worden und wurden während des Festes umzingelt, niedergeschossen oder in den Flammen des Schlosses verbrannt. Louis C. wurde 1948 von einem französischen Gericht zum Tode verurteilt. – Die zweite Notiz der gleichen Zeitungsnummer berichtet von einem unerklärbaren Massenselbstmord von Walfischen an der Küste Floridas.

In den beiden Vorkommnissen sieht Zuckmayer apokalyptische Zusammenhänge. Als Dichter fühlt er sich verpflichtet, die Menschheit auf Grund solcher Einsicht zu Einkehr und Besinnung aufzurufen.

Daß der Realist Zuckmayer mit der ersten Notiz bühnenmäßig etwas anzufangen weiß, bedarf keiner Erwähnung. Eine Inhaltsangabe darf man sich ersparen; die Notiz sagt alles. Der Dramentitel geht darauf zurück, daß die in den Flammen Umkommenden den ambrosianischen Lobgesang anstimmen. Wie bei Zuckmayer nicht anders zu erwarten, geht es auch gerecht zu: keine Seite wird in den Himmel gehoben.

Dem vornehm-edlen Dorfkaplan (und Marquis) Leroy, dem aufrührerischen Marcel, dem wackeren Patrioten und Feinschmecker Castonnier (um nur einige zu nennen) entsprechen auf deutscher Seite der feinfühlige Funker Sylvester, der gescheit-brutale, vor sich selbst ehrliche Lutz Sprenger, der grundanständige, aber im Befehlsnetz hängende Major Mühlstein. Zuckmayer läßt sogar die vier deutschen und die vier französischen Soldaten von den gleichen Schauspielern darstellen, in gleicher Uniform und mit den gleichen Namen, – sein Thema geht eben den Menschen, nicht ein einzelnes Volk an.

Das Stück ist handlungsmäßig ein packender Reißer. Aber einen Reißer wollte Zuckmayer nicht schreiben. Und nun pappt er – Zuckmayer! – der Handlung ganz einfach Allegorien auf. Neben die Gleichbesetzung der vier deutschen und vier französischen Soldaten treten andere: Francis Leroy und Michelle Neyroud treten auch als Engel auf, Mutter Frost und La Soularde sind von der gleichen Schauspielerin zu geben. Dazu kommen dann noch Vater Wind und Bruder Nebel. Und was für eine Sprache! Der zweite Engel redet wie ein Medizinstudent.

Das kalte Licht

Drama in drei Akten

Personen:

Kristof Wolters
Buschmann, genannt Kommissar Picrino
Hjördis Lundborg
Friedländer
Roitner
Lacrosse, Schiffsarzt
Sir Elwin Ketterick
Angus Fillebrown, sein Assistent
Nikolas Löwenschild
Leukippos, sein Pudel
Dorothy Fitch, seine Sekretärin
Jean-Marie Merminod und Frederick Schiller Lee, seine Assistenten
u.a.

Ort und Zeit: England, Nordamerika und auf dem Atlantik, 1939–1950
Uraufführung Hamburg 1955

Viel gespielt und viel diskutiert wurde dieses Schauspiel weniger wegen seines Wertes für das Theater als wegen der Sache, um die es geht, nämlich um die Weitergabe von Atomwaffengeheimnissen. Da das Problem heute überholt ist, wird es um das Stück wohl sehr bald ruhig werden. Es handelt – auf den kürzesten Nenner gebracht – von der erfolgreichen Jagd nach dem »Atomspion aus edelster Überzeugung«. Das Problem aber, dessentwegen so übermäßig viel geredet wird, ist ungemein heikel: was gilt Verrat aus ethischen Grundsätzen? Es bleibt dementsprechend auch ungelöst.

Wolters, junger Physiker deutscher Abstammung und nun in England tätig, hat noch alte Verbindungen zu dem Kommunisten Buschmann, der für Rußland arbeitet. Dieser Buschmann versucht, nicht ohne Erfolg, dem jungen Wissenschaftler klarzumachen, daß der Besitz der machtentscheidenden wissenschaftlichen Erkenntnisse der Atomforschung nicht in der Hand einer einzigen Partei bleiben dürfe. Nachdem Wolters englischer Staatsbürger geworden ist und wesentliches Mitglied des englischen Atombomben-Teams, gibt er dem Sowjet-Agenten Ergebnisse seiner eigenen Forscherarbeit und somit sein geistiges Eigentum. Er will die Macht der Vernichtung nicht allein bei einer eindeutig nationalistischen Clique wissen, deren Vertreter der englische Atom-Chef Ketterick ist. Außerdem gehöre »das Licht der Forschung« der Welt. Dieser Meinung steht die des amerikanischen Atomexperten Löwenschild entgegen. Er sähe »die Geißel« lieber in einer Hand, die sich durch Kontrolle und Selbstdisziplin »besänftigen« lasse. Es kommt schließlich, wie es kommen muß: der britische Geheimdienst erfährt, daß Wolters den Russen Atomgeheimnisse preisgegeben hat. Zu beweisen ist es nicht. Nur das Geständnis des Verräters kann Klärung bringen. Der Vertreter des Geheimdienstes, Northon, der sehr wohl erkannt hat, daß Wolters kein Verräter im üblichen Sinn war, sondern aus einem »Kurzschluß des Gewissens«, erwirkt dieses Geständnis mit viel Güte und psychologischem Geschick.

WILDER

Thornton W. (1897–1975, Amerikaner), Sohn eines Zeitungsbesitzers, der später in den diplomatischen Dienst ging. Verlebte einen großen Teil seiner Jugend in China. Einige Jahre »House Master« (beaufsichtigender Lehrer) an einer Schule in New Jersey. Machte verschiedene Europareisen, wirkte als Universitätslehrer. Bekannt vor allem durch Romane und Theaterstücke.

Unsere kleine Stadt

Ein Spiel in drei Akten

Personen:

Ansager
Dr. Gibbs, Arzt
Frau Gibbs
George und Rebecca, beider Kinder
Herr Webb, Zeitungsbesitzer
Frau Webb
Wally und Emily, beider Kinder
Professor Willard
Leichenbestatter
Milchmann
Polizist
Zeitungsausträger
Organist
Pfarrer

Besitzer eines Drugstore
Stimmen aus dem Zuschauerraum
Leute aus der Stadt
Baseball-Spieler usw.

Ort und Zeit: das Städtchen Grover's Corners, 1901, 1904 und 1913
Uraufführung 1938 in Princeton, N.J.

Eines der ganz wenigen wirklich wertvollen Beispiele des sogenannten »epischen Theaters«. Des Theaters, in dem das Geschehen (wenn überhaupt etwas geschieht) nicht in echte Handlung umgesetzt, sondern durch einen Ansager erzählt wird. Des Theaters, in dem es keine Requisiten gibt, keine Kulissen, keinen Vorhang. Des Theaters, in dem der Ansager beschreibt, an welchem Ort und unter welchen Bedingungen das Stück spielt. Des Theaters also ohne die Illusion. Ohne Illusion? Gibt der Ansager mit seinen Worten nicht doch eine Art Illusion, wenn auch verschieden von der, die sonst vom Bühnenbild und allem Zubehör ausgeht? Das wäre dann doch etwas durchaus Bekanntes, so etwas wie »Romantische Ironie«, die man bei Tieck nicht minder als bei Wedekind antrifft. Und ferner: Wilder verzichtet – von ein paar Stühlen oder einem Brett abgesehen – auf die Illusion des Gegenständlichen, jedoch nicht auf die durch Geräusche hervorgerufene Illusion: da kräht ein Hahn, wiehert ein Pferd, pfeift eine Fabriksirene. Und von Lichtwirkungen wird nicht nur gesprochen, sie kommen auch sichtbar zustande. Also erneute Durchbrechung der Illusionslosigkeit durch weitere Illusionen

Es muß wiederholt werden, das alles ist nicht »modern«, sondern romantisch, ist in Einzelheiten abgewandelte Shakespeare-Bühne. Schaut man nun auf das Stück selbst, auf dieses Nicht-Geschehen, auf dieses Stehenbleiben, dieses Bildhaft-Unbewegte, dieses Erläuterungsbedürftige, so erkennt man mancherlei aus dem mittelalterlichen Bühnenbrauch wieder. Und wenn die Toten ihr Schwätzchen machen oder ernsthaft sprechen, – nun, das alles ist – bei Thalia! – nicht »modern«.

Thornton Wilder weiß das alles, wenn er sich dieser Mittel bedient; aber es gibt viele, die es nicht wissen, hier etwas Neues zu sehen glauben, sich das Räuspern und Spucken abgucken und dann in eine Sackgasse rennen, aus der ein Zurück nur unter »Prestigeverlust« möglich (und daher manchem unmöglich) ist.

Um ganz klare Fronten zu schaffen: selbst »Unsere kleine Stadt« ist kein echtes Theater, ist episches, d.h. erzählendes, berichtendes Theater. Das bedeutet aber einen Widerspruch in sich selbst.

Dafür ist es eine Dichtung. Keine Aufführung konnte das so stark vermitteln wie das Lesen und vor allem das Lesen in der englischen Fassung. Der Dichter Wilder gießt nämlich diese rührende Menschlichkeit, diese zärtliche Liebe zum Kleinen und Unbedeutenden, diese leise Schwermut, diese verhaltene Ironie und spottende Gutmütigkeit in eine ganz schlichte Sprache, in eine Ausdrucksweise, deren winzigste Mundart-Biegungen so echt und allgemeingültig sind, daß mancher hochtönende, farbige Satz der Weltliteratur daneben verblaßt. Und wie sich diese Biegungen ineinander verhaken, sich zu immer größeren Kreisen binden, wie die kleine Stadt zum großen Welttheater wird, wie durch alle Nüchternheit und Mittelmäßigkeit das Menschenherz pocht, wie sich erst den Toten erschließt, was ihr Leben war, nämlich eine ständig verpaßte Gelegenheit, herzlich und gut zu seinen Nächsten zu sein, – das alles wächst langsam, unabweisbar aus dieser stillen dichterischen Sprache heraus.

Also: geschehnisloses Lehrstück eines Dichters. Zwei »alltägliche« Familien mit Kindern, die heranwachsen, heiraten, die Pflichten des Augenblicks erfüllen, bis die junge Frau am zweiten Kind stirbt, trotz Warnungen ihrer Mit-Toten einen Schritt ins Leben zurücktut und – wie die anderen Toten – erkennt, daß alle Menschen seit eh und je blind und unwissend am echten Leben vorbeigegangen sind und noch vorbeigehen, stets einer eigensüchtigen Leidenschaft oder Neigung ausgeliefert, ahnungslos auf den Gefühlen der Mitmenschen herumtrampelnd.

Mehr als »Unsere kleine Stadt« ist Wilders zweites Schauspiel *»Wir sind noch einmal davongekommen«* (1942) »Welttheater«, theatrum mundi, »aus dem Geist der Skepsis und Ironie geboren«. Mit einer Fülle epischer Stilmittel, mit Rundfunk, Film, Musik und Ansager, mit Desillusionierung wird die menschliche Familie vom Urzustand bis zum heutigen Tag in ihrem Kampf gegen alles gezeigt, was sich ihr entgegenstellt um sie an einem vollkommenen Leben zu hindern. Die Familie Antrobus (Anthropos = der Mensch) aus Excelsior im Staate Jersey ist dreierlei zugleich: eine amerikanische Familie von heute, ein sagenhaftes Sinnbild für den menschlichen Urzustand und eine Gruppe von Schauspielern, die über die Unverständlichkeit des Stückes Glossen macht. Was ihre Bemerkungen nicht klären können, ergänzt »der Ansager«. Bei allem Glauben an die Menschheit, der aus dem Stück spricht, ist es doch mehr kabarettistischer Ulk, als ernst zu nehmende Auseinandersetzung mit den Grundfragen menschlichen Zusammenlebens überhaupt. Alles Geschehen auf der Bühne ist einseitig nur aus den Quellen romantischer Ironie gespeist. Wenn sich Eiszeitmenschen Dienstmädchen mit Schürze und Spitzenhäubchen, Dinosaurier und Mammut halten, die sich vor der eiszeitlichen Kälte an den traulichen häuslichen Kamin flüchten, – wenn die Sintflut ein mondänes Badepublikum überrascht, nachdem sie durch Sturmsignale angekündigt wurde, so geht das zu weit. Die Verbrämung mit Scherz und Ironie bekommt ernsten Dingen auch im Theater im allgemeinen ausgezeichnet, und die unterstreichende Wirkung des Komischen für den Ernst wird gerade von neueren deutschen Autoren zu wenig erkannt. Aber eine ironische »Geschichts«-auffassung, die so wild durch Vorgeschichte und Antike, durch altes Testament und Zweiten Weltkrieg tobt, ist, ebenso wie das schon völlig form- und haltlose Spiel zwischen Bühnen- und Zuschauerraum, wenig geeignet, dem Theater neue Wege zu weisen. Stünde nicht hinter allem auch hier wieder der Genius eines wirklichen Dichters, so würde der Spektakel auf dem Theater stets zu einem Skandal im Theater führen.

Wieweit Wilder das selbst erkannt hat, wieweit ihm das bewußt geworden ist, vermögen wir nicht zu beurteilen. Jedenfalls hat er in seinen neueren Stücken andere Wege eingeschlagen. Es mag sein, daß der Dichter aus den Aufführungen seiner »epischen« Werke in Deutschland manche Erkenntnis für seinen neuen Weg geschöpft hat. Denn die meisten Wiedergaben sind an des Dichters Absicht mit der Form vorbeigegangen. Sie waren zu belastet, zu sehr mit psychologischer Grübelei erfüllt, um der humorvollen Ironie als Formmittel wirklich gerecht zu werden. Sie nahmen die »lockere Form« einfach zu ernst. Aber daß eben dieses Mißverständnis möglich wurde, spricht nicht unbedingt für sie.

Die Alkestiade

Schauspiel in drei Akten mit einem Satyrspiel »Die beschwipsten Schwestern« (The Drunken Sisters)

Personen:

Apollo
Der Tod
Ein alter Nachtwächter
Alkestis
Aglaia
Teiresias
Ein Knabe
Admetos, König von Thessalien
Ein Hirt
Rhodope
Herakles

Ein junger Nachtwächter
Epimenes
Cheriander
Agis, König von Thrakien
u.a.

Ort und Zeit: Im Hinterhof des Palastes des Königs Admetos von Thessalien, viele Jahrhunderte vor der großen Zeit Griechenlands
Uraufführung Edinburgh 1956

Eine Umarbeitung von Wilders nur einmal gespieltem Schauspiel »A life in the sun« (1955) ist Dichtung von Rang. Es folgt im äußeren Aufbau deutlich der Tragödie des Aeschylus, der klassischen attischen Trilogie mit dem nachfolgenden Satyrspiel »Die beschwipsten Schwestern«. Wilder versucht nicht, dem Gebrauch mancher Zeitgenossen zu folgen, den Mythos modern-psychologisch zu durchleuchten, sondern unternimmt es, ihm einen allgemeingültigen ewigen Sinn zu geben: Bewährung im Alltäglichen gibt die Kraft, dem Ungewöhnlichen gegenüber zu bestehen, so man es wagt. – Alkestis, die Königstochter, will sich dem Dienst des Apoll als Priesterin weihen, um in seiner »Wirklichkeit« in Delphi den Sinn des Lebens erkennen zu können. Aber der Gott, dessen Zeichen sie noch am Hochzeitstag mit König Admet erwartet, schweigt, es sei denn, der Seher Teiresias bringt das Zeichen, indem er verkündet, Apoll werde unerkannt einer von vier Hirten sein, die am Hofe von Admet die Herden hüten werden.

Das Göttliche, so könnte man es auslegen, mag eben eine Eigenschaft sein, an der viele teilhaben können.

So wird also Alkestis für Admet so leben, als ob sie bereit sei, jederzeit für ihn zu sterben. – Die Ehe wird beispielhaft für ganz Griechenland. Aber (im zweiten Akt) die Bewährung wird gefordert. Als Admet todkrank daniederliegt, verkündet das delphische Orakel, er sei nur zu retten, wenn sich ein anderer für ihn opfere. Alkestis fordert das Opfer für sich und stirbt. Herakles, Freund des Admet und Göttersohn, holt sie aus der Unterwelt zurück. Die Brücke zwischen Göttern und Menschen ist geschlagen, Tod nicht mehr unausweichliches Nichts. – Viele Jahre später ist Admet vom Thrakerkönig erschlagen, seine Söhne bis auf Epimenes sind umgebracht, und Alkestis, nun Greisin, ist Sklavin am thessalischen Hof. Bei einer Seuche im Land gibt der Thrakerkönig ihr die Schuld, der Tod hole statt ihrer, der aus seinem Reich Zurückgekehrten, Tausende. Und wieder bewährt sich Alkestis durch stille ratende Hilfe an die von der Seuche Geschlagenen. Den Sohn aber, der zur Rache zurückkommt, bewahrt sie vor der blutigen Tat am Mörder des Vaters. Der Wissende nimmt keine Rache.

Es bedurfte also nicht der Priesterschaft, der Gottesnähe durch »Gottesdienst«, um den Sinn des Lebens zu erkennen; die Fähigkeit zu Umkehr und Wandlung sprengt das Mythisch-Tragische: – Apoll verkündet zu Beginn des Schauspieles dem Tod, die Welt werde sich verändern durch eine neue Art von Männern und Frauen, die durch Wissen mit dem Leben – und dem Tod – fertig werden. – Dieses Wissen erwuchs erst aus der Bewährung für Alkestis, die menschliche, wie für Herakles, den halbgöttlichen, der über die schweren Mühen des Ringens um Alkestis' Leben an seiner Göttlichkeit zweifelt, sie aber doch erkennt, weil die Mühen die ungewöhnliche Tat vollbringen lassen.

Das Satyrspiel am Schluß – dramaturgisch läge es besser im zweiten Akt – läßt Apoll mit den Parzen, die er trunken gemacht hat, um das Leben des Admetos feilschen. Weil sie aber für dieses Leben ein anderes verlangen, hat der Gott die Aufgabe nur halb gelöst. Die andere Hälfte muß der Mensch – Alkestis – durch sein Opfer lösen. Die Götter gewähren – aber die verlangen auch. – Ein schwieriges Werk, aber eine schöne Dichtung!

FAULKNER

William F. (1897–1962, Amerikaner) stammt aus einer alteingesessenen Farmerfamilie der Südstaaten Studium der englischen und französischen Literatur Flieger im Ersten Weltkrieg. Verschiedene, meist handwerkliche Beruf. Lebte seit 1926 fast ununterbrochen in Oxford als Farmer. 1950 Nobelpreis. Schrieb Romane, Erzählungen, Gedichte.

Requiem für eine Nonne

Drama in drei Akten

Personen:

Nancy Manningoe
Temple Stevens
Gowan Stevens, ihr Mann
Gavin Stevens, dessen Onkel
Der Gouverneur
u.a.

Ort und Zeit: Das Gerichtsgebäude – Der goldene Dom – Das Gefängnis, Gegenwart
Uraufführung Zürich 1955

Ein vielgespieltes und vieldiskutiertes Stück, biete es doch ebenso die Kritik an der Gesellschaft, an der Rassenfrage in den amerikanischen Südstaaten, wie – für den Sensationslüsternen – eine Zurschaustellung seelischer Abwegigkeiten. »Nun« bedeutet also Nonne wie etwa Dirne, und soll hier auch wohl beides gleichzeitig bedeuten; denn diese Negerin aus der Gosse bringt sich selbst zum Opfer, um ihre Herrin vor einer Rückkehr in die Welt des Lasters und der Sünde zu bewahren. – Faulkner hat das Drama, das mit Prosastellen durchsetzt ist, dem Thema nach seinem Roman »Die Freistatt« entnommen.

Die Negerin Nancy Manningoe wird zum Tod verurteilt, weil sie das jüngste Kind des weißen Ehepaares Gowan und Temple Stevens ermordet hat. Dem Recht scheint Genüge getan – doch Temple weiß, daß in der Verhandlung nicht die Hintergründe dieses schrecklichen Verbrechens zutage getreten sind. Allmählich, vielfach in Rückblenden, wird die Vergangenheit Temples aufgerollt: als junges Mädchen war sie einmal von der Schule ausgerissen und wurde zufällig Zeugin eines Mordes. Damit sie ihn nicht belaste, versteckt sie der Mörder für einige Monate in einem Bordell. Dort findet sie Gefallen an dem Treiben, das ihrer sinnlichen und hemmungslosen Natur entgegenkommt. Schließlich holt man sie dort heraus. Gowan heiratet sie und fordert für dieses »Opfer« ihre ewige Dankbarkeit. Unter diesem psychischen Druck, unter dem Zwang der Verstellung leidet sie. Mit der Negerin Nancy, die nach der Geburt ihres ersten Kindes als Amme ins Haus kommt, und der das Freudenhaus ebenfalls nichts Unbekanntes ist, kann sie sich über diese Dinge aussprechen. Sie lassen sie nicht los. Schließlich wird sie erpreßt von einem Mann, dessen Bruder – einem Unterweltler, der inzwischen umgebracht wurde – sie einst obszöne Briefe geschrieben hatte. Inzwischen hat sie ihr zweites Kind bekommen. Nancy, die für diese beiden Kinder mütterlicher fühlt als ihre Mutter selbst, und die die Forderung aufstellt, »daß Kinder, so lange sie Kinder sind, ungequält, unversehrt, ungestört bleiben sollen«, sieht für dieses Kind keine gute Zukunft in diesem Hause voraus. Als Temple mit dem Erpresser fliehen will und das Geld ihres Mannes ebenso mitnehmen will wie ihr zweites Kind – das erste konnte sie bei Verwandten versorgen –, tötet Nancy das Kleine, weil sie für das Kind und seine Mutter keine andere Rettung sieht.

Die Negerin sieht ihrer Hinrichtung gefaßt entgegen. Temple und Gowan besuchen sie im Gefängnis. Wenn der Mensch auch nicht umhin könne, immer wieder in Sünde zu fallen – sagt sie den beiden –, so gebe es doch die Möglichkeit zu leiden. Und das sei das beste, was Gott den Menschen gegeben habe. So gibt es für das Ehepaar, wenn es diese Haltung annimmt, vielleicht doch noch eine Neugestaltung des Lebens.

BRECHT

Bertolt B. (1898–1956) wirkte nach dem Ersten Weltkrieg als Spielleiter und Dramaturg, ging 1933 ins Ausland und kam erst 1945 wieder nach Deutschland zurück. Bekannt durch aufwühlende Balladen und sozialrevolutionäre Theaterstücke.

Man wird Brecht wohl nur gerecht werden können, wenn man ihn als eine Einheit von Dichter, Theatertechniker und Gesellschaftsrevolutionär ansieht, wobei die zuletzt genannte Eigenschaft das eigentlich Treibende darstellt. Echte Sozialkritik, die in der Lage wäre, neben die Anklage auch positive Besserungsvorschläge zu stellen, wird man bei Brecht freilich vergeblich suchen. Seine Anklagen kommen aus dem Zorn und dem Herzen. Für diesen Zorn aus Mit-Leiden findet er geballte Sätze, schlagende Bilder, gedrungene Szenen. Nicht angekränkelt von blassem Ästhetentum schleudert er mächtige Brocken gegen morsche Fassaden, allgegenwärtig, zielsicher, allverständlich. Immer wieder versucht er, diese »Tendenz« (im besten Sinne) in neue Formen zu gießen, erprobt Bilderbogen-Manier, Plakatstil, episches Theater; doch man spürt, daß hinter der scheinbaren Nüchternheit, der harten Zwecksprache, der würgenden Bildkraft ein echter Dramatiker steht. Achtung vor diesem Manne, dem das soziale Leid wichtiger ist als die künstlerische Form. Und doch ist zu glauben, seine Wirkung vermöchte heute, nachdem er jahrzehntelang aufgerüttelt hat, stärker zu sein, wenn er sich der in ihm brodelnden dramatischen Begabung und seinem verhüllten Dichtertum endlich hingeben würde.

So sehr es verlocken könnte, auf frühere Werke Brechts einzugehen, hier ist nur Raum für einige seiner neueren Stücke. Zu erwähnen ist freilich auch die vielumstrittene »Dreigroschenoper«.

Die Dreigroschenoper

Ein Stück mit Musik in einem Vorspiel mit drei Akten (acht Bildern) nach dem Englischen des John Gray

Personen:

Jonathan Jeremiah Peachum, Chef einer Bettlerplatte
Frau Peachum, seine Ehefrau
Polly Peachum, beider Tochter
Filch, einer von Peachum's Bettlern
Ein Bettler
Macheath (Mackie Messer) genannt Mac, Chef einer Platte von Straßenbanditen
Walter, genannt Trauerweidenwalter
Jacob, genannt Hakenfingerjacob
Matthias, genannt Münzmatthias
Robert, genannt Sägerobert
Ede, Jimmy, Macheath's Leute
Straßenbanditen
Jenny, genannt Spelunkenjenny
Dolly, Betty
Vixer

Molly
Eine Hure
Eine zweite Hure
Jackie Brown, Polizeichef von London
Lucy, seine Tochter
Smith, erster Konstabler
Ein Konstabler
Ein Moritatensänger
Kimball, ein Pfarrer
Bettler
Diebe
Huren
Konstabler
Drei Sänger
ein Chor

Uraufführung 1928 in Berlin

Durchaus keine Oper; wohl nur so bezeichnet nach der berühmten englischen »Beggar's Opera« von Gay und Pepusch aus dem 18. Jahrhundert, von der Brecht den Handlungskern übernommen hat. Auch keine echte Sozialkritik, wie so mancher Betrachter gemeint hat und noch meint. Vielmehr eine schreiende Anklage, stegreifartig in der Wirkung und doch straff geführt, also berichtendes Theater ohne dramatische Spannung, aber innerlich zum Bersten gespannt, Bilder zum Aufrütteln und Abschrecken, keine »logisch« entwickelte oder dramatisch gebaute Handlung. Jedem Bild geht ein (meist ausführlicher) Titel voran, so daß der Zuschauer stets schon weiß, was »geschieht«. Schneidend und bewußt derb die Sprache, die sich insbesondere in den eingestreuten Songs zu nackt-brutalem Ausdruck verdichtet (»Erst kommt das Fressen, dann kommt die Moral ... Der Mensch lebt von der Missetat allein«). Die Bilder spiegeln eine Um- und Unterwelt von Verbrechern, Bettlern, Ausgestoßenen. Sind wir nun sämtlich durch die wirtschaftlich-sozialen Verhältnisse zu Lumpen und Enterbten geworden? Oder ist der Mensch von Natur aus so schlecht, daß selbst die Armen der Ärmsten nach dem Vorbild der »höheren Stände« nach Macht und Gold und Rausch gieren – eben weil sie genau so naturhaft schlecht sind?

Es genüge, hier die den Bildern vorangesetzten Titel aneinanderzureihen. Vorspiel: »Die Moritat von Makkie Messer«.

1. AKT. »Um der zunehmenden Verhärtung der Menschen zu begegnen, hatte der Geschäftsmann J. Peachum einen Laden eröffnet, in dem die Elendsten der Elenden jenes Aussehen erhielten, das zu den immer verstockteren Herzen sprach.« – »Tief im Herzen Sohos (Londoner Vorstadt) feiert der Bandit Makkie Messer seine Hochzeit mit Polly Peachum, der Tochter des Bettlerkönigs«. – »Für Peachum, der die Härte der Welt kennt, bedeutet der Verlust seiner Tochter dasselbe wie vollkommener Ruin.«

2. AKT. »Mackie Messer nimmt Abschied von seiner Frau, um vor seinem Schwiegervater auf das Moor von Highgate zu fliehen.« – »Die Krönungsglocken waren noch nicht verklungen, und Mackie Messer saß bei den Huren von Turnbridge. Die Huren verraten ihn.« –

»Verraten durch die Huren, wird Mackie durch die Liebe eines anderen Weibes aus dem Gefängnis befreit.« – »In derselben Nacht rüstet Peachum zum Aufbruch. Durch die Demonstration des Elends beabsichtigt er, den Krönungszug zu stören.« – »Mackie Messer, der abermals zu den Huren gegangen ist, ist abermals von den Huren verraten worden. Er wird nunmehr gehängt.« – Doch dazu kommt es trotz der Ankündigung nicht. Ein reitender Bote der Königin bringt neue Anweisungen (Verspottung unglaubhafter Opernschlüsse): Mackie wird adelig, bekommt ein Schloß und viel Geld. »Aber die reitenden Boten ... kommen nur selten, und die getreten werden, treten wieder. Darum soll man das Unrecht nicht zu sehr verfolgen.«

Mutter Courage und ihre Kinder

Eine Chronik aus dem Dreißigjährigen Kriege
Uraufführung 1941 in Zürich

Wiederum ein Versuch des epischen, erzählend-berichtenden Theaters, äußerlich gekennzeichnet dadurch, daß es kein Personenverzeichnis gibt. Wiederum zu den einzelnen Bildern besondere Vor- und Zwischentitel. Wiederum keine zwingend ablaufende Handlung, nur wie zufällig herausgegriffene Bilder, die lediglich dadurch als zusammengehalten erscheinen, daß auf jedem der verschiedenen Bilder der plumpe Planwagen der Marketenderin Mutter Courage auftaucht. Also eine Marketenderin, eine couragierte Person, die während des Dreißigjährigen Krieges ihre Geschäftchen macht, bald im katholischen, bald im protestantischen, bald im schwedischen und bald im kaiserlichen Lager. Eine Kriegsgewinnlerin im kleinen, die die Zeitläufe ausnutzen will, die auszunutzen versteht. Bis dann der einträgliche Kriegshandel durch die Kriegshändel wieder zum Teufel geht und Mutter Courage alles einbüßt: Geld, Ware, Kinder, Freunde. Doch der Krieg selbst geht weiter, und Mutter Courages Karren rumpelt weiter mit. Lehrstück gegen den Krieg, der kein Stahlbad ist, sondern Schlechtes noch schlechter, Böses noch böser macht, ausweglos, unendlich, gefräßig seine eigenen Kinder verzehrend ... »und brauchte doch alles nicht sein«.

Entscheidend die herbe, harte, aussparende Sprache. Da wirkt so mancher Einzelsatz stärker als die ganze Akte weniger sprachmächtiger Stückeschreiber. Aus dem unerbittlich Berichtenden, Lehrhaften springen dann zuweilen winzige Szenen auf, die den echten Dramtiker, der sich hinter dem Epischen verbergen möchte, in hellem Licht erstrahlen lassen.

Der gute Mensch von Sezuan

Ein Parabelstück

Personen:

Die drei Götter
Shen-Te
(Shui Ta)

Yang Sun, ein stellungsloser Flieger
Frau Yang, seine Mutter
Wang, ein Wasserverkäufer
Der Barbier Shu Fu
Die Hausbesitzerin Mi Tzü
Die Witwe Shin
Der Schreiner Lin To
u.a.

Ort und Zeit: Die Hauptstadt von Sezuan, welche halb europäisch ist, Gegenwart
Uraufführung Wien 1946

In einer Vorbemerkung stellt Bertolt Brecht fest: »Die Provinz Sezuan, die Parabel, die für alle Orte stand, an denen Menschen ausgebeutet wurden, gehört heute nicht mehr zu diesen Orten.« – Natürlich, seit das Stück geschrieben wurde, hat sich in der Provinz Sezuan ja mancherlei geändert. Sie ist kommunistisch geworden, und unter diesem Regime wird – so meint der Dichter – selbstverständlich niemand mehr ausgebeutet. Und damit gibt er sich und seinem Publikum die Antwort, die er einmal offenließ – die Antwort auf die Frage, wie den »guten Menschen« zu helfen sei, »gut zu sein und zu bleiben«: mit der Wandlung im Sozialen. Diese Erkenntnis ist nicht eben neu, und sie ist nicht sehr originell, weder allgemein noch bei Brecht selbst. Wie diese Wandlung aber tatsächlich vor sich gehen soll, bleibt weiter offen. Doch das ist man gewöhnt bei dieser Art Tendenz-Dramatik. Interessanter ist die dramaturgische Technik, mit der das gemacht ist, und reizvoll sind Stellen mit jener hauchzarten Lyrik, die wir immer wieder mit Erstaunen noch in den härtester Passagen Brechtscher Dramatik treffen.

Der Inhalt des Stückes ist einfach. Nur das gewaltige Aufgebot an Darstellern, die ihn erfüllen sollen, läß ihn kompliziert erscheinen.

Drei Götter kommen auf der Suche nach guten Men- schen auch in die Stadt Sezuan. Aber sie finden keine ja es scheint, sie finden nicht einmal Quartier. Die Rei- chen, bei Brecht natürlich böse, denken gar nich daran, sich um die Götter zu bemühen. Vergeblich klopft der Ärmste der Armen, der Wasserträger Wang bei ihnen an, um den Göttern eine Unterkunft für die Nacht zu verschaffen. Wenn er auch selbst nicht de wahrhaft gute Mensch ist (sein Wasserbecher ha einen doppelten Boden), so versucht er doch, wenig stens so gut zu sein, wie es ihm Unterdrückung und Armut erlauben. Der Arme braucht aber zum Leben ein gewisses Maß an Schlechtigkeit und Laster, der Was serverkäufer den Betrug, das Freudenmädchen, das die Götter schließlich beherbergt, das Laster. Weil die ses Mädchen aber sogar auf den angemeldeten Besuch des Freiers und die damit verbundene Einnahme für die Miete verzichtet, um den Göttern ihr Bett überlas sen zu können, ist wohl sie »der gute Mensch«. Sie wird belohnt, aber sie vermag das Geld, das sie erhielt, nich zu halten.

Jedermann weiß, daß diese Shen Tu gut ist. Also hängt sich jedermann an sie – arm wie reich – um von dem spärlichen Segen soviel wie möglich mitzube kommen. Und griffe Shen Te nicht schließlich zu eine List, sie wäre bald von den Armen völlig ausgesaugt von den Reichen aber nach allen Regeln der Kuns übers Ohr gehauen. Sie maskiert sich und spielt in der Maske ihren eigenen Vetter und Verwalter ihres Tabakgeschäftes, Shui Ta.

Der Verwalter-Vetter mehrt mit drastischen kapitalistischen Praktiken das Gut, das ihr unter den Händen zu zerrinnen drohte, wird reich, angesehen und gefürchtet bei den Mitmenschen. Wenn Shen Te nicht Shui Ta ist, ist sie hingebend hilfreiche Geliebte des arbeitslosen Fliegers Yang Sun, von dem sie auch ein Kind empfängt. Aber die Verhältnisse wollen es, daß sie mehr und mehr den harten Geschäftsmann darstellen muß, bis schließlich die lange Abwesenheit der Shen Te auffällt und zur Gerichtsverhandlung gegen Shui Ta führt.

Die Götter übernehmen das Richteramt. Shui Ta muß sich als Shen Te zu erkennen geben. Es war dem ehemaligen Freudenmädchen nicht möglich, zu anderen und sich zugleich gut zu sein. Diese Welt ist zu schwierig, die Not ist zu groß. Die Götter sollen also helfen, aber sie können nicht. Sie haben selbst bei ihrer Suche nach Guten so böse Erfahrungen gemacht, daß sie froh sind, daß sie nun wieder ins Nichts zurückkehren können.

Der »gute Mensch« aber, der »gut sein« will »und doch leben«, bleibt zurück – ratlos und hoffnungslos, denn ohne den harten Vetter von Zeit zu Zeit geht es nicht.

Was soll also werden? Der Zuschauer soll sich selbst die Lösung finden, empfiehlt der Epilog.

Sieht man ab von den Songs, die nun schon bald altertümlich wirken, ab auch von den billigen antikapitalistischen Spruchbandweisheiten, die hier zur

Abwechslung wieder einmal nicht gedruckt zu lesen sind, sondern die der Zuschauer von der Bühne herunter zu hören bekommt, so bleibt doch noch ein Stück Theater übrig, das zu sehen sich lohnt.

Zwei Handlungen, getragen von zwei gegensätzlichen Charakteren, stehen sich gegenüber. Ein Mensch aber verkörpert diese beiden Charaktere, führt sie gegeneinander und setzt sie voneinander ab, beleuchtet durch den einen den anderen und durch andern den einen, wechselt von Kalt in Heiß und umgekehrt und macht das so »wahr«-scheinlich, daß man die Parabel darüber vergißt, daß man wirklich sieht: hier ist der hartgesottene, kalte Rechner und Geschäftsmann und da der warmherzig liebende »gute Mensch von Sezuan«.

Der kaukasische Kreidekreis

Ein Vorspiel und fünf Akte

Personen:

Grusche Vachnadze, eine Magd
Arsen Kazboki, der fette Fürst
Bizergan, sein Neffe
Lavrenti Vachnadze, Grusches Bruder
Azdak, Dorfschreiber, später Richter
u.a.

Ort und Zeit: Ein zerschossenes kaukasisches Dorf, bald nach dem Zweiten Weltkrieg
Uraufführung 1948, Carleton College in Northfield/ Minnesota.

Die Geschichte von den beiden Frauen, die um *ein* Kind streiten und es jede für sich beanspruchen, die eine aus Mutterliebe, die andere aus Gewinnsucht, wird überall im europäisch-asiatischen Kulturraum erzählt, und der Bericht vom »Salomonischen Urteil« gehört zu den ältesten Wandersagen. Brecht nimmt sich für seinen »Kaukasischen Kreidekreis« eine Spielart der Anekdote, die aus seiner Heimatstadt Augsburg stammt, und auch der salomonische Richter Azdak hat ein augsburgisches Vorbild (in der bei Brecht üblichen Vorbemerkung wird allerdings behauptet, der chinesische »Kreidekreis« habe Pate gestanden). Aber der Dichter folgt wieder einmal seinen östlichen Neigungen und verlegt die Handlung nach Grusinien, in den Kaukasus. Und trotz der politischen Motive für diese ungewöhnliche Ortswahl gelingt ihm eine Dichtung! Denn das Doktrinäre liegt in einer Rahmenhandlung, die gut wegbleiben könnte. Die Bewohner eines Ziegenzuchtkolchos hatten vor den Hitlerarmeen ihre Ziegenherden aus ihrem Heimattal weggetrieben und wollen nun zu ihren alten Weiden zurück. Aber ein Obstbaukolchos beansprucht das Tal. Es soll bewässert werden und dann zehnfache Erträge bringen. Natürlich entscheiden sich die Kolchosbauern nach eingehender Diskussion dafür, daß der Staudamm gebaut und das Tal dem Obstbaukolchos zugesprochen wird. Und nun spielen die Bauern gleichsam als poetisch-dramatischen Kommentar zur Rahmenhandlung das eigentliche Stück, dessen Handlung jeweils von einem erzählenden Sänger unter Beistand der Musiker weitergeführt wird.

Neben der Handlung um die beiden Mütter geht die

um den Richter einher. Dieser Azdak ist eine prächtige komödienhafte Figur aus pfiffiger Weisheit und Schläue, ein rechter Eulenspiegel und Hodscha Nasreddin (türkischer Eulenspiegel). Azdak, der ärmliche Dorfschreiber, wird zum Richter gemacht, als ein Aufstand des Fürsten Kazbeki den Großfürsten vertrieben und den Gouverneur getötet hat.

So wie dieser Richter mit der seidenen Robe über die Lumpen des Armen richtet, ist in Grusinien noch nie Recht gesprochen worden, denn nun kommen auch die einfachen Menschen zu ihrem Recht, was nicht immer ohne eulenspiegelhafte Rechtsbeugung abgeht. Aber der Großfürst kommt zurück, Azdak wird abgesetzt und soll gehängt werden. Doch der Großfürst ernennt ihn erneut zum Richter. Der Dorfschreiber hatte dem Flüchtenden Unterschlupf gewährt ohne ihn zu kennen.

Die Witwe des Gouverneurs ist mit dem Großfürsten wiedergekommen. Bei der Flucht hatte sie ihr Kind Michael zurückgelassen. Die Rettung ihrer schönen Kleider war ihr wichtiger gewesen. Die Magd Grusche hatte sich des Säuglings angenommen und ihn vor den Verfolgern in Sicherheit gebracht, trotz der Gefahren und Entbehrungen und der Schande, die sie hatte auf sich nehmen müssen. Nun muß die Witwe Natella Abaschwili den Sohn wiederhaben, wenn sie in den Besitz des Familienvermögens ihres getöteten Mannes kommen will. Denn Michael ist der Erbe des Gouverneurs.

Es gibt einen Prozeß. Azdak spricht das bekannte Urteil. Die beiden Frauen müssen den Säugling aus einem Kreidekreis herausziehen. Die Gouverneurswitwe reißt das Kind zweimal wild an sich. Grusche rührt keine Hand. Sie kann ihm nicht weh tun, denn sie liebt es wie ihr eigenes. Deshalb hat sie mehr Mutterrecht auf das Kind als die wirkliche Mutter, der es nur um den Besitz der Erbschaft geht, und bekommt den Säugling. Moral in bezug auf die Rahmenhandlung:

»die Kinder den Mütterlichen,
damit sie gut gedeihen,
die Wagen den guten Fahrern,
damit gut gefahren wird,
und das Tal den Bewässerern,
damit es Frucht bringt.«

Diese Grusche, diese mütterlich liebende Magd, ist eine der schönsten Gestalten im Gesamtwerk des Dichters Brecht. In ihrem zauberhaft innigen Dialog mit dem Soldaten Simon ist dem Meister der nüchtern-direkten Sprache ein Stück edelster Lyrik gelungen.

Das Werk hat so viel Volkstümliches, so viel, was jeden braven Menschen angeht, zieht man das Doktrinäre ab, daß man es öfter als bisher auf unseren Bühnen sehen möchte, die mit volkstümlichen dramatischen Dichtungen wirklich nicht gesegnet sind.

Herr Puntila und sein Knecht Matti

Ein Volksstück in zwölf Bildern

Personen:

Puntila
Der Ober

Matti
Der Richter
Eva
Der Attaché
Die Branntweinemma
Der Viehdoktor
Das Apothekerfräulein
Das Kuhmädchen
Die Telefonistin
Hanna
u.a.

Ort und Zeit: Südfinnland, 20. Jahrhundert
Uraufführung Zürich 1948

Hier stößt Brecht endlich zu einem handlungsähnlichen Etwas vor, bedient sich wenigstens des Handlungsfadens einer finnischen Erzählung, (von H. Wuolijoki), verwebt ihn zu stellenweise leuchtend gefärbten Teppichen. Zugleich ist freilich das Gesellschaftskritische so stark, daß es dem Dramatiker zuweilen die Feder aus der Hand nimmt und Zeitungsartikel schreibt. Grundgedanke: nur Rausch und Schwärmerei halten eine Versöhnung der proletarischen und der bourgeoisen Welt für möglich; der nüchternen Betrachtung hält eine solche Vorstellung nicht stand.

Da ist ein Herr Puntila, ein reicher Bourgeois. Wenn er betrunken ist (und er ist oft betrunken), dann erscheint ihm Gott und alle Welt eins. Dann möchte er sich gleich mit vier Kuhmägden auf einmal verloben. Dann wäre er durchaus geneigt, seine Tochter Eva dem Chauffeur Matti zu geben. Dann baut er in alles überwältigender Schwärmerei aus toten Gegenständen einen scheinlebendigen Berg, von dem aus man einen herrlichen Blick in ein Land hat, das gleichgesinnten Gleichen eine innere und äußere Heimat bietet. Wenn aber der Rausch verflogen ist, dann zeigt er sich als abstoßender »Herr«, der die zur Verlobung bestellten Mägde davonjagt, seine Tochter lieber mit einem vornehmen, wenn auch unsympathischen Attaché verheiratet sieht als mit dem einfachen Chauffeur und die Grenze zwischen arm und reich sehr nachdrücklich betont. Und da ist seine Tochter Eva, deren Herz sich zwar dem Chauffeur Matti zuneigt, die aber doch nicht »unter ihrem Stand« heiraten will. Dieser Matti wiederum ist ein klassenbewußter, klassenkämpferischer Mann, der sich nicht einfangen läßt von den Reichen. Zwar mag auch er die Eva und gönnt sie dem verschuldeten Attaché durchaus nicht; aber selbst als Herr Puntila – wieder im Rausch – den Attaché bei der Verlobungsfeier hinauswirft und Eva mit Matti verheiraten möchte, beißt er nicht an, weil er weiß, daß ihr alles fehlt, was sie als Arbeiterfrau braucht, körperlich und geistig. Zudem mag er nicht von der bürgerlichen Mitgift leben. Nur einmal gerät seine proletarische Sicherheit ins Wanken, als er nämlich an Herrn Puntilas schwärmerischem Bau des Aussichtsberges teilnimmt und für allgemeine Verbrüderung eingenommen ist. Aber da war auch Matti betrunken. Mit der Nüchternheit kommt der Katzenjammer, und Matti verläßt das Haus des reichen Herrn, um nicht wieder in so törichte Versuchungen zu kommen.

LORCA

Federico Garcia L. (1899–1936, Spanier), Sohn eines Bauern und einer Lehrerin. Studierte Philosophie und Rechtswissenschaft. War auch Musiker und Zeichner. Leiter einer Studentenwanderbühne durch die spanischen Provinzen. Wurde im Spanischen Bürgerkrieg erschossen. Schrieb Lyrik, Kindergeschichten, Dramen, Schwänke, Puppenspiele.

Bluthochzeit

Lyrische Tragödie in drei Akten

Personen:

Die Mutter
Der Bräutigam
Die Braut
Der Vater der Braut
Die Magd
Leonardo
Die Frau Leonardos
Die Schwiegermutter
u.a.

Ort und Zeit: Einsame Gegend in Andalusien, Gegenwart
Uraufführung Madrid 1933

Lorca ist ein echter Surrealist, ohne daß er sich deshalb ständig der surrealistischen Mittelchen seiner Zeitgenossen zu bedienen brauchte, denn er ist auch ein echter Dramatiker.

Das zeigt sich am stärksten in der »lyrischen Tragödie« »*Die Bluthochzeit*«. Der Stoff steckt voll wildester Dramatik. Blutrache spukt in den Köpfen, Liebe, Eifersucht, Entführung der Braut sogar und Messerkampf bis zur bittersten Entscheidung gäben alle Möglichkeiten für die Entfaltung aller realistischen Theater-Effekte. Und doch ist die Grundstimmung eher weich, es gibt keine eigentliche Auflehnung gegen das Schicksal. Der letzte Sohn einer Witwe begehrt ein Mädchen zur Frau, das schon einmal verlobt war mit Leonardo Felix. Dieser Leonardo stammt aus der Sippe, die Gatten und älteren Sohn der Witwe aus Blutrache mit Messerstichen getötet hat. Daher kann die alte Frau keine Messer mehr sehen, ohne die Angst, auch der letzte Sohn könne ein Opfer des Messers werden. Leonardo Felix, der inzwischen ein anderes braves Mädchen geheiratet hat, hängt noch immer an seiner früheren Braut und wird unruhig, als er von den Geschenken hört, die sie nun erhält. Aber auch die ehemalige Braut liebt ihren neuen Bräutigam nicht. Das merkt die Mutter bei der offiziellen Werbung sehr gut.

Die Hochzeit soll stattfinden. Während die Braut geschmückt wird, macht ihr Leonardo Vorwürfe, daß sie den reichen Burschen ihm vorgezogen habe. Mit den Hochzeitsgästen kommt auch Leonardos Frau und erkennt bestürzt die Reize der schönen Braut, die nun ihren Mann wieder völlig bezaubert hat. Als sich aus dem bunten Hochzeitsgetriebe der Bändertanz entwickeln soll, sind die Braut und Leonardo verschwunden. Sie sind in die Wälder entkommen. Alles macht sich auf, die Flüchtigen zu suchen. Gestalten tauchen auf (an sich überflüssige surrealistische Tricks), der Mondmann will mit grellem Licht die Geflohenen in ihrem Versteck aufstöbern, eine alte Frau, der Tod, begleitet den Bräutigam. Als man das liebende Paar in einer Höhle aufstöbert, greifen der Bräutigam und Leonardo zu den Messern und töten sich gegenseitig. Die Mutter wartet vergeblich auf ihren Sohn. Dafür flüchtet dessen Braut vor der Wut des Volkes zu ihr, und im ersten wilden Schmerz will die Mutter sie töten, besinnt sich aber dann, als die gewaltige Totenklage ertönt. Das Messer hat für die Mutter nun seinen Schrecken verloren. Sie hat niemanden mehr, den es ihr nehmen könnte. – In diesem Stück sind nur wenige Personen beim Namen genannt. Die anderen sind einfach »Typen«.

Bernarda Albas Haus

Frauentragödie in spanischen Dörfern

Personen:

Bernarda Alba
Maria Josefa, Bernardas Mutter
Angustias, Magdalena, Amelia, Martirio und Adela, Bernardas Töchter
La Poncia, Magd
u.a.

Ort und Zeit: Südspanisches Dorf, Gegenwart
Uraufführung Buenos Aires 1945

Der Dichter nennt dieses Drama eine Komödie. Mit Recht, trotz all dem Traurigen, das in dem Stück passiert. Denn es gibt kaum etwas Komischeres als Leute, die mit allen Mitteln wider Vernunft und Natur bei anderen die Vorstellung erwecken wollen, sie selbst seien in jeder Weise untadelig. Nichts Komischeres und nichts Tragischeres; denn beides liegt ja dicht beieinander. Einen langen Akt braucht der Dichter hier, nur um die Atmosphäre des Hauses der Bernarda Alba zu entwickeln. Donna Bernarda ist eine hochmütige Frau, eine Tyrannin ihrer Umgebung. Die fünf Töchter lieben sie nicht, die Dienstboten fürchten sie. Wie Gefangene müssen die jungen Mädchen zu Hause sitzen und an ihrer Aussteuer arbeiten. Nur die Älteste darf abends mit dem ihr von der Mutter bestimmten Verlobten sprechen. Es wird zwar, so scheint es, der Donna Bernarda sklavisch gehorcht, aber irgendwie knistert eine gefährliche Spannung durch das Haus. Im zweiten Akt, der endlich zum Kernpunkt, zur Handlung vorstößt, schürte die alte Dienerin noch diese Spannung, indem sie aus ihrer Jugend erzählt, wie sie sich da nicht damit begnügt habe, mit ihrem Verlobten nur zum offiziellen Stelldichein am Fenster, sozusagen unter den Augen aller, zusammenzukommen. Das wird unter den Mädchen lebhaft besprochen. Nur Adela schweigt dazu. Poncia weiß warum; sie hat das Mädchen einige Male beobachtet, wie sie sich heimlich nachts im Garten mit Pepe, dem Verlobten der Schwester Angustias, traf. – Dieser Pepe ist der einzige

Mann, der überhaupt in die Nähe der Schwestern kommt. An ihm entzündet sich die Phantasie der Mädchen: Eine von den fünf, Martirio, hat der Ältesten schon ein Bild ihres Verlobten entwendet, Adela trifft sich nachts mit ihm im Garten, die alte Dienerin erzählt von Liebeslust ihrer Jugend, Liebeslieder heimkehrender Bauern dringen zu den Mädchen herein, der Mann Pepe kreist sozusagen ständig ums Haus. Und dann kommt noch als Neuigkeit in die schwüle Atmosphäre, in der alles nach geschlechtlicher Erlösung lechzt, die Geschichte von dem Dorfmädchen, das ein Kind geboren hat und, weil sie es umbrachte, von den Leuten gesteinigt werden soll. Adela aber erschrickt, als von diesem Kindsmord die Rede ist. Sie hat dem geliebten Pepe schon angehört. Der dritte Akt ist mit »Siedehitze geladen«. Alle Mittel sind angewandt, die Spannung zu erhöhen, sie nicht abreißen zu lassen und das Stück schließich einer raschen und für die Handelnden unerwarteten Lösung zuzutreiben. Für die Zuschauer liegt eine Lösung wie die, die nun erfolgt, nahe. Denn sie haben aus dem Charakter der Handelnden, der Atmosphäre und Andeutungen im Verlauf des Stückes annehmen müssen, daß die »Betroffenen« so oder so ähnlich reagieren, wie sie es dann tun. Die Heirat der Angustias mit Pepe steht unmittelbar bevor. Aber Angustias fühlt, daß mit dem Verlobten irgend etwas nicht stimmt. Er vertraut ihr kaum etwas aus seinem Leben an. Als sich Bernarda der Dienerin gegenüber rühmt, sie könne ihren Töchtern unbedingt vertrauen, versucht Poncia der hochmütigen Frau vorsichtig etwas über das Verhältnis der Adela mit Pepe anzudeuten. Bernarda will nicht verstehen. Poncia aber stellt fest, daß die ruhelose Adela wieder in den Garten schleicht, um sich mit Pepe zu treffen. Adela gerät mit Martirio in Streit, der so heftig wird – zwischen zwei eifersüchtigen Mädchen! –, daß Bernarda und Angustias herbeikommen. Adela bekennt nun mit einem geradezu verzweifelten Mut ihre Liebe und ihr Verhältnis zu Pepe. Die Mutter ergreift ein Gewehr und schießt auf Pepe, der gerade in den Hof kommt. Adela, die annimmt, ihr Liebster sei tot, erhängt sich am Orte der nächtlichen Liebesfeiern. Bernarda befiehlt, sie abzuschneiden, einzusargen und die Glocken zu läuten. Adela sei als Jungfrau gestorben, müsse jeder glauben. Der Name des Hauses Alba sei rein geblieben.

HORVÁTH

Ödön von H. (1901–1938, ungarischer Herkunft – in deutscher Sprache schreibend), aus ungarischem Kleinadel. Jugend in Kroatien, Ungarn und Österreich. Lebte dann in Deutschland. 1933 wurden seine Werke hier verboten. 1938 Emigration aus Österreich nach Paris. Schrieb Romane und zahlreiche Bühnenstücke.

Geschichten aus dem Wiener Wald

Volksstück in drei Teilen

Personen:

Alfred
Die Mutter
Die Großmutter
Der Hierlinger Ferdinand
Valerie
Oskar
Ida
Havlitschek
Rittmeister
Eine gnädige Frau
Marianne
Zauberkönig
u.a.

Ort und Zeit: In Wien, im Wiener Wald und in der Wachau, zwischen den beiden Weltkriegen
Uraufführung Berlin 1931

Horváth ist mit diesem bewußt desillusionierenden Volksstück ein – freilich nicht von Verzerrungen freies – realistisches Abbild der unteren Volksschichten Wiens zu Ende der zwanzige Jahre bei anbrechender Wirtschaftskrise gelungen. Es zählt zu jenen Werken, die den damals neuen Stil der Sachlichkeit auf der Bühne zum Erfolg führten.

Dieses Volksstück spielt in einer Zeit der wirtschaftlichen Stagnation, die die Menschen moralisch unterhöhlt und anfällig macht für Bosheit und Gemeinheit. Da ist Marianne, Tochter des »Zauberkönigs«, in dessen Puppenladen höchstens einmal eine Mutter kommt, um ihrem Söhnchen ein paar Schachteln fallender und verwundeter Zinnsoldaten zu kaufen. So ist der Zauberkönig froh, daß sich Oskar, Nachbarssohn und Besitzer einer gutgehenden Fleischerei, um Marianne bewirbt, denn »rauchen und fressen werden die Leut immer – aber zaubern?«, sagt er zu der Trafikantin Valerie, deren wohlfundierte Existenz einen Liebhaber nach dem andern anlockt. Aber Marianne sehnt sich von den dummen, niedrigdenkenden Menschen fort. In Alfred glaubt sie die Liebe ihres Lebens gefunden zu haben, und weiß nicht, daß er ein ebensolcher Lump ist, der seine Gerissenheit nur hinter wohlgesetzten, pseudoeleganten Worten zu tarnen weiß. Marianne wird seine Lebensgefährtin, aber in der wirtschaftlichen Not des Alltags – der Vater hat sie verstoßen und Alfred, dem sie seine dunklen Geschäfte untersagt, vermag sich auf anständige Weise nicht fortzubringen – muß ihre Liebe zerbrechen. Das Kind geben sie zu Alfreds Mutter in die Wachau, und Marianne landet schließlich in einem Nachtlokal, wo sie entkleidet vor beschwipsten Lebemännern in lebenden Bildern aufzutreten hat. Als sie versucht, einem Gast eine Geldnote aus der Brieftasche zu ziehen, wird sie festgenommen. Inzwischen ist der Vater, durch einen Schlaganfall milder gestimmt, zur Versöhnung bereit. Als man sich in größerer Gesellschaft und in bester Versöhnungslaune in die Wachau begibt, um das Kind zu besuchen, muß Marianne erfahren, daß es gestorben ist. Der völlig Gebrochenen nimmt sich der ehemalige Bräutigam Oskar an, der auf sie gewartet hat, und dem sie ebensowenig entgeht wie das Schlachtvieh, das er zu stechen hat. Er liebt sie immer noch, auf seine Weise, die die Züchtigung als einen unumgänglichen Bestandteil der Liebe ansieht, und so endet dieses gallbittere Stück, das von sentimentalen Sentenzen, Stimmungsbildern einer verlogenen Gemütlichkeit und den Klängen von Wiener Walzern und Heurigenliedern ironisch überzuckert ist, ohne große Hoffnung für Mariannes Zukunft. – In charakteristischen Nebenrollen Erich, der Student der Rechte aus Kassel, dessen Kopf mit den Phrasen und dem Ehrenkodex der aufkommenden nationalsozialistischen Bewegung angefüllt ist, und die »liebe Großmutter«, die sich für fromm und wohlanständig hält und sich dennoch kein Gewissen daraus macht, das Kind der Zugluft auszusetzen und so seinen Tod absichtlich herbeizuführen.

STEINBECK

John St. (1902–1968, Amerikaner), Sohn eines deutschen Vaters und einer irischen Mutter. Studierte Naturwissenschaften. Lebte in dürftigen Verhältnissen als Maler, Chemiker, Baumwollpflücker, Maurer und Journalist, bis er 1929 mit seinem vierten Roman »Cup of Gold« bekannt wurde. Steinbeck ist Romanschriftsteller, der einige seiner Romane dramatisiert hat. 1940 Pulitzerpreis, 1962 Nobelpreis.

Von Mäusen und Menschen

Schauspiel in sechs Bildern

Personen:

Georg
Lennie
Candy
Der Cherf
Curley
Curleys Frau
Slim
Carlson
Whit
Crooks

Ort und Zeit: Ein besiedeltes Tal in Südkalifornien, Gegenwart

Uraufführung New York 1937

Georg und Lennie, kalifornische Landarbeiter, sind auf dem Wege zu einer neuen Arbeitsstelle. Ihren letzten Arbeitsplatz haben sie verlassen müssen, weil Lennie, ein bärenstarker Bursche mit dem Verstand eines kleinen Kindes, ein Mädchen angepackt hat, um es zu streicheln. Er hat überhaupt das Bedürfnis, zu jedem zarten Wesen, ob Mäusen oder Menschen, gut zu sein. Georg hat großen Einfluß auf Lennie. Er denkt für ihn mit und versucht, alle Torheiten, die der Geistesarmut seines Freundes entspringen können, von vornherein zu verhindern. Die beiden Arbeiter träumen von einem eigenen Stück Land. An der neuen Arbeitsstelle findet sich ein dritter Partner, der einige Geldmittel hat, sodaß eine Verwirklichung in greifbare Nähe rückt. Der Sohn des Besitzers der Farm ist verheiratet mit einem lüsternen Weibchen, unbefriedigt von ihrer Ehe und unzufrieden mit dem Leben auf dem Lande. Sie streicht um die Männer herum, die sie sich, wollen sie nicht ihre Arbeitsstätte verlieren, vom Leibe halten müssen. Dieser Frau wegen gibt es Streit und Schlägerei, bei der die Bärenkräfte Lennies fast Unglück anrichten. Schließlich will die Frau die Farm verlassen. Sie versucht aber noch vorher, Lennie, auf den sie zufällig allein in der Scheune trifft, zu verführen. Als der Bursche, mehr vom Seidenglanz des Haares und des Kleides zum Streicheln gereizt, zupackt, erschrickt sie und will schreien. Lennie hat Angst vor Georg, der ihn wegen solcher Dummheiten hart rügt und ihn, wie der Tölpel glaubt, wegen einer Dummheit von der erträumten eigenen Kaninchenfarm ausschließen könnte. Und so faßt er fester zu, um die Frau am Schreien zu hindern, so fest, daß er sie umbringt. Dann versteckt er sich an einem schon zu Anfang mit Georg verabredeten Platz. Dort findet ihn der Freund, während die anderen Arbeiter mit dem Mann der Toten den Mörder suchen, um ihn zu lynchen. Georg will den Freund vor Gefängnis oder Irrenhaus oder gar Schlimmerem bewahren und schießt ihm, während er ihm noch einmal den Traum von der Kaninchenfarm ausmalt, eine Kugel ins Genick.

Im ersten Bild wird die Exposition gegeben. Georg und Lennie werden vorgestellt, dabei wird auf Lennies unglückselige Veranlagung hingewiesen. Die Verabredung des Verstecks im Falle irgendwelcher Verwicklungen deutet auf einen künftigen Konflikt hin. Im zweiten Bild tritt mit Curleys Frau das erregende Moment ein. Das dritte Bild verschärft den Konflikt (Streit mit Curley). Im vierten Bild wird die Spannung gesteigert (Curleys Frau will mit Georg anknüpfen, stößt auf Widerstand, wendet sich zu Lennie. Da Georg dazwischen geht, bleibt die Weiterentwicklung offen). Zwischen dem vierten und fünften Bild liegt die Abseitshandlung (Auseinandersetzung zwischen Curley, seinem Vater und seiner Frau, wodurch die Frau veranlaßt wird, Mann und Farm zu verlassen). Dann kommt es in der unbeabsichtigten Ermordung der Frau im fünften Bild zum Höhe- und zugleich Wendepunkt der Handlung. Das sechste Bild bringt die Lösung mit der Tötung Lennies durch Georg. Diese ist unbefriedigend, zu gewaltsam, zu gewollt, und doch symbolisch für den sozialen Konflikt. Denn der Traum von der eigenen Farm ist für den Landarbeiter unerfüllbar, weil immer ein Hindernis in den Weg kommt.

SARTRE

Jean-Paul S. (1905–1980, Franzose) war Gymnasialprofessor in mehreren französischen Städten, bevor er nach Paris ging. War in deutscher Kriegsgefangenschaft, wurde entlassen und schloß sich sogleich der französischen Widerstandsbewegung an. Bekannt durch philosophische, »existentialistische« Schriften, durch Dramen und Romane.

Noch vor zwei Jahrzehnten war der »Existentialismus« ein in Deutschland sehr geschätzter Gegenstand. Erstens, weil das Wort so vornehm klingt, zweitens, weil niemand wußte, um was es sich eigentlich handelt. Inzwischen hat die Fachphilosophie die verschiedenen Verdickungen und Verdünnungen dieser philosophischen Richtung säuberlich auf Flaschen abgezogen und in die dafür vorgesehenen Regale gestellt, die Nichtphilosophen haben sich einer anderen »Modernität« zugewandt, und das wirkliche Volk hat sich nie um die Dinge gekümmert. Damit sind die Bühnenwerke des »atheistischen Existentialisten« Sartre auch wieder mehr in den Hintergrund getreten, werden mehr als Beispiele denn als Vorbilder aufgeführt. Und nur als Beispiele – nicht mehr – seien einige seiner Stücke hier gestreift.

Sartre meint: was die überlieferten Gemeinschaften (etwa Kirche oder Staat oder Gesellschaft) bisher als allgemeinverbindliche Werte aufgestellt haben, habe für den selbständig denkenden Einzelmenschen von heute keine Bedeutung mehr. Er müsse sich von alledem lösen und sich auf die unbedingte innere Freiheit seines Ich besinnen. Da er nicht allein auf der Welt lebe, sondern in einer »organisierten Lage«, sei es für sein Ich bezeichnend, wie er sich auf seine höchstpersönliche Weise mit diesen Verhältnissen auseinandersetze. Natürlich kann es dementsprechend in Sartres Dramen z.B. weder Gut noch Böse, weder Schuld noch Sühne im alten Sinne geben. »Gut« etwa ist das, was den jeweiligen Umständen am meisten gerecht wird. Entscheidungen hängen vom »Zufall« ab, von dem, was dem Einzelnen im jeweiligen Augenblick zufällt. Sartre gibt daher dem Zuschauer keine Vorbilder oder gar neue Regeln anstelle der alten, sondern will, daß der Einzelne nach seinen (samt und sonders nicht »abschließenden«) Stücken selbständig für sich und nur für sich allein weiterdenke.

Dramatische Fähigkeit wird wohl jeder diesem Franzosen zugestehen müssen. Mit welchen Mitteln er seine Absichten verwirklicht, nun, das hängt davon ab, was ihm im jeweiligen Augenblick als am geeignetsten erscheint, ihm zufällt. Daher diese verblüffend stillose Mischung von Surrealismus mit plattestem Realismus, von nüchterner Wirklichkeit und gröblicher Unwahrscheinlichkeit, von mystischem Jenseits-Geraune und üblem Gassenfranzösisch. Aber seine Stücke wirken; mindestens vermögen sie im ersten Augenblick zu verblüffen.

Die Fliegen

Drama in drei Akten

Personen:

Jupiter
Ägisth
Klytämnestra
Orest
Elektra
Pädagoge
Die Alte
Erinnyen
Volk
Soldaten
Wachen
Diener

Ort und Zeit: Argos, in der Antike
Uraufführung 1943 in Paris

Einst viel erörtert, behandeln den alten Orest-Stoff im Sinne des Sartreschen Philosophierens. Kein Wunder, daß Elektras erstes Wort »Sauhund« lautet und sich gegen Jupiters Götterbildnis richtet, während Jupiter selbst nicht recht weiß, ob und wann er wie Wagners Wotan oder wie ein Fuhrknecht zu reden hat. Die Fabel ist entsprechend des Dichters Anschauung von der Freiheit des Menschen umgestaltet. Orest kehrt nach Argos zurück und erschlägt Ägisth und Klytämnestra. Nicht eigentlich (wie bei den früheren Dramatikern), um die Ermordung seines Vaters Agamemnon zu rächen, sondern weil es sich in der gegenwärtigen

Lage als gut, d.h. zweckmäßig erweist. Insbesondere wohl, um den Leuten von Argos die ihnen zwangsmäßig eingeflößte Angst und Reue zu nehmen (die Fliegen sind die Rache- und Reuegeister, die einst Erinnyen hießen). Göttern sind ängstliche Reuenaturen angenehm, und die irdischen Herrscher (hier: Ägisth) halten die Menschen durch Angst in Schach, bis sie selbst an die Angst glauben. Orest will nun mit seiner Tat nicht etwa für alle »sühnen«, die »Schuld« aller auf sich laden wie der Sündenbock des alten und der Heiland des neuen Testaments; er gedenkt vielmehr, Reue und Schuld überhaupt auszurotten: »Wenn einmal die Freiheit in *einer* Menschenseele aufgebrochen ist, können die Götter nichts mehr gegen diese Menschen.« Im Drama steht Orest ganz allein gegen die Welt: die Menschen wollen nicht von ihren gewohnten Angstvorstellungen befreit werden, Elektra bereut, Jupiter widersetzt sich – es gibt also keinen wirklichen Gegenspieler als die Gewohnheit, die Dumpfheit, die Lebensangst, die Furcht von Machteinbuße.

Die schmutzigen Hände

Stück in sieben Bildern

Personen:

Hugo
Höderer
Der Prinz
Karsky

Slick
Georg
Louis
Iwan
Karl
Jessica
Olga

Ort und Zeit: Illyrien, imaginärer Staat im Gebiet zwischen Deutschland und Rußland, 1943–1945
Uraufführung Paris 1948

Ein Reißer mit Unwahrscheinlichkeiten und Unmöglichkeiten und doch mit gezeichneten Figuren. Das Stück richtet sich (was Sartre heute peinlich ist) gegen kommunistische Kampfmethoden, wie er sie aus einem Sonderfall glaubt herauslesen zu können. – Technisch arbeitet Sartre mit einer Rahmenhandlung. Der junge Hugo kommt aus dem Gefängnis in die Wohnung Olgas, einer aktiven Kommunistin (das Stück spielt während des Zweiten Weltkrieges). Da er der Partei lästig geworden ist, soll er »umgelegt« werden. Olga will ihn noch einmal prüfen und gewinnt einen Aufschub von einigen Stunden. In dieser Zeit erzählt (als Handlung eingeblendet) Hugo, was ihn ins Gefängnis gebracht hatte. Übersättigt von bürgerlicher Wohlhabenheit und Umsorgtsein, ist der junge Intellektuelle in die kommunistische Partei eingetreten. Man hat ihn mit Schreibereien beschäftigt, er aber wolle sich beweisen durch eine Tat. Auf Betreiben Olgas wird ihm das endlich ermöglicht: er soll den Parteiführer Höderer, der eine Politik der Zweckmäßigkeit und nicht der starren Linie betreibt, erschießen. Mit seiner jungen Frau kommt er als Sekretär in Höderers streng überwachtes Haus. Widerwillig spürt er Höderers politische und menschliche Stärke, zögert mit der Tat, wird von den Beweisgründen Höderers (ohne es sich eingestehen zu wollen) fast überzeugt, haßt und liebt diesen Mann, wird durch einen Bombenwurf Olgas und eine Unterredung mit ihr gedrängt, will Höderer erschießen, bringt es jedoch erst in einem Augenblick fertig, als dieser, durch Hugos dummtörichtes Weibchen Jessica veranlaßt, sie küßt. Er mordet also weder aus Überzeugung noch im Auftrag, sondern infolge eines lächerlichen Zufalls. Da der sterbende Höderer ihn deckt, wird Hugo nur zu Gefängnis verurteilt. Jetzt ist er zurückgekommen, will sich neu bewähren, muß aber erfahren, daß die Partei ihn als Ballast empfindet: Höderers Politik wird nun parteiamtlich durchgeführt, der einstige »Verräter« Höderer als Märtyrer gefeiert, – und Hugo als der einzige, der den Mordauftrag von damals ausplaudern könnte, soll beseitigt werden. Entsetzt erkennt der junge Mörder, daß sein reiner Glaube getäuscht wurde, daß alles Lüge ist, was vorher Wahrheit schien. Olga möchte ihn retten, aber er will nicht mehr weiterleben. Den nach Ablauf der vereinbarten Zeit Zurückkehrenden öffnet er selbst die Tür, stellt sich ihren Revolvern mit den Worten: »Nicht verwendungsfähig.«

BECKETT

Samuel B. (geb. 1906, Ire), Sohn eines Baukalkulators. Studium in Dublin. Verschiedene Aufenthaltsorte und Berufe. Lebt in Paris und schreibt in französischer Sprache Romane, Erzählungen, Bühnenwerke, Essays, Gedichte.

Warten auf Godot

Schauspiel in zwei Akten

Personen:

Estragon
Wladimir
Lucky
Pozzo
Ein Junge

Ort und Zeit: Landstraße, am Abend
Uraufführung Paris 1953

Die halbverhungerten, heruntergekommenen ehemaligen Frontsoldaten Estragon und Wladimir lungern ziellos umher. Sie haben jede Bindung an die Gemeinschaft verloren. Grenzenlose Angst beherrscht sie vor dem, was noch werden soll. Nur eine Hoffnung hält sie noch aufrecht, die auf Godot. Sie kennen ihn nicht, aber sie warten auf ihn. Im Dunkeln hat ihnen diese geheimnisvolle Gestalt zugesagt, sie werde sie am nächsten Abend aus ihrem Elend herausführen. Wie und wohin ist unklar geblieben wie die Erscheinung selbst. Und nun warten die beiden schon den zweiten Abend, hungrig, verzweifelt und in Angst. Da kommt der halb größenwahnsinnige, sadistische Pozzo, der seinen Diener Lucky am Strick führt und mit der Peitsche vor sich hertreibt. Als der hochbeladene Lucky fällt, fürchten sich die beiden Soldaten, ihm aufzuhelfen. Lucky hängt trotz aller Mißhandlungen an seinem Herrn wie ein Hund. Er ist so weit seiner Persönlichkeit beraubt, daß er auf Befehl Pozzos eine Reihe von eingetrichterten Lebensweisheiten herunterplappert, so unsinnig, daß das sogar ein so untergeordneter Geist wie der Diener selbst merken müßte. Nachdem Pozzo die Landstreicher verlassen hat, kommt ein Kind und meldet, Godot werde zwar nicht mehr heute, bestimmt aber dann morgen kommen. Im 2. Akt geht das Warten weiter, noch verzweifelter, noch auswegloser. Der stolze Pozzo erscheint wieder mit dem armen Lucky, aber diesmal ist er blind im echten und im übertragenen Sinn. Er vermag also nicht den beiden Landstreichern die Rätsel ihrer Umgebung zu lösen. Lucky ist stumm. Als er gegangen ist, wollen Estragon und Wladimir ihrem Elend, ihrer Verlassenheit, ihrer Existenzangst mit dem Strick ein Ende bereiten. Aber selbst das mißrät, der Strick reißt. Und wieder bringt das Kind die Nachricht, Godot, ein Mann mit weißem Bart, werde kommen, nicht heute – morgen, ganz bestimmt morgen. So bleibt noch ein Schimmer Hoffnung und erneutes Warten, immer weiter Warten.

ANOUILH

Jean A. (geb. 1910, Franzose) schrieb schon als Zehnjähriger Theaterstücke und blieb ständig in beruflicher und menschlicher Verbindung mit Theaterleuten. Bekannt durch einige Dutzend Bühnenwerke.

Anouilh gehört zu den stärksten Begabungen des gegenwärtigen europäischen Theaters. Sein hohes technisches Können ist unumstritten, der ethische Wert seiner Dichtung dagegen wird noch immer lebhaft erörtert. Es kann nicht Zweck dieser Ausführungen sein, in den Streit um den Gehalt der Werke eines Dichters einzugreifen, der selbst noch um Festigung und Darstellung eines neuen Weltgefühls ringt. Man hat gelegentlich den Anouilh der »Pièces Noires« den »genialen Virtuosen der Düsternis« genannt. Dieses Urteil verkennt, wie uns scheint, die französische Seelenhaltung. Was sich dem deutschdenkenden Zuhörer als Seelenausdruck eines abgrundtiefen Pessimismus, als zersetzende Entwertung aller höheren menschlichen Werte aufdrängt, das ist für den kühleren, weniger vom Gefühl als vom Verstand geleiteten Franzosen nur Spiel mit den Schattenseiten des Daseins, Gegengewicht gegen einen überschäumenden Lebenswillen, der trotz aller äußeren Düsternis ungebrochen weiterbesteht. Diese Anschauung mag auf den ersten Blick befremden; sie wird aber bestätigt durch die Art, mit der das theatererfahrene französische Publikum auf das Anouilhsche Werk antwortet. Dieses Publikum sieht besser als unsere Literaturkritik, daß die Lebensverneinung, die Todessehnsucht der Anouilhschen Gestalten in »Eurydike« und »Antigone« weniger These als nachdenkliches Spiel mit der Antithese ist. Daß Anouilh den Weg in den Tod als einzigen Ausweg aus der Übersättigung unserer Zeit mit Gutem (mehr noch) Bösem preist, scheint uns mehr Ironie als Menetekel, Mahnung zu sein. Denn wer, außer den Gestalten der Existentialisten geht denn überhaupt diesen Weg?

Der Herr Ornifle

Komödie in fünf Akten

Personen:

Ornifle
Fabrice, sein natürlicher Sohn
Machetu, sein Freund
Die Gräfin, seine Frau
Mademoiselle Supo, seine Sekretärin
Nenette, seine Haushälterin
Marguerite, Verlobte von Fabrice
Pater Dubaton
Professor Galopin
Dr. Subites
u.a.

Ort und Zeit: Zimmer in Paris, Gegenwart
Uraufführung Paris 1955

Ornifle ist eine glanzvolle Rolle für einen Schauspieler (der moderne Don Juan); der Übergeschäftige, der meint, allen Situationen gewachsen zu sein; der geschickte Jongleur mit dem Wort, mit den Menschen, mit dem Schicksal; der Lebensgenießer ohne Verantwortungsbewußtsein. Daß sich der Himmel aber nicht betrügen läßt, weiß er, wenn er sagt: » ... die ganze Partie gewinnt er; er spielt mit falschen Karten. Er hat alle Asse. Aber wann spielt er sie aus?«

Der Graf Ornifle de Saint-Oignon ließ einmal dichtersche Begabung erkennen – nun ist er bloß ein geschickter Textemacher, der sich mit großer Handfertigkeit seiner Aufträge entledigt, wirkungsvolle Selbstpropaganda betreibt und daneben das Leben und besonders die Liebe in vollen Zügen genießt. Die einzige, die ihn noch für ein großes Genie hält und die »Mache« nicht durchschaut, ist seine Sekretärin Mlle. Supo. Sie himmelt ihn an, vergöttert ihn, bespitzelt ihn auch, und zu ihrer Verzweiflung ist sie die einzige, der er keine Liebesgefühle entgegenbringt. Für Machetu, den einstigen Schrotthändler, der nun auf »Kulturelles« umgesattelt hat, »dichtet« Ornifle auftragsgemäß einen Schlagertext und gleich darauf für den Pater Dubaton ein frommes Weihnachtsgedicht, das bei einer Kinderbescherung zum Vortrag gelangen soll. Daneben gibt er Interviews und stellt sich den Fotografen. Ein ihm unbekannter junger Mann wartet indessen, um bei ihm vorgelassen zu werden. Nachdem er noch geschwind ein Mädchen, das von ihm ein Kind erwartet, an den Mann gebracht und eine junge Schauspielerin verführt hat, erinnert sich Ornifle des immer noch wartenden Besuchers. Es stellt sich heraus, daß es sein natürlicher Sohn ist, der – seine vom Verführer verlassene Mutter zu rächen – Ornifle erschießen will. Zum Glück geht die Pistole nicht los; die Verlobte des jungen Mannes hat die Patronen vorher entfernt. Aber Ornifle bricht dennoch zusammen. Fabrice, der »neue« Sohn – ein angehender Arzt – konstatiert ein Herzleiden. Nun genießt Ornifle die ihm verordnete Schonung mit königlichen Allüren. Amüsiert hört er die Moralpredigten seines Sohnes, der ihm alle seine Amouren aufzählt, deren Liste ihm ein Detektivbüro geliefert hat; die Erinnerung weckt keineswegs eine Reue. Als aber die Diagnose Fabrices von anderen Ärzten – schon aus Prestigegründen – als unsinnig bezeichnet wird, schmiedet er sofort neue Liebespläne. Diesmal hat er die junge Schwiegertochter in spe ausersehen. Da, als er sich wieder voll auf der Höhe glaubt, fällt ihn der Herzschlag.

FRISCH

Max F. (geb. 1911, Schweizer), studierte erst Germanistik, dann Architektur in Zürich. Dazwischen Journalist. Architekturbüro in Zürich. Lebt als freier Schriftsteller in Zürich. Schrieb Romane, Bühnenstücke Essays, Hörspiele, Tagebücher.

Biedermann und die Brandstifter

Ein Lehrstück ohne Lehre. Mit einem Nachspiel

Personen:

Herr Biedermann
Babette, seine Frau
Anna, sein Dienstmädchen
Schmitz, ein Ringer
Eisenring, ein Kellner
Ein Dr. phil.
u.a.
Personen des Nachspiels:
Herr Biedermann
Babette
Anna
Eine Figur
Beelzebub
Meerkatze
u.a.

Ort und Zeit: Eine Stube – Ein Dachboden – Dann die Hölle, Gegenwart
Uraufführung Zürich 1958

Der Autor hat dieses Thema in verschiedenen Fassungen veröffentlicht. Bevor es ein Theaterstück wurde, war es zuerst eine Prosa-Erzählung, dann ein Hörspiel. In diesem wird Herr Biedermann so apostrophiert: » ... Ihr kategorisches Bedürfnis, Ruhe und Frieden zu haben, und dementsprechend Ihre erstaunliche Routine, sich selbst zu belügen, die offenkundigsten Tatsachen nicht zu sehen, damit Sie keine Konsequenzen ziehen müssen, Ihre rührende Hoffnung, daß die Katastrophe, die Sie fürchten, sich vermeiden lasse, indem Sie sich in Vertrauen hüllen und sich für einen Menschen guten Willens halten ...« In der Hauptfigur erneuert der Autor den alten Lustspielbrauch, Personen nach ihrem Charakter zu benennen. Die Kunstleistung des Dramatikers liegt in der beklemmenden Mischung des Tragischen und Komischen.

Der Haarwasserfabrikant Biedermann lebt das selbstzufriedene Leben eines Bürgers mit ruhigem Gewissen. Er tut niemandem etwas Böses, obwohl er eben einen Mitarbeiter, der ihm zu Reichtum verholfen hat, entließ. In der Stadt ist es – eben liest er es beim Frühstück wieder in der Zeitung – in letzter Zeit zu mehreren Brandstiftungen gekommen, verursacht durch Hausierer, die sich auf Dachböden einlogierten. Als nun ein Mann, der sich als ein Ringer namens Schmitz vorstellt, um Unterkunft in seinem Haus bittet, dabei an seine Menschlichkeit appelliert und seine

Schmeicheleien geschickt an den Mann bringt, schöpft Biedermann keinen Verdacht und weist ihm den Dachboden als Unterkunft an. Später stößt der Kellner Eisenring dazu und schließlich der nihilistische Ideologe Dr. phil. Einen aufkeimenden Verdacht beschwichtigt Biedermann durch seine Überzeugung dank seiner Geschicklichkeit im Umgang mit Menschen und Rechtschaffenheit vor jeder bösen Überraschung gesichert zu sein. Arglos ist er immer noch, als sie auf dem Dachboden Benzinfässer stapeln, Schießbaumwolle und Zündschnüre herbeischaffen. Durch eine Einladung zu einem opulenten Mahl glaubt er, die Brandstifter umstimmen und sich von der Gefahr loskaufen zu können. So wenig hellsichtig ist er in seiner feigen Selbstbeschwichtigung, daß er sogar die Streichhölzer ausliefert, um die sie ihn ersuchen, damit sie die Katastrophe auslösen können. Diese echte Zerstörer aus Machtgelüsten, geben sich gar nicht die Mühe, ihr Vorhaben zu verschleiern, weil die Wahrheit ja doch niemand glaube.

In einem Nachspiel in der Hölle, die sie erst, weil sie sich schuldlos fühlen, für den Himmel halten, finden sich Herr und Frau Biedermann wieder. Biedermann sieht seinen einzigen Fehler auf Erden in seiner Gutmütigkeit. Während der Chor, der von Anfang an als Chor der Feuerwehrmänner – wie in der antiken Tragödie – die Szene kommentierend, warnend, beschwörend begleitet hat, stolz ist, daß die zerstörte Stadt schöner denn je wiederaufgebaut wurde, machen sich die beiden Brandstifter wieder auf den Weg zur Erde, um ihr Zerstörungswerk fortzusetzen.

HOCHWÄLDER

Fritz H. (geb. 1911, Österreicher), wurde Tischler und Tapeziermeister, Gewerkschaftssekretär. 1938 Emigration nach der Schweiz und Beginn seines dramatischen Schaffens. Lebt als freier Schriftsteller in Zürich. Schrieb Bühnenstücke.

Der öffentliche Ankläger

Schauspiel in drei Akten

Personen:

Tallien
Theresia Tallien
Fouquier-Tinville
Grebeauval
Montane
Fabricius
Heron
Sanson

Ort und Zeit: Amtsraum des öffentlichen Anklägers in der Conciergerie, kurz vor 1800
Uraufführung Stuttgart 1948

Hochwälder hat mit diesem glänzend gebauten Stück die Tragikkomödie der Diktatur und deren Überwindung durch die Freiheitsidee gestaltet.

Die Hauptgestalt des Stückes ist, entsprechend dem

Titel, Fouquier-Tinville, der öffentliche Ankläger während der Französischen Revolution. Seine Gegenspielerin ist Theresia Tallien, genannt »Unsere liebe Frau vom Thermidor«. Sie vertritt die Macht von morgen, während Fouquier-Tinville dem sich durch Brutalität übersteigernden Terrorregime, dessen Tage gezählt sind, angehört. Die Pointe der Handlung liegt darin, daß das Schreckenssystem sich selbst ad absurdum führt, denn Madame Tallien verlangt vom öffentlichen Ankläger einen Blanko-Verhaftungsbefehl, den dieser, schon um seine Rolle von morgen besorgt, ihr nach kurzem Zögern auch übergibt. Während des bereits in Gang befindlichen kurzen Prozesses vor dem Revolutionstribunal setzt Madame Tallien seinen eigenen Namen in den Verhaftungsbefehl ein, und der Ankläger, der sich mit seiner ausführlichen Anklagerede also selbst bezichtigt hat, wird auf das Schafott geführt.

Eine interessante Nebenhandlung ist mit dem Gatten der Madame Tallien, dem ehemals dem Schrekkensregime mit allen Lastern ergebenen Tallien, verknüpft. Mit wenigen Streiflichtern wird die Möglichkeit offen gelassen, daß die beiden Gatten sich gegenseitig auf das Schafott bringen könnten. Nur wird sehr bald klar, daß Madame Tallien den wirklich hohen Idealen, der echten Freiheit dient, während der Egoist Tallien von solchen Motiven ziemlich frei ist. Unter den kleinen Episodenfiguren, die alle sehr profilierte und dankbare Rollen darstellen, fällt der mit einem ganz leicht komischen Akzent versehene Henker Sanson auf, dessen konservativ gestimmte Handwerkerehre in Kontrast zu der Massenschlächterei der Machthaber gesetzt ist.

CAMUS

Albert C. (1913–1960, Franzose), Sohn eines Landarbeiters. Philosophiestudium in Algier, dann Schauspieler, Journalist. Gehörte vorübergehend der Gruppe um Sartre an. Nobelpreis 1957. Schrieb Romane, Dramen, Novellen, Essays.

Camus hat in seinem Schauspiel ein historisches Ereignis behandelt – selbst das Gespräch der Großfürstin mit dem Attentäter beruht auf Tatsachen. Wie er es verstanden wissen will, sagt er selbst: »Ich wollte bloß darlegen, daß auch der Tat selbst Grenzen gesetzt sind. Nur die Tat ist gut und gerecht, die diese Grenzen anerkennt und, falls sie sie überschreiten muß, zumindest in den Tod willigt.«

Die Gerechten

Schauspiel in fünf Akten

Personen:

Dora Duljebow
Die Großfürstin
Iwan Kaliajew
Stepan Fjodorow
Boris Annenkow
Alexis Woinow
Skuratow

Foka
Der Wärter

Ort und Zeit: Moskau, 1905
Uraufführung Paris 1949

In einer Wohnung in Moskau hat sich eine Gruppe von fünf Anarchisten versammelt, um die Ermordung des tyrannischen Generalgouverneurs Sergej, die die Partei beschlossen hat, im einzelnen zu besprechen. Eben ist Sepan, der vor drei Jahren verhaftet worden war, aus dem Ausland zurückgekommen; dorthin konnte er aus dem Gefängnis fliehen. Die Erlebnisse nach seiner Verhaftung haben seinen Charakter geprägt: es drängt ihn zu der Tat, der die Proklamation der sozialrevolutionären Partei folgen soll. Doch ist beschlossen, daß Kaliajew die Bombe werfen soll, er, der Heitere, der Dichter, der das Leben liebt und der töten will, »um dem Leben ein Tor zu öffnen«.

Im entscheidenden Augenblick bringt es Kaliajew aber nicht über sich, die Bombe zu werfen, die Dora, seine Freundin, fabriziert hat, da der Großfürst auf dem Weg ins Theater in seinem Wagen von zwei Kindern begleitet wird. In der folgenden Debatte unter den Revolutionären bestreitet der radikale Stepan, daß der Tod zweier unschuldiger Kinder ins Gewicht falle und gegen die Ehre der Revolution sei. Das Attentat gelingt erst zwei Tage später, als der Großfürst allein ist. Kaliajew wird eingekerkert. Hier wird seine revolutionäre Gesinnung auf die Probe gestellt: der Polizeivorsteher will ihn dazu bewegen, um Gnade zu bitten und seine Freilassung mit dem Verrat der Kameraden zu erkaufen; er wird mit einem gemeinen Mörder aus dem Volk konfrontiert, der seinen Beweggründen mit Unverständnis und Verachtung begegnet; die Großfürstin, Witwe des Getöteten, will ihn zum Glauben bekehren und damit erreichen, daß er seine Tat bereut und büßt. Kaliajew aber, seinen Kameraden und besonders Dora verbunden, wählt den Tod, denn »die Menschen, die sich heute lieben, müssen zusammen sterben, wenn sie vereint sein wollen«. Und so ist, als er gehenkt wird, auch Dora entschlossen, die nächste Bombe zu werfen, denn »eine kalte Nacht und derselbe Strang – nun wird alles leichter sein«.

WILLIAMS

Thomas Lanier W. (1911–1984, Amerikaner) nannte sich »Tennessee« nach einem Spitznamen, den man ihm seiner Aussprache wegen zulegte. Studierte Literatur, schrieb neben Gedichten und Kurzgeschichten eine Reihe von Bühnenstücken, durch die er auch bei uns schnell bekannt geworden ist.

Der außergewöhnliche Erfolg, den Tennessee Williams in dem ersten Jahrzehnt nach dem Zweiten Weltkrieg einheimste, beruht gewiß zu einem guten Teil auf der von Stück zu Stück wachsenden Fähigkeit, dramatische Situationen zu erfinden und bühnengerecht zu gestalten, in der Hauptsache jedoch wohl auf Sensationsreizen mannigfacher Art. Bald ist es die Welt der Hoffnungslosigkeit, die sich der Hörer so gern von der Bühne herab vorspielen läßt und die so angenehme psychologische Schauer verursacht; bald ist es der fremdwüchsige Dunstkreis von Menschengruppen, die der Zivilisation noch nicht recht eingegliedert sind und in denen Urinstinkte weiterwirken, mit denen der Großstadtmensch wenigstens im Wachtraum oder auf dem Theater ein wenig »verrucht« spielen möchte; bald sind es – insbesondere sexuelle – Unverblümtheiten, die man steinernen Gesichts, doch mit bebenden Nerven genießt. Zur Ehre von Williams sei gesagt, daß er mit diesen Dingen nicht auf den Erfolg spekuliert, sondern sie – als nicht zu leugnende Realitäten – wirklich zu gestalten, das heißt, zu überhöhen versucht.

»Die Glasmenagerie« (1945) wurde bei uns möglicherweise überschätzt – vielleicht, weil sie mit den damals so neu wirkenden Mitteln eines oberflächlichen Surrealismus arbeitet. Es ist ein Spiel der Erinnerungen, der Hoffnungslosigkeit, der Flucht. Frau Amanda hat sich versponnen in Erinnerungen an das, was sie hätte sein können, wäre sie nicht die Frau eines Angestellten geworden (der sie inzwischen verlassen hat); ihre scheue, verwachsene Tochter Laura verträumt ihre Jugend vor einer Glasmenagerie, einer Sammlung zerbrechlicher Gegenstände; und der Sohn Tom, von dessen schmalen Einkommen die Familie lebt, spürt undeutlich, daß er dieser Umwelt entrinnen muß. Nach vielen Versuchen, etwas für die Schwester zu tun, lädt er einen Freund ein. Es wird ein – trotz anfänglicher Verkrampfung – hübscher Abend. Laura verliebt sich in den Freund Jim, schenkt ihm sinnbildhaft ein Stück aus ihrer Glasmenagerie, bricht aber fast zusammen, als Jim geht, um sich mit seiner Verlobten zu treffen, von deren Vorhandensein niemand etwas wußte. Frau Amanda sucht ihre Tochter mütterlich zu trösten; Tom aber wird dem Beispiel seines Vaters folgen und aus dieser unerträglichen Familienwelt ausbrechen.

Endstation Sehnsucht

Schauspiel in drei Akten

Personen:

Blanche Du Bois
Stella Kowalski, ihre Schwester

Stanley Kowalski, deren Mann
Harold Mitchell
Steve Hubbel
Eunice, seine Frau
Pablo Gonzales
u.a.

Ort und Zeit: Das französische Viertel von New Orleans, 1945
Uraufführung New York 1947

Ein Mittelding zwischen brutalen Vorgängen und poetisierender Psychologie. Blanche Du Bois, wegen Unzucht mit Schülern entlassene Lehrerin, hat sich dem Trunk und einem zweideutigen Leben ergeben, spielt jedoch mit – als Wirklichkeit empfundenen – Wunschbildern von einem feinen Leben mit sie umwerbenden Millionären. Sie besucht ihre verheiratete Schwester Stella (zu der sie in einem Straßenbahnwagen mit der Bezeichnung »Wunschgier« gelangt). Der Schwester und deren Mann Stanley gegenüber tritt sie als feingeistige Dame auf, möchte die Ehe sprengen, weil Stanley nicht vornehm genug sei. Doch Eindruck macht sie nur auf Stanleys bescheidenen Freund Mitchell. Als Stanley erfährt, was seine Schwägerin Blanche in Wirklichkeit ist, gibt es eine stürmische Auseinandersetzung. Durch Stanleys Wutausbruch verursacht, treten bei Stella die Wehen ein, und sie wird ins Krankenhaus geschafft. Mitchell sagt sich von Blanche los; allein geblieben, trinkt sie sich einen Rausch an. So findet sie der heimkommende Stanley. Er verhöhnt sie; doch die Wunschgier überwältigt ihn und er vergeht sich an der Betrunkenen. Ernüchtert sinnt er darauf, wie er sie loswerden könne. Als Stella mit dem Neugeborenen zu Hause wieder eintrifft, erklärt man der völlig verwirrten Blanche, man wolle sie zur Genesung an einen geeigneten Platz schicken. Sie aber bildet sich ein, ihr angeblich millionenschwerer Texaner werde sie auf eine Jacht einladen. Und so folgt sie nach anfänglicher Unsicherheit dem erscheinenden Herrn – auf die Seereise, wie sie meint – in Wirklichkeit ins Irrenhaus.

Die tätowierte Rose

Schauspiel in drei Akten

Personen:

Salvatore
Vivi
Bruno
Assunta
Rosa della Rose
Estelle Hohengarten
Die Strega
Giuseppina
Peppina
Violetta
Mariella
Teresa
Vater de Leo
Ein Arzt

Miß Yorke
Flora
Bessie
Jack Hunter
Der Verkäufer
Alvaro Mangiacavallo
u.a.

Ort und Zeit: Serafinas Landhäuschen mit Vorgarten, Kleinstadt am Golf von Mexiko, Gegenwart
Uraufführung New York 1951

Hier wird die Wunschgier der »Endstation Sehnsucht« aus dem Psychologischen und Psychopathischen ins Magische übersetzt. Das Stück spielt unter früheren Sizilianern, die sich im äußersten Süden der Vereinigten Staaten angesiedelt, deren zivilisatorische Errungenschaften übernommen haben, aber noch ganz ihren tierischen Leidenschaften leben. Der beim Schmuggeln erschossene heißblütige Lastwagenfahrer Rosario hatte sich auf die Brust eine Rose tätowieren lassen, und wenn er nachts bei seiner Frau Serafina oder seiner Freundin Estelle war, dann brannte sich die Rose wie in Wundmal auf die Brust der sinnlichen Frauen ein. Dieses 'Wundmal' ist Serafina nach dem Tode ihres Mannes heilig – allerdings nur so lange, bis der ihrem Manne ähnliche Alvaro sich ebenfalls eine solche Rose auf die Brust tätowieren läßt. Wenn sie sich Alvaro hingibt, so bleibt sie ja im Grunde dem Toten und seiner Rose treu. Als Alvaro eines Nachts von ihr gehen will, sieht er Serafinas schlafende Tochter und möchte den Rosenzauber auch an ihr erproben; aber die Mutter stürzt dazwischen, verjagt ihn – freilich nicht für immer, hat sie doch den Zauber der Rose verspürt und weiß, daß sie davon nicht loskommt. Die Tochter wiederum, die das Verhältnis ihrer Mutter beobachtet hat, hat die Leidenschaftlichkeit ihrer Eltern geerbt. Auch in ihr glüht die Rose, und die Fünfzehnjährige verlangt von ihrem schüchternen Yankeefreund, daß er sie pflücke. – Ein wildes, wüstes, oft geschmackloses Stück, das jedoch ganz hervorragend gebaut und durchgearbeitet ist, weil in ihm nicht nur die Hauptpersonen, sondern die Nachbarn und die äußere Umwelt bis zum Gefrierschrank dramaturgisch mitspielen.

Die Katze auf dem heißen Blechdach

Ein Stück in drei Akten

Personen:

Der Großvater
Die Großmutter
Brick, deren Sohn
Margaret, seine Frau
Cooper, Bricks Bruder
Mac, seine Frau
Dr. Baugh, Arzt
Pastor Tocker

Ort und Zeit: Auf einer Plantage im Mississippidelta, Gegenwart
Uraufführung New York 1956

Der Titel entstammt einem amerikanischen Sprichwort, demzufolge die Katze auf dem Dach lange zögert, hinabzuspringen, bis das Dach überheiß wird; dann aber gibt es nichts Entschlosseneres als sie: mit einem Satz springt sie. Die »Katze« im Stück ist Maggie. Ihr Mann Brick rührt sie nicht mehr an. In seiner tiefgehenden Zuneigung zu einem Freund hatte sie ein homosexuelles Verhältnis vermutet und diesen Freund auf eine gefährliche Probe gestellt. Die Probe hatte er zwar bestanden, doch der Verrat an Brick hatte ihn zum Trinker und Rauschgiftsüchtigen gemacht. Brick kann den Verrat und den Untergang des Freundes nicht verwinden, ist aus Verzweiflung selbst zum Trinker geworden und lebt neben seiner Frau dahin. Da die Ehe kinderlos ist und Bricks Vater an Krebs erkrankt ist (ohne es zu wissen), versucht Bricks älterer Bruder Cooper, der mehrere Kinder hat, den Vater durch Schmeicheleien zu einer für ihn günstigen Vermögensregelung zu veranlassen. Ein Gewebe von Lüge und Verschlagenheit spannt sich dichter und dichter um die ganze Familie. Brick wird es unerträglich: er sagt dem Vater die Wahrheit über seine Krankheit. Der großartige Alte aber nimmt dafür seinen Lieblingssohn Brick ins Gebet über seine merkwürdige »Ehe«. Maggie selbst, der die Erbschleicherei, die Lügen aller gegen alle und ihr eigenes Leben zuwider werden, wird nun entschlossen, wie die Katze auf dem heißen Blechdach: um den sterbenskranken Schwiegervater zu trösten, spiegelt sie ihm vor, sie erwarte von seinem Lieblingssohn, ihrem Manne Brick, ein Kind. Sie ist entschlossen: noch in dieser Nacht will sie es mit Brick zeugen.

MILLER

Arthur M. (geb. 1915, Amerikaner), Sohn verarmter Textilfabrikanten. Zeitweise Fabrikarbeiter, um an der Universität von Michigan studieren zu können. 1938 Redakteur. Erste Dramenerfolge. Ab 1945 in Hollywood, lebt heute in Brooklyn (New York) als freier Schriftsteller. Schrieb Bühnenstücke und Erzählungen.

Tod eines Handlungsreisenden

Schauspiel in zwei Akten und einem Reqiem

Personen:

Willy Loman, ein Handlungsreisender
Linda, seine Frau
Biff, Happy, seine Söhne
Ben, sein Bruder
Charley, Nachbar
Bernard, dessen Sohn
Howard Wagner, Lomanns Chef
Stanley, Kellner
Das Weib
Jenny
Fräulein Forsythe
Letta

Ort und Zeit: Willy Lomans Wohnung in New York, auf den Schauplätzen der Vergangenheit, Gegenwart
Uraufführung New York 1949

Ein Stück von der Einsamkeit des Alternden in einer Welt, die nur den jungen und erfolgreichen Menschen akzeptiert. So flieht Loman in den Traum und in die »Lebenslüge«, die ihm letztlich doch nicht über die Wirklichkeit hinwegzuhelfen vermag.

Willy Loman, Vertreter einer New Yorker Firma in Boston, hat sich in mühsamer Lebensarbeit Heim und Familie geschaffen. Nun ist er nicht mehr der Jüngste und fühlt sich den Anforderungen des Lebens und Berufs nicht mehr gewachsen. Eine erfolgreichere, härtere Generation ist nachgekommen. Vor der Realität flüchtet dieser bescheidene Mann in eine Scheinwelt, in der er nicht immer auf seine nachlassende Kraft und auf die Enttäuschungen, die ihm seine nur durchschnittlich geratenen Söhne bereiten, hingewiesen wird. Linda, seine Frau, macht sich Sorgen um ihn, der – auch in Gegenwart anderer – mit imaginären Personen Gespräche führt und sich gern in vergangene Zeiten versetzt. Als Loman, auf das dringende Anraten Lindas, mit seinem jungen Chef spricht, um von ihm eine leichtere Arbeit zu erbitten, kündigt dieser dem umständlich und unzeitgemäß gewordenen Vertreter kurzerhand. Das Geld ist nun bei den Lomans knapp, zumal der ältere Sohn sich noch immer von den Eltern erhalten läßt und Ratenzahlungen die Familie arg belasten. Durch seine Entlassung zutiefst verstört, sieht Lomann keinen anderen Ausweg, als mit seinem Wagen in die Nacht zu rasen, um seinem Leben ein Ende zu setzen und so durch die Versicherungssumme seine Familie finanziell sicherzustellen.

Hexenjagd

Drama in zwei Akten

Personen:

Pastor Parris
Betty Parris
Tituba
Abigail Williams
Susanna Walcott
Ann Putnam
Thomas Putnam
Mercy Lewis
Mary Warren
John Proctor
Rebecca Nurse
Giles Corey
Pastor John Hale
Elizabeth Proctor
Francis Nurse
Ezekiel Cheever
Herrick
Richter Hathorne
u.a.

Ort und Zeit: Salem/Mass., im Frühjahr 1692
Uraufführung New York 1952

Hinter dem historischen Kleid – die Ereignisse sind bezeugt – steckt eine für heute brennende Aktualität. Denn das Stück zeigt, was Massenwahn, Denunziation, Meinungsdiktatur anrichten können. In Amerika hat es wie ein Fanal gewirkt unter dem Eindruck hexenjagdähnlicher Erscheinungen des öffentlichen Lebens, als es dort 1952 uraufgeführt wurde. Dazu ist es noch ausgezeichnet gekonntes Theater.

Betty, die Tochter des Pastors Parris, liegt in totenähnlichem Schlaf. Ihr Vater hat sie nachts im Wald beobachtet, wie sie mit ihrer Kusine Abigail und anderen Mädchen zu dem Gesang einer im Haus beschäftigten Negerin nackt tanzte. Nun fürchtet er das Gerede der Leute, die sein Haus in Verruf bringen könnten, denn der Hexenwahn hat sich ringsum allenthalben ausgebreitet. Er sucht Hilfe bei seinem Amtskollegen Hale, der die Mädchen auszufragen beginnt. Die dämonisch triebhafte Abigail glaubt, sie könne durch Teufelskünste den Bauern Proctor dazu bringen, sie zu lieben, und will Proctors Frau Elizabeth vernichten, indem sie sie zusammen mit anderen Personen nennt, die der Hexerei verdächtig sind. Der ganze Ort gerät in hysterische Angst, und jeder verdächtigt jeden, um sich vor der Hexenjustiz zu retten. Der Massenwahn ist nicht mehr aufzuhalten, und unter der Vernichtungslawine der Hexenprozesse, deren Plakat »Gerechtigkeit« nur Heuchelei ist, fallen die letzten Aufrechten. Der Pastor, der die Lawine ins Rollen brachte, sieht zu spät ein, daß Unschuldige sterben.

DÜRRENMATT

Friedrich D. (geb. 1921, Schweizer), Sohn eines protestantischen Pfarrers. Studierte Philosophie, Theologie und Germanistik in Bern und Zürich. Graphiker und Illustrator; Theaterkritiker der »Weltwoche«. Lebt als freier Schriftsteller in Neuchâtel. Schrieb Bühnenstücke, Romane, Hörspiele.

Ein Engel kommt nach Babylon

Eine fragmentarische Komödie in drei Akten

Personen:

Der Engel
Das Mädchen Kurrubi
Akki
Nebukadnezar, König von Babylon
Nimrod, Exkönig von Babylon
Der Kronprinz, beider Sohn
Der Erzminister
Der Obertheologe Utnapischtim
Der General
Ein Polizist
Der Bankier Enggibi
Der Weinhändler Alt
Die Hetäre Tabtum
Soldaten, Arbeiter, Arbeiterfrauen, Dichter, Volk usw.

Ort und Zeit: Babylon, mythische Zeit
Uraufführung München 1953

Da der Ursprung des Dramas nach Dürrenmatts eigenen Worten in dem Versuch zu sehen ist, die Entstehung des Babylonischen Turmes verständlich zu machen, liegt es nahe, die in der Tradition gegebenen Formen des religiösen Welttheaters (z.B. die Personifikation der Gnade oder das echte Königtum des Bettlers) zu erneuern. Aber die Hauptidee liegt wohl in dem Bemühen, eine um religiöse Problematik angereicherte Gesellschaftskritik etwa im Stile Bertolt Brechts zu geben. Im Bettler Akki ist eine Gestalt geschaffen, die dem Zwang des Ordnungsstaates, den Vorurteilen der Gesellschaft, der Dürre des genormten Lebens die Freiheit des Individuums entgegensetzt.

Den Hintergrund dieser »fragmentarischen Komödie« bildet, nach des Autors erklärender Regieanweisung zu Beginn, »ein unermeßlicher Himmel über allem, in dessen Mitte der Andromedanebel schwebt ...« Aus diesem Himmel steigt ein Engel hernieder, um einen Auftrag Gottes auszuführen: ein eben erst erschaffenes Geschöpf, das schöne Mädchen Kurrubi, die Verkörperung der himmlischen Gnade, dem »Geringsten der Menschen« zu überbringen. Am Euphratkai der Millionenstadt Babylon erwartet der Engel, als Bettler verkleidet, mit der verhüllten Kurrubi den Bettler Akki – denn dieser ist ja wohl der Geringste der Menschen. Aber auch Nebukadnezar kommt hierher, um Akki zu treffen. Er ist seit kurzem wieder König, nachdem er 900 Jahre lang der Fußschemel des

Königs Nimrod gewesen war – dieser Platzwechsel vollzieht sich in regelmäßigen Abständen. Nebukadnezar wünscht den sozialen Staat einzuführen, in dem für Bettler kein Platz ist. Einzig allein Akki weigert sich, in den Staatsdienst einzutreten und Steuereinnehmer zu werden, wie es der König, unter Androhung der Todesstrafe, den Bettlern angeordnet hat. Da es »jedoch eines großen Herrschers nicht unwürdig ist, es noch mit Humanität zu versuchen«, will der König, ebenfalls als Bettler verkleidet, um ihm seinen eigenen erbärmlichen Stand recht vor Augen zu führen, Akki in Güte umzustimmen trachten. Dieser erweist sich jedoch als gar nicht so bemitleidenswert; an jedem Vorüberkommenden kann er eine besondere Geschicklichkeit im Betteln beweisen, so daß der wenig erfolgreiche »Bettler aus Ninive« Nebukadnezar bald der Unterlegene ist. So fühlt sich Kurrubi zu dem Ärmeren, dem falschen Bettler, hingezogen. Doch als sie ihm vom nun entschleierten Engel übergeben wird, muß sie erleben, daß er sie brutal zurückstößt, um zu zeigen, daß er die Beschlüsse des Himmels für falsch hält und mißachtet.

So lebt Kurrubi nun mit Akki unter einer der Euphratbrücken. Sie bettelt mit ihm, der alle erbettelten Kostbarkeiten in den Fluß wirft und nur das Lebensnotwendige behält, kocht ihm seine Mahlzeiten, die er mit Scharen von Außenseitern – zu denen auch zahlreiche Dichter gehören – großzügig teilt Da Akkis Tage gezählt zu sein scheinen, bieten sich viele an, das Mädchen aufzunehmen, das zudem durch seine Schönheit die ganze Stadt in einen Liebestaumel versetzt hat. Akki, dem sie gehört, und der sie dennoch nicht als seinen Besitz ansieht, gibt sie frei: »Zufällig tauschte ich dich ein, ein Stück Himmel blieb an mir haften, ein Faden nur seiner Gnade, schwerelos und heiter, und nun trägt ein Windstoß dich weiter.« Doch Akki weiß, daß in den wechselnden Geschicken des Lebens nur dem Bettler, der nichts zu verlieren hat, die Möglichkeit des Davonkommens gegeben ist; so kann er sich auch diesmal, wie schon so oft, retten: er erbettelt sich den mißachtetsten aller Berufe, den des Henkers, und geht frei. So kommt er in den Königspalast und ist zugegen, als Kurrubi zum König gebracht wird und man sich um die Lösung aller Verwirrungen bemüht, die ihr und des Engels Erscheinen auf Erden verursacht haben. Das Volk wünscht sie als Königin zu sehen, Nebukadnezar liebt sie, wie alle andern, und doch ist keiner bereit, die Bedingung zu erfüllen, die an ihren Besitz geknüpft ist; arm zu sein, ohne Macht und Ansehen, der Geringste der Menschen. Verzweifelt flieht sie schließlich mit Akki in die Wüste, in ein »neues Land, tauchend aus der Dämmerung, dampfend im Silber des Lichts, voll neuer Verfolgung, voll neuer Verheißung und voll neuen Gesängen«, während der erzürnte, von Mißerfolg geschlagene, um seine Liebe und die Gnade des Himmels betrogene Nebukadnezar dem Himmel den Kampf ansagt: »Ich will die Menschheit in einen Pferch zusammentreiben und in ihrer Mitte einen Turm errichten, der die Wolken durchfährt, durchmessend die Unendlichkeit, mitten in das Herz meines Feindes.«

Der Besuch der alten Dame

Eine tragische Komödie

Personen:

Die Besucher: Claire Zachanassian,
geb. Wäscher, Multimillionärin
Ihre Gatten VII–IX
Der Butler
Toby und Roby, Kaugummi kauend
Koby und Loby, blind
Die Besuchten: Ill
Seine Frau
Seine Tochter
Sein Sohn
Der Bürgermeister
Der Pfarrer
Der Lehrer
Der Arzt
Der Polizist
u.a.

Ort und Zeit: Güllen, eine Kleinstadt, in der Gegenwart
Uraufführung Zürich 1956

Die unumschränkte Macht des Geldes in unserer heutigen materialistisch eingestellten Konsumgesellschaft ist das Thema des Stückes. Die »alte Dame« hat die Erfahrung gewonnen, daß man auch die Gerechtigkeit kaufen kann – und die Masse ist nur allzu leicht bereit, Schlagworte zu finden, die ihre Geldgier kaschieren.

In der Kleinstadt Güllen hat sich die amerikanische Ölmultimillionärin Claire Zachanassian, geborene Wäscher, zu Besuch angesagt. Die Stadt ist in den letzten Jahren immer mehr verarmt, kaum ein Fremder steigt mehr dort ab, und so sehen die Einwohner diesem Besuch mit einiger Erwartung entgegen. Man erinnert sich zudem an eine alte Liebesgeschichte zwischen der jungen Claire Wäscher und Herrn Ill und hofft, daß der Gast dem Ort schon deshalb freundlich gesinnt sein werde. Als nun Claire mit großem Gefolge den Zug verläßt – sie hat die Notbremse gezogen und ersetzt den Schaden großzügigst, – und sich weder durch die gefühlvolle Rede des Bürgermeisters noch durch die sentimentalen Erinnerungen des einstigen Liebhabers Ill beeindrucken läßt, begreift man bald, daß sich das einstige junge Mädchen in eine sehr eigenwillige, unromantische, resolute alte Dame verwandelt hat. Sie hat ihren siebenten Ehemann mitgebracht, läßt sich aber bald von ihm scheiden, um den achten zu heiraten. Unter ihren zahlreichen Gepäckstücken befindet sich ein Käfig mit einem lebenden schwarzen Panther (so lautete einst ihr Kosename für Ill) und ein Sarg. Nun sucht sie die Stationen ihrer Liebe auf. Bald aber wird allen klar, daß die alte Dame einen ungeheuren Racheplan verfolgt: Einst hatte Ill – mit Hilfe falscher Zeugen – einen Vaterschaftsprozeß gegen sie gewonnen, nun kommt sie, sich an ihm zu rächen, nachdem sie es an den beiden Zeugen, die sie in verschiedenen Erdteilen aufzuspüren wußte, schon längst getan hat: geblendet und entmannt begleiten sie den Sarg, während der Richter von einst Butlerdienste bei ihr verrichtet. Ohne Umschweife fordert sie nun vom Bürgermeister den Tod Ills und ist bereit, dafür der Gemeinde 500 Millionen zu schenken, und die gleiche Summe zusätzlich auf die Familien des Ortes aufzuteilen. Entsetzt lehnt der Bürgermeister ab.

Nicht lange aber, und man beginnt in Güllen, sich mit dem anfangs so ungeheuer Scheinenden vertraut zu machen. Die Einwohner, die arm sind, kaufen ein – und lassen ihre Schuld aufschreiben. Jeder rechnet bereits mit dem ihm zufallenden Geld, wenn auch die Harmlosen vielleicht noch hoffen, die unmenschliche alte Dame von ihrem Vorhaben abbringen und eine großzügige Schenkung erreichen zu können. Ill, der Krämer ist und – nebenbei – selbst von dem gehobenen Umsatz profitiert, sieht durch die Kauflust der Leute sein Todesurteil bestätigt. Und so kann es nicht anders kommen, daß Ill am Schluß den Tod erleiden muß, an dem alle beteiligt sind. Der Arzt schreibt »Herzschlag« auf den Totenschein, und die alte Dame reist, mit dem Objekt ihrer Rache im Sarg, wieder ab. Im Ort, der sich durch den Geldregen in etwas »technisch Blitzblankes« verwandelt hat, wird sie als Wohltäterin gepriesen.

BORCHERT

Wolfgang B. (1921–1947), Buchhandelslehrling, Schauspieler in Lüneburg. Als Soldat schwer verwundet, wegen gegen die Regierung gerichteter Äußerung eingekerkert, zum Tod verurteilt, schließlich begnadigt. Starb in der Schweiz, wo ihm Freunde eine Kur ermöglichten. Schrieb Gedichte, Erzählungen, ein Drama.

Draußen vor der Tür

Ein Stück, das kein Theater spielen
und kein Publikum sehen will

Personen:

Beckmann, einer von denen
Ein Mädchen, dessen Mann auf einem Bein nach Hause kam
Ihr Mann, der tausend Nächte von ihr träumte
Ein Oberst, der sehr lustig ist
Seine Frau, die es friert in der warmen Stube
Die Tochter, gerade beim Abendbrot
Ein Kabarettdirektor, der mutig sein möchte, aber dann doch lieber feige ist
Frau Kramer, die weiter nichts ist als Frau Kramer
Der alte Mann, an den keiner mehr glaubt
Der Beerdigungsunternehmer mit dem Schluckauf

Ein Straßenfeger, der gar keiner ist
Der Andere, den jeder kennt
Die Elbe

Ort und Zeit: Hamburg, 1945
Uraufführung Hamburg 1947

Eine Szenenfolge von plakathafter Eindringlichkeit; darin wahrhaft dichterische Einzelheiten und Aufrüttelungen des Gewissens.

Das Schicksal eines Kriegsheimkehrers: Der Mann namens Beckmann stürzt sich in die Elbe, weil ihn seine Frau betrog; aber die Elbe will ihn nicht. Bei einem Mädchen, das ihn liebend zu sich nimmt, kann er nicht bleiben, weil der Schatten ihres noch kriegsgefangenen Mannes ihn verscheucht. Der Oberst, dem er die ihm einst übertragene Verantwortung für einen aufgeriebenen Stoßtrupp vor die Füße werfen will, findet Beckmanns entsetzliche Visionen vom Jüngsten Gericht »großartig« und rät ihm, die »Nummer« im Kabarett zu bringen. Dem Kabarettdirektor ist der Kerl mit der Gasmaskenbrille ebenso zuwider wie seine »Nummer«, die er dem Publikum nicht zumuten könne. Die Wohnung seiner inzwischen verhungerten Eltern, nun von einer gemütskalten Mieterin bewohnt, bleibt ihm verschlossen. Der liebe Gott ist alt und schwach geworden und kann ihm nicht helfen. Auch der Tod als Beerdigungsunternehmer will ihn nicht. Schließlich ist auch der Gefährte seiner bitteren Lebensstationen, »der Andere« in ihm, der Ja-sager, verschwunden. So steht denn Beckmann allenthalben »draußen vor der Tür« und schreit verzweifelt: »Gibt denn keiner Antwort?«

GRASS

Günter G. (geb. 1927), stammt aus deutsch-polnischer Familie. Studium der Bildhauerei an der Kunstakademie in Düsseldorf und Berlin. 1956–1960 als Maler, Graphiker, Bildhauer und Schriftsteller in Paris, dann Berlin. Schrieb Romane, Dramen, Novellen, Farcen u.a.

Die Plebejer proben den Aufstand

Ein deutsches Trauerspiel in vier Akten

Personen:

Der Chef
Erwin
Volumnia
Litthenner
Podulla
Rufus
Flavus
Brennus
Coctor
Varro
Kowalski
Kosanke
Friseuse
Polier
Maurer

Putzer
Steinträger und zahlreiche Angehörige verschiedener Berufsstände.

Ort und Zeit: Berlin, Bühne des Theaters am Schiffbauerdamm, 17.6.1953
Uraufführung Berlin 1966

Neben der vordergründigen Anspielung auf Bertolt Brecht und seine zwiespältig-schlaue politische Stellung, besonders sein undurchsichtiges Verhalten beim Juniaufstand 1953 in der DDR, werden in diesem Stück, dessen Handlungskern an Pirandello gemahnt, auch tieferreichende Fragen angeschnitten: die Diskrepanz zwischen Idee und Wirklichkeit; die Besessenheit des Künstlers, dem die Wirklichkeit nur Studienobjekt ist; die Entscheidungsschwierigkeiten des die Verkettung von Ursache und Wirkung durchschauenden Intellektuellen überhaupt. Stilistisch mischen sich Alltagsprosa mit einprägsamen Sprüchen in Brechtscher Manier.

Am 17. Juni 1953 wird auf einer Bühne in Ost-Berlin der Aufstand der Plebejer Roms aus Shakespeares »Coriolan« geprobt. Der »Chef« (der deutlich die Züge Berthold Brechts trägt) hat die Disposition dieser Szene schon einige Male geändert. Nach seinem neuesten Konzept sollen die aufständischen Plebejer nicht als »wirre Revoluzzer«, sondern als »bewußte Revolutionäre« aufgefaßt werden und damit »klassenbewußte Feinde« des selbstherrlichen Reaktionärs Coriolan sein. Während der Proben beginnt in Berlin die Volkserhebung gegen die Regierung. Vier der streikenden Arbeiter kommen zum Chef, der allen als ein Arbeiterfreund und ehemaliger Revolutionär bekannt ist, und bitten ihn, den Wortgewaltigen, den berühmten Dichter, für sie ein Manifest zu formulieren. Er aber, längst nicht mehr von dem einstigen Idealismus erfüllt und, weil zu Wohlstand und Ansehen gekommen, an ihrem Anliegen desinteressiert, außerdem vom Scheitern ihrer Sache überzeugt, studiert ihr Verhalten nur im Hinblick auf die »Coriolan«-Inszenierung und weiß sie durch Bier und Butterbrote abzulenken. Da kommt auch ein »Volksdichter«, Sprachrohr der Regierung, die schon dabei ist, den Aufstand zu ersticken, mit dem gleichen Anliegen zu ihm: sein Wort, das in Ost und West Geltung hat, soll die Massen einschüchtern. Auch diesem Auftrag entzieht sich der Chef, indem er sich »in die Bücher rettet«. Ernst wird es erst, als zwei aufgebrachte Arbeiter ihn und seinen Dramaturgen Erwin als Verräter demaskieren und Anstalten machen, beide aufzuhängen. Erwin kann das nur im letzten Augenblick verhindern, indem er ihnen die »Bauch- und Gliederfabel« aus dem »Coriolan« vorspricht und erläutert, die der Chef vorhin erst als allzu läppisch und als Argument dem Volke gegenüber ungeeignet eliminiert hatte. Einmal nur, für eine kurze Anwandlung, als eine von kämpferischem Mut entflammte Frau ihn an eine frühere Dramengestalt aus seiner Feder erinnert, ist er bereit, für die Bedrängten Partei zu ergreifen – doch da ist der Aufstand schon zusammengebrochen und der Mann der Regierung fordert seine Stellungnahme, von der auch der Bestand seines Theaters abhängt. Sein Schriftstück an die Regierung enthält, wohldosiert, Kritik und Zustimmung; und ein Durchschlag wird in den Westen geschickt, um auch dort für seine Rehabilitierung zu sorgen. Doch haben ihn, den Schlauen, alle diese Vorfälle nicht unberührt gelassen: die »Coriolan«-Inszenierung wird abgesetzt, denn er sieht nun, »daß wir den Shakespeare nicht ändern können, solange wir uns nicht ändern ... wir wollten ihn abtragen, den Koloß Coriolan! Wir, selber kolossal und des Abbruchs würdig«. Auch weiß er, daß man sich dem Einsatz seines Lebens für eine Sache nicht entziehen kann und daß er »fortan dahinleben« wird »mit Stimmen im Ohr: Du. Du. Ich sag' dir, du. Weißt du, was du bist? Du bist, du, du bist ... Unwissende. Ihr Unwissenden! Schuldbewußt klag' ich euch an.«

OSBORNE

John O. (geb. 1929, Engländer), Sohn eines Kaufmanns. Mit 12 Jahren verwaist. Ärmliche Verhältnisse Journalist, Privatlehrer, Regieassistent, Schauspieler Schrieb Bühnenstücke.

Blick zurück im Zorn

Schauspiel in drei Akten

Personen:

Jimmy Porter
Cliff Lewis
Alison Porter
Helena Charles
Colonel Redfern

Ort und Zeit: Die Portersche Einzimmerwohnung in einer großen mittelenglischen Stadt, Gegenwart
Uraufführung London 1956

Osborne, einer der »zornigen jungen Männer« Englands, hat viel Autobiographisches in dieses rasch erfolgreich gewordene Stück gelegt. Nach seinen Worten ist Jimmy Porter »nicht einfach ein junger Mann, der sich darüber aufregt, daß die Welt ihm nicht all die Dinge gibt, die er sich am sehnlichsten wünscht. Er ist ein junger Mann, der begierig ist, viel zu geben, und den es kränkt, daß niemand wirklich daran interessiert ist – seine eigene Frau nicht ausgenommen.« Er reflektiert in diesem Stück die Stimmungen der mittleren fünfziger Jahre. Die Premiere signalisierte seinerzeit den Beginn neuer künstlerischer und sozialer Entwicklungen. Das moderne Theater verdankt Osborne zahlreiche Anregungen und er entfachte eine Bewegung, die ein unkommerzielles, experimentelles Theater möglich und erfolgreich machte.

In einem schäbigen Dachzimmer lebt das junge Ehepaar Porter in Armut und Isoliertheit. Jimmy Porter, ein junger Intellektueller, der seine Studien nicht abgeschlossen hat und nun in einem Laden Bonbons verkauft, ist ein Mann von unfertiger Entwicklung und ungefestigter Stellung zum Leben. Zu Anfang ihrer Ehe haben sich die beiden hierher zurückgezogen, und in Phantasiespielen mit ihren Stofftieren versucht, »der Qual, Mensch zu sein«, zu entkommen und »voll dumpfer unkomplizierter Zuneigung füreinander« zu leben. Nun aber macht er seinen inneren Schwierigkeiten Luft, indem er seiner Frau Alison, die aus einem sehr guten Milieu stammt, durch Sticheleien und Ungezogenheiten das Leben schwer macht. Er schmäht ihre Verwandten und Freundinnen, die Regierung, die Kirche – und ist sehr darauf bedacht, ja nicht für einen Gentlemen gehalten zu werden. Um sich ein Restchen ihrer heilen Welt zu bewahren, nimmt sie seine Angriffe schweigend oder ohne Widerspruch hin, was ihn um so mehr gegen sie aufbringt. Auch Jimmys Freund Cliff, der nebenan wohnt und oft zu Besuch ist, hat nicht die Macht, seinen Agressionen – mit denen er sie, wie er sagt, nur aus ihrer Unbeteiligtheit oder Lethargie reißen möchte – Einhalt zu gebieten. Als Alison eines Tages erkennt, daß sie ein Kind erwartet, verläßt sie – unterstützt von ihrer plötzlich auftauchenden Freundin Helena – diese sie peinigende Umwelt und geht zu ihren Eltern zurück. Helena, für die dieser junge Mann »erschrekkend, aber irgendwie aufregend« ist, verfällt seiner Ausstrahlung. Sie nimmt nun ein paar Monate lang die Stelle Alisons in diesem Dachzimmer ein, und es wiederholen sich die alten Szenen. Auch sie hat nicht das, was er sucht: die Ruhe und Kraft, die nicht aus dem Wohlbehüteten und Ahnungslosen kommt, sondern aus der Überwindung des Schmerzes, der Verzweiflung am Menschsein. Als Alison krank und elend zurückkommt – sie hat ihr Kind verloren –, reist Helena ab. Alison, die durch den Schmerz Gegangene, ist ihm nun näher als je zuvor und wird ihn jetzt besser verstehen.

HOCHHUTH

Rolf H. (geb. 1931), Sohn eines Fabrikanten. Buchhandelslehre. Universitätsbesuch in Heidelberg. Seit 1958 Verlagslektor, dann Theaterdramaturg. Schrieb überwiegend Bühnenstücke.

Der Stellvertreter

Schauspiel in fünf Akten

Personen:

Papst Pius XII./Baron Rutta, Reichsvereinigung Rüstung
Pater Ricardo Fontana SJ
Kurt Gerstein, SS-Obersturmführer
Der Doktor
Ein Kardinal
Prof. Hirt, »Reichsuniversität Straßburg«
Der Apostolische Nuntius zu Berlin
Luccani senior, ein katholischer Jude, im Dienst bei Fontana
Graf Fontana, Syndikus beim Heiligen Stuhl
Oberst Serge beim Kommando des Heeres
Ein Ordensgeneral
Müller-Saale, Krupperwerke, Essen
Eichmann, Obersturmbannführer
Ein Fabrikant, Häftling der Gestapo
Dr. Lothar Luccani

Dr. Fritsche, Sturmbannführer
Salzer, Chef der deutschen Polizei in Rom
Offizier der Schweizergarde
Julia Luccani
Ihre beiden Kinder
Regierungsrat Dr. Pryzilla
Ein römischer Schuhhändler
Ein Fotograf
Bruder Irenäus
Helga
Carlotta
Frau Simonetta
Ein Pater in der Nuntiatur
Witzel, Feldwebel der SS
Ein jüdischer Kapo
Jacobson
Der »Korrekte« von der faschistischen Miliz
Der wachhabende Offizier in Auschwitz
u.a.

»Die zu Gruppen von zwei, drei oder auch vier Personen zusammengefaßten Figuren sollten jeweils vom selben Schauspieler verkörpert werden – gemäß der Erfahrung, daß es im Zeitalter der allgemeinen Wehrpflicht nicht unbedingt Verdienst oder Schuld oder auch nur eine Frage des Charakters ist, ob einer in dieser oder jener Uniform steckt und ob er aufseiten der Henker oder der Opfer steht.«

Ort und Zeit: Berlin – Rom – Auschwitz, 1942–1943
Uraufführung Berlin 1963

In diesem Stück geht es um die Frage, ob Papst Pius XII. die Massenvernichtungen der Juden in der Zeit des Nationalsozialismus durch den Einsatz seiner Persönlichkeit nicht hätte verhindern können. Der Autor, der zu diesem Thema jahrelang Dokumente gesammelt hat, kommt zu dem Ergebnis, daß sich Hitler dem energischen Einspruch des Papstes gebeugt hätte, weil er den offenen Bruch mit der Kirche – zumindest über die Dauer des Krieges – vermeiden wollte.

Wie es bei dem hochbrisanten Stoff dieses Stückes nicht anders sein kann, geht der Verfasser von seinen dokumentarischen Unterlagen aus, die er in Bühnenszenen umsetzt. Der lockere Vers soll die Gefahr einer allzu großen Nähe zum Tatsachenbericht vermeiden. Es ist daher auch sinnvoll, daß die Buchausgabe die Dokumente an den dramatischen Text anschließt. Das Stück, das so lang ist, daß es ohne Abstriche an einem Abend nicht gespielt werden kann, hat nach seinem Erscheinen eine Flut von Stellungnahmen ausgelöst, die in einem eigenen Band (Der Streit um Hochhuths »Stellvertreter«) nachgelesen werden können.

An einem Augusttag des Jahres 1942 sieht der junge Minutant Riccardo Fontana (zu dem der Berliner Dompropst Bernhard Lichtenberg Modell stand) im Empfangsraum der Apostolischen Nunziatur zu Berlin den SS-Offizier Kurt Gerstein zum erstenmal. Dieser dringt hier ein, um dem Nuntius von den Greueln der Vergasungen zu berichten, die Gerstein, als Funktionär des SS-Gesundheitsamtes, auf einer Fahrt durch die Konzentrationslager der Ostgebiete mit ansehen mußte. Auf Riccardo macht der Augenzeugenbericht Gersteins, der – gedeckt durch seine Stellung und die SS-Uniform – den Widerstand gegen das nationalsozialistische Regime ins Leben rufen will, großen Eindruck, wogegen der Nuntius sich nicht befugt fühlt, in irgendeiner Form einzugreifen. Nachdem Riccardo dem bei Gerstein versteckten Juden Jacobson Soutane und Paß geliehen hat, damit dieser ins Ausland fliehen könne, reist er nach Rom, wo er beim Heiligen Vater Unterstützung der Juden zu finden hofft. Der Papst, der in seinen Klöstern wohl Hunderte Juden beherbergt und verköstigt, ist jedoch nicht bereit, Hitler um der Juden willen das Konkordat zu kündigen. Auch dann, als die Judendeportationen in unmittelbarer Nähe des Vatikans beginnen, sieht er die Aufgabe des Heiligen Stuhls nur darin, »dem neutralen Geiste eine Wohnstatt« zu bieten. Zum Äußersten entschlossen, fassen Riccardo Fontana und Gerstein den Plan, den Vatikansender zu besetzen und die Christenheit Deutschlands zum Widerstand gegen Hitler aufzurufen. Mit diesem Ansinnen haben sie jedes Verständnis innerhalb der hohen Geistlichkeit eingebüßt. So sieht Riccardo für sich nur den Weg des Opfers: freiwillig in die Vernichtungslager mitzugehen, denn »das Schweigen des Papstes zugunsten der Mörder bürdet der Kirche eine Schuld auf, die wir sühnen müssen. Und da der Papst, doch auch nur ein Mensch, auf Erden sogar *Gott* vertreten kann: ... so wird ein armer Priester ja zur Not auch den Papst vertreten können – *dort,* wo er heute stehen müßte.« Und wenn so ein Stellvertreter des Papstes dabei den Tod findet, »dann hat das Feuer, das ihn auslöscht, wenn Gott die Sühne nur in Gedanken annimmt, vielleicht auch die Schuld unserer Obrigkeit getilgt«. Mit einem Zug jüdischer Deportierter wird Riccardo in Auschwitz eingeliefert. Er fällt dem Doktor auf, einem nihilistischen Zyniker von besonderen Graden, der seine psychologischen Experimente ebenso auf die Spitze treibt wie seine medizinischen. Riccardo soll sein Handlanger werden. Aber inzwischen fingiert Gerstein einen Auftrag der Nuntiatur, der Riccardo aus dem Lager herausholen soll. Auf seinen Aufruf melden sich Riccardo und – Jacobson, dessen Flucht damals mißlungen war und der immer noch unter Riccardos Namen lebt. Noch einmal will er die Gelegenheit wahrnehmen, unter dem Tarnnamen zu entkommen – da wird das Komplott vom Doktor durchschaut und alle drei büßen mit ihrem Tod.

Soldaten

Nekrolog auf Genf
Tragödie in einer Rahmenhandlung und drei Akten

Personen der Rahmenhandlung:
Dorland, der Regisseur
Sein Sohn, Oberleutnant der RAF
Der Steinmetz
Ein russischer Militärattaché
Ein hoher Richter
Ein japanischer Professor
Ein französischer General
Ein Polizist
Schauspieler

Personen der Haupthandlung:
Seiner Majestät Premierminister
Polens Ministerpräsident und Oberbefehlshaber
Der Bischof von Chichester
Der Chef des Empire-Generalstabs
Der Generalzahlmeister des Schatzamtes
Ein Group-Captain des Bomberkommandos
Ein Major der RAF
Ein Hauptmann der Warschauer Untergrundarmee
Ein Leutnant des Women's Royal Naval Service

Ort und Zeit der Rahmenhandlung:
Vor der zerstörten Kathedrale von Coventry, Herbst 1964

Ort und Zeit der Haupthandlung: Quartiere des Premierministers Churchill, April bis Juli 1943
Uraufführung Berlin 1967

Auch dieses Stück ist, gleich dem »Stellvertreter«, in der mit Dokumenten und Details überfrachteten Buchfassung zu groß für die Aufführung an einem Abend, so daß die Striche des Regisseurs über den Erfolg oder Mißerfolg der Aufführung entscheiden. Nicht etwa der Wunsch, dem britischen Premierminister die Verantwortung für alle Bombengreuel aufzubürden, ist der Sinn der »Soldaten«, sondern die Einsicht, daß er in seiner Zwangslage nicht anders handeln konnte in dieser Zeit, die solches toleriert. Hoher sittlicher Ernst steht hinter diesem Drama, in dem das Verhältnis von Macht und Moral durchleuchtet wird und das leidenschaftlich dafür eintritt, Kriege nicht gegen Wehrlose zu führen.

Das eigentliche Stück »Das Londoner Kleine Welttheater. Drei Akte für neun Spieler. Das Schiff – Das Bett – der Park« ist eingebettet in die Rahmenhandlung »Everyman«: diese zeigt die Vorbereitungen zu dem Theaterstuck, das 1964 anläßlich der Jahrhundertfeier des Roten Kreuzes, zu der Delegierte aus verschiedenen Ländern gekommen sind, vor der zerstörten Kathedrale von Coventry aufgeführt werden soll. Regisseur ist der ehemalige Bomberpilot Dorland, keine historische Person, nur so genannt nach dem Verfasser des ersten »Everyman« (= Jedermann), der schwer an dem Schuldbewußtsein trägt, im Kriege bei zahlreichen Bombardements deutscher Wohnviertel beteiligt gewesen zu sein. Er ist an Krebs erkrankt, seine Tage sind gezählt. Durch eine moderne Neufassung des alten »Everyman«-Spieles möchte er sich eine Sühne auferlegen und gleichzeitig die Welt darauf hinweisen, wie nötig es ist, dem 1864 in Genf geschaffenen Land- und Seekriegsrecht nun noch ein Luftkriegsrecht anzufügen. Es erweist sich, daß die hohen Offiziere aller Länder sich einig sind, diesen Vorschlag an den Kongreß zu sabotieren, denn »im Raketenzeitalter sind Städte die effektivsten Ziele«. Somit haben sich die Argumente keineswegs von denen des Jahres 1943 entfernt, wie die eigentliche Spielhandlung im »Londoner Kleinen Welttheater« zeigt, dessen Generalprobe anschließend folgt.

Im ersten Akt wird auf Deck eines Schlachtschiffes mit dem britischen Premierminister Winston Churchill der verheerende Totalangriff auf Hamburg besprochen, der der Zivilbevölkerung, nicht aber militärisch interessanten Zielen galt. Churchill, der der Invasion auf dem Festland aus dem Wege gehen möchte – sein Landheer ist unzureichend und die Niederlage bei Dünkirchen ist unvergessen, – sieht in der Ausdehnung des Luftkrieges die einzige Möglichkeit, zum Sieger über Deutschland zu werden. Die Verbrennung der großen Städte Deutschlands soll »eine partielle Lähmung der Industrie und der Moral« der Bevölkerung herbeiführen, sie ist zudem eine der »Gaben« für den Bündnispartner Stalin, der die britisch-amerikanische Invasion in Westeuropa zur Entlastung seiner eigenen Streitmacht schon lange vergeblich erwartet, auch keine Waffenhilfe von England mehr erhält, weil die britischen Geleitzüge durchs Eismeer von der deutschen Kriegsflotte verhindert werden. In diese Zeit des gespannten Verhältnisses Großbritanniens mit dem Kreml fällt die Auffindung der Toten von Katyn, die der in England im Exil lebende polnische Ministerpräsident Sikorski in einer Pressekampagne gegen Rußland, den alten Feind, ausschlachten möchte, um die Welt und alle Exilpolen auf die nationale Not Polens aufmerksam zu machen. Die Beschwichtigungsversuche Churchills stoßen bei Sikorski, einem Mann alten Schlages, auf wenig Verständnis. Als dieser, auf den schon einmal ein Attentat verübt worden war, bei einem Flugzeugabsturz unter mysteriösen Umständen tödlich verunglückt, ist für Churchill ein unbequemer Zeitgenosse eben im rechten Augenblick ausgeschaltet. Daß Churchill Sikorski in seinen ausgedehnten Memoiren überhaupt nicht erwähnt, nimmt Hochhuth als Beweis seiner Annahme, daß Churchill an seinem plötzlichen Tod nicht unbeteiligt war. Denn wenn die Geschichtsschreibung hinterher auch vieles erklärt und aufdeckt, »der Tag kommt niemals, an dem man über diese Dinge sprechen kann«. Ebensowenig wie über andere Maßnahmen des Geheimdienstes zur Täuschung des Gegners, von denen nur die harmlosen ans Licht der Öffentlichkeit gelangen. Daß Churchill eifrig mitspielte, um solche Listen und Schliche auszuhecken, wie der zweite Akt zeigt, lastet Hochhuth seinem »existentiellen Urverlangen, auf dem Welttheater mitzuspielen« an und seiner Unbarmherzigkeit, Menschen zu opfern, wenn es ihm für die Ausführung eines Planes nötig schien. Freilich hatte Churchill darin auch seine Kritiker, sogar im eigenen Lager, den schärfsten vielleicht in Bischof Bell von Chichester, dessen leidenschaftliche Anklagen und Aufrufe zur Menschlichkeit den Großteil des dritten Aktes ausfüllen. Er bezweifelt, daß ein Pilot, der vorsätzlich Wohnzentren verbrennt, noch als Soldat anzusprechen ist und wirft Churchill vor, durch solche Befehle Verrat an den Idealen zu begehen, mit denen England in den Krieg eingetreten ist. Aber Churchill erwidert ihm: »Zwei Kriege haben mich gelehrt: wer siegen will, er sei böse wie der, den er vernichten muß.« Erfolglos verläßt der Bischof die Szene. – Die nun wiederaufgenommene Rahmenhandlung schließt pessimistisch: Auch Dorlands Bemühungen, durch diesen modernen »Everyman« das Gewissen der Welt aufzurütteln, haben keinen Erfolg gehabt, denn die Aufführung des Stückes wird verboten ...

Kulturbibliothek
der klassischen Musik- und Theaterstücke

KONZERTFÜHRER

KULTURBIBLIOTHEK
DER KLASSISCHEN MUSIK- UND THEATERBIBLIOTHEK

KONZERT FÜHRER

Lizenzausgabe für
Manfred Pawlak Verlagsgesellschaft mbH, Herrsching

Printed in Germany
ISBN: 3-88199-297-9

INHALT

Komponisten und Werke

Klavierwerke

Chorwerk

Orchesterwerke

Kammermusik

Klavierwerke

Chorwerke

Orchesterwerke

Kammermusik

Klavierwerke

Orchesterwerke

Kammermusik

Klavierwerke

VORWORT

Man vernimmt es immer wieder: »Ich höre Musik sehr gern, aber ich verstehe nichts von der Musik«. Warum aber nicht einen Versuch machen, die Tonkunst zu verstehen?! Gewiß, die Musik fachlich zu meistern, ist ein äußerst schwieriges Anliegen; aber der Konzertbesucher muß ja nicht unbedingt ein Fachmann sein; für ihn mag es aber hilfreich sein, wenn ihm einige Hinweise die Türen öffnen zu ganz neuen Erlebnissen. Und genau dazu möchte dieser »Konzertführer« beitragen und helfen. Diese Hilfestellung soll gerade jenen zugedacht sein, die sich bislang nicht getraut haben – sei es aus Mangel an Zeit oder »Mut« – über das bloße Hören hinaus in das Wesen der Konzertwerke einzudringen.

Gar so schwer ist das nicht. Wer künstlerisch wertvolle Musik gerne hört, bringt bereits die notwendigen Voraussetzungen mit. Vor einem öffentlichen, einem Rundfunk- oder Fernsehkonzert werfe der Leser einen Blick auf die kurz und verständlich gefaßten Bemerkungen dieses Konzertführers. Ob er nun Noten lesen kann oder nicht – einen Zipfel des Werkgewandes wird er erwischen und sich von dort aus bald allein weiterfinden können.

Die wesentlichen Konzertwerke der vergangenen drei Jahrhunderte werden in dem vorliegenden Buch umrissen: Orchesterkompositionen, herausragende Kammermusik, Meisterwerke der Klavierliteratur und die noch heute wichtigsten Chorwerke mit Orchester

(Oratorien). An Opern-Ouvertüren wurden nur solche aufgenommen, die sich im Konzertsaal eingebürgert haben und sinfonisch angelegt sind, wie z.B. die Ouvertüren Carl Maria von Webers. Die neue Musik mit ihren herausragenden Vertretern von Mahler über Schönberg zu Bartók, Strawinsky und Hindemith nimmt in diesem Führer einen wichtigen Platz ein, da gerade die Musik der ersten Hälfte des 20. Jahrhunderts zumindest aus dem Blickwinkel der neuesten, teils experimentellen Musik schon zur »Klassik« herangereift ist. Da die Auswahl der in den Konzertführer aufgenommenen Kompositionen unter dem Gesichtspunkt normaler Konzertprogramme erfolgte, sind spektakuläre Kompositionen der musikalischen Avantgarde in diesem Buch nicht enthalten – es ist auch kaum vorauszusehen, welche dieser Kompositionen sich über vielgerühmte Uraufführungen hinaus einen festen Platz in den Konzertprogrammen sichern können. Ein recht ausführliches Verzeichnis der allgemein gebräuchlichen musikalischen und künstlerischen Ausdrücke sowie eine kleine Instrumentenkunde werden sicher die Benutzung dieses Werkes erleichtern helfen.

HÄNDEL

Georg Friedrich H., geboren 1685 in Halle als Sohn eines Hofbarbiers. Erst nach dem Tode des Vaters lebte er ganz der Musik. 1706 bis 1707 in Hamburg, 1707–1710 in Italien. Nach kurzem Zwischenaufenthalt in Hannover ging er nach England, wo er von 1712 bis zu seinem Tode (1759 in London) wirkte. Begraben in der Westminsterabtei, der Krönungs- und Begräbnisstätte der englischen Könige. Hauptschaffensgebiete: Oper, Oratorium, Orchester, Orgel, Klavier, Kammermusik.

In einem überragt Händel alle anderen Meister der europäischen Musikgeschichte: er hat seine großen Werke ganz bewußt für eine möglichst breite Hörerschicht geschrieben und dennoch nichts von seiner starken, herrischen Persönlichkeit preisgegeben. Wenn das Wesen echter Musikkultur darin besteht, daß ein in der Gemeinschaft verwurzelter Meister das allgemeine Denken und Empfinden, das Lebensgefühl und Schicksalsbewußtsein aller Menschen seiner Umwelt künstlerisch gestaltet und das von der Gemeinschaft Empfangene in klarer, das Wesentliche herausarbeitender Form an eben diese Gemeinschaft zurückgibt, allverständlich und zugleich den strengsten künstlerischen Maßstäben verpflichtet, so ist Händels Werk das stärkste Zeugnis einer tönenden Kultur, das wir besitzen. Es gibt kunstvollere, mehr in die Tiefe gehende Tonschöpfungen als die Händels; doch der Ausgleich zwischen Schaffendem und Aufnehmendem, zwischen hoher Einzelkunst und breiter Gesamtwirkung ist nirgends so großartig vollzogen wie bei diesem Meister.

Mannigfaltig sind die von Händel angewendeten Mittel, durch die solches erreicht wird, und sie alle entstammen doch wieder einem einzigen Urgrund: der Überfülle. Denn Händel wuchert nicht und geizt nicht mit seinem Pfunde, er verschenkt, verströmt, verschwendet, *kann* auch so verschwenderisch sein, weil er stets ins volle Menschenleben greift und mit sicherer Hand das Ergriffene zu gestalten weiß. So sind seine Themen stets musikgewordene Gedanken seiner Zeit, bald mehr und bald weniger gewichtig, wie es in jeder Zeit liegt, stets aber wirkliche Gedanken. Sie in Töne umzugießen, bedient sich Händel vor allem der Bewegung mit all ihren Spannungen und Lösungen, gegliedert durch klare, folgerichtige Harmonien. Händels tönende Bewegung ist willensbetont, daher die Spannkraft seiner Rhythmen; Händels Gedanken richten sich auf den Kern, daher die knappe Fassung seiner Themen (die man meist besser Motive nennen sollte, da sie vielfach kurz, häufig sogar nur eintaktig sind).

Der Fülle – mancher meint: der Wahllosigkeit – der Einfälle entspricht die Vielfalt der verwendeten Formen, die scheinbare Unausgewogenheit der Sätze in manchen Großwerken; der angestrebten Allgemeinverständlichkeit steht die durchsichtige Stimmführung zur Seite (etwa Fugen mit nur zwei Stimmen, obwohl Händel höchst verwickelte, vielstimmige Fugen zu schreiben vermag). Einzelheiten entnehme man den folgenden Werkbesprechungen; als Ganzes aber sei festgehalten, daß Händel sich stets seiner menschlichen Aufgabe, allen verständlich zu sein, nicht minder bewußt ist als seiner unabdingbaren Verpflichtung, den strengen Gesetzen der Kunst selbst gerecht zu werden.

Orchesterwerke

Concerti grossi. Am bekanntesten die zwölf Concerti der Opuszahl 6, geschrieben für Streicher und Cembalo (in der Opuszahl 3 werden die Geigen durch Oboen verstärkt, daher die irrtümliche Bezeichnung »Oboenkonzerte«). Der Name, »concerto« (also »Wettstreit«) findet seine Berechtigung darin, daß einem »concerto grosso« das »concertino« gegenübertritt; heute würden wir sagen: volles Streichorchester gegen Solistengruppe (zwei Sologeigen und ein Solocello). Die zwölf Concerti bestehen nach Suitenart meist aus vier bis sechs Sätzen, nähern sich zuweilen der Sonatenform, mischen auch wohl Suite und Sonate unbedenklich ineinander. Irgendwelche Schwierigkeiten bieten die Concerti grossi dem Hörer nicht; wer eines begreift, versteht sie im Grunde alle.

Als Beispiel für die suitenartige Anordnung der einzelnen Sätze diene das 9. Concerto *(F-Dur).* Ein kurzes Largo gibt die Grundlage. Dann folgt ein lebhaft bewegtes Allegro von ziemlicher Ausdehnung, das rhythmisch sehr bestimmt dahineilt (Thema siehe

Beispiel). Es schließt sich das 6/8-Larghetto mit seinem höchst eigenwilligen Rhythmus an (d-Moll). Nun wieder ein Allegro, diesmal als kleine Fuge. Den Ausklang bilden zwei kleine Tanzstücke: ein Menuett und eine Gigue. – In dieser scheinbar zwanglosen Folge (»Suite«) gibt es als nur *einen* Gestaltungsgrundsatz: den des Wechsels von langsam und schnell. Diesem Gegensatzpaar entspricht innerhalb der einzelnen Stücke ein Wechsel von laut und leise.

Mehr der Sonatenform angenähert das 12. Concerto *(h-Moll).* In der Mitte ein wundervoll schlichtes Larghetto, die Außensätze dagegen zwei Allegro-Stücke, kraftvoller, ja stürmischer Art (besonders die Gigue des Schlußteils). Also eine klare Dreiteilung des Gesamtwerks, nur leicht verschleiert durch knappe langsame Einleitungen zu den Allegrosätzen.

»Wasser-Musik« und *»Feuerwerks-Musik«.* Nach dem in der Einleitung Gesagten wird man sich nicht darüber wundern, daß ein Meister wie Händel es nicht unter seiner Würde fand, Gebrauchsmusik für höfische und gesellschaftliche Belustigungen zu schreiben, so für Bootsfahrten des Königs auf der Themse oder Feuerwerksveranstaltungen in den großen Parks. Es handelt sich hier also um Freiluft-Musiken; dementsprechend überwiegt in der Originalbesetzung der Bläser- und nicht der Streicherklang. Nur wenige Orchester von heute haben die Möglichkeit, die Bläsergruppen so stark zu besetzen, daß der von Händel beabsichtigte Klang zustande kommt; zudem eignet sich die für das

Freie gedachte Instrumentation nicht für den geschlossenen Konzertsaal. Daran mag es liegen, daß die Wasser- und die Feuerwerks-Musik nicht so oft aufgeführt werden. – Die »*Wasser-Musik*« besteht aus einer Aneinanderreihung von Tanzstücken. Grundlage des Orchesterklanges bilden Streicher und Oboen (in mehrfacher Besetzung). Eine Abwechslung wird dadurch hervorgerufen, daß zu den Streichern und Oboen bald die Hörner, bald die Trompeten, bald die Flöten (stets mehrfach) hinzugezogen werden. Das Schlußstück wird dann vom ganzen Orchester ausgeführt. – In der »*Feuerwerks-Musik*« ist der Klang noch kräftiger und offener. Der Form nach haben wir es hier wieder mit einer Reihe von Tanzstücken zu tun, gelegentlich durchsetzt mit verinnerlichten Stimmungen. Die starkbesetzten Oboen, Trompeten und Hörner bilden Klanggruppen von besonderer Eigenheit: bald

wechseln sie miteinander ab, bald blasen sie gemeinsam, bald »konzertieren«, also wetteifern sie. Unser Notenbeispiel gibt das Themenbild eines Satzes der »Feuerwerks-Musik«.

Kammermusik

Händels kammermusikalisches Werk ist während des letzten halben Jahrhunderts in den Konzertsälen arg vernachlässigt worden. Neuerdings scheint man sich wieder auf die in ihm beschlossenen Werte besinnen zu wollen. Freilich muß sich der Spieler oder Hörer davor hüten, es mit Maßstäben zu messen, die ihm geläufiger sind (Haydn, Mozart, Beethoven, Brahms u.a.). In Händels Kammermusik findet sich weniger dramatisch-gegensätzliche Entwicklung als ein festes, unerschütterliches In-sich-ruhen, kein grüblerisches Versenken, sondern freudig-festliches Verkünden. Entscheidend sind Bewegung und Klang, nicht die Polyphonie. So deutsch diese Werke wirken, so unverkennbar sind die formalen Einflüsse der Franzosen und Italiener jener Zeit. Wir greifen zwei Gruppen heraus.

Die sogenannten *Kirchensonaten* der Opuszahl 2 wirken durch das ruhige, abgewogene Gleichmaß der Sätze »langsam/schnell/langsam/schnell«. Corellis Vorbild wird von Händel nachgestaltet. Er gibt hochgestimmte Bewegtheit, oft feierlich und verhalten, dann wieder edel schwingend – immer aber leidenschaftslos, unpersönlich, fast gegenständlich, man möchte sagen »klassisch« in dem unveränderlichen Wechsel des »langsam/schnell« der vier Sätze, der gleichbleibenden Tonart, der erhabenen Klarheit der Themen, die weder in der melodiösen Gelöstheit der langsamen Sätze noch in der drängenden Kraft der Allegri ihren gemeißelten Charakter verlieren.

Anders die *Kammersonaten* der Opuszahl 5. Durch die Aufnahme französischer Satzformen wie Sarabande, Air, Bourrée, Allemande, Gavotte usw. verliert die Sonate ihre strenge Ausgewogenheit, nähert sich der locker gereihten Suite, wird persönlicher, freier im Ausdruck. Die Polyphonie erscheint lichter und weniger anspruchsvoll als in den Kirchensonaten, das Einzelthema verliert etwas von seiner alleinbestimmenden Übermacht, motivische Arbeit schlingt sich durch das Formgerüst. Vor allem gewinnt der Klang an Wirkung; er reicht nun von orchestraler Volltönigkeit bis zu gestichelter Zartheit. Ein paar Takte mögen den Gegensatz zwischen Händels Kirchen- und Kammersonaten beleuchten (er ist nicht überall so ausgeprägt wie hier). Im ersten Beispiel (aus der Kirchensonate g-Moll) herrscht das Thema; es hat mit seinem in halben Noten ansteigenden und in Vierteln wieder fallenden Verlauf etwas von der herb-schönen Kühle einer Plastik an sich, die kanonische Stimmführung unterstreicht nachdrücklich die Alleinherrschaft des Themas. Dagegen weist das zweite Beispiel (aus der Kammersonate e-Moll) auf eine andersgeartete Haltung.

Hier ist alles spielerischer, freier, weniger dem Thema verhaftet; in der Unterstimme gleitet ein knappes, scharf gezeichnetes Motiv von Harmonie zu Harmonie, während sich die obere Stimme an den Haltepunkten mit einem ganz anderen Motiv verflicht.

Klaviermusik

Da Händels Klavierwerke infolge der damaligen Zeitumstände ziemlich unsystematisch überliefert wurden und man nicht immer mit völliger Gewißheit sagen kann, ob die Ausgaben wirklich genau den Absichten des Meisters entsprechen, sind sie nicht recht ins Bewußtsein der musikalischen Öffentlichkeit gedrungen (greifbare Ausgaben sind die vier »Sammlungen« der Deutschen Händelgesellschaft, die sogenannte »Aylesford-Sammlung«, und endlich einige Frühwerke). Obwohl Händel mit Bach und Scarlatti zu den weltberühmten Spielern seiner Zeit gehörte, hat er dem Klavier – gemessen an den Großwerken des Meisters – wirklich Überragendes nicht anvertraut. Wer sie sich aber einmal zu eigen gemacht hat, wird sie nicht mehr missen wollen. Sie wirken unglaublich frisch, als seien sie eben erst entstanden, von einem bedeutenden Spieler und meisterhaften Komponisten in diesem Augenblick am Klavier improvisiert. Diese stegreifartige Ursprünglichkeit strahlt nicht weniger Reize aus als die tiefsinnige Gedankenarbeit eines Bach; daher mag es kommen, daß der musikalisch Ungeschulte von Händels Klavierwerken schon beim ersten Hören unmittelbar angesprochen wird, während er sich den Zugang zu dem gleichaltrigen Bach häufig erst – in allerdings unvergleichbar herrlicher Arbeit – langsam bahnen muß.

Hier ist nicht der Platz, auf Zweifels- und Streitfragen einzugehen; daher geben wir nur einige Andeutungen von Werken, die mit Sicherheit endgültig von Händel herausgegeben wurden.

Dahin gehören die acht Suiten der *»Ersten Sammlung«* von 1720. Zu jener Zeit war die Suite eine ganz bestimmte Formfolge; sie umfaßte die Kernsätze Allemande – Courante – Sarabande – Gigue, die sämtlich in der gleichen Tonart standen und zuweilen durch allerlei »Modesätze« (Polonaise, Bourrée usw.) ergänzt wurden. Händel springt mit dieser Form völlig frei um, verzichtet meist auf die motivisch-thematische Satzverwandtschaft, nähert sich zuweilen der Sonatenform und hält nur die einheitliche Tonart innerhalb einer Suite im allgemeinen (nicht immer) fest. So entsteht ein überaus wechselvolles Bild. Diese acht Suiten sind samt und sonders wahre Prachtstücke, bald spielerisch gelockert und bald straff gebunden, vielfach aus treibender Bewegung geboren. Die fünfte Suite enthält die bekannten »Grobschmied-Variationen« (Thema mit fünf Veränderungen), ein Klavierstück, an dem man in höchst einfacher Weise die damals beliebte Bewegungsvariation studieren kann: im Grunde nur eine ständig gesteigerte Bewegung von Achteln zu Sechzehnteln, zu Sechzehnteltriolen und schließlich zu Zweiunddreißigsteln. Wohl am stärksten die achte Suite (d-Moll): an der Spitze ein motivisch verzahntes Adagio-Präludium, dann eine prunkende Allegrofuge. Diesen beiden Sätzen entsprechen in der Gleichgewichtsverteilung die dann folgenden (wie das Präludium mit Dreiklangsmotiven beginnenden) Sätze Allemande, Courante und Gigue. Das Ganze stolz und männlich.

Auch die sogenannte *»Vierte Sammlung«* ist von Händel selbst herausgegeben worden (1735). Sie besteht aus sechs großen Fugen. Von Bachs Fugen unterscheiden sie sich dadurch, daß sie bei aller Satzkunst nicht so »gearbeitet«, gedanklich nicht so vertieft und verwoben sind, vielmehr dem eigentlichen Klavieristischen, Spielerischen, Klanglichen mehr Raum lassen, sich in Zwischenspielen fast vom thematischen Grundgedanken entfernen, stegreifartig wirken, sich häufig am Widerstreit zweier Themen ergötzen (sehr nachdrücklich in der B-Dur-Fuge Nr. 3). Wichtiger als Stimmigkeit sind Klang und Bewegungsantriebe. Es sind Werke, die auch denjenigen begeistern müssen, den sonst vor dem Wort »Fuge« ein gelindes Gruseln überkommt.

Die *»Aylesford-Sammlung«* ist ein Schatzkästlein von zauberhaften Stücken für das häusliche Klavierspiel, die in ihr enthaltenen 76 Tonstücke wurden erst 1918 bei einer Versteigerung der Musikbibliothek des Earl von Aylesford bekannt. Ein Drittel der Sammlung besteht aus meist knappen Menuetten, leicht spielbar, herrlichen, straff geformten Stücken von lebendig-frischer Melodik. Von hier führt der Weg über kaum minder köstliche Sarabanden, Allemanden und Gavotten, über klare Präludien, schlichte durchsichtige Fugen, sicher gestaltete Sonatinen und Sonaten zu prächtigen Chaconnen, von denen sich die in C-Dur mit ihren 49 Variationen zu geradezu konzertmäßigem Glanz erhebt, ohne hohe technische Anforderungen an den Spieler zu stellen. Wer verhältnismäßig leicht spielbare, wirkungsvolle und zugleich höchsten künstlerischen Anforderungen entsprechende Hausmusik sucht, wird in diesen unvergleichlichen Stücken auf seine Rechnung kommen.

Oratorien

Man wird Händels Oratorien erst dann richtig begreifen und würdigen können, wenn man sie als chorische Darstellung überpersönlicher Volksschicksale erfaßt, aufgezeigt und gestaltet am Beispiel alttestamentarischer Geschehnisse. »Saul«, »Israel in Ägypten«, »Judas Makkabäus«, und wie die zahlreichen Werke alle heißen, stellen immer wieder dar, wie sich ein »auserwähltes Volk« (biblisch das jüdische, tatsächlich gemeint aber das englische) zu verhalten hat, will es nicht seine innere Kraft und äußere Stellung einbüßen.

Bei der Vertonung konnte Händel zurückgreifen auf eine jahrhundertelange, gleichwohl immer noch lebendige Überlieferung des englischen Chorgesangs, eines Massengesangs, der sich kaum je in Künsteleien verloren, sondern stets eine kunstvolle Volkstümlichkeit bewahrt hatte. So großartig Händel zuweilen die heldischen Einzelpersönlichkeiten der Oratorien musikalisch umkleidet, immer wieder spürt man, daß sie im Grunde nur Verdichtungen volkhafter Charakterzüge sind. Und wenn dann der Chor als Vertreter der Gesamtheit einsetzt, sei es in schlichtem Gesang, sei es in kunstvoll verschlungenen Steigerungen, dann spürt auch der einfachste Hörer etwas von dem gewaltigen Atem großer Gemeinschaften. – Wir können hier nur einige der wichtigsten Werke (bedeutend sind sie alle!) kurz streifen.

»Judas Makkabäus« (1746) wurde auf einen höchst kümmerlich gefaßten Text geschrieben. Thomas Morell mag ein braver Prediger gewesen sein – sein

Textbuch ist alles andere als eine dichterische Leistung. Zweimal wird der gleiche Vorgang dargestellt: das Volk Israel beklagt den Tod des Führers Matthias, bekommt einen neuen Helden, läßt ihn eine siegreiche Schlacht schlagen und begrüßt ihn als Erretter. Nachdem dies geschehen, erscheint ein neuer Feind, wieder siegt Judas Makkabäus, wiederum Siegesfeier. Das ist äußerlich gewiß ein dürftiger »dramatischer« Bau. Aber Händel sah die innere Dramatik des Stoffes, und an ihr entflammte er sich. Hier war wirklich das Volk entscheidend; aus ihm kamen die Helden, zeitliche Vertreter einer zeitlosen Gemeinschaft. Daher sind auch in der Musik schon die Sologesänge stark mit den Gesamtchören verbunden, Sinnbild der unlöslichen Bande zwischen dem einzelnen und seinem Volk. Mit wunderbarer Sicherheit spürte Händel auch ein anderes innerlich dramatisches Motiv auf: Judas Makkabäus ist Tatmensch und Vollstrecker des Volkswillens, der Priester Simon verkörpert das Gottbewußtsein und Gewissen der Volksseele. Vor allem aber war Händel gepackt von dem Freiheitsdrang, der aus diesem Abschnitt der biblischen Geschichte sprach; daher die außerordentliche Schlagkraft der Chöre, daher die Volkstümlichkeit der musikalischen Sprache.

Den *»Messias«* dieses bedeutendste alle Oratorien, hat Händel 1741 in drei Wochen niedergeschrieben. Aus der Kürze der Entstehungszeit mag es sich zum Teil erklären, daß durch das ganze Werk ein Schwung und eine Frische gehen, die es von der ersten Aufführung an (13. April 1742 in London) bis in unsere Tage lebendig erhalten haben. Als in England der gewaltige Halleluja-Chor zum ersten Male erklang, erhoben sich

die Zuhörer, unter ihnen der König, von den Plätzen – so unmittelbar fühlten sie sich angesprochen von der Kraft der Musik. Und heute gilt in weiten Kreisen der »Messias« als *das* Werk Händels. Kaum eine andere musikalische Schöpfung hat von Anbeginn alle Hörerschichten so zu gewinnen und auf die Dauer sich so zu behaupten vermocht wie dieses Oratorium. Der Fachmusiker steht ergriffen vor dem Wunder unübertrefflicher Schlichte und zugleich Erhabenheit des Ausdrucks, und jeder einfache Angehörige des europäischen Kulturkreises erlebt vor dem »Messias« staunend die beglückende Gewißheit, daß man Musik durchaus nicht immer »verstehen« muß, um sie begreifen zu können. Freilich liegt das nicht nur an der schlichten Sprache dieser Töne; vielmehr stehen wir vor einem der nicht allzu häufigen Kunstwerke, in denen sich Geistiges hüllenlos offenbart. Die Unmittelbarkeit, mit der hier der (wahrhaft heilige) Geist spricht, seine leuchtende Helle und erleuchtende Klarheit wenden sich an das Ewige in jedem Menschen, und zwar mit so unabweisbarer Eindringlichkeit, daß niemand – auch der Unmusikalische nicht – dem Tönen solcher Weltenstimmen gegenüber taub bleiben könnte. Kündet so die Musik des »Messias« vom Walten des Weltengeistes, ist sie also gottgläubig in einem schönen und tiefen Sinne, so läßt sie sich doch nicht als »kirchlich« bezeichnen. Es wäre stilistisch und geistig unmöglich, den »Messias« etwa im Rahmen kirchlichen Gottesdienstes aufzuführen. Denn in diesen Chören erklingt nicht die kindselige Einfalt der frommen Gemeinde, sondern der staunende Jubel weltoffenen Menschentums. Schon der Text zeichnet weniger zitterndes Mit-Erleben und Mit-Erleiden von Christi Erdenweg nach, als vielmehr die Betrachtung und Verherrlichung des messianischen Gedankens überhaupt. Und die Musik rückt diesen Gedanken aus den Tiefen seelischer Erschütterung in das Licht des wachen Bewußtseins, preist den Heiland, der den Menschen zum Himmel führt, aber auch die Erde, die Gott einer Offenbarung für würdig befunden hat. – In drei Teilen ist das Werk gegliedert. Verheißung des Messias, Erdendasein, Verwirklichung des messianischen Gedankens – so lassen sich die einzelnen Teile überschreiben (den Text hat sich Händel selbst zusammengestellt). Getragen wird das Oratorium von 21 Chorpfeilern, zwischen denen Einzelgesänge als Verbindungsstücke schwingen. Da der »Messias« keine eigentliche Handlung aufweist, werden die Chöre nicht als Schilderer oder Handelnde eingeführt, sondern als Betrachtende.

Neben den großen Oratorien (von denen *jedes* aufführenswert ist) verdient besonders die *»Kleine Cäcilien-Ode«* (1739) stärkere Beachtung, während die »Große Cäcilien-Ode« (»Alexanderfest«) infolge der verworrenen Überladenheit des Textes keine echte Wirkung mehr ausstrahlt. Gegenstand der »Kleinen Cäcilien-Ode« ist die Macht der Töne. Wie form- und gestaltlos war doch die Erde, als die Harmonie noch nicht waltete – nach dieser Schilderung des Erzählers setzt der Chor ein, versinnbildlicht das Werden der Welt durch Harmonie. Ja, die Musik kann alles Gestalt werden lassen, das Allgemeine und das Einzelne. Das »Allgemeine« wird hier (zum berichtenden Sologesang) verkörpert durch die umfassende Beredsamkeit des Cello in der »allgemeinen« Tonart G-Dur. Wo fanden sich Menschen zusammen in Gemeinsamkeit? In Kampf und Krieg. Allzu verständlich ist der anfeuernde Ruf der Trompete, der uns zu den Waffen eilen heißt: der Tenor singt es in einfachen Signalschritten, reißt den Chor mit sich, und lustig schmettert die Trompete drein, beherrscht auch den nachfolgenden Marsch. Der einzelne aber findet (Sopransolo) im sanften, von der Laute begleiteten Flötenklang (Beispiel) den

Widerschein seiner sehnsüchtigen Liebe. Eifersucht und Verzweiflung, die Schwestern der Liebe, verdichten sich in der »hitzig-spitzen« Geige (Tenorsolo). Alles aber umschließt die Königin der Instrumente, die Orgel. Sie singt als klanggewordene Cäcilie von mehr als Menschenglück, sie preist die »heilige Liebe«, und Engel-Chöre stimmen ein. Dem Erdenwerden und Erdensein folgt das Weltende. Auch dieses wird hereinbrechen unter den gewaltigen Klängen der Musik. Davon kündet ein Vorsänger, und in seine Weisen tönen glaubensvoll-ergeben die Chöre hinein, Trompeten des Jüngsten Gerichts erschallen. In einer großen Chorfuge klingt das Werk aus.

BACH

Johann Sebastian B., geboren 1685 in Eisenach als Sproß einer über ganz Mitteldeutschland verbreiteten Musikerfamilie. Erzogen und unterrichtet von seinem Bruder Johann Christoph in Ohrdruf. Weiterer Unterricht in Lüneburg. Erste Stellung als Geiger in Weimar. Seit 1703 Organist in Arnstadt, 1707 Organist in Mühlhausen i. Thür. 1708 Hoforganist und Kammermusikus in Weimar. 1717–1723 anhaltischer Kapellmeister und Kammermusikdirektor in Köthen. Seit 1723 Thomaskantor in Leipzig. Dort ist er 1750 gestorben. – Bach hat (abgesehen von der Oper) auf jedem Gebiet der Musik Unvergängliches geschaffen.

In Johann Sebastian Bach verehren wir den größten Meister des Abendlandes. Der Zugang zu seinem Werk ist freilich für den Ungeschulten nicht immer ganz leicht. Seine Musik will erarbeitet sein; sie verlangt vielmehr spieltechnisches Können, kompositorisches Wissen, Fähigkeiten zum Zergliedern wie zur Zusammenschau, kühles Denken und unmittelbare Erlebenskraft.

Stilistisch vereinigt Bach in seinem Werk zwei große musikalische Richtungen: die polyphone, der er entstammt, und die harmonische, die er vollendet hat (»Urvater der Harmonie« nennt ihn Beethoven). Eigentliche Probleme der Form gibt es für ihn nicht; als Mensch des Barocks nimmt er – wie Händel – die Form als etwas Gegebenes, innerhalb dessen sich alles ausdrücken läßt, was ihn als denkenden und empfindenden Menschen beschäftigt. Wohl bastelt er als weltoffener Mensch oft mit französischen, englischen oder italienischen Formmitteln, doch bleibt das alles geistvolles Spiel am Rande, das den eigentlichen Mittelpunkt nicht berührt. Dieser Mittelpunkt ist deutsch, betont und bewußt deutsch, aber in jenem wunderbaren Sinne, daß zwar die Wurzeln aus dem Heimatboden ihre Nahrung saugen, daß jedoch die Baumkrone hoch emporragt, von überallher gesehen wird und sich gleichzeitig in den von allen Richtungen kommenden Lüften bedächtig wiegt.

Entscheidendes künstlerisches Ausdrucksmittel Bachs ist eine stimmige Vielsträhnigkeit (Polyphonie), in der sich ausgeprägter Bauwille und lebendiges Wachstum gleichermaßen der linienhaften Stimmführung, des folgerichtigen Harmonieverlaufs, eines streng gliedernden Rhythmus' und einer strömenden Bewegungsenergie bedienen. Alles, das liegt in Bachs Instrumentalmusik keimhaft in fast jedem Thema oder Motiv beschlossen. Wer ein instrumentales Bach-Thema wirklich begreift, seine Spannungen und Stauungen, seine Lösungen und sein Strömen, seine harmonische Lagerung und seine die vielstimmige Verarbeitung geradezu herbeizwingenden Triebkräfte, der hat den entscheidenden Schritt in Bachs geistig-künstlerische Welt getan.

Das klingt verwickelter und schwieriger, als es in Wirklichkeit ist. Gewiß ist eine Gestaltungsart wie die Bachs einsiedlerischer und vergrübelter als die große weltmännische Gebärde Händels; aber sie ist alles andere als abseitig. Bach stand in täglicher unmittelbarer Berührung mit der musikalischen Praxis, hatte in Leipzig für jeden Sonntag ein neues Chorwerk zu komponieren und aufzuführen, saß als unübertroffener Orgelspieler als Kantor auf der Orgelbank, spielte und unterrichtete ständig Klavier und Geige, leitete Sing- und Spielvereinigungen, sang und spielte zu Hause mit seiner Familie – und diese unablässige, man darf in einem sehr schönen Sinne sagen: handwerkliche Betätigung bewahrte ihn vor allen Abseitigkeiten. Vielleicht wäre Bachs Musik für viele Ausübende und Zuhörende weniger schwer verständlich, wenn man weniger an den künstlerischen, fast nicht mehr irdischen Koloß dächte, den die Zeit um 1900 aus ihm gemacht hat, als an den unablässig tätigen Musikwerker und vollsaftigen Menschen Bach mit all seinen menschlichen Stärken und Schwächen, seinem Humor und seinem Zorn, seiner hausväterlichen Güte und seinem Berufsärger.

Orchesterwerke

Die *»vier Suiten«,* meist nach dem Eröffnungsstück *»Ouvertüren«* genannt, sind entweder noch in Köthen oder zu Beginn der Leipziger Zeit entstanden. Aufgeführt werden sie durch Streicher (mit Cembalo) und einige Bläser (zwei Oboen, drei Trompeten) sowie Pauken. Wirklich heimisch ist in unseren Konzertsälen nur die *dritte,* die wir daher als Beispiel für die ganze Gattung wählen. Sie besteht aus fünf Sätzen: der Ouvertüre (langsame Einleitung – schneller fugierter

Zwischensatz – langsamer Abgesang), einem Air (Arie für Instrumente), einer Gavotte, einer Bourrée (Geschwind-Gavotte) und einer Gigue (gleitender 6/8-Tanz). Das einleitende Grave spannt sich mit seinem Thema und dessen Untermotiv wie eine gewaltige Bogenbrücke über den musikalischen Strom. Viermal wird das Untermotiv mit seinen stützenden Vierteln und schwingenden Sechzehnteln wiederholt, und vier Sätze folgen der Ouvertüre. Zu diesem Thema der Oboen und ersten Geige bringen zweite Geige und Bratsche einen punktierten Rhythmus, der in der Begleitung das ganze Grave unterbaut. Den Zwischensatz der Ouvertüre bildet eine lebendig dahinströmende Fuge. – Den zweiten Teil erfüllt das berühmt gewordene »Air« (nur Streicher), eine empfindungs-

tiefe Melodik von unbeschreiblicher Schönheit. – Das springende Thema der Gavotte wird durch die Beteiligung der Trompeten in den ersten Takten besonders feurig und glanzvoll. – Ein liebenswürdig-anmutiges Bourrée leitet über zum Schlußstück: einer Gigue, deren Thema (gehaltene Drei-Achtel-Töne, welche die folgende geschwinde Bewegung noch gestaut in sich tragen) einen echten musikalischen Bach-Keim darstellt.

Die *»Sechs Brandenburgischen Konzerte«* (Bach schrieb sie in Köthen auf Bestellung des Markgrafen Christian Ludwig von Brandenburg) sind zwar als höfische Unterhaltungsmusik gedacht; doch in ihrer Verbindung von künstlerischem Ernst und spielerischer Heiterkeit liegt ein unvergänglicher Zauber. Es handelt sich um meist dreisätzige Werke (schnell-langsam-schnell). Konzerte im heutigen Sinne sind sie nicht, denn es treten nicht sosehr Einzelspieler konzertierend einem Orchester gegenüber, vielmehr findet das Konzertieren (also »Wetteifern«) statt zwischen gleichberechtigten, oft auch gleich stark besetzten Klanggruppen. Zuweilen werden die Stücke zu Concerti grossi in dem bei Händel aufgezeigten Sinne; meist aber tragen sie eher kammermusikalische Züge. – Als Beispiel wählen wir die beiden am häufigsten aufgeführten Konzerte.

Das *dritte* Brandenburgische Konzert (G-Dur) kommt dem Begriff des Concerto grosso sehr nahe. Das Tutti wird zerlegt in drei Gruppen: erste, zweite und dritte Geigen, erste, zweite und dritte Bratschen, erste, zweite und dritte Celli. Aus dem Wechsel zwischen Tutti und Einzelchören sowie dem Ineinandergreifen der drei Streichchöre entsteht ein lebendig bewegtes, fesselndes Klangbild. Der erste Satz beginnt

im ganzen Orchester mit dem Hauptthema, das anschließend entwickelt wird. Wie der ganze Satz zu den bedeutendsten Schöpfungen Bachs gerechnet werden darf, so ist sein Thema eine der spannungsstärksten Erfindungen des Meisters. Die Stelle des sonst üblichen langsamen Satzes wird in diesem Konzert ausgefüllt durch nur zwei Adagio-Akkorde. Vielleicht ist der Schlußsatz nicht so bedeutend wie der erste; jedoch: sein hinreißender Schwung, sein übersichtlicher Aufbau (nach Rondo-Art) und die Verbindung kontrapunktischer Satzkunst mit spielerischer Musizierfreude geben auch ihm ein herrliches Gepräge.

Von ganz anderer Art ist das *fünfte* Brandenburgische Konzert (D-Dur). Dem Streichorchester wird gegenübergestellt ein Solistentrio von Flöte, Geige und vor allem Cembalo. Gleichzeitig dient das Cembalo als Begleitinstrument für das Orchester. Im ersten Satz ist die Themengestaltung dem Orchester übertragen, wobei zu Beginn auch die Sologeige herangezogen wird. Die Durchführung hat ihren besonderen Reiz: an ihr sind zunächst sämtliche Instrumente beteiligt, dann aber wird das Streichorchester immer mehr zurückgedrängt; unter dem Druck der rollenden Zweiunddreißigstel-Gänge des Cembalo weichen schließlich auch noch Flöte und Geigen wie verschüchtert zurück. In einer umfangreichen Kadenz führt Bach nun das Cembalo allein zu leidenschaftlichen Ausbrüchen. Den Ausklang gibt das Orchester mit einer Wiederholung des Hauptgedankens. – In dem langsamen zweiten Satz (Affettuoso) schweigt das Orchester. Flöte, Geige und Cembalo spinnen ein klagendes h-Moll-Thema aus. Um so vergnügter wirkt das anschließende Allegro. Seine ganze heitere Kraft und unbeschwerte Leichtigkeit zieht es aus einem einzigen Motiv von zwei Takten.

Über die sieben sogenannten *Klavierkonzerte* Bachs können wir hier nicht sprechen, weil es sich anscheinend ausnahmslos um Bearbeitungen handelt. Von den drei *Konzerten für zwei Klaviere* seien jedoch das erste und zweite hervorgehoben. Das in c-Moll (auch ohne Orchester sehr dankbar) wirkt trotz seiner ursprünglichen Fassung für zwei Geigen recht klaviermäßig. Mit welchem Schwung setzen die Klaviere im Einleitungsteil das Thema hin, wie meisterlich sind die thematischen und motivischen Verknüpfungen des

letzten Satzes mit seinem kraftvoll abwärts führenden Themenbeginn in die Klavier- (und auch in die Orchester-) Stimmen gearbeitet. Das Adagio bringt einen zauberhaften Zwiegesang (Kanon) der beiden Oberstimmen. – Schon von Beginn an für zwei Klaviere gedacht, wirkt das *C-Dur*-Konzert besonders großartig. Allerdings tritt das Orchester hier noch mehr zurück als im ersten und dritten; im Mittelsatz wird es überhaupt nicht verwendet. Helle Musizierfreude beherrscht den ersten Satz, in dem sich die beiden Klaviere ein kurzes Triller-Motiv kunstvoll zuwerfen. Das Schluß-Allegro ist einer der glanzvollsten Klaviersätze von Bach: eine Fuge, die von den Klavieren durchgeführt wird, während das Orchester nur die Unterteilungen verdeutlicht.

Zwei *Violinkonzerte* stammen mit Sicherheit von Bach selbst. Das in *a-Moll* ist kammermusikalisch-durchsichtig gearbeitet. Im ersten Satz legt das Orchester den thematischen Stoff fest, bevor sich die Sologeige am Spiel beteiligt. Der zweite Satz ist ein seltsam ergreifendes Gegeneinander einer starren Baßfigur und der stegreifartig geführten Geige. Ausklang bildet eine frisch-lebendige Gigue. Am Beginn des *E-Dur*-Konzerts steht ein kontrapunktisch verwobener sinfonieartiger Satz mit einem dunklen Mittelteil in Moll. Ähnlich wie im a-Moll-Konzert besteht der Mittelsatz (Adagio) aus einer gedanklich wie empfindungsmäßig tiefen Zwiesprache zwischen einer seelenvollen Geigenmelodie und einem gleichbleibenden Baßthema. Hinreißend der rondoartige Schlußsatz. – Sehr wenig bekannt ist leider das *d-Moll-Konzert für zwei Violinen,* obwohl es zu den großartigsten Schöpfungen seiner Gattung gehört.

Kammermusik

Im öffentlichen Konzertieren nimmt Bachs kammermusikalisches Werk längst nicht den Platz ein, der ihm gebührt.

Die prachtvollen sechs *Geigensonaten* (etwa 1720 entstanden) zerfallen in zwei Gruppen. Die ersten drei sind sogenannte Kirchensonaten mit der Satzfolge langsam-schnell-langsam-schnell; innerhalb der Einzelsonaten gehören je zwei Sätze zusammen: der erste bildet gewissermaßen stets ein Präludium zu der Fuge des zweiten, während der dritte und vierte Satz meist vom Melodischen her bestimmt ist. Die Stücke 4, 5 und 6 sind eigentlich keine Sonaten, sondern Suiten in der bereits mehrfach besprochenen Art. Bekanntestes Werk der Gesamtreihe ist das in *d-Moll* mit der berühmten *Chaconne,* die in Konzerten fast immer allein gespielt wird. Leider; denn ihre gewaltige Größe wird erst dann wirklich erkennbar, wenn man sie begreift als riesenhaftes Gegengewicht zu den anderen vier Sätzen. Schon die Themen der fünf Suitensätze (vergl. Notenbeispiele) weisen den unlösba-

Allemande

Courante

Sarabande

Gigue

Chaconne

ren Zusammenhang der Gesamtsuite deutlich auf. Freilich, schon für sich allein betrachtet ist die Chaconne ein überragendes Meisterwerk. (Man bedenke immer: für unbegleitete Sologeige!). Wer sich das Thema einmal zu eigen gemacht hat, wird sich in dem auf den ersten Blick verwirrenden Gebäude bald zurechtfinden, wenn er die formale Anlage überblickt: die Chaconne ist in drei große Abschnitte gegliedert (d-Moll/D-Dur/d-Moll), und innerhalb eines jeden Abschnitts führt eine mächtige Steigerung von ruhiger Bewegtheit bis zu weitausladender Akkordik. Wie diese Großräume bewegungsmäßig, vielstimmig, harmonisch und rhythmisch ausgefüllt werden, das ist so überwältigend, daß sich auch der musikalisch nicht Geschulte diesem Zauber kaum entziehen kann.

Während die Cello-Suiten nicht so bekannt geworden sind, verdienten die *Klavier-Violin-Sonaten* in Haus- und Konzertmusik die allerstärkste Beachtung. Mögen sich die Fachleute – von ihrem Standpunkt aus übrigens mit vollem Recht – darüber unterhalten, von welchen Instrumenten sie gespielt werden sollen, in unserem Zusammenhang denken wir an die am leichtesten zu verwirklichende Besetzung von Klavier und Geige, vor allem aber daran, daß sie nicht so sehr »fachlich« als vielmehr »menschlich« geschrieben sind. Es ist kunstvolle Musik von auffallender Wärme; in ihnen steckt manches persönliche Bekenntnis Bachs, mancherlei Gemütsbewegung, unmittelbar erlebt und ausgesprochen.

Künstlerisch stärker ausgewogen die *Triosonaten für zwei Geigen (Flöten) und Continuo;* in ihnen tritt das Bekenntnishafte zugunsten des Baulich-Gedanklichen zurück; daher ihre kristallene Kühle und Klarheit.

Im *»Musikalischen Opfer«* (1747) findet sich am Schluß eine Triosonate für *Geige, Flöte und Cembalo,* die wohl das Reifste darstellt, was in dieser Gattung je geschrieben wurde. Man erinnere sich: Friedrich der Große spielt Bach bei dessen Besuch in Potsdam ein Thema vor, damit Bach darüber aus dem Stegreif eine sechsstimmige Fuge spiele. Dieses Thema hat Bach später auf verschiedene Weise bearbeitet und die Bearbeitungen dem Preußenkönig als »Musikalisches Opfer« überreicht. Obwohl zu einer Zeit geschrieben, in der bereits ein neuer musikalischer Stil seinen Siegeszug durch Europa antrat, findet sich in diesem Werk auch nicht ein Takt, der diesem neuen Stil Rechnung trüge. Ein Zeitalter geht zu Ende und wird von Bach zugleich auf einen einsamen Gipfel geführt. In den vier Sätzen der Sonate wird das königliche Thema wie prüfend gegen das Licht gehalten: durch das einleitende Largo schimmert der thematische Gedanke nur eben

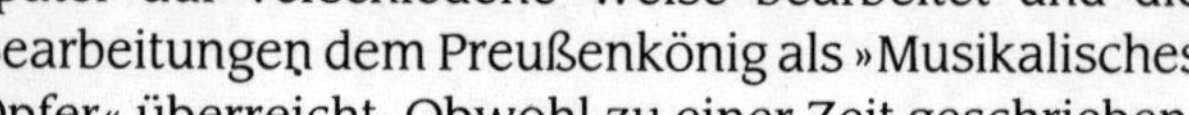

durch, im zweiten Satz trägt es als Cantus firmus die fugierte Bewegung, im dritten verliert es wieder an

Umrißschärfe (Andante) und im letzten Satz entfaltet es – rhythmisch stark verändert – seine reinen Bewegungsenergien.

Klaviermusik

Ein Jahrzehnt reicht nicht aus, wenn man das Klavierwerk Bachs nach Tiefe und Breite erforscht; immer wieder kommt man an zuvor übersehene Wegbiegungen, an denen sich neue überraschende Ausblicke bieten. Im Konzertsaal freilich begegnet man immer wieder den gleichen Stücken; das ist zu wenig, wenn auch durch Bachs Kompositionsweise teilweise verständlich. Versuchen wir einen knappen Überblick über das Wichtigste.

Die sechs *Französischen Suiten* wird man schnell begreifen, wenn man sich ihre formale Anlage ansieht. Grundgerüst bildet das (von Bachs Vorgänger Froberger bereits festgelegte) Formmuster: zunächst eine Allemande (4/4-Takt mit kurzem Auftaktmotiv, ruhiges Zeitmaß), dann eine Courante (dreiteiliger Takt, geschwinderes Zeitmaß, meist in Achteln oder Sechzehnteln gleichmäßig dahinlaufend, »courant« heißt ja »laufen«), nun eine Sarabande (dreiteiliger Takt, würdevoll, gemessen, ein wenig stilisiert in Haltung und Bewegung, auf dem zweiten Zählwert gern gedehnt), endlich eine Gigue (meist dreiteiliger Takt, sehr schnell, stimmig ausgebaut, im zweiten Teil mit Umkehrung des Themas). Vor den Schlußsatz (die Gigue) werden gern allerlei andere Stücke eingeschoben wie Gavotten, Menuette usw. Dieser besonders in Frankreich geübte Brauch hat den Französischen Suiten vielleicht zu ihrem Namen verholfen (von Bach stammt die Bezeichnung nicht). Im ganzen haben wir in diesem Bach-Werk eine Musik vor uns, in der das Wesen der alten Tanzsätze vergeistigt erscheint, ohne daß dadurch der – vor allem rhythmisch betonten – Spielfreude Hemmungen auferlegt würden.

Ähnlich im Aufbau die sechs *Englischen Suiten.* Der Form nach unterscheiden sie sich von den französischen dadurch, daß ihnen stets ein Präludium vorangestellt und dementsprechend die Zahl der Einfügungen vor der Schlußgigue vermindert ist. Diese Präludien sind aber weit mehr als nur Vorspiele oder Einleitungen; abgesehen von der ersten Suite werden sie geradezu als tragende Hauptsätze ausgebaut, meist mit fugenartiger Stimmführung, weitgespannt in der Anlage, die einzelnen Unterabteilungen sorgfältig gegeneinander abgesetzt und aufeinander abgestimmt, überwiegend dreiteilig (also aus Formerwägungen erwachsen), aber auch in reizvollem Wechselspiel (also aus Klangvorstellungen geboren). Im ganzen tritt bei den englischen Suiten das Spielerisch-Artistische stärker hervor als bei den französischen.

Großartiger noch die *Partiten,* gern Deutsche Partiten genannt (1726–1731). Das Grundgerüst ähnelt dem der englischen Suiten, doch Satzbehandlung und Satzfolge werden wesentlich freier gehandhabt. Nach Anlage und Gehalt sind sie nur noch sehr bedingt Hausmusik (in dem wahrlich hohen Sinn des 18. Jahrhunderts); in ihnen tritt die Verantwortung gegenüber der Tonkunst stark in den Vordergrund, zugleich aber

auch ein Streben nach absolutem Spiel. Als Beispiel diene die *c-Moll*-Partita Nr. 2. An der Spitze steht eine streng dreiteilige »Sinfonia«: zunächst ein kurzes (der französischen Ouvertürenform verpflichtetes) Grave mit einem wuchtigen Grundgedanken, dann ein Andante mit einer zierlich über ruhigen Achteln schwebenden Melodie, schließlich ein zweistimmiges Fugato mit einem keck-bestimmten Thema. Diesem Kopfsatz folgt eine Allemande mit einem kunstvollen Spiel von Kurzmotiven, der ganze Satz in ruhigem Fluß. Der nächste Satz »Courante« entspricht kaum mehr dem Wortsinn der Bezeichnung: er »läuft« nicht, sondern stemmt sich fest, ähnelt in der Haltung etwa dem einleitenden Grave des Ganzen. Aber auch das spitzige Fugato des Kopfsatzes wirkt nach, nämlich in den Sprüngen des eingeschobenen Rondos und des abschließenden Capriccios (einer Gigue).

Im *»Italienischen Konzert«* (1735) wollte Bach auf *einem* Instrument den konzertierenden Wechsel zwischen einem großen Klangkörper (»Orchester«) und dem »Solo« darstellen; daher setzt er ganz klar »forte«, wo er das »Orchester« meint, und »piano«, wo das »Solo« eintritt. Dementsprechend ist es zu spielen. Das ganze Konzert wird von einem einheitlichen thematischen Grundriß getragen. Der Aufbau ist übersichtlich: ein innig singender langsamer Satz wird umschlossen von zwei feurigen, rauschenden Ecksätzen. Innerhalb der einzelnen Sätze werden die Gedanken durchweg homophon ausgebreitet.

Die *Goldberg-Variationen* sind das kunstvollste Stück ihrer Gattung (erschienen 1742). Freiherr von Kaiserling, damals russischer Gesandter in Dresden, litt an Schlaflosigkeit und bat Bach, er möge ihm Klavierstücke »von sanftem, dabei etwas munterem Charakter« komponieren; er wollte sie sich während der schlaflosen Stunden von seinem »Clavicinisten Goldberg« (einem Schüler von Friedemann und J.S. Bach)

vorspielen lassen. Die daraufhin von Bach geschriebenen Variationen setzten beim Spieler und Hörer ungewöhnliches Wissen und Können voraus. Hier kann man nur den formalen Grundriß andeuten, der zum verständnisvollen Miterleben freilich unerläßlich ist. Das Thema beginnt nach Art einer Chaconne, wobei der Baß für die Variationen wichtiger wird als das Thema selbst. Die dreißig Variationen sind sehr übersichtlich gegliedert: die ersten beiden Variationen bringen das Geschehen ohne sonderliche kompositorische oder spielerische Schwierigkeiten in Gang. Dann folgen drei Dreierreihen. Die erste Reihe (3., 6., 9., ... 27. Variation) besteht aus Kanons; die zweite Reihe (4., 7., 10., ... 25. Variation) ist, um jedes ermattende Schema zu vermeiden, freier gehalten und mit den verschiedensten Formen erfüllt; in der dritten Reihe endlich (5., 8., 11., ... 26.) stehen Variationen, die vorwiegend spieltechnisch bestimmt sind, äußerlich daran erkennbar, daß beim Spielen die Hände gekreuzt werden. Brachten die ersten beiden Variationen das Geschehen in Gang, so dienen die 28. und 29. als virtuose Krönung. Bezaubernd menschlich der Ausklang in der 30. Variation. In ihr erscheint nämlich über dem Grundbaß des Themas ein Quodlibet (gleichzeitiger Vortrag verschiedener Melodien mit verschiedenen Texten), in dem sich Bach gutmütig selbst ein wenig verspottet. Wenn er z.B. einen Gassenhauer singt, »ich bin so lange nicht bei Dir gewest, ruck her!«, so heißt das, das Thema sei lange nicht bei dem Grundbaß gewesen. Und wenn es heißt »Kraut und Rüben (die sehr freien Variationen) haben mich vertrieben; hätt mein Mutt Fleisch gekocht, so wär ich länger blieben«, so besingt sich Bach selbst als Mutter, die eben »Kraut- und Rüben-Variationen« geschrieben habe an Stelle von strengen »Fleisch-Variationen«. Und reumütig finden sich Thema und Grundbaß im Ausklang wieder zusammen.

Das *Wohltemperierte Klavier* als Ganzes in einem Konzert aufzuführen, ist technisch, geistig und zeitlich nicht möglich; so hört man immer nur dieses oder jenes Stück daraus. Ein Gesamtüberblick mag aber dem Leser willkommen sein. Vor 1700 hatten die Klavierkomponisten sich gescheut, Stücke mit mehr als vier Vorzeichen (Kreuzen oder B) zu schreiben; die Klaviere wurden nämlich »rein« gestimmt, und bei mehr als vier Vorzeichen hätten die entfernten Tonarten mit den Grundtonarten nicht mehr zusammengepaßt. Auch Bach hat sich in den zwei- und dreistimmigen Inventionen an dieses Verfahren gehalten. Dann aber (endgültig begründet von Andreas Werckmeister 1691) stimmte man nicht mehr »rein«, sondern so, daß die Oktave in zwölf genau gleiche Halbtonschritte eingeteilt wurde. Damit wurden innerhalb eines Tonstücks alle Töne verwendbar, zwar nicht mehr »rein«, aber doch »wohl temperiert«. Bach hat nun in seinem wohltemperierten Klavier diese Neuerung nicht nur erprobt, sondern durch seine Kompositionen jeder Tonart einen Charakter zugewiesen, der im wesentlichen bis in unsere Tage erhalten geblieben ist. Das Ganze besteht aus zwei Teilen (1722 und 1744 beendet). Jede Dur- und Molltonart wurde mit je einem Präludium und einer Fuge erforscht und geklärt, so daß das Werk zweimal die zwölf Dur- und die zwölf Molltonarten durchmißt. Über das Kompositionstechnische hinaus werden im Wohltemperierten Klavier alle wesentlichen Seelenregungen und Kräfte des Menschen kunstvoll in Tönen gestaltet: edler Schmerz und gebändigte Heiterkeit, gläubige Versenkung und zupackender Scharfsinn, türmende Baukraft und selig verrinnendes Träumen. Und zwar gibt in dem jeweiligen Paar »Präludium und Fuge« das Präludium die malerisch-bildhafte Grundstimmung, der dann die Fuge als geistiges Bauwerk entwächst. Daher ruhen die Präludien zumeist im Harmonischen, die Fugen immer im Stimmigen, Polyphonen; beide zusammen aber werden einmalige, persönlichkeitsstarke Schöpfungen. Im ersten Teil bilden die Präludien wirkliche Vorspiele, Einleitungen zu den Fugen, so daß diese als die Hauptsache erscheinen. Beispiel das erste Stück: das allbekannte Präludium (dem Gounod später die Ave-Maria-Melodie unterlegt hat) breitet in ruhigen Akkordbrechungen ohne jedes Thema die Grundtonart C-Dur aus; diesem völligen Ruhen im Nur-Harmonischen entspricht die restlose Verdichtung der vierstimmigen Fuge im Polyphonen (kein einziges Zwischenspiel, aber Engführung über Engführung). Nicht so einheitlich ist der zweite Teil des Gesamtwerks, obwohl die Einzelteile oft genug an künstlerischer Bedeutung über den ersten Teil hinauswachsen. Die stilistischen Unterschiede zum ersten Teil liegen kurz in folgendem. Auch die Präludien werden nun häufig motivisch-stimmig-polyphon gesetzt und nähern sich der Setzweise der Fugen; viele von ihnen sind zweiteilig und erhalten dadurch sonatenartige Züge. Umgekehrt tritt bei den Fugen oft eine Auflockerung ein, die sie den Präludien annähert, und gleichzeitig werden sie in ihrem Verlauf zuweilen ebenfalls sonatenartig. Deutlichstes Beispiel für diesen (natürlich nicht überall zu beobachtenden) Umwandlungsprozeß das B-Dur-Werk Nr. 21: das Präludium ist zwar auch stimmig, zugleich weisen ein zweites Thema und Überleitungsgedanken ebenso auf die Sonatenhaltung wie die dreistimmig gelockerte Fuge mit der Art ihres Themas, mit Seufzermotiven und parallelen Stimmführungen.

Sosehr es reizen könnte, noch manches wirkliche Konzertwerk Bachs zu erwähnen – hier kann nur noch die allbekannte *Chromatische Fantasie und Fuge* (1720) kurz besprochen werden. Ihre Beliebtheit erklärt sich weniger aus Form und Bau als aus Haltung und Sprache. Sprache, tönende Nachbildung des gesprochenen Wortes ist wirklich das Hauptkennzeichen des Werkes (möglicherweise entstanden durch Nachgestaltung des aus Italien kommenden Rezitativs, Sprechgesang). Nach Art einer Tokkata beginnt das Werk mit unbegleiteten Läufen und Akkordbrechungen, die dann in chromatischen Windungen dahinstürmen, einigermaßen gehalten nur durch den Baß. Wie sehr das eigentliche Rezitativ spricht, mögen zwei Takte

bezeugen. Und wenn die Fuge einsetzt, ist man überrascht von der Art, wie Bach mit einfachsten Mitteln auch ihr den Geist des Sprechenden, Kündenden einpflanzt. Schon die ersten Takte entscheiden alles: das

chromatisch aufsteigende Motiv a/b/h/c (es enthält die Buchstaben des Namens Bach) und der 3/4-Takt sprechen an, das folgende Motiv (c/h/c) bestätigt und bekräftigt. Bei solcher »sprechenden« Haltung ergibt sich wie von selbst, daß die dreistimmige Fuge gegen Schluß hin auch klanglich mächtig emporwächst.

Die großen Chorwerke

Aus den Hunderten von Kantaten, Motetten, Passionen, Oratorien Bachs können hier nur die bekanntesten herausgegriffen werden. Es ist beklagenswert, daß auch Fachleute heute noch nicht wissen, welch überwältigender Schatz an musikalischen, geistigen und im tiefsten Sinne religiösen Werten ihnen seit mehr als zwei Jahrhunderten geschenkt worden ist. Glücklich sind Städte wie Leipzig, in denen die Pflege der Chorwerke Bachs zur selbstverständlichen Pflicht geworden ist.

Eines der wenigen volkstümlichen Werke ist das *Weihnachtsoratorium* (erste Aufführung 1734). Es handelt sich nicht um ein echtes Oratorium, sondern um die Zusammenstellung von sechs Einzelkantaten (teilweise unter Benutzung früher geschriebener Werke, aber mit neuem Text), die bestimmt waren für die Sonn- und Feiertage der »zwölf Nächte«. Daraus geht schon hervor, daß man das Werk nicht an einem Abend aufführen kann. Man behilft sich deshalb damit, nur einzelne Teile zu bringen – ein höchst unglücklicher Versuch; aber eine wirklich glückliche Raffung des Ganzen ist bisher noch nicht gelungen. Die sechs Kantaten lassen sich bezeichnen als: Verkündigung/ Die Hirten auf dem Felde/Szene an der Krippe/ Namensgebung Christi/Die Weisen aus dem Morgenlande/Die Verfolgung durch Herodes. Also die ganze Weihnachtsgeschichte. Freilich nicht in erzählender Form; vielmehr deuten die Rezitative die Handlung immer nur kurz an, ergehen sich in stimmungsmäßigen Betrachtungen, die dann durch Chöre und Arien erweitert und vertieft werden. In der *ersten* Kantate schildern Trompeten und Pauken im jubelnden Orchester die freudig bewegte Menge, die dann fast stürmisch ihr »Jauchzet, frohlocket« heraussingt. Diese Stimmung wirkt nach in der Baßarie »Großer Herr und starker König«, während die übrigen Sologesänge ihre Erwartungsfreude mehr nach innen klingen lassen. Der Adventsgesang »Wie soll ich dich empfangen« wird beziehungsvoll angestimmt auf die Choralmelodie »O Haupt voll Blut und Wunden«. Die weltlichmenschlich frohe *zweite* Kantate beginnt ihre Weisen: hier Flöten und Geigen (Beispiel A), dort ein Oboenchor (Beispiel B), ein herrliches Stück herzlicher Freude von unverbildeten Hirten (es ist Freiluftmusik,

A

B

keine tiefsinnige Weihnachtsweihe). Auch der Engelchor »Ehre sei Gott in der Höhe« hat etwas Erdhaft-Starkes. Ergreifend die Stimmungsmalerei des Ausgangschors »Wir singen Dir in Deinem Heer« (auf die Choralmelodie »Vom Himmel hoch«), instrumental durchsetzt von Teilen der einleitenden Sinfonia. In dieser Kantate findet sich auch eines der schönsten mütterlichen Wiegenlieder aller Zeiten: die Alt-Arie »Schlafe, mein Liebster«. In der *dritten* Kantate überrascht der erste Chor »Lasset uns nun gehen nach Bethlehem« mit seinem bewegten Orchesterspiel. Aus der *vierten* Kantate seien genannt der Choral »Jesus, richte mein Beginnen« und die Sopran-Arie »Flößt mein Heiland«: auf die Fragen des Soprans antworten wie aus einer anderen Welt Oboe und Baßstimme mit Ja und Nein. Ungewöhnlich bildhaft in der *fünften* Kantate der knapp gefaßte Chor »Wo ist der neugeborene König der Juden?«. Lautmalerisch der Beginn der *sechsten* Kantate (»Herr, wenn die stolzen Feinde schnauben«). Ergreifend, wenn der chorische Schlußsatz zwar abermals die Kreuzigungsweise »O Haupt voll Blut und Wunden« verwendet, aber durch die siegsicheren Trompeten den Sieg Christi über Tod und Not verkünden läßt.

Die *Hohe Messe in h-Moll* (entstanden 1733–1738) stellt sich äußerlich dar als Vertonung des lateinischen Textes der katholischen Messe durch einen protestantischen Kantor, und auch in der Vertonung selbst vermag man unschwer katholische wie protestantische Züge festzustellen. Und doch ist das Werk keineswegs katholisch und protestantisch zugleich, wie Albert Schweitzer meint. Vielmehr hat sich hier eine deutsche Künstlerseele den ihr gemäßen musikalischen Ausdruck für einen wurzelechten, christlichen Gottglauben geschaffen, so gewaltig und überragend, daß die nun entstandene Klangschöpfung keinen Raum mehr innerhalb dieser oder jener Kirche hat, sondern selbst Gottesdienst und Gotteshaus geworden ist. Das Schwergewicht dieser Messe liegt in den Chören, die den Gedankengehalt und die Glaubenstiefe des alten Messetextes in Töne wandeln, eine großartige »heilige Wandlung« aus dem Geiste der Musik. – Den ersten Teil, das *»Kyrie«,* bilden zwei mächtige Chorfugen über die Worte »Kyrie eleison« (Herr erbarme dich unser); sie umschließen ein Duett zweier Soprane von lichtvoll zuversichtlicher Stimmung. – Im *»Gloria«* (»Ehre sei Gott in der Höhe«) bildet die trompetenüberglänzte Orchestereinleitung (Beispiel) den Freudenauftakt für

die dann nacheinander einsetzenden Chorstimmen; Orchester und Chor vereinigen sich zu lauten Lobpreisungen. Etwas ruhiger wird die Bewegung vor dem sich in weihnachtlichen Holzbläser-Sexten wiegenden Einsatz der Chor-Soprane »et in terra pax« (»und Friede auf Erden«); dieser zweite Fugenteil verdichtet sich dann zu volltönender Friedensverkündung. Glückselig schwingt eine Sologeige hinüber zu der innig lobsingenden Sopran-Arie »Laudamus te« (»Wir loben Dich«). Wunderbar nun der Gegensatz des Chores »Gratias agimus tibi« (»Dank sagen wir Dir«) mit den

wie stille Bekräftigung von allen Seiten anhebenden Stimmen (Beispiel). Flöte und gedämpfte Geigen leiten das Sopran-Tenor-Duett »Domine Fili unigenite« (»Herr, eingeborener Sohn«) mit überirdischer Weihe ein. Weihevoll und zugleich das Bild ergriffener Beter im Domesdämmer heraufbeschwörend die langsame Chorfuge »Qui tollis« (»Der Du aufhebest die Sünde der Welt«). Zwei instrumental ausdrucksvoll gefärbte Arien: der Alt ergeht sich zu Klängen der Oboe in freudiger Anschauung des zur Rechten Gottes sitzenden Heilands, der Baß singt zu Horn und Fagott mit stolzer Würde von Christus, dem höchsten Herrn. Der den Abschnitt beschließende Chor »Cum sancto spiritu« braust über das im Polonaisen-Rhythmus dahinstampfende Orchester glanzvoll hinweg. – Das *»Credo«* (»Ich glaube«) umspannt das ganze Glaubensbekenntnis des gottesfürchtigen Menschen Bach. Ehrfurcht vor dem Überlieferten, Altehrwürdigen offenbart sich im breitgelagerten gregorianischen (also mittelalterlichen) Thema des Eingangschores und seiner kunstvoll verklammerten Fuge. Stolz auf den »allmächtigen Vater« springt auf in dem wuchtig emporfahrenden Thema der nächsten Chorsäule »Patrem omnipotentem«. Aus dem Sopran-Alt-Duett »Et in unum Dominum« (»Und an einen Herrn«) blickt der Beziehungsreichtum der deutschen Mystik den der anschließende Chor »Et incarnatus est« (»Und Fleisch geworden ist«) wie im Erschauern eines dem Wunder aufgeschlossenen Volkes noch vertieft. Und nun, wie mit geschlossenen Augen gesungen, das leidvolle, bebend von Mund zu Mund geflüsterte »Crucifixus« (»Gekreuzigt«); dazu schmerzvoll schwebende Akkordrückungen im Wechsel von Streichern und Holzbläsern über ständig halbtonweise herabsteigenden Bässen. An der auch vom Chor halbtonweise gesungenen Stelle »Et sepultus est« (»Und begraben worden ist«) schweigt das Orchester, nur der Bässe dumpfes Schreiten geleitet den Leib des Herrn ins Grab. Um so stärker der Gegensatz des nächsten Chores: Trompeten und Pauken im Orchester, fast schmerzhaft hell jauchzen die fünf Chorstimmen »Et resurrexit« (»Und ist auferstanden«). Nach einer fast priesterlichen Baß-Arie schließt der Chor »Confiteor unum baptisma« (»Ich bekenne eine Taufe«) den Abschnitt, breit beginnend und in mächtiger Steigerung aushallend. – Der vierte Abschnitt, das erweiterte *»Sanctus«*, hat ausgesprochen bildhaften Charakter. Im sechsstimmigen

Sanctuschor singen sich Engelscharen das »Heilig, heilig« auf rauschenden Triolen gegenseitig zu, und wie mit schwerem Glockenklang läuten die Bässe gewaltig hinein. »Dann, nach Art eines Priesterchores, die lobsingende Fuge »Pleni sunt coeli« (»Voll sind die Himmel«). Und nun scheint der einziehende Christus zu nahen; denn in schier schrankenlosem Überschwang bricht das »Osanna« der Menge los (achtstimmig zum trompeten- und paukenverstärkten Orchester). Atemlose Stille herrscht, wenn ein einzelner (Tenor-Arie mit Sologeige) den nahenden Christus anspricht: »Benedictus« (»Gesegnet, der da kommt im Namen des Herrn«); tosend wiederholt die Menge das »Osanna«. Dann schlägt die Hochstimmung nach innen: verhalten singt das Soloquartett vom Lamm Gottes (»Agnus dei«), und der Chor bittet im wiederaufgenommenen »Gratias«-Satz um ewigen Frieden.

Die *Johannes-Passion* (1723, vier Jahre später überarbeitet) ist in ihrer knapperen Fassung, herben Strenge und gereckten Haltung zum mindesten ein würdiges Seitenstück zu der bekannteren Matthäus-Passion. Besonders klar wirkt die äußere Einteilung: der Evangelist (Tenor) schildert in seinen Rezitativen das Geschehen von Christi Gefangennahme bis zu seinem Begräbnis; Jesus, Petrus, Pilatus (sämtlich Baß) und Magdalena (Sopran) werden als selbständige Einzelpersonen mit kurzen, scharf charakterisierenden Wendungen eingeführt; der Chor dient zur Darstellung der Jünger, Hohepriester, Juden, Kriegsknechte usw., nur einmal (im Anfangschor) kommen in ihm allgemeine Stimmungen zum Ausdruck; über elf Choräle führt die Brücke von den Aufführenden zur lauschenden Gemeinde; Arien sind verhältnismäßig wenig vertreten, so daß die Johannes-Passion überwiegend auf den Chören ruht. – Düster-großartig der Eingangs-Chor: »Herr, zeige uns durch Deine Passion, daß Du auch in der größten Niedrigkeit verherrlicht worden bist«. Der Evangelist berichtet dann von der Gefangennahme, großartig die Wechselrede von Jesus (erregter prophetenhafter Sprechstil) und den Häschern (ängstlich genaue Betonung der Worte »Jesum von Nazareth«) –. Im Palast des Hohepriesters zwei anschauliche Szenen: der Chor »Bist du nicht der Jünger einer« mit sich wechselweise bestätigenden Einsätzen, sowie das (auf Petri Verleugnung hin) vom Evangelisten naturgetreu nachgezeichnet »Und weinete bitterlich«. Im zweiten Teil spielt sich das Hauptgeschehen ab: Verhör, Geißelung, Kreuzigung, Tod und Beisetzung. Höhepunkt wieder die Chöre, diesmal nicht gesteigert, sondern charakterisiert. So in der schleimigen Tonfolge bei der Juden Antwort »Wäre dieser nicht ein Übeltäter«, ähnlich in dem scheinheiligen »Wir dür-

fen niemand töten«. Seltsam die Wirkung des eingefügten Chorals, gewissermaßen Ausdruck der Trauer der dem Verhör lauschenden Gemeinde. Unerbittlich hart der Chor »Nicht diesen, sondern Barrabam«. Fast überdeutlich das Geißelmotiv in der Geißelungsszene. Dramatisch die Darstellung des blutdürstigen Pöbels: da kreischen die Frauen auf mißklingenden langen

Noten »Kreu-zi-ge!«, während die Männer ungeduldig-geschwätzig mauscheln »Kreuzige, kreuzige, kreuzige!« Bildhaft-anschaulich auch die Kreuzigungsszene. Etwa in der Kriegsknechts-Fuge: die Soldaten feilschen um Christi Rock; im ersten und dritten Takt des Themas schwatzen sie gleichmütig, doch bei dem Wort »zerteilen« hört man geradezu die Würfel. Während des Folgenden vollzieht sich alles im Wechsel der Solostimmen (durch Choräle gegliedert). Erst nach der Beisetzung greift der Chor wieder selbständig ein mit einem ebenso tiefen wie erhabenen Satz (»Ruht wohl, ihr heiligen Gebeine«). Ausklang: ein friedvoller, etwas zu gleichmütiger Choral.

Die *Matthäus-Passion* wurde erst hundert Jahre nach ihrer Entstehung (1729) wieder entdeckt. Seither gilt sie den meisten als *das* Chorwerk Bachs. Die Art, in der Bach hier die Leidensgeschichte Christi musikalisch gestaltet, weicht nicht unwesentlich ab von der der Johannes-Passion. Das Fortschreiten der Handlung liegt bei Matthäus stärker in den Rezitativen als in den Chören. Zugleich sind diese Rezitative, die Sologesänge, Chöre und Choräle nunmehr innig miteinander verschmolzen: ist die Passion nach Johannes mehr Ausdruck starken, ja heftigen Erlebens, so stellt Bach in der Leidensgeschichte nach Matthäus das Geschehen wie auf einem riesenhaften Gemälde dar, dessen gewaltige Maße für sich allein schon genügen, einen übermenschlichen Eindruck hervorzurufen. In einigen zwanzig Szenen zieht die Passion vorüber, jede Szene erfüllt von lebhaften, spannenden Einzelbildern. Die musikalisch-dramatische Abwechslung kommt zum Ausdruck in den zahlreichen Kurzchören,

Kurzrezitativen und vor allem in der fast durchgängigen Verwendung des Doppelchores und entsprechender Orchestergruppierung. Stärker als in der Johannes-Passion tritt aus dem Gesamtbild die Gestalt Christi in den Vordergrund: um seine Worte legt jedesmal das Streichorchester einen »Heiligenschein«, hat man sehr schön gesagt. Nach damaligem Brauch hat Bach noch eine »Tochter Zion« (die Seele, die Christenheit) eingefügt, die er von verschiedenen Einzelstimmen, selbst vom Chor singen läßt. Der Verklammerung solcher Bilderfülle und ihrer Bindung an die lauschende Gemeinde dienen dreizehn Choräle, deren kunstvoller Satz und jeweilige Harmonisierung den verschiedenen Stimmungen angepaßt sind; entsprechend der Passionszeit bildet der Choral »O Haupt voll Blut und Wunden« den Untergrund. Der Gedanke dieser Choral-Verklammerung stammt von Bach selbst; auf den Textdichter Picander gehen dagegen die »betrachtenden« Arientexte zurück. – Wer sich diesen Aufbau vor Augen hält, wird ohne weiteres das Werk begreifen. Daher nur noch ein paar Hinweise auf Besonderheiten. Großartig gleich der Eingangs-Chor »Kommt, ihr Töchter, helft mir klagen« im unruhevollen 12/8-Takt,

dann das verstörte »Wen? Wie? Was? Wo?«, und zugleich tönt es wie Engelsgesang aus der Höhe »O Lamm Gottes unschuldig« – einstimmiger Knabenchor zum achtstimmigen Doppelchor. Ergreifend der

Wechsel ganz kurzer Chöre der Hohepriester und der Jünger (sechs und elf Takte nur!) mit den milden Reden Christi und den eingefügten Arien. Dramatisch die Einsetzung des Abendmahls und der Beginn der Ölbergszene. Auch äußeren dramatischen Wirkungen geht Bach nicht aus dem Wege; man denke an die Szene der Gefangennahme, an die überstürzten, wohleinstudierten und doch stotternden Aussagen der falschen Zeugen, die sich gegenseitig ins Wort fallen (Kanon), an den Spottchor »Weissage uns«, an das johlende, synkopierte »Laß ihn kreuzigen«, an das schnatternde achtstimmige »Der du den Tempel Gottes zerbrichst«, an das höhnische »So steige nun vom Kreuz herab« (die Bässe steigen buchstäblich anderthalb Tonleitern herab). Nach der Erdbeben-Szene (Orchester!) senkt sich die Dämmerung über das Bild. Wundersam der Baß-Gesang »Am Abend, da es kühle war«, stimmungsgesättigt, tief empfunden. Noch einmal bringen die Hohepriester weltliche Nüchternheit in die verschwebende Stimmung. Dann naht der Abschied von dem Passionsgeschehen. Zunächst schlichte Worte der Solostimmen zum verhalten singenden Chor (»Mein Jesu, gute Nacht«); endlich der Schlußchor »Wir setzen uns mit Tränen nieder«, achtstimmiger Gesang von schwingendem Raumgefühl und kindlicher Schlichte.

GLUCK

Christoph Willibald G. (1714–1787), Sohn eines Försters. Von 1732–1736 in Prag, dann vier Jahre lang Schüler von Sammartini in Mailand. Seit 1746 in London. 1754–1764 Hofkapellmeister in Wien. Darauf längere Zeit in Paris. Gluck gilt als der Reformator der Oper des 18. Jahrhunderts.

Ouvertüre zu »Iphigenie in Aulis«

Glucks »Iphigenie in Aulis« wurde am 19. April 1774 zum ersten Male aufgeführt (Paris). Durch dieses Werk griff er in den Kampf der Buffonisten und ihrer Gegner ein. Mit dem menschlichen Gehalt und der musikalischen Ausdruckskraft der Oper schlug der Komponist einen Weg ein, der bereits in der Ouvertüre hörbar wird.

Die heute im Konzertsaal gebräuchliche Form dieser Ouvertüre stammt von Richard Wagner, der vor allem den Schluß hinzugefügt hat. Der ursprüngliche Schluß leitet unmittelbar in das Geschehen über.

Wagners Begeisterung für die Ouvertüre wird verständlich, wenn man sich die Hauptmotive ansieht. Sie sprechen förmlich von dem inneren und äußeren Kampf: von dem Gebot der Gottheit, von Agamemnons Leid um die zur Opferung bestimmte Tochter Iphigenie, von Iphigenies reiner opferbereiter Seele, von Jammer und Mitleid. Wagner bestimmt die einzelnen Motive folgendermaßen:

Diesen treibenden Kräften des seelisch-musikalischen Dramas hat Wagner noch ein unruhig drängendes Sechzehntel-Motiv (aus dem ersten Akt der Oper) hinzugefügt und damit das Toben der Griechen als äußeren Hintergund des inneren Geschehens wirkungsvoll mitverarbeitet.

HAYDN

Joseph H. (1732–1809, Österreicher), Sohn eines armen Wagenbauers. Mit vierzehn Jahren Sängerknabe am Wiener Stephansdom, wo er praktischen Musikunterricht erhielt. Die Mittel für eine weitere Ausbildung erwarb er sich durch Privatstunden, als Tanzbodenmusikant und als »Musikdiener« bei dem berühmten Komponisten Porpora. 1759 Leiter einer gräflichen Kapelle in der Nähe von Pilsen. 1761 zweiter Kapellmeister beim Fürsten Esterhazy in Eisenstadt. 1766 alleiniger Dirigent. Als die Kapelle 1790 aufgelöst wurde, erhielt Haydn ein Ruhegehalt von 1400 Gulden jährlich und zog nach Wien. Zweimal hielt er sich mehrere Jahre in England auf als Dirigent von Londoner Anrechtskonzerten. Hauptwerke: Sinfonien, Kammermusik aller Art, Konzerte, Oratorien, geistliche Werke, Opern, Lieder.

Wenn man von der Wiener Klassik spricht, wird man zuerst an Haydn zu denken haben; denn er hat den musikalischen Stil dieser Epoche mit heraufgeführt, ist in ihm tätig mitwirkend hineingewachsen. Geboren im Hochbarock, aufgezogen im Rokoko, als junger Mann Zeuge der »Mannheimer«, als Vierziger Zeuge des Sturm und Drang, im Alter ein Hauptträger der vollentwickelten Klassik, als Greis stiller, doch aufgeschlossen miterlebender Beobachter der heraufkommenden Romantik, künstlerischer und menschlicher Freund Mozarts – diese schier unfaßbare Fülle musikalischen

Werdens und Seins in jenen Jahrzehnten läßt sich überall in Haydns Werk verfolgen.

Um die Mitte des 18. Jahrhunderts neigte sich die Zeit strenger Vielstimmigkeit ihrem Ende zu, eine Zeit melodischer Einzelherrschaft kam herauf. Jetzt erst bildete sich der Name »Sinfonie« allmählich für diejenige Gattung von Werken aus, die wir heute unter dieser Bezeichnung zusammenfassen. Zwei musikalische Lebenskreise wurden für die Orchestermusik entscheidend: die Mannheimer und die Berliner Schule. In Mannheim wirkte der »rücksichtslose Umstürzler« Johann Stamitz. Als Komponist führte er ganz neue, spannungsreiche, nach Entwicklung drängende Themen in die Musik ein; als Kapellmeister schuf er einen Orchesterstil, der seiner Art von Themenbildung entsprach: an die Stelle des gestuften Gegeneinander von Tutti und Solo sowie des gleichartigen Gegenspiels von Kräftig und Leise setzte Stamitz die fließenden Übergänge in Orchester und Lautstärke. Die Berliner Schule, der musikalische Kreis um Friedrich den Großen (Philipp Emanuel Bach, Quantz, Graun und andere) war nicht so umstürzlerisch. Aber ihrer an das Alte anknüpfenden Entwicklung lag ein ähnliches Ziel zugrunde; nur daß sie es nicht in der Sinfonie, sondern in der Kammermusik verwirklichte.

Orchesterwerke

Haydns Sinfonien tragen von Jahr zu Jahr mehr den Entwicklungsgedanken als formbildenden Keim in sich: das Thema wird in ihnen zum Kern, der im Durchführungsstil zum Baum heranwächst. Auch der Aufbau in vier Sätzen – Haydn hat in die Sinfonie das Menuett eingeführt – steht unter dem Entwicklungsgedanken. An die Stelle strenger motivischer Bezogenheit und barocken *Neben*einanders tritt die selbständige Kraft des Themas und des entwicklungsmäßigen *Nach*einanders. Zugleich werden mit dem Zurücktreten und später mit dem Verschwinden des Cembalos die einzelnen Orchesterinstrumente immer selbständiger. Haydns Sinfonien bilden einen entscheidenden Schritt auf dem Wege, der die Musik von der gebundenen Mehrstimmigkeit des Barock zum freieren Wachstum des Einzelthemas in der Klassik geführt hat.

Unter den frühen Sinfonien nimmt die *»Abschieds-Sinfonie«* von 1772 einen besonderen Platz ein. Der Fürst Esterhazy wollte seinen Musikern den Urlaub kürzen. Haydn, nicht nur Leiter der Kapelle, sondern zugleich ihr Vater, faßte den Plan, seinen Herrn auf eine besondere Art um den Urlaub für die übermüdeten Musiker zu bitten. In einem der Schloßkonzerte hörte sich der Fürst eine neue Sinfonie seines Kapellmeisters Haydn an. Die drei ersten Sätze brachten nichts Bemerkenswertes. Auch der vierte Satz fing kaum außergewöhnlich an – höchstens mußte die fis-Moll-Tonart auffallen: ein Presto in fis-Moll? (Beispiel) Und nun die eigentliche Überraschung.

Der Satz wird nicht wie üblich zu Ende geführt, sondern unvermittelt abgelöst durch ein flehendes Adagio. Erstaunt sieht der Fürst auf. Sein Erstaunen wächst, als der zweite Hornist mitten im Konzert sein Licht am Notenpult löscht und müde hinausschleicht. Nicht anders machen es in gewissen Abständen der Flötist, der erste Hornist, die Oboisten, die Streicher. Es ist dunkel geworden im Orchester. Nur an einem einzigen Pult brennt noch ein trübes Lämpchen, und zwei Geigen mühen sich verzweifelt, den Satz noch einigermaßen zu Ende zu bringen. – Natürlich hat der Fürst den ernsten Scherz verstanden und seine Musiker sogleich den verdienten Urlaub antreten lassen.

Von ganz anderer Art die *Pariser Sinfonien.* Was in der stillen Abgeschiedenheit des Eisenstädter Hofes recht war, konnte schon äußerlich den Bedingungen der »Welthauptstadt« Paris nicht mehr genügen – und die Pariser wollten von Haydn eine Sinfonie nach der anderen. So ging der nunmehr fünfzigjährige Meister daran, den Grundriß seiner neuen Sinfonien zu erweitern, und auch der Inhalt wurde bestimmter, offener. Zugleich verfeinerte, vertiefte und verbreiterte sich die thematische Arbeit, der Klang wurde satter und voller. Viele der etwa zwanzig Pariser Sinfonien tragen Bezeichnungen, die aber nicht von Haydn stammen (Die Jagd, Der Bär, Das Huhn usw.) Wirklich bekannt sind heute nur noch einige dieser Werke.

»La Reine« (also »Die Königin«, so benannt, weil sie eine Lieblingssinfonie von Marie Antoinette war) hebt mit einer kurzen Adagio-Einleitung an; der eigentliche Kopfsatz (Vivace) wird von einem einzigen ausgedehnten Thema bestritten. Der zweite Satz (Romanze)

besteht aus einem französischen Volkslied-Thema, das viermal schlicht variiert wird. Ganz Volksmusik das Menuett mit einem Thema, das mit der »Schönen blauen Donau« von Strauß verwandt ist. Den Ausklang bildet ein geschwinder Schlußsatz.

Die *G-Dur*-Sinfonie (Nr. 88) muß Beethoven sehr geschätzt haben: der erste Satz mit seiner tollen Ausgelassenheit und seinem Hauptthema ist das Urbild des Schlußsatzes aus Beethovens Achter. Auch das

Thema des zweiten Satzes hat es Beethoven angetan. Dieses Largo ist wohl der schönste Variationenteil aller Haydn-Sinfonien. Im Menuett treffen wir die

bekannten ländlichen Züge: den unbeholfen kratzenden Auftakt, im Trio ein Gedudel der Oboen, verstärkt durch Geigen, und die offenen Quinten der Fagotte und Bratschen. In einem bemerkenswerten Finale klingt die Sinfonie aus: wie harmlos erscheint zunächst die Munterkeit des 2/4-Themas in Fagott und Geige. Aber dann werden wir gepackt: von Wiederholung zu Wiederholung (es ist ein Rondo) kullern immer neue, sehr kunstvolle Wendungen aus dem Thema hervor, die Zwischensätze beleben sich – eine gewaltige Steigerung lebensbejahenden Humors.

Schon ganz auf den Geist der Londoner Sinfonien

hinweisend, steht die *»Oxford«*-Sinfonie (G-Dur, Nr. 92, 1788) an einem Wendepunkt Haydnschen Schaffens (Haydn hat sie als Gegenleistung für den Oxforder Ehrendoktor-Titel drei Jahre später in der englischen Universitätsstadt aufgeführt). Mißmutig sinkt das Hauptthema des ersten Satzes herab, unwirsche Sechzehntel wollen es wieder hochführen – doch

wieder dieser verärgerte Abstieg. Und so bleibt es den ganzen Satz hindurch. Ein kleines heiteres Seitenmotiv hat es schwer, sich zu behaupten. Im Adagio findet sich ein ähnlicher Aufbau. Allerdings bleibt hier die tröstende Stimme des in einem aufsteigenden Dreiklangs endenden Kopfmotivs Siegerin über die düstere Moll-Stimmung des Mittelsatzes. Das Menuett ist alles andere als ein anmutiges Tänzchen: boshafte Synkopen hängen sich an das Bein des Tanzenden, der nur im Trio zum Klang der Hörner einige Augenblicke wieder ruhig und heiter wird. In verdrossener Geschwindigkeit treibt es zum Schluß: viermal wird das kleine freche Hauptthema des Finales zunächst wiederholt, dann entschlüpft es störrisch, lugt überraschend aus den Bläsern, versteckt sich in den Bässen, kommt scheinheilig unter dem Schutz gedehnter Synkopen daher. Ein dichtes kontrapunktisches Netz schließt sich aber immer enger um den kleinen Teufel, bis er gefangen ist.

Die *Londoner Sinfonien* (geschrieben für die Konzerte, die Haydn 1791/92 und 1794/95 in London leitete) bergen die bedeutendsten sinfonischen Schöpfungen des Meisters. In ihnen ist Haydns thematisch-motivische Arbeit noch mehr verfeinert, der Humor ist seelisch vertieft, der Ausdruck männlicher, reifer geworden. Auch die Themenfassung hat sich gewandelt; an die Stelle zeichnerischer Schärfe tritt vielfach eine größere Sangbarkeit (Einfluß Mozarts), der Klang wird oft weicher (äußerlich erkennbar an der häufigeren Verwendung der Klarinette mit ihrer schmiegsamen Tongebung). Von den insgesamt zwölf Werken seien die wichtigsten kurz erwähnt.

C-Dur »Paukenschlag«. Nach einer knappen, doch inhaltreichen Adagio-Einleitung baut sich der erste Allegrosatz ganz über einem leichtfüßigen, beschwingten Thema auf. Das allbekannte Thema des Andante (obere Zeile unseres Beispiels) bildet den Grundriß für vier herrliche Variationen. Hier findet sich

der unvermutete Paukenschlag, dem die Sinfonie ihren Namen verdankt. Am Schluß wird nach Art der musikalischen Romantik (!) das Gesicht des Themas dadurch umgestaltet, daß die Begleitstimmen es harmonisch »fremd« beleuchten (vergl. vorstehendes Beispiel). Lustig-störrisch das Menuett mit seiner leichten Betonung des dritten Viertels. Dieses »Störrische« findet sich auch im Schlußsatz, nämlich dort, wo der Baß das Seitenthema so heiter begleitet. Im Hauptthema dieses Satzes können sich haydnsche Zeichnung und mozartisches Singen noch nicht recht zusammenfinden.

Die *c-Moll*-Sinfonie (Nr. 95) geht in der Themenwahl offenbar auf Mozart zurück. In der Durchführung des Kopfsatzes spielt das Seitenthema die Hauptrolle. Auch das Variationen-Andante erinnert mit seinem sangbaren Thema an Mozart. Sehr bekannt das ebenso neckische wie würdevoll gespreizte Menuett. Im Schlußsatz wird nur ein Teil des Hauptthemas verwendet (ähnlich wie im Kopfsatz).

Zu Haydns bekanntesten Werken zählt die in *G-Dur* (Nr. 100), wegen einiger Weisen der ersten beiden Sätze *Militär-Sinfonie* genannt. Vor allem das zweite Thema des Kopfsatzes mit seiner an den Radetzky-Marsch erinnernden Linienführung (Geschwind-

marsch) hat etwas »Militärisches«; freilich erst in der großartigen Durchführung werden die in ihm steckenden Werte freigelegt, nun aber durchaus unmilitärisch. Soldatisch – besonders durch das verwendete Schlagzeug – mutet dann wieder das Thema des Allegretto-Satzes an. Fast ohne Zusammenhang damit das Menuett in seiner Schwerblütigkeit. Dramatisch dagegen der Schlußsatz mit seiner straffen, zuweilen heftig aufwirbelnden Verarbeitung eines flüchtig dahinhuschenden Themas.

Sehr wuchtig, fast beethovenisch, der erste Satz der *B-Dur*-Sinfonie (Nr. 102) mit seinem bildhaften zweiten Thema. Nur eben angedeutet dagegen das Adagio. Das Menuett bringt im Trio eine Sextenmelodie, die es dem Walzerkönig Johann Strauß angetan zu haben scheint. Wie ein Tänzchen hebt der Schlußsatz an; aber Haydn beweist dann im Verlauf, was ein Meister selbst mit solchen Einfällen anzufangen weiß.

Und nun das Meisterstück: die Sinfonie *Es-dur* (Nr. 103) *mit dem Paukenwirbel.* Die Pauke beginnt (einleitendes Adagio) mit einem leisen Wirbel, ernst und einsam setzt in Fagott, Cello und Kontrabaß eine ruhig schreitende Weise ein. Dieses Adagio kehrt in dem anschließenden Allegro von spirito zweimal wieder. Zugleich wird der Allegrosatz von jeder Ausgelassenheit dadurch ferngehalten, daß Haydn in der Durchführung zwar die beiden Themen sehr sorgsam verarbeitet, ihnen aber doch nicht das Recht gewährt, die ihnen innewohnende Lustigkeit auszutollen. Im Andante sehen wir eines der ergreifenden Variationenwerke des Meisters. In ihm werden die Veränderungen des

Themas nicht wie sonst vom Zeichnerischen, sondern mehr noch vom Harmonischen und von der Instrumentation her bestimmt. Im Menuett scheint alle spielerische Unbeschwertheit früherer Menuettsätze vergessen. Die Sprünge, Vorschläge und Rhythmen des ersten Themas bilden keine Tanzweise mehr, sondern sind Ausdruck innerer Spannung und zugleich eine Huldigung an Mozart: Papagenos Gesumme mit dem Schloß vor dem Mund als Hauptthema eines sinfoni-

schen Satzes! Hinreißend die thematisch-motivische Anlage des Schlußsatzes. Haydn stellt die beiden Themen gleichzeitig auf: ein leises Anklingen in den Hörnern, dann bringen Geigen und Hörner gemeinsam ihre Themen. So kontrapunktisch fein diese musikalischen Gedanken verarbeitet werden, so verhakelt diese »gleichzeitige Gegensätzlichkeit« der Themen auch erscheint – über dem Ganzen liegt eine Frische und Klarheit, die jeden Hörer unmittelbar ansprechen muß.

Eine besondere Eigentümlichkeit der *D-Dur*-Sinfonie (Nr. 104) liegt darin, daß in jedem Satz die Nebentöne und Nebentakte der Themen stärker durchgeführt werden als die Haupttöne und Haupttakte. Nach einer kurzen Adagio-Einleitung beginnt der erste Allegrosatz mit einem Thema (unser Beispiel bringt nur die

erste Hälfte), dessen dritter und vierter Takt als müdes Anhängsel erscheinen, und doch wird dieses Nebenmotiv zum eigentlichen Träger der Durchführung. Ähnlich im Variationen-Andante: die stärkste Betonung des Themas liegt auf einem »schlechten Taktteil«, einem Zwischen-Auftakt, dessen Bedeutung erst später herausgearbeitet wird. Nicht anders das Menuett mit seinen Betonungen auf dem dritten Viertel. Etwas gemildert, aber doch unverkennbar finden sich solche »Nebenbetonungen« auch im Schlußsatz. Wem das etwa zu »fachlich« klingt, der achte einmal darauf, wie das Publikum, wenn es nach dieser Sinfonie aus dem Konzertsaal strömt, das Hauptthema des Schlußsatzes summt und pfeift und singt – ein einfacher, doch durchschlagender Beweis, daß auch höchste Kunst volkstümlich sein kann.

Die meisten Konzerte Haydns für Soloinstrument und Orchester sind heute vergessen, weil ihnen das Ausstrahlende, in die Breite Wirkende fehlt. Zwei Werken begegnet man allerdings gelegentlich: dem Cello- und dem Klavierkonzert. Das *Cello-Konzert* (D-Dur) hat zwar einen ziemlich schwachen ersten Satz, doch im Adagio führt Haydn das Cello so seelenvoll und melodisch, daß man seine Beliebtheit sehr wohl begreift. Im heiter-vergnügten Schlußrondo kann der Solist auch seine technischen Fähigkeiten glänzen lassen. Stärker das *Klavierkonzert* (D-Dur). Zwar ist die thematische Verarbeitung verhältnismäßig einfach, dafür entschädigt die lebendige Fassung der musikalischen Gedanken. Orchester und Klavier sind im allgemeinen scharf voneinander abgesetzt. Die springende Lebendigkeit der Allegrothemen in den Rahmensätzen hat etwas Ungarisch-Feuriges an sich, dem sich das Larghetto mit seinem sprunghaften Thema sehr fein angleicht.

Kammermusik

Bei dem ungeheuren Umfang von Haydns kammermusikalischem Werk können wir uns hier nur mit dem Wichtigsten, nämlich mit den Streichquartetten, beschäftigen und auch da nur ganz allgemeine Hinweise geben.

Die je sechs Streichquartette der Opuszahlen 1 und 2 sind eigentlich nur Suiten; sie haben (von einer Ausnahme abgesehen) fünf Sätze und folgen meist dem Formschema Presto/Menuett/Adagio/Menuett/Presto, wenn man ein anschauliches Bild gelten lassen will: Abendmusik mit der Unterteilung Aufmarsch der Musikanten/Tanz/Ständchen/Abmarsch. Die Themen sind entsprechend schlicht, die Verarbeitung einfach.

Tragen die sechs Quartette der Opuszahl 6 ausgesprochenen Übungscharakter (meist fällt ein Menuett fort, die Motive sind stärker als die Themen), zeigen die ebenfalls sechs Streichquartette der Opuszahl 9 (um 1769) in vielem ein bedächtiges Weiterschreiten. Sie bestehen sämtlich aus den vier Sätzen Allegro/Menuett/Langsamer Satz/Allegro. Das ist mehr als eine Äußerlichkeit: der erste Satz bringt nämlich vielfach geistige Auseinandersetzungen und der dritte seelische Vertiefung, so daß zweiter und vierter Satz die notwendige Entspannung bilden. Übrigens wird man bemerken, daß in diesen Werken die erste Geige oft konzertierend hervortritt; wahrscheinlich hat Haydn bei der Niederschrift an den tüchtigen Geiger Tomasini in seiner Kapelle gedacht. – Die sechs Quartette der Opuszahl 17 entsprechen im wesentlichen denen von

Opus 9; nur spürt man zuweilen ein neues Wachsen und Werden (Durchführungen, stärkere Ausarbeitungen der Schlußsätze). – Noch mehr tritt dieses Wachsen hervor in den sechs *Sonnen- oder Fugen-Quartetten* der Opuszahl 20. Ihre Bezeichnung Sonnenquartette geht auf das Titelbild einer alten Ausgabe, ihr Name Fugenquartette dagegen auf die Tatsache zurück, daß drei der Quartette mit kunstvoll gearbeiteten Fugen enden. Die Aufnahme der Fuge (also einer gewichtigen barocken Kunstform) in verschiedene Schlußsätze macht eine neue Gewichtsverteilung erforderlich: das entspannende Menuett erscheint daher mehrfach an dritter Stelle. Gleichzeitig verliert sich das erwähnte Konzertieren der ersten Geige immer mehr, und auch das Cello, bisher meist als Baßinstrument verwendet, beginnt allmählich, an der motivischen Arbeit teilzunehmen.

»Auf eine ganz neue besondere Art« seien die (abermals sechs) Quartette der Opuszahl 33 gearbeitet, sagt Haydn selbst. Leider hat man sie mit allerlei verwirrenden Namen belegt. *»Russische* Quartette«, weil sie dem Großfürsten Paul von Rußland gewidmet sind, *»Scherzo-*Quartette«, weil Haydn die Menuettsätze als Scherzi bezeichnet, *»Jungfern-*Quartette« nach dem Einband einer früheren Ausgabe. Wollte man sie sachlich kennzeichnen, so sollten sie »Motiv-Quartette« heißen; denn die »ganz neue besondere Art« besteht darin, daß Haydn seine Durchführungen nicht so sehr mit den Themen als mit den – zuweilen scheinbar nebensächlichen – Einzelmotiven der Themen bestreitet (ähnlich dem bei den reifen Sinfonien besprochenen Verfahren). Er geht dabei so weit, daß er diese Einzelmotive oft zunächst *nach*einander und dann auch noch *neben*einander verarbeitet, sie also kunstvoll gleichzeitig bringt. Noch etwas anderes kommt hinzu, besonders deutlich im dritten Quartett dieser Reihe: der erste und der vierte Satz werden auf doppelte Weise miteinander verbunden, nämlich einmal durch den Schnitt der Themen, zum andern durch einen programm-musikalischen Gedanken, indem im Kopfsatz ein Vogelschlag und im Schlußsatz der Kukkucksruf nachgebildet wird (daher die Bezeichnung »Vogel-Quartett«). Endlich darf als »neue besondere Art« angesehen werden, daß die Motivverarbeitung nicht auf die eigentliche Durchführung beschränkt wird, sondern allmählich auch die Thementeile zu überziehen beginnt. Eine solche Arbeitsweise hätte den unvorbereiteten Hörer von damals verwirren können; daher hat Haydn sie im wesentlichen auf je einen (den Kopf-) Satz der Quartette beschränkt und die Schlußsätze dafür in die am leichtesten verständliche Form des Rondos gekleidet.

Die um die Mitte der achtziger Jahre entstandenen *»Preußischen Quartette«* (Opuszahl 50) tragen ihren Namen nach einer Widmung an den preußischen König Friedrich Wilhelm II. Das bisher Erreichte wird vertieft und verbreitert. Die besonderen Kennzeichen dieser Arbeiten sind: Verdichtung des musikalischen Stoffes, auf Klangwirkung gerichtete Instrumentation und Vergrößerung der Formen. Die Verdichtung des musikalischen Stoffes geht in diesen Quartetten so weit, daß Haydn häufig das Gegenthema ganz wegläßt oder es eindeutig aus dem Hauptthema entwickelt, so daß es bei der Durchführung kaum noch eine besondere Bedeutung erhält. Die Vergrößerung der Form äußert sich unter anderem darin, daß die sonatenmäßige Durchführung nun immer mehr auch auf andere Sätze als auf den Kopfsatz übergreift, oder daß die Zwischensätze bedeutsam umgestaltet werden.

Die »*Tostschen* Quartette« (gewidmet dem geigespielenden Tuchgroßhändler Tost, zwölf Quartette der Opuszahlen 54, 55, 64, entstanden 1789/90) bevorzugen ein ganz klein wenig die erste Geige, um Herrn Tost eine Freude zu machen, ohne freilich je ins Konzertmäßige zu verfallen. Die vier Instrumente führen eine zuchtvolle, ganz aufeinander abgestellte Rede und Wechselrede. Es sind vier Persönlichkeiten, die sich bald ernst und bald scherzhaft über ein Thema unterhalten, wobei die eine (die erste Geige) fast unmerklich den Ton angibt. Über *ein* Thema ... das gilt auch für die rein musikalische Ausdrucksweise; denn Haydn entwickelt hier – trotz der Beeinflussung durch Mozart – seinen Aufbau stets aus einem einzigen Grundgedanken. Wenn ein zweites Thema auftritt, so lehnt es sich entweder sehr an das Kopfthema an, oder es steht an einer fast versteckten Stelle. Den möglichen Gefahren solcher Ein-Thematigkeit ist Haydn nicht ausgesetzt. Er weiß dem Gedankenkern so viele Entwicklungsmöglichkeiten abzugewinnen, daß man das Gegenthema nicht vermißt. Und der Wechsel von tiefsinnigem Ernst mit befreiendem Humor tut das Seine, daß alle Einseitigkeit vermieden wird. Als Beispiel wählen wir das bekannte »*Lerchen*-Quartett« (64 Nr. 5). Der erste Satz beginnt mit leisen Stakkato-Harmonien der tieferen Stimmen, über denen dann die erste Geige in hoher Lage eine Vogelschlag-Melodie

anstimmt. Diese Melodik, eine klanglich feine Instrumentation und eine jede Schwere hinter sich lassende Durchführung verleihen dem Satz sein eigentümlich lichtes Gepräge. Während auch der langsame Satz vorwiegend melodisch bestimmt ist, stehen das Allegretto-Menuett und das Schlußpresto unter der Herrschaft von reinen Bewegungsantrieben; das Menuett durch sein Thema, das mehr als zwei Oktaven fast gradlinig emporstürmt, und der Schlußsatz, der die einmal angeschlagene Sechzehntelbewegung unablässig beibehält.

Die *»Apponyi«*-Quartette (Opuszahlen 71 und 74, je drei Quartette, gewidmet dem Grafen Apponyi) schrieb Haydn 1793, also zu einer Zeit, in der er in London als Großmeister der Sinfonie gefeiert wurde. Manches von dem sinfonischen Geist, der ihn damals beseelte, ist auch in die Apponyi-Quartette übergegangen – nicht von ungefähr und dem Tondichter unbewußt, sondern ausdrücklich und betont. Man braucht nur einmal die Anfänge der sechs Quartette nebeneinanderzustellen, um zu erkennen: so könnten Haydnsche Sinfonien jener Zeit beginnen. Die weiträumige Themenfassung, die langsamen Einleitungen, die Ausgestaltung der Final-Rondos, die auch in die Mittelsätze verpflanzte Durchführungstechnik, das Erweitern des harmonischen Raumes, die Vorliebe für satte Farben – alles das wirkt sinfonisch. Und doch – Zeichen des echten Meisters –, die Selbständigkeit der vier Stimmen wird nicht beeinträchtigt, die Satzart bleibt im echten Sinne kammermusikalisch. Eines ist nicht zu überhören: die stolz-selbstbewußte Haltung dieser Quartette, die große Gebärde und ruhig-feste Würde.

Man bezeichnet die Quartette der Opuszahlen 76 und 77 gern als Haydns Meisterquartette. So bedenklich eine solche Wertung auch sein mag (finden sich unter den früheren etwa keine Meisterwerke?), zu erklären sind sie ohne weiteres. Diese Stücke wurden von dem reifen Meister 1797 bis 1799 geschrieben und tragen daher manche Eigentümlichkeit der Hochklassik und manches Siegel der frühen Romantik an sich. Da man lange Zeit diese beiden Stilperioden als den Höhepunkt der Musikentwicklung angesehen hat, lag die Versuchung nahe, diejenigen Quartette Haydns am höchsten zu bewerten, die den hochklassischen und romantischen Maßstäben am ehesten entsprechen. Gestützt wurde eine solche Auffassung dadurch, daß jedes Quartett eine nur ihm eigentümliche Haltung zur Schau trägt, die Einzelwesen, ein »Individuum« geworden zu sein scheint, während die früheren Werke stets den Charakter der Gruppe gewahrt hatten, der sie zugehören. Haydn behält in den Quartetten der Opuszahl 76 den Grundsatz bei, den einzelnen Satz – und möglichst auch das ganze Werk – von einem einzigen thematischen Kern aus zu gestalten. Das sogenannte Seitenthema wird in keinem Augenblick ebenbürtiger Gegenspieler des Hauptthemas. Um so bewundernswerter, wie Haydn sein Thema musikalisch, seelisch und geistig auszuschöpfen weiß. Die bereits früher aufgetretene neue Polyphonie ist nun zu einem überlegen gemeisterten Ausdrucksstil herangewachsen. Nicht das erneute Hervortreten fungierter Stellen entscheidet über den Stil dieser Quartette, sondern die Bindung von homophonen Gedanken und polyphoner Verarbeitung, von leuchtkräftiger Harmonie und melodischem Fluß, von rhythmischer Bestimmtheit und gleitendem Zeitmaß, von stenger Variation und freier Phantasie.

Den Höhepunkt dieses neupolyphonen Gestaltens erreicht Haydn im *C-Dur*-Quartett (Opus 76, 3), dem *»Kaiserquartett«*, so benannt nach dem zweiten Satz, in dem Haydns Melodie »Gott erhalte Franz den Kaiser« vier Variationen zugrunde gelegt wird. Bereits die ersten Takte entscheiden über die musikalische Haltung des Hauptsatzes – und des ganzen Werkes. Betrachtet man das Thema (Oberstimme) ausschließ-

lich auf seine Linienführung hin, so ließe es sich immerhin noch den homophonen Gestalten der Vor- und Frühklassik zuordnen. Aber das Thema ist nicht *ein* Gedanke, sondern besteht aus mehreren Gedankenkernen, die untereinander ganz eigentümlich verbunden sind. Im Poco adagio cantabile wird die Liedmelodie »Gott erhalte Franz den Kaiser« zunächst vierstimmig vorgetragen. Dann folgen vier Variationen, und zwar in der Art, daß sich das Thema selbst nicht verändert, während die nicht-melodieführenden Stimmen polyphone Kontrapunkte entwickeln. Das Menuett (C-Dur) ist eine echtes Scherzo; sein Charaker wird bestimmt durch ein Thema, das eigenwillig zwischen weiten Sprüngen und engen Folgen wechselt. Im Trio (a-Moll) wird die im Menuett wühlende Kraft gestaut; aber gerade sein leises Schwingen verrät die unter der Oberfläche bebende Kraft. Mit drei Forte-Akkorden beginnt das Schluß-Presto. Aber hier sind diese Akkordschläge nicht (wie etwa bei den Apponyi-Quartetten) orchestrale Einleitungs-Gebärde, sondern wesentliche Bestandteile des musikalischen Stoffes und gewinnen so auch für die Durchführung besonderes Gewicht.

Zu beachten, daß nun auch die langsamen Sätze zu voll gerundeten, in sich ruhenden Kunstwerken geworden sind. Vom Adagio des Kaiser-Quartetts über das Adagio des Quartetts in B-Dur führt ein gerader Weg in die Wunderwelt des in Klang gebetteten, gleichwohl polyphon gefaßten Fis-Dur-Largos des *D-Dur*-Werkes. Kein Wunder, daß dieses Largo in der

Romantik so geliebt wurde. Es ist ein Nachtstück, schwebend im Einklang menschlicher Seelenreife und überirdischer Weltenharmonie, schwerelos wie ein Traum.

Im *Es-Dur*-Quartett (Opus 76, 6) bildet der langsame Satz (»Fantasia«) sogar das seelische und musikalische Kernstück des Gesamtwerkes. Dabei spielt die ausdrucksvolle Melodik nicht einmal die ausschließlich maßgebende Rolle, die man ihr bei ihrem Eintritt zuschreiben möchte. Denn Haydn taucht in diesem Tonstück in Harmonietiefen, wie sie sich sonst in seinem Werk nicht allzuoft finden. Es ist ein Schwelgen in harmonischer Buntheit, ein tiefernstes Spiel mit enharmonischen Verwechslungen, ein ständiges Verschieben der harmonischen Grundlagen, ein Schweifen durch die Tonarten. Wechsel der Lautstärke, eigentümliche Einschnitte in den Verlauf, lange Fermaten, die zuweilen dicht aufeinanderfolgen, und nachdenkliche Generalpausen verdichten die Wirkung des harmonischen Schweifens.

Auch im *G-Dur*-Quartett (Opus 77, 1) steht der langsame Satz bedeutungsmäßig im Mittelpunkt. Dieses Werk trägt den Namen »*Komplimentier*-Quartett« nach dem eigentümlich nickenden Kopfmotiv des ersten Satzes.

Klavierwerke

In der Abgeschiedenheit von Eisenstadt hatte Haydn keine Gelegenheit, in ähnlicher Weise wie die Bach-Söhne, wie Mozart oder Beethoven vor einer großen

Öffentlichkeit als prunkender Klavierspieler aufzutreten. Um so höher haben wir es zu bewerten, daß Haydn in seinen rund fünfzig Klaviersonaten, obwohl im Grunde nur für den Freundeskreis geschrieben, geschichtlich bedeutsame und auch bedeutende Werke geschaffen hat. Zum größten Teil werden sie ihrer ganzen Art nach der Hausmusik vorbehalten bleiben (für eine wirkliche Hausmusikkultur sogar erst noch erschlossen werden müssen). Einige der Spätsonaten sollten aber häufiger auch im Konzertsaal gespielt werden.

Dahin gehört die *Es-Dur*-Sonate von 1790 (Frau von Genzinger gewidmet). Das groß angelegte Allegro (das folgende Beispiel gibt den Beginn) ruht auf drei

musikalischen Gedanken, die aus einem gemeinsamen Kern entwickelt sind, die Durchführung ist geballt, die Coda voll entwickelt; hier finden sich Prägungen, deren Art Beethoven in seine Sonaten übernommen hat. Dagegen geht Haydn seinerseits in der Melodieführung des ebenfalls weiträumigen Adagios auf Mozart zurück; durch den Gegensatz des singenden Hauptteils zu dem gespannten Innenteil entsteht ein tönendes Drama. Höchste Kunst im Schlußsatz; er ist zwar als »Tempo di minuetto« bezeichnet, vergeistigt aber den Menuett-Gedanken so sehr, daß dieser Schlußsatz als Zusammenfassung des Ganzen erscheint.

Vielleicht noch großartiger die *letzten* drei Sonaten aus den Jahren 1791 bis 1797. In ihnen steht der Meister sowohl neben Beethovens Bekenntnis-Sonaten wie neben den künstlerischen Äußerungen der frühen Romantik. Man werfe nur einen Blick auf die mächtige Anfangsgebärde der letzten Sonate Es-Dur: sie stimmt wahrlich nicht überein mit dem Bild, das sich viele immer noch von einem angeblichen »Papa Haydn« machen. Hier ist alles Kraft, Zucht, Ernst, Ausdruck.

Neben den konzertreifen Meistersonaten sollte man auch einige andere Werke nicht vergessen. So die farbige, dramatische *C-Dur-Fantasie* (1789). Haydn macht hier den meisterhaft gelungenen Versuch, ein »instrumentiertes Orchester-Rondo« auf dem Klavier darzustellen. Die Mittel, deren er sich dabei bedient, sind durchaus klaviermäßig (Akkordbrechungen, Überschlagen der Hände usw.), und dennoch kommt die erstrebte orchestrale Wirkung zustande. Bestechend die dichte, oft nachahmend gestaltete motivische Arbeit und der harmonische Reichtum. Zehn Jahre später erschien das *»Andante varié f-Moll«,* ein nicht minder beachtenswertes Konzertwerk. Der ausgedehnte Thementeil besteht aus zwei größeren Abschnitten in f-Moll und F-Dur, die sich in der Haltung streng voneinander abheben und doch zutiefst verwandt sind. Das erste Moll-Thema mit seinem punktierten Rhythmus wirkt wie ein kleiner Trauermarsch, während das Dur-Thema (schon durch die Septolen) schweifender, phantastischer anmutet. Beide Teile werden zweimal variiert, und eine längere Coda faßt das Rhythmische des ersten und das Phantastische des zweiten Themas zusammen. Eigentümlich schön die romantische Einfärbung (geschrieben in Schuberts ersten Lebensjahren!), die nicht allein im Satz, sondern mehr noch in der Haltung bemerkbar wird und dem Ganzen den Charakter eines dramatischen Bildes verleiht.

Chorwerke

Von Haydns Chorwerken sind heute eigentlich nur drei noch wirklich bekannt: die »Schöpfung«, die »Jahreszeiten« und – mit einigem Abstand – die »Sieben Worte des Erlösers am Kreuz«. Der Meister war eben doch in erster Linie Instrumentalkomponist. Die genannten Werke allerdings dürften noch lange weiterbestehen.

Als Haydn im Alter von 65 Jahren die *»Schöpfung«* schrieb (erste Aufführung 1799), hatte er in England die großen Oratorien Händels kennengelernt und sich an ihnen begeistert. Kein Wunder, daß man hier und dort Händel-Einflüsse wahrnimmt. Aber Haydn war als Persönlichkeit bereits zu stark, als daß er in Nachahmung verfallen wäre. Zudem war er vor allem Sinfoniker, und seine sinfonische Denkweise spiegelt sich in der »Schöpfung« deutlich genug wider. Der Bau dieses Oratoriums ist leicht zu übersehen. In zwei Teilen wird die Schöpfungsgeschichte geschildert, im dritten das Leben im Paradies. »Erzähler« sind die Erzengel Gabriel (Sopran), Uriel (Tenor) und Raphael (Baß). Ruhepunkte und Betrachtungen werden durch Arien und Chöre wiedergegeben, und zwar in einem Wechselspiel und einer Verflechtung, die weit über Händel hinausgeht. Der Text verwendet zum Teil Bibelworte. – In der Orchestereinleitung bildet Haydn aus zwei Ur-Motiven »die Vorstellung des Chaos«: das eine Motiv lastend, trübe, dunkel, und das andere – wenn auch noch dissonant erklingend – emporsteigend, sehnsuchtsvoll nach Lösung drängend. Diese Einleitung ist eine »Programm-Ouvertüre«, die sich überschreiben ließe: »Urnebel und göttliche Schaffensgedanken«. Erzengel Raphael hebt nun mit der eigentlichen Schöpfungsgeschichte an (»Im Anfang schuf Gott ...«), der Chor tritt stufenweise hinzu und führt zu dem ersten Höhepunkt: aus verdüstertem c-Moll wächst mit einem Schlage das Licht zu hellem, die ganze Erde überflutendem Sonnen-C-Dur (Beispiel). Als die Zuhö-

rer einer Aufführung – kurz vor des Meisters Tode – unter dem Eindruck dieser von Chor und vollem Orchester getragenen Stelle dem anwesenden Haydn stürmisch zujubelten, wies er zum Himmel und sagte nur: »Es kommt von oben.« Aus der Schilderung der Welt am ersten Schöpfungstage hebt sich der Gesang Uriels (»Nun schwanden vor dem heiligen Strahl«) mit dem anschließenden Chor eindrucksvoll heraus. Sehr schön das Vermischen von anfänglichem Solo und später aufwuchtendem Gemeinschaftsgesang, ungemein belebt die selbständige Orchestersprache, eindrucksvoll die kraftvolle Anschaulichkeit der Themen, die den Kampf zwischen dunklen und lichten Mächten darstellen. – Den zweiten Schöpfungstag schildert in der Hauptsache das Orchester mit einer Reihe tonmalerischer Köstlichkeiten zu den Worten des Erzengels Raphael, der von Donnern und Blitzen, fliegenden Wolken und tobenden Stürmen, erquickendem Regen und flockigem Schnee singt. – Am dritten Tage entstehen Erde und Meer. Berühmt die Arie Raphaels vom Meer und Strömen und Bächen und die Gabriels »Nun beut die Flur, das frische Grün«, alles entsprechend untermalt vom Orchester. Freudejubelnd das Chor-Fugato »Denn er hat Himmel und Erde bekleidet in herrlicher Pracht«. – Den vierten Tag leitet Uriel ein mit einem Rezitativ über die Trennung von Tag und Nacht: Sonnenaufgang im Orchester (Steigerung aller Instrumente von pianissimo zu fortissimo), der Mond wandert durch die silberne Nacht (Streicherharmonien) und den blitzenden Sternenhimmel (Cembalo). Dann Haydns bekanntester Chor »Die Himmel erzählen die Ehre Gottes«, herrliche Verarbeitung eines schlichten Themas. – Am fünften Tag werden (anders als in der Bibel) die Vögel und Wassertiere. Gabriels Arie singt von Adler, Lerche, Nachtigall, vom gurrenden Tauben-

paar, und der Tondichter zeichnet deren tönende Lebensäußerungen liebevoll nach. Ausklang ein Engel-Terzett, das sich mit dem Chor zu einem von Trompeten umschmetterten Lobgesang vereinigt. – Am sechsten Tag: Erschaffung alles Erdengetiers. Die Baß-Erzählung Raphaels hat man sehr hübsch eine »zoologische Arie« genannt. Tiefe Triller der Streicher zum Kontrafagott werden dem »brüllenden Löwen« gesellt, aufwärtsschießende Streicherfiguren dem »gelenkigen Tiger«, Stakkato-Sprünge dem schnellfüßigen Hirsch und so fort. In der eigentlichen Arie Raphaels erlaubt sich Haydn einen vielbelachten Spaß, indem er den unter ihrer Last stöhnenden Tragtieren ein paar kräftige Urlaute (Kontrafagott) zuweist. Mächtig der fugierte Chor »Vollendet ist das große Werk«, nachdem auch der Mann und die Frau als erste Menschen aufgetreten sind, ernst-erhaben das Solostimmen-Terzett »Zu Dir, o Herr, blickt alles auf«. Die allzu lang geratenen Zwiegesänge Adams und Evas im Paradies (Schlußteil) wirken schwach. Im übrigen enthält dieser Teil manche hohe Schönheit; vor allem den das Werk beschließenden Chor »Singt dem Herrn alle Stimmen«. Er beginnt in schlichtem, vierstimmigem Satz, die Altstimme stellt ein tragkräftiges Fugenthema auf, das die Tenöre schon im ersten Takt mit »Amen« begleiten, in Chor und Solostimmen wächst eine Doppelfuge heran. Endlich in riesenhafter Einstimmigkeit: »Er bleibt in Ewigkeit!«

Mögen die *»Jahreszeiten«* (1801) textlich auch schwach sein – in diesem Werk konnte Haydn einmal seiner Liebe zu den kleinen Dingen nachgehen, konnte tändeln und scherzen, sinnen und lauschen, zeichnen und malen, ohne sich unterbrechen zu müssen. Daher wohl die nie nachlassende Beliebtheit dieses Werkes. – Eine eigentliche Handlung gibt es hier nicht; die vier Jahreszeiten erzählen vielmehr gewissermaßen sich selbst, ihren naturhaften Ablauf, ihre Freuden und Sorgen. Und der Pächter Simon, seine Tochter Hanne, der Bauer Lukas, die Landleute und Jäger – sie alle sind Stimme und Kinder der großen Zeugemutter, eingebettet in die Folge der Jahreszeiten. – *»Der Frühling«.* Nach Haydns eigenen Worten stellt die Orchestereinleitung den Übergang vom Winter zum Frühling dar. Simon (Baß) tritt mit Lukas (Tenor) und Hanne (Sopran) vor das Haus und begrüßt den nahenden Lenz. Vergnügt der wiegende Chor »Komm, holder Lenz«. Und »Schon eilet froh der Ackersmann zur Arbeit auf das Feld«, man hört ihn dahinstampfen und ein Liedlein pfeifen (Andante, aus Haydns Paukenschlag-Sinfonie!). Eine Folge kleiner Tonbilder zieht vorüber, dann ein von Posaunen gestützter ernster Chor »Komm, mächtiger, gütiger Gott«, durchflochten von Gesängen des Solo-Terzetts. Ausklang eine großgliedrige Chorfuge. – *»Der Sommer«.* Die kurze Orchestereinleitung »stellt die Morgendämmerung vor«; sie endet mit dem Krähen des Hahnes (Oboe). Die Sonne geht auf, begrüßt von einem mächtigen Anschwellen in Chor und Orchester. Freilich, nun wird es auch heiß! Davon singt Lukas (»Dem Druck erliegt die Natur«), während Hanne im Schatten träumt (alle Laute des sommerlichen Mittags werden anschaulich nachgezeichnet). Doch in der Ferne grollt schon der Donner, ein Gewitter zieht herauf. Chor und Orchester werden zur Darstellung dieses Naturereignisses aufgeboten.

Höhepunkt und zugleich Überwindung der Krise die Gewitterfuge »Erschüttert wankt die Erde«. Endlich kehrt Ruhe zurück, das Solo-Terzett beginnt einen frischen Lobgesang, die Wachtel schlägt (Oboe), Grillen zirpen (Flöten), Frösche quaken, Hornstöße verkünden den Abend. – *»Der Herbst.«* Erntebetrachtung, Liebesszene, Jagd und Winzerfest. Wirklich gelungen nur die letzten beiden. Etwa die Hühnerjagd mit dem streifenden, suchenden Hund (unruhig rennende Orchesterfiguren), der Hund bleibt plözlich stehen, ein Schuß (Pauke), die Beute fällt. Kürzer die Hasenjagd; dann aber gilt es dem Hirsch, wobei Haydn alles aufbietet: Orchester, Jäger, Weiber, Männer – bald getrennt und bald vereint jauchzen die Chöre. Bäuerlich ausgelassen das Winzerfest. In der Musik »wirbelt die Trommel, kreischet die Fiedel, schnarrt die Leier und dudelt der Bock« (Dudelsack), wie es im Text heißt. Da wird stampfend getanzt und krachend angestoßen – eine kunstvolle Zügellosigkeit, vergleichbar der Prügelfuge aus den »Meistersingern« Wagners. – *»Der Winter.«* Auf die Orchestereinleitung, die »den dicken Nebel schildert, womit der Winter anhebt«, folgt eine zusammenhanglose Szenenreihe. Immerhin finden sich wenigstens musikalisch einige wundersame Stellen. So das Wintergemälde in der Arie »Hier steht der Wanderer nun«, das prächtige Spinnlied »Knurre, schnurre, knurre« oder das Märchen vom geprellten Edelmann. Mit der Baßarie »Erblicke hier, betörter Mensch, erblicke deines Lebens Bild« weitet sich die Spinnstube zum Lebenskreis, die Menschen scheinen die Hände zu falten vor dem gleichnishaften Naturgeschehen. Simon gibt der allgemeinen Stimmung Ausdruck:

»Dann bricht der große Morgen an.« Zwei Chöre wechseln sich ab in Fragen, das Solo-Terzett antwortet, endlich vereinigen sich sämtliche Stimmen zur großen Schlußfuge: »Uns leite Deine Hand, o Gott.«

»Die sieben Worte des Erlösers am Kreuz.« 1785 erhielt Haydn den Auftrag, für die spanische Stadt Cadix eine Passions-Musik zu schreiben. Der Meister wählte eine ganz eigentümliche Vertonungsart. Das Orchester (mit Flöten, Oboen, Fagotten, Hörnern, Trompeten und Pauken) spielte sieben »Sonaten« (ganz wörtlich: »Klangstücke«) weihevoll-getragenen Charakters, denen jeweils ein vom Baß gesungenes Rezitativ der Kreuzesworte Christi voranging. Später hat Haydn die Komposition für Streicher allein herausgegeben. In Passau hörte er dann seine »Sieben Worte« als Kantate. Nunmehr überarbeitete der Meister sein Werk selbst für Solostimmen und Chor, erweiterte das Orchester und ließ es in neuer Gestalt 1795 zum ersten Male aufführen. Konnte schon nach dem Anhören der rein instrumentalen Fassung ein Berichterstatter sagen, man errate fast bei jeder Note, was der Tonsetzer ausdrücken wolle, so gilt das nun erst recht für die Kantaten-Gestalt. Bewundernswert bleibt, daß man nur an ganz wenigen Stellen bemerkt, daß die Worte des Chores erst nachträglich den früheren Instrumentalstücken unterlegt worden sind. Die einzelnen Sätze bestehen aus einem Hauptthema, das zu Beginn und zum Schluß aufklingt, während dazwischen besondere Einzelbetrachtungen eingeschoben sind; also abgerundete musikalische Bilder, in sich selbst ruhend, nicht untereinander dramatisch verknüpft.

MOZART

Wolfgang Amadeus M. wurde 1756 in Salzburg als Sohn eines hervorragenden Musikers geboren. Als Sechsjähriger bezauberte er die Wiener und Münchener Gesellschaft durch sein Klavierspiel, mit elf Jahren erhielt er vom kaiserlichen Hof einen Opernauftrag, mit zwölf Jahren wurde er Hofkapellmeister in Salzburg. Reisen durch Deutschland, Frankreich, Italien und die Schweiz waren ein einziger Triumphzug für den glänzenden Klavierspieler. Seit seinem 21. Jahre lebte er in Wien; aber selbst als seine großen Meisterwerke (Opern, Sinfonien, Konzerte, Kammermusik, Sonaten, Messen usw.) längst veröffentlicht waren, war sein Dasein ein ständiger Kampf um das tägliche Brot. Gestorben 1791 in Wien, beerdigt in einem Massengrab der Armen.

Immer wieder muß es gesagt werden: Mozart ist nicht nur der heitere Götterliebling mit wohlgepudertem Zöpfchen, als den man ihn auch heute noch vielfach ansieht, sondern eine durchaus tragische Gestalt in einer tragisch-zwiespältigen Zeit. An Fürstenhöfen zeitweilig gehätschelt und an anderen wie ein dummer Lakai behandelt, als Musiker hochgeschätzt und als Mensch in ewigen Sorgen, im spielerischen Rokoko aufwachsend und es traurig-lächelnd überwindend, einer Gesellschaftskultur verpflichtet, deren Hohlheit ihn im Grunde anwidert, süß geglättete Weisen schreibend, hinter deren Oberfläche es zuweilen düster wetterleuchtet – nein, das ist kein lichter Musensohn. Zwischen Licht und Schatten, sehr hellem Licht und sehr dunklem Schatten ist seine Kunst angesiedelt, und das menschlich Bewundernswerte wie künstlerisch Meisterhafte sollte man gerade darin erblicken, daß Mozart die Zerrissenheit seiner Zeit nicht grob nachbildete, sondern in edel gemeisterter Haltung gestaltete – selbst dort, wo er aus seinen Nachtgedanken kein Hehl machte.

Orchesterwerke

Mozart war kein Sinfoniker wie etwa Haydn oder Beethoven; von seinen 49 Sinfonien haben sich daher im Grunde nur drei bis heute als lebensfähig erwiesen – diese allerdings in höchstem Maße. Kommt Haydns sinfonische Sprache mehr von der Suite mit ihren tanzartigen Sätzen und ihrer straffen Linienführung, so geht Mozart mehr von der »Serenade«, der »Abendmusik« aus. Ihre sangbare Melodik breitet er über alle vier Sinfoniesätze aus, während früher das »Singen« der Instrumente fast ausschließlich den langsamen Sätzen allein vorbehalten war. Damit verwischte er den Gegensatz zwischen Bewegungs- und Empfindungsmusik (was ihm seinerzeit auch stark angekreidet wurde). Diese singenden Allegro-Themen hat er wohl aus zwei Quellen geschöpft: aus dem Salzburger Kulturkreis mit seiner Hinneigung zu den melodienseligen Italienern und aus dem Werk des Johann Christian Bach, der diese Melodienfreudigkeit von seinem zehnjährigen Aufenthalt in Italien mitgebracht hatte. Aber auch von Haydns Kunst der motivischen Verarbeitung hat Mozart manches in seine späten Sinfonien übernommen. Freilich sind seine sinfonischen Durchführungen nicht so kunstvoll und männlich wie die Haydns oder Beethovens; der melodische Fluß seiner musikalischen Einfälle war zu stark, als daß er sich den Ballungen motivischer Feinarbeit hätte fügen mögen. Die orchestrale Sprache hat Mozart durchweg bereichert. Wie beredt ein Instrument sein kann, hatte er bei seinem Opernschaffen wohl beobachtet. Und den Grundsatz der »redenden Instrumente« hat er sogleich in seine Meistersinfonien verpflanzt.

Von den Sinfonien besprechen wir nur die drei Meisterwerke, die 1788 in nicht ganz zwei Monaten entstanden sind.

Sinfonie Es-Dur (Köchel 543). Breit ausladend wie Fanfarenklänge, festlich einladend wie ein geöffnetes Schloßtor wirkt das in akkordischer Pracht gehaltene Anfangs-Adagio. Die leise Beklemmung am Schluß wird sogleich beseitigt durch das liebenswerte Hauptthema des anschließenden Allegro. Nach einer kurzen

Überleitung setzt ein Motiv im Forte ein, das die feierlich-festliche, kraftvoll-frohe Stimmung des Adagio wie mit einem stolzen Kopfnicken bekräftigt. Frohe Anmut und männliche Lebensbejahung – das sind die Grundbestandteile dieses ersten Satzes. Im Andante gibt es einen kleinen, anmutig schreitenden Aufmarsch; ein Mittelsatz in f-Moll bringt einige Auseinandersetzungen, die teils hochmütig (auffahrendes Dreiklangs-Motiv), teils unwirsch (abwärtsrollende Vierundsechzigstel-Figur) geführt werden. Das Menuett hebt an! Rokoko-Fest im spiegelglatten Schloßsaal,

glitzernde Glasleuchter mit blitzenden Kerzen, zierliche Paare, die ihre anmutigen Tanzfiguren gegenseitig nachahmen (wie Klarinette und Flöte im Trio). Das kostbarste musikalische »Gesellschaftsgemälde« einer entschwundenen Zeit. Zum Schluß (Finale, Allegro) heitere Spiele im Park. Wie kichernd eilt das Thema dahin: ein lockender Flüchtling das erste Untermotiv, ein verliebter Verfolger das zweite. Das Huschen und Haschen nimmt kein Ende, es tollt in eine Durchführung, die sich kaum vom Hauptsatz unterscheidet, immer fröhlicher, immer ausgelassener. Ein Aufrauschen – und zerronnen ist der Zauber der Sommernacht.

In der *g-Moll-Sinfonie* (Köchel 550) überläßt sich Mozart, der sonst so schamhaft sein inneres Leid verschweigt, ganz seinen leidenschaftlichen Stimmungen, seinem scheuen Trotz und seinem aufbegehrenden Willen. – Atemlos, in schnellem Lauf hebt das Hauptthema des ersten Satzes an, schwingt sich endlich empor, sinkt jedoch dann um so nachdrücklicher wieder herab (Beispiel). Ein seufzender Anhang, einige heftige Sforzato-Schläge, willensbetonte Drei-

klangs-Motive – doch es gibt keine Hoffnung: selbst das Seitenthema mit seinem klagenden Schluß scheint zu verzagen. Die Durchführung beginnt mit diesem Klage-Motiv, in das sich schon im zweiten Takt wieder das hastige Hauptthema mischt. Unruhe und Qual behalten die Oberhand. – Durchaus tragisch beginnt das Andante. Die peinigende Sehnsucht nach einer helfenden Hand wird beredt. Ansätze zu ruhiger, festerer Haltung zerbrechen. – Das Menuett ist kein Tanz mehr, unverhülltes Drohen erhebt seine Stimme in dem Thema und seinem knirschenden Anhang. – Im Finale (Allegro assai) scheinen vollends alle Dämonen losgelassen. Unheilvoll zuckt das Hauptthema durch das Dunkel, zerreißt mit stürmischen Achtel-Figuren und heftigen Schlägen gespenstisch die Nacht. Welche Kluft zwischen dem Totentanz dieses Finales und dem Versteckspiel aus dem Finale der Es-Dur-Sinfonie!

Die *Jupiter-Sinfonie* (C-Dur, Köchel 511) leuchtet nicht in so festlichem Prunk wie die Es-Dur, ist auch nicht so leidenschaftlich-dämonisch erfüllt wie die g-Moll. Ein Geist der Klarheit durchzieht das Werk, und zugleich ist es durchflochten von thematischen Wechselbeziehungen wie keine andere Mozart-Sinfonie. – Das vollendete Gleichgewicht von außen und innen gibt sich schon im Hauptthema des ersten Satzes kund: pomphaft der Beginn, seelenvoll die Weiterführung.

Diese dramatische Gegensätzlichkeit beherrscht den ganzen Satz, so daß er anmutet wie eine lange Zwiesprache zwischen Welt und Ich, Schein und Sein. – Das Andante cantabile beginnt mit einem Thema, dessen weich gesungene Untermotive durch einen harten Akkordschlag merkwürdig herb beendet werden. Auch dieses Thema enthält die verschleiert gegensätzlichen Stimmungen. – Im Menuett bezaubert die schlicht gleitende Melodie mit ihren zwinkernden Hüpfern im dritten Takt. Der halbtonweise Beginn des Themas entscheidet über das musikalische Geschehen während des ganzen Satzes. – Krönung des Werkes bildet das Finale. Das zügig-geschwinde Zeitmaß (allegro molto) und der hinreißende Schwung lassen zuweilen fast vergessen, daß kleine Fugen, Nachahmungen und Engführungen strengsten Stils am Werke sind. Einige Kernmotive gilt es zu merken, wenn man den Faden in diesem kunstvollen Irrgarten nicht verlieren will: die ruhigen ganzen Noten des Beginns, das

Triolen-Motiv, in dem der Anfang der Sinfonie wieder aufklingt, das kraftvolle Motiv und die von festen Halben umspannte Achtel-Figur.

Die *Haffner-Serenade* (D-Dur, Köchel 250, geschrieben 1776 zur Hochzeit der salzburgischen Bürgermeisterstochter Elisabeth Haffner) gibt musikalische

Unterhaltung auf einer sehr hohen künstlerischen Ebene. Der Klang wird stark durch Bläser bestimmt (außer Streichquartett noch zwei Oboen oder Flöten, zwei Fagotte, zwei Hörner und zwei Trompeten). Das einleitende Allegro maestoso stellt in den Hörnern ein Thema auf, das seine gestaltbildende Kraft auch in dem anschließenden Allegro behält. Im ersten Andante, im ersten Menuett und in dem glitzernden Rondo konzertiert eine Geige mit dem Tutti. In einem zweiten Menuett steigen Schatten auf. Aber der Himmel wird wieder geglättet im Thema des zweiten Andante; dieses Thema wird in Rondoform variiert. Im dritten Menuett wird wirklich getanzt und gesummt. Der Schlußsatz scheint anfänglich zu überlegen, wie er sich geben soll; doch dann springt er ausgelassen in froheste Stimmung.

»Eine kleine Nachtmusik« (Köchel 525, 1787) ist für mehrfach besetztes Streichquintett geschrieben, doch laufen Kontrabaß und Cello im Einklang. Vier Sätze voll unbeschreiblicher Anmut. Das Hauptthema des ersten Satzes wird eingeleitet durch fanfarenartige Rufe der Geige, die auch in der Durchführung eine gliedernde Rolle spielen. Im Gegensatz dazu beginnt die Romanze mit zarten behutsamen Melodieschritten. Fest stampft das Menuett auf, knüpft aber im Trio an die Empfindsamkeit der Romanze wieder an. Das Rondo scheint mit seinem Wispern anzukünden, daß die Lie-

benden sich gefunden haben. Das schwätzt durcheinander und schnäbelt verliebt und höret nimmer auf.

Aus des Meisters *Klavierkonzerten* spricht im allgemeinen mehr der »vordergründige Mozart«, der glänzende Klavierspieler und Gesellschaftsmensch, als der hintergründige Schöpfer des »Don Juan« und der g-Moll-Sinfonie. Sosehr er die überkommene Form des Klavierkonzerts erweitert hat (Ausgestaltung des Orchesters, Ausbau der Formteile, Beseelung der Klaviermelodie), im Grunde bleibt bei ihm das Konzert eine auf höchster Stufe stehende gesellige Unterhaltung, in der dem Klavierspieler das Hauptwort eingeräumt wird. Betrachten wir kurz einige Konzerte, die uns heute noch am stärksten ansprechen.

Klavierkonzert *d-Moll* (Köchel 466, 1785), eines der wenigen Konzertwerke, die mehr Bekenntnis- als Spielmusik umschließen. Der Stimmungsausdruck liegt im Orchester. Entscheidend für den ersten Satz das Absetzen von Solo und Orchester: Zwiesprache zwischen Mensch und Geschick. Im zweiten Satz (Romanze) wird die Melodie zur Trägerin eines geradezu romantischen Empfindens. Leidenschaftliche Erregung spricht aus dem wuchtigen Thema des Schlußsatzes; das ist die aufbegehrende Sprache, der auch das Finale der g-Moll-Sinfonie ihre wilde Kraft verdankt.

Klavierkonzert *A-Dur* (Köchel 488, geschrieben 1786). Das unvergängliche Lieblingswerk, wenn auch kaum das bedeutendste Klavierkonzert. Verschleierte Wehmut birgt sich hinter dem festlichen Glitzern. Schon das Hauptthema mit seinem angehängten Seufzer weiß davon zu reden; noch mehr das Seitenthema,

das so duftig daherkommt und in der verbindenden Halbton-Figur dennoch seine süße Wehmut nicht mehr zu verheimlichen vermag. Und wie zart setzt im fis-Moll-Andante der Siziliano-Rhythmus ein, wie verhaucht er in den Zweiunddreißigsteln, wie erschrickt er in dem unvermutet eintretenden G-Dur-Klang vor seiner eigenen Heiterkeit: Im Presto des Schlußsatzes schüttelt Mozart alle leisen Bedenklichkeiten ab: mit zwei kühnen Sprüngen geht es an – dann tollt das Thema in wirbelnder Fahrt davon.

Klavierkonzert *c-Moll* (Köchel 491, geschrieben 1786). Ein Blick auf das Hauptthema des ersten Satzes läßt die feste, gläubige Haltung Mozarts musikalisch

deutlich werden. Aus dieser harmonisch verdunkelten Melodie mit ihren kurzen Septimen-Sprüngen entwikkelt sich ein entsprechend reiches modulatorisches Leben. – Den Septimen-Sprung, nur in umgekehrter Richtung, verwendet auch das Thema des Schlußsatzes, eines großartigen Variationen-Teils. Im Mittelsatz (Larghetto) ergreift die Innigkeit des liedartigen Themas ebenso wie die lockere Gelöstheit der Bläser.

Klavierkonzerte *D-Dur* (Köchel 537, komponiert 1788). Das als *»Krönungskonzert«* bezeichnete Werk (Mozart spielte es zusammen mit dem F-Dur-Konzert

1790 anläßlich der Kaiserkrönung) wetteifert an Beliebtheit mit dem in A-Dur. Bedeutend ist der Schlußsatz; hier spürt man in der großartigen Durcharbeitung und der verdichteten Fassung, wie in dem Komponisten langsam die drei großen Sinfonien des gleichen Jahres heranreifen. Sehr eindringlich wirkt die Einbettung des verinnerlichten Mittelsatzes in den äußeren Glanz der Ecksätze.

Im allgemeinen können sich die 1777 geschriebenen *Violinkonzerte* mit den Klavierkonzerten nicht messen; stärker noch als diese sind sie im überlieferten Unterhaltungsstil gehalten. Zwei von ihnen werden ihrer prächtigen Wirkung wegen auch heute noch gern gespielt: das *D-Dur-Konzert* (Köchel 218) mit dem straffen Kopfsatz, dem volkstümlich anmutigen Schluß-Rondo und dem innigen Andante, dessen Hauptthema in der Oboen-Fassung ganz persönliche Züge trägt, zum andern das *A-Dur*-Konzert (Köchel 219), bei dem wiederum der langsame Satz echte Mozart-Töne aufklingen läßt. Während der erste an französische Vorbilder und der letzte mit dem eingeschobenen »Alla Turca« an Haydn erinnert, allerdings wesentlich flüssiger geschrieben ist.

Kammermusik

Besonders in der Kammermusik Mozarts spiegelt sich das abklingende Rokoko, diese kunstvoll-anmutige, seelisch-verzärtelte, ganz dem Augenblick lebende Kultur, vor allem aber das ahnende Wissen um die Gefahren, die sein Ende umlauern: sie bedeuten den Tod einer höfischen Gesellschaftskultur, dem man trotz allen Schauern der Seele lächelnden Auges in zierlicher Haltung entgegentänzelt. Was Haydn vom Geistigen her geschaffen hat, das bewirkt Mozart vom Seelischen her. Ist bei Haydn der schnelle, gedanklich und thematisch gestraffte Hauptsatz Ausgangspunkt für die Gestaltung des Ganzen, so wurzelt Mozart in der singenden Innigkeit des langsamen Satzes.

Von den *Klavier-Violin-Sonaten* sind die früheren Werke wohl ausnahmslos der Hausmusik zuzuordnen, weil sie im Grunde Klaviersonaten mit vielfach nur begleitender Violine darstellen. Zu echter Zwiesprache der beiden Instrumente kommt es erst in den reifen Sonaten, von denen die in *Es-Dur* (Köchel 481) als bedeutendes Werk beispielmäßig hervorgehoben sei. Der an Einfällen und raschem Wechsel überströmende, vor allem in der Durchführung wie stegreifartiges Konzertieren anmutende Kopfsatz und die erlesenen Variationen des Finales umrahmen einen der schönsten langsamen Sätze Mozarts. Es ist ein Adagio in As-Dur; der Form nach ein Rondo, das Hauptthema wird bei jeder Wiederkehr verändert. Dazwischen zwei Seitensätze in f-Moll und Des-Dur, in denen die Geige schwärmerisch verklärt singt, umspielt von der ebenfalls melodisch geführten Klavierstimme.

Die *Klaviertrios* stammen zwar aus Mozarts Meister-Jahrzehnt, enthalten auch zahlreiche Schönheiten, doch müssen wir sie hier übergehen, weil in ihnen das Klavier mehr in den Vordergrund tritt und sie mehr Stegreifartiges enthalten, als dem eigentlichen Kammermusikstil zuträglich ist.

Kommen die frühen *Streichquartette* für den Konzertsaal überhaupt nicht in Frage und die darauf folgenden, in denen Mozart sich mit Haydns Sonnenquartetten auseinandersetzt, auch nur sehr bedingt (Köchel 168–173), so sind die sechs Quartette der Jahre 1782/85 häufig Gäste im Konzertsaal.

Diese sogenannten *»Haydn-Quartette«* (gewidmet dem Vorbild und Freunde Haydn) sind, wie Mozart selbst sagt, »die Frucht einer langen, beschwerlichen Arbeit«. Haydns Thematik, motivische Arbeit und formale Gruppierung kehren mit oft überraschender »Echtheit« wieder, kontrapunktischer Geist barocken Musizierens begegnet dem Spieler bald hier und bald dort. Daneben stehen ausdrucksmäßige und stilistische Kühnheiten, mit denen Mozart viele musikalische Zeitgenossen geradezu entsetzt hat. Aber nicht die Einzelheiten des Nachgestaltens und des Eigenschaffens machen das Wesen dieser Tondichtungen aus, sondern entscheidend ist die seelische Schwingung des Ganzen.

Das *G-Dur*-Quartett (Köchel 387) legt insbesondere im Finale Zeugnis ab von der »beschwerlichen Arbeit«, indem es sämtliche Eigentümlichkeiten der vorangehenden drei Sätze zusammenfaßt und überhöht. Dieses Allegro molto ist eine Fuge über ein dreiklang-artiges Kurzthema; zugleich kehren wieder die Chromatik des Menuetts, die Dezimen-(Terzen-)Parallelen aus dem Seitenthema des Kopfsatzes, die Sangbarkeit und Klangbettung des Andante, endlich die Unbeschwertheit des homophonen Eingangsmotives aus dem Allegro (D-Dur-Dreiklangsthema im Finale). – Auch im *d-Moll*-Quartett (Köchel 421) arbeitet sich Mozart an die

Welt des musikalischen Barocks heran. Jetzt aber nicht so sehr durch nachdrückliches Herausstellen barocker Formen (wie in der Doppelfuge des Finales von Köchel 378) oder barocker Stilmittel. Barock wirken hier vielmehr die thematische Gestalt und deren beziehungsreicher Kontrapunkt. – Das *Es-Dur*-Quartett (Köchel 428) erscheint nicht so ausgewogen wie die übrigen Werke dieser Reihe. Einheitlich wirkt es durch seine fast gegenständliche Haltung, die auf eigenpersönlichen Ausdruck vielfach verzichtet. Das gilt besonders für das kraftvoll beginnende Menuett mit seinem Moll-Trio und für das Allegro vivace des Schlußsatzes mit seinem gebrochenen Hauptthema und dem musikantisch sprühenden Verlauf. Auch die ersten beiden Sätze atmen in großen Zügen die gleiche strömende musikantische Fülle und Klarheit. In Einzelheiten offenbaren sich dagegen seelische Brechungen besonderer Art. Im Andante kommt es zu förmlichen »Tristan«-Klängen. – Das *B-Dur*-Quartett (Köchel 458) heißt man *»Jagdquartett«*, nur weil das Kopfthema ein wenig an die Dreiklangsthematik des Jagdhorns erinnert. Ganz bewußt knüpft Mozart im ersten und im letzten Satz an Haydns Naturthemen an und erfüllt die beiden Sätze mit frischer Ursprünglichkeit. Während das Menuett verhältnismäßig durchsichtig gebaut ist, eignet dem an dritter Stelle stehenden Adagio Seelentiefe und Weihe. – Im *A-Dur*-Quartett (Köchel 464) wird das weich dahinziehende Thema des ersten Allegros mit seiner melodischen Gelöstheit maßgebend für die Melodik des ganzen Werkes. – Wegen seiner auffallenden Einleitung hat man das *C-Dur*-Quartett (Köchel 465) als *»Dissonanzen-Quartett«* bezeichnet.

Die Stimmführungsrätsel der 22 Takte langen Adagio-Einleitung haben noch im 19. Jahrhundert »Verbesserer« auf den Plan gerufen. Nacheinander setzen die Stimmen ein. Zur Bestreitung des musikalischen

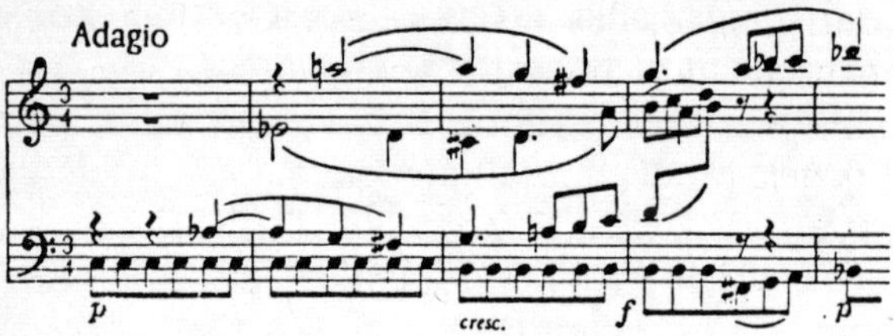

Geschehens im ersten Satz (Allegro) wird im Grunde nur das Hauptthema herangezogen. Vollendet in seiner musikalischen Ausgewogenheit ist das Andante cantabile. Kaum wird man der kunstvollen, meist imitatorischen Verknüpfung gewahr – so unmittelbar fühlt man sich angesprochen von der Seele des Menschen, der solches schuf. Mit diesem Satz hat Mozart die leicht romantische Stimmung vom Schluß des Allegros weitergeführt. Und auf sie greift er auch in den nächsten beiden Sätzen mehrfach zurück: im c-Moll-Trio des sonst auf die kräftige Wirkung gestellten Menuetts und in manchen Einschüben der B-Tonarten in dem sonst klar und heiter dahinrauschenden C-Dur-Finale.

Die drei *»Preußischen Quartette«* (1789/90) tragen ihren Namen nach dem Auftraggeber, dem Preußenkönig Friedrich Wilhelm II: Da der König Cello spielte, hat Mozart in diesen drei Quartetten dem Cello eine besonders hervortretende Rolle zugewiesen.

Wie ein kennzeichnendes Siegel für die ganze Quartettgruppe steht das Thema des D-Dur-Quartetts da (Köchel 575), königlich ausschwingend, weich im Klang und doch kraftvoll zusammengezwungen in seiner metrischen Beschaffenheit. Und so weit reicht die Herrschaft dieses in sich gefestigten Themas, daß es nicht nur den Seitengedanken dieses Satzes aus

sich erzeugt, sondern sich noch das Thema des Finales machtvoll unterordnet. So erscheint es fast selbstverständlich, wenn im ersten Satz die Durchführungspartien mehr angedeutet als ausgebaut sind, wenn das kurzgefaßte Andante den Schönheitsbogen des Allegrettos nur zu umranken scheint, wenn das Menuett (ebenfalls kurz) lediglich als feinstilisierter Nachhall des Hauptgedankens und als Überleitung zum Finale wirkt und wenn dieses Finale selbst als polyphone Überhöhung des Grundthemas auftritt: ein mächtig gefügtes Rondo, polyphon unterbaut, überströmend an immer neuen Einfällen, doch stets untertan dem Kopfthema des ganzen Werkes. – Nicht ganz so dicht in der Fassung das *B-Dur*-Quartett (Köchel 589), doch ähnlich in der Steigerung vom menuett-artigen Hauptgedanken des Kopfsatzes über den langsamen Satz und das Menuett selbst bis zu dem alles krönenden Schlußrondo mit dem schlichten Thema, den klaren Gliederungen und der gestrafften, zuchtvollen Form. – Ganz deutlich greift das *F-Dur*-Quartett (Köchel 590) mit seinem Hauptthema – Dreiklangsbeginn und bewegtere Weiterführung – auf das erste Quartett der Gesamtreihe zurück. Ein launenhafter, kecker Grundton durchzieht nicht nur die zwischen thematischer und polyphoner Arbeit wechselnde Durchführung des Kopfsatzes, sondern kehrt wieder in dem knapp gefaßten Allegretto-Thema und im Menuett. Gipfelung abermals der Schlußsatz, der dieses Mal in Sonatenform gehalten ist und ganz reizvoll einfache Homophonie neben festgefügte Polyphonie stellt.

Die beiden *Klavierquartette* stammen aus den Jahren 1785/86. Das *g-Moll*-Werk (Köchel 478) legt das Hauptgewicht auf den dämonisch-leidenschaftlichen Kopfsatz; in den einfachen Linien des Andante erinnern nur die Zweiunddreißigstel der Begleitung an die Seelenstürme des ersten Satzes, und der rondoartige Schlußsatz blickt lediglich in dem Mittelteil (e-Moll) auf den ersten Satz zurück und versucht im übrigen auszugleichen und zu beruhigen. Merkwürdig das *Es-Dur*-Quartett (Köchel 493), weil seine Schwungkraft auf den Konzertsaal weist, seine verinnerlichte Haltung dagegen mehr auf hausmusikalische Wiedergabe gerichtet scheint. Diesmal wird im ersten Satz der Seitengedanke zum eigentlichen Träger der Durchführung. Sein Einfluß reicht bis in das thematisch schlicht gezeichnete Larghetto, über dessen Melodienstrom das Klavier glitzernde Lichter verstreut. Nachdenklich wird man bei dem Finale, diesem scheinbaren Spielen und Tändeln, hinter dem so dichterischer Ernst verborgen ist. (Beide Quartette sind geschrieben für Geige, Bratsche, Cello und Klavier.)

Von den zehn *Quintetten* können wir nur die wichtigsten streifen. Da ist zunächst das in *C-Dur* (Köchel 515), geschrieben 1787, also zeitlich dem »Figaro« benachbart und daher wohl auch eine Art kammermusikalisches Drama. Entscheidend zum Verständnis des Ganzen ist der Beginn: knapp gestoßen taucht das Hauptthema aus der Tiefe (Cello) empor, über zwei Oktaven in regelmäßiger Dreiklangsgestalt; dann, nach einer Pause, schlägt es in hoher Lage (Geige) eine weiche, weibliche Stimmung an. Mehrfach wiederholt sich dieser Vorgang, beziehungsvoll gewandelt durch Instrumentation und Tongeschlecht (Moll statt Dur), Cello und Geige möchten weiterführen, klären – doch die Klärung erfolgt durch ein scheinbares Nebenmotiv, das melodisch und harmonisch eine geradezu träumerische Stimmung heraufführt. Aus diesen Gegensätzen erwächst dann die dramatische Durchführung. Aber sie wirkt weiter: im Menuett durch den Gegensatz des hintergründigen, ja verdrossenen Humors des Hauptteils zu dem stimmungsvollen Trio, im Andante durch die Klageweise der Bratsche zum tröstlichen Gesang der übrigen Instrumente, im Schlußsatz durch die Vielschichtigkeit des Baues, der Rondo und Sonate zugleich vereinigen möchte.

Auch das *g-Moll*-Quintett (Köchel 516, geschrieben ebenfalls 1787) ist dramatisch gehalten; während aber das Werk in C-Dur gewissermaßen die Welt in einem kleinen Musikdrama einfängt und dementsprechend mit starken Gegensätzlichkeiten arbeitet, wird das g-Moll-Quintett infolge der einheitlichen, leidenschaftlich düsteren Grundstimmung zum Innendrama der einsamen Einzelpersönlichkeit. Das erste Hauptthema ist eins der großen tragischen g-Moll-Themen

Mozarts: unauffällig in der äußeren Gestaltung (zunächst dreistimmig, piano, kein weitgezogener Bogen), doch geladen von aufs äußerste gespannten Kräften und Stimmungen.

1789 schrieb Mozart für den ihm befreundeten Klarinettisten Stadtler das sogenannte *Klarinettenquintett* (Köchel 581). Fast konzertierend tritt hier die Klarinette einem Quartett von zwei Geigen, Bratsche und Cello gegenüber. Klang und Wohllaut sind in diesem beschwingten Werk alles. Der Beginn des Allegros gibt eine grundsätzliche Klärung des Werkstils. Sanft und

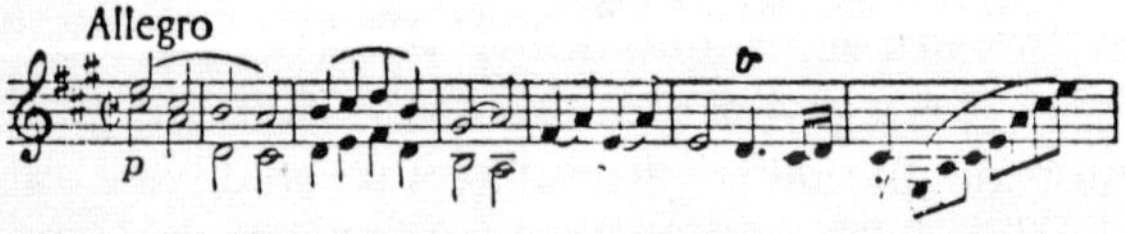

gleichmäßig, schwebt die Geigenmelodie dahin, das Liedhafte wird durch die parallellaufende Unterstimme noch verstärkt, alles ist in weichen Klang getaucht. Vom siebenten Takt an läßt die Klarinette wie träumend gebrochene Dreiklänge in die ruhenden Klänge hineinrieseln. Das Larghetto ist einer der wohllautend-klangvollsten Sätze Mozarts. Das Streichquartett bildet eigentlich nur einen klingenden Untergrund, über dem die stets führende Klarinette ihre weichen Weisen singt. Auch im Menuett führt die Klarinette. Von den beiden Trios steht das erste in a-Moll, die Stimmung verdunkelt sich etwas, ein Kanon von Geige und Bratsche bringt zum ersten Male »Arbeit« in den Satz, die Klarinette schweigt; im zweiten Trio stimmt die Klarinette einen recht vergnüglichen Ländler an (A-Dur), der weiterhin leicht variiert wird. Der Schlußsatz besteht aus kunstvollen Variationen über ein ganz schlichtes Thema.

Klavierwerke

Seien wir ehrlich: die Freude an manchen *Sonaten,* die man im Konzertsaal hört, kommt aus dem Wunsch des Zuhörers, er möchte sie zu Hause auch so spielen können – ein fast untrügliches Zeichen, daß es sich eben um keine Konzertsonate im heutigen Sinne handelt. Das gilt – bei aller Wertschätzung – für so viele Klaviersonaten Mozarts, daß wir in einem »Konzertführer« nur die wichtigsten erwähnen können.

Dahin gehören die Sonaten aus den Jahren 1778/79. Das *a-Moll*-Werk (Köchel 310) ist Mozarts erste Moll-Sonate. Stolz, herb, fast unnahbar der Beginn des Kopfsatzes mit dem punktierten Rhythmus, und wo dieser aussetzt (zweiter Takt), da hält die Dissonanzenwirkung der Begleitung die Herbheit unabänderlich fest. Ein Seitenthema hat in solcher Umgebung keinen Platz. Thema und Durchführung wirken ausgesprochen orchestral. »Instrumentiert« auch das friedliche »Holzbläser-Terzett« des Andantes; in der Durchführung kehren die Dissonanzen des ersten Satzes wieder. Den Schluß bildet ein dunkles Nachtstück in unruhig huschendem Presto. – In der *C-Dur*-Sonate (Köchel 330) ruht der Nachdruck nicht auf den spielfreudigen Ecksätzen, sondern auf dem schlichten, verinnerlichten Andante von persönlicher, bekenntnishafter Prägung. – Das *A-dur*-Werk (Köchel 331) ist keine Sonate, sondern eher eine Suite mit den Sätzen Variationen-Andante/Menuett/Alla turca. Das still singende, volksliedartige Andante-Thema wird schmucklos geleitet von parallelen Terzen (eigentlich

Dezimen) des Basses, dazwischen das ruhige Klingen der liegenden Mittelstimme; im Mittelteil wird das Thema in silbrige Höhen geführt – ein kleines Märchen, das dann in sechs Variationen immer wieder neu erzählt wird. Und vieles, was in diesen Variationen aufklingt, erscheint wieder im Menuettsatz und dem zauberhaft klingenden »Alla-Turca-Rondo«, das in seinen Klanggruppierungen so ausgesprochen orchestral anmutet. – Überaus gegensatzreich die *F-Dur*-Sonate (Köchel 332). Die aufgespaltete Thematik, der heftige Wechsel (von Dur und Moll, das schroffe Gegeneinandersetzen von unbeschwerter Einfachheit und gespannter Leidenschaft erheben das Werk ins Dämonische. Noch klingt die Geschlossenheit des Barocks an manchen Stellen durch den Empfindsamkeitsuntergrund des Rokokos, zugleich erheben sich auf diesem Untergrund leidenschaftlich-kämpferische Gebilde beethovenscher Prägung. Besonders großartig der an die Oper gemahnende »Personen«-(Themen- und Motiv-)Reichtum des ersten und der Revolutionssturm des letzten Satzes. – Lichter und lieblicher das *B-Dur*-Werk (Köchel 333) mit dem anmutigen, süßen Thema des ersten Satzes, dem sanften Terzenthema des Andante cantabile und dem duftig knixenden, schleifenden Thema des Allegretto grazioso.

Wahrhaft konzertmäßig nach Haltung, Ausstrahlung und Satzart die *c-Moll*-Sonate von 1784 (Köchel 457). Im Hauptthema des ersten Satzes liegt keimhaft das ganze Werk beschlossen: stolz-heftiges Auffahren

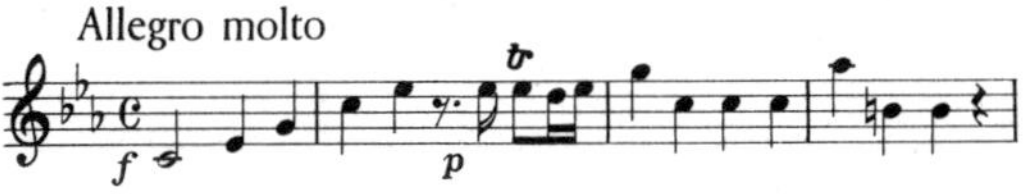

und erschöpftes Zurückfallen, kühne Kampfgebärde und Verzweifeln an der eigenen Kraft – das gilt für Thema, für den ganzen Thementeil, für die Durchführung und für das Schlußstück des ersten Satzes. Im Schlußsatz wird diese trotzige Verzweiflungsstimmung noch überhöht, weil der langsame Mittelsatz (Adagio) trotz seines feierlichen Ernstes die erwünschte Ruhe nicht gebracht hat.

Konzertmäßig endlich auch die *D-Dur*-Sonate von 1789 (Köchel 567); in ihr vereinigt Mozart bachisches Barock (imitatorische Stimmführungen) und haydnsche Motivverarbeitung zu einem lückenlosen, innerlich gebundenen und zugleich nach außen strahlenden Ganzen. Das erkennt man sogleich am Kopfsatz, in dem ein »Jagdthema« (Dreiklangsthema), wie man es in der zweiten Hälfte des 18. Jahrhunderts so häufig antrifft, durch allerlei imitatorische, kanon-artige Einsätze gejagt wird, durchsetzt von rasenden Sechzehntelläufen. Stark dem Rokoko verhaftet das Adagio mit den Auszierungen des edel-gesanglichen Themas. Das Finale ist in der Haltung dem ersten Satz verwandt (Homophonie und Polyphonie verschmolzen).

Unter den Einzelwerken ist besonders die *c-Moll-Fantasie* hervorzuheben (1785, Köchel 475). Bei der Veröffentlichung hat sie Mozart mit der erwähnten c-Moll-Sonate gekoppelt; daher wird sie heute noch meist mit dieser zusammen vorgetragen. Dabei ist sie nach Themenfassung, Gliederung und innerem Gehalt so stark, daß sie als »Einleitungssatz« zur Sonate dieser zuviel vorwegnimmt. Erwähnt sei endlich noch das *h-Moll-Adagio* (1788, Köchel 540), eines der schönsten Klavierstücke Mozarts. Seelische Tiefe und geistige Zucht, phantasievoller Gehalt und sonatenartige Form, ergreifendes Singen und wirkungsvoller Instrumentalsatz einen sich hier zu einem vollendet schönen Innen- und Klangbild.

Chorwerke

Hier sind vor allem zwei Schöpfungen zu erwähnen: das Ave verum und das Requiem.

Um das *»Requiem«* webt sich immer noch der (inzwischen längst gelüftete) Schleier des Geheimnisvollen. Bei Mozart trat im Sommer 1791 ein Unbekannter ein, im grauen Mantel, ernst, zurückhaltend, geheimnisvoll. Er bestellte bei dem Meister ein »Requiem«, eine Toten-Messe, bezahlte den Auftrag im voraus und gebot strengstes Stillschweigen gegenüber jedermann. Auf den schon kranken Meister machte dieser Vorgang einen unheilvoll-gespenstischen Eindruck. Still und unauffällig kam der »graue Unbekannte« immer wieder, um sich nach der Arbeit zu erkundigen. Und als Mozart eines Tages den Reisewagen bestieg, um Wien auf einige Zeit zu verlassen, fand sich als stummer Mahner auch der Unbekannte am Wagenschlag ein. Der empfindsame, immer mehr der Krankheit verfallende Meister arbeitete infolgedessen mit innerem Erzittern an der bestellten Totenmesse und ließ sich nicht davon abbringen, daß er eine Messe für seinen eigenen Tod zu schreiben habe. (Später hat man festgestellt, daß der »graue Unbekannte« der Verwalter eines Grafen war, der seinen Requiem-Auftrag um deswillen so verschwiegen behandelt wissen wollte, weil er die Musik als eigene Arbeit auszugeben wünschte.) Das Requiem ist von Mozart nicht völlig beendet worden. Der Wiener Kapellmeister und Komponist Süßmayr, Freund und Schüler Mozarts, hat das Fehlende (zumeist wohl nach des Meisters Angaben) stilecht ergänzt. – Einer kurzen Orchestereinleitung im Stil Bachs folgt der weihevolle Chor »Requien aeternam dona eis« (Gib ihnen die ewige Ruhe); ergreifend das kleine Sopransolo »Te decet Hymnus« (Dir gebührt Lobgesang). Dann eine mächtige, dämonische Doppelfuge über das »Kyrie eleison« (Herr, erbarme dich unser), dämonisch wird auch das »Dies irae« (Tag des Zorns); großartig aufgebaut das »Tuba mirum« (Laut wird die Posaune tönen), mächtig die Steigerung im »Rex tremendae majestatis« (Herr der furchtbaren Majestät) mit der schlichten Schlußbitte »Rette mich, du Quell der Gnaden«, erschauerndes Zurückfallen in Todesangst und Sündenpein bei den Worten »Confutatis maledictis« (Sind die Verdammten niedergeworfen) – hier jene wundervolle Stelle (»Oro supplex ...«), an

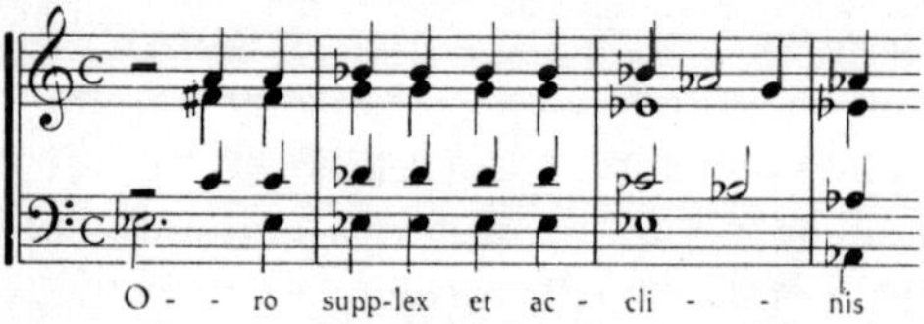

der Mozart in wenigen Takten den Kern der romantischen Harmonik vorwegnimmt; gleich darauf weinende Einkehr und Umkehr: Im »Lacrimosa« (Tränenvoll wird werden jener Tag) scheint eine ganze Menschheit demütig zu schluchzen, erbebend zwischen dunklem Grauen und süßem Hoffen. Die nun folgenden Teile wirken nicht mehr so überzeugend, obwohl ihnen hohe Schönheiten nicht abgesprochen werden können (Agnus dei!).

Das *»Ave verum corpus«* (Gegrüßt sei, wahrer Leib des Herrn) ist eine der letzten Schöpfungen Mozarts (1791). In ihr bewahrheitet sich wieder einmal die alte Erfahrung, daß ein Künstler dann am stärksten ergreift, wenn er volksnah schreibt. Im Grunde ist es ein Liedgesang, ja ein edles Volkslied, schlicht in der überwiegenden Vieltaktigkeit und doch dem kirchlichen Text angepaßt mit einer Genauigkeit, die in Erstaunen setzt. Die Musik (nur Streicher) bedarf keiner Erläuterung; sie spricht in ihrer melodischen Stimmführung und harmonischen Ausdrucksweise unmittelbar zu jedem Hörer; selbst der »kunstlied«artige Schluß entwickelt sich ganz natürlich, fast unmerklich.

BEETHOVEN

Geboren 1770 in Bonn als Sohn eines Sängers; der Vater nutzte das begabte Kind frühzeitig aus. Unterricht bei Neefe. Mit 22 Jahren ging Beethoven nach Wien; dort u.a. Schüler von Haydn. Er war bald geschätzt als Klavierspieler und als Tondichter. Ein bis zu völliger Ertaubung fortschreitendes Gehörleiden vermochte sein Schaffen nicht zu beeinträchtigen. Gestorben 1827 in Wien. Hauptwerke: Sonaten, Kammermusik, Sinfonien, Konzerte, Variationen, Ouvertüren, Schauspielmusiken, die Oper »Fidelio«, die »Missa solemnis«, Lieder.

War die Musik vor Beethoven vielfach Dienerin religiöser Frömmigkeit (Bach) oder Begleiterin eines in sich ruhenden Weltgefühls (Haydn, Mozart), so türmt ihr nun Beethoven einen Thron, von dem aus sie selbst als Herrscherin zum Menschen und zur Menschheit spricht. Seit Beethoven setzt die Musik, die sich bisher nur eine eigengesetzliche *Formen*sprache gegeben hatte, nun auch ihren inneren *Gehalt,* aus eigener Verantwortung und freier Entscheidung. Damit wird sie zur Philosophie und zur Dichtung. Gegenstand dieses neuen dichtenden Philosophierens ist der Einzelmensch, der seiner Klasse und seiner Gesellschaftsschicht entwächst und sich erst wiederfindet in dem allumfassenden Gedanken der Menschheit (9. Sinfonie). So wird die Musik plötzlich beredt; der Hörer fühlt sich von der Persönlichkeit ihres Schöpfers unmittelbar angeredet. Hier liegt Beethovens Größe – hier liegt aber zugleich die Gefahr der Wirkung dieser Musik: da der Hörer so leicht von ihrem menschlichen Gehalt ergriffen wird, nimmt er Beethoven zuweilen nur von der Gefühlsseite und überhört den Klang ernster Geistigkeit des Werkes. Dieser Gefahr ist (von Ausnahmen wie etwa Brahms abgesehen) die ganze musikalische Romantik erlegen.

Die Thematik Beethovens ist einfach, fast immer bildet ein Dreiklang das Gerüst der Themen; und *ein* Grundthema beherrscht zumeist die sinfonischen Werke: wie der freie, unabhängige Mensch auch in der weiten Welt sein Ich, seine Einmaligkeit bewahrt. Freilich, Beethoven spielt nicht mit seinem Grundthema; vielmehr lauscht er in die Töne hinein, ob er nicht das Weben göttlich-menschlicher Kräfte in ihnen erkenne. Und seine Erkenntnisse gibt er dem Willigen preis. Kühnheit und Trotz sind nicht Ziel dieser Musik, sondern nur Mittel: das Mittel nämlich, wie durch ein Gewitter zu befreiender Klarheit zu gelangen, oder musikalisch gesprochen: die innere Kraft des Dreiklangs zu offenbaren.

Ungebärdiger Inhalt und gemeisterte Form, scharfgezeichnete Thematik und gewaltiges Aufbiegen ihrer Fesseln, herrische Gliederung und aufbegehrende Akzente – das sind die eigentlichen Spannungen der beethovenschen Musik. Gleich nah und gleich entfernt steht sie zur musikalischen Klassik und zur Romantik. Die Fesseln der »objektiven«, ausgeglichenen Klassik sind gesprengt; aber noch hält die starke Faust des Befreiers die gelösten Kräfte persönlicher Strebung in Zucht und Zaum, noch ist der Schöpfer mächtiger als seine Geschöpfe. Erst in der Romantik wurde die Selbstbefreiung zum rauschhaften Erlebnis.

Orchesterwerke

1. Sinfonie C-Dur (1800), deutlich von Haydn und Mozart herkommend und doch bereits echter Beethoven. Die Hauptthemen aller vier Sätze steigen aufwärts – Sinnbild der lebensbejahenden Grundstimmung. Nach einer kurzen Adagio-Einleitung, in der die Motive der ganzen Sinfonie keimen, beginnt das Allegro mit einem Thema, das aus Dreiklängen, der klei-

nen Sekunde (wichtig für diesen Satz, vergleiche die Klammern über unserem Notenbeispiel) und einer rollenden Sechzehntelfigur besteht. Diese musikalischen Bausteine kommen in der Sinfonie immer wieder vor. Friedvoll der Beginn des Andante mit den fugierten Einsätzen des Dreiklangsthemas, träumerisch der Seitensatz, durchsichtig instrumentiert die Durchführung. Der dritte Satz heißt zwar Menuett, ist jedoch bereits ein Scherzo, wie das stürmisch nach oben drängende Thema erweist; erhaben das Gegenstück des Trios mit seinen gehaltenen Bläserakkorden, silbern durchwoben von den Geigen. Reizend, wenn zu Beginn des vierten Satzes das Thema erst zögernd ein paar Schritte probiert, bevor es sich in den vergnügten Wirbel stürzt.

2. Sinfonie D-Dur (1803). Ein frischer, lebensfroher Schwung durchzieht das Werk. In geheimnisvoll verschleiernder Art legt eine breite Adagio-Einleitung die musikalischen Grundgedanken der Sinfonie fest. Das Hauptthema des Allegros wird zuerst von den tiefen Streichern angestimmt; zu ihm gesellt sich bestäti-

gend ein von Klarinetten, Fagotten und Hörnern getragenes straffes Marschthema. Neue Gedanken treten in der fein instrumentierten Durchführung nicht auf. Der zweite Satz (Larghetto) zählt zu Beethovens volkstümlichsten Schöpfungen. Das getragene Thema der Streicher, aus dem später so zahlreiche Nebengedanken erblühen, einer liebreizender als der andere, spricht für sich. Kraftvoll das Scherzo mit seiner drängenden Thematik, dem geraden Humor, dem Wechsel von forte und piano, dem Springen der Einzelmotive von Instrument zu Instrument. Der Schlußsatz ein keck beginnendes, übermütig endendes Rondo.

3. Sinfonie Es-Dur, »Eroica« (1805). Die erste jener Großsinfonien, an die man bei dem Namen Beethoven zu denken pflegt. Nicht mehr ein »tönendes Kunstwerk an sich«, sondern Bekenntnismusik, Bekenntnis einer starken Persönlichkeit zum Persönlichkeitsgedanken, zum Heldischen (daher die Bezeichnung »Eroica«). Darauf allein kommt es hier an, nicht auf bildhafte Einzeldeutungen der Sätze, nicht auch darauf, daß Beethoven die Sinfonie ursprünglich Napoleon gewidmet, aber nach dessen Erhebung zum Kaiser die Widmung zerrissen habe. Gewaltig wehen sittliche Größe und ringendes Streben aus diesem Werk, daher auch die Riesenmaße, das Erweitern der überkommenen Form, die eigenwilligen Betonungen, das Bereichern der Durchführung durch selbständige Einzelheiten, das Verbreitern der Coda und das letzte Ausschöpfen des motivischen Stoffes. – Nicht ganz leicht aufzunehmen der erste Satz. Zwei gewaltige Schläge des Orchesters, dann setzt leise in den Celli das Hauptthema ein,

das nach ruhigen Dreiklang-Schritten eine schwermütige Wendung nimmt, verstärkt durch unentschiedene Synkopen der ersten Geigen. Eine neue Taktverschiebung (aus 3/4 scheint ein drängendes 2/4 geworden zu sein), dann reißt das ganze Orchester das Heldenthema machtvoll empor. Zwei Seitenmotive werden eingeführt; ein zögernd-zweifelndes, fast schmerzliches und ein trotzig-treibendes. Hält man diese drei Grundkräfte fest, so wird man sich in der musikalischen, geistigen und seelischen Struktur des Satzes mit seinen ungeheuren Längen einigermaßen zurechtfinden: Kraft, leise Schwermut, Schmerz und Trotz ringen miteinander, wobei in Thementeil, Durchführung und Coda die männliche Kraft die Oberhand behält. Großartig und unmittelbar verständlich der zweite Satz mit seinem c-Moll-Trauermarsch und seinem sanft tröstenden Mittelteil – eine der unvergänglichen Trauermusiken der Geschichte. Dämonisch das großangelegte Scherzo des dritten Satzes mit den dumpf-geschäftig zupfenden Streichern, dem durch die Oboen verstärkten, fast ängstlich zirpenden Hauptthema, dem männlich-frohen Trio (Hörner!). Der Schlußsatz besteht aus Variationen (mit einer kleinen Doppelfuge) über zwei Themen, von denen das eine gleichzeitig den Baß des anderen bildet. Kunstvoll die Anlage, überzeugend der Gehalt, männlich die sich zu letzter Erkenntnis durchringende Sprache.

4. Sinfonie B-Dur (1807). Diesmal kein Künden, kein Ringen, keine Weltanschauung in Tönen, sondern reine, von Gedanklichem wie Gegenständlichem völlig losgelöste Musik und doch unverkennbarer Beethoven. Nach einer feierlich-langsamen, wie tastenden Adagio-Einleitung springt das Hauptthema keck in die Welt (bestehend aus dem Dreiklang und den Tönen des Dominantseptakkordes). Köstlich und

kostbar, wie dieses Thema und seine Nebenmotive in dem durchweg frischen, in der zweiten Hälfte etwas schwärmerischen Satz durchgeführt werden. Das Adagio ist musikalisch der schönste langsame Sinfoniesatz Beethovens; wie ein Gesang gleichgestimmter Seelen schweben die still absinkende Geigenmelodie und die empfindsam emporsteigende Klarinettenweise dahin. Echtes Scherzo der dritte Satz mit seinem zunächst anspringenden, dann seltsam rückläufigen Hauptthema und dem wiegenden Sextenthema im Trio. Humor zwinkert aus dem Schlußsatz, witzig die Instrumentierung, erheiternd das Hetzen der Motive.

5. Sinfonie c-Moll (1808). Man hat das Werk »Schicksals-Sinfonie« genannt, hat an Beethovens Wort erinnert, das Grundmotiv des Werkes »klopfe wie das Schicksal an die Pforte«. Nur vergißt man über solchen an sich treffenden Bemerkungen allzuleicht die musikalische Eigendramatik des Werkes: aus einem kleinen, scheinbar nichtigen Anlaß – einem Motiv von nur vier Noten – erwächst ein sinfonischer Riesenbau. Der erste Satz (Allegro con brio) stellt in gewaltigem Fortissimo der Streicher und Klarinetten das Grundmotiv an den Beginn. Wie eine Bestätigung donnert es

noch einmal auf (einen halben Ton tiefer), wieder ein langer Haltepunkt auf der letzten Note. Dann flüstert es erregt in Geigen und Bratschen, wächst einen Takt lang mit den Holzbläsern zusammen, drei Schläge des Orchesters – endlich ein wildes Aufbäumen: as as as f! Der Aufriß des musikalischen Dramas ist geschaffen in nicht mehr als vierundzwanzig Takten. Der ganze Satz wird beherrscht von diesem einen Motiv! Zu dem gewaltigen Ringen des ersten Satzes bildet das Andante ein tröstliches Gegenstück: das Thema der Bratschen und Celli ist wirklich ein Trostgesang – und doch klopft in den Begleitstimmen unüberhörbar das Grundmotiv des Kopfsatzes, ja, das zweite (marschartige) Thema der Bläser ist unverkennbar aus dem Schicksalsmotiv gewonnen. Dessen Rhythmus bestimmt auch das unheimlich auffahrende Thema des Scherzos, wobei die Hörner beim zweiten Thema geradezu hartnäckig dessen Heftigkeit betonen; polternd das Fugato des Trios (angestimmt von den Kontrabässen). Beklemmend die Überleitung zum Schlußsatz. Der aber erklingt dafür auch wie ein einiger Triumphgesang; seine vier (meist aus dem Dreiklang geborenen) Jubelthemen und ihre rauschhafte Steigerung sind stark genug, die noch einmal auftauchenden Klänge des Schicksalsmotivs niederzuhalten.

6. Sinfonie F-Dur »Pastorale« (1808), sanfte, empfindsame Schwester der Schicksals-Sinfonie (mit dieser am gleichen Tage von Beethoven uraufgeführt). Mit der Bezeichnung »Pastorale« und mehr noch durch die Einzelüberschriften über den verschiedenen Sätzen wird die Phantasie des Hörers eindeutig in eine bestimmte Richtung, die des Naturerlebens, gelenkt; abermals sollte nicht überhört werden, daß der Einheit der Anschauung auch die Einheit des thematischen Stoffes entspricht. Und wenn Beethoven selbst angibt, »mehr Ausdruck der Empfindung als Malerei«, so ist damit bereits gesagt, daß ihm eine Programm-Sinfonie im Sinne klingender Nachahmung von Naturgeschehnissen durchaus ferngelegen hat. – »Erwachen heiterer Gefühle bei der Ankunft auf dem Lande« ist der erste Satz überschrieben. Ein heiter-behagliches, naturhaft-frohes Thema legt die Stimmung des Satzes

fest. Diese schlichte Geigenmelodie wird im Verlauf in ihre motivischen Bestandteile zerlegt und bis ins letzte ausgedeutet. Seitenthema, Überleitungen und Zwischensätzchen – alle werden gespeist von diesem bescheidenen Thema. Selbst die in Waldseligkeit versponnene Durchführung ruht auf dieser einen musikalischen Stimmungslinie. Man wird sie im Andante-Satz (»Szene am Bach«) ohne weiteres wiedererkennen, wenn sich aus einer sanft webenden Figur der tiefen Streicher eine breit dahinströmende Geigenweise löst. Allerlei Nebengedanken tauchen in der Durchführung auf, sie alle Ausdruck der gleichen naturhaften Grundstimmung. Gegen Schluß eine etwas greifbarere Szene, wenn Nachtigall (Flöte), Wachtel (Oboe) und Kuckuck (Klarinette) leise ihr Lied schlagen. Im Scherzo ein »Lustiges Zusammensein der Landleute«, derb mutwillig, tanzend, gutmütig spottend (»falsche« Einsätze, schrillende Oboe, Taktverschiebungen usw.). Plötzlich grollt ein leiser Donner in das Treiben, »Gewitter und Sturm« brechen los, toben und verhallen wieder in der Ferne. Ohne Pause geht es zum Schlußsatz; »Hirtengesang. Frohe dankbare Gefühle nach dem Sturm«. Ein Schalmeien-Thema wird zur Grundlage eines innig und schlicht verströmenden Variationensatzes. Erst 28 Takte vor Schluß verrät eine Umbildung die innere Beziehung zum Grundthema der Sinfonie. Der Kreis ist geschlossen.

7. Sinfonie, A-Dur (1813). Wagners Bezeichnung dieses Werkes als einer »Apotheose des Tanzes« besteht insofern zu Recht, als sämtliche Sätze vorwiegend durch das rhythmische Erlebnis bestimmt sind – von dem wahrhaft tänzerischen Schwung ganz abgesehen. In einer langsamen Einleitung stauen sich noch die Kräfte, dann legt ein marschartiges Sätzchen die rhythmische Grundstimmung fest, bis endlich im Vivace der punktierte Rhythmus des ersten Satzes aufspringt. Das Hauptthema ist trotz seiner Länge im

wesentlichen nur eine melodische Ausführung des »Wachtelschlages«, wie man das Grundmotiv nennen könnte. Der Seitensatz mit seinem Doppelthema ist gleichfalls geboren aus dem hüpfenden Grundrhythmus. Die Durchführung steht fast ganz im Zeichen dieses stürmischen Pochens. Wie eine verhaltene Ballade wirkt das Allegretto, ein ergreifendes Stimmungsbild, anfangs sich entwickelnd aus einem schlichten rhythmischen Motiv und einer wehmütigen Streichermelodie, dann getönt durch eine weiche Weise der Klarinetten und Fagotte, behutsam gestrafft durch freie Variationen und ein kleines Fugato, behutsam zurücksinkend in die leise Schwermut des Beginns – ein Meisterwerk großer, dabei volkstümlicher Kunst. Dritter Satz ein an Gegensätzen reiches Scherzo; der Hauptteil bald ausgelassen lustig, bald heimlich kichernd, das Trio zunächst zögernd, dann in Sexten und Terzen der Bläser festlich-volkstümlich singend. Jubelnder Überschwang und überquellende Kraft im Schlußsatz, fast »lärmend« der Humor des unwiderstehlich mitreißenden Hauptthemas mit seiner Betonung auf dem »schlechten Taktteil«, trotzig bestätigend der

Abschluß des Themas, ein wenig widerborstig auch das an sich liebenswürdigere Seitenthema. Aus diesen drei Bestandteilen türmt sich der wilde, doch von überlegener Kunst gemeisterte Satz.

8. Sinfonie F-Dur (1814). Eine äußerlich kleine, von ruhiger Heiterkeit getragene Schöpfung. In den Geigen setzt frisch der Hauptgedanke ein, zart beantwortet von den Klarinetten. Aus der Klarinettenfigur entwikkelt sich sogleich ein leicht synkopiertes, ländlerarti-

ges Seitenthema. Leicht zu erfassen die Durchführung, geradezu rührend der Schluß. Köstlich das knappe Allegretto mit dem spitzigen Geigenmotiv, das die tiefen Streicher brummelnd bestätigen. Ländlich-behaglich das Scherzo-Menuett, schnellfüßig der Schlußsatz mit seinem engstufig beginnenden, dann aber einige erstaunliche Sprünge wagenden Hauptthema. Was soll man an der Durchführung mehr bewundern: die kontrapunktische Kunst als solche oder die Fähigkeit, trotz solcher Künste allverständlich und humorvoll zu wirken?

9. Sinfonie, d-Moll (1824). Was das Werk so berühmt gemacht hat (Einfügung eines gesungenen Teils in den Schlußsatz), entsprang weniger einem überlegten Plan als einem Zufall: Beethoven hatte seit langem Schillers Lied »An die Freude« vertonen wollen, war aber nie dazu gekommen und nahm nun seine letzte Sinfonie zum Anlaß, wenigstens einen Teil dieser Ode zu komponieren; er selbst war später nicht mehr recht zufrieden mit dieser Lösung. Und so überraschend bei jeder Aufführung dieser Schlußsatz wirkt, die größeren musikalischen und geistigen Werte sehe ich in den ersten drei Sätzen, in denen Beethovens sinfonisches Gebirge seinen höchsten Gipfel erreicht. – Im ersten Satz zucken wie aus urwelthaftem Dunkel (leere Quinten der Hörner, Celli und zweiten Geigen) in den ersten Geigen Blitze auf. In gewaltiger Steigerung wird es Licht: beim 16. Akt des Allegro maestoso taucht in schmerzhafter Helle das große Hauptthema des Satzes empor (Beispiel). Vulkanisch schleudert es neue

Gedanken und Gedankensplitter aus sich heraus; dann sinkt es in die dämmernde Gestaltlosigkeit des Anfangs zurück, aus der es sich aber bald mit verdoppelter Kraft (jetzt in B-Dur) aufreckt. Neue Motive und Themen treten hinzu, klagend oder wuchtig gespannt, eines großartiger als das andere. Hauptsatz, Durchführung, Wiederholungsteil erweitern sich, bilden in ihren riesigen Ausmaßen den außergewöhnlichen Kampfplatz, dessen die Darstellung von Weltengeburt und Menschwerden bedarf. Aber die ganze Auseinandersetzung führt zu keinem »Sieg«; nur der Trotz, der Wille zum Schicksal bleibt bestehen. – Unheimlich das Scherzo mit seinem wispernden Hauptthema (Fugato), den wilden Schleifern des Bläserthemas; an die scheinbare Behaglichkeit des Trios kann man angesichts des geschwinden Zeitmaßes nicht glauben

– und richtig, kaum erklungen, ist sie wieder vorüber, davongefegt durch die schreckhafte Behendigkeit des Scherzo-Hauptteils. – Ruhe, fast übertriebene Ruhe durchzieht den dritten Satz. Wie versunken scheinen die Geigen in ihr frommes Hauptthema, flehend steigt in zweiten Geigen und Bratschen das Seitenthema auf; alle Kämpfe, alle Dämonie, alles Jagen und Gejagdwerden scheinen vergessen. Ist dieses unendliche Ausspinnen und Sinnen ein Ruhen im Ewigen oder ist es erschöpftes Ausruhen? – Den Schlußsatz eröffnet ein kurzes heftiges Presto mit wilden Dissonanzen; doch sogleich mischen sich Celli und Bässe mit Bestimmtheit in das Toben, und es gelingt ihnen, das Orchester zum Schweigen zu bringen. Leise Erinnerungen an die drei ersten Sätze klingen auf, immer wieder durchsetzt von den rezitativischen Gängen der tiefen Streicher. Endlich stimmen Celli und Bässe das Freudenthema an, die übrigen Streicher nehmen es in einem Fugato auf, das Fagott summt einen Kontrapunkt dazu bis das

ganze Orchester das Thema übernimmt. Noch einmal rast der Aufschrei des Beginns acht Takte lang dahin – doch ein Baritonsolo mahnt: »O Freunde, nicht diese Töne! Sondern laßt uns angenehmere anstimmen und freudevollere!« Und nun klingt der Freudengesang auf, begonnen von einzelnen, übernommen vom Chor und vom Soloquartett. Eine Art türkischer Marsch (Alla marcia) stellt eine freie Variation über das Freudenthema dar, Tenorsolo und Männerchor führen den

Jubel fort. Ein orchestrales Zwischenspiel – und der ganze Chor nimmt das Freudenthema in seiner ursprünglichen Gestalt wieder auf. Mit dem Andante maestoso setzt auch ein neues Thema ein. Aus der Freude wird ehrfürchtige Ergriffenheit. Dann aber, im Allegro energico, setzt der höchste überwältigende Jubel ein. Die beiden Themen werden mit den entsprechenden Worten zugleich gesungen und zu einer hymnischen Doppelfuge verbunden. Wieder eine andachtsvoll-ehrfürchtige Besinnung – und im Schluß-Allegro vereinigen sich Orchester, Soloquartett und Chor zu begeisterndem Freudentaumel, den das Orchester in stürmischem Prestissimo ausklingen läßt.

Von den *Ouvertüren* brauchen wir nur diejenigen zu erwähnen, die kraft ihrer sinfonischen Haltung für sich allein zu bestehen vermögen. Zu seiner Oper »Fidelio« hat Beethoven vier Ouvertüren geschrieben; eine von ihnen, die »*Leonoren*-Ouvertüre«, ist im edelsten Sinne eine sinfonische Dichtung. – Dumpf lastet das einleitende Adagio über dem Geschick des zu Unrecht eingekerkerten Florestan. Sehnsuchtsvoll klagend steigt wie ein Erinnern an glücklichere Tage der Sang des Gefangenen auf: »In des Lebens Frühlingstagen«. Das Allegro bringt Hoffnung: mit einem innerlich gespannten Thema der Streicher scheint das Rettungswerk der treuen Gattin Leonore-Fidelio angekündigt zu werden. Wie in einem Sinfoniesatz treten Kräfte und Gegenkräfte auf den Plan, ringen miteinander bis im Augenblick höchster dramatischer Zuspitzung ein fernes Trompetensignal (außerhalb des Konzertsaals geblasen) die Rettung ankündigt. Wie aufatmend und tröstend steigt jene Melodie empor, zu der in der Oper Leonores Worte »Ach, du bist gerettet« ertönen. Dann wird der Hauptteil wiederholt (durchaus sinfonisch entwickelt) und in einer überschwenglichen Schlußstretta, bei der nacheinander alle Streichinstrumente wie in verzücktem Wirbel ein stürmisch dahinjagendes Thema aufnehmen, klingt das Werk aus.

Die *»Coriolan«*-Ouvertüre (1807) hat Beethoven nicht zu dem bekannten Shakespeare-Werk, sondern zu einem Drama des Österreichers Collin geschrieben. Thematisch geht es um den inneren Zwiespalt des römischen Patriziers Coriolan, der, von den Plebejern verbannt, sich rachsüchtig mit den Volskern zum Zug gegen Rom verbündete und nur auf das Flehen der Mutter und der Gattin wieder umkehrte. (Coriolan soll dann von den Volskern ermordet worden sein.) Beethovens Musik ist ein seelisches Drama über den Gegensatz von starrem Mannesstolz und heimlicher Vaterlandsliebe. Harter herrischer Wille spricht aus dem aufwuchtenden Hauptthema, ein trotziges Verlangen, sich selbst durchzusetzen. Im Seitenthema dagegen meldet sich die flehende Stimme des Gewissens, die den Gewalttätigen zurückzuhalten sucht von dem Wüten gegen die eigene Heimat. Im sinfonischen Widerstreit siegt das Gewissen: der Eigenstolz beugt sich der Gemeinschaft, aber der Kämpfer geht an der Preisgabe seines Ich zugrunde – noch einmal hebt das Hauptthema zu einem Anlauf an, dann zerbricht es.

Die *»Egmont«*-Ouvertüre (1810) ist das bedeutendste Stück der Schauspielmusik, die Beethoven zu Goethes gleichnamigem Trauerspiel geschrieben hat. Was hier dargestellt wird, ist natürlich zunächst die Bedrückung der Niederlande durch den spanischen Feldherrn Alba, der Aufruhr unter Führung des Grafen Egmont, der selbst im Tode über die Zwingmächte siegte; darüber hinaus aber ist es ein sinfonisches Gedicht von Unterdrückung und Befreiung überhaupt. Eine langsame, qualvoll wuchtende Einleitung: schwer lasten Gewissenszwang und Heimatnot auf den Niederländern, nur verstohlen wagen die Bedrückten zum Himmel aufzublicken. Dann aber beginnt es sich im Allegro zu regen. Noch ist die Grundhaltung ein gedämpftes Moll; doch schon faßt die gepeinigte Seele zuweilen lichte Hoffnung. Das Allegro wächst im Kampf zur offenen Empörung, zum Aufbegehren gegen die immer wieder hart dreinfahrende Faust des äußeren Geschicks. Strahlende Bläser-Akkorde erhellen den inneren Himmel, bis endlich im Schlußsatz, der »Sieges-Sinfonie«, jenes Thema aufrauscht, das den Sieg inbrünstigen Glaubens über die Mächte der Finsternis versinnbildlicht.

Von den *Klavierkonzerten* brauchen wir die ersten beiden als zwar recht schöne, doch für Beethoven wenig charakteristische Werke nicht zu erwähnen. Das Neue, nämlich der Stil sinfonischen Konzertierens, reift erst in dem *dritten,* dem *c-Moll*-Konzert, (1800) heran. Festgegründet, charaktervoll das Hauptthema des ersten Satzes. In der Durchführung beginnt

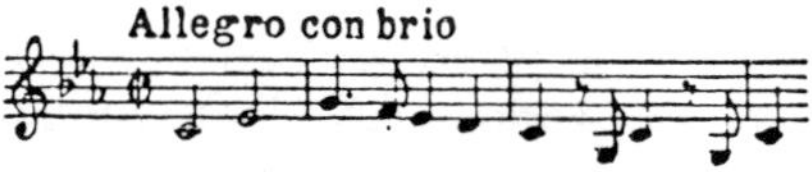

zum ersten Male zwischen Klavier und Orchester jenes thematische Wechselspiel von Rede und Gegenrede, das man bisher nur in den Sinfonien gekannt hatte. Selbst die Coda wandelt sich aus einem Anhängsel in ein selbständiges Gebilde. – Entsprechend dem überraschenden Wechsel der Tonart ändert sich im zweiten Satz (Largo) auch die Stimmung. Schwärmerische Verträumtheit beherrscht selbst das reiche Figurenwerk, mit dem das tief empfundene Thema umspielt wird. – Wie eigensinnig der Beginn des dritten Satzes mit verminderter Septime als Themen-Anfang! Dieses Rondo hat gewiß von der Spielfreude früherer Stücke ähnlichen Charakters nichts eingebüßt; doch zugleich ist es in dem Spiel der Instrumentalgruppen, in der selbständigen Stimmführung (sogar ein kleines Fugato) und besonders in dem Wechsel von Moll nach Dur und vom $^2/_4$- zum $^6/_8$-Takt des abschließenden Prestos voll von persönlichen Eigentümlichkeiten des Schöpfers. – Das *vierte* Konzert in *G-Dur* (1806) nennt man gern das »lyrische«; das trifft im allgemeinen zu. Nur überhöre man nicht die meisterhafte thematische Feinarbeit und mancherlei durchaus unlyrische Gegensätze. Weich, innig, dabei ganz in akkordische Fassung gebettet, das Thema des Hauptsatzes, marschartig das Seitenthema. Wenn das Orchester das Thema aufnimmt, umspielt es das Klavier wie phantasierend. Die Durchführung ist sinfonisch gehalten. Im zweiten Satz ein dunkles Nachtstück: Gegenüberstellung von Schicksal (heftig punktiertes Motiv der Streicher) und Menschenwunsch (Gesangsthema des Klaviers), beredte Wechselgespräche, hart und rührend zugleich. Lebensbejahung strahlt aus dem Schlußrondo mit dem hinreißend feurigen Thema. Mensch und Schicksal sind im Einklang: einträchtig bringen Klavier und Orchester ihre Themen, bestätigen sich gegenseitig, führen einander wechselweise weiter. – Das *fünfte* Konzert in *Es-Dur* (1809) ist eine vollendete Orchester-Klavier-Sinfonie, der man mit nur spieltechnischen Mitteln nicht mehr beikommen kann. Beethoven stand, als er das Werk schrieb, auf der Höhe seiner Meisterschaft als Komponist von Sinfonien und Klaviersonaten, hatte seine vielgerühmte Kunst des freien Improvisierens veredelt und vereinigte sein ganzes Können als Musiker und sein Wesen als Mensch in diesem Konzert. Wie freies Präludieren rauscht es zu Beginn im Klavier auf, dann bringt das Orchester die Themen: ein gestrafftes

Hauptthema und einen weicheren Seitensatz der Hörner. Von besonderer Art das sinfonische Gestalten: Beethoven wirkt nicht nur dichte motivische Netze, sondern setzt auch die Klanggruppen klar nebeneinander, so daß selbst innerhalb des Orchesters förmliche »Chöre« entstehen. Hauptgedanke des zweiten Satzes (Adagio) ist ein ruhig schreitendes, akkordisch gebettetes Thema, vergleichbar einem Sang wallfahrender Pilger, in den das Klavier wie improvisierend hineinspielt. Pausenlos folgt das festlich glänzende Rondo. Das kühn dahinfliegende Thema umschließt mit seinen inneren Gegensätzen (Dreiklangsbeginn, chromatische Zwischenfigur, straffer Abschluß) sämtliche künftig noch auftretende Nebengedanken.

Auch sein *Violinkonzert D-Dur* (1806), wohl das bedeutendste Werk der Gattung, hat Beethoven sinfonisch gestaltet. Wie in einer Sinfonie stellt das Orchester den gesamten Themenstoff auf. Die gesangvollen Hauptthemen sind zunächst der Oboe anvertraut. Erst nach beendeter Themenaufstellung beginnt die Sologeige: wie präludierend erklingen Oktavengänge.

Triolen und Sechzehntelfiguren, dann singt die Geige in hoher Lage die leicht verzierte Hauptmelodie. Die motivische Durchführung der Themen und des viertonigen Paukenmotivs liegt durchweg im Orchester. Über diesem klaren Stimmgewebe zieht die Geige in gebundenen Phantasien ihre beseelten gesangvollen Bogen. Während sich in dem zarten Larghetto die Geige nicht mehr an der Orchesterthematik beteiligt, sondern die innig-fromme Weise der gedämpften Streicher wie verklärt umspielt, übernimmt sie im dritten Satz ganz allein die Festlegung des Themas (Dreiklangthema). Der rauschende Satz ist dankbar für das Orchester, den Sologeiger – und für den Zuhörer.

Kammermusik

Auch Beethovens Kammermusik ist gewachsen auf dem Boden, den seine Vorgänger (etwa Haydn, Ph.E. Bach) vorbereitet haben. Aber schon einige Takte aus der mittleren Schaffenszeit (etwa aus den Rasumowsky-Quartetten) lassen einen neuen Geist und eine ganz andere Artung erkennen. Diese Musik ist mehr als bloßer Ausdruck einer Zeit, einer Gesellschaftsschicht oder einer Persönlichkeit. Sie ist nicht nur da, sondern sie will etwas, sie wendet sich an den Willen des Hörers, beschwört ihn, verlangt von ihm den Einsatz seines ganzen Menschen für ein ganz bestimmtes Ziel. Die Gefahren einer »Weltanschauungsmusik« zeichnen sich ab; doch Beethoven ist als Künstler zu groß, als daß er ihnen erliegen könnte: seine Musik bleibt in der Sonate wie im Streichquartett »reine Musik«, trägt also trotz allem »Weltanschaulichen« ihre Formgesetze in sich selbst. Dabei übersehe man nicht, daß es auch einen anderen Beethoven gibt: den des reinen Spiels mit Tönen, der sich besonders in den Streichquartetten immer wieder offenbart.

Bei dem großen Umfang von Beethovens Kammermusik können wir hier nur einige Marksteine aufstellen.

Die *Sonaten für Geige und Klavier* stehen im allgemeinen nur in den Außenbereichen von Beethovens Schaffen. Eine der bekanntesten ist die *F-Dur*-Sonate Opus 24 (1801/02), vielfach *»Frühlings-Sonate«* genannt. Musikalisch entscheidend ein fallendes Grundmotiv. Gleich zu Beginn rieselt es durch das Hauptthema des ersten Satzes (gestichelte Sechzehntelfiguren zwischen festigenden halben Noten), tritt in ähnlich schmückender Art im Thema des Adagios auf, gibt dem knappen, gemeißelten Scherzo den wesentlichen Antrieb und bestimmt auch den bewegten Ablauf des Schlußsatzes. Dabei ist dieses fallende Motiv aller lastenden Schwere enthoben und wandelt sich – um im Bilde des Frühlings zu bleiben – in einen Blütenregen, der dieser farbigen, heiter-lichten Klanglandschaft eine besondere Note verleiht. – Die noch bekanntere *A-Dur*-Sonate Opus 47, nach Beethovens Widmung (für den französischen Geiger Kreutzer) als *»Kreutzer-Sonate«* bezeichnet, enthält ganz gewiß nicht die Eigenschaften, die ihr Tolstoi in seinem gleichnamigen Ehebuch zuschreibt und die ihr auch bildende Künstler zuweilen andichten. Es ist vielmehr ein reines Virtuosenwerk. Mit gebieterisch-strahlender Gebärde beginnt die Geige in akkordischen Griffen das einleitende Adagio sostenuto, und das Klavier wiederholt dieses »Aufgemerkt!« – der Vorhang öffnet sich vor einer zahlreichen Hörerschaft im Konzertsaal. Mit diesen einleitenden Takten ist die Haltung und Artung des Ganzen bereits festgelegt: konzertmäßige Wirkung, Bestimmtheit des musikalischen Stoffes, virtuoser Wechsel der beiden Instrumente, Verzicht auf verdichtete Innerlichkeit. Schon das erste Thema spiegelt in seiner Fassung das Ziel des dreiunddreißigjährigen Komponisten: der Sturmlauf des a-Moll-Prestos führt nicht zu Höhen, sondern zu festlicher Breite. Ähnlich geht es mit den übrigen Themen: sie glänzen durch sich selbst, nicht durch die Fähigkeit zu gedanklicher Weiterarbeit. Nicht anders die Variationen des langsamen Satzes: das Hauptthema (F-Dur) erscheint so gerundet und in sich geschlossen, daß für die sonst so bedeutende Variationskunst Beethovens kein Raum mehr bleibt. Erst der Schlußsatz schlägt A-Dur an (nach dem a-Moll des ersten und dem F-Dur des zweiten Satzes). Er bildet den durch die beiden Instrumente wechselweise angestrahlten Gipfel dieses reinen Spielwerkes.

Während die Sonaten für Cello und Klavier, leider auch die Streichtrios (das in c-Moll vermag doch wirklich in der Öffentlichkeit zu bestehen) meist auf die Hausmusik beschränkt werden, begegnet man den *Klaviertrios* (Klavier, Geige, Cello) schon eher im Konzertsaal. Recht bekannt geworden ist das *c-Moll-Trio* (Opus 1, Nr. 3, 1795), und zwar vor allem seines Kopfsatzes wegen. Der ganze Satz ist ein einziger Ansturm und Aufruhr menschlich-dämonischer Gewalten, nicht im Sinne starker Klangentfaltung, sondern ungewöhnlicher Verdichtung aller künstlerischen Mittel; gegenüber diesem »echten Beethoven-c-Moll« wirken die übrigen Sätze wie bloßer Nachhall: das geruhsame Variationen-Andante, das leicht treibende Menuett, der eilig dahinhuschende Schlußsatz. – Aus welchem Grund man das *D-Dur*-Trio von 1807/08 *»Geister-Trio«* genannt hat, wird man nie begreifen. Es beginnt mit einer spielfrohen Gebärde, die förmlich terrassenartig emporwächst. Diese Einleitungstakte und das gestraffte Seitenthema sind für die Durchführung wichtiger als das Hauptthema. Der langsame, ausdrucksgesättigte Mittelsatz ruht ganz auf Klang und Farbe, während im Schlußsatz die Bewegungsantriebe entscheiden. – Sehr schön das *B-Dur*-Trio von 1811 mit dem herrlich gefaßten Klavierthema, dem das Seitenthema so zugeordnet wird, daß beide Gedanken gewissermaßen Grund- und Aufriß für die geradezu raumhafte Durchführung werden. Da das Scherzo und das Andante ähnliche Haltung aufweisen und das Finale alle Kräfte der vorangehenden Sätze auf sich einwirken läßt, wird dieses gewissermaßen zu einem architektonischen Schlußstein des Baugewölbes. – Besonders beliebt ist das letzte Klaviertrio Beethovens, die *»Kakaku-Variationen«* Opus 121 a (1823). Es handelt sich um Variationen in C-Dur über das Lied »Ich bin der Schneider Kakadu« aus Wenzel Müllers Singspiel »Die Schwestern von Prag«. Ist das Werk auch nicht tiefgründig, so ist es doch hohe Kunst. Eine weit ausgesponnene langsame Einleitung, in der Teile des Themas heimlich anklingen, scheint zu versinnbildlichen, daß der Tondichter lange gesonnen hat, ob er dieses plappernde Thema überhaupt wählen solle. Am Vortrag des Themas sind alle drei Instrumente beteiligt. Die Variationen stellen dann gewissermaßen zunächst die Instrumente vor, wie sie sich am einfachsten und ihrer besonderen Art entsprechend mit dem Thema abfinden. Das Klavier beginnt allein, es folgt die Geige und – in der dritten Variation – das Cello, beide vom Klavier begleitet. Dann erst finden sich alle drei Instrumente zu gemeinsamem Variationsspiel zusammen. Nach der zehnten Variation will ein Allegretto das Thema scheinbar in seiner Grundgestalt wieder aufnehmen, verliert sich dann aber in ganz selbständige Neugestaltung und steigert sich zu einem glanzvoll virtuosen Abschluß aller Instrumente.

Beethoven hat den *Streichquartetten* die letzten Reste fürstlicher Gebrauchs- und Unterhaltungsmusik abgestreift und ihnen – nach dem Vorgang von Haydn und Mozart – endgültig den Charakter geistiger Auseinandersetzung eingeprägt. Nicht in jedem Werk und nicht von Anfang an, aber Schritt für Schritt und unverlierbar. An einigen charakteristischen Werken läßt sich dieser Vorgang ablesen.

Stark an Haydn und Mozart erinnern die *Sechs Streichquartette* der Opuszahl 18 (natürlich ahmt Beethoven nicht nach, sondern macht sich die von diesen beiden Meistern gewonnenen Einsichten auf seine Weise zu eigen; geschrieben 1801). Nehmen wir das zweite Quartett der Reihe in *G-Dur*. Es genügt ein Blick auf das Thema des ersten Satzes, um die Haltung des ganzes Werkes zu erkennen. Da ist alles weit entfernt

von einem inneren oder äußeren Drama, es herrscht die feinsinnige, ein wenig unpersönliche Anmut des ausklingenden Rokokos. Man hat dem Quartett den Namen *»Komplimentier-Quartett«* gegeben, und in dem ersten Thema allein könnte man alle Einzelheiten höfischen Komplimentierens geradezu körperlich auffinden. Zu folgerichtiger thematisch-motivischer Arbeit kommt es in der Durchführung nicht; alles tändelt schwingend dahin. Auch die drei folgenden Sätze werfen keine Probleme auf. – Der erste Satz des *B-Dur*-Quartetts (Nr. 6) enthält ein ganz gelockertes Spiel mit Motiven. Motiven, nicht Themen; denn aus der ersten Figur dieses Allegro con brio läßt sich zwar durch Aneinanderreihen eine Kette bilden (Wechsel-

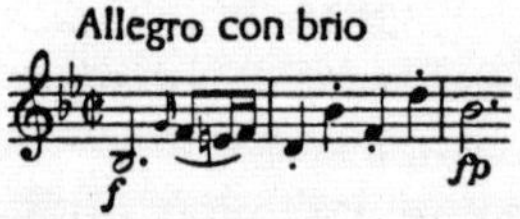

spiel von Geige und Cello), aber bei dieser Kette bleibt die Grundform der Einzelglieder stets augenfälliger als der Zusammenhang. Und selbst diese kleine Anfangsfigur spaltet Beethoven noch in zwei Untermotive: in das Doppelschlags- und das Dreiklangsmotiv. Nicht anders verfährt er mit dem Seitenthema. Für das Spiel (nicht den Kampf) der Durchführung wird noch von Bedeutung der Übergangsgedanke vom ersten zum zweiten Thema, ein Staccato-Lauf in Achteln mit klopfenden Vierteln als Schluß. Im Adagio ändert sich zwar die Stimmung, nicht aber der musikalische Grundstoff. Auch hier keine Entwicklung, sondern eher ein rondoartiges Kreisen. Dreiklangsthematik dann im Trio des Scherzos; das Scherzo selbst ein rhythmisch nicht einfach zu hörendes oder zu spielendes Stück, da die Synkopierung aus dem 3/4- einen 6/8-Takt zu machen scheint. *»La Malinconia«* (»Die Schwermut«) überschreibt Beethoven ein nun folgendes Adagio von nur vierundvierzig Takten. Die in den vorangehenden Sätzen gebrochene Dreiklangsthematik wird hier akkordisch zusammengefaßt. Unmittelbar daran schließt sich ein Allegretto quasi Allegro: 3/8-Takt, mutwilliges Thema, mutwilige Betonung des zweiten Achtels, heiter quirlendes Spiel der Instrumente, unvermutet unterbrochen durch das Adagio-Thema der Malinconia.

Den gewaltigen Unterschied zwischen den Drei *Rasumowsky-Quartetten* (Opus 59, 1806) und denen der Opuszahl 18 wird man begreifen, wenn man sich vor Augen hält, daß zwischen diesen beiden Quartettgruppen so bedeutende Werke geschrieben wurden wie die ersten drei Sinfonien oder der »Fidelio«. Geschaffen wurden sie auf Anregung des Grafen Rasumowsky, der einige Quartette mit russischen Nationalweisen wünschte. Diese drei Quartette umspannen den ganzen Beethoven: den Bekenner, den Kämpfer und den Denker. Dem entsprechen die eingesetzten künstlerischen Mittel. Harmonie, Rhythmus und Thematik wahren überall ihr eigenes Gesicht, sie sind aber zugleich zusammengewachsen zu einer höheren, unlöslichen Einheit. Die Thematik ist bezogen auf bestimmte Ur-Motive, die Harmonik auf wenige Grundharmonien, die Rhythmik geht von festen Verhältnissen aus; und doch entfernen sich Themen, Harmonien und Rhythmen weit von solchen Grundverhältnissen, ohne sich aber je ganz von ihnen abzulösen. Die melodischen Linien werden farbig, die ursprünglichen harmonischen Flächen gewinnen körperliche Gestalt, und die Rhythmen sprengen den Raum.

Der Beginn des *F-Dur*-Quartetts (Opus 59, 1) schlägt sogleich den neuen Ausdruckston an. Im Cello steigt ein Thema ruhig empor in Vierteln und entspannt sich im Rücklauf der Achtelnoten; die Linienführung wird dann von der ersten Geige übernommen: der Gedanke schwingt nicht nur nach oben, er wächst zugleich in eine mächtige Klangschwellung hinein, während die

Begleit-Harmonien scheinbar schwerfällig hinter dem harmonischen Schnitt des thematischen Gedankens zurückbleiben. Wir haben also bereits eine mehrfache Spannung. Aber es treten noch zahlreiche weitere Spannungen auf in Gestalt mannigfacher Themen und Motive, die dann in der (mehr gewachsenen als gebauten) Durchführung zum Teil überraschend eingesetzt werden. Eine Fülle künstlerischer Einzelheiten auch im Scherzo. Das Adagio hat Beethoven als Totenklage für den verstorbenen Bruder geschrieben, ein ebenso gefühlstiefer wie sorgfältig gefügter Satz. Im Finale erscheint als Hauptthema eine russische Weise. – Beim *e-Moll*-Quartett (Nr. 2) fesselt immer wieder die Tatsache, daß die wichtigsten Themen häufig an versteckter Stelle auftreten oder daß (wie im ersten Satz) schwer festzustellen ist, welches denn nun eigentlich das Hauptthema ist. Dieses – wenn man so will – Unbestimmte in den Rasumowsky-Quartetten geht so weit, daß man das dritte der Reihe zuweilen als *C-Dur*- und zuweilen als *a-Moll*-Quartett bezeichnet. Sonst ist es das am leichtesten verständliche: alles wächst auf den Schluß zu mit seiner freien Fuge.

Weil in ihm zuweilen einige Streicher zupfen und daher ein harfenartiger Klang entsteht, hat man das *Es-Dur*-Quartett (1809, Opus 74) *»Harfenquartett«* genannt. Das Besondere des Werkes liegt darin, daß Homophones und Polyphones gleich stark nebeneinanderstehen – vor allem im ersten und zweiten Satz. Im Scherzo tritt als weitere Kraft die rhythmische Bewegung hinzu, während das abschließende Allegretto nun auch noch Variationen bringt, so daß es diesem Werk an Stilmitteln wahrlich nicht fehlt. – Diese

Schreibweise erscheint im *f-Moll*-Quartett (1810, Opus 95) vielfach noch mehr verdichtet: im Kopfsatz durch straffste Fassung des beherrschenden Hauptthemas, im Allegretto durch die Dreigliederung Gebärde/Lied/Stauung, im Scherzo durch eine punktierte Formel, im Finale durch reine Bewegung, die des Gegenständlichen, das man diesem Satz angedichtet hat (»Jagd«), leicht zu entraten vermag.

Auf die *Spätquartette* so ausführlich einzugehen, wie es zu ihrem Verständnis erforderlich wäre, ist hier nicht der Ort. Es handelt sich um Beethovens letzte Werke überhaupt (1824/26). Daher erscheinen sie uns nicht als letzte Vollendung seines kammermusikalischen Schaffens, sondern als zusammenfassender Ausdruck seines tondichterischen Wirkens überhaupt. Und so umschließen sie das Bekenntnishafte ebenso wie das Kämpferische, das Philosophisch-Denkende wie das Rein-Musikalische, das Formen-Sprengende wie Form-Schaffende. Daher auch die zahlreichen Deutungen und Beurteilungen dieser Quartette; die Deuter und Beurteiler waren meist einseitig, nimmt man aber alle ihre Meinungen zusammen, dann dürfte man der umfassenden Wahrheit, die in diesen Werken beschlossen liegt, sehr nahekommen. Wer Kammermusik als menschlich-musikalische Verdichtung schätzt, wird die Rasumowsky-Quartette oder das f-Moll-Quartett den späten Quartetten Beethovens vorziehen. Wer aber eintreten will in die Werkstatt eines dem Irdisch-Stofflichen fast entwachsenen Meisters, eines Mannes, dem das Nichtgreifbare und Nichtbegreifbare hinter den Erscheinungen neue lebendigere Wahrheit geworden ist, der muß sich auseinandersetzen mit den letzten Streichquartetten Beethovens. Hier nur einige Hinweise.

Auffallend die Gedankenverwandtschaft der Sätze im *Es-Dur*-Quartett Opus 127. Der erste Satz wirkt mit seiner stimmlichen Auflichtung (Durchführung!) wie eine freie Phantasie über das Thema des still singenden Adagios und seine Variationen. Gleichfalls als Variationen hat man das Scherzo anzusehen (mit Gedankengut aus dem Kopfsatz), und das leicht überschaubare Finale knüpft an den ersten Satz wieder an.

Man wird guttun, vier Quartette (einschließlich der sogenannten Großen Fuge, die ursprünglich den Schluß des B-dur-Quartetts bilden sollte) als Einheit aufzufassen. Ein Blick auf die wichtigsten Motive

erweist deren Gleichartigkeit. Das *B-Dur*-Quartett (Opus 130) hat nicht weniger als sechs Sätze voller stärkster musikalischer und geistiger Gegensätze; der letzte Satz, ein großes Tanzrondo, wurde auf Wunsch des Verlegers an Stelle der ursprünglich vorgesehenen *Großen Fuge* (später als Opus 133 gesondert erschienen) komponiert. Diese Fuge ist zwar übersichtlich im Grundriß, aber in ihren Einzelheiten recht verwickelt. Im *a-Moll*-Quartett Opus 132 bildet der dritte Satz den empfindungsmäßigen Mittelpunkt; »Heiliger Dankgesang eines Genesenden an die Gottheit« hat ihn Beethoven überschrieben. – Sehr schwer zu übersehen das *cis-Moll*-Quartett (Opus 131). Beethoven schreibt Zahlen über sieben Sätze; doch sind einzelne von ihnen so lang und dazu noch unterteilt, daß man leicht noch mehr Sätze herausrechnen kann, die sich allerdings gruppenweise zusammenfassen lassen. Es würde sich dann folgende, die Übersicht erleichternde Form ergeben: 1. Einleitungs-Adagio und Allegro-Hauptsatz/Moderato-Überleitung, 2. Andante, 3. Presto/Adagio-Überleitung, 4. Allegro-Finale.

Wesentlich einfacher das *F-Dur*-Quartett Opus 135, so einfach, daß es Beethoven einmal als »schofel« bezeichnete. Hier nur ein Wort über den Schlußsatz des knapp gefaßten Werkes. Ihn überschreibt Beethoven »Der schwer gefaßte Entschluß«. Darunter stehen drei Noten in langsamem Zeitmaß mit den Worten »Muß es sein?« und ein zweimal wiederholtes »Es muß sein!« in schnellem Zeitmaß (diese Noten geben jeweils die Grundmotive eines Grave und eines Allegro). Meist deutet man diese Wort als schicksalsschwer – natürlich: Beethoven! Nur leider: Beethoven hat sie aufgeschrieben, als er sich einmal heiter-zornig mit Geldfragen zu beschäftigen hatte. Und mit Schicksal oder dergleichen hat der Satz auch wirklich nichts zu tun.

Klavierwerke

Da wir hier von *Konzert*musik sprechen und zudem aus der Fülle nur eine Auswahl geben können, muß eine Warnung ausgesprochen werden: die im Konzertsaal am meisten aufgeführten Werke geben vom gesamten Klavierwerk Beethovens einseitige Vorstellung. In den Klaviersonaten, Variationen usw. finden sich nämlich genügend Beispiele dafür, daß Beethoven nicht nur ein »himmelstürmender Titan« gewesen ist. Richtig bleibt natürlich, daß des Meisters vielfach willensbetonte Musik sich bei dem Instrument, das er großartig beherrscht haben muß, besonders in Töne und Klänge umsetzte. Während bei Haydn und Mozart die Klavierschöpfungen im allgemeinen zeichnerisch gefaßt und mittelpunktstrebig erscheinen, zielen sie bei Beethoven häufig ins Farbige, Wuchtige, Orchestrale, wollen nach außen künden. Daher die oft weitausholende Thematik, die reiche Harmonik, die mächtigen Rhythmen und die dynamischen Gegensätze.

In den großen *Sonaten* wachsen die Formen über alles Vorangehende weit hinaus. Die Kopfsätze werden zu geistigen Auseinandersetzungen, die langsamen Sätze zu leidenschaftlichen Szenen innerhalb des Sonaten-Dramas, die Menuette von einst wandeln sich zu treibenden Scherzi oder gespenstisch huschenden Zwischenspielen, und die Schlußsätze übertreffen vielfach selbst die Kopfsätze an Gewicht. Dabei hält sich Beethoven an kein Schema, er kommt auch mit drei oder gar zwei Sätzen aus, ohne daß die Sonaten »unvollständig« erscheinen. Alles das ist langsam gewachsen; einige Wipfel und Gipfel seien hier hervorgehoben.

c-Moll-Sonate Opus 13 (1798), von Beethoven selbst als *»Pathétique«* bezeichnet. Ihr tiefer Gehalt, ihre leichtfaßliche Sprache, ihr unverwechselbarer Ausdruck und beredter Schwung haben sie zu einem Lieblingswerk des Publikums werden lassen. Entscheidend für das Ganze (musikalisch und geistig) die einleitenden Grave-Takte, stürmend das erste Thema des

Allegro (durch Harmonisierung verliert dieses Tonleiter-Thema alles Gewohnte), beschwichtigend das Seitenthema. Wie ein tiefer, dunkler Gesang das Adagio, mit einfachsten Mitteln leicht belebt (Begleitfiguren!), fast »orchestral instrumentiert«. Zum Schluß ein Rondo, spielfreudig, geschäftig und zugleich leidenschaftlich.

As-Dur-Sonate Opus 26 (1801), abermals ein Lieblingswerk aller Zuhörer. In der Mitte der bekannte düstere Trauermarsch mit seinen punktierten Rhythmen, den auffahrenden Dreiklängen, dem dumpfen Trommeln. Voran geht ein langsamer Variationensatz, samten, weich und doch fest das Thema, vielspältig die Variationen, abermals »instrumental« getönt.

Als Zwischenspiel vor dem Trauermarsch ein huschendes Scherzo mit heftigen, erschreckenden Zwischenbetonungen und einem ganz schlichten Trio. Zum Schluß ein Allegro mit unablässig rollenden Sechzehnteln, von knappen Einwürfen durchsetzt, Sinnbild des ewig vorwärtseilenden Lebens.

Es-Dur-Sonate Opus 27, 1 (1801). »*Quasi una fantasia*« bezeichnet Beethoven das Werk. Alle Sätze gehen pausenlos ineinander über. Der erste besteht aus einem Andante mit zwei liedhaften Themen, die ein kurzes stürmisches Allegro umrahmen. Dunkel, gespannt, zuweilen unmutig das sehr schnelle Scherzo. Herrlich gerundet setzt das Adagio ein, verliert aber sehr bald seine ruhige Stimmung, neigt zum Verzicht, schüttelt schließlich alle Einwirkung von außen und innen ab (schneller Lauf mit anschließenden Trillern) und springt im Schlußsatz in eine im ersten Augenblick seltsam wirkende, dann aber überzeugende Doppelstimmung von Humor (Oberstimme) und Grimm (rollende Unterstimme). Mächtig der Sturm, mächtig die Steigerung bis zum heftigen Presto.

cis-Moll-Sonate Opus 27, 2 (1801), wiederum »quasi una fantasia«. Die Phantasie der Hörer ist dabei so weit gegangen, dieses Werk »*Mondschein*-Sonate« zu nennen. Manche sehen den Mondschein in dem auf Triolenbegleitung sanft dahinschwebenden, leise klagenden Thema des ersten Satzes; bei anderen lugt er schelmisch durch das huschende Allegro-Scherzo; wieder anderen erscheint er im dräuenden Gewölk des stürmischen Schlußsatzes – Grund genug, solchen Bezeichnungen zu mißtrauen. Das musikalisch-geistige Schwergewicht ruht auf dem Presto-Finale, dem-

gegenüber die ersten beiden Sätze nur als Vorbereitung wirken. Dieser Schluß ist wahrlich ein Gewitter, aber ein solches der Seele. Wesentliches Ausdrucksmittel sind leidenschaftlich erfühlte, von Leidenschaften erfüllte Akkordbrechungen, deren stürmisches Aufsteigen durch abschließende Akkordschläge trotzig betont wird, und eine Reihe ganz gegensätzlicher Motive.

C-Dur-Sonate Opus 53 (1804), die sogenannte »*Waldstein-Sonate*« (dem Grafen Waldstein gewidmet). Infolge ihrer virtuosen Satzart und mächtigen Klangfülle entwächst sie vollkommen der Hausmusik, ist *die* Konzertsonate Beethovens. Ganz offenbar wollte der Tondichter sinfonische Großräume mit klavieristischen Mitteln erstehen lassen. Das Werk hat nur zwei Sätze. Mächtig – trotz pianissimo –, in dichter Klangführung, eigentlich nur akkordisch beginnt der erste Satz; erst das Schlußmotiv gewinnt Linie – keine Zeichnung, sondern blitzende, schnellende Linie. Nach stürmisch drängender Weiterführung tritt als

denkbar stärkster Gegensatz das melodisch und harmonisch gleich schlichte Seitenthema auf. Außer diesen beiden Hauptgedanken werden in der weiträumigen Durchführung noch zahlreiche Nebenmotive sinfonisch ausgearbeitet. Ein gedämpftes Adagio leitet den zweiten Satz ein, ein Rondo, in dem sich einfachste Melodik mit technisch schwierigsten Spielfiguren vereinigt. Auch hier Riesenmaße und Riesensteigerungen.

f-Moll-Sonate Opus 57 (1804) bekannt unter dem nicht von Beethoven stammenden Namen *»Appassionata«*. Diesen Beinamen der »Leidenschaftlichen« trägt sie zu Recht. Leidenschaftlich dichtend und erregt verkündend – so hat das Werk zu allen Zeiten alle Menschen angesprochen. Wer für diese Tondichtung außermusikalische Hinweise braucht, der kann die drei Sätze etwa überschreiben als »Zweifel und Ringen/Trostverlangen/Besinnung auf die eigene Kraft«. Drei Gedanken bestimmen den ersten Satz: das traumschwere Absinken und sich wieder Heben des Beginns mit seinem Abschlußtriller und dem düsteren Pochen des Anhangs (Beispiel), das in Dur anhebende,

anfangs so tröstende, dann aber schmerzlich ausweichende Seitenthema und schließlich ein entschlossener tatbereiter Gedanke. Nach dem Sturm der Durchführung und der wütend gehämmerten Coda verrieselt der Satz ausweglos im dreifachen Piano. Harmonisch und akkordisch gebettet beginnt der choralartige Gesang des Andantes, dreimal wird er variiert, fast scheint Ruhe eingekehrt – da harft es fragend durch die Tasten, fortissimo wird die Frage wiederholt, dann rast – ohne Zwischenpause – der Schlußsatz daher, punktierte Akkorde, Geschwindläufe, bis endlich das tätige, sich selbst betonende Thema einsetzt. Stürmisch drängt der Satz vorwärts, packt zu, hämmert – eine großartige Darstellung männlicher Selbstbehauptung.

Es-Dur-Sonate Opus 81 (1809–10), *»Les adieux«* genannt nach Beethovens eigenen, französisch gefaßten Bezeichnungen der drei Sätze: Lebewohl/Abwesenheit/Heimkehr. Eindeutig eine Programmsonate (für Beethovens Schüler, Gönner und Freund, den Erzherzog Rudolph). Die Satzüberschriften bilden zureichende Wegweiser.

In den fünf *Spätsonaten,* entstanden in den Jahren, in denen Beethoven mit der »Missa solemnis« rang (1816/22), wird die motivische Arbeit immer dichter, immer höher und weiter werden die Räume, alte Formen zerfallen. Neues entsteht, meßbar nur durch sich selbst. Sind die Beethoven vorschwebenden Inhalte überhaupt noch im Rahmen der Klaviersonate auszudrücken? Die bald eisig klaren und bald mystisch tiefen, bald entstofflichten und dann wieder so volksliedhaft schlichten Gedanken und ihre Verbindung darzustellen, ist hier unmöglich. Ein paar umrißhafte Angaben mögen jedoch willkommen sein. Vor allem auch etwas Äußerliches: wenn Beethoven schreibt »für das Hammerklavier«, so ist das nichts als ein Versuch, das

Wort »Pianoforte« durch eine deutsche Bezeichnung zu ersetzen.

A-Dur-Sonate Opus 101 (1816). Im ersten Satz keine Sonatenform, sondern ein Schwingen inniger Empfindungen. Marschartig im Rhythmus (nicht in der Haltung und der Kompositionsweise) der zweite Satz (Vivace). Den dritten Satz, dem eine phantasiereiche Einleitung vorangeht, gestaltet Beethoven ganz frei in der Form wie in der Durchführung der Gedanken (freie Fuge, freie Sonatenarbeit).

B-Dur-Sonate Opus 106 (1818), meist als »die« Sonate für das Hammerklavier bezeichnet (siehe oben). Ein Riesenbau von sinfonischem Ausmaß und Gehalt, kämpferisch in den Außensätzen, ganz vergeistigt in dem ungeheuer langen langsamen Satz. Gewaltig der erste Satz mit seinen zwei Hauptthemen, phantastisch-zerklüftet das Scherzo, feierlich, ins Romantische sich vortastend das Adagio, phantastisch-romantisch auch die Überleitung zum kraftvollen, dennoch tragisch wirkenden Schlußsatz, einer stark sonatenmäßig erlebten Doppelfuge (Das Hauptthema der Doppelfuge: siehe Beispiel) von bald kunstvoll-strengem, bald freierem Stil.

E-Dur-Sonate Opus 109 (1820). Noch stärker treten romantische Züge hervor, die klassische Sonatenform ist kaum noch zu erkennen. Erster und zweiter Satz gehören zusammen (Adagio und Prestissimo!), der dritte ist ein Variationen-Andante über ein innigschlichtes Gesangsthema.

As-Dur-Sonate Opus 110 (1821). Das Werk umschließt freies Rezitativ und gebaute Fuge, rein klangliche Harmonik und gedrängte Scherzowucht, die Anordnung der Formteile mutet an wie ungehemmtes Schweifen. Auf den ersten Blick möchte man sagen: reine Romantik; doch bald spürt man, daß der Gehalt echtester Beethoven ist, persönlichkeitsstark, nicht sich in nebelhaftes Träumen verlierend. Stimmungsvoll, fast schubertisch viele Einzelheiten des eindringlich singenden Moderato (erster Satz), kraft-

voll das Scherzo. Dann – als Einleitung gedacht und später als Zwischenstück wiederholt – ein Rezitativ mit nachfolgendem Arioso (also ein Formbegriff aus der Oper). Endlich eine Fuge mit Umkehrung des Themas, ruhig beginnend, naturhaft wachsend, unterbrochen von dem erwähnten Arioso, klangstark ausschwingend.

c-Moll-Sonate Opus 111 (1822). Nur zwei Sätze. Der erste mit einer majestätischen Einleitung, die an die entsprechende Einleitungsgebärde der »Pathétique« erinnert, wuchtig das Allegro-Hauptthema, unverwechselbar in Schnitt und Haltung, kurz die Durchführung, in der nur gerungen, nicht »gesiegt« wird. Als Schlußsatz eine kleine Arie mit Variationen, in reine Bewegung aufgelöstes Klangspiel, ein gegenstandsloses Sinnen in Tönen.

Abgesehen von den zahlreichen Variationen, die sich in Beethovens gesamtem Instrumentalwerk finden, hat der Meister auch einundzwanzig *Variationen für Klavier* geschrieben. Eine Fundgrube von feinen und mächtigen Kompositionen. Im Konzertsaal hört man nur wenige von ihnen und dann meist nur solche mit Charaktervariationen. Der jüngere Beethoven hat die Spielvariation bevorzugt, bei der das Thema im wesentlichen unverändert bleibt und durch Umspielen immer neu eingekleidet wird; später pflegte der Tondichter die Charaktervariation, in der das Thema auf seine offenen und verborgenen Charakterzüge hin untersucht wird; dabei wird oft nur der eine oder der andere Zug gesondert vorgeführt, so daß die ursprüngliche Gestalt des Themas bisweilen ganz zu entschwinden scheint.

Die wichtigsten Konzert-Variationen sind:

Fünfzehn Variationen mit Fuge Es-Dur, Opus 35 (1802). Man nennt sie meist *»Eroica-Variationen«,* weil das Hauptthema auch in der Eroica-Sinfonie vorkommt. Das Wesen der Charaktervariation wird noch dadurch unterstrichen, daß dem eigentlichen Thema eine beziehungsvolle Einleitung vorangestellt wird; ihr Kerngedanke ist der Baß des erst später auftretenden Themas. Dreimal wird die Baßstimme umspielt, dann erst erscheint das eigentliche Thema. Nach den gegensatzreichen Variationen führt eine Überleitung zur Fuge. Deren Thema ist abermals die Baßstimme; im Verlauf wird dieses kunstvoll mit dem eigentlichen Variationsthema gekoppelt.

Zweiunddreißig Variationen in c-Moll (1807). Düster-großartig in der Stimmung, der Form nach eine Chaconne. Willensmäßig gespannt bereits das Thema mit seinen vielen Möglichkeiten zum Variieren: die

geballte Kraft der Harmoniekette, der Ansprung des doppelt punktierten Kopfmotivs und dessen stockendes Abfallen, die dreimal aufzuckenden Zweiunddreißigstel-Blitze, die heftige Stauung auf dem f-Moll-Akkord, die leeren Schlußtakte. Wer sich dieses Thema sicher zu eigen macht, ist ohne weiteres in der Lage, diesen Variationen zu folgen.

Dreiunddreißig Veränderungen über einen Walzer von A. Diabelli, Opus 120. Ein in seiner Art nicht einfach zu erfassendes Werk. Man kommt ihm näher, wenn man folgende (freilich nur sehr allgemeine) Hinweise beachtet. Gegen das überschlichte, um nicht zu sagen: primitive Walzerthema setzt Beethoven in der ersten Variation einen wuchtigen Marsch: hier Diabelli – dort Beethoven; diese beiden ganz verschiedenen Ausdruckswelten beherrschen das weitere Geschehen, und man braucht sich nicht mehr zu wundern, wenn in vielen Variationen der Zusammenhang mit Diabelli ganz verschwindet und in anderen klar zutage tritt. Zum anderen verändert Beethoven nicht nur das Thema als Ganzes, sondern greift zuweilen nur ein Motiv, ja, nur einen Motivsplitter heraus und variiert nur diese Teile und Teilchen. Stärker als die motivisch-thematische Arbeit wird die polyphone herangezogen, so daß die Fuge (mit anfangs zwei, späterhin drei Themen) folgerichtig aus dem Vorangehenden erwächst. Als Schlußsatz ein »Tempo di minuetto«, um die Verbindung zum Walzerthema wiederherzustellen. Jede Variation geistig und musikalisch ein Charakterbild für sich, vor allem über das Gegensatzpaar Diabelli-Beethoven.

Missa solemnis

Die überragende Chorschöpfung Beethovens (geschrieben 1818 bis 1823). »Von Herzen – möge es wieder zu Herzen gehen«, schrieb der Meister auf die Partitur – *seinen* Gott will er weisen denen, die offenen Herzens sind.

Chor- und Solostimmen (Sopran, Alt, Tenor, Baß) werden jeweils ineinandergefügt, miteinander verwoben, voneinander abgesetzt, so daß ein bald verdichtetes, bald verbreitertes und bald gelockertes Klangbild entsteht. Das Bestreben, nicht nur den großen Abschnitten den ihrem Sinn entsprechenden Ausdruck zu verleihen, sondern jeden Satz, jedes Wort, ja einzelne Silben musikalisch völlig zu durchleuchten, ist in der Missa so weitgehend verwirklicht, daß man sie als Krönung des Beethovenschen Werkbaus betrachten darf.

Eine andachtsvolle Orchestereinleitung führt in wenigen Takten feierliche Stimmung herauf. Dann setzt der Chor mit dem dreimaligen Ruf *»Kyrie«* (»Herr«) ein; wie aus entrückter Ferne wiederholt der Solo-Tenor, dann der Solo-Sopran, endlich der Solo-Alt, der sogleich das weichflehende »Eleison« (»Erbarme dich«) anschließt, welches nun demutsvoll vom Chor übernommen wird. Der zweite Teil, das »Christe eleison« (»Christus, erbarme Dich«), ist noch verhaltener, zugleich aber drängender, als wage der Mensch, eher Christus den Sohn als Gott den Vater zu bitten. Bei der Wiederholung des »Kyrie eleison« tritt das Orchester verdeutlichend und bekräftigend hervor. – Reich an bildhaften Gegensätzen und gegensätzlichen Bildern das *»Gloria«.* Wie eine mächtig aufgeschwungene Flagge rauschen die ersten vier Orchestertakte empor.

Ungeduldig setzen die vier Chorstimmen schnell hintereinander mit dem vor Jubel sich überstürzenden »Gloria in excelsis Deo« ein (»Ehre sei Gott in der Höhe«). Bald aber stockt der Jubel, wird zum stillen Seelengebet: »Et in terra pax« (»Und auf Erden Friede«). Ein erneuter Aufschwung: »Laudamus te, benedicimus te« (»Wir loben Dich, wie preisen Dich«) und, pausenlos anschließend, leise, fast erschreckt über das zuvorige stürmische Loben: »Adoramus te« (»Wir beten Dich an«). Wiederum ohne Zwischenpause, laut, begeistert »Glorificamus te« (»Wir rühmen Dich«).

Sanft der Beginn des »Gratias agimus« (»Dank sagen wir«) im Solo-Quartett; der Chor übernimmt es, neue Anrufe: »Deus pater omnipotens«. Auf den gewaltigen Chor-Schrei folgt das Solo-Quartett, leise, zu weich schwebendem Akkord von Klarinetten und Fagott: »Domine fili unigenite« (»Herr, eingeborener Sohn«). Und dann murmelt es wie im Domes-Dämmer »Erbarm Dich unser«; doch, wieder ein Blick in Gottes Herrlichkeit, erneut ein emporfahrender Ruf »Der du sitzest zur Rechten des Vaters (»Qui sedes ...«). Vor der Wiederholung des Gloria steht die machtvoll-feste Fuge »In gloria dei patris« (»In der Herrlichkeit Gottes des Vaters«). – Noch bildhafter, dichter das *»Credo«*. In sich ruhend das einfache »Credo«, das »allmächtiger Vater« wieder ungeheuer gesteigert, erschauernd das geheimnisvolle »Ante omnia saecula« (»Vor aller Zeit«). Christus ist Gott von Gott, also »genitum« (»gezeugt«), und nicht etwa »geschaffen«: »non factum, non factum« hallt es hartnäckig. Fast wie ein Choral der Chor »Qui propter nos homines ...« (»Der wegen uns Menschen ... herabgestiegen ist«). Mit halber Stimme kündet der Tenor das unbegreifliche Wunder »Und er ist Fleisch geworden ...« (»et incarnatus est«). –

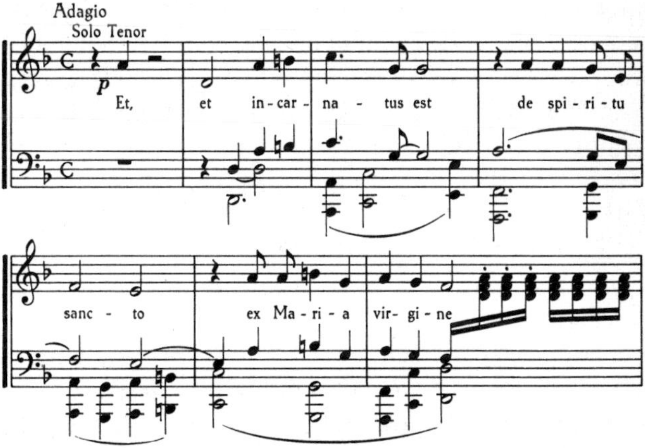

Jeder Takt dieser von der Bratsche umdunkelten Worte ein klangliches Ausdruckswunder. Und der lauschende Chor stammelt erst gegen Ende die verklärten Worte nach, faßt sich schließlich, jubelt. Erneutes Zurückfallen; denn Christus ist gekreuzigt worden, hat für uns gelitten. Dann aber (»et resurrexit«) wiederauferstanden und zum Himmel gefahren. Der Abschnitt schließt nach Bildern des richtenden Gottes in der Doppelfuge »Et vitam venturi saeculi« (»und an ein Leben in kommender Ewigkeit« glaube ich) – einer in Tönen geschauten Ewigkeit. Leise verhallt das Amen im Solo-Quartett, im Orchester schwingt es noch einmal verhalten nach: »Et vitam venturi« ... – Dunkel gefärbte Orchesterstimmen leiten das *»Sanctus«* ein. »Heilig ist der Herr« beten die Solisten; dann aber jauchzend »Voll sind Himmel und Erde Deines Ruhms« und »Hosiannah in der Höh«. Ein Orchesterzwischenspiel (Sostenuto ma non troppo), von dem behauptet wird, Beethoven habe in ihm die heilige Wandlung darstellen wollen. – Das Bußgebet des *»Agnus Dei«* beginnt der Solo-Baß; die Stimmen des Männer-Chors folgen, immer weiter greift die bußfertige Stimmung um sich, erfaßt die Solisten, den gesamten Chor, ergreift auch das in Bewegung geratene Orchester. »Lamm Gottes, erbarme Dich unser.« Fromm und schlicht hebt das »Dona nobis pacem« an. Beethoven setzt über diesen Teil: »Bitte um innern und äußern Frieden.« So erklärt sich die sonst unverständliche Tatsache, daß mitten in die Friedensbitte ein kriegerischer Trompetenmarsch drohend hineinschallt. Und endlich ein kurzer sinfonischer Presto-Satz des Orchesters; fast schreiend ruft der Chor mit höchster Lautstärke sein »Lamm-Gottes«-Gebet hinein. Wenn nun noch einmal die Friedensbitte (»Dona nobis«) angestimmt wird, so nicht in ergebener Demut, sondern mit heftigem Anspruch, gewaltig, fordernd.

SPOHR

Louis (Ludewig) S. (1784–1859) erhielt frühzeitig Geigenunterricht. 1799 Kammermusiker des braunschweigischen Herzogs. Mehrere ausgedehnte, erfolgreiche Auslandsreisen als Geiger und Komponist. Später Geiger in Gotha, Kapellmeister in Wien (1812), dann in Frankfurt (1817). Seit 1822 Hofkapellmeister in Kassel. 1857 zwangspensioniert. Hauptwerke: Opern, Oratorien, Chöre, Geigenkonzerte, Kammermusik.

Von diesem prachtvollen Romantiker kennt man heute leider fast nur noch sein 8. *»Geigenkonzert in Form einer Gesangsszene«* (1816). Man darf sich vorstellen: die zuvor bewegte Bühnenhandlung ruht, der Held oder die Heldin haben Muße zum Besinnen und strömen ihre Gefühle in Gesängen aus. Zunächst, nach der Einleitung, ein *Rezitativ.* In seinen wechselnden Zeitmaßen und dem Absetzen von Tutti und Solo, scheint noch die Erregung des Geschehenen nachzuschwingen; Ruhepunkte stellen sich ein, werden wieder abgelöst von treibenden Ausbrüchen. Dann folgt ein *Arioso,* in dem die Sologeige ihr Leid und ihre Sehnsucht in schwärmerischen Gängen aussingt, bis endlich, vorbereitet durch ein Rezitativ, die *Arie* (Allegro)

mit dem weitgespannten, kraftvollen Hauptthema aus Vorgängen (Rezitativ) und Besinnen (Arioso) ein neues Tatbild formt. – Die stilistische Eigentümlichkeit von Spohrs Geigenkonzerten beruht auf einer Mischung echt romantischer Gefühlsweichheit mit strenger geigerischer Zucht.

WEBER

Carl Maria von W. (1786–1826) war der Sohn eines Stadtmusikus' und reisenden Theaterdirektors. 1803 in Wien als Schüler des Abtes Vogler, im nächsten Jahre Kapellmeister in Breslau. Dann in Stuttgart, Karlsruhe, Mannheim, Darmstadt (hier abermals Schüler von Vogler). 1813–1816 Kapellmeister in Prag. 1817 bis zu seinem Tode Leiter der Deutschen Oper in Dresden. Außer Opern schrieb er vor allem Klavier- und Kammermusik, Lieder und Konzerte.

Weber ist der erste große Vertreter der musikalischen Romantik; zugleich fällt sein Lebensweg noch in die Zeit der musikalischen Klassiker (er ist ein Jahr vor Beethoven gestorben). Als Melodiker kommt er von Mozart, dessen biegsame Themenzeichnung er ebenso übernimmt wie dessen volkstümliche Schlichtheit (vor allem die der »Zauberflöte«). Aber Weber fügt der mozartischen Melodik zwei wesentliche Bestandteile hinzu: den seelischen Überschwang eines schwärmerischen Herzens und das Einbetten in weiche Orchesterfarben. In das (gegenüber Beethoven nicht vergrößerte!) Orchester bringt er überhaupt eine ganz neue Klangfärbung: alle Instrumente werden in der Tiefe und Höhe voll ausgenutzt, und die neuen Klangfarben werden sogar »leitmotivisch« verwendet.

Während von Webers Opern nur der »Freischütz« dauernd auf dem Spielplan erscheint und zu den volkstümlichsten deutschen Bühnenwerken überhaupt gehört, trifft man seine Opern-Ouvertüren immer wieder im Konzertsaal an. Sie sind selbständige musikalische Schöpfungen, die den geistigen Kern der Bühnenwerke aufklingen lassen und gehören somit zur Gattung der »Sinfonischen Dichtungen«.

Die *»Freischütz-Ouvertüre«* (1821) führt mitten in die Naturliebe und Naturschwärmerei der deutschen Romantik. Weich erklingen die Hörner, wie ferner Gesang im dunklen, grünen Wald. Doch nicht lange hält diese Stimmung an. Im dumpfen Beben der Streicher, im unheilvollen Raunen der tiefen Klarinette erheben sich drohende Gestalten, recken sich, schwellen bis im Sturm des vollen Orchesters das höllische Heer vorübertobt. Aber schon ist es vorbei. Strahlend bricht die Sonne durch das Gewölk: ein weithin leuchtender Es-Dur-Akkord. Aus ihm löst sich weich das Bild Agathens in einer wundersam gefügten Klarinettenmelodie. Sogleich schließt sich Agathens Liebesthema an, Überschwang des übervollen Herzens. Finster mischt sich darin ein lastendes Motiv, Schatten senken sich über Agathens Liebesglück. Langsam gewinnt das Unheil die Oberhand; düster verhallt der Klang über einem schauerlichen Tremolo (verminderter Septimen-Akkord), in das drei leise Paukenschläge unheimlich hineintupfen. Der Atem scheint zu stocken – zwei Takte lang schweigt das Orchester. Dann aber bricht der Jubel wieder los auf einem unwiderstehlichen, jauchzenden C-Dur-Akkord. In ausgelassener Freude rasen die Geigen dahin: Agathens Liebesweise triumphiert über die bösen Mächte.

»Euryanthe-Ouvertüre« (1823). In jauchzenden Triolen fahren die Geigen empor, klingen wider von der freudigen Unruhe festlichen Treibens. Ritterlich hochgemut ertönt in den Bläsern ein stolzer Marsch. Am Hofe des Königs erzählen Ritter von Abenteuer und Heldentaten. Nur einer denkt nicht an das Schwert, er denkt an Euryanthe, die Geliebte, deren Treue er besingt: zart stimmen die Geigen Adolars Liebesweise an. Die Marschrhythmen mischen sich hinein: Adolar ist Held und Liebender. Langsam verklingt der Rhythmus in den Streichern; und in den verhaltenen Akkorden der Hörner, Fagotte und Posaunen, im dumpfen Rollen der Pauke bereitet sich eine andere, eine erschauernde Stimmung vor. Wie eine Erscheinung aus einer jenseitigen Welt schwebt es heran: aus den leisen, eindringlichen und doch wie verwehenden Klängen der gedämpften Geigen (achtfach geteilt) spricht etwas Unirdisches, Überirdisches wie mahnend zur Seele der Lauschenden. Nur schwer erwachen sie aus ihrem Traum: pianissimo setzen Celli und Bässe einstimmig mit einem Thema ein, dessen Rhythmus geboren ist aus dem des ritterlichen Marsches. In einem Fugato treten allmählich die übrigen Instrumente hinzu, als gewännen Ritter und Helden nur langsam ihre Sprache zurück. Dann aber wächst die Lebensbejahung, wachsen die stolzen Klänge. Wie befreit von einer quälenden Erscheinung stimmen die Geigen wieder Adolars Liebesthema an, das umrauscht wird von den frohen Marschklängen des Beginns. Noch einmal die jubelnden Triolen des Anfangs, dann schließt das Werk mit einigen freudigen Akkordschlägen.

»Oberon-Ouvertüre« (1826). Die langsame Einleitung enthält in wenigen Takten die musikalischen Klänge einer ganzen Märchenwelt: das geheimnisvolle Horn des Elfenkönigs Oberon, das heimliche Herbeihuschen der Waldgeister in den getupften Holzbläserfiguren und den kleinen Marsch der Kobolde mit seinem rhythmisch bestimmten Anfang in den gedämpften Trompeten und mit dem verwischenden Geigenaus-

klang. Ein kräftiger Schlag – und der Zauber ist verschwunden. In lebhaft treibenden Sechzehnteln der Geigen erscheint das ritterliche Bild Hüons, der nach einem unbestimmten und doch deutlichen Traumbild sucht. Machtvoll bricht er sich Bahn, listig necken ihn Kobolde und Elfen, bis sich seine Sehnsucht nach Liebe, der Liebe zu Rezia, in einer innig schwärmerischen Klarinetten-Melodie offenbart. Wie aus weiten Fernen ertönt die Antwort: Rezias Gesang »Mein Hüon, mein Gatte« klingt, erst leise, dann immer bestimmter im Orchester auf, überstrahlt schließlich alle Fährnisse und Verwicklungen des instrumentalen Kampfes.

Von den Werken für *Klavier und Orchester* ist das *Konzertstück f-Moll* (1821) Programm-Musik mit bühnenmäßiger Bildhaftigkeit (vergl. Spohrs »Gesangsszene«). Das Klavier verkörpert eine Burgfrau des Mittelalters, die in Schmerz und Trauer des geliebten Mannes (eines verschollenen Kreuzritters) gedenkt. Dem Orchester sind die allgemeine Stimmung und später die Schilderung der unerwarteten Rückkehr anvertraut. So gliedert sich das Werk in folgende leichtverständliche Teile: Klage im Larghetto, Trennungsschmerz im Allegro sowie Ankunft des Geliebten, endlich Begrüßungsjubel im Presto.

SCHUBERT

Franz Sch. (1797–1828, Österreicher), Sohn eines Lehrers. Geigenunterricht beim Vater, dann als Wiener Konviktschüler bei Salieri. Drei Jahre lang unterrichtete er zusammen mit seinem Vater die Volksschüler in Lichtenthal, schrieb jedoch zugleich zahlreiche Lieder, Opern und kirchliche Werke. Ein Freund ermöglichte es ihm, seit 1817 als freier Tondichter zu leben. Da er seine Erfolge nicht auszunutzen verstand, geriet er bald in Not. Nach zehnjährigem sorgenreichen Künstlerleben starb er in Wien. Werke: über 600 Lieder, siebzehn Opern und Singspiele (z.T. nicht beendet), zahllose Klavierwerke, Kammermusik, Chöre, acht Sinfonien.

Schubert gilt vielen als Inbegriff der Romantik. Aber er verkörpert doch nur eine Seite dieser »Richtung«: die des träumerischen Verweilens, der gemüthaften Versenkung, der Flucht aus dem tätigen Leben in das Reich der phantasievollen Sehnsucht. Die andere Seite der Romantik, die des überwachen Verstandes, hat ihn kaum berührt; der Begriff der »romantischen Ironie« ist auf ihn nicht anwendbar. Dafür hat er in seinen Werken das Romantisch-Gemüthafte zum Klingen gebracht wie kein Tondichter neben ihm.

Orchesterwerke

Wenn man Schuberts große Sinfonien (die Jugendwerke können hier außer Betracht bleiben) studiert, so läßt sich etwa sagen, daß er die Wiener sinfonische Schule gewissermaßen noch einmal zusammenfaßt: von Haydn kommen ihm die Ländler- und Menuett-Weisen, von Mozart die reich quellenden gesangsmäßigen Melodien, von Beethoven das Riesenmaß der Form (wenigstens in der 7. Sinfonie). Freilich mit Umfärbungen, die Schuberts weicher Gemütsart entsprechen. Vor allem sind Schuberts Sinfonien niemals – im Gegensatz etwa zu Beethoven – vorwärtsdrängende Auseinandersetzungen, sondern schwelgerisches Auskosten des Gegebenen. Das wesentlich Neue der sinfonischen Sprache Schuberts läßt sich mit den Worten umschreiben: »fließende Harmonik« und »warme instrumentale Tönung«. Stets ergreift dieses Ineinandergleiten der einst so scharf abgesetzten Tonarten, stets überrascht die traumwandlerische Sicherheit, mit der Schubert die reichere harmonische Gestalt in die entsprechend getönte Instrumentation einzukleiden vermag. Schuberts Harmonik und Instrumentierung schaffen zum ersten Male den »romantischen Klang« in der Sinfonie.

Sinfonie h-Moll (»Unvollendete«). Aus welchem Grunde Schubert den zwei Sinfoniesätzen, die er 1822 geschrieben hatte, nicht die abschließenden Teile hinzufügte, ist unbekannt. Aber wenn auch »unvollendet«, so ist sie doch »vollendet«. Überströmend an Erfindung und Empfindung der erste Satz: pianissimo beginnen die tiefen Streicher mit einer dunklen Einleitungsweise, die Geigen bringen ein neues Motiv, im 13. Takte erscheint das schwermütige Hauptthema, neue Einfälle folgen bis dann die Celli zu unruhiger Synkopenbegleitung die berühmte wehmütige Weise anstimmen, die wie wenige Sinfoniethemen weltbe-

kannt geworden ist. Was folgt, ist nicht eine Durchführung im eigentlichen Sinne, sondern ein stimmungsreiches Gegen- und Miteinander des thematischen Gutes, das aber unablässig durch neue Einfälle bereichert wird. Im zweiten Satz wechseln Trauer und Trost, weben sich ineinander, verschlingen sich.

Sinfonie C-Dur Nr. 7 (geschrieben 1828). Dieses umfangreiche Werk mit den »himmlischen Längen«, wie Robert Schumann etwas zu überschwenglich meinte, will nicht sinfonisch gehört werden; dazu ist es zu wenig gebaut. Es ist eher ein Kreis von herrlichen Liedern, die sich gegenseitig stützen und bestätigen, steigern und ergänzen. – Mit romantischen Hornklängen beginnt der erste Satz ein vorbereitendes Andante. Das Motiv wird wiederholt, ins Heldische gehoben, dann löst es seine Kraft auf in punktierte Rhythmen der Hörner, Triolen der Geigen und Synkopen der Bratschen. Im Allegro springt ein knappes, punktiertes Motiv in den Geigen auf, ständig begleitet von Triolen der Holzbläser. Jünglingshafter Frohsinn, der später durch das Terzenthema der Oboen und Klarinetten ins Tänzerische gewandelt wird. Allmählich dämmert sie herauf, die Welt der Romantik, mit ihrer träumerischen

Waldseligkeit, in die sich zuweilen Stimmen geisterhafter Wesen mischen. – Im zweiten Satz (Andante) herrscht eitel Melodienseligkeit. Der Moll-Charakter des ersten Themas wird einleitend von den Celli und Kontrabässen festgelegt, dann beginnt die Oboe ihre straffe, doch zugleich wehmütige Weise. Und nun quillt es unerschöpflich aus der Brust des unsterbli-

chen Liedsängers. Eine Melodie nach der anderen, eine inniger als die andere. Dann wieder Ansätze zu lebensbejahender Selbstbehauptung; kraftvolle Rhythmen schreiten durch das volle Orchester. Aber bald verliert sich die Kraft wieder in dem erneut anhebenden schwärmerischen Melodienreigen. – Unwirsch beginnt das Scherzo mit aufschreckenden Achteln und groben Vierteln der Streicher. Aber sogleich nehmen Oboen, Flöten und Klarinetten sanft beschwichtigend dieses Motiv auf, wandeln es ins Liebliche. Dieses Frage- und Antwortspiel geht eine Weile dahin, dann sind die Streicher bezwungen; und zum Zeichen ihrer gewandelten Stimmung singen sie eine Wiener Walzermelodie, die berückend emporsteigt. In der Durchführung wird das Spiel wiederholt. Der weitgespannte Gesang des Trios betont die idyllische Grundhaltung des Scherzos und der ganzen Sinfonie. – Das Finale hält mit den ersten drei Sätzen der Sinfonie gestalterisch nicht Schritt. Es ist eine ständige Wiederholung der gleichen Gedanken. Vielleicht sind die Themen

dieses Satzes *zu* schön, als daß Schubert es hätte übers Herz bringen können, sie in ihre Bestandteile zu zerlegen und damit ihren Zauber zu zerstören. Schon das kurze Motiv des Beginns ist so einmalig erfunden, daß es eine Umformung gar nicht mehr erträgt. Aus ihm entwickelt sich eine lange Triolenjagd der Geigen und ein engstufiges, freudig bewegtes Thema von unvergeßlichem Schnitt. Und vollends das Seitenthema! Ist es nicht begreiflich, daß sich der Schöpfer selbst nicht trennen konnte von diesem frohen Dahinströmen?

Kammermusik

Man darf bei Schuberts Kammermusik nicht geistige Auseinandersetzungen erwarten. Sie ist weniger um der geistigen und musikalischen Probleme willen geschrieben als für ein frohes, gehaltvolles Musizieren mit Freunden. Freilich, der Komponist hieß Schubert, und so haben die Sonaten für Geige und Klavier, die Trios, Quartette und so fort noch heute ihren unschätzbaren Wert für das häusliche Musizieren. Für den Konzertsaal dagegen wird man es bei der Auswahl belassen dürfen, die im Laufe der Zeit zustande gekommen ist.

In den drei späten *Streichquartetten* hat Schubert erreicht, was ihm vorgeschwebt haben mag: die Vereinigung mannigfacher Stilbestandteile zu einem neuen, romantischen Gesamtstil. Homophonie und Polyphonie, liedhafte Innigkeit und motivisch-thematische Arbeit, harmonische Einfärbung und gedankliches Bauen, reines Musizieren und persönlicher Gefühlsausdruck verschmelzen zu höherer, unlöslicher Einheit.

a-Moll-Quartett Opus 29 (1824). Feinverästelt hebt der erste Satz an: Cello und Bratsche pochen leise ihren gleichmäßigen Rhythmus, die zweite Geige schlingt eine Achtelbewegung in gebrochenen Akkorden hinein und die erste Geige setzt nach zwei Takten pianissimo das Thema hinzu. Und dieses Thema ist

ebenfalls verästelt, vielgesichtig schon beim ersten Auftreten. Nicht allein in der Linie, sondern auch in der ihm zugrunde liegenden Harmonie: eines jener schubertischen Mollthemen, die danach verlangen, nach Dur hinüberzugleiten (was auch hier bald geschieht), und die durch solche harmonischen Änderungen eine völlig neue Stimmung ausdrücken. Das Seitenthema (in Dur) bildet keinen Gegensatz, sondern eine Ergänzung. Die Durchführung verläuft im allgemeinen wie ein freundliches Naturspiel. Im Andante das gleiche Bild, nur verhaltener im Zeitmaß, singender im Ausdruck. Allbekannt das Thema, unverkennbarer Schubert mit der Motivfolge »Ein Viertel/zwei Achtel«, unmerklich verändert in den Klavierstücken wieder-

kehrend, schwingender Mittelpunkt der »Rosamunden«-Musik. Was an verborgen Tänzerischem im Andante-Thema anklingt, entfaltet sich im Menuett zu freiem Tanzspiel und klingt im Menuett-Trio als halbverhüllter Ländler auf. Hüllenlos aber wagt sich der Tanz hervor im Schlußsatz mit seinem etwas ungarischen Gebaren.

d-Moll-Quartett (nachgel. Werk), nach dem im Andante verwendeten Thema *»Der Tod und das Mädchen«* genannt. Eine wuchtige Einleitung bereitet den Eintritt des Hauptthemas vor; dieses ist zum Bersten erfüllt von dynamischen Betonungen (Wechsel von piano und sforzato), drängenden Triolen. Nach langer Steigerung und ruhigem Abklingen setzt das Seitenthema ein: pianissimo, in parallelen Terzen und Sexten der Geigen, während die Bratsche das Triolenmotiv als Begleitfigur beibehält. Einzigartig ist nun, wie dieses Seitenthema von den Begleittriolen der Bratsche aus ganz allmählich dem Grundgedanken des Hauptthemas wieder entgegenstrebt und endlich mit ihm eine höhere Einheit auf höherer Ebene erreicht. – Die dunklen »Tod«-Harmoniefolgen aus Schuberts Lied »Der Tod und das Mädchen« bilden das Thema des Andantes. Der Satz selbst besteht aus Variationen

über diese Klangfolgen (also nicht über ein zeichnerisches, linienhaftes Thema). – Das punktierte Motiv des Scherzo-Themas klingt als Begleitfigur im leise singenden, tanzenden Trio weiter. – Ganz verdichtet das Schlußpresto: drängender 6/8-Takt, hüpfendes Grundmotiv, breitgelagerter Zwischengedanke, aufsteigende Akkordballungen werden einheitlich gebunden.

G-Dur-Quartett (Opus 161). Thematik, Harmonie, Rhythmus, Klang, selbst die Satzart (Tremoli, Tonwiederholungen usw.) haben eine große Ausstrahlung, als handele es sich um ein Werk für Orchester. Gleich der Anfang gibt davon eine Vorstellung: der leise einset-

zende G-Dur-Akkord schwillt zum Fortissimo und treibt zum g-Moll des Themabeginns, der breitgelagerte Anfangsakkord wird zum gezackten Motiv, aus Dreitonigkeit erwächst ein elftoniger Akkord. Das synkopierte Seitenthema ist keine Gegenkraft, sondern bestätigt nur; dementsprechend die Durchführung. – Im Andante (»ein wenig bewegt«) der gleiche Vorgang, zwar in ruhigerem Zeitmaß, doch nicht minder leidenschaftlich (Tremoli!). – Ganz aus dem Rhythmus geboren das geschwind pochende Scherzo mit dem gemächlichen Walzer im Trio. – Bewegungsantriebe beherrschen auch den Schlußsatz, der vielfach an die vorangehenden Sätze anknüpft (punktierter Rhythmus, Wechsel von Moll und Dur, pochende Achtel) – Seelensturm und kunstvolle Stimmführung werden eins.

C-Dur-Streichquintett (Opus 163). Sehr stark dem G-Dur-Quartett verwandt in seiner Fülle der Gesichte, dem fast orchestralen Klang, der lichten Stimmführung. Hier wie dort die klangliche Weitung des ruhenden Anfangsakkords, das Hinüberwechseln zu anderer, wenn auch verwandter Harmonie, das Herauswachsen des Themas aus gelagertem Klang. Und wieder ein Seitenthema, das nur bekräftigt, eine Durchführung, die nur bestätigt. – Im Adagio, dessen musikalischer Stoff ebenfalls aus akkordischer Lagerung entsteht, gibt es gleich zwei Hauptthemen; prächtig ihre Gewichtsverteilung durch die wechselnde Gruppierung der Instrumente (zwei Geigen, eine Bratsche, zwei Celli). Sehr raumbildend die Tonartenverschiedenheit. – Auffallend stark die Gegensätze im Scherzo: heftiges Treiben im Presto-Hauptteil, unvermuteter Seelenausdruck im Andante (!) des Trios. – Im Schlußsatz ein Überquellen von Einfällen, ein jauchzendes Spiel mit Motivverschränkungen, nach Klang und Gewicht fast mehr sinfonisch als kammermusikalisch.

A-Dur-Klavierquintett (Opus 114), das sogenannte *Forellenquintett,* kein Werk schwieriger Kompositionskünste, sondern ein freies Ausschwingen froher Musizierlaune (ungewöhnlich die Besetzung mit Geige, Bratsche, Cello, Kontrabaß und Klavier, ungewöhnlich auch die Fünfsätzigkeit), eines der beliebtesten Kammermusikwerke überhaupt. Das Ganze und die

Einzelheiten sind leicht zu überschauen. Mit den ersten Takten des Kopfsatzes ist im Grunde schon alles über den ganzen Satz ausgesagt: anrollende Akkordik, die von gerundeter Melodik aufgefangen wird und sich später mit ihr verschmilzt. Was sich im Verlauf an musikalischen Gedanken ergibt, läßt sich immer auf diese Anfangstakte zurückführen. Überall freundliche Weisen und figurenreiches Spielwerk. – Im Andante abermals kleine Melodienbilder, gerahmt von Akkordbrechungen der Begleitstimmen. – Das rhythmisch straffe Scherzo erinnert an manche Klavierwalzer von Schubert; weich, wienerisch das Trio. – An vierter Stelle steht jener Satz, nach dem das Quintett seinen Namen trägt. Es ist ein Andantino, bestehend aus Variationen über das Thema des Schubertischen Lie-

des »Die Forelle«. Das Thema wird zunächst pianissimo von den Streichern vorgetragen, dann wird es sechsmal variiert (in der Schlußvariation auch die bekannte Begleitfigur des Forellenliedes). – Die über dem Variationensatz liegende spielerische Virtuosität erfaßt im Finale auch die Thematik, eine Art böhmischen Tanzes. Doch daß es sich hier nicht nur um fröhliche Tänzchen handelt, darauf macht die Harmonik mehrfach gebührend aufmerksam.

F-Dur-Oktett (Opus 166). Obwohl mehrere Jahre später entstanden, atmete es den gleichen Geist wie das Klavierquintett. Spielfreude und Klang heißen die Schutzgeister des Werkes. Stellte Schubert im Quintett den Streichern das Klavier gegenüber, um in Farbe und Klang schwelgen zu können, so wählt er dieses Mal Bläser: den zwei Geigen, der Bratsche, dem Cello und Kontrabaß gesellt er Klarinette, Horn und Fagott, also die »weichen« Instrumente unter den Bläsern. – Spielfreudigkeit und klangliches Schwelgen bedeuten hier nicht lockeres, gelöstes Spiel zur Unterhaltung; Schubert legt es vielmehr deutlich darauf an, dem erweiterten Klangkörper entsprechende Inhalte anzuvertrauen. Daß es dabei nicht zu »Problemstellungen« kommt, erklärt sich leicht aus des Meisters Art. Auf der andern Seite nähert sich das Oktett der Suite; es besteht aus sechs Sätzen, von denen der erste und der letzte durch das Gewicht ihrer langsamen Einleitungen fast in die Nähe sinfonischen Musizierens gerückt werden.

Klavierwerke

Daß der größte Teil von Schuberts Klavierwerken durchaus lyrischer Art und daher für den Konzertsaal kaum geeignet ist, versteht sich von selbst – nicht minder, daß sie in der Hausmusik eine noch größere Rolle zu spielen berufen sind als bisher. Deutsche Tänze,

Walzer, Galopps, Ländler, ferner die Impromptus und Moments musicaux bergen eine Fülle erlesener Kostbarkeiten. Unter diesen auch einige Konzertwerke wie das quellenhaft rieselnde As-Dur-Allegretto und die B-Dur-Variationen.

Die *Sonaten* werden im Konzertsaal ziemlich stiefmütterlich behandelt. Gewiß ist ihr ruhiges Kreisen, ihre Längen, ihre verhältnismäßige Gleichförmigkeit nicht jedermanns Sache. Aber warum hat man nur selten den Mut, die bedeutenden Sonaten zu kürzen und dadurch ihre Schönheiten zu retten? Als Beispiel für viele wählen wir die Sonate *a-Moll* von 1823 (Opus 143), weil deren Kopfsatz zum erstenmal den Ausgleich zwischen der vorbildhaften Größe eines beethovenschen Sonatensatzes und dem (auf Harmonie und Klang ruhenden) Eigenwesen schubertischer Sonatensprache bringt. Bereits das Hauptthema enthält alle Bestandteile, aus denen der Satz aufgebaut wird. Nicht im Sinne keimhafter Spannung wie bei Beethoven, vielmehr als gedrängte Stimmung, die sich im Verlauf ausbreitet und vertieft. Das Thema wirkt wie leises Anschlagen eines Balladengedankens, und der ganze Satz ist eine einzige reiche, auf einen gemeinsamen Kern bezogene Ballade. Jede Einzelheit des Themas ist wichtig, weil sie späterhin ausgestaltet wird: das Oktaven-Unisono der melodischen Linie, das kurze Abreißen des dritten Viertels nach einer halben Note, vor allem auch die punktierte Figur des zweiten Taktes, aus der durch einfache Reihung und akkordischen Satz ritterliche Bilder entstehen. Demgegenüber tritt das Seitenthema schlicht und einfach im Rhythmus auf, wird erst in der Durchführung durch Triolen leicht belebt. Bildhaft und stimmungsdicht wie dieser erste Satz ist auch das Andante, während das Schluß-Allegro, obwohl nicht so zwingend wie der erste Satz, dadurch fesselt, daß er – nicht eben häufig bei Schubert – ganz auf Bewegung gestellt ist. Sehr reizvoll die zahlreichen Gegensätze von nachahmender Stimmführung in den triolengeschärften Teilen, von fester Akkordik und singender Melodik.

An konzertmäßiger Wirkung übertrifft natürlich die *Wanderer-Fantasie* (Opus 15) alle Schubert-Sonaten. Der Form nach sollte man sie besser zu den Sonaten rechnen (Satzfolge: Allegro / Adagio / Presto-Scherzo / Allegro); ihrem Gehalt nach ist sie allerdings unverkennbar eine Fantasie oder – wenn man so will – eine lyrische Klavier-Sinfonie, geboren aus inniger Verschmelzung liedhafter und virtuoser Bestandteile, klavieristischer und orchestraler Klangwirkungen. Die vier Sätze gehen pausenlos ineinander über und haben ein gemeinsames Grundthema, und zwar über eine Stelle aus Schuberts Klavierlied »Der Wanderer«. Unser Beispiel gibt vier (abgesehen vom Presto nur im Zeitmaß verschiedene) Erscheinungsformen des

Kerngedankens wieder. Auch das Seitenthema des ersten Satzes ist aus dem gleichen Grundgedanken hervorgewachsen. Mit diesen thematischen Hinweisen wird man sich leicht durch das gewaltige Werk finden. Stürmisch atmend, weit ausholend, kernig erfühlt und virtuos ausgestaltet der erste Teil in C-Dur. Das Adagio-Thema steht in Cis-Dur, ähnelt in seiner akkordischen Feierlichkeit manchem Adagio-Thema von Beethoven, ohne seine Herkunft aus dem Lied zu verleugnen. Dieses Thema wird mehrfach auf verschiedene Weise variiert, steigt zu akkordischer Mächtigkeit, sinkt in der letzten Variation leise zurück. Tänzerisch die Gebärde des Presto (As-Dur), viel vorweggenommener Chopin, nur kerniger, erdhafter. Auf diese Walzer-Fantasie folgt – abermals ohne Pause – der Schlußsatz; das Thema in donnernden Baßoktaven wird sogleich fugiert; Terzen- und Sextenparallelen machen den Klang noch fülliger. Und wenn die Fugierung aufhört, setzen Dreiklangfiguren, Akkordschläge und Tremoli dem Ganzen neue Glanzlichter auf. In heftiger, klirrender und rollender Steigerung stürmt das Werk zu einem rauschhaften Schluß.

BERLIOZ

Hector B. (1803–1869, Franzose) mußte sich, da sein Vater ihm die Mittel zum Musikstudium verweigerte, anfangs sehr kümmerlich durchschlagen. Das Konservatorium war ihm zu trocken; er verließ es, trat aber später wieder ein, um den Römerpreis zu gewinnen – was ihm tatsächlich gelang, so daß er einige Zeit in Italien der Musik leben konnte. Er wurde viel angefeindet, hatte zu kämpfen, bis er schießlich Konservator und Bibliothekar am Pariser Konservatorium wurde. Schrieb vor allem sinfonische Dichtungen, Ouvertüren, Opern, Chorwerke. Berühmt seine »Instrumentationslehre«.

Berlioz, ein musikbesessener Feuerkopf ohnegleichen, bewunderte Beethoven so sehr, daß er anfangs daran zweifelte, nach diesem Großen noch etwas Eigenes aussagen zu können. Da verfiel er auf den Gedanken, Geschehnisse und Dichtungen mit musikalischen Mitteln wiederzugeben. Um nun Vorgänge und Ereignisse genau schildern zu können, bediente er sich aller erdenklichen Möglichkeiten der Orchesterinstrumente. Seine auf diese Weise gewonnene Instrumentierungskunst (schon in Beethovens letztem Lebensjahr) ist für mehr als ein Jahrhundert richtunggebend geworden. Doch die von ihm gewählten Gegenstände musikalischer Schilderung führten ihn so weit, daß die außermusikalische »Idee« wichtiger wurde als das musikalische Eigengesetz selbst: ohne ein genaues Programm der Vorgänge (daher der Name »Programm-Musik«, die Berlioz übrigens nicht erfunden, sondern nur rücksichtslos ausgebaut hat) kann der Hörer diesen sinfonischen Dichtungen kaum mehr folgen. Da außerdem die von Berlioz geschilderten Vorgänge uns heute kaum noch etwas zu sagen haben, tritt das Werk dieses hochbegabten Musikers immer mehr in den Hintergrund.

»Phantastische Sinfonie« (Opus 14, erste Aufführung 1830). Die kühnste und bedeutsamste »Programm-Sinfonie« von Berlioz. Der Tondichter schildert hier in phantastisch-romantischer Art ein Erlebnis aus seinem eigenen Dasein: Berlioz hatte eine Schauspielerin zum Abgott seines Lebens und Liebens gemacht und fühlte sich furchtbar enttäuscht. Diese »Episode aus dem Leben eines Künstlers« wird von ihm musikalisch dargestellt. Kein Mittel erscheint ihm zu gering oder zu groß, als daß er es nicht herangezogen hätte: von Beethoven übernimmt er die sinfonische Form, erweitert sie allerdings um einen Satz; von Beethoven übernimmt er zugleich auch den Grundsatz des »Kopfmotivs«, aus dem sich die anderen Motive und Themen entwickeln, und führt es als »Leitmotiv« in seine musikalische Darstellung ein; er vergrößert das Orchester ins Riesenhafte, verwendet Glocken und Schlagzeuge, Harfen und Ophikléide, tiefe Bläser und läßt die Geigen zuweilen mit dem Holz statt mit dem Haar streichen. Zugleich ist er einer jener französischen Romantiker seiner Zeit, die in ihren Darstellungen gar nicht grell und grausig genug schildern konnten. – Die »Programm-Erläuterungen« von Berlioz werden auch heute auf den Spielfolgen abgedruckt.

Hier nur einige Hinweise. Erster Satz: »Träume, Leidenschaften«. Ein junger Musiker kann sich seine Geliebte nie anders als im Zusammenhang mit einer bestimmten Melodie vorstellen. Diese »fixe Idee« nimmt im einleitenden Largo noch keine feste Gestalt an. Erst im Allegro taucht sie auf und wird nun zum Anlaß, Träumerei, Liebesraserei, Schmerz, Zärtlichkeit und Tränen darzustellen. – Zweiter Satz: »Ein Ball«. Ein leicht dahinschwebender Walzer, aus dem das musikalische Bild der Geliebten wie lächelnd-verklärt emporsteigt. – Dritter Satz: »Szene auf dem Lande«. In der Natur gedenkt der Liebhaber seiner Geliebten, zärtlich – aber auch leidenschaftlich-eifersüchtig. Musikalisches Vorbild ist die »Szene am Bach« aus Beethovens Pastorale; gelungen ist nur der stimmungsschöne Beginn mit dem Kuhreigen (Oboe und Englischhorn), während die Darstellung der Eifersucht unglaubhaft und das Gedonner zum Schluß allzu naturalistisch wirken. – Vierter Satz: »Der Gang zum Hochgericht«. Der Liebhaber weiß, daß er nicht wiedergeliebt wird und daß die Geliebte seiner nicht wert ist. Er nimmt Opium, verfällt in Schlaf, träumt, er habe seine Geliebte ermordet und werde dafür hingerichtet. Ein düsterer Marsch geleitet das Traumgeschehen, man hört das Gröhlen der Menge, die »fixe Idee« taucht noch einmal auf – aber der »Beilhieb« des vollen Orchesters mit grauenvoll wirbelnden Pauken und Trommeln macht dem Ganzen ein Ende. – Fünfter

Satz: »Hexensabbat«. Ein Hahnenschrei zwischen rumpelnden Bässen und kreischenden Geigen leitet den Satz ein. Als erste Hexe scheint sich die unwürdige Geliebte einzufinden. Ihr einst so reines Thema wird in diesem Satz zur Grimasse verzerrt. Am heftigsten, widerwärtigsten an der Stelle, an der die quietschende Es-Klarinette die Weise satanisch entstellt. Wir werden hineingerissen in einen gemeinen Tanz der Hexen: priesterliche Stimmen, Glockengeläut, das Dies irae ertönt, wird aber sogleich von Posaunen und Hörnern ins Lächerliche gezogen. In den musikalischen »Gottesdienst« gehört natürlich eine Fuge: sie setzt denn auch mit einem grunzenden Auftakt im »Hexenrundtanz« ein. Doch der Höhepunkt der Verzerrungen wird erst im Schluß erreicht, der mit Knattern und Kreischen, Johlen und Gröhlen, Krachen und Brummen höllischen Lärm und teuflisches Gelächter entfesselt.

»Harold in Italien« (1834, Opus 16). Das Werk, ursprünglich als Bratschenkonzert für Paganini bestimmt, von diesem aber abgelehnt, soll programmgemäß Szenen aus Byrons Dichtung »Childe Harold« wiedergeben; dieser Harold ist aber in Wirklichkeit Berlioz selbst mit *seinen* Erlebnissen und *seinen* Eindrücken. Wieder beherrscht ein Leit-Thema das musikalische Geschehen; zugleich verwendet Berlioz auch ein Leit-Instrument: die Bratsche, die den Helden Berlioz-Harold versinnbildlicht. – Erster Satz: »Harold in den Bergen«. Ein Adagio malt in dunklen Zügen die trübe Stimmung Harolds und sein edles Wesen. Nach dieser »melancholischen Szene« öffnet sich Harold der Umwelt (Kanon zwischen Orchester und Bratsche). Im

Allegro, den »Szenen des Glücks«, wird er unwillkürlich mitgerissen in das frohe Glück der Bergbewohner und stimmt selbst eine Weise an zum Lob der Berglandschaft. – Zweiter Satz: »Zug der Pilger«. Die Musik schildert sehr anschaulich die Pilger, ihr Wallfahrtslied, ihr Beten, Harolds Miterleben, den gemeinsamen Sang des Abendgebets, das Abendgeläut. – Dritter Satz: »Ständchen eines Abruzzenbewohners an seine Geliebte.« Oboe und Piccoloflöte blasen zur schwerfälligen Begleitung von Klarinette und tiefen Streichern eines jener bekannten italienischen Sechs-Achtel-Motive mit dem punktierten Rhythmus. Dann erscheint der verliebte Dörfler und beginnt auf dem Englischhorn eine einfache Liebesweise, die von seinen Gefährten auf »Gitarren« (gezupfte Streicher) begleitet wird. Harold flicht seine Bratschenweisen in den Ständchengesang. – Vierter Satz: »Gelage der Räuber«. Mitten im wüsten Zechen und Lärmen sitzt Harold. Ein Sterbender. Erinnerungen an das Einst tauchen auf. Bruchstücke aus den ersten drei Sätzen klingen an. Aber alles wird überlärmt durch die derben, frechen Klänge des Räuberliedes. Auch hier, wie in der »Phantastischen«, eine Art Hexensabbat, ein kreischendes Tanzen, das alle inneren Regungen zu Boden trampelt. Noch einmal der fromme Pilgergesang, Harold greift sterbend nach seiner Bratsche – doch er sinkt tot zurück.

»Romeo und Julia« (1839). Das Gesamtwerk in seiner Mischung von reinen Instrumentalstücken und gesungenen Sätzen hat sich nicht behaupten können. Die Instrumentalsätze allein gehören zum Besten, was Berlioz geschrieben hat. (Natürlich schließt sich der

Komponist an Shakespeares gleichnamiges Bühnenstück an). – »Ballfest bei Capulet«. Stolz und ritterlich erklingt in glänzendem Orchestersatz das Hauptthema, und jedes Untermotiv scheint ganz bestimmten Vertretern der Festgesellschaft zugeordnet zu sein. Sehr dramatisch das Ineinandergreifen des Hauptthemas und der edlen Weise Julias. – »Liebesszene«, ein zauberhaftes Adagio. Schwellende Wärme der Sommernacht (tiefe Streicher), zitternde Mondstrahlen (Geigen), Lockrufe der Vögel (Klarinette, Englischhorn), Julia singt von ihrer leidvollen Liebe. Romeo

stürzt zu ihr (Allegro agitato), die Liebe scheint beide zu überwältigen. Dann kehrt die verklärte Stimmung des Adagios wieder: ruhiger Zwiegesang der Liebenden. – »Fee Mab«. Ein Prestissimo von kaum zu überbietendem Reiz mit seinem unglaublich geschwinden Dahinjagen; ebenso schnell tauchen Instrumentierungsfarben auf, verschwinden wieder. Besonders geheimnisvoll die kaum noch hörbare Begleitung im Trio.

Ouvertüre zu »Benvenuto Cellini« (erste Aufführung der Oper 1838). In festliche Karnevalsklänge mischt sich bald eine klagende Weise der Holzbläser; sie versinnbildlicht Theresas Liebe zu Cellini. Eine breitausladende Streichermelodie scheint Hoffnung zu verheißen. Dann wieder Fastnachtstreiben, später zart-verhaltene Takte: Theresa kommt ängstlich zum Stelldichein in einem lang ausgesponnenen Geigenthema (Cellinis Liebeslied) und Theresas wehmütig-frohen Antworten gehen die Festklänge beinahe unter. Erst gegen Schluß erhebt der Karneval wieder seine Stimme. Dann plötzlich Stille. Das große Thema taucht noch einmal gebieterisch-sieghaft auf. Der Leidens- und Liebeskampf ist überwunden, ein von Geigen umspieltes Dankgebet steigt zum Himmel.

Die Ouvertüre *»Römischer Karneval«* ist sechs Jahre später geschrieben nach Motiven der Oper »Benvenuto Cellini«. Sie betont mehr das heitere, ausgelassene Maskentreiben.

Aus der dramatischen Legende *»Fausts Verdammung«* (1846) werden häufig Orchesterstücke im Konzertsaal aufgeführt, die ohne weiteres verständlich sind: der hinreißend instrumentierte, glänzend durchgeführte und mächtig gesteigerte *»Rakoczy-Marsch«*, der klangduftige, wiegende, auf mondbeschienenen Tauwiesen tänzelnde *»Sylphentanz«* und schließlich der nur auf äußere Wirkung ausgehende *»Tanz der Irrlichter«*.

Auf die Chorwerke von Berlioz können wir hier nicht eingehen, da sie zu selten aufgeführt werden. Zu nennen sind vor allem das alle Maße übersteigende *»Requiem«* und das nicht minder mächtige *»Tedeum«* – beide Werke für rund tausend Mitwirkende gedacht.

MENDELSSOHN-BARTHOLDY

Felix M.-B. (1809–1847) war Sohn eines Bankiers und Enkel des berühmten Philosophen Moses Mendelssohn. Mit neun Jahren erstes öffentliches Auftreten. Seit 1820 hat er regelmäßig komponiert. Zahlreiche Reisen (Italien, Paris, London, Schottland). 1833 städtischer Musikdirektor in Düsseldorf, 1835 Gewandhauskapellmeister in Leipzig, 1843 Mitbegründer des Leipziger Konservatoriums. Schrieb Werke aus allen Gebieten der Musik.

Wer das Schöne in der schönen Form sucht, wird bei Mendelssohn reichlich davon finden; denn kaum ein Tonmeister schrieb so viel glatt fließende Melodien, baute so formvollendete Werke, wahrte so sehr den schönen Schein wie er. Wer in der Kunst auch Wahrheit sucht, wird bei Mendelssohn dagegen meist enttäuscht; denn die untadelige Melodik, der überlegen geformte Bau, die instrumentale Einkleidung – das alles wirkt häufig zu sehr wie nach Maß gearbeitet. Aus diesem Grunde haben sich nicht alle Werke des fruchtbaren Komponisten bis heute in den Konzertprogrammen erhalten.

Orchesterwerke

Die *»Schottische Sinfonie«* (a-Moll, 1842, Opus 56) spiegelt seelische und äußere Erlebnisse einer Reise durch Schottland wider. Einheit des thematischen Stoffes, pausenloses Ineinandergreifen der vier Sätze, einheitliche Stimmung rücken das Werk in die Nähe der sinfonischen Dichtung. Der die Grundstimmung festlegenden Andante-Einleitung folgt ein Allegro, dessen Gegensätzlichkeiten durch die liedhafte Thematik ausgeglichen werden. Das Scherzo ist eine Art höfisch geglättetes Pastorale, schottisch gefärbt, leicht stilisiert. Im Adagio greift das erste Thema auf eine Wendung des Kopfsatzes zurück; zweiter Bestandteil ist ein akkordisch vorgetragener Gedanke in punktiertem Rhythmus. – Die Ausführung ähnelt einer dramatischen Szene. Im Finale geht es anfangs kriegerisch zu, der Satz schließt aber freundlich.

Auch die *»Italienische Sinfonie«* (A-Dur, 1833, Opus 90) geht auf Reiseeindrücke zurück. Wirklich »Italienisches« tönt nur im Schlußsatz auf mit seinem brausend-geschäftigen Unisono-Beginn, dem züngelnden Saltarello (»Springtanz«) und der derben Schilderung südländischen Volkslebens (Presto). Aber weder das Allegro vivace mit seinem frohgemuten Hauptthema

noch die d-Moll-Ballade des Andante con moto haben etwas Italienisches, und der dritte Satz mit seinem anmutigen Ländler und den »romantischen« Hornklängen im Mittelteil weisen vollends auf Deutschland.

Bekannter als die Sinfonien sind die *Konzert-Ouvertüren.* Da ist zunächst die *»Sommernachtstraum-Ouvertüre«*, erstaunliches programmusikalisches Werk eines Siebzehnjährigen (!); wenn auch Wagner mit einigem Recht weniger die Elfen als die Mücken aus diesem Tonstück hörte, so spricht das Ganze in seiner romantischen Mischung von Traum und Rüpelei, von Necken und Schwärmen immer wieder an. – Vortrefflich die Landschaftsbildnerei in der *»Hebriden-Ouvertüre«* oder *»Fingalshöhle«*; sehr schön, wie die schottische Insellandschaft und deren Stimmung immer unverändert bleiben (sechstoniges Grundmotiv, während ihr jeweiliges Aussehen oder die mit ihr verbundenen geschichtlichen Erinnerungen mit immer anderen Farben dargestellt werden (prächtig das D-Dur-Seitenthema). – Sehr übersichtlich die Ouvertüre *»Meeresstille und glückliche Fahrt«* (nach Goethe-Gedichten): das einleitende Adagio schildert die Meeresstille, das Molto allegro die glückliche Fahrt. – In der Ouvertüre *»Die schöne Melusine«* setzt sich dem rieselnden Melusine-Thema ein unruhvoller Mollgedanke entgegen: die Nixe Melusine, Gattin eines Menschen, muß in die Wasserwelt zurück, weil das Geheimnis ihrer Abstammung nicht gewahrt wurde.

Bedeutender als die Klavierkonzerte ist das *Violinkonzert e-Moll* (1845), das man für Mendelssohns bestes Werk hält. Zügig das erste Thema des Kopfsatzes,

wahrhaftig schön und zugleich ergreifend das im Pianissimo-Chor der Flöten und Klarinetten einsetzende Seitenthema. Das Andante ist ein innig-süßes Lied ohne Worte. Im Schlußsatz klingt Sommernachtszauber auf; Hauptgedanken: das elfenhaft zarte Thema der Sologeige und der ritterliche Seitensatz des Orchesters.

Kammermusik

In Mendelssohns Kammermusik fließt alles leicht und locker; sie unterhält in einem feingeistigen Sinne, bleibt gepflegtes Spiel, anmutig bewegte Oberfläche, ist Anmut um der Anmut willen. Hervorgehoben seien:

Klaviertrio d-Moll (Opus 49), eine der schönsten Schöpfungen des Komponisten. Gelockerter Klavierklang als untere Schicht, darüber Geige und Cello als zusammengehörige Gegengruppe. Es herrscht nicht die thematisch-motivische Arbeit, sondern der Einfall, und die singenden Einfälle hören nie auf. Zur Verarbeitung ungeeignet gleich das Kopfthema des ersten Satzes mit seinem zügigen Gesang. In ruhigem Singen zieht auch das Andante vorüber. Drängend im Rhythmus das Scherzo, lebendig mit seinem Einfallsreichtum der Schlußsatz.

Streichquartett f-Moll (Opus 80). Während die drei Streichquartette der Opuszahl 44 kaum mehr sind als flächenhaftes Spiel, finden sich im f-Moll-Quartett einige bedeutsame Stellen. Die vier Sätze sind allerdings nicht gleichwertig; das kann bei Mendelssohns

Schaffensart besonders in der Kammermusik nicht wundernehmen. Dafür sind die Themen selbst in ihrem Schnitt so vollendet, daß sie durch sich selbst wirken, einer »Verarbeitung« weder bedürfen noch sie ertragen, weil sich Einmaliges nicht mehrmals ausdrücken läßt. Ein Blick auf den Beginn genügt, um dieses Einmalige, Besondere zu erkennen. Die in Tonwiederholungen zitternde Einleitung mit ihrem engstufigen Auf und Ab bildet einen ausgezeichneten Gegensatz zum Hauptthema; dessen Spannung erstreckt sich über zwei und eine halbe Oktave, es zieht in mächtigen Schritten dahin, unterstreicht seine kraftvolle Haltung durch sforzato-Betonungen, rammt sich endlich fest – nicht auf Grundton oder Dominante, sondern auf dem Leitton (e in f-Moll). An solchen Themen spürt man, was der hochveranlagte Komponist hätte schaffen können, wenn er ein weniger behütetes Leben hätte führen müssen.

Klavierwerke

Bis auf zwei, drei Ausnahmen sind die einst so beliebten »Lieder ohne Worte« versunken. Aber man darf den Klavierkomponisten Mendelssohn nicht nur nach diesen Salonstücklein beurteilen; es gibt einige Kompositionen von ihm, die das Hervorholen lohnen würden. Sie sind wirklich gestaltet und zugleich klaviermäßig geschrieben. Dahin gehören die *Sechs Präludien und Fugen* der Opuszahl 35 (1837); in ihnen binden sich spielerische Virtuosität, satter Klang und

echte Innigkeit auf hoher Ebene – und zwar dank einer überlegen gemeisterten, gleichwohl lockeren Polyphonie. Für den Konzertsaal eignet sich besonders das erste Paar mit den rauschenden Harfenakkorden (siehe Beispiel), in die eine feurig-gefühlvolle »Daumen-Melodie« eingewebt ist, und der stimmig beginnenden, sich klanglich und im Zeitmaß immer mehr steigernden Fuge, die in einen von Baß-Oktaven untermauerten Choral mündet. – Wertvoller und wirkungsvoller noch die *Variations sérieuses* (1841, Opus 54). Bei diesen siebzehn Variationen wird zwar im Grunde stets das Thema selbst variiert, aber *wie* variiert wird, das wird bestimmt durch die flüssige Bewegung der Mittelstimmen beim ersten vierstimmigen Vortrag der harmonisch reich ausgestatteten, leicht synkopierten Melodie. Ein dankbares Konzertwerk, dem sich mit Glück das jugendlich-nervöse Scherzo h-Moll und das Rondo capriccioso anschließen lassen.

Chorwerke

Der durch zahllose unbegleitete Chöre seinerzeit wirklich volkstümlich gewordene Komponist hat auch

Chorwerke mit Orchester geschrieben. Die beiden Oratorien »Paulus« und »Elias«, stark durch die Vorbilder Bach und Händel bestimmt, sind zwar in Einzelheiten nicht gleichwertig, doch gehören sie zweifellos zu den beachtenswertesten Werken ihrer Gattung.

»Paulus« (1836). Erstaunlich, wie der im Grunde lyrische Mendelssohn in diesem Oratorium gerade die dramatischen Stellen zu meistern versteht. Offenbar bewirkte die Beschäftigung mit Bachs Passionen und Händels Oratorien dieses Wunder; besonders die Chöre werden an entsprechenden Stellen außerordentlich dramatisch geführt. Den Chören werden auch die eingestreuten Choräle anvertraut. Über das Geschehen berichtet ein Erzähler (Sopran, Alt, Tenor), die Arien haben zumeist eine betrachtende Aufgabe. – Das Werk beginnt mit einer dreiteiligen Ouvertüre: zunächst die Choralweise »Wachet auf, ruft uns die Stimme« (gewissermaßen das Leitmotiv des ganzen Oratoriums), es folgt eine unruhvolles Fugato bis schließlich die Choralweise machtvoll Zuversicht und Sicherheit verheißt. In der ersten Christengemeinde herrscht Friede und Eintracht (Chor, Rezitativ). Besonders Stephanus wirkt Wunder. Gegen ihn wütet das nichtbekehrte Volk, zwei falsche Zeugen müssen wider ihn aussagen und er wird gesteinigt. Großartig die überlegene Ruhe von Stephanus' Verteidigungsrede (Tenor), die kurze Arie »Jerusalem, du tötest die Propheten« (Sopran) und der wütende Chor »Steiniget ihn«. Nach der Steinigung erklingt es verhalten im Chor: »Siehe, wir preisen selig.« Nun folgen die Szenen um Saulus, sein Verfolgungswüten gegen die Christen und seine Bekehrung zum Paulus. Hervorzuheben die

Geschwind-Arie »Vertilge sie, Herr Zebaoth« (Baß) und die Stelle, wo die Stimme des Herrn durch einen vierstimmigen Frauenchor dargestellt wird. Wieder ertönt der Choral »Wachet auf, ruft uns die Stimme«, Mahnung an den noch im Heidenglauben befangenen Saulus. Saulus-Paulus wird drei Tage blind, erforscht sein Inneres (Baß-Arie »Gott sei mir gnädig«), wird wieder sehend – im wörtlichen und übertragenen Sinne. (Baß-Arie »Mein Gott, ich danke dir«) – Der nun folgende Teil erreicht nicht die Höhe des ersten; offenbar wollte Mendelssohn noch einen Schlußteil als krönenden Abschluß bringen; diese Absicht wurde aber nicht verwirklicht. Berichtet wird im zweiten Abschnitt von Paulus dem Bekehrer, seinen Wundertaten, von der Gegnerschaft der Juden, endlich von seiner Abreise von der Christengemeinde. Hervorzuheben etwa die Doppelfuge »Der Erdkreis ist nun des Herrn ... denn alle Heiden werden kommen«, der vom Tenorsolo eingeleitete Chor »Aber unser Gott ist im Himmel« (fünfstimmig), die herrliche Tenor-Cavatine »Sei getreu bis in den Tod« und die Doppelfuge des Schlußchores »Nicht aber ihm allein ...«

»Elias« (1846). Es ist mehr als ein Zufall, daß dieses Oratorium in England uraufgeführt wurde; denn stärker noch als aus dem »Paulus« spricht aus diesem Werk eine großflächige Dramatik, die den für Händel begeisterten Engländern zusagen mußte. Im »Elias« treten die erzählenden Gesänge völlig zurück; nach Bühnenart vollzieht sich das Geschehen in unmittelbarer Aussage und Wechselrede. Auffallend ist die große Zahl von Solisten-Ensembles (Duett, Terzett, Quartett, Doppelquartett), denen die Wiedergabe der Stimmung

anvertraut ist. Mächtig die Chöre in ihrer dramatischen Wirkung. – Überraschend der Beginn: ein kurzes Baßsolo, in dem Elias den Fluch Gottes verkündet (»Es soll in diesem Jahre weder Tau noch Regen kommen, ich sage es denn«). Nun folgt die fugierte Ouvertüre, bemerkenswert durch die unablässige Steigerung, bis die Instrumente nicht mehr ausreichen und der Chor gewaltig einsetzt »Hilf, Herr!« Sehr eindrucksvoll das Duett zweier Soprane »Zion streckt ihre Hände aus« mit den ständigen Einwürfen des Chores »Herr, erhöre unser Gebet«. Sehr schön das von Holzbläsern begleitete Doppelquartett »Denn er hat seinen Engeln befohlen«, stark die kleine Szene zwischen Elias und der Witwe, deren Sohn der Prophet wieder zum Leben erweckt. Das nun Folgende erhebt sich zur Bildhaftigkeit einer Opernszene: Elias fordert vor dem König Ahab die Baalspriesterschaft heraus, und das Volk wird nun Zeuge, wie die Priester, angestachelt durch des Propheten Hohn, immer lauter schreien, Baal möge Feuer auf seine Feinde fallen lassen, während Elias mit seinem ruhigen Gebet erreicht, was seinen Feinden versagt bleibt. Bevor das Feuer fällt, ertönt das bekannte Soloquartett »Wirf dein Anliegen auf den Herrn«. Der Feuerchor bringt dann den lautmalerischen Höhepunkt. Ähnlich dramatisch (wenn auch durch die Wiederholung des dramaturgischen Einfalls in der Wirkung abgeschwächt) das Gebet des Elias um Regen, die Erfüllung und der anschaulich malende Dank-Chor, einer der machtvollsten Chorsätze Mendelssohns. – Der zweite Teil beginnt mit einer mehrteiligen Sopran-Arie (»Höre, Israel«), der sich ein Chor anschließt (»Fürchte dich nicht«). Unerschrocken erhebt Elias seine Stimme gegen den König; da reizt die Königin das Volk auf wider den Propheten. Als man ihm ans Leben will, flieht er in die Wüste; ergreifend seine Arie »Es ist genug«. Engel trösten ihn: »Hebe deine Augen auf zu den Bergen, von welchen dir Hilfe kommt« – dieses Engel-Terzett gehört zu Mendelssohns bekanntesten Kompositionen. Noch einmal erhebt sich das Oratorium zu besonderer Höhe in der Szene, die das Erscheinen Gottes darstellt; die Wirkung dieser Chöre beruht vor allem auf dem innerlich wie äußerlich berechtigten Wechsel von Laut und Leise. Dann, achtstimmig in Soloquartett und Chor, »Heilig ist Gott der Herr«. Noch ein Baß-Arioso des Propheten, dann schildert der Chor anschaulich, daß »der Prophet Elias brach hervor wie Feuer ... und sein Wort brannte wie eine Fackel ... und er fuhr im Wetter gen Himmel«. Ausklang eine strahlende Chorfuge: »Herr, unser Herrscher, wie herrlich ist Dein Name.«

CHOPIN

Frédéric Ch. (1810–1849, Pole) trat erstmalig mit neun Jahren öffentlich als Klavierspieler auf; mit zwölf Jahren gab ihn sein Lehrer frei, weil er ihn nichts mehr lehren konnte. Neben theoretischem Unterricht (u.a. bei Elsner) empfing er eine sorgfältige Allgemeinbildung. 1830 ging Ch. über Wien und München nach Paris. Dort zählte er bald zu einem Kreis berühmter Männer (u.a. Liszt, Berlioz, Balzac, Heine). Seine Bindung an die Dichterin George Sand ist allbekannt. Ch. schrieb fast ausschließlich Klavierwerke.

Chopins Klavierstil ist einmalig; nicht nur wegen der Mischung von ungehemmter Musizierlust und strenger Selbstzucht, sondern vor allem deshalb, weil er seine Themen in ganz ungewohnter Weise aufschließt. Die Komponisten vor ihm hatten die inneren Triebkräfte der Themen oder Motive entschleiert; Chopin dagegen bringt gewissermaßen die sie außen umgebende Luft, den zarten Duft der Melodien zum Klingen. Zweifellos sind dabei Umwelteinflüsse am Werk gewesen: der Vater war Franzose, die Mutter Polin, er selbst in Polen aufgewachsen, von dem Deutschen Elsner beeinflußt, sein Leben als Erwachsener verbrachte er zu Paris in einem Kreis europäischer Geister – es ist wirklich kein Wunder, wenn seine musikalische Ausdrucksweise nicht auf einen Kern zielt, sondern ausstrahlt, sich verflüchtigt. Vielleicht merkt man das am deutlichsten dort, wo Chopin musikalisches

Volksgut seiner polnischen Heimat verwendet; er liebt es inbrünstig, doch wenn er es gestaltet, so spürt man bald mehr und bald weniger, wie es sich unter dem Einfluß weltbürgerlichen Denkens wandelt, eine ausgesprochen aristokratisch-schöngeistige Fassung annimmt.

Kaum ein anderer Komponist hat so instrumentalgerecht, das heißt hier also: klavieristisch geschrieben wie Chopin. Ob er seine Melodien samten glättet (Chopin ist vor allem Melodiker), ob er seine Harmonien mit allerlei Zwischenfarben tönt, ob er seine hohe rhythmische Begabung einer stampfenden Polonaise oder einem fast italienischen Sänger-Rubato leiht – immer ist alles aus den besonderen Spielbedingungen und Möglichkeiten des Klaviers erfunden. Und noch eines: Wer sich an den gleitenden, sich auflösenden, dann wieder zusammenfindenden Klängen Chopins rein gefühlsmäßig berauscht, der studiere einmal des Meisters Baßführung. An diesen Baßgesängen, Baßstützen und Baßmelodien wird man schnell erkennen, daß all das donnernde, duftige, flatternde, fließende, glühende, gleitende Tonspiel streng bezogen ist auf geistige Grundlagen. Chopin ist mehr als ein romantischer Schwärmer und bezaubernder Salonplauderer; er ist gestaltender Künstler.

Die beiden heute noch bekannten *Klavierkonzerte* sind Frühwerke, die neben manchem Wertvollen auch recht gleichgültige Stellen enthalten; ganz unzureichend ist der Orchesterpart ausgestaltet. Im *e-Moll*-Konzert (Opus 11, 1830) bringt das Orchester drei Gedanken: das kraftvoll aufwärtsschreitende Kopfmotiv, das ausdrucksvoll klagende Hauptthema und den singenden Seitensatz. Damit ist die Aufgabe des Orchesters im Grunde beendet, und das Klavier schaltet frei, fast improvisatorisch mit dem gegebenen Stoff, virtuos, aber erfüllt von echtem Künstlergeist. Auch im zweiten Satz (Romanze) herrscht die Virtuosität; es ist ein Nachtstück, in dem man – um ein Chopin-Wort zu gebrauchen – »in einer schönen, mondbeglänzten Frühlingsnacht dahinträumt«. Der dritte Satz (Rondo) bleibt dagegen im Technisch-Spielerischen stecken. – Das *f-Moll*-Konzert (Opus 21, 1829) ist nur bedeutend im zweiten Satz; wieder ein Nachtstück, nun aber nicht nur träumerisch, sondern eine sehnsüchtige Aussprache des Menschen mit seinem Inneren: eine traumhaft schwebende Melodie rahmt leidenschaftlich schmelzende Ausbrüche (Appassionato). Der Kopfsatz ist ganz auf spielerischen Glanz gestellt, den Schluß bildet ein fast mechanisch dahinrollendes Walzer-Rondo.

Weitaus Bedeutenderes findet sich in den *Werken für Klavier allein.*

Zunächst die *Sonaten.* Völlig ausgereift erst die *b-Moll*-Sonate Opus 35 aus den Jahren 1839/40. Rätseldunkel der Beginn: ein paar schweifende Grave-Takte, dann unruhevoll die Grundtonart in gebrochenen Akkorden, bis endlich das Hauptthema wie gehetzt herandrängt. Stärkster Gegensatz dazu das Seitenthema in breitgelagerter Akkordik, eines der am besten gesteigerten Themen der Klaviermusik überhaupt. Die verhältnismäßig kurze Durchführung ist leidenschaftlich gespannt, eine Mischung echter Durchführungsarbeit und strömenden Phantasierens. Nicht minder gegensatzreich das Scherzo: wildes

Rasen im Hauptteil, traumhaft der sanfte Walzergedanke des Trios. Allbekannt der nun folgende Trauermarsch mit dem schweren Glockenklang der gleichförmigen Baßakkorde zum punktierten Rhythmus des engstufigen Themas und mit dem sparsam gezeichneten, tröstlichen Mittelsatz. Ungewöhnlich der Schlußsatz: kein Thema, kein Akkord, kein forte und kein piano – nur unablässige Triolenbewegung, beide Hände im Einklang, alles grau in grau, wesenloses Treiben halbdunkler Schatten.

Die *h-Moll*-Sonate (Opus 58, erschienen 1845) ähnelt in vielem dem b-Moll-Werk, doch ist sie noch dichter verwoben und reicher im Ausdruck. Die beiden Hauptthemen des ersten Satzes sind zwar gegensätzlich gefaßt, in der Bogenführung jedoch verwandt: selbstbewußt und willensbetont das erste mit seiner akkordischen Vollgriffigkeit, süß-singend, fast hingebend das zweite. Das Scherzo besteht im Hauptteil aus gleichmäßig huschenden Achteln, während das Trio auf gehaltenen Außenstimmen ruht und das eigentliche Geschehen den (meist in Vierteln gehenden) Mittelstimmen überläßt. Nach einigen heftigen Unisono-Folgen und weichen Fremdharmonien beginnt das Largo einen echt Chopinschen Nocturne-Gesang; im Mittelteil bringt die Oberstimme eine breite, ruhige

Weise, die jeweils nach einer »Zeile« wie beim Kirchenchoral von einem Zwischenspiel abgelöst wird. Mächtig bewegt das abschließende Rondo, klug gesteigert und zugleich rauschhaft musiziert.

Zu seinen vier *Balladen* soll Chopin durch polnische Dichtungen angeregt worden sein. Die *g-Moll*-Ballade wirkt durch ihren anfangs schlichten Erzählerton, ihre ständige Steigerung und die mächtigen Harfenfiguren bildhaft wie ein altes Bardenlied. In der *F-Dur*-Ballade scheint Chopin einen Stoff gestaltet zu haben, der unserem Undinen-Märchen entspricht (leicht zu überschauen die formale Anordnung). Das *As-Dur*-Werk beginnt schlicht, wird immer mehr gesteigert und stürmt dann dahin wie auf einem feurigen Roß. Sehr stimmungsvoll die *f-Moll*-Ballade; sie ist rondoartig gehalten, wobei nicht nur die musikalische Form, sondern mindestens ebensosehr die verschiedenen Stimmungen Rondo-Charakter tragen.

Obwohl die vier *Impromptus* in verschiedenen Jahren entstanden sind, unterliegen sie dem gleichen Formgesetz: jeweils wird ein langsamer oder verhaltener Mittelsatz gerahmt von bewegteren Sätzen, von denen der letzte eine mehr oder weniger veränderte Wiederholung des ersten darstellt; außerdem haben alle bewegten Sätze das gleiche Urmotiv. Besonders beliebt – wenn auch nicht das stärkste – das in *cis-Moll,* später als *»Fantasie-Impromptu«* bezeichnet. Den Hörer fesseln die sehr schöne Thematik, die Mischfarben und Mischrhythmen der Satzart und die übersichtliche Gliederung.

Die Bezeichnung *»Scherzi«* sagt von den so benannten Werken weder inhaltlich noch formal etwas aus.

h-Moll: wild-bewegt im Hauptteil und dessen Wiederaufnahme, weich dagegen der Mittelsatz. *b-Moll:* eine künstlerische Walzerphantasie, im Mittelteil ein förmlicher Walzertraum. *cis-Moll:* eine großflächige Klangstudie. *E-Dur:* sehr umfangreich, erfüllt von strömenden Melodien, gegen Schluß mächtig gesteigert (harmonisch, klanglich, bewegungsmäßig).

Die chopinschen *»Nocturnes«* darf man nicht als »Nachtstücke« verdeutschen wollen; denn die Nacht in der Natur wird in ihnen nur als Hintergrund verwendet, dient lediglich zum Einfärben und Abschatten. Chopin erlebt die Nacht daheim, am Flügel, bei Kerzenlicht, erlebt sie nur in seinen Vorstellungen, nimmt ihre Ausstrahlungen mit den Nerven auf. Wenn in der Einleitung gesagt wurde, Chopin bringe nicht so sehr die Themen als den die Melodien umschwebenden Duft zum Klingen, so gilt das ganz besonders auch für die Nocturnes. Diese geschmeidige Melodik mit zarten Koloraturen und verschwebenden Begleitstimmen findet sich (angeregt durch die gleichnamigen Werke des Engländers Field) bereits in einem so frühen Werk wie dem *b-Moll*-Nocturne von 1830, dessen Beginn

daher hierhergesetzt sei. In den späteren Werken verfeinert sich dieses Auflösen der Linien immer mehr. Auf Einzelheiten einzugehen, ist hier nicht möglich, sosehr die reiche Stimmungswelt der Nocturnes dazu verlocken mag.

Ein Wort zu den zahlreichen *Mazurken*. Die Mazurka ist ein polnischer (»masurischer«) Tanz in gemäßigtem 3/4-Takt, das dritte Viertel in der Regel leicht betont, das erste Viertel meist aufgeteilt in ein punktiertes Achtel und ein Sechzehntel. Weitaus die meisten Mazurken Chopins sind so gehalten, daß sich nach ihnen wirklich tanzen läßt, das bedeutet: der Tondichter hat das Unmittelbar-Volkhafte nicht ausgelöscht, sondern betont. Dagegen sind Harmonie und Melodik künstlerisch verfeinert. Chopin hat den Volkstanz gewissermaßen in den Adelsstand erhoben.

Die meisten *Polonaisen* Chopins sind ungewöhnlich bildhaft, und die ihnen innewohnenden Bildvorstellungen lassen sich mit einiger Vorstellungskraft leicht nacherleben. Dabei darf man allerdings nicht immer an einen Schloß-Saal mit entsprechenden tanzartigen Umzügen denken; zuweilen hat nämlich Chopin auch einen Reiterzug dargestellt oder heimatliche Erinnerungen allgemeiner Art heraufbeschworen und sie in Polonaisenform gegossen. Von Konzertpolonaisen sind etwa die folgenden hervorzuheben. Die in A-Dur (aus Opus 40) ist wohl die bekannteste. Einfache Melodik, gleichmäßiger Rhythmus, mächtige Akkorde, donnernde Oktaven und der übersichtliche Aufbau machen das Werk zu einem nie versagenden Lieblingsstück. Der Hauptsatz hat nur ein Thema, das in kurzer Durchführung durch verschiedene Tonarten gepreßt wird. Im Mittelsatz ein kraftvoll geschmettertes Trompeten-Dreiklangsthema. – Prunkstück für den Konzertsaal ist die *As-Dur*-Polonaise (Opus 53).

Spannungsreich die Einleitung mit dem Wechsel von halbtonweise emporfahrenden Akkorden und rollenden Sechzehnteln. Dann erst tritt das Hauptthema auf, stolz und kühn, ritterlich und glanzvoll, wuchtig

getrieben von den Quartschritten der Baßoktaven. Im Mittelsatz ein rhythmisch festes Thema, wie von drei Trompeten geblasen, untermauert von einer unablässig wiederholten viertonigen Figur der Baßoktaven. Mächtig die Steigerung des Ganzen. – Von der *Polonaisen-Fantasie As-Dur* (Opus 61) heißt es, sie habe die innere Uneinigkeit Polens und die Hoffnung auf eine Einigung schildern sollen. Als Vergleich mag die Deutung ihre Berechtigung haben; denn das Werk besteht aus starken Einzelheiten ohne rechten Zusammenhang, und der auf punktierten Rhythmen dahinfahrende Schluß hat wirklich etwas von einem Siegesgesang an sich.

Im Gegensatz zu den noch tanzbaren Mazurken verlieren Chopins *Walzer* alle tanzfähige Taktfestigkeit und streben eher tondichterischen Zielen zu: der Einfluß von Webers »Aufforderung zum Tanz« ist ebensowenig zu verkennen wie der der Pariser Salons der Chopin-Zeit. Sie sind bald geistreich und bald gefühlsbetont, bald glanzvoll und bald verträumt, schillernd und verschwiegen, »chevaleresk« und anmutig –

geschmeidige Plaudereien über das künstlerische Wesen des Tanzes, keine Tänze selbst. Daher das ständige Nachgeben und wieder Raffen des Zeitmaßes, die gerundete Melodik mit harmonischen Überraschungen, die blitzenden Rhythmen und das lächelnde Wiegen, daher vor allem die beredten Mittelstimmen, die kurzen Andeutungen zwischen den Zeilen. Das Tondichterische offenbart sich dabei nicht allein in den verschiedenartigsten Stimmungen, die von froher Festlaune bis zu klagender Wehmut reichen, sondern vielfach auch im Aufbau, besonders in jenen Walzern, bei denen rauschende Festklänge einen verschwiegenen Mittelteil umschließen – Deutungen liegen nahe.

Die *vierundzwanzig Präludien* der Opuszahl 28 (entstanden bis 1839) sind, betrachtet man sie einzeln, in sich selbst ruhende kleine Kunstwerke. In jedem geht der Tondichter einem bestimmten Ziele nach; dieses kann liegen im Klang, in der Harmonie, im Melodischen, im Rhythmischen, in der Stimmung, in der Phantasie oder auch lediglich im Spieltechnischen. Und doch besteht ein Zusammenhang. Äußerlich erkennbar daran, daß – nach Art des Wohltemperierten Klaviers von Bach – alle vierundzwanzig Dur- und Molltonarten ohne Vorzeichnung, dann die mit einer, mit zweien, mit dreien usw. durchmessen werden. Eine verwirrende Fülle klavieristischen Gutes ist über die Präludien ausgestreut; spielt man sie aber hintereinander, so hat man das Gefühl, ein ganz geschlossenes Werk vor sich zu haben – Geheimnis des künstlerischen Schaffens. Daß es im wörtlichen Sinne keine Präludien (also »Vorspiele«) sind, versteht sich nach diesen Bemerkungen von selbst.

Auch die *Etüden* (je zwölf in den Opuszahlen 10 und 25, drei weitere (ohne Bezeichnung) müssen aufgrund ihres feinsinnigen und kraftvollen Gehalts als Klavierdichtungen aufgefaßt werden. Kaum anzumerken ist ihnen die Absicht, als Studien für bestimmte technische oder vortragsmäßige Besonderheiten zu dienen. Aus Opus 10 sind hervorzuheben die in *Ges-Dur* mit dem Triolengeflimmer der rechten Hand ausschließlich auf den schwarzen Tasten, die stürmische *»Revolutionsetüde« c-Moll* (angeblich entstanden unter dem Eindruck der Eroberung Warschaus durch die Russen, 1831); aus Opus 25 das Gitarrenständchen der *a-Moll*-Etüde, das zauberhafte Tongedicht über eine einzige lockere, duftige Figur in *Ges-Dur,* dann die in *a-Moll,* in der das Thema zunächst einstimmig in langsamem Zeitmaß vorgestellt, akkordisch wiederholt und dann durch mächtiges Figurenspiel umrankt wird.

Von Einzelwerken hört man u.a. sehr häufig die *Berceuse* Des-Dur mit ihrem flächigen Zauber, ihrer zerbrechlichen Zierlichkeit und ihrem zarten Duft – kein »Wiegenlied« in unserem Sinne, sondern vielseitige Variationen über ein viertaktiges Thema; ferner die *Fantansie* Opus 49, die wirklich ihren Namen zu Recht trägt, weil sie zwar gestalterischer Geschlossenheit entbehrt, dafür aber mit überreichen Einfällen bedacht ist (der einleitende Trauermarsch, die chromatischen Oktaven, der gewaltige Es-Dur-Ausbruch von unverkennbar slawischer Prägung).

SCHUMANN

Robert Sch. (1810–1856), nach anfänglichem Rechtsstudium Schüler von Wieck in Leipzig, dessen Tochter Clara später Schumanns Frau wurde. Gründete 1834 die »Neue Zeitschrift für Musik« in Leipzig, in der er für die musikalische Jugend eintrat (berühmt seine Aufsätze über Chopin und Brahms). Nach kurzem Aufenthalt in Wien wurde er Lehrer am Leipziger Konservatorium, machte mit seiner Frau Clara eine Konzertreise durch Rußland und zog 1844 nach Dresden. 1850 städtischer Musikdirektor in Düsseldorf. Diese Stellung mußte er wegen eines Gehirnleidens 1853 aufgeben. Die letzten beiden Lebensjahre verbrachte er in der Irrenanstalt. Schrieb bedeutende Werke auf fast allen Gebieten der Musik.

Schumanns Werke sind nicht gleichwertig; aber ihn als Meister des Klaviers und des Klavierliedes – womöglich gar als Meister der kleinen Formen – abstempeln zu wollen, ist ein Versuch, der das Wesentliche seiner Kompositionen übersieht. Denn alle seine Werke, gleich welchen Umfangs und welcher Form, haben eine gemeinsame geistige Grundlage: die Idee des Dichterischen. In jedem Augenblick ist er ein Dichter in Tönen. Niemals geht es ihm um rein musikalische oder gar spielerisch-musikantische Aufgaben, niemals aber auch um Programm-Musik, wie man aufgrund zahlreicher Überschriften und Zwischentitel annehmen könnte. Ihm schwebt – nach echt romantischer Art – die Einheit aller Künste vor, der Urgedanke, das Urerlebnis, das allen Künsten zugrunde liegt. Dieses will er zum Klingen bringen, zu beseelten Tönen erwecken. Seine Kunst wäre literarisch, wenn er versuchen würde, einen Stoff, der sich nur durch die Mittel der Dichtung darstellen läßt, musikalisch zu gestalten. Dieser großen Gefahr geht er mit der Sicherheit des Genies aus dem Wege. Ja, sie kommt ihm nicht einmal nahe; denn er gestaltet nicht den Stoff, sondern das hinter allem Stofflichen Liegende, das Geistige. Die zu solcher Gestaltung angewendete Sprache muß notwendigerweise vielfältig sein; das verlangt schon die Ausdruckswelt der Hochromantik, als deren eigentliches Haupt wir Schumann anzusehen haben. Und die musikalische Ausdrucksweise Schumanns ist in der Tat überaus reich vor allem an Zwischenfarben aller Art, wie sie die Darstellung geistiger Werte verlangt.

Orchesterwerke

Wenn auch Schumann kein Sinfoniker im üblichen Sinne des Wortes war, so ersetzte er doch, was ihm an gestaltbildender Kraft und dramatischem Aufbauwillen fehlte, durch innige Beseeltheit. Vor allem: er ist immer echt, will nie mehr vortäuschen, als ihm zu schaffen gegeben war.

1. Sinfonie B-Dur (1840), von Schumann selbst seine *»Frühlings-Sinfonie«* genannt. Anregung gab ein Gedicht von Böttger, in dem es heißt: »Im Tale geht der

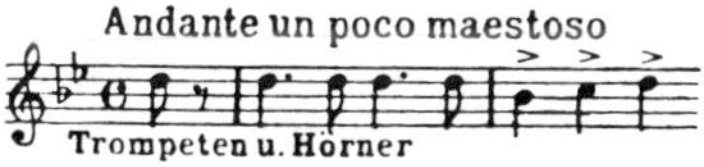

Frühling auf«. Diese Worte lassen sich unschwer dem Motiv der Hörner und Trompeten im einleitenden Andante unterlegen (dieses Andante scheint die letzten Wintertage darzustellen). Das Thema des eigentlichen Hauptsatzes (Allegro) ist aus dem Frühlings-Motiv gewonnen. Weder die musikalischen Gedanken noch die Durchführung sind besonders stark; in diesem Satz wirkt vielmehr das unablässige Drängen und Treiben. Das Larghetto (zweiter Satz) ist eine einzige Hingabe an die Natur, eine Heimkehr zu sich selbst. Geheimnisvoll tönt ein Posaunenchor in die versponnene Stimmung, das Scherzo mit seinem fast drohenden Hauptthema ist ein echt Schumannsches »Phantasiestück«; zwei (!) Trios hellen die Stimmung wesentlich auf. Überschäumende Heiterkeit im Schlußsatz mit dem ulkig springenden Haupt- und dem Dankbarkeit und Frohsinn vereinenden Seitenthema.

2. Sinfonie C-Dur (1845, der Entstehung nach die 3. Sinfonie). Ein ungleichwertiges, vielfach schwaches Werk. Im ersten Satz bleibt alles in Ansätzen stecken, das Scherzo ist nur im Hauptteil bedeutender, reichlich gleichförmig der »Siegesmarsch« des Finales. Wundersam dagegen der dritte Satz, ein Adagio über ein Thema von Bach. Innig und verinnerlicht strömen die Geigen ihre langsamen Weisen aus, still und verhalten begleitet das Orchester.

3. Sinfonie Es-Dur (1850 geschrieben, also eigentlich die 4. Sinfonie), von Schumann die *»rheinische«*

genannt. Mit diesem Werk begann er seine Tätigkeit in Düsseldorf. War es eine Huldigung an die Rheinstadt? Ihrer ganzen Haltung nach stimmt sie nicht recht mit Schumanns Art überein: wollte der von dunklen Ahnungen geplagte Mann einmal fröhlich sein mit den Fröhlichen, glücklich mit den Glücklichen? Gelungen ist es ihm in dieser Sinfonie nicht. Lebhaft und schwungvoll beginnt der erste Satz, scharf geschnitten das Hauptthema, sangesselig das zweite – aber dann verliert sich alles in äußeren Trubel. Oberflächenhaft der reichlich »gemütliche« Ländler des Scherzos, nicht minder gleichförmig der Mittelteil dieses zweiten Satzes. Der dritte Satz besteht aus zwei Teilen: einem liedhaften Andante und einer mit »Feierlich« überschriebenen Szene, die unter dem Eindruck einer Kardinalserhebung entstanden ist; der Satz endet unruhig, zerrissen. Ziemlich äußerlich auch der marschartige Schlußsatz: Bilder rheinischer Volksfeste wechseln mit Erinnerungen an die vorangehende feierliche Handlung. Im ganzen mehr Schwung als Gehalt.

4. Sinfonie d-Moll (geschrieben 1841, also eigentlich die 2. Sinfonie). Schumanns sinfonisches Meisterwerk und eine der schönsten sinfonischen Schöpfungen der musikalischen Romantik. Ursprünglich wollte Schumann die Sinfonie als »Sinfonische Phantasie« bezeichnen. Mit ihrer Beziehung aller Sätze auf einige Grundthemen, mit ihrem pausenlosen Abrollen und ihrer phantasievollen Haltung nähert sie sich der sinfonischen Dichtung. – In der langsamen Einleitung von dunkler, wehmütiger Haltung tritt im wesentlichen nur ein Thema auf, das späterhin seine keimbildende Kraft erweist. Die Stimmungsdichte dieser Einleitung findet

ein Gegenstück in der musikalischen Dichte des nun einsetzenden Allegros. Dieser Satz ist aufgebaut über einem einzigen Thema, und dieses Thema wiederum ist nicht melodisch erfunden, sondern tönender Ausdruck einer inneren Bewegtheit. Aus dieser unablässigen Bewegung, aus ständig wechselnden Beleuchtungen und immer neuen Bildern erwächst ein geschlossenes, belebtes Ganzes. Bedeutungsvoll wird – um nur eines zu erwähnen – ein mahnendes Posaunenmotiv von nur drei Tönen (fis-H-g). Ein unvermutet dreinfahrender Moll-Akkord setzt dem lebendigen Treiben ein Ende: der zweite Satz beginnt, eine Romanze von echt schumannscher Bekümmernis, in die sich die Weise der langsamen Einleitung hineinmischt; vergeblich versucht ein kleiner Mittelsatz die Stimmung aufzulichten. Vergnüglich-grimmiger Humor poltert zwar in dem »gegen den Takt« betonenden Hauptthema des (wieder unmittelbar anschließenden) Scherzos; aber das Trio lächelt zuweilen doch recht schmerzlich. In der Überleitung zum Finale geistert unruhig das Hauptthema des ersten Satzes in den Geigen; aber es dauert lange, bis auch die übrigen Instrumente sich zur Rückkehr zu diesem Thema bequemen. Dann aber kehren die Erinnerungen um so kräftiger wieder: Außer dem Sechzehntel-Thema wird auch noch ein Gedanke aus der Durchführung des ersten Satzes hervorgeholt und mit Jubel zum Hauptthema des Finales ausgerufen. Ein Seitengedanke blitzt auf, selbstbewußt auftretend in dem ersten Oktavenschritt und vergnügt zurückblinzelnd in den punktierten Wendungen. Und doch liegt über all diesen kleinen Luftsprüngen und Purzelbäumen ein Hauch letzter Verhaltenheit. Der Tondichter mag sie aber nicht offenbaren; und als sie nach der Durchführung einen Augenblick auftaucht, da wird ihr in einem flammenden Presto im wahrsten Sinne des Wortes »der Marsch geblasen«.

Unter den Ouvertüren Schumanns hat nur die *»Manfred-Ouvertüre«* wirkliche Bedeutung für den Konzertsaal. Sie stammt aus der 1848/49 geschriebenen Schauspielmusik zu Byrons »Manfred«. Dieser Manfred mußte ihn fesseln in der Mischung von erkennender Geistigkeit und überquellendem Gefühlsreichtum, mußte ihn erschüttern in seiner Zerrissenheit. Und so ist denn die »Manfred«-Ouvertüre ein Stück Betrachtung. Denn sie schildert nicht, ist kein »Handlungs-«, sondern ein Seelendrama von tiefster Innerlichkeit. Die lastende Schwermut, das schmerzliche Grübeln, die innere Überlegenheit und der äußere Niedergang – alle Regungen Schumann-Manfreds sind in diesem ergreifenden Stück Musik erschütternde Wirklichkeit geworden.

Klavierkonzert a-Moll (1841 der erste Satz, 1845 die beiden anderen). Eines jener unvergänglichen Großwerke, die man eigentlich als Klavier-Sinfonien bezeichnen sollte; hier müßte man beinahe sogar den Namen »Klavierphantasie mit Orchester« wählen. – Der Grundgedanke ist echt dramatisch: Kampf zwischen kühner Selbstbehauptung und entsagender Wehmut. Das Hauptthema des ersten Satzes (Allegro affettuoso) ist wohl das vollendetste Abbild der

musikalischen Romantik. Es bietet sich dar als eine geschlossene Welt, die alle Spannungen des Geschehens in sich vereinigt. Daher wird es auch zum Leit-Thema des ganzen Werkes. Zunächst wird der Satz weitergeführt in ständiger Zwiesprache zwischen Tutti und Solist. Gegenüber der thematisch klaren Führung des Orchesters ergeht sich das Klavier in freierer, gelösterer Rede. Das Wechselspiel geht bald ruhig, bald erregt vor sich, bis sich in dem eingeschobenen Andante espressivo eine Übereinstimmung ergibt: Klavier und Klarinette bestätigen sich gegenseitig mit dem Beginn des Hauptthemas, das jetzt aber in versöhnlichem Dur erscheint. Doch mit heftigen Oktavenschlägen setzt sich das Klavier erneut für seine Unabhängigkeit ein. Kämpferisch geht es weiter, bis sich das Klavier endlich ganz befreit zur einsamen Aussprache mit sich selbst. In beschleunigtem Zeitmaß vereinigen sich Tutti und Solist und bringen den Satz (nicht den Kampf!) glanzvoll zu Ende. – Der zweite Satz ist wirklich ein »Intermezzo«, ein Zwischenstück. Wie ein friedliches Ruhen und Rasten hebt das Andantino grazioso an: ein motiv-weises Miteinander und Nacheinander des Klaviers und der Streicher. – Am Ende des zarten Intermezzos nehmen Holzbläser den Beginn des Hauptthemas wieder auf: eine neckische Aufforderung zum Kampf. Zweimal antwortet das Klavier nur mit träumerischen Figuren. Der dritten, jetzt laut ausgesprochenen Aufforderung kann es nicht widerstehen: mutwillig bildet es als Beginn des dritten Satzes ein forsches Motiv aus dem Hauptthema und seiner Umformung im Intermezzo; und als es der Zustimmung des Orchesters gewiß ist, jagt es mit dem vollständigen Thema ausgelassen dahin. Ein hartnäckig synkopiertes Seitenthema verstärkt die Mutwilligkeit des Führungsthemas. Dieses Allegro vivace ist ungewöhnlich ausgedehnt: riesenhaft die Themenaufstellung, ziemlich lang die Durchführung und weitgespannt die Coda; aber frisch und lebendig, auftrumpfend und tänzelnd zieht es dahin: heiter verklärte Zusammenfassung aller Grundklänge des Werkes.

Cello-Konzert a-Moll (1850). Bei weitem nicht so bedeutend wie das Klavierkonzert, doch eines der wenigen wertvollen Werke seiner Gattung. Für den Cellisten »lohnend« vor allem der Mittelsatz (Adagio) mit seinem breitdahinströmenden Gesang und der inneren Sehnsucht. In den treibenden Ecksätzen dagegen ist dem Cellisten zwar manche virtuose Aufgabe gestellt, doch liegt ihre eigentliche Stärke mehr im Orchestersatz. – Aus dem erst 1937 uraufgeführten *Violinkonzert d-Moll* lassen sich einige schöne Einzelheiten aufzählen; wirkungsvoll ist aber nur die Polonaise des letzten Satzes.

Kammermusik

In den *Klaviertrios* ruht zwar alles auf dem Klavierklang, in diesen werden jedoch Geige und Cello so fein eingefügt, daß eine ganz neuartige Klangmischung entsteht. Klang und Farbe beherrschen vor allem das *d-Moll*-Trio (1847). Zwei großflächige Außensätze von zupackender Wirkungskraft umschließen wehrhaft den zart verhaltenen Mittelbau des Scherzos und des langsamen Satzes, und die Außensätze – vor allem der erste – sind in Anfang und Schluß thematisch gepanzert, im Kern jedoch verströmen sie höchstpersönliche Empfindungen. – Innerlich geht das *F-Dur*-Trio (1847) andere Wege, gibt sich freundlicher, einfacher, wirkt weniger großzügig. Nur das Einkapseln der lyrischen Innenteile in drängende Außenkräfte wiederholt sich. Die ersten Takte des Kopfsatzes bilden einen einzigen Ansturm (»Sehr lebhaft«), der auch in Zwischengruppen und im Seitenthema immer erneut durchbricht. Kern des Satzes jedoch ist eine melodische Weise von holder Innigkeit. Sie stellt sich unverhüllt als Zwillingsschwester von Schumanns Lied »Ihr Bildnis wunderselig« (aus Opus 39) dar. Diese Stimmung wirkt weiter im langsamen Satz: in leichter Umbildung tritt der Liedgedanke »mit innigem Ausdruck« wieder auf. Ein lebhafter Zwischenfall sprengt wohl die Form, nicht aber den dichterischen Sinn dieses »langsamen Satzes«. Der dritte Satz, eine Art Scherzo, bezieht seine Kräfte weniger aus dem Melodischen als aus dem Rhythmus. Im Schlußsatz (»Nicht zu rasch«) gelingt es nur teilweise, die beiden Grundkräfte der liedhaften Klarheit und der rhythmischen Verwicklung einheitlich zu binden. – Das *g-Moll*-Trio (1851) bleibt hinter den anderen Trios trotz einzelner Schönheiten weit zurück.

Mit den drei *»Streichquartetten«* der Opuszahl 41 hat sich Schumann mehrere Jahre beschäftigt, ehe er ihnen 1842 die endgültige Gestalt gab. Wichtiger als stilistische Untersuchungen ist die Frage, ob in den Quartetten das künstlerische Ziel Schumanns, die Darstellung des Dichterischen an sich, erreicht wurde; diese Frage wird heute wohl im wesentlichen bejaht. Bezeichnend dafür das *a-Moll*-Quartett. Im ersten Satz stehen sich zwei Gruppen (nicht nur Themen!) gegenüber: leichte Schwermut und heitere Lebensbejahung. Zu einer Lösung dieses Konflikts kann es nicht kommen, weil alles nur stimmungsgemäß ausgeglichen wird. Nicht anders im Scherzo: der geistvoll bewegte Presto-Hauptteil mit seiner Spannung steht neben der idyllischen Ruhe des »Intermezzos« (Trio). Der vierte Satz knüpft thematisch beim Scherzo, satztechnisch bei der vielfach polyphonen Durchführung des ersten Satzes an. Eigentlichen Kern des Ganzen aber stellt der dritte Satz dar, ein Lied mit edelströmender Melodik. – Anders ist die Gruppierung im *F-Dur*-Quartett. Hier sind die ersten beiden Sätze liedhaft-lyrisch, während die beiden Nachsätze ins Bewegungsmäßig-Dramatische wachsen. – So knapp das *A-Dur*-Quartett gefaßt ist, in ihm tut sich die weite Welt Schumannscher Romantik auf. Mannigfach sind die heimlichen Überkreuzungen zwischen den einzelnen Sätzen, etwa die thematische Verwandtschaft des ersten mit dem dritten und des zweiten mit dem vierten Satz, die feinen klanglichen Anknüpfungen des dritten Satzes an den ersten, die gelöste Stimmungskunst des Kopfsatzes gegenüber mancher »gearbeiteten« Fügung der übrigen Sätze.

Klavierquartett Es-Dur (1842). Herrlich ausgewogen das Verhältnis von Klavier und Streichern (Geige, Bratsche, Cello), im Klang glanzvoll und doch stets kammermusikalisch, einzelne Sätze motivisch stark miteinander verknüpft. Besonders schön die bindende Kraft des Grundmotivs der langsamen Einleitung: aus diesem träumerischen Gedanken entwächst das Allegro-Hauptthema, es kehrt in der Durchführung und vor dem Schluß wieder, es bestimmt den frommen Gesang des Andante (3. Satz) und läßt seine Kräfte auch im Schlußsatz hintergründig weiterwirken. Andererseits schließt sich das Scherzo (2. Satz) in seinem Hauptteil an die Bewegungsantriebe des ersten Allegro-Themas an (dazu ein melodisches und ein der langsamen Einleitung verpflichtetes Trio). Schließlich ist auch der letzte Satz mehrfach an Vorangehendes gebunden. Die etwas lange Durchführung dieses Finales bäumte sich trotzig auf, sinkt dann schmerzlich zurück, und erst der fugierte Ausklang entfesselt mächtig die bejahenden Kräfte.

Klavierquintett Es-Dur. Seit Clara Schumann am 8. Januar 1843 zum ersten Male den Klavierpart in diesem Werk gespielt hat, ist es unzählige Male aufgeführt worden, ohne an Glanz und Bedeutung eingebüßt zu haben. Schwung, Leuchtkraft und Gemütstiefe machen es unvergänglich. Einerseits tritt das Klavier konzertmäßig hervor und zwingt auch die Streichinstrumente oft zu klaviermäßigem Gebaren, andererseits entsteht ein Gesamtklang von durchaus kammer-

musikalischer Eigenart. Das Hauptthema mit seinem ritterlich-kühnen Aufschwung sprengt das Tor zur kraftvoll-männlichen Romantik; das Seitenthema dagegen bildet eine unübertreffliche Ergänzung nach der sehnsüchtig-weiblichen Seite. Im Verlauf des Satzes kommt es zu mancher wehen Spannung, die sich

erst im Feuer des Schlusses löst. Doch diese Lösung ist nicht endgültig; das zeigt der langsame Satz »Nach Art eines Marsches« und zwar eines Trauermarsches, mit seinen drei Ebenen »Trauer/seliges Entschweben/ausbrechender Schmerz« ein ergreifendes, fast sichtbares Tongemälde. Bildhaft auch das Scherzo mit abermals drei Ausdrucksebenen: raketenhaft die Tonleiterläufe im Hauptteil, beruhigendes melodisches Spiel im ersten und wildes Rasen im zweiten Trio. Der Schlußsatz übernimmt aus den Mittelsätzen das Bildhaft-Greifbare und aus dem ersten Satz die ritterliche Kraft des Hauptthemas. Das vielfältige Stimmungs- und Gedankenspiel wird zusammengerafft durch eine Art Doppelfuge, in der das Thema des Finales mit dem Hauptthema des Kopfsatzes kontrapunktiert wird.

Klavierwerke

Schumann geht im Grunde vom Klavier aus (ursprünglich wollte er Pianist werden, mußte diese Absicht jedoch wegen einer selbstverschuldeten Überdehnung der Hand wieder aufgeben); es ist daher selbstverständlich, daß er in seinen Klavierwerken besonders viel von seiner Eigenart niedergelegt hat. Aus Bachs Stimmigkeit, Beethovens Kraft, Mozarts Durchsichtigkeit, Webers Glanz und Schuberts gesättigtem Klang nahm er, was ihm zur Verwirklichung seiner künstlerischen Absichten brauchbar erschien, und schuf sich damit eine ganz ihm zugehörige Klaviersprache: klar hingesetzte Akkorde wandeln sich unvermutet in gebrochenes Laufwerk, Gegenstimmen weben sich in den gelösten Klang, scharf gezeichnete Themen verschwimmen unversehens zu umrißlosem Farbenspiel, zupackende Rhythmen verwehen in unruhevollen Synkopen, Formen dehnen oder verengen sich nach scheinbar willkürlichen Augenblickseingebungen – alles auf das eine Ziel gerichtet, auf die Idee des Dichterischen schlechthin. Auf die letzten Worte kommt es gerade in den Klavierwerken an. Sie tragen nämlich häufig Überschriften, die man keinesfalls wörtlich nehmen soll; sie sind vielmehr (meist später hinzugefügte!) Hinweise, die fast immer nur einen Teil des Ganzen kennzeichnen. Die »Idee des Dichterischen schlechthin« muß man vielmehr durch aufmerksames Lauschen zu erfassen suchen.

So sehr es verlocken mag, Schumanns gesamtes Klavierwerk zu besprechen – vieles, wenn nicht das meiste, entschleiert sich nicht in der Öffentlichkeit.

Von den für den Konzertvorschlag besonders geeigneten Werken seien hervorgehoben:

Zwölf sinfonische Etüden in Variationenform (1834). Schumann strebt hier orchestralen Klang an, zugleich offenbaren sie die beiden Seiten seines Wesens; die ritterlich-kämpferische und die träumerisch weiche. Da das Thema (von Hauptmann von Fricken) ursprünglich für Flöte bestimmt war, mußte es Schumann für seine »sinfonischen« Zwecke klanglich besonders fassen. Beim Variieren selbst entfernt sich der Tondichter

meist sehr weit von der äußeren Erscheinungsform des Themas und betont dafür um so nachdrücklicher das, was ihm als dessen innerer Sinn erscheint. Es sind also Charakter-, nicht Spielvariationen.

»Carnaval« (1834/35). Das Werk trägt die (französische) Unterbezeichnung »artig-minnige Szenen über vier Noten«. Diese vier Noten sind a/s/c/h. Sie nennen den Geburtsort Asch der ersten Verlobten Schumanns (Ernestine von Fricken) und sind zugleich die in dem Namen Schumann vorkommenden Notenbuchstaben. Eine echt romantische Spielerei, die hier jedoch ganz unauffällig durchgeführt ist. Das Werk stellt ein Maskentreiben dar, auf dem sich allerlei Personen oder Stimmungen, die je für Schumanns Leben Bedeu-

tung hatten, ein Stelldichein geben. Allerdings behauptete der Komponist, die Überschriften über die einzelnen Sätze seien erst nachträglich von ihm hinzugefügt worden; »einzig schienen mir die vielfachen verschiedenen Seelenzustände von Interesse«. Doch geben hier die Titel (Pierrot, Harlekin, Pantalon, Colombine usw.) recht brauchbare Hinweise für das Hören. Prachtvoll der abschließende »Marsch der Davidsbündler gegen die Philister«.

C-Dur-Fantasie (1836). Während die drei Klaviersonaten (nur teilweise mit Recht) fast vergessen sind, ist die Fantasie C-Dur auf allen Konzertprogrammen zu finden. Im Grunde eine Sonate; als solche wollte sie Schumann ursprünglich auch herausgeben, und zwar mit den Satzüberschriften »Ruine – Siegesbogen – Sternbild« (der langsame Satz steht an letzter Stelle). Fanatiker der Form müßten sich eigentlich vor diesem Werk entsetzen; denn die Sätze sind gemischt aus Sonatenbestandteilen, Variation, Lied, Rondo; der erste Satz wird durch einen Einschub (»Im Legendenton«) völlig gesprengt – von dem Durcheinander der Stilmittel ganz zu schweigen. Aber was verschlägt das gegenüber der unbestreitbaren inneren Einheit! Die C-Dur-Fantasie entströmte den seelischen Zuständen des jungen Meisters, als er annehmen mußte, die ersehnte Verbindung mit Clara Wieck werde niemals zustande kommen. Leidenschaftlich wühlt der erste Satz: rollende Sechzehntel zu dem erregt sich herabsenkenden Hauptthema, fordernd und flehend der singende Seitengedanke, sehnsüchtig der Abschnitt »Im Legendenton«. Auf dieses Wühlen und Dehnen folgt im zweiten Satz ein mächtiger, fast sinfonischer

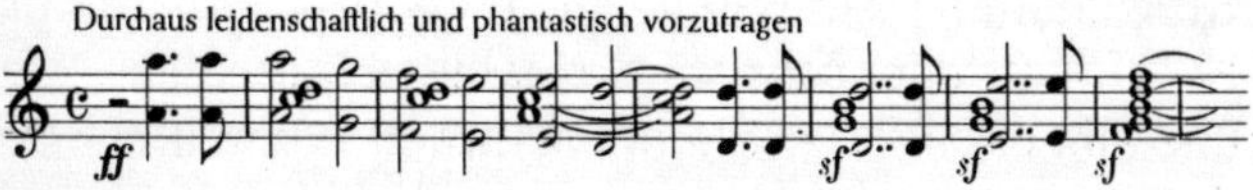

Marsch, ein trotziges Sich-Zusammenreißen nach der leidenschaftlichen Klage des Kopfsatzes. Der Schlußteil ist ganz in Dämmerfarben getaucht: nach Klage und Trotz nun die Stimmung milden Verzichtens, zwar durchsetzt von manchem schmerzlichen Aufbäumen, doch ausmündend in traumhaft verschwebende Harmonien.

»Davidsbündlertänze« (1837). Als Schumann diese Komposition schrieb, glaubte er, sicher sein zu können, daß Clara Wieck nun doch seine Frau werden würde. »In den Tänzen sind viele Hochzeitsgedanken ... ein ganzer Polterabend ist die Geschichte ...« Das herauszuhören, dürfte freilich schwerfallen. Eines kann man sagen von diesen achtzehn Bildern: sie sind ein Reigen um Clara Wieck, aufgeführt von Florestan und Eusebius (der Doppelgestalt, unter der sich Schumann in dem – freilich nur gedachten – Davidsbund selbst darzustellen liebte).

»Kreisleriana« (1838). Während die »Phantasiestücke« (besonders bekannt daraus »Aufschwung«) und die »Novelletten« stark bildhaft wirken, bleibt die Sprache in den »Kreisleriana« verhalten (die unwesentliche Benennung geht auf E.T.A. Hoffmanns »Kapellmeister Kreisler« zurück). Die acht Fantasien sind abermals ein tönender Niederschlag von Schumanns ewigem Kreisen um die geliebte Clara Wieck, in denen der Romantiker Romantisches auf romantische Art erklingen läßt. Ein hauchdünnes, kaum greifbares

Band zieht sich durch die acht Stücke; nur einmal liegt es offen zutage, nämlich im zweiten Stück: das auf- und abgleitende Thema mit seiner Weiterführung ist die feinste Seelenzeichnung von Eusebius-Schumann.

»Faschingsschwank aus Wien« (1839). Von Schumann mit dem Untertitel »Phantasiebilder« versehen, nicht überall als zusammenhängend erkennbar, doch in Einzelheiten ungewöhnlich frisch und lebendig. Fünf Teile: ein Walzer-Allegro, eine verträumte kleine Romanze, ein mutwilliges Scherzino, ein kraftvoll stürmendes Intermezzo und ein lebhaftes Presto. Wie hübsch Schumann die Maskenfreiheit in diesem Fasching zu nutzen weiß, zeigt besonders der erste Satz. Das Thema des Fis-Dur-Teils kann man auffassen als Umbildung des Liedes »Es ritten drei Reiter«; aber hinter dieser Maske verbirgt sich ebenso der Großvatertanz, gegen den Schumann den Philistermarsch im »Carnaval« aufgeboten hatte. Das wäre dann also eine spöttische Kampfansage gegen die Philisterei im Wien Metternichs, wo ja dieser »Faschingsschwank« spielt. Aber Schumann wird wenige Takte später noch deutlicher: da klingt im 3/4-Walzertakt die »Marseillaise« auf, und deren Absingen hatte gerade damals die Wiener Polizei verboten.

Das Paradies und die Peri

Von Schumanns Chorwerken hat sich nur weniges erhalten. Unter den größeren Schöpfungen erfreut sich »Das Paradies und die Peri« (1843) noch heute größter Beliebtheit. Das spricht für die Stärke von Schumanns lyrischer Musik. Denn in dem Werk werden nicht so sehr äußere Vorgänge gestaltet als vielmehr gemüthafte Stimmung und seelische Haltung. Es liegt also auf einer Linie mit Haydns »Jahreszeiten«, ist auch wie dieses Werk ein Mittel von Oratorium und Kantate. (Geschrieben für vierstimmigen Chor, Sopran-, Mezzosopran-, Alt-, Tenor-, Bariton- und Baß-Solo und Orchester). Textgrundlage bildet Thomas Moores »Lalla Roockh« in der Übersetzung von Schumanns Freund Emil Flechsig; Schumann hat dann selbst noch einiges umgearbeitet. Das ganze Werk ist in Melodie getaucht; selbst die Rezitative (die verschiedenen Stimmen zugewiesenen Erzählungsteile) sind überwiegend melodische Gesänge. Dadurch entsteht eine gewisse Einförmigkeit, die besonders den dritten Teil sehr belastet. – Der Inhalt: eine Peri (aus dem Paradies verstoßener Luftgeist) steht traurig vor der Pforte Edens. Ihres Flehens erbarmt sich ein Engel mit dem Hoffnungsspruch: »Es sei der Schuld die Peri bar, die bringt zu dieser ew'gen Pforte des Himmels liebste Gabe dar«. Die Peri macht sich auf die Suche. Zunächst kehrt sie mit einem Tropfen Heldenblutes zurück. Darauf der Engel: »Gern grüßen wir die, so gegangen den Heldentod fürs Vaterland. Doch ... viel heil'ger muß die Gabe sein ...« Nun sucht die Peri in Ägypten und findet den letzten Seufzer einer Braut, die lieber in den Armen des pestkranken Geliebten sterben als allein weiterleben wollte. Abermals wird die Peri zurückgewiesen. Endlich bringt sie eine »heil'ge Träne inn'ger Reue« von einem Räuber und Mörder. Jetzt wird ihr aufgetan.

NICOLAI

Otto N. (1810–1849) erhielt den ersten musikalischen Unterricht von seinem Vater, vor dessen grausam-brutaler Art er jedoch schon als Sechzehnjähriger floh. Schnell fand er Unterstützung, Gönner und gute Lehrer. Einige Jahre war er Organist der preußischen Gesandtschaftskapelle in Rom; so daß er die italienische Oper an Ort und Stelle studieren konnte. 1841 Hofkapellmeister in Wien, anschließend in Berlin.

Ouvertüre zu »Die lustigen Weiber von Windsor«

Nicolai ist als Deutscher ein ausgesprochener Romantiker; als Musiker aber lockte ihn die geschmeidige Sprache der italienischen Oper. Er wollte wiederholen, was Mozart sechs Jahrzehnte zuvor bereits einmal gelungen war: die Verschmelzung deutscher Innerlichkeit mit italienischer Formenglätte. Mit seinen ersten Opern im italienischen Stil hat er große Triumphe in Italien selbst erzielt. Doch diese Triumphe waren ihm nur Bestätigung seines formalen Könnens; nun galt es, dieses Können mit deutschem Empfinden und deutschem Geiste zu vermählen.

Die Ouvertüre zu den »Lustigen Weibern von Windsor« macht dieses Streben schon deutlich. Sehr sorgsam sind die musikalischen Farben gemischt. Über einem raunenden Tremolo der Geigen hebt das erste Thema an (Beispiel 1). Es klingt, als atme ein nächtli-

cher Wald im zitternden Schein des Mondlichts. Elfen und Feen, Zwerge und Kobolde scheinen zu nahen zu Tanz und närrischen Spielen. Behende trippelt ihr Thema vorüber; es wird angestimmt von Oboen und Klarinetten, weitergeführt von den Geigen. Ein drittes Thema trägt menschlich frohe Züge (Beispiel 2); die

Geigen singen förmlich den unbeschwerten Frohsinn des Maskenspiels, unter dessen Schutz der dicke Ritter Falstaff zum besten gehalten wird. Der Ausklang ist etwas derb, doch wirkungsvoll: die Ouvertüre schafft die rechte Stimmung für das beginnende Spiel. – Die Innigkeit, Verträumtheit und doch lebensnahe Sprache der Ouvertüre haben dem Werk einen ehrenvollen Platz auch im Konzertsaal verschafft.

LISZT

Franz L. (geb. 1811 in Ungarn, gest. 1886 in Bayreuth) gab schon als Neunjähriger Konzerte. Dann Klavierstudium in Wien bei Czerny. Reisen durch Frankreich und England, anschließend Übersiedlung nach Paris, wo er bald zum Kreise der Berlioz, Balzac, Meyerbeer, Heine, Chopin gehörte. Durch den Geiger Paganini beeindruckt, schuf er sich eine neue technische Spielweise für das Klavier. Aus einer Verbindung mit der Gräfin d'Agoult hatte er u.a. eine Tochter Cosima, die später die Frau von Hans von Bülow und schließlich die von Richard Wagner wurde. 1848–1861 Hofkapellmeister in Weimar, anschließend in Rom, wo er die geistlichen Weihen empfing. Seit 1875 abwechselnd in Budapest, Weimar und Rom. Hinterließ Werke für Orchester, Klavier, Chor sowie Lieder. Bedeutend auch seine Schriften über Musik.

Als Komponist hat Liszt vieles von der klassischen und romantischen Ausdrucksweise preisgegeben, weil er sich die seinen Gedanken gemäße Ausdrucksart selbst schaffen wollte. (Daß dabei Verwandtschaften mit den überlieferten Formen bestehen blieben, braucht wohl nicht betont zu werden.) Wie nun die neue Form auszusehen habe, sagt ihm nicht die Eigengesetzlichkeit der Musik selbst; vielmehr stellt er sich ein gedankliches Thema und zwingt die musikalische Klangwelt, diesem außermusikalischen Gedanken zu gehorchen. So entstehen Tondichtungen von ein- oder mehrsätziger Gestalt, die ausschließlich durch dichterische Ausdrucksabsichten geformt werden. Die entscheidenden Anregungen zu solchem Schaffen entnimmt Liszt dem Werk seines Freundes Berlioz. Hatte dieser aber die Form der Sinfonie bestehen lassen und sie lediglich durch die zugrunde gelegten Leitgedanken und Leitmotive zur »Programm-Sinfonie« umgestaltet, so geht Liszt folgerichtig noch einen Schritt weiter. Nicht mehr die Musik bestimmt die Form, sondern die Dichtung; daher der Name »Sinfonische Dichtungen«, wie Liszt seine Orchesterschöpfungen nennt.

Zur veränderten Form gehört bei Liszt notwendigerweise auch eine gewandelte Harmonik. Er hält sich nicht mehr an die harmonische Logik der Klassiker, geht über die harmonischen Kühnheiten der Romantik hinaus und läßt seine musikalischen Themen weniger durch aufeinander bezogene Tonarten als durch harmonisch frei gestaltete Tonleitern laufen. Das verlangen seine schweifenden dichterischen Gefühle. Dagegen verfährt er bei der Thematik anders. Seine großen Werke stellen fast immer einen umfassenden Gedanken auf, den er von allen Seiten beleuchtet. Dementsprechend entwickelt er in jedem Werk alles aus einem einzigen thematischen oder motivischen Kern. Diese Themen oder Motive sind sprechende Gebärden von geradezu augenscheinlicher Deutlichkeit. Solche Themen mit sprechender Absicht bedürfen einer besonderen Einkleidung. Liszt gewandet sie daher ebenso sorgsam wie wirkungsvoll mit einer Instrumentierung, die ihrem Gehalt entspricht. Daß es bei solchen neuen Gestalten zuweilen zu »Manieren« kommt, kann nicht verwundern.

Orchesterwerke

Hier nur die am häufigsten aufgeführten Orchesterschöpfungen *»Tasso«* (als Ouvertüre zu Goethes gleichnamigem Bühnenstück 1849, als »Sinfonische Dichtung« 1854 erstmalig aufgeführt). »Lamento e Trionfo« heißt der Untertitel, also Klage und Triumph. In den ersten Teil ist von Liszt nachträglich ein Menuettsatz eingeschoben worden. Hören wir, was der Tondichter selbst zu seinem Werk sagt: »Tasso liebte und litt in Ferrara, wurde in Rom gerächt und lebt noch heute in den Volksgesängen Venedigs. Diese drei Momente ... musikalisch wiederzugeben, rief ich zuerst seinen großen Schatten herauf, wie er noch heute an den Lagunen Venedigs wandelt; dann erschien mir sein Antlitz, stolz und schwermütig den Festen Ferraras zuschauend, wo er sein Meisterwerk geschaffen, und ich folgte ihm endlich nach Rom, der Ewigen Stadt, die ihm die Ruhmeskrone reichte und so den Märtyrer und Dichter in ihm feierte.« Damit ist der musikalische Aufbau des Werkes bereits umrissen. Den ersten Teil (»Klage«) leitet ein kurzer Satz ein, in dem das Hauptmotiv der sinfonischen Dichtung in den Streichern dumpf, wie zerbrochen herabsinkt. Gegen-

kräfte wollen sich zornig und empört durchsetzen – umsonst: düster behauptet sich das Klagemotiv (diesmal Posaune und Baßtuba). Dann erst (Adagio mesto) ertönt zum ersten Male das vollständige Tasso-

Thema. Sein Vortrag in Moll spiegelt das Wesen des leidgeprüften, doch seiner Sendung stolz bewußten Dichters. Es setzt sich auch gegen das neu andrängende Motiv der Klage durch. Und wie ein Erinnern an stolze Tage am Hofe von Ferrara hebt im Alegretto ein festliches Menuett an, ein Bild von Glanz und Glück. Tasso erlebt *sich* in jenen festlichen Tönen: das beweist nicht nur die Wiederkehr seines Themas, sondern mehr noch die Menuettweise selbst: sie ist eine Umbildung des Tasso-Themas. Leidenschaftlicher wird das Menuett, fast ist das Tänzerische vergessen, die Sprache des Herzens lodert aus Tassos Thema – jäh blitzen die wilden Akkordschläge der Einleitung auf, vernichtet ist das Glück, zerstört der Traum. Der zweite Teil (»Triumph«) verherrlicht den befreiten Dichter. Ein Allegro con brio scheint die Menge Roms darzustellen, welche zu Tassos Triumphzug strömt. In dem Hauptthema des marschartigen Beginns vereinigen sich das Tasso-Thema und die aus ihm gewonnene Menuett-Weise zu einem neuen Gebilde, das auch das düstere Kopfmotiv (diesmal aber in jubelnder Ausgelassenheit) umschließt: Krönung eines leidvollen und liebereichen Lebens. Stürmischer werden die Klänge:

Tasso wird jubelnd in der Ewigen Stadt empfangen! Dann ein Augenblick der Besinnung – und in großartiger Erhabenheit stimmen die Bläser Tassos Thema an.

»Les Préludes« (1854). Diese melodisch reichste und eingängigste Orchesterschöpfung Liszts bedarf keiner Erläuterung durch außermusikalische Programme (geschrieben ursprünglich als Prélude, also »Vorspiel« zu vier Männerchören; erst nachträglich hat Liszt Lamartines Gedicht »Les Préludes« dem Werk vorangestellt). Der erste Takt des weitgespannten Unisono-Motivs der Einleitung bildet die Grundlage für das musikalische Geschehen des gesamten Werkes. Bald verflüchtigt sich das Motiv, und in einer großen Steigerung des Orchesters reckt sich das Hauptthema gewaltig in den tiefen Bläsern, strahlend umspielt von den Geigen. Das C-H-E zu Beginn ist das allbeherrschende Kopfmotiv. Nach verschiedenartiger harmonischer

Beleuchtung des Themas erscheint in einer weichen Umbildung »der Liebe leuchtendes Frührot«. Dann ein inniger Gesang der Hörner und Bratschen, der sich bald leidenschaftlich steigert und dann in Träumereien verliert. Doch »der Sturm verweht mit rauhem Odem die holden Illusionen«. Aus einer Umbildung des Kopfmotivs nach Moll droht er von fern; dann naht er tobend (Allegro tempestuoso), rast durch das entfesselte Orchester. Nur langsam verzieht sich das Unwetter, und das Horn nimmt die Erinnerung an das stille Liebesglück wieder auf: die »verwundete Seele sucht ... in der lieblichen Stille des Landlebens die eigenen Erinnerungen einzuwiegen«. Ein Allegretto pastorale hebt an mit einem verzauberten Motiv des Horns und der Holzbläser. (Die Melodiespitze ist eine Umkehrung des Kopfmotivs.) Diesem duftigen Spiel

gesellt sich die Gesangsweise. Die Themen verschlingen sich zu einem anmutigen Reigen und zaubern wirklich die »liebliche Stille des Landlebens« herauf. Allmählich aber wird eine neue Stimmung vobereitet; denn »der Mann trägt nicht lange die wohlige Ruhe ... und wenn der Drommete Sturmsignal ertönt, eilt er ... auf den gefahrvollsten Posten, um im Gedränge des Kampfes wieder zum ganzen Bewußtsein seiner selbst ... zu gelangen«. Trompeten und Hörner schmettern hell das rhythmisch veränderte Kopfmotiv, aus dem weichen Gesang des Liebesglücks wird (Allegro marziale) ein kriegerischer Sturmmarsch, bis endlich im vollen Glanz des Orchesters das Hauptthema den männlich selbstbewußten Ausklang bildet.

»Mazeppa« (1851 geschrieben). Kern für diese sinfonische Dichtung bildet eine gleichnamige Klavier-Etüde, die Liszt nach einem Gedicht von Victor Hugo komponiert hat. Den in dem Gedicht geschilderten Vorgängen folgt Liszt ziemlich genau. Der gefangene Kosakenhauptmann Mazeppa wird von seinen Feinden auf ein Roß gebunden. Das Roß wird in die Steppe

gejagt, stürmt tagelang mit seiner Last dahin, verfolgt von wilden Tieren und krächzenden Raben. Endlich stürzt es erschöpft zu Boden. Schon nahen die Leichenvögel ihrer Beute; doch selbst jetzt ist Mazeppa nicht geschlagen: er träumt von Herrschaft und Königtum. Aus Traum wird Wirklichkeit: Kosaken reiten von allen Seiten herbei, befreien Mazeppa, machen ihn zu ihrem Führer. Und die Feinde lernen seine Rache kennen. – Die drei großen Augenblicke sind deutlich wahrzunehmen: Jagd durch die Steppe – Verschmachten und Fiebertraum – Rettung.

»Faust-Sinfonie« (1857). In völligem Gegensatz zum »Mazeppa« hält sich Liszt in seiner »Faust«-Komposition nicht an das Geschehen, sondern versucht, die Hauptcharaktere von Goethes Dichtung und ihre Einflüsse aufeinander in Töne zu bannen; daher die ergänzende Bezeichnung »Drei Charakterbilder«. – 1. Bild: Faust. Vier Themen: ein rastlos suchendes (aus dem übermäßigen Dreiklang gewonnen), ein leidenschaftliches (bohrende Sechzehntel), ein liebendsehnsüchtiges (Klarinette und Horn) und ein tätig-vorwärtsdrängendes (Grandioso). Diese Themen werden zunächst durchgeführt und dann im Wiederaufnahmeteil mächtig zusammengefaßt. Faust als Widerspiel von Forschergeist, Leidenschaft, Liebessehnsucht und Tatendrang. – 2. Bild: Gretchen. Ein langsamer, von Flöten und Klarinetten eingeleiteter Satz. Gretchens schlichtes Thema in der Oboe, umrankt von Bratschenfiguren. Faustens Themen melden sich, werbend, leidenschaftlich. Und wie sich die Themen verschlingen, so werden auch Gretchen und Faust eins. – 3. Bild: Mephistopheles. Meckernde Vorschläge zu

öden Achtelmotiven in den hohen Holzbläsern und Streichern, satanisches Grinsen in Triangel und Bekken – so springt der Verneiner hervor, zerfetzt hohnlachend jedes der vier Faust-Themen, deutet fratzenhaft das Liebesthema zu einer hämischen Fuge um. Fast unvermutet taucht das erste Faust-Thema unverzerrt wieder auf, wird jedoch bald darauf spöttisch weggewischt. Aber vor dem aufsteigenden Bild Gretchens müssen die Teufeleien weichen. Ein Männerchor singt: »Alles Vergängliche ist nur ein Gleichnis«, und dann, nochmals Gretchens Thema, gesungen vom Solo-Tenor: »Das Ewig-Weibliche zieht uns hinan.« Groß gesteigerter Ausklang im Orchester.

»Dante-Sinfonie« (1856 beendet). Nach Dantes unsterblicher Dichtung »Divina Commedia« hat Liszt eine Folge von sinfonischen Stimmungsbildern geschrieben, zusammengefaßt in den zwei Gruppen »Inferno« und »Purgatorio«; als Abschluß folgt ein »Magnificat« (an Stelle des bei Dante geschilderten Paradieses). – »Inferno« (Die Hölle). Wie in den Posaunen des Jüngsten Gerichts dröhnt es zu Beginn: »Per me si va nella cittá dolente« (»durch mich geht man zur Schmerzensstadt«, die Inschrift über Dantes Höllentor). Noch erbarmungsloser schallt aus Hörnern und Trompeten: »Laßt alle Hoffnung hinter euch« (»Lasciati ogni speranza ...«). Zu einem wahren Höllenlärm steigert sich die Musik (wichtigstes Motiv: die chromatische Tonleiter). Dann, scheinbar abschließend, wiederum: »Laßt alle Hoffnung.« Unvermutet ändert sich das Klangbild: leise beginnt die Baßklarinette eine wehmütige Weise, Englischhorn und Klarinette nehmen sie auf, silbern tönt das Rauschen der Harfe – der

Dichter trifft in der Hölle das selig-unselige Paar Paolo und Francesca da Rimini. Heiß war ihr Lieben, doch schuldvoll ihr Tun, das sie in ewiger Verdammnis büßen. Aber selbst an diesem Ort der Schrecken lebt ihre Liebe: im »Andante amoroso« stimmen zwei Geigen ein glutvolles, blühendes Zwiegespräch an, sämtliche Streicher (mit Dämpfern) nehmen die verzehrend leidenschaftliche Weise auf – Liebe trotz Tod und Teufel. Aber dumpf ertönt es im Horn: »Laßt alle Hoffnung«, und in höllischem Rasen beginnt der Teufelsspuk aufs neue. – »Purgatorio« (»Läuterung«). Nicht das »Fegefeuer«, wie immer noch falsch übersetzt wird, sondern den Ort der Läuterung, der Reinigung schildern Dante und Liszt. Leise wallt es in den Streichern, verhalten glitzert es in der Harfe, ein zarter Klang schwingt in den Holzbläsern. Da setzt behutsam das Horn mit einem Quartenmotiv an, noch einmal, wie ein verheißungsvoller Ruf. Die Oboe nimmt das Motiv auf, spinnt es weiter zu einer schwebenden Melodie. Dann kurze, ringende Motive, immer drängender, inbrünstiger. Eine kirchlich fromme Weise mischt sich darein. Im »Lamento« folgt nun die eigentliche Selbstläuterung, musikalisch dargestellt durch eine Fuge, in der Demut, Ringen und Glauben sich vereinen. – Als Abschluß (Liszt hat noch einen anderen Schluß geschrieben, der aber meist nicht aufgeführt wird) das »Magnificat«, Loblied der Maria an Gott den Herrn: Frauen- (besser Knaben-)Chor, wie von Engeln über dem nur noch verhalten musizierenden Orchester.

Klavierkonzert Es-Dur (entstanden spätestens 1849). Der erste Satz beginnt mit einem für Liszt bezeichnen-

den Motiv: die Streicher bringen einen streng bestimmten Rhythmus, die Bläser bestätigen durch heftige Akkorde. In Oktaventriolen und Akkorden setzt das Klavier ein, will sich gegenüber dem Orchester behaupten; doch das Kopfmotiv bleibt tonangebend, so daß sich das Klavier durch gegensätzliche, gefühlsreiche Wendungen sein Recht verschaffen muß, ohne freilich auf kraftvolle Entladungen zu verzichten. Im zweiten Satz (Quasi adagio) ist die Haltung durchweg zarter. Über weiten Akkordzerlegungen fließt eine stille Weise friedlich dahin, steigert sich zu heftig leidenschaftlichem Drängen und findet vor allem im Flötenthema des Mittelteils Töne von ergreifender Schlichtheit. Das Scherzo bezaubert durch seine eigenwilligen Rhythmen, den lockeren Schwung und durch die erlesene Instrumentation. Ganz eigentümlich die Wirkung der zart aufgesetzten Triangelschläge. Im Finale klingen alle Wendungen der voraufgehenden Sätze wieder an. Es ist eine Marsch-Phantasie von kühner Großartigkeit.

Klavierkonzert A-Dur (letzte Fassung von 1856). Es ist im Gegensatz zu dem stählernen Es-Dur-Konzert mehr aus der Stimmung als aus der Bewegung geboren. Der ganze Unterschied liegt bereits in den Anfangstakten beschlossen: dort ein kurzes, rhythmisches, straffes Motiv, hier eine Folge frei schwingender, tiefsinniger Harmoniewendungen. Im A-Dur-Konzert tritt das Klavier als zeichnerische Kraft auf, während das Orchester mehr ausmalt. An den herrlichen Stellen, in denen Klavier und Solo-Cello miteinander musizieren, wird das Werk fast zum Doppelkonzert. Die Unterteilungen des einsätzigen Werkes und seine Wachstumskräfte ergeben sich aus dem Steigerungsgedanken: geheimnisvoll dämmernde Harmonien mit einer schmerzlichen Melodie zu Beginn, ein aus ihnen herauswachsender, dunkel drohender Marsch, leidenschaftliche Auseinandersetzungen zwischen Orchester und Klavier, fromme Versöhnlichkeit in der Zwiesprache zwischen Klavier und Cello, sieghafter Aufschwung in einem großartig verhaltenen Marsch und endlich der vorwärtsstürmende Ausklang. Immer kehrt das Hauptthema (fast nach Art des Rondo) zurück; bald harmonisch, bald rhythmisch, bald melodisch verändert.

Klavierwerke

Chopin und Liszt haben Technik und Ausdrucksbereich des Klaviers so erweitert, daß man fast von einem »neuen Instrument« sprechen möchte. Dabei ist Chopin mehr ins Verhaltene, Samtene des Klaviers eingedrungen, während Liszt stärker auf den Eindruck nach außen, auf eine gewisse Fresko-Wirkung abzielte. Bei ihm herrscht die machtvolle Gebärdensprache, die selbst bei der leichtesten Bewegung Aufmerksamkeit erheischt. Zur großartigen Klanggebärde gehören kraftvoller Rhythmus und sprechende Themen. Auch diese beiden Eigentümlichkeiten sind bei Liszt voll entwickelt, so daß aus der Dreiheit von Klang, Rhythmus und thematischem Schnitt immer wieder überraschende und überzeugende Wirkungen hervorgehen. Und doch: nach unseren heutigen Begriffen will sich vieles nicht zur Ganzheit runden, mutet das Spiel mit motivischen, harmonischen, rhythmischen und klanglichen Formen häufig jongleurhaft an, es verblüfft, verzaubert, aber es geht nicht zum Kern. Trennwand ist dabei weniger das »Virtuose« (dieses verschließt Liszts Klavierwerken nur den Zugang zur Hausmusik) als die innere Haltung. So mag es gekommen sein, daß die Klavierwerke des bedeutendsten Anregers und größten Klavierspielers des 19. Jahrhunderts aus den Konzertsälen immer mehr verschwinden. Wir gehen nicht ein auf die klangschönen, instrumentalgerecht geschriebenen Etüden, nicht auf die Consolations (Tröstung) oder »Liebesträume« (deren dritter mit der umspielten Daumen-Melodie so beliebt ist), nicht auf die Balladen oder die großen, immer mehr versinkenden zyklischen Schöpfungen, nicht auf die Legenden, obwohl der »Franziskus von Paula über die Wogen schreitend« ein prächtiges Beispiel für bestimmte Eigenarten Liszts darstellt; jedoch ein wahres Meisterwerk muß hier kurz besprochen werden: die

Sonate h-Moll (1852/53). Was sonst in Liszts Klavierwerken nur gelegentlich bruchstückhaft auftaucht, das türmt sich in dieser Sonate riesenhaft, unverlierbar auf. Unwesentlich, wieweit die Form der klassischen Sonate noch vorhanden ist: hier schafft sich ein Tondichter selbst das Gefäß, in das er seine vielfältigen Gedanken gießt. Man spürt die straffe Zucht nicht minder als die stegreifartige Unmittelbarkeit. Überblicken läßt sich die gewaltige Anlage am besten, wenn man sich vergegenwärtigt, daß die Sonate nur aus wenigen Grundmotiven erwächst und daß auch diese auf einen gemeinsamen Kern bezogen werden. Dieser erscheint nach der Verlassenheitsgebärde der langsamen Einleitungstakte in dem halb trotzigen, halb unruhigen

Anhangsmotiv des Basses. Aus diesen wenigen Tönen erwächst wie ein Baum das ganze Werk. Immer kehren die Tonwiederholungen und die Schlußwendung wieder, bald einzeln als Motive, bald zusammenhängend in scheinbar neuen Themen. So – nach der ersten stürmischen Durchführung in dem prunkenden akkordischen Abschnitt, in dem ausdrucksvoll singenden Seitensatz, dessen Thema nur eine in langsames Zeitmaß versetzte Umformung dieses ersten Baßmotives ist, im unmittelbar an den ersten Satz angeschlossenen Andante sostenuto mit der herrlichen, tönenden Huldigung an Robert Schumann (ihm ist das Werk gewidmet), in einem Fugato-Sätzchen und so fort. So zerklüftet die Sonate auch erscheint – zusammengehalten wird sie durch das eine Grundmotiv. Bekenntnismusik, doch gestaltet mit einem sicheren Abstandsgefühl; ein Leben in Tönen, geformt von einem Meister.

Chorwerke

Wirklich gehalten haben sich von Liszts Chorkompositionen nur die religiösen Werke. Liszt fühlte sich als Priester der weltweiten Musik und zugleich als Priester der »heiligen katholischen Kirche«. In ihm lebte neben der Frömmigkeit des Herzens die verzückte Freude an der funkelnden Pracht des katholischen Gottesdienstes. Daher wohl auch das Doppelgesicht seiner Kirchenmusik: sie ist demütig und prunkhaft, anbetend und festlich strahlend.

Neben dem 13. Psalm und der Graner Messe, die beide mehr zu Aufführungen in der Kirche geeignet sind, stehen die folgenden bedeutsamen und bedeutenden Oratorien.

»Legende von der heiligen Elisabeth« (1865). Seit den Tagen Händels war kaum ein Oratorium geschrieben worden, das dessen Oratorien gleichgekommen wäre. Haydn, Mendelssohn, Schumann hatten sehr Schönes geschaffen, ohne der Größe Händels mit den Mitteln ihrer Zeit nahekommen zu können. Liszt versuchte es auf seine Weise: mit den Mitteln der sinfonischen Dichtung – und schuf in seinen beiden Oratorien vielfach Außerordentliches. Er stellte Leitmotive auf und bestimmte sie zu Trägern des gesamten musikalischen Geschehens. In der »Heiligen Elisabeth« ist eines dieser Tonsymbole der gregorianische Choral. Hervorgehoben sei auch die zweifache Kennzeichnung der Elisabeth: einmal durch das allbeherrschende Thema (Beispiel), das in der Orchestereinleitung zunächst sanft in den Flöten auftaucht, zum andern ein ungarisches, durch das an entsprechenden Stellen immer

wieder Elisabeths Abkunft aus fürstlichem ungarischen Blut betont wird. Von einigen opernhaften Übertriebenheiten abgesehen (die freilich zu Lasten des Textverfassers Roquette gehen) ist das Oratorium eines der ergreifendsten Werke seiner Gattung. – Erstes Bild. Elisabeth kommt als Kind auf die Wartburg, wo sie mit Ludwig, dem Sohn des Landgrafen Hermann, verlobt werden soll. Ein ungarischer Magnat übergibt sie den neuen Eltern. Großer Willkommensgesang. Auch die kindlichen Verlobten begrüßen einander. – Zweites Bild. Ludwig und Elisabeth sind erwachsen. Auf der Jagd trifft der junge Landgraf sein Weib mit einem Korb. Da er ihr untersagt hatte, die Armen zu besuchen, behauptet sie zunächst, in dem Korb seien Rosen; doch dann gesteht sie, sie habe Brot und Wein darin für die Armen. Als sie den Korb öffnet, sind Wein und Brot in Rosen verwandelt. Unter dem Eindruck dieses (musikalisch herrlich gestalteten) »Rosenwunders« entschließt sich Ludwig, an einem Kreuzzug teilzunehmen. – Drittes Bild. Auszug der Kreuzritter; Elisabeth bleibt banger Ahnungen voll zurück. – Viertes Bild. Ludwig ist gefallen. Seine Mutter Sophie treibt haßerfüllt ihre Schwiegertochter mit ihren Kindern aus der Burg in die Gewitternacht. Zur Strafe schlägt der Blitz in die Burg. – Fünftes Bild. Elisabeth lebt »unterm Hüttendach«, krank, dem Tode nahe. Noch einmal gedenkt sie ihrer Kindheit. Da sammeln sich die Armen um ihr Sterbelager, singen das

Lied ihrer Barmherzigkeit. Engelgesang empfängt Elisabeths Seele im Himmel. – Sechstes Bild. Elisabeth ist heiliggesprochen. Ihre Gebeine werden in der nach ihr benannten Kirche in Marburg beigesetzt. Kaiser Friedrich II., die Armen, Kreuzfahrer, deutsche und ungarische Bischöfe nehmen an der Feierlichkeit teil – Sinnbild der alles vereinenden Kirche.

»Christus« (beendet 1866/67, Uraufführung 1873). In diesem Oratorium hat Liszt nunmehr auch den Chören besonders große Aufgaben zugewiesen; dafür treten die Leitmotive etwas mehr zurück, spielen jedoch immer noch eine nicht zu überhörende Rolle. Themen und Formen der katholischen Liturgie stehen neben Ausdrucksmitteln des Neudeutschen Liszt. Das Werk ist dreiteilig. Erster Teil: »Weihnachtsoratorium«. Das Thema der fugierten Orchestereinleitung ist zugleich Hauptthema des ganzen Oratoriums. Die »Verkündigung des Engels« beginnt mit einem (unbegleiteten) Sopran-Solo, wird als Halleluja vom Frauenchor weitergeführt und mündet in den Gesamtchor. Ein kurzes Nachspiel gilt den Hirten auf dem Felde. Darauf folgt das »Stabat mater« des Chores, weihevoll beginnend, gefühlvoll-überquellend schließend. Ausklang zwei Instrumentalstücke »Hirtengesang an der Krippe« und der marschartige Aufzug der »Heiligen drei Könige«. – Zweiter Teil: »Nach Epiphania«. In einem kurzen Vorspiel tönt das Hauptthema wieder auf. Christus (Bariton) singt die Seligpreisungen aus der Bergpredigt, und der Chor antwortet gemäß dem jeweiligen Predigt-Inhalt. Es folgt ein achtstimmiges polyphones »Pater noster« des Chors, dann die »Gründung der Kirche«. Das »Wunder« (nämlich der Seesturm, der auf Christi

Wort sich legt) wird vornehmlich durch das Orchester dargestellt, ebenso der »Einzug in Jerusalem«, in den der Chor sein Hosianna hineinsingt. Dann begrüßt der Mezzosopran den Gesegneten des Herrn. Abschluß eine entflammte Chorfuge. – Dritter Teil: »Passion und Auferstehung«. Im Bariton-Solo (Christus) und im folgenden Seelengemälde des Orchesters wird die Stimmung der Worte »Traurig ist meine Seele« zu beredtem Klang. Nachtdunkel liegt über der Einleitung zum » Sabat mater dolorosa« (»Es stand die Schmerzensmutter«). Im Mezzosopran hebt der Trauergesang an; düster bekräftigt der Chor. Doch dann wird das Stimmgewebe reicher, und wie ein Gelöbnis in alle Ewigkeit wächst der Gesang des Chores heran. Im Frauenchor erklingt die »Osterhymne«, jede Wendung übereinstimmend mit dem uralten frommen, einfältigen Ostergesang der katholischen Kirche. Ohne Übergang setzt das »Auferstanden« ein, wirkungsstark gesteigert zu der Fuge »Christus vincit« (»Christus siegt«) mit dem ehern rufenden Thema.

WAGNER

Richard W. (1813–1883) geboren in Leipzig als Sohn eines Polizeiaktuars. Nach dem Tode des Vaters heiratete die Mutter den Schauspieler Friedrich Geyer. Eine musikalische Ausbildung empfing Wagner erst während der Universitätsjahre durch Theodor Weinlig. 1834 Kapellmeister in Magdeburg, 1836 in Königsberg, 1837 in Riga. Um als freischaffender Künstler zu leben, begab er sich 1839 nach Paris. Dort verbrachte er drei sorgenvolle Jahre mit untergeordneten Arbeiten. 1842 ging er nach Dresden und wurde nach der Aufführung des »Rienzi« Hofkapellmeister. Nach der Revolution von 1848 floh er nach Zürich. Erst 1861 konnte er nach Deutschland zurückkehren. Rettung aus Brotsorgen brachte Ludwig II. von Bayern. Er rief Wagner nach München. Nach seiner Heirat mit Cosima (frühere Frau von Hans von Bülow und natürliche Tochter Liszts) übersiedelte er 1871 nach Bayreuth.

Wagners Bedeutung liegt nicht im Sinfonischen, sondern im Musikdramatischen. Aber seine musikalische Sprache ist stark beeinflußt durch das sinfonische Schaffen seiner Vorgänger und Zeitgenossen. Umgekehrt hat Wagner vielen Sinfonikern der späteren Zeit durch seine Art zu instrumentieren den Weg vorgezeichnet. Diese besondere Tatsache zusammen mit dem tiefen geistigen Gehalt seiner Werke hat dahin geführt, daß vor allem die Orchestereinleitungen zu Wagners Bühnenwerken auch im Konzertsaal ihre Wirkung nicht verfehlen.

Über die musikalisch-dramatische Besonderheit Wagners unterrichtet besser ein Opernführer; hier sei nur dasjenige hervorgehoben, was für das Verständnis einzelner Orchesterstücke unerläßlich ist. Den Kern von Wagners musikalischem Ausdruck bildet das *Leitmotiv* und seine Verwendung. Wagner hat keineswegs das Leitmotiv »erfunden«. In der Oper hat ihm Weber vorgearbeitet, und in der sinfonischen Musik wurde die »idée fixe« des Franzosen Berlioz zum Vorbild für den Bayreuther Meister. Allerdings: Wagner hat den Gedanken des Leitmotivs wesentlich verbreitert und vertieft; sein Leitmotiv ist nicht nur musikalisch zu begreifen, sondern wurzelt in dem *Gesamtkunstwerk*. Mit kurzen Worten läßt sich der Wagnersche Leitgedanke folgendermaßen herausschälen:

Der *Denker* Wagner versuchte, den Ur-Grund aller Dinge zu erkennen. Der *Dramatiker* mühte sich um das Wesen der Ur-Formen. Der *Dichter* strebte nach dem Ur-Sinn des Ur-Wortes. Der *Musiker* rang nach dem Ur-Motiv, das den Keim alles Werdens in sich birgt. Und der Schöpfer des *Gesamtkunstwerkes* gestaltete all das zu einer wirklichen Einheit: zur Einheit im Drama. Nur so sind Wagners Leitmotiv, sein sinfonisches Orchester, seine »unendliche Melodie« in ihrer sprechenden Ausdrucksgewalt zu begreifen. Die musikalischen Ur-Motive (vergleichbar Goethes Ur-Bildern) entsprechen bestimmten geistigen Urkräften. Ihnen entwachsen dann verwandte Sonder-Motive; diese dienen dazu, Verschiedenheit und Ähnlichkeit innerhalb der besonderen Lebenskreise zu veranschaulichen. Und wiederum: von einem Lebenskreis zum andern ziehen sich Querverbindungen, die alle Kreise wieder zu einem All zusammenschließen.

Wagner und Liszt, die Freunde und Kämpfer für ein gemeinsames künstlerisches Ziel, haben sich lange den Vorwurf gefallen lassen müssen, ihre Werke seien zu »knallig« instrumentiert. Dieser Vorwurf wird heute von keiner ernstzunehmenden Seite mehr erhoben. Denn man hat einsehen gelernt, daß dieses »Knallige« nicht in den Werken, sondern an schlechten Aufführungen liegt.

Ouvertüre zu »Rienzi«

Die »Rienzi«-Ouvertüre (1842) ist eines der revolutionärsten Stücke, welches die Musikgeschichte kennt. Das liegt nicht an der kriegerischen, oft als »derb« bezeichneten Instrumentierung, sondern an der inneren, aufrührerischen Haltung. Meyerbeer hat oft genug wesentlich derber instrumentiert, ohne auch nur in einem einzigen Takt dem umstürzlerischen, atemberaubenden Schwung der »Rienzi«-Ouvertüre nahezukommen.

Wagner verarbeitet in der Ouvertüre verschiedene Themen und Motive der Oper; vor allem das Trompetensignal, mit dem Rienzi die Römer zum Kampf gegen die Unterdrücker aufruft, Rienzis Gebet (Beispiel 1), den kriegerischen Triumphmarsch (Beispiel 2) und den Schlachtruf »Santo spirito« (Beispiel 3). Von den

1

2

3

ersten erregenden Trompetentönen – dreimal leise einsetzendes, dann stark anschwellendes und wieder absinkendes a – über das zunächst langsam, später doppelt so schnell vorgetragene Gebetsthema (1) bis zu dem immer stürmischer ertönenden Kriegsmarsch (3) führt eine unablässige, wilde Steigerung.

Die Ouvertüre zu »Der Fliegende Holländer«

Zwischen Fluch und Erlösungshoffnung wird der »Holländer« hin und her geworfen, zwischen Seemannsleid und Meerestoben muß er sein Leben verbringen, bis ihm endlich die echte Treue eines Weibes zum Heile wird. Diesen inneren Grundgedanken und sein äußeres Widerspiel hat Wagner in der Ouvertüre zum »Fliegenden Holländer« musikalisch ausgedrückt.

Über leeren Quinten der Streicher dröhnt in Hörnern und Fagotten scharfbetont der Holländerruf. Noch einmal tönt er auf in Posaunen und Tuben, wild-trotzig und doch verzweifelt. Donnernd fahren die Halbton-Leitern der tiefen Streicher empor, stürzen dann im vollen Orchester wieder nach unten. Dumpf verhallt der Ruf des »bleichen Seemanns« in leisen Paukenwirbeln. Tröstend erhebt sich im Englischhorn, gestützt von Horn und Fagotten, die zarte Weise, die von künftiger Erlösung spricht (Beispiel). Wie ein verheißungs-

voller Sonnenstrahl leuchtet das Erlösungsthema durch die Finsternis der Verzweiflung – aber schon faßt den Holländer die abgrundtiefe Hoffnungslosigkeit erneut: wieder sein Ruf, dann spülen die Wogen des Tonmeeres alles hinweg. Heftig aufschäumende Streicherfiguren werden durchsetzt von dem Motiv des Holländers, die Holzbläser wollen die Erlösungskunde von neuem auftauchen lassen, doch heftige Stöße der Trompeten, Posaunen und Tuben schneiden ihnen das Wort ab. In das Heulen des Sturmes mischt sich der Gesang der Seeleute (»Steuermann, laß die Wacht«), wütend unterbrochen von den finsteren Rufen des gespenstischen Verdammten. Aber unablässig meldet sich das Erlösungsthema, wächst selbst im Heulen des Sturmwinds, vereinigt immer mehr Stimmen auf sich, bis es endlich im vollen Glanz des Orchesters sieghaft die Mächte der Finsternis überstrahlt. Noch einmal reckt sich das Fluchmotiv des Holländers auf in Trompeten, Posaunen und Tuben; doch seine Kraft ist gebrochen: sanft klingt die Ouvertüre aus mit dem verklärten Erlösungsmotiv, das, von Flöte und Oboe angestimmt und von silbernen Harfentönen umspielt, abgelöst wird von einer zarten Geigenwendung, die sich schmerzhaft süß aufzulösen scheint in das Blau des Himmels.

Ouvertüre zu »Tannhäuser«

Die »Tannhäuser«-Ouvertüre (1845) ist wohl Wagners volkstümlichstes Werk. Selten ist der Grundgedanke einer ganzen Oper so klar und ausdrucksvoll in einem Orchester-Vorspiel zusammengefaßt worden wie in dieser Ouvertüre. Der Kampf zwischen Glut der Sinne und Glauben der Seele, zwischen Verlockung und Erlösung wird in den Tönen dieses glanzvoll instrumentierten Orchesterstückes geradezu bildhaft vorgeführt. Gewiß sind die verwendeten Kunstmittel (so der näher kommende und sich wieder entfernende Pilgerzug) schon vor Wagner oft in der Musik dagewesen. Aber die echte Kunst des Werkes besteht gerade darin, daß mit allen Mitteln durchaus Neues gesagt wird.

Ein zartgetönter Pilgerchor hebt an in den Holzbläsern und Hörnern. Der Gesang schwillt, Posaunen, eingebettet in ein flimmerndes Geflecht schimmernder Geigenfiguren, tragen den Ruf zuversichtlicher Gläubigkeit in alle Lande, bis das Thema allmählich wieder zurücksinkt und verklingt. – Ein erregendes Gleißen im Orchester: schwirrende Geigen, lockende Bratschen, betörende Holzbläser zaubern die schwüle Sinnlichkeit des Venusberges herauf (Verlockungs-

motiv, Beispiel). In einer schmachtend verführerischen Klarinettenmelodie scheint Frau Venus selbst emporzusteigen, die Geigen jubeln Tannhäusers Liebeslied. Immer wilder, immer berauschender werden die Klänge, bis plötzlich das fromme Eingangsthema wieder anklopft. Die Venusbergklänge versuchen, es zu übertönen; aber die Glaubensweise setzt sich durch. Immer gewaltiger ertönt das Lied der göttlichen Gnade; in einem Orchesterglanz, der zum ersten Male den »großen Zauberer Wagner« erkennen läßt, führt es, alle irdische Welt sieghaft überwindend, bis an die Stufen von Gottes Thron.

Für die Pariser Bühne hat Wagner 1860 die Szene im Venusberg musikalisch erweitern müssen: die Pariser Lebemänner verlangten ein ausgedehntes Ballett! Die von Wagner hinzugefügten Stellen werden auch im Konzertsaal oft als *»Venusberg-Bacchanale«* aufgeführt (meist zugleich mit der entsprechend gekürzten Ouvertüre). Inhaltlich schließen sie sich an den Venusberg-Zauber der Ouvertüre an; nur werden Liebeszauber und Liebesraserei jetzt mit einer Offenheit dargestellt, die ohne den künstlerischen Adel des Ausdrucks bedenklich wirken könnte. Die orchestrale Sprache Wagners hat sich in den fünfzehn Jahren seit der »Tannhäuser«-Uraufführung wesentlich verfeinert; sie ist mit allen Klangfärbungen ausgestattet, die dem Meister seit dem inzwischen vollendeten »Tristan« zu Gebote standen. Der eigentliche »Tannhäuser«-Stil wird durch das Bacchanale zwar zerrissen, aber als Einzelwerk (außerhalb der Oper) hinterläßt es stets betörende Eindrücke.

Faust-Ouvertüre

In den Pariser Jahren 1839/40 begann Wagner eine »Faust-Sinfonie«. Aber nur der erste Satz wurde vollendet, 1855 überarbeitet und als »Faust-Ouvertüre« herausgegeben. Ihr fehlt die Ausgewogenheit der echten Ouvertüre; man spürt in der dunkel-dumpfen Sostenuto-Einleitung, dem wütenden, nur vorübergehend sich auflichtenden Allegro molto und dem todes-wütigen, todes-sehnsüchtigen Ausklang, daß hier nur der eine Teil des Faust-Gedankens musikalisch umgesetzt worden ist, freilich jener Teil, der Wagners damaligen Lebensumständen am nächsten kam. Daher hat auch der Meister folgende Worte Goethes dem Tonstück vorangesetzt: »Der Gott, der mir im Busen wohnt, kann tief mein Innerstes erregen; der über meinen Kräften thront, er kann nach außen nichts bewegen. Und so ist mir das Dasein eine Last, der Tod erwünscht, das Leben mir verhaßt«. Dichterischer Leitgedanke für das musikalische Werk, zugleich eine erschütternde musikalische Selbstdarstellung jener Verzweiflungsjahre in Paris. In einem Brief an Liszt sagt Wagner! »Damals wollte ich eine ganze Faust-Symphonie schreiben. Der erste Teil (der fertige) war ... der »einsame Faust« – in seinem Sehnen, Verzweifeln und Verfluchen. Das »Weibliche« schwebt ihm nur als

Gebild seiner Sehnsucht, nicht aber in seiner göttlichen Wirklichkeit vor. Und dieses ungenügende Bild seiner Sehnsucht ist es eben, was er verzweiflungsvoll zerschlägt.« Schärfer als mit diesen Worten läßt sich der Gehalt der »Faust-Ouvertüre« nicht umreißen.

VERDI

Guiseppe V. (1813–1901, Italiener), Sohn eines Schenkwirtes, wurde von dem Mailänder Konservatoriumsdirektor als Schüler abgelehnt, errang mit 26 Jahren seinen ersten großen Opernerfolg und konnte bald ganz seinem Schaffen leben – zumeist auf seinem Mustergut Santa Agata. Vorübergehend Mitglied des italienischen Einheitsparlaments; lebte auch mehrere Jahre in Paris. Schrieb vor allem Opern.

Der Großmeister der italienischen Oper hat auch zwei Konzertwerke von europäischem Rang geschrieben.

Streichquartett e-Moll (1872). Ein wohlklingendes Werk, entstanden kurz nach der Oper »Aida«. Wenn man das erste Thema hört, von der Geige auf der tiefsten Saite vorgetragen, wird man unwillkürlich an diese Oper erinnert. Aber das Quartett-Thema ist dennoch nicht eigentliche Operngebärde. Es ist vielmehr Zeichnung des Menschen, des Menschlichen schlechthin, des menschlichen Gefühls, der Leidenschaft. Denn: diese Linie ist nicht »gesanglich«, sondern instrumental. Wie jenes Aida-Thema der Ouvertüre: dieses wird im Verlauf der Oper zwar auch gesungen, behält aber stets den instrumentalen Beiklang. Im Quartett wölbt sich das Thema sehr bald polyphoner Gestaltung entgegen, tritt aber doch zunächst zurück vor einem neuen Gedanken in G-Dur, der sehr weich und in fast körperlicher Gegensätzlichkeit einsetzt. So stehen zwei Charaktere wie zwei Persönlichkeiten neben- und gegeneinander. In der Durchführung bleibt die Greifbarkeit, die knappe Bildhaftigkeit erhalten, jedoch merklich in das Linienspiel, also in instrumentale Bedingtheit, hineingezogen. Wirkungen werden angestrebt, doch mit einfachsten Mitteln. Ähnliche Ebenen finden sich im Andantino: die leichte a-Moll-Wehmut, die bejahende Lebenskraft des Ges-Dur, die heftige und doch gezügelte Bewegungskraft des Mittelteils. Im Scherzo gruppiert Verdi die Kräfte um: prestissimo, ganz auf Bewegung gestellt der Hauptteil, singend das Trio. Der Schlußsatz mit seiner Fuge ist nicht polyphon im Sinne der deutschen Fugenmeister. Verdi hört eben anders als wir; er will auch in der Fuge den warmen, sinnenhaften Klang.

»Requiem« (1874 zum Gedächtnis an Verdis Freund, den italienischen Dichter Manzoni, uraufgeführt). Der farbige Orchestersatz, die Leichtigkeit der erlesenen Stimmführung, die einfache Gliederung, der allgemeinverständliche Ausdruck, die freie geistige Haltung – das alles ist Spiegel italienischen Wesens. (Besetzung: Orchester, Chor und Solo-Quartett). – Das »Requiem aeternam dona eis« (Die ewige Ruhe gib ihnen) wird mit dem »Kyrie« zusammengezogen. Zunächst nur Chorstimmen von bemerkenswert diesseitiger Färbung: Tod als Erscheinung im irdischen Kreislauf. Im Kyrie wird die Stimmführung durch Hinzutreten der Soli dichter. Verdi hat davon abgesehen, im »Dies irae« den Schreckenstag des Weltgerichts orchestral auszumalen. Als Italiener vertraut er seine Gedanken über den Jüngsten Tag vorwiegend den Gesangsstimmen an und läßt das Orchester nur ergän-

zend mitwirken. Eigentümlich die Stelle, wo im Alt-Solo das »Liber scriptus« (Das geschriebene Buch wird aufgeschlagen) erklingt: dieser ariose Gesang wirkt eher berichtend als erschütternd; um so unheilvoller die murrend-mahnenden Zwischenrufe des Chores, der dann schließlich den ganzen »Bericht« mit der ganzen Wucht des »Dies irae« zu erdrücken scheint. Bei den folgenden Einzel- und Mehrgesängen der Solisten sind die Schrecken des Weltengerichts völlig vergessen. In diesen wundervollen Weisen lebt die Seelenstimmung des tragischen Menschen, den Verdi in seinen Opern immer wieder besungen hat. Nachdem das »Dies irae« noch einmal alle seine Schrecken verbreitet hat, klingt der ganze Abschnitt im »Lacrimosa«

(»Tränenreich wird der Tag sein«) friedvoll aus. Sein Thema (Beispiel), das durch alle Chor- und Solostimmen wandert und gleichsam jedem einzelnen Trost zuspricht, gehört zu jenen Eingebungen Verdis, deren scheinbare Gefälligkeit so leicht als »Oberflächlichkeit« abgetan wird. Dem »Lacrimosa« verwandt ist das in Melodienreichtum getauchte, in Melodien schwelgende »Offertorium« (Bittgesang an Christus). Es wird von den vier Solisten vorgetragen und ist ganz kirchlich empfunden: wie Weihrauchwolken schweben die Klänge dahin, leiten wahrhaft »in das heilige Licht«, von dem im italienischen Text die Rede ist. Eigentümlich die doppelte Fuge des »Sanctus« für achtstimmigen Chor. Hier gibt es keine eigentliche Entwicklung, sondern aller Jubel verdichtet sich im Thema selbst. Auch das »Agnus dei« läßt das »Lamm Gottes« in einem einzigen Thema Klang werden und wandelt nur die Schattierung ab, nicht das Thema selbst. Dagegen wird das »Lux aeterna« (»Das ewige Licht leuchte ihnen«) auf zwei scharf geschiedenen Themen gesungen (drei Solostimmen); der Text legt eine Deutung ohne weiteres nahe. Im Schlußsatz finden sich mancherlei Erinnerungsbilder an die vorangehenden Abschnitte. Die Gedanken an das Weltengericht werden nach katholisch kirchlicher Weise beruhigt; Gebet des Priesters (Solostimme) und Gebet der Gemeinde (Chor) schenken Zuversicht auf ewigen Frieden. Die Besonderheit des Satzes aber liegt im Fugenthema: gewiß kann man in Einzelheiten die Verwandtschaft mit katholischen Kirchen-Tonfolgen erkennen, als Ganzes aber muß man den Themenschnitt dem nordischen Musikkreis zuordnen.

GADE

Niels Wilhelm G. (1817–1890, Däne), geb. in Kopenhagen als Sohn eines Instrumentenmachers. Zunächst unterrichtet er sich selbst; erst spät nahm er geregelten Unterricht. 1843 ging er nach Leipzig, wo er sich mit Mendelssohn und Schumann befreundete. Vorübergehend Leiter der Gewandhauskonzerte. Seit 1848 Dirigent der Musikvereinskonzerte in Kopenhagen. Er hinterließ u.a.: Sinfonien, Suiten, Ouvertüren, Kammermusik, Klavierwerke, Chorschöpfungen, Lieder.

Robert Schumann hat einmal gesagt, sein Freund Gade sei schon dadurch zur Musik vorbestimmt, daß sein Name sich aus den Benennungen der vier Geigensaiten zusammensetze. Damit wollte er andeuten, Gade sei ein geborener, ein ursprünglicher Musiker. Ursprünglichkeit ist in der Tat das wesentliche Kennzeichen des Meisters. Man bezeichnet ihn als Haupt der romantischen Musik Dänemarks; aber er war Romantiker von Geburt, nicht zufolge gedanklichen Strebens. Gades Werk ist auf einen volkstümlichen Ton gestimmt; doch das geschieht nicht aufdringlich und bewußt, sondern eine volksnahe Art entströmt unmerklich der Musik des dänischen Meisters. Sicher ist seine Schaffensweise von Schumann, dem Tondichter, und von Mendelssohn, dem Formgewandten, beeinflußt worden; aber diese Einflüsse vermochten den Kern Gades nicht zu berühren. Volksmusik, Kunstmusik, ursprüngliche Begabung und unbeirrbare Schlichtheit vereinen sich in Gades Schaffen zu künstlerischem Ausdruck. – In Deutschland hört man neben anderen Werken vor allem die Ouvertüre »Nachklänge aus Ossian« und die 1. Sinfonie in c-Moll.

Die *Ouvertüre »Nachklänge aus Ossian«* ist Gades erstes Werk (1841). Mit ihr hatte er einen Preis des Kopenhagener Musikvereins gewonnen, der es ihm ermöglichte, längere Zeit im Ausland zu studieren. Ossian, der angebliche Sohn Fingals, galt zu Gades Zeiten als altkeltischer Sänger heldischer Begebenheiten und starken Naturgefühls. (Auch Goethe stand unter dem Eindruck des Ossianischen Sagenbuches.) Gade faßt nun sein allgemeines Bild von Ossian in einer Ouvertüre zusammen. Aufbau und Tonsprache sind sehr schlicht. Die Einleitung bringt in den Streichern eine ahnungsvoll aufklingende Weise, die langsam emporwächst und im Orchester als heldisches Sängerthema aufsteigt (mit Harfe!). Der Ausklang wiederholt das kriegerische Sängerthema und schließt mit den stillversonnenen Streicher-»Nachklängen« der Einleitung.

Sinfonie c-moll Nr. 1. Dieses 1843 geschriebene Werk Gades könnte man als »Edda-Sinfonie« bezeichnen. Zwar ist hier nicht das Gedankengut der altnordischen Dichtung Musik geworden, sondern eher die wehmütige Rückschau auf eine Zeit, in der Götter, Menschen und Natur noch dicht beieinander wohnten; aber dieses musikalische Erinnern hat bei Bekanntwerden der Sinfonie die Gemüter stark ergriffen. (Um Gade in Leipzig einzuführen, setzte Mendelssohn diese Sinfonie und die »Nachklänge aus Ossian« auf die Spielfolge eines Gewandhauskonzertes.) Der *erste Satz* baut sich auf einem einzigen Thema auf: einleitend (Moderato) bringen es in schwermütigem Ton zunächst die Bratschen, später die Geigen, im Hauptteil erscheint es dann kraftvoll gespannt in strafferem Rhytmus. Das Scherzo ist wiederum vorwiegend rhytmisch bestimmt; Jagen und fröhliches Hetzen durch eine noch junge Natur mit allerlei Zauberwesen. Zwar heißt der *dritte Satz* »Andantino grazioso«, doch ist er weniger »grazioso« (also »anmutig«) als ernst. Das Hauptthema der Oboe scheint äußerlich geglättet, verrät aber eine tiefe Wehmut. Der *Schlußsatz* greift das kraftvolle Thema des ersten Satzes rhythmisch und melodisch wieder auf. Gedanklich nähert er sich der »Ossian«-Ouvertüre, vor allem dort, wo die Bläser einen gewaltigen Hochgesang anstimmen, den die Geigen umranken.

FRANCK

César F. (geb. 1822 in Lüttich, gestorben 1890 in Paris, die Mutter war eine Deutsche) wirkte mehr als vierzig Jahre in Paris als Organist und Orgelprofessor am Konservatorium. Schrieb für fast alle Gebiete der Musik.

Die Schöpfungen des Meisters, den man zuweilen als den Vater der französischen Sinfonik bezeichnet, bilden eine eigentümliche Mischung von strenger Satzkunst und farbigem Klang. Im Satz spürt man immer wieder den Organisten, der seinen Kontrapunkt mit spielerischer Selbstverständlichkeit beherrscht. Seine Klanggebung geht zurück auf Berlioz, Liszt und Wagner, deren Sprache er allerdings – man möchte sagen »orgelmäßig« – umgebildet hat. Seine Thematik ist meist fest und bestimmt. Die Mittelstimmen werden häufig chromatisch geführt: ganze Ketten von Halbtongängen laufen miteinander oder gegeneinander, so daß selbst Gebilde wie Kanons oder Fugen bei Franck eine merkwürdig schillernde Farbe erhalten. In seiner Haltung ist Franck ein romantischer Schwärmer, dessen inneres Wesen die Welt vom Innigsten bis zum verzückten Rausch umspannt.

Sinfonie d-Moll (1889). Neben der Geigensonate das berühmteste Werk Francks; sie trägt manche Züge seines zuweilen recht trüben Lebens. Der erste Satz ist eine einzige Frage an das Schicksal. Dreimal wiederholt sich der gleiche Vorgang: im Lento stellen Bratschen, Celli und Bässe das fragende Thema auf (Beispiel), im Allegro wird es rhythmisch umgebildet und

soll widerstandsfähiger werden. Doch das Lento kehrt zurück. Wieder das Allegro, wieder das Lento, bis endlich das Allegro einen ziemlich gewaltsamen Ausklang herbeiführt. Sehr schlicht ist die Melodik des zweiten Satzes (Allegretto), eines verhalten erklingenden Trauermarsches; dumpf pochende Rhythmen und chromatische Gänge verleihen ihm zuweilen etwas Niederdrückendes. Das Finale beginnt heftig, ja wild. Doch nach einigen Takten meldet sich im Hauptthema wieder ein deutlicher Anklang an das Thema des ersten Satzes. Auch die Trauerstimmung des zweiten Satzes kehrt wieder. Ganz seltsam wirkt die Verbindung von sehr taktfester Thematik mit einer farbigen, zuweilen ungreifbaren Harmonik und einer bunten Orchestersprache. Der rauschhafte Ausklang im Blech will förmlich die Schmerzen betäuben – gewichen sind sie freilich nicht.

A-Dur-Sonate für Geige und Klavier (1886), bekannteste Komposition Francks. Satzstrenge und formale Freiheit stehen dicht nebeneinander; mit der klassischen Sonatenform hat das Werk nur mehr äußere Züge gemeinsam. So beginnt das Stück mit einem melodisch gleitenden Kernsatz. Dieser ist leidenschaftlich hochgestimmt, mit einem aus zwei gleichen Kurzmotiven zusammengesetzten Thema, das sich in seiner rhythmischen Betontheit nachdrücklich abhebt von der wogenden Klavierbegleitung. Diese leidenschaftlich-rezitativische Art eignet sich auch besonders für die Durchführung. Als nächster Satz folgt ein Fantasiestück, sehr melodiös, fast übermelodiös. Besonders kennzeichnend das Finale. Das Thema scheint melodisch-harmonisch erfunden, wird aber sogleich in kanonische Bahnen gefügt, und das so unaufdringlich, wie es nur ein wirklicher Meister vermag.

RAFF

Joachim R. (1822–1882), geboren in Lachen (Schweiz) als Sohn eines Organisten. Mendelssohn und Liszt ermutigten ihn zum Komponieren; doch vermochte er sich lange Zeit nicht durchzusetzen. Bekannt wurde er durch sein leidenschaftliches Eintreten für die neudeutsche Richtung. Er lebte in Stuttgart, Weimar, Wiesbaden und Frankfurt am Main, wo er verstarb. Die letzten fünf Jahre seines Lebens war er Leiter des Hochschen Konservatoriums. Von seinen zahlreichen Werken (Sinfonien, Ouvertüren, Oper, Konzerte, Kammermusik, Klavier, Lieder, Chöre) hat sich nur die Sinfonie »Im Walde« bis in unsere Tage einigermaßen behaupten können.

Sinfonie Nr. 2 »Im Walde«, F-Dur

Raffs Können liegt im Handwerklichen, eigentlich sogar nur auf einem Sondergebiet des Handwerklichen: dem Instrumentieren. Aber auch dort ist er kein Eigener, sondern nur ein überaus geschickter Nachahmer. Die leichte Hand Raffs hat sich Liszt zunutze gemacht: er überließ ihm anfangs die Instrumentation seiner sinfonischen Dichtungen. Sicher war es nur die Freude am Orchesterglanz, die Raff den Weg zur neudeutschen Schule finden ließ; denn in seinen Werken verrät er wenig neudeutschen Geist, dafür umso mehr

Anlehnungen an Mendelssohn, Schumann, Berlioz, Weber und Wagner. Es gibt nicht viele Tondichter, die so prächtig für Orchester »gearbeitet« haben wie Raff; doch es gibt auch wenige Komponisten, die so verliebt waren in ihren unaufhörlichen, nichtssagenden Redestrom. Nur die Sinfonie »Im Walde« verdient noch eine gelegentliche Aufführung, alles übrige ist unwiederbringlich vertan.

Die F-Dur-Sinfonie ist ein ausgesprochenes Werk der Programm-Musik. (Alle Raff-Sinfonien tragen programmatische Überschriften. Die in d-Moll lautet sogar: »Gelebt – gestrebt; gelitten – gestritten; gestorben – umworben«.) Der *erste Satz* heißt: »Am Tage, Eindrücke und Empfindungen«. Das Hauptthema soll einen wandernden Menschen darstellen, verrät aber in den eingestreuten Triolen deutlich die Erfindung am Schreibtisch. In Hornterzen setzt das zweite Thema ein, unverhohlene Verbeugung vor Mendelssohn. Die Durchführung beschert dem Hörer dann alles, was er billigerweise von einer romantischen Waldschilderung verlangen kann: Wanderschritt, Jagdhörner, Waldesschauer, Kobolde und Wurzelmännchen. Im *nächsten Satz* zieht Raff die für die Sinfonie sonst üblichen beiden Mittelsätze in einen zusammen: das Largo (»Träumerei«) bringt wieder Triolen im Hauptthema, das Scherzo (»Tanz der Dryaden«) ist ein Wunder an Instrumentationskünsten – und an Einfallslosigkeit. Das Ganze trägt mit Recht die Überschrift »Dämmerung«. Der *Schlußsatz* drängt bereits in seiner Wort-Ankündigung alles zusammen, was nach Meinung mancher Romantiker in die musikalische Darstellung des Waldes gehört: »Nachts. Stilles Weben der

Nacht im Walde«. Einzug und Auszug der wilden Jagd mit Frau Holle und Wotan. Anbruch des Tages«. Der Satz beginnt und schließt mit einer – Fuge. Warum, wird nicht gesagt. Dazwischen geschieht, was die Überschriften verheißen. Besonders das seltsame Gespann Holle – Wotan wird mit Instrumentalwirkungen geschirrt, die einen gewaltigen Lärm hervorrufen, ohne auch nur einen Augenblick fesseln zu können. Zuweilen hat man den Eindruck, als habe Raff hier seinen Zorn loslassen wollen, daß Liszt seinen »Verbesserungs«vorschlägen so wenig Gehör schenkte: hier wollte er es dem Meister schon zeigen!

LALO

Edouard L. (1823–1892), Abkömmling einer spanischen Familie) lebte meist in Paris, schrieb eine Sinfonie, Konzerte, Klavierstücke, Opern.

Lalos *»Spanische Sinfonie für Geige mit Orchester«* vereinigt in sich so ziemlich alles, was man von einem Virtuosenkonzert verlangen kann: Orchesterglanz und Solistenbrillanz, blühende Melodien und farbige Harmonik, rhythmischen Schwung und gerundete Form. Der erste Satz, ein bedeutendes Stück Musik, offenbart noch nicht viel von dem spanischen Einschlag des Werkes. Sehr schön die Gegenüberstellung der gestrafften Rhythmen und des gesangsartigen Seitenthemas. Die thematische Arbeit betont durchaus den sinfonischen Gedanken. Das ganze Entzükken des Hörers bildet dann der zweite Satz (Scherzando) mit seinen schnellenden Tanzrhythmen und vor allem mit dem bezaubernden spanischen g-Moll-Thema. Die Geige hebt sich von dem tänzelnden Rhythmus der Begleitung ab wie ein bald schmelzender, bald leidenschaftlicher, bald lustiger Ständchengesang. Nicht so überzeugend wirkt der dritte Satz (Intermezzo) in seinem Wechselspiel von breitem Gesangsthema und fesselnden Rhythmen. Im vierten Satz (Andante) herrscht Auftakt-Stimmung für den Schlußsatz: schwermütig erklingt die Geigenmelodie auf den tiefen Saiten. Die eigentlichen geigerischen Kunststücke werden dem Finale (Rondo) vorbehalten.

Das wie ein lustiger Rundgesang im Orchester ständig wiederkehrende Hauptthema wird von der Geige mit tollen Sprüngen und wirbelnden Figuren, mit allerlei Zupfern und Hupfern umflattert. Immer ausgelassener, stürmischer und wilder wird der Tanz, das Schlagzeug unterstützt die blitzschnellen Drehungen, bis im Augenblick des höchsten tänzerischen Rauschs das Stück plötzlich abbricht.

SMÉTANA

Bedrich (Friedrich) S. (1824–1884, Tscheche) Schüler u.a. von Liszt. Einige Jahre Dirigent in Schweden, dann 1866–1874 Kapellmeister am Prager Nationaltheater. Wurde völlig taub und starb im Wahnsinn. Schrieb Opern, Orchester-, Kammer- und Klaviermusik.

Die Meisterwerke Smétanas, in Deutschland vor allem bekannt durch seine herrliche Oper »Die verkaufte Braut«, atmen den Formengeist der deutschen Klassik, lassen die Gemütswärme der romantischen Musiker spüren, kleiden sich zuweilen in das Orchestergewand der neudeutschen Schule – vor allem aber gründen sie sich in Haltung und Thematik Böhmens. Sie sind schönste Einheit von Kunst- und Volksmusik in ihrer gegenseitigen Durchdringung von schlichter Einfalt und hochentwickeltem Ausdrucksvermögen.

Orchesterzyklus »Mein Vaterland«

Unter der Bezeichnung »Mein Vaterland« (Má Vlast) hat Smétana sechs sinfonische Dichtungen zusammengefaßt (1874/79); sie bilden sein instrumentales Glaubensbekenntnis zur Heimat. Smétana versetzt sich in die Rolle des alten sagenhaften Sängers Lumir und singt von Heldentaten, Ereignissen und Landschaften. Nach Art der Programm-Musiker gibt der Komponist in jede der sinfonischen Dichtungen Einführungen.

Wir gehen nur auf die bekannteren Bilder des Ganzen ein und geben bei den übrigen lediglich die programmatischen Hinweise. Zu beachten ist, daß Smétana das hauptsächliche musikalische Geschehen sämtlicher sechs sinfonischen Dichtungen aus einem einzigen Grundmotiv erwachsen läßt: den präludierenden Harfenakkorden des Sängers.

»*Vysehrad.*« – »Im Geist hört der Tondichter die Harfenklänge des sagenhaften Sängers Lumir. Vor seinen Blicken erhebt sich der Felsen Vysehrad im Glanze seiner ruhmreichen Vergangenheit. Auf dieser Burg der Herzöge und Könige versammelten sich die Ritter zur Heerfahrt. Sie hallte wider von Kriegsmarsch und Siegesgesang. Aber in wilden Kämpfen verfällt das herrliche Schloß. Einsam und öde wurde es auf dem Vysehrad. Aus seinen Ruinen tönt es klagend wie ein Echo des längst verstummten Harfenspiels des alten Sängers Lumir«. – Das Lento beginnt die Harfe mit einem nachdenklichen Grundmotiv (Hauptmotiv des Ganzen), aus dem sich das große Thema des Satzes ent-

wickelt, das von verhaltenen Trompetensignalen und leise flutenden Streicherfiguren begleitet wird. Im vollen Orchester klingt dann die Weise auf wie ein strahlendes Bild einstiger Herrlichkeit. Dieses Largo maestoso wird immer großartiger, bis sich die Harfenklänge erneut melden: es tritt allmählich Ruhe ein, damit Lumir nunmehr erzählen kann von den wilden Kämpfen, in denen das Schloß verfiel. Das Allegro vivo stürmt an: man hört förmlich, wie die Feste berannt wird, vernimmt in den Umbildungen des Grundmotivs die bald siegesgewisse, bald angstvolle Stimmung der Verteidiger. Mit dem Einsetzen der höchsten Klangwirkungen scheint der Fall Vysehrads besiegelt. Die Angreifer poltern wüst in den Burghof, schlagen alles nieder und stimmen einen rauhen Siegesgesang an. Im Più lento steigen die Schatten der Geschehnisse noch einmal herauf, wie Mahnungen an große Zeiten und Warnungen vor stolzem Übermut. Still ziehen die Wasser des Flusses ihre Bahn, aus den Winkeln der Ruinen tönen wie im Schlaf leise Themenbruchstücke auf, und der Wind streicht durch die erschauernde Harfe.

»Die Moldau.« – Zwei Flöten stimmen ein murmelndes Wellenmotiv an, bis allmählich das ganze Streichorchester in leise wogende Bewegung gerät. Aus dem Murmeln wird ein Wogen: »Moldau!« jauchzt es im Orchester. Da schmettern auch schon die Hörner! Die Waldjagd geht auf. In das seit jeher beliebte musikalische Bild einer frohen Jagd mischen sich hier neue Züge: selbst beim lautesten Hörnerklang bilden die Wellenmotive den unverwischbaren Untergrund. Weiter zieht der Strom. Von fern hört man die Klänge einer Bauernhochzeit. Dann ist sie ganz nah: heiter stampft die Polka dahin – ein musikalisches Dorfgemälde , wie man es sich schlichter und zugleich eindrucksstärker kaum vorstellen kann. – Weiter zieht der

Fluß, die Polka-Klänge verhallen, die Nacht senkt sich herab, der Mond glitzert in den Wellen, Nixen tauchen aus den Fluten, tanzen einen anmutigen Reigen. Unmerklich löst sich dann der Strom von seinen Nixenkindern, zieht weiter, singt seine Moldau-Weise. Die Bewegung wird drängender, lebhafter, reißender: die Moldau nähert sich den St.-Johannis-Stromschnellen. Die Wellenmotive jagen sich gegenseitig, pressen sich ineinander, fluten übereinander. In den Bässen donnert ein Motiv, das aus dem zweiten Takt der Moldau-Weise gewonnen ist. Noch eine letzte riesenhafte Steigerung, dann wird es plötzlich ruhig: breit strömt die Moldau dahin, die Moldau-Weise erklingt zum ersten Male in klarem Dur! Dann liegt im Gold des Sonnenlichtes der altehrwürdige Vysehrad am Ufer: feierlich erhaben stimmen die Bläser das Grundmotiv an; in den Streichern flutet eine stolze Umbildung des Moldau-Liedes.

»Sárka«, das schwächste der Reihe, in Deutschland auch nur selten aufgeführt. – Sárka war eine Führerin jener böhmischen Jungfrauen, die in wildem Kampfe gegen die böhmischen Ritter lagen. Sie hat sich an einen Baum binden lassen, um die Gegner zu überrumpeln. Ein Ritter findet das Mädchen, bringt es auf seine Burg und trinkt sich aus Freude mit seinen Gefährten einen Rausch an. Sárka holt ihre Mitkämpferinnen, die in einem wahren Blutrausch über die Schlafenden herfallen und sie töten.

»Aus Böhmens Hain und Flur.« »Froh ist das Herz über die Schönheit Böhmens, dessen reiche Fluren sich weithin erstrecken. Ein leichter Windhauch durchzieht den Hain, von fernher hört man die Klänge eines ländlichen Festes, bis alle Gefilde von Tanz und Gesang widerhallen.« – Hörner, Trompeten und Posaunen stimmen kraftvolle Harmonien an, die das Kopfthema in leichter Umbildung aufklingen lassen. Darüber rauscht es unablässig in den Streichern und Holzbläsern; das Bild einer reichen Landschaft, die im zitternden Sonnenglast sich vor dem Auge ausbreitet. Heller und heller wird die Sonne, bis zum fff steigert sich der Klang – dann sinkt er langsam zurück. Zart und demütig bringen die Klarinetten eine dankbar ergebene Weise. Als bezaubernder Gegensatz dazu dient ein kleines Trällerliedchen, das vergnügt dahinschlendernde Menschen darzustellen scheint. Und nun »durchzieht ein leichter Windhauch den Hain«. In den Streichern webt durch den Wald ein fugiertes Thema, dessen dritter und vierter Takt deutlich das Wellenmotiv aus der »Moldau« wieder aufnehmen. Hörner und Klarinetten, wie von fern ertönend, bringen einen fromm-einfältigen Gesang, der zunächst wieder im Weben der Streicher untergeht, dann aber mit feierlicher Pracht im ganzen Orchester aufrauscht. Unvermutet erklingen ein paar Takte einer derben Polka. Der Wanderer ist wohl neugierig geworden: durch den Wald dringt er vor, um die Ursache der vergnügten Takte zu ergründen. Ländliches Fest! Froh und ausgelassen stampft die Polka nun dahin. Ein sinniger Zwischenteil, dann geht das Tanzen mit verdoppelter Kraft weiter. Wie eine flüchtige Erinnerung setzt das fromm-

einfältige Lied aus dem Walde wieder ein. Dann aber geht es jubelnd dahin: Wald und Flur, Tanz und Dank, Natur und Mensch – alle sind sie eins, sind Geschöpfe des schönen Landes Böhmen. Kurz tönt das Grundmotiv auf: Böhmen träumt auch im lautesten Jubel von der »heiligen Vergangenheit und mächtigen Größe«.

»Tabor.« Auf dem Berge Tabor wurde Christus verklärt, und Tabor nannte der Hussitenführer Ziska sein Kriegslager, das er 1420 für seine Scharen anlegte. Streiter für Gott und für Böhmen wollten die Hussiten sein. Smétana hat ihnen ein Denkmal in Tönen gesetzt, das in der Wortdichtung seinesgleichen sucht. »Tabor« ist ein Stück Augenmusik von besonderer Eindringlichkeit. Man vermeint bei diesen Klängen wirklich, die Hussiten und ihre trotzigen Kämpfe zu erblikken. Es ist eine sinfonische Fantasie über den Hussitenchoral. »Die ihr seid die Kämpfer Gottes.« Der erste Teil bildet eine heimliche, unheimliche Aufwiegelung Böhmens, ein Rufen von Ort zu Ort, von Mensch zu Mensch, bis das ganze Land in hellem Aufruhr steht. Jetzt erst wächst aus den Motiven das Thema zusammen, jetzt erst wird aus dem aufrührerischen Flüstern und geheimen Drohen ein offener Haßgesang: »Die ihr seid die Kämpfer Gottes«, dröhnt es im Orchester. Und sogleich wechselt das bisher langsame Zeitmaß zu einem Molto vivace: lang waren die Vorbereitungen, nun aber gibt es kein Halten mehr.

»Blánik« gehört mit »Sárka« und »Tabor« zu den bei uns weniger bekannten Stücken der musikalischen Gesamtdichtung. Der zugrunde liegende Gedanke läßt sich etwa so ausdrücken: Blánik heißt ein Berg in Böhmen. Er schaut über die Landschaft, in der Ziska einst

seine Kriegsstadt Tabor errichten ließ. Gesehen hat der Berg die Kämpfe der Hussiten, die für Gott und Heimat ihr Leben ließen. Und im Berg Blánik schlafen auch die Seelen der großen Hussiten, bis sie dereinst auferstehen werden, um Gottes Reich auf Erden zu errichten und Böhmen frei und mächtig zu machen. Jetzt weiden Ziegen auf dem Blánik, Hirten blasen die Schalmeien; doch innen im Berge da ist es lebendig, unruhig harren die Seelen der Helden des Erweckers. –

Streichquartett e-Moll »Aus meinem Leben«. Eines der berühmten Streichquartette der Weltliteratur, infolge der Überschrift und weiterer näherer Erläuterungen und der verschiedenen Abschnitte der Programm-Musik zuzuordnen, ein ausgesprochen »subjektives« Werk und doch vermöge der hohen Kunst des Tondichters eine Schöpfung von weithin verbindlicher Haltung. Geschrieben wurde es 1874, nach Smétanas Ertaubung. – »Ungestilltes Sehnen der Jugendzeit« ist nach Smétanas Worten der Inhalt des ersten Satzes. Leidenschaftlich zuckt das Kopfmotiv des Allegros in der Bratsche auf, scharf gezeichnete Tonverkörperung jugendlichen Ungestüms. Neben diesem ungeduldigen Selbstbewußtsein steht das Seitenthema als Träger des fast noch Kindlichen, Spielerischen. Die Entwicklung der beiden Hauptgedanken im Verlauf zu verfolgen, macht keine Mühe. Inhaltlich gehören die beiden folgenden Sätze zum Hauptsatz: das tänzerische Scherzo mit seiner Polka und die »Seligkeit der ersten Liebe« in dem langsamen Satz mit seiner blühenden Melodik und immer drängender werdenden Führung der Begleitstimmen. Diesen Jugendbildern stellt sich der Schlußsatz gegenüber als gewichtiger

Block. Er bringt in drei Hauptteilen das äußere und innere Erleben des reifen Mannes: »Die Erkenntnis der nationalen Musik«, dann, unvermittelt nach fortissimo dahinstürmenden nationalen Klängen, das »verhängnisvolle Erklingen im Ohr des Komponisten vor der Ertaubung« (unser Beispiel gibt einen Ausschnitt),

endlich die »Ergebung in ein unabwendbares Schicksal«. Gegen Schluß des vierten Satzes tauchen die musikalischen Gedanken der früheren Sätze noch einmal auf.

BRUCKNER

Anton B. (1824–1896, Österreicher) war Sohn eines Dorfschullehrers. Erster Unterricht beim Vater, nach dessen Tode Sängerknabe im Stift St. Florian. Wurde Lehrer und bildete sich selbst in Orgelspiel und Kontrapunkt aus. 1855 Domorganist in Linz. Bis zu seinem vierzigsten Jahre studierte er Kontrapunkt (in Wien bei Sechter und Kitzler). Seit 1867 Hofkapellorganist und Konservatoriumsprofessor in Wien. Hauptwerke: Sinfonien und andere Orchesterkompositionen, weltliche und kirchliche Chorwerke, ein Streichquintett.

Die Kämpfe um Bruckners Werk sind heute verstummt. Wir verehren in ihm einen der wirklichen Großmeister der Sinfonie und streiten höchstens noch darüber, ob man den sogenannten Urfassungen oder den Bearbeitungen erfahrener Freunde des Meisters den Vorzug geben soll. Als Melodiker, Kontrapunktiker und Harmoniker nimmt Bruckner mit seinen Sinfonien geradezu eine Sonderstellung ein.

Die Sinfonien sind allerdings vielfach recht lang geraten (und ich bekenne: zuweilen sogar zu lang). Bruckner musizierte für den »lieben Gott« (ihm hat er sogar eine Sinfonie gewidmet), und ein so kindlichgläubiger Mensch wie er konnte gar nicht anders, als dieses Musizieren für den lieben Gott auszuspinnen wie eine Musik der himmlischen Heerscharen, die ja auch ihren Schöpfer in Ewigkeit preisen. Zum andern (und damit zusammenhängend): Bruckner stellt nicht fertige Themen auf, die er dann in der Durchführung in ihre Bestandteile zerlegt, sondern er führt meist im ersten Sinfoniesatz das Entstehen des musikalischen Gedankens vor, formt ihn dann zu seiner ersten Gestalt und verklärt diesen Gedanken im Schlußsatz. Zu einer solchen entwicklungsmäßigen Sprache braucht er natürlich Raum. Wenn Bruckner das Werden des musikalischen Gedankens vorführt, so ergibt sich daraus folgerichtig noch etwas: die Einführung eines dritten Themas. Das erste Thema stellt sich dar als Ausdruck keimhaften Treibens, das zweite ist sinnendes Betrachten des ersten Gewordenseins, das dritte wird zum Sinnbild stetigen Wachsens. Dementsprechend sind die Durchführungen nicht ein nachträgliches Aufdecken verborgener Keimkräfte, sondern ein ständiges Weiterführen und Weiterwachsen des einmal Geschaffenen. Und die Wiederaufnahme von Themen des ersten Satzes im Schlußsatz wirkt als tiefsinniges Gleichnis: der Wert des Menschen bemißt sich nicht nach seinen Anlagen, sondern nach den Früchten seines Lebens. Der Schlußsatz Brucknerscher Sinfonien ist kein »Finale«, kein Ausklang; er ist Krönung und Verklärung.

Sinfonien

Man spricht zwar im allgemeinen von den »neun« Sinfonien Bruckners, doch hat der Meister insgesamt elf sinfonische Werke geschrieben. Eine Sinfonie f-Moll (1863) wurde von ihm nicht veröffentlicht, eine weitere in d-Moll (oft als »nullte« bezeichnet) ist zwar mehrfach aufgeführt worden, doch ohne rechten Erfolg.

1. Sinfonie c-Moll (1868). »So kühn und keck bin ich nie mehr gewesen«, meinte Bruckner später. Im ersten Satz sogleich der für den Meister in allen Sinfonien so bezeichnende Anfang: nach einigen leisen Harmonie-Andeutungen steigt das Hauptthema selbstbewußt empor. Verhaltener Trotz, bebender Wille zur Freiheit

zittert in diesen eigenwilligen Rhythmen und Harmoniewendungen. Selbst in der folgenden Überleitungsgruppe grollt die Ungebärdigkeit weiter. Dann, fast unvermittelt, Sehnsucht nach Frieden: ein zweites Thema, süß singend, Aufschwung in weiten Schritten, absinkend in sanften Halbtonwendungen. Doch bald bricht der Groll wieder los: wuchtiges Fortissimo der Bläser, angeführt von einem alle »melodischen Grenzen« durchbrechenden Trompetenthema, störrisch, ungebärdig, dazu ein ständig wiederholtes Zweiunddreißigstelmotiv in Streichern und Flöten. Auch in der Durchführung hört man den Bruckner, der sich in allen seinen sinfonischen Werken nicht verleugnet: nicht Motivzerlegungen, sondern dramatisches Mit- und Gegeneinander der musikalischen Grundgedanken. – Im zweiten Satz (Adagio) wird das Leid des einsamen Menschen Klang. Fragen, Zweifel ... dann beruhigende Weisen in den Holzbläsern. Wirkliche Antwort aber erst im Andante mit seinem fast kindlich-zuversichtlichen Thema. Zwar kehrt das Adagio mit seinen Fragen wieder, doch jetzt ausgeglichener, besänftigt. – Ganz kurz das Scherzo. Das Donnergepolter zu Anfang ist nur ein Spaß; denn das Hauptthema bringt sehr bald einen schwärmerischen Ländler in Moll, und das Trio wirkt noch schlichter, noch ländlicher. – Überwindung im vierten Satz (bewegt und feurig). Mit strahlender Kraft und stählerner Wucht bricht das Hauptthema los. Ein zweites Thema wird zwar »dolce« (sanft) eingeführt, enthält aber einen überschäumenden Triller, der späterhin Bedeutung erlangt. Als dritter Gedanke ein choralartiger Satz der Bläser. In der Durchführung spielt der genannte Triller eine besondere Rolle. Jubelnd der Ausklang: nach Moll leuchtendes Dur, stürmisch, fast theatralisch umschwirren die Streicher den machtvoll geblasenen Schluß.

2. Sinfonie c-Moll (1873). Die gleiche Tonart wie in der 1. Sinfonie, das Ganze aber wesentlich maßvoller und ruhiger. Dennoch einige unverkennbare Bruckner-Züge: ein Hauptthema von erstaunlicher Länge, sein Heranwachsen aus einem geheimnisvollen Streicher-Tremolo, die Ausdehnung des Schlußsatzes und das Auftreten von einschneidenden Generalpausen. Endlich findet sich in der Zweiten zum ersten Male das bekannte Brucknersche »Zitieren«: im Adagio und im Schlußsatz führt er Stellen aus seiner f-Moll-Messe an, im ersten Satz hört man den Beginn von Rienzis Gebet. Das Werk wird nicht oft aufgeführt. – Waldstimmung beherrscht den ersten Satz mit seinem langsam werdenden Hauptthema, dem heimlich-heimatlichen Cellogesang im zweiten Thema, der zitternden Unruhe im Orchester, dem erwähnten Gebetsthema aus

»Rienzi« ... Jedes Bild vom andern durch Generalpausen getrennt. Merklich verhalten, zuweilen innig die Durchführung. – Der zweite Satz ist ein dankerfülltes Andante, ein Stück Kirchenmusik, doch unter freiem Himmel gespielt. Eine Stelle aus der f-Moll-Messe »Gesegnet sei, der da kommt im Namen der Herrn«. Wie leises Orgelspiel verhallt der Satz. – Bildhaft das Scherzo; derb stampft es im Orchester: die ersten vier Takte gehören den Burschen, vom fünften Takt an drehen sich die Mädchen im Kreise, dann alle zusammen. Ein Bild folgt dem anderen. Zart und zärtlich das Trio. – Im letzten Satz entwickelt sich aus der Stimmung des Scherzos ein lebendiges Treiben: dem widerborstig beginnenden, kräftigen Hauptthema gesellen sich ein wiegender und ein ernster Seitengedanke, auch das Kopfthema des ersten Satzes taucht wieder auf – es ist ein einziges Treiben und Drängen. Wie eine sanfte Mahnung ertönt einmal ein Anklang an das »Eleison« aus der f-Moll-Messe, dann geht es wieder in das schöne, jubelnde Leben, Motive und Themen verschlingen sich, nochmals eine mahnende, weihevolle Unterbrechung, dann steigert sich der Klang vom Pianissimo zum glanzvollen Abschluß in Dur.

3. Sinfonie d-Moll (1877). Mit diesem Werk (»Meister Richard Wagner in tiefster Ehrfurcht gewidmet«) zeigt sich Bruckner zum ersten Male auf der vollen Höhe sinfonischer Meisterschaft. Naturfreude und Gottglaube sind hier musikalisch in vollkommener Weise eins geworden. – Erster Satz (mäßig bewegt). Dunkel liegt über der noch ungestalteten Welt. Wie ein erster Lichtstrahl flammt es in der Trompete auf. Noch träumend führt das Horn den Gedanken weiter, Holzbläser schei-

nen mit diesem Motiv aus dem Schlaf zu erwachen. In den Pauken beginnt ein Wirbel, Trompeten und Posaunen rufen die sich regende Welt. Endlich, im Fortissimo des ganzen Orchesters, ein fiebernder Schrei, der sogleich wieder zurücksinkt im Piano der Streicher. Noch einmal dieses schmerzvolle Aufbäumen und Zurücksinken: der Mensch wird geboren, in Wehen liegt die Welt. Doch dann, nach einer Wiederholung der ersten Motivgruppe, wiegen sich die Geigen in naturhaftem Behagen, in der Bratsche singt ein neues Thema von Frieden und Stille, immer mehr Instrumente beteiligen sich an dem Lobgesang zu Ehren der Natur. Eine Choralweise setzt ein zu Ehren des Schöpfers, machtvoll beantwortet durch das Hauptthema und seine Umkehrung. Unmittelbar daran schließt sich eine Gebärde stiller Ergebenheit ... Welt und Mensch, Natur und Gott – diese Fragestellung wiederholt die Durchführung, ohne eine letzte Antwort geben zu wollen. – Zweiter Satz. Dramatisch-feierliche Stimmung liegt über dem »bewegten Adagio«. Die drei Kräftegruppen sind genau gegeneinander abgesetzt: das friedenverlangende Hauptthema mit den klagenden Seufzern (Adagio quasi andante), der tröstende Bratschengesang zu zitternden Harmonien der geteilten Geigen (Andante quasi allegretto) und das geheimnisvoll wie behende Dahinschreiten des Streichquartetts, dem die murmelnde Sechzehntelfigur der Flöten geweihtes Wasser zu spenden scheint. In diesem Adagio ist der ganze Bruckner am Werke: der Dramatiker, der Sinfoniker, der Orgelspieler. Orgelmäßig empfunden ist besonders der Schluß mit den leise verklingenden Harmonien. – Dritter Satz. Gewissermaßen ein »Scherzo über einen Ton«; denn Hauptteil und Trio enthalten keine eigentlichen Themen, sondern nur Motive, die hartnäckig an dem Grundton festhalten. Alle Bruckner-Scherzi sind ländlich; dieses wirkt geradezu hemdsärmlig. Aber seelische Schlichtheit und künstlerisches Vermögen haben es zuwege gebracht, selbst ländliche Hemdsärmligkeit zu adeln. – Vierter Satz. Das gleiche Bild wie im Schlußsatz der 2. Sinfonie: die wirbelnden Figuren des Scherzos lassen den Tondichter nicht ohne weiteres los. Aber die rollenden Achtel der Streicher tragen nun etwas Unheilvolles, Drohendes in sich: man weiß schon bei den ersten Takten, daß etwas Ungewöhnliches, Großartiges, vielleicht Niederschmetterndes kommen wird. Da setzt es auch ein im stürmenden Fortissimo der Bläser, gewaltig herniederfahrend wie der Zorn einer grollenden Gottheit. Aber schnell geht das Klang-Unwetter vorüber. Zart tändelt in den Geigen ein anmutiges Tanzmotiv, zugleich stimmen die Hörner einen Choral an! Die oft behauptete Fragwürdigkeit dieser berühmtesten Stelle aller Bruckner-Sinfonien löst sich sehr einfach durch die bekannten Choral-Worte: »Mitten im Leben (Tanzweise) sind wir vom Tod (Choralthema) umfangen.« Eine Weile geht dieses Doppelspiel weiter; doch dann melden sich die schicksalhaften Stimmen des Anfangs erneut, schon klopft der Rhythmus wie Jüngstes Gericht. Das Choral-Thema hebt sich heraus, gläubig und fromm wird die Haltung. Eine gewaltige, ausgedehnte Steigerung führt vorüber an wechselnden Bildern bis zu höchstem Jubel: gewaltig reckt sich das Eingangsthema des ersten Satzes empor!

4. Sinfonie Es-Dur (»Romantische«, 1881). In dieser »romantischen Sinfonie« – die Bezeichnung stammt von Bruckner selbst – hat der Meister den Wald verherrlicht, den Wald als Haus Gottes und als Zufluchtsort des Menschen. – Erster Satz. Zwei Takte leises Streichertremolo, dann ruft das Hauptthema im Horn wie lockend aus dem Waldesdunkel, immer wieder.

Bald rauscht es im Wald, ein Drängen hebt an, das Glücksgefühl steigert sich zum Lobgesang, dann Absinken, Stille. In der Bratsche eine innige Weise, umzwitschert von Vogelrufen der Geigen. Wieder ein Atemholen. Dann erneut eine ansteigende Bewegung, gesteigertes Kraftgefühl des Menschen in der Natur. Abermals ein Zurücksinken. Es ist wie Ein- und Ausatmen. Die Durchführung dieser verschiedenen Themengruppen bringt kaum etwas Neues. – Zweiter Satz. Menschliches Leid durchzieht dieses Andante. Das klagende Hauptthema des Cellos wird geleitet von Trauermarsch-Rhythmen der übrigen Streicher. Geigen beginnen eine Choralweise, Holzbläser antworten. Nun in der Bratsche ein neues Thema, wieder klagend, doch bewegter, weicher. Ein Vogelruf (Flöte) als Stimme der Natur, das Dunkel lichtet sich, die Instrumente scheinen Lebensmut auszustrahlen. Abermals dieses atmende Verhallen. Endlich ein letzter Aufschwung: der Vogelruf kündet Frieden, das Hauptthema steigt leuchtend empor und verhallt still. – Dritter Satz. Ein zauberhaftes Jagd-Scherzo mit allerdings reichlich viel Bläsern; im Trio ein Tänzchen. – Vierter Satz. Aus brauenden Nebeln der Streicher zuckt in Klarinetten und Hörnern ein Oktaven-Motiv auf, schiebt sich erschauernd noch einen Ton weiter. Wie Echo aus dem Scherzo hallen Jagdklänge von irgendwoher. Dumpfes Beben in der Natur, ein Sturm erhebt sich. Im vollen Orchester dröhnt das Hauptthema: Oktavenschritt nach unten, noch eine Terz tiefer; das sind Erinnerungen an den ersten Satz. Nicht anders die Weiterführung des Themas: zwei Viertel gegen Triolen-Viertel, zwei Halbe gegen Triolen-Halbe; der Freudenrhythmus! Nun stürmt das Hauptthema des ersten Satzes selbst durch das nächtliche Dickicht. Es melden sich Erinnerungen an das Andante – alle Gedanken der Vergangenheit werden heraufbeschworen. Licht und Schatten, Freude und Schrecken, Naturgewalt und Gottesfurcht leben in diesem Finale wieder auf.

5. Sinfonie B-Dur (vollendet etwa 1878, uraufgeführt 1894). In der Großartigkeit der musikalischen Gebärde, in der raumfordernden Selbstherrlichkeit und mächtigen Kontrapunktik die überwältigendste Sinfonie Bruckners. Die Kürzungen (insbesondere des Schlußsatzes) durch Bruckners Freund Schalk machen das Werk sehr viel leichter verständlich; heute bevorzugt man allerdings die sogenannte Urfassung und stellt damit an die Aufnahmefähigkeit des Hörers erhebliche (und zwar ganz unnötige, weil ermüdende) Ansprüche. – Erster Satz. Dem eigentlichen Allegro ist ein dramatisches Adagio vorangestellt: aus dem Halb-

dämmer der Streicher gellt ein Teufelsschrei des ganzen Orchesters, dem die Bläser einen Glaubens-Choral entgegensetzen. Nach Wiederholung dieses Vorgangs erwächst in Bratschen und Celli das Hauptthema, gewinnt im Orchester-Fortissimo seine endgültige Gestalt: heldenhafter Beginn, klagend verzagender Schluß. Langsames Zupfen der Streicher: ein neues Thema, ruckend und angstvoll beginnend, doch in einen Triller mit Dur-Schluß einmündend. Klage und Selbstbehauptung wechseln, einsamer fühlt sich die Menschenseele, haucht endlich nur noch einen Seufzer. Trost kommt aus einem ruhigen Gesang, den der Chor der hohen Holzbläser gemeinsam mit der ersten Geige anstimmt. Er wächst zu rhythmischer Bestimmtheit, gibt Kraft und Frieden. Die Durchführung setzt ein mit einer Wiederaufnahme der gegensätzlichen Gedanken des Adagios: Himmel und Hölle. Sehr schön und ergreifend, wenn, Hauptthema des Allegros, Choralweise und Baßschritte der langsamen Einleitung aus dem Kampf als mächtige, verklärte Sieger hervorgehen. – Zweiter Satz (Adagio). Zwei Welten in einem friedlich-einsamen Bild: gezupfte Streicher in sechs Vierteln, dazu eine klagende Gesangsweise der Oboe in vier Vierteln. Sehr breit entwickelt sich das zweite Thema in den einstimmig geführten Geigen (auf der G-Saite). Die beiden Gedanken lösen sich mehrfach ab, das Orchester umspielt sie bald schlicht und bald reicher, ohne ihren Charakter ändern zu können. – Dritter

Satz. Über gestoßenen Streicherrhythmen (Erinnerung an die vorangehenden Sätze) beginnt das Scherzo eine Tanzweise, munter und unzufrieden zugleich; »bedeutend langsamer« hebt ein Walzer an, und so bilden sich andauernd Tänzchen, heiter beginnend und meist sich wieder eintrübend. Auch das Trio bringt keine rechte Aufhellung. – Vierter Satz. Zunächst ein vielfaches Zurückgreifen auf Gedanken der früheren Sätze, dann erst wuchtet das Hauptthema des Schlußsatzes hervor: tiefe Streicher, Fagott und

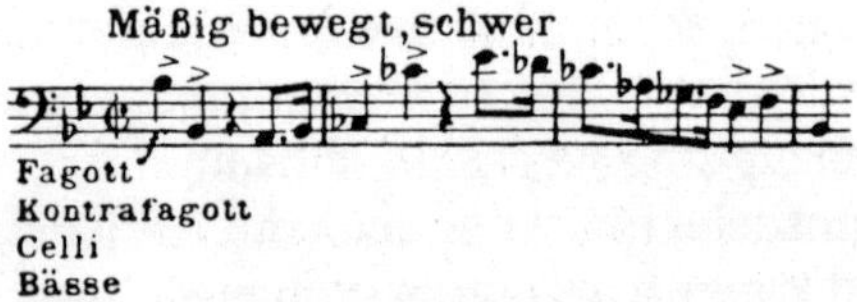

Kontrafagott lassen es erklingen, die übrigen Instrumente führen es in einem trotzigen, marschartigen Fugato daher. Wieder ein langes Verweilen auf Bildern einstiger Glücksruhe, jäh unterbrochen von der verbreiterten Anfangsgebärde des Hauptthemas, dann ein erneutes Zurücksinken. Langsam entwickelt sich Neues, Sieghaftes: breit und feierlich ertönt ein Choral in den Bläsern, die Streicher wiederholen seinen Schluß. Wieder eine Fuge, diesmal über das Choral-Thema. Überreich entfaltet sich die kontrapunktische Meisterschaft Bruckners. Zum Schluß die Krönung,

erhabene Klangpracht im dichten thematischen Gewebe: das Hauptthema fugiert, dröhnend in den Bässen, durchsetzt von erregenden Streichermotiven, hellen Holzbläsertrillern, wirbelnden Pauken, rasselnden Becken. Und aus der Höhe der Kuppel schallt der Choral hinein: in verbreiterten Notenwerten, erhebend und in die Knie zwingend – geblasen von einem Chor von drei Trompeten, drei Posaunen, vier Hörnern und einer Baßtuba.

6. Sinfonie A-Dur (beendet 1881, uraufgeführt 1899). Eine der weniger bekannten Bruckner-Sinfonien, ein ruhiges Werk innerer Einkehr und freudiger Klarheit. – Erster Satz. Ein Maestoso mit drei Hauptgedanken: das erste Thema männlich-ernst mit seinem zuckenden Auftakt und den kraftvollen Triolen, das zweite weich in ruhigen Vierteln und Halben zu begleitenden Triolen, das dritte im Unisono des Orchesters. In der Durchführung spielen die Triolen und der Rhythmus des Kopfmotivs die Hauptrolle. – Zweiter Satz. Vielleicht das schönste Bruckner-Adagio. Drei ausdrucksvolle Themen: eine zwischen Dur und Moll schwebende Weise der Streicher, ein weitausholender Gesang, endlich eine Art Wallfahrtslied (im Grave). Diese Themen werden der Reihe nach durchgeführt, aber auch miteinander verbunden. – Dritter Satz. Das duftigste Scherzo des Meisters. Geschwindes Wispern in den hohen Begleitstimmen, spukhaft treibendes Klopfen in den Bässen, dazu eingebettet in die Mittelstimmen: das Triolenthema, bald hurtig huschend, bald kurz verweilend. Erst im Trio kommt Ruhe in das Getriebe mit der langsameren Hornweise und den gezupften Streichern. Dazwischen, wie ein Traum von harten Kämpfen einer herben Wirklichkeit, unvermittelt das Kampfthema des ersten Satzes der Fünften. – Vierter Satz. Ein merklich schwaches Finale mit allerlei Zitaten von Wagner und Bruckner, aber ohne eigentliche Gestaltungsgröße, so daß der Schluß mit der Wiederaufnahme des Hauptthemas aus dem ersten Satz mehr überwältigt als überzeugt.

7. Sinfonie E-Dur (1884). Die Stärke dieser sehr beliebten Sinfonie liegt in ihrer großartigen, sprechenden, gebärdenhaften Melodik, die eingebettet wird in prächtig schweifende Harmonien und eine warme, glanzvolle Instrumentierung. Die ausgedehnte (meisterliche) kontrapunktische Arbeit wirkt dagegen häufig ermüdend. – Erster Satz. Aus leisem Streichertremolo steigt das Hauptthema in Celli und Hörnern geheimnisvoll empor, durchmißt zwei Oktaven, verdichtet sich in Bratschen und Celli, wird wärmer durch die hinzutretende Klarinette, löst sich in Motivwendungen auf, verhallt im Tremolo der Geigen. Einund-

zwanzig Takte! Wiederholung vom ganzen Orchester. Unmittelbar schließt sich das zweite Thema an: engstufig, mit wagnerschen Doppelschlägen und Harmonieausweichungen. In gewaltiger Steigerung geht es zu einem kämpferischen Fortissiomo – doch unvermutet folgt ein vergnügt schlenderndes Motiv, durchsetzt von Anklängen an die ersten beiden Themen. In der Durchführung werden alle kontrapunktischen Künste aufgeboten, doch die letzte große Wirkung stellt sich erst im Schlußstück ein mit seinem gewaltigen Bläserchor. – Zweiter Satz. Dieses Adagio hat Bruckner als ahnungsvolle Totenklage für Richard Wagner geschrieben. Über den ersten Takten lastet »Nibelungen«-Düster: fünf Tuben und die tiefen Streicher heben die Klagen an, die Geigen führen sie fort, kraftvoll auch im Schmerz. Trost bringt erst eine ergreifende Stelle in Fis-Dur: aus den starren Vier-Vierteln werden sanfte Drei-Viertel, das Zeitmaß wird »moderato«, Geigen singen wiegenden Trost. In der Durchführung steigern sich Schmerz und Trostgebärde, verlieren sich, steigen erneut empor. Erschütternd jener Ausbruch, wo im dreifachen Forte des ganzen Orchesters die Bläser sich um das engstufige Motiv aus dem zweiten Takt des zweiten Themas drängen, es sich gegenseitig zurufen unter dem Rollen der Pauke und dem Klingeln des Triangels, zu strahlenden Akkordbrechungen der Streicher: Verklärung des Helden. Und dann sogleich wieder das Düster im einsamen Piano der Tuben. Zitternd vor innerer Erregung verhallt das Tongedicht. – Dritter Satz. Ein Scherzo, gemischt aus Heimlichkeit und Unheimlichem. In den Begleitfiguren der Streicher poltert es unheilvoll, ein Trompetensignal blitzt durch das Dunkel, lächelnd wiegen sich Geige und Klarinette. Dann stürzende Motive, die bald wieder emporschnellen, prasselnde Tonleitern von den höchsten Höhen bis ins Dunkel der Tiefe, noch einmal im vollen Orchester die polternden

Klänge, eine plötzliche Pause – dann pianissimo in der Pauke der klopfende Rhythmus des Trompeten-Motivs. Vorübergehendes Auflichten im Trio mit seinem walzerartigen Gesangsthema. Doch gleich wieder ein Verdunkeln, zurück geht es wieder in den gespenstischen Hauptteil. – Vierter Satz. Verklärung des kämpferischen Menschen durch gläubiges Selbstvertrauen. In den ersten Geigen fährt ein scharf rhythmisiertes Thema auf: das Gesicht des Hauptthemas aus dem ersten Satz, nun aber willensbetont. Dann eine Choralweise, still, ruhig schreitend. Gewaltig setzt die Durchführung ein; aber nur das Hauptthema wird durchgeführt, umgekehrt, geknetet, gestreckt. Einmal schwebt die Choralweise still über dem Getümmel, entschwindet wieder. Durchführung und Wiederaufnahmeteil ermatten infolge ihrer ungeheuren Breite. Erst die Coda bringt den rechten Glanz: noch einmal das Hauptthema im Horn, vom ganzen Orchester zum Fortissimo gesteigert, und wenige Takte vor Schluß erdröhnt in den Bläsern das Eingangsthema des ersten Satzes.

8. Sinfonie c-Moll (beendet 1887, uraufgeführt 1892). Ein Riesenbau mit einer Riesenkuppel: das Finale ist getürmt wie kein anderer Schlußsatz Bruckners. Diesmal ist nicht der Gottgläubige und nicht der Naturselige am Werk, sondern der das Schicksal bejahende Mensch. – Erster Satz. Unmutig und drohend regt es sich in den tiefen Streichern: kein Thema, nur ein kurzes Motiv, doch erschreckend in seiner finsteren Wucht. Klagender Quintenruf der Klarinette. Wieder das Hauptmotiv, ängstlicher Schluchzer der Holzbläser; grob fährt das dunkle Motiv dazwischen, fortis-

simo: unentrinnbar ist das Schicksal. Zwar versuchen die Geigen (»breit und ausdrucksvoll«) mit ihrem strömenden Gesang, durch den eine Weile auch die übrigen Instrumente mitgerissen werden, eine lichtere Stimmung hervorzurufen, die Trompete schmettert dann auch schon Sieg – aber vergebens. Das Schicksalsmotiv kehrt wieder. Düsternis liegt über dem Beginn der Durchführung, einem der großartigsten sinfonischen Bauten Bruckners. Nicht ein eigentliches Thema, sondern nur Motive geben den Baustoff; sie erscheinen in Umkehrung, Vergrößerung, ballen sich, ringen, recken sich auf, stürzen nieder. Den eigentlichen Höhepunkt erreicht der Satz im Wiederholungsteil an jener Stelle, an der im dreifachen Forte die Hörner und Trompeten nur noch den Rhythmus des Schicksalsmotivs schmettern, starr und ehern über den fast unbewegten Akkord-Lagerungen der übrigen Instrumente. Dann ein schnelles Zurücksinken. Sehr leise gezupfte Viertel in Streichern und Pauken (»Die Totenuhr«, sagte Bruckner), nur in der Bratsche wühlt noch ein Rest des Schicksalsmotivs. – Zweiter Satz. Was kann man einem so übermächtigen Schicksal überhaupt entgegenstellen? Querköpfigkeit und Träumerei, antwortet das Scherzo. »Der deutsche Michel« dieses Satzes (Bruckners eigene Bezeichnung) hält dem Schicksalsrhythmus des ersten Satzes einen sturen, eigensinnigen Rhythmus entgegen, einfältig und unerschütterlich. Einmal, in der Durchführung, wird aus dem Michel vorübergehend ein Michael, der Erzengel; dann geht der einfältige Eigensinn wieder an. Im Trio »träumt der deutsche Michel ins Land hinaus«. – Dritter Satz. In diesem Adagio reift die Entscheidung heran. Aus schwebenden Synkopen der Streicher tritt eine gesammelte Stimme der Geige hervor, biegt und beugt sich in die kleine Sekunde des Schicksalsmotivs: Anerkennung des Schicksals. Dann, gefolgt von Klarinetten und Fagotten, schreitet sie fest und selbstbewußt die Stufen der Tonleiter herab, wird noch bestimmter, nimmt herausfordernd die Sekundenwendung wieder auf, steigt im Dur-Dreiklang machtvoll empor, wird belebter. Die Stimmung weitet sich zur Feierlichkeit: Harfenrauschen über ruhigen Klängen der Streicher. Diese erste Gruppe wird wiederholt. Zweimal angestimmt wird auch das nächste Thema, welches in den Celli anhebt, eine zuversichtlich gläubige Weise, durchsetzt von erhabenen Klängen der Tuben. Diese beiden Grundgedanken werden in der Durchführung sehr klar neben- und gegeneinandergestellt, ein Abschnitt scheint den andern noch überhöhen zu wollen, dann auf dem Höhepunkt – das Siegfried-Motiv. Sinnbild des ganzen Werkes: der freie Mensch gegen das Schicksal. – Vierter Satz. Mit donnernden Vorschlags-Vierteln rücken die Streicher heran, Sturmwind des Schicksals, fordern Entscheidung, Ergebung oder Abwehr. Siegessichere Abwehr schon im dritten Takt: Hörner, Tuben, Posaunen blasen den Schlachtgesang, im Chor, unwiderstehlich, selbstvertrauend. Trompeten schmettern Siegesfanfaren. Das zweite Thema ist ganz Sammlung, Ruhe, tiefes Atmen. Es besteht (wie das erste Thema) aus

einer Gruppe von Unterthemen. Endlich noch eine dritte Themengruppe, aus der eines hervorragt durch seinen feierlichen Marsch-Charakter. Überreichlich ausgerüstet mit diesem Themenstoff beginnt die Durchführung: kämpferische Auseinandersetzung mit Schicksal, Leben und Sein. In der Reprise werden die Kräfte ein letztes Mal gemustert, dann geht es in die gewaltige Coda. Trompeten, Posaunen und Tuben beschwören mit machtvoller Gebärde das Schicksalsthema herauf, aber es muß sich beugen unter den Willen des Schlachtgesanges, des eisenstirnigen »Michel« (Scherzo-Rhythmus sieghaft verbreitert in den Hörnern), der Trompetenfanfaren. Alle Themen der Sinfonie kehren wieder, übereinander gelagert, wider einander und doch miteinander.

9. Sinfonie d-Moll (abgeschlossen 1894, uraufgeführt 1903). Diese Sinfonie hat kein machtvoll-strahlendes Finale – das Alter verabschiedet sich vom Leben nicht mit dem Schall sieghafter Trompeten; still legt es die müde gewordene Seele in die Hände des Schöpfers zurück. – Erster Satz. Ein letztes Mal wird die Welt geboren. Leises Streichertremolo, Hörner zucken fragend in die Terz, dann in die Quinte, in die Sekunde. Bange

Erwartung. Ein Ruck, gewaltig auffahrend, machtvoll herniedersinkend, mit einem Schlag ist die Welt erhellt, enthüllt. Urtiefen und letzte, fernste Gipfel erstrahlen im Glanz der gleichen Sonne. Dann, im vollen Orchester, fortissimo, ein Ur-Thema mit niederstürzenden Oktaven und stürmenden Halbtonschritten. In diesem Hauptthema offenbart sich der Weltenschöpfer selbst. Vor ihm aber ziemt dem Menschen Demut: ein zweites Thema singt von Ergebenheit, und im dritten (genauer: in der dritten Themengruppe) herrscht innige Verklärtheit. Die Durchführung ist kein Kampf, vielmehr ein Ringen, ein Emporwollen. Doch leere Quinten stehen am Ende, offene Tore, die ins Unbekannte führen. – Zweiter Satz. Ein irrlichterndes Scherzo voller Versuchungen: Lebenslust, Ausgelassenheit, Schwärmerei, Behagen wollen den Ermatteten abziehen von Grübeln und Fragen. Im Trio eine ruhige Streicherweise; sie dreht sich nur halb, tritt wieder zurück – der Fuß hebt sich zum letzten Gang. – Dritter Satz. Ausklang des Daseins ist dieses herrliche Adagio, »Abschied vom Leben«, wie Bruckner einmal sagte. Sinnbildhafte Gebärde des Daseins ist das Hauptthema: aus der Tiefe steigt es auf, sinkt zurück zu den Wurzeln seines Herkommens, schreitet kräftig weiter ins Leben und findet – Leid. Tuben umschatten das Geschehen. Kämpfend durchmißt der Mensch die Lebensbahn, Trompeten künden Sieg, von Streichern und Holzbläsern wird die Seele zum Himmel getragen. Ein Leben in sieben Takten! Zur nächsten Gruppe leitet ein feierlicher Gedanke der Tuben: Wissen um den Tod. Noch einmal durchlebt der Sterbende die Stufen seines Leidensweges; in der zweiten und dritten Themengruppe steigen sie auf: Schmerz und Qual, Trauer und Trost, Widerstand und Einkehr. In der Durchführung treten die alten Bilder wieder vor das Auge des Dulders. Lautes Weh und stilles Leid. »Miserere« singt es, »Erbarme Dich«, wie einst in der d-Moll-Messe, wie in der dritten Sinfonie. Die Bilder verwischen sich, verschwimmen. Ehern mahnen die Tuben: »Deine Uhr ist abgelaufen.« Noch ein weher Blick auf das Selbstgeschaffene, auf das Adagio der Achten, auf die Siebente. Letzte Wegzehrung eines Menschen, der selbst Priester war in Tönen.

Streichquintett F-Dur

Das 1879 vollendete einzige Kammermusikwerk Bruckners ist nach Formabgrenzung und Satzart, nach Zeichnung und Stimmen-Selbständigkeit der Kammermusik zuzuordnen, der inneren Haltung nach aber sinfonisch. Übrigens ist es von Bearbeitern, denen die Überfülle der musikalischen Gedanken wohl bedenklich erschien, gekürzt worden. Schon der erste Satz enthält drei Hauptgebilde, die für den weiteren Verlauf bedeutsam werden; dazu treten noch eine ganze Reihe weiterer Linien (das Gesangsthema ist dabei noch gestrichen!). Dem vielverästelten Leben der Themenaufstellung entspricht die großräumige Durchführung mit ihrer polyphonen Verzweigung, ihrem mächtigen Fließen und Strömen. Das Scherzo hebt geradezu zweithematisch an, das Trio führt diese Doppelgruppierung auf seine Weise weiter. Ein Wunderwerk das Adagio, dessen Hauptthema zwei weitere thematische Kräfte umschließt. Für den Satz werden besonders die beiden Bratschen mit ihren lebendig geführten Mittelstimmen wichtig. Der Schlußsatz beginnt überhaupt nur mit den Mittelstimmen (zweite Geige und zwei Bratschen); denn erste Geige und Cello treten erst später hinzu: Bruckners vielfach in den Sinfonien geübtes Verfahren, nicht fertige Themen hinzuzusetzen, sondern ihr Werden darzustellen, ist hier sehr schön auf die Kammermusik übertragen worden. Kontrapunktisches Denken und sinfonischer Aufbau geben diesem Schlußsatz das Gepräge.

Tedeum

Unter den verschiedenen weltlichen und kirchlichen Chorwerken ist das »Tedeum« wohl das bekannteste (erste Aufführung 1886, enstanden 1883/84). Besetzung: Orchester, Chor, Soloquartett, wahlweise Orgel.

»Te deum laudamus« (»Dich, Gott, loben wir«) erschallt es in brausender Einstimmigkeit des Chores, verstärkt durch den Einklang von drei Trompeten, drei Posaunen und Kontrabaßtuba. Damit ist das geistige und musikalische Thema des Werkes wie mit Flammenschrift aufgezeichnet (Beispiel). Wie Glockengeläut ein Streichermotiv c-g-g-c – unablässig durch die feierliche Handlung klingend. In dieser leuchtenden

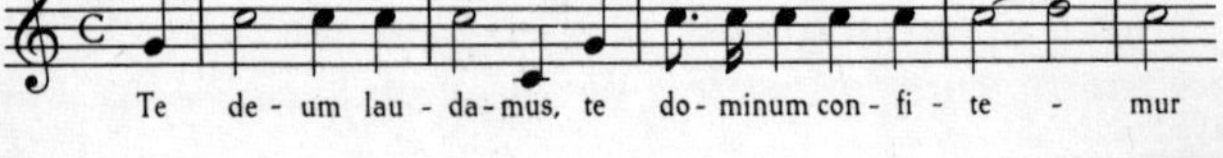

Szene wirken die Solostimmen (»Tibi omnes« usw.) wie Engelgesang auf fernen Höhen, bis der Chor sein »Heilig« in verhaltenem pianissimo anstimmt, die Harmonien stufenförmig in die Höhe rücken, die Melodie sich auf dem hohen a festrammt und der Chor sich achtstimmig ausbreitet.

Auf den Hochgesang folgt das priesterliche Gebet »Te ergo« (»Dich also flehen wir an«). Der Solo-Tenor stimmt es an, sanft und wiegend, nur andeutungsweise begleitet von der Bratsche; die übrigen Solostimmen treten hinzu, wie Diener des betenden Priesters, Klänge der Sologeige schwingen sich in das weihevolle Bild. Wieder ein chorischer Hochgesang; »Aeterna fac«, kühn in Stimmführung und Harmonie, kühn wie das Verlangen selbst, den »Heiligen in ewiger Glorie« beigezählt zu werden. Ein neues Gebet: »Errette dein Volk«, gesungen vom Soloquartett nach Art des »Te ergo«, doch erweitert durch akkordische Chorklänge, die sich bei der Stelle »Usque in aeternum« (»Bis in Ewigkeit«) in selbständige Stimmengänge auflösen.

Der Schlußteil beginnt mit den Worten: »Per singulos dies«. An jeglichem Tage Gott loben, dann werde ich in Ewigkeit nicht verworfen – diesen Gedanken musikalisch wiederzugeben, dienen Choral und Fuge. Der Choral läuft im thematischen Gleichklang mit dem Adagio-Beginn der 7. Sinfonie, die Fuge (»In te, domine, speravi«, also: »Auf Dich, Herr, habe ich gehofft«) ist gewaltiger Ansturm, glaubensstarkes Zerreißen begrenzter Diesseitigkeit. Dann erst, im vollen Einsatz aller Mittel, erglänzt die jenseitige Gewißheit: »Ich werde in Ewigkeit nicht verworfen.«

CORNELIUS

Peter C., geboren 1824 in Mainz (Neffe des gleichnamigen Malers). 1852 in Weimar, glühender Verehrer Liszts und Kämpfer für dessen Musik. Freundschaft verknüpfte ihn auch mit Wagner. 1865 an der königlichen Musikschule in München. Gestorben 1874 in seiner Vaterstadt. Hinterließ vorwiegend Chöre, Lieder, Opern.

Ouvertüren zu »Der Barbier von Bagdad«

Cornelius wollte in seinen Opern nicht Wagner nachahmen, sondern »neben Wagner stehen wie Mörike neben Goethe«. Den Gegnern von Wagner und Liszt schien selbst ein solches Bekenntnis zuviel: bei der Uraufführung (1858 in Weimar unter Liszt) wurde die komische Oper »Der Barbier von Bagdad« zu Fall gebracht. Liszt trat von seinem Posten zurück, und Cornelius verzichtete auf weitere Aufführungen. Felix Mottl hat später die Oper neu instrumentiert und mit einigem Erfolg auf die Bühne gebracht. Heute ist man zur ursprünglichen Instrumentierung zurückgekehrt.

Es gibt zwei Ouvertüren zu dieser Oper. Die *erste in h-moll* ist eine der zierlichsten deutschen Opern-Einleitungen. Zuweilen scheint alle Erdenschwere in dem kostbaren Orchesterstück dahingeschwunden, ein wenig orientalischen Märchenduft bringt sie mit sich, obwohl die Tonsprache durchaus europäisch ist. Erst zum Schluß wird sie »deutlicher«: heiter spottet die Posaune im voraus über den aufgeblasenen, geschwätzigen und doch gutmütigen Bartkratzer.

Die h-Moll-Ouvertüre war selbst Liszt zu »beziehungslos«. Auf seinen Rat schrieb Cornelius eine *zweite Ouvertüre (D-Dur).* Da sie auf bestimmten Themen der Oper aufgebaut und daher »greifbarer« ist, begegnet man ihr im Konzert häufiger als der ersten. Zunächst tritt der Barbier selbst auf mit seinem aufgeplusterten Thema (Blechbläser) und mit seiner langatmigen, fremdwortgesegneten Selbstbeschreibung »Bin Akademiker, Doktor und Chemiker« (Holzbläser). Der nächste Teil führt in die schwärmerisch-selige Stimmung Nureddins, der sich nach der geliebten Margiana sehnt und und kein Ende finden kann, sie zu besingen. Dann, wie eine Vor-Erfüllung seiner Hoffnungen, folgt ein Abschnitt, der dem Zwiegesang Nureddins und Bostanas entnommen ist: das Stelldichein mit Margiana wird verabredet. Es ist ein feiner Zug von Cornelius, daß er diese Ouvertüre nicht ausklingen läßt in der Vereinigung der Liebenden, sondern wiederum des Barbiers gedenkt; so nimmt er der Oper nicht die starke Wirkung der Liebesszene vorweg.

RUBINSTEIN

Anton R. (1829–1894, Russe) erhielt ersten Unterricht im Klavierspiel in Moskau bei seiner Mutter. 1841 riet Liszt dem Zwölfjährigen zu Studien in Deutschland. Zusammen mit seinem Bruder Nikolaus arbeitete er einige Jahre fleißig in Berlin. Dann Konzertreisen in aller Welt. Gründete 1862 das Konservatorium in Petersburg. Der Zar erhob ihn in den Adelsstand, 1891 erhielt er den preußischen Pour le mérite. Er hinterließ: Opern, Sinfonien, Orchester-Fantasien und -Suiten, Ouvertüren, Klavier-, Cello- und Geigenkonzerte, Kammermusik, Lieder, Chöre usw.

Klavierkonzert d-Moll

Als Klavierspieler behauptet Anton Rubinstein seinen Platz unmittelbar neben Liszt; dagegen sind die meisten seiner Kompositionen in Deutschland kaum noch bekannt. Dennoch muß wenigstens des Klavierkonzertes d-Moll (Opus 70) kurz gedacht werden, weil es die Gattung der virtuosen Klaviermusik nachromantischer Prägung besonders deutlich vertritt. Rubinstein zeigt sich hier (wie in den meisten seiner Kompositionen) nicht als geborener Russe, sondern schwimmt gewandt im Fahrwasser Liszts und Schumanns. Der große Schnitt der Hauptthemen ist den sprechenden Musikgebärden Liszts verwandt, nur wesentlich virtuosenhafter und (bei aller Wirksamkeit) sehr äußerlich. Dagegen sind die Gesangsthemen meist von Schumann beeinflußt, wandeln sich jedoch sehr oft ins Süßlich-Weichliche. Zuweilen mischt Rubinstein auch Liszts und Schumanns Ausdruck ineinander. So in dem Thema des ersten Satzes aus dem d-Moll-Konzert (Beispiel), in dem er das ganze Klavier

zum Erklingen und zum Erzittern bringt. Hält man die Weichlichkeit des Gesangsthemas dagegen (der Beginn scheint Liszts A-Dur-Konzert zu entstammen), so bemerkt man, daß Rubinstein weniger eine Schöpfernatur gewesen ist als ein Nachgestalter, dem es auf überstarke Gegensätze, auf Wirkung um jeden Preis ankam. Im zweiten Satz offenbart sich der Komponist schmachtender Lieder: er kann sich von seiner Melodie gar nicht trennen und wiederholt sie mehrere Male. Der Schlußsatz (Allegro; Rondo) bemächtigt sich eines russischen Themas, führt es aber »westlich-virtuos« durch. In diesem Rondo ahnt man (fast noch mehr als in dem Thema unseres Beispiels), daß Rubinstein ein leidenschaftlicher, besessener Klavierspieler gewesen sein muß: dieser Leidenschaft hat er sein schöpferisches Gewissen geopfert.

BRAHMS

Johannes B. (1833–1897), Sohn eines Kontrabassisten, Unterricht zunächst beim Vater, dann bei Marxsen. Durch einen Aufsatz von Robert Schumann wurde Brahms schon als Zwanzigjähriger allgemein bekannt. Mehrere Jahre Dirigent in Detmold, dann in Hamburg. Seit 1862 war Wien seine Wahlheimat; dort 1871–1874 Leiter der Konzerte der Gesellschaft der Musikfreunde. Lebte dann als Freischaffender. Schrieb Werke für alle Gebiete der Musik, außer für die Bühne.

Der Hamburger Brahms, der seine Wahlheimat in Wien fand, ist seiner Haltung nach mit Händel und Beethoven zu vergleichen, sein Empfinden ist romantisch, von der Wirkungspracht der Neudeutschen um Liszt setzt er sich weit ab, nicht minder scheut er die Klangentfaltung seines Zeitgenossen Bruckner. Aber das alles sind Abgrenzungen, keine Bestimmungen. Ihn zu bestimmen, dürfte überhaupt schwerfallen; dazu steht er zu sehr im Schnittpunkt mannigfacher Entwicklungslinien.

Denkt man an Brahms als Instrumentalmusiker – und mit dieser Seite seines Schaffens haben wir uns hier vor allem zu befassen –, so läßt sich etwa sagen: Er ist reiner, »absoluter« Musiker. Über allem steht die musikbedingte Form; diese wird mehr innerlich ausgestaltet als äußerlich aufgebaut. Seine Melodik verläuft in großen, sorgsam gegliederten Linien, die oft der Volksmusik entstammen. Die Harmonik ist bunt, aber folgerichtig, durchmißt alle Gebiete zwischen einfachsten Wendungen und altertümlicher Strenge. Ungemein lebendig, zuweilen sogar sprühend, wirkt die Rhythmik mit ihren feinen Verästelungen. Die thematische Arbeit in den Durchführungen ist dicht, ohne sich im Dickicht zu verlieren. Ganz aufgelockert, dabei unerbittlich gesammelt ist der Satz, durchsichtig und doch gesättigt, warm, aber nicht überhitzt. So vieles in der Musik Brahms ist wirklich »gearbeitet«, überlegt gestaltet, aber im Grunde wendet sie sich doch nicht an die Denk-, sondern an die Erlebniskraft des Hörers.

Orchesterwerke

Während man die beiden Serenaden, die schönsten orchestralen Abendmusiken des 19. Jahrhunderts, sträflich vernachlässigt, begegnet man hin und wieder den *»Variationen über ein Thema von Haydn«* (1876). Das als »St.-Antoni-Choral« bezeichnete Thema wird achtmal variiert und dann im Finale durch ein Art Pas-

sacaglia überhöht. Es handelt sich um eine der kunstvollsten sinfonischen Variationen überhaupt; zugleich zeugt sie bei aller (für den Hörer zunächst gar nicht sofort zu erfassenden) Kunst für den Reichtum an melodischen Einfällen, den Brahms zu verschenken hat. – Bekannter aber und eherne Bestandteile der deutschen Konzerte sind die Sinfonien.

1. Sinfonie c-Moll (1876). Hans von Bülow hat das Werk einmal als »zehnte Beethoven-Sinfonie« bezeichnet. Beethovens Art wird von Brahms fortgesetzt durch das Aufstellen eines Kopfmotivs, das allen Sinfonie-Sätzen zugrunde liegt und dadurch außer der geistigen Einheit noch eine musikalische Einheitlichkeit verbürgt. Natürlich ist die Ausdruckssprache von Brahms anders als die seines großen Vorgängers: die Themen schwingen weiter aus, die Harmonik ist bunter, und das Orchester klingt, obwohl es nicht anders besetzt ist als das Beethovens, wärmer, weicher und voller. – Erster Satz. Etwas verhalten im Zeitmaß, aber doch drängend beginnt die Einleitung: zu pochenden Achteln und gleitenden Harmonien stemmt sich in den Geigen und Celli ein Halbton-Motiv empor, wuchtig,

geladen von Kraft und Qual. Um dieses Halbton-Motivs willen, das den Keim für die ganze Sinfonie bildet, könnte man sie die »chromatische« nennen. Nach einer ahnungsvollen Andeutung in den Streichern erhebt sich dann zu Beginn des Allegros das erregte Hauptthema, will sich in kühnen Dreiklängen emporschwingen, fängt sich aber immer wieder in den Halbtönen. Wenn der Aufruhr verebbt, singt die Oboe eine rührende Bittweise (zweites Thema), vereint sich mit Klarinette und Horn. Doch ein unfroh herausgestoßenes Motiv der Streicher verscheucht heftig das stille Bild. Damit sind die wesentlichen Gedanken für die leidenschaftliche Auseinandersetzung der Durchführung gegeben. Diese führt zu keinem Sieg (das einleitende Sostenuto mit dem Halbton-Motiv kehrt wieder); doch wie eine Verheißung steigt noch einmal der Dreiklang des Hauptthemas auf: jetzt aber in Dur. – Zweiter Satz. Noch gehen die quälenden Halbtonschritte des ersten Satzes durch das Andante, verweigern ihm den letzten Frieden; doch die innere Stimme, bittet um beseligende Gewißheit; am schönsten dort, wo zu dem Gesang der Oboe eine Sologeige und das Horn hinzutreten. Verwehend der Schluß mit dem Murmeln der Pauke und dem leisen Harfen der Streicher. – Dritter Satz. Kein Scherzo, sondern ein sanftes Schwelgen in unschuldvollen Erinnerungen. Die Klarinette stimmt einen kindlichen Reigen an, es gibt kleine Meinungsverschiedenheiten mit den anderen Instrumenten; aber man findet sich bald wieder zum Reigen zusammen, obwohl das chromatische Grundmotiv der Sinfonie mahnend seine Stimme erhebt. – Vierter Satz. Lastende Halbtonwendungen im einleitenden Adagio, die Geigen tasten sich voreilig zu dem kommenden Freudenthema vor, werden zurückgewiesen, wütend zupfen die Streicher einen Zwischensatz – so wogt es hin und her, bis endlich (più andante) das Horn machtvoll eine schlichte Melodie anstimmt, volkstümlich, einfach, stark. Das Orchester geht nur gedämpft mit, lediglich die Flöte jubelt die Hornweise nach. In den Posaunen ein kurzer Choraleinsatz, er verhallt vor dem Hornmotiv. Dann bringen die Geigen mit breitem Strich (Allegro) das Freudenthema, ähnlich dem aus Beethovens Neunter. Keine eigentliche Durchführung, sondern ein Aufgebot aller Kräfte, die das quälende, düstere Halbmotiv endgültig überwinden.

2. Sinfonie D-Dur (1877). Heiteres Versenken in die Natur, ein Klingen »extra für ein jungvermähltes Paar«, wie Brahms selbst meinte. – Erster Satz. Ein an Einfällen geradezu naturhaft überquellendes Allegro. Bereits die ersten acht Takte sind ein Wunderwerk. Der

erste Takt bringt das Grundmotiv der ganzen Sinfonie, im vierten Takt erscheint es (Umkehrung) als Melodiespitze der Hornweise, taucht einen Takt später wieder als Begleitfigur auf. Aus dem Quartenabstieg der Bässe (vom 1. zum 2. Takt) entsteht der träumerische Gedanke der Hörner; aus deren d/e/fis (3. zum 4. Takt) erhebt sich der Nachgesang der Holzbläser, in dem zugleich der Beginn des Hornmotivs enthalten ist: Wunder des Einfalls, Vielfalt in der Einfalt. Dann nehmen die Streicher das Motiv auf, führen es in dämmerige Tiefen, geheimnisvolle Posaunen-Akkorde, verschüchtertes Rufen der Holzbläser mit dem Grundmotiv. Leidenschaftliches Aufatmen der Geigen, eine weitgeschwungene Melodie, deren Anfang wiederum durch das Grundmotiv gebildet wird. Immer weiter spinnen sich die drei Töne. Bald aber marschartige Rhythmen, neue Gänge der Streicher, scheinbar friedlich, doch erfüllt von gestauten Säften, die alsbald auch hervorschießen. Reich wie der Thementeil ist die Durchführung. Einheit und Schönheit der Themen machen sie ohne weiteres verständlich. – Zweiter Satz. Ein ernst-verhaltenes Adagio, schwermütig die Celloweise, aufgenommen von den Geigen, sehnsüchtig ein Hornruf – fast wie in einer erhabenen Gebirgslandschaft. Von diesem Hintergrund hebt sich vorübergehend ein anmutiger Bläsersatz ab. Dann beginnen die Geigen einen ausdrucksvollen Gesang; sowie ihn aber die Holzbläser übernehmen, braust es auf in den Geigen, und die tiefen Bläser drohen mit dem dreitonigen Kopfmotiv. Die Durchführung erschauert wie unter seelischen Gewittern, führt aber schließlich zu friedvoller Stimmung. – Dritter Satz. Ein anmutiges Allegretto mit einer kosenden Oboenweise (gewonnen aus dem Grundmotiv), dann ein kurzes Presto, in dem das Thema rhythmisch umgebildet wird – Frohmut neben wildem Tollen, das eingängigste Stück der Sinfonie. – Vierter Satz. Weitgespannt scheint das erste Allegro-Thema mit ruhiger Bestimmtheit die Welt umfangen zu wollen, einstimmig in den Streichern (die ersten drei Töne wiederum das Kopfmotiv). Ein neues Thema beginnt mit »ungarischer Betonung« in Sexten- und Terzenweisen, schweift aber bald wieder in Gefilde deutsch-romantischer Naturseligkeit. Der ganze Satz ist ein einziges schwärmerisches Lied auf die Schönheiten der sichtbaren Welt.

3. Sinfonie F-Dur (1883). Diesmal legt Brahms mehr Wert auf die Gestaltung der Themen als auf ihre Verarbeitung; die Sinfonie ist also gewissermaßen ein Drama, in dem ausgeprägte Charaktere aufeinanderprallen. – Erster Satz. In den beiden Anfangstakten des Allegros stürmt das Grundmotiv empor: F/as/f; es bestimmt den ganzen Satz. Scharfgeschnitten fährt das ausgedehnte Hauptthema durch die Streicher,

geladen von leidenschaftlicher Selbstbehauptung. Ein Lockruf der Bläser, dann der Geigen, zärtlich schmeichelnde »Tannhäuser«-Klänge (mit bedeutungsvoller Absicht), dann singt die Klarinette mit halber Stimme ein betörendes Thema; zart steigt in der Oboe wieder das Grundmotiv empor, erhebt immer deutlicher seine Stimme, schlägt schließlich die lockenden Klänge mit heftigen Schlägen zu Boden: Sieg der Festigkeit über verführerisches Schmeicheln. Sehr fesselnd in der Durchführung das Umformen des zweiten Themas: es schmeichelt nicht mehr, erklärt sich widerwillig für besiegt. Das Horn träumt von innerem Frieden, die Streicher hüllen sich in die ruhige Sicherheit des Hauptthemas. Doch schon blitzt das Grundmotiv wieder auf, wie ein starkes Erinnern kehrt der Thementeil wieder. Erst der Anhang (Coda) schafft endgültige Gewißheit. – Zweiter Satz. In diesem Andante herrscht schlichte Stille, Schönheit ohne Verlangen, Liebe ohne

Leidenschaft. Innere Ruhe des gehärteten Mannes klingt aus der Hauptweise mit ihrer guten Kindlichkeit. Heimlich blickt zuweilen das heldische Grundmotiv in das Spiel der Töne; doch den klaren Spiegel des Friedens vermag auf die Dauer nichts zu trüben. – Dritter Satz. Sehnsuchtsvoll hebt das Thema des Allegrettos an, ein wenig tänzerisch, aber durchsetzt vom Wissen um die ewige Einsamkeit echter Persönlichkeit. Die Begleitstimmen raunen das Grundmotiv: selbst im gedämpften Reigen mahnt die Stimme der inneren Sendung. Ein Holzbläser-Sätzchen scheint zu bitten um einfaches, glückhaftes Dasein. – Vierter Satz. Drohend eilt es zu Beginn des Allegros in Streichern und Fagotten dahin, verlangsamt sich zu unheilvollen Schlägen, mahnende Rufe in den Posaunen – dann zuckt im Forte des ganzen Orchesters das Grundmotiv auf, abgelöst durch wilde Läufe, in die ein Paukenwirbel hineinfährt. Die drohende Bewegung steigert sich zu einem Gegeneinander der Rhythmen, setzt aber plötzlich aus: das Horn wirft in das Toben ein freudiges Thema, Holzbläser und Streicher setzen es eifrig fort. Zuversichtlich beginnt auch der Schluß des Thementeils mit einem kraftvollen Motiv der Geigen und Flöten, fest untermauert von ruhigen Schritten der Bässe und Bläser, festlich umflattert von wehenden Figuren der Bratschen und Celli. Die Durchführung bedient sich des musikalischen Stoffes in einer so sicheren Art, daß über den Ausgang kein Zweifel sein kann.

4. Sinfonie e-Moll (1885). Das Werk ist nicht »elegisch«, wie zuweilen gesagt wird; aus ihm spricht vielmehr eine innere Größe, eine männliche Verhaltenheit, die der Betonung nach außen nicht bedarf. –

Erster Satz. Ein erlesen gearbeitetes, herrlich aufgelichtetes Allegro. Die Geigen bringen das über neunzehn Takte reichende Hauptthema (unser Beispiel gibt den Beginn), das durch seine Innenpausen bereits so durchsichtig wirkt wie der Orchestersatz – ein Bild völliger Ausgewogenheit. Als weiteres Thema erscheint in den Bläsern eine ritterliche Weise, Horn und Cello färben sie in freundliche Bestimmtheit um, die Geigen greifen diese Stimmung kraftvoll auf, aber die Bläser beharren auf ihrer streitbaren Ritterlichkeit. Heftige Stakkati der Bläser, unterstützt durch gezupfte Streicher – dann beginnen die Geigen ein neues, weitausholendes Thema, dem Flöte, Oboen und Horn einen beruhigenden Ausklang verleihen. Plötzlich schreckhaftes Zurücksinken zum Pianissimo: gehaltene Akkorde der Holzbläser und Hörner, dumpfes Murren der Pauke, schattenhaftes Dahingleiten der Streicher, leises Signal der Trompeten – das Ganze wie ein Grabeshauch, das ritterliche Motiv klingt verhalten an. Eine der erregendsten Stellen der Sinfonie. Ebenso unvermutet ein stürmischer Aufschwung, jähes Zurücksinken, Anklänge an das Hauptthema, bis dieses notengetreu wiederkehrt. Die Durchführung ist gegenüber dem ausgedehnten Thementeil verhältnismäßig kurz; neue Züge gewinnt sie dem musikalischen Gedanken vorwiegend durch die wechselnden Harmonien ab. Dafür wirkt die Reprise durchführungsartig. Wuchtig der Ausklang. – Zweiter Satz. Sinnend und träumend, wissend und ahnend bringt das Horn im Andante einen Sang aus vergangenen Zeiten, Motive des ersten Satzes kehren erinnernd wieder. Die herbe, altertümliche Harmonik unterstreicht die musikalischen Bilder des Einst. Die Erscheinungen wechseln, doch es bleibt die Grundstimmung. Im Mittelpunkt knüpft das Cello mit einer warmen Weise an das Hauptthema an. – Dritter Satz. In diesem Scherzo müssen, so sparsam Brahms sonst in der Instrumentierung ist, Piccoloflöte, Kontrafagott, drei Pauken und sogar Triangel mitwirken. In grimmiger Heiterkeit donnert der Hauptgedanke daher, zeigt sich als stämmig-verwegener Abkömmling seiner Vorfahren aus dem ersten Satz; und wenn er nicht heiter lärmt, gibt er sich pfiffig verschlagen. Zuweilen schreckt er durch unvermutete Sprünge und beängstigendes Geflüster, so daß man Gespenster zu sehen vermeint. – Vierter Satz. In diesem kraftvollen, leidenschaftlichen Allegro spricht die Musik, *nur* die Musik, läßt kein Deuten mehr zu, will um ihrer selbst willen verstanden sein. Diese einunddreißig Variationen über ein festgehaltenes Grundthema bilden eine Chaconne, sind also eine ältere Kunstform in neuem Gewande: unablässig erscheint das haltende Thema, löst sich gewissermaßen ständig selbst ab, bald in den Bässen, bald in den Mittel- und Oberstimmen, pausenlos sich immer wiederholend, jetzt gewichtig betont, dann als verborgener Gedankenträger. Stets gegenwärtig im scheinbar freiesten Spiel der rankenden und blühenden Gegenstimmen.

Die *»Akademische Fest-Ouvertüre«* wurde 1880 geschrieben als Dank für die Verleihung des Ehrendoktors durch die Universität Breslau. Mit großer Kunst und viel Humor mischt Brahms verschiedene Studentenlieder in ein köstlich gestaltetes Werk bester Unterhaltungsmusik.

In der *»Tragischen Ouvertüre«* sucht Brahms das Tragische an sich darzustellen. Murrende Paukenwirbel, heftige Akkordschläge des Orchesters, dann setzt in den Streichern das Hauptthema ein: schwankt zwischen Dur und Moll, gleitet empor und wieder zurück, wappnet sich mit punktierten Rhythmen und kräftigen Betonungen. Die Gedanken verdichten sich, bald streitbar, bald schwer und lastend. Posaunen und Tuba sammeln alle Unheimlichkeit des unfaßbaren Schicksals in ein dumpf herabsinkendes Motiv. Auch das zweite Thema (Geigen) bringt keinen Lichtblick. Zwar fahren die Instrumente plötzlich mit wildem Rukken »dem Schicksal in den Rachen«; doch immer wieder stockt das Geschehen. Die Durchführung greift auf die punktierten Rhythmen aus dem Hauptthema zurück, ohne deren Kraft siegreich nützen zu können: wieder erscheint das dumpfe Motiv der Tuba und Posaune, jetzt aber in den gedämpften Streichern. Auch das zweite Thema tritt erneut auf den Plan, Nebenmotive drängen und pressen sich. Umsonst. Das Hauptthema behauptet sich starr mit seinen ersten Takten.

1. Klavierkonzert d-Moll (1859). Nach Gestalt und Gehalt kein Klavierkonzert im üblichen Sinne, sondern eine Sinfonie, in der das Klavier nur eine, allerdings die wichtigste, »Orchesterstimme« darstellt. – Erster Satz. Eine musikalische Überfülle stürzt aus diesem leidenschaftlich zerklüfteten Maestoso. Dröh-

nendes Rollen der Pauke, gehaltene Akkorde und Töne der Bläser und Bässe; dazu das von Fieberschauern geschüttelte Hauptthema in den Geigen und Celli. Brahms soll dieses Thema geschrieben haben unter dem Eindruck der Nachricht, daß sein geliebter Freund und Meister Robert Schumann einen Selbstmordversuch gemacht habe. (Ursprünglich für eine Sinfonie gedacht.) Wild und hemmungslos ist der Schmerz, fassungslos, hadernd mit dem Schicksal. Erst allmählich bahnt sich eine männlichere Haltung an. Sie führt zum ersten Einsatz des Klaviers, das unverkennbar bachsche Klagemotive anstimmt. Zurückhaltend begleiten einige Orchesterstimmen, ehren die Bekümmernis des einzelnen. Bald bricht der Schmerz erneut durch, doch nicht mehr so rasend, gemildert durch die Seitenthemen, bis sich die Stimmung sammelt in einem beruhigenden Selbstgespräch des Klaviers: zu Beginn verdichtet, dann sich lösend und lockernd in Wehmut und drängendem Klagen. Eine der herrlichsten Eingebungen des jungen Meisters. Der musikalische Gedankenstoff ist damit festgelegt. In der Durchführung und der Wiederaufnahme steigert sich die dramatische Wucht des Thementeils zu zuchtvoller Leidenschaft. – Zweiter Satz. In den gedämpften Geigen und Bratschen ein fromm-ergebenes Adagio-Thema. Das Klavier setzt ein mit einem Thema, das zugleich den Terzenketten, dem Streichergesang und dem Bachschen Klage-Motiv verwandt ist. Ein Mittelteil bringt wieder leidenschaftlichere Eintrübungen des freundlichen Bildes, schmerzliche Synkopen des Klaviers; doch die Holzbläser führen mit einem beschwichtigenden Gedanken allmählich zur Ausgeglichenheit des Anfangs zurück, obwohl sich das Klavier immer wieder in den Gefilden schmerzlicher Erregung ergeht. – Dritter Satz. Ein stürmisch, wie befreit dahinjagendes Rondo, eigenwillig der Rhythmus des Rondo-Themas mit dem querköpfigen Triller, der widerborstigen Anfangsbetonung. Ausgelassen, doch streng gebunden (zum Teil in Fugenform), scherzhaft, doch voll hartnäckiger Ernsthaftigkeit zieht das Rondo vorüber, entwickelt aus dem Hauptthema neue Seitengedanken, bald fröhlich, bald nachdenklich.

2. *Klavierkonzert B-Dur* (1881). Gegenüber dem schäumenden d-Moll-Konzert wirkt dieses Werk ruhiger und zuchtvoller, reifer und abgeklärter. – Erster Satz. Zwei Hörner stimmen das Hauptthema an; das Klavier antwortet zunächst nur träumend. Erst als Holzbläser und Streicher einen lockenden Nachsatz singen, fährt das Klavier auf, beansprucht eine Weile

allen Raum für sich allein, bereitet den ersten großen Orchestereinsatz vor. Das Hauptthema wächst kraftvoll empor, zwei neue Gedanken fügen sich an: ein wehmütiger und ein straff punktierter. Eine Aussprache, eine Auseinandersetzung zwischen Orchester und Klavier schließt sich an und leitet mit einer Trillerkette zur Durchführung. Der weitere Verlauf ist leicht zu verfolgen. – Zweiter Satz. Ein Scherzo, das in seiner leidenschaftlichen Aufgewühltheit anknüpft an jugendliche Himmelstürmerei, sich zugleich aber zuchtvoll zusammenreißt. Der Satz besteht aus einer Reihe von Einzelbildern, die innerlich straff zusammengehalten werden. – Dritter Satz. Brahms hat sehr genau angegeben, was er in diesem Andante ausdrükken wollte. Das Hauptthema, welches im Cello so weich und ausdrucksvoll dahinfließt, entspricht dem des Brahms-Liedes »Immer leiser wird mein Schlummer«. Und die süß bittende Klarinettenweise des Mittelteils kehrt wieder in dem »Todessehnen« zu den Worten: »Hör' es, Vater in der Höhe, aus der Fremde fleht Dein Kind«. Diese Melodien sind im wesentlichen dem Orchester anvertraut; das Klavier umspielt sie mit aufgelockerten Gängen. – Vierter Satz. Zierliches Rondo über ein (vom Klavier zuerst vorgetragenes) spritziges Thema. Die Bratsche murmelt dazu ein dreitoniges Motiv, das im Verlauf seine Bedeutung erweist, bis es schließlich zu einem wichtigen Seitenthema umgestaltet wird (ein »ungarisches Thema« in Terzen und Sexten). Dieser Satz hat Konzertcharakter; er bildet wirklich einen »Wettstreit« zwischen Klavier und Orchester. Und doch: so scheinbar frei und unbeschwert hier Musik gemacht wird – sinfonischer Geist und sinfonische Haltung verleugnen sich keinen Augenblick.

Violinkonzert D-Dur (1879). Ein schwieriges Werk (»ein Konzert gegen die Geige« wurde es zunächst genannt), aber eines der bedeutendsten Violinkonzerte überhaupt. – Erster Satz (Allegro non troppo). Celli, Bratschen, Fagotte und Hörner bringen das Hauptthema, das in seiner weichen Dreiklangsführung den Geist der zweiten Sinfonie heraufbeschwört. Unvermutet heftige Schläge des ganzen Orchesters, gesteigerte Bewegung, die sich dann wieder auflöst in sanftes Wechselspiel; Nebenthemen und Nebenmotive wachsen heran. Sechzehntelläufe der Geigen und Bratschen, in verminderten Terzen emporsteigende Holzbläser bereiten erregend den Einsatz der Sologeige vor. Der Solist beginnt mit breitausladenden Figuren, wie vorbereitend, vom Orchester nur behutsam gestützt, bis er endlich das tiefliegende Hauptthema zu verklärten Höhen emporträgt. Sehr schön setzt das Gesangsthema ein, fast unmerklich und doch ausdrucksvoll. In der Durchführung werden die Hauptgedanken miteinander versponnen. – Zweiter Satz: Ergreifendes Gegenstück zu den Ecksätzen: neunundzwanzig Takte (im langsamen Zeitmaß!) nur Holzbläser und Hörner, die Oboe singt verträumt und friedvoll eine lange Weise. Erst im dreißigsten Takt melden die Streicher bescheiden ihre Ansprüche an, und zwei Takte später beginnt die Sologeige, nimmt den Beginn des Oboenthemas auf, verliert sich aber sogleich in traumhaftes Schweifen. Die Streicher geben behutsam die thematische Linie an, die Holzbläser wagen nur noch kurze Einwürfe. Etwas leidenschaftlicher, wenn auch zurückhaltend, wirkt der kurze Mittelteil durch die wolkenwandlerischen Motivgänge der Sologeige über der drängenden Dichte des Orchesters. – Dritter Satz. Eigensinniges Rondo über ein Thema ungarischer Prägung. Die Sologeige stellt das Thema auf, die Streicher begleiten in Sechzehntel-Triolen, die schon jetzt die spätere Umbildung des Themas vorwegnehmen. Gegenüber dieser ungarischen Weise treten die Nebenthemen stark in den Hintergrund.

Kammermusik

Während von den *Sonaten für Geige und Klavier,* diesen herrlichen Spätwerken des Meisters, weder die in G-Dur (sogenannte »Regensonate«) noch die in A-Dur (»Meistersinger-Sonate«) sonderlich bekannt sind, begegnet man der *d-Moll*-Sonate (Opus 108) häufiger. Von den beiden anderen Sonaten hebt sie sich merklich ab. Sie hat vier Sätze, wirkt konzertmäßig, fast virtuos, entbehrt vielfach der stillen Ruhe der Schwestersonaten, setzt zuckende Lichter, während die beiden anderen still leuchten. Das Alla-breve-Allegro scheint darauf berechnet, den Konzertsaal bis in die letzten Winkel erklingen und das Können der Spieler hervortreten zu lassen. Unmittelbar im Ausdruck ist das Adagio mit dem schwellenden Gesang der Geige auf der tiefsten Saite. Das merkwürdige fis-Moll-Scherzo erbebt dann wieder in rhythmischem Flackern und verhaltener Unruhe. Zwar greift der Schlußsatz (Presto agitato) manchen früheren Gedanken wieder auf, will auch wohl die Spannungen lösen, bohrt sich aber mit heftigem Stürmen mehr in satztechnische und musikantische Schwierigkeiten als in endgültige Klärung des Gedankengutes.

Herrliches enthalten auch die *Klaviertrios.* Das in *H-Dur* (Opus 8) ist 1854 geschrieben und 1891 umgearbeitet worden. Wesentlich die Tonarten-Verteilung: erster und dritter Satz stehen in H-Dur, zweiter und vierter vorwiegend in h-Moll. Das gibt dem Ganzen etwas Unwirkliches, Schwebendes, Doppelgesichtiges. Bemerkenswert der »Brahms-Ton« des Scherzos mit seinem humorvollen Hauptthema und den sinnenfrohen Sexten des Mittelteils. – Wirkliche C-Dur-Stimmung beherrscht das *C-Dur*-Trio von 1880 (Opus 87). Künstlerisch straff, doch frisch und unmittelbar in der Erfindung. Breitgelagerter Klavierklang im ersten Satz mit Bewegungsantrieben von Geige und Cello; das Andante ein Variationensatz, der vom Rhythmischen ins Melodische wächst; ein Schattentanz des Presto; im Thema des Finales herrscht Frohsinn, der aber durch fast trotzige Gebärden zuweilen überdeckt wird. – Großartig verdichtet das machtvoll-gebändigte Kopfthema des *c-Moll*-Trios von 1887 (Opus 101). Dagegen ist das huschende Scherzo ganz auf kurzgliedrige Motive gestellt. Im Andante bezaubert die Mischung volksliedartiger Weisen in kunstvoller Verarbeitung; der Schlußsatz faßt die Eigentümlichkeiten der vorangehenden Sätze gewissermaßen zusammen. – Weniger bekannt sind das weichverhaltene Horn-Trio und das schwerelos spielende Klarinetten-Trio.

Von den *Klavierquartetten* ist das in *c-Moll* (1856, Opus 25) nach Erfindung, Entwicklung und Gestaltung eine echt romantische Schöpfung, zuweilen geradezu orchestral. Im ersten Satz ähneln die Themen an innerer Haltung einander so sehr, daß es weniger zu einer Durchführung als zu Entfaltungen kommt. Das an zweiter Stelle stehende Intermezzo verweilt in romantischem Zwielicht; ganz romantisch im Sinne von Rückerinnerung an vergangene Zeiten das Andante mit seiner ruhig schreitenden Weise, die sich im Mittelteil zum Marsch verdichtet. Als Abschluß ein »Rondo auf Zigeunerart«. – Edle Leidenschaft und holdes Schwärmen steigen im Kopfsatz des *A-Dur*-Werkes empor (Opus 26). Gedämpfter Nachtgesang im Adagio; vergnügte Anmut und – im Mittelteil – handfester Frohsinn bestimmen das Scherzo, während das Finale etwas reichlich lange auf »ungarischer« Thematik verweilt. – Schwierig das *zweite c-Moll*-Quartett (Opus 60). Der ganze erste Satz ist ein einziges Ringen und Quälen (die Entstehung des Quartetts soll mit dem Tode Robert Schumanns und der verhaltenen Liebe zu Clara Schumann zusammenhängen); im Scherzo kehren die quälenden Gedanken als wilde Träume wieder, ergreifend der weitgesponnene Gesang des Andante, und der Schlußsatz mit seiner strengen Kontrapunktik bringt eine echte Brahms-, eine echt männliche Lösung.

Brahms hatte bereits zwanzig *Streichquartette* geschrieben (und wieder verworfen), ehe er 1873 die beiden Stücke der Opuszahl 51 veröffentlichte. Es sind zwei in der Haltung gegensätzliche, doch in der dichten Arbeit verwandte Quartette. – Das *c-Moll*-Quartett

(Opus 51, 1) ist herb im Ausdruck, verschlossen im seelischen, sehr streng in der Arbeit; von Verströmen oder Bekennen ist kaum etwas zu spüren. Unerbittlich verklammert das Kopfthema das ausweglose Geschehen

des ersten Satzes, die leicht überschattete »Romanze« mit ihrem Versuch zu singen, den nur im ländlerartigen Trio etwas freundlicheren dritten Satz und das motivisch gedrängte Finale. – Das *a-Moll*-Quartett (Opus 51, 2) ist dagegen offen, zart, mild, wenn auch alles auf dem Grunde eines tiefen Lebensernstes erblüht. Am schönsten offenbart sich das Wesen dieses Quartetts in der Themenaufstellung des ersten Satzes: Die Verhaltenheit des Themas wird gemildert durch die ruhenden Noten von zweiter Geige und Cello, weich umspielt von Triolen der Bratsche; und das Seitenthema der in Terzen schwelgenden Geigen wird durchzupft von leisen Vierteln des Cellos und von einer Triolenfigur der Bratsche unterbaut. Dunkel träumt die Geige im Andante ihren engstufigen Gesang, nur gelegentlich von ausgreifenden Bewegungen beunruhigt. Erhöhten Herzschlag hat der dritte Satz: im Hauptteil verhaltenes Gleiten in gemächlichen Akkord-Vierteln, geschäftige Sechzehntel im Mittelteil. Tänzerisch die Themen im Finale, in Zucht gehalten durch sorgfältige Arbeit. – In gewisser Weise »klassisch« wirkt das *B-Dur*-Quartett (1875/76, Opus 67), insbesondere schon durch das Fanfaren-Thema des ersten Satzes, und erst die Gewichtsverschiebung der Fortführung (Beispiel) läßt ahnen, das es hier nicht um eines jener so beliebten »Jagdstücke« geht. Die alle Gedanken des Thementeils verwendende Durchfüh-

rung wird zum Anlaß eines äußerst feinmaschigen Spiels. Spiel bleibt auch das Andante mit seinem singend aufsteigenden Hauptthema und dem duftigen Rankenwerk kleiner Motive im Mittelteil. Merkwürdig gedämpft (auch mit Dämpfern zu spielen) das Allegretto, während der Schlußsatz wieder reines Spiel darstellt mit seinen vielgesichtigen Variationen über ein doppelgesichtiges Thema (Schlichter Beginn – fremdartige Weiterführung); auch Rückgriffe auf Früheres fehlen in diesen wechselnden Bildern nicht (Fanfaren-Thema).

Bedeutend die freilich nicht allzu bekannten *Quintette.* In dem mehrfach umgearbeiteten *Klavierquintett f-Moll* (1865, Opus 34a) lodert und glüht es von mächtigen Leidenschaften; es umschließt finsteren Trotz und weiche Sehnsucht wie ein Gebirgsblock düstere Schroffen und verschwiegene Täler. Daher auch die Vielfalt der drei (vielleicht sogar vier) Themengruppen des ersten Satzes. Es ist fast eine Überfülle von Gedanken, die nicht nur musikalisch, sondern vor allem auch seelisch als starke Gegensätze auftreten. Neben wilden Ausbrüchen stehen zarte Gemütsregungen, neben maßloser Kraft verströmende Hingebung. Ins Schwärmerisch-Weiche gleitet das Andante mit seinem wiegenden Beginn. Sehr reich das Allegro-Scherzo mit seinem rhythmischen Haupt- und dem akkordisch gelagerten Nebenthema sowie dem volksliedhaft singenden Trio. Dramatisch der Schlußsatz: eine geheimnisvolle langsame Einleitung, dann ein Rondo, das anfangs Heiterkeit ausstrahlt, sich aber immer stärker in heftige Bewegung umsetzt.

Form und Gehalt machen das *Streichquintett F-Dur* (1881, Opus 88) zu einem zeitlosen, auch den Nichtmusiker immer wieder beglückenden Werk. Schon das schlicht einsetzende Kopfthema öffnet eine liebliche Aussicht auf die anmutige Landschaft des ersten Satzes; liedhaft auch das zweite Thema. Im nächsten Satz zieht Brahms zwei Sätze zusammen, indem er zwischen langsame, wehmütig-liedhafte Teile ein wiegendes Siciliano und ein flüchtiges Presto einschaltet – Jugendträume, die vom Grave sanft zurückgedrängt werden. Der Schlußsatz greift zu fugiertem Spiel, schreitet sieghaft, innerlich gefestigt dahin.

Strömend in der Erfindung das *G-Dur-Quintett* (1890, Opus 111). Dem Geiste nach ein Landschafts-Quintett, wobei man je nach Neigung das Landschaftliche mehr allgemein auffassen oder mit bestimmten Einzelbildern (Wiener Prater, Ungarn) verbinden mag. Zum Wogen der Geigen und Bratschen stimmt das Cello mit großer Gebärde das Hauptthema an; als Gegensatz dazu das leicht walzernde Seitenthema der Bratschen: Beethovensche Kraft und Schubertische Singe-Seligkeit. Schwermütig die Mittelsätze: das Adagio mit seinem leidenschaftlichen Bratschengesang und die selige Verhaltenheit in dem sonst so hinreißend anmutigen Scherzo. Von den verträumten, einsamen Waldwegen dieser Sätze geht es im Finale auf den bunten Jahrmarkt des Lebens; die ungarisch gefärbte Thematik steigert sich schließlich wie ein Csárdás zu überschäumender Wildheit.

Die ersten vier Takte des *Klarinettenquintetts* (Klarinette und Streichquartett, 1891, Opus 115) sagen bereits alles Wesentliche über das ganze Werk aus. Sie geben nicht nur den motivisch-thematischen Kern der

viersätzigen Tondichtung (wichtig besonders der dritte Takt), sie deuten zugleich die innere Stimmung, die Freude am Klang und die strömende Erfindungskraft des Ganzen im voraus an. Dabei sind diese Takte nicht etwa schon das Hauptthema, sondern zunächst nur eine Vorahnung, ein Erproben von Linie und Farbe. Erst nach längerer Vorbereitung bringt das Cello das stolze und doch leicht entsagende Hauptthema. Der ganze erste Satz ist durchpulst von edel-wehmütiger Ruhe, die auch durch gelegentlich aufbrausende Leidenschaft nicht aus dem Gleichgewicht gebracht werden kann. Traumschönes Nachtstück das Adagio, wohl die Krönung von Brahms' Kammermusik. Über Triolen der gedämpften Streicher schwebt die Klarinettenweise wie ein ruhig-glückhafter Liebesgesang in weiter Landschaft, wie nächtliche Musik auf

Ungarns weiten Fluren tönt es im weiteren Verlauf, doch am schönsten der leise verhallende Zwiegesang von Klarinette und Geige am Schluß. Etwas Ungarisches hat auch der nächste Satz mit der anfangs andantino dahinziehenden Klarinettenmelodie, die dann im Presto feingliedrig umrankt wird. Der Schlußsatz besteht aus fünf Variationen, herrlich gegliederten Bildern.

Die beiden *Streichsextette* (je zwei Geigen, Bratschen und Celli) gehören zu den klangschönsten Werken ihrer Gattung. Das in *B-Dur* (Opus 18) hat Brahms als Siebenundzwanzigjähriger geschrieben. Es ist einfach in der Haltung, ungekünstelt in der Sprache, aber prächtig gerundet im künstlerischen Ausdruck. Klassik im romantischen Gewande ist der Kopfsatz mit dem schön geschnittenen, allverständlichen Hauptthema. Den zweiten Satz bilden sechs Andante-Variationen über ein ernstes, liedhaft schlichtes Thema; die ersten drei Variationen bewegungsmäßig gesteigert, die übrigen melodisch erfühlt. Beethovensche Haltung im Scherzo mit dem derb-humorvollen Thema, den heiteren Engführungen des Seitensatzes und dem Trio, in dem das Hauptthema widerborstig in den tiefen Stimmen herumgeistert. Sehr fein und kunstvoll die Überleitungen und Vorbereitungen im Schlußrondo. – Persönliche Bekenntnisse enthält das *G-Dur*-Sextett von 1864 (Opus 36); dennoch bleibt es klangschön. Im ersten Satz bringt das Hauptthema die drei Töne G (Göttingen), Es und B (Siebold und Brahms) als Anspielung auf die erhoffte Verbindung von Brahms mit der Göttinger Professorentochter Agathe von Siebold. Im zweiten Themenkreis wird die Anspielung noch deutlicher: die Tonfolge a/g/a/h/e (vor das h schiebt die zweite Geige unauffällig noch ein d ein) spricht den Vornamen der Geliebten aus. Das etwas schwerfällige Scherzo soll vielleicht ein Selbstbildnis des hamburgisch-norddeutschen Brahms sein. Verhalten dann das Adagio und der Schlußsatz; beide Sätze schwerblütig und mehr besonnen; sind es Zweifel daran, ob die Verbindung mit der Geliebten zustande kommen werde?

Klavierwerke

Unverkennbar die Handschrift: bald weitgriffiger Satz und bald wuchtige Ballung, verborgene und in Klang gebettete Kontrapunktik der Mittelstimmen, die Themen scharf gezeichnet und in den langsamen Sätzen oft dem Volkslied verpflichtet, mehrrhythmische Bildungen, verhalten selbst bei kraftvollem Ansturm. – Aus dem innerlich reichen und äußerlich umfangreichen Klavierwerk von Brahms hat die öffentliche Konzertpraxis eine Auswahl getroffen, an die wir uns hier halten wollen, obwohl sie nicht immer zu billigen ist.

Die drei *Sonaten,* von Brahms in jungen Jahren geschrieben, gehören zum Besten, was nach Beethoven an Sonaten geschaffen wurde. Alle drei Werke stellen einen Liedgedanken oder eine Liedstimmung in den inneren Mittelpunkt (die langsamen Sätze) und lassen alles andere aus ihm hervorwachsen.

Trotz der Bezeichnung als Opus 1 ist die *C-Dur-*Sonate von 1853 später entstanden als die fis-Moll-

Sonate. Es ist ein scheinbar ungebärdig stürmendes, von dem zwanzigjährigen Komponisten jedoch erstaunlich in Zucht gehaltenes Werk. Freilich ist der Überschwang so groß, daß die Bezeichnung »verschwiegene Sinfonie« zu Recht besteht. Der erste Satz mutet an wie eine Orchesterballade mit einem kühn in immer neue harmonische Bereiche vorstoßenden Hauptthema und einem Seitengedanken, der seine Wesensgleichheit mit dem Grundthema besonders dort betont, wo er sich (in der Durchführung) mit ihm kontrapunktisch verbindet. Auf diese Heldenballade folgt im Andante eine Art Minnelied in schlichten Variationen, wobei der Vortrag höchst anschaulich auf einen »Vorsänger« und einen »Chor« verteilt wird. Das Scherzo greift die Haltung des Kopfsatzes wieder auf; noch deutlicher das Finale, in dem die »orchestrale« Färbung des ersten Satzes womöglich noch übertroffen wird.

In der ein Jahr früher geschriebenen *fis-Moll*-Sonate (Opus 2) tritt das Phantastisch-Balladenhafte noch stärker hervor. In der gesamten Musikliteratur gibt es kein Werk eines Jünglings, in dem das Jünglinghafte so schlechthin vollendet wiedergegeben wird wie in dieser Sonate. Wie das zuvor besprochene Werk ist die fis-Moll-Sonate auf einem einzigen musikalischen Grundgedanken aufgebaut. Herrlich die gerade noch gebändigte Maßlosigkeit des ersten Satzes mit dem anspringenden, erschreckenden, zuschlagenden Hauptgedanken und der stürmischen Durchführung. Lied-Variationen auch im Andante dieser Sonate, das Thema meist in den tieferen Stimmen, das Ganze durchsichtig trotz weitgehender Klangaufspaltung. Im

Scherzo verändert sich das Wesen des Scherzo-Themas durch anderes Zeitmaß und anderen Takt, im Trio wird es leicht verschleiert. Der Schlußsatz wirkt trotz thematischer Rückbindung etwas vereinzelt, nähert sich der Fantasie mit seinen verschiedenen Stimmungen und Zeitmaßen.

Bekannteste Sonate ist die in *f-Moll* (Opus 5, geschrieben 1854); in ihr lebt jugendheiße, einzelpersönliche Leidenschaft. Wenn der erste Satz anhebt mit seiner stürmischen immer neu gesteigerten Gebärde, dann glaubt man sich überflutet von gestaltlosen Naturkräften. Dennoch ist das kleine Motiv des

Anfangstaktes Grundbestandteil für alle Wendungen des Satzes – eine kompositorische Meisterleistung des jugendlichen Heißsporns. Völlige Entspannung dagegen im Andante mit seinen hauchzarten Klängen in schlichter Zweistimmigkeit, seiner duftigen Melodik und satten Akkordik. Vorangesetzt ist diesem Andante als Stimmungswegweiser der Dreizeiler: »Der Abend dämmert, das Mondlicht scheint,/Da sind zwei Herzen in Liebe vereint/Und halten sich selig umfangen.« Jubelnd springt dann das Scherzo auf, im Hauptteil auf die Gebärde des ersten Satzes zurückgreifend, im Trio breit singend. Ein als »Rückblick« bezeichnetes Intermezzo wandelt die Seligkeiten des Andante in trübe Verzweiflung; gleichzeitig dient es als Vorbereitung für das zuweilen jünglinghaft trotzige, im ganzen jedoch männliche, tatkräftige Finale.

Sehr wertvoll die *Klavier-Variationen* in ihrer gedanklichen seelischen, kompositorischen und spieltechnischen Vielfalt. Die *fis-Moll-Variationen über ein Thema von Robert Schumann* (1853, Opus 9) sind eine Huldigung an den Geist des geliebten Meisters, nicht nur im Thema und mannigfachen Schumann-Zitaten, sondern vor allem in der künstlerischen Haltung der langsamen Teile, in den schnelleren dagegen klingt die Art der Brahms-Sonate stärker an. – Mehr klassischen und altklassischen Veränderungsgrundsätzen verhaftet sind die *Variationen über ein ungarisches Lied* (Opus 21, 2; erschienen 1861, aber etwa acht Jahre zuvor geschrieben). Das Thema in seiner Grundgestalt bleibt stets maßgebend für den Verlauf der einzelnen Veränderungen; da es vorwiegend rhythmisch bestimmt ist, überträgt sich das auf das ganze feurige Werk, und gern erscheint es im Baß. In den letzten *Variationen über ein eigenes Thema* (Opus 21, 1, einige Jahre nach den Ungarischen Variationen geschrieben) kehrt die versonnene Innerlichkeit der Schumann-Variationen – dazu noch Schumann-Zitate – ebenso wieder wie der Veränderungsgrundsatz der Ungarischen Variationen, indem die harmonische Grundlage erhalten bleibt, auf der das Thema immer neue Seiten entfaltet.

Die im Konzertsaal heimischeren *Variationen über ein Thema von Händel* (1861, Opus 24) sind technisch wie geistig nicht leicht zu bewältigen. Wie die großen Beethoven-Werke ihrer Gattung gehören sie zu den Charakter-Variationen. Dieses »Charakterisieren« liegt vor allem in der Art, wie Brahms an Besonderheiten des (in seinem Gesamtbau unverändert beibehaltenen!) Themas anknüpft. Das Thema selbst (wir geben nur die Anfangstakte) wirkt wie ein mit scharfem Stichel in Metall eingegrabener Gedanke, mächtig

zusammengehalten und doch ornamental im einzelnen. Im Grunde besteht es aus einer achtmal wiederholten, jeweils leicht abgewandelten, eintaktigen Wendung. Den künstlerisch-menschlichen Reiz der 25 Variationen kann man wohl darin erblicken, daß die Veränderungen nicht nur thematisch, sondern auch in der Haltung zunächst wirklich bei Händel anknüpfen, dann aber immer mehr an Brahms erinnern, bis sie endlich in eine ungewöhnlich klangmächtige, im Aufbau freie, in Einzelheiten jedoch strenge Fuge einmünden, deren Thema abermals eine Variation des Händel-Gedankens darstellt.

Reines Konzertwerk sind die *»Studien für Pianoforte, Variationen über ein Thema von Paganini«* (Opus 35), äußerlich virtuosenhaft in der schwierigen, vielfältigen Spieltechnik, inhaltlich jedoch eine Reihe dichterischer Tonbilder. Das Geigerische des Themas, hier beim ersten Vortrag durch Oktavenverdopplung ins Klaviermäßige gerückt, taucht in den 28 Variationen nur gelegentlich wieder auf; weitaus die meisten Abwandlungen stellen rein klavieristische Aufgaben wie Terzen-, Sexten- und Oktavengänge, Triller der Außenfinger mit motivisch bedeutsamen Mittelstimmen zu begleitenden Akkordbrechungen, Sprünge, Oktavenglissandi, Übergreifen, motivisches Gegenspiel in wechselnder Verteilung auf beide Hände, mehrrhythmische Bildungen. Sehr reich auch die Klangpalette mit allen Zwischenfarben.

Mit der Wunderwelt der übrigen Klavierwerke von Brahms, wie zum Beispiel mit den stimmungsstarken Balladen, den kraftvollen Rhapsodien, den verdichteten Intermezzi und Capricci, den herrlichen vierhändigen Stücken und anderen unvergänglichen Kostbarkeiten, die nur gelegentlich im Konzertsaal zu hören sind, können wir uns in diesem Rahmen nicht ausführlich beschäftigen.

Chorwerke

Was Brahms als Chorkomponisten vorschwebte, war nicht der »absolute« musikalische Ausdruck, sondern die höchste Steigerung wirklichen Singens. Daher sein ernsthaftes Bemühen um die Singekunst der alten Meister, daher die Wärme, Innerlichkeit, Menschlichkeit seiner Chöre. Aus seinen Chorwerken mit Orchester sind hervorzuheben:

»Ein deutsches Requiem« (Uraufführung 1868, Besetzung: vierstimmiger Chor, Sopran-Solo, Bariton-Solo,

Orchester, wahlweise Orgel). Es handelt sich hier nicht etwa um die Vertonung einer Übersetzung des lateinischen Requiems; Brahms hat vielmehr der Bibel die ihm geeignet erscheinenden Sinnsprüche entnommen und sie so zusammengefügt, daß aus dieser Zusammenstellung eine »norddeutsch-protestantische« Anschauung von Tod und Wiederkehr hervorleuchtet. Das Weltengericht, der »Dies irae«, steht nicht mehr im Mittelpunkt, Fegefeuer und ewige Höllenpein sind geschwunden, es bedarf nicht der Fürsprache der Heiligen. Der Tod ist naturhafte Erscheinung: »Der Geist spricht, daß sie ruhen von ihrer Arbeit; denn ihre Werke folgen ihnen nach.«

Erster Satz. Dämmerfarben im Orchester, ein zweitaktiges Klagemotiv wandert gedrückt durch die Stimmen. »Selig sind, die da Leid tragen«, beginnt der Chor verhalten; im Orchester klingt jede Zeile leise nach. Dann eine aufsteigende Oboenweise, der Chor nimmt sie auf! »Denn sie sollen getröstet werden.« Nun ein tränenersticktes Motiv: »Die mit Tränen säen«, bald abgelöst von dem bewegten »... werden mit Freuden ernten.« Sanft verhallend der tröstliche Schluß: »Und kommen mit Freuden und bringen ihre Garben.« – Zweiter Satz. Schicksalszug der Toten, ein Trauermarsch im Orchester, der Chor (ohne Sopran) fällt in das düstere Bild ein mit dumpfer Einstimmigkeit: »Denn alles Fleisch, es ist wie Gras.« Endlich eine Wen-

dung, beruhigender Zuspruch (»So seid nun geduldig«), der »den Morgen- und Abendregen erwartende Ackermann« steht förmlich im Sprühregen von Harfe, Flöte und Geigen. Abermals der Totenzug. »Aber ... des Herrn Wort bleibt in Ewigkeit.« Siegesgewiß stimmen die Bässe das neue Thema an: »Die Erlösten des Herrn werden wiederkommen.« – Dritter Satz: Zum ersten Male Sologesang. Demütig betend der Bariton: »Herr, lehre mich doch«, Wechselgesang mit dem Chor, dann weitet sich der Anruf zum Schrei – und stürzt jäh in die Öde des pianissimo gesungenen »wie nichts«. Den Mittelteil leitet wiederum der Solo-Bariton ein: »Ach, wie gar nichts sind alle Menschen«; der Chor nimmt Wort und Weise nachahmend auf. Und nun die letzte Frage des Vorsängers: »Nun, Herr, wes soll ich mich trösten?« breit, eindringlich, verlangend. Heftig schließen sich die Chorbässe an, stürmisch, fordernd; in den übrigen Chorstimmen erwacht die Ungeduld, und ein angstvoll-erregtes Fugato schleudert die Frage zum Himmel ... Beruhigende Bläserklänge – sogleich wird auch der Chor zuversichtlich, wunderbar überzeugt der Einsatz der Stimmen mit dem vom Baß bis zum Sopran aufsteigenden »Ich« an der Stelle: »Ich hoffe auf Dich.« Und jetzt die Gewißheit in Töne gefaßt: »Der Gerechten Seelen sind in Gottes Hand«, eine

Fuge: Orchesterbässe, Posaunen und Pauke halten während der ganzen Fuge das tiefe D.

Vierter Satz (Zweiter Hauptteil). Verstummt sind Klage und Frage. »Wie lieblich sind deine Wohnungen, Herr Zebaoth«, singt der Chor in sanftem Wiegen, alles in himmlischen Wohllaut getaucht. Froher noch wird der Klang in dem vierstimmigen Chorsatz: »Mein Leib und Seel freuen sich« und »die in deinem Hause wohnen« – einem Fugato mit einer im Chor-Baß sogleich beginnenden freudigen Gegenmelodie. Der Satz nimmt zum Schluß die Anfangsstimmung wieder auf. – Fünfter Satz. Stimme einer verklärten Seele, Sopran-Solo: »Ihr habt nun Traurigkeit; aber ich will euch wiedersehen, und euer Herz soll sich freuen.« Im Orchester sanft auf und ab schwebende Streicher (mit Dämpfern), weich fließende Oboen und Klarinetten, streichelnde Terzen von Flöten, Klarinetten und Fagotten. Dann stille Wechselrede mit dem Chor in dem choralartigen Sätzchen »Ich will euch trösten«. – Sechster Satz. Ist noch einmal Unruhe gekommen über den zuvor so Gläubigen? »Denn wir haben hier keine bleibende Statt« – diese Worte des Chors schwanken unentschieden zwischen c-Moll und C-Dur. Der Solo-Bariton kündet den Verzagten: »Siehe, ich sage euch ein Geheimnis«, verklärte Harmoniewendung nach Des-Dur; dann, weit entfernt von den schwankenden C-Harmonien des Chors, in feierlich erbebendem fis-Moll der Streicher. »Wir werden nicht alle entschlafen, wir werden aber alle verwandelt werden.« Fast unbeteiligt wiederholt der Chor, noch kann er den Sinn nicht fassen. Wieder setzt der Bariton ein, fährt in der Verkündigung fort: »... und dasselbige plötzlich, in einem

Augenblick.« Mit einem Schlage dröhnt es in Posaunen und Tuba, stürmisch fahren die Geigen daher, wie Donnerschläge kracht es in den Pauken, Holzbläser und Chor stimmen in tosender Einstimmigkeit an: »Denn es wird die Posaune schallen.« Aber nicht die Angst der Menschheit wird dargestellt, sondern das gewaltige Ereignis des Jüngsten Tages. Denn sogleich steigt der Gesang in unveränderter Tonfolge nochmals auf, jedoch zu den Worten: »Der Tod ist verschlungen in den Sieg.« Überwunden ist die Klage des ersten Teils: »Tod, wo ist nun dein Stachel! Hölle, wo ist dein Sieg!« – Triumphgesang der Wissenden. Und aus dem gemeinsamen Sang löst sich nun der Chor-Alt, stellt das eherne Thema der Fuge auf: »Herr, du bist würdig,

zu nehmen Preis und Ehre und Kraft.« – Siebenter Satz: Feierlich und friedvoll klingt das Werk aus. Der Schlußsatz ist Spiegelbild des Eingangs: in Tonart, Thematik und Gestaltung. »Selig sind die Toten« – das wird gesungen auf die Weisen des Anfangs »Selig sind, die da Leid tragen«. Einheit alles Lebens diesseits und jenseits der Schwelle des Todes.

»Schicksalslied« (1868, für vierstimmigen Chor und Orchester). Brahms hat den Sinn des Hölderlinschen »Schicksalsliedes« durch seine Vertonung wesentlich verändert; ihm fehlte die Brücke zwischen den beim Dichter abgrundtief getrennten Welten der Götter und

Menschen. Den Ausgleich schaffte er dadurch, daß er den Chor-Strophen eine Orchestereinleitung voranstellt, die er als Nachspiel versöhnlich wieder aufnimmt. – Diese kurze Einleitung schildert den Himmel seliger Götter, die Sehnsucht des Erdenmenschen. In der ersten Strophe nimmt der Chor-Alt und dann der Chor die Stimmung des Vorspiels auf (»Ihr wandelt droben im Licht«), leitet sie feierlich in der zweiten Strophe weiter (»Schicksallos wie der schlafende Säugling atmen die Himmlischen«) und verklärt sie in der herrlichen A-cappella-Weise »Blicken in ewiger Klarheit ...« Mit der dritten Strophe ändert sich die Stimmung. Auf und ab rasen die Streicher, wie von Unrast geschüttelt; Hörner, Trompeten und Posaunen ertönen, dazu der Chor, einstimmig, unerbittlich schreitend »Doch uns ist gegeben, auf keiner Stätte zu

fallen des Menschen von Klippe zu Klippe durch förmliche Entsetzenspausen versinnbildlicht wird. Nach einer variierten gesteigerten Wiederholung verdämmern die Gesänge. Schweigen. Und nun schlägt die

verklärte Stimmung des ins Wachbewußtsein gerückten Vorspiels die Brücke zum Jenseits, zur Erfüllung menschlicher Sehnsüchte.

»Rhapsodie für eine Altstimme, Männerchor und Orchester« (1869). In Einzelheiten setzt das Werk die genaue Kenntnis von Goethes »Harzreise« voraus; als Ganzes zählt es zu den stärksten, unmittelbar eingehenden Eingebungen des Meisters. Weltschmerz, Seelenqual und Naturerleben werden in ihm Klang. – Die erste Strophe gehört vorwiegend dem Orchester. Lastende Nebel über Mensch und Natur. Fahles Zwielicht in den gedämpften Streichern, müd und schwer herabsinkende Schritte der Kontrabässe und Fagotte, schreckhafte, beklemmende Zuckungen der Bratschen, übermäßige Dreiklänge, überraschende Wechsel der Stärkegrade – hoffnungslose Öde eines Menschenherzens in gespenstischer Bergeinsamkeit. Kaum bedürfte es der Worte der Altstimme: »Aber abseits, wer ist's?« Aus der Frage wird Mit-Fühlen, wird Mit-Leiden. Im Andante der zweiten Strophe drängt sich aller Ausdruck in der Gesangsstimme zusammen: »Ach, er heilet die Schmerzen.« Überströmen einer

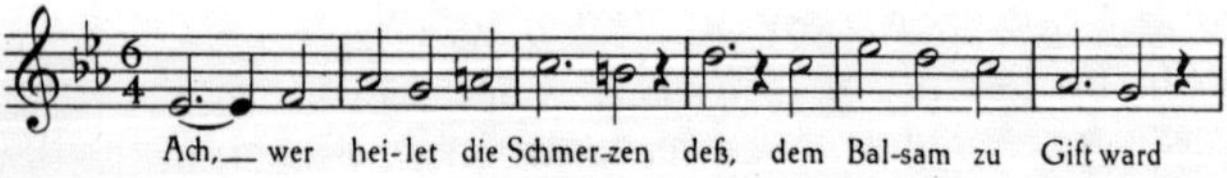

verzweifelten Seele. Rückkehr aus Einsamkeit in die Gemeinschaft. Hilfe durch Gebet bringt die letzte Strophe: C-Dur glüht langsam auf wie erstes Morgenrot nach dunkler Schmerzensnacht; warmer Hornklang ertönt, mit halber Stimme und ganz leise setzt der

Männerchor ein, trägt das inbrünstige Gebet des Solo-Alts: »Ist auf Deinem Psalter, Vater der Liebe, ein Ton vernehmlich.« Aus dem Sprechgesang der ersten, aus der ariosen Weise der zweiten Strophe wird nun, Schritt um Schritt wachsend, ein Stimmengefüge, ein bergender Bau für den zu neuem Leben-Erwachten »Erquicke dein Herz.«

BORODIN

Alexander B. (1834–1887, natürlicher Sohn des Fürsten Gedeanow) studierte Medizin, wurde Militärarzt, dann Universitätsprofessor für Medizin. Musiker war er also nur im Nebenberuf. Hinterließ u.a. die unvollendete Oper »Fürst Igor«, Orchesterwerke, Klavier- und Kammermusik.

Mit Balakirew, Cui, Rimskij-Korsakow und Mussorgskij gehört Borodin zu den »Novatoren«, also Neuerern, jenen russischen Musikern, die dem Übergewicht der westeuropäischen Musik zu ihrer Zeit eine bewußt nationale Musiksprache entgegensetzen wollten. Diesem Ziel sind am nächsten gekommen die »nebenberuflichen« Musiker Mussorgskij und Borodin.

In Deutschland ist Borodin besonders bekannt durch folgende Werke:

»Steppenskizze aus Mittelasien.« Es ist eine sinfonische Dichtung, deren bildhafter Gehalt durch ein beigegebenes Programm verdeutlicht wird. Dort heißt es: »Durch die eintönige Steppe Mittelasiens erklingen die Töne eines friedvollen russischen Liedes. Aus der Ferne hört man das Getrappel von Pferden und Kamelen und den eigentümlichen Klang einer morgenländischen Weise. Es nähert sich eine asiatische Karawane; sorglos und sicher zieht sie unter dem Schutz

russischer Waffen ihren Weg. Immer weiter entfernt sie sich. Die Lieder der Russen und der Asiaten verschmelzen zu einer Einheit, deren Widerhall sich allmählich in den Lüften verliert.« – Einzelheiten dieses Bildes lassen sich leicht verfolgen: russisches Lied in den Klarinetten, asiatische Weise im Englischhorn, Pferdegetrappel in den gezupften Bässen. Ein wahrhaft schöpferischer Einfall liegt der Steppenschilderung zugrunde: In den Geigen schwingt fast ununterbrochen ein einzelner, langausgehaltener Ton dahin, eintönig wie die Steppe.

»Polowetzer Tänze.« Sie stammen aus der unvollendeten Oper »Fürst Igor«, sind also eigentlich Ballettmusik, wirken dementsprechend auch im Konzertsaal bildhaft. Hauptkennzeichen der Rhythmus, der sich bis zu barbarischer Ausgelassenheit steigert. Es ist nicht schwer, sich die Ballettgruppen vorzustellen: anmutig die Frauen, derb die Männer, heiter die Kinder; beim Anhören »sieht« man förmlich, wie diese Gruppen einzeln tanzen und sich dann verschlingen.

2. Sinfonie h-Moll. Ein ganz ausgezeichnet gearbeitetes, zugleich das »Russische« wahrhaft ursprünglich zum Klingen bringendes Werk. Wieweit die Thematik von Borodin geprägt und wieweit sie aus der russischen Volksmusik selbst stammt, vermag der Westeuropäer mit dem Ohr allein nicht festzustellen.

Sehr stark, wie im ersten Satz das knappe Hauptmotiv h-h-c-e-dis-h (Achtel) -d (Viertel) -h (Ganze) zunächst düster wirkt, durch freundliche Nebenthemen umspielt und zum Schluß ins Triumphale gewandelt wird. Im Scherzo wird aus einem anfänglichen Marsch durch Synkopierung eine merkwürdige Taktverschiebung, die man schließlich kaum noch auszählen kann; lichter und ein wenig »orientalisch« das Trio. Das Andante stellt wohl das Russischste der russischen Musik dar; schon die zwischen 4/4 und 3/4 wechselnde Hornweise zaubert eine schwermütige Stimmung herauf, die dann von den übrigen Instrumenten weitergesponnen, nie aber wirklich aufgelichtet wird (Grundcharakter etwa dem der »Steppenskizze« verwandt). Aus dieser Schwermut entwächst dann fast unvermittelt das wilde Tanzfinale mit seinen zwei ständig veränderten Themen. Bunter, geräuschvoller Jahrmarkt des Lebens.

Streichquartett D-Dur. Farbig und polyphon zugleich. Wenn das Cello das Kopfthema des Werkes anstimmt, ist der Hörer wie gebannt in der geistigen Umwelt Rußlands in der zweiten Hälfte des 19. Jahrhunderts. Wie unscheinbar und anspruchslos das Thema auch auftritt – es hat jene sanft zwingende Kraft, die in dem einfachsten Satz mancher großer russischer Schriftsteller liegt. Dem entspricht die weitere Verarbeitung: es kommt nicht zu Auseinandersetzungen, sondern alles kreist um den einen Grundgedanken. Bemerkenswert die Steigerung, die sich durch das ganze Quartett zieht: vom ruhigen Kreisen des ersten Satzes über die schrittweise Entwicklung innerhalb des Scherzos und über die Bildhaftigkeit des Notturnos führt der Weg in den geradezu körperlichen, räumlichen Schlußsatz mit seinen lyrischen und dramatischen Gegensatzpaaren der Thematik und des wechselnden Zeitmaßes.

SAINT-SAËNS

Camille S. (1835–1921, Franzose) wurde in Paris geboren und erhielt ersten Unterricht am dortigen Konservatorium.

Bereits mit 20 Jahren Organist zu St. Merry. Dann Lehrer der Kirchenmusik. Seit 1877 freischaffender Komponist, Dirigent und Orgelspieler. Wurde bald mit Ehren überhäuft (u.a. erhielt er den preußischen Pour le mérite). Gestorben am 16. Dezember 1922 in Algier. Hinterließ erstaunlich viele Werke; darunter Opern, Sinfonien, sinfonische Dichtungen, Konzerte mit Orchester, Kammermusik, Klavier- und Orgelwerke, Chöre, Lieder, Messen, Oratorien.

Die rauschhafte Begeisterung, mit der man früher das Werk Saint-Saëns' umjubelt hat, ist – mindestens in Deutschland – seit einiger Zeit verebbt. Der glänzende Könner war zu sehr ein Kind seiner Zeit, als daß sein Riesenwerk nicht bald hätte abbröckeln müssen. Sein Schaffen ruht auf zwei Grundlagen: auf einer hervorragenden, an den alten Meistern geschulten Satzkunst und auf einem großartigen Klangsinn. Nun gilt der verfeinerte Klangsinn oft als bedenklich, weil sich hinter ihm zuweilen ein Mangel an Gehalt verbirgt. Bei Saint-Säens war man nicht so bedenklich; denn die Farbigkeit seiner musikalischen Sprache wurde gestützt durch die formale Zucht, die er sich als Kirchenmusiker erworben hatte. Inzwischen haben wir gelernt, tiefer zu sehen. Wir erkennen die technische Meisterschaft des bedeutenden Musikers an, doch sagt uns seine Überflächen-(nicht »oberflächliche«!) Kunst nicht mehr viel. Saint-Saëns ist der erste Eindrucksmusiker (»Impressionist«) Frankreichs; er hat die Kunst, durch stilisierte Rhythmen, harmonische Verwischungen und ausgeklügelte Orchesterfarben einen betörenden Klang zu erzeugen, ausgebildet wie kaum ein anderer neben ihm. Aber auf ihn folgten Musiker, sie sich zwar seiner Sprache bedienten, doch mehr zu sagen hatten. Seien wir aber gerecht: die Wertung ist unter heutigen Gesichts- und Gehörspunkten vorgenommen; der Zeitgenosse empfand etwas anders. – In Deutschland haben sich neben der sehr selten zu hörenden Oper »Samson und Dalila« nur einige Orchesterwerke erhalten.

Allen voran der *»Dance macabre«* (»Totentanz«, Opus 40), ein Zwischenstück zwischen sinfonischer Dichtung und Instrumentalkonzert. Um die Mitternachtsstunde ruft der Tod die Leichen aus ihren Gräbern, spielt ihnen zu schaurigem Tanz auf und verschwindet wieder mit dem ersten Hahnenschrei. Ein Blick auf das Tanzmotiv (Beispiel 1) und auf das Thema des langsamen »Toten-Walzers« (Beispiel 2) macht

1

2

deutlich, worauf es dem Tondichter ankommt: nicht auf greifbare Melodien und Rhythmen, sondern auf die Bewegung an sich, dieses schattenhafte, unfaßbare Gleiten, das in der lebendigen Welt nicht seinesgleichen findet. Verstärkt wird der Eindruck durch die besondere Art des Instrumentalklangs: solistisch geführte Flöte und Geige geben hauchdünne Übermalungen, die zuweilen kaum noch etwas Irdisches an sich haben. Freilich geht es zuweilen dafür umso »naturgetreuer« zu: die Harfe schlägt die Mitternachtsstunde, das Xylophon (!) läßt die Totengebeine klappern, die Oboe kräht wie ein echter Hahn, und das Orchester rast gewaltig los.

Bewegung an sich, Bewegung als Sinnbild findet sich bei Saint-Saëns häufig. So in der sinfonischen Dichtung *»Das Spinnrad der Omphale«* (Opus 31). Herkules in Frauenkleidern, als niederes Spinnweib am Hofe der Omphale, verlacht von den Weibern, verspottet von der Königin, ohnmächtig in seinem Zorn. »Der triumphierende Kampf weiblicher Schwachheit gegen die Kraft, in dem das Spinnrad nur gewählt ist unter dem Gesichtspunkt des Rhythmus' und der allgemeinen Haltung des Tonstücks.« Auch hier wieder das Überschneiden von Eindruckskunst mit naturwahrer Schilderung: jede Einzelheit des musikalischen Bildes läßt sich unschwer in Sichtbares übersetzen.

Sehr wirkungsvoll und auch vorzüglich gearbeitet sind die *Klavierkonzerte* des Meisters. Hier kann er seine bunten Klangvorstellungen in doppelter Weise Wirklichkeit werden lassen: durch das Orchester und durch das Klavier. Und er macht davon auch reichlich

Gebrauch. Von den fünf Werken der Gattung müssen zwei wenigstens kurz gestreift werden. Das *zweite* (g-Moll, Opus 22) besticht durch zügige Gestaltung und wirkungsvollen Satz. Dem alten Muster des Konzerts geht der Komponist sorgfältig aus dem Wege. Es sind eigentlich zwei Tanzstücke (das zart-muntere Allegro scherzando mit seiner duftigen Instrumentierung und der rhythmisch eigenwillige, rauschende Tarantella-Schlußsatz), die durch eine weitausholende Klangfantasie eingeleitet werden. Im *fünften* Klavierkonzert (F-Dur, Opus 109) mischen sich seltsame Stilbestandteile zu einem klangschönen Ganzen. Der erste Satz bildet streckenweise eine Art »Walzer im romantischen Stil«, im zweiten (Andante) finden sich die von Saint-Saëns so geliebten »afrikanischen Stimmungen« mit bald einförmig-eintönigen Weisen und bald heftig geschärften Rhythmen; der Schlußsatz fällt gegen diese beiden Tonstücke stark ab.

Die Konzerte für ein Streichinstrument mit Orchester sind wohl etwas überschätzt worden; heute begegnet man ihnen nur noch ganz selten. Unter den *Geigenkonzerten* ist das in *h-Moll* (Opus 61) noch das beste. Allerdings besticht es wesentlich durch die scharf geschnittenen Themen des ersten und dritten Satzes sowie durch eine bezaubernd erfundene und genützte Rhythmik im Andantino; im übrigen bleibt es blutleer. Die beiden *Cellokonzerte* (a-Moll, Opus 33, und B-Dur, Opus 119) sind zwar in Einzelheiten recht wirkungsvoll, verdanken ihre einstige Beliebtheit aber vor allem der Tatsache, daß es wenig gute Cellokonzerte gibt.

BRUCH

Max B. (1838–1920) empfing den ersten Unterricht von der Mutter, hatte dann hervorragende Lehrer. Schrieb mit vierzehn Jahren seine erste Sinfonie. Lehr- und Dirigententätigkeit in Deutschland und im Ausland. Seit 1891 an der Berliner Akademie. Hauptwerke: Chöre mit Orchester, Opern, Sinfonien, Konzerte, Kammermusik.

Bruch ist ein Könner von hohen Graden; doch in seinen Orchesterwerken wirkt er vielfach etwas weichlich. Am besten gelungen ist die *»Schottische Fantasie«* (Opus 46). Bruch hat sich bei der Vertonung sehr glücklich durch schottische Weisen beeinflussen lassen. Der Erzählerton des ersten, der Tanz des zweiten, das Singen des dritten Satzes und der kraftvolle Aufschwung zum Schluß bilden eine klangschöne und geistige Einheit.

Das *Violin-Konzert g-Moll* (Opus 26) ist wohl die beliebteste Schöpfung Bruchs. Die Absicht des Komponisten, die Geigenvirtuosität seiner Zeit zu veredeln und zugleich den Hörer mit eingängigen Melodien zu fesseln, hat er in diesem Werk zwar erreicht; doch wirkt es teilweise noch recht massig und theatralisch. Diese Merkmale trägt sogleich der erste Satz (»Vorspiel«, Allegro moderato). Langsam wiegende Terzen der Holzbläser, dann ein weitausholender, alle Klangbezirke durchschweifender Gang der Sologeige, allzu betont in seiner Selbstherrlichkeit, zumal er auch noch mehrfach wiederholt wird. Auch das Seitenthema singt doch wohl etwas zu süß und zu edel. Der vielgerühmte zweite Satz (Adagio) ist ebenfalls verblaßt. Allerdings muß man zugeben, daß im Hauptthema wahrhaft königliche Weisen erklingen; doch verliert das Ganze durch die ständig strömende, unaufhörliche Melodienseligkeit. Nur der dritte Satz (Finale) hat seine Lebensfähigkeit bis heute bewahrt. Er ist nicht eben tief, doch klangschön und triebhaft erfunden und

gestaltet. Vor allem tritt hier dem wieder reichlich prunkenden Seitenthema im Hauptsatz ein kraftvoller Gegenspieler zur Seite, der dem Ganzen zu hinreißendem Schwung verhilft.

Die einst so beliebten *Chorwerke* Bruchs sind in den vergangenen Jahrzehnten nicht häufig aufgeführt worden. Das Zeitalter der Neuen Sachlichkeit hatte bald herausgefunden, daß manche Teile dieser Schöpfungen nachempfundene Romantik enthalten; Grund genug, Bruch zum alten Eisen zu werfen. Zugleich hatte man sich für berechtigt gehalten, an der Vertonung deutscher Geschichts- und Sagenstoffe »Anstoß zu nehmen« – was wunder, wenn Bruchs Oratorien und Kantaten bald aus den großen Konzertsälen verschwanden. Nur wenige Dirigenten haben sich noch an Bruch gewagt – treu geblieben sind ihm aber zahlreiche mittlere und kleine Singvereinigungen, die nicht ohne Erfolg aus dem reichen Fundus des Chorschaffens Max Bruchs schöpfen. Vielleicht ist eine weitergehende Wiedergeburt dieser vielfach hervorragenden Werke nicht mehr allzu fern.

BIZET

Georges B. (1838–1875, Franzose) war bereits mit neun Jahren Schüler des Konservatoriums. Dank seiner erstaunlichen pianistischen und kompositorischen Fähigkeiten errag er 1857 den »Rompreis«. Bizet lebte nur seinem Schaffen. Hauptwerke: Opern (»Carmen«), Sinfonien, Ouvertüren, Schauspielmusik, Lieder.

Zwei Suiten zu Daudets »L'Arlésienne«

In Deutschland kennen wir Bizet nur als Bühnenkomponist, während die Sinfonien des französischen Meisters niemals aufgeführt werden. Die Musik zu »Carmen« ist glutvoller als die zu Daudets Schauspiel »Die Arlesierin«; doch wird man bei genauerem Hören überraschende Übereinstimmungen entdecken (etwa die Einleitung zum 3. Akt »Carmen« und das Menuett aus der zweiten »Arlésienne«-Suite). – Aus der Musik zu dem Daudetschen Stück sind je vier Sätze zu Suiten zusammengestellt und im Konzertsaal heimisch gemacht worden. Es gibt, soweit wir sehen, kein anderes Werk französischer Kunstmusik, das in Deutschland so volkstümlich geworden ist wie diese Suiten Bizets. Ihre Vorzüge liegen in der Faßlichkeit erlesener Melodien, in der unauffällig kunstvollen Verarbeitung und in einer Instrumentation, die ebenso einfach wie ausgesucht wirkt.

Die *erste Suite* beginnt mit einem »Vorspiel«. Ein französisches Marschthema (Beispiel) bildet den Kern. Variationen über dieses Thema zeigen in immer neuer Form, wie es in der Gegend von Arles zugeht. Von dieser allgemeinen Landschafts- und Menschenschilderung hebt sich mit einem kurzen Klagemotiv die Not des Einzelmenschen ab, der um die Geliebte ringt, sich ihr aber nicht nahen soll. – Der nächste Satz birgt ein frohes ländliches Fest in Form eines Menuetts, gegen dessen tänzerische Einfalt ein dunkler Mittelteil merkwürdig absticht. – Wahrhaft rührend wirkt das Adagio: einfache Melodik, schlichte Instrumentation, ruhige Bewegung; es bildet den Gegensatz gealterter Menschen zu dem unruhigen Liebessehnen der Jungen. – »Hochzeit auf dem Dorf« möchte man den letzten Satz überschreiben. Ein dreitoniges Glockenmotiv wird unentwegt festgehalten, und darüber entwickelt sich eine prächtige musikalische Szene von unbeschreiblichem Reiz.

Vielleicht noch bezaubernder ist die *zweite Suite*. Die Überschrift des Einleitungssatzes »Pastorale« lenkt die Vorstellung des Hörers sogleich in die gewünschten Bahnen: ländliche Gegend mit behaglich-frohen Menschen, eine kleine Dorfmusik, ein wirbelndes Tänzchen, dann wieder die Stimmung des Beginns – Das »Intermezzo« baut sich auf einem ruhigen Gesangsthema auf, gibt keine äußeren Bilder, sondern innere Stimmungen. – Ein kleines Wunder ist das »Menuett«. Kaum zu begreifen, daß 1872 ein solches Stück Rokoko-Musik geschrieben werden konnte. Schon das Klangbild ist ungewöhnlich: einen großen Teil des Menuetts bestreitet die Solo-Flöte, nur begleitet von der Harfe. Welcher Duft liegt über der Menuett-Weise (Beispiel), wie liebenswürdig-zurückhaltend gleitet

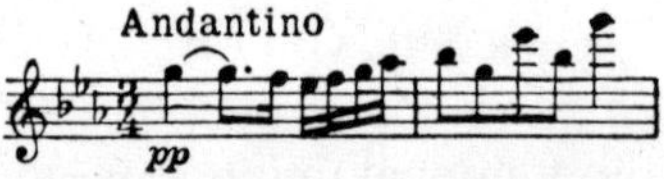

sie daher! Ein kurzes Motiv, gebildet aus dem zweiten Takt des Beispiels 1, führt zu einem kraftvollen Mittelteil. Dann senkt sich die Zartheit des Hauptsatzes wieder herab. – Rauschenden Ausklang der Suite bringt die »Farandole« (südfranzösischer Tanz). Zunächst ein kleiner Aufzug: das Marschthema aus der ersten Suite (Beispiel 1) erscheint, wird in einem kleinen Fugato durchgeführt. Nun hebt der eigentliche Tanz an (Beispiel). Zunächst leise, dann immer lauter, leiden-

schaftlicher, aufreizend vorwärtsgetrieben durch das klirrende Tamburin. Endlich – Tanz einer ganzen Landschaft – erklingen Marsch und Tanz gleichzeitig, steigern sich wechselseitig zu jubelnder Ausgelassenheit.

MUSSORGSKIJ

Modest Petrowitsch M. (1839–1881) war anfangs Gardeoffizier, dann freischaffender Musiker, bald aus Not wieder in Staatsdiensten. Mit Balakirew, Cui, Borodin und Rimskij-Korssakow bildet er die Jungrussische Schule. Schrieb u.a. Opern, Orchester- und Klavierwerke, Lieder.

»Mütterchen Rußland in seiner ganzen Weite darzustellen« war die künstlerische Absicht Mussorgskijs. Dementsprechend verzichtete er auf alle westeuropäischen Kunstregeln und suchte sich eine eigene Sprache zu schaffen. Erstaunlich, daß diesem »nebenberuflichen Musiker« gelang, was selbst einem großartigen Orchesterkünstler wie Rimskij-Korssakow versagt blieb.

Die *»Nacht auf dem kahlen Berge«,* eine schaurig-stürmische Orchester-Fantasie, wirkt weniger durch äußere Mittel als durch den inneren Ausdruck; die Tondichtung ist sehr maßvoll instrumentiert. Entscheidend ist nicht die Anzahl der aufgebotenen Instrumente, sondern die Rücksichtslosigkeit, mit der sie Mussorgskij in sein Klangbild zwingt (allerdings stammt manche Einzelheit aus der überarbeitenden Hand von Rimskij-Korssakow). – Diese Programm-Dichtung wird durch die Überschriften ihrer Einzelabschnitte ohne weiteres verständlich: »Unterirdischer Lärm von Geisterstimmen. Erscheinung von Geistern der Finsternis und von Satanas selbst. Huldigung vor dem Teufel und Höllenmesse. Hexensabbat. In den tollsten Wirbel des Hexensabbats läutet von fern die Glocke einer Dorfkirche, die Geister der Finsternis verscheuchend. Anbruch des Tages.«

Die *»Bilder einer Ausstellung«* sind keine Orchesterschöpfung, sondern ein Klavierwerk. Wer die Klavierfassung kennt, wird sie weit über die verschiedenen Orchesterbearbeitungen stellen. In Konzert und Rundfunk wird meist der Instrumentierung des feinnervigen Franzosen Ravel der Vorzug gegeben. Mussorgskij stellt in dem Werk dar, wie er durch eine Ausstellung geht und die einzelnen Bilder in sich zu Klang werden läßt. Von besonderem Reiz ist der Taktwechsel in den eigentümlichen »Promenaden«, die den umherwandelnden Betrachter versinnbildlichen. Die einzelnen

Bildüberschriften machen es leicht, der musikalischen Schilderung zu folgen: 1. »Gnomus« – ein buckliger Zwerg, der sich offenbar Mühe gibt, in guter Haltung einherzugehen, aber ständig über seine eigenen Beine stolpert. 2. »Das alte Schloß« – ein Minnesänger bringt der Dame seines Herzens ein wehmütiges Ständchen. 3. »Tuilerien. Spielende Kinder im Streit« – ein kindlicher Reigen, über den sich die Kleinen nicht immer verständigen können. 4. »Bydlo« – ein Ochsenkarren, der langsam vorüberrumpelt. 5. »Ballett der Küchlein in ihren Eierschalen« – ein mit piepsenden

Vorschlägen und Trillern durchsetztes Scherzo. 6. »Samuel Goldenberg und Schmuyle« – zunächst der reiche, dicke Goldenberg mit würdigen und unwirschen Redensarten, dann der arme, schnatternde Schmuyle, endlich beide durcheinanderredend. 7. »Der Marktplatz von Limoges« – schreiende, keifende, streitende Marktweiber. 8. »Die Katakomben. Mit den Toten in der Toten Sprache« – Mussorgskij gibt selbst die Erklärung: der Schöpfergeist des Malers leitet ihn zu den Schädeln und ruft sie an, die Schädel leuchten im Innern sanft auf. 9. »Die Hütte der Baba-Yaga« – Zug der Hexen. 10. »Das große Tor von Kiew« – großartige klangliche Vorstellung, wie ein Krönungszug bei Glockengeläut durch das Tor der alten heiligen Zarenstadt wallt.

TSCHAIKOWSKY

Pjotr (Peter) Iljitsch T. (1840–1893, Russe), anfangs im Staatsdienst, seit 1877 unabhängig, durch eine Rente von Frau von Meck. Schrieb Sinfonien, Konzerte, Opern, Ballette, Klavierwerke usw.

Während die einen Tschaikowskys Musik als überkultiviert, salonhaft und weichlich bezeichnen, fühlen sich andere von ihrer barbarischen Wildheit und ihrem zügellosen Rausch abgestoßen. Inzwischen ziehen des russischen Meisters Orchesterwerke längst ihre Bahn als Sternbilder am sinfonischen Himmel. Es sind Werke, die ein weicher, empfindsamer, der deutschromantischen Musik vielfach verpflichteter Künstler schuf in heißer Liebe zu den musikalischen Grundkräften seiner russischen Heimat, Werke von einer wahrhaft europäischen Bedeutung. Sie verkörpern allerdings etwas, das heute von den musikalischen Meinungsdiktatoren hart verurteilt wird: sie sind Bekenntnismusik, nicht Spiel um des Spieles willen, sondern Ausdruck des Menschlichen. Mit einem Wort: Kunstwerke.

4. *Sinfonie f-Moll* (1877). Erst mit diesem Werk wurde Tschaikowsky ein Sinfoniker von Rang. Um einmal zu zeigen, daß man eine Sinfonie nicht als mathematische Rechenaufgabe ansehen muß, sondern sie sehr wohl deuten kann, geben wir hier auszugsweise die Angaben des Komponisten selbst, wie sie sich in einem Brief an Frau von Meck finden. – Erster Satz.

»Die Einleitung ist der Kern der ganzen Sinfonie. Der Hauptgedanke, zunächst in den Trompeten und anschließend in den Hörnern, soll das Schicksal aus-

drücken, jene verhängnisvolle Macht, die den Glückwunsch hindert, sein Ziel zu erreichen. Diesem Schicksal hat man sich zu unterwerfen. Das Hauptthema des Allegros drückt Hoffnungslosigkeit aus. Sollte man sich nicht von der Wirklichkeit abwenden und in Träumen wiegen? Dieses Traumleben wird ausgedrückt durch die zweite Themengruppe, eingeleitet durch leicht dahingleitende Holzbläser und aufgegriffen durch eine zarte Streicherweise. Aber das sind nur Träume; das harte Thema des Schicksals verscheucht sie wieder.« – Zweiter Satz. »Das Leiden in einer anderen Äußerungsform. Das melancholische Gefühl, das einen beschleicht, wenn man abends allein zu Hause sitzt; das Buch ist einem entglitten, die Erinnerungen überfallen einen. So vieles ist gewesen, ist vergangen. Auch die frohen Stunden, da das Blut noch schäumte. Seltsam traurig und süß zugleich, in der Vergangenheit zu suchen.« – (Dritter Satz. Die Streicher legen während des ganzen Satzes den Bogen fort und zupfen nur.) »Kein bestimmtes Gefühl, sondern launische Arabesken, die in der Einbildung vorüberziehen. Die freigelassene Phantasie gefällt sich darin, seltsame Linien zu ziehen. Plötzlich erinnert man sich eines betrunkenen Bäuerleins, ein Gassenliedchen ertönt, fern zieht irgendwo Militärmusik vorüber. Unzusammenhängende Bilder, beim Einschlummern entstanden und schon wieder vergessen.« – (Vierter Satz). »Wenn Sie in sich selbst keine Glückseligkeit finden, schauen Sie auf andere, gehen Sie unter das Volk. Wie die Leute sich ihrer Freude hingeben! ... Volksbelustigung an einem Feiertag. Kaum aber haben Sie sich selbst vergessen, da bringt sich das Schicksal wieder in Erinnerung. Die anderen schenken Ihnen keine Aufmerksamkeit, ... merken nicht, daß Sie traurig sind. Wie glücklich sie sein können, weil sie ursprünglich sind! Hadern Sie mit sich selbst ... Es gibt große schlichte Freuden. Gewinnen Sie Glücksempfindungen aus den Freuden anderer ...«

5. Sinfonie e-Moll (1888). Die Wirkung dieser Sinfonie beruht vorwiegend auf leidenschaftlicher Melodik in farbigem Klanggewand. Die wesentlichen Themen des Gesamtwerkes sind innerlich verwandt mit dem Kopfthema, und dieses selbst wird in den einzelnen Sätzen immer wieder zitiert. – Erster Satz. Dunkel, entsagend erklingt in der tiefen Klarinette das Grundthema, wächst stöhnend empor, verliert sich wieder.

Im Allegro stimmen Klarinette und Fagott wiegend und doch schmerzlich das Hauptthema des Satzes an. Die Bewegung wird immer erregter, bis ein Seitengedanke ausdrucksvoll emporfährt und beruhigend zurücksinkt. Nach kurzer Überleitung ein drittes

Thema, leidenschaftlich in Synkopen singend. Gegenüber dem Hauptthema haben die Seitengedanken für die Durchführung nur Nebenbedeutung. Es wird stürmisch gesteigert, im Wiederaufnahmeteil noch überhöht; aber starr fährt das düstere Grundthema der Einleitung dazwischen, und der wiegende Hauptgedanke des Allegro verhallt nach erneutem Aufraffen im Pianissimo. – Zweiter Satz. Weich und werbend setzt das Horn mit einer Liebesweise ein; ihm gesellt sich die Klarinette. Dann ein Wechselgespräch zwischen Horn und Oboe, weitergeführt von anderen Instrumenten, glühend-verlangend gesteigert. Unruhe kommt in das selige Bild, das düstere Grundthema droht, kann sich aber nicht durchsetzen. Sanft verklingen die süßen Weisen in einer zarten Wendung der Klarinette. – Dritter Satz. Eine anmutig beschwingte Walzerszene im Hauptteil; im Mittelteil Regungen der Eifersucht. Mahnend das Grundthema ... Schüchtern verklingt der Walzer. – Vierter Satz. Themen der ganzen Sinfonie werden wieder aufgenommen. Fest und klar, nicht mehr düster tritt das Grundthema in leuchtendem Dur auf, bald freudig umspielt, bald feierlich unterbrochen durch weihevolle Akkorde. Siegesfeier im Allegro vivace: ein schnelles russisches Tanzlied, atemberaubend, wild sich drehend. Wiederholungen, Neubildungen und Umformungen treiben einander voran, Festjubel, Volkstrubel. Dazwischen schmettert das Grundthema, aufschreiend in barbarischem Überschwang, echt die Überlautstärke, mit der das Hauptthema des ersten Satzes heranstürmt, donnernd die rasenden Schläge zum Schluß.

6. Sinfonie h-Moll (»Pathetische«, 1893). Das Leidenschaftliche, Schwungvolle, Strömende und Weihevolle der einzelnen Sätze wird mit der (vom Tondichter gebilligten) Bezeichnung »Pathetische Sinfonie« sehr gut ausgedrückt. – Erster Satz. Außergewöhnlich gegensatzreich: nicht nur die verschiedenen Themen stehen sich scharf gegenüber, auch das Zeitmaß wird häufig gewechselt, das Allegro-Thema selbst innerlich zerrissen. Lastend das einleitende Adagio mit dem klagenden Grundmotiv des Werkes (vergl. die ersten vier Töne des Beispiels). Erst zu Beginn des Allegros raffen sich die Bratschen auf, gestalten das Motiv um zum leidenschaftlich-trotzigen Thema: hoffnungslose Klage

und widerstrebender Trotz in einem Thema. Bald auf springenden Bogen der Streicher ein marschartiges Motiv, wie heimliches Prüfen der Waffen. Dann gibt die Trompete das Zeichen zum Kampf. Er bricht mit aller Heftigkeit los; doch bald verebbt er wieder. In Geigen und Celli hebt ein berühmt gewordener Gesang an: Verklärung, Trost, Flehen, Wehmut – alles das in einer einzigen Weise. Lange Zeit beherrscht sie das Feld.

Aber dann beginnt schrill die Durchführung, ein ungestümes, gewaltiges Ringen um innere Freiheit. Immer wütender – und hoffnungsloser, vor allem in der Reprise. Zum Schluß Trauermarsch-Weisen in den Bläsern, Verklärung des ringenden Menschen. – Zweiter Satz. Entspannendes Tonspiel; ganz gelöst zieht das melodienschöne, rhythmisch reizvolle (5/4-Takt) Allegro con grazia dahin, bald tänzelnd, bald (Mittelsatz) sanft flehend. – Dritter Satz. Klar gebaut: Scherzo / Marsch / Scherzo-Wiederholung / Marsch-Wiederholung / Schlußstück. Gegensatzreich: rauher Geschwindmarsch neben wisperndem Koboldzauber, massiger Orchesterklang neben duftig lockeren, geteilten Streichern, lautestes Forte neben leisestem Piano, dichte motivische Arbeit neben farbigen Klängen. – Vierter Satz. Nach dem Trubel des dritten Satzes nun eine Totenklage, Klage um ein Leben, Leben im Tode und nach dem Tode. Kein sieghafter Ausklang, sondern ein schmerzliches Aufstöhnen. Ganz nach innen gewendet, mit schon fast gebrochenem Blick und doch im tiefsten Herzen zuversichtlich.

Fantasie-Ouvertüre »Romeo und Julia«. Eines der klangschönsten Werke des Komponisten. Das musikalische Geschehen ist sorgfältig gegliedert. Im einleitenden Andante non tanto spricht düstere Ahnung von dem Geschick der Liebenden. Der Hauptteil (Allegro giusto) malt den unversöhnlichen Kampf der Adelsgeschlechter, denen Romeo und Julia entstammen; prachtvoll, wie Tschaikowsky selbst im wilden Rasen nicht vergessen läßt, daß hier Feinde gegeneinander streiten, die beide auf eine alte Kultur zurückblicken: es ist kein Kampf mit Keulen, sondern ein Fechten mit federnden Degen – und geschmeidigem Geist. Süß-leidenschaftlich und doch sterbensweh klingt hinein das Liebeslied des glücklich-traurigen Paares, das durch den Zwist der Eltern in den Tod getrieben wird. In einem ruhigen Nachsatz (Moderato assai) löst sich irdischer Schmerz.

Klavierkonzert b-Moll (1875). Ein Werk von unglaublicher Durchschlagskraft mit dem farbigen Orchestersatz und dem volltönend gesetzten Klavierpart. Stilistisch der deutschen Romantik (Schumann) und den Neudeutschen ebenso verpflichtet wie (im letzten Satz) der russischen Musik. Die Gebärdensprache der großen Themen packt freilich mehr, als die innere Haltung überzeugt. – Erster Satz. Dreifaches Hornsignal, Akkordschläge des Orchesters, dann beginnt der Solist mit wahren Akkord-Türmen sein Werk. Durch das Thema der Celli und Geigen wirkt das Ganze

unvergeßlich. Bei der Wiederholung werden die Rollen vertauscht. Im Allegro con spirito stellt das Klavier mit Doppel-Oktaven das unruhig drängende erste Thema auf, während das Orchester sich mehr zurückhält. Sehr innig ertönt das zweite Thema (Poco meno mosso), wie ein Schumannscher Liedsatz. Die Durchführung entfaltet alle Klangschleusen des Orchesters und gibt dem Pianisten sehr dankbare Aufgaben. Bemerkenswert ist die zweimalige Kadenz. – Zweiter Satz. Ruhig und verträumt schwebt in der Flöte eine sanft wiegende Melodie. Cello und Oboe übernehmen die Weise, das Klavier begleitet mit zart verspielten Akkordfiguren. Das Idyll wird von einem huschenden Prestissimo unterbrochen, aus dem sich eine kleine Walzerszene andeutungsweise heraushebt. – Dritter Satz. Zu Beginn eine Erinnerung an das Hauptthema des Werkes. Mit einem eigensinnigen Gedanken springt das Klavier dazwischen, reißt die Führung an sich. In dem Feuerwerk des zündenden Satzes verschafft sich später eine eigentümlich gefärbte Weise Geltung, die sich mehr und mehr steigert, bis sie dann aufrauscht wie ein vaterländisches Lied.

Violinkonzert D-Dur (1878). Wiederum ein Konzert von kaum vorstellbarer Beliebtheit. Innerlich nicht so bedeutend wie die Geigenkonzerte von Beethoven oder Brahms, doch in ihrer Nähe beheimatet. Virtuosität, Melodienschwung, prächtige Arbeit und glanzvoller Orchestersatz, dazu in der Haltung ganz russisch. – Erster Satz (Allegro moderato). Das Hauptthema

ist einer der königlichen Einfälle Tschaikowskys: herrisch und strahlend, bestimmt und klangvoll. Überwältigend die Wirkung dort, wo es vom ganzen Orchester aufgenommen und zu einer Art Polonaisen-Marsch umgestaltet wird. Nicht so stark erscheint das

Gesangsthema; doch sein satter Klang bildet einen schönen Gegensatz zu der männlichen Weise des Hauptteils. Echt konzertmäßig werden Sologeige und Orchester einander entgegengesetzt, zugleich ist die thematische Arbeit sinfonisch auf beide verteilt. – Zweiter Satz (Canzonetta, Andante). Sinfonische Art auch in diesem kurzen langsamen Zwischenstück. Eine zarte, traumschöne Weise, still und leidenschaftlich verhalten. Das Orchester schmiegt sich an, nimmt die Gedanken des Solo-Instruments auf. – Dritter Satz (Allegro vivacissimo). Das erste Thema ist einer jener rhythmisch lebhaften, melodisch dagegen einförmigen Gedanken, die man in der russischen Volks- und Kunstmusik so häufig antrifft. Der Nachsatz knüpft mit den ersten vier Noten unmittelbar an das Hauptthema des Werkes an und stellt damit selbst im Wirbel slawischer Tanzrhythmen nachdrücklich die geistige Einheit des Konzertes her.

DVOŘÁK

Antonin D. (1841–1904, Tscheche) hat sich von unten emporgearbeitet, später gefördert durch Brahms und Bülow. Wurde dann Konservatoriumslehrer. 1892/95 in den Vereinigten Staaten, dann in Prag. Bekannt vor allem durch Orchesterwerke, Kammermusik, Opern.

Smétana und Dvořák sind die Künder der Volksmusik Böhmens. Während Smétana geschliffener, vielleicht auch geistvoller musiziert, packt die Musik Dvořáks in jedem Takt durch die rauhe und weiche, stürmende und sinnende Haltung eines Mannes, der sich seiner Heimat zutiefst verpflichtet fühlt. Der Tondichter ist ohne Zweifel ein bedeutender Könner; doch tritt alles Technische unversehens zurück hinter den Ausdrucksgehalt. Er ist der böhmische Brahms.

Orchesterwerke

5. Sinfonie e-Moll »Aus der neuen Welt«. Nur diese Sinfonie des Meisters ist in Deutschland wirklich bekannt. In ihr schuf er den künstlerischen Niederschlag seiner amerikanischen Eindrücke und Erfahrungen mit der amerikanischen Volksmusik jener Jahre. Dvořák bezeichnet es selbst als »Unsinn, daß ich Originalmelodien gebraucht habe; ich habe nur im Geist dieser

Nationalmelodien komponiert«. Gleichzeitig verleugnet sich jedoch auch nicht der Böhme, so daß die Sinfonie ein ganz eigentümliches Gepräge erhält. – Erster Satz. Kurzgliedrige, zum Teil synkopierte Motive machen das einleitende Adagio sehr spannungsreich. Der eigentliche Hauptsatz (Allegro molto) bringt sogleich das Hauptthema: kraftvoll auf- und absteigend im Horn, leicht tändelnd im Nachsatz der Klarinetten und Fagotte. Die beiden Untermotive werden

vom Orchester immer mehr durcheinandergewirbelt. In Flöte, Oboe und Horn erscheint ein etwas tänzerischer, zugleich aber schwermütiger Gedanke. Auffallend die Rhythmus-Verteilung im Takt, der halb amerikanische und halb böhmische Einschlag, der seltsame (leittonfremde) Schluß. Ein drittes Thema wird von der Flöte zu ruhenden Akkorden der Streicher angestimmt. Stark gegensätzlich die Durchführung dieser Gedanken. – Zweiter Satz. Wie eine Ballade aus den alten Zeiten Nordamerikas klingt dieses Largo auf: schwermütig und traurig. Traum des Indianers vom Einst, wo die weite Prärie noch den Vätern gehörte, wo Minnehaha des Hiawatha harrte, wo der Mond über stille Wasser und Wälder schien. Einen Augenblick knirscht der Träumende zornig über das, was der weiße Mann zerstört hat (das Hauptthema der Sinfonie steigt drohend in den Posaunen empor), dann versinkt er wieder in tiefes Sinnen. – Dritter Satz. Dieses

Scherzo soll etwas von einem Indianertanz wiedergeben; der stampfende Beginn läßt diese vom Komponisten gewollte Vorstellung auch wirklich aufkommen. Aber dann folgen zwei Walzer: ein ungebärdiger und ein behaglicher – Grüße an die böhmische Heimat. Zunächst versteckt, in der Coda jedoch nachdrücklich, tönt wieder das Hauptthema der Sinfonie in dem stampfenden, walzernden Satz. – Vierter Satz. Das Amerika unruhigen Vorwärtsdrängens, das sich kaum noch mit dem Vergangenen auseinandersetzen mag und doch unablässig an Vergangenes erinnert wird. Aber auch das Land, in dem der böhmische Meister der fernen Heimat gedenken muß. Sehr naturwahr und nicht minder kunstvoll gestaltet Dvořák den Gedanken dieses Schlußsatzes. Erregte Streichermotive unter-

stützt durch die Bläser, dann schmettern Hörner und Trompeten das machtvolle Thema der »Neuen Welt«. Wirbelnd fährt ein Triolen-Rhythmus empor, Ausdruck ursprünglicher Ungebärdigkeit. Ein Absinken des Jubels: leise, doch drängend stimmt die Klarinette eine böhmische Weise an, das Lied der Heimat. Sein heiterer Nachsatz (Flöte und Geigen) kündet laut von Polka-Seligkeiten. Dvořák läßt nacheinander und übereinander auch Gedanken der drei vorangehenden Sätze manches gewichtige Wort mitsprechen.

Violinkonzert a-Moll (1883). Rhythmisch lebendig, prachtvoll strömende Gesangsweisen für Geige wie Orchester – und doch nicht häufig genug aufgeführt. Schon das Hauptthema des ersten Satzes (Allegro ma non troppo) entzückt durch den scharfgeschnittenen Rhythmus und die weiche Melodik. Der Mittelsatz (Andante ma non troppo) gehört zu den seelenvollsten Einfällen des Meisters: die Gesänge schöpft er aus dem Brunnen der Volksmusik und formt sie behutsam, fast unmerklich zu wahrhaft künstlerischen Gebilden. Sehr fein die Rede und Gegenrede von Geige und Horn. Das Schlußrondo reiht wieder einmal Bild an Bild, Melodie an Melodie.

Cellokonzert h-Moll (1896). Vielgespielt, weil es nur wenige gute Cellokonzerte gibt – und weil es klingt! Im ersten Satz (Allegro) macht Dvořák einfach Musik, kümmert sich nicht viel um »Durchführung« und dergleichen; dafür stellt er gleich vier Themen auf, eines ausdrucksvoller als das andere. Das Solo-Cello wird abwechselnd thematisch und virtuos-ausschmükkend geführt. Der zweite Satz (Adagio) geht im wesentlichen darauf aus, die Instrumente singen zu lassen; so zu Beginn die Klarinette, dann das Cello. Bedeutungsvoll zitiert der Mittelteil die Melodie eines Dvořák-Liedes: Erinnerung an eine schöne, doch auch schwere Zeit seines Lebens. Besonders wirkungsvoll ist der Schlußsatz (Allegro moderato), in welchem der Cellist allerlei knifflige Kunststücke zu bewältigen hat, zugleich aber über einen warmen Ton verfügen muß. Wieder zahlreiche melodische Einfälle.

Kammermusik

Auch in seiner Kammermusik knüpft Dvořák – sosehr er wiederum von deutschen Meistern wie Beethoven und Brahms gelernt hat – an die tschechische Volksmusik an. Wir heben nachfolgend die bekanntesten kammermusikalischen Schöpfungen hervor.

Klaviertrio »Dumky« (1891, Opus 90). Sechs Sätze, jeder gestaltet nach Art einer tschechischen oder ukrainischen Dumka (wörtlich: »Gedanke«), das bedeutet: jeder Satz beginnt mit einem langsamen Abschnitt, dem sich ein schneller (thematisch verwandter) Teil anschließt. Dem Verständnis des reizvollen Werkes stellen sich schon durch die Anlehnung an volksmusikalische Gestaltungsart keinerlei Schwierigkeiten in den Weg.

Klavier-Quartett Es-Dur (1875, Opus 23). Sichere, festgegründete Thematik und reicher Klaviersatz. Das einstimmig vorgetragene Hauptthema des Kopfsatzes ist Leitspruch für das ganze Quartett. In den Ecksätzen herrscht eine merkwürdige Mischung von fester Selbstbehauptung und weicher Sehnsucht. Dem entspricht der Innenbau: im langsamen Satz verströmend sehnsuchtsvoller Gesang, das Scherzo stilisiert die Selbstbehauptung zu ruhigem Tanz und läßt die Sehnsucht zu fast weichlichem Klang werden.

Streichquartett Es-Dur (1879, Opus 51). Betont national-tschechisch; Dvořák war um ein »slawisches

Streichquartett« für den Konzertsaal gebeten worden. In den Rahmensätzen treffen volkstümlich einfacher Stoff und kontrapunktische Arbeit höchst reizvoll zusammen; besonders der Kopfsatz mit seinen kontrapunktischen und tändelnden Wirrnissen gibt dafür ein schönes Beispiel. Als zweiter Satz eine Dumka (vergl. das Klaviertrio). Eine als dritter Satz auftretende Romanze zieht das Balladenhafte der Dumka ins Liedhafte, Klangträumende. Der Schlußsatz idealisiert mit seinen kräftigen Rhythmen vergnügt einen tschechischen Stampftanz.

Streichquartett F-dur (1893, Opus 96). Wohl das beliebteste Quartett des Meisters, geschrieben unmittelbar nach der »Sinfonie aus der neuen Welt« und mit dieser verwandt. Freilich ist das Quartett durchaus lyrisch, entstanden in der Abgeschlossenheit eines amerikanischen Dörfchens. Es stellt keinerlei Ansprüche an den Formensinn des Hörers, ist gemischt aus dem Geist der vielfältig schillernden Volksmusik des damaligen Amerikas,und dem der tschechischen Heimat, durchsetzt von winzigen Landschaftsbildern und glückselig aufgefangenen Vogelrufen. Farbig gereiht die Bilder des Kopfsatzes, hartnäckige Synkopen des Lento-Themas halten den zweiten Satz mit seinen zahlreichen kleinen Gegenstimmen in sehnsüchtig schwelgendem Schweben, sehr vergnügt das Scherzo mit dem Gemisch von Volkstanz (Thema) und Vogelgezwitscher (Gegenstimmen), heiter der von fast greifbaren Gestalten durchzogene Schlußsatz.

Streichquartett G-Dur (1895, Opus 106). Es ist trotz der höheren Werkzahl vor dem As-Dur-Quartett (siehe unten) entstanden. Seine lichte Stimmung und zahlreiche Einzelheiten (»indianische« Anklänge, Vogelrufe usw.) erinnern an die Welt des F-Dur-Quartetts; im ganzen aber nähert es sich mehr der Dvořákschen Ausgangslinie Beethoven-Brahms. Das vogelschlagartige Grundmotiv des Kopfthemas beherrscht das ganze Werk.

Streichquartett As-Dur (1895, Opus 105). Entstanden vor der Heimreise aus Amerika ins Vaterland, daher auch wieder durchaus der europäischen Kammermusik und der böhmisch-tschechischen Volksmusik verpflichtet; Erinnerungen an das »Indianische« tauchen nur noch flüchtig auf. Eine im Einleitungs-Adagio aufsteigende Figur wird zur Keimzelle für die Themen des ersten, dritten und vierten Satzes. Fesselnd im ersten Satz das Hauptthema: es beginnt mit fester Zeichnung, gleitet dann mit einer Quintole des dritten Taktes ins Indianisch-Farbige, doch in der Durchführung wird die Quintole ihrer Farbigkeit beraubt, wird das Indianische abgestreift. Mit dem Scherzo bewegt sich Dvořák bereits ganz auf heimischem Boden; denn der Beginn ist ein tschechischer Furiant (scharf akzentuierter Schnelltanz). Und das Scherzo ist nicht zufällig an die zweite Stelle gerückt: im Lento kann der Tondichter nun einen beglückten Dankgesang anstimmen. Und das Motiv dieses Dankgesanges nimmt Dvořák in den Schlußsatz hinüber und gießt in das Finale idealisierte Heimatklänge.

Klavier-Quintett A-Dur (1887, Opus 81), das stärkste und persönlichste Quintett des Meisters. Farbigkeit, klanggebettete Melodik, sichere Linienführung verleihen dem Quintett das musikalische Gesicht; reicher Wechsel erlebter Stimmungen gibt ihm das Persönlich-Menschliche. Es sind wirkliche Gesichter, Gestalten, die uns in den Themen des ersten Satzes entgegentreten. Das Hauptthema (Cello) ist gewissermaßen

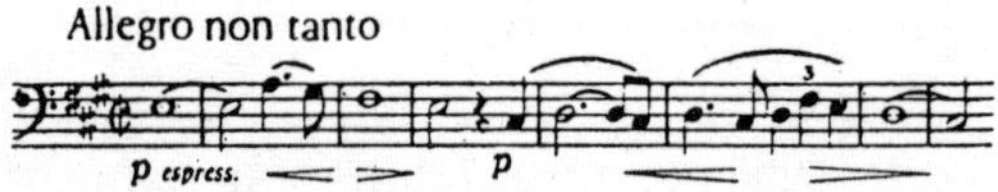

das Bildnis eines Menschen im Kreise gleichgestimmter Freunde. Die Entwicklung ist leicht zu verfolgen. Den Mittelbau bilden zwei heimatgebundene Sätze; zunächst eine Dumka (slawische, erzählende Volksballade), deren schwermütig langsamer Beginn auf dem gleichen Thema ruht wie der heiter-frohe zweite Teil; dann ein »Furiant«, böhmischer Tanz mit rhythmischer Kraft, klangfroh. Im Schlußsatz losrasende Musizierfreude; brachte der erste Satz menschliche Gestalten, so gibt der letzte das idealisierte Bild eines Tanzes in der Landschaft.

GRIEG

Edvard G. (1843–1907, Norweger) erwarb sein musikalisches Rüstzeug vor allem in Deutschland (Leipzig). 1871–1880 Leiter des von ihm gegründeten Musikvereins in Christiania (Oslo). Schrieb vor allem Klavierwerke, Lieder, Chöre mit Orchester, Schauspielmusiken, Orchesterstücke.

Nordische Volksweisen sind der eine wesentliche Bestandteil von Griegs Schaffen; den andern hat er aus Schumanns kleinen Klavierstücken gewonnen, indem er das musikalische Gut seines Volkes mit der knappen, doch erschöpfenden Form des deutschen Romantikers verband. Das kommt besonders zum Ausdruck in den »Lyrischen Stücken« für Klavier, in sich geschlossenen kurzen Stimmungsbildern von erstaunlicher Dichte.

Orchesterwerke

Die Kleinform der Klavierstücke behält der norwegische Tondichter auch in seinen Orchesterwerken bei. Dadurch gewinnen sie an Verständlichkeit. Als weitere Merkmale treten hinzu: volksliedartige Melodik, häufige Verwendung von Tanzformen, herbe Harmonik, bedeutsam hervortretende Mittelstimmen und ein satter Orchesterklang.

Von den verschiedenen sehr schönen Orchesterwerken führen wir hier nur die bekanntesten auf.

1. Suite zu »Peer Gynt«. Zu Ibsens »Peer Gynt« hat Grieg eine seelenverwandte Schauspielmusik geschrieben. Die beiden ihr entnommenen Orchester-Suiten sind in Deutschland sehr bekannt geworden, vor allem die erste. – »Morgenstimmung«. Hochgebirge bei Tagesanbruch. Flöte und Oboe werfen sich wechselweise ein sanft wiegendes Motiv zu, steigern es, zeigen es in neuen Harmonien; immer stärker wird der Ausdruck – die Sonne geht strahlend auf. Dann ein kurzes (dem Hauptmotiv nachgebildetes) Thema der Celli: dunkel wie eine Wolke, doch immer wieder überglänzt durch die lebhafter und heller werdenden Klänge des Orchesters. Neue Harmonie-Rückungen, rieselnde Bewegung in den Begleitstimmen, leise das Hauptmotiv im Horn: Zauber des Waldes. Triller in den Holzbläsern, Vogelgezwitscher. Stille. – »Ases Tod.« Kaum hat die Mutter ihren landfahrenden Sohn wiedersehen können, da stirbt sie hinüber, während ihr Peer ahnungslos nach alter Weise phantastische Geschichten erzählt. Streichorchester mit Dämpfern, schmerzliche Harmonien und Disharmonien, aufsteigend und wieder zusammensinkend, bald kummervoll und bald laut anklagend. Nach dem heftigsten Ausbruch ein neues Motiv: halbtonweise abgleitend wie schleichendes Weh. Verhauchend im Nichts. – »Anitras Tanz«. Peer Gynt in Arabien, begrüßt und geehrt als »Prophet«, die Häuptlingstochter Anitra tanzt vor ihm. Zunächst trippelnd (Beispiel), dann huschend auf geschwinder werdenden Achteln, und

im Mittelsatz sogar lüstern begehrend. Wieder der Hauptsatz, jetzt aber verführerisch, aufreizend: gehaltene Bässe wie lauernd, verliebtes Umschlingen im Kanon von Bratsche und Geige. Nochmals das Trippeln, ein leiser Baßschritt, träumend verdämmernder Schluß. Auch dieses bildhafte Stück ist für Streichorchester geschrieben. – »In der Halle des Bergkönigs«. Bei Ibsen heißt es: »Auf Peers Weigerung, sich für immer zum Troll machen zu lassen, jagen und peinigen ihn die Trolle«. Grieg macht diese Szene mit den einfachsten Mitteln lebendig: ein Thema setzt nach

und nach in den Instrumenten ein, erst in den Bässen, dann immer höher kletternd, lauter werdend, zunächst wackelnd, dann tanzend, schließlich drohend und peitschend. Ein einziges Thema, doch eine Fülle schrecklicher Eingebungen und fratzenhafter Gesichter.

2. *Suite zu »Peer Gynt«.* Von dieser Suite ist vor allem der letzte Satz bekannt geworden. – »Der Brautraub. Ingrids Klage«. Peer Gynt hat von einer Dorfhochzeit die Braut geraubt und sie ins Gebirge geschleppt. Das Tonstück gibt die Stimmung der geraubten Ingrid wie-

der. Einige heftige, verzweifelte Takte malen den Schrecken des Mädchens. Sie lauscht – keine Antwort. Der Vorgang wiederholt sich. Dann stimmt Ingrid ihr schmerzliches Lied an (Andante doloroso): schwermütig und klagend, doch zugleich herb und trotzig wie die Natur, deren Kind sie ist. Die Verzweiflungsrufe kehren wieder, noch heftiger, noch bewegter, doch vergeblich. – »Arabischer Tanz.« Ein Gegenstück zu »Anitras Tanz« aus der ersten Suite. Jetzt aber tanzen vor Peer Gynt alle Arabermädchen des Stammes, nicht mehr die Häuptlingstochter allein. Triangel und Pikkoloflöte verstärken die »arabische Färbung« des Tanzthemas. Im Mittelteil umwirbt wohl eine einzelne Schöne den »Propheten« Peer Gynt. Zum Schluß wird der Hauptsatz wiederholt. Das Ganze eine Art Ballettmusik mit sinnlichen, opernhaften Zügen. – »Peer Gynts Heimkehr«. »Stürmischer Abend an der Küste.« Eine Sturmstimmung wie in Wagners »Fliegendem Holländer«. Aufspringende Quintenmotive, fegende Sechzehntelfiguren, schrille Dissonanzen, stürmende Halbtonläufe. Wild rast das Unwetter über die aufgepeitschte Flut, bis das Schiff des Heimkehrenden zerschellt. Stille über den Wassern. – »Solvejgs Lied«. Aus Lebens- und Meeresstürmen hat sich Peer Gynt im Alter zu der treu harrenden Geliebten Solvejg gerettet. Sie singt ihm ihr Lied, das Lied der Liebe und des Todes. Die ernste Weise wird durchsetzt von Erinnerungen an entschwundenes Jugendglück: in sechsundsiebzig Takten Lebensweg und Seelenschmerz, selbstverständliche Liebestreue des schlichten Weibes zu einem unbegreiflichen, schweifenden Mann.

Klavierkonzert a-Moll (1868). Das schönste romantische Klavierkonzert nach Schumanns a-Moll-Werk. Entstanden in jener Zeit, in der sich Grieg zwar immer noch seinem Vorbild Schumann verpflichtet fühlte, aber schon im Geist norwegischer Volksweisen Eigenes zu geben suchte. – Wie Schumanns Konzert beginnt der erste Satz mit einer Folge abwärtsführender Akkorde. Prächtig und doch volkstümlich der

Schnitt des Hauptthemas: festliche norwegische Melodie; die Weiterführung geschieht allerdings durchaus in Schumannschem Geiste. Das zweite Thema geht eigene Wege, vor allem in der eigentümlich hellen, strengen Harmonik. In der Durchführung verzichtet Grieg auf kunstvollen Aufbau, gibt vielmehr eine Folge geschlossener Klang- und Melodienbilder. Melodiengesättigt, schwärmerisch singend der zweite Satz (Adagio). Grieg wiederholt seine Themen unablässig, träumerisch und stolz, sinnend und lauschend, ganz im Geist echter Volksmusik. – Festlich und froh geht es im dritten Satz her (Allegro moderato e marcato). Das sind jene springlebendigen Tänze und zögernd werbenden Weisen, an denen die »Lyrischen Stücke« so reich sind: Bilder aus der Heimat. Farbige Orchestertönung, griffiger Klaviersatz und kraftvolle Bewegtheit geben dem Satz einen hinreißenden Schwung.

Kammermusik

Die *Sonate für Geige und Klavier F-Dur* (Opus 8) ist die bekannteste der drei Geigensonaten Griegs. Sie ist das Werk eines Dreiundzwanzigjährigen, also kurz nach der Klaviersonate geschrieben, doch gibt sie sich nicht so sehr dramatisch als lyrisch. Im Kopfsatz mit seinem im Dreiklang aufsteigenden und wieder fallenden, dann kühn um einen Halbton über den Grundton hinausgreifenden Hauptthema fesselt die Art der Durchführung: inhaltlich Landschaftsbilder und -stimmungen, formal ein Beweis für die starke (meist übersehene) motivische Arbeit Griegs. Nach der »Landschaft« des ersten Satzes zeichnet der junge Tondichter im zweiten Satz Menschen des Volkes (seltsam nur, daß die Landschaft und die Menschen nicht recht zusammenstimmen). Es handelt sich um ein Allegretto quasi andantino mit einem bewegteren Mittelsatz: feine Stimmungszeichnung umschließt einen derben Bauern-Tanz. Im Schlußsatz hat sich Grieg anscheinend selbst dargestellt, wie er damals war. Da finden sich Erinnerungen an die Lehrjahre in Deutschland (gleich zu Anfang der Durchführung hebt er mit einer schulgerechten Fuge an, gibt sie aber bald mit lachendem Unmut wieder preis), Gedanken an sein großes Vorbild Robert Schumann stellen sich ein; aber über dem ganzen Satz liegt doch von Beginn an so viel loderndes Feuer, so viel lebensmächtiger Rhythmus, so viel leuchtende Farbe, daß dieses Schlußstück als Bekenntnis Griegs zu sich selbst und zu seiner Heimat aufgefaßt werden darf.

Die *Sonate für Cello und Klavier* (Opus 36) strebt mehr nach Ausdruck und Charakter als nach Schönheit. Sehr einheitlich der erste Satz mit seinen brausenden Schicksalsstürmen. Dieser düsteren Leidenschaftlichkeit folgt ein Andante, dessen Sang sich nicht zum ruhigen Lied gestalten will, vielmehr die Mächte des ersten Satzes wieder heraufbeschwört. Aus Not und Unruhe des einzelnen flüchtet der Tondichter mit dem Schlußsatz in die bergende Kraft des Volkslebens: ein knappes urwüchsiges Tanzthema überzieht die bald übermütigen, bald gedämpften Bilder dieses Satzes mit einheitlicher Grundfärbung.

Streichquartett g-Moll (1878). Gewissermaßen eine tönende Dichtung über die norwegische Landschaft und deren Bewohner; daher der Klangaufwand, die kräftig hingemalten Farben, die maßlos erscheinende Breite des Schlußsatzes. Sehr fest die thematische Verklammerung: das anspruchsvoll-heftige Kopfmotiv der langsamen Einleitung kehrt in allen Sätzen wieder. Im ersten Satz als Seitengedanke, der dem Grollen des ersten Themas ein stilles Singen entgegensetzt; das Gegeneinander von Schroff und Weich wird in diesem Satz herrlich ausgebreitet. Auch in der Romanze (zweiter Satz) steht das Kopfmotiv nicht an erster Stelle, sondern mischt sich erst in den motivisch gezackten, harmonisch herben Mittelteil der sonst so melodisch-innigen Romanze. Im Intermezzo drängt sich das Kernmotiv dann schon deutlicher hervor und wirkt so als Vorbereitung eines kleinen Tanzbildes.

Klavierwerke

Wahrhaft unerschöpflich ist der in Griegs Klavierwerken niedergelegte Schatz. Aber der größte Teil verzichtet um des inneren Gehalts wegen auf die äußere Wirkung, so daß man nur ganz wenige dieser Kompositionen als konzertmäßig bezeichnen kann. Und selbst diesen begegnet man nicht allzuoft.

Sonate e-Moll (1865, Opus 7). In dieser Schöpfung eines Zweiundzwanzigjährigen lebt alles auf, was den jungen Tondichter damals beschäftigte: die norwegisch-nordische Welt mit ihrem Sagendämmer und Wirklichkeitssinn, mit ihrem brausenden Heldensang und heimlichem Märchenzauber. Ein Werk des Überschwangs und der »gelernten Arbeit« zugleich. Stürmisch, ungestüm und klangmächtig der erste Satz. Wie Grieg motivische Arbeit, Klangentfaltung und echte Leidenschaft zu binden weiß, lehrt eine Stelle aus der glänzend gesteigerten Coda; eine Sechzehntelfigur aus dem Thema wird zum Kontrapunkt des

Themenkopfes. Das liedhafte, volksliedhafte, weiterhin balladenartige Andante ist thematisch unauffällig dem ersten Satz verpflichtet und nimmt auch schon

vieles der letzten Sätze voraus. Motivisch an die übrigen Sätze gebunden ist auch das »Alla Menuetto« mit seinem männlich-höfischen Tanz-Hauptteil und den heimatlich-landschaftlichen Klängen des Mittelsatzes. Alles übergipfelt das Finale. Dessen erster Teil entwickelt zunächst ein rhythmisches (punktiertes) Motiv vom Piano zum Fortissimo und wieder zum Pianissimo. Wie ferner Märchenton erklingt dann ganz leise das Seitenthema, das sich im Verlauf als wichtigster musikalischer Gedanke erweist (im Grunde das umrhythmisierte und vergrößerte Andante-Thema); als Anhang gesellt sich ihm der punktierte Rhythmus des Satzbeginns. In langer Entwicklung wird er in dynamisch gegensätzlichen Abschnitten durchgeführt, bis das »Seitenthema« wieder einsetzt und in eine orchestrale, ja opernhaft wirkende Steigerung gewuchtet wird.

Ballade g-Moll (Opus 24). Die bedeutendste Klavierschöpfung Griegs, weniger leidenschaftlich als die Sonate, dafür um so reifer. Der Ausdruck dieser großartigen nordischen Tondichtung reicht von zarter Seelenkeuschheit bis zu wilder Schicksalsbejahung; sie kündet von Vergangenheit und Gegenwart, von menschlichen Charakteren und ihren landschaftlichen Entsprechungen. Die satztechnischen Mittel reichen von ruhiger, verinnerlichter Stimmigkeit bis zu

dem äußerlich glänzenden Klavierstil Liszts. Der stark chromatische, harmonisch herbe Balladengedanke wird in verschiedenen Variationen spieltechnisch und inhaltlich immer neu gestaltet. Die Variationenkunst Griegs und die hohe Menschlichkeit des Werkes scheinen nicht sehr bekannt zu sein; andernfalls würde man die Ballade häufiger hören.

RIMSKIJ-KORSAKOW

Nikolai R.-K. (1844–1908, Russe) besuchte die Marineschule, trieb aber gleichzeitig musikalische Studien. Als Angehöriger der russischen Flotte schrieb er auf einer Weltumsegelung seine erste Sinfonie. 1871 Professor für Instrumentation und Komposition am Petersburger Konservatorium, daneben war er 1873–1884 Musikinspektor der Marine. Hauptwerke: Opern, Sinfonien, sinfonische Dichtungen, Ouvertüren, Kammermusik, Chöre mit und ohne Orchester, Volkslieder-Sammlungen.

Rimskij-Korsakows Sinfonien sind bei uns so gut wie unbekannt. Von seinen sinfonischen Dichtungen hört man regelmäßig nur die *»Scheherazade«*. Wie so oft, ist er auch in diesem Werk kein eigentlicher Melodiker; die Themen entnimmt er wörtlich oder ihrer Art nach der russisch-asiatischen Volksmusik und kleidet sie in ein prächtiges Gewand bunter Harmonien und schillernder Instrumentation. Seine orchestrale Meisterschaft ist so bedeutend und wird für so wertvolle Gedanken eingesetzt, daß der Tondichter schon um ihretwillen zu den ersten russischen Meistern gezählt werden muß.

In der »Scheherazade« will der Tondichter scheinbar vier Geschichten aus »Tausendundeiner Nacht« musikalisch nacherzählen; in Wirklichkeit ist es aber eine Darstellung des Wandels, der sich in dem rachsüchtigen Sultan vollzieht, während ihn Scheherazade mit ihren Märchen betört. Zu Beginn werden zwei Themen aufgestellt: das des durch weibliche Untreue erbarmungslos gewordenen Sultans, der jede seiner

Frauen nach der ersten Nacht hinrichten ließ, und das der klugen, listigen Scheherazade, die es fertigbrachte, so spannende und lustige Geschichten zu erzählen, daß der Sultan wider seinen Willen von seinem blutigen Vorhaben abließ. Seltsam ist nun, wie die an sich sehr anschaulichen Themen (das Stolze des Sultans und das »Einwickelnde« der Scheherazade) in den vier Bildern umgeformt werden. Entscheidend ist dabei, daß nicht nur die Thematik umgestaltet wird, sondern daß die eigentliche Entwicklung in der Instrumentation zum Ausdruck kommt: das Orchester wird mit einem Klangsinn behandelt, der auch heute noch in Erstaunen setzt. – Wichtiger als die Überschriften der einzelnen Sätze und ihre besondere Thematik ist das Verhalten der beiden Hauptthemen zueinander: aus ihnen vermag man jeweils den Stand des seelisch-geistigen Zweikampfes erkennen.

Die einzelnen Bilder bieten nun keine Schwierigkeiten mehr. Im ersten Satz hören wir die Geschichten von »Sindbad, dem Seefahrer«. Der Sultan fährt zuweilen mächtig mit seinem Thema dazwischen, so daß Scheherazade alle Mühe hat, ihn zu umstricken. Den zweiten Satz füllt eine Erzählung vom »Prinzen Kalender«; das ist nun ein sehr spaßiger Herr, selbst der Sultan muß lachen und wird sogar ein wenig ausgelassen. »Der junge Prinz und die junge Prinzessin« ist der dritte Satz überschrieben. Ein anmutiger Kinderreigen, unablässig wiederkehrend nach Kinderart, unschuldsvoll und doch »prinzenbewußt«. Und es scheint, daß der Sultan unversehens selbst zum Kinde geworden ist: er träumt mit Scheherazade von Jugend und Unbefangenheit. Um so aufgeregter gebärdet er sich zu Beginn des vierten Satzes: »Fest in Bagdad; das Meer; das Schiff treibt gegen den Magnetberg und zerschellt; Nachwort.« Nach der einleitenden, nicht eben freundlichen Auseinandersetzung zwischen dem Sultan und seiner verführerischen Dame beginnt das festliche Treiben mit einem rhythmisch straffen, melodisch bewußt einförmigen Motiv. Das Thema des vorangehenden Bildes kehrt wieder: Prinz und Prinzessin. Auch das Sultan-Thema will sich durchsetzen. Dann eine Schilderung des Meeres, des Seesturmes, wieder das Prinzen-Motiv, Trompeten schmettern, es klirrt und rasselt in den Trommeln: das Schiff ist untergegangen. Eine Deutung dieses Satzes ist wohl nur sinnbildlich möglich: der Sultan erlebt sich selbst als Kind, als frohen festlichen Mann, zerschellt aber an der Tücke menschlicher Untreue. Im »Nachwort« vereinen sich die Stimmen des Sultans und der Sultanin zu stillem Zwiegespräch.

WOLF

Hugo W. (1860–1903, Österreicher) war in der Schule »ungenügend«, wurde wegen eines »Ordnungsvergehens« aus dem Konservatorium entlassen. 1881 zweiter Kapellmeister in Salzburg, dann kleiner Chorsänger. Als Musikkritiker in Wien berühmt und gehaßt. Starb im Wahnsinn. Er ist der bedeutendste Liederkomponist der letzten hundert Jahre. Schrieb Chorwerke, eine Oper, Orchester- und Kammermusik.

Der Schöpfer herrlicher Lieder hat nur zwei Orchesterwerke geschrieben, und selbst diese werden heute meist nur in überarbeiteter Fassung aufgeführt.

»Italienische Serenade« (1894), geplant als Teil eines mehrsätzigen Werkes. Wohl das zauberhafteste Stück der neueren Serenade-Musik, ein anschauliches Bildchen, gemalt mit ganz einfachen Mitteln (Streicher, Holzbläser, Hörner). Die Serenade bedarf keiner inhaltlichen Erläuterung. Ein paar Takte einleitender Streicherfiguren, abgeschlossen durch ein Aufmerksamkeit erheischendes Aufklingen des Orchesters – dann beginnt der »Liebhaber« (ursprünglich Englischhorn, in Regers Bearbeitung Bratsche) seinen Werbegesang. Zunächst mit gebührender Zartheit und Zurückhaltung, wobei ihn die gezupften Streichinstrumente stimmungsvoll begleiten. Doch bald wird er leidenschaftlicher: aus zärtlichem Werben wird feuriges Fordern. Der Chor der Gefährten geht stürmisch mit;

besonders die sehr sorgsam geführten Holzbläser unterstützen den glühenden Liebesgesang. Der Schluß greift zurück auf die Eingangsstimmung.

»Penthesilea« (1883). In dieser sinfonischen Dichtung will Wolf die Gestalt der Kleistschen Amazonenkönigin Klang werden lassen. Das Werk besteht aus den drei Teilen: »Aufbruch der Amazonen nach Troja / Penthesileas Traum vom Rosenfest / Kämpfe, Leidenschaften, Wahnsinn, Vernichtung.« Der Inhalt von Kleists Drama ist bekannt. Penthesilea wird von Achill besiegt; er schenkt ihr aber das Leben. Bei einem zweiten Zusammentreffen naht er ihr als Liebender; doch sie läßt ihn in rachsüchtiger Verblendung zerfleischen. Über seine Leiche haucht Penthesilea, nun sehend geworden, verzweifelt ihr Leben aus. – Wolfs Tonstück, ursprünglich wohl auch etwas zu grell instrumentiert, wurde von einem berühmten Dirigenten (als Vergeltung für Wolfs bösartige Brahms-Kritiken) bei der ersten Probe bewußt so verzerrt statt gemildert, daß der Komponist das Werk verbittert zurückzog. Seither ist es, selbst in Hellmesbergers Überarbeitung, ein Stiefkind in den Konzertsälen geblieben. Ein gewisser Zwiespalt dieser sinfonischen Dichtung ist freilich nicht zu verkennen. Auf der einen Seite ist sie allzu abgewogen, allzu regelmäßig gebaut, auf der anderen Seite wird sie durchzogen von unbändiger Leidenschaft, von Rachegluten und Liebesfeuern, die einer Amazonenkönigin wohl anstehen mögen. Um dieses Überschäumens willen und wegen der großartig verdichteten Traumszene verdiente das Werk stärkere Beachtung.

»Der Feuerreiter« (1894) ist die stärkste Chor-Ballade der neueren Zeit (nach Mörikes gleichnamiger Ballade für gemischten Chor und Orchester, ursprünglich ein Lied mit Klavierbegleitung). »Lebhaft bewegt« rollen im Orchester Triolen, stoßen sich punktierte Rhythmen, leise und spukhaft. Flüsternd, furchtsam setzen die Chorstimmen nacheinander ein »Sehet ihr am Fensterlein dort die rote Mütze?« Dann ein Aufschrei: »Seht! ... und auf einmal welch Gewühle bei der Brücke, auf dem Feld.« Fortissimo braust es im Orchester, stampfende Rhythmen, die Feuerglocke gellt: »Hinterm Berg brennt es in der Mühle«, schreien die Frauenstimmen auf; wie aus weiter Ferne wiederholt der Männerchor pianissimo die gleichen Worte. Und schon »sprengt er wütend schier durch das Tor, der Feuerreiter« – ein wilder Ritt dröhnt im Orchester auf. Die Menge scheint sich zu bekreuzigen, verfolgt in atemloser Spannung den Lauf des »rippendürren Tiers«, ängstigt sich um die Seele des frevelhaften Müllers. Immer heftiger tobt es im Orchester. Endlich ist der Brand vorüber, »Volk und Wagen im Gewühle kehren heim von all dem Graus«, nur noch ein leiser Nachhall: »Hinterm Berg, hinterm Berg brennt's.« Verklingen im Orchester, lange Pause. Überraschend der ruhige Ausklang mit den langsam schreitenden Chorstimmen. Fast scheint es, als habe man Mitleid mit dem Feuerreiter, als »nach der Zeit ein Müller fand ein Gerippe samt der Mützen aufrecht an der Kellerwand«; denn mit einer Verbreiterung des Brand-Motivs schließt der Chor still-ergriffen: »Ruhe wohl, ruhe wohl drunten in der Mühle.« Verhalten klopft in den Pauken noch einmal der Motiv-Rhythmus an, geisterhaft.

REZNICEK

Emil Nikolaus von R. (1860–1945), geboren in Wien als Sohn eines österreichischen Feldmarschall-Leutnants. Begann das juristische Studium, wechselte aber bald zur Musik. Opernkapellmeister in vielen deutschen Städten. Lebte seit 1899 in Berlin als Komponist und Unterrichtender. Hauptwerke: Opern, Sinfonien, Suiten, Chorwerke mit Orchester usw.

Reznicek ist Meister der instrumentalen Feinarbeit, kein Sinfoniker. Sein Bedeutendstes gibt er in seinen Opernwerken. Doch hat er auch als Instrumentalschöpfer mehr zu sagen, als es nach der Aufführungszahl seiner Werke scheinen möchte. Er wird zuweilen mit Richard Strauss verglichen; aber dieser Vergleich ist nur zulässig, wenn er sich auf die Orchestertechnik bezieht. Strauss ist sinnenhafter, wirklichkeitsnäher, greifbarer als Reznicek; dafür übertrifft der verbindlich liebenswürdige Österreicher den kraftvolleren Bayern an geistreichem Witz. Um Geist und Witz musikalisch wiederzugeben, bedarf es biegsamer Melodik, federnder Rhythmen und verästelter zugleich durchsichtiger Instrumentation. Reznicek stehen diese Voraussetzungen uneingeschränkt zu Gebote; dagegen ist er kein eigentlicher Harmoniker, braucht es nicht zu sein, weil ihn mehr die Erscheinung fesselt als deren tiefere Ursache. Das ist auch der Grund dafür, daß seine Sinfonien wenig Gehör gefunden haben. Dagegen zählen einige andere Orchesterwerke zu den liebenswerten Schöpfungen der jüngeren Vergangenheit.

Allen voran die *»Tanz-Sinfonie«*. Sie stilistisch einzuordnen, ist nicht leicht. Die Ecksätze halten sich zwar an die sinfonische Form, doch sind die Tänze (Polonaise, Csardas, Ländler, Tarantella) so locker aneinandergereiht, daß man eher von einer Suite sprechen könnte. Wichtiger aber ist dieses: der Tondichter gibt den Tänzen einen wahrhaft künstlerischen Glanz, erhellt ihre Eigentümlichkeiten vorwiegend durch erlesene Instrumentierung, scharf geschnittene Rhythmen und schöne melodische Einfälle. Und ganz nebenher erweist er sich als überragender Beherrscher satztechnischer Künste.

Sprühend von Witz und Geist, echt musikalisch treten die Orchestervariationen *»Tragische Geschichte«* auf. Es sind Nachbildungen des bekannten Gedichtes von Chamisso, in dem sich ein Mann, dem das Hintenhängen seines Zopfes mißfiel, ständig dreht und wendet, doch »der Zopf, der hing ihm hinten.« Reznicek läßt den seltsamen Mann hörbar werden, wie er sich nachdenklich und verwirrt, überlegsam und plötzlich herumwirft – ein köstliches Spiel der Themen und Instrumente, befreiendes Lachen, doch zugleich die Frage: »Spiel oder Ernst?«

Während die gleichfalls nach Chamisso geschaffene sinfonische Dichtung »Peter Schlemihl« trotz ihrer glänzenden Haltung in den Hintergrund getreten ist, hört man zuweilen die *»Traumspiel-Suite«* (Bühnenmusik zu Strindbergs »Traumspiel«). Es sind sechs Sätze, deren Überschriften die Vorstellungskraft des Hörers in die gewünschte Richtung lenken. Kleines Orchester, gewählte Farbenmischung, sorgsame Charakterisierung, leicht dahinschwebende Bilder. Daneben aber auch greifbarere Klänge: spöttische Trompeten für den »Advokaten« und weich strömender Gesang in »Der Tochter Abschied«.

Am häufigsten hört man in Konzert und Rundfunk die Ouvertüre zur heiteren Oper *»Donna Diana«*. Ihr lustspielhafter Schwung, ihre kunstvolle Klarheit und ihr behendes Vorwärtstreiben fangen eine heiter-fröhliche Stimmung ein. Den Untergrund des quirlenden Tonstücks bildet ein 3/16-Rhythmus, »so rasch und leicht wie möglich«. Darüber bauen sich zwei musikalische Gedanken auf: ein tänzelnd-trippelnder und ein verliebt-zurückhaltender. Sie scheinen sich bald lustig zu bekämpfen, bald keck zu übersehen. Immer aber brodelt und kichert es in den Begleitstimmen; denn es ist ein Maskenfest, auf dem Donna Diana und Don Cesar ihren ernsten Scherz treiben.

MAHLER

Gustav M. (1860–1911, Österreicher) studierte in Wien, wurde Theaterkapellmeister in verschiedenen Städten Deutschlands, Österreichs und Ungarns. 1897–1907 Dirigent und später Direktor der Wiener Hofoper. Anschließend Konzert- und Operndirigent in Amerika. Hauptwerke: Sinfonien, Chöre und Lieder mit Orchester.

Mahler ist eine der tragischsten Erscheinungen der Musikgeschichte. Sein Wirken als Operndirektor kann gar nicht hoch genug eingeschätzt werden, sein Wollen als Komponist dagegen zielte ins Maßlose. Seiner zwiespältigen Zeit wollte er mit ihren eigenen übersteigerten Mitteln die Wahrheit, wie er sie auffaßte, in die Ohren schreien; aber er predigte tauben Ohren. Man empfand die Sensation, aber nicht das Dahinterstehende. Dann wieder flehte er »im Volkston«; doch das Volkstum antwortete ihm nicht. Seine Sinfonien weiten sich, blähen sich ungeheuerlich auf: sechs Sätze, davon einzelne beinahe »abendfüllend«. Chöre aller Art und Solostimmen werden herangezogen, die Orchesterbesetzung wächst ins Unermeßliche (sogar Hammerschläge werden eingeführt). Dann wieder kleines Orchester (einmal fehlen selbst die Posaunen), keine menschlichen Stimmen, normale Viersätzigkeit. Zwiespältig auch die Thematik: ernst schreitende Trauermärsche neben gellenden Tingeltangel-Hupfern, Volkslieder-Weisen neben Gedankenquälereien, niederdrückende Plattheiten neben vergeblich emporstrebenden Hymnen. Von der sinfonischen Verarbeitung ist Mahler ausgegangen; doch mehr und mehr näherte er sich einem polyphonen Stil, der schließlich die Atonalität vorbereiten half – die dann aber ganz andere Wege einschlug. Mit Erschütterung steht man vor der Tatsache, daß das unglaublich gekonnte Werk eines das Höchste wollenden Mannes mehr und mehr zerbröckelt und versinkt. – Einige Andeutungen über diese oder jene seiner neun Sinfonien sind jedoch sehr wichtig.

Erste Sinfonie D-Dur (1891). Stark romantisch; nicht ausgewogen, da der vierte Satz die ersten drei Sätze erdrückt. – I. »Langsam schleppend, wie ein Naturlaut.« Stellt das Erwachen der Natur mit teilweise sehr realistischen Mitteln dar. Musikalisch wichtig das Motiv der fallenden Quarte. II. »Kräftig bewegt.« Eine Art ländliche Tanzszene mit österreichischem Ländler. Sehr gelockert, teilweise vergnüglich-derb. III. »Feierlich und gemessen, ohne zu schleppen.« Ein romantisches Waldbild, keineswegs »feierlich«, eher leicht parodiert, gutmütig. Fallende Quart wieder im gedämpften Paukenbeginn, ein Thema von elf Instrumenten nacheinander vorgetragen. Dann ein ungarisches Thema, dazu gleichzeitig Trompetenterzen und -sexten. Mittelsatz »sehr einfach und schlicht wie eine Volksweise«. Einleitung und Hauptteil kehren wieder. IV. »Stürmisch bewegt.« Ein Titanensatz zwischen »größter Wildheit« und dreifachem Piano, stärker mit äußeren Mitteln (»Schalltrichter in die Höhe gerichtet«, die Hörner müssen »die Trompeten übertönen«) arbeitend als innerlich überzeugend.

Zweite Sinfonie, c-Moll (1895), die sogenannte *»Auferstehungs-Sinfonie«*. Starkes Orchester mit viel Schlagzeug, dazu Fernorchester (Blech und Schlagzeug), Sopran- und Altsolo, gemischter Chor. Mahlers bedeutendste Schöpfung. Eine Programm-Sinfonie von Tod und Auferstehung (nicht im christlich-religiösen Sinne). I. »Allegro maestoso. Mit durchaus ernstem und feierlichem Ausdruck.« Eine Art Kampf mit dem Schicksal. Der Beginn (unser Beispiel gibt nur den Anfang) kennzeichnend für Mahler: wildes Anheben

und wieder Nachlassen, immer neue Anläufe, Verharren auf sinkenden Quartschritten, bohrende Triolen (vor allem später), immer wieder Festhaken an Kurzmotiven – das ist Kraft, aber ohne Ziel. Solches Hin und Her des Nichtwissens, der Verzweiflung findet sich auch in den Nebengedanken: jedem Aufwärts folgt unerbittlich ein Abwärts. II. »Andante con moto.« Fast zu gewaltsam dieses Ländler-Idyll als Ausgleichs-Gegensatz. Im Trio Sechzehntel-Triolen als Grundlage für ein fugiertes Thema. III. »In ruhig fließender Bewegung.« Ein Scherzo voller Phantastik, anfangs noch irgendwie »greifbar«, weiterhin ins Unwirsche, schließlich ins Unheimliche ausweichend. Gegensatzreich durch fast pastorale und dann wieder heftige

Thematik. Eingearbeitet eine regelrechte Fuge. IV. »Sehr feierlich, sehr schlicht.« Vorstufe zum krönenden Schlußsatz. Eine Altstimme singt ein schlichtes Lied (»Urlicht« aus »Des Knaben Wunderhorn«). Zwischendurch eine furchtsamere, erregte Stimmung bis zur Steigerung: »Ich bin von Gott und will wieder zu Gott« (zwei Sologeigen zum Alt-Solo). Verhallender Ausklang in Holzbläsern, gedämpften Streichern und Harfe. V. Schlußsatz. Aufgebot aller instrumentalen und vokalen Klangmittel vom wilden Schrei bis zur geheimnisvollen Verkündung. Trompeten und Posaunen mit einer heftigen Dreiklangs-Fanfare, sich festrammend auf der Quarte. Tonleiter-Wendung der Hörner, beruhigend und fragend zugleich. Stille. Dann aus Weltenferne »Hörner in möglichst großer Anzahl sehr stark geblasen« als Stimme des »Rufers in der Wüste«. Die Nebel lichten sich. Geigentriller, Flötentriolen, Holzbläser-Choral. Auferstehungsmotiv in den Posauen, Triolen-Motiv der Hörner, ganz von fern der Wüstenrufer. Unruhe, Steigerung, dann der Choral aus dem ersten Satz (Posaunen), wieder die Horntriolen, nunmehr breiter, ruhiger, dann ein scharf akzentuiertes absinkendes Trompetenthema, Glockengeläut, Wüstenruf. Ganz plötzlich setzen sich diesen Stimmen aus einer Überwelt diesseitigere, trotzige Klänge entgegen (»Maestoso«), eine Art Marsch ertönt, der das Jenseitig-Mahnende abschütteln will, dann aber in einen machtvollen Glaubensmarsch der Streicher, Klarinetten und Fagotte mündet, emporgerissen wird von hellen Trompeten und Posaunen mit dem Auferstehungsmotiv. Endlich, von pianissimo geblasenen Trompeten des Fernorchesters eingeleitet, eine ungeheure Steigerung, die auch die letzten Zweifel förmlich erdrückt. Und nun »Der große Appell«. Leise Pauken, entfernte Trompeten, Steigerung, wie näherkommend, anwachsende Klangstärke, schmetternde Trompeten, Wüstenruf, Vogelgesang – Verhallen. Dann »langsam, misterioso« der Chor mit der Klopstock-Ode »Auferstehn, ja auferstehn wirst du, mein Staub, nach kurzer Ruh«. Mehrere Choralverse, Zwischenspiele des Orchesters, Alt und Sopran im Wechselgesang, teilweise strenger Satz, stärkste, kaum noch zu ertragende Steigerung sämtlicher Klangmittel. Mächtig in den Hörnern das Erlösungsmotiv (fallende Quinte, diatonischer Anstieg), riesenhaft in Trompeten und Posaunen der dröhnende Ausklang: dreifaches Forte, zweimal fallende Quinte, dann fallende Oktave.

Dritte Sinfonie, d-Moll (1896), zuweilen als *»Natur-Sinfonie«* bezeichnet. Wieder ein sehr umfangreiches Werk, sehr großes Orchester, dazu Horn, Trommeln und Glocken in der Ferne, Altsolo, Frauenchor, Knabenchor. Inhaltlich ist die Sinfonie heute etwas verblaßt. Mahler hatte die einzelnen Sätze zunächst mit hinweisenden Bezeichnungen versehen. Einleitung: »Pan erwacht.« 1. »Der Sommer zieht ein.« 2. »Was mir die Blumen auf der Wiese erzählen.« 3. »Was mir die Tiere im Wald erzählen.« 4. »Was mir der Mensch erzählt.« 5. »Was mir die Engel erzählen.« 6. »Was mir die Liebe erzählt.«

Vierte Sinfonie, G-Dur (1901). Nach den vorangehenden Riesenbauten ein behagliches Häuslein mit schlichteren Maßen; im Orchester fehlen sogar die Posaunen, die menschliche Stimme ist nur mehr durch einen Solosopran vertreten. An Stelle des massigen Klanges tritt eine zuweilen fast dünne Instrumentierung; dafür ist das Werk auf weite Strecken sehr fein polyphon gearbeitet. »Recht gemächlich« heißt das Hauptzeitmaß des ersten Satzes, das damit schon die Grundstimmung angibt. »In gemächlicher Bewegung, ohne Hast« zieht auch der zweite Satz vorüber. Eine Art Scherzo, wechselnd zwischen bürgerlichem Behagen und verhalten unheimlicher Phantastik. »Wie eine Fiedel« (des Todes?) soll die ausgiebig verwendete, einen Ton höher gestimmte Sologeige klingen; dazu als Gegensatz das Solohorn. Der dritte Satz (»Ruhevoll«) besteht aus kontrapunktischen Variationen über zwei gegensätzliche Themen (das erste in den Celli, das zweite in der Oboe); überraschende Einschübe machen das Bild sehr reizvoll. Wiederum mit »Sehr behaglich« überschrieben der vierte Satz. Im Kern: heiter-naives Volkslied für Sopransolo und Orchester.

Fünfte Sinfonie, cis-Moll (1904). Abermals ein Riesenorchester, das alle Möglichkeiten vom Zartesten bis zum Wildesten klanglich verwirklichen soll. Die Singstimme fehlt. Symmetrisch gegliedert (in der Mitte ein ausgedehntes Scherzo mit zwei Trios, dem zwei Sätze vorangehen und zwei folgen), doch unausgewogen in dem Verhältnis der Sätze zueinander. Sichtlich eine »Programm-Sinfonie«. Erster Satz ein Trauermarsch, »in gemessenem Schritt. Streng. Wie ein Kondukt«. Gegen Schluß ein Zitat aus Mahlers »Kindertotenliedern«. Der zweite Satz, »stürmisch bewegt, mit größter

Vehemenz«, ist ein Verzweiflungsausbruch. Im dritten Satz (»Kräftig, nicht zu schnell«), einem kontrapunktisch und rhythmisch ausgebauten Scherzo größten Ausmaßes, wird das Gehetztsein oberster Grundsatz. Es folgt ein »Adagietto. Sehr langsam«, nur für Streicher und Harfe, der schönste Satz des Werkes, doch zu zart und zu kurz in der Umgebung der vier übrigen Sätze. Das »Rondo-Finale. Allegro commodo« ist gewaltsam geweitet und gesteigert.

Achte Sinfonie, Es-Dur (1910). Mahler, dem Geist seiner Zeit durchaus abhold, hat sich ganz besonders in diesem Werk des Hauptkennzeichens seiner Zeit, der »Menge«, so nachdrücklich bedient, daß die 8. Sinfonie alsbald den Namen »Sinfonie der Tausend« bekam. Mindestens 22 Holzbläser, 17 Blechbläser, dazu drei Pauken, große Trommel, Tamtam, Becken, Triangel, Glocken, Harmonium, Orgel, mindestens vier Harfen, Mandoline, ein halbes hundert Streicher; außerdem als Fernorchester 4 Trompeten und 3 Posaunen; dazu zwei Solo-Soprane, zwei Solo-Alte, Tenor, Bariton, Baß, zwei gemischte Chöre, Knabenchor. In zwei ausgedehnten Sätzen bindet Mahler den alten Hymnus »Veni, creator spiritus« (»Komm, heil'ger Geist«) und die Schlußszene aus Goethes »Faust« zur Einheit: Schöpfergeist Gottes – liebendes Erlösungsstreben des Menschen. Diese Einheit betont Mahler durch ein

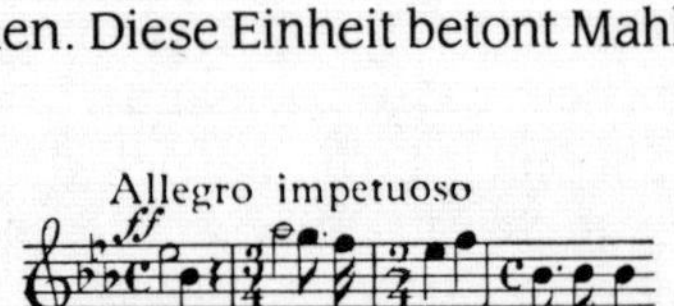

Thema (die Sinfonie beginnt mit einem achtstimmigen Chor!), das mehr oder minder deutlich beide Teile des Werkes beherrscht (auch hier wieder die für Mahler so charakteristische Quarte). Dem Hörer ist das Werk verhältnismäßig zugängig, weil es ideenmäßig ganz von ausführlichen Dichterworten getragen wird.

»Das Lied von der Erde« (1908) ist zwar vielfach auf sinfonische Art gestaltet, doch nicht – wie Mahler die Komposition nannte – eine Sinfonie. Es handelt sich um sechs Solo-Gesänge mit Orchester für Tenor und Alt (statt Alt auch Bariton), vertont nach Übertragungen chinesischer Dichtungen, vor allem von Li-Tai-Po. Ein musikalisch großgesehenes Bild von der Erde als Jammertal, doch auch einem Tal der freudigen Beglükkung; am Ende steht freilich der Verzicht. Gewissermaßen eine »Natur-Sinfonie«, in die der Mensch als ein dem Werden und Vergehen unterworfenes Wesen einbezogen wird. Die edle, wenn auch zerrissene Menschlichkeit Mahlers und seine leidenschaftliche Naturliebe äußern sich in der Vertonung der zarten chinesischen Stimmungslyrik schöner und ansprechender als in allen anderen Werken.

DEBUSSY

Claude D. (1862–1918, Franzose), Schüler des Pariser Konservatoriums (Römerpreis), galt schon seinen gestrengen Lehrern als zu modern. Schrieb vor allem Orchester-, Kammermusik- und Klavierwerke sowie ein Musikdrama.

Die Klangfarbe, einst nur Zutat auf den auf Melodie, Harmonie und Rhythmus aufgebauten Werken der Tonkunst, hat im Laufe der musikalischen Romantik im engeren Sinne, aber auch im Verlauf der Entwicklung Chopin-Berlioz-Liszt-Wagner eine immer stärkere Bedeutung erlangt. Bei Debussy wird sie schließlich zur Herrscherin, die zwar die übrigen musikalischen Mittel nicht verschmäht, sie aber ihrem Willen untertan macht. Den zuvor immer noch folgerichtigen *Ablauf* des musikalischen Kunstwerks ersetzt er durch gleichbleibende *Zustands*schilderung, tätige *Spannung* durch untätige *Stimmung*. Er gestaltet nicht, sondern stellt fest, er bildet nicht, sondern bebildert. Statt etwas auszudrücken, gibt er seine Eindrücke wieder. Eindruck heißt auf französisch »impression«, und Debussy ist der unbestrittene Führer des musikalischen Impressionismus. Um seine Eindrücke entsprechend Klang werden zu lassen, schafft er sich besondere technische Mittel. Entwickelndes Gestalten fordert folgerichtiges Nacheinander; Debussy aber will die Gleichzeitigkeit. Daher seine übereinandergelagerten Tonarten (»Polytonalität«), Quarten-Akkorde, Ganztonleitern, übermäßigen Dreiklänge, unaufgelösten Vorhalte. Daher auch das versonnene, sinnende Verweilen auf kleinen Einzelbildern, das liebevolle, müde Ausmalen bildhafter Zustände. Das Orchester, nicht genötigt, tatenfroh vorwärts zu eilen, sammelt alle Möglichkeiten seines Klangvermögens auf einen Punkt, scheint zu blühen und zu duften wie eine zauberhafte Pflanze.

Orchesterwerke

»Nachmittag eines Fauns« (1892), von Debussy bezeichnet als »Vorspiel« zu einer Dichtung von Mallarmé. Fast ist es schon zuviel gesagt, wenn man angibt, daß in der Tondichtung ein sinnlich verlangender Faun und sinnlich lockende Nymphen geschildert werden. Denn das klanglich gelockerte, zart geführte Orchester und die tupfende Harmonik geben eher die zitternde Sommerluft wieder, aus der sich Verlockung

und Verlangen erheben. Unser Beispiel zeigt, wie sehr sich bei Debussy Rhythmus und Melodie, Harmonik und Instrumentierung verflüchtigen (Flöte und Harfe). Aus dem Schimmern und Flimmern, aus Gedämpftheit und Schwüle der Klänge erhebt sich außer dem Faun-

Motiv noch ein träge sich dehnender Gesang der Nymphen.

»Drei Nocturnes« (1899). Im ersten, den »Wolken«, löst sich alles auf in gehauchte, leise Bewegungen; sogar das Wort »Bewegung« ist zuviel, ist zu sinnfällig. Es sind Nachtwolken, unsichtbar, unbeschreibbar; man weiß um sie, ohne daß man sie sieht, träumt man von ihnen mit geschlossenen Augen, ahnt wohl zuweilen zitterndes Mondlicht, silberne Wolkenränder, dunkle Schatten. Dagegen sind die *»Feste«* aller klanglichen Auflockerung zum Trotz recht greifbare Gebilde. Das Ganze ist eine Art »italienische Marsch-Fantasie«. Der erste Abschnitt, eingeleitet von festlich schwirrenden Geigen-Figuren, bringt ein geschwind aufsteigendes und wieder absinkendes Thema der Holzbläser, dem sich ungewöhnlich harmonisierte Bläser-Akkorde anschließen: zitternde, verlangende Lebenslust. Im nächsten Augenblick bestimmt ein etwas ruhigeres Thema das Geschehen. Von besonderem Reiz ist der dritte Teil: gedämpfter Bläser-Marsch, scharf rhythmisiert, doch melodisch und harmonisch nicht leicht zu fassen, allmähliche Steigerung zu wilder Ausgelassenheit, umjubelt vom ganzen Orchester. Dann ein Rückgriff auf den Beginn des Nocturnes, langsame Auflösung der Bilder, Erinnerungen an das festliche Treiben. – In den *»Sirenen«* greift der »impressionistische« Debussy zu einem recht »realistischen« Mittel: um die süß lockenden Weisen der Sirenen klanglich zu verwirklichen, genügt ihm nicht das Orchester, sondern er zieht Frauenstimmen hinzu. Diese singen dann freilich keine »Lieder«, vielmehr

werden sie behandelt wie zusätzliche Orchester-Instrumente. So kommt ein Schimmer wirklicher Unwirklichkeit in das Klangbild, etwas Ungesagt-Sagenhaftes.

»Das Meer« (1905). Drei gleichartige Stimmungsbilder, die sich im Grunde nur durch die verschiedenartige Beleuchtung unterscheiden: das Meer bleibt das ewige Meer, es ändern sich nur die Eindrücke, bald durch den Betrachter und seine innere Verfassung, bald durch Wind und Sonne. Man möchte fast sagen, dieses dreisätzige Werk sei bewegter Stillstand. *»Von der Morgendämmerung bis zum Mittag auf dem Meer«* ist der erste Satz überschrieben. Kurze Streicher-»Motive« entsprechen wohl den kurzen Wellen der kaum bewegten See, über der sich langsam die Sonne erhebt (ruhig gleitende Bläserweisen). Immer mehr lichtet sich das Klangbild, doch unverändert bleiben die Wasser. Das *»Spiel der Wogen«* (zweiter Satz) verstärkt die Wellenbewegung des ersten Teils, rauscht und flutet empor, reißt auch die Eindrücke des erlebend-betrachtenden Menschen in das wogende Walten der leidenschaftslosen Natur. In diesem Satz ist Debussy das Meisterstück gelungen, die gefühllose Bewegung des Meeres mit der fühlenden Erregtheit des Menschen klanglich zu vereinen. Noch sprechender der dritte Satz: *»Zwiesprache von Wind und Meer.«* Der Wind weht, und das Meer antwortet mit bald ruhigen, bald rollenden Bewegungen. Sehr schön, wenn der Zwiesprache ein gemeinsamer Gesang entwächst.

Iberia-Suite (1908). Eine Folge von drei Bildern aus Spanien. Aber – wie in den zuvor besprochenen Werken – kein klangliches Abmalen der Wirklichkeit, sondern eben Stimmungsbilder, mehr dem Geist als der Wirklichkeit Spaniens abgelauscht, dennoch – vor allem im dritten Teil – greifbarer als manches zuvor Geschriebene. Wer die Partitur *liest,* erstaunt über die unerhört kunstvolle, verfeinerte Rhythmik, und wenn er dann die Stücke *hört,* erstaunt er noch mehr über die Fähigkeit des Komponisten, aus Rhythmen Klänge zu mischen. Die Überschriften über die Sätze geben genügend allgemeine Hinweise: »Auf Straßen und Wegen« (vielfach Tambourin und Kastagnetten), »Düfte der Nacht« (hier ist wahrlich der Rhythmus Klang geworden), »Am Festmorgen« (zahlreiche Kleinbilder von nicht zu überhörender Anschaulichkeit).

Kammermusik

Mussorgskij wollte mit seiner Musik »Mütterchen Rußland in der ganzen Weite darstellen«. Debussy sagte einmal: »Ich schlage vor, eine Gesellschaft für musikalische Esoterik (Geheimlehre) zu gründen, und zwar an Stelle der Versuche, die Kunst an das Publikum heranzutragen.« Mussorgskijs Werk lebt, Debussys Schaffen zerbröckelt. In der Kammermusik besonders erkennbar; denn wer kennt schon die Cellosonate, die Geigensonate, das Trio für Flöte, Bratsche und Harfe – und wer sie kennt, wird nicht zu leugnen wagen, daß sich hier das beziehungslose Formen- und Klangspiel in wesenloses Nichts aufgelöst hat. Im bedeutendsten kammermusikalischen Werk, dem *Streichquartett* von 1893, kommt Debussy in der Form dem klassischen Quartett verhältnismäßig nahe; doch ist diese Form nicht einfach zu erkennen. Alle vier Sätze stehen unter dem Zeichen des Kopfthemas aus dem ersten Satz, zugleich ist dieses Thema bezeichnend für Haltung und Gestalt des ganzen Werkes: Melodie, Rhythmus und Harmonie sind zu einem neuen Wert zusammengeschmolzen, zur Farbe. In dem (das Hauptthema besonders deutlich wiederholenden) Scherzo wird sogar der Bewegungsantrieb zum Farbwert, und im langsamen Satz erstarrt selbst der Gesang zur ornamentalen Floskel, die nun ihrerseits ein seltsam gleitendes Eigendasein führt. Der Schlußsatz endlich widersetzt sich jeder Zergliederung; warum dieses Spiel das Kopfthema wieder aufklingen läßt, ist schwer zu begreifen.

Klavierwerke

Wir erwähnen die charakteristischen Klavierwerke des Meisters. In der *»Bergamaskischen Suite«* von 1890 steht ein Satz, der als Ausgangspunkt von Debussys Klavier-Impressionismus gelten kann: »Clair de lune« (also »Mondenschein«), ganz zart und farbig verdämmernd; die übrigen Sätze der Suite sind zwar nicht impressionistisch, sprechen aber stärker an (Menuett!). Das Farbempfinden verdichtet sich in den rauschhaften, doch noch zusammengehaltenen Szenen der *»Isle joyeuse«* von 1904. Die drei Klavierstücke *»Präludium, Sarabande, Tokkata«* von 1901 zeigen dann Debussy am Scheidewege; auch in ihnen lebt vorwiegend ein Empfinden der Farbe, doch haben sie noch Rückgrat und Kraft. Zwei Jahre später hat sich Debussy bereits entschieden: die drei *»Estampes«* (»Stiche«) geben sich ganz der Stimmung hin, und zwar wachsend von den »Pagoden« über den in Klang getauchten »Abend in Granada« bis zu den »Gärten im Regen« (dieses ein beliebtes Konzertstück, in dem man seine Fingergelenkigkeit und Anschlagskunst glänzen lassen kann).

Aus den sechs *»Bildern«* (1905/06) geben wir einige Takte wieder, die eine allgemeine Vorstellung von Debussys Schreibweise vermitteln mögen. Das Beispiel stammt aus dem Bild »Et la lune descend sur le

temple qui fut«; aber es ist gar nicht das »auf den Tempel herabsteigende Mondlicht«, von dem die Überschrift spricht, vielmehr handelt es sich um eine abseitige, mit Tempel und Mond nur mittelbar zusammenhängende Stimmung. Demzufolge sind Thema, Harmonie und Rhythmus aller gegenständlichen Beziehung entkleidet und zu reinen Farbwerten, zu Farbtupfern geworden. Unser folgendes Beispiel (aus den »Cloches à travers les feuilles«) täuscht in dem in

Bewegung aufgelösten Satzbild eine Art Stimmigkeit vor, doch besteht der Takt nur aus verschiedenen Ganztonleitern, die lediglich verschwimmende Farben geben.

Letzte Verwirklichung seines klavieristischen Strebens bilden Debussys *»Vierundzwanzig Präludien«* (1910–1913). Die Anregung zu diesen Tonbildern gibt er nicht in Überschriften an, sondern er fügt sie nachträglich *unter* den einzelnen Stücken hinzu: »Klänge und Düfte schwingen in der Abendluft«, »Tritte im Schnee«, »Welke Blätter«, »Huldigung an S. Pickwick, Esquire«, »Feuerwerk« usw. Bezeichnend auch seine Vortragsangabe wie die über Nr. 3 des II. Heftes: »Habanera-Zeitmaß mit schroffen Gegensätzen von äußerster Heftigkeit und leidenschaftlicher Zartheit«. Faßt Debussy in den »Präludien« gewissermaßen das Ausdrucksmäßige seiner neugewonnenen Klaviersprache zusammen, so gibt er den *»Zwölf Etüden«* von 1915 gewissermaßen nachträglich das technische Rüstzeug, dessen der Spieler solcher Werke bedarf. Offenbar war er der Meinung, einen Weg in die Zukunft gewiesen zu haben.

Zur Einführung in Debussys Werk sei noch auf die heiteren, gar nicht so einfachen Stücke der »Children's Corner« verwiesen (1906–1908).

D'ALBERT

Eugen d'A. (1864–1932), geboren in Glasgow als Sohn des deutschen Tanzkomponisten Charles d'Albert. Seine Lehrer waren Ernst Pauer (London), Hans Richter (Wien) und Franz Liszt (Weimar). Etwa zehn Jahre lang durchzog er als Klavierspieler alle Länder, dann packte den Ratlosen das Kompositionsfieber. Hauptwerke: Opern, eine Sinfonie, zwei Klavierkonzerte, ein Cellokonzert, Lieder, Klavierstücke, Kammermusik.

Bevor sich d'Albert seinem eigentlichen Schaffensgebiet, der Oper, zuwandte, schrieb er verschiedene Instrumentalwerke. Erfolg hatte er aber nur mit den Konzerten für Klavier und Cello. Und auch hier beruht die Wirkung lediglich auf dem mitreißenden Schwung der Kompositionen, nicht auf ihrem künstlerischen Wert. Es ist unmöglich, d'Albert einer einzelnen musikalischen Richtung zuzuordnen; nicht weil er ein Selbständiger wäre, sondern weil er seinen Stoff aus *allen* Richtungen nimmt. Er ist Romantiker, Neudeutscher, Verist, Klassiker – vor allem aber ist er Virtuose. Wenn es nur »klingt«, heißt sein Wahlspruch. Nun, es klingt wirklich. Da der Komponist zudem etwas kann, hatten sich seine Konzerte schnell eingebürgert. In den letzten Jahren ist man ihnen weniger begegnet, obwohl ihr unbedenklicher, lebendiger Klang dem Hörer mehr zusagt als manches vergrübelte Werk anderer Tondichter.

Das *erste Klavierkonzert* (h-Moll, Opus 2) verrät den Überschwang des Zwanzigjährigen ebenso wie die Maßlosigkeiten der Entstehungszeit (1884).. Liszts Es-Dur-Konzert mußte unter allen Umständen übertrumpft werden, und so schrieb der brausende Jüngling ein Werk, vor dessen Ausbrüchen und Ausdehnungen man zuweilen erschrickt. Das Vorbild Liszts wirkt auch nach in der gedanklichen Anlage: wie dessen sinfonische Dichtungen hat d'Alberts h-Moll-Konzert ein Grundthema, das alle Sätze beherrscht. Eines wird man zugeben müssen: dieses Austoben und Schwelgen, dieser Klangrausch und Klavierprunk sind lebendige Zeugen eines heißblütigen, echten Musikantentums.

Wertvoller ist das *zweite Klavierkonzert* (E-Dur, Opus 12, 1893). Das Gärende und Maßlose des ersten Konzerts ist gemildert, aber der Schwung ist geblieben. Zwar stehen in der Thematik Schumann, Wagner, Liszt und Brahms mit reichen Geschenken Pate, zwar stammt die Form des Werkes von Schumann und der Gedanke des Kopfmotivs aus Liszts sinfonischen Dichtungen; aber diese etwas aufdringlichen Anlehnungen verschwinden für den Hörer gegenüber der unverfälschten Musikalität des Ganzen. Und für den Spieler gibt es kaum ein dankbareres Konzert als dieses. In den vier einleitenden Takten bringt das Orchester (Mäßig bewegt) das Grundmotiv (ähnlich der »traurigen Weise« des dritten »Tristan«-Aktes). Fest und bestimmt, ja gebieterisch stellt das Klavier den Hauptgedanken des *ersten Satzes* auf, dem in Streichern und Horn ein ruhig strömendes Gesangsthema zur Seite gegeben wird. Die weitere Entwicklung wirkt eben nicht tief, bezaubert jedoch durch die Klangschönheit des Ganzen wie durch manche feinen Einzelzüge. Der volle Satz gibt dem Klavier die Möglichkeit, sich gegenüber dem Orchester zu behaupten. Ohne Pause geht es zum *Mittelteil* (Langsam). Er hat ein merkwürdiges Gesicht: zu Beginn versenkt er sich in stille Zwiesprache von Orchester und Solo, in Rede und Gegenrede, Frage und Antwort; dann aber erfolgt ein gewaltiger Umschwung durch das majestätische Seitenthema der Streicher. Eine neue Welt tut sich auf: warm, wuchtend, strahlend, sinnenhaft, zumal das Klavier mit kraftvollen Akkordfolgen einen harmonischen Unterbau errichtet. Wiederum ohne Pause beginnt der *Schlußsatz* (Sehr langsam). In ihm kehren die wichtigsten musikalischen Gedanken der beiden früheren Sätze wieder, bald deutlich, bald in umgestalteter Form.

Das *Cellokonzert* (F-Dur, Opus 20, 1900) ist eine angenehme Oberflächlichkeit. Diese Art von melodischer Süße und bezaubern-sollender Thematik ist heute nur noch aus der Ferne zu genießen: Mendelssohn-Weichlichkeit im Klanggewand der Jahrhundertwende, nämlich weichlich auch im Fortissimo. Dabei soll nicht verschwiegen werden, daß sich an manchen Stellen auch echte Musikalität offenbart.

STRAUSS

Richard St. (1864–1949), Sohn eines Musikers, 1885 als Nachfolger Bülows in Meiningen, anschließend in München, in Weimar, wieder in München, dann in Berlin. Hier 1908 Generalmusikdirektor. 1919–1924 zusammen mit Schalk Leiter der Wiener Staatsoper. Dann lebte er als Freischaffender meist in Garmisch. Schrieb u.a. Opern, Werke für Orchester, Kammermusik, Lieder.

Mit Richard Strauss ist die letzte große Musikerpersönlichkeit dahingegangen, die man im früheren Sinne als »Künstler« ansah. Sein Werk war umstritten wie das mancher anderer Komponisten; aber in seinem Kern hat es sich durchgesetzt, weil Strauss – eben als echter Künstler – in seinen Schöpfungen nicht nur sich selbst spiegelt, sondern zugleich eine breite Gesellschaftsschicht, einen Zeitabschnitt. Er war ein Aristokrat seiner großbürgerlichen Zeit; sie hat er klingend dargestellt mit Mitteln, die seiner ungewöhnlichen Könnerschaft uneingeschränkte Bewunderung eintrugen und die zugleich den großbürgerlichen Geist und Ungeist seiner Umwelt mit wahrhaft vornehmer Gebärde ins Künstlerische übersetzten.

Dieses »Übersetzen« aus einer als gegeben hingenommenen Wirklichkeit unterscheidet ihn von dem fast gleichaltrigen Debussy, der ja im Grunde die gleichen europäischen Verhältnisse vorfand wie Strauss.

Denn bei dem deutschen Meister bleibt trotz aller klanglichen Verfeinerung alles noch greifbar, der Wirklichkeit verhaftet, bildhaft. Daher die prachtvoll geschnittenen, wahrhaft durchbluteten melodischen Gestalten mit ihren scharfen Umrissen, diese Meisterzeichnungen gesunder und kranker Charaktere. Aber diese melodischen Gestalten sind nicht mehr eigentlich Themen im früheren Sinne. Harmonie, Rhythmus und Klangfarbe, einst untrennbar verbunden mit dem Thema, dem sie Spannung und Keimkraft verliehen, stehen bei Strauss *neben* der Melodie, verlieren ihre inneren Beziehungen und werden zu prunkendprächtigen Gewändern, die der »Held« (das Thema) wechselt, um in ihnen die Welt zu erobern. Das bedeutet, die Melodie ist etwas Fertiges, nicht mehr Entwicklungsfähiges. Die Welt ist alt geworden. Und da kann es denn geschehen, daß zuweilen das Kleid für den Menschen genommen wird.

Ursprünglich war Strauss reiner Programm-Musiker: dem dichterischen Grundgedanken hatte sich die Musik zu fügen. Als solcher geht er mehr auf Berlioz zurück als auf Liszt; daher auch die rücksichtslose Kühnheit, mit der er sich der Klangmöglichkeiten des Orchesters bedient. Dann folgte eine Zeit, in der in den Tondichtungen ein deutlicher Anschluß an frühere Ausdrucksformen bemerkbar ist. Und ganz spät wird der Klang wieder so vorherrschend, daß die eigenwillige Melodik daneben beinahe verblaßt. – Von Brahms und Wagner, von Mozart und Berlioz, von Technik und Natur, von Melodienkraft und Atonalität – von allem findet sich etwas in Straussens Werk. Und doch war er kein Nachahmer. Jeder Takt trägt die unverkennbare

Handschrift des Meisters. Und seine Meisterschaft bestand darin, daß er wie kein anderer auf dem gewaltigen Instrument seiner Zeit zu spielen wußte.

Orchesterwerke

»Aus Italien«, Sinfonische Fantasie (1887). Eine Sinfonie hatte Strauss als Sechzehnjähriger, eine andere als Zwanzigjähriger geschrieben; mit der sinfonischen Fantasie »Aus Italien« wandte er sich dann bereits merklich der sinfonischen Dichtung zu. Daran ändert auch die Viersätzigkeit des Werkes nichts. – Erster Satz: »In der Campagna.« Zu Beginn ein großes Schweigen in der von Geschichte durchtränkten Ebene bei Rom, doch Stimmen in der Luft, verweht wie Geisterstimmen. Dann scheinen sich Erinnerungen an große Zeiten zu mischen mit dem Heute (erstes Thema), man fühlt sich klein vor den düster-großartigen Ereignissen des Einst (weitgespannte Streicherweise), empfindet sich befeuert durch das Beispiel von Tatmenschen (Trompetensignal). So reiht sich – kunstvoll verbunden – Bild an Bild, bis die Eingangsstimmung wiederkehrt. – Zweiter Satz: »In Roms Ruinen«. Dieses Allegro molto con brio sagt uns heute kaum noch etwas. Nach Strauss sollte es andeuten: »Phantastische Bilder entschwundener Herrlichkeit, Gefühle der Wehmut und des Schmerzes inmitten sonnigster Gegenwart.« – Dritter Satz: »Am Strande von Sorrent.« Musikgewordenes Natur- und Farbenspiel. Zum ersten Male der Klangzauberer Strauss. Helle

Sonne, weißer Strand, funkelnde Wellen schimmern aus dem dichten Klanggewebe schwirrender Holzbläserfiguren und Streichergänge. Aus dem Funkeln und Gleißen heben sich drei Weisen heraus: ein leiser, ausdrucksvoller Gesang der Geigen, darauf ein deutschempfindsames Lied der Klarinetten und Fagotte, endlich in der Oboe (a-Moll) ein italienisches Gondellied. – Vierter Satz: »Neapolitanisches Volksleben.« Beckenschlag, aufwirbelnder Nonenakkord, geschäftiges Durcheinander – dann der alte, junge italienische Schlager: »Funiculi – Funicola«, tausendmal gehört, immer wieder zum Lächeln und Mitpfeifen reizend, nie aber so wendig und lebendig wie hier, wo der Gassenhauer durch die Instrumente kobolzt, alles auflockert und aufknöpft, fröhlich und frech, pfiffig und verschmitzt. Neue Themen tauchen aus dem Gewühl auf, meist ebenfalls tänzelnd und lachend, zuweilen bieder und zutraulich.

»Don Juan.« Tondichtung nach Nicolaus Lenau (1889). Grundgedanke – nach der Dichtung von Lenau – ist das ewige Suchen, aber nicht im Jenseits, sondern im Diesseits. In diesem Werk verficht Strauss das Recht des Lebendigen. Es ist klanggewordene Wirklichkeitskunst und Naturwissenschaft zugleich. Ein Reigen der Liebe, getanzt von den Genien eines Fünfundzwanzigjährigen, nach mehr als sechs Jahrzehnten frisch und bedeutend wie am ersten Tag. Drei Themen Don Juans:

das erste springt mit unbändigem Schwung in die Welt, unehrerbietig, selbstherrlich die Harmonie beiseite schiebend, in eigenwilligem Rhythmus sein Ich betonend. Nach dem Überschwang das Verlangen, im

unwiderstehlichen Fortissimo der Geigen dahinziehend. Später ein drittes: lockend und stolz im Horn, siegesgewiß, männlich. Um diese Themen ranken sich

die der verschiedenen Frauen: bald betörend und vielsagend, bald bebend und ängstlich. Dazu Gebärden des Flehens und der Abwehr, des Herausforderns und des Überdrusses. Klanggewordenes Bühnenbild, ohne daß die musikalische Form gesprengt würde (freie Sonatenform und Rondo). Der Ausklang: »Und plötzlich ward die Welt mir wüst umnachtet ... und alt und dunkel ward es auf dem Herd.« Mitten in ein jauchzendes Glissando der Harfe und drängende Akkorde des Orchesters fällt eine Generalpause – Stille. Nur mühsam kehrt der Klang zurück in den leisen Bläsern, den geduckt, zusammensinkenden Geigen. Unheilvoll murmelt die Pauke, stockende Dissonanzen der Bläser, Moll-Schritt der Fagotte, zwei letzte Herzschläge der gezupften Streicher. Nacht.

»Tod und Verklärung« (1889 geschrieben). Zum besseren »Verständnis« wird auf den Hörfolgen meist ein schlechtes, rührseliges Gedicht von Alexander von Ritter abgedruckt; diese wurde *nach* der sinfonischen Dichtung geschrieben und von Strauss seiner Partitur vorangestellt, also als Deutung gebilligt. Tod und Verklärung sind auch von anderen Tondichtern in Klänge gebannt worden; diese Art jedoch, in der Strauss vorgegangen ist, scheint mir allzu zeitbedingt in ihrer stikkigen Rührseligkeit. Der Tondichter schildert nicht nur den Tod, sondern das Sterben: die pochenden, schleppenden Rhythmen zu Beginn des Werkes lassen an Deutlichkeit nichts zu wünschen übrig. Die ganze Einleitung malt eine Sterbeszene mit allen Einzelheiten. Dann, im eigentlichen Hauptsatz, verwirren sich Jetzt und Einst, Fieberschauer und Erinnerungen an ein Leben voll Glück und Kampf. Wie verheißend steigt das Verklärungsthema auf, mehr andeutend als verwirklicht, Lichtschein des Jenseits. Der Schluß leitet wieder zur Stimmung des Beginns zurück. Doch nun ist das Verkrampfte, Gepeinigte einer gelösten Verfassung gewichen. Der Tod vermochte den Leib zu besiegen, aber nicht den Geist. Das Verklärungsthema entwächst dem Orchester, überglänzt die Stirn des Entschlafenen, schwingt sich empor. – Die dreiteilige Anlage macht das Werk gedanklich und musikalisch sehr übersichtlich. Darauf (und auf Ritters Gedicht) mag die Beliebtheit der Schöpfung zurückzuführen sein.

»Till Eulenspiegels lustige Streiche« (1895). Mit diesem genialen Werk ist Strauss unter die Philister gefahren

wie Till unter die Marktweiber und Professoren. Kaum eine andere Tondichtung ist von so kunstvollem Humor und Spott erfüllt wie diese. Sie bedient sich aller Schulformen und verulkt sie gleichzeitig. Vier Hauptabschnitte, dazu eine Einleitung und ein kurzer Schlußteil. Zwei Themen Eulenspiegels, genauer: ein Thema und ein fratzenschneidendes Motiv bilden den Kern. Dazu ein Riesenorchester: der armselige Schelm

gegen die Welt. Aber er flitzt hindurch, mit Verrenkungen, Kopfsprüngen und Hopsern, wirbelt alles durcheinander, hurtig und behende, dann breit und behäbig. Sonst heißt das wohl: Variation, Umkehrung, rhythmische Verschiebung, Verkürzung, Vergrößerung, Reprise und so fort. – Nachträglich hat Strauss verraten, was ihm bei den einzelnen Bildern vorschwebte. Ein paar Einleitungstakte der Streicher, Fagotte und Klarinetten, im Volkston »es war einmal« – und schon springt er hervor, der Schalk. Später das Eulenspiegelmotiv. Nun die Einzelbilder: Till unter den keifenden Marktweibern, denen er die Körbe umwirft, dann als wandernder Prediger, der auch unter der Mönchskutte sein Schelmengewand anbehält und schließlich doch ängstlich wird über seine gottlosen Reden; auch die Liebe tut's ihm an, aber jetzt muß *er* mit einem Korbe davonziehen. Sein Wutgefühl läßt er aus an trockenen Männern der Wissenschaft: ein scheintiefes Wort schnellt er ihnen entgegen, darob sie in ein ebenso tief- wie stumpfsinniges Streiten geraten – und Till entwischt mit einem unverschämt gepfiffenen Gassenhauer. Doch nun ereilt ihn die Welt, die er so oft verspottet: vor dem Gericht wird er peinlich befragt, viermal wiederholt das Orchester »drohend« die Frage. Zweimal antwortet Till keck mit seinem Schalksmotiv. Beim dritten Male kommt die Antwort schon zögernd und verängstigt (D-Klarinette, »entstellt«), und schließlich winselt er nur noch »kläglich« (Trompeten und Hörner mit Dämpfern). Richterspruch in Fagotten, Hörnern und Posaunen, ganz wörtlich: »Der Tod«. Und sogleich wird er am Galgen hochgezogen (D-Klarinette), ein Schnaufer (Flöte), ein paar Triller, leise Rucke in den gezupften Streichern – aus. Das Nachspiel setzt nochmals im Volkston ein, lacht dann mit Tills Motiv laut auf: Und wenn ihr dem Schalksleib den Atem verschnürt habt – der Humor wird euch immer noch was pusten!

»Also sprach Zarathustra.« Tondichtung frei nach Nietzsche (1896). Strauss vertont nicht Nietzsches Philosophie, sondern selbsterlebte Stimmungen und Gedanken, die durch Nietzsches »Zarathustra« dann Umriß und Gestalt gewonnen haben. Strauss musiziert hier zwar nicht den Übermenschen Nietzscher Prägung, wohl aber den freien, seinem eigenen Gesetz untertanen Menschen, wie er in die naturgegebenen

Bedingungen hineingestellt ist und wie er sich mit ihnen auseinandersetzt. Damit sind die drei wichtigsten Themen der Tondichtung bereits angeschlagen: das mit C-g-c (einer musikalischen Ur-Frage) beginnende Thema der Natur, nach anfänglichem Grübeln sich in klarem C-Dur ausbreitend, das zwischen H-Dur und h-Moll aufsteigende Thema »von der großen Sehnsucht«, schließlich noch das Posaunenmotiv des »Überdrusses«. Diese wenigen Angaben müssen genügen, um dem Hörer den Weg durch die überaus schwierige Partitur zu erleichtern. Ein übriges tun die Überschriften über die einzelnen Abschnitte: »Von den Hinterweltlern / Von der großen Sehnsucht / Von den Freuden und Leidenschaften / Grablied / Von der Wissenschaft / Der Genesende / Tanzlied / Nachtwandlerlied.« Sehr schön, wie nach den Wanderungen durch das Leben zum Schluß Mensch und Natur zugleich auftönen, dicht benachbart und doch getrennt. Schimmernd glänzt droben ein H-Dur-Akkord auf (Mensch), doch unten bebt in den Bässen das surrende C, Grundton der Natur.

»Don Quixote«. Phantastische Variationen über ein Thema ritterlichen Charakters (1897). Ein im ganzen kunstvolles, in den Einzelheiten überkünsteltes Werk, dessen verzweigten Bau immer nur der verstehen wird, der es auf Grund der Partitur nacharbeitet. Im Grunde also abseitig. Ich gebe daher nur den bildhaften Umriß und die beiden variierten Themen. Es sind nämlich Variationen über *zwei* Themen: über das des geistig überfütterten, durch allzu viele Ritterromane völlig verwirrten, dürren Don Quixote und das seines kör-

perlich überernährten, schwätzenden, murrenden, tölpelhaften, dicken Bauerndieners Sancho Pansa. Glücklicherweise hat Strauss diese Themen-Gestalten in seiner Tondichtung stets auch äußerlich erkennbar gemacht: Don Quixotes Thema ist dem Cello, das von Sancho Pansa der Bratsche anvertraut. – Die Tondich-

tung setzt ein mit einem bilderreichen Vorspiel: der »Ritter von der traurigen Gestalt« erhitzt sich so lange an Ritterromanen, bis er den Entschluß faßt, selbst ein solcher Ritter zu werden. Nun erst folgt die eigentliche Themenaufstellung. In den zehn Variationen bringt Strauss die erschröcklichen und ergötzlichen Abenteuer der beiden Landfahrer, im Nachspiel (einem der wundersamsten Tonstücke des Meisters) finden wir den Ritter wieder daheim und bei Verstand, jetzt erst sein im Grunde edles Wesen, seine Wehmut und seinen Entsagungsschmerz offenbarend. Die Variationen schildern: 1. (Gemächlich.) Ausritt und Kampf mit den Windmühlen, deren Flügel den armen Don gewaltig verdreschen. – 2. (Kriegerisch.) Blutige Schlacht und Sieg über eine blökende Hammelherde. – 3. (Mäßiges Zeitmaß.) »Gespräche, Fragen, Forderungen und Sprichwörter Sanchos, Belehrungen und Verheißungen Don Quixotes.« – 4. (Etwas breiter.) Don Quixote überfällt einen frommen Zug, in dessen Mitte ein Marienbild getragen wird. Er will die »geraubte Dame« befreien, fällt aber unter den wütenden Streichen der Menge. Jedoch steht er bald wieder auf, und Sancho Pansa kann nun in Frieden einschlafen (Tuba und Kontrafagott »gähnen«). – 5. (Sehr langsam.) Der Ritter denkt an die geliebte Dulcinea, spricht »sentimental« mit seinem Wunschbild. – 6. (Schnell.) Sancho will seinen Herrn beschwätzen, eine vorüberkommende Bäuerin sei die verehrte »Dulcinea«. Dieser aber trägt ein ander Bild in seinem Herzen, glaubt jedoch am Ende, ein Zauberer habe das Antlitz der Geliebten entstellt. – 7. (Ein wenig ruhiger.) Ritter und Bauer werden mit verbundenen Augen auf ein hölzernes Pferd gesetzt und mit Blasebalgen angepustet. So wähnen sie, durch die Luft zu reiten. – 8. (Gemächlich.) Sturm auf eine Mühle vom Kahn aus, das Schifflein scheitert, die Durchnäßten kriechen tropfend ans Land, Dankgebet für die Rettung. – 9. (Schnell und stürmisch.) Zwei Mönche werden von dem Ritter in die Flucht geschlagen. – 10. (Viel breiter.) Ein wohlwollender Freund besiegt den traurigen Ritter und legt ihm die Verpflichtung auf, wieder heimzukehren. Als Abschluß folgt das schon erwähnte Nachwort mit seiner verinnerlichten Stimmung.

»Ein Heldenleben« (1899). Strauss stellt hier sein künstlerisches Ich gegen eine Welt von Widersachern.

Aber diese Welt fällt – von heute aus gesehen – zusammen mit seiner eigenen. Diese schrankenlose Ichbetonung mit Aufbietung allen äußeren Prunks ist genau die Welt, deren Widersacher er zu sein glaubte. Wer möchte bestreiten, daß das »Heldenleben« ein Meisterwerk ist! Aber ein allgemeingültiges Kunstwerk? Nein. Daher beginnt die zuweilen recht grelle Tondichtung merklich zu verblassen. – Die einzelnen Abschnitte tragen besondere Überschriften. »Der Held« steht natürlich mit seinem Thema an der Spitze der Tondichtung: kraftvoll auffahrend, echte Straussische Heldenweise, dann aber vorübergehend matter. Dieser erste Abschnitt bringt noch mehrere Neben-Themen und -Motive, Ausdruck der verschiedenen Eigenschaften des Helden. Bald rühren sich »Des Helden Widersacher«. Wie es scheint, vorwiegend Holzköpfe; denn vor allem die Holzbläser dienen zu ihrer Darstellung. Das sind die raschen Giftspritzer. Aber da scheinen noch einige behäbige Spießer zu sein: dicke Quinten der Tuben. Die Auseinandersetzung mit dem Heldenthema (dessen Sieg natürlich feststeht) leitet über zu »Des Helden Gefährtin«: Geigensolo in hoher Lage, weich und doch nicht ohne Launen, zärtlich und auch sehr selbständig. Zwiesprache zwischen zwei Menschen, dann ein Liebesgesang, nicht eben tief, aber sehr klangschön. Plötzlich schmetternde Trompeten – der Feind rüstet aufs neue. Der Held muß auf die »Walstatt«. Dieser Abschnitt der Tondichtung wirkt verwunderlich. Im »Widersacher«-Satz waren es unverkennbar die bösen Musikkritiker, denen die Töne galten. Auf der »Walstatt« will der Held diese Leute offenbar totschlagen und erschießen. Nun der stolze Hinweis auf »Des Helden Friedenswerke«. Dieser Abschnitt bildet einen kunstvoll gefügten Lorbeerkranz, den sich Strauss selbst aufs Haupt setzt: die wichtigsten Themen der früher geschaffenen Tondichtungen geben sich ein Stelldichein. Musikalisch ein bewundernswerter ruhiger Satz von erlesener Feinarbeit. Einige Takte trüber Ergebenheit bereiten den Schluß vor: »Des Helden Weltflucht und Vollendung«. Noch ein fernes Wetterleuchten überstandener Kämpfe, dann senkt sich Einsamkeit herab: Stille der Welt, Stille des Inneren. Tröstende Weisen schweben heran, bringen Heilung und Gleichmut.

»Sinfonia domestica« (1903). Entscheidend für die Beurteilung dieses Werkes ist nicht so sehr die Frage, ob ein Künstler mit einer »häuslichen Sinfonie« den Vorhang vor seinem Familienleben aufreißen dürfe. Vielmehr müssen andere Bedenken geltend gemacht werden. Ein Riesenorchester von mindestens hundert Spielern verträgt sich kaum mit dem idyllenhaften Stoff, und die Darstellung wird nicht ins Allgemeingültige gehoben. Auf jeden Fall versinkt auch dieses Werk immer mehr. Zuzugeben ist, daß hier eine kleinbürgerliche Welt in einem großbürgerlichen Hause erfrischend und meisterhaft abgemalt worden ist. Überfülle der Themen und Motive, Vielstimmigkeit und Füllstimmigkeit des solistisch behandelten Riesenorchesters, schwierigste technische Nußknackerprobleme über das ganze Werk ausgestreut – und doch Klarheit, Übersichtlichkeit, Gliederung, Maß. Über das einsätzige, jedoch in fünf Abschnitte aufgegliederte Werk nur ein paar äußerliche Hinweise. Im ersten Teil

werden die »handelnden Personen« vorgestellt; ihnen und ihren Empfindungen sind ganze Themengruppen beigegeben: Die des Mannes (»gemächlich«), der Frau (»sehr lebhaft«, auch »grazioso«) und des Kindes (dreifaches Piano, zu Sorgen Anlaß gebend). In dieser Familie geht es heiter und ärgerlich, auf jeden Fall lebendig zu. Ein kleines Scherzo schildert »Kindliches Spiel. Elternglück«, ein köstliches In-Beziehung-Setzen der drei Themengruppen (»munter«). Das Kind muß ins Bett, die Klarinette singt ein »Wiegenlied«, das Kinderthema schläft buchstäblich ein, pingpong schlägt das Glockenspiel sieben Uhr. Wundersam das »Adagio«: sinnend der Abschnitt des Mannes (»Schaffen und Schauen«), dem sich dann das Thema der Frau gesellt. Ein Rückblick, dann ein Sichfinden in inniger Zusammengehörigkeit (»Liebesszene«). Mit der Nacht kommen »Träume und Sorgen«, bis es wieder sieben Uhr schlägt im Glockenspiel. Sehr lebhaft geht der neue Tag an: das Kind quäkt, der Mann behauptet etwas, die Frau kommt mit einer Gegenbehauptung, und schon ist der »Lustige Streit« da. Natürlich sehr kunstvoll bei einer Musikerfamilie: Behauptung und Gegenbehauptung werden zu Themen einer verzwickten Fuge. Überraschend kommt dann der »Friedvolle Beschluß«, freudig begrüßt.

»Eine Alpensinfonie« (1915). Zwar nur ein (Riesen)-Satz, aber deutlich in die gewohnten großen Sinfonie-Abschnitte gegliedert. Ein Meisterwerk der Instrumentierungskunst, aber – bei aller Bewunderung – ein bloßes Nachbilden äußerer Dinge, das zuweilen sogar peinlich deutlich wirkt (vor allem dort, wo die Bilder

der Bergbesteigung in genau umgekehrter Richtung beim Abstieg wiederholt werden). – Noch ist es »Nacht«, sehr leise sinkt in Streichern und Fagotten ein dunkles Motiv herab; verhalten zeichnen weihevolle Akkorde der Posaunen und Tuben die Bergwelt. Allmählich bricht der Tag an; »Sonnenaufgang«. Durch die erwachende Natur schreitet der Mensch zum »Anstieg«. Von nun an beherrscht das Wanderthema weite Strecken des musikalischen Weges. Ein Nebenthema scheint sich »felsig« dem Wandernden entgegenzustellen. Hörner in der Ferne; denn bald folgt der »Eintritt in den Wald«: rauschende Wipfel, feierliche Stimmung im Waldes-Dom, singende Vögel, Schalmeienklänge von fern, immer wieder das Wanderthema. Weiter geht die »Wanderung neben dem Bach«, bis der »Wasserfall« erreicht ist, der nun mit allen Klangkünsten hör-, seh- und fühlbar gemacht wird. Aus dem Schäumen und Glitzern der Wasser löst sich eine »Erscheinung«. Dann eine sehr einfache Hornweise: Frohgefühl. »Auf blumige Wiesen« ist der Wanderer gelangt: zart schwingt es im Orchester. Und nun sind wir auch gleich »Auf der Alm«: Herdenglocken, Juchzer, Jodler, Tuter. Jetzt »Durch Dickicht und Gestrüpp auf Irrwegen«, Wander- und Felsenthema gegeneinander, verschlungenes Fugato. Dann »Auf dem Gletscher«. »Gefahrvolle Augenblicke« wollen noch überstanden werden, ehe der Kletterer »Auf dem Gipfel« steht. Und dann eine »Vision«, wohl das bedeutendste Stück der Partitur. Doch »Nebel steigen auf« und »Die Sonne verfinstert sich allmählich«. Die Streicher werden wehmütig: »Elegie«. Das Wandermotiv mahnt zum Abstieg. Mischfarben, wogende Klänge, wie Nebel und Dämmerung, ein leises Grollen der Pauken: »Stille vor dem Sturm«. Holzbläser, wie verängstigt, aber auch schrill, sausende Geigen. Windmaschine, Paukendonner. »Gewitter und Sturm. Abstieg«: Heulen und Blitzen, Rollen und Zucken im entfesselten Orchester. Dazu – kaum zu Worte kommend – die früheren Themen des Anstiegs und der einzelnen Bilder, jetzt aber in »Umkehrung«, geschwind vorüberziehend. Noch ein letzter Ausbruch – dann langsame Beruhigung, friedvolles Verrieseln. »Sonnenuntergang«, verlängert erklingt das Sonnenthema. »Ausklang«: Bilder des Geschauten kehren wieder. »Nacht«: dunkler und leiser wird es, Rückgriff auf den Beginn des Werkes.

»Der Bürger als Edelmann.« Orchestersuite (1915). Herausgelöst aus der ursprünglichen Verschachtelung der Musik zu dem gleichnamigen Bühnenstück Molières und zu der »Ariadne« von Hofmannsthal. Ganz kleines Orchester, zierliche Klanggespinste, ein wenig Rokoko, ein Schuß Barock, gewürzt aus Straussens Wundergarten. Das Geschehen muß man allerdings kennen. – 1. Ouvertüre. Der reichgewordene Klein-Pfahl- und Spießbürger Jourdain stöckelt in scheinbar vornehmer Haltung einher, kann aber seine Plumpheit nicht verbergen. 2. Menuett. Der »Burschoa« versucht sich im Tanzen unter Anleitung eines Lehrers. 3. Der Fechtmeister. Diesmal übt Jourdain nicht Tanzen, sondern Fechten – und es ist auch danach. 4. Auftritt und Tanz der Schneider. Lustige Schneider machen bei Jourdain Anprobe. Wie man sich in dem Staatsgewand zu geben habe, zeigt ein

Geselle (Geigensolo: Polonaise). 5. Das Menuett des Lully. In ein so vornehmes Haus gehört vornehme Musik: Herr Jourdain läßt also ein Menuett des berühmten französischen Komponisten spielen. Strauss ahmt Lully nach – und die Nachbildung ist schöner als das Vorbild. 6. Courante. Wieder ein altfranzösischer Tanz; diesmal ein bewegter. Sologeige. 7. Auftritt des Cleonte. Nochmals Lully: Motive des französischen Komponisten dienen dazu, die »feierliche« Werbung des Herrn Cleonte um Jourdains Tochter nachzuzeichnen. 8. Vorspiel zum zweiten Aufzug: Intermezzo. Graf Dorantes und die Marquise Dorimene machen Herrn Jourdain ihren Besuch. Sie sind Verliebte und Adelige; daher »Andante galante e grazioso«. 9. Das Diner. Ein kleiner feiner Marsch untermalt das Auftreten der Bediensteten, die einen gedeckten Tisch hereinbringen. Es gibt Rheinsalm zu Klängen des »Rheingolds«, Geflügel zum Tirili des Orchesters. Herr Jourdain wird trunken, vom Wein und von der schönen Marquise, der er ein rührseliges Lied in das Öhrchen singt. Zum Schluß eine Überraschung: ein kleiner Küchenjunge hüpft aus einer Schüssel, beginnt einen Walzer zu tanzen, den alles mitwalzen möchte.

»Metamorphosen«. Studien für 23 Solostreicher (1946). Philosophisch-klassisches Reifewerk eines Alters, das in gelassener Schwermut auf ein Leben zurückschaut. Eine freie Fantasie, die in kunstvoller Vielsträhnigkeit einen Grundgedanken abwandelt. Lastend-langsam der Beginn, allmähliche Steigerung zu bewegter vielstimmiger Klangschönheit, dann ein Zurückgehen auf die Anfangsstimmung. Das Ganze

bekenntnishaft durchzogen von »Parsifal«-Anklängen und »Eroica«-Rhythmen. Ein Werk des Alters, der Reife, ein Kunstwerk.

Burleske für Klavier und Orchester d-Moll (1885). Ein eigenwilliges (wenn auch in Einzelheiten von Brahms beeinflußtes) Jugendwerk, das dem Klavierspieler wie dem Orchester allerlei abverlangt. Schnurrig das Wechselspiel der Klanggruppen. Die vier Paukentöne zu Beginn ziehen bereits ein Eulenspiegel-Gesicht. Dieses Paukenmotiv bestimmt zusammen mit einem widerborstigen Terzen-Motiv das musikalische Fangballspiel. Das spaßige, zuweilen wie eine heitere Gespenstergeschichte anmutende Werk wird durch einige stille Nebensätze hin und wieder ins Zärtliche gewandelt.

Chorwerke

Es hat den Anschein, als habe man über dem Orchesterzauberer und Opernkünstler den Chorkomponisten Strauss vergessen. Dabei zählen seine Männerchöre, die sechzehnstimmigen Gesänge für gemischten Chor und die Deutsche Motette zu den besten Chorschöpfungen der neueren Zeit. Zwei besonders eindrucksvolle Chorwerke mit Orchester seien hier gestreift, ein Jugendwerk und ein Werk der Reife.

»Wanderers Sturmlied« (geschrieben 1883, uraufgeführt 1886). Eine Dichtung des zweiundzwanzigjähri-

gen Goethe, vertont durch den neunzehnjährigen Strauss. Zuweilen an Brahms erinnernd, noch unbändig und doch gebändigt. – Donner und Sturm in der (auf

wichtigen Triolen-Motiven) dahinsausenden Orchestereinleitung. In das Toben singt der Chor trotzig: »Wen du nicht verlässest, Genius, nicht der Regen, der Sturm haucht ihm Schauer übers Herz« (auch hier die Triole). Sechsstimmiger Chor und zwölf Orchesterstimmen verwirklichen klanglich die Dichterworte: » ... wir dem Regengewölk, wird dem Schloßensturm ...« Über den »Schlammpfad« (zweite Stophe) der Mittelmäßigkeit erhebt der Genius mit Feuerflügeln den Sturmwanderer, über »Deukalions Flutschlamm« (irdische Niederungen) wird der vom Genius Beschützte dahinwandeln »wie mit Blumenfüßen« – zauberhaft blüht ein neues Motiv auf. Getötet wird »Python« (Sinnbild des Herdenmenschen) durch den »Pythius Apoll«; ein musikalisch-dramatisches Bild von höchster Eindringlichkeit. Ergreifend (dritte Strophe) die Vertonung der Worte » ... wirst die wollenen Flüge unterspreiten. Wenn er auf dem Felsen schläft, wirst mit Hüterfittichen ihn decken in des Haines Mitternacht«. Im Orchester wogen noch die Stürme der Einleitung, doch ruhig und beseligt singt der Chor vom schützenden Genius. Noch einmal scheint Sturm aufbrausen zu wollen (vierte Strophe). Aber der Genius »wird im Schneegestöber Wärme einhüllen«. Wie im Traum ruft der Sturmwanderer die Musen und Charitinnen (Anmutsgöttinnen) an und wandelt »göttergleich« über den Schlamm (der Sohn von Wasser und Erde). Langsames Hinüberwenden der Gedanken zur reinen Welt des Himmels, des Geistes: feierliches Zwischenspiel von Streichern, Trompeten, Posaunen, Fagott und Pauke. Sehr leise setzt der Chor ein, sechsstimmig, wie choralhafter Lobgesang: »Ihr seid rein wie das Mark der Erde. Ihr umschwebt mich und ich schwebe über Wasser und Erde göttergleich.« Alle Motive kehren wieder zu einem seligen Reigen menschlich-göttlicher Kräfte. »Göttergleich, göttergleich.«

»Die Tageszeiten« (1928) bedeuten Einkehr und Umkehr in das Reich der Romantik, dem Strauss entwachsen ist. Dieser nach vier Eichendorff-Gedichten geschriebene »Liederzyklus für Männerchor und Orchester« ist Malerei und Ausdruck, Darstellung und Empfindung zugleich: dem Chor sind Ausdruck und Empfindung, dem Orchester sind Malerei und Darstellung zugewiesen. – Nach dem (unbegleitet gesungenen) Vorspruch »Wann der Hahn kräht auf dem Dache, putzt der Mond die Lampe aus« beginnt der erste Teil, »Der Morgen«. Ungestüm braust der junge Morgen im sinfonisch geführten Orchester, lachend sieghaft überwindet er die Nacht. Der Chor stimmt in den Jubelgesang des Orchesters ein: »Fliegt der erste Morgenstrahl durch das stille Nebeltal, rauscht erwachend Land und Hügel: wer da fliegen kann, nimmt Flügel.«

Und zum Schluß der Leitspruch des Werkes »Nichts ist so trüb ...« Streicher und Holzbläser leiten den nächsten Chor »Mittagsruhe« mit einer langsamen, getragenen Weise ein. Der dichterische Kernsatz »Sinnend ruht des Tags Gewühle in der dunkelblauen Schwüle« wird auch musikalisch zum Mittelpunkt. Im dritten Teil, dem »Abend«, geht der Tondichter über den Wortdichter noch hinaus: »Schweigt der Menschen laute Lust, rauscht die Erde wie in Träumen wunderbar mit allen Bäumen, was dem Herzen kaum bewußt.« Läßt Eichendorff die Stimmungen nur leise aufklingen, so möchte Strauss die Dämmerung zerreißen. Das leise Rollen der Pauke durchdringt, ja durchbohrt der Chor mit harmonisch rücksichtslosen Wendungen und Windungen, und das Orchester malt überdeutlich, wie da »schweifen leise Schauer wetterleuchtend durch die Brust«. Aus leis erzitterndem Paukenwirbel steigen dunkle Hornklänge auf: »Die Nacht« breitet ihre dunklen Fittiche über die Welt. Wie schön, hier zu verträumen die Nacht im stillen Wald, wenn in den dunklen Bäumen das alte Märchen hallt.« Die empfundenen (nicht nur gesehenen) Bilder Eichendorffs werden von Strauss zart und zärtlich nachgezeichnet. Chorklang und Orchestertönung verschmelzen zu einem innerlich erlebten Nachtstück.

GLASUNOW

Alexander G. (1865–1936, Russe) schrieb schon mit sechzehn Jahren eine Sinfonie (aufgeführt von Liszt in Weimar). Seit 1899 Professor am Petersburger Konservatorium, dann bis 1930 dessen Leiter. Lebte in den letzten Jahren in Deutschland und Frankreich.

Dieser russische Tondichter ist beeinflußt von Liszt, Balakirew, Rimski-Korsakow, von der deutschen Romantik und der russischen Volksmusik.

Er schrieb acht *Sinfonien.* Die *sechste* (c-Moll) ist besonders kunstvoll gearbeitet: das Thema des einleitenden Adagio wird durch einfache Verkürzung zum Hauptthema des Allegro, im Andante finden sich musikalisch wertvolle und tiefempfundene Variationen, der dritte Satz bringt ein paar hübsche Tanzeinfälle in feiner Instrumentierung, im vierten Satz geben sich lustiger Frohsinn und erstaunliche kontrapunktische Künste ein reizvolles Stelldichein. – »Russisch« wirkt eigentlich nur die *siebente* Sinfonie (F-Dur). Die vier Sätze sind anschauliche Tongemälde. Zunächst (Allegro) ein Kranz von Volksweisen, lose gereiht, aber stimmungsreich instrumentiert. Dann (Andante) die russische Schwermut, die Einsamkeit des einzelnen in der weiten Natur. Weiter eine kleine Sammlung russischer Tänzchen (Giocoso), bald ausgelassen, bald andächtig. Endlich (Maestoso) das Hohelied auf das Vaterland: breit, mächtig, klangvoll.

Sehr schön das *Violinkonzert a-Moll.* Der Form nach einsätzig (deutsch-romantisch), innerlich aber deutlich unterteilt: das ausdrucksvolle Hauptthema mit seinen chromatischen Endungen wird nach weichem Beginn im »Moderato« allmählich entwickelt und in dem eingeschobenen »Andante« nach Dur gewandelt. Das »Allegro« bezaubert durch den tänzerischen Schwung, die bunte Wildheit und (natürlich) auch Balalaikawirkungen. Im ganzen: sinfonisch gestaltet, dennoch konzertierend, sorgsam getönt.

SIBELIUS

Jean S. (1865–1957, Finne) studierte in Helsingfors, Berlin und Wien. Schrieb vor allem Orchesterwerke, eine Oper, Lieder, Klavierstücke.

Sibelius ist der eigentliche Träger der neueren finnischen Kunstmusik. Da er sich hartnäckig auf das Finnische beschränkt, sind nur einige seiner knapp gefaßten sinfonischen Dichtungen in der Welt bekannt geworden (die Sinfonien werden fast nie gespielt). Die sinfonischen Dichtungen behandeln meist einheimische Sagenstoffe oder geben landschaftliche Grundstimmungen wieder; sie ähneln einander so sehr, daß ich nur ein paar Andeutungen zu geben brauche. Die Eigentümlichkeiten des Tondichters sind: schwermütige Einförmigkeit (Melodie und Harmonie), unvermutet auftretender Frohsinn (Rhythmus und Stärkegrad) und herber Klang (Instrumentation).

»Der Schwan von Tuonela« bringt ein finnisches Märchen zum Erklingen. Die Musik dieses Jugendwerkes ist so bildhaft (für unser Empfinden vielleicht zu bildhaft), daß man dem geschilderten Vorgang unschwer zu folgen vermag. In feierlicher Abgeschiedenheit liegt der Tuonela-See zwischen ragenden Felsen und dunklen Tannen. Mitternachtssonne. Auf dem Wasser singt ein Schwan von vergangener Schönheit: klagend, wehmütig, still ergeben. Todgeweiht, wie der Schwan, ist die Welt.

Das sinfonische Gedicht *»Finlandia«* ist Malerei und Huldigung zugleich. Der breite, schwermütige Beginn scheint das weite, unendlich weite »Land der tausend Seen« zu schildern: ernst ist die Heimat unter dem matten Sonnenlicht. Aber in ihm lebt ein Volk, das sich seiner Kraft bewußt ist: festlich-marschartig rauscht es im Orchester auf, hell schmettern die Trompeten, Synkopen verleihen dem Ganzen einen freudig drängenden Zug. Eine zarte Unterbrechung: volksliedartige Weisen in den Holzbläsern, dann in den Streichern, verinnerlicht, demütig und dankbar. Die festlichen Klänge kehren wieder und führen das Tonstück jubelnd zu Ende.

In *»Tapiola«* hat sich dann die Kunst der klingenden Landschaftsmalerei großartig verdichtet. Allerdings muß man sich durch die früheren Werke bereits in diese Art eingehört haben, damit man dem Tondichter auf seinen inneren Pfaden folgen kann. Was er mit »Tapiola« ausdrücken will, sagt Sibelius selbst: »Uralt, geheimnisvoll«, in wilden Träumen dehnen sich des Nordlands düstere Wälder. In ihnen wohnt der große Gott des Waldes, heimlich weben Waldgeister im Dunkel.«

Unmittelbarer als die sinfonischen Dichtungen spricht uns das *Violinkonzert d-Moll* an. Prunk und Rausch in den Ecksätzen, in denen der Solist geradezu selbstherrlich den Ton angibt und das Orchester zur Klangkulisse wird: der erste Satz ein fast hemmungsloses Verströmen geigerischer Sehnsüchte und Verzweiflung, im Schlußsatz ein scharfbetonter Tanzwirbel mit zuckenden Zwischenrhythmen.

BUSONI

Ferruccio B. (1866–1924, Sohn einer deutschen Pianistin und eines italienischen Klarinettenvirtuosen) wurde bereits mit fünfzehn Jahren zum Mitglied der Philharmonischen Akademie zu Bologna ernannt. Später Lehrer in Helsingfors, Moskau und Boston. Seit 1894 überwiegend in Berlin. Schrieb Opern, Orchesterwerke, Kammermusik, Klavierwerke, Gesänge.

Eine der stärksten künstlerischen Persönlichkeiten der neueren Zeit, verwurzelt in der Vergangenheit und zugleich ein mächtiger Anreger für seine Zeit und die Zukunft. Wenn man freilich gegeneinander abwägt, was er gewollt und was er vollbracht hat, dann erkennt man, daß der wissende Verstand auf die Dauer stärker gewesen ist als die schöpferische Leistungskraft. Er wollte das »Wiederergreifen der Melodie (nicht im Sinne eines gefälligen Motivs) als Beherrscherin aller Stimmen, aller Regungen, als Trägerin der Idee und Erzeugerin der Harmonie, kurz – der höchstentwickelten (nicht kompliziertesten) Polyphonie«. Sein Streben war die »junge Klassizität«. Ein wahrhaft inhaltsschweres Wollen, ein Wollen, das in der Folgezeit weitergewirkt hat und noch heute nachwirkt. Wenn er selbst auch nicht erreicht hat, was ihm als höchstes Ziel vorschwebte, so sollte man gerechterweise nicht darauf verzichten, seine Werke an sich selbst und nicht an seinen gedanklichen Forderungen zu messen. Bisher ist das aber nicht der Fall gewesen; und so besteht die Gefahr, daß das von Busoni Geschaffene allmählich ganz aus dem künstlerischen Bewußtsein der Öffentlichkeit verschwindet – wenn es nicht überhaupt schon verschwunden ist.

Das gewaltige Klavierkonzert (mit unsichtbar aufgestelltem Männerchor), die stilistisch vielfältige, geistig aber prachtvoll gebundene »Indianische Fantasie« (suitenartig gebautes, sinfonischen Geist atmendes Werk für Orchester und Klavier), die zuweilen zauberhaft stilisierte Orchester-Suite »Turandot«, das fesselnde, spaßige Flöten-Divertimento mit Orchester – das alles sind Werke, die Werte und Wirkung in sich vereinen. Von kammermusikalischen Werken sind hervorzuheben das zweite Streichquartett Opus 26 und die Klavier-Geigen-Sonate e-Moll. Zu erwähnen ist schließlich die unglaublich gekonnte »Fantasie contrappuntistica« für Klavier, die allerdings in der Fassung für zwei Klaviere verständlicher und konzertmäßiger wirkt als in der für Klavier zweihändig.

SCHILLINGS

Max von Sch. (1868–1933), Musikstudium in München. Als Vierundzwanzigjähriger war er musikalischer Mithelfer in Bayreuth. 1908–1918 Leiter der Stuttgarter Oper. 1919–1925 Intendant der Berliner Staatsoper. Hauptwerke: Opern, Orchesterstücke, Konzerte, Rezitationen mit Orchester (z.B. Wildenbruchs »Hexenlied«), Chöre und Gesänge mit Orchester, Klavierlieder, Kammermusik.

Die eigentliche Bedeutung des Komponisten liegt auf dem Gebiet der Oper. Aber Schillings ist im Grunde kein Dramatiker; das großartige Klanggewand seiner Orchestersprache wird nicht (wie bei Schillings Vorbild Wagner) durch kraftvolle Motivik gehalten, sondern wirkt vorwiegend durch seine Farben. So leuchtend und bunt die Orchesterfarben auch sind, stark ist die Musik nur dort, wo sie ihren herben lyrischen Kern nicht verhüllt. Der Tondichter war ein zurückhaltender, feinsinniger Mensch; als Schaffender wollte er sich aber dramatisch geben. Dieser Zwiespalt durchzieht Bühnenwerke und Orchesterschöpfungen.

Die sinfonischen Fantasien *»Meergruß«* und *»Seemorgen«* (1896) gehören, wie schon die Bezeichnungen erkennen lassen, zusammen. In der ersten schildert Schillings das Hochgefühl jener zehntausend Griechen, die auf dem Rückmarsch aus Persien endlich wieder das Meer vor sich sehen und es mit dem Ruf

»Thalatta« begrüßen. Der großartigen Leidenschaftlichkeit dieser (vor allem instrumental bemerkenswerten) Tondichtung stellt Schillings im »Seemorgen« eine mehr verinnerlichte Stimmung entgegen: stürmischer Wandertrieb, der angesichts der weiten See sich in sehnende Empfindungen wandelt.

Den *Sinfonischen Prolog* zu *»König Ödipus«* nach Sophokles (Opus 11, 1900) leitet Schillings selbst mit den Worten des griechischen Dichters ein: »Gleich dem Nichts acht' ich der sterblichen Menschen Geschlechter. Wem, wem ward mehr vom Glück als des Wahnes Rausch und vom Rausch die Ernüchterung? Steht vor Augen mir, Ödipus, dein Verhängnis, ja deins, so scheint mir nichts mehr glücklich, was sterblich ist.« Das grausame Schicksal des Ödipus, der die Rätsel der Sphinx löste, unwissend den Vater erschlug und die Mutter ehelichte, der sein Reich glücklich machte, dann sich blendete, als er die Wahrheit erfuhr – dieses Schicksal spiegelt sich wider in dem düsteren »Prolog«. Begreift man das Schicksal als unerforschliches, unerkennbares Walten überirdischer Mächte, so wird man im Innersten ergriffen sein von dieser Tondichtung: hier sind die Farben (sogar die »griechische Tonleiter« wird verwendet) hörbar gewordene Schicksalswolken, durch die nur zuweilen die Sonne des Glücks ihre Strahlen wirft (Blechbläserchor).

Mit dem *Violinkonzert a-Moll,* (Opus 25, 1910), sollte man es wieder einmal versuchen. Aufgebaut ist es im wesentlichen auf einem Thema, das zwar weite Strekken hin verschwindet, dann aber überraschend und wirkungsvoll wieder auftaucht.

Verhältnismäßig lange gehalten haben sich zwei Orchestersätze aus Opern des Komponisten. So das Vorspiel zum 2. Akt der *»Ingwelde«* (1894), ein Stück diesseitig-verträumter Musik (Sehnsucht des Sängers Bran nach der geliebten Ingwelde), und das sinfonische Zwischenspiel *»Von Spielmanns Leid und Lust«* (aus dem »Pfeifertag«, 1899), einem feinsinnigen Werk, dessen eingängige Thematik und echte Lyrik heute noch ursprünglich wirken.

PFITZNER

Hans Pf. (1869–1949), Sohn eines Musikerehepaares, studierte in Frankfurt a.M., wurde Kapellmeister in Mainz, Berlin und München. 1908–1918 Konservatoriumsdirektor und Opernleiter in Straßburg. 1920–1929 Leiter einer Meisterklasse für Komposition in Berlin. 1930–1933 an der Münchener Akademie der Tonkunst. Seitdem als Freischaffender. Schrieb u.a. Chorwerke, Opern, Schauspielmusiken, Sinfonien, Kammermusik, Lieder.

Eine im Mystischen verwurzelte Romantikerseele mit dem überwachen kritischen Verstand des 20. Jahrhunderts – eine ebenso wunderliche wie tragische Mischung. Es gibt kaum ein größeres Werk Pfitzners, das nicht von Urweisheiten raunt; aber der Gehalt ist fast stets in eine Gestalt gegossen, bei deren Formung der hellwache Kunstverstand entscheidend beteiligt war. Nicht immer ist der Ausgleich gelungen; stets aber überzeugt die Lauterkeit eines der Vergangenheit verhafteten, das Heute verneinenden, in die Zukunft weisenden Meisters.

Orchesterwerke

Sinfonie cis-Moll (1933). Entstanden aus einem Streichquartett, dessen herbe Strenge der Meister durch kräftige, zuweilen opernhafte Instrumentierung ins Orchestral-Glühende wandeln wollte. Aber trotz der äußeren Gewandung ist es ein Quartett geblieben; denn entscheidend ist die geistige Auseinandersetzung der vier Stimmen. Vier Sätze, die paarweise zusammengehören und insgesamt miteinander motivisch verzahnt sind. Das fünftönige Grundmotiv kehrt in jedem Satz wieder, meist in seiner Urgestalt, einmal auch in der Umkehrung, verbindet sich mit sich selbst und mit seinen Umformungen und Nebengedanken. Unser Beispiel zeigt dieses Grundmotiv (unter den eckigen Klammern). Im ersten Satz (»Ziemlich ruhig«) verrät es seine Abstammung aus dem »Palestrina«; der Satz selbst hält sich ungefähr an die Sonatenform. Im zweiten Satz (»Sehr schnell«), einem echt musikantischen, hinreißenden Scherzo, springt es zum Schluß

nicht in die höhere Quarte, sondern in die tiefere Quinte. Der dritte Satz (»Langsam, ausdrucksvoll«) beginnt mit einer weitgriffigen Figur, die sichtlich aus dem Grundmotiv entstanden ist (sie wird gewaltig verbreitert, im Schlußsatz wieder aufgenommen). Ebenso tritt es im vierten Satz (»Ziemlich schnell«) deutlich erkennbar wieder auf. Dieses Finale zeigt zugleich Pfitzners motivisch-kontrapunktische Kunst auf dem Gipfel; denn in ihm werden auch andere Motive der vorangehenden Sätze eingebaut und verwoben.

Kleine Sinfonie, G-Dur (1939). Nur zwanzig Minuten Dauer. Zunächst ein Moderato mit zwei entscheidenden Themen: das erste in den Geigen, das zweite in der Klarinette; das erste strenger, das zweite »romantischer«. Zusammen mit einem durch Sequenzen laufenden weiteren Nebengedanken bilden sie das Gerüst für einen lichten Bau. Darauf ein 6/8-Capriccio mit einem knappen Trompetenmotiv zu gleichmäßig eilenden Staccato-Achteln der Streicher. Es schließt ein Adagio mit dunkel singender Geigenmelodie in tiefem g-Moll. Ausklang ein Allegretto nach Rondo-Art, das gebärdenhafte, tänzerische Thema in der Flöte, ein Thema, dem sich gegen Ende das Hauptthema des ersten Satzes gesellt.

Sinfonie C-Dur (1940). Ebenfalls von einer nur zwanzigminütigen Dauer. Den denkerischen Problemen der cis-Moll-Sinfonie tritt in dem C-Dur-Werk eine gewissermaßen rhapsodische Zügigkeit zur Seite, die dem Hörer den Zugang sehr erleichtert. Diese äußert sich besonders auch rhythmisch. Zu Beginn des ersten Teiles (Allegro moderato) bringen die Celli einen Ostinato-Rhythmus, der für weite Strecken wesentlich wird. Den thematischen Hauptgedanken stimmt das Horn an – pfitznerisch in der verborgenen Mischung von Romantik und unwirschem Dreinfahren. Nach einigen Nebengedanken, von denen besonders das Sextenthema der tiefen Streicher weiter ausgeführt wird, erscheint das eigentliche Thema in den Oboen. Die Durchführung ruht auf dem Hauptthema und seinen Nebengebilden, während das zweite Thema die Reprise für sich beansprucht und dem ersten keinen

Raum mehr läßt (aus Gründen, die am Ende der Sinfonie klarwerden). Der unmittelbar anschließende zweite Satz (»Sehr langsam«) mit dem ausdrucksvollen Thema des Englischhorns erinnert mit seiner Empfindungstiefe und seiner Satzweise an Pfitzners »Palestrina«. Das Schluß-Presto, ein ebenso kunst- wie glanzvolles Bewegungsstück, bezieht seine Antriebskräfte vorwiegend aus einem erneuten Ostinato-Rhythmus und einem Thema der Trompeten und Hörner, das nach Dreiklangsbeginn den Ostinato-Rhythmus in sich aufnimmt. Gegen Schluß erscheint nun das Hauptthema der Sinfonie, jetzt aber, da ihm im ersten Teil der ihm eigentlich zukommende Anteil versagt wurde, in krönender Vergrößerung.

Die *Ouvertüre* zu Kleists *»Käthchen von Heilbronn«* entstammt Pfitzners Bühnenmusik zu Kleists Schauspiel (1905). Der Tondichter hat über seine Schöpfung geschrieben: »Vor dem allgemeinen, zeitlichen Hintergrund einer Welt voll rüdlustiger Ritterlichkeit, voll fröhlicher Kämpfe mit Schwert und Pferd, die die ersten Klänge vor uns auftun, führt uns die Musik alsbald an einen bestimmten Ort – es ist der ›zerfallene Mauernring, wo in süßduftenden Holunderbüschen ein Zeisig zwitschernd sich das Nest gebaut‹, das Lieblingsplätzchen des kleinen Käthchen, welche Strahl, unter eigenen Schmerzen, gegen sein innerstes Gefühl von sich fortstoßen zu müssen glaubt, da er die tiefe innere Beziehung, in die diese zwei Menschen vom Schicksal gestellt sind, noch nicht erkannt hat. – Sie wird ihm offenbar durch einen Cherub, dessen ›Verkündigung, daß sie die Tochter eines Kaisers sei‹, in die wirre Fiebernacht klingt, in der der Ritter auf seinem Schloß zu Strahl, ›todkrank am Nervenfieber‹ liegt; dies der nächste größere Abschnitt der Musik. – Dem Leben in voller Frische wiedergegeben, wird Strahl von den Ereignissen bald dahin gebracht, vor aller Welt darzutun, daß ›Käthchen ist die Erst' itzt vor den Menschen, wie sie's vor Gott längst war‹, und kann nun, ohne daß Kaiser und Welt es hindern oder mißbilligen, das Käthchen an sein Herz ziehen.«

Klavierkonzert Es-Dur (1923). Sinfonische Dichte, stegreifartiger Schwung und konzertierendes Wechselspiel geben dem prächtigen Werk ein nicht immer leicht zu durchschauendes Aussehen. »Pomphaft, mit Kraft und Schwung« beginnt der erste Satz. Das herandonnernde Hauptthema, vom Solisten in krachenden Doppeloktaven aufgestellt, verheißt zunächst allerlei Virtuosenprunk, erweist sich dann aber als durchaus sinfonisches, ja kontrapunktisches Urgebilde: Orchester und Klavier bauen es in sorgsamer Arbeit auf und aus. Echten pfitznerischen Gegensatz bildet der nächste Abschnitt: »bedeutend langsamer, sehr empfindungsvoll, schwer und ernst.« Nachdenkliche, versponnene Weise in den Streichern, die vom Solisten aufgegriffen und weitergeführt wird. Die Durchführung, so kunstvoll sie auch ist, trägt den schon genannten stegreifartigen Zug. Der ohne Pause anschließende zweite »heitere« Satz ist in der Hauptsache »schnell in einheitlich atemlosem Zeitmaß« gehalten. Heiter durch Zeitmaß und Instrumentation, weniger durch die Thematik. Merkwürdig das ruhigere Seitenthema, welches beschwichtigend anhebt und sich dann doch an dem allgemeinen Jagen stürmisch beteiligt. »Äußerst ruhig, versonnen, schwärmerisch« gibt sich der dritte Satz, ein Stück Romantik von ergreifender Schönheit. Den erhabenen Schluß des Tonstücks unterbricht »rasch, grob und launig« der plötzlich aufspringende vierte Satz. Gegeneinander wetternde Oktavengänge in eigenwilligem Rhythmus geben diesem Finale das Gepräge. »Heftig« wirkt nur die Thematik; denn die Arbeit ist so verzwickt, daß es selbst in der Kadenz keine Freiheit gibt: sie ist »in Fugenform« geschrieben.

Violinkonzert h-Moll (1924). In diesem einsätzigen Werk herrscht weniger der schöpferische Einfall als die bewußt gestaltende Absicht. Das erste (und eigentliche) Hauptthema bringt die Sologeige »lebhaft und energisch«. Auch das nächste Thema, eine weitgespannte, vor innerer Erregung bebende Weise, wird der Geige anvertraut. Eine Durchführung wird nur kurz angedeutet, dann folgt sogleich ein drittes Thema in Halbtonschritten der Trompete, eigensinnig rhythmisiert, das in sieben Variationen abgewandelt wird. Ein neuer Gegensatz: Einzelgänge der Sologeige führen zum langsamen Mittelteil, der, nur vom Orchester bestritten, eine erstaunliche Vielstimmigkeit entwikkelt und auf das zweite Thema des ersten Teils zurückgreift. »Gemächlich« hebt dann ein viertes Thema an, welches den Schlußteil einleitet. Es bleibt aber nicht beim »Gemächlichen«, sondern frühere Themen kehren wieder, verhakeln und verstricken sich, werden aneinander und ineinander gesteigert zu einem getürmten Sinfoniesatz.

1. *Cello-Konzert G-Dur* (1935). Dieses einsätzige, doch durch wechselndes Zeitmaß gegliederte Werk, stellt an den Beginn ein Grundthema, welches den musikalischen Kern des kurzen, aber verschlungenen Konzertes bildet. Obwohl dadurch eine fast sinfonische Dichte erzielt wird, ist alles so durchsichtig gehalten, daß im Wechselspiel von Orchester und Cello ein echtes Konzertieren zustandekommt. Allerdings wird dem Solisten eine allzu große Selbstbetonung verwehrt: neben herrlich geschwungenen Linien stehen solche, die auf jede »Klangschönheit« verzichten, weite Strecken werden ausschließlich vom Orchester bestritten, und die Kadenzen sind auf ein Mindestmaß zurückgedrängt. – Auf das *2. Cello-Konzert a-Moll* (Opus 52) können wir hier nicht eingehen. Es ist weder für den Solisten noch für den Hörer dankbar, sosehr sich zuweilen ein gewisser virtuoser Schwung bemerkbar machen möchte.

Kammermusik

Pfitzners Kammermusik ist zuweilen recht spröde im Klang, ist vielfach so »gearbeitet«, daß sie im Konzertsaal nicht recht heimisch werden will.

Verhältnismäßig einfach in Gedanken und Ausdruck ist das *Streichquartett D-Dur* (Opus 13). Vorwiegend melodisches Geschehen findet man im ersten und dritten (langsamen) Satz, treibende Bewegung im zweiten und vierten (heiteres, eingängiges Rondo).

Auffallend das großgeschnittene Kopfthema, das ohne rhythmische Brechung in gleichmäßigen Vierteln fortschreitet, Sinnbild des ganzen ersten Satzes, der ruhig seinen eigenen Weg geht, sich vom klassischen Sonatenbau löst, doch ganz unauffällig, wie unbeabsichtigt. – Das *Streichquartett cis-Moll* (Opus 36) hat Pfitzner nachträglich orchestriert (vergl. dazu das über die Sinfonie in cis-Moll Gesagte). – Ein Werk der Reife ist das *Streichquartett c-Moll* (Opus 50). Schnelleres Zeitmaß hat nur der Schlußsatz (Andante), bezaubernd das marschartige Andantino (zweiter Satz) mit seinem straffen Haupt- und seinem beweglichen Mittelteil. Der dritte Satz (langsam) ist ein verinnerlichter Hochgesang von melodischer und harmonischer Vielfalt. Im Schlußsatz werden die Gedanken und Stimmungen der vorangehenden Sätze in helleres Licht gehoben; zwar ist er lebhafter in der Bewegung, in der Haltung jedoch ruhig und gelassen.

Hingewiesen sei schließlich noch auf das *Duo für Cello und Geige* (Opus 43), ein musikantisches, um der Schönheit willen zu musizierendes Stück, wie man es bei Pfitzner in dieser Unbeschwertheit so leicht nicht wieder findet. Mit Klavier begleitet (und seiner Haltung nach) gehört es zur Kammermusik; Pfitzner schlägt als Begleitung Klavier oder Orchester vor.

Chorwerke

»Von deutscher Seele«. Romantische Kantate für vier Solostimmen, gemischten Chor, Orchester und Orgel

(1921). Pfitzner hat zu diesem herrlichen Werk eine ausführliche Einleitung geschrieben; ihr seien die entscheidenden Stellen entnommen: »Die Textworte nach Sprüchen und Gedichten von Eichendorff erklären das Beiwort ›romantisch‹. Im Verfolg kam ich auf das Bedürfnis, dem Ganzen auch einen gedanklichen Zusammenhang zu geben ... So bekamen die Zwischenspiele eine selbständige Gestalt, die Anordnung der Sprüche Absicht und Sinn, Gedichte kamen hinzu, und das Ganze wurde in zwei Teile geteilt ... Aber die leitende Macht blieb doch die Musik und der textliche Teil nach ihren geheimen Instruktionen organisiert.«

»Mensch und Natur!« – »Es geht wohl anders, als du meinst.« – So beginnt ernst und doch hoffnungsvoll der erste siebenzeilige Spruch. Die vier Solostimmen teilen sich den Vortrag. Gleich darauf intoniert der Tenor den zweiten Spruch – noch ernster: »Was willst du auf dieser Station so breit dich niederlassen? Wie bald nicht bläst der Postillon, du mußt doch alles lassen.« Und hier setzt das erste Orchesterzwischenspiel ein: »Der Tod als Postillion.« Der Postillion kutschiert auf seiner Weise, über donnernde Brücken und verfolgt von luftigem Gesindel; oder er peitscht die arme Seele durch neues schreckliches Leben. Dann ermattet die Hast; in anderer Auffassung singen Baß und Alt denselben Text, dann der Chor in der alten Weise. Sopran beschließt, und das Stück mündet im Orgeleinsatz. Auf diese Düsternis freundliches A-Dur: wieder ein Lebensbild: »Herz, in deinen sonnenhellen Tagen halt nicht karg zurück.« Die spätere fromme Hinweisung auf Gott ist dem Chor allein überlassen. Der nächste

Spruch (Vierzeiler) noch heiterer, nämlich kräftig-humoristisch ohne ernste Antithese wie der vorige. »Der Sturm geht lärmend um das Haus.« Der Baß intoniert. Dieser Sturm war am Tage. Nun sinkt der »Abend« herein. Das Orchester spricht wieder. Ein sehnsüchtiges Horn ruft aus der Ferne. Übergang in die Nacht. Die Nacht als feierlicher Choral. Die Töne des Chorals verschweben, lösen sich in Luft auf, die Wolken verflattern in der ersten Morgenfrühe – das Licht meldet sich. »Die Lerche grüßt den ersten Strahl.« So verkünden Soprantöne. Nach der Lerche bringt ein anderer Vogel den humoristischen Morgengruß: »Wenn der Hahn kräht auf dem Dache, putzt der Mond die Lampe aus. Und die Stern' ziehn von der Wache.« Der Kreislauf geht weiter. Der Tag mit seinen verwirrenden Lebenslockungen folgt: »Ewig muntres Spiel der Wogen, viele hast du schon belogen« (Alt). Und wieder folgt auf den Tag der Abend; diesmal legen Baß und Tenor die Abendmusik des Orchesters, die vorhin erklang, mit Worten aus. (»Der Wandrer von der Heimat weit ...«) Und wieder auf den Abend Nacht. Chor und Soli leihen dem Choral ihre Zunge mit den Worten des hinzutretenden Gedichts »Nachtgruß«, welcher den ersten Teil beschließt.

»Leben und Singen« heißt der zweite Teil. »Wir wandern nun schon viel hundert Jahr und kommen doch nicht zur Stelle, der Strom rauscht an die tausend gar und kommt doch nicht zur Quelle« – gesungen vom Chor, zum Orchester gesellt sich die Orgel. Der nächstfolgende Spruch, vom Solo-Tenor allein gebracht, »was ich wollte, liegt zerschlagen«, bringt den Gedanken der Vergänglichkeit und Nichtigkeit des Lebens in anderer Weise zum Ausdruck; »doch nun gib auch Kraft zu tragen, was ich nicht will«. Das, was der leidenschaftliche, im Leben befangene Mensch nicht will, nämlich die Ergebung, sucht ein nun folgendes Orchesterstück auszusprechen. Auf diese drei im Zeitmaß sehr ruhigen Teile fordert die Musik rasche Bewegung. Diese liefert der Musik der folgende Spruch: »Der jagt dahin, daß die Rosse schnaufen, der muß im Staube daneben laufen, aber die Nacht holt beide ein ...« (Chor). In die nun in derselben Hast fortstürmende Musik tönt ein cantus firmus, von Hörnern geblasen. Der Solo-Baß nimmt ihn auf. Nun folgt der »Liederteil«. Das erste Lied, was versöhnend von der bösen Stunde ablenkt, singt der Sopran: »Der alte Garten«. Zwischen diesem und dem nächsten Lied steht wie eine zusammenhaltende Klammer wieder ein cantus firmus, vom Chor a cappella intoniert mit den Textworten, die auf den Inhalt des folgenden deuten: »Von allen guten Schwingen, zu brechen durch die Zeit die Mächtigsten im Ringen, das ist ein rechtes Leid.« Nun kommen Tenor und Alt zu ihrem Recht in dem Zwiegesang »Die Nonne und der Ritter«. Das »rechte Leid« will aber wieder zu ernste Stimmung machen. Der musikalische Übergang sucht davon zu befreien und mündet in den fröhlichen Chor-Kanon, der zugleich der Idee dieses Teils »Leben und Singen« köstlichen dichterischen Ausdruck gibt: »Wohl vor lauter Singen, Singen, kommen wir nicht recht zum Leben, wieder ohne rechtes Leben, muß zu Ende gehn das Singen. Ging zu Ende dann das Singen, mögen wir auch nicht länger leben.« Und nun ist der Bann gebrochen, das Schwere kehrt nicht mehr zurück. Als Übergang zum nächsten Lied dient wieder der verkürzte cantus firmus, diesmal vom Sopran dem Baß zugerufen: »Hast du doch Flügel eben und das gewalt'ge Wort. Halt' hoch dich über dem Leben, sonst geht's über dich fort.« Das letzte Lied singt nun der Baß: »Der Friedensbote«, mit dem Schluß: »Das Land ist ja frei.« Dann vereinigt sich alles zum Schlußgesang.« – Soweit Pfitzner.

»Das dunkle Reich«. Chorfantasie mit Orchester, Orgel, Sopran- und Bariton-Solo (1930). Das Werk besteht aus Vertonungen von Gedichten von Michelangelo, Goethe, Conrad Ferdinand Meyer und Richard Dehmel. Vorangestellt hat ihm Pfitzner die Goethe-Worte: »Und laß dir raten, habe die Sonne nicht zu lieb und nicht die Sterne; komm, folge mir ins dunkle Reich hinab.« Damit ist die geistig-künstlerische Gegensätzlichkeit des Werkes ebenso umrissen wie der Sinn des Titels. Ein Chor der Toten und ein Chor der Lebenden stehen einander gegenüber; die Toten singen Eingang und Ausklang: das Leben ist nur eine Zwischenstufe des ewigen Seins.

SKRJABIN

Alexander S. (1872–1915, Russe) war Schüler des Moskauer Konservatoriums. Dort von 1898–1903 Professor. Viele Auslandsreisen als Klavierspieler. Lebte dann nur seinem Schaffen. Schrieb vor allem Orchester- und Klavierwerke.

Ein unglaublich begabter Künstler, der auf die Dauer daran scheiterte, daß er sich zwar eine höchst eigenpersönliche Sprache, nicht aber einen festen Standort zu schaffen vermochte. Er kommt von Chopin her und stößt bis zur Atonalität vor, ist Debussy verpflichtet und löst den Impressionismus auf, verwirft russische Volksmusik und offenbart doch Hintergründe russischen Wesens.

Die ersten *Sinfonien* des russischen Meisters sind noch gestaltfest im Sinne anderer Schöpfungen dieser Gattung. Selbst wenn die ziemlich eindeutig gezeichneten Themen nicht eigentlich verarbeitet, sondern eher »durchleuchtet« werden (vor allem durch ständige Vorhalte und farbige Dissonanzen), so bleiben sie doch, zusammen mit den Großformen des Gestaltungsablaufes, im Rahmen des Gewohnten. Dann aber folgt eine Umkehr oder ein Weiterführen – wie man will. »Das göttliche Gedicht«, »Das Lied der Verzükkung« und »Prometheus« predigen eine Weltanschauung, eine Religion, deren Priester die Künstler und deren Weihrauch die Orchesterfarben sind. Es kümmert den Komponisten wenig, ob sich bei dem Meßamt auch Gläubige einfinden; er ist besessen von seinem Glauben – das genügt ihm. Äußerlich sieht das neue Klangbild so aus: Riesenorchester mit Riesenbesetzung, Chöre, zerspaltene Harmonik, Motivfetzen ohne motivischen (»bewegenden«) Sinn, schiebende Klangmassen, ballende und geballte Gruppen, geschachtelte Tonarten (oder auch gar keine), sinnliche Schwüle und entsinnlichte Ziele, Blick ins Jenseits und körperliche Rauschzustände.

Als *Klavier*komponist ging Skrjabin von Chopin aus und endete in einem unverständlichen Mystizismus. Maßvoll und verständlich noch die vielgesichtigen »Vierundzwanzig Präludien« (Opus 11), deren Klangwelt von müdem Versinken bis zu krampfhaftem Aufbäumen reicht. Musikalisch wertvoll auch die rhythmisch fesselnden »Etüden« (Opuszahlen 8, 42 und 65). Die übrigen Kleinwerke (vor allem die »Stücke«) wirken peinlich. Die zehn Klaviersonaten lohnen das Studium nur aus fachlichen Gründen. Bis zur vierten Sonate bildet der Komponist überkommenes Gut mit sicherer Hand weiter; dann aber folgen Wege oder vielmehr Abwege, auf denen ich ihm nicht mehr folgen mag. Eine dieser Sonaten nennt sich »Weiße Messe«, eine andere heißt »Schwarze Messe«. Im Konzertsaal begegnet man keiner von ihnen.

REGER

Max R. (1873–1916) empfing den ersten Unterricht von seinem Vater, einem Lehrer, später vor allem von Hugo Riemann. Nach Lehrtätigkeit in Wiesbaden und München wurde er 1907 Konservatoriumslehrer und Universitätsmusikdirektor in Leipzig. Neben dieser Tätigkeit leitete er 1911/14 die Meininger Hofkapelle. Schrieb bedeutende Werke auf allen Gebieten der Musik außer der Oper.

Reger wurzelt in Bach und Brahms. Seine polyphone Veranlagung, sein »Denken in Fugen«, seine Meisterung der polyphonen Satzart sind schlechthin unübertrefflich und haben ihm seinerzeit den Ehrennamen »Bach unserer Zeit« eingetragen. Mit Brahms verbindet ihn das romantische, doch an alten Meistern geschulte und denkerisch in Zucht genommene Grundgefühl. Aber trotz aller kritischen Schärfe, deren er fähig war, hat er es nicht immer vermocht, seiner zwischen heimlicher Zartheit und rasendem Überschäumen schwankenden Natur die erforderlichen künstlerischen Zügel anzulegen. Neben – wie es scheint – unvergänglichen Werken stehen andere, in denen seine zeitbedingte Freude an Klangschwelgerei und Klangraserei ihn übermannt. Daher die Ungleichwertigkeit seiner Schöpfungen. Eines aber kann gar nicht hoch genug geschätzt werden: er hat der vielfach breiig überquellenden Nachromantik ein Gerüst gegeben, an dem sie sich hätte festigen können (zuweilen) auch gefestigt hat), und der Generation nach 1900 Wege gewiesen, wie man durch eisernen Fleiß und handwerkliches, meisterliches Können auf neue Weise alten Zielen nachstreben kann, nämlich der allgegenwärtigen und leicht verständlichen Polyphonie.

Orchesterwerke

Ein Sinfoniker im eigentlichen Sinne war Reger nicht, weil ihm der eigenschöpferische sinfonische Einfall fehlte. Um so stärker seine Verarbeitungskunst; jedes Thema bekommt sogleich seine Gegenstimme, Themen und Motive verschränken sich, werden zergliedert, auf neue Art zusammengefügt. Dementsprechend die vielfältige Harmonik; zwar stehen überall noch gewaltige Pfeiler im Tonarten-Gerüst, aber zwischen ihnen spannen sich nicht so sehr tragende Bogen als ganze Ketten und Netze von Stimmen. Regers Orchestersatz, einst bewundert, erscheint uns heute zuweilen überladen, vielfach sogar schematisch. Und dennoch: allen diesen Einschränkungen zum Trotz ist jede Orchesterkomposition – wenn auch nicht ein Kunst-, so doch ein Meisterwerk.

Serenade G-Dur (1905). Hier ist Reger den Verlokkungen des großen Orchesters nicht verfallen und hat daher ein ganz entzückendes Werk geschrieben. Eine Besonderheit ist das zweifache Streichorchester; ein Teil spielt mit Dämpfern, ein anderer ohne; daher die feine Tönung. Der erste Satz ist zwar äußerst kunstvoll, für eine »Abendmusik« fast zu kunstvoll, aber im Hauptthema herrscht ein so glückhafter Ton, das Ganze ist so durchsichtig und lebendig gehalten, daß man diesen Satz lieben muß. Das Thema kehrt gegen Schluß auch in dem äußerst vergnüglichen (Holzbläser!) Scherzo wieder. Schlicht gesangvoll die Stimmung des Andante, obwohl die »Arbeit« sich zuweilen hervordrängen will. Der Schlußsatz beginnt heiter, verhakelt sich dann aber etwas im Stimmengewirr; abschließend nochmals das Kopfthema.

»Hiller-Variationen« (1907). Variationen über ein fremdes Thema – da ist Reger am rechten Platz. Das liebenswerte Thema des Rokoko-Komponisten wird in elf Variationen durchgeführt und in der abschließen-

den Fuge noch einmal emporgesteigert. Was dem Komponisten hier an eigenen Gedanken zu einem fremden Einfall zuwächst und wie er das alles verknüpft, das darf sich getrost neben Variationen von Brahms hören lassen.

Konzert im alten Stil (1912). Reger bedient sich in diesem Werk zwar äußerer Formbestandteile der Altklassik (großes Orchester gegen kleine Orchestergruppe, dazu Sologeige), bleibt aber selbständig. Er schreibt in diesen drei Sätzen etwa nach Art der Brandenburgischen Konzerte Bachs; doch die inneren Spannungen verraten den Mann des 20. Jahrhunderts – weniger in den lebhaft drängenden Ecksätzen als in dem ernsten Largo: hier wird innere Ruhe und Sammlung *angestrebt,* während sie bei Bach Voraussetzung war.

Romantische Suite (1912). Völlig dem »Konzert im alten Stil« entgegengesetzt. Hier wird der Bach-Nachfolger zum Stimmungsmaler, zum Programm-Musiker, zum Impressionisten. Nachträglich hat Reger den drei Sätzen Gedichte von Eichendorff beigegeben. – I. Notturno. Zitternde Mondstrahlen in den Streichern, geheimnisvolle Ganzton-Folgen der Flöten, bebendes Raunen in Holzbläsern und Hörnern: »Von den Burgen sacht hernieder ... steigt die wunderbare Nacht.« – II. Scherzo. »Bleib bei uns! Wir haben den Tanzplan im Tal bedeckt mit Mondesglanze.« Echte Musik und zugleich anschauliches Bild eines Elfentanzes, jeder Zergliederung spottend und keiner Erläuterung bedürfend. – III. Finale. »Steig nur, Sonne, auf die Höhe!« Rückgriff auf die Nachtstimmung des ersten Satzes, dann Erwachen des Tages, flüchtiges Erinnern an den Elfenzauber, endlich strahlendes Leuchten des Tagesgestirns.

Vier Tondichtungen nach A. Böcklin (1913). Regelrechte Programm-Musik, der Reger im allgemeinen ablehnend gegenüberstand; prachtvoll gemalt, aber heute ein wenig verblaßt. I. »Der geigende Eremit.« Böcklins bekanntes Bild von dem Einsiedler, der seinem Gott ein Lied auf der Geige singt; Engel lauschen ihm. Zwei Streichorchester, das eine mit, das andere ohne Dämpfer spielend, geben den leisen, weihevollen Grundton, behutsam unterstützt durch einige Bläser. Über diesen choralartigen Klängen erhebt die Sologeige ihre fromm-inbrünstige Stimme. II. »Im Spiel der Wellen.« Tolpatschige Tritonen und gleißende Najaden, lustig im Meere plätschernd. Unfaßbares und doch wahrnehmbares Motivenspiel in den Streichern. Dazu ein paar zeichnerisch schärfere Themen: die Wassergeister im Tanz. III. »Die Toteninsel.« Düstere Insel im dunklen See; ein Nachen trägt einen Sarg. Schaurig wechselnde Harmonien und beklemmende Orchesterfarben malen die ernste Stimmung. Kaum wagt das Englischhorn, die Totenklage zu beginnen. IV. »Bacchanal.« Ein Orchestergetümmel, äußere Entfaltung äußerlichster Mittel. Entscheidend ein Trompetenmotiv, das den rasenden Taumel eröffnet und ständig wieder auftaucht.

Ballett-Suite (1913). Nicht ganz so »urfein im Klang, zierlich in der Musik, spinnwebfein instrumentiert«, wie Reger beabsichtigt hatte, aber doch ein bewundernswert hübsches Stück Musik. Das »Entrée« ist ein kleines Marsch-Sätzchen, zu dessen Klängen die Ballett-Tänzer auftreten. Dann folgen Einzelgestalten. Zunächst »Colombine«, etwas nachdenklich; wenn man der gefühlvollen Oboe und der schmachtenden Klarinette glauben darf, vermag die leichtlebige Dame sich noch nicht zu entscheiden, wen sie als nächsten Liebhaber erhören soll. Jetzt pirscht sich »Harlekin« heran: zunächst übermütig und ausgelassen, bald um Liebe flehend; doch schließlich hüpft er wieder davon und läßt Colombine stehen. »Pierrot und Pierrette« stellen sich ein als letzte Einzeltänzer: sie haben es mit der gefühlvollen, freilich nicht tiefen Liebe, lassen Cello und Oboe für sich sprechen. Und nun geht's zum gemeinsamen Tanz. »Valse d'amour«, heißt er, Liebeswalzer. Im »Finale« ein hurtiger, scherbelnder Kehraus.

Mozart-Variationen (1913); eigentlich »Variationen und Fuge über ein Thema von Mozart«. Stärkstes Orchesterwerk Regers, was man auch einwenden mag gegen das satztechnische und orchestrale Aufgebot angesichts eines so schlichten Themas. – Das Thema (Mittelstimme unseres Beispiels) entstammt der bekannten A-Dur-Klaviersonate Mozarts. Es wird

zunächst von Oboe und Klarinetten, dann auch von den Streichern vorgetragen. Es folgen nun acht Variationen. In der ersten erscheint es wiederum bei den Holzbläsern und wird durch die Streicher mit Gegenstimmen umspielt. In der zweiten Variation wird das Thema umgekehrt, in der dritten ertönt es (Klarinetten) in Moll und im 2/4-Takt. Den gleichen Takt behält die vierte bei: Hörner jagen es lebhaft weiter. Diese vierte und die fünfte bilden gewissermaßen das Scherzo des Werkes; sie lassen das Thema kaum noch erkennen. In der sechsten wird es dann wieder erkennbarer und in der siebenten erscheint es in seiner ursprünglichen Gestalt. Als achtes Stück folgt nun ein Adagio, nicht eine eigentliche Variation, sondern ein freies Phantasieren über das Thema. Gipfel des Werkes bildet die Schlußfuge. Sie entwickelt sich auf einem spitzigen Thema (Beispiel, Oberstimme), holt dann ein neues Thema herbei (Unterstimme), verschränkt die beiden musikalischen Gedanken miteinander und zieht auch Motive früherer Sätze heran. Endlich werden die beiden Fugenthemen und das Hauptthema gleichzeitig gebracht und strahlend von anderen Stimmen umrankt.

Kammermusik

Regers kammermusikalisches Schaffen ist gekennzeichnet durch eine (überwiegend polyphone) Verdichtung des Inhaltes, der Innenzeichnung, auch hier also »handwerklich« im schönsten Sinne des Wortes. Man bemerkt in der polyphonen Linienführung das Vorbild der deutschen Altklassik, man stößt auf die Ausdruckswelt mancher Beethoven-Quartette, man erkennt Einflüsse von Schumann und Brahms, erblickt in der harmonischen Lagerung spät- und nachromantische Einstrahlungen – doch das alles betrifft nur die Gewandung, nicht den Kern. Dieser ist stets typisch »Reger«, eigenwüchsig und unverlierbar.

Den Werken *für ein Solo-Instrument* begegnet man nur sehr selten; dabei zählen allein die fünfundzwanzig Werke für Solo-Geige zum Bedeutendsten, was diese Gattung aufzuweisen hat.

Von den Duos für *Geige und Klavier* seien die entwicklungsgeschichtlich wichtigsten knapp umrissen. Die *A-Dur-Sonate* von 1899 ist die erste wirklich gerundete Sonate; ein chromatisches Kopfthema entscheidet über das Motivspiel des ersten Satzes, bedingt aber auch wesentlich den Ablauf des Finales. Dazwischen stehen ein humorvolles Intermezzo und ein ausdrucksgesättigtes Largo. – Ein Werk der Gärung ist die *C-Dur-Sonate* von 1904, Auseinandersetzung Regers mit seinen Gegnern, zugleich ein stilles Hoffen auf inneren Frieden. Die Sehnsucht nach Ruhe spiegelt sich deutlich in dem tiefempfundenen Largo mit der unbeschreiblich rührenden Gebärde des unvermutet hervortretenden Motivs »B-a-c-h«. Das meiste andere dagegen ist ein unbändiges Wüten und Toben, ein Sichverbeißen und Trotzen, ein Wettern und Schelten, das sich sogar in regelrechten Schimpfwörtern äußert! Diese finden sich im ersten Satz, wollen gar nicht verstummen. Unser Beispiel bringt nur zwei Takte aus jener berühmt gewordenen Schimpfkanonade, aber viermal wird in diesen beiden Takten buchstäblich

geschimpft: die ersten fünf Töne der Geigen heißen »S-c-h-a-f«, die Oberstimme des Klaviers bringt das gleiche »S-c-h-a-f«-Motiv zweimal in der Verkürzung (die ersten zehn Töne), der Baß donnert dazu nachdrücklich »A-f-f-e« und im nächsten Takt »S-c-h-a-f«. Entfesselter noch, aber doch musikalischer das Scherzo mit seinem Höllengelächter. – Schon im Jahr darauf (1905) hat sich Reger von dieser Art Bekenntnismusik befreit: die *fis-Moll-Sonate* ist innerlich und äußerlich eine urmusikalische, lebensbejahende Schöpfung, unverkrampft, frisch. In ihr zielt alles auf den Schlußsatz, in dem sich das früher Anklingende erfüllt, und zwar mit herrlichen Variationen und Schlußfuge. – Innerlich verwandt ist diesem Werk die *e-Moll-Sonate* (1911). Auch hier ist alles problemloses Leben, heiter gelassenes Musizieren, technisch völlig gereift. – Die Schwergewichtsverlagerung auf den Schlußsatz wiederholt sich in der *c-Moll-Sonate* (1915). Im leidenschaftlichen ersten Satz kämpferisches Ausschreiten, in dem geheimnisvoll-dunklen Largo sehnsüchtiges Verlangen nach Frieden, in den Variationen des Schlußsatzes gedankenvolles Ausschwingen der Zeitmaße in zeitloser Erfüllung des thematischen Kerns und der klanglichen Gewandung. Regers Schaffen von Duos für Geige und Klavier erschöpft sich nicht mit diesen neun Sonaten. Vielmehr hat er noch mancherlei anderes geschrieben. So vor allem die starke *»Suite im alten Stil«* Opus 93 mit dem sehr bekannt gewordenen Largo.

Sehr verschiedenartig die *Trios*. Die *D-Dur-Serenade* für Geige, Flöte und Bratsche (1904) ist eine zarte Kostbarkeit, Kammermusik ohne Probleme, duftig wirkend durch die Art der Besetzung (kein Baß-Instrument!). Musizierfreude beherrscht auch das *Streichtrio a-Moll* (Geige, Bratsche, Cello); greifbar die Thematik und übersichtlich die Durchführung des Kopfsatzes, ruhig gewölbt das Larghetto, schlicht das Scherzo, liedhaft das Thema des Schlußsatzes. Dagegen macht das *Klaviertrio e-Moll* (1908) den Eindruck einer verkappten Sinfonie. Der erste Satz hat etwas Schwerblütiges, Dunkles; im zweiten Satz, einem Allegretto-Scherzo, wird man an Träume eines leichten Schlafes gemahnt; der dritte Satz (Largo) mutet an wie ein Selbstgespräch im Angesicht der Ewigkeit; das Finale mit seinem herausfordernden Kopfthema steigert sich zu sinfonischer Gebärde.

Beliebtestes *Streichquartett* Regers ist das in *Es-Dur* (1909). Im Gegensatz zur Übersteigerung mancher früheren Quartette vermag der Komponist hier auch mit einfachen Strichen starke Inhalte zu geben. Das erweist bereits das in natürlicher Selbstverständlichkeit durch die harmonischen Stufungen dahinströmende Hauptthema des ersten Satzes. Die bei Reger

sonst gewohnten rhythmischen Kräfte scheinen zu fehlen; in Wirklichkeit werden sie nachträglich eingeführt, so daß aus dem ersten Thema eine Themengruppe wird. Da auch das Seitenthema zur Gruppe ausgestaltet wird, entsteht eine klare Ausgewogenheit. Damit leben die eigentlichen Antriebskräfte nicht in, sondern zwischen den thematischen Grundgedanken. Das Ganze zu binden, bedarf es der Polyphonie, und diese wird auch wesentliches Merkmal des Satzes. Hauptmerkmal des Scherzos (Quasi presto) bildet die bald ab- und bald aufsteigende Moll-Tonleiter in geschwind trippelndem 6/8-Takt. Füllig und gedrungen beginnt der langsame Satz (Thema auf der G-Saite der ersten Geige); im Verlauf verästelt er sich aber motivisch und polyphon immer mehr. Ganz gespannt setzt dann die Schlußfuge ein mit einem tänzelnd-zierlichen Thema, aus dem immer neue Entwicklungen entstehen; durch Hinzutreten eines zweiten Themas wird die Fuge zur mächtigen Doppelfuge. – Prächtig auch das Quartett in *fis-Moll* (1911). Themenschnitt und Themenverarbeitung werden einfacher, die rhythmischen und harmonischen Spannungen lockern sich, und doch ist die Kraft des Ausdrucks gewachsen. Der klaren Thematik des ersten Satzes entspricht die Durchführung: sie verdichtet nicht, sondern gewinnt ihre Merkmale aus melodisch-thematischer Linienführung, sicher hingesetzten Klängen und innerer Bewegung. Im Scherzo verfeinert sich das Klangbild noch weiter, bewegliche Schlankheit und zarte melodisch-sangliche Tönung herrschen vor. Das Adagio schließt sich innerhalb der malerischen (das Scherzo der zeichnerischen) Seite des ersten Satzes an und übernimmt aus diesem Satz auch einige Takte. Auch in dem gelösten Finale klingt der Kopfsatz wieder an.

Klavierquartett d-Moll (1910). Läßt sich schon in den Streichquartetten erkennen, wie wenig Reger geneigt ist, auf klangliche Wirkungen zu verzichten, so tritt das im Klavierquartett noch deutlicher hervor. Das scharf betonte, erst weit- und dann engstufige Hauptthema des ersten Satzes führt im Verlauf zu wilden Entladungen; es ist ein Stück Bekenntnismusik, deren Gehalt den aufgewendeten Mitteln durchaus entspricht. Diese Bewegungsantriebe werden im Hauptteil des Scherzos zu grausigem Humor verzerrt, während sich das Trio ganz nach innen wendet und fast zur Klage erstirbt. An dieses Trio knüpft das Larghetto stimmungsmäßig an, während das Finale die Gedankenwelt des ersten Satzes wieder aufgreift, ohne zu echter Überwindung zu gelangen. – Vielleicht ist die Überwindung in das Klavierquartett *a-Moll* (1914) verlegt. Es lichtet sich nämlich von Satz zu Satz immer mehr auf. Im ersten Allegro klingt die leidenschaftliche Stimmung des Schwesterwerkes wieder an, doch wirkt der schwärmerische Seitengedanke versöhnlich. Dieser Eindruck verstärkt sich im Scherzo und Trio, vertieft sich im Larghetto und gewinnt die Oberhand in dem sprühend-freudigen Schluß Allegro.

Von den *Quintetten* ist das *Klarinettenquintett A-Dur* hervorzuheben (1916, für Klarinette und Streichquartett). Schon über dem ersten Satz, der sonst so oft Kampfplatz erbitterten Ringens ist, liegt etwas Inniges, verklärt Lächelndes. Solche lyrische Grundstimmung überzieht auch das zierlich-zärtliche Scherzo, das Largo mit seinen wehmütigen Erinnerungen und den Variationensatz mit seinem ruhigen Gedankenspiel.

Klavierwerke

Die Vielspältigkeit des Meisters hat dafür gesorgt, daß jeder dem Klavierwerk Regers etwas entnehmen kann, was ihn unmittelbar anspricht. Anderes freilich mag ihn fremd anmuten. Es ist nicht jedermanns Sache, sich von einer harmonischen Überraschung in die andere stürzen zu lassen, sich bald in akkordische Massigkeit und bald in duftige Zierlichkeit geführt zu sehen, bald das Melodische in allerlei Dickicht erstickt zu finden und bald eine schlichte Melodienblüte in der Hand zu halten. Mag vieles keine »Ewigkeitswerte« enthalten – Regers Klavierschaffen überragt das seiner Zeitgenossen bei weitem. Da hier nicht ausführlich über die Klavierkompositionen gesprochen werden kann, müssen nur einige Hinweise über die reinen »Konzertwerke« genügen.

»Variationen und Fuge über ein Thema von J.S. Bach« (1904). Ein Meisterwerk, um dessentwillen man Reger unter die wahrhaft großen Klavierkomponisten einreihen darf. Selbstschöpferische Variierungskunst, eindringliche, volle Sprache, Kraft der Gedanken, oft religiöse Erlebenstiefe, wilde, leidenschaftliche Ausbrüche – alles das bildet Gehalt und Gestalt des Werkes. Der durchaus klaviermäßige Satz reicht von strenger Stimmigkeit bis zum virtuosen Spiel, wird aber nie-

mals Selbstzweck. Das vielgestaltige Thema (unser Beispiel gibt nur die Anfangstakte) stammt aus der Bach-Kantate »Auf Christi Himmelfahrt allein ich meine Nachfahrt gründe«; es prägt sich schwer ein und wäre daher für das Variieren nicht besonders geeignet. Doch Reger kam es wohl mehr auf die Stimmung an; daraus erklären sich auch die verschiedenartigen Variationsgrundsätze: bald ist das Thema erhalten, bald wird es umgeformt, dann wieder verschwindet es fast ganz und wird durch eine Fantasie über die Grundstimmung ersetzt. Die Variationen klingen im vielfachen Forte aus; denn Reger liebt es, die nun einsetzende Fuge überraschend ganz leise beginnen zu lassen. Die erste Hälfte der Fuge baut sich streng über dem Hauptthema auf; der zweite Teil nimmt sein Thema aus der Urgestalt des ersten Themas, wächst aber in klangliche und harmonische Mächtigkeit. Immer vollgriffiger wird der Satz, die Themen einen sich zur Doppelfuge, türmen sich gewaltig übereinander. Das Werk verhallt in vierfachem Forte und breitestem Zeitmaß.

»Variationen und Fuge über ein Thema von G.Ph.Telemann (1914). Im Gegensatz zu den tiefsinnigen Bach-Variationen ist dieses Werk, entsprechend dem Rokoko-Thema, licht, diesseitig und klar. Demzufolge bleibt das Thema in den Variationen stets Träger des Geschehens. Es herrschen wieder die Gesetze der einfachen Harmonie und Melodie wie die des einfachen Rhythmus', der musikalische Stoff wird nicht mehr völlig umgedeutet, sondern spielerisch ausgeschmückt, klar wie das Notenbild ist auch die innere Haltung. Nach der akkordisch mächtigen 23. Variation führt

eine ergreifende Adagio-Überleitung zur Schlußfuge, die abermals sehr leise beginnt, sich architektonisch und klanglich steigert und nach wildem Hämmern nachschlagender Hände im dreifachen Forte endet.

Für *zwei Klaviere* hat Reger zwei großartige Werke geschrieben, die sich den Konzertsaal erobert haben:

»Variationen und Fuge über ein Thema von Beethoven« (1904). So durchsichtig das Thema (aus Beethovens 11. Bagatelle), so kunstvoll und verwickelt sind die Variationen, klangmächtig, als seien sie orchestral gedacht. Was ihnen an Tiefe gegenüber den zweihändigen Bach-Variationen abgeht, ersetzen sie durch Vielfalt und harmonischen Reichtum. Doch verleitet die Klangfreude niemals zu bloßen Äußerlichkeiten. Am bedeutendsten die Schlußfuge; sie beginnt leise, man möchte sagen: trotzig-zierlich und wandelt sich dann mehr und mehr zu mächtig heranwachsenden Klangfeldern. Ins Überlebensgroße stürmt sie, wenn im Schlußteil zum Fugenthema und den aus ihm abgeleiteten Gegenstimmen auch noch das ursprüngliche Variationsthema hinzutritt.

»Introduktion, Passacaglia und Fuge in h-Moll« (1906, abermals für zwei Klaviere). Spieltechnische und musikalische Schwierigkeiten sind hier übereinandergetürmt, die klanglichen Ausbrüche haben etwas Wildes, Gequältes an sich. Dabei ist nichts nur herausgeschleudert, sondern wirklich gestaltet: Bekenntnismusik einer gepeinigten Persönlichkeit. Urmotiv ist der chromatische Beginn der mächtig gespannten Ein-

leitung: denn Passacaglia- und Fugenthemen sind ebenfalls durch Halbtonschritte bestimmt (was bei Reger stets harmonische Vielfalt bedeutet). Neunundzwanzigmal kehrt das Passacaglia-Thema wieder, in wechselnder Gestalt, Gegensatz reiht sich an Gegensatz. Die Fuge abermals echter Reger: äußerst leise anhebend, sich mit Zwischenstufen immer mehr steigernd, ausmündend in einen Riesen-Klangbau, an dem man die kontrapunktischen Feinheiten mit dem Ohr im einzelnen nicht mehr unterscheiden kann, die aber doch nicht fehlen dürften, soll das Gewollte in vollem Umfang Klang werden.

Der 100. Psalm

Regers bedeutendstes Chorwerk (1909). Die innere Größe dieser Komposition liegt nicht im religiösen Ausdruck, sondern in der künstlerischen Kraft. Und diese Kraft wiederum offenbart sich – echtes Zeugnis Regerschen Schaffens – in der Fülle musikalischer Kleingebilde. Es fehlt jegliches Gestalten in großen Flächen, jedes Absetzen echter Gegenkräfte; dafür erwächst aus dem unablässigen Spiel lebendiger Kurzmotive, aus dem ständigen Harmoniewechsel und den geradezu heftigen Klangverschiebungen, aus der unglaublich dichten Polyphonie und dem chorisch-orchestralen »Gegeneinander« ein überwältigendes Ganzes.

Kennzeichnend sogleich der Beginn: pianissimo einsetzendes Rollen der Instrumentalbässe, nach zwei Takten bereits fortissimo, halbtaktiges Kurzmotiv, synkopierter Beginn der Chorstimmen, unaufhörlich sich wandelnde Harmonien über einem gewaltigen Orgelpunkt. Dieses »Jauchzet dem Herrn alle

Welt« mündet in ein dreifaches Forte des vollen Orchesters und des Chores. Ohne Überleitung plötzlich ein Zurücksinken, Niederstürzen, in pianissimo gesungene Worte: »Dienet, dienet.« Dienen und Jauchzen verschmelzen nun in gewaltiger Klangsteigerung zu einer einzigen, rauschhaften Gebärde. – Geheimnisvolle Harmonien, wechselnd zwischen Hörnern, Posaunen, Streichern und Holzbläsern, leiten den nächsten Abschnitt ein. Siebenmal singt der Chor, ganz leise und scheu, das Wort »Erkennet«; dann erst, dreifaches Forte, volles Orchester und Orgel, der sieghafte Schrei: » ... daß der Herr Gott ist!« Ruhig und einfach preist der Chor den Herrn, der »uns hat gemacht zu seinem Volk und zu seinen Schafen.« – Ganz verklärt das eingeschobene Allegretto con grazia. »Gehet zu seinen Toren ein«, harmonisch klar und melodienschön, Wechselgesang von Frauen- und Männerchor, wiegende Reigenweise in Streichern und Holzbläsern. – Den letzten Abschnitt bildet eine riesenhafte Doppelfuge (»Denn der Herr ist freundlich, und seine Güte währet ewig«). Alle kontrapunktischen Künste werden aufgeboten, um in Chor und Orchester die ragende Klangkuppel des Werkes aufzutürmen. In Thema und

Gegenthema schallt machtvoll der Bläserchoral »Ein feste Burg« (Beispiel; Hauptthema Baß, Gegenthema im Sopran, Choral in den Trompeten). Ein mehr überwältigender als überzeugender Schluß.

RACHMANINOW

Sergej Wassiljewitsch R. (1873–1943, Russe). Studierte in Petersburg und Moskau. Bald wurde er in der Welt als glänzender Klavierspieler bekannt. 1912 Kapellmeister an der Petersburger Oper. Einige Jahre in Dresden, dann in Amerika, wo er auch starb. Hauptwerke: Opern, Sinfonien und andere Orchesterwerke, Konzerte, Kammermusik, Klavierwerke, Lieder.

Klavierkonzert c-Moll, Opus 18

Den *ersten Satz* (Maestoso) eröffnet das Klavier mit gewaltigen Akkorden. Die Streicher bringen dann das eigentliche Hauptthema mit seinen engstufigen, aber leidenschaftlichen Schritten, umwühlt von rauschenden Gängen des Klaviers. Der Solist stellt ein zweites, nicht minder wuchtendes Thema auf. Nach der Durchführung wird das Hauptthema zu einem riesenhaften Marsch umgestaltet. Herrschten bisher Rausch und Farbe, so wird die Stimmung im *zweiten* Satz (Adagio) versonnen. Klavier und Orchester lösen sich wechselweise ab, durchdringen sich echt konzertmäßig. Der *dritte Satz* (Allegro scherzando) hebt mit einem heftigen russischen Tanzthema an (Beispiel), das im Ver-

lauf einer ganzen Folge von Bildern zugrunde gelegt wird. Russisch auch die Gegensätzlichkeiten des ersten wilden zum zweiten sanfteren Thema und des nachdrücklichen Widerspiels von Klavier und Orchester. Das zweite Thema taucht noch einmal in hellem Orchesterglanz auf, dann führt eine stürmische Steigerung zum sieghaften, ein wenig äußerlichen Schluß.

SCHÖNBERG

Arnold Sch. (geb. 1874 in Wien, gest. 1951 in Los Angeles) lernte zunächst durch Selbstunterricht, dann bei Zemlinsky. Vorübergehend Lehrer am Sternschen Konservatorium in Berlin. 1933 mußte er seine Meisterklasse für Komposition aufgeben, ging zunächst nach Wien und später in die Vereinigten Staaten.

Die Auseinandersetzung mit Schönberg und seiner Schreibweise wird wahrscheinlich noch für lange Zeit vorwiegend eine Angelegenheit der Fachleute bleiben. Der Komponist legte auch gar keinen Wert darauf, in die Breite zu wirken. Aus der Entwicklung der neueren Musik ist er freilich nicht wegzudenken.

Sein Streichsextett *»Verklärte Nacht«,* op. 4, ist gewissermaßen eine Übersetzung von Wagners »Tristan« ins Kammermusikalische; die satte Farbigkeit zwingt förmlich dazu, es nicht solistisch, sondern im vollen Streichorchester erklingen zu lassen (eine Möglichkeit, die der Komponist selbst vorgesehen hat).

Mit der *ersten Kammersinfonie,* op. 9 (für 15 Soloinstrumente, aber auch für stärkere Besetzung, wofür eine eigene Partitur vorgesehen ist), erweiterte Schönberg seinen Ausdrucksbereich. Entscheidend ist dabei nicht das einst vielberedete Quartenthema im Horn, mit dem die Sinfonie beginnt (fünf Quartenschritte nacheinander, beginnend mit D); entscheidend ist auch nicht die übrige Thematik, die dem Hörer von heute kaum irgendwelche Schwierigkeiten bietet; entscheidend ist nicht einmal der für die Entstehungszeit des Werkes ungewöhnliche Klang. Ausschlaggebend wurde vielmehr die Abkehr von der überlieferten Form im ganzen und im einzelnen. Das machte es dem Hörer zunächst unmöglich, dem Geschehen zu folgen. Schönberg sagt selbst: »Das Werk zeigt ... deutlich ähnliche Gliederungen wie eine mehrsätzige Sinfonie. Nur sind die einzelnen Teile so ineinander verschränkt (z.B. steht die Durchführung des ersten Satzes zwischen Scherzo und Adagio), daß das Ganze wie ein ausgedehnter erster Sinfoniesatz wirkt, in den sowohl zwischen Exposition (Themenaufstellung des Hauptteiles) und Durchführung als auch zwischen Durchführung und Reprise (Wiederholung der Exposition) breit angelegte Episoden (Scherzo beziehungsweise Adagio) eingeschoben sind.« Das ist also nicht eine neue Form, sondern Zertrümmerung der Form als Ganzes. Im einzelnen äußert sich diese Schaffensart vor allem darin, daß eine innere Beziehung der Harmonie nicht mehr festgestellt werden kann und daß die Stimmen nicht mehr aus der thematischen Grundsubstanz allein leben, sondern sich noch von irgendwelchen Nebengedanken nähren, deren Herkunft und Sinn nicht ohne weiteres zu erkennen sind.

Im Sinne des späteren Schönberg waren diese Werke (übrigens unglaublich gekonnt) noch zu sehr der Überlieferung verhaftet, unselbständig und gehaltlos. Er beschritt nun einen Weg, der *alle* überlieferten Werte vermied. Er verwarf für sein Schaffen: Gefühlsbetonung, Schönheit, Form, Aufbau, Melodie, Harmonie, Konsonanz, Dissonanz, Rhythmus, Farbe. Wohlverstanden: er verwarf für sich das, was *andere* unter diesen Bezeichnungen verstanden. Damit wurde er zum Verneiner. Und nun schuf er sich die ihm gemäße Art des Komponierens in dem sogenannten *Zwölfton-System.* (Die Gerechtigkeit gebietet, hier auch an andere zu denken, mindestens an den vielen kaum bekannten, allerdings etwas anders arbeitenden Joseph Matthias Hauer). Es besteht, roh gesagt, in folgendem: Das Dur- und Moll-Zeitalter hatte in jedem Musikwerk die in ihm vorkommenden Töne und Akkorde auf einen Grundton und einen Grundakkord bezogen; ob konsonant oder dissonant – Sinn und Bedeutung bekamen sie erst durch ihre Stellung zum Grundton beziehungsweise Grundakkord. Wie die Planeten sich um die Sonne bewegen, gegenseitig ineinander bedingen in Stellung und Bewegung, immer neue Konstellationen zueinander eingehen und trotz aller scheinbaren Freiheit bewegungsmäßig von der Sonne regiert werden, so kreisen im Dur-Moll-System die Töne und Akkorde um einen Grundton (-akkord): die Tonika. Das bedeutet, die Töne waren nicht selbständig, nicht gleichberechtigt. Dieses System hob Schönberg für sein Schaffen auf, indem er sagte: alle zwölf Töne unserer Halbtonleiter sind gleichberechtigt in einem Tonstück. Mathematisch durchaus vorstellbar, physikalisch dagegen nicht; denn die sogenannte Tonalität (Herrschaft der Tonika) läßt sich aus rein physikalischen Tatsachen belegen, das Zwölfton-System aber nicht. Es sei hier bemerkt: Schönberg tat solches nicht aus wilder Dissonanzfreude; ihm ist die Dissonanz als Begriff für *sein* Schaffen unwesentlich, und er spottet über diejenigen, die sich dadurch als moderne Komponisten erweisen wollen, daß sie recht viele Dissonanzen schreiben, auch dort, wo sie weder musikalisch noch geistig einen Sinn haben.

Schönberg ist nun aber ein viel zu scharfer Denker, als daß ihm entgangen wäre, daß die Gleichberechtigung der zwölf Töne der Halbtonleiter zunächst zwar eine Befreiung von der Herrschaft der Tonika darstellte, aber nun der Willkür Tür und Tor öffnete. Er ersann – nein, Schönberg sinnt nicht, er denkt –, Schönberg erdachte eine neue mathematische Spielregel. Diese besagt, daß in der Zwölftonreihe ein Ton erst dann wieder auftreten darf, wenn die elf anderen Töne zuvor erklungen sind. Das bedeutet aber: er setzte an die Stelle der früheren »Fessel« Tonika eine noch starrere, noch unzerreißbarere Kette. Noch später hat er dann freilich Ausnahmen zugelassen. Mit den neugewonnenen Zwölftonreihen (nicht eigentlich »Themen«) kombiniert, kontrapunktiert und variiert Schönberg meisterhaft.

Diese Andeutungen müssen hier genügen, das Zwölfton-System ist so schwierig, daß selbst Meister unter seinen Verfechtern zuweilen fast mutlos werden. Es gilt festzuhalten, daß Schönberg (immer: als Selbstschaffender!) nicht Musiker im überkommenen Sinne ist, sondern ein Denkspieler in Tönen, ein Mathematiker tönenden Schachspiels. Sein Einfluß auf die Musikentwicklung der vergangenen Jahrzehnte ist nicht mehr wegzudenken; aber seine Werke selbst haben sich nur einen kleinen Raum im Musikleben der Gegenwart erobern können, wobei nicht zu übersehen ist, daß in den meisten Ländern kleine

Kreise bedeutender Musiker, Musikwissenschaftler und Musikhörer bedingungslos der Zwölftonlehre Schönbergs anhängen und sie in ernster Arbeit auszugestalten sich bemühen. Wir achten den großen Könner, den scharfen Denker; aber wir ziehen auch vorerst einen Wall zwischen seiner subjektiven Welt und der Welt der normalen Hörer.

Beachtlich genug, daß Schönbergs »zweite Kammersinfonie (1939) in f-Moll steht. Die Tonika ist also wieder oder immer noch da. Tatsächlich geht Schönberg in diesem Werk eine Verbindung ein zwischen Tonalität und Zwölfton-System. Dabei hat jedoch die stimmige Zwölfton-Seite entschieden das Übergewicht über die »senkrechte« Tonalität. Und – täuschen wir uns? – zuweilen klingt es in dem Werk wie wehmütiges Erinnern eines alternden Denkers an romantische Jugendzeit.

Charakteristischer freilich sind die *Variationen für großes Orchester* von 1928 (op. 31). Kompositionstechnisch unbestritten ein Meisterwerk. Träger des Ganzen ist ein Zwölfton-Thema, besser eine Zwölfton-Reihe (Beispiel 1), das hierhergesetzt sei, weil man

1

diese Tonfolge genauestens im Ohr haben muß, wenn man das Werk beim Hören wenigstens andeutungsweise aufnehmen können will. Was an komponierender – und das heißt hier ganz wörtlich: zusammensetzender Arbeit in dem Tonstück steckt, vermag freilich selbst der Fachmusiker nur auf Grund der Partiturkenntnis zu würdigen. Diese Zwölfton-Reihe beachte der Hörer und Leser vor allem hinsichtlich ihrer ständigen »expressiven« Bezeichnung: piano, zart, mehrfach anschwellend und wieder abnehmend (also sehr wohl »Ausdrucksmusik«, wenn auch auf einer anderen Ebene als die Ausdrucksmusik etwa der Spätromantik). Als knappe Weiser durch die verwickelten Vorgänge mögen folgende Sätze dienen: 1. Variation, nach einer knappen, visionären Einleitung, beginnend sogleich mit Umkehr des Themas in den Bässen, dann übernehmen es Hörner und Posaunen; vielfältige Kontrapunkte in den »Neben«stimmen. – 2. Variation, Thema in der Sologeige, Gegenstimmen in den Holzbläsern. – 3. Variation, Thema rhythmisch gestrafft, von Instrument zu Instrument wandernd. – 4. Variation, Solobratsche und Flöte im Wechselspiel. – 5. Variation, wachsende Erregung im ganzen Orchester, die im Schlußsatz mit zügelnder, herrischer Hand zusammengefaßt und verdichtet wird.

Wesentlich »gemäßigter« geben sich zwei spätere Orchesterwerke. Die fünfsätzige *Suite für Streichorchester* (1934) ist in Haltung und Thematik mindestens umrißhaft wieder allgemeinverständlicher mit ihren altklassischen Teilen Ouvertüre, Adagio, Menuett, Gavotte, Gigue. Ganz ausgesprochen klangschön sind die *Variationen für Streichorchester* (1944). Allerdings wurden sie für Schülerorchester geschrieben und sollen nach Schönbergs Worten zeigen, was einer »innerhalb der Tonart leisten kann, der sein Handwerk versteht«.

Das *Violinkonzert* von 1936 hält man allgemein nicht für Schönbergs stärkstes, wohl aber für sein bezeichnendstes Werk. In ihm lebt echte musikantische Lust am Spiel, und der Solist kann mit seinem Können glänzen. Gleichzeitig aber zielen die Linien der Solovioline keineswegs auf rein geigerische Artistik, sind vielmehr streng motivisch bezogen und zwar durchaus gedanklich abstrakt. Das sind Widersprüche, die nichts mit »moderner Musik«, umso mehr aber mit Schönbergs musikalischer Veranlagung zu tun haben; und gerade aus diesem Grunde wirken sie so stark, so unmittelbar. Freilich, wer das Werk liest (und ohne das Lesen ist die eigentümliche Kompositionstechnik, mit der die aufgestellte Zwölfton-Reihe umspielt wird, keinesfalls zu verstehen), wird aus der Bewunderung nicht herauskommen. Sind aber die »thematischen« oder »motivischen« Bildungen noch stoffgerecht, entsprechen sie dem Wesen der Violine? Wer wollte leugnen, daß hier mit eindrucksvollen musikalischen Gebärden gearbeitet wird! Es fragt sich nur, ob sie der Sologeige, der sie anvertraut sind, wesenhaft gerecht werden. Widersprüchlich auch etwas anderes: die Instrumentierung im Orchester (und das bedeutet hier abermals: unerhört verästelte Aufteilung des Stimmigen, der winzigsten Stimmigkeiten) vermag so nur ein Meister seines Handwerks zu vollbringen. Wird aber nicht hier Stimmigkeit auf weite Strecken zu Klang, oft sogar zu überraschenden Klangmischungen? Endlich die Form. Die Sätze heißen Poco allegro/Andante grazioso/ Marsch. Selbstverständlich hört und liest man solche Musik nicht mit Formvorstellungen der Klassiker; aber man vermag schwer ein inneres, aus sich selbst herauswachsendes Formbild an diesem Werk zu erkennen. Ebensowenig, aus welchem Grunde das Hauptthema (die Hauptreihe) des ersten Satzes am Schluß wieder auftaucht. Hier wird ein Subjektivismus offenbar, der menschlich wahrlich schätzenswert ist, vorerst jedoch künstlerisch-musikalisch kaum allgemeinverbindlich oder wenigstens einigermaßen allverständlich anmutet. Im Violinkonzert zeigt sich, daß Schönberg mindestens in jenen Jahren eine Mischung darstellt von absolutem Neuerer (als den ihn seine Anhänger preisen) und relativem Er-neuerer, für den er sich wohl selbst hielt. Eine Mischung, die seinem Gesamtwerk (wenn auch nicht wie im Violinkonzert jedem Einzelwerk) das Gepräge gibt. Es ist ein ewiges Widerspiel von Musikant und Musikdenker.

Kompositionstechnisch ein Meisterwerk ist das *Klavierkonzert,* Opus 42, aus dem Jahre 1942. Es erscheint bei jedem Lesen stets als eine Synthese alles dessen, was Schönberg je geschrieben hat, ja als eine Synthese der wichtigsten Kompositionstechniken überhaupt. Das Klavier spielt nicht sosehr (wie im Violinkonzert) eine »solistische«, sondern eine »stimmige« (um den naheliegenden, aber mißverständlichen Ausdruck »sinfonische« zu vermeiden) Rolle, wird also stimmig (nicht klanglich) weniger gegen das Orchester gestellt, sondern ihm eingebaut. Das Werk hat vier Sätze: Allegro/Scherzo/Adagio-Largo/Final-Rondo. Die Art, mit der Schönberg sie verschränkt, erinnert an die »Durchführungs«technik der 1. Kammersinfonie; doch dürfte man das Wort Durchführung hier eigentlich nicht anwenden. Es handelt sich mehr um eine

Variierungskunst, die das Ganze wie die Einzelheiten, die »Themen« wie die »Motive« so unlösbar verknüpft, als habe man eine umfangreiche mathematische Arbeit in Tönen vor sich. Schon die 39 Takte umfassende Tonreihe des Anfangs (Beispiel 2 gibt den

Beginn, zu beachten die thematische Bezogenheit der linken Hand) variiert die im Beispiel wiedergegebene erste Reihe in vier Gestalten, hängt dadurch fest ineinander und bestimmt mit jeder Winzigkeit nicht allein den Kopfsatz, sondern alle übrigen Sätze (besonders deutlich die thematische Verklammerung der Ecksätze). Diese Andeutungen müssen hier genügen. Um Mißverständnissen zu entgehen, sei jedoch bemerkt, daß die mathematische Tonrechnung keineswegs trocken wirkt, sondern unablässig von musikantischen Antrieben durchpulst wird. Es scheint sogar, daß in dem Werk immer wieder eine verhaltene Schwingung echter (!) Romantik zu vernehmen ist.

RAVEL

Maurice R. (1875–1937, Franzose) war Schüler des Pariser Konservatoriums. Lebte meist seinem Schaffen. Schreib u.a. Klaviererke, Orchestermusik, Ballette, Opern, Kammermusik, Lieder.

Bis etwa 1910 war Ravel ein ausgesprochener Impressionist, darin Debussy verwandt, von dem er sich aber dadurch unterscheidet, daß er bei allem Verschwimmen der Farben doch einer greifbaren Thematik huldigt. Später wandelte sich Ravel zum »Klassizisten«, ohne dabei den Sinn für erlesene Klangmischungen zu verlieren. Nicht zu übersehen, daß dieser feingeistige, feinnervige Künstler seiner Verwurzelung in spanischem Musikgut sehr viel verdankt (er wurde an der französisch-spanischen Grenze geboren).

Von seinen Orchesterwerken bleibt am wirkungsvollsten die *»Spanische Rhapsodie«* (1907), zündend, sprühend, farbenreich, mit einem großen Klangapparat (im Orchester zwei Harfen und vier Flöten). Der Grundgedanke des viersätzigen Werkes, ein ständig wiederkehrendes viertoniges Motiv, trägt vor allem den ersten Satz »Prélude à la nuit«. Es klingt im zweiten Satz, einer lebhaften »Malaguena«, gegen Ende wieder auf; auch hier gleich zu Beginn die ständige (ostinate) Wiederkehr eines Motivs in den tiefen Instrumenten. Ostinato auch in der nun folgenden

»Habanera«; das in vielen bunten Verkleidungen erscheinende Thema stammt aus einem unveröffentlichten Klavierwerk des zwanzigjährigen Komponisten. Der dreiteilige Schlußsatz »Feria« (versonnen träumendes Intermezzo, eingerahmt von einem heiteren Hauptsatz) zitiert gegen Ende abermals das Motiv des Kopfsatzes.

»La Valse« (1920), »eine choreographische Dichtung für Orchester«, umschreibt Ravel selbst mit folgenden Worten: »Ich dachte an eine Art Apotheose des Wiener Walzers, in die sich in meinem Geist die Vorstellung von einem phantastischen Wirbel drängte, dem sich niemand entziehen kann. Ich dachte mir La Valse im Rahmen des Kaiserhofes von 1855.«

Die übrigen Werke sind ursprünglich nicht für den reinen Konzertgebrauch bestimmt gewesen. So ist der berühmte *»Bolero«* (1928) als Begleitung einer Tanzschöpfung gedacht; im Konzertsaal klingt diese ständige Wiederholung und Steigerung des einförmigen Gundgedankens, nichtssagend. Natürlich ist das Stück raffiniert instrumentiert, natürlich wirkt dieses ganz langsame, unerbittliche Steigern vom Pianissimo zum Fortissimo geradezu beklemmend, natürlich kann ein guter Dirigent damit paradieren. Dennoch bleibt es nur ein (großartig gekonntes) artistisches Spiel.

Wenn schon »brillante Wirkung«, dann lieber die des *Klavierkonzertes* von 1931. Ravel meinte, die Musik eines Konzertes müsse heiter und hell sein, sie brauche nicht auf Tiefe und dramatische Wirkung abzuzielen.

Nun, das trifft hier zu. In diesen drei Sätzen (besonders in den Ecksätzen) funkelt es von ausgelassener Heiterkeit. Klavier und Orchester wetteifern darin, die farbig-kräftig erfundenen Themen in einen leuchtenden Farbenteppich zu wirken, dessen ruhigerer Mittelteil sich besonders schön vom Geglitzer der Randsätze abhebt. – Zu erwähnen, daß Ravel auch ein vortreffliches Klavierkonzert für den einarmigen Pianisten Wittgenstein geschrieben hat.

Eine kleine Konzertrhapsodie *»Tsigane«* (1924) für Geige und Orchester gibt dem Solisten Gelegenheit, alle Eigentümlichkeiten der Zigeuner-Geiger auf höherer Stufe nachzuzaubern.

Häufiger als die Orchesterwerke hört man die *Klavierkompositionen.* Eine der bekanntesten Schöpfungen sind die *»Wasserspiele«* (1901), die durch seinerzeit neuartige, farbenfrohe Klangwirkungen immer wieder fesseln, wenn ihnen auch eine nachhaltige Wirkung (die von Ravel auch gar nicht angestrebt wurde) versagt bleibt. Eine Verfeinerung nach der klanglichen Seite bedeuten dann die *»Spiegel«* (»Miroirs«) von 1905, Stimmungsbilder aus der Natur (u.a. »Traurige Vögel«, »Eine Barke auf dem Meer«, auch ein spanisches Stück »Alborada del gracioso«), in denen Ravel mit Debussys nervöser Farbenkunst erfolgreich wetteifert. Ein sehr beachtliches Werk ist das *»Grabmal Couperins«* (1917). In seiner Satzfolge Präludium / Fuge / Forlana / Rigaudon/Menuett/Toccata schließt es sich an den Gestaltungsgrundsatz der alten Suite an, läßt das Impressionistische zurücktreten und strebt auf neuen Wegen alten Zielen zu.

FALLA

Manuel de F. (1876–1946, Spanier) studierte bei ausgezeichneten Lehrern, lebte dann vorwiegend seinem Schaffen. Hauptwerke: Oper, Ballett, Orchester- und Klavierkompositionen, Gesänge.

Der bedeutendste spanische Komponist der neueren Zeit dankt sein ungewöhnliches Können zum guten Teil seinem Lehrer Debussy, der ihm das impressionistische Klangerlebnis erschloß. Zum anderen baut Falla auf dem Musikgut seiner spanischen Heimat auf.

Sein stärkstes Orchesterwerk sind die *»Nächte in spanischen Gärten«* (1925), drei sinfonische Stimmungsbilder für Klavier und Orchester. Der erste Satz (»Im Generalife«) verschwimmt in ganz kurzen einförmigen Motiven, deren Weiterführung fast gestaltlos bleibt, aber die kaum unterscheidbaren Nachtstimmungen geradezu erregend wiedergibt. Klavier und Orchester sind nicht »konzertierend«, sondern färbend in das Klangbild eingesetzt. Im zweiten Satz (»Ferner Tanz«) entsteht eine zauberhafte Wirkung: von fern ertönt ein leiser, einfacher Tanz; aber seine Melodie wird kaum durch das Ohr aufgenommen, weil das Orchester sich wie ein Filter dazwischenschiebt. Der dritte Satz (»In den Gärten der Sierra von Córdoba«) ist von glühendem Leben erfüllt: Durcheinander der Motive und Rhythmen, seltsam verschränkte Harmonien, freudiger, lebensbejahender Schwung.

HAAS

Joseph H. (1879–1960) ist Sohn eines Lehrers. Unterricht bei Max Reger. 1911 Kompositionslehrer in Stuttgart, später in München. Schrieb Orchester- und Kammermusik, Klavierstücke, Opern, Chorwerke, Gesänge.

Variationen-Suite über ein altes Rokoko-Thema. Die Orchesterwerke von Haas sind volkstümlich und gelehrt zugleich. Bekannter als die stimmungsschöne »Heitere Serenade« und die etwas vernachlässigten »Volkslied-Variationen« ist die »Rokoko-Suite«. Stoffwahl und Ausführung kennzeichnen den Reger-Schüler. Das Werk ist geschrieben für kleines Orchester, später jedoch für großes Orchester gearbeitet worden.

Im strengen Sinne bildet die Suite keine Folge von Variationen über ein gegebenes Thema; denn Haas lauscht seinem Thema nicht die in ihm schlummernden harmonischen, melodischen oder rhythmischen Wandlungsmöglichkeiten ab, sondern gibt *sich selbst,* den Musiker der Gegenwart, der seine eigenen Vorstellungen von einem »heutigen Rokoko« offenbart (ähnlich wie Reger, aber über ihn hinausgehend). Bezeichnend für diese Art ist der Bau der Suite: sie beginnt nicht mit dem Thema, sondern mit einem ausgedehnten Vorspiel, dessen derb-heitere Bläserbehandlung an die modernen Russen erinnert. Nun erst folgt das Thema: leicht faßlich und klar, doch unverbindlich in der Haltung. Dritter, fünfter und siebenter

Satz nehmen als »Polonaise, Marsch und Rondo« die schnurrige Art des Vorspiels wieder auf. Innere Haltung und äußere Verarbeitung sind freilich nicht rokokohaft, sondern neu-barock empfunden und gestaltet (nicht nur in den Barock-Trompeten). Starke Gegensätze entstehen durch die eingeschobenen Zwischenspiele, stimmungsvolle Sätze von eindringlicher Ruhe und Schönheit. Besonders merkwürdig das erste: weder die klopfenden Fagott-Rhythmen noch die an Puccini gemahnenden begleitenden Geigengesänge, noch das von der Klarinette vorgetragene Thema sind übermäßig bedeutend; aber das Ganze wirkt doch eindrucksvoll durch kompositorische Dichte und gepflegte Instrumentierung. Kompositionstechnik und Instrumentation sind überhaupt die wesentlichen Vorzüge des Werkes. Vor allem besticht die prächtige Verwendung der Bläser, die den Orchesterklang durchweg bestimmen.

RESPIGHI

Ottorino R. (1879–1936, Italiener) studierte in seiner Vaterstadt Bologna, dann bei Rimskij-Korsakow und Max Bruch. Seit 1913 Lehrer am Liceo in Bologna. Lebte später vorwiegend seinem Schaffen. Hauptwerke: Opern, Orchester- und Kammermusik.

Als farbenreicher Impressionist hat Respighi entscheidende Eindrücke aus der französischen, russischen und deutschen Musik gewonnen; als Italiener besinnt er sich stets auf die Melodie, so daß selbst seine glanzvollsten Orchestergemälde von starken melodischen Pinselstrichen durchzogen sind; seinem Wesen nach ist er eigentlich kein Impressionist, sondern ein Programm-Musiker, der seine realistischen Schilderungen mit impressionistischer Gebärde vorträgt. Seine in Deutschland bekannten Orchesterwerke sind im Grunde südländisch schwelgerische Freiluftmusik. Dem Verständnis setzen sie keinerlei Schwierigkeiten entgegen: in ihnen klingt, was die Überschriften und Programmhinweise aussagen.

»Römische Brunnen« (Fontane di Roma, 1917). – Vier Tonbilder, die noch nicht ganz so rauschhaft sind wie die späteren Werke. Im ersten Bild Morgenstimmung mit Hirtenlandschaft, im zweiten ein Zug der Tritonen, im dritten Mittagsglut, im vierten nächtliche Wasserspiele.

»Römische Pinien« (Pini di Roma, 1924). – Wiederum vier Stimmungsbilder: dunkle Pinien in italienischer Landschaft. Zunächst in den Gärten der heiteren Villa Borghese, wo » ... Kinder Ringelreihen, Militärmärsche und Schlachten aufführen«. Dann bei den düsteren Katakomben, aus denen sich ein dunkel-feierlicher Gesang erhebt. Weiterhin auf dem Gianicolo (ein Hügel in Rom), wo es nächtlich raunt und duftet. Endlich auf der Via Appia, der alten Schicksalsstraße, wo »unter Fanfarengeschmetter der Konsul mit seinem Heere naht, um im Glanze der neuen Sonne triumphierend auf das Capitol zu ziehen«.

»Römische Feste« (Feste di Roma, 1928). – Abermals vier Bilder, jetzt, wo es sich um Festtrubel handelt, mit dem dicksten Pinsel gemalt. Zunächst Zirkusfeste mit wilden Tieren und mörderischen Gladiatoren, dann das »Jubiläum« (Wallfahrer-Fest in Rom), weiter die »Ottobrata« (römischer Oktoberausflug in die Umgebung), endlich das Dreikönigsfest. Alles ist mit einer Wirklichkeitstreue geschildert, deren Unbefangenheit uns seltsam berührt. In dem Riesenorchester fehlen weder Glocken noch Orgel noch Galerietrompeten noch vierhändig gespieltes Klavier.

BARTÓK

Béla B. (1881–1945, Ungar) studierte unter anderem bei L. Erkel, wurde 1906 Klavierprofessor an der Landesakademie in Budapest. Hauptwerke: Opern, Orchester- und Kammermusik, Klavierwerke.

In Bartóks musikalischem Werk treffen altes Volksgut und neuzeitliche Nüchternheit zusammen. Kaum ein anderer Vertreter der Neuen Musik ist so verwurzelt in Volksliedern und Volkstänzen seiner engeren und weiteren Heimat wie der Ungar Bartók; kein anderer arbeitet gleichzeitig so naturwissenschaftlich genau, ja sogar mit der Stoppuhr (buchstäblich) wie er. Eine wahrlich seltsame Mischung. Mit der Aussage Beethovens, Musik sei eine höhere Offenbarung, haben seine Werke kaum etwas zu tun. So sehr er aber die alten Harmoniefunktionen verneint, so sehr er jede Gefühlsbetontheit ablehnt – ein Formzertrümmerer ist Bartók nicht. Nur erwächst ihm die Form vorwiegend aus dem Rhythmus. Freilich nicht aus jenem motorischen (was ja immerhin »seelenlosen« heißt) Rhythmus, der uns zum Überdruß als das Maß aller Dinge angepriesen wurde, sondern dem gewachsenen Rhythmus östlicher Volksmusik. Diesen wiederum übernimmt er nicht mechanisch, sondern sucht dessen gestaltbildenden Kräften beizukommen. Oft gelingt es ihm, bis zum rhythmischen Kern, zum Urerlebnis des Rhythmus' vorzustoßen. Nicht verschweigen läßt sich, daß Bartók zwar oft mit der seelischen

Wünschelrute solche Schätze hebt, ihnen aber als Mensch des 20. Jahrhunderts ebenso oft mit dem Rechenstift beizukommen sucht. Daher das Widerspruchsvolle seiner Musik.

Orchesterwerke

In einer *»Tanzsuite für Orchester«* (1923) treten Bartóks Eigentümlichkeiten recht scharf hervor: wechselnde Tanzrhythmen, ungarische Volksweisen, harte Harmonisierung, Orchesterklang aus dem Geist der einzelnen Instrumente, viel Schlagzeug, Stegreif-Fassung und doch Formenstrenge (fünf Tanzsätze, verbunden durch ein wiederkehrendes Zwischenspiel, zusammenfassender Schlußsatz).

»Musik für Saiteninstrumente, Schlagzeug und Celesta« (1937). Offenbar hat sich Bartók nunmehr auch mit Schönberg stärker auseinandergesetzt; freilich sind die wenigen Schönberg-Einflüsse derart in Bartóks Eigensprache gebettet, daß man das Werk im wörtlichen Sinne als eine »Auseinander«setzung ansehen darf. Schon die ganz merkwürdigen Klangfarben verraten eine Sinnenhaftigkeit, die dem Denker Schönberg fremd ist. Ihren tiefsten Sinn erhalten diese Farben erst, wenn man sie in Zusammenhang bringt mit dem fugierten Beginn, der von einer unbegreifbaren, unbeweisbaren, doch deutlich spürbaren Mystik erfüllt ist, und mit dem langsamen Abschnitt, dem ein – wenn der Ausdruck erlaubt ist – »außerkirchlicher

Weihrauch« entsteigt. Im Schlußteil tritt das ungarische Element rauschhaft in den Vordergrund.

Das *»Divertimento für Streichorchester«* (1939) knüpft an die »Musik für Saiteninstrumente« insofern an, als der langsame Satz ganz unverkennbar die Stimmung des Adagios aus diesem Werk wieder aufnimmt. Im ersten und im letzten Satz ist es wirklich ein Divertimento, also ganz wörtlich eine Zerstreuungsmusik (selbstverständlich auf einer hohen Ebene). Immerhin, selbst nach mehrmaligem Hören ist man überrascht, beim Lesen der Partitur später zu sehen, wie außergewöhnlich kunstvoll das Werk auch in seinen schlichtesten Takten gearbeitet ist.

»Konzert für Orchester« (1942). Die fünf Sätze (Einleitung, Spiel der Paare, Elegie, Unterbrochenes Intermezzo, Finale) ziehen dahin wie ein lebendiger Spuk, unaufhörlich wechseln die Bilder, scheinbar zusammenhanglos (wie etwa der »Choral« der Blechbläser nach dem Geigentanz) und doch zusammengehalten durch Bewegungskräfte, die aber auch nicht einen Augenblick nachlassen. Daher spielen sogenannte Themen keine Rolle; die Bewegung wurzelt und äußert sich vielmehr in Motiven. Diese wiederum sind in vielfältige rhythmische Gewänder gekleidet, tanzen, hüpfen, schleichen, drängen, stoßen – ein buntes Gewühl. Man hört keine Zusammenhänge, ist aber gebannt von der Kraft, die unsichtbar all diese Einzelheiten lenkt, belebt und bindet.

Erstes Klavierkonzert (1926). Hier ist der Rhythmus alles, die Melodie nichts. Aber der Rhythmus ist nicht mehr meßbar, wechselt unablässig, wird zur alles mit-

reißenden Bewegung, stockt und feuert an, treibt und hält zurück. – Bartóks *drittes Klavierkonzert* (1945) gehört stilistisch mehr in den Umkreis des »Konzerts für Orchester«. Wieder eine Vielfalt wechselnder Bilder, in denen auch ältere Formbestandteile (Invention, Fugato) erscheinen. Wiederum diese Regisseurkunst, die unsichtbar hinter der Bühne die Einzelkräfte nach einem festen, dem Hörer nicht sogleich erkennbaren Plan lenkt. Doch tritt nun zur Kraft der rhythmischen Faust die spielerische Eleganz des Geistes, eine Auflockerung des Klanges.

Ein verhältnismäßig eingängiges Werk ist das *»Konzert für zwei Klaviere und Schlagzeug«* (1937; auch in einer Fassung mit Orchester). Der letzte Satz (Allegro molto) lebt von dem Gegensatz eines sinnenden Melos zu heftig treibenden Akkorden und punktierten Rhythmen, wobei das Schlagzeug eine anfeuernde Rolle übernimmt. Der Mittelsatz (Lento ma non troppo) ist ebenfalls gegensatzreich: in das verhalten-langsame Hauptgeschehen mischen sich aufrüttelnde signalartige Motive, in zuweilen impressionistische Klangbilder hämmert das Schlagzeug rhythmische Signale. Ausgelassene, doch streng gebändigte Musizierfreude und Lebenskraft im Schlußsatz (Allegro non troppo).

Wesentlich schwieriger ist es, dem *Violinkonzert* (1939) beizukommen. Verdichtete, vergeistigte Sprache, ungarischer Einschlag, fast mystische Vertiefung. Um die eigentlichen gestaltbildenden Kräfte zu erfassen, geht man am besten von der Thematik aus. Der Kopfsatz (Allegro non troppo) beginnt mit klarem H-Dur, in das die Sologeige das Hauptthema hineinwebt. Es besteht in der Hauptsache aus Quarten, selbst in den Bässen bereits vorweggenommen, und die Quarte ist tragendes Motiv in allen drei Sätzen. Sie kehrt nicht nur im ruhig-schlichten Thema des Andante wieder (steigend und fallend), sondern bestimmt noch eindeutiger die scharfgeschnittene Thematik des Schlußsatzes (Allegro molto). Elf aneinandergereihte Quartschritte ergeben die zwölf Töne der Halbtonleiter (Zwölfton-Musik Schönbergs); kein Wunder, daß also das Grundthema des Werkes verschiedentlich als Zwölfton-Thema auftritt (Beispiel aus dem ersten Satz). Die Form als solche ist nicht

ungewöhnlich; sie entspricht im wesentlichen der klassischen Anlage und vergißt auch nicht die große Kadenz für den Geiger, der sich durch allerlei Kniffliges hindurch streichen, zupfen und hämmern muß, doch damit eine sehr dankbare Aufgabe hat.

Kammermusik

Kammermusik ist nicht die stärkste Seite von Bartóks Schaffen. Bei der außerordentlichen Bedeutung des Komponisten für den Entwicklungsgang der Neuen Musik wird hier wenigstens der Weg umrissen, den Bartóks sechs *Streichquartette* gegangen sind.

Das *erste* Quartett steht, von Einzelheiten abgesehen, auf dem Boden der Überlieferung; erst im Schlußsatz halten sich Altes und Neues wirklich die Waage (ohne allerdings eine echte Verbindung einzugehen). Im *zweiten* Quartett bricht sich der Rhythmus Bahn, die Harmonie wird zum Farbwert, das Thematisch-Melodische tritt als entwicklungsfähiger Gedanke immer mehr zurück. Unser Beispiel aus dem zweiten Satz

zeigt, wie das Thematische sich auflöst und wie der Rhythmus als treibende (nicht bauende!) Kraft an dessen Stelle tritt. Das *dritte* und *vierte* Streichquartett führen das zuvor Erprobte fast rechnerisch weiter aus. Im *fünften* Quartett wird sogar angegeben, wie lange jeder der fünf Sätze zu dauern habe, und zwar nach Bruchteilen von Sekunden! Mit dem *sechsten* und letzten Streichquartett tritt ein völliger Wandel ein. Mit einem Schlage ist alles auf halbe, mittlere, gedämpfte Werte gestellt; die Sätze heißen »Mezzo vivace / Mezzo marcia / Mezzo burletta / Mezzo«. Der Kopfsatz beginnend mit schwermütigem, langsamem Solo, ist vielgliedrig und vielflächig; der »Halbmarsch« arbeitet mit Gitarrenwirkungen und punktierten Rhythmen, die sich gegen Schluß seltsam verflüchtigen; auch die Burletta hebt trübe und schwermütig an, wird dann aber heiterer, ergießt sich in einen walzerartigen Teil, enthält eine Pizzicato-Stelle, die themenlos dahinzieht; trübe, lastende Melodik im Schlußsatz. Also eine Welt, ganz verschieden von der aller vorangehenden Quartette. Die Melodik ist – wenn auch in gewandelter Form – wiedergekehrt, es gibt kleine Soli, die einzelnen Stimmen treten thematisch zueinander in Beziehung.

Auf die *Klavierwerke* können wir hier nicht eingehen. Das einst vielgespielte *Allegro barbaro* hört man heute kaum noch, zudem ist es für die Gesamterscheinung Bartóks kaum mehr charakteristisch (1911). Doch ausgesprochen sei, daß man sich in das neuere Klavierschaffen kaum besser hineinfinden kann als durch die zahllosen kleinen Stücke Bartóks; ein ausgesprochenes Lehrwerk ist der »Mikrokosmos«.

STRAWINSKY

Igor St. (1882–1971, Russe) war Schüler von Rimski-Korsakow, ging bald nach Paris, wo er jahrzehntelang wirkte, später nach Amerika. Pianist, Dirigent, Komponist. Schrieb u.a. Opern, Orchesterwerke, Ballettmusiken, Klavier- und Kammermusik, Lieder.

Als musikalisches Genie, als großartiger Könner und bedeutender Anreger in der Musik des 20. Jahrhunderts bleibt Strawinsky eine überragende Persönlichkeit. Wenn sich seine künstlerische Ausdrucksweise oft gewandelt hat, so beweist das mit Sicherheit nur, daß Strawinsky bewußt oder unbewußt die schnell sich wandelnden Bewußtseinsinhalte von rund sechs schnellebigen Jahrzehnten spiegelt. Und wenn er als Schreibender, Schaffender und Ausübender mit bemerkenswerter Selbstsicherheit dem wägenden Verstand eine (oder die) Hauptrolle im künstlerischen Bereich zuwies, so war das wahrlich sein Recht als Künstler, der zur Begründung seiner Auffassung nicht der Worte bedurfte, sondern auf seine Werke verweisen konnte. Diese Werke stilistisch auf einen Nenner bringen zu wollen, wäre vergebliches Bemühen; daß sie dennoch einheitlich wirken, ist das Geheimnis der Künstlerpersönlichkeit Strawinskys. Im einzelnen ist die Verschiedenheit so groß, daß viele Hörer die einen Werke abgöttisch lieben und die anderen verblüfft ablehnen.

Orchesterwerke

Strawinsky wurde berühmt durch die Ballett-Musiken, die er vor allem für das russische Diaghilew-Ballett schrieb. Wir stellen im folgenden die wichtigsten Ballett-Suiten zusammen.

»Der Feuervogel« (1910, neun Jahre später überarbeitet). Dieses klangschöne Werk Strawinskys steht unter dem Einfluß Debussys, noch mehr unter dem Rimski-Korsakows: alle klangmalerischen Möglichkeiten des Orchesters werden ausgenutzt, zarte Feinheiten stehen neben verwirrendem Farbenrausch, schwebende Stimmungsbilder neben treibenden Rhythmen. Nach einer geheimnisvoll-dunklen Einleitung beginnt der »Tanz des Feuervogels«, mit dessen Wunderfeder der Prinz den Zauberer Katschei überwindet. Auf dieses strahlend aufleuchtende Bild folgt ein zierlich-anmutender »Tanz der Prinzessinnen«. Um so wilder geht es zu im »Höllischen Tanz des Zauberers Katschei«, der mit allerlei Finsterlingen einen Heidenspektakel im Orchester entfesselt. Dann ein »Wiegenlied«: stimmungsverwandt mit dem Prinzessinnentanz, nur noch zarter, noch anmutiger. Das anschließende Finale dient nur zur Abrundung.

»Petruschka« (1912), Erprobung und Festigung der im »Katschei«-Tanz angeschlagenen Ader rhythmischer Urkräfte. Puppenspiel auf dem Jahrmarkt, Puppen als Gleichnisse der Menschen und Menschengefühle, Verzerrung angeblicher Gefühle. Verstimmte Leierkästen und »gefühlvolle« Empfindsamkeit, wilde

Tänze und »süße« Flötenweisen. Zunächst auf dem »Jahrmarkt«: Karussell- und Leierkastenmusik, Marsch und Spieluhr, Geräusche und Getöne aller Art durcheinander. Nun ein »Russischer Tanz«: verworren leise beginnend, schmachtendes Flötensolo, dann heftiges Losstürmen. Unser Beispiel gibt einen Begriff von den akkordischen Packungen. Jetzt folgt die Maschinenpuppe »Petruschka« selbst: Grimassen schneidend, abgerissen, tänzelnd, auch lächerlich verliebt, sentimental. Ihr Nebenbuhler, der »Maure«, stellt sich im nächsten Satz vor: schleichend und schlurfend, verschlagen und bösartig, stampfend und mörderisch. »Der große Jahrmarkt« nimmt dann die Eingangsstimmung wieder auf; nun aber noch lärmender und knarrender.

»Die Frühlingsweihe« (1913) ist ohne das sichtbare Ballett ungenießbar. Den Klang beherrschen Bläser und Schlagzeug, die Triebkraft liegt wieder im Rhythmus. Dieser Rhythmus scheint aber, im einzelnen betrachtet, erschreckend dürftig; erst das Übereinandertürmen der Kurzglieder macht ihn wirksam und bedeutsam. Die durch das Nebeneinander und Übereinander der Tonarten entstehende Polytonalität kommt nicht aus einem neuen harmonischen Grund-

gefühl, sondern ist ein mehr zufälliges Ergebnis der ineinandergepreßten Kurzrhythmen und Kurzmotive. Das Auge vermag beim Anschauen der sinnbildhaften Tanzhandlung (Frühling als Sieger über den Winter) einen Sinn zu entdecken; aber für Konzertaufführungen bleibt das Werk ungeeignet.

Diese drei Ballett-Musiken entstammen der ersten wesentlichen Schaffenszeit Strawinskys. Man mag im einzelnen zu ihnen stehen, wie man will – die rhythmische Ursprünglichkeit, der heidnisch-barbarische Atem und die ausgesprochen russische Grundhaltung dieser Werke haben auf den unfruchtbar werdenden Boden der westeuropäischen Tonkunst jener Jahre stark eingewirkt.

Die *»Pulcinella«-Suite* (1920) verblüffte. Ein zauberhaftes kleines Werk. Nur 33 Musiker, klare Harmonik, Melodien von Pergolesi, prächtig kontrapunktische Arbeit, duftiges Spiel mit Barockweisen, umzärtelt von altem und neuem Rankenwerk. Neun knappe Sätze: Sinfonia, Serenata, Scherzino, Tarantella, Toccata, Gavotta, Duetto, Minuetto, Finale. Es sind also nicht allein die Pergolesi-Melodien, sondern auch die Satzbezeichnungen des westeuropäischen Barocks übernommen – die Hinwendung des Russen nach Europa ist vollzogen. An den Rhythmiker-Strawinsky erinnert eigentlich nur noch das beschwingte Finale.

Die Ballettsuite *»Musenführer Apoll«* (»Apollon Musagète«, 1930) setzt durch ihre Klarheit und Leere in Erstaunen. Da war selbst »Pulcinella« noch zeitnahe, verglichen mit diesem ur-, vor- oder überklassischen Musizieren.

Die Ballett-Suite »*Kartenspiel*« (1937) tänzelt so dicht an die Grenzlinie zwischen geistvollem Spiel und Ballett-Banalität, daß sie gewiß allgemein als »banal« bezeichnet würde, wenn nicht Strawinsky sie geschrieben hätte. Sie besteht aus einem Wechsel von melodisch unmittelbar ansprechenden, rhythmisch heiter witzigen Klangbildern, die von gebändigter Wildheit bis zur Leierkastenweise alle möglichen Tänzlein wiedergeben; bewußt werden Banalitäten hineingemischt, jedoch durch die geistig saubere Bearbeitung sogleich wieder umgebogen.

In seinen *Sinfonien* will Strawinsky keine Werke im überlieferten Sinne schreiben – unbestreitbares Recht des schöpferischen Musikers. Ebensowenig will er einen neuen Sinfonie-Typ schaffen, vielmehr möchte er, scheint es, von Werk zu Werk aufs neue überraschen. Verwirrend die Fülle der verwendeten Stilmittel. Bald vier Sätze und bald drei, bald klares Formbild des echten Sonatensatzes, bald eine Art Rondo. Dann wieder auf weiten Strecken ein ständiges Aufgischten sprühender Einfälle, die aber keineswegs »zufällig« erscheinen, vielmehr sorgfältig durchdacht und gefaßt sind. Und immer wieder Formeln, knappe, verdichtete Formeln, an denen kein Ton zu viel und keiner zu wenig ist, die alles Auszusagende in sich verdichtet zu haben scheinen und die doch, gereiht und anders umkleidet, immer Neues, Überraschendes emporheben. Hier ist ein regelrechtes Tänzchen, dann aber, bei gleichbleibendem Rhythmus, unablässiger Taktwechsel. Überraschendes, Verblüffendes von Sinfonie zu Sinfonie, doch auch von Satz zu Satz innerhalb einer bestimmten Sinfonie, ja, innerhalb eines Satzes.

Psalmen-Sinfonie (1930). Ein sehr eindrucksstarkes Werk, geschrieben für Chor und Orchester, wobei dieses in der Hauptsache aus Bläsern, Kontrabässen und Celli (also weder Geigen noch Bratschen!), zwei Klavieren und Harfe besteht. Die Sinfonie ist einsätzig, doch in drei Großabschnitte eingeteilt. Von der Form der überkommenen Sinfonie ist nichts mehr übriggeblieben; auch die musikalische Sprache geht neue Wege. Die melodischen Linien stehen zwar fest im Raum, doch dieser Raum befindet sich in ständiger Bewegung durch den drängenden Rhythmus; er wird durch heftige Dissonanzen immer wieder in neues Licht gerückt, durch aufpeitschende Instrumentation erschüttert. – »Höre mein Gebet, Herr, und vernimm mein Schreien«, singt im ersten Großabschnitt der Chor die Worte des 39. Psalms. Aber die eigentlichen Antriebskräfte kommen nicht aus den gleichförmig schreitenden Chorweisen (weil für Strawinsky wohl nicht das Wort, sondern der Gesamtinhalt maßgebend ist), sondern aus einer unablässigen Bewegung einzelner Orchesterinstrumente, ständig unterbrochen von scharfen Schlägen des ganzen Orchesters. Diese Sechzehntel- und Achtel-Bewegung wächst immer stärker heran, wird zum Fluten und Dröhnen, Läuten und Rauschen. Den zweiten Großabschnitt leitet eine Fuge ein (Holzbläser), in deren langsamen $^4/_8$-Thema die große Septime die entscheidende Rolle spielt. Der Chor beginnt auf einem neuen Thema die Worte des 40. Psalms »Ich harrte des Herrn, und er neigte sich zu mir und hörte mein Schreien«. Nach diesem Chor-Fugato läßt das Orchester beide Themen gemeinsam erklingen. Ein Unterabschnitt zu dem Psalmvers »Und hat mir ein neu Lied in meinen Mund gegeben, zu loben unsern Gott« ist im Gegensatz zur Polyphonie des Abschnittbeginns homophon; die Wirkung liegt hier ganz im An- und Abschwellen des Klanges. Mächtig der dritte Großabschnitt über den 150. Psalm »Lobe den Herrn alles, was Odem hat, Halleluja!« Deutlich in sechs Teile gegliedert, alle verschieden im Ausdruck und doch einheitlich gebunden.

Sinfonie in drei Sätzen (1945). Nachdem sich Strawinsky 1940 in seiner »Sinfonie in C« einmal in die geistige (nicht stilistische) Welt der frühen Klassik begeben hatte, zeigt er sich in diesem Werk wieder von einer anderen Seite. Die drei Sätze sind aufgebaut auf ein einziges Grundmotiv, ein fallendes Motiv von nur zwei Tönen. Strawinsky beweist, wie man aus zwei Tönen, also einem einzigen Tonschritt, ein zyklisches Werk gestalten kann. Aber *wie* das geschieht, bleibt aller Analyse zum Trotz sein Geheimnis. Da stehen im ersten Satz (mit Klavier) Episoden neben Episoden, Formeln neben Formeln; Melodien und Klänge schweben über Rhythmen. Im zweiten Satz bildet sich aus ebenfalls formelhaften Kurzgedanken ein Tänzchen; dazwischen tönt es wie Rossini, wie Lehárs Wolgalied. Zu Beginn des dritten Satzes eine vom Fagott begonnene Holzbläserepisode, eine Art Wandervogellied tönt auf, der zweitonige fallende Schritt bleibt nicht aus, endlich ein mehrmelodisches Stück, ein Fugato. Alles, das ist nicht sogleich verständlich, doch meisterhaft und – irgendwie pathetisch.

»Konzert für Streichorchester in D« (1946). Neben dem feingeschliffenen »Kammerkonzert in Es« (»Dumbarton Oaks«) ein Werk, an dem sich Strawinskys typische Art verhältnismäßig leicht ablesen läßt. Es hat drei Sätze mit Überschriften, die ganz verschiedenen Stilepochen entnommen sind: Vivace/Arioso/Rondo. Im Vivace zerhackte Melodik, gewissermaßen melodisierte Rhythmen, Anklänge an Prokofjews berühmten »Orangen«-Marsch. In dem kurzen Arioso dagegen schwebt eine bezaubernde Melodie über gleichmäßig den gleichförmigen Rhythmus pochenden Streichern. Ganz flüssig das Rondo, artverschieden von den vorangehenden Teilen, ihnen aber verbunden durch thematische Einheit.

Klavierkonzert (1924). Im Orchester fehlen die Streicher, die Grundtonarten lassen sich heraushören, obwohl der Grundsatz des waagerechten (»linearen«) Musizierens wichtiger ist als der »Zusammenklang«. Das Geschehen wird bestimmt durch rhythmische Schlagkraft, scharf im einzelnen, schwer zu überschauen in Zusammenhang und Gliederung. Alles ist auf äußere Zeichnung gestellt, »Gefühl« hat keine Geltung. Bemerkenswert ist, daß Strawinsky sich mancher überkommenen Umrisse bedient. Das *»Capriccio«* genannte zweite Klavierkonzert (1929) gibt sich wesentlich einfacher mit seinen maßvoll gehaltenen ersten beiden Sätzen und dem von Heiterkeit übersprudelnden Schlußsatz.

Violinkonzert (1931). Es hat mit anderen Werken dieser Gattung wenig gemein; man könnte es allenfalls in die »Brandenburgischen Konzerte« von Bach einreihen (stilistisch, nicht geistig). Der Zug zur Altklassik ist unverkennbar: die Sätze heißen »Toccata, Aria I, Aria II, Capriccio«, die Arbeit ist kontrapunktisch, peinlich genau wird der Schnitt Bachscher Themen nachge-

zeichnet, die Harmonik ist durchaus tonal, wenn auch die Stimmführung gelegentlich Anlaß zu heftigen Dissonanzen gibt. Befremdend die Zusammenstellung von Melodien verschiedenartiger Herkunft.

WEBERN

Anton von W. (1883–1945, Österreicher), studierte Musikwissenschaft (Guido Adler), war sechs Jahre Schüler von Schönberg, mit dem er zeitlebens befreundet blieb. Obwohl pädagogisch hervorragend begabt, war seine Tätigkeit als Theaterkapellmeister, Chormeister und Lehrer nur Broterwerb. Bedeutend vor allem auch als Theoretiker. Schrieb Werke für Orchester, Chor (mit und ohne Orchester), Lieder, Klavier- und Kammermusik.

Webern hat die von Schönberg empfangenen Anregungen der Zwölfton-Komposition unabhängig und andersartig ausgebaut. Wie dieser kommt er von Wagners »Tristan«, gestaltet dann aber das Komponieren völlig um, nicht nur im Sinne der Zwölfton-Musik und der sogenannten Klangfarbenmelodie, sondern besonders durch eine letzte Verdichtung des Tonmaterials, wobei schließlich nur noch der Einzelintervall als Aussagemöglichkeit übrigbleibt. Dem musikalischen »Thema« im überlieferten Sinne und seinen verschiedenartigen Durchführungen ist dadurch der Garaus gemacht. An seine Stelle treten der Zwölftonreihe zugehörige Kleinstgebilde, die nach allen Möglichkeiten des Komponierens verändert, umgekehrt, gespiegelt, »gekrebst«, verkürzt, verbreitert – im geradezu mathematischen Sinne »variiert« werden. Mit wenigen Takten versucht Webern etwas auszusagen, wofür andere Komponisten ganze Sätze brauchen.

Erstmals wohl in den *Fünf Sätzen für Streichquartett* von 1909 (Opus 5). Man hat dieses knappe Werk als eine Reihung von Aphorismen bezeichnet, von Gedankensplittern; doch sind es mehr Wortsplitter, dem Nur-Hörenden gar als unverständliche Wortfetzen erscheinend. Ausgeformt wurde diese Schaffensart in den *Vier Stücken für Geige und Klavier* (1910, Opus 7), den *Sechs Bagatellen für Streichquartett* (1913, Opus 9) und den *Drei kleinen Stücken für Cello und Klavier* (1914, Opus 11).

Vorbereitet durch Kompositionen anderer Gattungen, kam dann 1927 das *Streichtrio* Opus 20 heraus, in dem Webern wenigstens äußerlich auf überlieferte Großformen zurückgriff (Rondo, Sonate). Danach wurden noch drei Kammermusikwerke veröffentlicht: ein *Quartett für Geige, Klarinette, Tenorsaxophon und Klavier* (1934, Opus 22), ein *Konzert für Flöte, Oboe, Klarinette, Trompete, Horn, Posaune, Geige, Bratsche und Klavier* (1934, Opus 24) und ein *Streichquartett* (1938, Opus 28).

Um wenigstens eine gewisse Vorstellung zu geben von der Schaffensweise Weberns und der kunstvollen Verwicklung seines Satzes, stellen wir ein paar Takte aus dem genannten Konzert hier vor (Beispiel). Auf den ersten Blick erkennt man, daß sämtliche zwölf Halb-

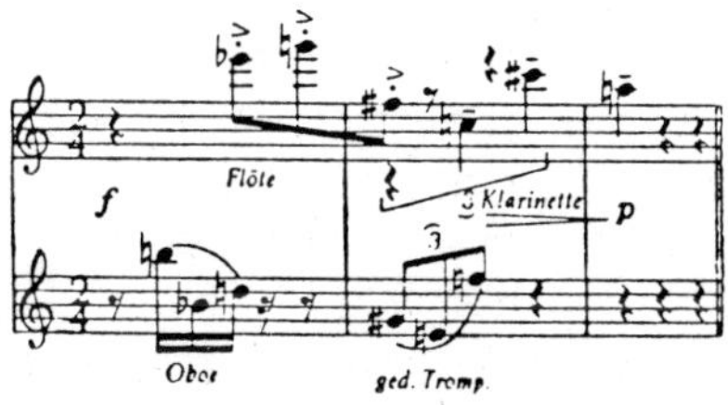

töne vorhanden und in vier Gruppen zu je drei Tönen eingeteilt sind. Jede Gruppe ist einem anderen Instrument zugewiesen. Ferner unterscheiden sich die Dreiergruppen durch verschiedene Notenwerte (1. Oboe in Sechzehnteln, 2. Flöte in Achteln, 3. gedämpfte Trompete in Achteltriolen, 4. Klarinette in Vierteltriolen). Außerdem besteht jedes Dreiermotiv aus einer verminderten None und einer großen Terz, jedoch nicht in gleicher Anordnung und nicht in gleicher Richtung. Denn erste und vierte Gruppe beginnen zwar mit der verminderten None, aber einmal abwärts und dann aufwärts (ähnlich der Terzenbeginn von Gruppe zwei und drei). Weitere Besonderheiten, wie der Beginn an verschiedenen Taktstellen, wird der aufmerksame Leser unschwer herausfinden. Man sieht bereits in den ersten zwölf Tönen eine Fülle von Besonderheiten. Mit solchen Besonderheiten und verwickelten Verschiedenheiten geht es nun durch das ganze Werk.

BERG

Alban B. (1885–1935, Österreicher), Schüler von Schönberg. Gestorben in Wien. Berühmt seine Bühnenwerke »Wozzeck« und »Lulu« (unvollendet), sein »Violinkonzert auf den Tod eines Engels« und das Streichquartett »Lyrische Suite«.

Wohl war Berg nicht nur Schüler Schönbergs, sondern auch Fortsetzer von dessen Zwölftonmusik, als Vertreter einer Kompositionsrichtung, die in hohem Maße mathematisch-intellektuelles, ja vielfach vergeistigtes Berechnen kompositorischer Möglichkeiten voraussetzt; doch hat Berg die von solchem Berechnen drohenden Gefahren im großen und ganzen überwunden durch seine lebensnahe, ursprüngliche Musikalität.

Gerade in seiner »*Lyrischen Suite* für Streichquartett« finden sich ganze Sätze, die man auf ihre logische »Richtigkeit« gewissermaßen mathematisch nachprüfen kann. Beim Lesen der Partitur wird das manchen sogar befremden. Wenn man sie aber hört, spürt man, obwohl sie nicht jeden ohne weiteres ansprechen dürfte, daß hier ein wahrer Künstler am Werke ist, der sein Erleben, ja seinen leidenschaftlichen Überschwang durch strengsten Satz in Zucht nehmen will, weil ihm die Kunst zu heilig ist, als daß er sie zur Dienerin allzu subjektiver Gefühle herabwürdigen könnte.

Formal werden in dieser Suite mehrfach Gestalten verwendet und ineinandergeschlungen, ausgebaut oder verkürzt, die aus der musikalischen Klassik stammen. Aber während diese klassischen Formen (insbesondere die Sonatenform) mit ihrem Gegensatz von erstem und zweitem Thema sowie ihrer entsprechenden Verarbeitung wesensmäßig »dramatisch« sind, bleibt bei Bergs Suite – schon der Name zeigt es an – alles undramatisch, verschwebend, trotz äußerster Schärfe des Ausdrucks mehr angedeutet als aus- oder durchgeführt. Um es anders zu sagen: Bestandteile überlieferter Großformen werden zwar sorgfältig zusammengefügt zu verwandelten Gestalten, doch bleiben sie im Grunde nur äußerer Rahmen; das eigentliche Geschehen schlägt sich nach innen nieder, in unerhört verdichtetem, lückenlos verbundenem Eigenleben, häufig genug auch in einem fast unheimlichen Zahnräderwerk, das seinen eigenen, mechanischen Gesetzen gehorcht (und damit alles andere als »lyrisch« im üblichen Sinne ist).

Hier müssen einige Hinweise für das erste Hören des ebenso kunstvollen wie schwierigen Werkes genügen. Es besteht aus sechs Sätzen; auf je einen bewegten Teil folgt jeweils ein langsamer, wobei schon die gewählten Zeitmaße und ihre gegenläufige Anordnung von sorgfältiger Überlegung zeugen: 1. Allegretto gioviale – 3. Allegro misterioso – 5. Presto delirando / 2. Andante amoroso – 4. Adagio appassionato – 6. Largo desolato. Die bewegten Sätze werden also von Mal zu Mal schneller, die ruhigen dagegen von Mal zu Mal langsamer. Derartige Stufungen finden sich auch der Lautstärke nach. Im Kanon des Adagio setzen die vier Stimmen nacheinander ein, und zwar (vom tiefsten zum höchsten Instrument!) pp – p – mp – mf, wobei gleichzeitig die Lautstärke des vorangehenden Instruments so weit anschwillt, daß es beim Einsatz des nächsten Instruments fast dessen Klangstufe erreicht hat. Der Form nach ist der erste einem verkürzten Sonatensatz gleichzusetzen, der zweite einem Rondo, der dritte hat Liedform (A/B/A), der vierte bezieht seine Form (er ist dreithematisch) aus den Zwölftongesetzen, der fünfte erscheint formal als Erweiterung des dritten (A/B/A/B/A), der sechste ist wieder freier gehalten. Ob nun formal streng oder frei, stets ist der Zwölfton-Satz kontrapunktisch polyphon dicht, bedient sich – in modernster Sprache – solcher Mittel, wie sie Bach in der »Kunst der Fuge« dargestellt hat (vom schlichten Kanon bis zur Spiegelung, zum Krebs und zum gespiegelten Krebs). Fast scheint es, als wollte Berg durch das Verwenden all dieser bekannten Kompositionsmittel betonen, daß die Zwölftonmusik sich zwar ungewohnter moderner Bausteine bediene, sich aber an die überlieferten Bauformen – wenn auch variiert – gebunden fühle, eine Huldigung vor der Tradition, die unterstrichen wird durch Zitate früherer Meister (etwa das »Tristan«-Zitat im Schlußsatz).

Zum Schluß unserer bewußt knapp gehaltenen Andeutungen mögen zwei Notenbeispiele eine Vorstellung davon geben, wie auf kleinstem Raum eine Fülle von Inhalt niedergelegt werden kann. Beispiel 1 zeigt ein besonders eindringliches Zwölftonthema:

das Kopfthema des ersten Satzes, das erst auftritt, wenn in einem vorausgehenden Einleitungstakt der Zwölfton-Charakter akkordisch festgelegt ist. In Beispiel 2 spielen drei Instrumente mit genau den gleichen

vier Tönen; diese werden jedoch jedesmal in anderer Reihenfolge gebracht (ausgetauscht, permutiert), und jede Gruppe beginnt ihr Spiel zudem noch an voneinander abweichenden Gewichtspunkten im Takt.

PROKOFJEW

Sergej P. (1891–1953, Russe) studierte in Petersburg und Moskau, war Schüler u.a. von Tscherepnin und Rimski-Korsakow. Wirkte in aller Welt als Pianist, lebte als Komponist lange in Paris, zuletzt wieder in Rußland. Schrieb u.a. Opern, Ballett, Orchesterwerke, Kammermusik, Klavierwerke.

Überblickt man Prokofjews musikalisches Werk im ganzen, so fällt es schwer, Art und Stil seines Schaffens irgendeiner Richtung zuzuordnen. Atonales steht neben Stilkopien der früheren Klassik, Ironie neben lyrischem Empfinden, widerborstiger Rhythmus neben glasklaren durchsichtigen Flächen, witziger Spott neben atmender Tiefe, orchestrale Reizmischung neben kühler Zeichnung, absolutes Musizieren neben Sinnenhaft-Darstellendem. Nirgends eine zwingende Entwicklung (es sei die zu immer größerem Können) – alles scheint bunt und zusammenhanglos. Und doch fehlt die Einheit nicht: es ist die Einheit der unter tausend Masken hindurchschimmernden großen Persönlichkeit. Prokofjew wurde zuweilen neben Strawinsky gestellt. Das war, wie es scheint etwas voreilig und oberflächlich. Denn Prokofjew hat sich kaum jemals so unter die Kontrolle des beobachtenden Verstandes begeben wie sein Landsmann. Mag sein, daß er sich dadurch um manchen geistigen Höhenflug gebracht hat; dafür war er auch nie von des Gedankens Blässe angekränkelt. Man braucht bei Prokofjew – ein seltener Fall unter den modernen Komponisten – nicht »verstehen« zu wollen; es genügt, ihn zu hören. Die Besonderheiten seiner musikalischen Sprache, so »unverständlich« sie dem an Klassik und Romantik gewöhnten Ohr zunächst im einzelnen erscheinen mögen, erschließen sich überraschend schnell, wenn man nicht auf das Einzelne, sondern auf das Ganze hört. Das mag wohl daran liegen, daß Prokofjew, der bewußte Verneiner romantischer Form und Ausdrucksweise, im Kern seines urmusikantischen Wesens Romantiker ist (wozu ja seine Ironie ganz vortrefflich paßt).

Wahrscheinlich liegt es an diesem »Romantischen«, an dieser lächelnden Weigerung, sich den kurzlebigen Dogmen der jüngeren Musikvergangenheit bedingungslos anzuschließen, daß Prokofjew mit nur wenigen Werken bei uns wirklich durchgedrungen ist. Auch musikalische Päpste setzen die Werke von Abtrünnigen oder Ketzern gern auf den Index. Es spricht für den Künstler Prokofjew, daß wenigstens einige seiner Orchesterschöpfungen sich dennoch in aller Welt behaupten.

Eines seiner köstlichen Frühwerke ist die *»Klassische Sinfonie«* . Hätte sie nicht manche fremdklanglichen Tupfer und rhythmische Behendigkeit, so würde der unvoreingenommene Hörer diese Sinfonie, nach den Rahmensätzen zu urteilen, ohne weiteres dem Zeitalter von Haydn und Mozart zuschreiben, während die beiden Innensätze altklassisches Gepräge tragen. Durch dieses zierliche Werk ist schon mancher Hörer von der Meinung geheilt worden, die »Modernen« könnten nichts und schrieben deshalb so verworren.

In ihm steckt mehr Überzeugungskraft als in hundert Werbevorträgen und Werbeaufsätzen.

Die nächsten Sinfonien Prokofjews sind, soweit wir sehen, in den letzten Jahrzehnten kaum in die deutschen Spielfolgen aufgenommen worden, obwohl mindestens die zweite und die vierte Sinfonie ob ihrer musikantischen Fülle und fesselnden Gestalt mehr als hörenswert sind. Erst 1948 wurde die *fünfte Sinfonie* bekannt (russische Uraufführung 1945). Natürlich kann es Prokofjew nicht unterlassen, vom alten Schema abzuweichen: 1. und 3. Satz sind langsam, 2. und 4. Satz schnell. Doch man hört bald den Sinn dieser Umstellung: es ist ein gleichmäßiges Ein- und Ausatmen, und insofern fast wörtlich ein Nach-innen-gehen beim ersten und dritten Satz, ein Nach-außen-sprühen in den beiden anderen Sätzen. Diese Form gewährt zugleich Halt; denn der Gegensatz der beinahe spätromantisch anmutenden, melodisch getragenen langsamen Teile zu den rhythmisch funkelnden, tänzerisch spielenden, mächtig angetriebenen schnellen Teilen mit ihrer Reihungs- oder Wiederholungstechnik bedarf eines solchen festen Rahmens. – Die 6. Sinfonie, uraufgeführt 1947 zum dreißigsten Jahrestag des Bestehens der Sowjet-Union weist eine ähnliche Gestaltung auf.

Von den *Suiten* scheint die einst – je nachdem bewunderte oder befehdete »Skythische« ganz vergessen zu sein. Freilich sind die anderen leichter zu hören. Vor allem die aus der Oper *»Liebe zu den drei Orangen«* , ein paar sicher hingesetzte Tanzbildchen von erlesener, rhythmischer und klanglicher Feinheit; insbesondere der heitere »Marsch« gehört zu den genialsten Würfen der neueren Zeit. Könnte man das Delikateste aus Rimski -Korsakows reicher Orchesterpalette und das Keckste aus Strawinskys Ballett-Rhythmen zur Einheit binden, man käme noch nicht einmal in die Nähe dieser Minutenköstlichkeit. Vielseitiger die Stücke aus dem Ballett *»Romeo und Julia«;* zu festgefügten Kleinszenen auf rhythmisch-melodischer Grundlage tritt nun auch flutende Opernlyrik, deren instrumentale Fassung oft wie Gesang ohne Worte anmutet. Verdichtung steht neben Verströmen, funkelnde Geschliffenheit neben sanftem Glühen. In diesem Zusammenhang sei erwähnt *»Peter und der Wolf«*. Prokofjew nennt diesen reizenden Bilderbogen eine »sinfonische Erzählung für Kinder«. Betroffen steht man vor der Eindringlichkeit, mit der hier Einfaches einfach gesagt wird, während man zugleich Unausgesprochenes hinter den Tönen spürt. Bedeutet die »Klassische Sinfonie« gewissermaßen ein Augen- und Ohrenöffnen für Erwachsene, so stellt »Peter und der Wolf« ein künstlerisches Schulwerk für die Jugend dar, an dem sich zu ergötzen, auch das Alter bereit ist.

Unter den *Klavierkonzerten* erfreut sich das *dritte* (C-Dur, 1921) unentwegter Beliebtheit. Diese verdankt es der Übernahme »brillanter Virtuosität« aus den Zeiten des romantischen Klavierkonzerts, die aber trotz tonaler Grundlage sich durch alle möglichen Klangbereiche hindurchhämmert, -glitzert und -windet, Bestandteile des Impressionismus wie der Neuen Musik aufnimmt, sich nie im nur Geistreichen verliert, dem Spieler dankbare Aufgaben zuweist, ohne das Orchester zu vernachlässigen. Vielfach gleich im (andante anhebenden) ersten Satz: zarte Holz- (dann auch andere) Bläser, Geigen. Glitzerndes Klavier, hämmernde Akkordschläge, eine breite lyrische Episode, Themenreihung, Wechselspiel, Wiederaufnahme des Beginns, Mischfarben. Der zweite Satz bringt Variationen über ein langsames, aber leicht kokettes Marschthema, das vom Orchester aufgestellt, vorwiegend vom Klavier variiert wird, wobei die harmonischen Veränderungen impressionistische Farbklänge entstehen lassen. Am buntesten und am meisten »virtuos« der Schlußsatz: ein breiterer, flächenhafter Mittelteil, umgrenzt von Rahmenteilen, deren seltsam verdrehte Mazurka-Thematik Anlaß zu allerlei pianistischen und orchestralen Kunststücken bietet. Dazwischen aufschwärmendes Streichermelos, kurzer, harter Ausklang.

Ein köstliches Werk ist das 1917 vollendete *Violinkonzert* D-Dur, ohne weiteres eingängig in der klaren Dreisätzigkeit (Mittelsatz ein Scherzo), der gefühlsechten Melodik und der verspielten Heiterkeit. Dankbar für den Solisten, doch frei von aller Artistik als Selbstzweck.

HONEGGER

Arthur H. (geb. 1892 in Le Havre als Sohn Schweizer Eltern, gest. 1955) erhielt frühzeitig Musikunterricht, studierte später in Zürich und Paris. Lebte meist in Frankreich. Schrieb zahlreiche Bühnenwerke, Filmmusik, Chorwerke, Kammermusik, Orchesterlieder, Orchestermusik.

Honegger gilt als Führer der französischen »Gruppe der Sechs«. Obwohl kein Gefühlsmusiker, ist er trotz Verwendung neuzeitlicher polytonaler und rhythmischer Mittel nicht den Verlockungen des rein Verstandesmäßigen erlegen. Wohl mag er *vor* Beginn der Komposition das Denken heranziehen; doch *während* des Komponierens schafft er wohl aus der Fülle rein musikalischer Eingebungen. Daher wirkt sein starkes polyphones, kontrapunktisches Können nie als Selbstzweck. Man wird sich nicht täuschen, wenn man selbst aus seinen frühen »Sensationswerken« etwas tief Verinnerlichtes, Religiöses heraushört.

»Pacific 231« (1921). Selbst in diesem Werk, das scheinbar nur die Geräusche einer Schnellzuglokomotive nachahmen will, wird man nach mehrmaligem Hören das Hintergründige, Eigentliche wahrnehmen. Honegger sagt selbst dazu: »Im Pacific 231 wollte ich nicht den Lärm der Lokomotiven nachahmen, sondern einen visuellen Eindruck und einen physischen Genuß ins Musikalische übersetzen. Das Werk geht von der

sachlichen Beobachtung aus – das ruhige Atemschöpfen der Maschine beim Stillstehen, die Anstrengung beim Anziehen, das allmähliche Anwachsen der Schnelligkeit, bis sie einen lyrischen Hochstand erreicht, das Pathos eines Zuges ..., der mit 120 Kilometer Stundengeschwindigkeit durch die Nacht stürmt.« – Drei beliebige Takte mögen das Maschinenartige wiedergeben. Unablässige Viertel, hart, stamp-

fend, jeder Takt ein Kolbenzug, ganze Ketten von doppelten Sekundreibungen, dazu Betonungen der Bässe auf den zweiten und vierten (also sonst »schwachen«) Taktteilen.

»Sinfonie für Streichorchester und zwei Solotrompeten« (1941; Honeggers zweite Sinfonie). Drei Sätze: Allegro/Adagio/Scherzo. Die langsamen Teile wirken anfangs gleichförmig, die schnellen ornamental. Bald aber spürt man in der Gleichförmigkeit das Walten kosmischer Ruhe, im Verhakt-Ornamentalen die weltliche Verschlingung und Erregtheit, und so ist es denn folgerichtig, wenn in den weltlichen Sturm des Finales zwei Trompeten einen Choral hineinblasen. In der Dichte des Satzes, in der Meisterung harmonischer Vielfalt und in der Fülle der Geschichte ein bedeuten-

des Werk. Das Ganze ist Ausdrucksmusik, gestaltet in drei Bildern, die man bezeichnen könnte mit Angst / seelische Not und Suchen nach Ruhe / verzweifelte Erregung (diese vom Choral überwunden und beschwichtigt).

Liturgische Sinfonie (1946). Honeggers stärkste und tiefste sinfonische Schöpfung. Der Komponist gibt dazu folgende Erklärung: »Jeder Satz stellt eine durchaus persönliche Auseinandersetzung mit den betreffenden geistlichen Texten dar. Die in der Liturgie gebräuchlichen Themen sind nicht verwendet worden. Der erste Satz mit dem Titel ›Dies irae‹ schildert die Gewalt und die Verwüstung, die der Welt widerfahren wird. Der zweite, ›De profundis clamavi‹, ist der Ausdruck der Verzweiflung, aber auch der Hoffnung, die trotz alledem immer noch im Herzen der Menschen lebendig bleibt. Im dritten Satz tobt der Kampf gegen die Verbohrtheit der Welt, gegen alle die Plagen, die den Menschen quälen und zu seiner Verzweiflung führen. Der Mensch kämpft und wehrt sich, um nicht völlig zermalmt zu werden. Auf seinen Aufschrei ›Dona nobis pacem‹ erhält der Mensch die Antwort: es ist die innere Ruhe, die der Glaube gibt, der Friede des Herzens, die Natur, das Leben, wie es sein könnte, wenn die Menschheit guten Willens wäre.«

Ein nach außen mächtiges, nach innen großartig verfestigtes Werk ist die *fünfte Sinfonie* (1950). Sie trägt die erläuternde Bezeichnung »de tre Re«. Gemeint sind damit die leisen Paukenschläge auf D, mit denen jeder der drei Sätze endet. Mit alles bezwingender, man möchte sagen: alles, was nicht »Klang« ist, beiseite

schiebender Breite beginnt der Kopfsatz. Schwer und gehalten dröhnen die mehrharmonischen Akkorde in Gegenläufigkeit. (Beispiel). Lange Zeit hält dieser massige Klang an, verharrt – man ist versucht zu sagen: bewegungslos, bis eine Instrumentalgruppe nach der anderen schweigt und das Kopfthema nur noch leise durchklingt. Dann vollzieht sich ein umgekehrter Vorgang: nicht das Harmonisch-Klangliche, sondern das Melodisch-Zeichnerische wird bestimmend, während gleichzeitig die Lautstärke unablässig zunimmt, bald durchsetzt von einem eigenwilligen Trompeten-Motiv, das sich auch dann behauptet, wenn das übrige Orchester den Höhepunkt der schließlich entfesselten Lautstärke überschritten hat. Wenn jetzt das Hauptthema wieder auftaucht, so wirkt es klanglich fast gestaltlos, bleibt scheinbar nebelhaft im Hintergrund, läßt Bläserfiguren den »Nebel« durchsetzen, bis alles leise verklingt und die Pauke den ersten der genannten Punkte in D hinter den Satz haucht. – Der zweite Satz ist stimmig gehalten. Seine fünf Teile folgen aufeinander als Allegretto/Adagio/Allegretto/Adagio/Allegretto, also in völliger Symmetrie. Das Allegretto-Thema (Beispiel) wird nach allen Satzkünsten umgestellt und umgedreht (Gegenbewegung, Krebs, Gegenbewegung des Krebses) dicht kontrapunktiert, im Verlauf variiert – gleichwohl ist der Kontrapunktiker

Honegger auch Musikant genug, diese schwierigen Künste zierlich und leicht als Scherzo aufklingen zu lassen, sie förmlich heiter zu tarnen. Die Adagio-Teile heben sich von den Allegretti klanglich-harmonisch ab, sind aber fest an sie gebunden durch das Auftreten des Allegretto-Themas. Abschluß bildet abermals die Pauke mit dem D. – Aufwühlend der Schlußsatz, der den Charakter eines mit starren Waffen, gleichwohl erbittert geführten Kampfes trägt. Eine fast choralartige Weise sucht späterhin den Streit zu glätten, aber nach anfänglich verdutzter Zurückhaltung weist das brodelnde, hämmernde Orchester den Vermittler ab, verliert dann aber selbst an Eigenkraft, sinkt zurück, zerlöst sich, und der letzte Paukenschlag auf D setzt entsagend abermals einen Schlußpunkt.

»König David.« Sinfonischer Psalm in drei Teilen (1921). Ein Oratorium nach einem französischen Drama. Vertont werden meist Psalmentexte, und zwar nach Art einer Folge kurzer Bilder. Dementsprechend verwendet Honegger vielfach knappe musikalische Formeln. Diese wiederum verdichten sich zu dramatischen Chören, die sich wirkungsvoll abheben von den rührend-schlichten Solopartien. – Der erste Teil bringt Davids Kampf mit dem Riesen Goliath, die Szene bei der Hexe von Endor und Sauls Tod. Im zweiten Teil

wird David König, tanzt vor der Bundeslade, ihm wird geweissagt, daß sich unter seinen Nachkommen der Messias befinden werde. Im dritten Teil wird die Verheißung wiederholt, und David stirbt.

MILHAUD

Darius M. (1892–1974, Franzose) studierte am Pariser Konservatorium. Während des ersten Weltkrieges einige Jahre Botschaftsattaché in Brasilien. Dann meist in Paris. Wanderte 1940 nach Amerika aus. Später wieder meist in Frankreich. Schrieb u.a. Opern, Bühnenmusiken, Orchesterwerke, Kammermusik.

Milhaud macht Musik um der Musik willen; das kann er, weil er ein ungewöhnlicher Könner ist. Jeder Anlaß zum Musizieren ist ihm recht; das ermöglicht ihm seine weltoffene Haltung. Die Mittel solchen Musizierens nimmt er aus allen Stilen; das vermag er, weil er keiner einheitlichen Geistesrichtung verpflichtet ist. Das einzige, was an Milhauds Werken »einheitlich« ist, scheint uns zu sein, daß jedes für sich allein eine einmalige, nichtwiederkehrende, unzerreißbare Einheit darstellt. Milhaud mußte wohl seine Stoffe und Gedanken nicht suchen: er wurde von einem Stoff, von einem Gedanken überfallen und ruhte nun nicht eher, als bis er ihm die allein entsprechende musikalische Gestalt gegeben hatte. Und so kommt es, daß man wohl dieses oder jenes begrüßen, ablehnen oder unberührt vorüberziehen lassen kann, daß es aber unmöglich ist, Milhauds Gesamtwerk zu bejahen oder zu verneinen. Er selbst sagte von sich: »Meine musikalische Bildung ist ausschließlich durch den lateinisch-mittelländischen Kulturkreis bestimmt, was sich schon daraus erklärt, daß ich einer sehr alten jüdischen Familie der

Provence entstamme. Die südländische, und besonders die italienische Musik hat mir immer sehr viel gesagt, die deutsche so gut wie nichts.«

Ein paar Stichworte zu Milhauds *Orchesterwerken.* Bekannt wurden sechs Sinfonien für Kammerorchester, verschiedenartig besetzt, zum Teil mit Gesangsstimmen, manche mit Programmtitel. *Brasilianische Suite,* knappe, vorwiegend nationaltänzerisch bestimmte Sätzchen. *Französische Suite,* in der Milhaud fünf französischen Provinzen eine musikalische Huldigung darbringt. Unter den Sinfonien für großes Orchester sind hervorzuheben: die *dritte* Sinfonie, eine geistige Auseinandersetzung mit dem Tedeum (erster Satz für Orchester, zweiter mit Chören ohne Worte, Schlußsatz mit dem lateinischen Tedeums-Text). Die *vierte* »zur Befreiung des Vaterlandes«, eine Gedächtnissinfonie für das Jahr 1948 – und zugleich wohl für den Ausgang des zweiten Weltkrieges, eine ausgesprochene Programm-Sinfonie: erster Satz »Aufstand« (mit einem kriegerischen Marsch), der zweite »den Toten der Republik« (feierlicher Klagegesang im Cello, sonst häufig leer, eher winselnd als klagend), dritter Satz die »Friedensfreuden der wiedergewonnenen Freiheit« (frohbewegtes Thema, volkstümlich, doch auch wieder unbegreifliche Mißklänge), vierter Satz »Gedächtnisfeier« (anfangs in der Art des Kopfsatzes, dann freudig bewegtes Treiben bis zum Volksjubel und Volkstrubel), viel Bläser, viel Schlagwerk.

Milhauds *Kammermusik* ist vorwiegend lyrisch, weil seine Melodien niemals zu bauenden Themen werden, weil seine Harmonien nicht tragen und seine Rhythmen nicht zu Auseinandersetzungen führen.

Alles fließt, gleitet, spielt, musiziert; selbst klangliche Härten, die sich aus der polytonal-polyphonen Schreibweise ergeben, wirken niemals erdacht und gewollt. Recht aufschlußreich das *fünfte Streichquartett* (1920). Es ist dem Zwölfton-Musiker Schönberg zugeeignet, und damit mag es zusammenhängen, daß der erste Satz vielfach erklügelt anmutet; aber diese Art der Sprache entspannt sich in den folgenden Sätzen immer mehr im Sinne des Musikers Milhaud. Sehr ansprechend das *sechste* Streichquartett (1922). Drei Sätze, lyrisch gestimmt, klanglich liebevoll ausgewogen. Der erste (Lebhaft und geschmeidig) mit gleitenden fließenden Linien, die ineinander verlaufen, klangschön. Der zweite (Sehr langsam) in verschiedene Klangbilder aufgelöst, wieder fließende Melodik, Ostinato- und Pizzicato-Bässe. Der dritte (Lebhaft) abermals flüssig, diesmal tänzerisch gespannt. Alle Sätze knapp, bündig, musikalisch. Die gleiche Schreibart findet sich auch in dem durchweg lyrischen *zwölften* Streichquartett aus den letzten Jahren. Dann machte Milhaud einen hübschen Versuch: er schrieb zwei Streichquartette, die jedes für sich allein, aber auch gleichzeitig gespielt werden können, so daß auf diese Weise ein Doppelstreichquartett oder Oktett entstand (1950).

HINDEMITH

Paul H. (1895–1963) war Schüler von Arnold Mendelssohn und Bernhard Sekles. 1915 Konzertmeister am Frankfurter Opernhaus, später Bratscher im Amar-Quartett. 1927 Professor für Komposition in Berlin. Von dort 1935 vertrieben, ging er in verschiedene europäische Länder und anschließend in die Vereinigten Staaten, wo er amerikanischer Staatsbürger wurde. Lehrer an der Yale Universität. Lehrte zuletzt abwechselnd an dieser und an der Züricher Universität. Schrieb Werke für alle Bereiche der Musik.

Wenn einmal die Geschichte, das namenlose geistige Bewußtsein der Gesamtheit, das Urteil zu fällen haben wird über das, was wir heute Neue Musik nennen, dann wird sie sich nicht beschäftigen mit den Vor-, Mit- und Nachläufern, sondern sie wird als Hauptzeugen aufrufen die Namen Schönberg, Bartók, Strawinsky und Hindemith. Vor allem Hindemith; denn er hat im Stil des Überlieferten begonnen, hat sich bei den kecken Jugendstreichen der Neuen Musik besonders hervorgetan und dann in verantwortungsbewußter Haltung aus Altem und Jungem etwas Neues geschaffen. Dieses Neue fließt aus einer ursprünglichen Musikantennatur, wird aber gestaut und gestuft durch ein handwerksmeisterliches Können, wie es etwa einem Bach oder Reger zur Verfügung stand. Damit nicht genug. Er hat Erfahrungen gesammelt auf allen Gebieten der Musizierpraxis – vom frühen Kino bis zum Orchester und zur Quartettvereinigung von Rang. Wesentlich, daß diese Erfahrungen nicht nur sein Können und seine Übersicht erweiterten; vielmehr haben sie ihm Einblick gewährt in die musikalischen Bedürfnisse aller Volksschichten. Und diesen Einblick nutzte er nicht zu seinem persönlichen Vorteil, sondern dazu, in seinem künstlerischen Schaffen etwas zu geben, was den allgemeinen Bedürfnissen auf hoher Ebene entspricht. Gleichzeitig suchte er diese Bedürfnisse aus einer allgemeinen, das heißt: gefühlsmäßigen, unbestimmten Wunschsphäre herauszuführen, sie bewußt zu machen und dadurch geistig zu vertiefen und zu veredeln. Das geschah auf die Weise, daß er unterrichtete. An Hochschulen und in Sommerlagern, für Meisterklassen von Berufsmusikern und für Abendkurse von kleinen Angestellten. Und aus dieser Unterrichtstätigkeit lernte am meisten – der Unterrichtende selbst. Immer nachdenklicher wurde der langsam reifende Meister; bestehen muß er vor den ewigen Gesetzen gewordener Kunst, muß sie einem veränderten geistigen Bewußtseinsinhalt seiner Zeit anpassen, nicht sie umstürzen, sondern ergänzen, erweitern, neu fassen. Immer mehr tritt der Mann zurück hinter der Aufgabe. Diese Aufgabe aber – Hindemith mag es mit Erschecken wahrgenommen haben – besteht darin, daß der Mann, der in jeder musikalischen Satzart ein Meister ist und jedes Instrument beherrscht wie nur einer, der nur Musiker zu sein schien –, daß dieser Mann berufen ist, an der Gestaltung eines sich entwickelnden Zeitbewußtseins überhaupt mitzuarbeiten. Das hat ihn, das einstige Schrekkenskind, nur bescheidener gemacht.

Der Musiker Hindemith vereinigt in fast erschrekkender Spannweite die Ausdrucksbereiche der europäischen Musik in seinem Werk. Dieses Werk trägt – selbstverständlich auf einer anderen geistigen Grundlage – die Baukraft polyphoner Linien eines Bach in sich; zugleich hat es die rhythmische Gewalt eines Strawinsky geballt und gebändigt aufgenommen; ihm fehlt nicht das Gefühlserleben der echten (!) Romantik; es ermangelt nicht der feinfühligen Farbenkunst des Impressionismus; es hat sich eine Formenstrenge, ja, Formgröße erzwungen, die in ihrer Art jener der musikalischen Klassik nicht nachsteht; in ihm findet sich die lichte Klarheit frühklassischen Musizierens, aber auch eine – man möge das nicht mißverstehen – weltanschauliche Hintergründigkeit; ebensowenig fehlt die harte und doch zugleich magische Sprache eines Bartók.

Vor Hindemiths musikalischen Reifewerken braucht man nicht – wie vor den Erzeugnissen mancher neuerer Komponisten – »umzulernen«. Denn umlernen heißt ja wohl, das bisher Gelernte in die Ecke werfen. Bei Hindemith heißt es vielmehr, »hinzulernen« zu dem bisher Gelernten und Gewohnten. Das allerdings muß ausgesprochen werden: durch Hören allein kommt man hier nur langsam weiter. Wer das Wesentliche der wesentlichen Neuen Musik, verkörpert vor allem durch Hindemiths seit (rohgesprochen) 1930 geschriebenen Werke, erkennen und abschätzen will, dem wird vorerst nicht erspart bleiben, sich auch mit des Meisters gedanklichen Begründungen und Erwägungen auseinanderzusetzen, wie er sie in seiner »Unterweisung im Tonsatz« niedergelegt hat.

Orchesterwerke

Auf den folgenden Seiten werden vorwiegend solche Werke angegeben, die nicht nur Konzertcharakter und Konzertreife haben, sondern die auch den ungeschulten Hörer bei vorurteilslosem Hören ansprechen müssen. Wie er sich mit ihnen abfindet, ist eine zweite Frage.

Das *»Konzert für Orchester* (Opus 38, 1925) sei genannt als Beispiel aus der Gärungszeit. Es wettert in ungestüm-rhythmischem Treiben dahin. Im ersten Satz stehen Geige, Oboe und Fagott als »Concertino« dem »Tutti« gegenüber; dieser äußeren Klarheit widerspricht der verzwickte Harmonien-Ablauf. Den zweiten Satz bildet ein wild dreinfahrendes Stimmengewirr der Streicher, in das sich ein ziemlich beziehungsloses Klarinettenthema als Gegenstimme mischt; der Abschluß bringt einen hemmungslosen rhythmischen Rausch. Der dritte Satz, ein Holzbläsermarsch, wirkt wie eine gewollte Verzerrung der Händelschen Freiluftmusiken. Im 7/4-Takt stürmt der Schlußsatz dahin. Eine Passacaglia über einem »Basso ostinato« mit einem motivisch wichtigen Trompetenkontrapunkt zu Beginn. Unbestreitbar das großartige Können Hindemiths. Aber diese Musik ruht nicht in sich, sondern will aufschrecken.

»Philharmonisches Konzert, Variationen für Orchester« (1932), geschrieben für das Berliner Philharmonische Orchester. In diesem Werk tritt etwas besonders typisches hervor, etwas, das auch für den lehrenden

und schaffenden Hindemith der nächsten Jahre kennzeichnend ist: die Kunst der Arbeit. Der rechte Meister wählt zunächst den rechten Werkstoff. Im vorliegenden Falle: das rechte Thema für die rechten Variationenbauten. Dieses Thema ist keine Eingebung aus

geheimnisvollen mystischen Urgründen, es ist selbstgehauener Werkstoff. Es handelt sich nicht darum, ob das Thema »schön« ist, sondern was es für den Variationszweck hergibt. Zwei Bestandteile, Dreiklang und punktierter Rhythmus, bestimmen das Thema und damit die Möglichkeiten des Veränderns. Dieses Verändern erfolgt nun mit einer kontrapunktischen Kunst, die ihresgleichen sucht. Ein Werk, mehr für geschulte Notenleser als für ungeschulte Hörer, und doch zeigt der Schluß mit Marsch und Bläserpracht, daß Hindemith den einfachen Hörer durchaus nicht vergessen hat.

Sinfonie *»Mathis der Maler«* (1934, Orchesterstücke nach der gleichnamigen Oper). Jetzt wird das bisher vorwiegend formal überzeugende Schaffen Hindemiths farbig. Der Isenheimer Altar von Matthias Grünewald (1480–1529) hat es dem Komponisten angetan. Den drei Sinfoniesätzen gibt er die Überschrift der Altarbilder: »Engelskonzert« – »Grablegung« – »Die Versuchungen des heiligen Antonius.« Ein neuer Hindemith steht vor uns: aus dem kunstvollen, aber leeren Formenspiel früherer Jahre erhebt sich ein geläuterter

Künstler. Das »Engelskonzert« ist eine wahrhaft absolute (eben »losgelöste«) Musik, die man ahnend begreift. Zwei der musikalischen Grundbestandteile seien hier aufgeführt: das erste als klanglicher Cantus-firmus-Untergrund, das zweite als einer der wesentlichsten Webfäden, die dieses straffe und zugleich weiche Gewirk durchziehen. Aus der vergeistigten Schau der »Grablegung« spricht das Wissen um menschliche Trauer und Auferstehung (Streicher-Pizzicato, Flöte, Oboe!). Überwältigend das letzte Bild, in dem die »Versuchungen des heiligen Antonius«, das Ringen der heiligen mit den dämonischen Mächten dargestellt wird. Dargestellt in doppeltem Sinne. Es ist nämlich ohne weiteres möglich, diesen Satz ganz bildhaft zu erleben: von der Einleitung mit ihrem sprechenden, vom *pp* zum *ff* anschwellenden Erzählersolo, mit ihren schwirrenden Trillern und den akzentuierten, schreckhaften Akkordschlägen, denen ein unheimliches, schnell abklingendes Grollen folgt – von dieser Einleitung über den Kampf der »guten« mit den

»bösen« Themen, aus dem sich schließlich männlich-fromme Glaubensweisen erheben, bis zum sieghaften Schluß zieht sich eine Kette von *Klang*bildern, die sich unschwer in *gesehene* Bilder umsetzen lassen. Jedoch: Versuchungen sind keine Bilder, sondern innere Vorgänge von eigener Gesetzmäßigkeit. Daher denn auch dieser Schlußsatz nur den Gesetzen der absoluten, von allem Stofflichen losgelösten, musikalischen Schaffensart untersteht. Thema und Gegenthema, Linie und Klang, Kern und Kontrapunkt, Außenform und Innenform – alles ist rein musikalisch gestaltet und gearbeitet.

»Sinfonische Tänze für großes Orchester« (1937). Formel einer Suite von Sätzen, die durch einen thematischen Grundgedanken untereinander verbunden sind; das eigentliche Hauptthema erscheint in jedem Satz in jeweils veränderter Gestalt (zuweilen im gleichen Satz verändert), wird von anfänglichen Nebengedanken gestützt und verschmilzt schließlich mit diesen auf gehobener Ebene. Die dichte, bis ins letzte ausstrahlende Stimmigkeit der meisten früheren Werke tritt in den Hintergrund, die Lust am rhythmischen Spiel ist merklich gedämpft, die kühle Objektivität und rein musikantische Freude haben stark an Bedeutung verloren. Das Melodisch-Thematische wird – freilich in einem gegenüber der Spätromantik geläuterten Sinne – pathetischer; damit wächst zugleich der Sinn für ausstrahlenden Klang und harmonische Wucht (Ausklang des Schlußsatzes).

»Nobilissima Visione«, Orchestersuite aus der gleichnamigen Tanzlegende (1938). Die Tanzlegende hat zum Gegenstand das Leben des heiligen Franziskus und seine mystische Hochzeit mit der Frau Armut. Einige Sätze aus ihr hat Hindemith zu einer Suite zusammengestellt. Der erste Teil zieht die Meditation des betenden Franziskus' (wie eine altklassische Ouvertüre mit den schreitenden Bässen und der pathetischen Streichermelodik) und die mystische Hochzeit mit der Frau Armut zusammen (eine Art Rondo über stilisierten Tanz und feierlichen »Orgel«-Klang). Zweiter Teil ein sich leise ankündigender, allmählich anwachsender Marsch, in dem Grundklänge des ersten Teils auftauchen, und in das ein Fugato eingewebt ist. War vieles dieser Sätze auf Reihung von »Bildern« gestellt, die sich gleichwohl gegenseitig durchdringen, so wird dieser Grundsatz im letzten Teil in die überkommene Form das Passacaglia gegossen und zu einer kontrapunktisch verdichteten, klanglich überwältigenden Steigerung geführt.

Sinfonie in Es für großes Orchester (1940). Äußerst schwierig, den »Inhalt« dieser Sinfonie in Worten wiedergeben zu wollen; denn sie ist »absolute«, wahrhaft von jedem Gegenständlichen, Gedanklichen oder Gefühlsmäßigen »losgelöste« Musik. Um ihrem Wesen einigermaßen nahezukommen, könnte man sie vielleicht eine »protestantische Sinfonie« nennen. In ihr lebt eine Auflehnung, die sich in leidenschaftlichem Aufbegehren und zugleich in schriftgelehrten Beweisen äußert. Die vier Sätze kreisen um einen einzigen Thema-Kern. Hier wird er gleich zu Beginn des Kopf-

satzes festgelegt (Beispiel): zunächst erscheint er als Einzelsignal, dann sogleich noch einmal in akkordischer Panzerung. Es handelt sich nun für den Hörer darum, die Wiederkehr des (häufig verwandelten) Themas ebenso zu beobachten wie das Herauswachsen verwandter melodischer Gedanken zu erkennen. Es ist ein ständiges Fortspinnen; also keine eigentliche Durchführungstechnik, sondern ein immer mächtigeres Ausstrahlen neuer Gebilde aus dem Strahlungskern des Grundgedankens. Der von dröhnenden Blechchören emporgewuchtete Kopfsatz ist wohl insofern der stärkste, als er auch nicht einen Takt länger dauert, als der Gedanke trägt. Weiträumiger erscheint der langsame Satz, in dessen bestimmende Melodie das »Signal« in veränderter Form eingebettet ist. Das dann folgende Oboenthema entfließt unverkennbar der Hauptmelodie. Durch diesen langsamen Satz wird man von Hindemiths sinfonischem Atem überzeugt, ob er nun einen stillen Streichersang durchwaltet oder ob er strahlende Bläserpartien durchströmt. Das Scherzo mit seinen Sekund-Achteln der Streicher, in die die Holzbläser ein Thema von leicht altklassischem Schnitt zeichnen, und seinem heiteren Bläser-Trio (immer klingt das »Signal« hinein) wird nach einem kurzen Haltepunkt abgelöst durch den Schlußsatz. Dessen höchst eigentümliche Form läßt sich kaum irgendwie einreihen. Anfangs will es scheinen, als solle sich eine Passacaglia in achttaktiger

Periode entwickeln. Bald aber treten andere Formteile hervor, die eigentlich gar nicht recht zueinander passen, die aber insgesamt aus Passacaglia, Reihung, Durchführung und anderen Teilen etwas Neues, Überzeugendes schaffen.

»Sinfonische Metamorphosen von Themen von Carl Maria von Weber« (1943). Bei Hindemith treten die Weberschen Themen gar nicht erst in der Urgestalt auf. Sie werden vielmehr schon im ersten Marsch-Satz im Sinne Hindemiths gestrafft, umgezeichnet, in neue harmonische Ebenen geschichtet. Dennoch ist dieses Werk ohne weiteres »verständlich«. Die Instrumentalgruppen fast körperlich greifbar gegeneinander gesetzt, die Polyphonie als Leitbild, doch nicht sich aufdrängend, die Harmonie gelöst, der Rhythmus bestimmt, doch nicht verwickelt – und alles erfüllt von Humor, bald anmutig und bald handfest. Merkwürdig kurz gerät in dem viersätzigen Werk der langsame Teil mit der Klarinettenweise. Köstlich die Zauberkunststückchen des Scherzos: im Hauptteil eine Flötenweise, die sich zu allerlei Zeichnungen und Ornamenten verwenden läßt, mit einer kleinen Schlagzeugbatterie aller Schattierungen, während im Trio sich eine echte Hindemith-Posaune aufbläst und aufbläht. Schlußsatz eine Marschszene mit allerlei Verulkungen, die aber durch die geradezu raffinierte Art der Instrumentierung (Bläser!) auf eine höhere Stufe geistvollen Scherzens gehoben wird.

»Sinfonia Serena für großes Orchester« (1946). Wieder ein Schritt auf den Hörer zu. Schon mit der Bezeich-

nung »serena«, also heiter. Wie mit lächelnden Augen: »Haben Sie keine Angst vor der Sinfonie!« Alle dichte Stimmigkeit wird vermieden; an ihre Stelle tritt gewissermaßen eine leicht überschaubare Zweistimmigkeit: eine »Hauptmelodie« und ihr »Kontrapunkt« Dem wiederum entspricht ein »Zweiklang«: Streicher gegen Bläser, Holz gegen Blech. Ja, selbst die einzelnen Sätze heben sich auf solche Weise voneinander ab: im zweiten Satz nur Bläser, im dritten nur Streicher, in den Ecksätzen volles Orchester. Alles das sehr sorgfältig erdacht – dann aber mit sprühendem Leben angefüllt bis zum Rande. Formal stellt sich der erste Satz (»Mäßig bewegt«) als Sonatensatz dar mit drei (durch Quintsprünge verwandten) musikalischen Gedanken: also Themenaufstellung/Durchführung/Wiederkehr. Nur ist Hindemith kontrapunktisch. Daß diese nicht trocken wirken, dafür sorgt die romantische Art der Thematik (das Hauptthema wird

anfangs sogar durch das Horn über raunenden, gedämpften Streichern vorgetragen) und eine bezaubernd abwechslungsreiche Instrumentation. Überwältigend der kräftige Humor des zweiten Satzes. Er nennt sich »Paraphrase über den Geschwindmarsch von Beethoven«. Nur Holz- und Blechbläser. Der sogenannte Yorksche Marsch wird gewissermaßen nur zeilenweise vom tiefen Blech vorgetragen, nach jeder Zeile reißt er ab, es folgt ein kunstvolles Gekicher des Holzes, die nächste Zeile erscheint im Blech, wieder Holzbläsergekicher, und so geht es fort. Im Trio wird der Marschrhythmus zum 3/4-Takt umgewandelt, erst zum Schluß dröhnt der Marsch fortissimo im Zusammenhang auf – und wirkt nun nach den vorangehenden Zerreißungen besonders humorvoll. »Unterhaltung« heißt der dritte Satz. Es unterhalten sich zwei Streichorchester. Das erste bringt eine ruhige Gesangsmelodie und knüpft daran einzelne Bemerkungen (Soloinstrumente); das zweite Orchester singt nicht ruhig und getragen, sondern plaudert in geschwindem Pizzicato (»Scherzando«). Aus solcher Wechselrede (mehrfach uminstrumentiert) ergibt sich dann ein gemeinsames Geplauder, indem beide Orchester ihre Meinungen gleichzeitig vortragen. Am schwierigsten zu durchschauen ist der Schlußsatz. Wie kunstvoll er ist, merkt man aber glücklicherweise nur, wenn man das Notenbild betrachtet. Der Hörer kann den Satz dagegen als eine rondoartige Reihe wechselnder, innerlich verknüpfter und auf frühere Sätze zurückweisender Hörbilder aufnehmen.

Konzert für Violine und Orchester (1939), wesentlich stärker und verständlicher als das erste Violinkonzert von 1925 (»Kammermusik Nr. 4«). Hindemith versucht hier, Sonatenform und Reihung zu verbinden. Dementsprechend muß sich auch die Thematik ändern. Und so finden wir denn vielfach (vor allem im ersten Satz) eine Melodik, deren Schnitt dem 19. Jahrhundert zu entstammen scheint, während ihre harmonische Grundlage durchaus der Neuen Musik zugehört. Zwei fließende Hauptgedanken stehen neben einem mehr bewegungsmäßigen Kopfsatz. Zwar werden diese drei Themen nicht motivisch ausgewertet, sondern unter Hinzutreten verwandter Einfälle und Bausteine mehr gereiht; gleichwohl erfolgt die Reihung in drei Gruppen, so daß die Großform »Themenaufstellung / Durchführung / Reprise« deutlich durchschimmert. Vorwiegend melodisch bestimmt ist auch der langsame, zuweilen leidenschaftlich gesteigerte Mittelsatz, ebenfalls in bekannten überlieferten Formen unterzubringen. War in diesen beiden Sätzen bereits erkennbar, daß die Sologeige mehr ist als nur eine Stimme neben anderen, so tritt das Solistisch-Virtuose im Schlußsatz noch schärfer hervor; doch vermeidet es Hindemith, sein Werk in virtuosen Glanz und Solistenprunk ausmünden zu lassen, sondern steigert es ins Klanglich-Feierliche, das er freilich in diesem Rondo zwischendurch immer wieder auflockert und gegen Schluß sogar witzig zu verspotten scheint. Erstaunlich die Bereicherung der Klangpalette.

»*Der Schwanendreher.* Ein *Konzert* nach alten Volksliedern *für Bratsche* und kleines Orchester« (1935). Was geht in diesem Konzert vor? »Ein Spielmann kommt in frohe Gesellschaft und breitet aus, was er aus der Ferne mitgebracht hat, ernste und heitere Lieder, zum Schluß ein Tanzstück. Nach Einfall und Vermögen erweitert und verziert er als rechter Musiker die Weisen, präludiert und phantasiert«. Dieses mittelalterliche Bild war die Vorlage des Komponisten.

»Konzert für Violoncello und Orchester« (1940). Ein echtes Solistenkonzert. Überkommener Formenrahmen mit erneuerten Innenräumen. Motivische Arbeit und polyphones Denken haben ein Neues geboren, das die Merkmale beider Elternteile aufweist und doch etwas Besonderes ist. Selbst der hartnäckigste Gegner der Neuen Musik wird hier bemerken, daß in diesem Werk auch der »Schönklang« sich über alle Werke ausbreitet. (Jedoch handelt es sich nicht um den alten Schönklang; der romantische Schönklang ist ja auch ein anderer als der klassische.) Aufgebaut ist das Konzert auf einem Triolenrhythmus. Im Allegro moderato springt er nach einem heftigen Akzent des Orchesters sogleich dreimal auf: als Sechzehntel-, als Achtel- und als Vierteltriolen, denen eine Kurzkette von punktierten Akkorden folgt. Damit ist der Grundzug des ersten Satzes festgelegt, sei es in den ausgedehnten Kadenzen des Cellos, sei es in dem unentwegten Motivspiel zwischen Solo und Orchester. Im Andante con moto, dessen Rahmenteile von einer herrlichen Cellomelodie getragen werden, drängt sich das Triolenmotiv (9/8-Takt) durch ein Geschwindfugato – angestimmt von der Klarinette – mit eigensinniger Koketterie wieder in den Vordergrund, und das Cello hält es noch eigensinniger fest, wenn die Melodie des Beginns wieder in den Holzbläsern erscheint. Schließlich bestimmt es auch, zuweilen in verkleideter Gestalt, das Allegro marciale, einen Marschsatz mit wechselnden Bildern, dessen lebendige Kraft auf der Reihung immer neuer, mit einer gewissen Folgerichtigkeit erscheinender Themen beruht, nicht minder jedoch auf den reizvollen Klangmischungen.

»Thema mit Variationen für Streichorchester und Klavier. Die vier Temperamente« (1939). Ein kleines Klavierkonzert, in dem Hindemith auf seine Weise psychologisch wird. Mit ein paar sicheren Strichen zeichnet er, wie sich der Melancholiker, der Sanguiniker, der Phlegmatiker und der Choleriker zu einem bestimmten Gegenstand verhalten. »Gegenstand« ist hier ein Thema, ein musikalischer Gedanke; die »Darstellung« bleibt also, bei aller Greifbarkeit, streng den Gesetzen der Musik unterworfen. Da es sich um das Wesentliche

herausstellende Skizzen, nicht aber um ausführliche psychologische Analysen handelt, muß die Melodie im Vordergrund stehen und immer erhalten bleiben; die Variation muß aus dem Melodischen allein hervorgehen, und lediglich einige feine Farben dürfen die Porträts sinnfälliger machen. Unsere Notenbeispiele geben den Themenkopf und seine »Übersetzung« in vier Temperamente melancholisch, sanguinisch, phlegmatisch und cholerisch.

Kammermusik

Hindemith hat systematisch Kammermusik für alle Instrumente geschrieben, um jedem Spieler Lehr- oder Konzertwerke an die Hand zu geben.

Als junger Musiker wurde Hindemith mit einem Schlage weltberühmt, als 1922 in Donaueschingen sein *zweites Streichquartett in C* (Opus 16) aufgeführt wurde. Vor allem der erste der drei Sätze entfachte leidenschaftliche Auseinandersetzungen, an denen auch diejenigen teilnahmen, die aus ihm nur den blutvollen Musikanten und kraftgeladenen Könner heraushörten, es jedoch ablehnten, hier schon etwas Fertiges, Wesentliches anerkennen zu sollen. Drei Themen tragen diesen Kopfsatz: eine alle gewohnte Glätte durchstoßende Kraft im ersten Thema, gelenk-lockere Fügung im zweiten, rhythmisch gefestigte Baulinie im dritten. Da sie keine eigentlichen Gegensätze darstellen, lassen sie sich nicht im alten Sinne »durchführen«, sondern stehen frei im Raum, einander bestätigend und überhöhend. An die Stelle des Klanges tritt die Kraft, an die Stelle der Harmonie der Bewegungsablauf. – Das *dritte Streichquartett* 1922 (Opus 22) dämmt die teilweise wild flutenden Bewegungsströme des zweiten bereits etwas ein. Im zweiten Satz freilich wird gehämmert um des Hämmerns willen, auch der langsame Satz, eine Mischung von Einfallsmelodik und denkerischer Arbeit, bleibt davon nicht ganz frei. Aber der (leider nicht ganz durchhaltende) Kopfsatz mit seinem gebändigten, fugiert durchgeführten Hauptthema und der ihm entsprechende Schlußsatz mit seiner häufigen Zweistimmigkeit und einem sprühenden Spiel sind eine beachtliche Leistung. – Das *vierte Streichquartett* (1924, Opus 32) verdichtet die Kräfte weiter. Der erste Satz beginnt als Fuge, und das Polyphone strahlt auch in die übrigen Sätze aus. Fugenthema und Gesamtquartett ähneln sich in der Kräfteverteilung: straff zu Beginn, dann eine gewisse Lockerung, diese gleichwohl durchsetzt von spannenden Kräften. Im Kopfsatz erscheint dann ein zweites Thema als Grundlage für neues Fugieren, ohne daß es allerdings zu einer rechten Doppelfuge käme. Im langsamen Satz wird das polyphone Geschehen der zweiten Geige und der Bratsche überantwortet (Kanon); darunter zupft sich das Cello seine ostinate Bahn, und darüber zieht die erste Geige freie melodische Bogen. Als dritter Satz folgt ein »Kleiner Marsch«. Lockert sich hier das streng Polyphone zur umspielenden Kontrapunktik, so wirkt andererseits der Marschrhythmus auf seine Weise bindend. Schlußsatz ist eine Passacaglia in freier Form. – Erst 1943 erschien das *fünfte Streichquartett*, ausdrücklich als »in Es« bezeichnet.

Der erste (in den zweiten unmittelbar hinübergeleitete) Satz umfaßt nur einige fünfzig Takte und ist streng, fast nüchtern gefügt: »Am Anfang war der Gedanke«, scheint er bekennerisch sagen zu wollen; und doch sprechen Überschrift (»sehr ruhig und ausdrucksvoll«) und die zahlreichen dynamischen Bezeichnungen deutlich genug davon, daß auch der Gedanke nichts Dürres, sondern etwas lebendig Atmendes ist. Bekenntnishaft, daß der Beginn durch die von Hindemith so geliebte Bratsche allein vorgetragen wird. Schnell zieht dann der zweite Satz vor-

über. Sein Kopfthema wirkt wie eine Erinnerung an die ungestüm vorwärtsschnellenden Bewegungsantriebe des frühen Hindemith; doch ist es nicht mehr Bewegungsdrang an sich, sondern zielstrebig, sinngebunden. Der dritte Satz bringt Variationen über ein werdendes Thema, innerlich kreisend um einen lyrischen Kern, äußerlich ein verdichtetes Linienspiel in ständig sich steigernder Bewegung. Am Beginn des vierten Satzes steht eines der prachtvollen, von Quinte und Quarte verklammerten Themen des reifen Hindemith; es entwickelt sich eine »breite, energische« Fuge mit hinzutretenden Erinnerungen; doch ein angehängtes Allegretto grazioso (überwiegend pizzicato) zerzupft heiter das Thema »Eine Fuge soll weder zum Zopf noch zum Bart werden«. – Der gleichen Grundhaltung entstammt das *sechste Streichquartett* (1944/45); es ist geistig womöglich noch abgeklärter, weniger Bekenntnis als Erkenntnis, durchwaltet von leisem Humor. Von den vier knappen, bündig gefaßten Sätzen fesselt am stärksten der letzte, in dem polyphone Kunststückchen mit fröhlicher Musizierlust gepaart sind.

Die übrigen (sehr zahlreichen) kammermusikalischen Werke Hindemiths müssen hier außer Betracht bleiben.

Klavierwerke

Hier ist vor allem hinzuweisen auf die drei *Klaviersonaten* des Jahres 1936. Die *erste* Sonate (angeregt durch Hölderlins Gedicht »Der Main«) hat fünf Sätze, von denen der Kopfsatz allerdings nur eine Einleitung darstellt und das Hauptmotiv der Sonate festlegt. Stärkster Teil der düster-großartige Trauermarsch des zweiten Satzes mit seiner Erinnerung an Beethovens Trauermarsch aus Opus 26. – Die *zweite* Sonate ist nicht so weiträumig wie die erste, ähnelt eher einer Sonatine in der durchsichtigen, knappen Fassung. Wesentliches Kennzeichen wieder die Polyphonie. Am schlichtesten der Kopfsatz, zierlich in der Zeichnung, verschleiert-stimmig selbst an akkordischen Stellen der nächste Satz. Eine straff punktierte Einleitung bereitet dann das Rondo-Finale vor, dessen engstufige Anfangsthematik sich immer mehr weitet. –

Bedeutend die *dritte* Sonate. 1., 2. und 4. Satz schließen in klarem B-Dur, 3. Satz in Es-Dur; das ist eindeutige Tonalität im Rahmen; das Bild selbst dagegen ist vielgesichtig: erweiterte Tonalität auf chromatischer Grundlage, Taktklarheit, Akkordik, Motivformeln, echte und scheinbare Stimmigkeit schaffen völlig neue Klangräume. Erstaunlich die gewaltig gesteigerte Fuge des Schlußsatzes, deren Thema so errechnet, so erdacht anmutet, die aber durch meisterhafte Fügung aus dem toten Stoff zu einem durchlichteten Bau wird.

Nur erwähnen kann man die 1943 erschienenen *»Ludus tonalis.* Kontrapunktische, tonale und klaviertechnische Übungen«. Wer die Klaviermusik der ersten Hälfte des 18. Jahrhunderts begreifen will, kann an Bachs Wohltemperiertem Klavier nicht vorübergehen. Für die Klaviermusik um die Mitte des 20. Jahrhunderts spielt Hindemiths Ludus tonalis die gleiche Rolle.

DAVID

Johann Nepomuk D. (geb. 1895 in Eferding, Oberösterreich, gest. 1977 in Stuttgart). Musikstudium in Wien. Nach längerer Organistentätigkeit in Wels 1934 Kompositionslehrer am Leipziger Konservatorium, 1945 am Salzburger Mozarteum, ab 1948 an der Stuttgarter Musikhochschule. Schrieb vor allem Orgelmusik, Chormusik a cappella, Orchesterkompositionen, Kammermusik.

Davids musikalisch-künstlerische Eigenart ruht auf zwei Pfeilern: auf stoffgerechtem Musizieren (David war Hauptträger der neuen Orgelbewegung) und auf Polyphonie als selbstverständlichem Erleben (nicht als einem Stilmittel unter vielen). Bei vollendeter technischer Meisterschaft schrieb er nur Werke, die diesen Voraussetzungen entsprechen, keiner »Richtung« verpflichtet oder dienstbar, ja, anderen Ausdrucksmitteln sorgsam aus dem Wege gehend, so daß seine Sprache zuweilen spröde wirkt. Aber vielleicht ist dieser glasklare, der stimmigen Melodik verpflichtete Stil notwendig, damit man in die polyphone Tiefe des Werkes zu schauen vermag. Sein Abseitsstehen von jedem Musik-Betrieb macht ihn besonders schätzenswert. Es besteht kein Zweifel, daß Davids Werk einmal zum Wesentlichen der jüngeren Vergangenheit gezählt werden wird.

Orchesterwerke

Erste Sinfonie (1937). Grundlage für die thematische Arbeit der vier Sätze ist eine dorische Weise, die auf allerlei Art umgestaltet wird. Fest umrissen der erste Satz, der ganz »Arbeit« zu sein scheint; kontrapunktisch noch dichter und gedrängter der wuchtige, herben Reibungen nicht aus dem Wege gehende Schlußsatz. Dazwischen als »Erholung« lyrisches Ausbreiten (2. Satz) und rhythmisches Virtuosenspiel (3. Satz über einem $^5/_8$-Thema).

Dritte Sinfonie (1942). Im allgemeinen wiederholt sie (wie vor allem auch die zweite Sinfonie) früher Ausgesprochenes. In einem wirkt sie allerdings neu: in der Verdeutlichung des melodischen Stoffes; so sehr auch das Liniengefüge das Gesamtbild bestimmt – aus den Linien von früher sind klare Themen, führende Melodien geworden. Wieder umschließen zwei kraftvolle Ecksätze (der erste fast heiter in seinem melodisch gegensätzlichen Verströmen und der letzte alle Sinfoniethemen klangvoll zusammenfassend) einen lyrischen, ans Metaphysische streifenden langsamen Satz und ein rhythmisch beflügeltes Scherzo (Doppelfuge).

Vierte Sinfonie (1949). Der ersten Orchester-Partita (s.u.) insofern verwandt, als den vier Sätzen ein einziges Thema zugrunde liegt. Dabei geht David ein wenig rechnerisch, ja, ein wenig sportlich vor. Das entscheidende Motiv wird, wie die Leine beim Hochsprung, immer etwas höher angelegt: Sekunde, Terz, Quarte usw. Erstaunlich genug, daß ein solches Verfahren nicht künstlich wirkt. Ernst feierlich das einleitende Adagio mit seinen Posaunen, fugiert das Allegro, im Scherzo rahmen die geballten Eckteile ein verhaltenes Trio, das Finale wiederholt auf seinem Raum die ständigen Anstiegsbemühungen des Urmotivs und setzt sie zum Schluß auch durch.

Erste Orchester-Partita (1936). *Ein* Thema – *fünf* Sätze. Musik als Spiel geistiger Kräfte. Vielfach herb im Klangbild der unbeirrbar sicheren Linienführung und des kleinen Orchesters (ohne Klarinetten), weitgespannt in der Form, die von einer Krebs-Spiegel-Fuge (dritter Satz) bis zum 5/4-Takt-Tänzchen reicht. – *Zweite Orchester-Partita* (1941). Mehrere Themen, drei Sätze. Das »Präludium« ist eigentlich ein Sonatensatz mit drei Themen, mit Durchführung und Reprise, klanglich mit zahlreichen Lichtern überschüttet. Auch im »Intermezzo« drei musikalische Gedanken (Streichermelodie, Bläserchoral, Horn-Psalmodie), feierliche, romantische Grundstimmung. Das »Finale« nimmt Themen des »Präludiums« wieder auf, vom Kanon bis zum Walzer reichend, eine Schlußsteigerung wie bei Bruckner.

Erstes Konzert für Streichorchester (1950). Drei Sätze. Zunächst ein Allegro moderato, eine Fuge von fast händelscher Festlichkeit, ungemein verwickelt und dicht in der Arbeit; dann ein Adagio, in seiner kanonischen Führung und sangbaren Haltung fast einer Gesangskomposition vergleichbar; endlich ein heiterer Schlußsatz mit einem volkstümlichen Thema, das rondo-artig verarbeitet und dann mit dem Hauptthema des Kopfsatzes verknüpft wird. – *Zweites Streicherkonzert* (1951). Abermals drei Sätze, die Themen diesmal zufolge ihrer Chromatik schwerer zu fassen, die drei Sätze gleichen drei aufsteigenden Stufen, deren zweite vom Komponisten als »gefühlsdicht« und deren dritte als »herrisch« bezeichnet worden sind.

Divertimento nach alten Volksweisen *»Kume, kum, geselle min«* (1940). Drei alte Volkslieder, drei Sätze. Das Kopf-Allegretto abermals ein Sonatensatz über zwei der Volkslieder. Im »Adagio« wird besonders das zweite Lied herangezogen, anfangs kanonisch eingeführt, im Trio als Kontrapunkt zum dritten Lied (Horn). Auch im rondo-artigen »Allegretto«-Schlußsatz herrscht das zweite Lied (»Kume, kum«), das als Fugato ausgestaltet wird. Das Ganze erfüllt von polyrhythmischen und polyphonen Künsten.

1943 wurden zwei *Variationenwerke* von David uraufgeführt: die »Variationen über ein Thema von J.S. Bach« und die »Sinfonischen Variationen über ein Thema von H. Schütz«. Die *Bach*-Variationen für Streicher, je eine Flöte und Fagott, je zwei Oboen und Hörner sowie Pauken und Glockenspiel verändern fünfmal das Bach-Thema »Was bist du denn, so Seele, so betrübt«, und zwar bald streng und bald frei. Sie hellen sich immer mehr auf und werden erst im abschließenden Choral wieder zusammengerafft. Die *Schütz*-Variationen sind für großes Orchester geschrieben. In der Viersätzigkeit nähern sie sich der Sinfonie; allerdings sind die Innensätze nur sehr kurz. Im ersten Satz wird der Schütz-Choral »Es steht Gott auf, daß seine Feinde plötzlich zerschlagen werden« aus seinen Urbestandteilen zum Variationsspiel in den Blechbläsern wieder zusammengefügt, schließlich dem sinfonischen Variieren erneut preisgegeben. Die Innensätze umfassen nur wenige Takte: dunkel das Adagio mit seiner ruhigen Streicherweise, in die leise Anklänge an das Thema hineintönen (Posaune); fast unwirklich hastet das ebenso knappe Moderato vorüber. Aus welchem Grunde diese beiden Sätze so kurz gehalten sind, ist musikalisch nicht zu erkennen; ohne eine außermusikalische Deutung wird man hier kaum auskommen – und sie liegt nahe, wenn man daran denkt, daß das Mannesalter von Heinrich Schütz genau in die Zeit des Dreißigjährigen Krieges fällt, und daß David diese Schütz-Variationen mitten im zweiten Weltkriege schrieb. Das Schluß-Allegro, in dem das Thema mächtig aufgebaut wird, bildet eine glänzende, fast heftige Steigerung.

Konzert für Flöte und Orchester (1937). Drei Sätze, davon der erste sonatenmäßig, der zweite als Variationensatz, der dritte rondo-artig. Virtuose Spielmusik, formal streng gebunden. Das Orchester soll die »weite Modulationsfähigkeit des Soloinstruments wenig stören«, tut es auch nicht; gleichwohl sind ihm, gewissermaßen im Hintergrund, die gestaltbildenden Aufgaben anvertraut. Eines der schwierigsten, zugleich dankbarsten Flötenkonzerte der Musikgeschichte.

Kammermusik

Hier nur einige Hinweise. Zunächst der, daß David sein Orchesterdivertimento »Kume, kum, geselle min« auch als Sextett für Flöte, Oboe, Klarinette, Horn, Fagott und Klavier herausgegeben hat (vergl. S. 574 das Divertimento).

Ein bedeutendes kammermusikalisches Werk ist das *G-Dur-Streichtrio* (Uraufführung 1936, geschrieben fünf Jahre früher). Vier Sätze von äußerster Beschränkung, straff gefaßt im Thematischen und in der Verarbeitung, vielsagende Kontrapunktik auf engstem Raum. Erstaunlich besonders der dritte und vierte Satz, in denen Davids Satzkunst (Fuge, Kanon usw.) einen Gipfel erreicht. – Erlesenen Genuß bildet die Lektüre der *Vier Streichtrios* Opus 33, je eines gewidmet den berühmten Geigenbaumeistern Amati, Stradivarius, Guarneri und Stainer (geschrieben 1945 bis 1948). Das kontrapunktisch-polyphone Können Davids ist nun so meisterhaft, daß nirgends mehr die Nähte zwischen Einfall und Arbeit, zwischen Ausdruck und Technik sichtbar werden. Die Thematik hat sich weiter gefestigt und schwingt gleichzeitig gelöster durch den musikalischen Raum. Der Klang wird in wachsendem Maße Träger (nicht Ausschmücker!) des künstlerischen Gesamtbaus. Entschiedenheit ohne Härte, Strenge ohne Starrheit, Gelöstheit ohne Verschwimmen – das etwa sind die wesentlichen Kennzeichen dieser Trio-Reihe.

ORFF

Carl O. (1895–1982), geboren in München, Studium an der dortigen Akademie der Tonkunst. Vorübergegend Theaterkapellmeister. Lebte seit 1920 in München und Salzburg. Hauptwerke: Kantaten, Opern, Orchesterwerke, Tonspiele und Lieder.

Trionfi

Da dem Rhythmus nichts Menschliches fremd ist, steigt Orff in dem Werk zuweilen in derbe Naturhaftigkeit. Im Gegensatz etwa zu seiner »Bernauerin«, wo die Überdeutlichkeiten peinlich und unbegründet anmuten, hält Orff in den »Trionfi« alles gewissermaßen im Unbewußten, Unterbewußtsein, gleichwohl im wirkungsmäßig Vorhandenen. Das erreicht er dadurch, daß die Texte überwiegend lateinisch, zum Teil griechisch und zum Teil mittelhochdeutsch gesungen werden. Bei der nicht nur möglichen, sondern mit Erfolg erprobten szenischen Wiedergabe wird der »Inhalt« wenigstens andeutungsweise tänzerisch dargestellt.

»Carmina burana« (Weltliche Gesänge für Sopran und Bariton, kleinen Chor und kleine Soli, großen Chor und Orchester, beendet 1936, Uraufführung 1937). Der Titel bedeutet: Gesänge aus Beuron. Es handelt sich

um lateinische und mittelhochdeutsche Texte, die in einer Handschrift im Kloster Beuron aufgefunden wurden. Sie stammen aus der mittelalterlichen Vaganten- und Studentendichtung. Eingeleitet wird das Werk durch einen Chor-Prolog, in dem die wechselvolle Schicksalsgöttin Fortuna angerufen wird. Der erste Hauptteil besingt die Zeugungskraft des Frühlings (kleiner Chor, Bariton-Solo, großer Chor). Ein Tanz für Orchester leitet über zu einer Szene, in der ein großer und ein kleiner Chor vom Blühen des Waldes singen (zunächst lateinisch, dann mittelhochdeutsch). Als Zwischenspiel abermals ein Tanz, bestehend aus lauter Akkordketten. Abschließend drei (mittelhochdeutsche) Chöre, drängend, rauschhaft, doch in Zucht gehalten durch den straffen Wechsel von piano und fortissimo. Zweiter Hauptteil: der Naturfreude folgen die Freuden der Schenke. Zechen und Essen, dazu derb-kräftige Lieder, vom Abt von Kuckucksmünster wird gesungen und vom gebratenen Schwan (Soli mit Männerchor). Abschluß ein sich verbreiternder und steigernder Männerchor: »Wenn wir in der Schenke sind.« Dritter Hauptteil: (In lateinischem Text) »Die Liebe flieget überall«. Die irdische Liebe in allen ihren Formen wird keck besungen (Soli und kleine Chöre). Der Gesamtchor beendet diesen Teil und wiederholt dann preisend den Fortuna-Gesang des Beginns.

»Catulli Carmina« (Gesänge von Catull, szenische Spiele für Chor, Sopran und Tenor; das Orchester besteht aus vier Klavieren und starker Schlagzeug-Besetzung, beendet und uraufgeführt 1943). Die Gedichte des altrömischen Dichters Catull, die Orff

vertont, geben kaum einen handlungsmäßigen Zusammenhang. Bei szenischer Darstellung wird durch tänzerische Gebärden manches erläutert, was sonst nur dem Kenner der lateinischen, teilweise recht freien Texte verständlich wäre. Jünglinge und Mädchen rufen sich Worte der Liebe und des Entzückens zu. Die Wirkung dieses Chores beruht auf den unablässigen Wiederholungen von Tönen und Akkorden mit winzigen Motiveinschaltungen – alles in schnellstem Zeitmaß gesungen. Ein Chor der Greise warnt die jungen Menschen, erinnert an den Dichter Catull, dem die Liebe so übel mitspielte. Des Dichters Geschick wird nun in Catulls eigenen Dichtungen vorgeführt: wie er seine Geliebte Lesbia erwartet, wie er in ihren Armen entschlummert, wie er von ihr träumt, während sie davonschleicht und mit Lebemännern in einer Schenke tanzt. Was Catull träumt, das wird in Wirklichkeit seinem Freunde Caelus zuteil. In Trauer und Verzweiflung will er mit einer Hetäre seinen Schmerz betäuben; doch denkt er immer an Lesbia. Endlich bricht er zusammen. So findet ihn Lesbia. Sie verläßt Caelus und will sich Catull wieder zuwenden. Aber nun ist es zu spät: er kann und will nicht mehr. Klagend eilt Lesbia in ihr Haus. Die Greise sind dem Spiel beifällig gefolgt, aber die Jünglinge und Mädchen sind froh, als es vorüber ist. Sie wenden sich wieder ihren Liebesspielen zu: »Entzündet die Fackeln!« Der Eingangs-Chor wird wiederaufgenommen. – Musikalisch setzt Orff den in den »Carmina burana« eingeschlagenen Weg fort. Was dort straff und streng, man könnte sagen: rhythmisch und klanglich eindeutiger war, wird nun vielfältiger, verästelter, teilweise sogar schmiegsamer. Freilich, das betrifft Einzelheiten wie manches Crescendo oder Chorsätze – das Ganze lebt von den gleichen Urkräften wie das vorangehende Werk.

»Trionfo di Afrodite« (»Szenisches Konzert« für Sopran, Tenor, drei kleinere Sopran-, Tenor- und Baß-Soli, Doppelchor, großen Chor, Tanzgruppe und Orchester, entstanden 1950/51, Uraufführung 1953). Die höchste Stufe ist erreicht: nach dem Leiblich-Naturhaften der »Carmina burana« und dem Erotisch-Menschlichen der »Catulli Carmina« nunmehr die Allgewalt der liebe-, leben- und sinnspendenden Göttin Aphrodite als eigentlicher Urkraft der Welt. Für das Werk wurden verwendet Dichtungen des lateinischen Dichters Catull und der griechischen Dichterin Sappho sowie des griechischen Dramatikers Euripides. Der Handlungsfaden spult sich etwa so ab: Als Vorbereitung zu einer antiken Hochzeit wird vom Chor der Jünglinge und Mädchen der Gott Hymenäus beschworen. Darauf folgen der Hochzeitszug und die Ankunft von Braut und Bräutigam. Der nächste Abschnitt ist überschrieben »Braut und Bräutigam« (anfangs Soli, dann hinzutretende Chöre). Anschließend eine Anrufung und eine Hymne an Hymenäus. Weiterhin Hochzeitsspiele und -gesänge vor dem ehelichen Bett. Dann Gesänge der Jungvermählten aus dem Ehebett. Endlich »Erscheinung der Aphrodite«.

Die Mittel der Vertonung hat Orff in diesem sinnbildhaften Werk noch gesteigert und erweitert, das Orchester ist vergrößert (nunmehr auch sechzig bis siebzig Streicher), gesungen wird neben Latein auch griechisch (die szenischen und musikalischen Anweisungen werden italienisch gegeben), außer den wahrhaft erregenden Ton- und Akkordwiederholungen finden sich koloraturartige Wendungen und mächtige Sprünge. Großartig wirkt die »Erscheinung Aphrodites« am Schluß. Man glaubt, nach den fortissimo gesungenen Ton- und Akkordwiederholungen sei kaum noch eine Steigerung möglich, und doch findet Orff die Mittel dafür, indem er die Singstimmen mit äußerster Kraft sprechen und in einem gewaltigen Schrei enden läßt. Dazu langanhaltendes Schlagwerk. Aphrodite als der Urgewalt ziemt entfesseltes Rasen. Entfesselt? Wer könnte überhören, daß in diesem Rausch der Klangkräfte – nicht Klangfarben – sondern echter Rhythmus ordnend am Werke ist!

EGK

Werner E. (1901–1983) studierte u.a. bei Carl Orff. Nach zeitweiligem Aufenthalt in Italien und Berlin (dort von 1950–1953 Direktor der Musikhochschule) lebte er als Freischaffender bei München. Schrieb u.a. Oratorien, Opern, Ballette, Orchesterwerke.

Auch Egk wird unter die vielzitierten Komponisten der Neuen Musik gerechnet, obwohl er in seinen Bühnenwerken zur Genüge bewiesen hat, daß er nicht beabsichtigt, Denkaufgaben und Denkspielereien allzuviel Raum zu gewähren. Aller »Modernität« zum Trotz wollte er Musik, volksnahe, verständliche Musik schreiben. Das gelang ihm freilich am besten in seinen Opern; schon seine Ballett-Musik wirkt – für sich allein gespielt – nur sehr bedingt allgemeinverständlich, sondern oft abseitig und gewollt. (Seine überragende Bedeutung als Erneuerer des Balletts überhaupt bleibt davon unberührt.) Die Suiten aus den Balletten »Joan von Zarissa« und »Abraxas« werden sich aus diesem Grunde als *Konzert*werke kaum durchsetzen lassen. Thematisch behandelt das Ballett »Joan von Zarissa« den Don-Juan-Stoff (1940), während »Abraxas« (1948) auf den Faust zurückgreift, freilich nicht den Goetheschen Faust. In beiden Werken wird der Sinnentrieb als magische Macht aufgefaßt.

Den ursprünglichen Musiker Egk wird man am ehesten begreifen in der *»Georgica«.* In diesem lebensnahen, volkszugewandten Orchesterwerk kommen die

Antriebskräfte der bayerischen Volksmusik, denen sich Egk gern verpflichtet fühlte, besonders deutlich zur Geltung. Eine kleine Schuhplattler-Sinfonie könnte man diese Bauernszenen nennen. Frisch, ursprünglich die tänzerischen Themen, kunstvoll und wirkungsstark die Instrumentation. Ausgelassenheit und besinnlicher Ernst von Egks bayerischer Heimat geben sich in den »Georgica« ein Stelldichein. Eine kunstvolle Unterhaltungsmusik, die jeder »Erläuterung« entraten kann. Freilich, die Virgil-Bezeichnung »Georgica« und die oberbayerische Hemdsärmeligkeit passen nicht zusammen. Und dieser, wenn auch winzige, Stilbruch ist in gewisser Weise bezeichnend für den ganzen Egk: sein bemerkenswert scharfes Verstandesdenken spielt immer wieder seinem ursprünglichen Musizierwillen einen kleineren oder größeren Streich.

Die *»Orchestersonate«* von 1948 ist trotz ihrer äußeren Form (zwei Allegrosätze rahmen ein Andante) keine Sonate im klassisch-romantischen Sinne. Hier herrscht nicht die entwickelnde Logik; es ist mehr ein Nebeneinander von Flächen, von »Bildern« mit einer Fülle von verwirrend-kunstvollen Linien und einem großartigen Klangsinn. Auf jeden Fall ist die Sonate eindrucksmäßig-gegenständlich, ist auf weite Strekken (aller absoluten Satztechnik zum Trotz) szenisch erfundene Musik. Das gilt besonders für den ersten Satz; dieser frische Zuschnitt sprühender Themen und die Verarbeitung wollen nicht »nach-gedacht« werden; man überläßt sich willig dem »Eindruck«. Ähnliches gilt von dem Allegro molto des Schlußsatzes mit seinen treibenden Paukenschlägen, seiner Händel-Thematik, seinen Bläserakkorden und Blechglissandi, der zierlichen Scherzo-Episode und dem abrupten Schluß. Am schönsten der Andante-Mittelsatz mit seinen ineinander versponnenen melodischen Gedanken, mit den feinen und feinsten Klangtönungen.

Französische Suite nach Rameau (1949), fünf Sätzchen mit Tanzcharakter, in der Thematik und ihren Verzierungen auf die französische Altklassik verweisend, jedoch ausmusiziert von einem Musiker unserer Tage.

Die *»Geigenmusik mit Orchester«* (1935) greift Stimmungen auf, wie wir sie in der »Zaubergeige« und in »Georgica« finden. Musikalisches Volksgut vor allem aus Oberbayern mit viel Witz und Geist serviert, häufiger Taktwechsel, weite Strecken nur auf Tonika und Dominante aufgebaut, doch durch Hinzufügen harmoniefremder Töne gewürzt. Unterhaltungsmusik auf hoher Ebene, geschrieben von einem Könner.

HARTMANN

Karl Amadeus H. (1905–1963) studierte anfangs in München, wurde stark durch Scherchen und A. von Webern beeinflußt, setzte sich mit Schönberg und Berg auseinander. Lebte als Förderer neuer Musik und Musikdramaturg in München. Schrieb u.a. eine Oper, Orchester- und Kammermusik.

Hartmanns beste Werke rücken ihn etwa in die Nähe von Alban Berg, vor allem von dessen »Wozzeck«. Wie dieses Musikdrama den Gipfel des Opern-Expressionismus bedeutet, so schrieb auch Hartmann expressive, also Ausdrucksmusik. Wie Berg erschüttert war vom Leid der gequälten Menschenkreatur, so scheint auch Hartmann eine weiche, im echten Sinne mit-leidende Natur gewesen zu sein. Wenn man seine eigenwillige, herbe, zuweilen sogar harte Musik hört, so bewundert man nicht nur die Selbständigkeit, mit der sich Hartmann mit der Neuen Musik auseinandergesetzt hat, stellt nicht nur Einwirkungen durch Berg, Schönberg, Bartók und Strawinsky fest, sondern vermeint hinter der glasklaren Verstandesarbeit leise das Herz eines echten Romantikers schlagen zu hören.

Durchaus eigenwillig ging Hartmann vielfach mit der Form um. So besteht das *»Sinfonische Fragment«* (Hartmanns erste Sinfonie) aus den fünf Sätzen: Introduktion »Elend« / Lied »Frühling« / Variation / Lied »Tränen« / Epilog »Bitte«; geschrieben ist es für Altsolo und großes Orchester. Im Grunde ein Versuch, sich mit dem Expressionismus auseinanderzusetzen (geschrieben 1936, uraufgeführt 1948). – Die *zweite Sinfonie* trägt die Bezeichnung *»Adagio«* (Uraufführung 1950); sie ist einsätzig, jedoch unterteilt in der Weise, daß in das Adagio ein Allegrosatz eingebaut wird; im ganzen ein Werk über ein einziges Thema, das in höchst eigentümlicher Art variiert wird. – Die *dritte* Sinfonie (1950) ist in geistiger Hinsicht Alban Berg verwandt, der Form nach der 2. Sinfonie ähnelnd, weil in dem dreisätzigen Werk zwei langsame Teile ein Allegro umspannen (jetzt aber sind die Teile durch Pausen voneinander abgesetzt). Zweifellos eine bildhaft erlebte Ausdrucksmusik. Hartmann selbst sprach davon, daß im ersten Satz (Largo) das »erste, sich über dumpfen Paukenwirbeln erhebende Kontrabaßsolo unwiderstehlich hineinziehe in eine geheimnisvoll klingende Schattenwelt«, daß der zweite Satz (eine feurige Allegro-Fuge), ein »grimmiges Scherzo« sei und der Schlußsatz (Adagio) eine »Trauerode«. – Auch in der *vierten,* der »Sinfonie für Streicher« (1948) bleibt die von Hartmann bevorzugte Satzanordnung vorherrschend: als Kopfsatz ein Lento con passione, als Finale ein Adagio appassionato, und als Mittelsatz ein dreiteiliges Stück Allegro di molto / Scherzo / Allegro di molto. Diese Satzfolge wirkt zwar symmetrisch, umschließt jedoch Stilmittel, die noch nicht recht zwingend verzahnt sind. Weite melodische Bogen (oft unisono) voller Leidenschaft stehen neben dichter Stimmigkeit voll Verzweiflungsstimmungen. Während das Melos überzeugend und übersichtlich wirkt, ist es schwer, sich harmonisch zurechtzufinden. Eine »beschreibende« Musik, hinter der ein Musiker von stärkster Begabung steht. – Verhältnismäßig kurz die *fünfte* Sinfonie (1951), von Hartmann als »konzertant« bezeichnet. Dieses Mal ist nicht nur die Satzanordnung geändert, sondern auch die Grundstimmung. Hier wird tatsächlich »konzertiert« ohne alle bildhaften oder ausdrucksmäßigen Absichten. Das Werk beginnt mit einer Toccata, schließt mit einem vergnügt-lebhaften Rondo, während der Mittelsatz (»Melodie«) diesmal dem alten langsamen Sinfonie-Abschnitt zu entsprechen scheint; doch wird auch er formal wieder geändert, indem ein ausgedehntes Scherzo in ihn eingebaut wird. (Besetzung: Bläser und tiefe Streicher.)

In einem Vorspruch zu der *»Sinfonischen Ouvertüre ›China kämpft‹«* sagt Hartmann: »Versuch, die Idee der ewigen Menschlichkeit im Gegensatz zu den entfesselten Trieben und Kämpfen darzustellen, eine Darstellung, die mit dem Glauben an den Sieg der stärkeren und reineren Kräfte endet.« Das ist sehr edel gedacht, aber im Ausdruck unechte Romantik. Leider äußert sich das auch in der Vertonung: prachtvoll instrumentiert, dem Umkreis Strawinskys und Bartóks naherückend, zuweilen impressionistisch durchfärbt, asiatische Tonfolgen verwendend, jedoch mit dem Marsch-Gegeneinander bedenklich an »Schlachten-Potpourris« erinnernd.

SCHOSTAKOWITSCH

Dimitrij Sch. (1906–1975, Russe) erhielt den ersten Unterricht von der Mutter, studierte dann in Leningrad (u.a. bei Glasunow). Lebte als Schaffender und Unterrichtender meist in Leningrad. Schrieb u.a. Opern, Bühnen- und Filmmusik, Orchesterwerke, Kammermusik, Klavierwerke.

In der Sowjetunion soll auch die Kunstmusik einfach und verständlich sein, nicht nur einzelpersönlicher Ausdruck oder bloßes Spiel. Zudem hat sie (wie jedes echte Kunstwerk) eine soziale Aufgabe. Solchen Forderungen hat Schostakowitsch anscheinend nicht immer entsprochen; denn er wurde mehrfach verwarnt. Das hinderte aber nicht, daß er mit dem Stalinpreis ausgezeichnet wurde. In der Hauptfrage werden die Meinungen auseinandergehen: Schostakowitschs Sinfonien sind tönende Weltanschauung; wer die soziale Aufgabe der Kunst bejaht, wird also dem russischen Meister gegenüber eine andere Stellung einnehmen als der Anhänger der Auffassung, die Kunst sei nur um ihrer selbst willen da.

Vorbilder lassen sich erkennen in Tschaikowskys lyrischer Leidenschaft, in Mahlers unheimlicher Marsch- und Grotesken-Magie, in Strawinskys Kraft der knappen Aussage, in Rimskij-Korsakows reicher Instrumentations-Palette. Obwohl ein betont nationaler Tondichter, verwendet Schostakowitsch in seinen Sinfonien nur wenige russische Wendungen; bei ihm entscheidet die Haltung, nicht die Zutat. Bei uns nennt man den Komponisten zuweilen einen Epigonen, also einen Nachbeter. Gewiß, seine Ausdrucksmittel (Melodie, Harmonie, Rhythmus, Form) entstammen dem Bereich der europäischen Tonkunst vor dem Aufkommen der Neuen Musik: gelegentliche »Modernismen« wirken lediglich wie aufgesetzte Lichter. Der geistigen Haltung nach jedoch ist Schostakowitsch ein ausgesprochen fortschrittlicher Musiker.

In seinen frühen Sinfonien zeigt sich zwar das ungewöhnliche Können des Musikers, aber der Mensch war wohl noch nicht reif genug, um die politischen Themen künstlerisch wirklich meistern zu können (»Widmung an den Oktober«, »Erster-Mai-Sinfonie«).

5. Sinfonie (1936). In diesem Werk will Schostakowitsch »das Werden einer Persönlichkeit in einer werdenden Gesellschaft« darstellen. – Im ersten Satz (langsam) herrschen Zweifel und Unruhe, die nur vorübergehend ausgeglichen werden. Einprägsam vollzieht sich das Werden des Grundgedankens: die steigende Quarte als Sinnbild des Aufstiegs, des Strebens aus Dunkelheit zum Licht trägt den Satz. Der erste Schritt aus Zweifel und Suchen führt ins lachende Leben – hier dargestellt durch ein glänzendes Ländler-Scherzo, ein Daseinsbild, dessen lebendige Äußerungen vom derben Spaß bis zum funkelnden Witz reichen. Nach dem Durchgang durch das Scherzo kehrt der Komponist zur Grundstimmung des ersten Satzes zurück. Er faßt sein Ziel jetzt von innen her, vom Gefühl und vom Denken aus, ins Auge. Der dritte (langsame) Satz ist daher pathetischer und aufgelockerter als der erste. Dieses gedehnte Streichermelos, diese Steigerungen bis zum Getöse des vollen Orchesters, dieses Zurücknehmen in verhaltene Holzbläser-Episoden und verlorene Flötenduette, dieses Auflösen des Geschehens am Schluß in ätherische Akkorde – alles dieses deutet auf den Weg nach innen, der freilich erhaben und schmerzlich zugleich ist. Wirkliche Lösung bringt auch er nicht. Die Lösung wird im Schlußsatz aufgezeigt; aber so stark der dritte Satz war als tönende Darstellung einzelpersönlichen Ringens – das Finale wirkt musikalisch wie geistig etwas zu absichtsvoll.

6. Sinfonie (1939). Reine Musik, geboren aus der Freude am Instrumentalen. Der Klang, harmonisch ziemlich einfach unterbaut, ist überwiegend gelöst, neue Mischungen werden erprobt. Das dunkelgefärbte Largo des Kopfsatzes bildet gewissermaßen den Hintergrund, von dem sich der heitere Ländlerwitz des zauberhaften Scherzos und der Lebensjubel des Finales bunt und erregt-freudig abheben.

7. Sinfonie (1942). Geschrieben wurde die Sinfonie während der Belagerung von Leningrad, und Bilder des Krieges, des Angriffs und der Abwehr drängen sich unabweisbar auf. Dabei findet sich nichts Gekünstelt-Konstruktives. Das Russische tritt diesmal etwas stärker auch im Thematischen hervor. – Erregend der erste Satz. Selbstbewußt und raumgreifend das Hauptthema, versponnen und dichterisch der Seitengedanke. Dann ein erschreckendes Trommeln, dem sich ein zerhackter musikalischer Gedanke gesellt. Fort und fort schwillt er an, wird zu klirrendem Toben, walzt die eigentlichen Themen nieder, reckt sich und wütet: der Krieg! Das schwere Blech setzt sich ihm entgegen, abwehrbereit, stark. Damit ist der Stoff für die Durchführung gegeben. In den Wiederholungs- und Schlußteil baut Schostakowitsch einen Trauermarsch ein. Ruhig der Ausklang, in den das Kriegsthema wie aus der Ferne hineingrollt. Frieden und Glück atmet das Scherzo (»Sehr lyrisch«). Im Adagio wollte Schostakowitsch »die landschaftliche Schönheit anbeten«. Dementsprechend ist es weiträumig angelegt und umschließt zahlreiche Einzelbilder: ein Choral, ein Flöten-Pastorale und eine rüstig schreitende Episode bilden die Leit-Gefühle dieses in großen Zügen atmenden, fast ein wenig zu ausladenden Satzes. Im Schlußsatz kehrt Schostakowitsch äußerlich zur Grundstimmung des Kopfsatzes zurück. Der Gefahr der Wiederholung entgeht er, indem er das Geschehen gewissermaßen von einer anderen Seite aus beleuchtet. Wohl herrscht noch der Kampf, doch die innere Unruhe ist geschwunden. Am Ende steht jubelnde, männliche Überwindung.

8. Sinfonie (1943). Gedanklich ein Fortspinnen der 7. Sinfonie. Die im Grunde einfache Form des Adagio Kopfsatzes (Trauer / Erregung / Trauer) läßt sich infolge der Satzlänge kaum noch überschauen. Seltsam der den nächsten Satz ausfüllende Marsch mit seiner absichtlich ungeschlachten Unbeholfenheit, die durch den gegensätzlichen Mittelteil noch unterstrichen wird. Auf den Marsch folgt ein schneidendes, betäubendes und doch wieder erregendes Presto, in der Grundstimmung an die Kriegsmusik aus dem Kopfsatz der Siebenten erinnernd, im Ausdruck jedoch weniger realistisch. Der Schlußsatz scheint zunächst keinen Ausweg zu wissen. An das Grundthema gefesselt sind die immer neu auftauchenden Gedanken und Stimmungen, jede nach Eigenleben strebend, doch dem Thema unentrinnbar verhaftet – eine Art Passacaglia von beklemmender Kraft. Dann ein zartes Aufdämmern, das seine lösende Macht über alle Fragen bereitet.

9. Sinfonie (1946). In keiner früheren Sinfonie fließt der Ausdruck so selbstverständlich wie in dieser, obwohl mancherlei gewichtsmäßig nicht ausgeglichen erscheint und Keckes neben Tiefnachdenklichem steht. – Das Allegro ist ein heiterer Schnellmarsch, fast ein Schlager, mit witziger Verwendung der kleinen Flöte, locker, gefügt, kurz. Ganz anders der zweite Satz. Langsame, klagende Klarinettenmelodie über tropfenden Pizzicati der tiefen Streicher, Duett von Flöte und Klarinette, in das sich das Fagott einmischt, Holzbläsersoli; bald ein lastendes, stöhnendes Streichermelos, ansetzend und wieder abreißend, die Flöte tönt hinein, andere Holzbläser schließen sich an; beredtes Cellorezitativ – und so folgen die kammermusikalisch gefaßten Einzelbilder einander bis zu dem etwas tröstlicheren Schluß, wo die Klangmelodie in der Flöte erlischt. Ein sehr lebhaftes Presto-Scherzo mit den von Schostakowitsch so bevorzugten Instrumentalgruppen-Episoden leitet zum Schlußsatz über, der nach einer langen Steigerung in eine Stretta mündet, wo er unter Verwendung der Rührtrommel zu einem regelrechten kriegerischen Marsch wird.

FACHWÖRTERVERZEICHNIS UND KLEINE INSTRUMENTENKUNDE

A

Absolute Musik Musik, die nur durch ihre eigenen Formgesetze (also nicht durch dichterische usw.) bestimmt ist

a cappella Chorgesang ohne Begleitung von Instrumenten

Achtel achter Teil einer ganzen Note ♪

adagio langsam, ruhig

Affettuoso gemütvoll, mit viel Ausdruck

Agitato aufgeregt

Akkord Zusammenklang mehrerer Töne verschiedener Höhe (Konsonanz = in sich ruhender Klang, Dissonanz = auflösungsbedürftiger Klang, → auch »Dur« und »Moll«)

Akteur Opernsänger, Schauspieler

Aktrice Opernsängerin, Schauspielerin

Akustik Lehre von Schall und Klangerzeugung (»Musik physikalisch untersucht«)

Aleatorik (alea = Würfel) Musik des Zufalls. Die Komposition ist nur in groben Zügen festgelegt und läßt den Ausführenden Spielraum zur eigenen Improvisation in vorgegebenen Grenzen

Alla-breve-Takt 2/2-Takt. Die erste Halbe ist betont

allegretto lebhaft, etwas langsamer als allegro

allegro heiter, rasch

Allemande alte deutsche Tanzform

Alt tiefe Frauenstimme (oder Knabenstimme), z.B. Amneris (»Aida«), Azucena (»Troubadour«)

Altklarinette (»Bassethorn«), Holzblasinstrument der Klarinettenfamilie. Sie steht eine Quinte tiefer als die üblichen Klarinetten, wird auch in verschie-

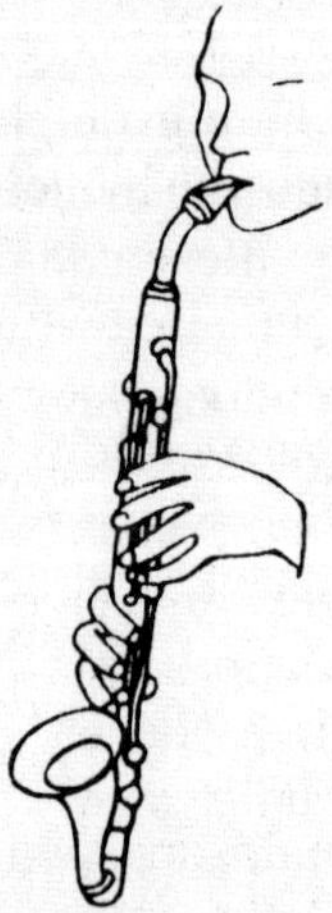

Altklarinette

denen Stimmungen gebaut. Streng genommen sind Altklarinette und Bassetthorn nicht ganz das gleiche; aber die Bezeichnung hat sich einmal eingebürgert. Der Klang ist dunkler als der der Klarinette

Altklassik Zeit von Bach und Händel

amoroso liebevoll

andante schreitend, gehend

andantino kleines andante, etwas lebhafter als andante

Anglaise englischer Kettentanz mit lebhaftem Charakter. Allgemein auch Bezeichnung für alte Tanzformen englischer Herkunft

Animato beseelt, belebt

Appassionato leidenschaftlich

Arie kunstvolles Gesangsstück (dreiteilige Form,

Grundform A-B-A) vorwiegend lyrisch empfindungsstark, melodisch betont

Ariette kleine Arie

Arioso ausdrucksvoller Vortrag melodischer Linien

Arrangement Einrichtung (Besetzung) von Musikstücken

Assai sehr (steht in Verbindung mit einer Tempobezeichnung, z.B. *»allegro assai«*)

Atonalität Nichtachtung der Tonalität (→ dort)

Auflösungszeichen (♮) verwandelt erhöhte (♯) oder erniedrigte (♭) Töne in ihre Grundform zurück

Auftakt vor dem Taktstrich stehende, meist unbetonte Noten, die innerlich zum folgenden Takt gehören

Aufzug Teil eines Bühnenwerkes (Akt). Auch Eröffnungsmusik einer festlichen Veranstaltung (ursprünglich verbunden mit dem Erscheinen hochgestellter Persönlichkeiten)

Autodidakt jemand, der durch Selbstunterricht lernt

B

Background Klanghintergrund (z.B. durch gesummten Backgroundchor); die Rhythmus- und Harmoniegruppen, von denen sich die Instrumental- oder Gesangssolisten abheben

Badinerie »Tändelei«, scherzartiger Satz in Suiten des 18. Jahrhunderts

Balalaika russisches Saiteninstrument mit dreieckigem Holzkörper und langem Hals mit Griffbünden

Ballade Sagen (oder Geschichten) erzählendes Lied (ursprünglich Tanzlied)

Ballad opera (engl. Liedoper) volkstümlicher, im England des 18. Jahrhunderts verbreiteter Singspieltyp mit gesprochenen Dialogen und volkstümlichen Liedern oder Opernmelodien

Ballerina Tänzerin (Primaballerina = erste Solotänzerin)

Ballett selbständige szenische Tanzdarbietung. Tanzensemble, meist Opernhäusern angegliedert (aber auch selbständig, z.B. Fernsehballett). Auch Bezeichnung für eine Komposition, die für ein Tanzensemble geschrieben wurde

Ballettoper eine erst im 20. Jahrhundert entstandene Sonderform der Oper, in der das Ballett den szenischen und dramatischen Handlungsablauf wesentlich beeinflußt

Band Bezeichnung für eine Instrumentalisten-Gruppe im Jazz. Man unterscheidet in kleine Band (ca. 3-8 Spieler) und Bigband (12-40 Spieler)

Bandleader der Leiter einer Band

Banjo gitarreartiges Zupfinstrument. In seiner heutigen Form in Nordamerika entwickelt. Angezupfte Saiten übertragen die Schwingungen auf ein Trommelfell. Verwendung hauptsächlich im Jazz (Rhythmusgruppe)
Saitenstimmung:

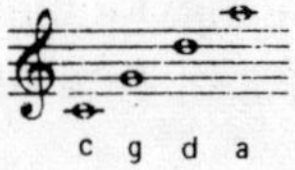

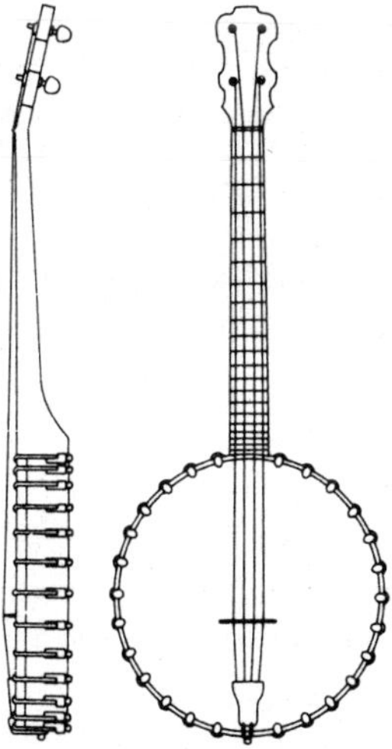

Banjo

Barcarole Gondellied (Barkenlied)

Bariton Männerstimme zwischen Tenor und Baß; z.B. Hans Sachs, Wotan (dramatisch), Wolfram in »Tannhäuser« (lyrisch). Ferner: älteres Streichinstrument (zwischen Bratsche und Cello) und ein dem Tenorhorn ähnliches Blechblasinstrument

Barock Kunstrichtung des 17. und der ersten Hälfte des 18. Jahrhunderts, gekennzeichnet durch kraftvolle Darstellung überschäumenden Lebensgefühls. Im musikalischen Bereich etwa die Zeit von Schütz bis Händel

Bässe (Baß), die tiefen Stimmen der Sänger z.B. Sarastro, Hunding (im Orchester die Instrumente in tiefen Lagen, z.B. Kontrabaß, tiefe Posaune usw.)

Baßbuffo Bezeichnung für ein spezielles Rollenfach. Sänger mit besonderer schauspielerischer Begabung (z.B. Leporello in Mozarts »Don Giovanni«)

Baßflöte → Blockflöte

Bassethorn → »Altklarinette«

Baßklarinette klingt eine Oktave tiefer als die übliche Klarinette. Sie hat also etwa die Lage des Fagotts, unterscheidet sich jedoch von diesem durch die Weichheit des Tones, der zuweilen auch etwas Unheimliches an sich hat

Baßklarinette

Basso continuo (ital. ununterbrochener Baß) die ununterbrochene instrumentale Baßstimme, die in der mehrstimmigen Musik des 16. bis 18. Jahrhunderts als harmonische Grundlage für die teils freie Einfügung der übrigen Stimmen dient

Baßtrompete klingt etwa eine Oktave tiefer als die übliche Trompete. Ihr Klang hat entweder etwas unheimlich Gewalttätiges oder etwas wuchtig Anfeuerndes (Wagner, »Walkürenritt«)

Baßtrompete

Baßtuba die übliche Baßtuba (in C) hat den Tonumfang:

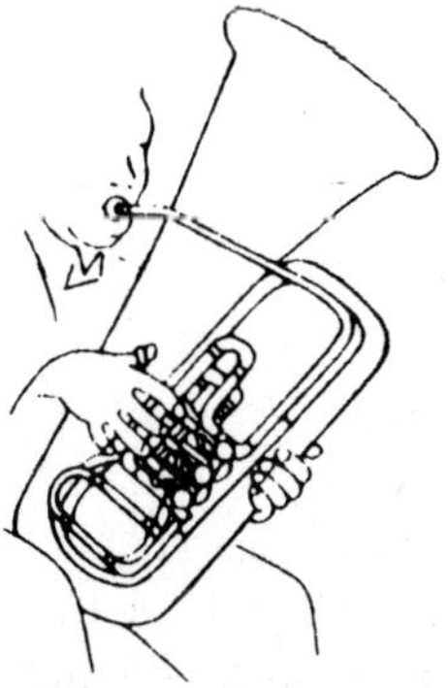

Baßtuba

Sie gehört zur Gruppe der sogenannten Bügelhörner. Als solches hat sie keine eigentliche Stürze, sondern ist verhältnismäßig weit gebaut und klingt daher dröhnend. Die Wagnersche Baßtuba (in F) verfügt zwar ungefähr über den gleichen Tonumfang, hat aber Hornstürze und Hornmundstück, und klingt deshalb edler, feierlicher

Beat (engl. Schlag) durchgehender rhythmischer Grundschlag, besonders im Jazz und in der Unterhaltungsmusik. Außerdem ein um 1960 in England enstandener Musikstil, der sowohl instrumental als auch vokal sein kann. Auf Musicals neueren Datums hat auch der Beat Einfluß ausgeübt

Becken tellerförmige Metallscheiben mit Ledergriffen. Zwei Becken werden aneinandergeschlagen und geben dann einen erregenden Schall (nicht Ton, sondern Geräusch). Man kann sie auch leise aneinander klirren lassen, wodurch ein unheimliches, reibendes Geräusch entsteht. Ursprünglich wurden Becken nur in der Militärmusik verwendet; allmählich haben sie dann ihren Einzug in Opern- und Sinfonieorchester gehalten

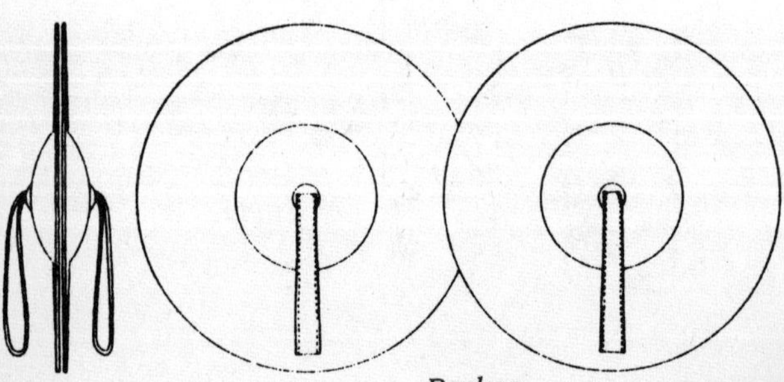

Becken

Belcanto Schöngesang, im Gegensatz etwa zu Ausdrucksgesang

Berceuse Wiegenlied

Blechbläser Hörner, Trompeten, Posaunen, Tuben

Block → Holzblock

Blockflöte die Blockflöte wird in Familien gebaut (vom Sopranino bis zum Großbaß) in den Stimmungen c oder f. Der Tonumfang beträgt 2 Oktaven. In der Regel hat die aus Edelholz hergestellte Blockflöte acht Grifflöcher, die bei den großen Instrumenten (Tenor-, Baß- und Großbaßflöte) mit Klappen bedient werden. Nach großer Verbreitung in der Renaissance und im Barock erfreut sich die Blockflöte im 20. Jahrhundert wie-

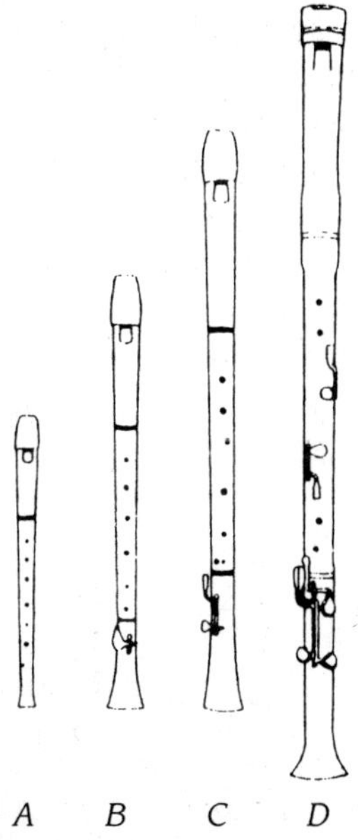

A: Sopranflöte
B: Altflöte
C: Tenorflöte
D: Baßflöte

der großer Beliebtheit, und viele zeitgenössische Komponisten widmen ihr wieder verstärkt ihre Aufmerksamkeit

Blues weltliches Lied der nordamerikanischen Neger, das häufig Geschichten aus deren Alltag zum Inhalt hat

Bohémien nach Lust und Laune lebender und schaffender Künstler oder Halbkünstler

Bolero Spanischer Volkstanz im 3/4-Takt

Bordun Bezeichnung in der Musizierpraxis; ein ständig mitklingender tiefer Ton oder Klang; auch lang ausgehaltene Töne in unveränderlicher Tonhöhe

Bourrée altfranzösischer Gesellschaftstanz aus der Auvergne im 3/4- oder 4/4-Takt

Bratsche etwas größer als die Geige und eine Quinte tiefer gestimmt als diese. Der Klang wirkt etwas näselnd, aber nicht in negativem Sinne. Die Bratsche wird seit dem 16. Jahrhundert gebaut. Im gesamten Streichkörper deckt sie die »Klanglücke« zwischen den hohen Geigen und den tiefen Celli. Als Einzelinstrument wird sie meist nur für besondere Anlässe verwendet (so als Trägerin des Verlockungsmotivs in der »Tannhäuser-Ouvertüre«); dann wirkt ihr Klang erregend oder auch trauervoll.

Der Tonumfang: 

Die Saitenstimmung: 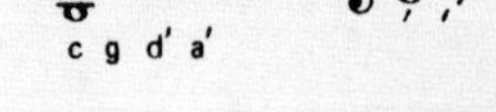

c g d' a'

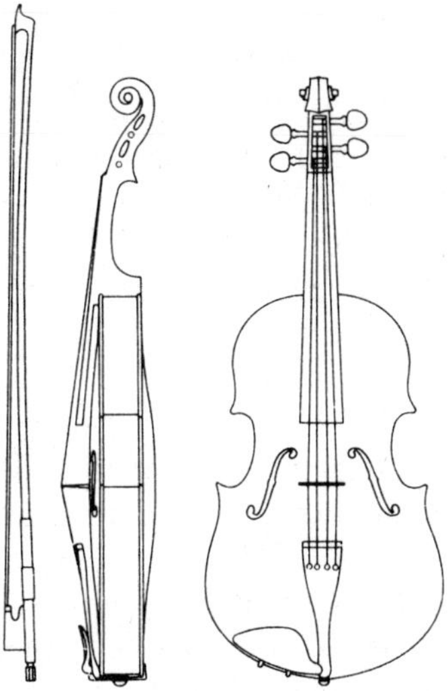

Bratsche

Bravour-Arie gesangstechnisch anspruchsvolle, virtuose Arie

Bühnenmusik die unmittelbar zu einer Bühnenhandlung gehörende Musik. Musik, die in der Oper, Operette, Musical, aber auch im Schauspiel auf, hinter oder vor der Bühne gespielt werden kann.

Buffo »spaßhaft«, Baßbuffo; z.B. Osmin, Beckmesser; Tenorbuffo z.B. Pedrillo (Mozarts »Entführung«), David (Wagners »Meistersinger«)

Burleske wörtlich: »die Spaßhafte«, scherzhafter Satz einer Komposition

C

Cakewalk (engl. cake = Kuchen) Tanz der nordamerikanischen Neger, bei dem um einen Kuchen als Preis getanzt wurde

Cancan schneller Tanz, der um 1840 in Paris in Mode kam (auch enthalten in dem Musical »Cancan« von Cole Porter)

Cantabile singbar, gesangsartig

Cantabilität Sangbarkeit

Canzonetta kleines Gesangsstück (→ auch Kanzone)

Capriccio scherzoartiges Musikstück

Cavatine → Kavatine

Celesta ein Stahlstabklavier von hellem, glöckchenartigem Klang. Es ist erst seit 1886 im Gebrauch. Beispiel: Überreichen der Rose im »Rosenkavalier«

Cello eigentlich Violincello (altertümlich: Kniegeige). Tiefes Streichinstrument, welches der Geige nachgebaut ist, aber beim Spiel auf den Boden gestellt und zwischen den Knien gehalten wird

Saitenstimmung: Tonumfang:

C G d a

Die endgültige Form hat es Mitte des 16. Jahrhunderts erhalten. Der edel-männliche Klang des Cellos entspricht im Streicherchor etwa der menschlichen Baritonstimme

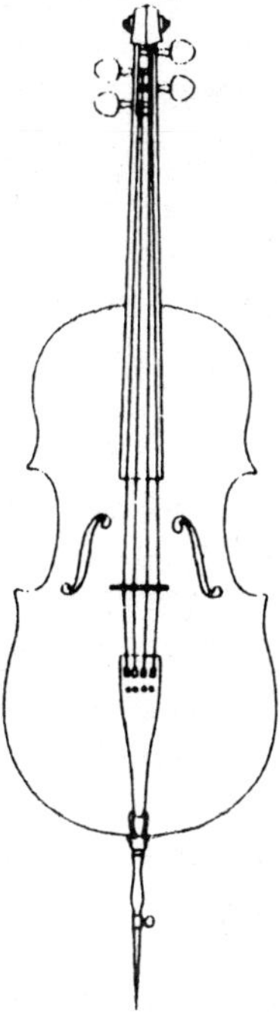

Cello

Cembalo eigentlich »Clavicembalo«, ein Vorläufer des heutigen Klaviers. Die Saiten werden – durch Niederdrücken der Tasten (Claves) – nicht wie beim Klavier durch ein Hämmerchen angeschlagen, sondern mit einem Federkiel angerissen oder gezupft. Der dadurch entstehende feine Klang mischt sich besser mit dem Streicherklang in älteren Opern mit gesungenem Rezitativ, so daß man heute zur Aufführung vorklassischer Werke wiederum das Cembalo benutzt

Chaconne ein altes Instrumentalwerk im 3/4-Takt, in dem ursprünglich ein höchstens achttaktiges Thema ständig wiederkehrte und immer neu umspielt wurde. Dann langsame Variationen solcher Art

Chanson aus dem französischen stammende Bezeichnung für einen »Schlager mit esprit«. Heute auch üblich für »Kabarettlied«

Charakterfächer (Charaktersopran, -alt, -tenor, -bariton oder Charakterbaß) spezielles Rollenfach in der musikalischen Bühnenpraxis

Charakterstück im 19. Jahrhundert zu großer Bedeutung gelangtes, in knapper, übersichtlicher Form gehaltenes und häufig durch eine Überschrift inhaltlich charakterisiertes musikalisches Klavier- oder sonstiges Instrumentalstück

Chor Gruppe von Sängern. Man unterscheidet in ein- und mehrstimmigen Chor, ferner in Frauen-, Männer-, Kinder- und gemischten Chor in verschiedenen Stimmlagen

Choral Kirchenlied

Choreographie im wörtlichen Sinne im 17. und 18. Jahrhundert Bezeichnung der Tanzschrift, der Notierung von Tänzen durch Schriftzeichen oder Symbole. Heute jedoch allgemeiner Begriff für die Gestaltung von Tänzen und Balletten

Chorus melodischer Refrain im Jazz und heute auch in der Unterhaltungsmusik gebräuchlich

Chromatik (von »chroma« = Farbe), streng genommen die Aufeinanderfolge von Tönen, die sich nur durch ein Versetzungszeichen unterscheiden; z.B.:

Dann aber auch allgemein eine Folge von Halbtönen

Coda (ital. »Schwanz«), letzter Teil einer Komposition oder eines Tanzes (besonders im »Pas de deux«)

Comédie en musique die heitere französische Oper des 18. Jahrhunderts

Commedia in (per) musica die komische italienische Oper des 17. und 18. Jahrhunderts, in der die typischen Handlungen und Personen der volkstümlichen Stegreifkomödie (Commedia dell'arte) Verwendung fanden

Comodo gemächlich

Con brio mit Feuer, mit Schwung

Concerto Konzert (wörtlich: »Wettstreit«). Im allgemeinen Sinne: Aufführung von Musikwerken. Im engeren Sinne: Musikstück, für ein Soloinstrument (oder mehrere) mit Orchester; z.B. Klavier-, Cello-, Geigenkonzert

Concerto grosso eine alte Form orchestermäßigen Musizierens. Das Gesamtwerk zerfällt in mehrere Sätze (meist 3 bis 6), und die Sätze werden bestritten im Wechselspiel von Tutti (»Alle«) und einigen Einzelspielern (»Concertino« genannt)

Con moto mit Bewegtheit

Con spirito mit Geist, mit Witz

Continuo eigentlich → »Basso continuo«

Couplet liedartiger Gesang, bei dem mehrere Strophen auf die gleiche Melodie gesungen werden (wörtlich: gekoppelt)

Courante (Auch: Kurante) alter, lebhafter französischer Tanz in dreiteiligem Takt

Crescendo (ital. anwachsend) an Tonstärke zunehmend; das Gegenteil von → decrescendo (an Tonstärke abnehmend)

Csárdás ungarischer Nationaltanz im 2/4- oder 4/4-Takt, der nach einer ruhigen, getragenen Einleitung sehr lebhaft und leidenschaftlich getanzt wird

D

da capo (ital. vom Kopf an) Spielanweisung, noch einmal vom Anfang an bis zu der mit dem Wort fine oder einer Fermate (𝄐) bezeichneten Stelle

Da-capo-Arie Arie in geschlossener, dreiteiliger Form (A-B-A), die Wiederholung wird nicht ausgeschrieben, sondern durch die Spielanweisung »da capo« vorgeschrieben

Décadence Verfall, Auflösung

Dämpfer Vorrichtungen, durch die man den Klang der Streich-, Blas- und Schlaginstrumente abdämpfen kann

declamando Spielanweisung, mit ausdrucksvollem, dem Wortakzent folgendem Vortrag, mehr gesprochen als gesungen *decrescendo* an Tonstärke abnehmend; das Gegenteil von → crescendo

Deklamation Sprechgesang; auch → »declamando« und »Rezitativ«

Dialog Wechsel- oder Zwiegesang, auch der gesprochene Teil in einem musikalischen Bühnenwerk

Dialogoper → Nummernoper

Diatonik eigentlich ein Weiterschreiten in Ganztönen. Dann die normale Folge in einer Tonleiter (z.B. ist h-c diatonisch, h-his dagegen chromatisch). Heute vielfach gebraucht für das tonale System

Dilettant ein ohne Fachausbildung sich künstlerisch oder musikalisch Betätigender

diminuendo Nachlassen der Tonstärke, auch → »decrescendo«

Dirigent Orchesterleiter, etwa vergleichbar mit dem Regisseur beim Schauspiel

Dirigierpartitur auch »große Partitur«, die Aufzeichnung aller gleichzeitig erklingenden Instrumental- und Gesangsstimmen bei einer Bühnenkomposition (oder bei einem sonstigen mehrstimmigen Musikwerk) in einer übereinander angeordneten Einteilung durch senkrecht durchlaufende Taktstriche gegliedert und für die werkgerechte Aufführung eines musikalischen Bühnenwerkes von großer Wichtigkeit

Diskant Stimme in hoher Lage

Dissonanz »mißklingendes« Tönen (wörtlich: »Auseinanderklang«)

Divertimento zur Unterhaltung bestimmte Musik aus

der Zeit der Klassik (andere Bezeichnungen der gleichen Gattung: Cassation und Serenade)

Diviso geteilt

dolce (ital.) sanft, süß

dolorosa (ital.) schmerzlich

Dominante (wörtlich: »die Herrschende«). Quinte einer Tonart (in C-Dur also g) und der aus der Quinte aufgebaute Akkord. Da er zur Haupttonart zurückführt, sie also »beherrscht«, nannte man diesen Akkord die Dominante

Doppelfuge Fuge, in der zwei Themen durchgeführt werden (nacheinander oder gleichzeitig)

dramatisches Fach ein zu den seriösen Rollenfächern zählendes lyrisch-dramatisches Fachgebiet für die verschiedenen Stimmlagen (z.B. dramatischer Sopran oder dramatischer Alt)

Dramaturg künstlerisch-literarischer Mitarbeiter beim Theater, der maßgeblich an der Programmplanung, Bühnenbearbeitung, Regiekonzeption usw. mitwirkt

Dramma per musica (auch: dramma in musica, dramma musicale) die ernste italienische Oper des 17. und 18. Jahrhunderts

Dramma sacro ein italienischer Operntyp mit geistlichem Inhalt, der im 17. und 18. Jahrhundert dort verbreitet war

Dreiklang Zusammenklang von drei Tönen, im allgemeinen für Dur und Moll gebraucht

due (ital. zwei) *a due,* für zwei Spieler

Duo Musikstück für zwei Stimmen oder Instrumente

Duett Gesang von zwei Stimmen in gleicher oder verschiedener Ton- und Klanglage

Duettino kleines bzw. kurzes Duett

Duole zwei Noten von gleicher Dauer an Stelle dreier Noten von gleicher Gesamtdauer, z.B.:

Dur vom lateinischen durus (»hart«), Tonart mit der großen Terz (c-e-g), hell und »hart« klingend, im Gegensatz zum Moll (von mollis, »weich«), der Tonart mit der kleinen Terz (c-es-g). Das folgende Beispiel gibt den C-Dur und den c-Moll-Dreiklang:

Durchführung in der Sinfonie derjenige Teil eines Satzes, in dem die zuvor aufgestellten Themen verarbeitet werden. In der Fuge heißt Durchführung das einmalige Durchlaufen des Themas durch alle Stimmen

durchkomponiert eine Bezeichnung für ein Opernwerk, in dem der musikalische Ablauf im Gegensatz zur »Nummernoper« nicht durch das gesprochene Wort unterbrochen wird

Dynamik die Lehre von den unterschiedlichen Abstufungen der Tonstärke in der Musik, → »dynamische Zeichen«

dynamische Zeichen (dynamische Stufen), für bestimmte Teile eines musikalischen Werkes geltende und relativ aufeinander bezogene Klangstärkegrade, ausgehend von den Grundwerten piano ***p*** und forte ***f***

ffff fortissimo possibile = so stark, so laut wie möglich
fff fortefortissimo = äußerst, stark, laut
ff fortissimo = sehr stark, laut
f forte = stark, laut, kräftig
mf mezzoforte = mittelstark, ziemlich laut
mp mezzopiano = ziemlich leise
p piano = leise, sanft
pp pianissimo = sehr leise
ppp pianopianissimo = äußerst leise
pppp pianissimo quante possibile = so leise wie möglich
ppppp pianissimo quasi niente = fast unhörbar leise

Ein Kombination von forte (***f***) und piano (***p***) ist ***fp*** (fortepiano) mit der Bedeutung »sehr stark hervorgehoben und danach sogleich wieder leise«

E

Ecksätze Außensätze, Rahmensätze. 'Bei einem viersätzigen Werk also der 1. und 4. Satz

Ecossaise schottischer Volkstanz im schnellen 3/2- oder 3/4-Takt

Elegie ein Gesangs- oder Instrumentalstück mit wehmütig-klagendem Charakter

Elektromechanische Instrumente gibt es in verschiedenen Arten. Mit ihrer Hilfe kann der Klang (besonders von Instrumenten) nachgeahmt, abgewandelt, denaturiert oder ergänzt werden

Elektronische Instrumente bringen Elektronen zum Schwingen (also nicht Materie wie menschliche Stimmen, Holz-, Blech- oder Saiteninstrumente) und zwar vermittels einer Elektronenröhre (erstmalig 1951). Diese Elektronenschwingungen müssen erst durch einen Lautsprecher überhaupt hörbar gemacht werden. Dadurch entstehen Geräusche und Klänge von nahezu unbegrenztem Ausmaß und kaum vorstellbarer Art

elektronische Musik eine Musik, die mit → »Elektronischen Instumenten« produziert wird. Die Aufzeichnung dieser Musik geschieht in der Regel nicht durch die traditionelle Notenschrift, sondern mittels graphischer Zeichnungen

Energico kraftvoll

Engführung Stimmführung, in der Themen und Gegenstimmen nicht nacheinander einsetzen, sondern ineinandergeschoben werden

Englischhorn Alt-Oboe, Oboe in tieferer Tonlage (um eine Quinte tiefer). Ihr Klang verhält sich zu dem der Oboe wie der von Bratsche zu Geige. Tonumfang:

Engstufig ist ein Thema, wenn die einzelnen Schritte nicht weit ausgreifen, sondern eng, »kurz« sind

Englischhorn

Ensemble geschlossenes Zusammensingen (oder -spielen) mehrerer Personen

Epilog Nachspiel, auch eine huldigende Schlußbetrachtung in der Oper und im Schauspiel

Eroica »die Heldische«

espressivo mit Ausdruck

Etüde Übungsstück, Studie

Evergreen ein langlebiger Schlager, im Gegensatz zu einem Schlager, der schon nach kurzer Zeit vollständig in Vergessenheit gerät

Expressionismus etwa »Ausdruckskunst«. Musikalisch im engeren Sinne: Selbständiges Eigenleben der einzelnen Stimmen ohne Rücksicht auf »Harmonie« (→ auch »Atonalität«)

F

Fagott Holzblasinstrument, das schon seit Jahrhunderten in Gebrauch ist. Als tiefes Füllinstrument tritt es wenig hervor. Dagegen wirkt es als Solo entweder erheiternd oder schüchtern. Der Klang ist tief und näselnd, zuweilen kollernd; dement-

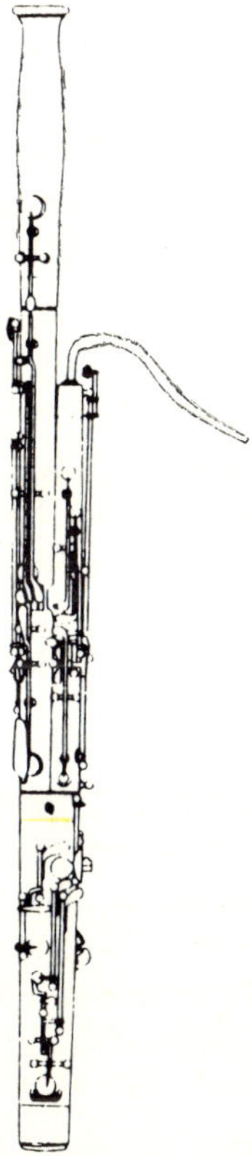

Fagott

sprechend wird das Fagott verwendet. Im Fortissimo wird der Klang zuweilen erregend.
Tonumfang:

Falsett Kopf- oder Fistelstimme, die bei männlichen Sängern in der Höhe über den normalen Stimmumfang hinausreicht und besonders von Tenören angewendet wird

Fandango spanischer Tanz und Tanzlied in mäßigem bis schnellem dreiteiligen Takt

Fanfare langes, ventilloses Blechblasinstrument. Auch kurzes Signal oder eine kurze Komposition (z.B. Jagdstück)

Fantasie thematisch frei gestaltete, improvisierte Instrumentalkomposition, ohne feste Form

fantasieren aus dem Stegreif musizieren (→ auch »improvisieren«)

Farce Bezeichnung für eine im 18. und 19. Jahrhundert entstandene kurze, meist einaktige komische Oper (→ auch »Opera buffa«)

Fermate Haltezeichen (𝄐). Die unter diesem Zeichen stehende Note muß über ihren eigentlichen Wert hinaus ausgehalten werden

Fernsehoper eine Operngattung, die die speziellen technischen und künstlerischen Möglichkeiten des Fernsehens dramaturgisch verwertet und sich damit von den Bühnenfassungen eines Opernwerkes deutlich unterscheiden kann

Figuration etwa »Rankenwerk«

Filieren den Ton beim Gesang ruhig ausströmen lassen

Finale Schlußstück, meist auch Aktschluß

Fiorituren (ital. fiori = Blumen), die Verzierungen einer Gesangsmelodie

Flamenco Sammelbezeichnung für ein südspanisches, andalusisches, volkstümliches Tanzlied mit dramatischem Charakter

Flatterzunge eine besondere Art, auf Flöten, Klarinetten und Oboen eine schnelle Tonwiederholung zu erzielen

Flöte das beim Musizieren quer gehaltene Holzblasinstrument.
Der Tonumfang

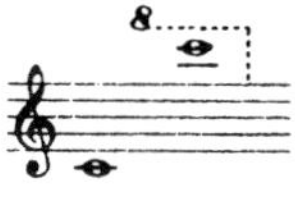

ist ziemlich groß. Da die Flöte sehr leicht anspricht und ihr perlender Klang im allgemeinen unpersönlich wirkt, hat man sie die »Koloratursängerin des Orchesters« genannt. Aber in der Tiefenlage stehen ihr Töne zur Verfügung, die man zunächst kaum als »Flötentöne« erkennen wird: dunkel, gedeckt und unheimlich (→ auch Blockflöte)

Flöte

Forlana (»Friauler«), ein der Gigue ähnlicher Tanzsatz

Forte stark, kräftig (→ Dynamik)

Fortissimo sehr stark, sehr kräftig (→ Dynamik)

Foxtrott um 1910 in Nordamerika entstandener Gesellschaftstanz (schneller Foxtrott = Quickstep; langsamer Foxtrott = Slowfox)

Française Gesellschaftstanz des 19. Jahrhunderts, der aus Frankreich stammt und vorwiegend im 6/8-Takt steht

Fugato fugenartige, aber nicht strenge Einsätze

Fuge mehrstimmiges Stück, in dem ein Thema von sämtlichen Stimmen in verschiedener Tonlage »nachahmend« durchgeführt wird

Fughette kleine Fuge

G

Ganze Note 𝅝

Galliarde volkstümlicher Tanz italienisch-französischer Herkunft, im 15. bis 17. Jahrhundert sehr verbreitet, später auch Bezeichnung eines Instrumentalsatzes

Galopp um 1820 entstandener Gesellschaftstanz in sehr schnellem 2/4-Takt, ähnlich einer schnell getanzten Polka

Gavotte altfranzösischer Tanz im zweiteiligen Takt, mäßig schnell

Geige höchstes Streichinstrument im Orchester. Von 1480 bis 1550 umgewandelt aus der älteren

Viola (daher die Bezeichnung »Violine« = kleine Viola), voll entwickelt Anfang des 17. Jahrhunderts. Der Ton wird entweder durch Bogenstrich oder durch Zupfen (→ »Pizzicato«) hervorgebracht.

Saitenstimmung: Tonumfang:

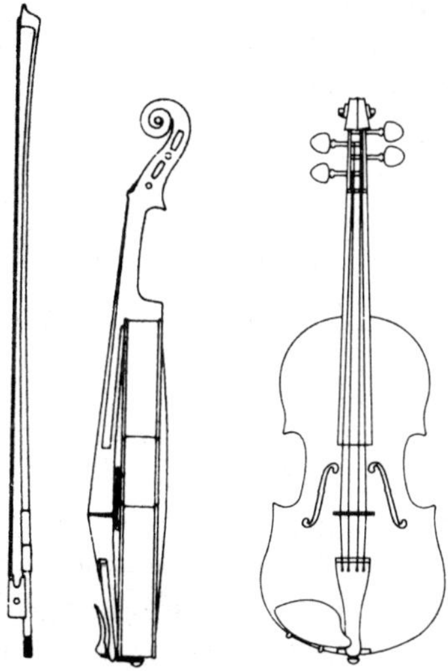

Geige

GEMA Gesellschaft für musikalische Aufführungs- und mechanische Vervielfältigungsrechte

Generalbaß Schreibweise in der Barockmusik, bei der unter oder auch über der einstimmigen Baßmelodie Ziffern notiert wurden, welche die zu spielenden Akkorde symbolisierten

Generalmusikdirektor (GMD) Bezeichnung und Titel des obersten musikalischen Leiters eines Opernhauses oder eines großen Orchesters

Generalprobe die letzte Probe vor einer Opern- oder Theaterpremiere

Geräusch ein Schall unbestimmter Tonhöhe (z.B. durch Gegenstände oder elektronische Instrumente erzeugt)

Gigue altenglischer schneller Tanz im 6/8- oder 9/8-Takt

Giocoso heiter

Gitarre Zupfinstrument; entspricht im wesentlichen der Laute, hat nur einen etwas kleineren, geigenförmigen Schallkörper.

Saitenstimmung: Tonumfang:

Giusto recht

Glissando gleitend, rutschend

Glockenspiel auf einem Rahmen angebrachte Stahlstäbchen, die mit einem Hammer angeschlagen werden (z.B. in Mozarts »Zauberflöte«, Papageno)

Gong ein Schlaginstrument, das aus einer dicken, gewölbten Metallscheibe besteht und eine Aufhängevorrichtung hat. Heller, glockenartiger Klang in unterschiedlichen Tonhöhen

Gitarre

Gospelsong (engl. gospel = Evangelium), während des Gottesdienstes durch Vorsänger und von der Gemeinde als Antwort improvisierte Liedform der nordamerikanischen Neger

Glockenspiel

Grandioso großartig
Grave schwer, ernst
Grazioso anmutig
Gregorianischer Choral genannt nach der ersten Kirchengesangsordnung durch Papst Gregor den Großen (um 600), bis ins 20. Jahrhundert mehrfach abgeändert
Große Oper im 19. Jahrhundert in Frankreich entstandene pompöse Ausstattungsoper (Hauptvertreter: G. Meyerbeer)
Große Trommel Zweifelltrommel aus Holz oder Messing, die mit einem kurzstieligen Schlegel oder mit einer Fußmaschine angeschlagen wird. Ohne bestimmte Tonhöhe dumpfer, dröhnender Klang in Baßlage (→ auch unter »Trommel«)

H

Habanera ein ruhiger kubanischer Tanz im 2/4-Takt, der auch in Spanien verbreitet ist
Halbe die Hälfte einer ganzen Note: 𝅗𝅥

Halbtonschritte Tonfolgen wie: (vergleiche auch Chromatik)

Harfe altes Saiteninstrument, das mit der Hand gezupft oder gerissen wird. Die Saiten sind in der Dur-Tonleiter gestimmt, und zwar in Ces-Dur. Durch einen Fußhebel läßt sich die Harfe umstim-

men und zwar nach C-Dur und Cis-Dur.
Der Tonumfang ist:

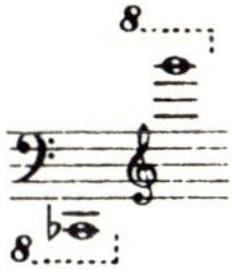

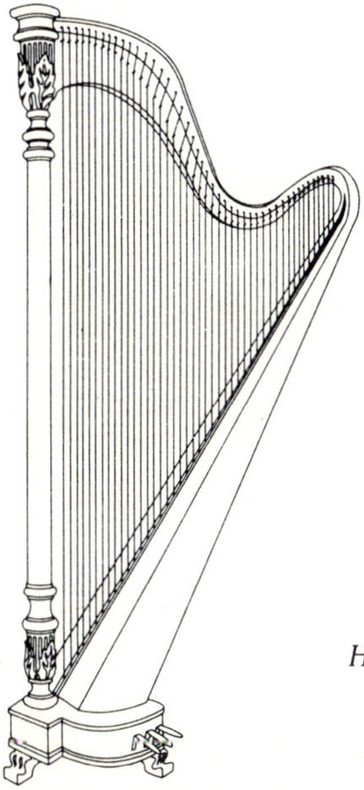

Harfe

Harmonie eigentlich »Gefüge«. Im engeren Sinne: Zusammenklang von zusammengehörigen Tönen

Harmonik Lehre von den Harmonien und ihrer Zusammengehörigkeit und Verbindung

Heckelphon eine Baritonoboe, deren Tonumfang etwa eine Oktave tiefer liegt als der der Oboe. Selten verwendet. Genannt nach der herstellenden Firma A. Heckel, Mainz

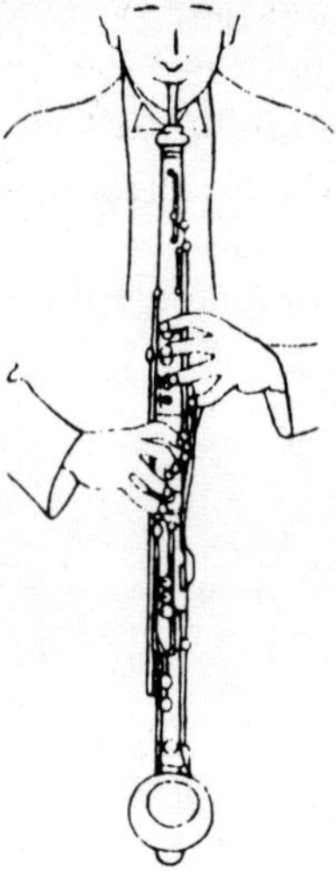

Heckelphon

Heldenbariton auch »hoher« Baß genannt, seriöses Rollenfach der musikalischen Bühnenpraxis
Heldentenor auch dramtischer Tenor, ein seriöses Rollenfach der musikalischen Bühnenpraxis
Hit (engl. Stoß, Treffer), Spitzenschlager
Holzbläser die Gesamtheit der Blasinstrumente aus Holz, also der Flöten, Oboen, Klarinetten und Fagotte
Holzblock mit Resonanzschlitzen, geschlagen mit Klöppeln; dumpfer, hohler Klang

Homophon ist ein Werk, in dem eine Stimme herrscht, während die übrigen nur »begleiten« (→ auch Polyphonie)

Horn Blechblasinstrument, das sich durch seinen weichen Ton von allen übrigen Blechbläsern unterscheidet. Es hat sich aus dem Waldhorn entwickelt: Durch Ventile, die das Ein- und Ausschalten von Bogen in den Schallkörper gestatten, lassen sich nicht nur die Naturtöne, sondern auch alle Zwischentöne erzeugen. Das meist gebräuchliche F-Horn hat den Tonumfang:

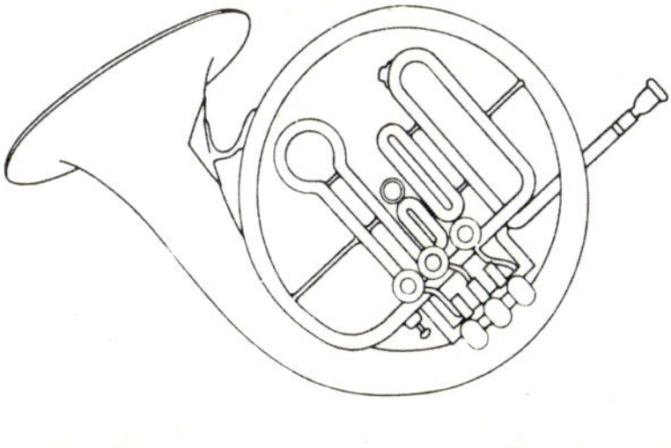

Horn

Mitte des 17. Jahrhunderts wurden zum ersten Mal Waldhörner in der Oper und im Konzert verwendet

Hymne Lobgesang der Götter- und Heldenverehrung, auch zur Feier des Sieges, auf die Freiheitsliebe oder das Vaterland (Nationalhymnen), und zum Lob der Künste und der Freude, meist in Form eines Strophenliedes

I

Idiophone (griech. Selbstklinger), Fachbezeichnung für Schlaginstrumente

Illustrationsmusik andere Bezeichnung für Tonmalerei (»musikalische Dichtung«)

Imitation (lat. Nachahmung), das Thema oder ein größerer Melodieabschnitt einer Stimme wird in der mehrstimmigen Musik von einer oder mehreren Stimmen nacheinander wiederholt

Impressario Geschäftsführer (Unternehmer) von Theater- oder Opernunternehmungen

Impressionismus etwa mit Eindruckskunst zu verdeutschen. Der musikalische Impressionismus richtet sich nicht auf die Wiedergabe fester Formen, sondern vorübergehender, sich verflüchtigender Eindrücke, gibt also Mischfarben, Mischklänge, Mischbewegungen usw.

Improvisieren (auch Improvisation), Stegreifspiel, dem Einfall des Augenblicks folgend

Instrumentation Verteilung der musikalischen Gedanken nach Gewicht und Klangfarbe auf die einzelnen Instrumente

Inszenierung die Gesamtheit der zur Vorbereitung und Ausarbeitung einer Bühnenaufführung (Theater und Oper) notwendigen Maßnahmen

Intendant der künstlerische und organisatorische Leiter eines Theaters oder Opernhauses

Interludium Zwischenspiel (→ »Intermezzo«)

Intermezzo Zwischenspiel, frei erfundenes Instrumentalstück, auch als Einlage in Opern zwischen zwei Szenen oder Akten

Interpretation die persönliche Ausdeutung und Darstellung eines Musikstückes

Intervall spannungsgeladener Abstand zwischen zwei Tönen

Intonation das Einstimmen von Instrumenten auf eine einheitliche Tonhöhe

Intrade die Einleitungsmusik bei älteren Opernwerken. Später entwickelte sich aus der Intrade die Ouvertüre

Introduktion Einleitung

Invention (lat. Erfindung, Einfall), eine Instrumentalkomposition in freier Form; im engeren Sinne: Bezeichnung für die satztechnische Ausarbeitung eines musikalischen »Einfalls«, sowie auch die Erfindung von etwas kompositorisch völlig Neuartigem

J

Jagdhorn Signalhorn mit kreisförmig gewundenem Rohr und ausladender Stürze, jedoch ohne Ventile (→ auch Horn und Waldhorn)

Jam Scssion dic zwanglose Zusammenkunft von Jazzmusikern zum gemeinsamen Improvisieren in zufälliger Besetzung

Janitscharenmusik Musik der früheren türkischen Fußtruppen, im 18. Jahrhundert vielfach nachgeahmt (mit Becken, Trommel und Triangel)

Jazz Ende des 19. Jahrhunderts in den Südstaaten der USA entstandene und aus der Musizierpraxis der Farbigen hervorgegangener Musikstil, in dem überwiegend improvisiert wird

Jazzband Gruppe von ca. 8 Musikern

Jodeln in den Alpenländern verbreitetes volkstümliches Singen auf Lautsilben (ohne Text) mit großen Intervallsprüngen und schneller Tonfolge

K

Kadenz »Schlußfall«. In unserem Sinne: stegreifartiges Aussingen eines Schlußabschnittes des Solisten

Kakophonie (griech.) häßlicher Klang, Mißklang

Kammermusik Komposition für kleine Besetzung (ungefähr 2 bis 9 Personen). Formen: Duo, Trio, Quartett, Quintett, Sextett, Septett, Oktett, Nonett

Kammeroper kleines Opernensemble in überwiegend solistischer Besetzung (→ auch Kammermusik); kleines musikalisches Bühnenwerk

Kammerorchester kleines Orchester mit bis zu 20 Instrumentalisten

Kammersänger Ehrentitel für besonders verdiente Gesangssolisten eines Opernensembles

Kanon strenge Form der sogenannten Nachahmung. Mehrere Stimmen machen die gleichen Tonschritte, aber nicht gleichzeitig, sondern nacheinander, wobei die zweite Stimme nicht immer abzuwarten hat, bis die erste ihr Thema beendet

Kantate Komposition mit geistlichem oder weltlichem Text für Singstimmen und Instrumente; sie kann u.a. enthalten: Rezitative, Arien, Duette und Chöre

Kantor Leiter eines Kirchenchores und der Kirchenmusik

Kantus (lat.) Gesang

Kanzone vielfacher Bedeutungswandel, in der Oper meist wie Kavatine gebraucht

Kastagnetten Schlag-, Klapper-Instrument, meist zur Begleitung spanischer oder süditalienischer Tänze verwendet

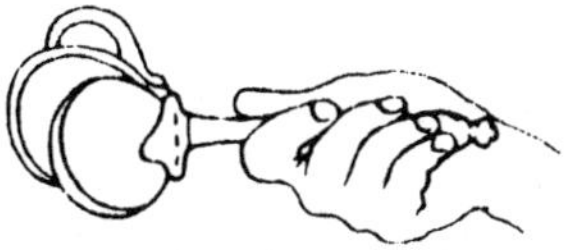

Kastagnetten

Kastrat ein vor dem Stimmbruch entmannter Sänger. In der italienischen Oper des 16. bis 19. Jahrhunderts wurden von Kastraten häufig die Alt- und Sopranpartien ausgeführt

Kavatine arioses kleines, meist zweiteiliges Gesangsstück, oft nach einem kurzen Rezitativ

Kesselpauke Schlaginstrument (→ Pauke)

Kirchenmusik Bezeichnung für die Musik, die in Verbindung mit der Liturgie der christlichen Kirchen steht

Kirchentonarten Tonarten vor der Einführung von Dur und Moll. So lautet z.B. die »dorische Tonart«: d-e-f-g-a-h-c-d (also f und e statt fis und cis der D-Dur-Tonleiter)

Klang Ton, auch der Zusammenklang mehrerer Töne

Klangfarbe Klangcharakter der verschiedenen Instrumente

Klarinette Holzblasinstrument, das erst um die Mitte des 18. Jahrhunderts ins Orchester eingeführt wurde. Es gibt Klarinetten in verschiedener Stimmung. Mit der Stimmung ändert sich die Klangfarbe. Die A-Klarinette z.B., mit dem Tonumfang:

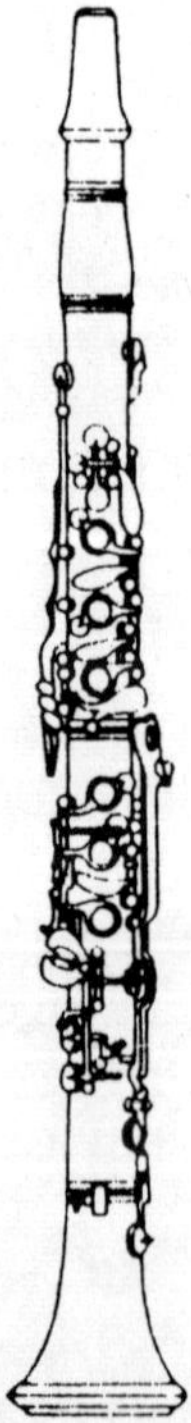

Klarinette

klingt weich, schwellend und lockend, die Es-Klarinette dagegen heftig und schrill (meist im Militärorchester; sonst nur charakterisierend verwendet). Die tiefen Töne können unheilvoll, düster wirken

Klassik im engeren Sinne die musikalische Sprache der Zeit Haydns, Mozarts und Beethovens

Klavierauszug Übertragung der verschiedenen Stimmen einer Partitur auf zwei Notensysteme für das Spiel auf dem Klavier. Klavierauszüge sind für das Einstudieren der einzelnen Gesangspartien von Opernwerken wichtige Voraussetzung

Kleine Trommel Schlaginstrument (→ Trommel)

Köchel Ritter von, stellte ein Werkverzeichnis von Mozart auf

Koloratur virtuose Auszierung von Gesangslinien, zuweilen ausgeschrieben, zuweilen aus dem Stegreif auszuführen

Kolorit in der Musik, die durch die Art der Klangzusammenstellung und Instrumentation erzielten »Farbwirkungen«

Komische Oper französischer Herkunft, verwandt der Opera buffa, aber mehr individualisiert, gesprochener Dialog

Komparse stumme Rolle, z.B. in großen Volksszenen

Konkrete Musik Musik, die nicht auf traditionellen Instrumenten, sondern mit Gegenständen des Alltags erzeugt wird

Konservatorium Ausbildungsstätte für die verschiedenen Musikberufe

Konsonanz der »Wohlklang« in der tonalen Musik

Kontrabaß das tiefste Streichinstrument mit dem Tonumfang:

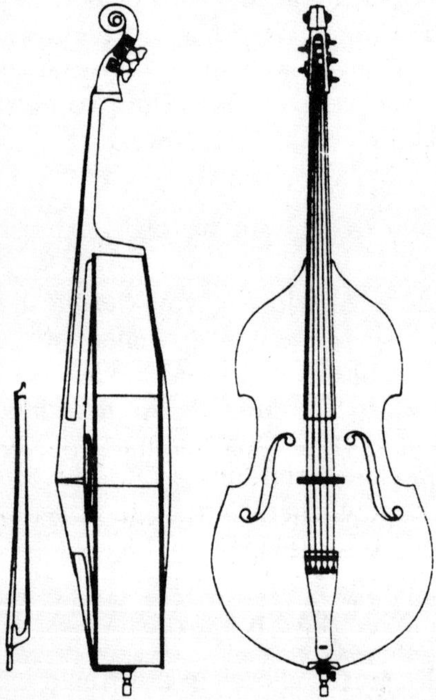

Kontrabaß

Im allgemeinen dient der Kontrabaß zur Grundierung des Klanges. In älteren Werken wird er überhaupt mit dem Cello gleichlaufend geführt, klingt jedoch acht Töne tiefer als dieses

Kontrabaßtuba steht etwa eine Quinte tiefer als die Baßtuba, hat aber einen wesentlich dumpferen, dröhnenderen und »unedleren« Klang als diese, weil ihr Schallkörper erheblich größer ist. (In der Militärmusik gilt das »Bombardon«, kreisförmig gebaut, als Kontrabaßtuba)

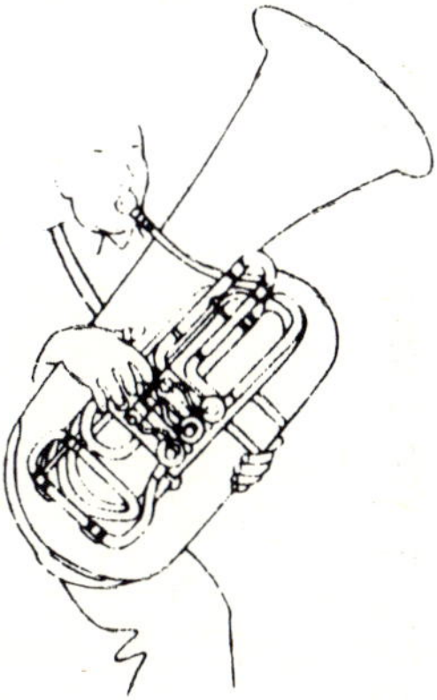

Kontrabaßtuba

Kontrafagott steht eine Oktave tiefer als das Fagott, klingt dementsprechend dunkler und schwerer als dieses. Im wesentlichen dient es als Füllstimme, macht den Baßklang fülliger

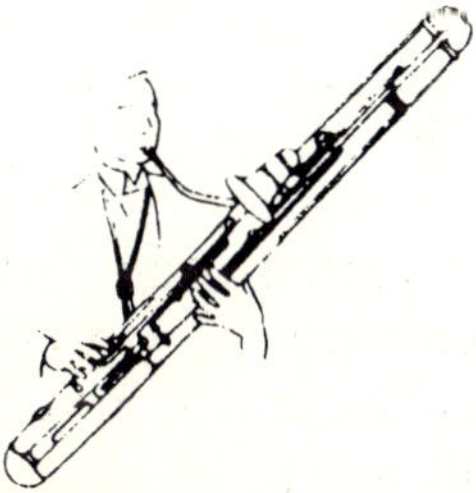

Kontrafagott

Kontrapunkt Kunst, mehrere selbständige Stimmen zu vereinigen (punktus contra punktus)

Konzert Musikveranstaltung oder ein meist größeres Musikstück für ein Soloinstrument mit Orchester

Konzertant konzertmäßig

Konzertmeister der erste Sologeiger eines Orchesters

Kopfmotiv (auch Grundmotiv), ein Motiv (→ dort), welches am Beginn, am »Kopf« eines Themas oder Tonstückes steht und der weiteren Entwicklung das Gepräge gibt

Kopfsatz erster Satz

Korrepetitor zweiter Dirigent eines Opernensembles, dessen Aufgabe im Einstudieren der Rollen von Sängern und Chören besteht und der bei den Proben die Ballettcompagnie am Klavier begleitet (→ in diesem Zusammenhang auch »Klavierauszug«)

Krakowiak polnischer Tanz im 2/4-Takt

Kyrie (griech. Herr), der im ersten Teil (nach »Introitus«) der römisch-katholişchen Messe im Wechsel zwischen Gemeinde und Chor ausgeführte Bittgesang (Kyrie eleison = Herr, erbarme dich)

L

Lamento Klagelied oder Klagegesang

Lamentoso wehklagend

Ländler ein dem Walzer verwandter, aus Österreich stammender, langsamer Tanz im 3/8- oder 3/4-Takt

Larghetto ziemlich breit, nicht ganz so langsam wie largo

Largo breit, langsamstes Zeitmaß

Laute altes, seit dem 10. Jahrhundert in Europa bekanntes Saiteninstrument mit bauchigem, zum Hals hin sich stark verjüngendem, birnenförmigen Korpus. Die klassische Laute des 16. und 17. Jahrhunderts hatte 11 Saiten, die mit den Fingerspitzen angerissen wurden

Legende meist eine Komposition, der inhaltlich eine Heiligengeschichte oder Heldenerzählung zugrunde liegt

Leistungsschutz im Rahmen des Urheberrechts der Schutz der Interpreten (z.B. Sänger) für ihre, auf Tonträgern festgehaltene künstlerische Leistung, und deren Wiedergabe (Rundfunk, Fernsehen) und mechanische Vervielfältigung (Schallplatte, Tonband, Video)

Leitmotiv Motiv, das in gleicher oder veränderter Form stets dem gleichen inneren oder äußeren Geschehen entspricht und dieses begleitet

Leitmotivik das Verfahren, mit Leitmotiven zu arbeiten (z.B. Richard Wagner)

Leitton der Halbtonschritt einer Tonleiter von der 7. Stufe zum Grundton (z.B. von h nach c'). Er leitet, zwingt zur Haupttonart zurück

Lento langsam

Libretto Textbuch einer Oper, Operette oder eines Musicals

Librettist Verfasser eines Textbuchs für ein musikalisches Bühnenwerk

Liederspiel (auch Singspiel), Schauspiel mit Liedereinlagen. Im Mittelalter auch geistliches Spiel und Vorläufer der Oper

Linear linienhaft. Also nicht durch »senkrechten« Zusammenklang (Harmonie), sondern durch »waagerechte« Tonfolge bestimmt

Lyra altgriechisches Zupfinstrument. Im Mittelalter Bezeichnung für eine Fidel mit birnenförmigem Korpus. In Militärkapellen wird das Glockenspiel auch Lyra genannt

Lyrisch stimmungshaft, empfindungsmäßig

Lyrischer Bariton (Mezzosopran, Sopran, Tenor), seriöses Rollenfach in der Bühnenpraxis

M

Madrigal mehrstimmige Vokalkomposition mit meist weltlichem Text aus dem 16. und 17. Jahrhundert

Maestoso majestätisch

Maestro (ital. Meister), inoffizieller Titel für Lehrer an Konservatorien, Dirigenten, herausragende Solisten und Komponisten

Mandoline Zupfinstrument. Seit dem 17. Jahrhundert, von Italien stammend in ganz Europa verbreitet. Die Saiten werdem mit einem Plektrum gespielt. Das Instrument hat einen hellen, kräftigen und zuweilen rauschenden Klang:
Tonumfang:

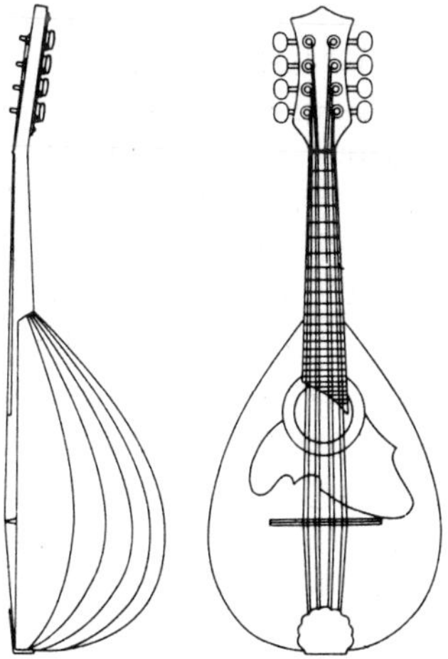

Mandoline

Marcia Marsch
Marciale (marziale), marschartig
Matinée Vormittagsveranstaltung, Frühkonzert
Mazurka »masurisch«, polnischer Tanz im langsamen 3/4-Takt mit  als Grundrhythmus

Melodik Lehre von der Melodie, Art der Melodieführung
Melodram ein musikdramatisches Werk, in dem das gesprochene Wort und die dazugehörende Handlung durch eine, die Aussage vertiefende Musik begleitet wird
Melos die besondere Art der Tonbewegung (auf und ab)

Membranophone Membran- (Fell-) Klinger, Bezeichnung für Schlaginstrumente

Meno weniger

Menuett altfranzösischer Tanz in mäßig bewegtem Zeitmaß, 3/4-Takt; auch der 3. Satz der klassischen Sinfonie

Messe Kompositionsform für den römisch-katholischen Gottesdienst

Metronom ein kleiner, durch Federwerk aufziehbarer Apparat zur genauen Tempoangabe. Er findet Verwendung z.B. beim Üben eines Instrumentes

Metrum (Metrik), Maß, Versmaß, Folge von schweren und leichten Taktteilen. Im 2/4-Takt z.B. ist das erste Viertel schwer (betont), das zweite leicht (unbetont)

Mezzo mittel-, halb-

Mezzosopran weibliche Stimmlage zwischen Sopran und Alt

Moderato gemäßigt, gemäßigt rasch

Modulation Übergang von einer Tonart zu einer anderen

Moll (→Dur)

Molto viel, sehr

Monodie (griech. Einzelgesang), der um 1600 in Italien entstandene Sologesang mit Instrumentalbegleitung. Die Monodie beeinflußte fast alle Gattungen der Instrumentalmusik und war eine der Grundvoraussetzungen für die Entstehung der Oper

Monodrama dramatische Soloszene oder dramatisches Bühnenwerk für eine Person

Moresca (Moriske, Moriskentanz), Sammelbezeichnung für pantomimische Tänze, eigentlich Mohren- (Sarazenen-, Türken-) Tanz. In stilisierter Form fand die Moresca Eingang in die Oper des 18. Jahrhunderts

Mosso bewegt

Motiv kleinste musikalische Spannungseinheit

Mundstück das Anblasstück bei den Blasinstrumenten

Musette Mittelteil von Gavotte und Menuett. So bezeichnet, weil die Bässe dieser Mittelteile den Dudelsack (= Musette) nachahmen

Musical (Musical Comedy, Musical Play), Anfang des 20. Jahrhunderts entstandene spezielle Form des nordamerikanischen Musiktheaters mit gesprochenem Dialog, Gesang, Tanz und reicher Bühnenausstattung

Musica viva Bezeichnung für zeitgenössische Musik

Musikdirektor Titel für den Leiter eines Orchesters oder Opernensembles

Musikdrama auf verschiedene Arten unternommenes Bestreben, Handlung, Wort und Musik streng aufeinander zu beziehen. Als Begriff bevorzugt für das Schaffen Richard Wagners angewandt

Mutation Stimmwechsel

Mysterien Mysterienspiele, mittelalterliche Spiele mit Text und Musik, die geistlichen oder historischen Inhalt haben können

N

Nachahmung musikalische Satzart, bei der die einzelnen Stimmen einen von einer anderen Stimme zuvor gebrachten Gedanken in ähnlicher Weise wiederaufnehmen. Kanon und Fuge sind strenge Formen der Nachahmung

Naturalistisch (Naturalismus), Nachahmung, die Natur nachahmend

Neumen (Neumenschrift), aus der Spätantike stammende und bis ins hohe Mittelalter gebräuchliche linienlose Notationszeichen. Vorläufer der modernen Notenschrift

Nocturno (Nottuno), Nachtstück, träumerisches Stück

Non nicht

Nonenakkord Zusammenklang von vier übereinanderliegenden Terzen (z.B. d-fis-a-c-e). Der Abstand des höchsten vom tiefsten Ton beträgt eine »None«, e ist der »neunte« Ton in der Tonleiter

Nonett Musikstück für neun Instrumente oder Stimmen

Notation Notenschrift, die schriftliche Musikaufzeichnung, und die dazu notwendigen Zeichen und Symbole

Noten und Pausenwerte (Seite 643 oben)

Notturno →Nocturne

Nummernoper Oper, in der Arien, Duette usw. in sich abgeschlossene, unverbundene »Nummern« darstellen

Noten und Pausenwerte

O

Obbligato »verbindlich«; eine obligate Stimme darf nicht ausgelassen oder gestrichen werden

Obertöne Töne, die in jedem Ton unhörbar mitschwingen und die Klangfarbe eines Instrumentes ausmachen

Oboe die alte Schreibart »Hoboe« zeigt noch die Namensherkunft an, nämlich »hautbois«, hohes Holz. Etwa dreihundert Jahre bekanntes Holzblasinstrument.
Tonumfang:

Der Klang ist herb, leicht näselnd, zuweilen scharf, nicht so weich wie bei der Klarinette, persönlicher als der der Flöte

Oktave die achte Tonstufe (vom Ausgangston gerechnet) der Tonleiter

Oktett Tonstück für acht Instrumente oder Stimmen

Oboe

Ondes-Martenot elektronisches Tasteninstrument, das die Nachahmung von Orchesterinstrumenten gestattet, ja deren Möglichkeiten technisch sogar übertrifft

Onestep um 1910 in den USA entstandener sehr schneller, marschähnlicher Gesellschaftstanz

Ongharese ungarisch

Oper wörtlich »Werk«. Dramatisches Dichtwerk mit ganz oder überwiegend gesungenem Text, wobei die Musik die Wirkung steigert und vertieft

Opera buffa »närrische« Oper, heitere Stoffe aus dem Alltag, Typenoper

Opera semisera »halbernste« Oper

Opera seria »ernste« Oper, altitalienisch, Stoffe aus Götter- und Heldenwelt, Typenoper

Operette Abart der kleinen Komischen Oper, des Singspiels, der Gesangsposse. Hat sich vor allem seit Offenbach und Johann Strauß zu einer selbständigen Gattung entwickelt. Entscheidendes Kennzeichen ist die Vorherrschaft von Tanzmelodien

Ophikleide altes, im heutigen Sinfonieorchester nicht mehr gebräuchliches Blechblasinstrument. An ihre Stelle setzt man die →Baßtuba

Opus Werk eines Komponisten

Oratorium musikalische Darstellung biblischer oder sagenhafter Stoffe durch Chor, Einzelstimme und Orchester (wörtlich: »Bet-Saal«)

Orchester Gesamtheit der Instrumente. Genannt nach dem Platz, auf dem sich in den altgriechischen Spielen der Chor bewegte

Orgelpunkt lang ausgehaltener oder ständig wiederkehrender Baßton, über dem die Harmonien wechseln, gleichgültig ob sie zu dem Baßton »passen« oder nicht

Ostinato ständige Wiederholung eines kleineren melodischen oder rhythmischen Motivs

Ouvertüre ursprünglich »Eröffnungsstück«. Später verstand man darunter solche Instrumentalsuiten, die als ersten Satz eine »französische Ouvertüre« aufwiesen. Die französische Ouvertüre beginnt mit einem langsamen Teil, dann folgt ein fugierter schneller Teil, zum Schluß kehrt der langsame Teil wieder. Die »italienische Ouvertüre« stellt den langsamen Teil in die Mitte

P

Pantomime getanzte, häufig von Musik begleitete Bühnenhandlung. Auch szenisches Ballett und Ausdruckstanz

Parlando Gesangsvortrag mit einer dem schnellen Sprechen nahekommenden Tongebung

Partita eine Folge (»Suite«) mehrerer in der gleichen Tonart stehender Tonstücke, ursprünglich von Tanzstücken

Partitur Aufzeichnung sämtlicher Stimmen eines Tonstückes taktweise übereinander

Passacaglia alter Tanz in dreiteiligem, langsamen Takt. Dann entsprechendes Instrumentalstück, das sich auf einem immer wiederkehrenden Thema (meist im Baß) aufbaut.

Passepied altfranzösischer Rundtanz aus der Bretagne im 3/8- oder 3/4-Takt. Der Passepied ähnelt einem schnell getanzten Menuett

Passion Vertonung der biblischen Leidensgeschichte (z.B. die »Matthäus-Passion« von J.S. Bach)

Pastorale ländliches Stück (eigentlich »hirtenmäßig«)

Pauke Schlaginstrument (oft mit der großen Trommel verwechselt). Kupferkessel, die mit gegerbtem Fell überzogen sind, welches mit Schlägeln bearbeitet wird. Die Pauke kann (im Gegensatz zur großen Trommel) auf verschiedenen Tonhöhen gestimmt werden

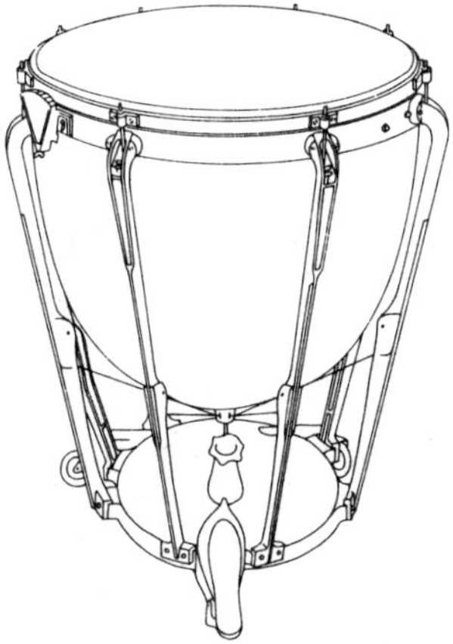

Pauke

Pavane aus dem 16. Jahrhundert stammender, langsamer Schreittanz spanisch-italienischer Herkunft

Phantasie →Fantasie

Pianissimo äußerst leise

Piano leise

Piccoloflöte kleine Flöte, die etwa acht Töne höher klingt als die große Flöte. Ihre hellen, schrillen Töne dienen stets zur Charakterisierung besonderer Stimmungen

Più mehr

Piccoloflöte

Pizzicato (wörtlich: »gekniffen«). Gekniffen oder gezupft werden Harfe und Gitarre. Bei besonderen Gelegenheiten läßt man auch Geigen, Bratschen, Celli und Kontrabässe pizzicato spielen; dabei wird der Ton nicht durch Bogenstrich hervorgebracht, sondern durch Zupfen der Saite mit dem Finger. Das erzeugt einen abgerissenen Klang

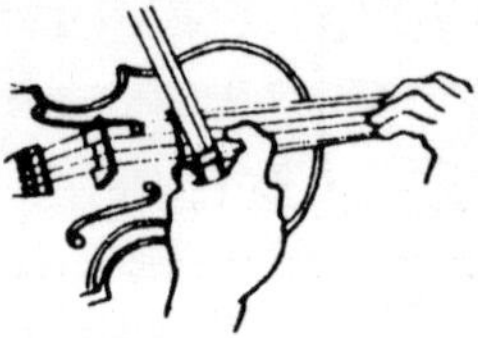

Pizzicato

Poco wenig, ein wenig

Polka böhmischer Tanz im 2/4- oder 4/8-Takt

Polonaise polnischer Tanz in mäßig bewegtem 3/4-Takt mit dem Rhythmus

Polyphonie Vielstimmigkeit, Zuordnung gleichberechtigter Stimmen

Polyrhythmik mehrere verschiedene, aber gleichzeitig erklingende Rhythmen

Polytonalität »Viel-Tonartlichkeit«, Beziehung nicht auf eine Grundtonart, sondern auf mehrere (→ auch Tonalität)

Posaune das bekannte Blechblasinstrument mit einem Zugbügel (Zugposaune). Es gibt aber auch Posaunen mit Ventilen (Ventilposaunen). Am gebräuchlisten ist die Tenorposaune mit dem Tonumfang:

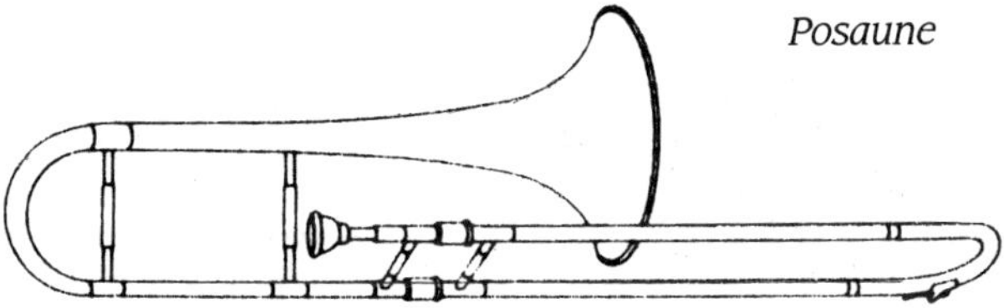

Posaune

Die Baßposaune reicht nicht nur sechs Töne tiefer, sondern hat auch einen volleren Klang. Zuweilen wird auch eine Kontrabaßposaune verwendet. Der alte italienische Name »Trombone« offenbart, daß die Posaune zur Trompetenfamilie gehört. Der Klang ist wuchtig, feierlich, erhaben

Potpourri ein Musikstück, das aus der Aneinanderreihung beliebter Melodien besteht (z.B. Operetten-Potpourri)

Praeludium (Präludium), Vorspiel, Einleitung

Prestissimo äußerst schnell

Presto schnell

Primaballerina die rangerste Solotänzerin eines Balletts

Primadonna die rangerste (Sopran-)Sängerin eines Opernensembles. Gefeierter Gesangsstar

Prima uomo der rangerste (Tenor-)Sänger eines Opernensembles

Programm-Musik Musik, für die nicht rein musikalische Gesetze formgebend sind, sondern eine außermusikalische (etwa dichterische) Vorstellung, ein »Programm«

Punktierter Rhythmus, z.B. 
Der Punkt hinter einer Note verlängert ihren Wert um die Hälfte

Q

Quadrille Ende des 18. Jahrhunderts entstandener französischer Gesellschaftstanz, der im 2/4- oder 6/8-Takt von einer gleichen Anzahl von Paaren im Karree getanzt wird

Quarte Abstand von vier Tönen (zwei Ganztonschritte und ein Halbtonschritt)

Quartett geschlossener Viergesang, auch geschlossene instrumentale Vierergruppe

Quasi fast wie, gleichsam

Querflöten Bezeichnung für die Instrumentengruppe, der im Unterschied zu den Längsflöten (z.B. Blockflöten) beim Spiel quergehaltenen Flöteninstrumente

Quinte Abstand von fünf Tönen (drei Ganztonschritte und ein Halbtonschritt)
Quintett geschlossener Fünfgesang, auch geschlossene instrumentale Fünfergruppe
Quodlibet (lat. quod libet = was beliebt), die improvisiert vorgetragene Aneinanderreihung verschiedener Melodien, bzw. Lieder mit meist scherzhaftem Charakter. Oft auch gleichbedeutend mit Potpourri gebraucht

R

Ragtime Gegen 1900 in den USA entstandener Typ eines Unterhaltungsstückes für Klavier mit rhythmisch scharfer Akzentuierung. Neben Blues und Spiritual eine Vorform des Jazz
Ratsche gehört zur Gruppe des Schlagzeugs, Holzkasten mit Holzzahnrädern, deren Zähne (nicht parallel) durch Kurbelung bewegt werden und an zwei Blech-(auch Holz-)Streifen entlang »ratschen«. Dadurch entsteht ein knarrendes, durchdringendes Geräusch

Ratsche

Refrain Kehrreim, ein wiederkehrender Melodieteil
Register die verschiedenen Pfeifengruppen mit ein-

heitlichem Klangcharakter bei der Orgel. Ferner auch die Bereiche der menschlichen Stimme, die in allen Stimmgattungen einen gleichartigen Klangcharakter haben (z.B. Bruststimme und Kopfstimme)

Reigenlied mittelalterliches Tanzlied mit einstimmigem Wechselgesang von Vorsänger und Chor

Reihe nennt man zweckmäßigerweise heute in der Zwölfton-Technik das, was man sonst als Thema oder Motiv bezeichnet. Es gibt außer der Ton-Reihe auch andere Reihen, z.B. die rhythmischen

Repertoire alle Bühnenwerke, die einem Theater zur Aufführung zur Verfügung stehen. Auch alle Stücke, die ein Künstler zum Vortrag bereithält

Repetition Wiederholung (→ in diesem Zusammenhang auch Korrepetitor)

Reprise »Wiederaufnahme«. Ursprünglich bezeichnete Reprise nur die Wiederholung eines Teils. In der Sinfonie folgt die Reprise auf die Durchführung und stellt nicht eine notengebundene Wiederholung des Thementeils dar, sondern eine gedankliche Wiederaufnahme, die mehr oder minder ausgeschmückt, verlängert oder verkürzt sein kann. Ähnlich der dritte (Schluß-)Teil der Da-capo-Arie

Requiem Totenmesse. Berühmte Requiem-Kompositionen stammen z.B. von Mozart und Verdi

Requisite alle Gegenstände, die für die Ausgestaltung eines Bühnenbildes benötigt werden

Resonanz Klangverstärkung, z.B. durch Hohlkörper aus Holz

Rezitativ Sprechgesang. In der Oper vielfach der, nur mit kurzen Instrumentalakkorden gestützte, schnell gesungene »Handlungstext«

Rhapsodie Stück in freier Form unter Benutzung von volksliedartigen Weisen

Rheinländer Mitte des 19. Jahrhunderts entstandener, polkaähnlicher deutscher Paartanz im mäßig bewegten 2/4-Takt

Rhythmus (Rhythmik), Grundmaß ständig wiederkehrender Unterschiede von Tönen längerer oder kürzerer Zeitdauer. Nicht zu verwechseln mit »Takt« (→ dort). Z.B. stehen Polonaise

und Mazurka 

im 3/4-Takt, haben jedoch durchaus verschiedenen Rhythmus

Rigaudon altprovenzalischer Tanz in lebhafter Bewegung

Ritornell Refrain in italienischen Vokalformen. Im 17. und 18. Jahrhundert auch Bezeichnungen für die wiederholt in der Oper auftretenden instrumentalen Zwischenspiele

Rokoko wörtlich »Grottenwerk«, Kunstrichtung in der 2. Hälfte des 18. Jahrhunderts, in der anmutige Verzierung und schnörkelndes Linienwerk überwogen. Philipp Emanuel Bach, Piccini und Pergolesi sind Rokokomusiker; Mozart entstammt dem Rokoko, hat es aber in seinen späteren Werken überwunden

Romantik im engeren Sinne, die musikalische Sprache der Zeit Webers, Schuberts, Schumanns u.a. Im allgemeinen Sinne die gemüthaft-innerliche Empfindungsweise

Romanze liedartiges Gesangsstück. An keine bestimmte Form gebunden

Rompreis französischer Staatspreis für Kompositionsschüler des Pariser Konservatoriums (drei Jahre Freiaufenthalt in Italien)

Rondo »Rundgesang«. Ein Instrumental- oder Gesangsstück,, in dem der Hauptgedanke mehrmals wiederkehrt, während sich Nebengedanken zwischen die Wiederholungen schieben

Rührtrommel unterscheidet sich von der kleinen Trommel dadurch, daß sie wesentlich höher ist und keine Schnarrsaite besitzt. Daher der dumpfe, unheimlich drohende Klang

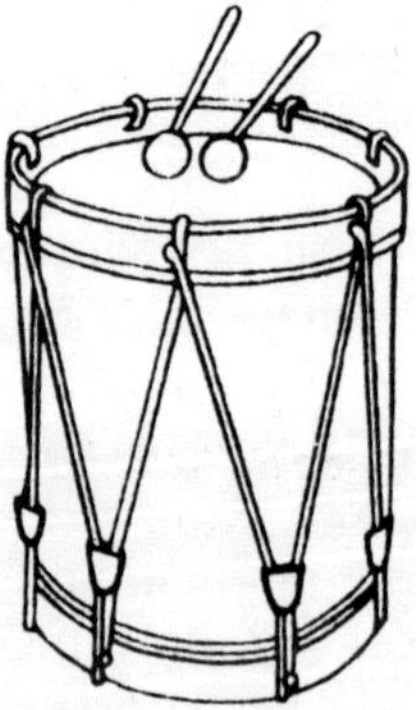

Rührtrommel

S

Salonmusik Bezeichnung für eine Unterhaltungsmusik in kleiner Besetzung. Mit gefühlvoller Tendenz, anspruchslos und gefällig

Sarabande ursprünglich ein spanischer Tanz. Dann langsamer, würdevoller Suitensatz im dreiteiligen Takt, mit verlängertem zweiten Viertel und Verzierungen

Saxophon ein mehr als hundert Jahre bekanntes Blasinstrument (benannt nach dem Erbauer Sax). Es gibt eine ganze Reihe verschieden hoch

Saxophon

gestimmter Saxophone. Sie bestehen zwar aus Metall, ähneln jedoch den Holzblasinstrumenten, zumal sie mit Klarinettenmundstück angeblasen werden. Der Klang ist ein wenig schnarrend und näselnd, ändert sich aber, je nachdem ob es ein hohes oder tiefes Saxophon ist

Scherzando scherzoartig

Scherzo (»Scherz«, »Spaß«), Bezeichnung für einen geschwinden, vorwiegend rhythmisch bestimmten Satz von meist heiterem Gepräge

Schlager inhaltlich und formal anspruchslose aber gefällige Kompositionen für Singstimme und Instrumentalbegleitung

Schlagzeug große und kleine Trommel, Rührtrommel, Pauke, Becken, Tamtam, Kastagnetten, Tamburin usw.

Schlechter Taktteil (→ Takt)

Sechzehntel der 16. Teil einer ganzen Note 𝅘𝅥𝅯

Sekunde Abstand zweier benachbarter Töne

Semplice einfach, schlicht

Septett Kompositionsform für sieben Gesangsstimmen oder sieben Soloinstrumente

Septime Abstand von sieben Tönen, z.B. d bis cis

Septimenakkord Vierklang, der durch Hinzufügen der Septime zum Dreiklang entsteht, z.B. d-fis-a-c

Sequenz »Folge«. Weiterschieben eines musikalischen Gedankens durch die Tonleiter, Wiederholungen auf immer anderen Tonstufen

Serenade »Abendmusik«. Eine Folge von mehreren ständchenartigen Instrumental- oder Gesangsstücken

Serielle Musik ordnet nicht nur Töne, sondern auch Intervalle, Rhythmen, Metren, Tondauer, Klangfarbe, um vorher festgelegte Reihen (Serien). → auch Zwölftonmethode

Sexte Abstand von sechs Tönen (z.B. d bis h)

Sextett geschlossener Sechsgesang, auch geschlossene instrumentale Sechsergruppe

Sextole sechs Töne von gleicher Dauer wie vier Töne von der gleichen Gesamtdauer

Sforzato starke Betonung von Einzelnoten oder Einzelakkorden

Shanty Seemannslied, eigentlich Arbeitslied der Seeleute mit Vorsänger und einem einen Refrain singenden Chor

Siciliano altitalienischer langsamer Tanz im 6/8- oder 12/8-Takt

Sinfonie eigentlich »Zusammenklang«. Ursprünglich Bezeichnung für Musikstücke, die »Note gegen Note« gesetzt sind. Später Name für die italienische Opernouvertüre mit der dreiteiligen Grundform: schnell – langsam – schnell. Aus dieser Form entstand die klassische und romantische Sinfonie. Die drei Formteile wurden ausgebaut und verselbständigt. Stamitz und Haydn fügten als vierten Satz ein Menuett hinzu; damit war die Sinfonie in ihrer wesentlichen Gestalt vollendet. Zwar sind im Laufe der Zeit mancherlei Einzelveränderungen vorgenommen worden, doch blieb der Gesamtaufbau im wesentlichen unangetastet. Für die sinfonische Gestaltung sind die Ecksätze (1. und 4. Satz) entscheidend. Sie haben dreiteilige Form: Themenaufstellung – Durchführung – Themenwiederholung mit einem Anhang, Coda genannt. Heute wird der Begriff formal nicht mehr einheitlich angewendet

Sinfonische Dichtung ein (meist einsätziges) Orchesterwerk, in dem nicht so sehr der sinfonische Gestaltungsgrundsatz herrscht als eine dichterische Absicht, ein »Programm«

Singspiel eine Sonderform der Oper, die Ende des 18. Jahrhunderts entstanden ist. Vorzugsweise mit deutschem Text, leicht verständlicher Handlung und gesprochenen Dialogen

Soave sanft

Solo einzeln, allein, Einzelsänger, Einzelgesang, Soloquartett usw. Gruppe selbständiger Einzelsänger

Sonate ursprünglich nichts anderes als »Klangstück«. Heute ein meist viersätziges Tonstück für einzelne Instrumente, z.B. Klaviersonate. Die Form enspricht etwa der Sinfonie

Sopran höchste Frauen- oder Knabenstimme

Sostenuto gehalten

Soubrette spezielles Rollenfach der Bühnenpraxis, Sopran mit zarter, biegsamer Stimme und besonderer Spielbegabung für muntere, humvorvolle Mädchenrollen

Sound (engl. Ton, Klang), klingen, ein Instrument spielen, oder die charakteristische Klangfarbe, eines Solisten oder eines Instrumentenensembles. Auch spezielle Spielweise und Aufnahmetechnik

Spiritoso (auch spirituoso), geistvoll, witzig

Spiritual geistliches Lied der farbigen Bevölkerungsgruppe in den USA

Stabat mater Anfangsworte des oft vertonten Schmerzensgesangs »Christi Mutter stand am Kreuz«

Stagione Spielzeit der italienischen Opertheater. Auch das Opernensemble, das für einen zeitlich eingegrenzten Spielplan zusammengestellt ist

Stakkato (Staccato) gestoßen

Statist stumme Rolle auf der Bühne, z.B. in Volksszenen

Stimmarten bei allen individuellen Unterschieden (besonders in der Klangfarbe) kann man die verschiedenen Arten der menschlichen Stimme ordnen nach ihrer Stimmlage (hoch – mittel – tief) und von daher auch ihren unterschiedlichen Charakter beschreiben. Der Tonumfang einer nicht speziell ausgebildeten Stimme beträgt im allgemeinen 1 Oktave und 1 Sexte.

Merkmale Frauenstimmen:

Sopran

höchste Stimmart, einheitlich heller Klang

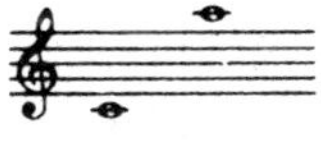

Mezzosopran

zwischen Sopran und Alt gelegen; je nach Höhe Anklänge an diese beiden Stimmarten; voller Klang

Alt

tiefste Frauenstimme; dunkler und voller Klang

Merkmale Männerstimmen:

Tenor
höchste Männerstimme, 1 Oktave unter dem Sopran mit ähnlichen Klangeigenschaften

Bariton
zwischen Tenor und Baß; Klangeigenschaften ähnlich dem Mezzosopran

Baß
tiefste Stimme; dunkle und volle Klangfarbe (»schwarzer Baß«)

Stimmlagen (→ Stimmarten)

Streicher Geigen, Bratschen, Celli, Kontrabässe

Stretta beschleunigter Ausgang eines Musikstücks (wörtlich: »gedrängt«)

Suite »Folge«. Orchesterwerk von meist 4 bis 6 Tonstücken tanzartigen Charakters. Die Bezeichnung wird sehr frei gebraucht

Synkope Verbindung eines schwachen mit einem guten Zeitwert, z.B.

»Gegen den Takt«

Takt höhere Einheit mehrerer Zählzeiten. Z.B.: im 4/4-Takt ist jedes Viertel eine Zähleinheit, vier Viertel zusammen bilden den Takt. 1. und 3. Viertel sind dabei meist betonte, »gute«, 2. und 4. Viertel unbetonte, »schlechte« Taktteile

Tamburin gehört zum Schlagzeug. Handtrommel mit Schellen. Wurde ursprünglich von den Tanzenden in der Hand gehalten und geschüttelt. Heute Orchesterinstrument zur Begleitung oder Einfärbung spanischer, süditalienischer und orientalischer Weisen. Wird entweder nur geschüttelt, so daß die Schellen erklingen, oder mit steifen Daumen bearbeitet, so daß ein trommelartiges und zugleich schellendes, rhythmisch bestimmtes Geräusch entsteht

Tamtam Schlaginstrument. Aufgehängte Metallscheibe, die mit einem Schlegel angeschlagen wird (Gong). Der dröhnende, nachhallende Klang wirkt unheimlich, drohend

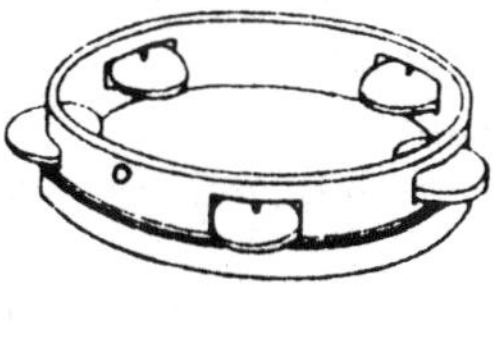

Tamburin

Tamtam

Tango um 1900 in Südamerika entstandener Tar im langsamen 2/4-Takt mit gemessenen Schri ten und kurzen Stillständen

Tanto sehr

Tarantella neapolitanischer Geschwindtanz im 3/8- oder 6/8-Takt

Tasteninstrumente Sammelbezeichnung für alle, mit einer Tastatur (Klaviatur) ausgestatteten Instrumente, unabhängig von der Art ihrer Tonerzeugung. Darunter fallen sowohl die besaiteten Tasteninstrumente, wie Klavier und Cembalo, als auch die Orgel oder Harmonikainstrumente und elektronische Musikinstrumente

Tempestuoso stürmisch, wie ein Gewitter

Tempo Zeitmaß

Tenor hohe Männerstimme

Terz Abstand von drei Tönen der Tonleiter, z.B. c – e

Terzett Dreigesang selbständig geführter Einzelstimmen

Thema musikalischer, in sich geschlossener Gedanke (größer als das Motiv)

Thematik Art der Themenbildung

Themenaufstellung in einem Tonstück der erste Hauptteil, in dem die Themen (meist zwei) aufgestellt, durch eine Überleitung verbunden und durch ein Schlußstück abgeschlossen werden

Tokkata ursprünglich Tonstück für Tasteninstrumente (toccare = berühren). Dann vollstimmiges Tonstück von meist kurzen Notenwerten

Ton Schallereignis mit bestimmter Schwingungszahl (Tonhöhe)

Tonalität Beziehung von Tönen oder Akkorden auf

einen Grundton oder Grundakkord. Freie Tonalität bindet sich nicht an die festen Tongeschlechter von Dur und Moll

Tonart Festlegung des Tongeschlechts und des Grundtons dieses Tongeschlechts; also → Dur oder Moll über einem bestimmten Grundton

Tonmalerei in der Programmusik eine Gestaltung mit ausschließlich musikalischen Mitteln von Nachahmungen natürlicher Geräusche und Erscheinungen (z.B. Gewitter, Meeresrauschen, Vogelstimmen oder Maschinenlärm)

Transposition die Übertragung einer Melodie in eine andere Tonart

Tremolo Beben

Triangel wörtlich »Dreieck«. Schlaginstrument aus Stahl, das mit einem Stahlstab geschlagen wird und ein helles, klirrendes Geräusch gibt

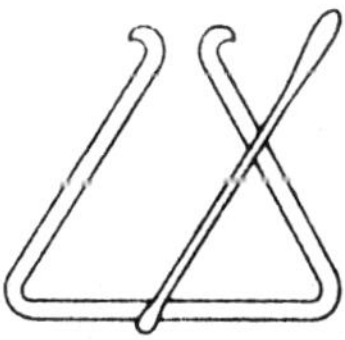

Triangel

Triller schneller Wechsel eines Tones mit einem Nachbarton

Trio Komposition für drei Instrumente oder Gruppe von drei Instrumentalisten; auch der Mittelteil von Musikstücken, z.B. bei Menuett oder Scherzo

Triole drei Töne von gleicher Zeitdauer an Stelle zweier von der gleichen Gesamtdauer

Trommel, große Schlaginstrument in Form eines Zylinders, über dessen beide offene Seiten ein Kalbfell gespannt ist. Dieses wird mit einem Schlägel geschlagen. Das entstehende Geräusch ist dumpf, dröhnend, nach Art eines entfernten Kanonenschusses. Meist verwechselt mit der Pauke

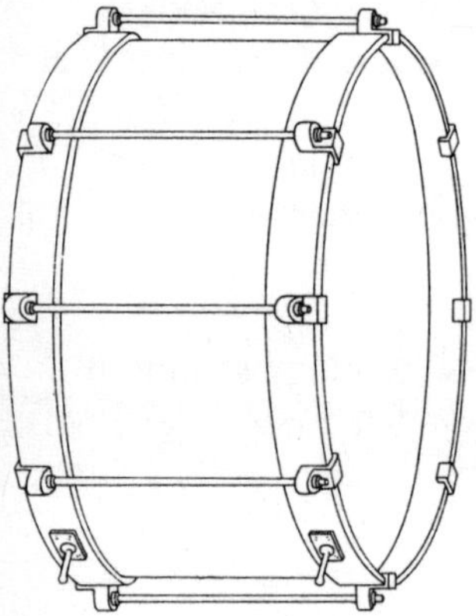

Große Trommel

Kleine Trommel

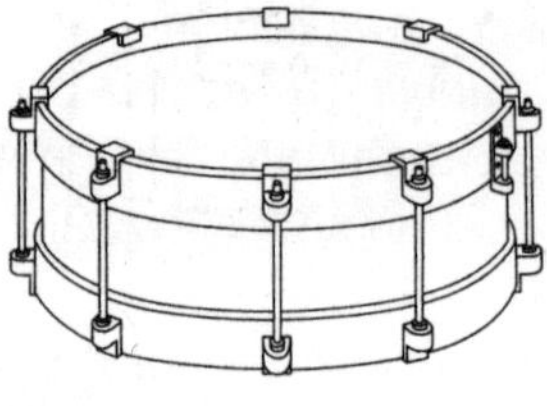

Trommel, kleine unterscheidet sich von der großen Trommel durch wesentlich kleinere Abmessungen. Außerdem wird sie meist mit zwei Trommelstöcken geschlagen. Darüber hinaus ist über das eine Fell eine Darmseite gezogen, die beim Trommeln mitschnarrt (Militärtrommel). → auch »Rührtrommel«

Trompete altes Blechblasinstrument von gestreckter Form mit Ventilen (Ventiltrompete). Es gibt Trompeten in verschiedenen Stimmungen. Die C-Trompete hat den Stimmumfang:

Der Klang ist festlich, schmetternd, auch anfeuernd und hell. Abgesehen von Signalwirkungen, wird die Trompete im Klang meist durch andere Instrumente gedeckt, weil sie sonst leicht scharf, ja, ungewöhnlich klingt

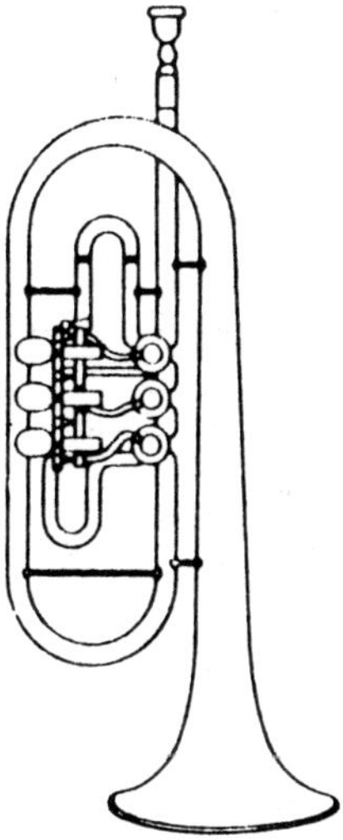

Trompete

Troppo zu sehr, zu viel

Tuba Blechblasinstrument aus der Familie der Bügelhörner. Am gebräuchlichsten sind Tenortuben und Kontrabaßtuben. Tonumfang:

Turca alla, nach türkischer Art

Tutti »Alle«, das »ganze« Orchester, im Gegensatz zu den Solisten

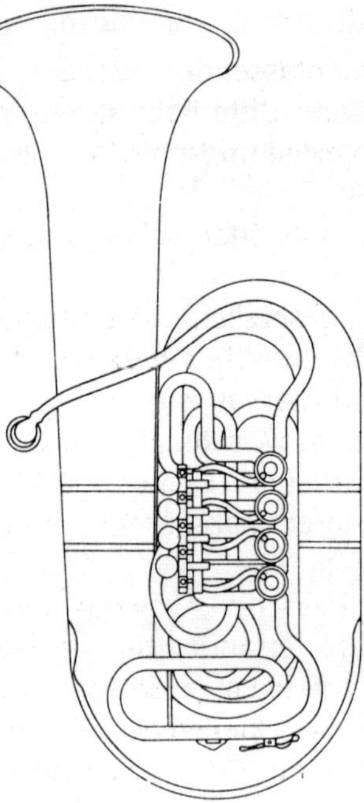

Tuba

U

Übermäßiger Tonschritt um einen Halbton vergrößerter Normalschritt (z.B. ist f – c eine normale Quinte, f – cis eine übermäßige)

Umkehrung die Stimmschritte eines Motivs, Themas usw. erfolgen in umgekehrter Richtung; z.B.

Unisono einstimmig

U-Musik zusammenfassende Bezeichnung für Musik, die dem Unterhaltungsbedürfnis entspricht = Unterhaltungsmusik (z.B. Schlager, Evergreen usw.)

Uraufführung die erste öffentliche Aufführung eines Werkes

Urheberrecht die gesetzliche Grundlage für den Schutz nichtdramatischer Werke der Musik (kleines Recht) und dramatischer Werke der Musik, wie z.B. Opern (großes Recht). Das Urheberrecht schützt die Urheber (Komponisten) und ihre Werke vor unrechtmäßiger Verwertung durch Dritte

Urtext eine musikalische Ausgabe, die wissenschaftlich ediert der authentischen Fassung des Komponisten am ehesten entspricht und unter Einbeziehung aller Quellen des Werkes (wie z.B. Autograph, Skizzen, Erstdruck usw.) erarbeitet wird

V

Variation Veränderung. Harmonische, melodische oder rhythmische Verwandlung eines Motivs oder Themas, aber so, daß es in igendeiner Form noch erkennbar bleibt

Vaudeville lustiges gesprochenes Bühnenwerk mit eingestreuten Couplets

Vergrößerung oder *Verlängerung* Streckung eines Motivs oder Themas auf längere Notenwerte, z.B.

Verismo (Verismus), italienische Bezeichnung für eine Kunstrichtung, die die Wirklichkeit nachbilden will

Veristisch die Wirklichkeit nachahmend

Verkürzung der umgekehrte Vorgang wie bei der → Vergrößerung

Viertel vierter Teil  einer ganzen Note

Vierundsechzigstel der 64. Teil  einer ganzen Note

Viola → Bratsche

Violine → Geige

Violincello → Cello

Virtuos tüchtig (im rein technischen, zuweilen äußerlichen Sinne)

Virtuose ein technisch souveräner Sänger oder Instrumentalist

Vivace lebhaft

Vivo lebendig

Volkslied Bezeichnung des national, weitverbreiteten Liedgutes, das mündlich überliefert oder allgemeingültigen Charakter angenommen hat

Vokalmusik Gesangsmusik (im Gegensatz zu Instrumentalmusik)

Vorklassik ganz allgemein, die musikalische Sprache der Zeit vor der Klassik. Die Zeit der »Mannheimer Schule«

W

Waldhorn aus dem Jagdhorn entwickelter und heute gebräuchlichster Horntyp (→ Horn)

Walzer Ende des 18. Jahrhunderts entstandener deutscher Paartanz im 3/4-Takt

Weibliche Endung hat ein Motiv, wenn es nicht mit dem schweren, sondern dem leichten Taktteil endet (→ Takt)

X

Xylophon Schlaginstrument, bestehend aus einem Rahmen mit Auflage (aus Stroh oder Gummi), auf der abgestimmte Hartholzstäbchen ruhen. Diese werden mit Klöppeln geschlagen

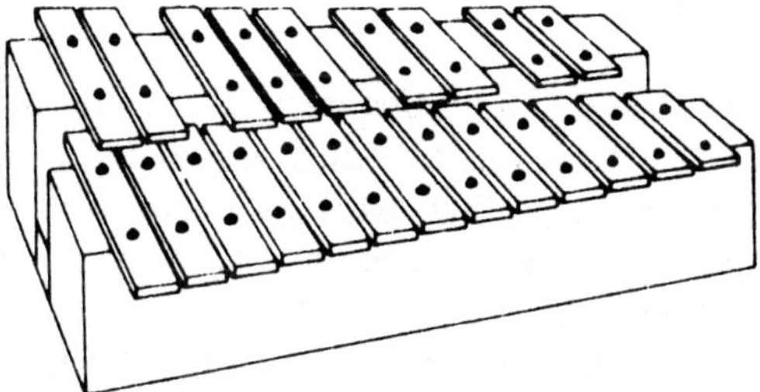

Xylophon

Z

Zweiunddreißigstel der 32. Teil einer ganzen Note 𝅘𝅥𝅰

Zwischenakt-Musik bei der Schauspielmusik eine, in die dramatische Gestaltung einbezogene Musik, die zwischen den Akten eine zeitliche und gedankliche Überbrückung schaffen soll

Zwölfton-Musik hebt die Gesetze der → Tonalität auf, arbeitet also nicht mehr – wie die Dur-Moll-Musik – mit der Beziehung aller Töne und Klänge auf einen Grundton oder eine Grundharmonie, sondern stellt alle Töne als gleichberechtigt nebeneinander. Strengste Form: kein Ton darf erklingen, bevor die übrigen elf Töne der »Reihe« (nicht mehr: des Themas) erklungen sind. Gemäßigte Form: die Töne sind zwar gleichberechtigt, aber nicht gleichwertig, also irgendwo doch auf einen Zentralton bezogen (Zwölfton-Musik ist also nicht immer atonal). Viele Zwischenstufen sind möglich und auch vorhanden; z.B. sind die Systeme von Schönberg, Webern, Jelinek keineswegs identisch